Bibliotheca Germanorum Erotica & Curiosa
Band I (A—C)

Bibliotheca Germanorum Erotica & Curiosa

Verzeichnis der gesamten deutschen
erotischen Literatur mit Einschluß der Übersetzungen,
nebst Beifügung der Originale.

Herausgegeben
von
Hugo Hayn und Alfred N. Gotendorf

Zugleich dritte, ungemein
vermehrte Auflage von Hugo Hayns
„Bibliotheca Germanorum erotica".

Band I (A—C)

München 1912 / Verlegt bei Georg Müller

Vorwort.

Nachdem die ziemlich starke zweite Auflage meiner „Bibliotheca Germanorum erotica" längst vergriffen ist und heute weit über den Ladenpreis bezahlt wird, so dürfte vorliegende ungemein vermehrte Ausgabe den öffentlichen Bibliotheken, Antiquaren und zahlreichen Bibliophilen des In- und Auslandes einen längst gehegten Wunsch erfüllen.

Diese gewaltige Kuriositäten-Sammlung, Frucht eines Teiles meiner Lebensarbeit, wurde nur durch die energische, dauernde Hilfe meines verehrten Mitarbeiters, des Herrn Dr. phil. Alfred N. Gotendorf, vor dem Untergang bewahrt. Dieser geschätzte Bibliophile, der unermüdlich für die Vollendung des Werkes tätig war, wußte auch die Münchner Verlagsfirma für die Publikation zu gewinnen.

Der etwas längere Titel hat seinen Grund in der Aufnahme zahlreicher Schriften, deren Inhalt mehr des Kuriosen als Erotischen bietet. Daß auch eine Menge nicht oder nur dem Titel nach erotischer Werke eingereiht wurde, geschah (wie bereits in der 2. Aufl.) als Wegweiser für Sammler und Antiquare. Die ungeheure Vermehrung wirklich erotischer Schriften war die Folge der Durchsuchung fast aller großen deutschen öffentlichen Bibliotheken, der Durchforschung einer umfassenden bibliographischen Hilfsbibliothek, sowie des Erscheinens zahlreicher Neu- und Privatdrucke der letzten zwei Dezennien. Gleichwohl ist der Vorrat wieder nicht zu erschöpfen gewesen, so daß auch das von Goedeke auf dem Titel seines „Grundrisses" benützte Motto aus Seneca (epp. 64) hier Anwendung finden könnte. Betreffs Goedeke sei bemerkt, daß das Fehlen unzähliger Schriften im „Grundriß" hier nicht besonders vermerkt wurde, dagegen fand dies bei Werken statt, deren Verfasser, Übersetzer oder Herausgeber in Holzmann & Bohattas unentbehrlichem Anonymen-Lexikon und in Emil Wellers bibliographischen Handbüchern fehlen. Letzterer war einer der besten Kenner

und zuverlässigsten Forscher auf unserem Gebiete. Er fand
viel zu wenig Anerkennung.

Die benützten Quellen sind überall gewissenhaft angeführt.
H e r v o r z u h e b e n : Prof. Dr. M i l c h s a c k s Katalog der in
Wolfenbüttel befindlichen französischen Literatur, D r u g u l i n s
Bilderatlas, E i n s l e s Katalog in Österreich verbotener Druck-
schriften [nebst Fortsetzung], des kenntnisreichen verstorbenen
Prager Bibliophilen C a r l W a l l s t e i n handschriftliche Notizen,
sowie die hochinteressanten Antiquar-Kataloge L u d w i g und
J a c q u e s R o s e n t h a l s in München, A d o l f und O s w a l d
W e i g e l s in Leipzig und E r n s t F r e n s d o r f f s in Berlin.

Von besonderem Werte für den Bibliophilen, Literaturhistori-
ker und Sammler sind die höchst zahlreichen N a c h w e i -
s u n g e n v o n E x e m p l a r e n i n ö f f e n t l i c h e n B i b l i o -
t h e k e n (besonders Berlin, München, Dresden, Breslau,
Wolfenbüttel, Leipzig Hamburg, Stuttgart Darmstadt, Nürnberg, Karlsruhe, Hannover, Göttingen, — Wien (Stadtbibl.),
Zürich, London (British Museum). Für den Buchhandel und
die Sammler sind die u n z ä h l i g e n P r e i s n o t i e r u n g e n
im Antiquariat und auf Auktionen der letzten drei Dezennien
eine wichtige Beigabe.

Für die h ö c h s t l i b e r a l e Z u s e n d u n g s e l t e n s t e r
B i b l i o t h e k s w e r k e behufs genauerer Beschreibung bin
ich ganz besonders den H e r r e n G e l e h r t e n d e r B e r -
l i n e r, B r e s l a u e r, D r e s d n e r und M ü n c h n e r K ö -
n i g l i c h e n B i b l i o t h e k e n, sowie der W i e n e r (auf diesem Gebiete sehr wichtigen) S t a d t b i b l i o t h e k zu Dank
verpflichtet, den ich hierdurch zugleich im Namen des Herrn
Mitherausgebers freudigst ausspreche.

Dresden-N., im Dezember 1911.

H u g o H a y n.

A.

AACHEN. —* AMUSEMENS DES EAUX D'AIX LA CHAPELLE, Oder Zeit-Vertreib bey den Wassern zu Achen, Aus d. Frantzös. d. Verfassers derer Amusemens des Eaux de Spa *(Charles-Louis* Baron *de Poellnitz)* ins Deutsche übersetzet (von Peter Mortier) und Mit schönen Kupffern gezieret. Berlin, Zufinden b. Joh. Andr. Rüdiger, 1737. (Nebst Kpftitel.) 8⁰. (In Berlin: Xy 1800; auch in Breslau, K. B.: Hist. Germ. V. 8⁰ 10.)

> 1 Bog. Vorst. u. 1380 S. Unter d. Dedic. nennt sich d. Uebersetzer.
> Mit 23 Kpfrn. zum Auseinanderfalten, Ansichten Aachens, seiner Bäder und deren Gebrauch etc.
> Orig. (in Stuttgart): Amusemens des Eaux d'Aix-la-Chapelle. 1889; 3 tom. enrichis de tailles-douces. Amst., P. Mortier, 1736. 8⁰. (10 Mk. G. Hess, München, 1889; 36 Kr. Halm & Goldmann, Wien, 1907.) Nach Grässe, trésor I. p. 109, wird das Buch auch Hecquet fils zugeschrieben.

AACHEN. — Schilderung der Stadt Aachen, zum Unterrichte und zur Erbauung der Reisenden, der Spieler, der Geschichtschreiber und der Philosophen. O. O. 1787. 8⁰. Stellenweise frei. Rar!

> Orig.: Tableaux d'Aix-la-Chapelle. Pour servir à l'instruction et à l'édification des voyageurs, des joueurs, des historiens et des philosophes. S. l. 1786. 8⁰. (6 Mk., etw. fleck., Völcker, Frf. a. M., 1876.)

AACHEN. — Vindex, Michael (ps.), Das stehende Theater zu Neu-Abdera (Aachen); eine dramatische Pille, allen Abderiten zu gesegneter Wirkung und allen Nicht-Abderiten zur Warnung u. Kurzweil verschrieben. Leipzig 1829. 8⁰. Selten!

> Satire auf Aachen. — Fr. Rassmann's Lex. deutsch. pseud. Schriftsteller . . . . Lpz. 1830. 8. S. 191.

AARON in der Klemme oder der Bräutigam als Braut. Ein Schauspiel mit Ernst u. Scherz in 3 Aufz. O. O. (Nürnberg, Stein) 1818. Kl. 8⁰. (6 Kr. Gilhofer & Ranschburg. Wien, 1904; 4 Mk. Ernst Frensdorff, Berlin, 1904.)

> Das sehr interessante Stück enthält als Titelbild eine Lithographie: das Innere einer Pfandleihanstalt, die wohl als sehr seltene Incunabel der Lithographie bezeichnet werden kann.

* ABBILDUNG, Die wahre, und eigentliche Gestalt einer recht vergnügten Ehe, allen die im Ehestande leben, oder in denselben treten wollen, zur nöthigen Prüfung

und heilsamen Nachdenken vor Augen geleget. Leipzig 731.
Kl. 8⁰.

ABBILDUNG z w e i e r H e n n e n. Blattgr. Holzschn., unten
kurzes G e d i c h t: Hüt dich vor den bösen Hennen Die dir zer-
scharren deinen dennen, etc. Augspurg, H. Hofers erben
[c. 1680]. Fol. E i n b l a t t d r u c k.

> Symbol. Darstellung in Bezug auf e i n g u t e s u n d e i n
> b ö s e s W e i b. (8 Mk., aufgezog. Expl., Ludw. Rosenthal,
> München, (c. 1885).

ABBILDUNGEN, (6) S a t y r i s c h e. Ausgefertigt durch ein
Mitglied der Deutschen Gesellschaft in Greiffswald (sic!) (*Herm.
Jac. Lasius*). O. O. (Wittenb., Ahlfeld) 1746. 8⁰. Zahm. Tit.,
3 Bll. Vorr. u. 112 S. Darin u. a.: Vertheidigung d. Jungfern,
wider die ihnen beygemessene Unwahrhaftigkeit. — Eine
Satire auf die große Liebe zu den Kleidermoden. — Die
Vortrefflichkeit u. der Nutzen des gelehrten Jähnens etc. (In
Marburg.)

ABC, E i n e h e l i c h e s, u n d w e i b l i c h e n (!) T u g e n d -
s p i e g e l, aus dem 31 cap. Salomonis genommen. Magde-
burg, 1595. 4⁰.

> Fülleborn, kl. Schr. II. Bresl. 1798. 8. p. 221.

A-B-C, D a s g o l d e n e, f ü r H e r r e n u n d D a m e n i n
u n d a u s s e r d e r E h e. Mit 1 allegor. TKpf. Berlin, bei
G. Hayn, 1809. 8⁰.

> Hübsches TKpf., Tit., 1 Bl. u. 399 S. Lat. Lettern. — Enth.
> u. a. ziemlich freie Erört. über Coquetterie, eheliche Pflich-
> ten, Eifersucht, Entblößung der Brüste, den Hausfreund
> (S. 133—140, mit Warnung vor Hahnreichschaft), frühe ge-
> heime Liebschaften der Mädchen, Mutterpflichten, Putz, Um-
> gang der Männer mit Weibern u. s. w.

— — Dasselbe. (Nachdruck?) Wien 1809; bei Ignatz Feldner.
12⁰. Titel, 2 Bll. Inh. (alphabetisch), 327 S.

A. B. C., D a s H ä u ß l i c h. CHristlichen vnd GOttseligen
angehendten Eheleuhten (sic!) zu guetem, in Teutsche Reimen
verfasset vnnd gestellet. Getruckt zu Augspurg, bey Sara Mangin,
Wittib. 1624. 4⁰. (In Augsburg.)

> 4 Bll. m. Titelholzsch. — Weller, Ann. II. p. 480. no. 1006.
> ANfangs ein Haußvatter sich jeb
> Daß er vor allen Dingen lieb,
> Gott vnd sein heiligs wort darneben,
> Vnd thu fridlich im Ehestand leben etc.

ABC z u m p r a k t. U n t e r r i c h t f ü r g r o s s e K i n d e r.
O. O. u. J.

ABC, D a s, i n V e r s e n. O. O. u. J.

ABC d e s W i s s e n s f ü r D e n k e n d e. O. O. u. J.

> Sämmtlich vom Kreis-Gericht Leitmeritz v e r b o t e n 1876,
> 1877, 1881. § 516.

ABC Christlicher Weiber vnd Jungfrauen. Schleusingen 1616. 8⁰. Rar!
> Bibl. J. A. Fabricii. I. Hamb. 1738. p. 221.

A-B-C-BUCH für grosse Kinder (von *Josef Richter*). 2 Hefte. Mit 2 satyr. TVign. (gestoch. v. M. Bock). Wien 1782. 8⁰. 102 (104?) S. (1 fl. 20 kr. Gilhofer & Ranschburg, Wien, c. 1888; 3 Mk., J. Taussig, Prag, 1904; 5 Mk. Adolf Weigel, Lpz., 1906.)

— — Dasselbe. Vermehrte u. verbess. Aufl. Ebd. 1782. Kl. 8⁰. (In Warmbrunn, Reichsgräfl. Schaffgotsch'sche Majoratsbibl., nebst dem folg. Anhang.)

A-B-C-BUCH. — Strommer, Joh., Anhang zum ABC-Buch für grosse Kinder. 1. (einz.) Stück. Wien 1782. Kl. 8⁰. 54 S.

A-B-C-BUCH, Neues, für grosse Kinder (von *A. G. F. Rebmann*). 3 Thle. Germanien (Hamburg, Vollmer) 1798. 8⁰.
> Weller, fing. Druckorte.

ABC-Buch, Verliebetes, ... R. S. (Verf. *Kaspar Friedr. Renner*, geb. 20. März 1692 zu Münden, Structuar u. Stadtvoigt in Bremen, † 21. Mai 1772; nannte sich *Franz Heinr. Sparre*). Gedruckt bey Hermann Christoph Jani. O. O. u. J. (1734). 8⁰. 8 Bll. (In Göttingen: P. 3905.)
> Auch in R's: Eine Handvoll Knittel-Gedichte. Bremen, bey Nathanael Saurmann. 1738. 8⁰. 2 Bll. u. 109 S. (Nr. XIII. S. 91 ff.) (Ebd. 3905.) Goedeke, 2. Aufl., III. pag. 343. (15 Mk. Ludw. Rosenthal, München, 1906.)

ABD-EL-KADER. — France, A. de (Schiffsfähnrich), Abd-el-Kader, der furchtbare Bekämpfer der Franzosen in Algier. 2 Bde. Quedlinburg und Leipzig 1840. 8⁰. (4 Mk. Alfr. Lorentz, Lpz., 1905.)
> Mit Gräuelthaten ärgster Art, besonders an Frauen verübt.

ABDALLAHS, des Kosmopoliten, Wanderungen und Kreuzzüge durch Europa zur Zeit der jetzt herrschenden Aufklaerungs- und Revolutions-Epoche. Cöln, auf Verordnung des cisrhenan. Direktoriums, im ersten Jahr der Freyheit. (1789.) 8⁰. (3 Mk. Franz Teubner, Düsseldorf, c. 1898.)

* ABDRUCK zweyer rechtlicher Gutachten die Ehen mit der Stief-Tochter und Schwieger-Mutter betreffend. Halle 1770. 8⁰.

ABDUL Haulit, s. Haulit.

ABDULLAH Aga (ps.), Anti-Hymenäus. Ein lustiges Mahn- und Rathbüchlein für die Junggesellen. (Mit Illustr.) Leipzig (1882). 8⁰. (80 Pfg. Taussig, Prag, c. 1905.)
> Weller, Lex. Preud. p. 1 hat ebenfalls 1882.

ABDULS Liebesnächte in Stambul. Ein romantisches Gemählde (!) der neuesten Zeit. Mit TKpf. (nach A. Peter von J. Mansfeld gest.). Straßburg (Wien, Alois Doll) 1803. 8⁰.

  Gestoch. Tit., 228 S., 2 Bll. Doll'sche Verlagsbücher. Selten!

ABEILARD, Der neue, s. *Rétif de la Bretonne.*

ABEL, Casp. — *CASPAR ABELS auserlesene Satirische Gedichte, worinnen viele jetzo im Schwange gehende Laster, auf eine zwar freye, u. schertzhaffte doch vernünfftige Art, gestrafet werden; Und Theils ihrer Vortrefligkeit halber aus dem berühmten BOILEAU u. HORATIO übersetzt, Theils auch nach deren Vorbilde verfertiget sind. Quedlinburg u. Aschersleben, verlegts Gottlob Ernst Struntze, 1714. 8⁰. (In Berlin 2 Expl.: an Yk 3372 a; Yk. 191.)

  12 Bl., 224 S. Enth. 14 Satyren. — S. auch Ovid.

  ABEL, Caspar, geb. 1 6 7 6 zu Hindenburg in der Altmark, Anfangs Rector zu Osterburg u. zu Halberstadt an der Johannis-Schule, dann Prediger zu Wernsdorf bei Aschersleben, starb den 10. Januar 1763 (nicht 1752), wie ganz zuverlässig dargethan wird im Allg. Litter. Anz., Lpz. 1801. Nr. 178. — v. Meusebach zu Koch I. p. 186.

ABEL, CASP., Ein Gespräch vom Frauenvolk und dem Ehestande. A. 1696. Ein Gespräch vom Mannvolke und dem Ehestande. A. 1717. Die verkehrte Welt. 3 plattdeutsche Satiren. München 1891. 8⁰. (1 Mk. 40 Pfg. Ferd. Schöningh, Osnabr., 1905.)

ABEL, J., Wie findet man das Paradies der Ehe? Eine vom Vermählungsgotte gekrönte (zahme) Preisschrift für Ehelustige und ihre Ratgeber. Berlin 1817. 8⁰. (1 Mk. 50 Pfg., Lehmann & Lutz, Frankfurt a. M., 1884.)

ABEL, Joh. Jos., Historisches Gemälde der Lage und des Zustandes des weiblichen Geschlechts unter allen Völkern der Erde von den ältesten bis auf die neuesten Zeiten, entworfen nach *Meiners* (s. d.). Leipzig 1803. 8⁰. XII—420 S.

ABELARD, Der vermeinte, oder die Empfindsamkeit auf der Probe. (Zahmer Roman.) Leipzig, Schwickert, 1781. 8⁰. 192 S. (In Dresden.)

ABELE, Matthias, von und zu Lilienberg aus Steier, Bergwerksbeamter und Ober-Secretär im Land Steyr, seit 1652 Mitglied der fruchtbr. Gesellsch. („der Entscheidende"), Doktor beider Rechte und Hof-Historicus, schrieb Anekdoten in Proceßform, hin und wieder eingeschaltete Gedichte. — Metamorphosis telae judiciariae, Das ist: Seltzame Gerichtshändel. Lintz 1651. 8⁰.

  Neue Ausgaben: Nürnberg 1655. 8⁰; ebd. 1661. 8⁰;

ebd. 1668. II. 8⁰; ebd. 1684. II; ebd. 1705. II. 8⁰. Mit
2 Frontisp. (8 Mk. Jacques Rosenthal, München, c. 1903);
ebd. 1712. II. 8⁰. (Goedeke, 2. Aufl. III. p. 265, 10.) (8 Mk.
J. Halle, München, c. 1905.)

ABELE, Vivat Unordnung! Das ist Wunder-Seltzame,
niemals in offentliche' Druck gekommene Gerichts: und
ausser Gerichts: doch warhaffte Begeben-
heiten. Sultzbach. In Verlegung, Mich. u. Hans Fr. Endtern
(in Nürnberg) 1669. 12.

ABELE, Künstliche Unordnung, d. i.: wunder-selt-
same niemals in öffentlichen Druck gekommene Gerichts-
u. ausser Gerichts — doch warhaffte Begebenheiten. 5 Thle. Nürnb. 1670—73. 12⁰.

> Th. G. v. Karajan's Bibl. I. Lpz. 1875. No. 385.

ABELE, Fiscologia oder Communitätscasse zu
Grillenberg. Nürnberg 1672. 8⁰.

ABELINDA (ps.), Curieuser Frauenzimmer-Roman,
oder Liebes-Assemblée, wo jedwede Dame und Cavalier ihre glück- und unglückliche Begebenheit in dem Pallast
der Amour erzehlet und von einer (!) derselben Mitgliede heraus
gegeben —. Leipzig, Heydler, 1703. 12⁰. 12 Bogen. Von
grösster Seltenheit!

> Das Leipziger Neujahrs-Mess-Verz. hat Bl. C 2a die Adresse:
> Jena b. Joh. Bielcken.

ABELLINA. Die schöne . . . . (von *Carl Gottlob Cramer*),
s. Mann, Der kluge, sub Cramer.

ABENDGESELLSCHAFTER, Der fröhliche, eine Auswahl
von mehreren hundert der besten u. sinnreichsten Anekdoten,
lustigen Scherze etc. Frankf. a. M., Boselli, 1833. (Auch titulo: Der Garten des Momus, den Freunden der Ge-
selligkeit geöffnet; hrsg. v. Ph. Rheden.) Gr. 8. (1 Rthl.)

> Ed. I. 1816; rep. 1823. — Ersch IV. 2. 1837. Sp. 264.

§ **ABENDLUST,** Die, im Prater zu Wien, in den Geschichten verschiedener Personen von Stande (von *Chrn. Heinr.
Korn*). Frankfurt u. Leipzig (Ulm) 1774. 8⁰.

> 197 SS. — Zuerst gedruckt: Ulm, Bartholomaei, 1773. (1¹/₃
> Rthl. Koebner, Breslau, vor 1875.)

ABENDMUSSE zweyer Freunde, ... worinnen die
äusserst merkwürdige Geschichte: die Univer-
sitätsjahre des Grafen L. v. Z., von ihm selbst beschrieben, mit begriffen ist. (Verfasst von *Joh. Jac. Wagner
u. Koch*.) 3 Thle. Mit Kupfern u. Musik. Leipzig 1792—94. 8⁰.

> Sehr rar! — Anon.-Lex. I. p. 6. (nach Kayser u. Meusel).

ABENDSTUNDEN, Angenehme, in dem Boulognesi-
schen Gehölze, oder französische und englische Geschichte. (Aus dem Französ. des Grafen *v. Caylus*). 2 Thle.
Hamburg 1751. 8⁰.

21 Bog. — O r i g i n a l: Soirées du bois de Boulogne, ou nouvelles françoises et angloises, par M. le comte de ******* 2 vols. La Haye (Paris) 1742. 12⁰. — La Haye 1754. (2 Rthl. Schmidt, Halle.)

ABENDSTUNDEN eines Einsiedlers. (9 Erzählungen.) Mannheim, b. dem Hofbuchh. F. Kaufmann. 1802. 8⁰.

Tit. (m. Vign. v. J u r y) u. 136 S. Nr. 3 „das Turnier" freien Inhalts.

* ABENDSTUNDEN in lehrreichen und anmuthigen (theilweise etwas freien) Erzählungen. Th. (1). 3 te Aufl. Bresslau. 1770 bei Johann Friedrich Korn, dem ältern. (Zuerst gedr. 1760.) Th. 2—5. 2 te Aufl. Ebd. 1767—75. (Ed. I: 1763—65.) Th. 6—14. Ebd. 1766—76. 8⁰. (Das Berliner Expl. in 6 voll. gebd.) (In der Breslauer Kgl. u. Univers-Bibl. sind Th. 4—7: 1764—67, Th. 9: 1769.)

— — Dasselbe. 14 Bde. Ebd. 1770—76. 8⁰. (12 Mk. J. Scheible, Stuttg., 1883; jetzt theurer!)

* ABENDSTUNDEN, Neue, oder fortgesetzte Sammlung von lehrreichen und anmuthigen (theilweise leichten) Erzählungen. 14 Thle. Bresslau und Leipzig, verlegts Joh. Friedrich Korn, der ältere. 1768—76. 8⁰. (Das Berliner Expl. in 7 voll. gebd.) (In der Breslauer obigen Bibl. sind Th. 5—6: 1770, Th. 7: 1772.) (2 Thle., 1768, waren für 12 Kronen in Halm & Goldmann's [in Wien] Cat. 193 no. 4 angeboten.)

ABENDSTUNDEN, müßige, zweier Freunde (von *J. K. A. Muchardt* und *P. F. Brede*). Germanien (Leipzig, Fleischer) 1799. (Format ?)

Weller, fing. Dr.

ABENDSTUNDEN, Philosophische, vom Koche des Königes von Preussen. Zur Elektrisirung fanatischer Köpfe aus d. Französ. (des Grafen *v. Schwerin*) ins Deutsche übersezt (sic!) und reichlich mit Anmerkungen versehen von einem Illuminaten in Bayern (Friedr. Heinr. B i s p i n k). Mit curiosem satyr. Titelkpf. Boston u. München (Leipzig, Weygand) 1786. 8⁰. (Expl. in Halle a/S., Bibl. der Loge zu den 3 Degen.) (15 Mk. Frensdorff, Berlin, 1907; 30 Mk. Max Harrwitz, Berlin, 1906.)

10 + 355 S. Zum Theil erotisch u. cynisch. Der Verfasser unterzeichnet sich am Schluss mit den Buchstaben J. M. S. — Anon.-Lex. I. p. 6 (nach Weller, Meusel u. Kayser).

O r i g. (in Carlsruhe, Hof- u. Staatsbibl.): Les soirées philosophiques du cuisinier du Roi de Prusse. A Sans-Souci 1785. 8⁰. 2 ff. et 164 pp. (15 Mk., Max Harrwitz, Berlin, 1891.) Erronément attribué à Voltaire. La 6e soirée traite de „baiser", la 7e des testicules, puis des Capucins, des Eunuques etc. etc.

§ — — Dasselbe. Ebd. München, Jos. Lentner) 1796. 8⁰. 232 S. Es giebt Expll. o h n e Vorrede.

ABENDSTUNDEN, Vergnügte (hrsg. von Rudolf W e d e k i n d).
3 Thle. Erfurt 1748—50.

> Anon.-Lex. I. p. 6 (nach Meusel).

ABENDZEITVERTREIB für Bürger und Landleute,
die Spass verstehen und Kurzweil lieben . . . . (hrsg. von Wilhelm v. H a s t e n p f l u g). Leipzig 1811.

> Anon.-Lex. I. p. 6.

ABEND-ZEITVERTREIB, Lustiger, eines Officiers
beym schönen Geschlechte, Wein, Punsch
u. B i s c h o f f. (Typ. Ornam.-Vign.) O. O. (Berlin, Himburg)
1770. 8⁰.

> Selten! 64 S. (incl. Tit. u. 1 Bl. Nebent.: „Tändeleyen an
> Freunde, Freundinnen u. der Freundschaft gewidmet"). —
> Lat. Lettern. — S. 57 ff: A n h a n g v o n S a m m l u n g e n
> s c h m a c k h a f t e r G e s u n d h e i t e n, mit Erlaubniss
> eines Freundes." (Stellenw. frei u. anstössig.) S. auch
> T r i n k s p r ü c h e.

— — Dasselbe. O. O. (ebd.) 1771. 8⁰.

ABENTEUER über A b e n t e u e r. 2 Thle. Leipzig, Köhler,
1808. 8⁰.

> Einiges etwas frei. Scheint Bearbeitung eines französ.
> Originals.

ABENTEUER über A b e n t e u e r,— Verlobungen mit Hindernissen. Zwei humorist. (zahme) Erzählungen. Berlin (c. 1873).
Kl. 8⁰. Mit color. Umschlag.

ABENTEUER und W a l l f a h r t e n, Merkwürdige,
einer B a r o n e s s e, oder: L i b e r t i n e i n d e r J u g e n d
und B e t s c h w e s t e r i m A l t e r. Komischer (ziemlich
zahmer) Roman aus der Gegenwart. 2 Thle. Quedlinburg,
Basse, 1818. 8⁰.

ABENTEUER, Liebschaften und lustige Fahrten
eines B o n v i v a n t s. Leipzig, Köhler, 1801. 8⁰. Einiges
etwas frei.

ABENTEUER galanter Damen der Aristokratie
und der Demi-Monde. Cincinnati, George Brown
(Leipzig, Verlags-Anstalt), 1874. 8⁰. (3 Mk. Scheible.)

> Auch tit.: Pikantissima. IV. — Enth. den ziemlich zahmen
> Roman: Die P e n s i o n s f r ä u l e i n s z u B r i g t o n (sic!).
> 85 S. (incl. Umschlag, auf dem die Orts- u. Jahrsangabe).

ABENTEUER, Verliebte, des Don Pedro. Volksroman. Berlin, o. J. 8⁰. (Bibl. d. Vereins f. d. Gesch. d. Stadt
Berlin, Cat. von 1881, S. 145.)

ABENTEUER eines deutschen Edelmanns, s. Denkwürdigkeiten des Herrn v. H.***

ABENTEUER eines französischen Emigranten (von
G. C. Kellner). Coblenz (Rostock, Stiller) 1791.

> Anon.-Lex. I. p. 7 (nach Kayser u. Weller).

— — Dasselbe. Ebd. 1794.

ABENTEUER, Galante, eines Enkels des berühmten Faublas in Italien, Spanien u. Griechenland. Leipzig, Verlags-Anstalt, 1873. 12⁰. (Ldpr. 1 Mk.)

— — Dasselbe. Berlin, o. J. 12⁰. 127 S. (2 Mk., Taussig, Prag.)

§ **ABENTEUER** eines Frauenzimmers von Vergnügen. (Aus d. Engl. des *John Cleland*). 2 Thle. London 1782. 8⁰. Ungemein selten!

— — Dasselbe. S. auch Frauenzimmer, das, von Vergnügen; Freudenmädchen, das; Heimlichkeiten, Entdeckte, einer . . . . Maitresse; Romane, Priapische.

ABENTEUER, Verliebte, Kreuz- und Querzüge eines schalkhaften Freyers. (Zahmer Roman von *Carl Nicolai.*) Magdeburg 1816. 8⁰.

ABENTEUER eines Genies (von *Wilhelm v. Hastenpflug*). Berlin 1809. 8⁰. Ziemlich zahm.

ABENTEUER und dumme Streiche eines Genies nach der Mode. Teutschland (Halle) 1796. 8⁰.

ABENTHEUER Hatim Taïs. Eine morgenländische Erzählung aus d. Engl. von *x. (Gottfr. Wilh. Becker). 2 Bde. Leipzig 1831. 8⁰.

„Ein Roman, wie ihn nur die ausschweifende Phantasie der Morgenländer erzeugen kann." (4 Mk., etw. gebraucht. Expl., Alfr. Lorentz, Lpz., 1905.)

ABENTEUER vor u. nach d. Hochzeit. Frei nach dem Französ. von N. P. Stampeel. 2 Thle. M. 1 hübsch. Kupf. Frankf. 1803. 8⁰. Etwas freier Roman. 336 S.

ABENTHEUER des Hofmeisters JCH auf einer Reise in Deutschland im J. 1823 gesammelt. Nebst einer Sage von Wlasta der Amazonen-Führerin in Boehmen im J. 735—744. Eisenberg 1825. 8⁰. (3 Mk. Franz Teubner, Düsseldorf, c. 1898.)

ABENTEUER, Galante (ziemlich zahme) eines Husarenoffiziers. Erzählt von einem Kameraden. Mit Illustrationen. Berlin, Reinhold Klinger (c. 1904). 8⁰. (Mk. 2.—.)

§ **ABENTEUER,** Humoristische, eines Krähwinklers auf der Reise nach der Residenz. 2 Thle. Wien 1829. 8⁰. 52 u. 64 SS. Ziemlich zahm.

ABENTHEUER, Merkwürdige, und Liebschaften im Kriege. Von einem Officier. (Vf. *v. Hendorf.*) Marburg, Krieger, 1823. 8⁰. Gestoch. Titel, 246 S. (5 Mk., Taussig, 1904; 4 Mk., schönes Expl., O. Rauthe, Berlin, 1908.)

ABENTEUER, Galante, des herrlichen (preuss.) Kriegsheeres. Bdchn. I. Hamburg (Altona, Verlagsgesellsch.) 1851. 8⁰. (4 Mk. 50 Pfg., M. Edelmann, Nürnb., 1906; mit nur 5 [statt 7] Illustr.).

> 103 SS. Mit Titelbild u. 6 versiegelt. schlechten Illustr. (Holzschn.) — Inh.: Stolz u. Liebe. — Männlich oder Weiblich? — Gegenseitige Abkühlung. — Die drei Wahrzeichen.

— — Dasselbe. Ibid. 1852. 8⁰.

— — Dasselbe. Ibid. 1862. 8⁰.

— — Dasselbe. 4. Aufl. Ibid. 1870. 8⁰. (3 Mk. Fischhaber u. A.).

— — Dasselbe. 5. Aufl. Ibid. 187*. 8⁰.

— — Dasselbe. 6. Aufl. Ibid. 1872. Kl. 8⁰.

> 103 S. (incl. Tit. u. 3 Bll. Vorwort).

ABENTEUER, Neue galante, des herrlichen Kriegsheeres in den schleswig-holsteinischen Feldzügen. Neustadt, J. F. Wagner (Altona, Verlags-Bureau), 1853. 8⁰.

> Tit. u. 104 SS. Mit Titelbild u. 6 versiegelt. schlechten Illustr. (Holzschn.) — Inh.: Heinrich Schulze als Gefreiter, Butter- u. Eierhändler. — Der Comödiant Bummelmeier als Held im Kriege u. im Spiel der Liebe. — Unteroffizier Piefke's Thaten u. Fahrten im Gebiete der Liebe.

— — Dasselbe. Ibid. 1862. 8⁰.

— — Dasselbe. Ibid. 1865. 8⁰. (3 Mk. Fischhaber, Scheible u. A.)

ABENTHEUER des Lord Moses Gordon, ein Beytrag zur Geschichte der Ausschweifung des menschlichen Verstandes. Aus d. Engl. London u. Leipzig (Köhler in Lpz.) 1788. 8⁰. (Expl. in Aarau, Cantonsbibl.)

> Weller, fing. Dr.

ABENTEUER etc. des Herrn von Lümmel, s. *Bornschein.*

ABENTEUER, Meinungen und Schwänke galanter Männer (nicht von *Vulpius*). Ein Seitenstück zu den Skizzen (s. dort) aus den (so!) Leben galanter Damen. Regensburg, in der Montagischen Buchhandlung, 1791. 8⁰. 0XI—212 SS. (112 ist Druckfehler).

> Inhalt: Raimond Jordan, Vcte. de St. Antoni. — Peter Vidal. — Mauroy. — Louis XII. — Graf Bonneral. — Carl VII. von Frankreich. — Heinrich II. von Frankreich. — Carl IX., von Frankreich. — Duc de Roquelaure (s. denselb.).
> Auf Seite 44 ein 13 Zeilen langes Citat aus dem kurz vorher erschienenen Goethe'schen Faust-Fragment „Lasst den Herrn in Gedanken schweifen . . . bis „Möchte selbst solch einen Herren kennen, würd ihn Herr Mikrokosmus nennen." (12 Mk., Fr. Strobel, Jena; 6 Mk. Adolf Weigel, Lpz.)

ABENTHEUER u. merkwürdige Schicksale des Grafen v. Menonville. Eine wahre Geschichte (eines

lüderlichen Buchhändlersohnes). Aus d. Französ. v. Dr. Chr.
Wilh. R i t t e r. Hamburg (Altenburg, Petersen) 1808. 8⁰. 254 S.
ABENTHEUER e i n e r   e i n z i g e n   N a c h t. Eine ko-
mische (sehr liederliche) Geschichte. O. O. (Lpz., Joachim).
Reichs-Commissions- u. Industrie-Büreau (1803). 8⁰.
    E r s t e seltene Ausgabe. Druck-Titel u. 176 S.
— — Dasselbe, tit.: D i e   t o l l e   N a c h t. Ein komischer
Roman. Leipzig, im Magazin f. Literatur, o. J. (Lpz., Joachim,
1803.) 8⁰.
    Gestoch. Tit. u. 176 SS. (2 Rthl. Scheible.)
§ **ABENTEUER** e i n e r   N a c h t   i n   S t a m b u l. (Ziemlich
zahmer Roman.) 2 Bde. Bagdad (Cöthen, Aue) 1797—98.
8⁰. Tit., 440 u. 390 SS. Mit 1 Kpf. von B o e t t g e r sen.
—· — Dasselbe. Neue Aufl. 2 Bde. Leipzig 1816. 8⁰.
ABENTEUER, N ä c h t l i c h e,   i m   L i e b e s t a u m e l. (Er-
lebnisse eines Roué's.) (2 Mk., eine böhmische Firma, 1901.)
ABENTEUER des J a k o b i t e n b r u d e r s   R a p h a e l P f a u,
Z e i t g e n o s s e n   d e s   E r a s m u s   S c h l e i c h e r. (Lieder-
licher Roman von *Carl Gottlob Cramer*). 4 Thle. Mit Kpf.
Schloß Lichtenberg (Weißenfels, Severin) 1796. 9⁰.
    Meusel's in Coburg Leihbibl.-Cat. 1807. — Anon.-Lex. I.
p. 6—7 (nach Goedeke u. Weller).
ABENTEUER,, P i k a n t e (ziemlich zahme). Leipzig, Verlags-
Anstalt, o. J. (c. 1872). 8⁰. (Mk. 1,50.)
ABENTEUER, P i k a n t e,   v o n   e i n e m   A b e n t e u r e r
s e l b s t   e r z ä h l t. Mit freiem Titelbild. Leipzig. (188*.) 8⁰.
(1 ⁴/₅ Mk. Bielefeld, Carlsruhe.)
ABENTEUER, D i e,   d e s   P r i n z e n   C h e r u b i n, s. A u s -
g a n g s p u n k t, Der, d e s   V e r g n ü g e n s.
ABENTEUER, D i e,   d e r   s e c h s   P r i n z e s s i n n e n v. B a -
b y l o n   und ihre Belohnung im Tempel der Tugend. Ein
Neujahrsgeschenk für junge Frauenzimmer adelichen und bürger-
lichen Standes. Aus dem Englischen übers. Hamburg. 1787.
8⁰. 183 S. (4 Mk. H. Streisand, Berlin, 1906.)
§ **ABENTEUER,** L u s t i g e s,   e i n e s   g e i s t l i c h e n   D o n
Q u i x o t t e. Berlin 1775. 8⁰. Rar!
ABENTHEUER, D i e   W u n d e r s a m e n, D e s . . . . N e u e n
D o n   Q u i x o t t e . . . . , s. R o b i n s o n, S c h w ä b i s c h e r.
ABENTHEUER eines R i t t e r s   v o n   d e r   t r a u r i g e n   G e -
s t a l t. Hirschberg, Ußner, 1791. 8⁰.
    Kayser's B.-Lex. (Romane).
ABENTEUER, K o m i s c h e,   u.   l u s t i g e   E r z i e h u n g s -
g e s c h i c h t e   d e s   R i t t e r s   K a r l s   d e s   G u t e n, als ein
Sittenspiegel für zärtliche Herren u. Damen. Nach d. Franz.
(des *Fr. M. Mayeur de Saint Paul*). Mit Titelvign. Leipzig

1790. 8⁰. (4 Mk. Julius Neumann, Magdeb., 1906; 8 Kr.
Halm & Goldmann, Wien, 1904.)

    Glück d. Ehe. — Galanterie und Liebe. — Unbeständ.
u. unbelohnte Liebe. — Liebes-Journal. — D. Bekanntschaft
e. jungen Wittwe. — Arzt f. Liebende.

    O r i g.: Aventures et plaisante éducation du courtois che-
valier C h a r l e s - L e - B o n, sire d'Armagnac; contenant pro-
fitables leçons à jeunes Chevaliers et à Dames de haut
parage. 3 tom. av. 3 grav. (d'après C. P. M a r i l l i e r p.
H. J. G o d i n). Amsterd. et se trouve à Paris . . . . . 1786.
— 12⁰. 212, 202 et 156 pp. (5 Mk. Lehmann u. Lutz,
Frkft. a. M.)

ABENTEUER des R i t t e r s M e n d o z a d'A r a n u n d
s e i n e s h o c h w e i s e n K n a p p e n T r u f f a l d i n.
Schwank. Aus d. Französ. (des *Pigault-Lebrun*). Berlin, Himburg, 1803. 8⁰. 381 S.

    Oswald Weigel's Leipziger Juni-Auction. 1907, no. 440.

ABENTEUER des R i t t e r s P a l m e n d o s. (Zieml. zahmer
Roman von *Christian August Vulpius*). Leipzig 1784. 8⁰.

ABENTEUER, G a l a n t e, d e r S ä n g e r i n W i l h e l m i n e,
s. S c h r ö d e r - D e v r i e n t, Wilhelmine.

ABENTHEUER u n d W a l l f a h r t e n e i n e r D e u t s c h e n
S c h a u s p i e l e r i n n. Komischer (ziemlich zahmer) Roman.
Mit Portrait. Hamburg bei Gottfried Vollmer (Herold in
Hamb.). O. J. (ca. 1810). 8⁰. 295 S. Selten!

ABENTHEUER, D a s, a u f d e m S c h l o s s e W a m p e n-
b u r g. Ein komischer Roman in Carricatur-Gemälden. Leipzig,
Joachim, 1803. 8⁰.

ABENTHEUER u n d F a h r t e n d e s B ü r g e r s u n d
B a r b i e r s S e b a s t i a n S c h n a p p s. Ein komischer Roman
aus den neuesten Zeiten (von *Christian August Vulpius*).
Leipzig, Kummer, 1798. 8⁰.

    312 S. Ziemlich zahm.

ABENTEUER, S c h w e d e n b o r g' s c h e, a u f R e i s e n b e i
N a c h t. Leipzig, Joh. Friedr. Glück. 1831. 8⁰. (2 Mk. Rich.
Bertling, Dresden, 1897.)

    XII—113 S. 1 S. Verlag d. Firma.

    Jokos-satyr. (n i c h t erotische) Schilderungen, u. a.: Er-
scheinung am Himmel über S t o c k h o l m; nächtlicher Kampf
mit wilden Katers; Lehre von den himmlischen Geistern;
der himmlische Geist Asthuni stimmt mit Hülfe des reisenden
Doktors eine Orgel. — Auf Bl. 2 steht: „Dem so berühmten
als ehrwürdigen Hotel der alten S t a d t L o n d o n in
H a m b u r g u. den daselbst übernachtenden Herrschaften
ehrerbietigst geweihet vom Herausgeber." — Wenig bekannt!

ABENTEUER, L a u n i g e, u n d t h e a t r a l i s c h e W a n-
d e r u n g e n e i n e s S o u f l e u r s, Theater-Schneiders und
Friseurs. Gegenstück zu Scarron's komischem Romane. Aus
d. Französ. übers. von Ludw. T h i e l e. Neue, mit zwei

Kupfern vermehrte Ausgabe. Breslau, Schall, 1801. (Ed. I.
1800?) 8⁰.

> XX, 2 Bll., 309 SS. Freie Uebersetzung des seltenen
> Originals: „Le nouveau roman comique, ou voyage et avan-
> tures d'un soufleur, d'un perruquier et d'un costumier de
> spectacle. 2 vols. Paris 1799."

ABENTEUER und Geniestreiche, bestanden von
Vater und Sohn. Pegau, Günther, 1802. 8⁰.

— — Dasselbe, tit.: Abenteuer, bestanden von
Ehrenhaus und Sohn. Ibid. 8⁰.

— — Dasselbe, tit.: Liebesabenteuer, bestanden
von Vater und Sohn. Eisenberg, Schöne, 1807. 8⁰.

> Ziemlich zahm.

ABENTEUER im Walde bei Vinzennes. (Freie Liebes-
gesch.) Aus dem Französ. 2. Aufl. Kreuznach, bei Ludwig
Christian Kehr, 1805. (Ed. I. c. 1800?) Kl. 8⁰. 112 SS.
(incl. Tit. u. 1 Bl. Vorw.). Wohl Nachdruck.

ABENTEUER Wilhelm's von Berg (von *Joach. Chp.
Friedr. Schulz*). Altenburg 1789. 8⁰.

> Sehr selten!

ABENTHEUER, Wanderschaften, Genie- und
Bocksstreiche Theodor Wunderholds, Geister-
sehers, Ordensbruders, Schauspielers, und
Quacksalbers neuester Zeit. Th. (1) Dessau u. Thorn,
bey Gfr. Vollmer. 1794. Th. 2. Altona bey d. Verlagsgesellsch. 1796. 8⁰. (3 Mk., Heinr. Lesser, Breslau, c. 1875;
Th. 1 apart, 5 Mk., Taussig, Prag, 1904.)

> Liederlicher Roman. I: Tit. mit Druckersignet u. 277 S.
> II: TKpf., Tit. gestoch. u. 296 S. — Selten! (I, S. 101
> über Schiller's „Räuber".)

ABENTHEUERINNEN, Die, im Lande der Esqui-
maux oder die Geständnisse einer Erbin. 3 Thle.
Mit 3 hübschen Titelvignetten von Malvieux. Leipzig 1798.
8⁰. (7 Mk. Alfred Lorentz, Lpz., 1905.)

> Frühere Ausgabe in 2 Bdn.: Hohenzollern (Wien,
> Wallishausser) 1793. (Weller, fing. Dr.)

ABENTEURER, Der französische, oder Denkwürdigkeiten Gregor Merveils. (Aus d. Französ. des
Rob. Martin Lesuire von Ernst Bornschein.) 4 Bde. Mit
1 interess. Titelkpf. Gera 1790—91. 8⁰.

> Orig.: L'Aventurier français, ou Mémoires de Grégoire
> Merveil par —. 2 vols. Paris 1782. 8⁰. — Seconde édition.
> Paris, Quillan, 1787. 10 tomes en 5 vols. (Die Titel der
> 4 Fortsetzgn. des Orig. u. eine frühere deutsche
> Bearbeitung des Hauptwerkes u. d. Tit. „Der
> Robinson des achtzehnten Jahrhunderts" ....
> Leipzig, Weygand, 1783 (?). 8⁰, s. bei Ullrich, Robinso-
> naden. Weimar 1898.) Ueber Lesuire s. Quérard,
> La France littéraire V. 252 ff.

ABENTEURER, Der glückliche. Ein schönes Recept-buch für Herren und Damen. (Derbjokoser Roman.) Mit drastischer (halbseitiger) TVign. (unsign.). Leipzig (Zittau, Schöps) 1787. 8⁰. 226 S.

ABENTEURER, Der spanische, seine Streiche und Vermählung. Eine komische Geschichte. Leipzig, Joachim (ca. 1805). 8⁰.

§ **ABHANDLUNG,** Historische, von den Ehe-gesetzen und den verbotenen Ehen. Bützow, Bödner.

> Cat. Cammerer. II. Erlangen 1798. p. 4.

ABHANDLUNG über die Eheversprechen (von *Chp. Sonnleithner*). Wien 1784.

> Anon.-Lex. I. p. 10 (nach Meusel).

* **ABHANDLUNG** (stellenw. pikante) von dem Gebrauche der Alten, fürnehmlich der Griechen und Römer, ihre Geliebte zu schlagen. Aus d. Französ. (Deutsches Original von *K. K. Oelrichs.*) Mit Titelvign. Berlin 1766. 8⁰. Rarer Originaldruck! (12 Mk. Ernst Frensdorff, Berlin, c. 1902.)

> Fehlt im Anon.-Lex.
> Ueber dieses Werkchen sowie ähnliche Abhandlungen s. den Vortrag „Die Berlinerinnen im 18. Jahrhundert", von Ernst Frensdorff.

— — Dasselbe. Wortgetreu nach der Ausgabe von 1766. Stuttgart, Scheible, 1856. 12⁰. (In Stuttgart.) Auch m. d. Tit.: Curiosa et Jocosa . . . . Bdchn. 2.

— — Dasselbe. Wortgetreuer Nachdruck in nur 400 Expl. Berlin, Ernst Frensdorff, 1901. 8⁰. Pgt.-Umschl. (Mk. 3.—.)

ABHANDLUNG von den Liebeseroberungen. Leipzig, o. J. (18 Jh.?). 8⁰.

> Sehr selten! Bibl. Günther. III. no. 6477.

ABHANDLUNG, Rechtliche, von der Zulässigkeit der Ehe mit des Vatersbruders Wittwe etc. O. O. u. J. (ca. 1750). Fol.

> Cat. Monath I. Nürnb. 1782. p. 9.

ABHANDLUNGEN, Drei theatralische (von *Johann Adolph Hermstädt*),nämlich: 1. Die Studenten, e. Lustsp. (in 5 Aufz., nach d. alten lat. Comödie „Studentes" des Chr. Stummelius, 1549, u. oft). 2. Dido, Königin von Karthago, e. Trauersp. (in 5 Aufz., nach d. Lat.). 3. Lambartus, Bischof zu Lüttich, e. Trauersp. (in 5 Aufz. nach d. Lat. des Nic. Vernuläus). Nach alten Urschriften abgefasset (vom Verleger selbst, während s. Studiums in Jena u. Erfurt, laut Vorber.). Hersfeld an der Fuld, bei Joh. Adolph Hermstädt, 1771. 8⁰. (In Dresden, Kgl. Öffentl. Bibl.).

Sämmtlich in P r o s a. 62, 24, 72 S. (incl. Haupttit., 1 Bl.
Vorber. u. 3 Sondertiteln). S e h r s e l t e n ! — F e h l t in
Kayser's Schausp.-Verz. u. im Anon.-Lex.

ABIGAIL. — H i s t o r i a v o n A b i g a i l , I Samuel am
25. Cap.

Folioblatt m. Holzsch. von L. C r a n a c h. Rechts unten:
1509, und L. C. Mit 12 Verszeilen. — Heller, L. Cranach
S. 373. 2. Aufl. S. 210. (Weller, Annalen I. p. 357.)
Zv Nabal König Dauid sandt etc.

ABRA MULE, Die U n g l ü c k s e e l i g e M o s c o w i t i n ,
oder Annehmliche u. Warhafftige Liebes-Geschichte, welche
n e b s t d e r H i s t o r i e v o n MAHOMETS IV. A b -
s e t z u n g , u. SOLYMANS E r h ö h u n g , noch viel andere
merkwürdige Intriqven des Türkischen Serrail (!) dem curieusen
Leser vorstellet. Anietzo aus d. Frantzös. (des *Eustache Lenoble*)
übersetzet. (2 Thle. in 1 Bde.) Mit Titelkupfer. Leipzig, bey
Martin Theod. Heybeyen, 1698. 12⁰. (In Dresden: Lit. Germ.
rec. C 871 m, mit 3 Beibänden.)

TKpf., Tit. (roth u. schwarz gedr.), 1 Bl. („Auslegung
etlicher Türckischen Worte"), 349 S., 1 leeres Bl. (Th. 2 beginnt auf S. 186). Rar!
O r i g .: Abra-Mulé, ou l'histoire du déthronement de Mahomet IV, par L e N o b l e. 2 tom. Amsterdam, de Hoogen-
huysen, 1697. 12⁰. (Scheible, Cat. 34. p. 214.)

ABRAHAM A S. CLARA, (ps.) D i e v e r g r ö s s e r t e W e i -
b e r s c h u l e o d e r d i e K u n s t d e n M a n n z u q u ä l e n .
Köln, Imhoff-Schwarz, o. J. (c. 1830). 16⁰. (60 Pfg., Völcker,
Frkft. a. M., 1876.)

ABRAHAM A S. CLARA, W e i b e r s c h a u i n S a t y r s
G u c k k a s t e n , ein Quodlibet von Weibertoll- und Thorheiten
in Schnurren, Schwänken, Epigrammen, Parodien etc. Ebend.,
o. J. (c. 1830). 8⁰. (12 Sgr., Lippert, Halle, c. 1860.)
— — Dasselbe. Reutlingen 1832. 8⁰. (8 Sgr. Steinkopf, Stutt-
gart.)
— — Dasselbe. Ebd. 1835. 8⁰. (30 kr., Scheible, Stuttgart.)
— — Dasselbe. Ebd. 1836. 8⁰. (1 Mk., Bader, Freiburg i. Br.).

ABRAHAM A SANTA CLARA d. J ü n g e r e (ps.), W a h r -
h e i t e n d e r g a n z e n W e l t g e s a g t v o n —. Straßburg und Petersburg (Leipzig, Linke) 1799.

Weller, fing. Druckorte.

ABRACADABRA, I d a r n o c u. L'R a c *(Conradi u. Carl)*
zweyer Ritter vom Vergnügen, s e l t s a m e A b e n t e u e r u.
R e i s e n z u W a s s e r u. z u L a n d e i n d a s K ö n i g -
r e i c h N e i v o s s a n (Nassovien). In Reime gebracht von —.
O. O. 1787. 8⁰.

(In Darmstadt.) 24 SS. Jocoses, harmloses Werkchen in
Blumauer's Manier. Rar!

§ * **ABSCHATZ,** Herm. Hannß Aßmann Freyherrn v. (1646—
99), Poetische Übersetzungen und Gedichte.
Leipzig und Breßlau, bey Christian Bauch, Buchhändl. Anno
MDCCIV. (1704.) 8⁰. (15 Mk., Adolf Weigel, Lpz., 1906.)
> 8 Bl. u. Ehren-Gedächtniss. 80 S. Guarini treuer
> Schäffer. Adimari Schertz-Sonnette. Anemons und Adonis
> Blumen. 320 S. Himmel-Schlüssel. 160 S. Glückwünschungen
> an Gekrönte und Erlauchte Häubter. Leichen- und Ehren-Ge-
> dichte. Schertz-Grabschrifften. Vermischte Gedichte. 192 S. 8.
> Das Orig. der erot. Scherz-Sonnette des Alessandro A d i -
> m a r i hat den Titel: La Tersicore o vero scherzi, e para-
> dossi poetici sopra la beltà delle donne. Opera . . . . ridotta
> in cinquanta sonetti . . . . in Fiorenza 1637. 4⁰. (Expl. in
> Berlin.)

§ * **ABSCHATZ.** — Gedichte von ihm, *H. A. F. v. A.* über-
schrieb., stehen in Hoffmannswaldau u. a. Deutschen
. . . . . Gedichten.

ABSCHATZ. — Auserlesene (nicht erot.) Gedichte
von Friedrich von Logau und *Hans Aßmann von Abschatz.*
Hrsg. v. Wilhelm Müller. Leipzig: F. A. Brockhaus.
1824. 12⁰.
> XXXII—206 S. — S. auch Goedeke, 2. A., III, 271, 4, 2.

ABSCHIED an den Amor (zahmes Gedicht von *Joh. Geo.
Jacobi*). Halle 1769.
> Anon.-Lex. I. p. 19.

ABSCHNITTE aus dem Leben des Grafen Eugen.
Ein (ziemlich freier) Roman. Leipzig, bei Pet. Phil. Wolf und
Comp. 1802. Breit-12⁰. Rar!
> VI (Tit., Nachricht der Verleger u. Vorrede, dat. Benelo,
> d. 26. Febr. 1800), 327 S.

ABTISSINN (sic!), Der gnädigen Frau, vom Kloster
Hadersleben rührende Kapitelpredigt (s. **dort**).

ABU NUWAS, des grössten lyrischen Dichters
der Araber, Diwan. Zum ersten Male deutsch bearb.
von A. v. Kremer. Wien 1855. 8⁰. Selten! (15 Mk. Hugo
Streisand, Berlin, 1908.)

ABWECHSELUNGEN. Ernsthaft, komisch, rührend, sinnreich,
nützlich. Ein Ersatz für Romane (von *Sam. Chr. Wagener*).
Berlin 1805—6.
> Anon.-Lex. I. p. 20, ohne Theilesangabe, hat „sinnlich".

ABWECHSELUNGEN wider die lange Weile. (Gedichte.) Jena 1765. 8⁰. 7 Bogen.
> Cat. Meissner III.

ABWECHSELUNGEN der Zeiten und des Glücks;
Oder die Geschichte des Hrn. v. G. in einer Sammlung von Briefen. Leipzig, bey Christian Gottlob Hilschern.

1771. 171 S. Selten! (4 Mk. 50 Pfg. Oskar Rauthe, Berlin, 1908.)

Ziemlich zahme Liebschaften eines Offiziers.

ACADEMICUS, Der Verliebte, betrübte und bey seinen Studiis endlich verzweifelnde, oder der unglückselige Student. Freistadt 1691. 12⁰.

— — Dasselbe m. d. Titel: Der unglückselige Student, oder der verliebte, aber bey seinen Studien ein betrübtes Ende nehmende Academicus, in einigen artigen, obwohl traurigen Geschichten entworffen. Freistadt (Leipzig, Martini) 1723. 12⁰.

(In Breslau, K. B.) 10 Bog. — Beide Ausgaben sehr selten!

ACERBUS, Teutonius (ps.), Poetisches Klein-Gewehr-feuer. 1833.

Weller, Lex. Ps. p. 3.— Rar!

* ACERRA Historico-Tragica Nova. Das ist: Neue Historische Gesicht-Geschicht-Liebes- und Trauer-Kammer. Darinnen Wahrhafftiger Vortrag vieler Liebes- und Trauer-Geschichten, so sich in unterschiedlichen an dem Meer gräntzenden Ländern zugetragen . . . . . Franckfurt, In Verleg. Joh. Geo. Schiele. Buchh. M.DC.LXXIII. (1673.) 8⁰. (12 Mk. Ludw. Rosenthal, München, 1906.)

TKpf., 7 Bll. Vorst., 1092 SS. u. 4 Bll. Reg. Enth. 27 Criminal- u. Ehebruchsgeschichten.

ACERRA, Cavaliere Antonio d' (ps.?), Der König der Erde. Roman. Nach einer Handschrift aus der Bibliothek der Herzöge von Medina Sidonia, unter Mitwirkung von Dr. Alfred Semerau übertragen und herausgegeben von Dr. E. E. Holleder. Rom 1908. 8⁰. (Mk. 20.—) (20 Mk., Orig.-Ldwbd., Lipsius & Tischer, Kiel, 1908; 10 Kr. Carl Greif, Wien 1908.)

Privatdruck. 25 Expll. wurden auf echtem Bütten abgezogen, in Ganzpergament gebunden und von beiden Herausgebern handschriftl. signiert. (Preis Mk. 50.—.)

„Dieses entzückende Kabinettsstück erotischer Komik, das einen denkbar heikelsten Stoff behandelt, muss bei jedem Menschen von gesundem Empfinden das herzlichste Lachen auslösen!" (Aus dem Verlags-Prospekt.)

ACH!! — oder die Menschheit in letzten Zügen (von *Erhard Friedr. Vogel*). 2 Thle. Berlin (Wien, Schaumburg) 1787. 8⁰. (Expl. in Warmbrunn, Reichsgräfl. Schaffgotsch'sche Majoratsbibl.) XII—356 S. (12 Mk., W. H. Kühl, Berlin, c. 1882.)

I, Kap. 1. Der Schriftsteller wird schwanger und gebiert. 2. Die Abhandlung wird wirklich gedruckt. Etwas vom Modus Peristaltikus. 3. Der Schriftsteller rappelt. Christoph Kolumbus wird Diakonus. 4. Der Schriftsteller avancirt beynahe zum Schildbürger. Etwas vom Reiche der Vögel. 5. Der Vorleser entschlummert. Es wird ein neuer Magister legens creirt. Fortsetzung der Abhandlung. 6. Spekulationen und Träume. 7. Es wird mehr geträumt. Endigt sich mit einem Hahngefechte. 8. Wer recht zwicken kann, wird Magister. Etwas von Gevattern. Der Schriftsteller tritt seine Reise an. 9. Etwas von Freygeistern und Teufelsbraten. 10. Forts. des Gesprächs. Etwas von Titeln. 11. Die Reise wird fortgesetzt. Die beyden Sprechenden machen sich über die Juristen her. 12. Unter dem Monde (d. h. in Nürnberg) gehts toll zu! (S. 155—198, wobei e. pikantes Einschiebsel S. 160—194: „Die Glückseligkeit eines Hahns. E. Abhandlung zum Besten des gemeinen Mannes geschrieben von einem Ungenannten).

II Kap. 1. (S. 201 ff.): Pantomime. Reichsarmee und jenaischer Krätzer. 2. Universitäten. Was sind sie? Was sollten sie seyn? (Sehr abfälliges Urtheil, besonders in moralischer Beziehung.) 3. Brief an alle Jünglinge u. Junggesellen (mit eingeflochtenem Scandalosum). 4. Eine besondere Art Katechismus und Pädagogik. 5. Laufer. Weinbouteillen und Grafen. 6. Als flögen wir davon. Winkopp (Peter Adolf, Publizist, Romanschriftsteller, seine Gefangennehmung auf Betreiben der Churmainz.-Regierung in einem Baden-Durlachischen Dorfe). Publizität und Klagelied (in poet. Prosa). 7. Der Hahn wird zu einem geistlichen Herrn. 8. Es ändert sich schnell. Eine neue Art Fakultäten. Ziehen. Ohrenbeichte und Fegfeuer. 9. Doktor Luther; Modegrundsatz. Gespräch einer Wahnsinnigen. 10. Etwas für Schurken. Abschiedsrede an alle Weltbürger — und Weltbürgerinnen.

Dieser 2te Theil voll von Lascivitäten.

ACHERT, Jos., Die Zauberschürze, oder Weiberlist geht über Teufelslist. Ein Schwank zur Unterhaltung lustiger Leute erzählt nach Castelli. New-York 1851. (Philadelphia, Schäfer & Koradi.) 12⁰. (¹/₃ Rthl.)

Adolf Büchting, belletrist. Cat., Nordhausen 1860.

ACHMED BEY, oder der Harem u. die Erstürmung von Constantine 1837. Historisches Charakter- und Völkergemälde aus Nord-Afrika. Leipzig 1838. 8⁰. (2 Mk. 50 Pfg., gebrauchtes Expl., A. Bielefeld, Carlsruhe, 1891.)

ACHMED und Clothilde. (Sotadicum.) (1 Mk., eine Firma in Böhmen, 1901.)

ACTA amantium, Deutsche. Leipzig 1714. 8⁰. Rar!

Cat. libr. Jo. Guil. Hoffmann. Vitemb. 1741. p. 207.

ACTA Semi-Eruditorum, oder Kurtzer Außzug aus denen halbgelehrten Schrifften u. Chartequen, mit welchen die Buchläden ausstaffiret, nebst einigen Judiciis, was von dergleichen zu halten. O. O. 1709. 8⁰.

1 ¹/₂ Bogen und 2 Bogen. — Gegenschriften:

ACTA Sinceri Benevoli (d. i. *Chrn. Juncker*) Anmerckung über eines ungenandten Satyrici Acta Semi-Eruditorum. Im Monat Junio 1709. 8⁰. 2 Bogen.

ACTA. — C e n t o r i i à C e n t o r i i s (d. i. *Christian Juncker*), Wohlgemeynte Erinnerungen an den Nasenweisen Autorem der so genanten Actorum Semi—Eruditorum; aus dem Italiänischen in das Hochteutsche übersetzt. 1709. 8⁰. 3 Bogen.

* **ACTA** S e m i — E r u d i t o r u m, das ist: Nachricht und Urtheile von unnützen, s c h ä d l i c h e n u. g r o b e F e h l e r u. Irrthümer mit sich führenden Büchern, übel gerathenen Dissertationibus, unbedachtsamen Übersetzungen, n i c h t s w ü r - d i g e n C h a r t e q u e n so dann andern Schrifften u. Piecen, deren Urheber nicht geschickt gewesen sind, selbige so, wie sie hätten seyn sollen u. können, zu verfertigen. (Vf.: *M. Strauss*.) 2 Thle. Mit 1 curiosen Titelkpf. O. O. 1718. 8⁰. (Alle 5 Hefte 15 Mk. E. Frensdorff, Berlin, 1907.)

5 Bll. Vorst., 143 durchpag. S., 1 Bl. Err. Sämmtlich rar !

§ **ACTENSTÜCKE** ü b e r e i n e n p o e t i s c h e n W e t t s t r e i t (von *Gfr. Aug. Bürger*). Berlin 1793. 8⁰.

ACTION, Eine herrliche, berühmte, und mit sehenswürdigen Sachen ausstaffirte, genannt: D e r v e r l i e b t e T y r a n n ALARI, u n d d i e T y r a n n i s c h e L i e b h a b e r i n ABILANA. O. O. u. J. (c. 1740?). 4. (In Stuttgart.)

Nur Personen-Verz. u. summarischer Inhalt der 5 Abhand-lungen (Akte). 2 Bl. — A. E. handschriftl.: „N a c h - S p i h l. Der betrogene Schulmeister oder Die lächerliche Speck-Dieb."

ACXTELMEIER, Stanisl. Reinhard, D e s W e i t e r ö f f n e t e n P a l l a s t e s d e s N a t u r - L i c h t s L e t z t e r T h e i l . . . . Augspurg u. Schwobach (!) 1707. 4⁰.

S. 247—49: „Die geschenckten (eigentl. beschenkten) H a n d w e r c k e r u. deren Missbrauch." — S. 256—57: „Das Schlentern, Herum-Schwärmen u. L u d e r - L e b e n e i n i g e r H a n d w e r c k s - B u r s c h." — Sehr rar !

* **ADALBERT** v o m T h a l e (i. e. *Carl v. Decker*). F r e i e (ziemlich zahme) H a n d z e i c h n u n g e n n a c h d e r N a t u r. Bdchn. (1) 2 (kplt.) Berlin 1820, 27. 8⁰. (2⁵/₆ Rthl.) (In Berlin: Yw 8851.) I: Alma. II. Die Moldaubrücke.

ADAM u n d E v a, D i e v o n i h r e n F e i g e n - B l ä t t e r n e n t b l ö s e t e n, oder die g e w ö h n l i c h e n T u g e n d e n und L a s t e r b e y d e r l e y G e s c h l e c h t s d e r W e l t d a r g e s t e l l e t; mit artigen poetischen Einfällen . . . . ver-sehen. Nebst einem doppelten Anhang: I. Das Steigen und Fallen Mademoiselle Speckfresserin. II. Die zur Buss und Er-kenntniss kommende Coquette in einem netten Gedichte, an ihre vormahlige Kupplerin geschrieben. Nach dem Englischen Exemplar. Mit Titelkpf. O. O. 1720. 8⁰. (15 Mk. Jos. Baer & Co., Frankfurt a. M., 1888; 25 Mk., Adolf Weigel, Lpz., c. 1905.)

(In Berlin, Bibl. d. k. Hausarchivs, aus Rödenbeck's Bibl.)
Sehr pikante Satyren u. erotische Gedichte. Höchst seltene
1. Ausgabe. Uebersetzung eines englischen Originals. Wohl irrig dem bekannten Gelehrten und Dichter
Joh. Burchard Mencke zugeschrieben.

— — Dasselbe, titulo: Vernünfftiger MOMUS, der die Fehler
der Menschen auff eine Satyrische Arth durchziehet. O. O.
1725. 8⁰. (In Stuttgart.)

Tit., 3 Bll. Vorr., 320 S. Enth. in 2 Abthlgn. XV und XIV
satyrische Charakteristiken von Weibern
und Männern, jede mit Schlussmorale in Versen. Hier die
Ueberschriften der 1. Abthlg. vollständig: Die scheinheilige
Heuchlerin, oder das andächtige Frauen-Zimmer. — Der
Student mit dem langen Rock, oder das gelehrte F. —
Der weibliche Satyr, oder das mocqvante und censirende
F. — Die verschmitzte Hure, oder das betrügliche F. —
Die Gräfin von Brandtewein, oder das versoffene F. — Der
missvergnügte Ehe-Schatz, oder das eyfersüchtige F. — Das
sich selbst und ihren Mann unglücklich machende, oder das
Spielsüchtige F. — Der weibliche geheimde Rath, oder das
curieuse Staats-F. — Der Spinne-Rocken in der Kutschen,
oder die durchs Geld geadelte Bauer-Griete. — Das hoch-
gebohrne, aber nicht vom Glück secundirte, oder das nur
vom Glück dependirende F. — Des Frauenzimmers liebe Getreue, oder die ehrbare Kupplerin. — Die ehrbare Hure,
oder das Ebenbild einer Comödiantin. — Das gar zu sehr
lustige, oder das hochgelbhaarigte, noch unverheyrathete F.
(Höchst lasciv.) — Das alamodische Frauenzimmer, oder
die baronisirte Bürgerin. — Die Gast-freye Dame auf dem
Lande, oder das tugendhaffte und gutthätige F.

Auch die auf die Männer bezügl. Satyren sind
oft sehr unfläthig und cynisch, u. a.: Der schöne Soldat, oder
der elende Officier. — Der brutale Justizrath oder der
hoffärtige Amtmann. — Der ansehnliche Ehebrecher, oder
der geehrte Bösewicht. — Narcissus, oder der in sich
selbst verliebte Narr. — etc.

Die beiden sehr pikanten Anhänge füllen die Seiten
219—320.

— — Dasselbe. Auf Ansuchen einiger die von Sauberkeit
der hochteutschen Redens-Arthen zu profitiren entschlossen.
Berlin, Schuster, 1732. 8⁰. 368 S. (14 Kr. Halm & Goldmann, Wien, 1904.)

Angezeigt im Cat. Monath. III. Nürnb. 1784. 8⁰. p. 112.

— — Dasselbe. Berlin b. J. J. Schmid. 8⁰. (O. M. V. 1741. G 1 b.)

— — Dasselbe, titulo: Mouquerien (sic!). Aus d. Französ.
(vielmehr Englischen) übers. Cöln (Danzig, Knoch) 1753. 8⁰.
(Cat. Monath. III. p. 134.) 367 S. (8 Mk. 50 Pfg. Frdr. Klüber,
München, c. 1895.)

— — Dasselbe, titulo: Mocquerien. Neue Auflage. Cölln
1754. 8⁰. (In Stuttgart und Dresden.) Tit., 1 Bl. Vorr., 1 Bl.
Inh., 368 S. (Abth. 2 beginnt mit S. 160.).

368 S. (incl. Tit., 1 Bl. Vorw. u. 1 Bl. Inh. der 2 Abthlgn.

§ **ADAM** und Eva, oder: Die erste Liebe. (Mit Titelbild.) München, Verlags-Expedition, o. J. (1871). 8⁰. 63 S. (¹/₈ Rthl. Fischhaber, Reutlingen, u. A.)

ADAM und Eva. Bemerkungen von einem Unparteiischen. Heidelberg 1878. 8⁰. (Mk. 1,80.) (75 Pfg. Riemann, Coburg, Cat. 12.)

ADAMS und Evens Erschaffung und ihr Sünden- fall. Ein geistlich Fastnachtspiel mit Sang und Klang (von *Sebastian Sailer*). Mit Text-Vignetten. O. O. (Wien, Kurz- böck). 1783. 4. (6 Mk. Völcker; 6 Mk. Oswald Weigel.)

     In schwäbischer Mundart mit gegenüberstehender Uebersetzung in österreichischem Dialekte. Sehr seltene, nirgends citirte Operette mit 25 in den Text einge- druckten Melodieen zu den Arien. Fehlt im Anon.-Lex. Goedeke V, 551, 14. Name d. Verlegers im Cat. Monath IV. Nürnb. 1785. p. 552. — Proben in: Beobachtungen (s. d.) des Narren in d. Einsamkeit. Th. I. Hundsfeld, 1788. 8⁰. S. 31—36.

ADAMANTES, Der wohlversuchte Amant, in ver- schiedenen Liebes-Intriguen, vorgestellet von —. Franckfurt u. Leipzig 1716. 12⁰ (12 Mk., mit dem folgenden Roman, Eman. Mai, Berlin, 1899.)

     1 Alph. 2¹/₂ Bg. Mit erot. Kpfrn. Äusserst selten!

ADAMANTES, Die wohlprobirte Treue in einer kurtzen (ziemlich zahmen) Helden- u. Liebes-Geschichte, vorgestellt von ADAMANTES. Mit 2 Kpfrn. Franckfurt u. Leipzig, 1716. 12⁰.

     Titelkpf., Tit., 4 Bll. Vorr., 47 S. (1 Kpf. bei S. 60.) — Sehr selten!

ADAMITEN. — Bermann, Die Adamitin. Pressburg u. Leipzig, o. J. (c. 1890). 8⁰. (80 Pfg., 3. Aufl., B. Seligsberg, Bayreuth.)

     R. Zinke's Dresd. Novbr.-Auct. 1905, no. 1037—38.

ADAMITEN. — Scheibe, Der Kaplan von Maria- Stiegen. Histor. Roman. 3 Bde. Wien 1868. 8⁰. (Mk. 7,50.)

     Handelt durchaus von der Secte der Adamiten, die im 17. Jahrh. von Böhmen nach Wien verpflanzt, die Ehe verwarfen, und ihren Gottesdienst in gänzlich nacktem Zu- stande in den Katakomben des St. Stefan abhielten.

ADANAX .... Liebes-Händel, s. Tartar, Der Durch- lauchtigste.

ADEL der Weiblichkeit in Zügen von Liebe, Treue u. Edelsinn. Mit 4 color. Kpfrn. Berlin 1801. 8⁰.

     Bildet auch den 17. oder 4. Suppl.-Bd. der „Gynäologie". Cfr. Edelsinn .... Münster u. Leipzig 1803. 8⁰. Vorr. S. XVIII.

ADELAIDE. (Zahmer Roman.) Dresden, bei Pinther. 1805. Kl. 8⁰. 80 S. (incl. Tit. mit Vignette).

ADELAIDE, oder die Freuden einer jungen Republikanerin. Coblenz, Gelehrte Buchhandlung, 1799. 8⁰.

Sehr selten! — Kayser's B.-Lex.

ADELE, oder die schrecklichen Folgen des Leichtsinnes. Eine lehrreiche Erzählung zur Warnung für reifere Mädchen. Mit Kupf. Wien 1838. 8⁰.

Wildmoser's Leihbibl.-Cat. (München), no. 15,124.

ADELER, Der römische, das ist, das Leben aller Römischen Könige vnd Keyser, ihre Tugenden, Laster, vnd Tahten, von anfang der Römischen Eintzelherschung aufs kürtzeste beschrieben, u. biss auf den heute herrschenden Keyser Ferdinand den dritten fortgesätzet. Leyden 1646. 12⁰. (1 Mk. 50 Pfg. R. Levi, Stuttg., 1898; jetzt theurer!)

* ADELHEID und Hendrich, oder die neue Eva und der neue Adam (von *Friedrich v. Hagedorn*). Hamburg 1747. 4⁰. 24 S. (Auch in Leipzig, Univbibl.)

Enthält eine ziemlich zahme Erzählung aus den Poésies diverses des P. du Cerceau, und 2 Erzählungen aus dem 89. und 90. Stücke der „Mahler der Sitten". Umarbeitung von S. 193—201 von Hagedorn's „Versuch in poetischen Fabeln und Erzehlungen." Hamburg 1738. 8⁰. 4 Bll. Vorr., 210 S. u. 7 Bll. Inh. — Nachgedr. Frankfurt a. M. 1753. — Goedeke IV, 17, 34; Anon.-Lex. I. p. 28 (nach Schröder).

Steht auch in: Bibliothek, Poetische .... Bd. 1. Heilbronn 1762. 8⁰. S. 173—190.

ADELHEIM. Eine Schweizergeschichte. Vom Verfasser Karl Saalfelds *(Karl Gottlob Cramer).* 2 Thle. Leipzig, Schneider, 1786. 8⁰. (In Dessau, Herzogl. Bibl.)

Neue Original-Romane der Deutschen. Bd. XVIII—XIX.

— — Dasselbe. Mit Titelkpf. Ebd. 1802. 8⁰. (2 Mk. Franz Teubner, Düsseldorf, c. 1898.)

ADELINE oder die Abentheuer im Walde. Aus d. Engl. (der *Anna Radcliffe* übers. von D. M. Wedekind). 3 Thle. Mit 2 TKpfrn. u. 2 Vign. Wien 1799. 8⁰. (3 Kr. Halm & Goldmann, 1907.)

Zahm. — Nicht im Anon.-Lex.

ADELMA, die Fürstenbuhlerin. Aus dem (sic!) Memoires der Gräfin von L***. 2 Thle. Berlin (Erfurt, Hennings) 1805. Kl. 8⁰. 124 u. 252 SS. (6 Kr. Halm & Goldmann, Wien, 1904.)

ADELRITTER, Die. Ein Gräuelgemälde aus den Zeiten der Vehmgerichte in fünf Handlungen. Vom Verf. Gebhard des Zweiten, Kurfürsten von Köln *(Joh. Bapt. Durach).* Görlitz, bei Hermsdorf u. Anton, 1793. 8⁰.

Titelkpf., 172 S. Einiges etwas frei. — Anon.-Lex. I. p. 29 (nach Kayser, Meusel, Kehrein u. Hittmair).

* ADELUNGK, Wolfg. Hnr., Thesaurus Historiarum, Oder
N e u - E r ö f f n e t e   S c h a t z - K a m m e r   R a r e r   u n d   A u s s -
e r l e s e n e r   H i s t o r i e n . . . . . .   Hamburg, Verlegts, Gfr.
Liebernickel, Druckts, Nic. Spiering, Anno 1695. (Nebst
Kpftit.) 8⁰. (In Breslau, Kgl. u. Univ.-Bibl.)

> 8 Bll. Vorst., 808 SS., 4 Bll. Reg. Enth. 150 z. Theil
> anstössige Geschichten.

§ — — Dasselbe. Ibid. 1706. 8⁰.

— — Dasselbe. 3. Aufl. Mit einem doppelt. Anh. vieler
curieuser Fragen . . . . Mit TKpf. Ibid. 1732. 8⁰. (⁵/₆ Rthlr.
Koebner, v o r 1875; jetzt theurer!)

ADLERWITZ, A d o l p h , v o n. Ein psychologischer (stellenw.
pikanter u. sehr abentheuerl.) Roman. 3 Thle. Nordhausen,
bei Karl Gottfr. Groß, 1793, 94, 95. 8⁰.

> Ausser Vorst.: 248 + 176+263 S. Selten cplt.! Vorrede
> zu Th. 2 ist B. unterzeichnet.

ADÖLFGEN und Frizgen. (Stellenw. freier Roman.) Eisenach,
J. G. E. Wittekindt, 1792. 8⁰. 144 S.

— — Dasselbe. Neue Auflage. Ebend. 1807. 8⁰.

ADOLPH d e r   K ü h n e, Rauh-Graf von Dassel, dramatisirt
vom Verfasser des deutschen Alcibiades (*Carl Gottlob Cramer*).
3 Bde. Mit Musik u. 3 Kpfrn. von L i p s. Weißenfels, Severin,
1792. 8⁰.

— — Dasselbe. 3 Bde. Frankfurt u. Leipzig 1796—98. 8⁰.
(2 fr. 50 cts. Schweizerisches Antiqu., c. 1895.)

— — Dasselbe. Ebd. 1798. 8⁰. (Goedeke.)

— — Dasselbe. Leipzig 1840. 8⁰.

> Anon.-Lex. I. p. 30 (nach Engelmann u. Meusel).

* ADOLPH, Der Sächsische, Welcher in dem ehemaligen
Dreyßigjährigen Kriege Seine ihm zugestossene sonderbare Begebenheiten sowohl zu Wasser, als zu Lande aufrichtig er-
zählet. Dreßden bey Johann Nicolaus Gerlach 1762. 8⁰. (In
Berlin: Yv 8⁰ 6271.)

> Titelkpf., 7 Bll. (incl. roth u. schwarz gedr. Tit.), 432 S.
> Rar!

ADOLPH d e r   S c h ö n e   oder   d i e   g e h e i m e   G e s c h i c h t e
d e s   PRINZEN   v o n ***. Deutschland (Wien, Schaumburg)
1803. 8⁰.

> Erot. Titelkpf., gestoch. Titel u. 149 S. — Ziemlich zahm.

ADOLF u n d   H e d w i g, oder   d i e   S t ü r m e   d e r   L e i d e n -
s c h a f t e n   i m   m e n s c h l i c h e n   H e r z e n. Eine Familien-
scene. Wien, Ant. Doll (c. 1800). 8⁰.

> TKpf., Tit. gestoch. m. Vign. u. 171 S. Zahm. — F e h l t
> bei Kayser.

ADOLPH u n d   M i n n a   oder   d i e   W a l l f a h r t. Eine Urkunde aus dem geretteten Archive einer fürstlichen Familie

(vom Verf. der „Amida"). Erfurt, b. Joh. Karl Müller, 1810.
8⁰. (1¹/₈ Rthlr.)
      383 S. Zahm.

ADOLPHI, B., Das Geheimniss über die Frauen zu
siegen, und die Kunst zu lieben und Männer
an sich zu fesseln. Berlin. O. J. (18**). 12⁰. Nicht
erotisch.

ADOLPHI, Simonis, Böser Weiber Zuchtschul. O.
O. 1613. 8⁰. Sehr rar!
      Citirt Julius Krone (nach Palm u. Rothhan); Bibl. Langii
I. Lips. 1702. p. 158.

ADOLPHI, Simonis, S. auch Dyalogus.... von zweien
schwestern.... 1533 etc.

ADOLPHUS (ps.), Geschichte der Teufel neuerer
Zeiten, durch den Herrn *Adolphum*, einen Englischen Juden,
weiland berühmten Doktor der ausübenden Arzneygelahrtheit
beschrieben. Aus dem Französischen übersetzt. (Mit Widmung
an Friedrich d. Gr.) Cleve u. Frankfurt. (Berlin, Haude
u. Spener) 1771. 8⁰. (²/₃ Thlr. Scheible, Stuttgart; 6 Mk. Max
Jaeckel, Potsdam, 1907.)
      Weller, fing. Druckorte. — Zuerst gedr. Frankf. 1770. 8⁰.
(Verf. nur mit A** bezeichnet.) (fl. 12 kr., Scheible in e.
alten Cat.)
      Orig.: Histoire des diables modernes par le feu Mr.
Adolphus, Juif Anglois, Docteur en médicine. 3me édit.
à Clèves, J. G. Baerstecher, 1771. (In Wolfenb.) (1 Thlr.
Scheible.) Ed. I. 1770?

ADORNI, der Räuber. Ein Retter der unterdrückten
Menschheit. 2 Bdchn. Leipzig 1804—6. 8⁰.
      1 Titkpf., 230, XII u. 195 SS. — Zahm.

ADRAMELECH d. Aeltere (d. i. *Aug. Ad. Leop.* Graf *v.
Lehndorf-Bandels*), Ramiro und Gianetta. Ein Teuf-
lisches Matrimonial-Fragment aus den Ehestands-Acten der
Hölle, bearb. von —. Vierte verbess. Aufl. Florentz (Ans-
pach, Haueisen) 1793. Kl. 8⁰. (3 Mk. 50 Pfg. A. Buchholz,
München, 1906.)
      88 S. (incl. gestoch. Tit. m. Vign.). Lat. Lettern. —
Es giebt nur diese eine Aufl. mit obigem Titel.
— Der erste Druck hat d. Tit.: Ramiro und Gianetta, oder
die Heirath des Teufels. Ebd. 1789. 8. (1 ¹/₃ Thlr. Scheible.)

ADRIAENSEN, Cornelius (geb. 1521, seit 1548 Mönch,
† 1581). — HISTORIA. VOn Bruder Cornelio Adrians
Sohn von Dortrecht auß Holland, Franciscaner Münch zu Brugk in Flandern. In welchen
warhafftig erzehlet wird die Disciplin vnnd geheime
Buß, so er mit seinen Andechtigen Frawen,
vnd Jungfrawen gebraucht hat: Durch welche her-

nach viel seltzame hierinnen auch begriffene Predigten, die er in gemelter Stadt Brugk öffentlich gehalten, verursacht sein worden. Erstlich in Flandrischer Sprach beschrieben durch Christian Neuter, seinen lange zeit gewesenen Zuhörer: Nun aber auff Hochteutsch (!) mit sondern fleiß verdolmetschet vnnd den guthertzigen Leser zugefallen, in Druck verfertiget. Durch JOHANNEM FABRVM zu Leipzigk. (Leipzig.) Gedruckt bey Peter Schmidt, Im Jahr, M. DC. XIII. (1613.) 8⁰. (In Dresden: Libb. rar. G. 179, Beibd. 3.)

152 Bll., sign. A—T, unpag. (incl. Titel in Roth u. Schwarz u. 7 Bll. Vorr. Neuter's, mit Holzschn.-Portr. des Bruder Cornelius auf Rückseite von Blatt 8). — Sehr rar! Bl. D 5ff .: „Wie Bruder Cornelius die Ehefrawen vnd die Witben zu dieser Disciplin bracht." etc. etc. — Durch Bekenntniss einer Liessbeth Mars wurden die frivolen Praktiken des geilen Pfaffen im J. 1563 allgemein bekannt, in Folge dessen er von Brügge nach Ypern flüchten musste. Enth. ferner ausführlichen Bericht über seine Händel mit dem Magistrat von Brügge, seine frechen Predigten, Angriffe auf die Calvinisten etc. Die bekannte abscheuliche Geschichte des Franciscaners Cornelius Adrians von Dordrecht erzählt ausführlich Metern in der Niederländ. Historie, Bd. VIII, ad a. 1578. (Auch in Gottfried's Chronik enthalten.) Er hielt sich ein Serail von jungen Frauen zu Brügge, wo er Prediger war, die er durch frommes Geschwätz beredete, der regelmässige Ehestand sey sündlich, und sie für die genossenen Ehefreuden erst in seiner Celle züchtigte, hernach u. s. w. Er war dabei ein wilder plumper Polterer gegen die Evangelischen. Metern hat, als Beispiel seiner mehr als bäurischen Beredsamkeit, eine Predigt von ihm eingerückt. Müller, Joh. Geo. (1759—1819), Reliquien alter Zeiten etc. Th. III. Lpz., Hartknoch, 1806. 8⁰. S. 248.)
Original: Historie von Broer Cornelis Adriaensen van Dordrecht, Minrebroeder binnen de Stadt van Brugghe. 2 Deele. S. l. 1569—78. 8⁰. (In München cplt.?) 272 Bll. — Clément I. p. 55; Gay IV. p. 88: Après la 1re édition, on a ajouté une figure qui doit représenter la discipline secrète que Corn. Adriaensen faisait subir à ses pénitentes; discipline que Voetius nommait „Disciplinam gymnopygicam Cornelianam" (voir Dav. Clément, Bibliothèque curieuse, tome I, p. 55). La Biographie universelle parle de ce moine et dit qu'il „souilla par ses moeurs la sainteté du confessional"; mais il faut observer que, selon Sunder et Foppens, il a été calomnié par les réformés. — Rep. tit.: Historie van Br. Cornelis Adriaensz van Dortrecht . . .: Boeck 1—2 (cplt.). t'Amstelredam, Voor Cornelis Lodowycsz van der Plasse, s. a. (Met. voorrede van Christianus Neuter.) (c. 1600). 8⁰. (Expl. in Berlin, ex bibl. Roloff; auch in München.)

— — Dasselbe. Ebend. 1614. 8⁰.
Graesse I. p. 21.

ADRIAENSEN. — Die „Disciplina gymnopygica"
des Franciskaner-Mönchs Cornelius Adriänsen
in Brügge. In: Frusta (d. i. *Carl Aug. Fetzer*), Der
Flagellantismus und die Jesuitenbeichte. Stuttgart 1834; rep.
ib. s. a.

ADRIAN (Joh. Val., 1793—1864), Nachtstimmen. Frkft.
a. M., J. G. W. Schaefer, 1818. 8⁰. 384 S. (In Darmstadt:
E 3573.)

ADVOKAT, Der, des schönen Geschlechts, gegen
einen Prediger. Wien, 1782 bey Jos. Ant. Edlen von Ghelen. 8⁰.
> Magaz. d. Buch- u. Kunst-Handels. Jahrg. 1782. Lpz.
> gr. 8⁰. S. 51. — O. M. V. 1782. S. 255.

AEBTISSIN, Die, der Jesuiter-Damen zu St. Inigo.
Eine abentheuerliche, doch interessante und wahre Geschichte
aus der neuesten Geschichte Neapels. Hrsg. vom Verfasser der
Seeräuberkönigin Antonia della Roccini (von *Joh. Ernst Dan.
Bornschein*). 2 Bde. Braunschweig 1806. Kl. 8⁰. (Kayser's
Roman-Verz.)

— — Dasselbe. Ebd. 1809. Kl. 8⁰. (²/₃ Rthlr. Scheible,
Stuttgart, c. 1870.)
> Auch ein Druck von 1808 vorhanden?

AECHTLER, W. (d. i. *Wilhelm Waechtler*), Erzählungen
für Ehelustige und Hagestolze. Berlin 1827. Gedr.
bei C. L. Lasch. (In Commiss. bei W. Logier.) 8⁰. (4 Mk.
L. M. Glogau Sohn, Hamburg, 1888.)
> Tit., 1 Bl. Inh., 412 S. Inhalt: 1. Heiraths- und Ehestands-
> geschichte eines Malers von Stande. 2. Natalie und ihr Wohl-
> thäter. 3. Die schöne Gewissenhafte. 4. Die arme, aber edle
> Luise. 5. Eindruck wahrer Schönheit.

AEFFIN, Die Zwei und vierzig jährige. Das ver-
maledeiteste Märchen unter der Sonne (von *Michael Kosmeli*).
2 Thle. Wien u. Berlin (Hamburg, Vollmer) 1800. 8⁰.
> Satyr. Roman, zum Theil freien Inhalts. I: TKpf., VIII
> u. 184 S. II: VI u. 189 S. Kayser p. 3 giebt den Titel un-
> genau; Weller, fing. Druckorte.

AEGYPTEN. — Hoffmann, Karl, Zehn Jahre in
Aegypten. Wien, Selbstverlag. Druck v. P. Burkert, Wien.
1892.
> Verboten vom L.-G. Wien, 7. September 1892. § 516.

AEGYPTEN. — Müller, W. Max, Die Liebespoesie
der alten Aegypter. Mit 21 Tafeln. Leipzig 1899. Gr. 4⁰.
(22 Mk., cart., Bangel & Schmitt, Heidelberg.)

AEGYPTEN. — Robert von Amiens, Sproßen aus
Egyptens Haynen, im letzten Kriege gesammelt. Mit (nettem)
Titelkpf. (Fr. Weber sc.). Berlin (Wien, Pichler) 1803. 8⁰.
> Gestoch. Tit. u. 223 S. — Der Held dieses zahmen
> Romanes ist Robert Villeblance aus der Picardie, un-
> weit v. Amiens. (S. 3: „gewunschen".)

* **(AELST,** Paul von der.) De Arte Amandi: Das ist, Von Kunst der Lieb. In Latein beschrieben durch Ouidium Nasonem . . . Mit vielen lustigen Reimen vnd Liedern gezieret vnd gebessert. Alles zu einer ehrlichen Ergetzung den jungen Leuten zugefallen zum ersten mahl in Druck verfertigt. Non Dvlce Amare,-Holzschnitt-Sed Redamari: Erstlich Gedruckt zu Deuenter (Magdeb., Franck), Im Jahre 1602. 8⁰.

Ist ein auf Grund der Ars amandi verfasstes Volksbuch. Darin auf S. 12—107 Uebers. der Ars amandi: Die Kunst der Lieb (2 Bücher). Zwei sotad. Räthsel in Reimen stehen S. 186—188. Enth. auch zahlr. Volkslieder. — 188 SS. u. Schlussbl. Grosse Seltenheit, wie die folgenden Ausgaben.

* — — Dasselbe. O. O. u. J. 8⁰. (In Breslau, Stadtbibl.)

* — — Dasselbe . . . . . zum drittenmahl in Truck verfertigt. Gedruckt zu Deventer (Magdeb., Franck) M. Dc. x. (1610.) 8⁰.

* — — Dasselbe. Erstlich gedruckt zu Leipzig. 1629. — *Am Ende:* Zu finden in Franckf. a. M. b. Jac. de Zetter. 8⁰.

§ * — — Dasselbe. Erstlich in Nieder: nun aber in Hoch-Teutsch vbersetzt, ... Alles zu einer ehrlichen Ergetzung . . . . zum drittenmahl in Truck verfertigt. Gedruckt zu Liebstadt (Frkft. a. M., b. Mattheus Kempffer). Im Jahr M.DC.XLIV. 12⁰. (O. M. V. 1644. E 4 a.)

428 SS. In dieser Ausgabe, welche Rückübersetzung der folgenden ist, um 2 Lieder vermehrt. Mit Holzschnitten.

* — — Dasselbe, titulo: De Arte Amandi. Dat ys, Van Kunst der Leeue, In Latin beschreuen, dorch Ovidium Nasonem . . . . Mit velen lustigen Rimen Lederen vnd schönen Figuren geziret vnde mit flite in de Sexsche Sprake ouergesettet. — Holzschnitt. — Alles tho ener Ehrlicken Ergetzung den jungen Lüden tho gefallen thom ersten mall in Druck vorferdigt. Non Dvlce Amare. Sed Redamari. — *Am Ende:* Gedrückt tho Hamborch, by Lorentz Schneider, Anno 1610. In vorlegginge Hinrick Dosen. 8⁰.

115 Bll., sign. A—P. Mit Holzschnitten.

AELST. S. auch *Ovid.*

AEMIL und Elise, oder die Fahrt auf der Elbe. (Zahmer Roman von *Joh. Geo. Keil.*) Erfurt, bei Joh. Carl Müller. 1811. 8⁰. 199 S.

AEMIL und Julie oder die Unzertrennlichen. Ein Seitenstück zu Werthers Leiden. (Zahmer Roman in Briefen von *Karl Albrecht*). Berlin, Schöne, 1800. 8⁰. Goedeke IV, 656, 63, unter Werther-Litt.

— — Dasselbe m. d. Titel: Aemil u. Julie oder Leiden und Freuden zweier Liebenden. Ebend. 1806. 8⁰. 217 SS.

AENEAS SYLVIUS (Piccolomini) [Papst *Pius II.* geb.
15. Octob. 1405, reg. 1458—64], Vom ioch der herten
eyenschaft der lieb. (Aus d. Lat. von Nic. v. Wyle.)
Am Schluss: Fricz Creuszner. (Nürnb., wahrscheinl. 1472.) 4⁰.
  13 Bll., das erste weiss. Von grösster Seltenheit, kaum
bekannt! Hain no. 185 hat kein Exemplar gesehen. (Alb.
Cohn, Berlin, Cat. 158. no. 6 [75 Mk.], giebt nähere Beschreibung.)

AENEAS SYLVIUS. — Enee Siluii von der Lieb Eu-
ryali vnd Lucrezia. — *A. E.:* Zu Augspurg LXXIII.
(1473.) 4⁰.
  (In Wien.) Hain no. 241. — Orig.: Enee Siluii poete
Senensis. de duobus ama'tibus Eurialo et Lucresia. opuscu' ad
Marianu' Sosinu' feliciter incipit. S. l. et a. (Coloniae, Ulr.
Zell, 1470—72), 36 Bll. (incl. d. 1. weissen Bl.) 4⁰, zu
27 Zeilen. (Ebert 157.) u. oft.
— — Dasselbe. O. O. u. J. Fol. Mit 20 Holzschnitten.
(Kuppitsch No. 52).
§ * — — Dasselbe. Ohne Titel. Beginnt mit einem
Holzschnitt und der Widmung *Niclaus von Wyle's* an Frau
Katharina Herzogin von Oesterreich Markgräfin zu Baden Dat.
1462. — *A. E.:* Geben zu wyen quinto nono Julij. Anno
MCCCC lxxvij. (1477.) Fol. 37 Bll. (In Dresden.)
  Weller, Annalen II. p. 312; Hain 242.
  37 Bll. zu 38 Zeilen, ohne Signatur, Custos u. Seitenzahlen. Mit 20 Holzschn. Grosse Seltenheit, wie alle fol-
genden Drucke bis 1647.
§ * — — Dasselbe. Bl. 1 a leer. Bl. 1 b tab.: Item in
der ersten translatze dises buches von Euriolo vnd lucrecia. etc. — *A. E.:* Geben zu Stutgarte' vf dem achtzechenden
tage des hornu'gs Anno dn'i Millesimo quadringe'tesimo septua-
gesimo octauo Indico'e vndecima. O. O., J. u. Dr. (Eßlingen,
Conrad Fyner, 1478.) Kl. Fol. goth. 251 Bll. zu 38 Zeilen.
(Auch in Dresden und in Göttingen.) Ohne Signatur, Custoden
u. Seitenzahlen. Die Initialen in Holz geschnitten.
  Von Euriolo vnd Lucrecia. Aen. Sylvius. Widmung an
Mechilt pfalzgräfin by ryne Erzherzogin von Oester. Witwe.
Nic. v. W. Statschr. zu Esslingen. Esslingen Montag nach
Esto mihi 1462. (Keller S. 13 ff.)
§ * — — Dasselbe, titulo: Dat Geschichte Eurioli
vnd Lucrecie gdruckt van mir Johann Guldenschaiff van
Menz vnd vollenbracht die 14. Januar Ao. 1487. 4⁰.
— — Dasselbe, titulo: Ein hübsche histori vô / Lu-
crezia von den zwey/liebhabenden Menschen.
— *A. E.:* Augspurg, Anton Sorg, 1489. Kl. 4⁰. (In Dresden.)
  73 Bll. zu 25 Zeilen, sign. a—i. Mit 19 Holzschn. —
Panzer no. 281.
  Eine französ. Uebers., halb in Prosa, halb in Versen,
von „maistre Antitus chappelain" . . . ., erschien o. O.

u. J. (Lyon, c. 1490). 8⁰. 48 Bll. zu 29 Zeilen. Mit Holzschnitten. Goth. Type. (2200 Mk., Expl. in französ. Prachtbd.,
Jacques Rosenthal, München, c. 1903.) Eine weit spätere
französ. Bearbeitung ist wohl: Les amans de
Sienes. Où les Femmes font mieux l'amour que les Veuves
& les Filles. Par François de Louvencourt, Sgr. de Vau-
chelles. . . . . Suivant la Copie impr. de Paris, A Leyde Fr.
Haaring, 1706. 8⁰. (Expl. in Wolfenbüttel.)

* — — Dasselbe, titulo: Ein hübsche histori von
Lucre- / cia vô den zwey liebhabendê men- /
schen. A. E.: . . . Getru / cket. vnd. vollendet in der keyser /
lichen statt Augspurg von An / thonio Sorg am afftermontag /
vor Symonis vnnd Jude. Do / man zalt nach Cristi vn / sers
lie / ben herren geburt tausent vier- / hundert vnd in dem
lxxxxj jar / Amen. (1491.) Fol.

    In 2 Spalten gedruckt. 34 Bll., sign. aa—dd, so dass dd
10 Bll., die andern 8 Bll. haben. Rücks. d. 1. u. letzt. Bl.
leer. Mit Holzschnitten.

— — Dasselbe, titulo: EIn Liebliche, vnd Warhafftige History, Von zweyen Liebhabenden Menschen, Euriolo, vnd Lucretia, Darinnen alle Eygenschafft der Liebe, Süsse vnd bitterkeit, wollust vnd schmertzen,
höflich angezeiget vnd begriffen ist, So erstmals durch
den hochgelehrten Poeten Eneam Syluium, damals Keiserlichen Secretarium, in zierlichem Latein beschriben, vnd durch
den hochgelerten Nicolaum von Weil, Stattschreiber
zu Esslingen, verteütschet, vnd mit schönen Figuren durch
auss gezieret, widerumb aussgangen. — Holzschnitt. — *Am
Ende:* . . . . Gedruckt zu Strassburg am Kornmarkt. O. J. u.
Drucker (c. 1550). 4⁰. (150 Mk. Ludw. Rosenthal, München,
1906.) (In Breslau, Stadtbibl.)

    48 Bll. zu 34 Zeilen, sign. A—M. Mit 19 Holzschn.
Letztes Blatt leer.

— — Dasselbe. Andrer Druck als der vorige. 4⁰. (In Breslau,
Stadtbibl.)

— — Dasselbe, titulo: Ein Liebliche, vnd War-
hafftige History, Von zweien Liebhabenden
Menschen, Euriolo, vnd Lucretia; . . . . . . Jetzt
mit schönen Figuren widerumb neu gezieret. — Holzschnitt. —
'Am Ende: Gedruckt zu Franckfurt am Mayn, durch Weygand
(Han in der Schnurgassen zum Krug. O. J. (c. 1550). 8⁰.
(Ebend.)

    80 Bll., sign. A—L. Mit Holzschnitten.

* — — Dasselbe, titulo: Ein liebliche vnd warhafftige Histori, von zweyen Liebhabenden
Menschen, Euriolo vnd Lucretia, ... Jetzt auffs,

newe . . . . widerumb aussgangen. Wormbs, Gregor Hofmann, O. J. (c. 1550). 4⁰.

      48 Bll., sign. A—M. Mit Holzschnitten. Letztes Bl. leer.

* — — Dasselbe. Strassburg 1560. 4⁰. (Goedeke.)

* — — Dasselbe. Franckf. 1594. 8⁰.

* — — Dasselbe, titulo: E i n e   l i e b l i c h e   V n d   w a r - h a f f t i g e   H i s t o r y ,   V o n   z w e y e n   l i e b h a b e n d e n   M e n s c h e n ,   E u r i o l o ,   v n d   L u c r e t i a . . . . Zu Magdeburg bey Johan: Francken. O. J. (1602). 8⁰.

      72 Bll., sign. A—I. Mit Holzschn.

* — — Dasselbe. Leipzig, b. Nic. Nerlich. 8⁰. (O. M. V. 1626. H 4 a.)

* — — Dasselbe. Dressden 1647. 8⁰.

      Steht auch im Buch der Liebe. Frf. 1587. Fol. 108 sq.

— — Dasselbe, in V e r s e n , m. d. Titel: S ü s s b i t t e r e   F r e u d e ,   oder   e i n e   w a h r h a f f t i g e   H i s t o r i a   v o n   z w e y   l i e b h a b e n d e n   P e r s o n e n ,   u n t e r   v e r d e c k t e n   N a h m e n   E u r y a l i   v n d   L u c r e t i a e ,   durch   *Aeneam Sylvium* lateinisch beschrieben, durch   N i c o l .   v o n   W e i l   . . . . verteutscht, jetzt aber in   T e u t s c h e   R e i m e   ge-stellet durch   A n e v o   H o r e y s   zu Horstrowey in Testredey (d. i.   A n n a   O v e n a   H o y e r s   zu Hoyerswort in Eyderstet). Schleswig 1617. 4⁰.

      Grösste Seltenheit! Der anagrammat. Name der Dichterin steht unrichtig in: (Adelung's, Joh. Chp.) Geschichte der menschl. Narrheit IV. Lpz. 1787. 8⁰. S. 208.

* — — Dasselbe, titulo: E u r i a l u s   u n d   L u k r e z i a . Eine Geschichte zweyer Liebenden. Nach dem Lateinischen Original Sr. Paebstl. Heiligkeit Pius II. von neuem umgearbeitet. Magdeburg, G. Ch. Keil, 1797. 8⁰. LVI—174 S. (7 Mk., J. Taussig, Prag, 1904.)

      „Die Geschichte trug sich wirklich zu Siena zu, wo alle männlichen u. weiblichen Herzen der Venus huldigen." (Vor-rede.)

— — — — M ü n c h , E., L u c r e z i a   u n d   G a s p a r o , oder   d i e   z w e i   L i e b e n d e n   z u   S i e n a . Nach *Aeneas Silvio Piccolomini* Ludwigsburg 1833. 8⁰. (80 Pfg., Bielefeld, Carlsruhe; 9 Mk. [so!] H. Streisand, Berlin, 1908.)

— — — — L u k r e z i a   u n d   E u r y a l u s . Eine Liebes-geschichte. Aus dem Lateinischen übertragen v. K. v. H u t t e n . Leipzig 1890. 8⁰. 82 S. (Mk. 1.—.)

— — — — E u r i a l u s   u n d   L u k r e z i a   v o n *Aeneas Silvio Piccolomini* (Papst Pius II.). Uebersetzt und mit einer Einleitung versehen von   M a x   B a u e r . Dresden-A., Hugo Angermann, 1905. 8⁰. XIX—78 S. (Mk. 2.—) (1 Mk. 20 Pfg. H. Hugendubel, München.)

      Kabinettstücke der Weltliteratur. Bd. 1.

— — — — Euryalus und Lukrezia. Ein Roman.
Aus d. Latein. übertragen von Konrad Falke. (Titel nach
einem altitalien. Holzschnitt.) . . . . (19**). 8⁰. (Mk. 5.—;
Hldw. 7.—.)

ENEAS (!) **SILUIUS**: darnach Bapst Pius *Pius Secundus*
genand, Der gelerts aller Bepst, sagt von Frawen
glück, Wie sie manchen unverdienten menschen, so bald
als den besten erhöhet, jnn Deudsch Reim gefast durch
Georgen Motschidler (Büchsenmeister zu Wittenberg). O.
O. u. J. (1539). *A. E.:* Es ist assun. *G. M.* 4⁰. (In Göttingen.)
16 Bll.
> Dedication an den Churf. sächs. Oberzeugmeister Fried.
> von der Grun, dat. Wittemberg den 19 tag Aprill. im jar
> M.D.XXXIX. (1539.) — Weller, Annal. I. p. 310 no. 99;
> Goedeke II, S. 282, 45. 2.

AENEAS SYLVIUS, wie im tromet das er in das reich der
Künigin frawglück komen were: vn wie er sehe alle stend der
Welt, das sy mit ihm redte vnd wie frawglück zeerwerben wer.
Uebersetzt von Niclas von Weyle. *Am Ende:* (Nuern-
berg) Johann Weyssenburger. (1510.) 4⁰. (24 Mk., sehr scharf
beschn. Expl., Ludw. Rosenthal, 1906.)
> 12 Bll. Mit Titelholzschnitt. Weller 618.

AESCHACIUS Major (d. i. *Joachim Caesar*), s. Major im
Haupt-Alphabet.

AESOPUS, Der Italienische, oder Bertholds satyrische Geschichte, seine sonderbaren Begebenheiten,
sinnreichen Einfälle etc., nebst seinem Testament. Aus d.
Französ. Mit interess. Titelkpfr. v. A. Reinhardt. Frankf.
1751. 8⁰. (3 fl. 50 kr. Gilhofer & Ranschburg, Wien, 1888.)
> Sehr seltene deutsche Ausgabe der berühmten italien. N o -
> vellensammlung des G. C. Croce: Bertoldo, Bertol-
> dino e Cacasenno. (Graesse unbekannt.) Fehlt im
> Anon.-Lex.
> Orig.: Bertoldo. Con dichiarazioni d'alqu. vocaboli.
> S. l. ni d. (Réimpression vers 1780). Pet. in 8⁰. 396 pp.
> Avec 20 figg. en bois. (3 fl. die vorige Firma.)

* **AESQUILLUS**, Publius [d. i. *Jacob Bobhard*], Eygent-
liche gründliche vnd warhafte Beschreybung
dess heyligen Römischen vnd Catholischen
Hafenkäss, Wie derselbige auf das aller heiligste vnd künst-
lichste praepariert vnd zubereitet worden etc. Reymenweiss
verfasset vnd dem vergiften (so!), tincketen, Ketzerischen Hafenkäss der Protestierenden Lutheranern vnd Confessionisten ent-
gegengesetzet. Durch *Publium Aesquillum* der Societet Jesu
Baccalaureum, Civem Romanum & Poetam Catholicissimum. O.
O. Gedruckt im Jahr Christi 1617. 4⁰. Titelblatt u. 106 SS.

(24 Mk., schönes Expl. in altem Pergamentbd., Leo Liepmannssohn, Berlin, 1907.)

> Goedeke II. 287. 100, 2; Graesse II, 187, wo auch die
> folgende Ausgabe.
> Eine sehr seltene Mystification unter dem f i n g i e r t e n
> N a m e n e i n e s J e s u i t e n herausgegeben. Sehr grobe und
> teilwei·se ziemlich o b s c ö n e S a t i r e g e g e n d e n
> k a t h o l i s c h e n C l e r u s, offenbar als Antwort auf eine
> in demselben Jahre erschienene Schmähschrift gegen den
> Protestantismus von einem (Jesuiten?) Dr A n d r e a s F o r -
> n e r, betitelt: „Evangelischer Hafenkäss der Augspurgischen
> Confession. Ingolstadt 1617."

— — Dasselbe. O. O. 1618. 4⁰. 167 S. (In Wolfenbüttel.)

AFFE, D e r 42j ä h r i g e. Ein ganz vermaledeites Mährchen!
Aus dem Französischen (Deutsches Original von *Karl Franz
Guolfinger* Ritter *v. Steinsberg*, geb. 1757 zu Wien.) 2 Thle.
Mit 2 schönen satyr. Titelvignetten u. 1 Beilage. Berlin (Prag,
Schönfeld) 1784. 8⁰. (Expl. in Stuttgart.) I. 250 S., 2 Bll.
II: 240 S., 3 Bll.) (20 Mk., Expl. mit Superexlibris, Leo
Liepmannssohn, Berlin, 1907.)

> Diese scharfe u. pikante S a t y r e wurde bisher sonder-
> barerweise als gegen Voltaire gerichtet bezeichnet, während
> sie in Wirklichkeit unverkennbar auf J o s e p h II., der da-
> mals 42 Jahre alt war, sich bezieht. Das Buch war beim
> Erscheinen so rasch vergriffen, dass bald kein Expl. unter
> 6—1·2 Dukaten zu kaufen war. (Ebeling III p. 596.) (10 Mk.,
> Th. 1 apart, mit Titel in Roth- und Schwarzdruck, Adolf
> Weigel, Lpz., 1905.) (Th. 1 auch in Wien, Stadtbibl.
> unter „Josefina", u. in Breslau, Kgl. u. Univbibl.) —
> Der z w e i t e T h e i l, „auf feinem Schrenzpapier (!) ge-
> drukkt" (Berlin 1784. Mit satyr. Titelvign. u. Tit. in Roth-
> und Schwarzdruck), den Bibliographen unbekannt, enthält
> hauptsächlich Ausfälle gegen den Clerus und die Juden; am
> Schluss die „Schlachtordnung der Mönchsorden". (Cplt.
> in 2 Theilen 25 Mk., schönes Expl., Adolf Weigel, Lpz.
> 1904.)

— — Dasselbe. Neue Aufl. 2 Thle. Mit Titelvignetten. Ebd.
1786. 8⁰. (In Stuttgart.) Kayser's Romanen-Verz. 1827, hat:
2 Thle. Prag, Schönfeld, 1786. 8⁰. (1 ¹/₃ rt.)

— — Dasselbe. 2 Thle. Stuttgart 1829. 8⁰. (In Stuttgart.)

— — Dasselbe. F e h l e n im Anon.-Lex.

AFFEN, D i e. Eine allegorische Urkunde. Nebst einem
A n h a n g e. Erste (einz.) Auflage. O. O. u. J. (Vorber. dat.
1763). 8⁰. (In Berlin 2 Expll.: an Yl 8031; Yy 5701.)

> Satyren in Prosa. Einiges in Versen. 36 S. (incl. 4 Bll.
> Vorst.).

AFFENKÖNIGE, Die, oder d i e R e f o r m a t i o n d e s
A f f e n l a n d e s. Ein politischer Roman in 2 Büchern. („Mit
vierzig passenden [unbedeut. Holzschnitt-] Vignetten". O. O.

1788. (Wien.) Im Verlag Geo. Phil. Wucherers. Kl. 8⁰.
(4 Mk., Scheible, Stuttgart.)

> Tit., 4 Bll. Inh., 228 S. Seltenes Josefinum, dem Sarasin-
> Klinger'schen „Plimplamplasko" ähnelnd.

* — — Dasselbe. Mit 40 Vign. in Holzschnitt. O. O. 1789.
8⁰. (1 fl. 40 kr., Wallishausser, Wien, 1872; 2 Mk. 50 Pfg.,
Hugendubel, München, c. 1903.)

* **AFRIKANER**, D e r   v e r l i e b t e, in einer überauss anmuthigen und gantz neuen Liebs-Geschicht, Aus d. Französ.
vorgestellt. Gedruckt im Jahr 1682. 12⁰.

> 4 Bll. Vorst. u. 372 SS. Einiges in Versen. M. M. V.
> 1681, F 2a, hat: „Zu finden b. Joh. Heinr. Ellingern", aber
> ohne Ortsangabe. — Zuerst gedr. Wittenberg, b. Andr. Hart-
> mann. 1677. 12⁰. (O. M. V. 1677. D 3a.)
> O r i g i n a l (in Berlin u. Wolfenb.): L'amoureux Africain,
> Ou Nouvelle Galanterie. (Composée par Le Sr. B. M.) Amst.,
> Hnr. & Th. Boom, 1678. pet.-in-8⁰. (Potier 15 frcs.; 2 fl.
> Th. Ackermann, München, 1874.) u. früher. (éd. I: 1671.)

AGATHE, eine romantische Skizze aus der französischen Re-
volutionsepoche (von *Xav.Maxim.Amadeus Edmund Vibeau*).
2 Bde. Leipzig, Joachim, 1804. 8⁰. (16 gr.)

> Kayser, Roman-Verz. 1827. — Anon.-Lex. I. p. 34 nennt
> d. Vf., hat aber „Halle 1803", ohne Theiles- u. Formats-
> angabe.

AGATHINA, R i n a l d o ' s G e l i e b t e. Aus d. Engl. Erfurt,
Beyer & Maring, 1803. 8⁰. Zahm.

AGENT, D e r   n e u - b e s t e l l t e,   v o n   H a u s   a u s   mit
allerhand curieusen Missiven, Brieffen, Memorialien, Staffeten,
Correspondencen und Commissionen nach Erforderung der
heutigen Staats- u. gelehrten Welt. (Hrsg. von A n d r e a s
S t i e f e l, auch S t ü b e l gen., geb. zu Dresden 1653, † 1725
als emeritirter Konrektor der Thomasschule in Leipzig.) 3 Fonc-
tionen à 12 Depeschen. Mit vielen Kupfern. Freyburg (Leipzig, Groschuff) 1704—1707. 8⁰. (30 Mk., Expl. in 3 Prgtbdn.,
Leo Liepmannssohn, Berlin, 1907.)

> G o e d e k e III, 227 No. 86 erwähnt dieses compilatorische
> Werk nicht, das nach Art einer periodischen Zeitschrift über
> alle Ereignisse berichtet; daher wichtig für die Zeitgeschichte
> in Politik, C u l t u r u. Literatur aller Länder Europas u.
> Amerikas. Die Kupfer stellen Portr., Ansichten von Städten,
> Schlachten, Wappen, Münzen, Curiositäten etc. dar.
> W e l l e r, fing. Druckorte, hat „1704—8".

AGLAJA, eine Philosophie für das schöne Geschlecht. Frankfurt a. M. 1795. 8⁰. (²/₃ Thlr.)

> Bibl. Bülov. II. 2. p. 305.

AGNES, d a s   v e r l i e b t e N ö n n c h e n. Leipzig, Gust.
Körner, o. J. (c. 1872). 16⁰. Kl. 8⁰. (¹/₄ Thlr.) (1 Mk. Ed.
Fischhaber, Reutlingen.)

> Nur dem Titel nach pikant.

AGNES von Sizilien. Ein (ziemlich zahmes) Gemälde aus den Ritterzeiten (von *J. A. Rothe*). Mit 1 Kpf. Dresden u. Leipzig, Richter, 1792. 8⁰.
> 336 S. incl. TKpf., Tit. u. 1 Bl. Vorr., unter der sich der Verfasser nennt.

AGOSTINO, der kühne Räuberhauptmann, und seine Genossen. Ludwigsburg, Nast, 1830. 8⁰.
> Kayser's B.-Lex. (Romane.)

§ **AGRICOLA**, Franc., Biblischer Ehe--Spiegel. Cölln 1599. 4⁰. (In München: Hom. 48.)
> Von grosser Seltenheit!

AGRIPPA v. Nettesheym, Henricus Cornelius (1486—1535). — HENRICI CORNELII AGRIPPAE Ungewißheit u. Eitelkeit aller Künste u. Wissenschaften, auch wie selbige dem menschlichen Geschlechte mehr schädlich als nützlich sind. Ferner von eben diesem Autore zwei curieuse Tractätlein, als I. Von dem Vorzug und Fürtrefflichkeit des Weiblichen Geschlechts vor dem Männlichen. II. Von dem H. Ehestand. Aus dem Lateinischen ins Teutsche übersetzt. Cölln (Nürnberg, Monath), 1713. 8⁰. (9 Mk. Paul Neubner, Cöln, 1893; 12 Mk. Carl Uebelen, München, 1892.)
> Sehr seltene einzige deutsche Uebersetzung des berühmten Werkes: De incertitudine et vanitate omnium scientiarum et artium liberalium . . . . declamatio inuectiva" Antverp., Jo. Grapheus, 1530. 4⁰. (In Nürnberg, Stadtbibl.) (Vendu 10 Rthl.) Cfr. Vogt. Viele Ausgaben, einige der neueren castrirt, die Uebersetzung scheint es nicht zu sein. Enth. u. a.: vom Springen und Tantzen; von der Hurenkunst; von der Huren-Wirthschafft.

— — Dasselbe. In München folgende Ausgaben des latein. Orig. (z. Theil mit Titel-Portraitvignette in Holzschnitt): S. l. et a. 8⁰; s. l. 1531. 8⁰ (2 Expll.); Colon. 1531. 8⁰ (4 Expll.); s. l. 1532. 8⁰ (2 Expll.) (2 fl. 50 kr., F. Rohracher, Lienz [Tyrol], 1892); s. l. 1536. 8⁰; s. l. 1539. 8⁰; s. l. 1544. 8⁰; Hagae Comitum 1562. 8⁰; Lugduni 1564. 8⁰; Colon. 1575. 8⁰; ibid 1584. 8⁰; ibid. 1598. 8⁰; Lugd. Batav., 1643. ex officinis Abr. Commelini et David Lopes de Haro. 8⁰. XII—395 pp. (20 frcs. Georg & Co., Basel, 1904.); Hagae Comitum 1662. 8⁰. (1¹/₃ Thlr., Hartung, Lpz.); Francof. & Lips. 1693. 8⁰. (3 Mk. Paul Neubner, Cöln, 1893.); ibid. 1714. 8⁰.

AGRIPPA v. Nettesheym, Vom Herkommen des Adelichen Fürtrefflichen Weiblichen geschlechtes. Auch was gutes (von anfang der Welt her) durch sie geschehen und vollbracht worden ist, usw. [Aus dem

Latein. des *Henr. Corn. Agrippa* übers. von Joh. H e r o l d t.]
Franckfurt a. M., bey Mart. Lechler, in verlegung Sigm. Feïr-
abends und Sim. Hüters 1566. 16⁰. (In Amsterdam, Bibl.
Gerritsen.)

La 1re édition rarissime de l ' o r i g i n a l parut en 1529.
— Wohl e r s t e d e u t s c h e U e b e r s e t z u n g ist: Vom
Adel vnd Fürtreffen Weibliches geschlechts. O. O. u. J.
(Frankf. a. M., Chr. Egenolff, c. 1540.) 4⁰. 32 Bll. (20 Mk.,
Jos. Baer & Co., Frankf. a. M., 1888.)

§ — — Dasselbe, titulo: A b i g a i l , das ist des Lob-
w ü r d i g e n F r a u e n z i m m e r s A d e l u n d F o r t r ä f-
l i g k e i t. Verdeutschet, mit Anmärkungen erläutert, und samt
einer Z u g a b e z w e y e r p a a r H o c h z e i t-Gedichte
herausgegäben von M. J(ohann) B(ellin) (geb. 11. Juni
1618 zu Gr. Schönfeld bei Bahn in Pommern, seit 1646 „der
Willige in Zesen's Deutschgesinnter Genossenschaft, † 21. Dez.
1660 als Rektor in Wismar). Lübeck 1650. 8⁰. (4 Mk. Max
Weg, Lpz., 1897; jetzt theurer!)

288 S. Sehr rar! Goedeke III. p. 104; Anon.-Lex. I
p. 34.
O r i g.: De nobilitate et praecellentia foeminei sexus
(et ejus super virum eminentia auf d. Tit. späterer
Ausgaben). S. l. et a. 8⁰. (In München.) Idem opus c.
aliis operibus. Colon. 1532. 8⁰. (Ebd., 2 Expll.); rep. s. l.
1567. 8⁰. (In München.) Rep. s. l. 1568. 12⁰. Mit Holzschn.-Portr. auf d. Titel. (3 Mk., Ludw. Rosenthal, München,
c. 1885); Hagæ Comitum 1653. 12⁰. (1 Mk. 50 Pf. Heberle,
Cöln, 1877; jetzt theurer!)
F r a n z ö s. U e b e r s e t z u n g: Anvers 1698. 12⁰; dann
von D e G u e u d e v i l l e in 3 Theilen: Leide 1726. 12⁰.
Avec frontisp.
H o l l ä n d i s c h e U e b e r s e t z u n g: Amsterdam, o. J.
(c. 1700?). 12⁰.

§ — — Dasselbe, titulo: Des *Cornelii Agrippae* anmuthiges
und curieuses T r a c t ä t g e n v o n d e m V o r z u g d e s
w e i b l i c h e n v o r d e m m ä n n l i c h e n G e s c h l e c h t,
ehemals aus dem Lateinischen ins Frantzöische (!) anietzo
aus dem Frantzöischen (!) ins Teutsche übersetzet von J. K. L.
Gedruckt im Jahr 1721. O. O. 12⁰. 118 S. (Max Perl's Berliner
Febr.-Auct. 1908, no. 6, wo auch das folgende.)

— — Gegenschrift: D e r g e r e t t e (!) V o r z u g d e s
m ä n n l i c h e n v o r d e m w e i b l i c h e n G e s c h l e c h t e,
oder B e l e u c h t u n g *C. Agrippae* T r a c t a t s, darin dem
weiblichen vor dem männlichen Geschlechte der Vorzug gegeben . . . . O. O. Gedruckt im Jahr 1721. 12⁰. 120 S.

— — Dasselbe, titulo: D e r V o r z u g d e s w e i b l i c h e n
G e s c h l e c h t s v o r d e m m ä n n l i c h e n z u r E h r e d e s
E r s t e r n. Aus d. Latein. übersetzt (!), u. sehr angenehm zu

lesen. (Vign.) Leipzig (ohne Adresse) 1780. (Ulm, Bartholomäi.) 8⁰. 80 S.

§ — — Dasselbe, titulo: Über des Weibes Adel und
Vorzug vor dem Mann; aus dem Lateinischen übersetzt
(von Christian August Frege). Mit Titelkpf. (C. D. Fritz-
schinv., Hüllmann sc.). Kopenhagen, bey J. H. Schubothe,
1796. 12⁰. X—116 S. (7 Mk. 50 Pfg. Rich. Bertling, Dresden,
1907.

> Anon.-Lex. I. p. 34.

§ **AGRIPPA** v. Nettesheym. S. auch unten: Freder,
Heinr.

AGRIPPINA (Gemahlin des Kaisers Claudius, Mutter Nero's,
mit dem sie Incest trieb; † 59 n. Chr.) — Raffey, R., Die
Memoiren der Kaiserin Agrippina. Wien 1884.
8⁰. (Mk. 2,40.)

AGRIPPINA. S. auch unten: Gespräche in dem Reiche
derer Todten, sowie Lohenstein, Dan. Casp. v.

AHLBERG, Albrecht, u. seine Freunde, oder: auch
die Liebe führt wunderbar. Eine Geschichte aus dem
wirklichen Leben. Zwickau u. Leipzig, bey Friedr. Schumann.
1804. 8⁰. 288 SS.

> A. E.: Schleusingen u. Suhl, gedr. b. Hoffmann u. Lange.
> — Zahm.

AHLDEN, Herzogin v. (Gemahlin Georg's I. von England), s. Hannover, Herzogin v. (Sophia Dorothea).

AIA, Mutter, oder das Waldfräulein, eine Ritter-,
Geister- und Kloster-Geschichte. Wien (ohne Adresse), 1800. 8⁰.

> Titelkpf. u. 174 S. Theilweise etwas frei. — Fehlt in
> Kayser's Roman-Verz.

AKADEMIE, Die, der Grazien. Eine Wochenschrift zur
Unterhaltung des schönen Geschlechts (hrsg. von Christian
Gottfr. Schütz). 5 Bde. Halle, Gebauer, 1774 (—.80). Gr. 8⁰.
(In Warmbrunn.)

> Anon.-Lex. I. p. 21.

AKASCHU und Zirphile, ein Feenmärchen. (Aus d.
Französ. des *Charles Duclos*). Mit TKpf. Frankfurt u. Leipzig
1767. 8⁰. (In Stralsund, Rathsbibl.)

> Orig.: Acajou et Zirphile, conte. Nouv. éd. A Minutie
> (Paris, Prault) 1744. 12⁰. (In Berlin u. in Glogau, Stahn's
> Bibl.) (8 Mk., avec 7 grav., vente G. Salomon, Dresde, Mars
> 1875.) (u. früher.)

ALA LAMA, oder der König unter den Schäfern;
auch ein goldener Spiegel. (Roman von *Carl Friedr. Bahrdt.*)
Frankfurt a. M. und Leipzig (Halle, Franke) 1790. 8⁰.
Ziemlich zahm.

— — Dasselbe. 2 Thle. Görlitz, Anton, 1795. 8⁰. (1⁵/₆ Thlr.)

> Ersch II, 2. 1840. Sp. 380.

3*

ALANI de Rupe, M. (o. Domin.), Psalterium Virginis Mariae, oder Marien-Psalter. Lübeck 1506. 4⁰.

> „Dieses Buch ist ein recht Geistliche Romain oder Amadis, voller abgöttischer, fleischlicher, unzüchtiger Reden eines an eingebildeter Heiligkeit verbiesterten oder vom Satan verblendeten und viel unschuldiger Seelen betriegenden Münchs, dahero es in Testimonium Impietatis Monachalis aufzuheben. Typ. Monach." sagt davon die Bibliotheca Andr. Erasm. de Seidel, Berol. 1718. 8⁰. p. 163. — Grösste Rarität!

ALAZIEL oder Sagen aus den grauen Zeiten der Zauberwelt. Mit Titelkpf. u. Titelvign. Frankf. 1793. 8⁰. (3 Kr. Halm & Goldmann, Wien, 1907.)

ALBANO der Lautenspieler, vom Verfasser der Maske *(Aug. Mahlmann)*. 2 Bde. Mit TKpfrn. u. Musik f. d. Guitarre v. Bornhard. Leipzig, b. Wilh. Rein, 1806. 8⁰.

> Phantast. Roman, stellenw. etwas frei. Manches in Versen. 300 u. 324 SS.

ALBANUS Franc. (gebürtig aus der Gegend von Worms, hatte sich ziemlich lange in Rom aufgehalten, kam hierauf nach Wien und zuletzt nach Joachimsthal in Böhmen, von wo er sich im Jahre 1635 nach Wittenberg begab und evangelisch wurde, aber schon im J. 1637 starb). —*Francisci Albani* T. D. Einfältiger Römisch Catholischer Münchs-Esel. — Ridentem dicere verum Quid vetat? (*Holzschn.-Vignette:* Mönch mit Eselsohren, im Hintergrund rechts eine Kapelle oder Kloster.) Wittenbergk, In Verlegung B. Samuel Seelfischens E. Gedruckt bey Johann Christoph Siegel, Im Jahr Christi MDCXXXVII. (1637.) 4⁰. (In Berlin, Magistrats-Bibl., aus der Bibl. der Göritz-Lübeck-Stftg.) (6 Mk. 90 Pfg. Osw. Weigel, Lpz., 1883; 7 Mk. 50 Pfg., F. Butsch, Augsburg, 1878; jetzt theurer!)

> „Derb und voller Galanterien." (6 Mk., defektes Expl., v. Zahn & Jaensch, Dresden, ca. 1903.) 4 Bll. Vorst. (Tit. m. Bordüre, 2 Bll. curiose Zuschr. an Hedwig, Churfürstin zu Sachsen, geb. Prinzessin zu Dänemark, 1 Bl. Vorr. u. Inh. d. 13 Capitel) 200 S. Text.
>
> Antimönchische satyr. Fabel, wenig bekannt u. rar! — Hier einige Cap.-Ueberschr.: 1. Wie der Esel nach Rom kommen, und wie Wunderbarlich es jhm daselbst ergangen. 2. Der Esel begibt sich in ein Orden vnd wird ein Münch. 6. Vrsachen des Esels, warumb er das Klosterleben, vnangesehen seiner gethanen Münchsgelübden, verlassen. 7. Der Esel kompt zu einem Dorff-Pfarrer .... 8. Zweene Cappuciner Münche, sprechen bey dem Pfarrer vmb Herberg ein, vnd von dem Orden derselbigen. 10. Der Esel lehret was Bekehren sey; vnd erweiset, dass die Jesuiten vnd Münch noch Niemandt bekehret. 12. Von Belehrung od. Verkehrung der Weiber durch das Reformiren, vnd was daraus erfolgt. etc. etc. Cfr. Flögel, Geschichte der komischen Litt. III. p. 390. — S. auch Papstthum.

ALBANUS, H. L. (ps.), O p i a t e f ü r K o p f u n d H e r z, in unterhaltende Erzählungen eingekleidet. 2 Thle. Leipzig 1819. 8⁰.

> Kayser's B.-Lex. (Romane.)

ALBERT (d. i. *Aug. Hornbostel*), D i e W e t t e. Aus Jonathans Papieren entwendet und fortgesetzt von —. Gotha, Becker, 1810. 8⁰. 272 S.

ALBERT, Ch., D i e f r e i e L i e b e. Aus dem Französischen übers. von Th. S c h l e s i n g e r - E c k s t e i n. Leipzig 1900. 8⁰. (3 Kr. Halm & Goldmann, Wien, 1904.)

ALBERT d e r A b e n t e u r e r. Ein satyr. (ziemlich zahmer) Roman (aus d. Polnischen des *Krasicki* von Joh. Wenzel Leop. Thaddäus H a n n - H a a n). Wien u. Leipzig, Doll, 1794. 8⁰. 240 SS. (incl. TKpf. u. gestoch. Tit.).

> Anon.-Lex. I. p. 35 (nach Goedeke u. Meusel).

ALBERT d e r S e l b s t m ö r d e r. (Roman.) Dresden und Leipzig, Richter, 1795. 8⁰. (3 Kr., etwas fleckiges Expl., Halm & Goldmann, Wien, 1907.)

> Liederlich. Zur W e r t h e r - L i t e r a t u r von Interesse. — TKpf., Tit. gestoch. u. 223 S. Selten!

ALBERT o d e r W i r k u n g u. F o l g e m e n s c h l i c h e r L e i d e n s c h a f t e n u. W a n d l u n g e n. Ein historischer Beitrag zur Volks- u. Menschenkunde. 2 Thle. Leipzig, Schneider, (Gedr. in Plauen, s. Ende 2. Th.) 1795. 8.

> I: 146 S. incl. 14 S. Vorst. II: S. 147—306 S. incl. 12 S. Vorst. — Auch m. d. Titel: Neue Original-Romane d. Deutschen. Bd. XXXVIII.

ALBERT'S m e r k w ü r d i g s t e s L e b e n s j a h r, i n u n t e r - h a l t e n d e n B r i e f e n. Langensalza, Zolling, 1788. 8⁰.

> Kayser's B.-Lex. (Romane).

ALBERT u n d A l b e r t i n e (von *Friederike Helene Unger,* geb. *v. Rothenburg,* 1751—1813). Berlin, Unger, 1804. 8⁰. (3 Mk. 50 Pfg. Taussig, Prag, 1907.)

> Titkpf., Tit. m. Vign., 322 S. Zahm. — Anon.-Lex. I. p. 35 (nach Kayser, Meusel, Schindel).

ALBERT u n d M a r i a o d e r U n s c h u l d i m K a m p f e g e g e n T y r a n n e i. Leipzig, Wohlbrecht, 1831. Kl. 8⁰.

> Kayser's B.-Lex. (Romane.)

ALBERTINUS, Aegidius (geb. 1560 zu Deventer, † 9. März 1620, wohl in München). — § H a u ß p o l i r e r y, Begreifft v i e r u n t e r s c h i d t l i c h e T h e y l: Im ersten vnd andern wirdt gehandelt von den Junckfräwlichen vnd ledigs Standts Personen vnd jhrem verhalten. Im dritten, vom Ehestandt vnd Ambt der Männer. Im vierten, wird den Weibern ein schöner vnd artlicher Spiegel geschenckt, darinn sie sich alles jhres gefallens spiegeln können. Durch AEGIDIVM ALBERTINVM, der Fürstlichen Durchl: in Bayern, etc. HofRaths Secretarium, verteutscht vnd zusammen getragen. Gedruckt zu München, durch Nicolaum Henricum. M. D CII. (1602.) 4⁰.

> Tit. roth u. schwarz, 3 Bll. Ded. (an Bürgerm. u. Rath v. Straubig (sic!), dat. München, 25. Nov. 1601), 234 gez. Bll. u. 2 ungez. Bll. Reg.
>
> Die Ausgabe München, Geo. Willer, 1600. 4, welche Draud, 1611, p. 422 anführt, existiert wohl schwerlich.

§ — — Dasselbe. **Fünffter, Sechster vnd Siben-der Theyl Der Haußpolicey.** Darinnen gehandelt wird von dem schuldigen verhalten der Wittiber vnd Wittwen. Item, von dem coniugio, Ehe, Keuschheit vnd Rainigkeit der Priester vnd Geistlichen. Dann auch von den remedijs vnd mitteln, wie man der Vnkeuschheit könne einen Mannlichen widerstandt thun. Durch ÆGIDIVM ALBERTINVM, Fürstl: Durchl: in Bayrn, etc. HofRaths Secretarium verteutscht vnd zusammen getragen. Gedruckt zu München, durch Nicolaum Henricum. M. D C II. (1602.) 4⁰.

> Tit., 3 Bl. Dedic. (an den Abt Bernhard zu Nidern Altach, dat. München 1. Febr. 1602), 168 gez. Bl. u. 1 ungez. Bl. Reg. — Alle 7 Thle. in 1 Bde. in Stuttgart, Kgl. Bibl. — Auch in Zürich und Göttingen.

— — Dasselbe. Th. 1—4. Ebend. 1603. 4⁰. (18 Kr. Halm & Goldmann, Wien, 1904:)

> Wohl das derbste Werk dieses Autors. Enth. u. a.: Von den Closterfrawen, etc. — Vom **Coelibat** vnd der **Sodo-mitischen Schande.** — Von der vnmessigkeit vnd Vermessenheit der **Concubinen.** — Obs erlaubt seye in wöhrender Bräutschaft zu küssen, zu hertzen, oder sogar zu-sammenzukriechen. — etc. etc.

§ * **ALBERTINUS,** Aegidius. — **Lucifers Königreich vnd Seelengejäidt: Oder Narrenhatz. In acht Theil** abgetheilt. Im Ersten wird beschriben Lucifers König-reich, Macht, Gewalt, Hofhaltung, Hofgesind, Officier vnd Diener, die Hoffertigen, Ehrgeitzigen vnnd Fürwitzigen. II. Die Geitz-hälß, Wuecherer, Simonisten, Rauber etc. III. Die Fresser, Sauffer, Schwelger vnd Störtzer. IV. **Die Bueler, Hurer, Ehebrecher,** etc. V. Die Neydhälß, Ehrndieb, Leut an einander Knüpffer. VI. Die feindtselige, zornige Martialische Haderkatzen, Tyrannen vnd Rachgirigen. VII. Die träge, faule, lawe, schläferige, halsstarrige, vnbueßfertige, Melancholische, trawrige, fantastische, vnsinnige, verzweiflete Gesellen. Im letzten wird das Orth der Verdampten beschriben, in welchem er die seinigen badet vnd butzet, vnd ihnen ihren verdienten Lohn gibt. Durch *Aegidium Albertinvm*, Fürstl: Durchl: in Bayrn Secretarium, zusammen getragen. München, durch Ni-colaum Henricum. M. DC. XVI. (1616.) 4⁰. (Auch in Göt-tingen.)

4 Bll., 451 S. u. Reg. Sittengeschichtlich von grosser Bedeutung, verdiente das Werk die unten angezeigte Neuherausgabe.

§ * — — Dasselbe, mit veränd. Titel (aber demselben Satz wie bei voriger Ausgabe): L u c i f e r s K ö n i g r e i c h v n d S e e l e n g e j a i d t, Acht Theil begreiffendt. Darinnen gehandlet wirdt, von deß Lucifers Königreich, Macht, Gewalt, Diener vnnd Hofgesind, vnnd durch was vnderschidliche Mittel, List, Künst vnd Renck er die Seelen jage vnd in sein Netz bringe, auch wie er folgendts mit ihnen vmbgehe. Allen vnd jeden Standts Personen zu wissen notwendig, vnd sonderlich den Predigern sehr tauglich. Durch *Aegidium Albertinum*, Fürstl: Durchl: in Bayrn Secretarium colligiert, Vnd dem Wolgebornen Herrn, Herrn Ferdinand Schurfen von Schönwerth zu Nidernbraitenbach, Freyherrn auff Mariastein, zu Wildenwarth, Erbland Jägermeister in Tyrol, Fürstl: Durchl: Ertzhertzogs Maximiliani zu Osterreich Cammrer vnd Rath etc. dediciert vnd zugeschrieben. München, durch Nicolaum Henricum, M. DC. XVI. (1616.) 4⁰. (Auch in Göttingen.)

4 Bll., 451 S. u. Reg.

§ — — Dasselbe (mit Titel wie beim ersten Druck). Gedruckt zu Augspurg, durch Andream Aperger, In verlegung Nicolaus Hainrichs. M.D.C.XVII. (1617.) 4⁰. (Auch in Göttingen.) (18 Mk. Ludw. Rosenthal, München, 1906.)

4 Bll., 451 S. u. Reg.

§ * — — Dasselbe, hrsg. von R. v. L i l i e n c r o n. Stuttgart, o. J. (1883). 8⁰.

S. auch des Herausgebers Aufsatz in der Allg. D. Biographie I, 217—219.

ALBERTUS M a g n u s m i t d e s K ö n i g s T o c h t e r a u ß F r a n c k r e i c h. In des Marners Gulden thon. *Am Ende:* Nürnberg, Hans Guldenmundt.

O. J. (c. 1530). 8 Bll. 8⁰. m. Titelholzsch. — In Weimar. Abged. in Görres' Volks- und Meisterliedern, S. 195. Verändert im Wunderhorn II. S. 237 und bei Erlach I. S. 424. (Weller, Annalen I, p. 212. no. 55.)
Es saß ein König in Franckreich
der het ein Tochter minnigkleich etc.

ALBERTUS, D e s w e s t i n d i a n i s c h e n k l e i n e n, u n d d e r s c h ö n e n E u r o p ä e r i n A d o l p h a e a v o n T a n o y a u f d e r I n s u l M a r t i n i q u e m e r k w ü r d i g e R e i s e- g e s c h i c h t e . . . . Mit Titelkpfr. Frankf. 1757. 8⁰. (4 Mk. Paul Alicke, Dresden, 1908.) Sehr rar!

ALBERUS (Alber), Erasm. (geb. um 1500 zu Sprendlingen, Grafsch. Ober-Isenburg-Büdingen, † als Generalsuperint. zu Neubrandenburg, Mecklenb., 5. Mai 1553), D a s E h b ü c h l i n. / E i n g e s p r e c h z w e y e r W e i b e r, m i t n a / m e n A g a -

tha vnd Barbara, vnd / sunst mancherley vom Ehestand,
Ehe / leuten, vnnd jederman nützlich zulesen, An die Durch /
leuchtige Hochgeborne Fürstin, Fraw Catharina / geborne
Hertzogin von Braunschweig, / Marggräffin zu Branden- / burg.
// Durch *Erasmum Alberum.* O. O. — *A.E.:* D.M.XXXIX.
(1539.) 30 Bll. 4⁰. (In Göttingen.)

> Goedeke II. p. 443, 9: Die Widmung, ohne Ort, von vnser
> lieben Frawen reynigung (2. Febr.) tag M.D.XXXIX, ist
> E r a s m u s A l b e r u s unterzeichnet. — Der Dialog ist aus
> Erasmus v. Rotterdam; dann folgen von da an die Capitel
> aus dem Buche von 1536 (s. B a r b a r u s, Franc.], doch
> ohne die dort eingestreuten Verse u. Geschichtchen.

ALBEZOR (d. i. *Joh. Theod. Benj. Helfrecht*), S h a k a l, d e r
s c h ö n e G e i s t. Fragment einer Biographie aus dem 14. Jahrhundert von dem Araber *Albezor.* Aus dem Arabischen, Ma-
layischen, Lateinischen, Französischen übersetzt von H a n n s
G ö r g. Mit satyr. Titelkpf. Dintenstadt (Leipzig, Fleischer)
1799. 8⁰. (5 Mk. Ludw. Rosenthal, 1906.)

> Weller, fing. Dr.

— — Dasselbe. Neue und mit einer fortgesetzten Biographie des wieder aufgelebten Helden vermehrte Auflage.
Ebend. 1801. 8⁰. (3 Mk. Julius Neumann, Magdeb., 1906.)

ALBIN (ps.), N o v e l l e n. 1) Des Himmels Segen, oder
das Weiberduell. 2) Des Himmels Fluch. 3) Jugendstreiche.
Leipzig, Liter. Museum (Schiller u. Robitzsch). 1838. 8⁰.

> 270 S. Etwas freien Inhalts.

ALBIN, Joh. Geo. („von Naumburg, J. U. C.", geb. 1624,
† 1679), D e r J u n g f e r n u. J u n g g e s e l l e n k u r t z -
w e i l i g e E r q u i c k - S t u n d e n, in welchen a l l e r h a n d
l u s t i g e B e g e b e n h e i t e n, a n m u t h i g e L i e d e r,
r a r e R ä t z e l (7 an der Zahl, in Versen), wie auch ein
schönes L u s t - u. S c h a u - S p i e l vorgestellet wird von
Joh. Georg Albinen, —,—. Zeitz, bey Johann Schumannen,
Buchhändl. 1683. (Nebst allerliebstem K u p f e r t i t e l.) 12⁰.
(In Dresden: Lit. Germ. rec. C. 59.; 1 Bl. zerrissen.)

> 6 Bll. Vorst. (incl. Tit. in Roth- u. Schwarzdruck), 192 S.
> Die (hier u. da etwas freien) L i e d e r mit beigedruckten
> M u s i k n o t e n. — S. 80—186: Das L u s t - u. S c h a u -
> S p i e l „Die im Reisen betrübt Gefangene, u. der Ge-
> fangenschafft freudig wieder entgangene Braut E u g e n i a
> (in 4 Akten, Prosa u. einige Verse). — Sehr selten!

ALBINY, Joh. Geo. — C h u r - S ä c h s i s c h e V e n u s
W e l c h e, A l l e r G l o r w ü r d i g s t e n S ä c h s i s c h e n
H e l d e n u n d H e l d i n n e n M y r t h e n - F e s t e u n d B e y -
l a g e r J e t z i g e r L i n i e . . . . Kürtzlich iedoch ausführlich
und lustig, Vorstellet, Durch Vorstellung *Joh. Georg Albinens*

J. C. von Naumburg. In Verlegung Christian Kolbens. Buchh.
daselbst 1686. 12⁰. (Expl. in Göttingen P. 2983 a.)

> Sehr selten! 331 S. — S. 200 ff.: Chur-Fürstl.
> Sächsische Altenburgische Printzen-Ent-
> führung. Schau-Spiel. (Prosa.) — Goedeke III. p. 221, 33.

ALBINY, J., Die Bastardbrüder oder der Fluch
der Geburt. Ein romantisches Gemälde. 2 Thle. Quedlinburg und Leipzig, Basse, 1825. 8⁰.

> 214 u. 189 SS. Einiges frei.

ALBINY, J., Das graue Felsenmännchen. Ritter- und
Räubersgeschichte aus dem Mittelalter. 2 Thle. Ebd. 1823. 8⁰.

> Stellenweise anstössig u. frech.

— — Dasselbe. 2. Auflage. Ebd. 1839. 8⁰. 237 + 200 S.

ALBINY, J., Die unheimlichen Gemächer in dem
Schlosse Lovel, oder: das enthüllte Verbrechen.
Eine romantische Erzählung aus dem mittlern Zeitalter. 2 Bde.
Braunschweig, G. C. E. Meier, 1824. 8⁰.

> 240 u. 240 SS. Ziemlich zahm.

ALBINY, J., Giulio di Sorrento, oder der Bund der
heimlichen Rächer. Eine romantische Geschichte aus
den Papieren eines Unbekannten. 4 Thle. Quedlinb. u. Lpz.,
Basse, 1825. 8⁰.

> Darin stellenw. freie Liebesgeschichten.

ALBINY, J., Heinrich von Lindenhorst oder die er-
füllte Wahrsagung. Ritter-, Pfaffen- u. Geistergeschichte.
3 Thle. Quedlinburg u. Leipzig, Basse, 1824. 8⁰.

> 218, 237 u. 200 SS. Stellenw. frei.

ALBINY, J., Herzlande von Rappoltstein oder die
Verbrecherin aus Eifersucht; das Strafgericht und
der Reinsteiner. Rittergeschichten aus dem Mittelalter. Ibid.
1824. 8⁰. 263 SS. Nur die 1. Erzähl. gehört hierher.

ALBINY, J., Der Zwerg vom Berge, oder die Spuck-
geister im Zauberschlosse. Eine nordische Sage aus
der Vorzeit. Vom Verf. des grauen Felsenmännchens. 2 Thle.
Quedlinburg u. Leipzig, Basse, 1825. 8⁰.

> 188 u. 173 SS. Freien Inhalts.

ALBRECHT, Carl (d. i. *Theoph. Albr. Heidemann*), Pa-
pierblümchen und Novellen wonniger Liebe
und Freundschaft. Naumburg 1804. 8⁰. (1 Rthl.)

> Kayser's B.-Lex. (Romane).

ALBRECHT, F. E., Triumph der reinen Philosophie
oder die wahre Politik der Weiber. Leipzig 1796.
8⁰. (¹/₂ Rthl. Scheible, c. 1872.)

ALBRECHT, Joh. Friedr. Ernst (1752—1816), Skizzen (ziemlich zahme) aus dem Klosterleben. 2 Sammlungen.
Leipzig 1786—87. 8⁰.

> Bibl. Bülow. II, 2, p. 147.

§ **ALCAFORADA** (auch A l c o f o r a d o geschrieben), M a r i -
a n n e (Nonne zu Beja, c. 1663). — D i e p o r t u g i e s i s c h e n
B r i e f e. Aus d. Französ. übersetzt. Im Jahr 1751. O. O.
8⁰. 8 Bog.

> Seltene Uebertragung der einst berühmten „lettres portu-
> gaises". 12⁰. (4 Mk. Lesser in Breslau, c. 1875.)
> O r i g.: Lettres d'amour d'une religieuse portugaise écrites
> au Chevalier de C. (N o ë l B o u t o n d e C h a m i l l y, aussi
> sous le nom de c o m t e d e S a i n t - L é g e r), officier fran-
> çois en Portugal, et les réponses de celui-ci. La Haye 1668.
> 12⁰. (4 Mk. Lesser in Breslau, c. 1875.) Rep. ib. 1682.
> 12⁰. (Bibl. Lautensack. Helmst. 1737. p. 111.); dernière
> édition. Ibid. 1693. (In München.) Die Bibliogr. de l'amour
> nennt (IV. p. 295) eine Ausgabe Paris 1669. 12⁰.
> E n g l i s c h e U e b e r s e t z g.: Love-Letters, five, from
> a Nun to a Cavalier. Done out of French into English by
> S i r R o g e r L ' e s t r a n g e. London, J. Partridge, 1689.
> Item: Love Letters, five, written by a Cavalier, in answer
> to the five Love Letters written to him by a Nun. London,
> R. Bentley, 1683. 2 tomes. 12⁰. (6 Mk., L. Rosenthal,
> München, ca. 1885.)

— — Dasselbe, titulo: B r i e f w e c h s e l e i n e r p o r t u -
g i e s i s c h e n N o n n e m i t d e m R i t t e r v. C h a m i l l y.
Aus d. Portugiesischen (sic!). Rotenburg a. d. Fulda, Hermstedt,
1788. 8⁰. (3 Mk., Völcker, Frkft. a. M., 1876.)

ALCAFORADA. L a r s e n, Karl, S c h w e s t e r M a r i a n n a
(Alcaforada) u n d i h r e B r i e f e. Ins Deutsche übertragen
von Mathilde M a n n. Mit Titel-, Initial- und Einbandzeichnung
von W. T i e m a n n. Leipzig, Insel-Verlag, 1905. 8⁰. Ganzpergt.,
oberer Schnitt vergold., in Etui. (7 Mk. 50 Pfg. Adolf Weigel, 1907.)

— — — — Dasselbe. Liebhaberausgabe. Ganzpergt. (15 Mk.
der Vorige.)

ALCHYMIST, Der, oder E l i s a, d a s M ä d c h e n a u s d e m
M o n d e. Vom Verfasser des Herrn von Lümmel auf Lümmelsdorf *(Ernst Bornschein).* Hanau, Scharneck, 1804. 8⁰. (1 Rthl.)

> 251 S. (incl. Vorst.). Das Anon.-Lex. I. p. 36 hat „Elise"
> und „Leipzig" (nach Kayser).

ALCIBIADES (ps.), D i e K u n s t i n g a n z k u r z e r Z e i t
B r a u t u. F r a u z u w e r d e n . . . . . Ein praktischer Rath-
geber für heirathslustige Damen; ein Schatzkästlein für
Mütter heirathsfähiger Töchter, ... Berlin, Literatur- u.
Kunst-Comptoir, o. J. (c. 1860?). 8⁰.

> 31 S. u. 1 S. Verlags-Anz. (Druck der G. Bernstein'schen
> Druckerei in Berlin, Mauerstr. 53).

ALCIBIADES, D e r d e u t s c h e. (Liederlicher Roman von
Carl Gottlob Cramer.) 3 Thle. Mit 3 Titelkpfrn. (Portraits.)
Weißenfels u. Leipzig, bei Reformator Sincerus (Severin in
Weißenfels) 1791. 8⁰. (In Berlin, Magistratsbibl.)

> 240, 275, 292 S. — Bereits ziemlich selten.

— — Dasselbe. 2. Aufl. 3 Bde. Mit 3 Titelkpfrn. Ebd. 1792. 8⁰. (3 Mk. K. Th. Völcker, Frankf. a. M., 1876.)

— — Dasselbe. (Nachdruck.) 3 Thle. Berlin 1802. 8⁰. (2 Mk. Scheible, c. 1878.)

— — Dasselbe. 3 Thle. Leipzig (Wien) 1804. 8⁰. (Weller, fing. Druckorte.)

— — Dasselbe. Neue Aufl. 3 Thle. Mit Kpfrn. Hamburg, Herold, 1814. 8⁰. (Ldpr. 3 $^1/_2$ Rthl.) (Engelmann p. 61.)

ALCIBIADES, D e r d e u t s c h e. S. auch den A n h a n g dieses Romans sub N o r d e n s c h i l d, Hermann v., bei C r a m e r, C. G.

* **ALCIPHRONS** (Erotiker) B r i e f e (3 Bücher). Aus d. Griech. übers. von J(oh.) F(riedr.) H e r e l (1745—1800). 2 Thle. Mit Titelvign. (J. D. P h i l i p p i n sc.). Altenburg, in der Richterischen Buchhdlg. 1767. Kl. 8⁰.

> I: Tit., 5 Bll. Vorr., 102 S. (Buch 1), 1 Bl. Inh. II: Tit., 3 Bll. Vorr. 194 S. (Buch 2—3), 3 Bll. Inh. u. Druckf. — Nach d. A b r e s c h ' schen Ausg. des Originals: Zwollæ 1749. 8.
>
> Eine f r a n z ö s. U e b e r s. in d. Vorr. erwähnt: Lettres d ' A r i s t e n è t e, auxquelles on a ajouté les Lettres très choisies d ' A l c i p h r o n. Londres 1739. 12⁰.

ALCIPHRON, H e t ä r e n - B r i e f e des —, aus dem Griechischen, von Dr. C. K i e f e r.

> Der Amethyst, Heft 8, Juli 1906, 4⁰, S. 229—236, ferner S. 260: „A l k i p h r o n der Redner lebte etwa zur Zeit des Lucian, dessen Schriften er stellenweise nachahmt; er hat eine Sammlung von 118 Briefen hinterlassen, die in seiner Weise das heitere Genussleben jener Zeit wiedergeben und eine warme Liebe für Athen und attisches Wesen bekunden. Der 2., 3. u. 4. Brief beziehen sich auf die Rede, welche Hypereides zur Verteidigung der wegen Gottlosigkeit angeklagten Phryne gehalten hat." (Dr. K i e f e r.)

ALDERMANN, G u s t a v. Ein dramatischer (ziemlich zahmer) Roman (von *Friedr. Traugott Hase*). Th. (1) 2. (cplt.) Mit 1 Titelkpf. (C h o d o w i e c k i del., G e y s e r sc.) u. 1 Titelvign. Leipzig. Weygand, 1779. Kl. 8⁰. (Expl. in Warmbrunn.) (5 Mk., schönes Expl., Adolf Weigel, Lpz., 1906.)

> I: 282 S. (incl. 4 Bll. Tit. u. Vorr.). II: 231 S. (incl. 3 Bll. Vorst.). Anon.-Lex. I. p. 37 (nach Meusel, Kayser, Goedeke).

ALDOBRANDINI, Hercul. (ps.), L u s t i g e G e s c h i c h t, d i e s i c h m i t e i n e m S o l d a t e n b e g e b e n. Hamb. 1645. 4⁰.

> Rarissime! 1 Bogen. „Sind Niedersächsische Verse, ist artig gemacht." (Weichmann zu Neumeister p. 7.) — Hierher gehörig?

ALESSANDRINI oder die R ä u b e r r e p u b l i c k (!) i n d e n A p e n n i n e n. Eine romantische Geschichte in Drey Büchern.

Im   Reichs - Commissions - Industrie - Büreau.   O. O. u. J.
(c. 1805). 8⁰.

> Tit. gestoch. u. 230 SS. Stellenw. erot. (3 Mk. Lesser,
> Breslau.)

— — Dasselbe m. d. Titel: Eugenio der Liebling
des Räuberhauptmanns. Neue Aufl. Leipzig, Joachim
(c. 1810). 8⁰. 230 SS.

ALETHOPHILUS, Curiosus (d. i. *Joh. Chp. Wagenseil,* geb.
26. Nov. 1633 zu Nürnberg, † 9. Octob. 1705 als Pfälzischer
Rath u. Prof. des kanon. Rechts u. der oriental. Sprachen a. d.
Universität Altdorf), Tractatus politico-historicus, de mo-
ribus, ritibus ac ceremoniis in aulis regum &
principum, legationibus, congressibus & conventibus magnatum,
usitatis . . . . Ex MSS. incerti auctoris collectus per *Curiosum Alethophilum,* Cosmopoli (Hagae Comitum). Anno
M. DC. LXXXVII. (1687.) 12⁰.

> Seltenes, zur Hälfte deutsch abgefasstes Werkchen
> von culturhistor. Interesse. Enth. u. a. viel üb. die Cere-
> monieen am päpstl. Hofe, Verlobungs- und Hoch-
> zeits-Ceremonieen der oesterreich. Grossen
> etc. TKpf., Tit. u. 343 S. (4 Mk. 50 Pf. W. H. Kühl,
> Berlin, c. 1882.) Weller, fing. Dr.

ALETHOPHILUS, Isaac (ps.), Die angetastete Jung-
fer-Ehr der Lutherischen Kirchen, von einer
schimpflichen Zulag, quasi solche, die in heiliger Offenbarung
Johannis vermeinte Grosse Hur wär, in etlichen Sendschreiben
an einen Römisch-catholischen Religiosen bescheidentlich ge-
rettet. Gedruckt im Jahr 1714. 8⁰. 12 Bll. u. 201 S. (12 Mk.,
Adolf Weigel, Lpz., 1906.)

> Sehr seltene, heftige Polemik gegen einen P. Christoff
> Leopold in Augsburg, mit vielen sotadischen Ci-
> taten aus der Jesuitenlitteratur, Casuistik u. s. w. —
> Fehlt in Weller's Lex.-Pseud.

ALETHOPHILUS von Uranien, Neuer und alter ver-
rahtener (!) Calender-Schreiberey und Eitel-
keiten-Calender auf das 1670. Jahr. Nürnberg. 4⁰.

> Karajan's Bibl. II. no. 3988. — Weller, Lex. Pseud. p. 18
> hat: „Alter und Neuer . . . . Eitler-Werck Calender. 1669,
> bis 1698 (oder länger) fortgesetzt."

ALEXANDER d. Gr. — § Annalen der Liebe. Aus Alexanders des Grossen Zeitalter. (Zahmer dramat. Roman.) Bd. I.
(einz.). Leipzig 1793. 8⁰. 350 SS. (17 Sgr. J. Scheible; jetzt
theurer!)

ALEXANDER d. Gr. — Alexander der Grosse, Liebes
Geschichte. O. O. 1684. 12⁰.

> So im Cat. libr. A. Dussarat. Berol. 1716. p. 1.

ALEXANDER d. Gr. — Des großen Alexanders seltsame Händel. O. O. 1684. 12.

> So in einer Auctio libror. Lips. 3. Maj. 1717. p. 2.

ALEXANDER VI. (Borgia), Papst (reg. 1492—1503). — Viennet, J. P. G., Papst Alexander VI. u. s. Sohn, der Cardinal Cäsar Borgia, die beiden grössten Bösewichter ihrer Zeit. Ein historischer Roman in 2 Bdn. Leipzig, literar. Museum, 1834. 8⁰. (Ldpr. 2 Thlr.) (10 Kr. Halm & Goldmann, Wien, 1907.)

> Auch u. d. Tit.: Chronique scandaleuse des Päpstl. Stuhles. Oder Gallerie gottloser Statthalter Christi auf Erden. Bd. 1—2. I: 2 Bll., 260 S. II: 2 Bll., 278 S. 8⁰.

ALEXANDER VII. (Fabio Chigi, Bischof von Nardo 1639—51, Nuntius in Cöln, Cardinal 1651, Papst 1655—67). — * Neu-entlarfftes ROM, Das ist, Offenhertzig-Teutsche Entdeckung, Wie es in besagter Stadt und dem gantzen Röm. Kirchen-Staat hergehet, In dem Gerichtlich durchsuchten Leben ALEXANDRI VII. Auf eine anmutige, und mit schönen Erfindungen außgezierte Art vorgestellet Und aus dem Italiänischen (des *Greg. Leti?*) ins Hochteutsche übersetzet, Durch J. W. D. L. Gedruckt im Jahr M DC LXXII. (1672.) 12⁰. (In Berlin: Cd 10630) (7 Mk. Adolf Weigel, Lpz., 1893.)

> Tit., 5 Bll. Vorr., 489 Seiten. In der Vorrede heisst es zu Anfang: „Dieses Buch ist von so vielen Verfassern zusammen gesetzet, dass die Mühe selbige zu erforschen, eben so vergeblich seyn würde als wenn man die Lufft schlagen und bestreiten wolte." etc. (1 Rthl. Scheible, 1868; jetzt theurer!)

ALEXANDER VII., Constitution betreffende die Frag, ob die H. Jungfrau Maria ohne Erbsünd empfangen und gebohren worden? 1663. 4⁰. (In Zürich.) Rarissime!

ALEXANDER, Ritter. — * Von dem aller schonsten / Ritter Alexander vn' seiner schönsten frawen / Vnd wie er noch mit einer schönern in einem / andern landt sein ee brach, dardurch sie bey- / de in ein thurm gelegt wurden, Vnd wie sein / recht Eeweyb sie beyde erlediget etc. (Holzschnitt, die Frau an dem Thurm vor welchem die beiden Wächter sitzen.) *Am Ende:* Gedrückt zu Nürnberg, / durch Jobst Gutknecht. / M.CCCCC X v (1515.) 8. (In Berlin: Yd 7820, no. 13.)

> Gedicht in kurzen Reimpaaren. Anfang: Nun hört von einer historien Wie einer erlöst wardt von sorgen — Der Ritter aus Frankreich verführt in London eine Frau, wird gefangen gesetzt u. befreit, indem seine Ehefrau, nachdem sie

die Wächter bestochen, mit ihm die Kleider wechselt. (Dieselbe Erzählung ist in dem Liede vom R i t t e r T r i n u - m i t a s behandelt.) 8 Bll. Das letzte u. Rücks. des ersten leer. — Panzer's Zusätze, S. 134. Weller, Annalen I, S. 202; II, S. 9 u. 532.

ALEXANDER, G r a f , v o n M e t z. — D i e w a r H i s t o r i v o n d e m G r a f e n A l e x a n d e r i n d e m p f l u g. *Am Ende :* Gedrückt zu Nürnberg durch Jobst Gutknecht. O. J. (1521). 8⁰.
8 Bll. m. Titelholzsch. — (In Weimar.)
Ain edler herr was zu Metz gesessen etc.
F r ü h e r e Ausgaben: Die histori von dem grafen in dem pflug. A m E n d e : Getruckt zu Bamberg Im iij vnd. xC Jare (1493) hinter sant merty. (Bei Hans Sporer). 4⁰. 8 Bll. m. Titelh. — Panzer Nr. 366.
Von dem graffen in dem pflug, gesang. . . . . A m E n d e : Gedruckt zu Erffort von meister Hansen sporer bey sante veit zu dem eynsydel. Im XIV. Jare (1495). 4⁰. — Weller, Annalen II. p. 9; Panzer Nr. 410.

— — Dasselbe, titulo: A l e x a n d e r v o n M e t z i n g s a n g s w y ß. Zürich, Augustin Frieß. O. J. (c. 1545).
12 Bll. m. Titelholzsch. — Körner S. 49. Gödeke's Deutsche Dichtung im Mittelalter, S. 569.
Ein edler Herr der was zu Metz gesessen etc.

— — Dasselbe, tit.: D i e w a r e H y s t o r i a , v o n d e m G r a f f e n A l e x a n d e r i n d e m P f l u g. Augspurg, Michael Manger. O. J. (c. 1550). 12⁰. (10 Rthl. Asher, Berlin, Cat. 85.)
In Versen. Mit Titelholzschnitt.

— — Dasselbe, titulo: D e r A l e x a n d e r v o n M e t z : Wie er in der Heydenschafft gefangen, vnd durch sein Eheliches Weib in eines München weiß widerum' von dem Pflug erlediget vnd heim kommen ist. O. O. 1613. 8⁰. (In Zürich.)
8 Bll. m. Titelholzsch. 92 Str.
Ein Edler Herr was zu Metz gesessen etc.

— — Dasselbe, titulo: D e r A l e x a n d e r v o n M e t z. Wie er in der Heidenschafft gefangen, vnd durch sein Eheliches Weib inn eines München weise wider von dem Pflug erlediget, vnd heim kommen ist, etc. O. O. u. J. 8⁰. (In Frauenfeld.)
8 Bll. m. Titelholzsch.
EIn Edler Herr der was zu Metz gesessen,
Alexander ist er genannt etc.

ALEXANDER M** u n d A u g u s t e ; ein (freier) Roman (von *Stelzer*). 2 Thle. Halle u. Leipzig, Ruff, 1806. 8⁰. 302 u. 340 SS.
302 u. 430 SS.

ALEXANDER'S, Wilh., G e s c h i c h t e d. w e i b l i c h e n G e s c h l e c h t s v o n d. f r ü h e s t e n A l t e r t h u m a n b i s a u f g e g e n w ä r t i g e Z e i t e n. Aus d. Engl. übersetzt (von Christian Friedr. v. B l a n k e n b u r g, geb. 1744, † 1796). 2 Bde. Leipzig, bey Weidmanns Erb. u. Reich. 1780—81.

Gr. 8⁰. (In Breslau, Kgl. u. Universitäts-Bibl.; auch im British Museum.) (10 Mk., Max Harrwitz, Berlin, ca. 1892.)

I: 4 Bll. Vorst., 454 S., 13 Bll. Reg. II: 4 Bll. Vorst., 442 S., 7 Bll. Reg. — Anon.-Lex. I. p. 37 (nach Meusel).

Renommiertes, zieml. selten vorkommendes Werk, welches besonders ausführlich über die Verhältnisse des weibl. Geschlechts bei J u d e n , G r i e c h e n u. R ö m e r n , den g e r - m a n. u. r o m a n. V ö l k e r n handelt; ferner viel üb. Ehe, Ehebruch, Ehelosigkeit, Vielweiberei, Kleidung und Putz etc. etc.

Bd. I: Einleit. — Kurzer Abriss d. Gesch. d. weibl. Geschl. vor der Sündfluth. — Von d. Erziehung, den Geschäften, Zeitvertreiben; von Behandlung, Zustand, Vortheilen u. Nachtheilen im Stande d. Wildheit u. d. Civilisation; vom Charakter und Wandel, vom Einflusse des Umgangs mit d. weibl. Geschlecht. — Abriss von d. Ceremonien u. ˙Gebräuchen, welche grösstentheils nur von d. weibl. Geschlechte beobachtet werden.

Bd. II: Von Sittsamkeit u. Keuschheit. — Von d. verschied. Meynungen, welche verschied. Völker von d. weibl. Geschl. gehegt haben. — Vom Putz u. Zierrathen u. verschied. andern Mitteln u. Wegen, welche d. weibl. Geschl. einschlägt, um dem männlichen sich angenehm zu machen. — Von der Liebe u. den Bewerbungen des männl. Geschlechtes um d. Gunst d. weiblichen. — Von der Ehe. — Von ʾder Witwenschaft (!). — Von den Rechten, Vorrechten u. Freyheiten d. weibl. Geschl. in Grossbritannien; von den Bestrafungen, welchen sie durch das Gesetz unterworfen sind, und den Einschränkungen, die sie durch Gesetze und Gebräuche erhalten.

O r i g i n a l : A l e x a n d e r , Will., The history ȯf women from the earliest antiquity to the present time, giving some account of almost every interesting particular concerning that sex, among all nations, ancient and modern. 2 vols. London 1779. 4⁰. (In Amsterdam, Bibl. Gerritsen.) (Ed. I. Dublin 1769. 8⁰. — Rep. London 1783. ˙8⁰. (Voir Gay II. p. 92.)

ALEXANDRINE, G r ä f i n v o n u n d z u I**, d i e T o c h t e r e i n e r B u h l e r i n n ! eine romantische Ausstellung mit cosmopolitisch-satyrisch-kritischen Farben gezeichnet vom Verf. der Henriette von Detten *C(hristoph) S(igm.) G(rüner).* Fortsetzung od. 3. u. 4. Theil der Henriette v. D e t t e n. (S. d.) Cöln, bei J. L. Kaufmann, 1804. 8⁰. (In Dresden.) I: Tit., IV—224 SS. II: 202 SS. (4¹/₂ Mk. Bielefeld in Carlsruhe; 5 Mk. B. Seligsberg, Bayreuth.)

— — Dasselbe. Neue Aufl. Leipzig, Joachim, 1815. (1816?) 8⁰. (2 ¹/₃ Rthl.)

Kayser's Roman-Verz. hat 1815.

ALFKEN, E., D a s P a n t o f f e l - R e g i m e n t , oder d i e Kunst, d i e M ä n n e r z u u n t e r j o c h e n u n d z u b e - h e r r s c h e n. Wesel 1841. 12⁰. (50 Pfg. Scheible, 1868.)

ALFONSO VI. v o n P o r t u g a l. (Entthronung 1667.) —
C a c e r e s d e F a r i a, Leandro Doria [d. i. _Correa de La-
cerda_], H i s t o r i s c h e S t a a t s - u. L i e b e s - B e s c h r e i -
b u n g v o n d e r g r o s s e n V e r ä n d e r u n g i m K ö n i g -
r e i c h P o r t u g a l l . . . . , ,worinnen die wahren Ursachen
. . . . welche die Reichsstände in Portugall bewogen, Don
Alfonso dem VI. Reich und Gemahlin zu nehmen, u. beydes
dessen Herrn Bruder Don Pedro zuzuwenden. Itzo z. erstenmahl
. . . . übersetzet. Mit TKpf. Leipzig, J. L. Gleditsch, 1697. 12⁰.

    Titel (roth u. schwarz gedr.), 10 Bll. Vorr. u. 300 SS.
Von grosser Seltenheit und nahezu unbekannt. Stellenweise
frei. (5 Mk. Kühl, Berlin, c. 1882; jetzt theurer!)
    Das p o r t u g i e s. O r i g.: Catastrophe de Portugal na
deposiçâo d'el rei D. Affonso VI & subrogaçâo do Principe
D. Petro I etc. Lisboa, Manescal, 1669. 4⁰. 267 pp. (20 Mk.
J. Halle, München, c. 1907.) Brunet II. 297: Cet ouvrage
devenu rare, est fort recherché en Portugal.
    A l f o n s o v o n P o r t u g a l, König seit 1656, vermählt
mit Mlle. Aumale M a r i a Elisabeth, Tochter Karls von
Savoyen, Herzogs v. Nemours, — durch die Stände ent-
thront 1667. Seine Gemahlin wird seinem jüngeren Bruder
D o m P e d r o, welcher König geworden, nach eingeholter
Dispensation in der Nacht vom 28. zum 29. März 1668
vermählt. — Cfr.: Fürstinnen, unglücklich durch Liebe (von
V u l p i u s). Leipzig 1801. 8⁰. S. 96—142: M a r i a v o n
P o r t u g a l. — S. auch: Die E n t t h r o n u n g Alfonso's,
Königs von Portugal. Berlin, Rücker, 1811. 8⁰.

* **ALGAROTTI** (Conte Franc., 1712—64), C o n g r e s s z u
C y t h e r a, oder L a n d t a g d e r L i e b e, aus d. Italiän.
übers. (von Friedr. Valentin M o l t e r). Leipzig 1747. 8⁰.

    (In Marburg, Univbibl.) Zahm. O r i g.: Il Congresso
di Citera. Potsdamo 1751. 8⁰. (u. früher.) — Parigi 1768.
8⁰. (Beides in München.)
    F r a n z ö s. U e b e r s.: Le congrès de Cythère (septième
édition) et le jugement de l'amour sur le congrès. **Trad. de**
l'Italien. Pise 1789. (3 Mk., Völcker, Frkft. a. M., 1896.)

ALGERMANN, Franz (Fürstl. Brnschw. Landfiscal etc., früher
Hofsänger u. Bassist, geb. um 1548, stud. zu Straßb., Wittenb. u.
Frankf. a. O., 40 J. in Brnschw. Diensten, † 1613 zu Wolfenb.),
S p i e g e l f r o m m e r F r a u e n u. b ö s e r W e i b e r, auf
den hochzeitlichen Ehrentag Hildebr. Gißler Rahmann, Fürstl.
Braunschw. Hof- u. Kirchenraths, u. Dorothea Jagemann, 1598.
Heinrichsstadt. 4⁰. 4 Bog. (In Wolfenbüttel.)

    Vgl. die Nachrichten über d. Vf. vom Biblioth.-Registrator
A l b r e c h t zu Wolfenb., in: Feier des Gedächtnisses d.
vormahl. Hochschule Julia Carolina zu Helmstedt . . . .
Ebd. 1822. 4⁰. S. 187—88.

ALGIER. — H., Herman [!], M e m o i r e n a u s A l g i e r,
oder T a g e b u c h e i n e s d e u t s c h e n S t u d e n t e n i n

französischen Diensten. Bern 1837. 8⁰. (In Hamburg, Bibl. der „Harmonie".)

> Auch über die dortige Prostitution handelnd.

ALGIER. — Historia des Bombardements des Weltbekannten u. schreklich (sic!) gefürchteten Raubnestes Algier, wie solches unter'm Komando (!) des hochberühmten Seehelden Don Barcelo im Jahr 1784 ausgeführt wurde. Poetisch u. in Gesprächen beschrieben von *Anshelmo Marcello* Thuring. Gedrukt (!) in diesem Jahr. (Berlin, Rellstab, 1784.) 8⁰. (In Dresden, Kgl. Oeffentl. Bibl.)

> Burleskes Gedicht in Blumauer's Geschmack, voll von mytholog. Anspielungen, stellenw. etwas frei. 28 S. (incl. Tit.), enth. 63 siebenzeil. Stroph. (vielleicht von C. A. Vulpius verfasst), dann noch 4 S. „Ankündigung" eines im Rellstab'schen Verlage in Berlin ersch. Werkes. — Selten, fast unbekannt!

ALGIER. — Pfeiffer, S. F. (Stud. aus Giessen), Meine Reisen und meine 5 jährige Gefangenschaft in Algier. Mit Vorrede von Schmitthenner. Giessen 1832. 8⁰. (2 Mk., Isaak St. Goar, Frkft. a. M., 1898.)

> S. 181—83 die Freudenmädchen in Algier.

ALI-MENTAGORAS, Dr. jur. (ps.), Das uneheliche Kind und sein Vater in humoristischen Versen nach dem Bürgerlichen Gesetzbuch dargestellt. Berlin (c. 1900). (Mk. 1.—.)

ALI SUAVI, Die Lieder, aus dem Arabischen übersetzt von Veit Lamberg. Wien, Druck von M. Knöpflmacher 1884.

> Verboten von Landesgericht Wien. 6. November 1883. § 516.

ALKUIN, Bruder, der Todtenwirth (von *Ernst Bornschein*). 2 Thle. Erfurt, Müller, 1809. 8⁰. (2 Rthl.)

> Anon.-Lex. I. p. 37 (nach Goedeke u. Kayser).

ALLABATTRITA Jocoseriorum bestehent in 1000 allerhandt sowohl Ernst: als lächerlichen Historien, Eruditionen, Sentenzen, Epithaphien u. dergl. zu Verkürzung der Zeit aus unterschiedlichen geistlichen u. weltlichen Büchern u. Discursen zusammengetragen. Deutliche, 310 Seiten starke deutsche u. lat. Handschrift v. J. 1680. 4⁰. (25 Mk. Ludw. Rosenthal, München, 1906.)

> Interessantes jocoses Manuscript in Pgtbd.

ALLE TEUFEL! Keine Wahrheit! oder!! vom Verfasser der privatisirenden Fürsten *(H. C. Schiede).* Botany Bay (Erfurt, Hennings?) 1803. 8⁰.

> Bibl. Kürschner. Lpz. 1904. No. 1165; Anon.-Lex. IV. p. 162 (nach Weller).

ALLERHAND für das Frauenzimmer; eine epistolische Abhandlung (von *Frdr. Dominikus Ring,* 1726—1809). Frankfurt u. Leipzig 1764. 8⁰.

> Ueber R. s. Gradmann, S. 496—500.

ALLERHAND, macht dies Blatt bekannt. (Belletrist.
Monatsschrift.) 4 Jahrgg. à 12 Stücke (soviel ersch.?). O. O.
1799—1802. 8⁰. (12 Mk., etwas defekt, Edm. Meyer, Berlin,
1908.)

> Fehlt in Kayser's B.-Lex. und im Anon.-Lex. — Sehr
> selten! 192 + 192 + 222 + 192 S. Enth. Geister- u. Ge-
> spenstergeschichten (oft mit Angabe des Ortes), Gedichte
> (oft freie) aller Art (auch Balladen, u. a.: Albrecht u.
> Agnes [Bernauerin), IV, S. 49—55, in 22 siebenzeil. Str.),
> Anekdoten, Charaden, Logogriphen (mit Auflösung), etc.

ALLERLEI (chronologisch). — Allerley in einem Sack;
vorgestellet auf der Monatlichen Schau-Bühne Curieuser Gemüther. Jan.—Dezbr. (soviel ersch.). Augspurg 1736. 8⁰. (In
Breslau, Kgl. u. Univ.-Bibl.: Litt. Teut. II 8⁰ 979.) (10 Mk.,
Karl W. Hiersemann, Lpz., 1898.)

> Jeder Monat enthält Beschreibung eines „Weltnarren".

ALLERLEY, Satyrisch-Moralisches, voller anmuthigen Erzählungen und Gedichte (von *Ioh. Geo. Gessler*). 4
Stücke (Dedic. zu St. 2 unterz.: *J. G. G.*). Ulm, Leipzig
u. Lindau 1763—64. 8⁰. Einiges derb u. frei. Selten cplt.! (In
Stuttgart fehlt St. 4 und St. 1 ist in 2ter Aufl.)

> I: 159 S. II: 222 S. III: 192 S. (incl. Vorst.). Cat.
> Meissner III. (Wolfenb.) hat (unter Poesieen): Ulm 1762,
> 10 Bog.; ferner Ulm u. Lindau 1763—64. 3 Stücke. 1 Alph.
> 13 Bog. Anon.-Lex. I. p. 39 hat „Lindau 1764" (nach
> Meusel u. Kayser). Ueber den Vf. s. bei Jesuiten: Anek-
> doten, Spanisch-Jesuitische.

ALLERLEY, Schlesisches —. (Ueber Galanterien, Spiel,
Adel u. Ehe, verfasst von *E. F. Bucquoi*.) Frankf. 1764. 8⁰.

> Scheible, Stuttg., Anz. 69. (c. 1888), no. 212, Beibd. 2. —
> Anon.-Lex. I. p. 39 (nach Kayser).

ALLERLEY, Poetisches, zum Scherz und Vergnügen.
Sammlung I. O. O. 1765. 8⁰.

> War in e. alten Scheible'schen Cat.

§ ALLERLEY aus dem Reiche des Verstandes und
Witzes (hrsg. von Christian Nicolaus Naumann). 2 Bde.
Schleusingen u. Leipzig, in Commiss. bei Müller. 1774. Gr. 8⁰.
(In Warmbrunn.)

> Anon.-Lex. I. p. 38 (nach Kayser u. Meusel).

* ALLERLEY gesammelt aus Reden und Handschriften großer und kleiner Männer. Herausg.
von einem Reisenden E. U. K. Bdchn. 1. (Hrsg. von Joh.
Ehrmann u. Chp. Kaufmann.) Frankfurt u. Leipzig.
1776. 8⁰. 190 S.

> Es erschien noch ein 2. (nicht in Berlin befindl.) Bdchn.
> ebd. 1777 (verfasst von J. H. Häfele u. J. J. Stolz). —
> Vgl. Anon.-Lex. I. p. 39 (nach Goedeke u. der Vierteljahrs-
> schrift f. Literaturgesch. V, 259).

ALLERLEI, Unterhaltendes, zu Vertreibung müssiger Stunden bey langen Winterabenden (von *Heinrich Georg Buz*). Brünn 1778.

> Anon.-Lex. I. p. 39 (nach Kayser u. Meusel).

ALLERLEI (von *Gottlieb Christian Carl Link*). Altdorf 1781.

> Anon.-Lex. I. p. 38 (nach Will u. Meusel).

ALLERLEI, Ein, im Taschenformat (von *Erhard Buz*). O. O. 1781.

> Anon.-Lex. I. p. 38 (nach Meusel). — Rar!

ALLERLEY für Deutschlands Jünglinge in allen Ständen. Stendal, b. Franzen u. Große. 8⁰.

> O. M. V. 1783. S. 500.

ALLERLEI (von *C. Kausler*). Tübingen 1786.

> Anon.-Lex. I. p. 39 (nach Meusel).

ALLERLEI, Schweizer —. (Bern, Seizer) 1787. 8⁰. (In Warmbrunn.)

ALLERLEY, Romantisches, eine Sammlung kleiner Romane. Gera 1793. 8⁰.

> Koch II. p. 296.

ALLERLEY, um einige Stunden des Lebens froh zu genießen. (12 kleine, stellenweise freie Erzählungen.) Danzig 1796. 8⁰.

§ ALLERLEY (Meines Lebens), oder allgemeine Heyrathsschule. Jahr I, Heft 1—2. Hrsg. von Th. Fr. Lorenz. München 1799. 8⁰. Selten!

> Das Anon.-Lex. I. p. 39 hat (nach Meusel u. Kayser): Meines Lebens Allerlei (ein Wochenblatt, hrsg. von Theophilus [Gottlieb Friedrich] Lorenz). Leipzig 1807.

ALLERLEY, Nützliches, zur Unterhaltung und Belehrung für Romanleser (verfaßt von *J. Biederwald*). Altona 1801. 8⁰.

ALLERLEY, Unentbehrliches, für das schöne Geschlecht sowohl in der Haushaltung als an der Toilette. Frankf. 1799. 8⁰. 198 SS.

> Dr. Franz Schnitzer's Bibl. München 1902. No. 16.

ALLERLEY, Witziges und Nützliches. 3 Bde. Erfurt, Rudolphi, 1802. Gr. 8⁰. (In Warmbrunn.)

ALLERLEI durch einander, zur Unterhaltung gesammelt .... (hrsg. von Blas. Chr. Hiller). Augsburg 1803.

> Anon.-Lex. I. p. 39 (nach Kayser u. Meusel).

ALLERLEI, Schnurriges. Eine Sammlung der neuesten und besten Anekdoten und Schwänke. Köln u. Leipzig, b. Püttmann. O. J. (c. 1880?). Kl. 8⁰. (In Warmbrunn.)

ALLERLEI, Poetisches. (8 sechszeil. Stroph. frivolen u. faden Inhalts.) O. O. u. J. (c. 1895). Hoch-8⁰. 1 Bl., nur auf 1 Seite bedruckt.

4*

ALLERSCHÖNSTE Huldreiche Leonore! Curioser Brief auf 1 Bl. quer-Fol. (zum Zusammenklappen.) O. O. u. J. (c. 1884).

> Scherzhafte Ueberraschung. Gelbes Papier.

ALLERWELTS-Wanderbücher. Verlag von Leopold Stiefvater. Druck von J. Agath in Graz.

> Verboten vom L.-G. Graz, 9. Mai 1890 u. 17. Juni 1890, auf Grund des § 516.

ALLES gegen die Frauen. (Motto: 4 Verszeilen.) Dritte, sehr vermehrte Auflage. Leipzig, Verlag der Schulbuchhandlung. (2ter Titel, links: Alles gegen die Männer....) Leipzig, Verlag der Schulbuchhandlung, o. J. (c. 1860). 8⁰.

> Doppeltit. u. S. 4—86, nebst 1 Bl. Druckanz. Vieles in Versen. Stellenw. etwas frei! — Vergriffen!

ALLTAGSGESCHICHTEN an den Fest- und Arbeitstagen unserer Zeitgenossen vorgefallen und erzählt an den Feierabenden (von *Gottlieb Heinr. Heinse*). Altona 1804. 8⁰.

> Selten! 11 Erzählungen: Der abscheuliche Bube. — Das ehrlose Weib. — Das Opfer sinnlicher Begierden etc. (3¹/₂ Mk. Koebner.)

ALLWINA, oder die Liebe der stillen Nacht (Roman von *Franz Lassaulx*, 1777—1818). 2 Bde. Koblenz 1805. in d. Lassaulx'schen Buchdlg. 8⁰.

> 1: 2 Bll. u. 258 S. 2: Tit. u. 241 S., 1 S. Err. Mit vielen Gedichten.
> Zuerst gedr. mit d. Tit.: Albano Giuletto. Ein Roman. 2 Thle. Ibid. 1804. 8⁰. Unter letzterem Tit. nur in sehr wenigen Expl. verbreitet u. (laut Vorber.) in d. neuen Aufl. stellenw. ganz umgearbeitet.

ALM, Franz von, und seine Kinder. Ein (zahmes) Familiengemälde unsers Zeitalters. Kein Roman. Zeitraum von 1760 bis 1782. (Vf.: *Chp. Sigm. Grüner.*) (Kl. Ornam.-Vign.) Berlin, In Commission bey C. W. Schultz. 1787. 8⁰.

> Tit., 3 Bll. Zuschr. („Meinem Freunde Mendel Oppenheim in Königsberg gewidmet"), 167 S. — Fehlt im Anon.-Lex.

ALMAHIDE, oder Leibeigne Königin. Aus des Herrn *[George v.] Scudery* [vielmehr der *Magdaleine v. Scudery*, geb. 1607, † 1701] Französ. ins Hochteutsche übers. von Ferdinand Adam Pernauern, Hn. v. Perney.... (T. I.) Nürnberg, In Verl. Jo. Hofmann, Gedr. bey Christian Siegmund Froberg. 1682. — T. II. Nürnberg In Verl. Jo. Hofmann 1685. — Almahide, Oder Der in Unglück tieff-gesunckenen Und Zum Königs-Thron wunderbar erhobenen Sclavin Dritter u. Letzter Theil, ... Nürnberg, In Verleg. Jo. Ziegers, 1696. T. I mit 9, II mit 7, III mit 12 Kpfrn. 8⁰. (Sämmtlich in Wolfenbüttel.) Zahm.

Orig. (in Wolfenb.): Almahide, ov l'esclave
reine. Dediée a mademoiselle par Mr *[George] de Scvdery*
[vielmehr von *Magdeleine de Scudéry]*, . . . [T. I. IV—VI.]
P. I. II. Svite de la II. partie. T. 2. 3. Paris, Avg. Covrbé,
1660—61. 8⁰. — [T. II. III.] Svite de la partie, t. 2. 3. Paris,
Avg. Covrbé, Et Iean Blaev, à Amsterdam. 1660. 8⁰. —
[T. VII. VIII.] P. III. Svite de la III. partie. Paris, Tho.
Iolly, & aux Armes d'Hollande. 1663. 8⁰. — Jeder T. mit
1 Kpfr. — Vgl. diese Titel mit M i l c h s a c k, Prof. Dr.
Gustav, Alphabet. Verzeichnis der französ. Litteratur in der
Herzogl. Bibl. zu Wolfenbüttel. Wolfenb. 1894.

— — Dasselbe. 3 Thle. Mit Kpfrn. Nürnberg 1701. 8⁰.
9 Alph. 9 Bog. Text u. 4 Bog. Kpfrn. — Bibl. Ludovici
(bibliop. Vitemb.) nominalis curiosa. Vitemb. 1705.

ALMANACHE (chronologisch). — A l m a n a c h, P o l i t i s c h -
m o r a l i s c h e r, d e r D a m e n. Hamburg 1770. Kl. 8⁰.
(5 Mk. Max Perl, Berlin, 1899; 6 Mk. Ludw. Rosenthal, 1906;
6 Mk. Emil Hirsch, München, 1907.)

    Sehr seltener u. h ö c h s t u n m o r a l i s c h e r A l m a -
n a c h.

§ **ALMANACH** der G r a z i e n a u f d a s J a h r 1776, von
Cupido. Cythere, b. Ganymedes (Hamburg, Buchenröder,
1775). 12⁰. (8 Mk., v. Zahn u. Jaensch, Dresden, c. 1902; 14 Mk.,
schönes Expl., Max Harrwitz, Berlin, c. 1902; 15 Mk. Adolf
Weigel, c. 1906.)

    126 SS. Darin zieml. freie Poesien. Mit 2 (freien) Kpfrn.
u. Portr. der C h a r l o t t e M a g d. M a r i e A c k e r m a n n.
Auch Calendarium und der astronom. Theil ist in Versen,
voll erotischer Anspielungen. Auf. S. 104 das Gedicht „Lotte
bey Werthers Grabe". — Typographisch hervorragender Almanach, gesucht und selten. (Hrsg. von G. E. v. R ü l i n g ?)

    Ein neuer Almanach der Liebe!
    Und unsrer ehlich keuschen Triebe
    Zur Warnung hagestolzer Sünder
    Und zur Erweckung blöder Kinder.

* **ALMANACH**, E y n f e y n e r k l e y n e r, V o l s c h ö n e r r
e c h t e r r l j b l i c h e r r V o l k s l j e d e r, lustjgerr Reyen vnndt
klegljcherr Mordgeschjchte, gesungenn von *Gabryel Wunder-
lich* weyl. Benkelsengerrn tzu Dessaw, herausgegebenn von
Danyel Seuberlich, Schusterrn tzu Ritzmück ann der Elbe
(Friedr. N i c o l a i). 2 Jahrgg. Mit TKpfr. (von C h o d o -
w i e c k i) u. vielen Musiknoten. Berlynn vnndt Stettynn 1777
—78. 12⁰. (In Berlin 2 Expll.; in Hannover, Stadtbibl., nur
Jahrg. I.) (60 Mk. Ludw. Rosenthal, 1907.)

    Famose Auswahl aus alten Drucken (darunter Freies u.
Derbes), um das von Herder und Goethe angeregte Studium
des V o l k s l i e d e s lächerlich zu machen. Rar!

— — Dasselbe. Schlechtweg gedruckt und vermehrt von
Uriel Spieldt (ps. für Friedr. N i c o l a i). Beynreck an der

Unstrutt, Verlegts die Schustergilde (ebd.) 1777. (Weller, fing.
Druckorte.)

* — — Dasselbe. Jahrgg. 1 u. 2, 1777—78. Hrsg. von
Georg Ellinger. (Berliner Neudrucke, Serie I.) Berlin
1888. 8⁰. (3 Kr. 60 Hl., Rud. Heger, Wien.)

ALMANACH für Dienstmädchen, auf 1777—1780. Hamburg, Herold. 8⁰.

    Cat. Monath. I. Nürnberg 1782. 8⁰. p. 42.

ALMANACH von 366 Nächten. Mit 1 Kupfer. Wien (1780).
8⁰. (90 kr., J. Eisenstein & Co., Wien, 1889.)

    366 kurze Geschichten u. Aphorismen.

ALMANACH für Juristen aufs Jahr 1782, mit 12 Silhouetten jetzt lebender Rechtsgelehrten (von Dr. *Joh. Christian
Conrad Schröter* in Jena). Gießen 1782. 8⁰. (5 Mk., J. Ricker,
Gießen, 1888.)

    Anon.-Lex. I. p. 40 (nach Meusel). — Viel Pikantes u.
Sexuelles (Proben in Krünitz's Oekon. Enc. Th. 26.
Berlin 1782. S. 178 ff.) enthaltend, u. a.: Welches sind die
besten Mittel, dem Kindermorde Einhalt zu thun? — Von
d. Rechten mehrmals entehrter Frauenzimmer. — Kann e.
geschwängertes Frauenzimmer d. Mitgift v. ihrem Verführer
noch als Ehefrau fordern? — Dosis gegen d. Ehelosigkeit.
— Kann e. Nothzucht an e. Kinde v. 9 Jahren begangen
werden? — Phantasie beim Hochzeitbette junger Doctoren.
— etc.

ALMANACH der Heiligen auf jedes Jahr (von *Heinrich Gottfried v. Bretschneider*). Mit 13 satyrischen Kupfern
u. Musiknoten. Mit Erlaubniss der Obern? Unabänderlich abgedruckt. Rom, und zu haben in allen Buchhandlungen Teutschlands (Leipzig, Gräff) o. J. (1788). (Expl. in Berlin, Magistratsbibl., aus der Bibl. der Göritz-Lübeck-Stiftung.) 16⁰. (7 Mk.
50 Pfg., Orig.-Carton, Emil Hirsch, München, 1904.)

    224 S. Sehr scharfe antikatholische Satyren enthaltend.
Die Kupfer veranschaulichen in satyr. Weise Scenen aus
dem Leben der Heiligen. Es finden sich auch scharfe Ausfälle gegen das Ablasswesen u. die Wallfahrten. — Hier
einige Ueberschriften: Der heil. Christophorus, vulgo der
grosse Christophel. Vom heil. Ulrich. Von der heil. Jungfrau Ursula und den 11000 Jungfrauen. Lied einer keuschen
Jungfrau. Von dem beschnittenen Wundermann Mayer. Vom
heil. Fiaker. Der heil. Veit. Die Haut des heil. Dorotheus
im Nonnenkloster zu Macon. Vom heil. Eligius, Bischoff
u. Hufschmied. Vom heil. Gangulphus u. seinem Eheweibe.
Von D. Martin Luther. Verzeichniss von hundert Gnadenbilder Unser lieben Frauen etc. Kurze Anweisung an was
für Heilige man sich in allerley Gebrechen eigentlich zu
wenden hat. — Nur dieser eine Jahrgang erschien.

— — Dasselbe. Ebd. (Leipzig, Wienbrack) 1816. 16⁰.
(3 Mk., Orig.-Carton in Pappschuber, Rich. Bertling, Dresden,
1907; 4 Mk., schönes Expl., Adolf Weigel, 1893.)

    Anon.-Lex. I. p. 40 (nach Weller u. Kayser).

ALMANACH für romantische Lektüre (von *K. Lang*). Heilbronn 1798.

> Anon.-Lex. I. p. 40 (nach Meusel).

ALMANACH der Liebe auf 1801. Aus *Lichtenberg*'s Nachlaß. Mit 13 *Hogarth*'schen fein illuminirten Kpfrn. Mainz u. Hamburg, bey Gottfried Vollmer. 24⁰. (12 Mk. Julius Neumann, Magdeb., 1906, fleckiges Expl.; 7 Mk. 50 Pfg. R. Bertling, Dresden, 1907.) Rar!

ALMANACH des Luxus und der Mode auf 1801. Mit 10 color. Modekpfrn. von *Bunbury* u. *Hogarth*,, nebst einer *Lichtenberg*'schen Erklärung. Hamburg, Gfr. Vollmer. 8⁰.

> Vollmer's Mich.-Mess-Verlag 1800.

ALMANACH, Literarischer, für 1827,—1832 (=6 Jahrgg., soviel ersch.). So nützlich und angenehm als unterhaltend zu lesen. Hrsg. vom Lic. Simon Ratzeberger dem Jüngsten (d. i. Chp. Jac. Wagenseil, geb. 1756, † 1839). Leipzig. 8⁰.

> Dr. Franz Schnitzer's Bibl. München 1902. No. 1465: Sehr interessante Sammlung historischer Anekdoten über Gelehrte, Schriftsteller u. Buchhändler, satirische Recensionen von Neuigkeiten der Litteratur, bibliographische Skizzen (z. B. Litteratur der Almanache u. Taschenbücher im ersten Viertel d. 19. Jhrhdts.). — „Von wundersamen Büchern u. wundersamen Materien üb. welche geschrieben wurde" etc. etc. Der Aufsatz eifert unermüdlich gegen den Obscurantismus, sowohl katholischer wie protestant. Confession.

ALMANZAIDE, Neue. Aus d. Französ. (der Mlle. *de La Roche-Guilhem*). Gedruckt 1680. 12⁰. 57 Bll.

> So der Titel im Cat. Schwabe, ohne Angabe d. Verf.
> Orig. (im British Museum und in Stuttgart): Almanzaide Nouvelle. Sur la Copie impr. à Paris, Cl. Barbin, 1676. 12⁰.

ALMERINDE, Die, Oder Anmuthige Harmoney warhafftiger Geschichten und Künstlich vermischter Erdichtungen in den Leben der Almerinde. Bestehend in sonderbaren Exempeln des Verhängnus des Himmels des Glücks und Unglücks der Tugend und Laster. Unter allerhand wunderseltzamen Begebenheiten in sehr lieblicher und Lust-reitzender Ordnung beschrieben. (Aus d. Italien. des *Luca Assarino*.) Mit Titelkpf. Franckfurt am Mayn In Verlegung Johann Georg Schiele Buchhändlers. M. DCLXVIII. (1668.) 12⁰ (12 Mk. L. Rosenthal, 1906.)

> Titel u. 306 S. Rar!
> Französ. Uebertragung: L'alme-rinde (!) (trad. par Vitalis d'Audiguier neveu, aidé de Malleville. Paris, Aug. Covrbé, 1646. 8⁰. (In Wolfenbüttel.) (Das italien. Orig. erschien wohl ca. 1640.)

ALMESII (d. i. *Gottfried Zamehl*, geb. 2. Febr. 1629 zu Elbing, † daselbst 12. Aug. 1684, der „Ronde" in d. Fruchtbr.

Ges. [seit 1668], „Meleager" im Pegnitzorden [seit 1670], M u s a e
C y c l a d e s oder T e u t s c h e R i n g e l - G e d i c h t e (Ron-
deaux). Königsberg 1667. 8⁰. Ungemein rar!

> Bibl. Kielmans-Egg. I. p. 990; Bibl. Jablonski. p. 21.
> War auch ohne den Pseudonym in der Bibl. Schadeloock. II.
> p. 297. — Goedeke III. p. 275, 22.

ALOISIO u n d D i a n o r a oder d e r P i l g e r u n d d i e
N o n n e. Romantische (ziemlich zahme) Geschichte aus dem
17. Jahrhundert vom Verfasser des „Rinaldo Rinaldini" (von
Chrn. Aug. Vulpius). Quedlinburg 1826. 8⁰. (1 Mk. 50 Pfg.
Julius Neumann, Magdeb., 1906.)

> Anon.-Lex. I. p. 42 (nach Engelmann u. Goedeke, welcher
> unrichtig „Moisio" hat).

ALTAR d e r G r a z i e n. 4 Opfer. (Von *Johann Christian
Siede*.) Mit Titelkpfrn. (schönen Mädchen-Portraits). Berlin,
Matzdorff, 1791. 8⁰.

> „Ueppiges, sehr seltenes Werk. Mit schön gestoch. Titeln."
> (R. Zinke's Dresdener Novbr.-Auct.-Cat. 1905, no. 1990,
> hat nur 2 Opfer.) — F e h l t im Anon.-Lex.

ALTAR d e r L i e b e n d e n. 1801.

> War im Cat. der ehemal. Schmidt'schen Leihbibl. in
> Dresden.

ALTE, D e r, v o m B e r g e, oder d i e F ü r s t e n k i n d e r.
2 Bdchn. Leipzig 1802. 8⁰.

> Im Anfange v. Th. 1 freie Stellen. 195 u. 240 SS.

ALTE, D i e, m i t d e n s i e b e n J u n g e n. Ein satyrischer
(z. Th. erot.) Roman. („— ridendo dicere verum".) Leipzig,
bey Salomo Lincke. 1802. 8⁰. (10 Mk., schönes Expl., Adolf
Weigel, Lpz., 1906.)

> Gehört zu den schlüpfrigen Familien-Romanen. Die „Alte"
> ist die Ehefrau eines schon bejahrten Regierungskanzellisten,
> die „sieben Jungen" sind ihre 7 Kinder, deren Erlebnisse er-
> zählt werden. — Titel, 1 Bl. Vorr., 370 S., 1 leeres Blatt.

ALTENBURG. — G e h e i m n i s s e v o n A l t e n b u r g. 1.
(einz.) Bd. Altenburg, Helbig, 1845. 8⁰. (³/₄ Rth.)

ALTENBURG. — M e i s s n e r, J., in Altenburg, Z u r G e -
s c h i c h t e d e s F r a u e n h a u s e s i n A l t e n b u r g.

> In: Archiv f. d. Sächs. Geschichte. Hrsg. v. W a c h s -
> m u t h u. v. W e b e r. Neue Folge. Bd. 2.

* ALTENBURG. — W o r t s t r e i t V b e r d e m b e s t e n V o -
g e l g e s a n g. Auff Hrn. Joh. Ernst Eulenhauptens Fürstl.
Sächs. Cantzeley Verwandten und . . . . Hoff-Musici zu
A l t e n b u r g, ... 1. Nov. 1653 · angestellete Hochzeit
Freuden auffgesetzet, Von *Schalckeiß Stilchern*. Gedruckt, Im
Jahr 1653. 4⁰. (In Berlin, Kgl. Bibl.: in Yf 6803.)

> In Versen. 4 Bll. Rücks. d. 1. u. letzt. leer. — Höchst
> selten!

ALTENFELS, A u g u s t. Eine wahre Geschichte (liederlicher Roman). 2 Thle. (2 von *Joh. Gottl. Backhaus*). Mit Titelkpf. u. Vignette. Frankfurt 1788. 8⁰. 312 u. 254 S. (3 Mk., Friedr. Klüber, München, 1904.)

> Anon.-Lex. I. p. 43 hat nur Theil 2 „Leipzig 1788" (nach Kayser u. Meusel).

— — Dasselbe. Altona 1789. 8⁰.

> Kayser's B.-Lex. (Romane).

ALTES und N e u e s, w e m s b e l i e b t, b e s o n d e r s z u r L e c t ü r e f ü r F r a u e n z i m m e r. Nürnberg, bey J. G. Stiebnern, und in Commiss. der Lochner- und Grattenauerschen Buchh. 1780. 8⁰.

> O. M. V. 1780. S. 819. — Beck, Nördl., Cat. 1. (von 1829).

ALTHAMER, Andreas („Pastor zu Anspach"), E y n p r e d i g v o n d e m T e u f f e l, d a s (!) e r a l l e s v n g l ü c k i n d e r W e l t a n r i c h t e. O. O. 1532. 4⁰. (18 Mk. Jacques Rosenthal, München, c. 1903.)

> 8 Bll., letztes weiss. Titel mit Holzschnittbordüre. Sehr selten !

ALTHAUS, W i l h e l m v o n, oder: S o g e h t ' s i n T e u t s c h l a n d z u ! (Von *Fr. Wilh. v. Schütz.*) 2 Bdchn. Hamburg u. Leipzig, bey Hans Jakob Matthiessen. 1789. 8⁰.

> Ziemlich zahmer Roman. — Anon.-Lex. I. p. 44 hat „1787—89" (nach Kayser, Meusel, Goedeke). 192 u. 191 S. Beide Titel mit Druckerzeichen in Kupfer.

ALTHING, Christian *[Chrn. Aug. Fischer]*, geb. 20. Aug. 1771 zu Leipzig, stud. das. 1788—92, machte Reisen durch die Schweiz, Italien, Frankreich, Spanien, Holland und Ruß- land, lebte seit 1798 für sich in Dresden, 1804 mit d. Titel eines meiningen'schen Legationsraths, Prof. d. Culturgeschichte u. schönen Litt. in Würzburg, 1817 entlassen. Wegen Beleidigung des bayer. Ministers v. Lerchenfeld zu 4 jähr. Festungsarrest verurtheilt, den er 1820—24 verbüßte. Lebte dann in Frank- furt, Bonn und Mainz, † das. 14. Apr. 1829. (Goedeke II. 1140.) * G e s c h i c h t e d e r A m t s f ü h r u n g u n d E n t - l a s s u n g d e s P r o f e s s o r s C. A. F i s c h e r i n W ü r z - b u r g, von ihm selbst geschrieben. Herausg. v. Dr. Herrman E c k a r d. Leipzig 1818, bei Joh. Friedr. Hartknoch. 8⁰.

> Titel, 1 Bl. (An die Leser) u. 188 S. Steht auch in K o t z e b u e's Literar. Wochenblatt. Bd. 1. (3. Aufl.) Wei- mar 1818, in der Hof-Buchhandlung der Gebrüder Hoffmann. 4⁰. S. 50 ff.

ALTHING. A b e n t h e u e r v o r m e i n e r H o c h z e i t, ko- mischer Roman als Fortsetzung von Hannchens Hin- und Her- zügen von Althing, und Vorläufer meiner ersten Hochzeitsnacht.

2. Aufl. in 4 Bdn. Mit Suschens Portrait. Berlin und Dresden (Hamburg, Herold). O. J. (1802). 8⁰.

> 216, 194, 132 u. 132 SS., nebst Tit. u. 1 Bl. Inh. bei jedem Theile. — Zuerst gedr. c. 1800. (6 Mk. Bielefeld.)

— — Dasselbe. Th. 1—3. Berlin u. Leipzig 1804. — Th. 4. Hamburg u. Mainz, b. Gfr. Vollmer. 1805. 8⁰. 216, 194, 132 u. 132 SS. (nebst Tit. u. 1 Bl. Inh. bei jedem Theile). (3²/₃ Rthl. Scheible; 6 Mk. Kühl, Berlin.)

ALTHING. D i e n s t n ä c h t e , S e c h s , e i n e r j u n g e n D a m e. Erzählt in Briefen und als Seitenst. zu mehreren andern Schriften von Chrn. Althing. St. Martino (Frankf., Simon). O. J. (c. 1800). 8⁰. Sehr seltene Original-Ausgabe.

— — Dasselbe. Baltimore 1788. (Neuer Druck, c. 1860.) 12⁰. (5 Mk. Kühl.)

— — Dasselbe. Mit einem amüsanten Anhang. Rom, Paris u. London. O. J. (c. 1865). 12⁰. (1 Rthl. 12 Sgr. Scheible, ca. 1870.)

> 119 SS. S. 81 sq.: Heinrich IV. zu Canossa, erot. Travestie. — Lot und seine Töchter. — Das Pützchen. — Die Entbindung zu Abdera.
> Ein neuerer Druck ebd., o. J. (c. 1876), 16⁰, hat nur 112 S., aber 1 Stück mehr: „Agnese".

ALTHING. D o s e n s t ü c k e. 2 Bde. Mit Kpfrn. Deutschland (Dresden, Gerlach) 1801. 12⁰.

§ — — Dasselbe. 2 Bdchn. Zweyte verschönerte Aufl. Mit 2 (freien) TKpfrn. von J. P e n z e l. Leipzig, 1807. In Commiss. bey Heinr. Gräff. (Auch titulo: E r o t i s c h e S c h r i f t e n von *Christian Althing*. Bdchn. 4—5.) 16⁰. (Th. 1 apart, 7 Mk. 50 Pfg., Calvary & Co., Berlin, c. 1900.)

> I: 3 Bll. u. 188 S. Inh.: 1. Zweye für einen. (S. 1—118.) 2. Die tolle Nacht. (S. 119—154.) 3. Der Storch. (S. 155 bis 170.) 4. Der Hahnrey auf Pränumeration. (S. 171—188.) II: 3 Bll. u. 200 S. Inh.: 1. Der Liebes-Rath (S.1—28.) 2. Der heilige Isidro (sic!). (S. 29—44.) 3. Das Kammermädchen. (S. 45—56.) 4. Die Colick (sic!). (S. 57—70.) 5. Die Gondel. (S. 71—84.) 6. Der Schiffscapitain. (S. 85 bis 114.) 7. Der treue Diener. (S. 115—134.) 8. Das Duell. (S. 135—150.) 9. Die Fremde. (S. 151—164.) 10. Die Hosen des heiligen Bernhard. (S. 165—184.) 11. Der Coffer. (S. 185—200.)
> Die Nrn. 2, 3 u. 4 des 1. Theils, ferner 1, 10 u. 11 des 2. Theils sind wieder gedr. in A l t h i n g 's E r z ä h l u n g e n. 2 Thle. Lpz., o. J. (c. 1820). 12⁰. Sehr selten!

— .— Dasselbe. Zofingen, Joseph Kreutzenach, 1802. Kl. 8⁰. 208 SS.

— — Dasselbe. Zugleich Seitenstück zu den Sechs Dienstnächten. Rom, Paris u. London. O. J. (Neudruck, c. 1865.) 8⁰. 213 S. (1 Rthl. 12 Sgr. Scheible, 1873; 4 Mk. Kühl.)

— — Dasselbe. Deutschland 1800. (Neudruck, c. 187*.) 8⁰.

ALTHING. Eduards Hin- und Herzüge. Seitenst. zu Hannchens Hin- und Herzügen. 2 Thle. Leipzig, Joachim, o. J. (c. 1803). 8⁰. (2 Rthl. Scheible, 1868.)

— — Dasselbe. Neue Aufl. Ib. s. a. (c. 1805). 8⁰. (12 Mk. Adolf Weigel, 1907.)

    2 gestoch. Tit., 302 u. 279 SS.

— — Dasselbe m. d. Tit.: Doctor Weiler. Eine tragikomische Geschichte. 2 Bde. Leipzig, im Magazin f. Literatur, o. J. (1804). 8⁰.

    2 gestoch. Tit., 302 u. 279 SS. (7 Mk. Taussig, Prag, 1904.)

— — Dasselbe m. d. Tit.: Eduards Wanderungen über Dornen, Disteln und Rosen in's Ländchen der Ruhe und den Ehestand. Eine komische Geschichte. 2 Thle. Leipzig, in Joachims literar. Magazin. O. J. (1805). 12⁰.

    2 Tit., 302 u. 279 SS. (4 Mk., Leihbiblexpl., Lehmann u. Lutz, Frkft. a. M.)

ALTHING. Erzählungen. Bdchn. 1. Mit 1 Kpf. Leipzig, Klein, 1819. 12⁰. (Ldpr. 1 Rthl.)

    Höchst selten, wie die beiden folg. Sammlungen. — Kayser's B.-Lex. (Romane.)

ALTHING. Erzählungen. 2 Thle. Leipzig, o. J. (c. 1820). 8⁰. (2 Rthl. Scheible, 1868.)

    I.: Der Liebesrath. — Der Storch. — Der Hahnrey auf Pränumeration. — Die tolle Nacht. — Die Hosen des heil. Bernhard. — Der Koffer.
    II: Zwei Monate in Paris. — Marie. — Die Zwillinge. — Das Jägermädchen. — Geschichte eines Kammermädchens.

ALTHING. Erzählungen, Kleine. 2 Bdchn. Schleiz 1827. 12⁰. (7 Mk. Kühl, Berlin, c. 1882; 10 Mk. M. Edelmann, Nürnb., 1904.)

    I: 1. Zwey Monate in Paris. 2. Marie. 3. Die Zwillinge. 4. Das Jägermädchen. 5. Geschichte eines Kammermädchens.
    II: 1. Fritz. 2. Die Abentheuer eines Tages. 3. Geschichte eines Hofmeisters. 4. Geständnisse einer Wittwe. 5. Julius Begegnisse. (Bdchn. 1 apart 2²/₃ Rthlr. Scheible, 1868.)

ALTHING. Geliebte, Der, von Eilftausend Mädchen, ein Seitenst. zum Hahn mit neun Hühnern. O. O. (Erfurt) 1804. 12⁰. (5 Rthl. Scheible, 1873; 25 Mk. Adolf Weigel, 1907.)

    Tit. u. 335 SS. Der Held Rudolph ist aus Limoges gebürtig. Vielleicht Bearb. von: L'amoureux des onze .mille vierges, roman sérieux, comique et moral; par l'auteur de l'enfant de trente-six pères (par Ant. Jos. Nic. de Rosny, né à Paris en 1771, † en 1814). 2 vols. Paris 1801. 12⁰. 2 figs. (Voir Gay, Bibliogr. de l'amour VI. p. 233.)

ALTHING. Geschichte der sieben Säcke. Nebst Einleitung und Zugabe. (8 freie Erzählungen.) Mit 1 Kpfr.

v. J u r y. Leipzig, bei Heinrich Gräff, 1799. 12⁰. (3 Rthl. Scheible, 1868; 4 Mk. L. Rosenthal, München, 1907.)

> 79 S. (incl. Titelkpf., Tit. u. 2 Bll. Einleitung). Sehr rar! Ein Lohnkutscher, welcher 3 Reisende, A. S. und Z., von Regensburg nach Leipzig fährt, findet unterwegs einen nagelneuen Zwillich-Sack, und dieser Umstand veranlasst die drei Reisenden, folgenden Vertrag unter sich zu machen: Ein Jeder solle 2 Geschichten über einen Sack erzählen, und wen das Loos träfe, müsse 3 statt 2 geben, damit, wie der Herausgeber sich ausdrückt, die heilige Zahl voll werde. Zur schuldigen Danksagung für das verschaffte Vergnügen giebt S. noch die Zugabe, welches die Geschichte des Sackes aller Säcke sein sollte.

ALTHING. G l ö c k c h e n, D a s. Ibid. 1800. 12⁰. 104 SS. (In Darmstadt.) (2 Rthl. Scheible, 1873.)

ALTHING. Vgl. auch P r i n z, D e r, m i t d e m G l ö c k c h e n (gleichen Inhalts?).

§ ALTHING. G u s t c h e n s G e s c h i c h t e, oder eben so muss es kommen, um Jungfer zu bleiben. Ein Seitenst. zu Hannchens Hin- und Herzüge. Mit TKpfr. Stambul u. Avignon. (Posen, Kühn) 1805. 8⁰. (3 Rthl. Scheible, c. 1870; 9 Mk. Calvary & Co., Berlin, c. 1900; 25 Mk. Adolf Weigel, 1907.)

> Sehr selten! 278 SS.

— — Dasselbe, s. V a n i n i, ... 1806 (gleichen Inhalts).

ALTHING. H ä n s c h e n s K r e u z z ü g e. Berlin, Belitz, 1805. 8⁰. Höchst selten! (1 Rthl.)

> Kayser's B.-Lex. (Romane).

ALTHING. D e r H a h n m i t n e u n H ü h n e r n. Leipzig, Heinr. Gräff, 1800. Kl. 8. (Expl. in Darmstadt.) (2 Rthl., Scheible, c. 1870.)

> 166 S. — Ein Reisender liebt nach und nach 9 Mädchen. Alle werden schwanger u. drängen ihn wegen der Heirath. Er giebt ihnen ein gemeinsames Rendezvous, erklärt ihnen die Sachlage und beschliesst diejenige zu heirathen, welche ihm durch das Loos zugesprochen würde. (Vgl. Bibliogr. de l'amour III. p. 466.)

— — Dasselbe. Cöln, Peter Hammer, o. J. (ib. eod. a.) 8⁰.

> Seltene Ausgabe mit Titelvignette. (3 Rthlr. Scheible, c. 1868.)

— — Dasselbe. (Neudruck.) Ebd. (Stuttgart?), o. J. (c. 1870). 8⁰. 120 S. (incl. Tit.). (1 Rthl. 12 Sgr. Scheible, c. 1870.)

ALTHING. H a n n c h e n s H i n - u n d H e r z ü g e, n e b s t d e r G e s c h i c h t e d r e y e r H o c h z e i t n ä c h t e. 3 Bdchn. Dresden 1800—1. 12⁰. Sehr rare Orig.-Ausgabe. (3¹/₂ Rthl. Scheible 1868.)

§ — — Dasselbe. 2. verschönerte Aufl. Mit 3 TKpfrn. Leipzig
1807. 12⁰. (12 Mk., stark fleck. u. defekt. Expl., Adolf Weigel,
Lpz., 1907.)

    I: 4 Bll., 254 SS.; II: 3 Bll., 248 SS.; III: 3 Bll.,
244 SS.

— — Dasselbe. Neue wohlf. Ausgabe. Ibid. s. a. (c. 1865).
8⁰. (5 Kronen, Halm u. Goldmann, Wien, 1905.)
    207 SS. Enger Druck.

ALTHING. Hochzeitsnacht, Meine erste. Ein komischer Roman in 2 Bdn. nach Althing. Hamburg u. Mainz,
bey Gfr. Vollmer, o. J. (1802). 8⁰. (2²/₃ Rthl. Scheible, 1873;
8 Mk. 50 Pfg. J. Taussig, Prag, 1904; 25 Mk. Adolf Weigel,
1907.)

    TKpf., gestoch. Tit., 6 Bll. Vorr., 180 (146 ist Druckf.)
u. 190 SS., nebst 1 Bl. Inh. Der Titel des 2. Bds. trägt
die Jahrzahl 1802. — Ist Bearb. folg. französ. Originals:
La Première nuit de mes noces. Trad. du champenois, par
l'auteur de Brick-Bolding, de l'Histoire d'un chien, etc.
(Sewrin). 2 tom. av. 2 figg. par Mariage. Paris, madame Masson, An X—1802. 8⁰. (Stockholmer Jan.-Auct.
1884, no. 326.) Réimpr. Bruxelles 1818. gr. in-8⁰. II. Avec
figg. (10 Mk. Scheible.)

§ **ALTHING.** Spanische Novellen. (15 theilweise pikante Nrn.) Berlin, bei Joh. Friedr. Unger. 1801. 8⁰. (10 Mk.
Adolf Weigel, 1907.)

    VIII, 2 Bll., 231 S. Freie u. verkürzte Bearbeitungen
spanischer Originale. — Seltene 1. Ausgabe, die 2te erschien
ebd. 1802, die 3te ebd. 1824. 8⁰.

— — Dasselbe. (Nachdruck.) Reutlingen in der J. J. Mäcken'-
schen Buchhandlung. 1802. Gr. 8⁰.

    106 SS. (incl. Tit. u. 1 Bl. Vorr. zur 2ten Aufl., dat.
Dresden 1802), nebst 1 Bl. Inh.-Verz. 1. Der Gefangene.
2. Die Brüder. 3. Der Eifersüchtige. 4. Das Geheimniss.
5. Der Einsiedler von Montserrat. 6. Hinterlist u. Unschuld. 7. Stolz u. Liebe. 8. Die beiden Freunde. 9. Der
Bräutigam. 10. Bosheit u. Liebe. 11. Die Schwestern.
13. Franziska. 14. Die Folter. 15. Die Verwechselung.

§ **ALTHING.** Probenächte, Acht, nebst einer Vor-
feyer und Hochzeitnacht. (1. u. einz. Bd.) Ein Seitenst.
zum Hahn mit neun Hühnern. Liebstädt (Hildburghausen, Ha-
nisch) 1802. 8⁰. 276 SS. Selten! (3 Rthl. Scheible, 1868; 5 Mk.
Kühl, Berlin, c. 1882.)

§ **ALTHING.** Schriften, Erotische. 5 Thle. Mit TKpfrn.
Leipzig, 1807. In Commission bey Heinrich Gräff. 16⁰. (5²/₃ Rthl.
Lippert, Halle; 20 Mk. Scheible.)

    (Th. 2—4 in München.) I—III: Hannchens Hin- u. Her-
züge, nebst der Geschichte dreyer Hochzeitsnächte. 2. Aufl.
IV—V: Dosenstücke.

ALTHING. Schriften, Hinterlassene. (Erzählungen.) 2 Thle. Mit Kpfrn. Leipzig, Klein, 1820—22. 12⁰. (Ldpr. 1¹/₃ Rthl.) Aeusserst selten!

ALTHING, Friedr. (d. i. *G. Friedrich Fischer*, um 1806 Amts-accessist in Dresden, nicht identisch mit Chrn. Aug. F.), Studentenstreiche. Hrsg. von —. Dresden, bey Heinr. Gerlach. 1807. 8.

> Tit. gestoch. u. 216 S. Enth. 1. Der angebliche Schul-meister. 2. Kuckkasten für grobe Leute. 3. Salto mortale eines Friseurs. 4. Privat-Studium des Grafen von A. auf dem Blumenbrete. 5. Ansicht dreyer zärtlicher Musensöhne, durchs Schlüsselloch. 6. Der gefleckte Neger. 7. Der ge-prellte Kuppel-Papa. — Selten!

— — Dasselbe. Ebd. 1808. 8⁰. Tit. u. 216 S. (4 Mk. 50 Pfg., W. Koebner, Breslau, c. 1880.)

> Dieser Druck auch angezeigt in Engelmann's Bibl. d. schönen Wissensch. I. Lpz. 1837, wo die beiden folgenden Titel fehlen.

— — Dasselbe (mit dem Namen *Friedrich* (!) *Fischer* auf dem Titel und einem in den vorigen Drucken fehlenden Bl. Widmung) mit dem Titel: Academische Scenen aus den Tagebüchern froher Musen-Söhne, von einem ihrer Zeitgenossen — —. Dresden, bei Heinr. Gerlach, 1807. 8⁰.

> Tit., 1 Bl. Widm. („Sr. Excellenz d. Hrn. Obristlieut. Thiard, K. K. französ. Cammerherrn u. Commandanten zu Dresden, Mitgl. d. Ehren-Legion etc. etc."), 216 S.

ALTHING. Mädchenstreiche. Seitenstück zu Studentenstreichen, von *Althing*. Mit TKpf. Berlin im Selbstverlage (Halle, Hendel), o. J. (c. 1808). 8⁰. (8 Mk. Lesser, Breslau, c. 1878; 4 Rthl. Scheible, c. 1872: Expl. ohne Titelkpf.)

> In ziemlich freien Briefen. Die Vorrede der angeblichen Verfasserin ist unterz.: Emilie Antonia A——e, ver-ehlichte D . . . . . 199 S. (incl. TKpf. u. Tit.).

— — Dasselbe. Leipzig, Joachim, 1815. 8⁰.
> Kayser's B.-Lex. (Romane).

ALTHING. S. auch Fischer, Chrn. Aug.; München (sub Froehlichsheim), Prinz mit dem Glöckchen; Pruzum; Schwamm; Skizzen aus der Feen- u. Geisterwelt; Tanz-u. Ball-Kalender f. 1801; Umgang der Weiber mit Männern; Vanini.

ALTKIRCHEN, Gottfr. v. (ps.), Lutherscher Weiber-Trost: oder wenn die Frau nicht will, so komm' die Magd . . . . 1606. (Weller, Lex. Ps. p. 25.)

ALTMANN, Carl, eine vaterländische Geschichte (von *Gottlob Ludwig Hempel*, geb. 1736, † 23. Juli 1786). Mit 2 Kpfrn.

Leipzig, 1782, bey Fr. Gotth. Jacobäern u. Sohn. 8⁰. (In
Glogau, Stahn's Bibl.)

> Das Anon.-Lex. I. p. 44 hat „1787" (nach Kayser).

ALTMANN, Wilh., Fin de Siècle. (Deutsch.) Zeichnungen
von Gottfried Sieben. Budapest, Gustav Grimm, o. J. 8⁰.
(2 Mk.) (2 Mk. 20 Pfg., franco, R. Klinger, Berlin, c. 1900.)

ALTMANN, Wilh., Venus emancipata. Photogramme.
Illustr. v. G. Sieben. Ebd., o. J. (Mk. 2.—.) (2 Mk. 20 Pfg.,
franco, R. Klinger, Berlin, c. 1905.)

ALTONA. — Ein Abend im Schauspielhause zu
Altona. Hamburg 1825. 8⁰. (8 Mk. 50 Pfg. G. Priewe,
Heringsdorf, 1907.)

ALTONA. — Folgen des Abends im Schauspielhause zu Altona. Hamburg 1825. 8⁰. (10 Mk. 50 Pfg.
der Vorige, 1907.)

> Beides von grosser Seltenheit!

ALTONA. — Curiositätensammlung (Neue), hrsg. v.
B . . . r. [Bornschreiber]. 2 Bde. Altona, Hellmann, 1784.
8⁰. (4 Mk. J. Taussig, Prag, 1904; 7 Mk. Adolf Weigel, c. 1906.)

> Selten! Gelegenheitsgedichte u. Aufsätze mehr localen
> Charakters, Anecdoten etc. XVI - 206 + VIII - 264 S. —
> Fehlt im Anon.-Lex.

ALTONA. — Ratzebergers jun., Lic. Simon (d. i. *Friedr.
Nicolai*), Verfass. d. Vademecums f. lust. Leute, liebreiche
Anrede an alle seine Mitbürger in u. ausser
Altona, in Städten, Flecken u. Dörfern. Altona (Berlin) 1770.
38 S. u. 1 leeres Bl.

> Bibl. Kürschner. Lpz., Mai-Auction 1904, no. 1047; Anon.-
> Lex. I. p. 77 (nach Meusel); Weller, fing. Dr.

§ ALVENSLEBEN, Ludw. v., Betbruder und Bet-
schwester, oder der Wolf im Schafspelze. Ein
Beitrag zur Kenntnis der Frömmler. Nürnberg 1835. 8⁰.
1²/₃ Rthl.)

> Ziemlich zahm. Nicht häufig.

ALVENSLEBEN, L. v., Don Juan's erste und letzte
Liebe. Historischer Roman. Berlin 1861. 4 Bde. 8⁰.

> Zahm. (6 Mk. Fischhaber.) — Auch eine Ausgabe ebd.
> 1851?

ALVENSLEBEN, L. v. (*Gustav Sellen* pseud.), Romantik
und Liebe. Eine Sammlung von Erzählungen nach dem Englischen. Leipzig 1830. 8⁰.

> Inhalt: 1) Das erste und letzte Opfer. 2) Das Porträt.
> 3) Ein Abenteuer in den Pyreneen. 4) Das weibliche Unge-
> heuer. 5) Der Wald von Eufemia. 6) Der Mann von tausend
> Jahren. — Ein zweiter Theil erschien ebd. 1831. (1—2:
> fl. 1,20, Gilhofer & Ranschburg, Wien, ca. 1888.)

ALVENSLEBEN, L. v., L i e b e s g a b e. Acht Erzählungen. Aus dem Englischen übersetzt. Leipzig 1830. 8⁰.
> Inhalt: Kemp, der Bandit. — Der Geist. — Eine Viertelstunde zu früh. — Die Stiefmutter. — Das Omen. — Ithran. — Die Colonisten. — Bemoinda.

ALVENSLEBEN, L. v., E r z ä h l u n g e n. Halberstadt 1830. 8⁰.
> Inhalt: 1) Der Geheimnissvolle. 2) Der Stumme. 3) Der Einspruch. 4) Die Proselytenmacher. 5) Der Verbannte. 6) Der Spuckgeist.

ALVENSLEBEN, L. v., D i e G e i s t e r e r b s c h a f t u n d a n d e r e E r z ä h l u n g e n. Leipzig 1830. 8⁰.

ALWYN oder d i e B e g e b e n h e i t e n e i n e s S c h a u - s p i e l e r s. Aus dem Englischen. Zwey Theile. Leipzig, Weygand, 1781. 8. (2 Mk. Völcker, Frkft. a. M., 1876.)
> 8 Bll. Vorst. u. 336 fortl. pag. Seiten. Auf d. Titel 1 Vignette. In 49 zahmen Briefen abgefasst.

ALY, E., W o l k e n k u c k u c k s h e i m e r D e k a m e r o n e. Berlin 1899. 8⁰. 293 S. (2 Mk. Schaper, Hannover, 1904.)

AM MEERESSTRANDE. (Tolle sotad. Studie eines dummen Teufels.) (Kl. Ornam.) Amsterdam 1893. 8⁰. Umschl. roth u. schwarz, m. Bordüre. Lat. Typen. 46 S. (3 Mk., mit 15 Photogr. 10 Mk. 50 Pfg.)

AMADIS - R o m a n e. — Die lange Reihe derselben bietet z u w e n i g w i r k l i c h e s E r o t i s c h e s, um die umfangreichen Titel, welche G o e d e k e II, 474—79 genau verzeichnet, hier wiederzubringen.

AMADON, siehe W u r s t w i e d e r W u r s t.

AMALIE, d i e s c h ö n e S o l o t ä n z e r i n. Seitenstück zu Aurora (von *Christian August Vulpius*). Neuburg und Aarnheim, o. J. (Lpz., c. 1798). 8⁰. Zahm. (1 Mk. 50 Pfg. Julius Neumann, Magdeb., 1906.)
> N i c h t im Anon.-Lex. — Goedeke V, 512, 24.

AMALIE u. C a r l; oder d i e g e t r e n n t e n L i e b e n d e n. Eine Familiengeschichte, worinnen einige Entführungen u. Seeräubergefechte vorkommen. 2 Thle. Leipzig, Sommer in Commiss., 1799. 8⁰. (1 Rthl.) (1 Mk. 20 Pfg. Scheible, c. 1872; 8 Mk. E. Frensdorff, Berlin, 1906.)
> 1: 238 S. (incl. Tit. u. 1 Bl. Zuschr. an d. Geheimenrath u. Kammer-Präsidenten Joh. Chp. S c h m i d t, Exc., zu Weimar). 2: 220 S. (incl. Tit.), 2 leere Bll.

AMALIENS s c h ö n e r M o r g e n, eine angenehm-belehrende Geschichte. 2 Thle. Altona, bey Kave u. Komp. 1789—90. 8⁰.
> 1: XII u. 284 S. Vorr. dat. 25. Nov. 1787. 2 (ebend., bey J. H. Kaven, Kgl. Dän. Priv. Buchh. 1790.): 326 S. In der Art der englischen Familien-Romane abgefasst. Einiges etwas frei.

AMANDA. Aus dem Leben einer Putzmacherin. Mit Titelbild (Lithogr.). Altona, Verlagsbureau, o. J. (ca. 1875). Kl. 8⁰. (Mk. 0,75.)

— — Dasselbe. 2. Aufl. Ebend., o. J. 8⁰. (1 Kr. 80 Hl. Halm & Goldmann, Wien, 1904.)

AMANDA, oder der Weg zum Heiligthume. Aus den Papieren eines Einsiedlers. Berlin, Himburg, 1800. 8⁰. Einiges frei. 2 Bll. u. 508 SS. (1 $^4/_5$ Mk. Kühl.)

AMANDERS arabische Liebeshändel. 8⁰.

> So kurz angezeigt in Chrn. Brachvogel's in Breslau Cat. libror. contin. I. 1706. p. 1.

AMANDO, Chr. (ps.), Liebes-Lieder. Königsberg 1719. 12⁰. Ungemein rar!

> Cat. duar. bibl. à Wilh. Siegf. Ring & Chr. Fr. Eckstein relict. (Berol. 1721). p. 42.

* **AMANDUS** de Amanto (ps.), Der verliebte Europeer, Oder Warhafftige Liebes-Roman, In welchen Alexandri Liebesgeschichte, und tapfere Helden-Thathen (sic!), womit er nicht alleine sich bei den Frauenzimmer beliebt gemacht, sondern auch in Besichtigung unterschiedliche Königreiche in Europa, dero vornehmste Staats-Maximen angemercket . . . . durch Alexandri guten Freund, welcher sonst genant wird *Amandus de Amanto.* Gedruckt in Wien, und von dar zum Verkauff übersandt An Augusto Boetio, Buchh. in Gotha, 1682. Kl. 8⁰. (10 Mk., L. Rosenthal, 1906.)

> Von grösster Seltenheit! TKpf., 7 Bll. Vorst., 351 SS. u. 14 unbez. SS. Anhang, worin der Herausgeber sagt, der Autor würde „künfftige Oster-Messe den andern Theil des verliebten Europeers, nebst der Politischen Wündschel-Ruthe naher (!) Leipzig übermachen". (In den Messverzeichnissen findet sich nichts davon.)

AMANDUS, Philadelphus (ps.), Poetisches (sic!) Zeitvertreib oder Jungfern- und Wittwen-Lob. 1689. (Weller, Lex. pseud.)

§AMANT, Der Müßige, In welchem Funffzig Neue Spanische Geschichte vorgestellet werden; Der galanten Welt zu vergönnter Gemüths-Ergetzung, aus der Französischen (des Sieur *de Garouville*) in die Teutsche Sprache übersetzt. I. II. und III. Theil. (1 vol.) Mit Titelkpf. (unsign.) u. Titelvign. (Cupido mit Pfeil u. Bogen auf Wellen, als Holzschnitt-Ornament). Wien und Leipzig, Verlegts Johann Gabriel Grahl, 1712. 8⁰. (In Warmbrunn, Reichsgräfl. Schaffgotsch'sche Majoratsbibl.)

> Rar! Tit. (roth u. schwarz), 1 Bl. Vorr., 1 Bl. „Erinnerung des Ubersetzers", 390 S. 1 Bl. Reg. Die Ueberschriften

der 50 (zahmen) Geschichten bringen meist nichtssagende spanische Namen, bis auf: Lindamire, Englische Geschicht; der Tod von Curlane, einer schönen Polackin; geistreiche Streiche eines Fürsten; die Gespenster; die Gräfin von Falinspech, Teutsche Geschicht; Marcelly, Italiänische Geschicht.

Orig.: L'Amant oysif. Contenant cinquante Nouvelles Espagnolles. Divisé en trois parties. Paris, Barbin, 1671. 12⁰; Rep. Bruxelles, George de Backer, 1711. 12⁰. (In Wolfenbüttel, München u. Dresden.) (6 Mk. Scheible.) Titre (en rouge et noir), frontisp. gr. (H a r r e w y n fec.), 2 ff. préface et table, 420 pp. de texte, 1 f. privilège.

AMANT, D e r v o n s e i n e r L i e b s t e n V b e l g e h a l - t e n e, Oder A r n a l t e u n d L u c e n d a. Durch A. A u g s - p u r g e r n (wohl aus d. Spanischen). Dreßden 1642. 8⁰. Rarissime!

Eine f r a n z ö s. Uebersetzung ist in München (p. o. hisp. 17.): L'amant maltraité de s'amye. Toulouse 1546. 8⁰. Fort rare! Die deutsche Uebertragung (od. Bearbeitung) nennt Goedeke III. p. 247. 9. 1.

§ **AMANT,** D e r v e r w e g e n e, d o c h a l l e z e i t b e - glückte, oder c u r i e u s e L i e b e s - B e g e b e n h e i t e n d e s D o m A n t o n i o. Aus d. Frantzös. O. O. 1713. Kl. 8⁰. (In Dresden.) Höchst selten!

Orig. (in München): L'amour dégagé ou les avantures de Dom Antonio. Cologne 1709. 12⁰. (5 Mk. Scheible.) — Le même, tit.: L'amour dégagé ou les avantures de Don Fremal et de Don Garcie, gentilhommes natifs de Valence. Par le Sr. D * * * V * * *. Ibid. eod. a. 12⁰. Avec frontisp.

AMANTEN, D i e v o n d e r L i e b e b e t r o g e n e, oder a l l e r h a n d s i n n r e i c h e a u s g e f ü h r t e L i e b e s H ä n d e l. O. O. (Nürnb., Endter) 1698. 12⁰.

Orig. (in Dresden): Les Amans trompez. Histoires galantes. Amst. 1695. pet.-in-8⁰. Front. gr. (6 Kr. Halm & Goldmann, Wien, 1907.) Bibl. de l'amour I, 88; u. ö.

AMANZOLIDE oder d e s v o r z w e y J a h r e n i n F r a n c k - r e i c h g e w e s e n e n P e r s i a n i s c h e n A m b a s s a d e u r s MEHEMED - RIZA - BEG L i e b e s u n d L e b e n s - G e - s c h i c h t e. . . . . Mit Portr. u. Kpfrn. LEIPZIG bey M. G. Weidmannen 1717. 8⁰. (6 Mk. Jos. Baer & Co., Frankf. a. M., 1893.)

Orig. (in München, Wolfenbüttel u. Dresden): A m a n z o - l i d e. Nouvelle historique et galante, qui contient les avantures secrètes de Mehemed-Riza-Beg, Ambassadeur du Sophi de Perse, à la Cour de Louis-le-Grand, en 1715. Enrichie de (5) figg. en taille-douce. Paris, Pierre Huet, 1716. 12⁰. Le même. La Haye 1716. 12⁰. (In München).

§ * **AMARANTHES** (d. i. *Gottlieb Sigm. Corvinus*). — P r o - b e n D e r POESIE I n G a l a n t e n - V e r l i e b t e n - V e r - m i s c h t e n - S c h e r t z - u n d S a t y r i s c h e n G e d i c h t e abgelegt Von *Amaranthes*. Th. (1) Franckfurt und Leipzig

bey Philipp Willhelm Stocken, 1710. — Proben Der
POESIE In Galanten Verliebten Vermischten
Schertz- und Satyrischen Gedichten, abgelegt,
Von AMARANTES. Anderer Theil. Nebst einer Vor-
rede von der Schwürigkeit und wahren Eigenschafft der Tichter-
Kunst. Franckfurt und Leipzig, bey Philipp Wilhelm Stock.
Ao. 1711. 8⁰. (In Berlin: an Yk 1411.)

> I: Titelkpf., 14 Bll. Vorst. (incl. roth u. schwarz gedr.
> Titel), 524 bez. S., 1 Bl. Druck-Fehler. II: Titelkpf., 13 Bll.
> Vorst., 469 bez. S., 1 Bl. Druckf.
> S. Wolfg. Menzel, deutsche Dichtung II p. 471. — S.
> auch Corvinus.

AMARANTHES. — Das Carneval der Liebe, Oder
Der in allerhand Masquen sich einhüllende
Amor, in Einer wahrhafftigen Liebes-Roman Der Curiösen
Welt entdecket. LEIPZIG, VERLEGTS JOHANN CHRI-
STIAN MARTINI, BUCHHÄNDLER IN DER NICOLAI-
STRASSE, 1712. 8⁰. TKpf., 7 Bll. Vorst. u. 440 SS. (10 Mk.
A. Bielefeld, Carlsruhe, 1891.)

— — Dasselbe. Ibid 1717. 8⁰.

— — Dasselbe. Ibid. 1724. 8⁰.

AMAZONE, Die, der grossen Armee, oder Denk-
würdigkeiten, Anekdoten und Abenteuer der
Dorothea Rhenet, Ritter der französischen Ehrenlegion.
Von ihr selbst hrsg. Aus dem Französischen. 2 Thle. Stuttgart,
Gebr. Franckh (c. 1825). Gr. 12⁰.

> Verlagsanzeige der Firma hinter einem Buche von 1827.
> Das französ. Original wohl nicht lange vorher erschienen?

AMAZONE, Die Niederländische.... Aus dem Holländischen in das Teutsche übersetzt. Augspurg, Druckts und
verlegts A. Maschenbauer, 1717. 8⁰.

> W. v. Maltzahn's Bücherschatz, S. 521. — Sehr aben-
> theuerliches und so gut wie unbekanntes Curiosum, dessen
> holländ. Original noch nachzuweisen ist.

— — Dasselbe mit d. Tit.: Die Niederländische
Amazone, oder curieuse Lebens-Beschreibung
und Helden-Thaten einer gewissen Weibs-
Person aus den Niederlanden, welche lange Zeit
zu Wasser und Lande Kriegs-Dienste verrichtet. Aus dem Holländischen in das Teutsche übersetzt. (Rothe Zierleiste.) O. O.
1718. 8⁰. (In Dresden, Kgl. Öffentl. Bibl.: Lit. Belg. 8⁰
50, schönes Expl.).

> 136 S. (incl. roth und schwarz gedr. Titel), 1 weisses Bl.
> — Die Heldin hat in ihrem Soldatenhabit mancherlei An-
> griffe von verliebten Schönen zu erdulden.

AMAZONE, Die schweizerische. Abentheuer, Reisen
und Kriegszüge einer Schweizerin durch Frankreich, die Nieder-

lande, Egypten, Spanien, Portugall und Deutschland mit der französischen Armee unter Napoleon. Von ihr selbst beschrieben und herausgegeben von einem ihrer Anverwandten. (Verfasst von *Regula Engel* von Langwies). 2. verbesserte Auflage. Mit Titelbild. St. Gallen, Huber, 1825. 8⁰. (Ldpr. 2 ¹/₁₀ Rthl.) (5 frcs., Adolf Geering, Basel, 1896.) Zahm.

> Fehlt bei Kayser unter Romanen. Die erste Ausgabe wohl von demselben Jahre. Vgl. Anonymen-Lex. I. p. 45 (nach Pohler). — Sehr selten! Ueber das Buch s. Prof. Hilty's Aufsatz im Polit. Jahrbuche d. Schweiz. Eidgenoss. 1887.

— — Dasselbe, titulo: Die schweizerisch Amazone. Abenteuer, Reisen und Kriegszüge der Frau Oberst Regula Engel von Langwies (Graubünden), geb. Egli von Fluntern-Zürich (1761—1853), durch Frankreich, die Niederlande, Egypten, Spanien, Portugal und Deutschland mit der französischen Armee unter Napoleon I. Von ihr selbst beschrieben. Mit einem Kunstdruckbilde und einem Anhange. Herausg. von Fritz Bär, Pfarrer in Castiel. 3. Aufl. Schiers, 1904. 8⁰. IV, 167 S. (Br. 1 Mk. 60, Lwdbd. 2 Mk. 40, Carl Beck, Lpz., 1907 :)

> „Nachdem diese äusserst interessanten Memoiren im Selbstverlage schon grossen Beifall geerntet haben, übernahm ich (Buchh. Carl Beck, Lpz.) das Verlagsrecht derselben. Die Presse nahm das Buch mit grosser Anerkennung auf, ja selbst zu Nachforschungen in Pariser Archiven durch Herrn Professor Arthur Chuquet gab das Werkchen Veranlassung. Auf Grund seiner Untersuchungen behauptet Herr Chuquet, die Memoiren seien gefälscht. Warum braucht man 100 Jahre, um das zu konstatieren? Ferner hat mir der Zufall gerade im letzten Jahre eine grosse Anzahl Originalurkunden aus der Zeit Napoleons in die Hände gespielt, welche nicht in die Pariser Archive wanderten; in einer leichtfertigen Art und Weise glaubt man die Existenz einer Frau zu beseitigen, welche noch heute in der Erinnerung zur Zeit noch lebender Einwohner Zürichs und Graubündens lebt. Aus durchaus unvollständigem Aktenmaterial glaubt man die Nichtexistenz nachweisen zu dürfen. Allerdings bin ich mir auch voll bewusst, dass in den Daten das Gedächtnis der Frau Oberst R. Engel öfters zu Verwechslungen Anlass gab. Dabei ist zu bedenken, dass Frau Oberst Engel ihre Memoiren um 1820 ohne zeitgemässe Aufzeichnungen aus dem Gedächtnisse niederschrieb, wodurch sich die Verschiebungen der Daten erklären. — Herr Professor Chuquet kann aus durchaus unvollständigem Aktenmaterial in Paris die Existenz der Frau Oberst Regula Engel nicht nachweisen. Wohl aber kann der Herausgeber eine Eingabe an die Tagsatzung in Bern nachweisen, in welcher die Schweizerische Amazone um Hilfe bittet, und welche sich im Bundesarchiv in Bern befindet.“

AMBACH, Melch. — Von Ehbruch vnd hürerey, wie

ernstlich vnnd strenge Gott dieselben verpotten vnd alweg gestrafft. Christlicher bericht, aus heiliger geschrifft zusammen
gestelt. Item V. Christliche predige S. Aurelij Augustini, Verteutscht durch M. *Melchior Ambach*, prediger zu Franckfurt.
Zu Franckfurt truckts Cyriacus Jacob zum Bart. 1593. 4⁰.

> (8 Mk. Damköhler, Berlin.) — Zuerst gedr. ib. 1543.
> 4⁰. 32 Bll. (12 Mk. L. Rosenthal, 1906.) (Beides sehr
> rar!) Im Anhang befindet sich Brentius' Urtheil von
> „hurheusern".

§ * **AMELUNGENLIED**, Das, übers. von Carl Simrock.
3 Thle. Stuttg. 1843—49. 8⁰. (Mk. 21.—) (8 Mk. Bernh.
Liebisch, Dresden, 1902; 35 Mk. Gust. Fock, Leipzig, 1906.)

> Stellenw. erotisch. — Auch titulo: Das Heldenbuch, ed.
> Simrock. IV—VI.

— — Dasselbe. 2. Aufl. Ebd. 1863. 8⁰. (25 Mk. Alfr. Lorentz,
Lpz., 1905.)

— — Dasselbe. 3. Aufl. Ebd. 1886. 8⁰. (15 Mk. Derselbe,
1905.)

AMETHYST, Der. Blätter für seltsame Kunst und Literatur.
Herausgegeben v. Dr. phil. Franz Blei. (Monatsschrift.)
12 Hefte. (Soviel ersch.) Wien, Publication der Oesterr. Bibliophilen, 1905—6. 4⁰. (Gewöhnl. Ausg.: (900 Expl.) Kr. 60.—;
Luxusausgabe (25 Expl.) Kr. 120.—.) (Vergriffen.) (60 Mk.
Max Harrwitz, Berlin, 1907; 30 Mk. J. Eckard Mueller, Halle
a. S., 1907; 60 Mk. Adolf Weigel, 1908.)

> Aus dem reichen illustrativen Inhalt sei hervorgehoben:
> Kunstbeilagen von Th. Th. Heine, Marcus Behmer,
> A. Beardsley, J. J. Vrieslaender, A. Kubin, Karl Hofer. Aus
> dem literarischen Teil: Laforgue, Jules, Pierrot
> des Spassvogel; Keller, Gottfried, Ein Kapitel aus der
> ersten Auflage des grünen Heinrich; Lemercier de Neu-
> ville, Die Freundinnen; Erotische Erzählungen
> aus dem Hindostanischen, Türkischen, Alt-
> deutschen, Italienischen, Französischen etc.;
> Barrès, M., Ein Besuch bei Don Juan; Goethe, Eine
> römische Elegie; Paul Verlaine, Ouverture pour femmes;
> Erschien nur für Subscribenten und wurde dem Buch-
> handel nicht übergeben.

— — Die Opale. Neue Blätter für Kunst und Literatur.
Herausgegeben von Franz Blei. 4 Teile. (M. 36.—.)

> Eine erheblich verbesserte Weiterführung des „Amethyst".

AMIDA, oder das stille Haus, ein Seelengemälde aus
den Ergießungen zweier Liebenden von *Fritz von —*g*. (d. i.
Gustav Teubner). Erfurt, b. Joh. Karl Müller, 1805. 8⁰. (12 Mk.
Ernst Frensdorff, Berlin, Anz. 19, c. 1906.)

> 240 S. (incl. Tit.). Stellenw. freie Schilderungen. Gut
> recens. in d. Jenaischen allg. Lit.-Ztg. (laut Anz. d. Ver-
> legers). Fehlt im Anon.-Lex.

AMINA, die schöne Circassierin, vom Verfasser des Mazarino. 2 Thle. (Zahmer Roman von *Gottlieb Bertrand,* † um 1811, zuletzt Uhrmacher in Osterwyk.) Leipzig 1805. 8⁰.

　　　Anon.-Lex. I. p. 46 (nach Kayser). Goedeke VI, 404, 5,6 hat „1803".

* **AMINTH.** — Früchte müssiger Stunden aufgesezzet und zusammengetragen von *Aminth,* Mitglied der Hirtengesellschaft an der Aue. Lübeck, bey Pet. Böckmann, 1755. 8. (In Berlin 2 Expl.: Yl 4381, mit Beibd.; an Yl 764.)

　　　62 Seiten (incl. 8 S. Vorst.). Enth. 32 zahme Gedichte eines nicht enthüllten Pseud.

§ **AMMANN,** Franz Sebast. (gewes. Kapuziner-Guardian), Oeffnet die Augen ihr Klöster-Vertheidiger, oder Blicke in die Abgründe mönchischer Verdorbenheit. Bern, C. A. Jenni, Sohn, 1841. 8⁰. (1 Mk. A. Bielefeld, Carlsruhe; 1 Mk. 50 Pfg. G. Priewe; 4 Kronen Halm & Goldmann, Wien, 1904.)

　　　Wenigstens 4 Auflagen von diesem Jahre.

AMMENMÄRCHEN. 2 Bde. Mit 1 TKpf. u. 1 TVign. Weimar, bey Hofmanns Wittwe und Erben, 1791—92. 8⁰. (15 Mk., unbeschn. Expl., Adolf Weigel, Lpz., 1906.)

　　　Sehr seltene Novellen, z. Thl. erotischen Inhalts. 200 u. 166 S.

AMMERSBACH, M. Henr. (Pastor zu S. Paul in Halberst.), Teutscher Vielfrass, des Teufels Leibpferd, oder christliche Betrachtungen, darinn der itzigen letzten Fress- und Sauff-Welt treulich gezeiget wird, was für excesse bey dem laulichen heutigen Christenthumb in Betrachtung der Gastereyen zu merken, wie so viel tausend Welt Kinder durch den Viel Frass, als des Teuffels Leibpferd, sich nicht allein arm u. kranck, ins Grab, sondern auch zum Teuffel in die Hölle stürtzen, und wie man hingegen in diesen bösen Zeiten durch gar leichte und geringe Mittel das alles könne endern, und nicht allein auff Erden, sondern auch im Himmel grosse Schätze samlen, zur Warnung vor dem hereinbrechenden Unglück beschrieben und auffgesetzet. Jena 1664. 8⁰. 332 S. (incl. Zuschrift). 8⁰. (10 Mk. 50 Pfg., mit 6 Beibdn., M. Edelmann, Nürnberg, 1903; 12 Mk., mit Beibdn., Adolf Weigel, Lpz., 1903.)

AMMERSBACH. — Neuer Abgott, alter Teuffel, oder fliegender Brieff an die Welt-Kinder. Halberst. 1665. 4⁰.

　　　Ambr. Haude's Cat. Berl. 1724. p. 6.

AMÖNA und Amandus, s. Schäfferey .... 1632, u. ö.

AMOR, der Knabe. — Seifenblasen von *Amor dem Knaben.* (16 Nrn. Aphorismen u. kleine Erzählgn.) Leipzig,

bei Joh. Gfr. Graffe, 1805. 12⁰. (1 Mk. Scheible in einem
älteren Cat.; jetzt theurer!) Selten!

    XVIII u. 156 S., 1 Bl. Druckf. — Inh.: Einleitg. —
Die wüthende, sinnliche, getheilte, blinde, eigennützige, eifersüchtige, unschlüssige, gezwungene, wüste, Gewissens-,
schmollende, kokette, treulose, herrische, geitzige Liebe; die
Liebe zu einem Hässlichen. — Zugabe: Flüchtige Skizze
der wahren Liebe.

AMOR., vehementer quidem flagrans; artificiose tamen celatus,
de Pantalonis custodiaque triumphans, intentato certamine
prudentium stultorum. Sive Arlechin viva pictura ri-
diculusque Cupido. Augustae Vindelicorum, sumptibus
Joann Michael Probst. S. a. (Der Verleger *Probst* lebte von
1673—1748.) Fol. Lat. u. deutscher Text auf 12 unpagin. einseitig bedruckten Bll., mit 12 schönen figurenreichen in d.
Text gedr. grossen Kpfrn. mit interessanten Costümen. (Joh.
Jac. Schübler del., Joh. Balth. Probst sc.), unter denen
lat. u. deutsche (stellenw. derbe) Reime. Das originelle Stück
(Possenspiel) hat auch folg. deutsch. Tit.: Die (sic!) zwar
hefftig entflammte, doch aber künstlich verborgene, und über
Pantalons Aufsicht thriumphirende (sic!) Amor, bey ange-
stelltem Wett-Streit kluger Phantasten. Oder Arlechin das
lebendige Gemählde und lächerliche Cupido. Augspurg, in
Verlag bey Joh. Michael Probst, Kunsthändlern. O. J. (nach
1700). Fol. (In Darmstadt.) Von grosser Seltenheit!

    Text und Erklärung deutsch u. lateinisch. Es giebt auch
Expll. mit deutsch. u. italien. Text.) Wegen der Kupfern
s. Nagler XII. p. 80.

AMOR im Beichtstuhl. Sittenbilder der Gegenwart. Berlin
(Leipzig, Röhl's Verlags-Anstalt), o. J. (187*). 12⁰. (1 Mk.
Fischhaber, Reutl.; 3 Mk. Gust. Klötzsch, Lpz., 1885.)

    Mit color. Umschl.

AMOR. Oder das Buch von der Liebe. Ein Geschenk
für Jünglinge und Jungfrauen. 3. Aufl. Quedlinb. u. Lpz.
1828. 8⁰.

    Zahm. Ed. I ib. 182 *; rep. ib. 1827. — Vgl. Heinsius,
B.-Lex.

AMOR in Frack und Uniform, s. Wald-Zedtwitz,
E. v.

AMOR in Frankreich. Französische Novellen. Leipzig.
O. J. (c. 1890). 8⁰. (Mk. 2.—) (75 Pfg. A. Graeper, Barmen,
1891; 1 Mk. H. Hugendubel, München, 1905.)

AMOR vor Gerichte, eine Nouelle aus den Götter-Annalen.
(Poet. Erzählung von *Heinr. Aug. Ottokar Reichard.*) O. O.
1772. 8⁰. Rar!

    W. v. Maltzahn's Bücherschatz, S. 445; Anon.-Lex. I, S. 46
(nach Goedeke).

AMUR (sic!) Der G o t (!) —, Ein erzehlendes Gedicht des
XV. (?) Jahrhunderts — (von *Heinzelein von Constanz;* war
bereits **Ende d. XIII. Jh.** Küchenmeister des 1298 † Grafen
Albrecht von Hohenberg u. Heigerloh). Zum ersten Male aus
der Handschrift abgedruckt. (Hrsg. von Chp. Heinr. M ü l l e r.)
Berlin, Spener, 1783. 4⁰. (6 Mk. A. Bielefeld, Carlsruhe,
1891; 1 Mk. 50 Pfg. L. Liepmannssohn, Berlin, 1906.)

> 20 S. Sehr selten! Anon.-Lex. I. p. 46.

AMOR im H a r e m , s. S a ï d i , Sadi.

AMOR u n d H y m e n in i h r e r B l ö s s e (von *Chrn.
Aug. Pescheck*), s. E h e s t a n d s v o r b e r e i t u n g e n , u.
L i e b e u. E h e in d e r N a r r e n k a p p e.

AMOR u n d H y m e n , oder r o m a n t i s c h e S c e n e n d e r
L i e b e u n d E h e , aus der wirklichen Welt entlehnt. Hrsg.
von *Joseph aus der Grube (Joh. Just. Gruber)*. Mit TKpf.
Budissin u. Leipzig, Arnold, 1794. 8⁰.

> Enth. 3 zahme Erzähl.: Franz Graf v. Ulm. — Colmenares
> u. Riaza. — Helva. 5 Bll. Vorst. u. 200 SS. Die Vorr.
> ist von 1792.

* **AMOR** u n d H y m e n , ein Warngedicht von hundert den
Eh- und Wehestand beleuchtenden Epigrammen. Allen Hagestolzen geweiht von ihrem Kollegen, *X. Y. Z,* (i. e. *Chr. Fr.
Glo. Kühne*). Gedruckt in diesem Jahre. (Wittenb., Kühne,
1806.) Kl. 8⁰. (In Darmstadt.) 70 SS. (2¹/₂ Mk. Kühl.)

— — Dasselbe. (Neuer Abdr.) Zu haben im bibliogr.-artist.
Institute. München, Unflad (1882). Kl. 8⁰.

> V e r b o t e n vom L.-G. Wien, 2. Febr. 1884.

AMOR u n d H y m e n s L e c t u r e - C a b i n e t , d. i. Ver-
zeichniß auserlesener Schriften zum Gebrauch für Liebes-Leute
und Ehestandslustige. Zusammengetragen durch J o c o s u m
Benedictum **Liebetraut.** Leipzig, o. J. (18**). 4⁰. (In Dresden:
Litt. Germ. rec. B. 201, 20.) Ungemein rares Jocosum mit
fingirten Büchertiteln.

AMOR, D e r k l e i n e . O. O. (Schweinf., Riedel) u. J. (ca.
1800). (Format?)

> Vgl. Schwalbe, Tob. (ps.), Neue Heringe. Tonne I. Lpz.
> 1803. p. 177.

AMOR d e r K o m m a n d a n t . In sechs Liedchen mit Musik.
Ein Faschingsgeschenk für 1793 (von *W. Nauck*). Frankfurt
u. Leipzig. 8⁰.

> 16 S. und 3 Gross-Fol.-Bll. M u s i k (zu je 2 Liedchen).
> Anfänge: 1. „In Cypris schöner Residenz" etc., 2. „Alleen
> von Orangen blühn" etc., 3. „Kein Friede sey, doch ziehe
> nie" etc., 4. „Es sey mein heiligstes Gebot" etc., 5. „Ver-
> brechen werden fürchterlich" etc., 6. „Lebt, Schöne! Männer

zu erfreun" etc. (2 Mk. 50 Pf., Expl. auf holl. Pap., wie neu, Frdr. Klüber, München, 1896; 12 Mk. Edm. Meyer, Berlin, c. 1905.)

— — Dasselbe. Ebd. Kl. 4⁰. Starkes Papier. (2 Mk., unbeschn. Expl., Adolf Weigel, Lpz., 1906; 8 Mk. Edm. Meyer, Berlin, 1908.)

* **AMOR** und Komus. (Anekdoten, Bonmots, Erzählgn., Schwänke; ohne Ueberschriften.) Padua, bei Pietro Tarone (Himburg in Berlin), o. J. (c. 1790). 16⁰. (1 $^2/_3$ Rthl. Lippert, Halle; 2 $^2/_3$ Rthl. Scheible; 10 Mk. Calvary & Co., ca. 1900.)
    336 S. Mit dem folg. Motto auf Titel in griech. Lettern:
        Wir alle sind des Satans Diener,
        Der uns in seinen Klauen hält.

AMOR die Lieb. — Das dis büchlin werd bekât. Amor die Lieb ist es genât, des pfêings art, vn vntrew spyl, wirt hie vngespart, tractieret vyl Man spricht gekaufft lieb hab nit wert, Wirt doch menicher da mit versert Disse lieb kauff daz is mein rat. Vmb eyn krücer gibt mâ ein lot, Dor ynne liess vn merck vff eben, Vm ein pfunt würdstuss nit gebê. — *Am Ende:* Dis büchlyn der lieb, eyn ende hatt. Zu strassburg getrückt, yn der werden stat. Von Mathis hüpfuff vnder der pfaltz stegen. Got geb vnss allen synnen segê. Das werd vnss allen wor. Getruckt In dem nün vnd nützigsten Jar etc. (1499.) 4⁰.

    (In Bern u. Strassburg, Univbibl.) Leh rgedicht. 53 Bll. m. Seiteneinf. u. Holzschn. — Beginnt: AIn sach hat **mich** bezwungen / vnd mit lust dor zu gedrungen etc.

AMOR: die liebe. / Das diss büchlyn werd bekant, Amor, die lieb, ist ess / genannt, Des pfennings art, vnd vndrw spyll, wirt / hie vngespart, tractiert vyll, mâ spricht gkaufft lieb / hab nit wert, wirt doch menicher da mit versert, dise / lieb kauff das ist mein rat, vmb ein krützer gibt man / ein lot, Dor ynne liess vnd merck vff eben, vmb ein / pfundt würdstuss nit geben. 4⁰.

    (In Donaueschingen. Letztes Bl. fehlt.) — In Frankf. a. M., cplt.?) 53 Bl. mit Titelholzschn., Seiteneinf. u. mehreren Holzschn. Vom gleichen Strassburger Drucker wie das vorige. Vorrede in Prosa. — Beginnt: EIn sach hat mich bezwungen / Vnd mit lust dor zu gedrungen etc. — Beide Titel aus Weller's Annalen, II. p. 10. Goedeke I. p. 394, 10, hat nur diesen Druck und zählt 52 Bll.
    Beide Drucke grösste Seltenheiten! — Panzer, Zus. S. 90. Cfr. N. liter. Anzeiger 1806, S. 88—90.

§ **AMOR**. Ein Noth- und Hülfsbüchlein für Liebende und Eheleute. Love me little, and love me long. Mit (3) Kpfrn. (nach van Asson v. Tromlitz gest.). Cölln, bey Peter Hammer, o. J. (Leipzig, Baumgärtner, 1795.)

(Nebst dem kurzen gestoch. Tit.: „Amor." Ebd.) Kl. 8⁰.
(7 Mk. Adolf Weigel, Lpz., 1904.)

    2 Bll., 134 S. Nur diese eine Ausgabe. Selten! Inh.:
I. Fragmente eines Ehestandskalenders. (S. 3—22.) II. Neues
alphabet. Sprach- u. Wortregister der Liebe u. Ehe. (S. 23
bis 109.) III. Bewährte Hausmittel f. mancherley Unfälle
u. Widerwärtigkeiten in d. Liebe u. Ehe. (S. 110—130.)
IV. Post- u. Reisecharte durch das Ländchen der Liebe.
(S. 131—134.)

AMOR auf der Promenade. (Roman.) Berlin 1798. 8⁰.
Rar!

AMOR und Psyche. (Zahmes Gedicht von *Joh. Wilh.
Ludwig Gleim*). O. O. (Halberstadt) 1796. 8⁰. (2 Mk.
50 Pfg. G. Priewe, Heringsdorf, 1895.)

    Anon.-Lex. I. p. 46 (nach Körte u. Goedeke).

AMOR, Taschenbuch f. Liebende auf d. Jahr 1819,
(hrsg.) von K. H. L. Reinhardt. Mit Vign. Leipzig, Brockhaus, 1818. 12⁰. (²/₃ Rthl.)

    Engelmann 1837, S. 324; Goedeke III. p. 127.

* **AMOR** der Tyranne, Mit seiner lächerlichen
Reuterey, Spielweise wider die vermaledeyete Eyffersucht
curieusen Gemüthern Vorgestellet durch *J(ohann) R(iemer)*.
Merseburg 1685. 8⁰. 12 Bog. Sehr rar!

    Anon.-Lex. I. p. 46 (nach Goedeke).

§ **AMOR,** Der verrathene, oder Wörterbuch für
Liebende. (Motto:) Nec lusisse pudet . . . Paphos, im
eisernen Zeitalter der Liebe, o. J. (Stuttgart 1794). 12⁰. (4 Mk.,
S. Glogau & Co., Lpz., Cat. 22.)

    TKpf. (d'Argent fec.), Tit., XX—231 S., 1 S. Err.,
1 Tabelle in qu.-Fol., überschr.: „Heirathslustige Frauenzimmer". Vorr. unterz.: „B . . l im März 1794. O . . .“
— Sehr selten!

AMORS Abenteuer im Reiche der Liebe, s. Amors
Geburt.

AMORS Besuch auf dem Lande, s. Mariveaux.

AMORS Bilderalmanach. (Ende 18. Jahrh.) Kurze Notiz
einer Dame, Liebhaberin erotischer Schriften, auf dem Vorsatz-
blatte eines erotischen Buches.

    Vielleich identisch mit „Amors .... Taschenbuch".
Bdchn. 1. O. O. u. J. (Leipzig 1798). 12⁰. (S. weiter unten.)

AMORS Boudoir-Geschichten. (c. 1876.) (Mk. 1.—).

AMORS Geburt, Lebenslauf, Sieg u. Triumph in
25 Kupfertafeln (nach Tomkin v. Rosmäsler gestoch.)
dargestellt. Leipzig, im Industrie-Comptoir, o. J. (Kupfer 1
trägt den Titel: Taschenbuch d. Liebe f. 1806.) 12⁰. (2 Mk.
List & Francke, Lpz., 1885; 12 Mk. Adolf Weigel, Lpz., 1906.)

    Zahm. XXV Kpftaf. (reizende Amoretten) u. 25 Bll. (deutsch
u. französ.) Text (von Joh. Ernst Friedr. Wilh.
Müller). (In Darmstadt.)

— — Dasselbe m. d. Tit.: A m o r s A b e n t e u e r im Reiche
der Liebe. Mit 25 Kpfrn. Leipzig 1854. 12⁰. (2 Mk. Kühl,
Berlin, c. 1883; 2 Mk. Fr. Waldau, Fürstenwalde, 1908.)

§ **AMORS** G l ü c k s - u n d U n g l ü c k s f ä l l e, oder v e r -
s c h i e d e n e s e l t s a m e B e g e b e n h e i t e n. Aus d. Italiän.
(des *Giov. Franc. Loredano?*) in das Deutsche übers. v.
D a m i r o. Franckfurt u. Leipzig 1720. 8⁰.

> 1 Alph. 13½ Bog. Rar! Loredano's Novellen erschienen
> in 2 Theilen zuerst: Venetia 1652. 12⁰. 117 u. 179 pp. (In
> der Bibl. zu Grenoble.) — S. auch D a m i r o.

AMORS H e l d e n b u c h. (Gedichte.) Haarburg 1854. 8⁰.
Sehr selten!

> Auct. Frh. v. Speck-Sternberg. Lpz. 1857. p. 252; Weller,
> fing. Dr.

AMORS L a r v e n u n d S p i e l e r e i e n, e i n D o r n s t i c h
f ü r e r w a c h s e n e K i n d e r vom Verf. von Moritzens Liebschaften und Schwänken *(Joh. Heinr. Chrn. Gustav Heydenreich).* 2 Thle. Ronneburg, in der Hahn'schen Buchdr., 1806.
8⁰. (In Dresden.) (6 Mk. Max Harrwitz, Berlin, 1891; 16 Mk.
Adolf Weigel, Lpz., 1907.)

> (In Dresden.) Titel, 1 Bl., 600 fortl. SS. u. 2 Bll. Reg.
> über die 128 Kapitel. (Theil 2 beginnt mit S. 285.) Goe-
> deke IV, 229, 122, 2.

— — Dasselbe m. d. Titel: B i l d e r d e r V e r g a n g e n -
h e i t. Th. (1) 2. Ibid. 1816. 8⁰. 600 fortl. SS. u. Reg.

> Mit dem Namen des Verfassers. Th. 2 dieses s. Z. viel
> gelesenen Liebes- und Ehebruchs-Romans ist besonders üppig.

— — Dasselbe m. d. Titel: S i e b e n L o u i s d ' o r und
e i n e A l k o v e n t h ü r. 2 Thle. Ibid. 1816. 8⁰.

AMORS M i s s e t h a t e n. Aus d. Französ. von J e a n q u i
r i t. (Mit Vollbildern.) Budapest, Grimm 1886. 8⁰.

AMORS O f f e n b a r u n g e n. Eine Idylle in G e s s n e r ' s
Geschmack (in poet. Prosa). Aus d. Französ. des Bürgers
Henrion . Basel, gedr. bey Samuel Flick. 1797. 12⁰. (2 Mk.
50 Pfg., Carl Uebelen, München, c. 1890.)

> 88 S. (incl. Tit. u. 2 Bll. Vorr. d. Uebersetzers). Besingt
> Unschuld, Liebe u. Beständigkeit, sowie eine anmuthige
> Gegend der Schweiz. — Selten!

AMORS R e i s e n a c h D e u t s c h l a n d (Wien, München,
Dresden, Leipzig, Berlin). (Burlesk-erotisches Gedicht in 168
siebenzeiligen Strophen von *Joh. Bernh. Gabr. Büschel*).

> In: K a n t h a r i d e n. Rom (Berlin, Himburg) 1786. 8⁰.
> S. 9—68.

§ * **AMORS** R e i s e n, nebst einigen Fragmenten aus seinem
Tagebuch gezogen (verfasst von *Joh. Bürkli*). Bern, bey der

typogr. Gesellschaft 1776. 8⁰. (In Darmstadt; auch in Zürich.)
(1 fl. 50 kr., Kuppitsch' Wwe., Wien; 10 Mk. Adolf Weigel, 1905.)

> 151 SS. Mit TKpf., Vignetten u. Schlussstücken von B. A.
> D u n k e r. — Auch eine Ausgabe von 1777 vorhanden? —
> Goedeke IV, 261, 9.

§ — — Dasselbe m. d. Tit.: K o m i s c h e R e i s e n e i n e s
k l e i n e n A m o r s. Am Apollofest. (Ib.) 1792. 8⁰. (⁵/₆ Rthl.
Lesser. Breslau, c. 1875; jetzt theurer!)

§ **AMORS** R h a p s o d i e n, ein authentisshes Sittengemälde
(zahmes Drama), nach d. Italiän. (des *Aug. Adolf Leop.* Grafen
von Lehndorf-Bandels) (von *Karl Heinr. Friedr. v. Felgen-
hauer*). Mit 1 Kpf. Danzig, Troschel, 1795. 4⁰.

> 5 Bll. Vorst. u. 135 SS. incl. 8 SS. Vorr., wonach das
> Original f r a n z ö s i s c h. — Anon.-Lex. III. p. 383 (nach
> Goedeke).

AMORS S c h e l m e n s t r e i c h e. Leipzig, Verlagsanstalt (ca.
1875). (1 Mk., herabges. Baarpreis 30 Pfg.)

> Mit illustr. Umschlag. — Verlags-Anzeige.

AMORS S t a a t s g e h e i m n i s s e, gegründet auf Menschen-
kenntniss und Erfahrung. Cythere (Leipzig, Mittler) 1804. 8⁰.

> 94 SS. Enth. zahme philos.-moral. Betracht. über die Liebe
> u. den Umgang mit d. schön. Geschlecht.

§ **AMORS** e x p e r i m e n t a l - p h y s i k a l i s c h e s T a s c h e n -
b u c h. Bdchn. 1. (einz.) Mit 16 (14?) sehr obscoenen, schön gestoch. u. prachtvoll illumin. Kpfrn. in vorzüglicher Composition von
Heinr. M ü l l e r (einem Leipziger Künstler, wohnhaft im goldenen Hirsch, zugleich Verleger des Buches). O. O. u. J. (Leipzig
1798). Kl. 12⁰. (In Hamburg, Stadtbibl.) Gestoch. Tit., 1 Portrait, 1 Bl. Musik u. 275 SS.

> Grösste Seltenheit! Vgl. S c h w a l b e, Tob. (Ernst Born-
> schein), Neue Heringe. Tonne I. Lpz. 1803. p. 178. —
> (Scheible, Cat. 54, 1875, p. 6: 80 Mk.; 120 frcs. H. Bu-
> kowski, Stockholm, 1887; jetzt viel theurer!)

AMORS V e r l e g e n h e i t. Den Schönen W i e n s gewidmet
vom Schäfer D a m e s o n. Ohne Ort u. Verleger. 1785. Kl. 8⁰.
Ungemein selten! 83 SS.

> Zinke's Dresdener März-Auction 1906, no. 467. (Mindest-
> gebot 4 Mk. 50.)

§ **AMORS** W e g e oder L i e b e u n d G e n u s s. (Samml.
erot. Erzähl.) 2 Thle. Amsterdam 1791. 8⁰.

— — Dasselbe. Ibid. 1794—95. 8⁰.

> Bibl. Bülov. II, 4, p. 144. (3 Rthlr. Scheible, c. 1870,
> 10 Mk. 50 Pf., Theod. Ackermann, München, Cat. 44. no. 25,
> mit der Notiz: „Der N e u d r u c k enthält nur den z w e i t e n
> Theil".)

— — Dasselbe. Ibid. 1795. 8⁰. (1 Rthl., Eman. Mai, Berlin,
1854; 11 Mk. 50 Pfg., Auction Salomon, Dresden 1872, no. 369.)

— — Dasselbe. Ibid. 1796. 8⁰. (Weller, fing. Dr.)

— — Dasselbe. Ibid. 1824. 8⁰. (Weller, fing. Dr.)

— — Dasselbe. Rom u. Paris, gedruckt in diesem Jahr (c. 186*). 8⁰.

> 152 fortl. pag. SS. Darin angeblich nur Inhalt des 2. Theils der Orig.-Ausgabe. (1 ¹/₃ Rthlr. Scheible etc.')

— — Dasselbe. Ebd., o. J. (Berlin 1867). 8⁰. (1¹/₃ Rthl.) 143 SS. (18 Mk. Max Harrwitz, Berlin, 1905.)

> Enthält 4 verschiedene Erzählungen. Titel der zweiten: „Alles ist eitel!"
> Sämmtlich selten! Die Orig.-Ausgabe wohl nur in dem Münchener Expl. erhalten.

§ **AMORT** d. Jüng., E(usebius), (d. i. Dr. *Joh. Nep. Sepp*), Staats- u. Kirchenzustände in Süddeutschland. Reformschrift. Mit 1 (freien) Kpf. München, Finsterlin, 1878. Kl. 8⁰. (Mk. 2,50.)

> XLVII—253 S. Gegen Pfaffenherrschaft, Aberglauben, klerikale Habsucht, Messhandel, Madonnenspuk, moral. Kindermord, Nonnenmacherei u. s. w.

AMOURETTEN. Nr. 1 u. 2 (soviel erschienen?). Hamburg, Gfr. Vollmer, 1801. 8⁰.

> Vollmer's Mich.-Mess-Verlag 1800. — Höchst selten!

AMOURS diverses oder sonderbahre und curieuse Liebes-Geschicht, durch eine Standes-Person. Leipzig, b. Joh. Friedr. Gleditsch. 12⁰. (M. M. V. 1690. B 3b.)

AMRAIN, Deutsche Schwankerzähler des 15.—17. Jahrhunderts. (Krauss, F. S., Quellenschriften zur Anthropophyteia (s. d.), Bd. 2—4.) Leipzig 1906—7. 8⁰. (c. 18 Mk. antiquarisch.)

AMSTERDAM. — Eikenhorst, L. van (d. i. *Johann de Vries*), Die Geheimnisse von Amsterdam. Aus d. Holländ. übertragen v. J. C. J. Raabé. 4 Thle. Leipzig, Reclam, 1844—46. 8⁰.

> Citirt Appell (ohne Formats- u. Theilesangabe).
> Original: De verborgenheden van Amsterdam. 4 deele. Amsterdam 1844. Gr. 8⁰. (12 fl.) (2 fl. J. Eisenstein & Co., Wien, 1889.)

— — Dasselbe. Aus d. Holländ. von Zoller. 12 Bdchn. Stuttgart 1845. 12⁰. (1 Mk. Heckenhauer, Tübingen.)

AMSTERDAM. — Falk, V. v., Der Seelenverkäufer von Amsterdam, oder: Verkaufte deutsche Mädchen. Sensations-Roman. Berlin o. J. (c. 1890). 8⁰. (Mk. 2,50, G. Priewe, Heringsdorf, 1895.)

AMSTERDAM. — Huren-Leben, Das Amsterdamer, enthaltend die listigen Streiche und Schelmereyen, derer sich die Huren und Hurenwirthe bedienen, nebst ihrer Art zu leben, abgeschmackten und abergläubischen Possen, mit einem Worte:

alles was bey diesem saubern Pack und Mademoisellen im Gebrauch ist. Aus d. Holländ. Leyden (Sorau, Hebold) 1754. 12⁰.

Ungemein selten! TKpf., 13 Bog.

O r i g. (in München): Hoerdom, t'Amsterdamsch. Behelzende de listen en streken, daar zich de Hoeren en Hoere-Waardinnen van dienen. t'Amsterd. 1681. 12⁰; ib. 1684. 16⁰. Met Kopere platen. F r a n z ö s. U e b e r s.: Le putanisme d'Amsterdam. Livre contenant les tours et les ruses dont se servent les Putains et les Maquereles; comme aussi leur manière de vivre; leurs croyances erronées, et en général toutes les choses qui sont en pratique parmy ces donzeles, A Amsterdam, chez Elie Jogchemse de Rhin, aux trois musiciens couronnés, 1681. pet. in-8⁰, de 277 pp., front. gr. et 4 curieuses gravures. (Expl. in München und in Wolfenb.) (6 Rthlr. Scheible, vor 1870; 160 Mk. Leo. Liepmannssohn, Berlin, 1905. — Réimpression, ornée d'un frontispice et 4 planches gravées. Bruxelles 1883. Pap. de Hollande. Épuisé et rare! (10 Mk., J. Scheible, Stuttg., c. 1905): „Ce curieux roman de moeurs, publié pour la première fois à Amsterdam, en 1681, est devenu si rare aujourd'hui, qu'un exemplaire fut vendu à Paris, en 1882, au prix de 600 francs. C'est là certainement un des plus curieux livres écrits sur les moeurs des prostituées. L'auteur anonyme devait être un chef de police de Rotterdam, venu à Amsterdam pour y étudier les établissements de débauche et particulièrement les maisons de musique qui venaient d'être introduites dans cette ville et qui en furent longtemps une des originalités. L'ouvrage est écrit avec une facilité qui en rend la lecture très attrayante." G a y, Bibliogr. de l'amour III. p. 894.

AMSTERDAM. — S. auch C o f f e - u. T h e e - W e l t, sowie E n t f ü h r u n g d e r . . . . Helena von Amsterdam.

§ * **AMTHORS**, L. H., Königl. Dähn. Historiogr. u. Cantzeley-Raths (geb. 1678, † 1721), P o ë t i s c h e r V e r s u c h E i n i g e r T e u t s c h e r G e d i c h t e u. Ü b e r s e t z u n g e n: . . . . Nebst einem Vor-Bericht . . . . FLENSBURG, Balth. Otto Bosseck. 1717. Gr. 8⁰. (5 Mk. M. Edelmann, Nürnb., 1907.) (In Berlin 2 Expl.: Yk 2521; Yk 2521 a, mit Beibd.; auch in Zürich.)

Portr., 14 Bll. (incl. Tit. in Roth- u. Schwarzdruck), 552 S., 1 Bl. Druckf. (1 Rthlr. Baer, Frf. a. M.; jetzt theurer!)

§ * — — Dasselbe, titulo: T e u t s c h e G e d i c h t e u. U e b e r s e t z u n g e n , so wie er sie theils in fremden N a h m e n (!) theils vor sich selber entworfen, nebst e. Vor-Bericht, worinnen zugleich die wieder (!) seine Gedichte u. andere Staats-Schriften von einigen Ungenannten bisher ausgegossene Schmähungen bescheidentlich abgelehnt werden, A n d e r e A u f l a g e , v e r m e h r e t mit e. A n h a n g e v e r - s c h i e d e n e r G e d i c h t e d e s s e e l. H e r r n A u t o r i s ,

so in der ersten Ausgabe nicht befindlich. Rendsburg (o.
Adresse), 1734. 8⁰. (Auch in Frankfurt a. M., Stadtbibl.)

> Tit. (roth u. schwarz), 14 Bll. Vorber. (dat. Rensburg [!]
> d. 16. Nov. 1716), 516 S., 4 Bll. Reg. — Unter den H o c h -
> z e i t g e d i c h t e n sehr freie, wie schon folg. Ueberschriften
> andeuten: Der bezaubernde Liebes-Tranck; die Liebes-
> Fischerey; das Ballspiel der Liebe; Amor, als der beste
> Schreiber u. Handelsmann; die gekühlte Hitze; Behaupteter
> Vorzug der Holsteinischen Nymphen vor den Frantzösischen;
> die Liebes-Apothecke; das Einlager der Liebe; die Wald-
> schmiede der Venus; die beglückte Capaunen-Ehe; der Frauen
> Sieg über die Männer etc.
>
> Gedichte von ihm stehen auch in W e i c h m a n n ' s Poesie
> der Nieder-Sachsen. Th. 1.

AMTMANN, D e r, z u R e i n h a u s e n, oder F r a n k s G e -
h e i m n i s s e, vom Verfasser des Romans die Familie Leb-
lank (d. i. *Friedr. Wilh. Haberland*). 2 Theile. Leipzig,
Köhler, 1818. 8⁰.

> Anon.-Lex. I. p. 47 (nach Meusel). Kayser's B.-Lex. hat
> „1819".

AMTMANNS, D e s, T o c h t e r v o n L ü d e. Eine Wer-
theriade für Aeltern, Jünglinge und Mädchen (von *Joh. Gottfr.
Hoche*). Bremen 1797. 8⁰. 272 S. Zahm.

> Goedeke IV, 656, 62, unter Werther-Litt.

AMTMANNS J u l c h e n. Abenteuerliche Erzählung aus dem
letzten Franzosenkriege. Berlin 1817. 8⁰. (In der Bibl. d.
Vereins f. d. Geschichte Berlins.) Rar!

AMUR, Got, s. bei A m o r.

AMURATH II., S u l t a n, s. L i e b e s - G e s c h i c h t a m
T ü r c k i s c h e n H o f . . . . 1680.

* AMUSEMENS d e s e a u x d ' A i x l a C h a p e l l e, oder
Z e i t v e r t r e i b . . . ., s. A a c h e n.

AMUSEMENS d e s e a u x d e B a d e e n A u t r i c h e, ...
s. B a d e n b. W i e n.

AMUSEMENS d e s b a i n s e n S u i s s e, ... s. B a d e n
i n d e r S c h w e i z.

§ AMUSEMENS d e s e a u x d e C l è v e, ... s. C l e v e.

AMUSEMENS d e s e a u x d e S c h w a l b a c h, ... s.
S c h w a l b a c h.

AMUSEMENS. — S. auch *Zeitvertreib im Carls-Bade*.

AMUSEMENS. — S. auch *Leipzig: Vergnügungen* . . . . bey
denen Wassern der Pleisse.

AMUSEMENS. — S. auch G r ä s s e, trésor I. p. 109.

AMYNTAS (d. i. *Jac. Hieron. Lochner*), R o s i m u n d a, oder
D i e g e r o c h e n e R ä c h e r i n. Trauer-Spiel. entworffen von
dem Pegnitz-Schäfer *Amyntas*. Franckfurt und Leipzig. 1676.
8⁰. (In Berlin [Yq 7561] fehlen 4 Bll. im ersten Bogen.) Rar!

AMYNTAS (und Selinde). O. O. u. J. (ca. 1740?). 4⁰. (In Breslau, Kgl. u. Univ.-Bibl.)

> 4 Bll. Nirgends citirte poetische Erzählung.

AN mein Mädchen, in Ihrer Abwesenheit auf einer Lustreise nach W ..., am Pfingstfeste 1779. Mit merkw. emblemat. Titel-Vign. (Pingeling sc.). Hamburg 1779. Bey Joh. Phil. Chrn. Reuß. 8⁰. (3 Mk. G. Priewe, Heringsdorf, 1895.)

> 40 S. (incl. Tit.). Rares Curiosum, nirgends erwähnt. Vf., der sich unter der Zuschrift (Bl. 2) an die Geliebte J. F. S. unterschreibt, erzählt seiner L *** die Erlebnisse auf s. Lustreise, in poet. Prosa. Harmloses Werkchen, nichts Erotisches.

* **AN** meine Minna nach der 26ten Canzone des Petrarca. (Zahmes Gedicht von *Klamer Eberhard Karl Schmidt*.) Lemgo, Meyer, 1772. 8⁰.

> 8 Bll. Gleim gewidmet.

AN Psyche. (Harmloses Gedicht von *Christoph Martin Wieland*). O. O. 1774.

> Anon.-Lex. I. p. 52 (nach Goedeke).

ANACKER, Graf Hiob v., s. bei Roquelaure, Herzog v.

ANANDRIA. Bekenntnisse der Mademoiselle Sappho. Uebersetzt u. eingeleitet von Dr. Heinrich Conrad. (Privatdruck.) Berlin 1907. 8⁰. (15 Mk., gebd., Oskar Rauthe, Berlin, 1908; br. Mk. 10.—, Orig.-Ldw. 12.— Paul Graupe, Berlin, 1908.)

> „Der ausserordentliche Wert dieses Werkes, das eins der wichtigsten Dokumente zur Sittengeschichte des XVIII. Jahrhunderts ist, beruht darauf, dass es sich darin um historisch beglaubigte Vorgänge und Persönlichkeiten aus den höchsten Kreisen der Pariser Gesellschaft handelt.''

ANDACHTSÜBUNGEN, Die, des Herrn Henri Roch und der Fürstin Condor. Dem lustigen Andenken des Abbé von Voisenon. Uebersetzt (aus d. Französ. des Abbé *Claude Henri de Fusée de Voisenon*, de l'Acad. Française, né au Château de Voisenon, près Melun, en 1708, † en 1775) von Nicole .... (190*). 8⁰. (Br. Mk. 12.—, Lederbd. 15.—.)

> Privatdruck in 400 numer. Exemplaren .— Ueber dieses berüchtigte Buch s. Pisanus Fraxi (d. i. Ashbee), Centuria, p. 270—277.
> Orig.: Les exercices de dévotion de M. Henri Roch, avec madame la duchesse de Condor, par feu l'abbé de Voisenon, de joyeuse mémoire. S. l. ni d. (Paris, c. 1780). 12⁰. (Bibl. Arcana no. 359: The first edition. It was seized, and the greater part of it destroyed.) — Vaucluse 1786. 12⁰. (In Marburg, Univ.-Bibl.: XVI, C 819.); ibid. 1788. 12⁰. (4 Mk. List & Francke, 1904.) — Ed.

revue sur celle originale sans lieu ni date et sur l'édition de
Vaucluse, 1786. Amsterdam (Bruxelles, Christiaens), s. d.
(vers 1900). 8⁰. 102 S. mit erläuternd. Anmerkgn. (9 Mk.,
Orig.-Umschl., Max Harrwitz, 1904.) — S. l. **ni** d. (Bruxelles?). 18⁰. (Bibl. Arcana, no. 204: The plates are in
red and black.) — S. l. 1882. 12⁰. (Bibl. Arcana, no. 205:
With an etched frontispiece by F. R. (ops), and printad in
three colours.) (26 Mk. Adolf Weigel, 1904.)

* **ANDRÄ**, F.(riedr.) H.(einr.), („Vf. d. Familie im Schwarzwalde, u. des armen Philipp"), K r i s t a l i n e o d e r d i e
W a s s e r n i x e. Eine (zahme) Geistergeschichte des zwölften
Jahrhunderts. 2 Bde. Mit d. Portr. d. Kristaline (C. S c h u l e
fec.). Halle, 1802. In J. C. Hendels Verlage. 8⁰. (Ldpr. 1 Rthl.
20 Gr.)

> I: 318 S. (incl. Tit.). II: Tit. u. 298 S., nebst Verlags-
> Anzeigen d. Firma.

§ * **ANDREAS** C a p e l l a n u s (Innocentii IV. P. M.). —
H i e h e b t s i c h a n d a s b u c h O u i d i j v o n d e r l i e b e
z u e r w e r b e n. a u c h d i e l i e b e z e u e r s c h m e h e n.
Als doctor h a r t l i e b († ca. 1472) von latein zeteütsch gepracht hat . . . . *Am Ende:* Gedruckt vnd volenndet in der
keyserlichen statt augspurg von Anthoni Sorgen . . . . M.
CCCC. LXXXII. (1482.) Fol.

> Grosse Seltenheit, wie die drei folg. Drucke. Ist keine
> Uebersetzung des Ovid, sondern erste Ausgabe der deutschen
> Uebersetzung von „Tractatus amoris et de amoris remedio
> A n d r e e capellani pape Innocentii quarti ad Gualterum In-
> cipit feliciter." S. l. & a. 77 Bll. Kl. Fol. (In Berlin u.
> Dresden.) — Mit Holzschnitten, wie die folgenden Aus-
> gaben. Ausführlich ist diese Rarität besprochen in Gay's
> Bibliogr. de l'amour I. p. 240—241, III. p. 204. Goedeke,
> 2. A., I, 359, 1, 1.

ANDREAS. — H i e h e b t s i c h a n d a s b û c h O u i d i j
v o n d e r l i e b e z û e r w e r b e n. a u c h d i e l i e b
z e u e r s c h m e h e n. Als doctor h a r t l i e b von latein zu
teütsch gepracht hat durch bete vnnd geschäffte eines fursten
von österreich als hernach geschriebe' steet. *A. E.:* Getruckt
vnd volendet in der keiserlichen stat Augspurg von Anthoni
Sorg . . . . Anno domini M.CCCC.LXXXIIII. (1484.) Fol.
118 Bll. (Im German. Museum, wo erstes Bl. fehlt; cplt. in
Göttingen.)

ANDREAS. — H i e h e b t s i c h a n D z B u c h O u i d i j
d i e l i e b e z u e r w e r b e n. V n d o u c h d i e l i e b e z u
u e r s c h m e h e n Als doctor h a r t l i e b von latin zetütsch
bracht hat etc. Strassburg, M. Schott, 1484. Fol. 79 Bll. (In
Dresden.)

— — Dasselbe. O. O. u. J. Fol. (Panzer, Annal. I, 55.)

ANDREAS der Teppichkrämer, oder der wunderbare Doppelgänger. Eine romantische (zieml. zahme) Geschichte aus dem 17. Jahrhundert (von *Joh. Jos. Polt*). 2 Thle. Mit Titelkpfrn. Wien, v. Hirschfeld, 1840. 8⁰. (Im British Museum.)

259 + 168 SS. Anon.-Lex. I. p. 56.

ANEKDOTEN (chronologisch). — Anecdoten oder Sammlung kleiner Begebenheiten und witziger Einfälle, nach alphabet. Ordnung. Aus d. Französ. (des *Honoré Lacombe de Prezel*) übersetzt. 2 Bde. Leipzig, J. F. Junius, 1767. 8⁰. 3 Bll. u. zus. 882 SS.

— — Dasselbe. 2. Aufl. 2 Bde. Mit color. Titelkpf. Ebd. 1778. 8⁰. (12 Mk. Adolf Weigel, Lpz., 1905.)

ANECDOTEN für Christen und auch für solche, die es nicht sind (von *Georg Friedr. Kirsch*). Leipzig 1779—83.

Anon.-Lex. I. p. 57 (nach Kayser, Meusel, Otto).

ANECDOTEN zur Unterhaltung für empfindsame Leser (verfasst von Vorigem). Nürnberg 1781.

Anon.-Lex. I. p. 58 (ebenso).

ANEKDOTEN aus der Alten Familie der Kinkvervänkotsdarspräkengotschderns. Ein Weihnachtsmährchen. Aus d. Englischen übersetzt (deutsches Original) von *J. K. Wezel*. Leipzig 1781. 8⁰.

Goedeke IV, 352, 19; Anon.-Lex. I. p. 57 (nach Engelmann).

ANEKDOTEN für das Herz (von *Georg Friedr. Kirsch*). Altenburg 1782. (l. c., ebenso.)

ANEKDOTEN zur heutigen Geschichte des Klosters von seiner ersten Zeit an bis in die Zeiten Joseph's II. und Pii VI, durch *E. G. M.* Mit Portrait des Papstes Pius VI. Wien 1782. 4⁰. (1 ¹/₃ Rthl. Eman. Mai, Berlin, c. 1860.)

Auct. Frh. v. Lindenthal. Lpz. 1859. p. 152. Rar! Nicht im Anon.-Lex.

ANEKDOTEN, Schilderungen u. Charakterzüge. Quodlibet zur Unterhaltung bey müssigen Stunden. — Curiose Vignette. — Wird zum Besten der verunglückten Ruppiner für 16 Ggr. verkauft. Frankfurt, Hamburg u. Leipzig. 1788. 8⁰.

VI—200 S. u. 4 Bll. Inh.-Verz. der 123 Nrn. (Die Quellen meistens beigefügt.) Frei von anstössigen Sachen.

§ **ANEKDOTEN** grosser und berühmter Frauenzimmer, s. Tropheen des schönen Geschlechts . . . . 1791.

ANEKDOTEN bey Gelegenheit des Einbruchs der Neufranken in Deutschland gesammelt. O. O. 1793.

Haydinger's Bibl. II. no. 34.

§ **ANEKDOTEN** und Charakterzüge aus dem Einfalle der Neufranken in Altfranken im Jahre

1796 von einem Augenzeugen *(Friedr. Jak. Albert Muck)*. O. O. (Erlangen.) 1797. 8⁰.

> Anon.-Lex. I. p. 57 (nach Goedeke, Meusel u. dem Neuen Necrolog).

ANEKDOTEN aus der Vorzeit. Ein Beytrag zur Geschichte der Sitten, Meynungen und Gebräuche der Vorzeit (von *Christian August Vulpius*). 2 Sammlungen. Leipzig 1797—98. 8⁰. (Im British Museum.)

> Anon.-Lex. I. p. 57 (nach Kayser u. Meusel).

ANEKDOTEN, Unterhaltende, aus dem achtzehnten Jahrhundert (von *J. C. A. Bauer*). Leipzig 1804.

> Anon.-Lex. I. p. 59 (nach Meusel). Bd. 1 mit der Jahrz. 1802 im Cat. der ehemal. Schmidt'schen Leihbibl. zu Dresden.

ANEKDOTEN, Akademische, vom Verfasser der juristischen . . . . . Anekdoten (von *Chrn. Friedr. Möller*). Altenburg 1820.

> Anon.-Lex. I. p. 58 (nach Meusel, Kayser u. dem Neuen Necrolog).

ANEKDOTEN scherzhaften Inhalts. 3 Bdchn. Stuttgart 1836. 8⁰.

> War in einem Leihbibl.-Cat.

ANEKDOTEN von Gelehrten und Curiositäten der Literatur. 4 Bändchen in 1 Bde. Stuttgart 1836—39. Kl. 8⁰. (10 frcs., Georg & Co., Basel, 1904.)

> Interessante Sammlung sorgfältig ausgewählter geistvoller, origineller Aeusserungen und humoristischer Scenen berühmter und gelehrter Männer (mit biograph. Notizen) und vieler medizin. Curiosa, Erotika etc. — Selten!

ANEKDOTEN in Priaps Geschmack. Rom, o. J. (ca. 1865). 12⁰.

> Sehr selten!

ANEKDOTEN! Schlechte Witze! Grobe Spässe! Allerlei Ungezogenheiten. Nur für grosse Leute. Launige Erzählungen. (Titel nur auf dem Umschlag.) O. O. u. J. (c. 1900?) 12⁰. 100 S.

> Enthält 111 kurze Schwänke und Schnurren und auf S. 100 vier Abortinschriften.

ANEKDOTEN-Bibliothek, oder Sammlung witziger Einfälle u. Schwänke. Wien 1812. 8⁰. (1 Mk., geles. Expl.. P. Neubner, Cöln, 1892.)

ANEKDOTENFREUND, Der. Eine Sammlung von kleinen Erzählungen, Schwänken, Anekdoten, Einfällen, Epigrammen etc. (Wenigstens 5 Hefte.) Berlin 1799. 8⁰. (Heft 3—5: 2 Mk., Ernst Frensdorff, Berlin, 1906.)

ANEKDOTENFREUND, Der, eine Sammlung von kleinen Erzählungen, Schwänken, Epigrammen u. s. w. 6 Hefte. Berlin, Wilh. Oehmigke d. Jüng., 1803. 8⁰. (Ldpr. 1¹/₂ Rthl.)

> Anzeige des Verlegers. — Cplt. sehr selten!

6*

ANEKDOTEN - K a l e n d e r a u f d a s J a h r 1793. Ein Sittenspiegel dem schönen Zirkel junger Herren und Damen gewidmet. Mit 6 prächtigen Portraits (wobei die der M a r i e A n t o i n e t t e u. der H e r z o g i n v. P o l i g n a c). Berlin u. Leipzig. 8⁰.

> Mit pikanten Details und von Interesse für die Geschichte des weibl. Kopfputzes.

ANEKDOTENKRÄMER, D e r, eine ausgewählte Sammlung neuer, ächtkomischer Anekdoten, witziger und geistreicher Einfälle, überraschender Wortspiele und frappanter Karakterzüge. 2 Thle. Grätz 810. 8⁰.

> In einem Münchner Leihbibl.-Cat.

ANEKDOTENKRÄMER, D e r l a u n i g e, oder Sammlung aller Sprüchwörter, Anekdoten, Scherze, Gespräche, Satiren, Schnurren etc. eines rühmlichst bekannten Finessen-Mannes. Nürnberg 1818. 8⁰.

> Nopitsch, Sprichwörter-Litt., 2. Aufl., S. 94.

ANEKDOTEN - K r a n z, N e u e r, f ü r A l t u n d J u n g. Eine auserlesene Sammlung geistreicher Materialien voll Witz und Laune zur Erheiterung in einsamen Stunden, wie auch zur Belebung der geselligen Freude. Nürnberg 1826. 8⁰.

> In einem Münchner Leihbibl.-Cat.

ANEKDOTEN - L e x i k o n f ü r L e s e r v o n G e s c h m a c k. (Hrsg. von Carl Friedr. M ü c h l e r.) 2 Bde. u. Supplemente. Berlin, Hesse, 1784. Kl. 8⁰. (In Warmbrunn.)

> Das Anon.-Lex. I. p. 59 hat: „1783—84" (nach Kayser u. Meusel).

ANECDOTENLEXIKON: Witz, Humor u. Satyre, herausgegeben v. J e a n q u i r i t. 2 Bde. (von zus. 1280 S.). Mit Vign. Budapest, o. J. (ca. 1900). 8⁰. (7 Mk., Org.-Lnbde.,
> Reichhaltige Sammlung, meist pikanten Inhalts.

ANEKDOTENSCHATZ, Der, oder s e c h s h u n d e r t P i l l e n g e g e n ü b l e L a u n e u n d L a n g w e i l e, gesammelt von F r i e d r i c h K u r z w e i l. 2 Theile. Mit 2 Kupfern. Pesth 1815. 8⁰. (2 Mk. Taussig, Prag, 1906.)

— — Dasselbe. 3. Aufl. Ebd., 1857. 8⁰. (2 fl. 12 kr.)

ANEKDOTENWIRTH, D e r a n g e n e h m e. O d e r A u s w a h l d e r l a u n i g s t e n u n d w i t z i g s t e n E i n f ä l l e, k l e i n e r E r z ä h l u n g e n u n d S c h w ä n k e etc. Nördlingen 815. 8⁰.

ANEKDOTENWIRTH, D e r l u s t i g e. Eine Auswahl der neuesten Anekdoten, witziger Einfälle und Lächerlichkeiten. Herausg. von B r ö c k e l m a n n, Gastwirth zur dürren Henne.
> Harpf's in Königsb. i. Pr. Leihbibl.-Cat., no. 11477.

ANGELA, Die schöne, oder Schreckensscenen in den Katakomben Neapels. Roman in 2 Bdn. Meissen 1830. 8⁰.

> War im Cat. der ehemal. Wildmoser'schen Leihbibl. in München.

ANGELICA oder der weibliche Agathon (von *Friedr. Aug. Wentzel,* 1773—1823). 2 Thle. Breslau 1804—5. 8⁰.

> Anon. I. p. 60 (nach Goedeke). Letzterer sagt VI, 396, 36: „W. ahmte Wieland und dessen Nachahmer A. G. Meissner nach, wetteiferte aber nur in Schlüpfrigkeiten mit ihnen."

§ **ANGELIKA.** (Roman.) Mit (freien) Kpfrn. Cölln a. Rhein, b. Peter Hammer (Altona, Kaven). 1797. 8⁰. Aeusserst selten! (20 Mk. Scheible, v o r 1900.)

ANGELIKA, Tochter des großen Banditen Odoardo Prinzen von Peschia aus dem Hauße (so!) Zauetti. Ein Seitenstück zu Schillers Geisterseher (von *Johann Jacob Brückner*). Leipzig, Hinrichs, 1801. 8⁰. (¹/₃Rthl. Scheible, v o r 1875; jetzt theurer!)

> Titelkpf., 296 S. (incl. gestoch. Titel). — Stellenw. etwas frei.
> Anon.-Lex. I. p. 60 (nach Kayser, Meusel u. „Euphorion").
> — Dasselbe. Fürth 1801.
> Anon.-Lex. I. p. 60 (nach Meusel).

ANGELINE, eine Trauergeschichte (von *Friedr. Ludw.* Frhrn. *v. Korf*). Frankfurt a. M. 178? Rar!

> Anon.-Lex. I. p. 60 (nach Meusel).

ANGELICA, Die wiederkommende, oder Kunst böse Weiber gut zu machen. (Comödie). 1672. 12⁰.

> Bibl. Kielmans-Egg. I. p. 1124. — Zuerst erwähnt im O. M. V. 1671. C 3b: Franckf. b. Joh. Hoffmann. 12⁰. Dann im M. M. V. 1671. B 3b: Franckf. b. Jac. Gfr. Seylern. 12⁰.
> — — Dasselbe, titulo: Die Wieder kom'ende, AN-GELICA. O. O. u. J. (c. 1675). (Mit Kupfertitel.) 12⁰.
> Auctio Berol. 5. Jun. 1719. p. 20; Auction Kühn etc. Berlin, bei Stargardt, 1858. p. 71; W. v. Maltzahn II. p. 363.
> — — Vgl. auch: Kunst über alle Kunst Ein bös Weib gut zu machen . . . . 1672. (Gleichen Inhalts?)

ANGELICA'S Geschichte, oder die Schöne ohne Hemd. Aus dem Französ. Mit (freier) Titelvign. Frankfurt 1791. 8⁰. Rar! (4 Mk. P. Neubner, Cöln, 1892.)

ANGELO, Marqvis von Mazzini, oder das verliebte Kind. Dem Französ. frei nachgebildet vom Verf. der Abentheuer des Herrn von Lümmel (von *Ernst Bornschein*). Leipzig, Günter, 1799. 8⁰.

> TKpf., 3 Bll. Vorst. u. 254 SS. Am Ende steht: Ende des 1. (einz.) Bdchns. — Auch eine Ausgabe von 1800 vorhanden?

ANGER, Melch., Vom Jammer und Elend des menschlichen Geschlechtes. Heidelberg 1593. 8⁰. (In Schaffhausen.)
> Höchst selten!

ANGIOLINA, Die liebende Büsserin. Hrsg. von A. W. Rose. 2 Thle. Leipzig 1806. 8⁰. Zahm.

§ **ANGOLA,** eine indianische Geschichte, worinnen man findet, was man nicht suchet. Ursprünglich aus d. Arabischen übers. (Aus d. Französ. des *Charles Jacques Louis Auguste de la Rochet* Chev. *de la Morliere*).   2 Thle. Mit 2 Kpfrn. von J. Haas. Agra (Hamb., Löwe) 1748. 8⁰.
> (In Stuttgart.) (1¹/₂ Rthlr. Schmidt, Halle.) Der wahre Verfasser ist der Chev. de la Morlière, wiewohl der Auctio Berol. 5. Jun. 1719. p. 20; Auction Kühn etc. Roman als sehr gelungene Nachahmung Crébillon consequent zugeschrieben wird.
> Orig. (in München u. Stralsund): Angola, histoire indienne. Ouvrage sans vraisemblance. 2 pts. Agra, avec privil. du Grand Mogol (Paris), 1746. 12⁰. Ed. orig. de ce roman licencieux dans le genre de Crébillon, souvent attribué à eclui-ci. (8 Mk. Adolf Weigel, Lpz., c. 1906); rep. ib. 1747. II. (3 frcs. 50 cts. Schweizerisches Antiqu., Zürich); rep. ib. 1748. II. (1¹/₂ Rthlr. Scheible); rep. ib. 1751. II. Avec 3 grav. et 3 vign. (6 fl. Gilhofer & Ranschburg, Wien, 1897); rep. ib. 1764. 12⁰. (6 frcs. Claudin, Paris, 1877); rep. ib. 1785. 12⁰. II. (In München.)

— — Dasselbe. 2 Thle. Mit 1 Kpf. Agra (Hamb.) 1754. 8⁰. 15¹/₂ Bog.

— — Dasselbe, m. d. Tit.: Angola, Indisches Feenmärchen. Neu aus d. Französ. übertragen. 2 Thle. Hamburg (Lpz., C. Minde), o. J. (188*). 8⁰. (6 Mk. Adolf Weigel, 1904.)
> Verboten vom L.-G. Wien 1885, 6. März. § 516.

— — Dasselbe, m. d. Tit.: Angola, ein Zaubermärchen von Sapho. (189*.) 9⁰. (Ldpr. 4 Mk.)

— — Dasselbe. Deutsch von G. v. Joanelli. Mit zahlreichen pikanten Illustr. von Coeurdame. Prag (1892). 8⁰. (Kr. 5; eleg. Origbd. Kr. 7,20.) (4 Kr. 80 H. Vict. Eytelhuber, Wien, 1904.)

* **ANLEITUNG,** Kurtze vnd einfeltige, Wie man eine Christliche Ehe werben vnd zusagen, Auch, wie man zur Hochzeit bitten, vnd abdancken. Item, Wie man den Priester vmb die Tauffe ansprechen, Zu Gefattern bitten, Sich gegen dem Priester vnd Gefattern bedancken sol — Holzschnitt — Anno M. D. LXXXXI. (1591.) 3 Bogen. (In Berlin 2 Expll.: Yy 4021, no. 6; Yz 1204.)
> 8 Bll. Rücks. des letzten leer.

* **ANLEITUNG,** Kurtze, / Wie man auf eine / Land-Hochzeit / Bey der Löblichen / Bauerschafft

bitten soll. — Holzschnitt — Diesem ist beygefüget / D a s
K r ä n t z l e i n - A u s b i t t e n , und andere Sa- / chen mehr, die
bey dergleichen Hochzeiten / gebräuchlich sind. / Gedruckt in
diesem Jahr. (Ende XVII. Jahrh.) 8⁰. (Dem Berliner Expl.
[an Yz 96] ist eine Schrift von 1688 angebunden.)

ANMERCKUNGEN, A u s e r l e s e n e , ü b e r a l l e r h a n d
w i c h t i g e M a t e r i e n u. S c h r i f f t e n. 5 Thle. Franckfurt
u. Leipzig (Halle) 1704. — *Anhang* v o n d e r H e r r s c h a f f t
d e r M ä n n e r ü b e r d i e W e i b e r. Franckf. 1705. 8⁰.
(In Nürnberg, Stadtbibl., ex bibl. Solger. III. p. 256.)

> Anon.-Lex. I. p. 71 hat „Halle 1710“ und als Verfasser
> „G u n d l i n g “ (nach Mylius).

ANMERKUNGEN, Z u f ä l l i g e , ü b e r e i n e s U n b e k a n n -
t e n z u f ä l l i g e G e d a n k e n v o n d e m E h e s t a n d e ,
abgefasset von einem Liebhaber der Wahrheit. Rostock 1752.
8⁰. (¹/₃ Rthl. Schmidt i. Halle, Cat. 348; 1 Mk. 50 Pfg. A.
Bielefeld, Carlsruhe, 1892.)

ANMUTH u n d S c h ö n h e i t a u s d e n M i s t e r i e n (so!)
d e r N a t u r u n d K u n s t f ü r l e d i g e u n d v e r h e i r a -
t h e t e F r a u e n z i m m e r. Ein Almanach für das Jahr 1797
(von *Chrn. Gottfr. Flittner*). Mit 3 color. Kpfrn. Berlin 1797.
(Auch m. d. Tit.: G y n ä o l o g i e o d e r ü b e r J u n g f e r n -
s c h a f t , B e y s c h l a f u n d E h e.) 8⁰. (8 Mk., unbeschn.
Expl. im illustr. Orig.-Umschl., Emil Hirsch, München, 1907.)

> Auch das Jahr „1796“ und als Vf. Joh. Dan. Friedr.
> R u m p f wird im Anon.-Lex. I. p. 73 genannt (nach
> Kayser etc.).

— — Dasselbe. Ebend. 1802. (Gynäologie, Bd. 9.) 8⁰.

ANNA, K ö n i g i n v. E n g l a n d (geb. 1665, † 1714). —
H i s t o r i e , D i e e n t d e c k t e g e h e i m e , v o n d e r
K ö n i g i n S a h r a u n d d e n e n S a h r a c e n e r n , oder
d i e H e r t z o g i n v o n M a r l b o r o u g h d e m a s q u i r e t ,
aus Französ. Nachricht. (des Dr. *Sacheverell*) samt dem
Schlüssel und einer Vorrede communiciret von P a u l o M o n -
t i n i (sic!). 2 Thle. Mit Frontisp. Haag (scheint wirkl. Druckort). 1712. 8⁰. (12 Mk. Ludw. Rosenthal, München, 1906.)

> Pamphlet auf die K ö n i g i n A n n a und die H e r z o g i n
> von M a r l b o r o u g h. (Cfr. Gay IV. p. 74.) 15 Bog. —
> 3 Thle., Haag b. Heinr. Petkio, waren im M. M. V. 1712.
> I 1a. verzeichnet.
> O r i g i n a l (in Berlin): a. Histoire secrète de la Reine
> Zarah et des Zaraziens, p. s. de Miroir au . . . . Royaume
> d'Albigion. Exactement traduit de l'original italien . . . .
> dans le Vatican. Partie 1. Seconde Edition. Imprimée dans
> le Royaume d'Albigion (Holl.) en l'An 1708. Part. 2. ib.
> eod. a. 8⁰. (Holl.) en l'An 1708. Part. 2. ib. eod. 8⁰. —
> b. Histoire de la reine Zarah et das Zaraziens; . . . . Fidelle-
> ment traduite de l'original Italien, qui se trouve à présent dans

le Vatican .... Divisez en deux Parties. Imprimée dans le
Royaume d'Albigion. S. a. 8⁰. min. — c. Histoire secrète
de la reine Zarah et des Zaraziens; ou la Duchesse de Marl-
borough démasquée. Nouvelle Edition où l'on a joint la Suite.
Imprimée dans le Royaume d'Albigion. P. 1. 2. S. l. 1712.
— Suite. Oxford 1712. 8⁰. min. 72 pp. — Oxford 1713.
3 part. 8⁰. min. d'ensemble 164 pp. Fort rare!

ANNA. — § Das Leben ANNAE, Königin von Groß-
Britannien, Franckreich u. Irrland; sambt einer
Beschreibung von dem jetzigen Englischen Hoff. (Das kgl.
Wappen in Kpfst.) 2 Thle. Franckfurth u. Leipzig, zu finden
bey Joh. Hoffmanns u. Engelbert Strecks seel. Wittiben.
1709. 8⁰.

> 1: Tit. 380 + 48 S. 2: Portr. (Brustbild) d. Königin,
> Tit. u. 703 S.
> Anhang: „Beschreibung des jetzigen Eng-
> lischen Hofs, aus des Englischen Historien-Schreibers
> Miege Staat von Gross-Britannien gezogen und übersetzt."
> — So cplt. rar!

ANNA. — Die Brittanische Pallas, oder: Die preis-
würdige Königin Anna von Gross-Brittanien.
Nebenst denen denckwürdigen Actionen und Victorien so die
hohen Alliirten ausgeführet haben. Cölln, P. Marteau, 1704. 4⁰.

> Haydinger's Bibl. II. no. 725.

— — Dasselbe. Ebend. 1705. 4⁰. (Expl. in Zürich.)

> Weller, fing. Druckorte, nennt 1703 u. 1705.

ANNA von Oesterreich. (1602—66.) — Gespräche in
dem Reiche derer Todten (von *David Fassmann*),
60. Entrevuë, zwischen der Königin von Franckreich,
ANNA, genannt von Oesterreich, einer Gemahlin
Ludovici XIII. u. Mutter Ludovici XIV. den sie nach einer
drey u. zwantzigjährigen Unfruchtbarkeit gebohren, welche
auch hernach der Regierung in Franckreich, währender (!)
Minorennität dieses Sohnes vorgestanden, dabey aber den Rath
des Cardinals Mazarini fast in allen Stücken statt finden
lassen; ingleichen auch sonst besagten Cardinal sehr hoch
æstimiret, — und einem gewissen Frantzösischen
Grafen (Comte de Rantzau; voir Gay. I. p. 163), worinnen
seltsame Nachrichten, sonderbare Discurse, u. des Grafens er-
staunenswürdige Avanturen, die er vornemlich mit Frauens-
Personen gehabt, u. woraus man den Character des weiblichen
Geschlechts ziemlich kan (!) erkennen lernen, enthalten sind
.... Leipzig, bey denen Cörnerischen Erben 1723,
4⁰. (Mit der Seitenzahl 871—945.)

> Unter dem (unsign.) Titelkpf., welches die Portr. der beiden
> Genannten in e. französ. Garten in ganzer Figur zeigt, fol-
> gende Reimzeilen:
> Die Liebe ist ein Ding von wunderbaren (sic!) Wesen;

Sie bringt den Printzen offt in eben das Quartier,
Das sich zuvor ein Sclav zum Nacht-Logis erlesen,
So wird ein wüstes Nest zu einem Lust-Revier.

ANNA. — Gespräche in dem Reiche derer Todten
(von *David Fassmann*), 61. Entrevuë, bestehende, in einer
Fortstzg. u. Vollendung der vorigen Unterredung, zwischen der
Königin von Franckreich, ANNA, genannt von
Oesterreich, u. einem gewissen Frantzösischen
Grafen, worinnen die über alle Massen remarquable Historie
dieser grossen Königin, ihre erlittenen Verfolgungen, ihre ge-
führte Regentschafft, ihre schmertzliche Kranckheit u. Todt,
wie auch sonst noch viele wundersame Begebenheiten enthalten
. . . . Leipzig, bey denen Cörnerischen Erben . . . . 1723. 4⁰.
(Mit der Seitenzahl 946—1019.)

    Unter dem allegor. Titelkpf. (Darstellg. der „Tugend",
unsign.), die Verse:
      Verleumdung pfleget selbst die Tugend anzustechen,
      Und Hunde bellen auch das Licht des Mondes an.
      Weiss Momus Veneri in nichts zu wiedersprechen (!),
      So sieht er, dass er was am Absatz tadeln kan.

ANNA. — Liebes-Geschichte der Printzessin
Anna von Oesterreich, Ludwigs XIII, Königes
von Franckreich, Gemahlinn, mit dem C. d. R.
(Comte de Rantzau; voir Gay I. p. 163), als Vatern des Ludovici XIV, nachmahls Königes in Franckreich. (Aus d. Französ.
des *Eustache Lenoble*, geb. 1643, † 1711.) Cölln (Leipzig)
1693. 12⁰.

    On lit dans les „Portraits historiques des hommes illustres
de Danemark, par Tycho Hoffmann" 1746, tome II pag. 35:
„Un capucin nommé Joseph fit savoir au cardinal de Richelieu
que la reine lui avoit confessé entre autres péchés, d'avoir
conçu tant de tendresse pour un officier étranger nommé
Rantzau qu'elle ne pouvoit s'empêcher de penser fort
souvent à lui. Le cardinal, capable de tout, trouva moyen
par sa nièce, alors dame d'honneur, de faire parler Rantzau
seul à la reine. Cet entretien eut un tel effet qu'à ce qu'on
prétend, il contribua plus à la naissançe de Louis XIV qu'un
mariage de 23 ans avec le roi."
    O r i g. (in Berlin): Les amours d'Anne d'Autriche, épouse
de Louis XIII, avec Mr. le C. D. R. etc. Cologne chez
Guillaume Catet. 1692. pet. in-8⁰. 132 pp. — Cologne,
P. Marteau, 1693. pet. in-8⁰. front. gr. (Vente Solar,
80 frcs.) — Les amours d'Anne d'Autriche, épouse de
Loius XIII, avec Mr. le card. de Richelieu (?), le véritable
père de Louis XIV. Nouv. éd. revue et corrigée. Cologne
chez Pierre Marteau 1730. pet. in-8⁰. (In Berlin.) —
Londres aux dépens de la Cie. (Hollande) 1738. 8⁰. 9 ff.
et 122 pp. (Vente Comte de Manderström, Stockh. 1884);
rep. ibid. 1768. 8⁰. (15 Mk. Franz Teubner, Düsseldorf,
1898); rep. ib., s. a. 12⁰. (40 Kr. Halm & Goldmann,
Wien, 1907.)

§ — — Dasselbe m. d.Titel: Die Liebes-Begebenheit der Annen von Oesterreich, Königin von Frankreich. Aus d. Engl. (i. e. Französ.) übers. Amsterdam (Jena, Gollner) 1765. 8⁰. 128 S. (incl. |Tit.). (8 Mk. v. Zahn & Jaensch, Dresden, 1904; 40 Kr. Halm & Goldmann, Wien, 1907.)

ANNA; eine anmuthige Historie. Fürsten und Herren über Tafel vorzulesen (unterz. X. Y.). (36 S., in Janus *Eremita's* [d. i. *Joh. Chrn. Gretschel's*] s. Zeit streng verbotenen „Satir. Almanach aufs J. 1800".) 8⁰. (S. auch Eremita.)

ANNA. Memoiren eines leichten Mädchens aus dem Volke. Cincinnati, o. J. (ca. 1870). 12⁰. (3 Mk. Fischhaber, Reutl., c. 1875.)

— — Dasselbe, titulo: Die geile Anna. Memoiren eines Mädchens aus d. Volke. („Aus dem Italienischen".) Cincinnati. George Brown (Altona, Verlags-Bureau) 1873. 12⁰.

> Verboten v. L.-G. Wien, 28. April 1895 und vom K.-G. Leitmeritz, 10. December 1887. Priap. Machwerk, schwerlich eine Uebersetzung. 87 SS. (incl. Tit. u. 1 Bl. Vorr., unterz. „Anna"). Bereits rar!

ANNABERG (Kgr. Sachsen). — * Ankunfft, Mercurische, Vnd Venerische Lust, Bey Hochzeitl. Ehrentagen, . . Hrn. Joh. Zirolts . . . . 8. Jun. Anno 1635 zu Annaberg begangen . . . Leipzig, Gedruckt bey Gregorio Ritsch. 4⁰. (In Berlin: Yf 6811, no. 8.)

> 6 bedruckte Bll. Enth. 7 Gedichte verschiedener Verfasser.

ANNABERG. — * Hirten Krieg, Geschlossener, wider Amor, Denen sämptlichen anwesenden Gästen bey Hochzeitlicher Frewde Herrn Paull Salomons, ... Den 23. Augusti, 1636. in Annenberg angestellet, aus Leipzig per posto avisiret. 4. (In Berlin: Yf 6811, no. 28.)

> In Versen. 4 bedruckte Bll.

ANNALEN der leidenden Menschheit, in zwanglosen Heften. (Hrsg. von Aug. Adolph Friedr. Hennings u. Andern.) 10 Bde. O. O. (Altona) 1795—1801. 8⁰. (20 Mk., Paul Neubner, Cöln, 1893.)

> Seltenes für die Zeitgeschichte sowie die Culturgeschichte wichtiges Werk, mit sehr interessanten Beiträgen über Bureaukratie, Pfaffenwirthschaft, Aberglauben, Hexenbrennen, Kleiderordnung, Ritterwesen etc. Anon.-Lex. I. p. 74 hat: „Altona 1794—1800." (?)

ANNALEN menschlicher Grösse und Verworfenheit oder merkwürdige Begebenheiten u. Anekdoten aus dem Leben berühmter und berüchtigter Menschen. 4 Bde. Mit 4 Kpfrn. Leipzig 1801—04. 12⁰. (5 Mk. J. Eckard Mueller, Halle a/S., 1905.)

ANNALEN der deutschen und ausländischen Criminalrechtspflege. Begründet vom Criminal-Direktor Dr. Hitzig, fortgesetzt von Dr. Demme u. Klunge. Bd. I—IV, 1. Hälfte (soviel ersch.?). Altenburg 1837—38. 8⁰. (4 Mk., wie neu, Friedr. Klüber, München, 1906.)

> U. a.: Verheimlichte Schwangerschaft und Niederkunft. — Gattenmord. — Der Fluch des Bordells. — Todtschlag aus Geschlechtsbrutalität. — Dorothea Franz, Mörderin dreier Kinder.

ANNALISTE, Der mit den neuesten und wichtigsten Stadt- Land- und Weltgeschichten beschaeftigte und darüber vernünftig raisonnirende. (Hrsg. von Heinrich Engelbert Schwarz.) Leipzig 1753.

> Anon.-Lex. I. p. 75 (nach Meusel).

ANNE Dore oder die Einquartierung. Schäferspiel in 1 Aufz. O. O. 1746. 8⁰. (80 Pfg. E. Carlebach, Heidelb., 1894; jetzt theurer!)

ANSARIUS, Friedr. (d. i. *Chrn. Heinr. Henkel*), Der rothe Bund. Romantische Scenen aus dem Leben Benedicts. (Zahmer Roman.) 2. Ausgabe der Nebel und Lichtstreifen. Mit Titelkpf. Coburg, Riemann, 1823. 8⁰. (2 Mk. 80 Pfg. Beck, Nördlingen, 1892.)

> 5 Bll., 326 S. Vorb. unterz.: Ansarius. — Zuerst gedr. m. d. Titel: Nebel und Lichtstreifen. Hrsg. von von Friedr. Ansarius. Ebd. 1820. 8⁰. Mit 1 Kupfer, gez. von C. Heideloff, gestoch. v. Esslinger.

ANSBACH. — Briefe über Ansbach. Von einem Würtenberger (sic!) an einen Freund in St*** (von *Georg Friedr. Daniel Goess*). Grünberg, bei Gustav Honig (Nürnberg. Bauer u. Raspe), 1797. 8⁰.

> 4 Bll. u. 248 S., 1 Bl. Err. Mit origineller Titelvignette (G. Vogel sc. Wöhrd), darunter die Devise: „Freimüthig und bescheiden." — Selten!

ANSBACH. — Gambacorta, Giuseppe (ps.), Aufgefangene Abschrift eines verworfenen Hochzeit-Gedichtes, herausg. von —. (Die Schnell'sche Hochzeit betr.). Onoltzbach, gedruckt mit Messererischen Schriften, 1740. 4⁰. (2 Mk. Völcker, 1876.)

ANSBACH. — Händel, Ch. Ch., Das Grabmahl Rahel auffgerichtet von Jacob, d. i. Bericht von dem Leben und Sterben Frauen Euffrosine Soffie Händlin, geb. Waltherin, entworffen durch die Feder des betrübten Wittwers. O. O. 1711. Folio. (18 Mk. Völcker, Frankf. a. M., Cat. 260. [ca. 1905] no. 2085:)

„Sehr seltene Schrift, welche bittere Anklagen gegen
den Markgrafen Wilhelm Friedrich erhebt. Beigefügt sind 14 Klagegedichte, u. A.: Betrübter Brunn, verderbte Quelle; — Mein Vater und mein Herr, mein Fürst
und Auffenthalt (an den Markgraf gerichtet); — Herr,
höre was Verfolgung kann, Herr, siehe meine Rahel an, etc.
— Dieses Pamphlet wurde von Henkershand
verbrannt.''

ANSICHTEN aus der Cavalierperspective im Jahre
1835. Aus den Papieren eines Verstorbenen. [Verfaßt von
Joh. Dan. Friedr. Neigebauer.) Leipzig, Brockhaus, 1836.
8⁰. (2 ¹/₂ Rthl.) (4 Mk. Max Jaeckel, Potsdam, 1903; 4 Mk.
M. Edelmann, Nürnb., 1904.)

 Von erotischen Passagen durchzogenes interessantes Buch,
als dessen Vf. auch der Erzjunker Friedr. Chrn. Eugen
Baron v. Vaerst (ps. Lelly, Chevalier de) genannt wird. — Das Anon.-Lex. I. p. 78 hat nach Brockhaus'
Verlags-Cat. Neigebauer als Verfasser.

ANSICHTEN des Nordens, ohne Brille und Ver-
größerungsglas aufgenommen (von *Gregoriätsch* Frhrn.
v. Tannenberg). Fürth 1803.

 Anon.-Lex. I. p. 78 (nach Meusel u. Kayser). — Sehr rar!

ANSICHTEN über die heutige Verbreitung der
öffentlichen Unzucht und ihre Ungestraftheit
als Ursache derselben. Sulzbach 1819. 8⁰. (40 kr.
oestr. Wallishauser, Wien.)

ANSPIELUNGEN aus dem Gebiete der Zauberey.
(Freie Geschichten aus dem Französ. des *Voisenon* von Heinr.
Georg Schmieder.) Altona 1800. 8⁰.

 Anon.-Lex. I. p. 79 (nach Schröder, Kayser u. Goedeke).

ANTHES, Joh. Bapt., Zufällige Gedanken vom Zweck
der Ehe u. von deren Begriff bei Gelegenheit eines
Rechtshandels, worinnen einem krum (!) u. schief gewachsenen
Mädchen die Ehe streitig gemacht wird. Frankfurt am Mayn,
bey den Eichenbergischen Erben 1774. 8⁰.

 8 Bll. u. 136 S. „Allen Männern u. Weibern, allen Wittwern
u. Wittwen, allen Jungfern u. Junggesellen, die sich noch zu
verheirathen gedenken'' gewidmet. Voll sehr unverblümter
Erörterungen.

* ANTHOLOGIE, Epigrammatische, hrsg. von Joh. Chr.
Fr. Haug und Fr. Weisser. 10 Thle. Zürich 1807—9.
8⁰. (In Breslau, Kgl. u. Univers.-Bibl.)

 Enth. auch Derbes. Cplt. nicht häufig.

ANTHROPOPHYTEIA. Jahrbücher für folkloristische Erhebun-
gen und Forschungen zur Entwicklungsgeschichte der geschlechtlichen Moral, hrsg. v. Dr. Friedrich Krauss. Bd.
I—V (soweit ersch.). Lex.-8⁰. Leipzig, Privatdruck (der
Deutschen Verlags-Aktien-Gesellschaft), 1904 bis 1908. Orig.-

Lwdbde., unbeschn. I: XXI u. 530 S. II: XVI u. 480 S.
III: VI u. 449 S. Mit Abbildgn. auf XI Tafeln. IV: IV—
477 S. Mit X Tafeln. V: Titel u. 413 S. Mit IX Tafeln.
(Mk. 150 —.) (60 Mk., Bd. 1—2, Hugo Streisand, Berlin,
1907; 90 Kronen, Bd. 1—3, Halm & Goldmann, Wien; 90 Mk.,
Bd. 1—3, Max Harrwitz, Berlin, 1907; Bd. 1—4: 90 Mk.
Oskar Rauthe, Berlin, 1908.)

> Eine Sammlung der zahlreichen, a u f s e x u e l l e D i n g e
> bezüglichen V o l k s r e i m e, E r z ä h l u n g e n, S p r i c h -
> w ö r t e r usw., veranstaltet von den hervorragendsten Ver-
> tretern der Volkskunde, Medizin und Rechtswissenschaft. —
> Es werden von jedem Bande nur die für die Subskribenten
> benötigten Exemplare hergestellt.

ANTHROPOPHYTEIA. H i s t o r i s c h e Q u e l l e n s c h r i f t e n
z u m S t u d i u m d e r A n t h r o p o p h y t e i a. Hrsg. unter
Mitwirkung hervorragender Ethnologen, Folkloristen und Kultur-
forscher von Dr. Friedrich S. K r a u s s. Bd. 1—4 (soweit ersch.).
Leipzig 1906—7. 8⁰. (24 Kr., Hprgtbde., Halm & Goldmann,
Wien, 1907.)

> I: U l r i c h, Volksthümliche Dichtungen der Italiener.
> II—IV: A m r a i n, Deutsche Schwankerzähler des 15. bis
> 17. Jahrhunderts.

ANTIBIBLIOTHEK f ü r W o l l ü s t l i n g e. 2 Theile. Leipzig,
Joachim, o. J. (c. 1800). 8⁰. (1¹/₂ Rthl.)

> Sehr rar! — Kayser, B.-Lex. (Romane).

ANTICURIOSITÄTEN d e r N e u g i e r d e. Ein Roman. Theil 1
(einz.). Hamburg, Wettach, 1807. 8⁰.

> War in einem alten Breslauer gedr. Roman-Verz. von
> 1798. — Sehr selten!

ANTI - G r i l l e n f ä n g e r, D e r, oder n e u e s t e A n e k -
d o t e n - S a m m l u n g z u r H e i l u n g d e s T r ü b s i n n s
u n d S t ä r k u n g d e s F r o h s i n n s. Mit 1 illum. Kupfer.
Nürnberg und Leipzig, im Verlage der C. H. Zeh'schen Buchhandlung. 1824. 8⁰. (Mk. 1.50, A. Buchholz, München, 1906.)
Tit. u. 240 S. mit 360 Nrn.

> F r ü h e r e Ausgabe ebd. 1819. 8⁰. 249 S. (3 Mk.
> H. Streisand, Berlin, 1908.)

ANTIHYPOCHONDRIAKUS oder e t w a s z u r E r s c h ü t t e r -
u n g d e s Z w e r g f e l l s (sic!) u n d z u r B e f ö r d e r u n g
d e r V e r d a u u n g. (Anekdoten etc., hrsg. von Georg Adam
K e y s e r.) 12 Porzionen (soviel ersch.). Erfurt, Geo. Adam
Keyser, 1782 (od. 83) — 94. 8⁰.

> Selten cplt.! Jeder Theil hat ca. 145 SS. In der Vorr.
> zur 5. Portion entschuldigt sich der Verleger (zugleich
> Herausgeber) wegen einiger „zu nahe an Obscoenitäten
> gränzenden" Nrn., die sich in der v i e r t e n P o r t i o n ein-
> geschlichen hatten. Letztere scheint sehr rar zu sein. ·(Porz.
> 1—3, 5—9 zus. 6 Mk. Kühl, Berlin.) Von einzelnen Theilen

giebt es verschiedene Drucke. — Das Anon.-Lex. hat Portion 2—12, ebd. 1783—94.

ANTIHYPOCHONDRIACUS, D e r j u n g e, oder Etwas zur Erschütterung des Zwergfells (sic!) und zur Beförderung der Verdauung. (Anekdoten etc.) 15 Porziönchen (cplt.). Lindenstadt (Lpzg.) 1796 bis 1803. 8⁰. (5 Mk., nur Th. 7—12, Scheible, Stuttgart.)

> 1 : VI—64 pp.; 2 : 70 pp.; 3—15 à 64 pp. Th. 1 auch tit.: „T h e o l o g. V a d e m e c u m f. Geistliche u. Weltliche. Enthaltend eine Sammlung auserlesener theolog. Geschichten, Anekdoten und Erzählungen". . . . . .; Th. 2 auch tit.: „P o e t i s c h e s V a d e m e c u m oder Blumenlese angenehmer und lustiger Gedichte aus den Schriften der grössesten deutscher Dichter unsers Zeitalters gesammelt" . . . . . (Porz. 4—7 in Darmstadt.) Eine der besseren Sammlungen, frei von schmutzigen Sachen. (Porz. 7—12 : 5 Mk. Scheible.)

ANTI - M e l a n c h o l i c u s, A l l e z e i t v e r g n ü g t e r. 2 Bde. Leipzig 1707. 8⁰. (12 Mk. Ludw. Rosenthal, c. 1903.)

> Sammlung kleiner Erzählungen und Anekdoten. I : 1 Bl. 494 S., 1 Bl. II : 1 Bl., 358 S., 3 Bll.

ANTIPAMELA Oder D i e e n t d e c k t e f a l s c h e U n - s c h u l d I n d e n B e g e b e n h e i t e n d e r S y r e n e. Oder Wahrhafte und durch die tägliche Erfahrung bestätigte Historie. Zur Warnung junger Leute, Wider die List der buhlerischen Weibesbilder geschrieben. Aus d. Engl. (i. e. Französ. des *Eléazar de Mouvillon* oder *Villaret*) übers. durch P. G. v. K. 2 Thle. Berlin, Bey Joh. Jac. Schützen, 1743—44. 8⁰.

> (In Breslau, Kgl. u. Univ.-Bibl.) (4¹/₂ Mk. Lesser, Breslau.) 1 Alph. 3 Bog.
> . O r i g. (gegen R i c h a r d s o n ' s Pamela): L'Anti-Paméla ou la fausse innocence, découverte dans les avantures de Syrène, écrite p. s. de préservatif aux jeunes-gens contre les ruses des coquettes. Londres 1743. 8⁰. (15 Mk. Max Harrwitz, Berlin, 1904); rep. Amst. & Leipz. 1743. 12⁰. (In München.) u. ö. (éd. I : Londres 1742.)

— — Dasselbe. 2. Aufl. Berlin 1746. 8⁰. (1 Rthl. H. W. Schmidt, Halle; jetzt theurer!)

> I : Tit., 2 Bll. Vorr. u. 202 SS. II (m. d. Jahrz. 1744): 206 SS.

ANTI -- P a n d o r a, N e u e, oder angenehme und nützliche Unterhaltung über L e b e n s a r t, S i t t e n, G e b r ä u c h e etc. v e r s c h i e d e n e r V ö l k e r u n d L ä n d e r etc. Hrsg. v. G. E. R o s e n t h a l. 2 Bde. Erfurt 1796. 8⁰.

> In einem der ersten Bände des „Ehestands-Almanach" citirt.

ANTIPHRASTUS (ps.), D e r v e r g n ü g t e R i t t e r i n d e r E i n ö d e. (Zahmer Avanturier.) 1755. Sehr selten!

> Weller, Lex.-Pseud. p. 37.

ANTIPODEN. Moralisch-romantische Doppel-Erzählung. (sic!) Original-Ausgabe. Wien, bey Jos. Tendler & Sohn. O. J. (1818). 8⁰.

> Tit. gestoch. m. Vign. u. 103 S. incl. VII S. Vorr., unterz.: G. v. C. Dann 33 S. Glossarium u. 1 Bl. Err. Inh.: 1. Das Leichen-Huhn. — Das Trost-Glöcklein. 2. Katzbertha. — Reghilde. 3. Der Alraun. — Das Kleinod. 4. Die gerochene Ehrenschändung. — Die glückliche Rettung. 5. Sündenstrafe. — Tugendlohn. — Auch Kayser p. 7 nennt als Jahr 1818.

§ **ANTIQUITÄTEN.** (Stellenw. etwas freie Satyren [auch über Moden] ∠von *Busso Ludolf Ratzeberger* [unter d. Vorr.], (d. i. *Johann Ludw. Anton Rust*). O. O. 1773. 8⁰. XXXVI 444 S. (5 Mk. 50 Pfg. Taussig, Prag, 1907.)

§ — — Dasselbe. 2 Thle. Nürnberg 1774. 8⁰.

— — Dasselbe. Th. (1). Zwoote (sic!) und verbesserte Aufl. O. O. (Nürnberg) 1775. 18 Bll., 444 S. (9 Mk. 50 Pfg. Max Perl's Berliner Octob.-Auct. 1907, no. 737.) Z w e y t e r   T e i l (ist eine G e g e n s c h r i f t). O. O. **1775.** 8⁰.

> „Der Verfasser von Th. 1 ist ein h e f t i g e r   G e g n e r L e s s i n g ' s und verdammt die Philologie und Archäologie als unnütze Spielerei und Bevorzugung des Heidnischen vor dem Christenthum." (Dr. Franz Schnitzer's Bibl. München 1902. No. 385.)

— — N o v i t ä t e n. Dem Herrn Verfasser der Antiquitäten demüthigst zugeeignet. Bresslau 1775. 8⁰.

> „Satyrische Entgegnung auf die Artikel: Aberglaube, Unglaube, Intoleranz, Orthodoxie, Heterodoxie, Journalisten, Buchhandel, E h e s t a n d , Staatsregierung." (l. c.)

ANTI - R o m a n e . Eine Sammlung wahrer Geschichten und Scenen aus dem menschlichen Leben. 3 Bdchn. Magdeburg, bey Johann Adam Creutz, 1785—88. 8⁰. (In Öttingen, Doubl.-Cat. p. 83.)

> Bdchn. I: Leben und Maximen Richard Filzhausens. Eine Geschichte, die sich in Niedersachsen wirklich zugetragen hat. Ebd. 1785. 115 S. (incl. Tit. u. Vortitel). II: R e i s e n a u f   d i e   F r e i t e . Erster und zweeter (!) Ritt. Ebd. 1786. 116 S. (incl. Tit. u. Vortitel). III: M a x   S t u r m s   t h e a - t r a l i s c h e   W a n d e r u n g e n . Ein Büchlein zur Beherzigung für junge Leute, die sich der Schaubühne zu widmen gedenken. Ebd. 1788. — So cplt. rar !

ANTIROMANUS (d. i. *J. J. Fetzer*), s. P a p s t t h u m.

ANTIROMANUS oder die Kirchengeschichte eine Warnungstafel für Fürsten und Völker vor Begünstigung des römischen Katholicismus . . . . (von *Wilhelm Traugott Krug*). Germanien 1823.

> Anon.-Lex. I. p. 82 (nach Meusel).

ANTOINETTE; ein M ä h r l e i n   a u s   d e r   a n d e r n   W e l t (von *Ernst August Anton v. Göchhausen*). Mit reizendem

Titelkpfr. u. ebensolcher Titelvignette nach M e c h a u von
C r u s i u s. Leipzig, bei Weidmanns Erben und Reich. 1776.
8⁰. 212 S.

— — Dasselbe. Ebd. 1778. 8⁰. 212 S. (4 Mk. 50 Pfg.,
etwas fleckiges Expl., aber auf starkem Papier, Oskar Rauthe,
Berlin, 1908.)

ANTON, A., M ö n c h e u n d N o n n e n. Geschichtliche Darstellungen aus der Ordens- u. Klosterwelt. Dem Volke gewidmet zur Belehrung u. Aufklärung. Wien 1871. 8⁰. (2 Mk.
50 Pfg. Dieterich, Göttingen, 1907.)

ANTON, Karl Gottl., E r s t e L i n i e n e i n e s V e r s u c h e s
ü b e r d e r A l t e n S l a w e n U r s p r u n g, S i t t e n, G e-
b r ä u c h e, ʼM e i n u n g e n u n d K e n n t n i s s e. Mit 2
Kpfrn. (das zweite gefaltet). Leipzig, verlegts Adam Friedr.
Böhme, 1783. 8⁰. Titel, 6 Bll. Vorr., 162 S., 6 Bll.
> S. 125: Hochzeitsgebräuche; Besprechung der P r o b e-
> n ä c h t e F i s c h e r ' s (s. d.).

§ **ANTON,** B r u d e r. (Freier Roman von *Garlieb Helwig Merkel*). Erstes bis Drittes Buch. (Mehr nicht erschienen.) Leipzig, bei Joh. Friedr. Hartknoch. 1805. 8⁰.
(Druck- oder Velinp.)
> Tit., 2 Bll. Widm. d. Herausgebers an d. ungenannten
> Autor, 242 S. Interessant u. rar! Einiges sehr verfänglich.
> — Anon.-Lex. I. p. 83 (nach Kayser u. Engelmann).

ANTON, J u n k e r, ein komischer (etwas freier) Roman in
acht Gesängen. Allen Hypochondristen gewidmet (von *Anton
Christian Hunnius*). Mit Kupfer von P e n t z e l. Weissenfels 1788. Kl. 8⁰. 162 S. (In Warmbrunn.) (5 Mk. Ludw.
Rosenthal, 1907.)
> Anon.-Lex. I. p. 83 (nach Kayser u. Meusel).

ANTON, Mahler (d. i. *Johann Gottlieb Rhode*, Dr. philos.,
Herausgeber der „Schlesischen Zeitung" und Dramaturg in
Breslau, geb. 1762, † 23. Aug. 1827), S p i e l e r e i e n (d. h.
Gedichte, Erzählungen, Kinderspiele etc.) vom —. 2 Bde. Mit
4+2 Radierungen (z. Th. gefaltet), unsigniert. O. O. (Bres-
lau, Korn.) 1798. 8⁰. (6 Mk. 80 Pfg. Taussig, Prag, 1904.)
> I: Titelkpf., gestoch. Tit., 334 S., 1 Bl. Inh. (der 17 Nrn.).
> U. a.: D e r T r a u m, e. unvollend. (zieml. freies)
> Rittergedicht (in 55 achtzeil. Str.). II: Titelkpf., gestoch.
> Tit., 254 S., 1 Bl. Inh. (der 11 Nrn.). U. a.: D a s S c h i l-
> d e r h ä u s c h e n a m R h e i n (freie poet. ʼErzählg., S. 165
> bis 175).

ANTON, oder d e r K n a b e u n d d e r J ü n g l i n g, w i e
e r s e y n s o l l t e (von *Heinr. Kerndörffer*). 2 Bdchen. Mit
1 Titelkpf. Leipzig 1800, bey Salomo Linky. 8⁰.
> Zahm. Tit. m. Vign. u. 211 fortl. S. — F e h l t Kayser
> unter Romanen.

— — Dasselbe. Zweyte Auflage. Ebd. 1800—1. 8⁰. (Im British Museum.)

> Anon.-Lex. I. p. 83 (nach d. Neuen Necrolog).

ANTON und Marianne, oder die Räuber-Familie. 2 Thle. Mit 1 TKpf. (Hoppe sc.). Leipzig, bey Frdr. Schödel. 1806. 8⁰.

> I: Tit. u. 224 S. 2: Tit. u. 224 S. — Nicht erot.

ANTONIA, Schwester, von Launay. Eine französ. Klostergeschichte. Aus den Papieren einer Nonne, welcher das Dekret der National-Versammlung die Freyheit wieder gab. Riga 1791. 8⁰. Zahm.

ANTONII merkwürdiges und wunderbares Schicksahl, als ganz besonders lustige Reisebeschreibung auf Verlangen guter Freunde aufgesetzet und mit vielen Kupfern gezieret. O. O. 1746. 8⁰. (8 Mk., mit 3 Beibänden, Wilh. Jacobsohn & Co., Breslau, Cat. 200. [1904] S. 42.)

> Sehr seltener Avanturier.

ANTONIO, König v. Portugal, s. Apothecker.... 1727.

ANTONIO, Carlo (ps.), (identisch mit dem Pseud. *Konrad Schaumburg*), s. bei Flagellantismus, Masochismus u. Sadismus.

ANTWORTT oder Reden, 600 allerhandt Vernünfftig und Kurzweiliger: auch Eyfferig u. Gottseeliger. 6 Thle. in 1 Bde. Franckfurt a. M., Alex. Cellius, 1621. 12⁰. (12 Mk. Ludw. Rosenthal, München, 1906:)

> „Zusammengestellt. Cent. I. Nach d. Floresta Espagnola. — II. u. IV. Nach Joh. Boteri, Detti memorabili. — III. Nach den Facetiis Poggii Florent., les contes du Sieur Goulard, Silva curiosa de Julian de Medrano, u. A. — V. VI. Nach d. hebr. Buch: Pirke avoth u. den Proverbiis Ben Sirae, nach den Apophthegmatibus Ebraeorum u. Arabum, hrsg. v. Joh. Drusius, u. Andern. Gewidmet von einem C. B. an „Niclass Ochssenbach auf Hohen Tuebingen". — Sehr rar!

ANWEISUNG zum rechtschaffenen Leben des Frauenzimmers. Stendal 1713. 12⁰.

> 14 Bog. — Georgi, Europ. B.-Lex.

ANWEISUNG zu einer zwar nicht vernünftigen, aber doch modischen Erziehung der Kinder. Erfurt 1780. 8⁰.

> Citirt Cat. Cammerer II. Erlangen 1796. S. 823.

* ANZEIGE, Monatliche, der Stadt Alethopel, vom Jahr 0000. 12 Stücke (cplt.). Mit 12 Titelvign. (Ra-

dirungen). Mit Königl. Paraguayschen, Mandigoischen und Ca-
lecutischen Freyheiten. O. O. u. J. (ca. 1780). 8⁰.

192 SS. (fortlaufend paginirt).
Scherzhafte u. satyr. Zeitschrift, worin auch viele fingirte
Titel von „neu herausgekommenen Büchern" vorkommen.

ANZEIGUNG w i d e r d a s s c h n ö d L a s t e r d e r H u r e -
r e y (in Versen von *Hans Sachs*). Nürnberg 1540.

Anon.-Lex. I. p. 94 (nach Goedeke).

ANZOLETTA, d i e s c h ö n e U n b e k a n n t e. Aus d. Engl.
(übers. von Charlotte Amalie Eleonore C u r t i u s). Erfurt
1804. 8⁰. 342 S. Zahm. (4 Mk. Hugo Streisand, Berlin, 1908.)

Anon.-Lex. I. p. 94 (nach Kayser).

APHORISMEN. (254 meist recht geistreiche, witzige u. pikante,
über Weiber u. Mädchen, Liebe, Ehe, Koketterie etc. (vom
Grafen *v. Klingsberg* [ps.?, laut poet. Widmung an den Baron
von G (o l t z?)].)

Δερ Ταγ ιστ νυλλ υνδ νιχτιγ,
δερ ονε Λιεβ εντΦλόν.

Padua, Bei Pietro Tarone, o. J. (Berlin, Himburg, c. 1795).
16⁰. (5 Rthl. Scheible in einem älteren Cat.)

Höchst seltene Orig.-Ausgabe. 5 Bll., 118 S.

— — Dasselbe. (Neudruck.) Ebd., o. J. (c. 1860). 12⁰.
(5 Mk. 50 Pfg. Kühl, Berlin, ca. 1882.)

APHORISMEN b e r ü h m t e r A u t o r e n z u r C h a r a k t e -
r i s t i k s c h l i m m e r F r a u e n. Graz 1876. 8⁰. 247 S.
(1 Mk. 50 Pfg. J. Taussig, Prag, c. 1902.)

APHORISMEN ü b e r d e n K u s s. Ein Weihnachtsgeschenk
für die küsslustige und kussgerechte Welt von einem Spiritus
Asper *(Frdr. Ferd. Hempel).* Mit 10 herzlichen (color.)
Kpfrn. Leipzig, C. A. Solbrig, 1808. 16⁰.

(In Darmstadt.) XXIV-192 SS. Saubere Ex. sind rar.
(2 Mk. Koebner, Breslau; jetzt theurer!)

— — Dasselbe. Neue Aufl. Mit 10 symbol. Kpfrn. Stuttgart,
Scheible, 1865. 12⁰.

(In Stuttgart.) (70 Pf. Scheible.) Curiosa et Jocosa ....
Bdchn. 4.

APHORISMEN a u s d e m G e b i e t e d e r L i e b e u n d
E h e, oder d i e W e i b e r, w i e s i e s i n d, a b e r n i c h t
s e i n s o l l t e n. Cöln, o. J. (Ende 18. Jh.) (Weller, fing.
Dr.) (Format?) Sehr selten!

APHORISMEN u n d F a n t a s i e n e i n e s B r i t t e n.
(Deutsches Original von *Joh. Friedr. Baumann.*) Dresden
und Leipzig 1792. 8⁰.

Anon.-Lex. I p. 94 hat d. Jahrzahl „1791" (nach Kayser u.
Goedeke). — Enth. 19 vermischte, zum Theil pikante Aufsätze, meist aus dem L o n d o n e r L e b e n.

* **APOLEPHTES,** Didacus (d. i. *Jacob Zanach,* Pfarrer zu Lübben a/Spree), L'hore de Recreation. E r q u i c k - S t u n d e n, T A u s e n d F ü n f f h u n d e r t A u ß e r l e s e n e n s c h ö n e n l u s t i g e n H i s t o r i e n v n d G e s c h i c h t e n, so geist-lichen so weltlichen, welche mit nutz vnd frucht in allen vor-fallenden Collationen, Reden vnd Gesprechen one (!) ergerniß können gebraucht werden: . . . . (Titel sehr lang). Durch *Didacum Apoliphthem* (sic!) Lusat. Gedruckt zu Leipzig 1609. — *A. E.:* Leipzig, TYPIS BEERWALDINI: (kl. Signet). Druckts Jacob Popporeich. In vorlegung (so!) des Autoris. ANNO M. DC. IX. (1609.) 8⁰.

> Erste seltene Ausgabe. 12 Bll. Vorst. (incl. Titel in Roth u. Schwarz), 623 S. (S. 601 sqq. freien Inhalts), durchweg mit Randleisten. — Rep. ib. 1611. 8⁰. (Bibl. Edzard. Hamb. 1754. p. 182.)

* — — Dasselbe . . . . Durch *Didacum Apolephthem* Lusat. Leipzig, In verlegung Johann Börners vnd Eliæ Rehefeld, Im Jahr 1612. — *A. E.:* Leipzig, Gedruckt bey Michael Lantzenberger. 8⁰.

> 13 Bll. Vorst. (incl. Titel in Roth u. Schwarz), 739 S. (S. 575—618 freien und derben Inhalts), sämmtlich mit Ein-fassungen.

— — Dasselbe. Z u m s e c h s t e n m a l g e d r u c k t, vnd Mit Churf. Sächsischem Privilegio begnadet. Leipzig, In ver-legung Eliæ Rehefelds vnd Johann Großen Buchhändlern, Im Jahr 1624. 8⁰.

> 12 Bll. Vorst. (incl. Titel in Roth u. Schwarz), 709 S., 40 unbeziff. S. Register.

* **APOLEPHTHES.** A n h a n g d e s E r s t e n T h e i l s H i-s t o r i s c h e r E r q u i c k s t u n d e n. Leipzig 1622. 8⁰. (Schluß des Berliner Expls. defekt.)

* **APOLEPHTHES.** A n d e r T h e i l H i s t o r i s c h e r E r-q u i c k s t u n d e n, Darinnen gehandelt wird vom Ehestande vnd Haußsachen, von Eltern, Kindern, Mann vnd Weib, von allerley schönen Tugenden, auch schendlichen Lastern: . . . . Z u m A n d e r n m a h l G e d r u c k t zu Leipzig bey Valentin Am Ende. In verlegung Johan Börners vnd Eliæ Rehefeld, Anno M.DC.XIIII. (1614.) 8⁰.

> Titelkupfer („Adoratio Magi ab oriente"), 6 Bll. Vorst. (incl. Tit. in Roth u. Schwarz), 920 S. (S. 1—230 freien und derben Inhalts.) Zuerst angezeigt im Frankf. Fasten-Mess-Verz. 1614, E 4a.

* — — Dasselbe. Z u m d r i t t e n m a l. Ibid. M.DC.XVI. (1616.) 8⁰.

> 6 Bll. Vorst. (incl. Tit. in Roth u. Schwarz), 920 S. — Rep. ibid. 1620. 8⁰. (Beck, Nördl., Cat. 67, p. 95.) Rep. ibid. 1626. 8⁰. (Multifarii generis libror. catalogus. Lips. 1750. Append. p. 76.)

* APOLEPHTHES. Dritter Theil Historischer Erquickstunden.... Zum dritten mal gedruckt
zu Leipzig, in verlegung Eliæ Rehefelds, vnd Johan Grossen.
Anno 1618. 8⁰.

> 16 Bll. Vorst. (incl. Titel in Roth u. Schwarz), 1028 S.,
> 1 Bl. Impressum. Einiges in Reimen. — Zuerst angezeigt
> im Frankf. Fasten-Mess-Verz. 1615, E 3a.

* APOLEPHTHES. Vierdter Theil HIstorischer Erquickstunden. Catechismus Historicus genandt. Darinnen.... von Tugenden vnd Lastern....
Leiptzig, bey Eliæ Rehefelden, vnd Joh. Grossen, Consorten.
O. J. 8⁰.

> 751 ˙S. (incl. 14 S. Vorst., wobei Titel in Roth u.
> Schwarz). — Rep. ib. 1620. 8⁰. (Beck, Nördl., Cat. 67, p. 95.)

* — — Dasselbe.... wiederumb vermehret vnd verbessert, Durch DIDACUM APOLEPHTHEM, Lusat.
Leiptzig, In verlegung Eliæ Rehefelds vnd Johann Großen. Gedruckt durch Andream Oßwald, im Jahr 1621. 8⁰.

> 8 Bll. Vorst. (incl. Titel in Roth u. Schwarz), 1001 S.
> (S. 640—771 freien und derben Inhalts), 20 unbeziff. S.
> Register. Titel u. Textseiten mit Randeinfassungen. Diverse
> Textholzschnitte.

* APOLEPHTHES. Vierdtes Theils Historischer
Erquickstunden Ander Theil. Darinnen.... von
Tugenden vnd Lastern, derer noch restierender fünff Ge-
botten Gottes, vom sechsten an.... Leiptzig, Bey Eliæ
Rehefelden, vnd Joh. Grossen, Consorten. O. J. (162*). 8⁰.

> 8 Bll. Vorst. u. 732 S.

APOLEPHTHES. *Didaci Apolephthis* (sic!) fünffter Theil
historischer Erquickstunden. Leipzig 1628. 8⁰.

> Auctio libror. Hamb. 22. Novbr. 1741, p. 158.

APOLEPHTHES. 5 Thle. Ebd. 1609—28. 8⁰. (Placcii,
Vincentii, Theatr. Anon. et Pseudon. Hamb. 1708, p. 66.)

APOLEPHTHES. 5 Thle., sammt Supplement. Ebd. 1622—29.
8⁰. (In Zürich, Stadtbibl., in 7 voll-gebd.)

APOLEPHTHES. 7 Thle. Ebd. 1620 sq. 8⁰. (In Breslau,
Kgl. u. Universitäts-Bibl.) (2 Thle. u. Anhang, ebd. 1612, 13,
14, in München, Hof- u. Staatsbibl., 3 voll.)

APOLLONIA, oder die Räuber der Gebirge (freier
Roman), vom Verfasser der „Henriette von Detten" (s. d.)
(von *Chp. Sigm. Grüner*). Frankfurt a. M., Körner, 1803.
8⁰. (1 Rthl.)

> Kayser's B.-Lex. (Romane).

APOLOGIE, ach! des Erbadels. Aus den Papieren
eines deutschen Fürsten, hrsg. vom Verfasser der privatisirenden
Fürsten (verfaßt von *H. C. Schiede*). 2 Thle. Alzey im

J. XI der Republik. (Erfurt, Hennings, 1800.) Kl. 8⁰. (8 Mk.
Max Harrwitz, Berlin, 1904.)

> I: 20 Bll., 204 S. II: 278 S. Viel über Liebe, Polygamie,
> Mesalliance, freie Kleidertracht etc. etc.

— — Dasselbe, titulo: G u t e N a c h t ! D e m E r b a d e l
g e w ü n s c h t . . . . Amsterdam u. Cöln (ebd.) 1809. 8⁰.

§ **APOLOGIE** d e s s c h ö n e n G e s c h l e c h t s, o d e r B e -
w e i s, d a ß d i e F r a u e n z i m m e r M e n s c h e n s i n d,
aus d. Lat. übers. v. D. Heinr. N u d o w.

> Femina nulla bona est, vel, si bona contigit vlla,
> Nescio quo facto res mala facta bona est.

> VIII. 32 S. Seltener O r i g i n a l d r u c k dieser Satyre
> Wie schon das Motto zeigt, gereicht diese „Apologie" den
> Damen gerade nicht zum Lobe. Als Text-Ueberschrift prangt
> folgende freie Uebersetzung des Motto's:
> > Kein Weib ist gut, — ist eine je zu finden,
> > die durch ihr Herz u. ihre Tugend gross; —
> > so weiss ich nicht, wie aus der (!) Quell der Sünden,
> > einmal ein Tropfen Gutes floss !
> Man behauptet nämlich: Dass der Sitz der Seele bei den
> Frauenzimmern, nicht wie bei Maennern, im Gehirne, son-
> dern in der Gebaermutter seyn soll; — dass da sich alles
> Leben und Seyn, — alles Dichten und Trachten beim andern
> Geschlecht von einem gewissen innern Triebe ableiten, und
> wieder darauf zurückführen laesst, dem die Natur jenes Ein-
> geweide zu einem Hauptwerkzeuge bestimmte, auch wohl das
> andere Geschlecht grossentheils (u. vielleicht gänzlich) nur
> durch die Gebaermutter denken dürfte. — — Dem sei aber
> nun wie ihm wolle — — — Menschen, — sind die Weiber
> alle schon vom ersten Hauch. — Und durch Evchens Maeuse-
> falle sind wir's leider auch !

— — Dasselbe. Neudruck. Cöln, o. J. (189*). 8⁰. (Mk. 1.—.)

APOMASARIS. — T r a u m b u c h A p o m a s a r i s ', Das ist:
K u r t z e A u ß l e g u n g v n d B e d e u t u n g d e r T r ä u m e,
nach der Lehr der Indianer. (d. h. Ostindier), Persianer,
Egypter vnd Araber. Erstlich auß Griechischer Sprach (nach
d. Arab. des *Ahmed Abu-l-Masri Serim*) ins Latein bracht,
durch Herrn J o h a n n L e w e n k l a w : Jetzund aber dem
gemeinen Mann, so das Latein nicht verstehet, zum besten
verdeutschet, etc. Franckfurt, bey Matthœo Kämpffern. ANNO
M.DC.XLXV. (1655.) Fol. (10 Mk. Max Harrwitz, Berlin,
ca. 1905.)

> Curiosum mit derben u. freien Stellen. 59 S. à 2 Col.
> (incl. Titelbl.), 3 unbeziff. S. Reg. (à 2 Col.). — F r ü h e r e
> Ausg.: Wittenberg, o. J. (c. 1600 ?). 4⁰. 239 S. (8 Mk. Max
> Harrwitz, Berlin, 1891.)
> Lat. Ausgabe: A p o m a s a r i s a p o t e l e s m a t a, sive de
> significatis et eventis insomniorum, ex Indorum, Persarum,
> Aegyptiorumque disciplina. Lat. ab J. L e u n c l a i o (sic!)
> Depromptus ex Jo. Sambuci bibliotheca. Francof. 1577. 8⁰.
> (Expl. in Breslau, Kgl. & Univ.-Bibl.: Hist. nat. V. 8⁰. 802.)

APOTECKE (!), Nützliche, für die bösen Weiber. Franckfurt 1702. 12⁰. 8 Bog.

> Selten! — Bibl. Ludovici (bibliop.) Vitemb. 1702. (Continuatio.)

APOTHEKER, Der. Eine aus gebundenen u. ungebundenen Abhandlungen bestehende u. mit Kupfern gezierte Wochenschrift von satyr., sittl. u. allegor. Inhalt (hrsg. von Johann Balthasar Sedlezki). Jahrg. 1—2 (cplt.?). Cöln, Peter Marteau, [Lpzg., Holle] u. Halle 1762—63. 8. (7 Mk. 50 Pfg., Jahrg. 1 apart, L. Rosenthal, 1907.)

> Weller, falsche Druckorte, S. 95; in Holzmann u. Bohatta's Anon. Lexikon I. p. 97 wird nur Jahrg. 1763 erwähnt (nach Kayser, Meusel, Weller).

§ **APOTHECKER,** Der Standsmässige, oder die von einem Cavalier unwissend clystierte Dame, nebst einer geheimen Historie Dom Antonii, Königes in Portugal. Aus d. Frantzös. (des *de Villiers*) übers. von Iri FloR (Joh. Fr. Riederer). Cöln (Nürnb.) 1727. 8⁰. 11 Bog.

> Orig. (in Dresden): L'Apoticaire de Qualité, nouvelle galante et véritable. Cologne, 1670. pet in-8⁰. 48 pp.
> — S. auch Begebenheiten, Artige u. Kurtzweilige, 1676.

— — Dasselbe. Ibid. 1729. 8⁰.

APPEL v. Witzthum, Der Böse-, oder der Greiß Loma. 2 Thle. Mit 1 Titelkpf. Wien u. Prag, Haas, o. J. (c. 1805). 8⁰.

> I: Tit. gest. m. Vign., 176 S. II: 240 S.

§ * — — Ueber die Schauerromane s. besonders: Appell, J. W., Die Ritter-, Räuber- und Schauerromantik. Zur Geschichte der deutschen Unterhaltungs-Literatur. Leipzig, Verlag von Wilhelm Engelmann. 1859. 92 S. 8⁰. — Ferner: Müller-Fraureuth, Carl, Die Ritter- und Räuberromane. Ein Beitrag zur Bildungsgeschichte des deutschen Volkes. Halle a. S., Max Niemeyer, 1894. Gr. 8⁰. 2 Bll., 112 S. (incl. 1 Bl. Namenverz.). Lat. Lett.

APPERT, B., Die Geheimnisse des Verbrechens, des Verbrecher- und Gefängnisslebens. 2 Bde. Leipzig 1851. 8⁰. (3 Rthl.) (Mk. 3,50 A. Bielefeld, Karlsruhe, 1905.)

> Ueber Zellengefängnisse — Galeerensträflinge — Bagno — Pariser Gefängnisse — Schuldgefangenschaft — Prostitution — Tabakrauchen in Gefängnissen — Selbstmord etc.

APPRONIUS, Aulus (d. i. *Adam Ebert*), Reise-Beschreibung durch Chur-Brandenburg, durch Teutschland, Holland und Braband, England, Franckreich von Dünkirchen bis Bordeaux, ferner nach Turin, gantz Italien, nach Sicilien und dem Aetna. Erzählung von englischen, frantzösischen und turinischen Höfen, nebst dem kaiserl. Carneval und Meerverlobung in Venedig. Mit Portrait des Verf. Villa Franca (Frankfurt, Conradi) 1723. 8⁰. (3 Mk. Franz Teubner, c. 1898; jetzt viel theurer!)

    Sehr selten und wenig bekannt! Weller, fing. Dr., hat abweichenden Titel.

— — Dasselbe. Franco Porto (ebd.) 1724. (Weller, l. c.)

APRILE, Silvio, Dorispillo von —, in welscher Sprache beschrieben u. in das Teutsche übersetzet von Capigliato Ancorano. Mit Kpfrn. Nürnberg, Paul Fürst u. Erben, 1666. 12⁰. (5 Mk. Ludw. Rosenthal, c. 1906.)

    Mit einleitenden Gedichten von Chr. Ludw. Diether u. Sigm. von Birken. Der ps. Uebersetzer ist Weller unbekannt. — O. M. V. 1667 D 1b (ist wohl obiger Druck).

    Orig.: Il Dorispillo. Venetia 1670. (u. früher). 12⁰. (Bibl. Tarnaw. Wratisl. 1709. p. 159.)

§ * **APULEJUS,** Lucius (aus Madaura, geb. zwischen 126 und 132 n. Chr.), Ein hubsche history von Lucius apuleius in gestalt eins esels verwandelt vnd verkert ward, vnd länger wann ein gantzes jar darin pleybe .... (Nach d. Lat. des Poggii Florent. verteutscht v. Nic. v. Wyle, als 13. Translation.) Strassburg 1509. 4⁰.

    Uebertragung dieses humorist.-satyr.-mystischen Romans gegen zügellose Sitten, Aberglauben, Priestertrug etc. damaliger Zeit (um 150 n. Chr.). — Der berühmte Schwank von der Wittwe zu Ephesus wird auch erzählt (in Prosa) in Balthasar Kindermann's (s. d.) „Buch der Redlichen", Cüstrin 1663. 8⁰. S. 295—301; ferner (in Versen) in: Eine Dose voll attisches Salz .... Bd. 2. Wien, Gerold, 1781. 8⁰. S. 75 sq.

    Das Orig. hat d. Titel: „Metamorphoseon s. de. Asino aureo libri XI." Frühere Drucke der Uebersetzung: O. O. u. J. (vor 1500). Am Schluss: Hye endet der guldin esel lucium apuleium in kriechischer zungen beschriben darnach durch pogium florentinum in latin transferirt vnd zu letst von niclas von wyle geteutschet. Fol. 28 Bll. — Ein hübsch history von L. Apulejus in gestalt eines esels verwandelt. Strasshistory von Lucius .... Ebd., Johan Knoblouch, 1506. 4⁰. (Goedeke, 2. Aufl., I, 363, N.)

§ * **APULEJUS.** Ain Schön Lieblich, auch kurtzweylig gedichte Lutij (sic!) Apuleij von ainem gulden Esel, darinn geleret, wie menschliche Natur so gar blöd, schwach, vnd verderbet, das sy beweilen gar vihisch, vnuerstendig vnd fleischlich, on verstand dahin lebet, gleich wie die Pferdt vnd Maul, wie Dauid sagt, auch herwiderumb sich möge auß Gottes beystand erholen, vnn auß ainem Esel ein Mensch werden, Gott gefellig, auffrecht vnd verstendig.

Lustig zû lesen, mit schönen figuren zûgericht, grundtlich verdeutscht, dûrch Herren J o h a n S i e d e r Secretarien, weilendt
des hochwürdigsten Fürsten vnd Herren Lorentzen von Biber,
Bischoffen zû Würtzburg vnd Hertzogen zû Francken etc.
Psalmo. XXXI. Nolite fieri sicut equus & mulus, in quibus
non est intellectus, in chamo & freno maxillas eorum constringe,
qui non adproximant ad te est. — Holzschnitt — Cum pri-
uilegio Ro. Regiæ Maiestatis, Alexander Weissenhorn, Au-
gustæ Vindelicorum excudebat. Anno. M. CCCCC. XXXVIII.
(1538.) Folio. (In Berlin: Ws 7720; auch in Zürich.) (20 Mk.,
sehr defektes Expl., Ferd. Schöningh, Osnabr., 1907.)

> 4 Bll. Vorst. [Rücks. d. 1. u. 4. leer] und LXXI beziff.
> Bll., sign. A—Siij. Mit 76 grossen Holzschn. (incl. Titel-
> holzschn.). Auf der letzten Seite Leben des Apulejus.

§ * **APULEJUS**. — *Lucij Apuleij*, deß Fürtrefflichen, Weit-
berüm'ten, alten Philosophi vnnd Oratoris, V o n s e i n e r a u ß
e i n e m M e n s c h e n , i n e i n e n V e r n ü n f f t i g e n E s e l ,
W u n d e r b a r e n , s c h n e l l e n v n n d g e f ä h r l i c h e n
M e t a m o r p h o s i , T r a n s m u t a t i o n v n d V e r w a n -
d e l u n g. In Eylff außerlene Bücher abgetheilet, Auß dem
Latein ins Hochteutsch vbersetzt, Durch J o h a n n S i e d e r n ,
weyland der Bischoffen zu Würtzburg, vnd Hertzogen in
Francken, etc. woluerordneten Secretarium. — Bey Palthenio
inn Franckfurt zu finden. Anno 1605. 8. (In Berlin 2 Expll.)

> Titel mit roth u. schwarz gedr. Zeilen in Einfassung,
> 3 Bll. Beschreibung dess Lebens Lucij Apuleij, 6 Bll. Vorr.
> Joh. Sieders, 2 Bll. Inh. u. 481 beziff. Seiten.

— — Dasselbe. Magdeburg 1606. 8⁰.

> Weller, Annalen II. p. 358.

§ * **APULEJUS**. D e r g o l d n e E s e l. Aus d. Latein. des
Apulejus von Madaura. Von A u g u s t R o d e. 2 Thle.
Mit 1 TKpf. u. 1 Vign. (gez. von B. R o d e , gestoch.
von D. B e r g e r). O. O. (Dessau). Auf Kosten des Verfassers, 1783. 8⁰. (4 Rthl.) (30 Mk. Frensdorff, Berlin; 36 Mk.,
tadelloses Expl. mit Ex-libris, Adolf Weigel, Lpz.; 45 Mk.,
eleg. Liebhaber-Hfzbd., Max Perl, Berlin.)

> 9 Bll., XX, 268 u. 238 S. u. 1 Bl. Verbess.

— — Dasselbe. Photogr. F a c s i m i l e auf feinem Velin-
papier in Pergamentumschl. Nur in 100 Expl. durch anasta-
tischen Neudruck hergestellt. (Leipzig 1885.) 8⁰. (Mk. 15.—.)
— — Dasselbe. (2 te, verbess. Orig.-Ausgabe.) 2 Thle. Mit
2 schönen TVignetten. Berlin und Leipzig, Mylius, 1789. 8⁰.
(30 Mk., eleg. Hlwdbd., sehr schönes Expl., Adolf Weigel.)

> 9 Bll., XVI, 270 und 238 SS.

§ * — — Dasselbe. (Titelaufl.) Ebend. 1790. 8⁰.
— — Dasselbe. Mit Einleitung von S a c h e r - M a s o c h.

Leipzig (c. 1890). 8⁰. (4 Mk. 50 Pfg. M. Edelmann, Nürnb., 1904.)

— — Dasselbe. 5. Aufl. Mit einem Vorworte (dat. München 1894) von M. G. C o n r a d. Nebst 16 Illustr. . . . . Gr. 8⁰. c. 250 SS. (Mk. 4,50; Origbd. Mk. 5,50.) (2 Mk. 50 Pfg., eleg. gebd., H. Barsdorf, Lpz., c. 1902.)

> „Armer Esel" sagt Sacher-Masoch, „welche Aufnahme wirst du in dem heutigen Deutschland finden, in dieser Zeit der Prüderie, Heuchelei und Lüge! Kapuziner und Hofprediger werden gegen dich eifern und man wird dich unmoralisch nennen. Der Dichter hält der Welt einen Spiegel vor, ist er daran schuld, wenn sie darin ein Gesicht erblickt, das ihr nicht gefällt? Ist er deshalb unmoralisch, weil sie es ist?"

APULEJUS. G e d i c h t e v o n d e r P s y c h e, versweiß versetzt durch M. L. K. Augsburg 1669. 4⁰. Rariss.

> In Alexandrinern übersetzt. — Bouterwek X p. 264.

APULEJUS. F a b e l v o n d e r P s y c h e. 12 Bll. Radirungen, quer-4⁰, von J. A. T h e l o t. Augspurg, J. Wolff (c. 1710). Sehr selten! (2 fl. 20 kr. Theod. Ackermann, München, in e. alten Cat.; jetzt viel theurer!)

APULEJUS. V e r g n ü g e n a u f d e m K a n a p e e, in moralischen Erzählgn. (a. d. Frz. u. Engl. v. Joh. Gfr. G e l l i u s u. A.). Th. 2. 2te verm. Aufl. Leipzig, Crusius, 1772. 8⁰.

> No. 1: P s y c h e, eine Erzählung aus dem A p u l e j u s.

* **APULEJUS.** P s y c h e, nach dem Lateinischen des —. Von August R o d e. Mit (pikantem) Titelkpf. (F r i s c h inv. et del., C. C. G l a s s b a c h sc.) Berlin, bei August Mylius 1780. Kl. 8⁰. (In Berlin 2 Expl.) (15 Mk., schöner Ldwbd., Adolf Weigel, 1906; 21 Mk. Max Perl's Berliner Oct.-Auct. 1907, no. 725.)

> Titelkpf., Tit., 2 Bll. Vorr. (dat. Dessau 19. Sept. 1779), 127 S.

APULEJUS. P s y c h e, e i n F e e n m ä r c h e n lateinisch nach O u d e n d o r p' s und R u h n k e n' s Recensionen mit Anmerkgn. (hrsg. von Joh. Heinr. Aug. S c h u l z e). Göttingen 1789. 8⁰. (1 Mk. 20 Pfg. Isaak St. Goar, Frft. a. M., 1907.)

> Anon.-Lex. I. p. 99. (nach Ersch, Kayser, Geissler u. Meusel).

* **APULEJUS.** D i e e p i s c h e F a b e l d e r P s y c h e nach dem *Apuleius* metrisch übersetzt, etc. von J. F. v o n L i n c k e r. Jena 1805. 4⁰. (In Berlin: Ws 7946.)

* **APULEJUS.** D i e F a b e l v o n A m o r u n d P s y c h e nach *Apuleius*, Lateinisch und Deutsch, metrisch bearbeitet von J. Ch. E l s t e r. Mit Urtext und Gesängen. Leipzig 1854. 8⁰. (In Berlin: Ws 7866.)

* **APULEJUS.** P s y c h e. Ein Mährchen nach *Apulejus*. Mit 4 Kompositionen (in 4 to) von R a p h a e l (Stahlstichen von

Adolph G n a u t h). Leipzig, Heinr. Köhler, 1854. 8⁰. Orig-
Cart. (3 Kr. Halm & Goldmann, Wien, 1907; 2 Mk. 50 Pfg.
S. Calvary & Co., Berlin, c. 1900.)
— — Dasselbe. Stuttgart 1857. 8⁰. (2 Kr., br., l. c.)

APULEJUS. P s y c h e. Zwei und dreissig Compositionen **von**
R a p h a e l, gestochen von Adolph G n a u t h. Stuttgart, Heinr.
Köhler. O. J. 4⁰. In Carton.

APULEJUS. A m o r u n d P s y c h e, übersetzt und eingeleitet
von Prof. Dr. Ed. N o r d e n. Mit Buchschmuck von W a l t e r
T i e m a n n. Leipzig (1902). 4⁰. Eleg. Orig.-Lwdbd. (Mk. 6.—)
3 Mk. 25 Pfg., neu, M. Edelmann, Nürnb., 1906.)
— — Dasselbe. 2. Aufl. Br. 2 Kr. 40 H., gebd. 3 Kr. 60 H.,
F. Lang, Wien, 1906.)

APULEJUS. A m o r u n d P s y c h e, ein Märchen des *Apu-*
lejus. Deutsch von R. J a c h m a n n. Mit 46 Original-Ra-
dirungen und Ornamenten von M a x K l i n g e r. München,
o. J. (19**). 4⁰. Orig.-Bd. (Mk. 65.—) (45 Mk., wie nèu, Paul
Alicke, Dresden, 1907; 65 Mk., tadelloses Expl., Ferd.
Schöningh, Osnabr., 1907.)

APULEJUS. W i n t e r l i n g, A n t i k m o d e r n e D i c h t-
u n g e n. (Amor u. Psyche u. Apuleius. — Daphnis u. Chloe
u. Longus.) B(erlin?) 1836. 16⁰.

APULEJUS. Z i n z o w, Dr. A., P s y c h e u. E r o s. Ein
milesisches Märchen in der Darstellung u. Auffassung des
Apulejus beleuchtet u. auf seinen mythologischen Zusammenhang, Gestalt u. Ursprung zurückgeführt. Halle 1881. Gr. 8⁰.
XXX—332 S. (Mk. 8.—) (3 Mk. Taussig, Prag, 1906.)

ARABESRO, oder 'd e r i t a l i e n i s c h e T e u f e l i n
S p a n i e n. Eine Räubergeschichte aus der Zeit des Freiheits-
Kampfes der Spanier gegen die Franzosen. Leipzig,
Schreck, 1841. 8⁰.
    Tit. u. 204 S. Anstößige Stellen.

ARALDON *(A. Arnold?),* G a r t e n - G e s p r ä c h e, C u-
r i e u s e, oder D i s c o u r s e e t l i c h e r g u t e n F r e u n d e
v o n u n t e r s c h i e d l i c h e n C u r i o s i t ä t e n, in IV
Theilen bestehend. Mit vielen Kpfrn. Leipzig 1700. 8⁰. 4 Alph.
17 Bog.
    Ludovici (bibliop.) Bibl. nominalis curiosa. Vitemb. 1705.
    — Sehr selten, wie die 3 ff. Werke.

ARALDON, R e l a t i o n e s c u r i o s a e, oder e i n A u s b u n d
d e r r e m a r q u a b l e s t e n S a c h e n, so in diesem 1700.
Jahre vorgefallen sind, monatlich zusammen getragen. Mit
vielen Kpfrn. Leipzig 1700. 8⁰. 2 Alph. 12 Bog. (l. c.)

ARALDON, S p a s s - G a l a n, D e r l u s t - u n d l i s t i g e.
1700. Kl. 8⁰.

ARALDON. — S. auch M ä n n e r , Die alamodische.

* **ARAMENA**, D i e D u r c h l e u c h t i g e S y r e r i n —. (Roman von *Anton Ulrich Herzog zu Braunschweig*, geb. 4. Octob. 1633, † 27. März 1714, „der Siegprangende" in der Fruchtbr. Gesellsch., trat 1710 zur röm.-kath. Kirche über). 5 Thle. Mit 5 Titelkpfrn. u. sehr vielen Figuren. Nürnberg, In Verlegung Johann Hofmann, Kunsthändlers. Gedruckt daselbst, durch Christof Gerhard. Anno 1669—1673. 8⁰. (Expl. auch im British Museum u. in Göttingen.) (50 Mk., Prgtbde., Adolf Weigel, Lpz., 1907.)

> „Seltener und wegen der zahlreichen Anspielungen auf die d a m a l i g e C h r o n i q u e s c a n d a l e u s e interessanter Roman." Th. 1 ist der „Erwehlten Freundschaft", Th. 2 der „Beschwiegerten Fr.", Th. 3 der „Bluts-Fr.", Th. 4 der „Vermählten Fr.", Th. 5 der „Unbekannten Fr." gewidmet.

— — Dasselbe. 5 Thle. Ebend. 1678—79. 8⁰. (In Göttingen; in Hannover, Stadtbibl., Th. 1—3.)

— — Dasselbe, tit.: A r a m e n a , e i n e s y r i s c h e G e - s c h i c h t e , ganz für unsere Zeiten umgearb. (von *Johanna Sophie Dorothea Albrecht*). Berlin 1783—87. 8⁰.

> Anon.-Lex. I. p. 99 (nach Schindel, Kayser, Schröder, Jördens).

ARBEITEN, G e s a m m e l t e , z u m N u t z e n u n d V e r - g n ü g e n ; prosaisch und metrisch. (Hrsg. von J. H. O e s t.) Bremen 1753.

> Anon.-Lex. I. p. 99 (nach Kayser). — Sehr rar!

ARBIGAR d e r g r a u e W a n d e r e r , oder Lasterstrafe und Tugendlohn, ein Gegenstück zum schwarzen Ritter vom näm- lichen Verfasser *(Josef Alois Gleich)*. 2 Thle. O. O. u. J. (Krems 1800). 8⁰. Zahm.

> 212 u. 175 SS., nebst 5 S. Inh. der 25 Kapitel. — Anon.- Lex. I. p. 99 (nach Meusel, Kayser, Wurzbach u. dem Neuen Nekrolog).

* **ARBITER,** Petrus, D i e r e g e l n d e s c h r i s t l i c h e n E h e s t a n d e s , wie die Eheleute gegen einander nach Gottes willen leben sollen, aus S. Paulo Ephe. V. Magdeburg 1553. 4⁰. (In Berlin: Da 7240.) Rar!

ARC, D e s R i t t e r s v o n , m ü s s i g e S t u n d e n (Er- zählungen etc.). Leipzig 1759. Gr. 12⁰.

> Bibl. J. J. Schwabii (unter Romanen). Cıat. Vandenhoeck II. p. 687 hat: „Meine müssigen Stunden, nach d. Französ. des Ritters v. Arc. Helmstädt, Weygand, 1759." 12⁰. (Ein anderes Buch ?)

ARCADIA, B a t a v i s c h e . Amsterdam 1657. 12⁰.

> Unter Romanen in der Bibl. M. A. Wilckens. Hamb. 1761. p. 299.

ARCHAMBAUD oder der Einsiedler im Ardennen-
walde; eine Rittergeschichte (von *Joh. Jonathan Lebrecht
Nöller*). Dresden, Arnold, 1805. 8⁰. (12ggr.)

> Kayser hat „Ardennerwalde". — Anon.-Lex. I. p. 100
> (nach Kayser u. Meusel).

ARCHIBALD (d. i. *Otto Wilh. Carl Roeder v. Bomsdorf*),
Dioramen (zahme Erzählgn., Gedichte etc.), hrsg. von —.
Magdeburg, Creutz, 1830. 8⁰.

> Tit., 1 Bl. Inh. u. 434 S.   1. Adele von Gontaut; Novelle
> von Heinr. v. Schwerdtner.   2. Gedichte von Friedr.
> Adler u. Heinr. v. Schwerdtner.   3. Dyveke und ihre
> Mutter Sigbrit; histor. Erzähl. von Mara L.   4. Der Geister-
> beschwörer; Posse von Gli. v. Deuern.   5. Boemund der
> Zweite, Fürst von Antiochien, von C. Leyser.   6. Kriegs-
> bilder von Archibald. — Hat auch d. Titel: Gedenke-
> mein für 1830, hrsg. von Archibald.

ARCHIBALD'S Abenteuer, oder des Schicksals
seltsame Fügungen. Vom Verfasser der Stimme des
Unsichtbaren *(Brancaglio)*. 2 Bde. Leipzig 1825. 8⁰. (1 Mk.
50 Pfg. Franz Teubner, c. 1898.)

> Zahm. — Das Anon.-Lex. I. p. 7 hat: „Braunschweig"
> 1825 (nach Meusel, Goedeke, Kayser).

ARCHIMAGUS, Der, oder die Magier des Feuer-
felsens. Eine Sage der Vorzeit. Mit 1 Kupfer. Wien u.
Prag, Haas, 1819. Gr. 8⁰.

> Ziemlich zahm. 272 SS. — Kayser verzeichnet zwei Theile.

ARCHIV merkwürdiger Actenstücke, sonderbarer
Rechtshändel, seltener Rechtsfragen . . . . (hrsg. von Leonhard
Gottlieb Stiehler). Leipzig 1799.

> Anon.-Lex. I. p. 101 (nach Kayser).

* ARCHIV guter und böser Einfälle auch einiger
hochernsthaften Gedanken und Herzensworte . . . . Probestück
so gut wie ein Jahrgang (hrsg. von Joh. Jac. Mnioch). O. O.
1798. 8⁰.

> Dedicat. unterz.: M* ch. W. den 4. Januar, 1798. —
> Das Anon.-Lex. I. p. 101 hat: „Danzig 1799" (nach Meusel).

ARCHIV der Schwärmerey und Aufklärung.
(Hrsg. von Friedr. Wilh. v. Schütz.) Hamburg 1787—90 (od.
1791).

> Anon.-Lex. I. p. 101 (nach Meusel u. Kloss); Kayser
> hat „1287—91". — Es erschien noch ein „Neues Archiv
> der Schwärmerey . . . . 1797" (laut Cat. der ehemal.
> Schmidt'schen Leihbibl. in Dresden).

ARCHIV der Thorheiten unserer Zeit. Bd. 1. (einz.)
Leipzig 1817. 8⁰. (50 Pfg. Heberle, Köln, c. 1870.)

AREL (d. i. *Joh. Ant. Franz Dallera*), Plaisanterien.
(Vermischte zahme Schriften.) Mit großer Medaillon-Titel-
vignette. Thoenert inv. et sc.) Berlin, bey Morino und Com-

pagnie. Leipzig, bey J. G. Beygang 1785. 8⁰. (In Warmbrunn: Reichsgräfl. v. Schaffgotsch'sche Majoratsbibl.) Selten!

Tit., 1 Bl. Inh., 388 S.
I. Erzählungen:
Die phantastische Königin; aus den hinterlass. Schriften des Joh. Jak. Rousseau (S. 3—49); Pingrenon. E. morgenländ. Gesch. (S. 50—64). II. Idyllen (12, in poet. Prosa, S. 65—126). III. Hymne. An die beleidigten Grazien (poet. Prosa, S. 127—130). IV. Gespräch zwischen der Mode u. der Vernunft (S. 131—147). V. Antwort der Mylady Montague auf den Vorwurf, den ihr ein Mylord wegen ihrer Kaltsinnigkeit gemacht hatte (S. 148—152). VI. Komödien. (1. Der Marsch. Lustsp. in 5 Aufz. 2. Die Gräfin von Rokkaille. Lstsp. in 3 Aufz., a. d. Frz. — S. 153—388.)

AREND, Wilhelmine, oder die Gefahren der Empfindsamkeit (von *Joh. Carl Wetzel*). 2 Bde. Mit 2 TKpfrn., D. Chodowiecki del. et sculps. 1781. Dessau, Buchhandlung der Gelehrten, 1782. 8⁰. (5 Mk. K. (Th. Völcker, Frankf. a. M., 1906.)

Einiges etwas frei. Ankündigung erfolgte im deutschen Museum 2, 284 ff.

— — Dasselbe. (Nachdruck.) 2 Bde. Carlsruhe 1783. 8⁰. (Stadtbibl. Hannover.)

ARETANDER, Seelen-verliebter, darinn die unglückliche Liebe der untreuen Pamphilæ zur Warnung fürgestellet wird von *J. G. v. K(reckwitz.)* Leipzig b. Joh. Erich Hahn. 1663. 12⁰. Rarissime!

Bibl. Kielmans-Egg. I. p. 1144 nennt den Verfasser. — H. M. V. 1663, C 3b; auctio libror. (Berol.) 8. Aug. 1715. p. 24.

ARETANDER von Warnemünde, Derer Häuffigen und Gottlosen Bettler vermehrter Zug, schändlicher Lug und Trug und schädlicher Unfug, mit welchem sie das gantze Land allenthalben erfüllen; entdecket durch *Aretandern* —. Nebst *Alberti Josephi Loncini* von Gominn (d. i. *Albert Jos. Conlin* von Monning, im Ries bei Nördlingen) Bettler-Historien. (Titel-Holzschn.) Erste und letzte Gabe. im Jahr, da man wünschete. Dass DIe ChrIsten-LeVte OrDnVng LIebten (d. i. 1713). Kl. 8⁰. Rar!

Dr. Franz Schnitzer's Bibl. München 1902. No. 92:
Am Ende satirischer Holzschnitt, darunter die Verse:
Durch Krücken auf dem Dorff
und Larve in der Stadt
Gehn viel der Arbeit quitt
und essen sich doch satt.

§ * **ARETINO**, Pietro (geb. 20. April 1492 zu Arezzo in Toscana. † 1557), Italiänischer Huren-Spiegel, *Petri Aretini von Florentz.* Innhaltend ein überaus lustig Ge-

spräch zweyer Alten, weiterfahrnen, wohlversuchten Putanen
von Bononien. Darinn dieser Bestien abscheuliche Laster, Gott-
losigkeit, Unfläterey, Leichtfertigkeit, mit lebendigen Farben
abgemahlet . . . . werden. Allen Teutschen jungen von Adel,
Studenten, Kauff- und Wanders-Leuten . . . . zur Lehr und
Warnung: Menniglich aber aus der Hispanischen Sprach
(Übersetzung des Fernando Xuares) in unser Teutsche
übergesetzt, und zum ersten mal in Truck verfertigt. Gedruckt
in diesem Jahr (ca. 1665). (Nebst Kpftitel: *Petri Aretini*
Italienischer Hure˙ spiegel. Antonia. Lucretia.) Kl.8⁰.

> Höchst seltene Uebersetzung der „Ragionamenti" des
> Aretino. (Ed. I. 1534.) 300 SS. incl. 18 SS. für Tit. u.
> Vorr. Am Schluss: Ende dieses Gesprächs oder Colloquio
> de las Damas. (Wegen der in der München er H o f - u.
> S t a a t s b i b l. befindl. i t a l i e n. O r i g i n a l e und sonsti-
> ger Aretino-Litt. s. H a y n , Hugo, Bibliotheca erotica Mona-
> censis. Berlin, Max Harrwitz, 1889. 12⁰. S. 5—8.) — Orig.
> der span. Uebers.: Coloquio de las damas, agora nuevamente
> corregido y emendado. S. I. 1548. Kl. 8⁰. u. ö. — Lateinisch:
> Pornodidascalus seu colloquium (Laïs & Lamia) muliebre
> de astu nefario horrendisque dolis, quibus impudicae mulieres
> juventuti insidiantur. Ex Italico in Hispanicum sermonem
> versus à F e r d i n a n d o X u a r e s. De Hispanico in La-
> tinum traducebat C a s p a r u s B a r t h i u s (geb. 22. Juni
> 1587 zu Küstrin, privatisierte zu Leipzig u. Halle, † 17. Sept.
> 1658). Francof. ad Mœnum 1623. 8⁰. (Expl. in München,
> in Breslau [Stadtbibl.] u. in Wiesbaden, Kgl. Bibl.); rep.
> Cygneae 1660. 12⁰. (In Glogau, Stahn's Bibl., und in
> München.) Der berühmte B a r t h nennt Aretino „ingenio-
> sissimus et fere incomparabilis virtutum et vitiorum demon-
> strator", im Gegensatz zu andern Kritikern, die in dem
> humoristischen italien. Satyriker nur einen verächtlichen
> Schmierfinken erblicken.

— — Dasselbe. Nürnberg 1672. Kl. 4⁰.

> Nennt Adelung u. Vogt; auch Julius Krone (nach
> Mehrtens).

ARETINO, D i e G e s p r a e c h e d e s g o e t t l i c h e n *Pietro
Aretino*, verdeutscht von Heinrich C o n r a d. 2 Bde. Leipzig,
im Insel-Verlag 1903. 8⁰. Feinstes starkes Büttenpapier. Lat.
Lett. Mit Initialen von M. B e h a m geschmückt. Falbe Orig.-
Saffianbde. mit Rückentit., oberer Schnitt vergoldet, eleg. Bunt-
pap.-Vorsatz. In Schuber. (Antiquar.-Pr. 70 bis 100 Mk.; 80 Mk.,
Liebhaberausgabe in Orig.-Ldrbdn., tadellos, Adolf Weigel,
1908.)

> Vergriffen! — Auf der Rücks. d. Schutztitelbl. steht:
> „Diese Ausgabe wurde als M a n u s c r i p t i n e i n e r n u r
> f u e r d i e S u b s c r i b e n t e n b e s t i m m t e n A u f l a g e n-
> h o e h e g e d r u c k t. Es wurden 850 Exemplare abge-
> zogen, die handschriftlich numeriert sind." — Druck von
> W. Drugulin in Leipzig.

I.: XXV (Vorbl., Tit., S. V—XIX Vorw. d. Uebers., dat.
Siena, S. XX—XXV „Pietro Aretino seinem Aeffchen"),
1 leere S., 338 S. Text. S. 1—101: Der erste Tag. Wie Nanna in Rom unter
einem Feigenbaum der Antonia von dem Leben der Nonnen
erzählte. — S. 102—211: Der zweite Tag. Wie Nanna
der Antonia vom Leben der Ehefrauen erzählte (überaus
unflätige Hahnreigeschichten). — S. 212—338: Der dritte
Tag. Wie Nanna der Antonia vom Leben der Freudenmädchen erzählte.

II: X (Vorbl., Tit., S. V—X „Dem liebenswürdigen und
hochgeehrten Herrn Bernardo Valdaura, königlichem
Muster der Vornehmheit, Pietro Aretino"), 517 S. Text.
S. 1—174: Der erste Tag. Wie Nanna ihr Töchterlein
Pippa im Hurenberuf unterrichtet. — S. 175—342: Der
zweite Tag. Wie Nanna der Pippa von den schnöden
Streichen erzählt, die die Männer den unglücklichen Weibern
spielen, die ihnen ihr Vertrauen schenken. — S. 343—517:
Der dritte Tag. Wie Nanna und Pippa in ihrem Garten
sassen und der Gevatterin und der Amme zuhörten, die sich
über die Kunst der Kuppelei unterhielten.

Ein grauenvolles, aber unleugbar grossartiges, d a s R o m
v o n 1530 schilderndes Sittengemälde nennt der Uebersetzer
das Buch, in dem sich neben manchem Plumpen und Wüsten
oft eine entzückende freche Grazie findet.

ARETINO, Dichtungen und Gespräche des Göttlichen *Aretino.* Deutsche Bearbeitung von Heinrich C o n -
r a d. (Vign. in Holzschn.: Medaille mit Aretino's Bildniß nach
rechts.) P r i v a t d r u c k des Herausgebers. O. O. u. J. (Brixen
1904.) 8⁰. Feines geripptes Büttenpap. Schwabacher Schrift.
Dunkelgrüner Orig.-Saffianbd. mit vergold. Rückentit. u. der
auf Tit. befindl. Medaillen-Abbildg. in Goldpressg. auf d. Vor-
derdecke, unbeschn. (18 bis 25 Mk. antiquarisch.)

Vergriffen! — Auf Titelschutzbl. steht: „Dieses Buch
erschien im Jahre 1904 als P r i v a t d r u c k d e s H e r a u s -
g e b e r s i n e i n e r b e s c h r ä n k t e n A u f l a g e n u r
f ü r S u b s k r i b e n t e n. Der Herausgeber übernimmt
gegenüber den Subskribenten die ausdrückliche Verpflichtung,
niemals einen Neudruck zu veranstalten oder veranstalten
zu lassen."

Vorbl., Tit., 352 S. (incl. 1 Bl. Inh. u. S. 3—30 Vorr.
d. Uebersetzers). Inh.: S. 31—64: D i e W o l l ü s t i g e n
(16) S o n e t t e d e s G ö t t l i c h e n Pietro A r e t i n o.
— S. 65—207 (208 weiß): D i e F a h r e n d e H u r e. Ko-
misches (ekelhaft säuisches) Gedicht in vier Gesängen von
L o r e n z o V e n i e r o (Schüler Aretino's) und P i e t r o
A r e t i n o. — S. 209—283 (284 weiß): G e s p r ä c h d e r
M a d d a l e n a u n d G i u l i a über die v e r s c h i e d e n e n
A r t e n d e r L i e b e, oder: Die „P u t t a n a e r r a n t e"
des P i e t r o A r e t i n o (vielmehr unbekannten Verfassers).
— S. 285—352: D e r Z o p p i n o. Kurzweiliges G e s p r ä c h
z w i s c h e n d e m K l o s t e r b r u d e r Z o p p i n o, f r ü -
h e r e n K u p p l e r, u n d d e m K u r t i s a n e n f r e u n d
L u d o v i c o ü b e r L e b e n s w a n d e l u n d H e r k u n f t

aller römischen Kurtisanen. Von Pietro Aretino.

ARETINO, Geschichten (15 in sich vollkommen abgeschlossene) aus *Aretino.* Mit 15 Bildern von Franz von Bayros (Choisi Nerac) u. 1 Portrait Aretino's nach Tizian. Nicht im Handel. Gedruckt für Heinrich Conrad und seine Freunde. O. O. u. J. (Siena 1907). Gr. 8⁰. (Zu beziehen von Dr. Heinr. Conrad in Siena, Via Ricasoli 35.) (Preis für das in biegsames Ganzpergament gebund. Expl.: Mk. 35; Luxusausgabe auf feinstem Japan in Schweinsleder: Mk. 100.) (28 Mk., Ganzpergtbd., Adolf Weigel, 1908.)

> Der Band enthält folgende Erzählungen aus den vergriffenen „Gesprächen": Aus dem Leben der Nonnen: Der unpünktliche Gast. Mit 2 Bildern. Eine Abendunterhaltung. Mit 1 Bild. — Aus dem Leben der Ehefrauen: Die letzte Oelung. Mit 1 Bild. Der Magister. Mit 1 Bild. Die Nachtwandlerin. Mit 1 Bild. Der Mann mit der übernatürlichen Natur. Der Zauberbrunnen. Mit 1 Bild. Aus dem Leben der Huren: Der betrogene Geck. Ein Karnevalstag. Mit 1 Bild. — Aus Pippas Erziehung: Die Schmarre. Mit 1 Bild. — Aus den Streichen der Männer: Nannas Weisheit. Mit 1 Bild. Der grüne Liebhaber und der Dichter. Mit 1 Bild. — Aus den Belehrungen über die Kuppelei: Der Zwanzigsoldi-Nickel. Mit 1 Bild. Der Liebesbrief. Mit 1 Bild. Liebe am Sommertag. Mit 1 Bild.

ARETINO. — Giulio Romano: 16 Zeichnungen zu den Wollüstigen Sonetten des Pietro Aretino. — (Hrsg. von einer Vereinigung deutscher u. österr. Bibliophilen, ca. 1907.) Broschiert M. 20.— (K 24.—), in Ganzleder geb. M. 25.— (K 30.—).

> „Giulio Romano, der stärkste Erotiker der italienischen Renaissance, repräsentiert die schon im Taumel überschäumende, strotzende Kraft, die stürmisch begehrt und geniesst. Bei ihm kommt die Sinnlichkeit sozusagen zu ihren letzten Rechten. — Und so realistisch die Darstellung ist, von ebenso wunderbarer Schönheit erstrahlt sie". Ed. Fuchs, D. erot. Element i. d. Karik., pag. 18—19.

ARETINO. — S. auch Praxis Meretricvm Italae....

ARETINUS, Angelus (ps.), Juristische Anekdoten und Miscellen. Gotha, Wenige, 1839. 8⁰. 8 Bog.

A. G. Schmidt, Gallerie deutscher pseud. Schriftsteller. Grimma 1840. Kl. 4⁰.

§ ARETINUS, Leonardus Brunus (= *Leonardo Aretino,* geb. 1369, ber. Historiker, hieß eigentl. Leonardo Bruni, wird aber nach s. Geburtsorte Aretio [Arezzo] wie oben benannt, Sekretär Papst Innozenz' VII., dann der Stadt Florenz, † 1444 im 75. J. s. Alters, in der Kirche di S. Croce zu Florenz sein Grabmal; vgl. Keyssler, Neueste Reise .... 1. p. 532. Hannov. 1740. 4⁰.). Hystoria sigismu'de! der toch-

ter deß fürsten tancredi vo' salernina (so!) ṽnd
deß iünglingß gwisgardi. (Aus d. Latein. von Ni-
colaus v. Wyle [s. dort], als 2te Translation.) O. O. u.
J. (Ulm, Joh. Zainer, ca. 1480). Fol. goth. Lett. (22 fl. Fidelis
Butsch, Augsburg, Cat. 71. no. 94; jetzt viel theurer.) (In
München 2 Expll. als Accessit zweier verschiedener Ausgaben
der deutschen Uebersetzungen des Aesop.) (Auch 1 Expl. in
Göttingen.)

   10 Bll. Mit 11 Holzschnitten. Große Seltenheit, wie alle
   folgenden Drucke. — Bearbeitung einer Novelle des Dekameron (nach Gay, Bibliogr. de l'amour, der 1. Novelle
   des 4. Tages) Boccaccio's, verfasst um 1425. — Hier
   die Titel des latein. Originals (dessen älteste
   Drucke in Hain's Repertorium nachzusehen):

   De duobus amantibus, Guistardo (sic!) et Sigismunda.
   E graec. in lat. trad. S. l. et a. (c. 147*). 4⁰. (In München
   3 Expll.) — De duobus amantibus Tractatulus Guistardo
   videlicet et. Sigismunda Cum Epistola Sigismu'di ducis
   austrie amatoria pulcherrima ad Lucresiam regis Dacie filiam.
   S. l. et a. (147*). 4⁰. 6 Bll. (In Berlin.) — Tractatui'
   de duobus ama'tibus. / de Guistardo videlicet et Gigismu' /
   da. (sic!). cum epistola Sigismu'di ducis / Austrie amatoria
   pulcherrima. S. l. et a. (Ex Vienna XVIII. kal. Febr.)
   Kl. 4⁰. 6 Bll. (In Berlin.) Fehlt bei Hain. (15 fl. Gilhofer & Ranschburg, Wien, 1891.) (Einer der beiden letzten
   Drucke auch in München.) — De duobus amantibus tractatus
   Guistardo (sic!) scilicet et Sigismunda. Cum epistola Sigis-
   mundi ducis Austriae amatoria pulcherrima ad Lucresiam
   regis Daciae filiam. (Gross. Hlzschn. Wapp.) S. l., a. et
   typ. n. (Viennae Austr. (?), vor 1500). 4⁰. 6 nicht num.
   Bll. Rücks. d. letzt. leer. Am Schluss Hlzschn.-Ornament. Hain
   1586. Brunet I. p. 399. (Auction der Bibl. des Klosters
   Buxheim. München 1883. no. 3370.) — Liber Leonardi
   Aretini de duobus amantibus Guistardo scilicet et Sigismunda. S. l. et a. (vor 1500). 4⁰. (In Berlin: in Incun.
   13,210.) — Epistola de amore Guiscardi (!) et Sigismunda.
   S. l. et a. (vor 1500). 4⁰. (In München 2 Expll.) —
   Leonardi Aretini viri doctissimi et oratoris clarissimi
   libellus s. epistola de duobus amantibus Guiscardo et sigismunda filia tancredi principis salernitani ex Boccatio. S. l.
   et a. 4⁰. (Goedeke, z. A. I, 3/63, K.)

ARETINUS, Hystoria Ighismunde der tochter des
fürsten tancredi von salernia, vnd des iung-
lings gwisgardi. *Am Ende:* Anno Dmni 1482 jore. O.
O. (Straßburg, H. Knoblochtzer). Fol. Mit Holzschnitten. —
(Besaß Dr. Kloß.)

   Weller, Annalen II, S. 378.

ARETINUS, Hye nach volget gar ein schöne
hystory von einer edlen jungen frawen Sigismunda genanntt. Die eines fürsten tochter
Tancredus von Salernia genanntt gewesen ist.

Vnd von irem liebhaber Gwysgardo geuanntt
. . . . . *Am Ende:* Hye enndet sich dise hübsche vnnd
abentewerliche historien . . . . Gedruckt vnnd vollendet von
Johanni Bämler zu Augspurg. An der Mittwochen nach sant
Maria magdalena tag. Anno domini. M. cccc. vnnd darnach in
dem lxxxij. jare. (1482). Folio. (L. Rosenthal's Münchner
Juli-Auct. 1891: schönes breitrand. Expl.)

> 12 Bll. (erstes u. letztes weiss). Mit 12 sehr merkwürdigen
> Holzschnitten geschmücktes Volksbuch. Panzer I, S. 131,
> Nr. 1(62. (Die Ausgabe in Panzer's Zusätzen S. 24 scheint
> unzuverlässig.) Vgl. Weller, Annalen II, S. 379.

— — Dasselbe, tit.: Von dem trawrigen ende Guiscardi vnd Sigissmunde des Künigs vô Salern
Tochter, ein gar erbermkliche (!) History. Gedruckt zu Strassburg am Kornmarkt bei Jacob Frölich. O. J.
(c. 154*). 8⁰. 16 Bll. (In Celle.)

— — Dasselbe, tit.: Ein gar erbärmliche History,
von dem trawrigen vnd elenden Ende vnd Todt
Guiscardo vnd Sigißmunda, deß Königs von
Salern Tochter. Mit Holzschnitten. Franckf. a. M.
(c. 1580). 8⁰. (Goedeke, 2. A., S. 363, K, nach Kuppitsch'
collection no. 676; Expl. jetzt wohl im British Museum.)

ARETOPHILUS (ps.), Die böse Zeit in jetziger Welt,
nach ihren Ursachen, Beschaffenheit und Fol-
gerungen in unterschiedenen Gesprächen
zwischen Sincero und Philadelpho moraliter &
oeconomice so lustig als nutzbar vorgestellet, von *Aretophilo*.
Stück 1. Rostock, im Koppischen Buchladen. 1742. 4⁰.

> O. M. V. 1742. D 2 b. — Weller, Lex. Ps. p. 42.

* **ARGELATI**, Francesco, Der Decameron; aus dem
Italien. übers. (von Friedr. Leop. Brunn). 3 Bde. Wittenberg
u. Zerbst 1783—86. 8⁰. (4 Mk. Erras, Frkft. a. M., c. 1880.)

> Schwache Nachahmung Boccaccio's, nicht erot. — Anon.-
> Lex. I. p. 103, hat irrig „1783—85" (nach Meusel).

ARGLIST, Die, in Beyspielen geschildert. Altenburg, Richter (c. 1780). 8⁰. (1 Rthl.)

> Anzeige des Verlegers.

ARGLISTIGKEIT, Die, des Frauenzimmers („von
einer Holländerin entworffen"). O. O. 1690. 12⁰.

> Höchst selten! Wird ohne Angabe von Ort u. Jahr in
> Polander's (Pohlmann's) „Entlarvtem Cupido" (Lpz.
> 1704) 8⁰, S. 222, unter einigen andern Büchern (z. B. „die
> offenhertzige Jungfer") citirt, „welche aller Erbarkeit (sic!)
> Adjeu gegeben, und die vor der Tugend ärger als der Teufel
> vorm Weyrauch fliehen". — Auch in der auctio libror.
> Lipsiae, 18. Jan. 1717, p. 140 citirt.

ARGOS (sic!) oder der Mann mit hundert Augen (von *J. J. Kämmerer*). Paris 1796.

> Anon.-Lex. I. p. 103 (nach Kayser). — Fehlt bei Weller, fing. Dr.

§ **ARGUMENT,** Gründ- und probirliche, Und Schluß-Articul, samt beygefügten ausführlichen Beant-wortung: Belangend die Frag, Ob die Weiber Menschen seyn, oder nicht? Aus andern Scribenten u. der Experienz selbsten zusammen getragen, zuvor Teutsch im Druck nie gesehen! anitzo aber zu mercklicher guter Nach-richt, Dem Weiblichen Geschlecht, zur gebührlicher Verant-wortung, Gesprächsweis lustig verfasset u. publicirt, Durch einen Liebhaber der Bescheidenheit. Franckfurt, gedruckt Anno 1721. 8⁰. Zahm.

> 40 S. (incl. roth u. schwarz gedr. Titel, auf dessen Rücks. Vorrede). Gespräch zwischen Bruder Endres, gen. Weiber-Feind, Benedictiner-Ordens, u. Pater Eugenius, gen. Wiegandt, sonst Weiber-Freund, ejectus Jesuita.

ARGUMENT. S. auch Beschreibung .... Argument und Schluß-Articul .... 1617 (gedr. 1643).

ARGUS, Der weitaussehende. 3 Bde. Leipzig 1720. 8⁰.

> Georgi, Europ. B.-Lex., ohne Preis- u. Bogen-Angabe.

ARGUS, eine Wochenschrift (hrsg. von Johann Ernst Basilius Wiedeburg). Erlangen 1757.

> Anon.-Lex. I. p. 103 (nach Meusel).

ARGUS. Eine Zeitschrift für Franken und die angränzenden Länder, hrsg. vom Verfasser der Blicke in das Innere der Prälaturen (Domvicar Franz Nic. Baur, nicht Bauer, in Würzburg). 4 Hefte od. 2 Bde. Coburg u. Leipzig, Sinner, 1803. 8⁰.

> Anon.-Lex. I. p. 103 (nach Meusel u. Ersch.); Goedeke VIII, 14, 43.

ARGUS. — Anti-Argus oder seltsame literarischpolitische Phänomene in Franken (von *Franz Berg*). Augsburg 1803.

> Anon.-Lex. I. p. 80 (nach Kayser).

* **ARIANTES** u. Polydorus (ps.), Der Widerlebende Grosse CONSTANTINUS und Die Durchleuchtigste Printzessin AMA-LASONTA .... kürtzlich und eifferig entworffen durch Die Printzen ARIANTES und POLYDORUS. A. C. L. V. A. (Zahmer Roman.) AUGSPURG, Druckts und verlegts Caspar Brechenmacher. ANNO 1699. (Nebst Kupfertitel.) 8⁶. (In Berlin: Yn 9701.) Rar! Tit. u. 92 S.

ARIEN, Neue, aus den Comedien Die Bewunderungswürdige Bass-Geige; Hanns-Wurst, ein substituirter Bräutigam; Der versehnte (!) Weiber-Feind; Der durch den Korb gefallene

8*

Wanckelmut. 4 Hefte. O. O. u. J. (Wien, ca. 1730.) 8⁰.
(12 Mk., Heft 4 apart 4 Mk., Adolf Weigel, Lpz., 83, c. 1905.)
Zum Theil sehr derb, u. im Wienerischen Dialect.

ARIEN, Sieben schöne neue. Gedruckt in diesem Jahr
(1777). Berlin.
Goedeke IV, 655, 36, unter Werther-Litt.

ARIEN, Sieben schöne Neue. Die Erste. Mein Herr
Mahler wollt ihr wohl. Die Zweyte. Kriegslied. Es ist nichts
schöners auf der Welt. Die Dritte. Herr Bruder, nimm das
Gläschen. Die Vierte. Ihr Jungfern, nehmet euch
in acht. Die Fünfte. Der Hahn liebt seine Henne. Die
Sechste. Liebst du mich wieder, mein guter. Die Siebente.
Ich sag' es doch immer, es ist ein etc. Zum Zeitvertreib.
O. O. u. J. (um 1795). 8⁰.
4 Bll., unpag. Mit der Sign. (Sss) auf d. Titel. Nr. 4.
derb u. frei. — Seltene Jahrmarktschrift.

ARIEN und Lieder, Sechs, die neu und rar. 1) Ein
Weibsbild ist ein närrisch Ding. 2) Incognito.
3) Treue Freundschaft. 4) Ich Mädchen bin aus Schwaben.
5) Der Gärtner. 6) So oft ich meine Tabakpfeife. O. O.
u. J. (179*). 8⁰. (4 Mk. 50 Pfg. Heinr. Härtel, Dresden,
1907.)
Seltene Volksliedersammlung mit originellem Titelholzschnitt. 8 Seiten.

ARIST (ps.), Schilderungen für die Frauenzimmer, dem schönen schönen Geschlechte zur Belustigung gewidmet, von —. 2 Thle. Mit Titelkupfer u. 22 Vign. (sämmtl. in
Rothdruck, unsign.). O. O. 1765. 8⁰. (Expl. in Stuttgart.)
mit Anfangs-Vignette.
1: 120 S. (incl. TK., Tit. u. 1 Bl. Vorr.). Inh.: 1. Die
Kaffeetrinkerin. 2. Die eigennützige Mode. 3. Der Scharf-
sichtige. 4. Die ehrliche Betrügerinn. 5. Die treuliche
Vergeltung. 6. Die friedsame Frau. 7. Die glückliche Verfolgte. 8. Das einträgliche Hinderniss. 9. Das Kloster.
10. Die zärtliche Mutter. 11. Der lächerliche Unschlüssige. 12. Die kranke Liese. 13. Die Wahrheitforscherin.
14. Die reuige Edelmüthige.
2: S. 121—231 (incl. Tit.), 1 S. Inh.: 15. Die gelassene
Frau. 16. Das Glück der Thoren. 17. Die Spielerinn u.
der Goldmacher. 18. Die Mildthätige. 19. Die Talente.
20. Die Gartenlust. 21. Die schädliche Vertraulichkeit.
22. An Lorchen (darin S. 214—231 salernitanische
allgem. Gesundheitsregeln, in deutschen, oft derb-
jokosen Reimen). — Selten !

* **ARISTÄNET** (angebl. aus Nicäa in Bithynien, † 358 n. Chr.
während d. Erdbebens in Nikomedien, unter Constantin's Reg.),
Briefe (erot.). Aus d. Griech. übers. v. J. F. Herel. Mit
Titelvign. (J. K. Meil fec.). Altenburg 1770. Kl. 8⁰. (4 Mk.
50 Pfg. A. Bielefeld, Carlsruhe, 1891.)

228 S. (incl. Tit. u. 4 Bll. Vorr.), 1 Bl. Inh., 1 Bl. Druckf.
Die Vorrede beginnt: Der wahre Verfasser dieser Briefe
die uns eine einzige Handschrift aufbehalten hat, ist unbekannt — wenigstens sehr zweifelhaft; ein Schicksal, das nicht
immer nur die mittelmässigsten Werke aus dem Alterthume
betraf. Wahrscheinlich ist es bloss, dass er derjenige
A r i s t ä n e t aus Nicäa in Bithynien sey, dessen der Redner
L i b a n, als seines Freundes, und beredten Mannes von ein-
nehmenden Charakter gedenket, und an den einige Briefe
von ihm noch vorhanden sind. Er war ein Anhänger des
ältern Glaubens, und kam in dem Erdbeben um, welches
unter K o n s t a n t i n s Regierung im J. Chr. 358 Nikomedien zerstörte (sic!), wo er eine obrigkeitliche Würde
bekleidete.
Alte rare T e x t a u s g a b e (in Berlin):
'Αρισταινέτου 'Επιστολαὶ ἐρωτικαὶ, etc. E. biblioth. J. S a m -
b u c i. Antverpiae 1566. 4⁰. (In Berlin: Vz. 3900.) u. öfter.
F r a n z ö s i s c h e U e b e r s e t z u n g : Les E p i s t r e s
A m o u r e u s e s d ' A r i s t e n e t, tournées de grec en françois, par C y r e F o u c a u l t, sr de la Coudrière, avec
l'image du vray amant, discours tiré de Platon, réimprimé
sur la première édition (Poictiers 1557). notice par A. P.
M a l a s s i s. 1876, in-16⁰, pap. vergé, titre rouge et noir,
caract. antiques, couv. parchemin. (5 frcs. Claudin, Paris,
1877.)
„Aristénète est plutôt un conteur qu'un épistolaire. C'est
un metteur en œuvre précieux et raffiné de descriptions,
d'anecdotes, de scènes et de façons amoureuses; sa manière
vive et colorée, quoique empreinte d'une certaine emphase,
fait tableau. Les détails précieux sur les mœurs grecques
abondent dans son livre, qui n'a rien perdu de sa saveur
à être traduit ou paraphrasé dans la langue d'Amyot; c'est
une véritable résurrection littéraire. Voici un petit extrait
de la table des matières, qui fera ressortir davantage la
curiosité de ce volume: Deux jeunes filles aiment à l'envi
l'une de l'autre un jeune homme. — Une dame et un jeune
homme s'entredonnent l'un l'autre du bon temps sous un
arbre. — D'un compagnon qui cognoissoit les Dames du
mestier à les voir de loing seulement. — La malice d'une
femme qui trompe son mari par une nouvelle ruse. — Un
jouvenceau appelant tout le monde pour juger des beautez
de sa maistresse. — La femme d'un geôlier débauchée par
un ruffien qu'elle tenoit prisonnier. — Une servante amoureuse du mignon de sa maistresse." (Claudin.)

ARISTÄNET, L a i s. Ein Gemälde weiblicher Schönheit. Aus
d. Griech. des *Aristänet* (in 5 füss. reimlosen Jamben): Wien,
M. A. a. d. J. 1796. S. 7—12. W.
Goedeke VII, 605, 117.

ARISTARCHUS, Erasmus (ps.), R o m a n t i s c h e S c e n e n
a u s d e m M i t t e l a l t e r. (Enth. den zieml. üppigen Roman:
„Ritter Busso von Falkenhorst.") Leipzig: In Comiss. bei
Carl Focke. 1836. 8⁰. 201 SS.

§ **ARISTIPP** (von *Carl Friedr. Müchler*). Mit Titelkpf. von
G l a s s b a c h. Berlin, bey Siegismund Friedrich Hesse in der

breiten Strasse. 1781. 8⁰. (20 Mk. E. Frensdorff, Berlin, 1904;
8 Mk. Oskar Rauthe, Berlin, 1908.)

> 160 S. Selten! Mit gedruckter Dedikation an Gleim
> und Motto aus Johannes Secundus. Anon.-Lex. I. p. 104
> (nach Kayser u. Meusel).

ARISTOBUL der Fürstengünstling (von *Friedr. Aug.
Wentzel*). . 2 Thle. Posen und Leipzig 1808. 8⁰.

— — Dasselbe. Neue Aufl. Ebd. 1817. 8⁰.

> Anon.-Lex. I. p. 104 (nach Kayser u. Goedeke).

ARISTIPPUS, Der reisende, s. Discours, Allerhand
lustige.

ARISTOPHANES, Lysistrata. Mit den 8 Orig.-Illustra-
tionen von A. Beardsley. (Privatdruck in 400 num. Expl.)
4⁰. (Gebd. M. 50.—.) (55 Mk. H. Streisand, Berlin, 1906;
80 Kr. Gilhofer & Ranschburg, Wien, 1907.)

> Die starke Erotik der Abbildungen übertrifft noch die
> Komödie an zügelloser Derbheit. — Vergriffen!
> Englische Ausgabe : Lysistrata. With 8 plates by
> A. Beardsley. London. Privately printed. 4⁰. Out of
> print. (180 Kr. Gilhofer & Ranschburg, 1907.)

ARLAC, P. (ps.). — Oster-Geschenck, Ein kurtzweiliges, bestehend in unterschiedlichen Oster-Ayern,
welche PATER ARLAC seinen Zuhörern in Texa, nemlich
denen Jungfrauen, Frauen, Männern u. Evangelischen, in einer
Oster-Predigt, am ersten Oster-Tage des 1734. Jahres ge-
schencket. (Zierleiste.) Gedruckt 1739. 4⁰. (In Dresden: Theol.
cathol. B. 633, 6.) Sehr rar!

> 16 S. (incl. Tit.). Amüsante Volkspredigt, nur am
> Schluss, bezüglich der für die Evangelischen be-
> stimmten Ostereier, zeigt sich der Pferdefuss des fana-
> tischen Hetz-Pfaffen: „Die Henne, die (kathol.) Kirche
> singt allezeit Cha-Cha-Cha-Charitas, die Lieb, die Lieb, alles
> eines vom Aufgang bis zum Niedergang. Aber ihr Evange-
> lischen erkennet keine solche Henne vor eure Mutter, sondern
> ihr kommet her von einem Hahn, von einem geilen stoltzen
> Hahn Luthero, welcher sich nur auf den Misthauffen
> der Geilheit aufhielte. Dieser hat etliche gefüllte Körn-
> lein seiner falschen Lehre gefunden, mit welchen er die
> Kirche verunehrt, die Altäre geschändet, die Mess-Opffer
> verhindert, die Heiligen veracht, die Heil. Bildnisse ver-
> worffen, die Klöster aufgerissen, die Sacramente verfälscht,
> die Abgestorbene verlassen, die Heiligthümer verspottet,
> die liebe Christenheit in einen Unfrieden gebracht. Dieser
> Hahn kräht in der Höll Gäcken hin, Gi Gäcken hin, Glück
> ist hin, Glück ist hin! alles Glück ist hin! Awe! Glück ist
> hin! meine Seeligkeit ist hin. O mein sauberer Luther, nun
> musst du fasten, weil du sonst in der Welt von fasten nicht
> viel gehalten. Nun betraurest du deine Thorheit, dass du
> die Catholische Warheit also verlassen, und zu Eissleben
> ein so verruchtes Leben geführet, zu Eissleben, ja wann ein

Sch. vorgesetzet wird." Verfasser sehr wahrscheinlich ein altbayerischer „Viechkerl".

* § ARLECHINO, Der Lustig- und Moralische, oder Auserlesene (meist ganz kurze) Arien und Lieder aus den vornehmsten Operen und Theatralischen Poësien dieser Zeit. 4 Stücke. (St. 2 ohne besond. Tit.) O. O. u. J. (Berlin u. Leipzig, J. J. Rembold.) 8⁰. (1¹/₃ Rthl. Maske, Breslau, c. 1865; jetzt theurer!)

> 64 fortl. gez. SS. Mit 1 Kpf. bei Stück 1. Stellenw. sehr derb u. frei. — Am Ende: „Pro Memoria. Denen Liebhabern der Musik dient zu beliebter Nachricht, dass die Musicalische Composition dieser Arien, nebst vielen andern neuen galanten Arien, Cantaten, Sonaten u. Menuets, in Menge in Manuscripto, und zwar iede Arie mit Basso à 1. gr. in Berlin u. Leipzig zu haben, auch wird nechste Messe die Continuation gegenwärtiger G. G. (sic!) zum Vorschein kommen."

ARLEQUIN, Der Kurtzweilige. (Schwänke, Anekdoten etc.) Leipzig 1691. 12⁰.

> Rar! Einiges derb. (2¹/₂ Mk. Koebner, Breslau, c. 1880; jetzt theurer.)

ARLEQUINADEN. (Ueber Schauspiel etc.) London und Berlin (Wien?) 1787. (Weller, fing. Dr.) Rar!

ARMBRUSTER, Joh. Michael (gcb. 1761 zu Sulz in Würtemberg, erschoss sich 14. Jan. 1814), Feyerstunden, kleine Romane, Schwänke u. Erzählungen. Mit 1 Vignette. St. Gallen 1798. 8⁰. (1 fl. 12 kr.)

> Gradmann, Joh. Jac., das gelehrte Schwaben. (Tüb.) 1802. Gr. 8. p. 13—15.

ARMENO, M. Christoforo. — Erste (einz.) theil Neuwer kurtzweiliger Historien in welchem Giaffers, des Königs zu Serendippe, dreyer Söhnen Reiß gantz artlich vnd lieblich beschrieben: Jetz neuwlich auß Italiänischer in Teutsche Spraach gebracht, Durch Johann Wetzel, Bürgern zu Basel. Getruckt zu Basel, im jar M. D. LXXXIII. (1583.) 8⁰. (In Wolfenbüttel.)

> 8 Bll. „Vorred" (dat. Basel, 1. Febr. 1583) u. 335 S. Aeusserst selten! Dieser erste und einzige Theil enth. die Reise vollständig, in einer Reihe von morgenländischen Novellen über den Kaiser Beram, der über den Verlust seiner schönen Diliramma getröstet werden soll. (Goedeke II. p. 479, 7.)

— — Dasselbe. Basel, König, 1599. 8⁰.

> Citirt Clessius II, 213, der II, 225 auch die obige Ausgabe nennt; Draudius p. 494.

ARMENO, Die Reise der Söhne Giaffers. Aus d. Italienischen des *Christoforo Armeno* übers. durch Joh. Wetzel 1583. Hrsg. v. Hermann Fischer u. Joh. Bolte.

Stuttgart und Tübingen (literar. Verein, 208 Publ.) 1895. Gr. 8⁰.
(Mk. 9.— L. Rosenthal, 1906.)

Der Titel des italienischen Originals lautet:
Peregrinaggio di tre giovani figlivoli del re di Serendippo,
per opra di M. Christoforo Armeno dalla Persiana
nell' Italiana lingua trapportato. In Venetia, per Michele
Tramezzino, MDLVII. (1557). Kl. 8⁰. 8 Bll. Vorst. (letztes
weiss) u. 84 beziff. Bll. (letztes weiss). Mit Titelholzschnitt.
(48 Mk. Jacques Rosenthal, München, c. 1903.) Brunet I,
485: „Ce petit ouvrage, rare et bien recherché, contient
sept historiettes dans le goût oriental et bien écrites en
italien." Rep. ibid. 1584. 8⁰. (Liebrecht & Dunlop p. 410 sq.)
Französ. Uebers.: Le voyage et les avantures des trois
princes de Sarendip. Trad. du Persan (par le chevalier
de Mailly). Paris, Guil. Cavelier fils, 1719. 12⁰. Avec
9 grav. (In Wolfenbüttel.)

* **ARMENO.** — Historische Reyse-Beschreibung
dreyer vornehmen berühmten Königs-Söhne.
Aus dem Persischen ins Italienische durch Christoph Ar-
menio (!) de Roville; jetzo in hochteutsche Mutter-
Sprach versetzt durch Carolum à Libenaw. Leipzig, bey
Joh. Grossen. 1630. 8⁰. (In Dresden: Lit. Germ. rec. C 497.)
Ungemein rar! (36 Mk. L. Rosenthal, 1906, Cat. 113, wo aber
„Gera 1630. 138 Bll." steht.)

O. M. V. 1630, E 4b; H. M. V. 1630, E 4a.

— — Dasselbe, titulo: Der Persianische Robinson,
s. bei Robinsonaden, Erotische.

Holländ. Uebersetzung: Persiaensche Ge-
schiedenissen, of de Reizen en wonderbaere
Gevallen der drie Prinsen van Serendeb be-
vattende Een reeks van Angenaeme en Leerzaeme Vertel-
lingen, welke in eenen zeer geestigen trant zyn beschree-
ven, en het Vermaek met het Nut teffens voorstellen.
Uit het Persiaensch vertaeld. Eerste (einz.) Deel. Te Leiden,
Cornelis van Hoogeveen, Junior. MDCCLXVI. (1766.) 8⁰.
5 Bll. u. 340 S. — Goedeke I. c.

— — Dasselbe, titulo: Pudelnärrische Reiseaben-
theuer dreyer Königssöhne. Leipzig, Schwickert, 1789.
8⁰. 156 S. (4 Mk. Taussig, Prag, 1904.) Selten!

— — Dasselbe (neuere Bearbeitung), titulo: Die Familie
aus dem Morgenlande. (Auch titulo: Die 3 Brüder
aus Persien). 2 Thle. Fürth, Geyer (c. 1800). 8⁰.
(1 ½ Rthl.)

Kayser, Roman-Verz. p. 36, ohne Jahrsangabe.

ARMINII (ps.) Galante Historien und Geschicht-
Roman in denen Frühlings-Hütten. Frankfurt u.
Leipzig 1704. 8⁰.

(In Hannover, kgl. Bibl., aus d. Bibl. Gerardina.) 6 Bog.
Höchst selten!

ARMIN und Elvira. Eine Legende. Aus d. Engl. (des *E. Cartwright* von Carl Ludw. v. Klöber und Hellscheborn). Mit Titelkpf. (Liebe sc.). Breslau u. Leipzig, bey Wilh. Gottlieb Korn. 1773. 8⁰. 36 S. (2 Mk. 50 Pfg. Ludw. Rosenthal, München, 1906.)

> Vierzeilige Strophen, zahm. Anon.-Lex. I. p. 106 „Arnim" (!) kennt den Verfasser nicht, nennt aber den Uebersetzer.
>
> Das englische Orig. erschien titulo: Armine and Elvira, a legendary tale. Altenburgh 1773. Gr. 8⁰. (Heberle's in Cöln Juni-Auction 1892, no. 866.)

* ARNAUD (Franç. Thomas Marie de Baculard (d'), Die Unglückseligen Verliebten, oder Begebenheiten des Grafen von Comminge, ein (zahmes) Schauspiel . . . . Aus dem Französ. übers., mit kritischen Anmerkungen u. einer Nachrede vermehret. Glogau 1767. Kl. 8⁰. 120+190 S. (3 Mk. Taussig, Prag, 1906.)

> Uebersetzer im Anon.-Lex. I. p. 105 nicht genannt. — Orig.: Les amans malheureux oule comte de Comminge, drame, avec mémoire et lettre de Comminge. à la Haye 1765. 8⁰. (2 Mk. 50 Pf., Graff, Braunschw., c. 1885); rep. Paris 1768. 8⁰. Avec figg. (1 fl. 20 kr. Taussig, Prag); rep. à la Haye 1774. 8⁰. 2 figg. (2 Mk. 50 Pf. Lesser, Breslau, c. 1880.)

ARNDT, Lorenz, von Blankenburg, keine Liebesgeschichte. ` (Liederlicher Roman, voll pikanter Liebschaften, von *Friedrich Theophil Thilo* 1749—1825.) 4 Thle. Mit TVignetten. Leipzig, K. F. Schneider, 1784—85. 8⁰.

> Ausser Inh.-Verz.: 358, 406, 446 u. 456 SS. (Neue Originalromane der Deutschen Bd. 12—15.) Höchst selten!

ARNIM, K. G. Ph. v. („Vf. der Schrift über den Adel", d. i. *Joh. Ernst Friedr. Wilh. Müller*), Die tugendhafte Kokette oder Geschichte der Gräfin Caroline Busso. Leipzig, o. J. (ca. 1800). 8⁰. 334 S. (1 Mk. 50 Pfg. Rich. Bertling, Dresden, 1889; 8 Mk. [!] H. Streisand, Berlin, 1908.)

ARNIM, Die Freuden des Ehestandes, oder Geschichte des Regierungsraths Ludolf und seiner Familie (als Pendant zum Unterröckchen). Leipzig (1803). 16⁰. 80 S. (1 Mk. l. c.)

ARNO (d. i. *L. K. L. Seidler,* Auditeur in Cöln), Novellen. 2 Bdchn. Nordhausen, Rosinus Landgraf, 1826—27. 8⁰.

> 255 u. 269 S. Zahm. I: Grünthal's Wanderungen. — Der Maler. II: Die Freunde. — Ascan's Tagebuch.

ARNOLD, G., Das eheliche und unverehelichte Leben der ersten Christen nach ihren eigenen zeug-

nissen und exempeln. Frankfurt. 1702. Kl. 8⁰. 552 S. (3 Mk.
Leo Liepmannssohn, Berlin, 1906.)

> Seite 513—Schluss: Zusatz etlicher A r i e n u. g e d i c h t e
> von der göttlichen u. ungöttlichen Liebe.

— — Dasselbe. Andere Auflage. Mit Titelkpf. Leipzig 1732.
8⁰. (4 Kr., Prgtbd., Halm & Goldmann, Wien, 1907.)

ARNOLD, J. F. (= *Theod. Ferd. Kajet. Arnold*, 1774—1812,
identisch mit *Ignaz Ferd. Arnold*), D e r g r a u e E n g e l.
E. orientalische Erzählung. (Harems-Liebschaften am Hofe des
persischen Schahs Nadir.)   Rudolstadt, bey Langbein u. Klüger.
1798. (Nebst gestoch. Tit. u. T i t e l k p f., C. F. S t o e l z e l
fec.). 8⁰.

> 2 Bll. u. 224 S. (incl. Drucktit.).

ARNOLD, D e r M a n n m i t d e m r o t h e n E r m e l. Eine
Geistergeschichte. 2 Thle. Gotha 1798. 8⁰.

> Wildmoser's Leihbiblcat., München 1824. no. 8896—97.

ARNOLD, A m a l i e B a l b i; Wiedersehen der Geliebten nach
dem Tode. Erfurt, Hennings (in Gotha), o. J. (180*). 8⁰.
(1 Rthl.)

> Kayser, Rom.-Verz. 1836. p. 10 (ohne Jahrsang.).

ARNSHEIM, F r ä u l e i n v o n, oder d a s m a g n e t i s i r t e
M ä d c h e n. Ein Beitrag zur Geschichte menschlicher Thorheiten, Aberglauben, Empfindsamkeit u. Schwärmerei, und Pendant zu Herrn P r e s s e r s mannigfaltigen Wendungen des
menschlichen Herzens. Frankfurt u. Leipzig (Breslau, Fr. Korn),
1789. 8⁰.

> 80 S. (incl. Tit.). Enth. ausser der a u f e i n e r w a h r e n
> B e g e b e n h e i t beruhenden s c a n d a l ö s e n Ver-
> f ü h r u n g e i n e s a d e l i c h e n F r ä u l e i n s (und dessen
> Mutter) durch magnetisirende ärztliche Betrüger, noch fol-
> gende Abhandlgn.: Etwas von L a v a t e r n, über seinen
> Karakter u. Ideengang (verrückte Schwärmerei). — Apo-
> logie der Empfindsamkeit. — Noch ein Wort mit L a -
> v a t e r n (der als Anhänger des Mesmerismus getadelt wird).
> — Sehr selten u. merkwürdig!

ARNSTADT. — * T a f e l - C o n f e c t, In Eil zusammengesuchter, Welcher, als . . . . Hr. Fr. Wilh. Werner . . . . Sich
Die . . . . Jungf. Anna Doroth. Happin Den 21. Febr. 1683
. . . . trauen ließ, Von einem Jungen Confect Gaste auff-
getragen wurde. A r n s t a d t, Meurer. 4⁰. (In Berlin: Yz
1761, no. 29.)

> 2 Bll. In Versen.

ARNSTEIN, A d o l p h v., und J u t t a v o n B r a n d e n -
f e l s. Rittergeschichte des 15. Jahrhunderts. Mit lithogr. Titelbild. Weimar, A. Tantz, 1834. 8⁰. 191 S. Zahm.

ARS a m a n d i. Zehn Bücher der Liebe. Hrsg. von Richard
N o r d h a u s e n. 4 Bde. (soviel ersch.). Mit Zeichnungen
von Fr. S t a s s e n, Max D a s i o u. H. M ü n t z e l (wobei

manches Freie). Berlin, Fischer & Franke, o. J. (1898—99).
Kl. 12⁰. Liebhaberausgabe auf Büttenpapier in 4 eleg. rothen
Orig.-Ldrbdn m. Goldschn., unbeschn. (Mk. 25,50.) (16 Mk.
M. Edelmann, Nürnb.; 18 Mk. J. Taussig, Prag; 18 Mk.
Schaper, Hannover.)

> Geschmackvolle u. elegante Publikation. I: Von Homer bis
> Apulejus. II: Uebers. der „Liaisons dangereuses" (s.
> L a c l o s, Choderlos de) von R. N o r d h a u s e n. III: V o n
> Hoffmannswaldau bis Schiller. IV: Goethe, Byron, Heine,
> Lenau.

ARSELIUS (ps.), Die Spanische Eyfersucht, Oder
das blutige Ende einer falschen Einbildung,
In einer angenehmen Lebens- und Liebes-Geschichte der galanten Welt vorgestellet von *Arselio*. AUGSPURG, Joh, Jac.
Lotters seel. Erb., 1745. 8⁰. (13 Mk. 50 Pfg. Max Perl, Berlin, c. 1906.)

> TKpf., Tit. in Roth- u. Schwarzdruck, 2 Bll. Vorr. u.
> 472 S. Darin auch einige „Arien".

ART der Weiber, Die verkehrte.

> Derb-pikantes G e d i c h t im unpaginirten Anhang von:
> La P h i l o s o p h i e (s. d.) de la Canaille d. i. die Ochsen-
> Philosophie . . . O. O. 1705. 8⁰.

ART, L', de baiser, s. Hochzeitsscherze.

ARTAMENES, oder der grosse Cyrus, in einer an-
mutigen Liebs- und Helden-Geschicht vorgestellt. Anjetzt aber
(aus dem Französ. der *Magdeleine de Scudery*) in das Hochteutsche übersetzt, mit Poesie geziert, von neuem übersehen
und verbessert durch ein vornehmes Mit-Glied der Hochlöbl.
Fruchtbringenden Gesellschaft (Ferd. Adam P e r n a u e r,
Herrn v. P e r n e y). 4 Bde. Mit Titelkpfrn. Nürnberg 1690
bis 1699. 8⁰. (12 Mk., Prgtbde., Karl W. Hiersemann, Lpz.,
1904.) Zahm.

> O r i g.: Artamene ov le grand Cyrvs. Dedié a mme la
> dvchesse de Longveville. Par Mr (George) d e S c v d e r y
> . . . [Vielmehr von Magdeleine d e S c u d é r y.] P. I. II.
> 2de Ed., reu. & corr. Paris, Avg. Covrbé, 1650. 8⁰ —
> P. III—X. Paris, Avg. Covrbé, 1650—54. 8⁰. (Jede P. mit
> 1 Titelkpfr. und je 3 Kpfrn.) — Dass. P. I. II. Paris, Avg.
> Covrbé, 1749. 8⁰. (Jede P. mit 1 Titelkpfr. P. I mit 3,
> P. II mit 2 Kpfrn.) — Dass. P. I—X. Imprimé à Roüen,
> & se vend A Paris, Avg. Covrbé, 1654. 8⁰. (Jede P. mit
> 1 Titelkpfr. P. I—IX mit je 3, P. X mit 4 Kpfrn.) —
> Sämmtl. in Wolfenbüttel. (Vgl. M i l c h s a c k ' s Cat.)
> (12 fl., 10 vols., avec figg., Paris 1649—54. 8⁰, wobei
> vol. 1 defekt war, F. Rohracher, Lienz in Tirol, 1896.)

ARTEMISIO (ps.), Die Schauerruine der alten
Riesensteinburg, oder: (zahme) Ritter-, Räuber-
und Geistergeschichten der Vorzeit. Weimar,
Gräbner, 1833. 8⁰.

162 S. Enth.: Winfried v. Waldenstein od. das Gottes-
urtheil. — Das steinerne Kreuz am Blutfelsen. — Die Gespenster im Waldschlosse. — Die Erscheinungen auf dem
Schreckenssteine. — Die Todtenkammer.

ARTHUR. Biographie eines guten Menschen, hrsg. von J o s e p h
(d. i. Ludw. L ü d e r s). Zwickau, Schumann, 1803. 8⁰. Rar!

ARTZIBASCHEW, M., S s a n i n. Roman. Übersetzt und eingeleitet von André V i l l a r d und S. B u g o w. 4. u. 5. Aufl.
München, Georg Müller, 1907 (1908 ?). 8⁰. (Br. Mk. 5.—,
gebd. 6,50.)

> Hierüber schreibt u. a. die „Neue Revue": L i e b e s -
> r a s e r e i i n R u s s l a n d, erotische Bewegung, sexuelle
> Revolution — das sind Spitzmarken, unter denen man neuer-
> dings unerwartete Nachrichten aus Russland bringen kann.
> D e r e i g e n t l i c h e D i c h t e r d e r n e u e n R i c h t u n g
> i s t A r t z i b a s c h e w. Er hat einen Roman Ssanin ge-
> schrieben, in dem er den Typ des neuen Menschen geben
> will. Dieser Roman hat in kürzester Zeit dem Autor
> T a u s e n d e v o n A n h ä n g e r n gewonnen. — D i e R e -
> g i e r u n g h i e l t e s f ü r n ö t i g, S s a n i n z u k o n f i s -
> z i e r e n und Artzibaschew soll selbst ins Gefängnis ge-
> worfen sein. Die Ssaninisten führen jetzt in Russland den
> „K a m p f u m d i e n e u e n I d e e n". (Aus dem V e r -
> l a g s - P r o s p e k t.)

ARUBINI u n d S u n i b u r a e D a m e n - L o b u n d W a h r -
h e i t - P r o b, in einer schertzenden S p a t z i r - R e d e u n d
l u s t i g e m G e s p r ä c h, in unterschiedenen L o b - L i e b s -
u n d S p a s s - L i e d e r n abgehandelt; nebenst etlichen kurtzen
Schertz-Gedichten, Uberschrifften, Versetzungen und Rätzeln,
von *J. G. B.* Hanau, b. Carl Scheffern. 12⁰.

> M. M. V. 1680. B 3 b.

ARUBINI u n d S u n i b u r a e i n e i n e m P o l i t i s c h -
S a t y r i s c h - Q u o d l i b e t i s c h e n L u s t - H a u s s a l l e r -
h a n d h ö f f l i c h e B e s p r e c h u n g e n u n d L i e d e r etc.
Ibid. apud eund. 8⁰.

> M. M. V. 1684. E 3b sub libris futuris nundinis pro-
> dituris.
> Noch keine Expll. nachgewiesen.

ARUJA oder d i e w e i b l i c h e T r e u e. Eine morgenländische
(etwas freie) Erzählung (in Versen) aus Tausend und einem
Tag. Nebst einer Z u g a b e (von Gedichten, Charaden, Anekdoten etc.). Gotha, bei Carl Stendel 1811. 8⁰. (5 Mk. Taussig,
Prag, 1907.)

> XXIV—311 S., 1 Bl. Druckf. (S. 263—309: Reise zum
> Frohnleichnamsfeste nach E r f u r t.)

§ **ARVONASACK'S** B u n d m i t d e m B ö s e n u n d d e s s e n
v e r l i e b t e A b e n t e u e r. Gegenstück zu Casanova's Memoiren. Quedlinburg u. Leipzig, Basse, 1827. 8⁰.

> 212 SS. (3 Mk. Kühl, Berlin.)

— — Dasselbe. (Neudruck.) München (c. 1885). 8⁰.
    Ob verstümmelt ?

§ **ARZNEY** („Artzney"), Heylsame, wider die ünzüchtigen und andere schändliche Reden. München 1736. 8⁰.

ARZENEI für Hypochondristen, eine Sammlung von Erzählungen, Schwänken, Anekdoten, Einfällen, Epigrammen und Recepten zur Verdauung bei Mahlzeiten. Berlin, Wilh. Oehmigke d. Jüng., 1803. 8⁰. (1 ⅓ Rthl.)
    Anzeige des Verlegers.

ARZENEYEN (von *Christian Gottlieb Lieberkühn*, geb. in Potsdam, 1757 Feldprediger im Regimente Prinz Heinrich). Berlin 1759. 12⁰. (In Stuttgart.) (1 Mk. B. Seligsberg, Bayreuth, c. 1890.)
    Herder-Hempel 22, 107; Goedeke IV, 108, 10.

ARTZNEY-Büchlein, Ein gantz neues, sehr lustiges und kurtzweiliges, für die lange Weil, doch in Eile zusammen getragen, die Mücken damit zu verjagen. Gedruckt in diesem Jahr (c. 1680). 8⁰. (Mk. 8.— Jacques Rosenthal, München, c. 1903.)
    8 Bll. Mit merkw. Titelholzschnitt. Aeusserst originelle Schrift, die nach Art eines Receptbuchs in derber Weise die Schwächen der Menschen geisselt.

ASCH, Ferd., Die Nonne. Ein (im Eingange etwas freier) Roman. Quedlinburg und Leipzig, 1825, bei Gottfried Basse. 8⁰. 227 S.

ASCHENBRÖDEL, Finette. Eine interessante Geschichte der Vorzeit. (Zahmer Roman.) Mit Titelkpf. Caschau. Bey Otto Wigand, o. J. (Lpz., Lauffer, 1821.) 8⁰. Tit. u. 204 S.

ASMODEUS, oder Der hinckende Ehe-Teuffel. (Roman.) Hamburg und Kiel, b. Samuel Heyl. 1730. 8⁰.
    War in einem guten handschriftl. Catalog. — Identisch mit Lesage's „diable boiteux?

ASMODI (ps.), Unter den Lebemännern. Budapest (ca. 1892). 8⁰. (1 Mk. 25 Pfg. M. Edelmann, Nürnberg.)
    Liederliches, doch nicht erotisches Opus, das in Nürnberg bald nach Erscheinen confiscirt wurde, wobei Verfasser dieses Cat. als gerichtlicher Sachverständiger (in München) vernommen wurde.

ASMODI's entwendete Briefe, moralischen u. satyrischen Inhalts (von *Adam Frdr. Geisler d. Jüng*). Frankfurt u. Leipzig 1783. 8⁰.
    Sehr selten! — Rassmann, Pantheon, S. 93; Anon.-Lex. I. p. 271 (nach Kayser u. Meusel).

ASMUS, M. (ps.?), Indiskrete Mittheilüngen über Erfahrenes. Leipzig, o. J. (c. 1905?). 8⁰. (1 Mk. Edelmann. Nürnb.)

ASPACH, Henriette v. Eine interessante Geschichte aus dem Jahr 1781. Mit hübschem Titelkpf. Leipzig, Weygand, 1781. 8⁰. (²/₃ Rthl.) (4 Mk. Jos. Baer & Co., Frankf. a. M., 1894.)

> Geschichts- u. Romanen-Literatur. Breslau, Korn, 1798. — „Mit Kupfern" sagt das M. M. V. 1781. S. 170.

ASPASIA, ein interessanter Roman, aus d. Englischen frei übersetzt. 3 Bde. Leipzig, Jacobäer, 1788. 8⁰. (2 Rthl. (2 Mk. 40 Pfg. Scheible, Cat. 54.) N i c h t erotisch, wie die 2 folgenden Werke:

ASPASIA, eine Novelle, aus d. Englischen von K. A. B u c h - h o l z. Hildesheim, Gerstenberg, 1814. 8⁰. (14 ggr.)

ASPASIA. Eine Charakterzeichnung; aus d. Französischen der Frau Baronin v. St. (*Anne Louise Germaine* Baronne *de Staël-Holstein,* von Julius Eduard H i t z i g). Paris u. Berlin 1811.

> Anon.-Lex. I. p. 109 (nach Goedeke, Meusel u. Kayser).

ASPEN, D i e, oder d i e F a m i l i e R u h b e r g. Ein Roman in 2 Thln. Leipzig, bei Johann Gottfried Heinrich Richter. 1805. 8⁰.

> 3 Bll. u. 246 fortl. gez. S. (Th. 2 beginnt mit S. 123). — Theilweise anstössig.

ASPER, Spiritus (d. i. *Friedr. Ferd. Hempel,* Hof-Advokat u. Aktuar zu Altenburg, Erfinder des Skatspiels, geb. 1776 od. 1778, † 4. März 1836 zu Pesth), s. A p h o r i s m e n ü b e r d e n K u ß.

ASPER, Spiritus, N a c h t g e d a n k e n ü b e r d a s A - B C - B u c h, für alle, welche buchstabiren können. 2 Thle. Mit 6 Holzschn.-Tafeln. Leipzig 1809. 8⁰. (9 Mk. Adolf Weigel, Lpz., c. 1906.)

> Oft freies und derbes satyrisches Humoristicum mit vielen Anspielungen auf die damaligen litterar- u. politischen Zustände.

§ ASSARINO, Luca, V e r t e u t s c h t e S t r a t o n i c a. Amsterdam 1666. 12⁰.

> O r i g.: La Stratonica. Milano 1637. 12⁰. (In München.) Venetia 1637. 12⁰. (Ebd.) Ibid. 1638. 12⁰. 13 Bog. (Bibl. Ludovici bibliop. continuatio. Vitemb. 1705.) Ibid. 1639. 12⁰. (In München.)

§ — — Dasselbe. 2. Ausgabe. Jena 1668. 12⁰.

ASSEMBLÉE, D e r c u r i e u s e n E v a —, v o n h i s t o - r i s c h e n u n d p o l i t i s c h e n S t a a t s s a c h e n. 16 Unter- redungen (Theile) in 2 voll. Leipzig 1724. 4⁰.

> 148 Bogen stark. Höchst selten, besonders complet! — Georgi's Europ. B.-Lex.

ASSEMBLÉE U n g l ü c k l i c h e r V e r l i e b t e n i m R e i c h e d e r e r T o d t e n, worinnen AMONANDOR, eines reichen

Lords aus Engeland, Sohns, u. ROSIMENA, einer berühmten
Coquette, Leben u. Liebes-Händel, auch die daraus erfolgten
unglücklichen Fälle dieser beyden Personen mit beygefügten
Moralien beschrieben sind. (Stück 1.) Mit recht curiosem
Titelkpf. (sign. No. 1). Franckfurt u. Leipzig, 1725. 4⁰. (In
Dresden: Lit. Germ. rec. C. 32 m, 3; Titel knapp beschn.)
    40 S. (incl. Tit. u. 1 Bl. Vorr.) — Pikant u. sehr rar!
   Unter dem Titelkpf. folgende Reime gestochen:
      Wie Motten um das Licht so lange schwermend fliegen
      Biss sie der Flamme nah, und ins Verderben seyn,
      So sind Verliebte auch, die sich nicht ehr (!) begnügen,
      Biss sie selbst über sich, Weh, Ceder (!) müssen schreyn.
   Wenigstens noch 2 Stücke sind erschienen.

ASSEMBLÉE, Der Honetten Zeitverkürtzenden,
Vertrauter Freunde Erstes (u. wohl einz.) Divertisse-
ment. Verona, o. J. (c. 1705). 8⁰. (In Breslau, Kgl.- u. Univ.-
Bibl.: Litt. Teut. II 8⁰. 851.)
    Sehr selten! — Nicht in Weller's fing. Dr.

ASSEMBLÉE, Zeitverkürtzende, oder grosse Stube
der Welt, darinnen gute Freunde ihre Unglücksfälle erzählen. Dresden 1743. 8⁰. Rar!

ASSMUS, Burghard (Dr. jur. et phil., Prof., Redakteur in
Berlin-Tempelhof, geb. 22. Juli 1855 zu Soldin), Das Damen-
regiment im Vatikan, s. Rom.

ASSMUS, Enthüllungen aus dem Nonnenleben,
s. Bayern.

ASSMUS, Geheimnisse des Konak, s. Belgrad.

ASSMUS, Don Juan, Ein kaiserlicher, s. Napoleon III.

ASSMUS, Leben und Lieben der Kapuziner. Interessante Enthüllungen aus dem Klosterleben. Leipzig 1904.
8⁰. (2 Kr. 40 H., Halm & Goldmann, Wien.)

ASMUS, Liebesabentheuer einer Kaiserin, s. Eu-
genie unter Napoleoniden.

ASSMUS, Liebesfreuden, Kaiserliche, s. Napoleon III.

ASSMUS, König Lusticks galante Abenteuer, s.
Jérôme unter Napoleoniden.

ASSMUS, Memoiren einer Hofdame.... 1903.

ASSMUS, Memoiren einer Sprungfedermatratze
.... 1902.

ASSMUS, Messaline, Eine gekrönte.... 1902, s.
Katharina II.

ASSMUS, Sündenregister einer Königin...., s.
Isabella II. v. Spanien.

ASSOUCY. — Avanturen des berühmten Assoucy (aus d. Französ.), s. in: Passetems, Angenehmes . . . . 1734—43.

ASTELMO Musso, der Räuberhauptmann. Göttingen 1804. 8⁰.
Schlesinger's Leihbibl.-Cat. (Berlin, c. 1825), S. 113.

* ASTERIE, Die Türckische. Curieuse und Galante Staats- und Liebes-Geschichte, Aus dem Frantzösischen (der Mme. *Ville-Dieu*) übersetzet, und mit Historischen Anmerckungen zu Erklärung der Geschichte des Tartarischen Monarchen Tamerlans erläutert von IMPERIALI (d. i. *Joach. Meier* von Perleberg). Mit Titelkpfr. In Verlegung des Autoris, Anno MDCCXX. (1720.) 12⁰. (In Berlin: Yu 8976; auch in Wolfenbüttel.)
6 Bll. Vorst., 204 S. (incl. 7 Bll. Anmerkgn.). Das Anon.-Lex. I. p. 110 nennt Meier als Verfasser (?).
Frühere Ausgaben: Die Türckische Asterie. Lüneburg, o. J. (c. 1695). 8⁰. (Ldpr. 3 ggr.) (Georgi's Europ. B.-Lex. — Dasselbe Franckf. u. Lpz., b. Mich. Andr. Fuhrmann. 8⁰. (M. M. V. 1705. D 2b.) Bibl. Schwabii II., ohne Jahrsangabe.
Französ. Orig.: Asterie ou Tamerlan. Nouvelle. 2 pts. Paris, Barbin, 1675. 12⁰. (Auch in tome XII der „Oeuvres" de Mme de Villedieu.)

ASTERIE. — Eine andere Uebersetzung ist vermutlich: Asterie, oder die nach vielen Unglücksfällen, endlich noch beglückte Prinzeßinn der Ottomannen. Aus dem Persischen (d. i. Französ.) ins Deutsche übersetzt. Mit Titelkpf. Leipzig und Lauban 1753. 8⁰. 9 Bog.
Bibl. Menken. III. Lips. 1757. p. 78; Cat. Meissner II.

ASTORGIA Meretricia: Oder: Ausgelöschte natürliche Mutter-Liebe Der Leichtsinnigen Huren, Welche Ihre getriebene Unzucht und Hurerey zu verbergen, ihre eigene Leibesfrucht abtreiben oder entleiben (Predigt) . . . . sammt einem Anhang von dem grossen Greuel der Geilheit und Unzucht. Nürnberg, Zu finden bei Wolfgang Michahelles. Anno 1716. 8⁰. (5 Mk. Heinr. Lesser, Breslau, c. 1878; jetzt theurer!)
142 S. (incl. Anhang S. 65 sq., mit Sondertitel). — Höchst selten!

§ * ASTRÆA, Die Europäische, Welche den gegenwärtigen Zustand der vornehmsten Höfe in Europa entdecket. CUM NOTIS VARIORUM. Klostergabe 1706. 4⁰. (In Berlin: Yk 966.) (In München 2 Expll.) (2 Mk. 50 Pfg. Rich. Bertling, Dresden, 1889.)
In Versen. 56 Seiten.

ASTREA (Schäferlieder mit Melodien), von *J.(ohann) L.(udwig) P.(rasch)*, geb. 1637 zu Regensburg, † als Präses des dortigen Consistorii 1690). Regenspurg 1681. 4⁰. (Im British Museum.) Rar!

ATHANASIA, Die schöne Griechin aus Samos. Scenen aus der Geschichte der Belagerung von Missolunghi und der Seeschlacht bei Navarin. (Zahmer Roman.) Leipzig, Rein, 1829. 8⁰.

ATIS und Clorinden Bekehrung, aus dem Spanischen. Dreßden 1654. 8⁰. Aeusserst selten!

    Bibl. Kielmans-Egg. III. p. 678.

ATTILA, Eppo (d. i. *Anton Wilh. Chrn. Fink,* geb. zu Halle 11. Jan. 1770, † zu Cöthen 15. Juni 1794), Ekto von Ardelk und Eilika von Bollerhausen. Ritterroman aller Ritterromane von *Eppo Attila,* Geschichts- u. Geschwindschreiber auf Burg Weisenfels (sic!). Köthen 1794. 8⁰.

    Lasciver dramatisirter Roman voll satyr. Anspielungen. 268 S. (incl. 6 Bll. Vorst.) Interessantes, aber sehr derbes Opus des im 25. Lebensj. † talentirten Verfassers, der auch unter dem Pseud. Gustav Edinhard schrieb. — Cplte. Expll. von grosser Seltenheit, da oft spoliirt. (Kayser's B.-Lex. hat die unrichtige Jahrz. „1795".) Ausführliches bei Müller-Fraureuth p. 98—101, mit Probe in Versen (Prolog).

AUCH Fragmente! (Vf.: *Woldemar Hermann* Graf *v. Schmettow*). 2 Thle. Philadelphia 1783—84. 8⁰.

    Selten! — Bibl. Mehnert II. p. 180; Anon.-Lex. I. p. 113 (nach Meusel u. Weller).

AUCH eine Frauenpflicht. Von einer deutschen Frau. 3. Aufl. Zürich 1880. 8⁰. (1 Mk. A. Bielefeld, c. 1895.)

    Ueber Bordellwesen.

AUCH eine conventionelle Lüge. — Studien über Liebe, Ehe und Unsittlichkeit von einem evangelischen Geistlichen. 3. Aufl. Leipzig [1890]. 8⁰. (In Amsterdam, Bibl. Gerritsen.)

§ **AUCH** etwas über die Sitten der Dienstboten (sic!). O. O. 1822. 8⁰. 61 S. (1 Mk. 50 Pfg. Jacques Rosenthal, München, c. 1903.)

§ — — Dasselbe. Passau 1822. 8⁰.

AUCH Vetter Heinrich hat Launen (Stellenw. freier Roman) von *G. L. B(ecker*). Frankfurt, Zeßler, 1796. 8⁰. (18 ggr.)

AUCH Weiber tragen Hosen! Eine dialogisirte Scene. Constanz, Bauer, 1788. 8⁰. Rar!

— — Dasselbe, titulo: Auch Weiber tragen Hosen, oder Geistesgegenwart. Leipzig 1788. 8⁰. (4 gr.)

    Kayser's Schauspiel-Verz. 1836, S. 7.

§ **AUCH** Weiber tragen Sporn (!). Posse in 1 Akte von *F. B.* Pilsen u. Leipzig, Morgensäuler, o. J. (1802). 8⁰. 44 SS. Selten!

— — Dasselbe, titulo: A u c h W e i b e r t r a g e n S p o r e n.
Lustspiel in 1 Akt. Leipzig, Köhler, 1802. 8⁰. (3 gr.)

Kayser, l. c. p. 7.

AUCHMALER (d. i. *Hans Geo. Lotz*), S c h a t t e n r i s s e
n a c h d. L e b e n. Hamburg 838. 8⁰.

Gmaehle's (München) Leihbibl.-Cat., no. 15,499.)

AUCOURT, Godard d', T h e m i d o r. M e i n e G e s c h i c h t e
u n d d i e m e i n e r G e l i e b t e n. Ins Deutsche übertragen
von Heinr. T ö p f e r, nach einer in La Haye 1775 veranstalteten
Ausgabe und dem Druck von Cazin von 1781. Leipzig, Julius
Zeitler, 1907. 12⁰. 950 num. Exempl., 50 Exempl. auf Strath-
more Japan und in Ganzpgmt. geb. (12 Kr. Gilhofer & Ranschburg, Wien, 1907.)

> „Ein reizender Roman aus dem 18. Jahrhundert von einer
> köstlichen Sinnlichkeit. Der Verfasser war ein General-
> pächter. Maupassant nennt es einen „wahrhaftigen Spiegel
> der geistigen eleganten Debauche vom Ausgang des amou-
> reusen Jahrhunderts; im Ganzen ein Meisterwerk". (Aus
> dem V e r l a g s - P r o s p e k t.)
> Die Bibl. Arcana, London 1885, hat No. 94—95 folgende
> Ausgaben des f r a n z ö s. O r i g i n a l s : Thémidore (par
> Godard d'A u c o u r t). à Londres (Paris, Cazin), 1781. —
> Thémidore, ou mon Histoire et celle de ma Maitresse.
> Paris, Rousseau, 1821. („This edition, which was illustratet,
> was seized and destroyed".)

AUDIENZZIMMER, D a s, d e s M i n i s t e r s. In 8 Bildern.
Leipzig 1848. 8⁰. (6 Mk. Oskar Rauthe, Orig.-Carton, Berlin,
1908.)

> Sehr interessantes, humorvolles Buch. In satyrischer Weise
> wird dargestellt, wie eine Frau als Fürsprecherin es ver-
> steht, ihrem Manne eine Position im Ministerium zu ver-
> schaffen.

AUDOUARD, Mme. Olympe (née vers 1830 à Aix), D i e M y s t e -
r i e n d e s S e r a i l s u n d d e s t ü r k i s c h e n H a r e m s.
Aus d. Französ. v. Th. W i l d b e r g. Bromberg, Louis Levit,
Kgl. Hofbuchh., 1864. 8⁰.

> O r i g.: Les mystères du Sérail et des Harems turcs
> (lois, moeurs, usages, anecdotes). Avec 12 dessins de C.
> R u d h a r d t. Paris 1863 (u. öfter). 8⁰. (²/₃ Rthl. Heberle,
> Cöln, 1870.)

— — Dasselbe. 2. Aufl. Ibid. evd. a. 8⁰. (1 Rthl. Fischhaber,
Reutl., ca. 1868.) XIV—230 S.

AUF H o h e r S e e. L i e b e s a b e n t e u e r (ultraerotische)
einer jungen Amerikanerin (Creolin) auf dem Meere (mit dem
jungen Capitain ihrer Lust-Yacht). Amsterdam, 1893. Breit.8⁰.

> V e r b o t e n vom Landgericht W i e n, 28. April 1895.
> § 516. — 38 S. (incl. Tit. u. 1 Bl. Vorwort, wonach zu
> diesem Pikantissimum auch „15 h o c h f e i n e P h o t o s"
> zum Preise von Mk. 15.— ausgegeben wurden). Produkt
> eines halb- oder ganztollen Schmierers!

AUFERSTEHUNG, Die, der Bettelmönche (von *Joh. Ferd. Gaum* oder von *Chp. Heinr. Korn?*). Mietau (Stettin's Buchh. in Ulm) 1782.

> Anon.-Lex. I. p. 114 unrichtig: Stettin und Ulm.

AUFHEITERUNGEN für alte und junge, kranke und gesunde, lustige und traurige Brüder und Schwestern. Erheiternde Erzählungen, lustige Scherze und witzige Einfälle. Ulm 1829. 8⁰. 348 S. (1 Mk. 50 Pfg. L. Meder, Heidelberg; 1 Mk. 50 Pfg. Taussig, Prag.)

AUFHEITERUNGEN in trüben Lebensstunden; geistreiche Erzählungen, humoristische Ansichten und witzige Einfälle, aus den gehaltvollen Briefen eines Deutschen über Deutschland, aus des verewigten Dinters lehrreichen Lebensbeschreibung und andern geistreichen Schriften gesammelt von G. A. P. (1 Rthl. 22 Sgr.)

> Harpf's in Königsberg i. Pr. Leihbibl.-Cat., no. 20,380.

AUFKLÄRUNG, Die, nach der Mode, oder eine komisch-tragische Geschichte, wie sie die Welt aufstellet, zur Beherzigung meiner Brüder (von *Jac. Sam. Fr. Riedel*). Neustadt a. d. Aisch u. Leipzig, zu finden bei Jac. Sam. Fr. Riedel, Hochfürstl. Commercien Commissarius u. privil. Buchhändler. 1790. 8⁰. (3 Mk. Taussig, Prag, 1907; 6 Mk. Dieterich, Göttingen, 1907.)

> Selten! 366 S. (incl. Tit.). Ziemlich zahm. — Ebeling, S. 397—423; Anon.-Lex. I. p. 115 (nach Kayser u. Meusel).

AUFKLÄRUNGS-Almanach für Aebte und Vorsteher kathol. Klöster (von *Beda Aschenbrenner*). Nebst Nachtrag. O. O. (Nürnberg) 1784. 8⁰. (2 Mk. Scheible; 3 Mk. 50 Pfg. Paul Neubner, Köln; 4 Mk. 50 Pfg. M. Edelmann, Nürnb.)

> Inhalt: Der Mönche Andächteley. — Die unmässigen Saufereien als Beförderungsmittel zum Chorsingen. — Das Dummheitspalladium oder der blinde Gehorsam. — Die Klostereinfalt e. Konkretum v. Dummheit u. Bigotterie. — Nothgezüchtigte Einsamkeit, der Jungfer Keuschheit zum Komplimente etc. — Anon.-Lex. I. p. 116 (nach Baader, Kayser, Meusel).

AUFRICHTIG, Gottlob (ps.), Die wandernden Genies, oder Wunderbare Fata eines Schauspielers, Dichters, und Musickkompositeurs(!). besungen von *Gottlob Aufrichtig* Schuhmachermeistern, einem Nachkömmlinge Hanns Sachsens. Herausgegeben vom (!) Joh. Friedr. Freyherr Binder von Kriegelstein. Mit Titelkpf. WIEN, bei Joseph Edlen von Kurzbeck 1782. 8⁰. Selten!

> Ganz in Versen. — W. v. Maltzahn's Bücherschatz, S. 447, Nr. 1076; M. M. V. 1782, S. 410. Von demselben Herausgeber (Verfasser) wird in diesem Meßverz. noch angeführt: Der wunderliche Selbstmord, eine Folge der

9*

Schwärmerey. Ebd. 8⁰. Ferner im O. M. V. 1783, S. 512: Hinterlassene philosophische Schriften. Th. 1. Prag und Wien, b. J. F. Edlen v. Schönfeld. 8⁰.

AUFSÄTZE für junge Frauenzimmer. Breslau 1794. 8⁰.

Bibl. Günther. III. No. 6420.

§ **AUFSÄTZE**, Satyrische und launigte, für allerley Leser. Aus dem Englischen. Brandenburg 1776. 8⁰. (In Berlin: Ze 6812.)

* **AUFSÄTZE**, Satyrische und scherzhaffte. Herausgegeben von einem berühmten Journalisten (verfasst von *Friedr. August Weisshuhn*). Leipzig, Dyk, 1788. 8⁰. (In Berlin: Yy 7361.)

4 Bl. u. 230 S. 1. Wohlgemeintes Project zur Verbesserung des Informator-Wesens. 2. Geschichte des philosophischen Verschönerungs-Salzes. 3. Octavie. Eine Erzählung aufs Gerathewohl mit Parenthesen. 4. Warnung an die Recensenten, wegen einer großen Revolution, die sich nächstens in der Gelehrtenrepublik zu ihrem Nachtheil ereignen dürfte. 5. Asmodi, eine pädagogische Erzählung für Frauenzimmer. 6. Joannes Transrhenanus, od. abgekürzte Fragmente des kurzen Auszugs aus meiner großen Geschichte der ältern Aeronautik.

Das Anon.-Lex. hat die unrichtige Jahrzahl „1787" (nach Kayser u. Meusel).

AUFSÄTZE, Scherzhafte (in Versen) . . . . Halle 1790, s. Halle a/Saale.

AUFSÄTZE, Unterhaltende für Lesegesellschaften (von *Friedr. Samuel Mursinna*). Halle 1790—91.

Anon.-Lex. I. p. 118 (nach Kayser u. Meusel).

AUFSÄTZE, Vermischte, in gebundener und ungebundener Rede, von einem Chur-Hannoverischen Bedienten in Hannover. Bremen 1786. 8⁰. Rar! (In Leipzig, Univ.-Bibl.: Hist. Germ. 294.)

AUFSÄTZE, Vermischte, für das denkende Publikum, eine Berlinische Wochenschrift (von *Christian Wilh. Kindleben*). Lemgo 1779. Sehr rar!

Goedeke hat „Berlin". — Anon.-Lex. I. p. 118 (nach Meusel). Daselbst auch die 4 ff. Titel:

AUFSÄTZE, Vermischte, zum Nachdenken und zur Unterhaltung (von *Christian Gottfried v. Lilienfeld*). Dessau u. Leipzig 1783—85.

AUFSÄTZE, Vermischte, zum Nutzen und Vergnügen (von *Carl Friedr. Tröltsch*). Schwabach 1754.

AUFSÄTZE, Vermischte, zum Nutzen und Vergnügen, und charakteristische Begebenheiten aus der wirklichen Welt . . . . (von *Heinr. Ludw. Fischer*). Eisenach 1792.

AUFSÄTZE, Vermischte, zur Beförderung der Litteratur und Sitten, eine Wochenschrift (von *Christian Wilh. Kindleben*). Halle 1780.

> Goedeke hat „Wochenblatt".

AUFSÄTZE und Erzählungen meiner Laune. In Reimen, die Jedermann verstehen kann. Mannheim 1813. 8⁰. (1 Mk. 30 Pfg. W. H. Kühl, Berlin, c. 1883; jetzt theurer!)

> XII—227 SS. Einiges derb, z. B.: Das keusche Ehepaar. — Frau Laura. — Der junge Arzt. — Frau und Kammermädchen. — Kuntz u. Lise etc.

AUFSEHER, Der nordische, hrsg. von Joh. Andr. Cramer (geb. 1723, † 1788). 3 Bde. = 193 Stücke (soviel ersch.). Kopenhagen u. Leipzig, bey Joh. Benj. Ackermann, 1760, 1762, 1770. 8⁰. Selten, besonders cplt.!

> Außer Vorst. 814, 808, 712 S. (nebst 14 Bll. Inh.). U. a.: Von den neuen Amazonen. (Satyre.) — Von dem Gebrauche der Ruthe, bey der Erziehung. — von Logau's Sinngedichten (II, 488—505, mit Proben). — Wider die Verführung unschuldiger Frauenzimmer zur Wollust. — Ueber die Herrschaft der Frau. — Brief eines Kammermädchens über die ärgerliche Gemüthsart ihrer Frau. — Auch ein Artickel von Klopstock's Frau: „Ueber die Moden".

AUFZEICHNUNGEN aus meiner Jugend, oder: Vom Nabel über'n Venusberg. 2 Bde. (c. 1900.) (10 Mk., eine böhm. Firma, 1901.)

AUFZEICHNUNGEN einer Maus. Aus zwei Häusern. Nach dem Original-Manuscript herausgegeben. 2 Thle. St. Louis (ca. 1875). 16⁰.

> Enthält sotadische Erzählungen ärgster Art, ohne besondere Ueberschriften. (6 Mk. Fischhaber, Reutlingen, c. 1880; 12 Mk. Calvary & Co., Berlin, c. 1900; 8 Kronen Halm & Goldmann, Wien, 1904.)

— — Dasselbe. Neue revidirte Ausgabe. Rom. C. A. Spagnoli & Co. (c. 1890). Kl. 8⁰.

> 101 S. Lat. Lett. Ausgabe in einem Bändchen wie die folgende:

— — Dasselbe. 2 te (sic!) verbesserte Auflage. Berlin 1897. Auf Kosten der Wittwe Fummel. Kl. 8⁰.

> 90 S. (incl. Titel). Lat. Lettern.

AUFZEICHNUNGEN, Hinterlassene geheime, des Paters Clemens, Beichtvaters eines deutschen Hofes. Nach einem französischen Manuscript übertragen von Dr. H. Lawes (d. i. Daniel v. Kászony), Verf. von „Die weiblichen Reize" und „Frauenkniffe". Leipzig, Verlag des Literatur-Bureau (Röhl), o. J. (1872). 8⁰. Illustr. Umschl. (²/₃ Rthl. Fischhaber, Reutl.; ²/₃ Rthl. Gust. Schulze, Lpz.)

> 160 S. Ziemlich zahm.

AUFZEICHNUNGEN eines nachgeborenen Prinzen, aus der nachgelassenen französischen Handschrift. Uebersetzt von G. G. v. R. (Chrn. Friedr. Carl v. Koelle). Stuttgart 1841. 8⁰. (Mk. 5,50.) (1 Mk. 50 Pfg. Jul. Neumann, Magdeb., 1906.) Zahm.

— — Dasselbe. 2. unveränderter Abdruck. Ibid. eod. a. 8⁰. Anon.-Lex. I. p. 119 (Eigenbericht).

AUFZEICHNUNGEN eines Venuspriesters. (Fortsetzung von „Aufzeichnungen einer Maus".) (4 Mk., eine böhmische Firma, 1901.) Bereits sehr selten!

AUGAR, C. W. (ps.), Antonio und Felippo, oder Licht und Schatten des Südens. Ein Nachtstück aus unsern Tagen. Frankfurt a. M., Heinr. Wilmans, 1822. Gr. 8⁰.
Tit. u. 422 S. Zahm.

AUGENBLICK, Der kritische. Ein Fragment aus dem Leben eines biedern Jünglings (von *Johann Jacob Cella*). Anspach, Haueisen, 1782. 8⁰. Rar!
Anon.-Lex. I. p. 119 (nach Fikenscher u. Meusel).

AUGENBLICKE, Die seligsten, meines Lebens. Leipzig, bey Friedr. Gotthold Jacobäer. 1799. 8⁰. (4 Mk. 50 Pfg. Friedr. Klüber, München, ca. 1905.)
Tit. m. Vign. u. 364 S. Seltener Roman, der einige üppige Schäferscenen enthält.

AUGSBURG. — Ains Erbern Rats, der Stat Augspurg, Zucht vnd Pollicey Ordnung. (Wider das Gots löstern vnd Schwören. Von schmählichen Nachreden, Büchern, Liedern, . . auch Fluchen. Ubrige Beweinung, Zutrincken vnd Füllerey. Von verderblichem vnd ärgerlichem Spile. Von Notawanz (!) vnd Schwechen der Junckfrawen vnd Frawen etc. etc.) Augspurg 1537. 4⁰. 16 ungez. Bll. Rar! (10 Mk. Osw. Weigel, Lpz., 1904.)

AUGSBURG. — Briefe von und über Augsburg (von *Carl Hermann Hemmerde*). Hof 1789. 8⁰.
Auch Jesuiten- und Mönchswesen betreffend. — Anon.-Lex. I. p. 270 (nach Kayser, Schröder, Meusel); Auction Frhr. v. Speck-Sternberg. Lpz. 1857. S. 246.

AUGSBURG. — Sendschreiben an meinen Bruder zu Hannover J. F. S. . . . über meinen dritten Aufenthalt in Augsburg 1782. Philadelphia (Nürnberg) 1784. 8⁰. 55 S. (3 Mk. Völcker, Frkft. a. M., 1906.)
„Herrn Moses Mendelsohn in Berlin gewidmet." Voll scharfer Urteile. Rar, wie die folgende Schrift:

AUGSBURG. — Gedanken über das Sendschreiben eines reisenden Hannoveraners über seinen dritten Aufenthalt zu A u g s b u r g (von *Georg Wilhelm Zapf*). Augsburg (Pappenheim). 1784.

> Anon.-Lex. II. p. 146 (nach Weller's fing. Dr.).

* **AUGSBURG.** — T a n n e n b a u m, Lucian (ps.), Hilarius Goldsteins Leben u. Reisen, od. der unsichtbare Robinson. 2 Thle. Frankfurth u. Leipzig (o. Adresse) 1752—56. 8⁰.

> Th. 1, no. 3 (= S. 28—60): „Das v o l l e i n g e -
> s c h e n k t e B i e r g l a s, od.: lustige Geschichte, welche
> sich in denen Bier- u. Weinhäusern der Stadt A u g s p u r g
> zugetragen." — S. auch bei R o b i n s o n a d e n.

* **AUGSPURGER,** Aug. — *Augusti Augspurgers* R e i s e n d e C l i o. Abgetheilet In Drey Bücher. Dreßden, Gedruckt vnd vorlegt (sic!) durch Gimel Bergens S. Erben, 1642. 8⁰. (In Berlin 2 Expll.: Yi 2711 u. Yi 2711a; auch in Breslau, Stadtbibl.)

> Enth. weltliche Poesien, zumeist Liebesgedichte. 61 Bll.,
> sign. A—Hiy. — Wenig bekannt und sehr rar!

AUGUST II. (der Starke, K ö n i g v o n P o l e n, K u r f ü r s t v o n S a c h s e n, reg. 1694—1733). — D a s G a l a n t e S a c h s e n. (Aus d. Französ. des *Carl Ludw. Wilh.* Baron *v. Pöllnitz*) Franckfurth am Mayn 1734. 8⁰. (3 Mk. Jos. Jolowicz, Posen, 1891; jetzt theurer!)

> E r s t e seltene Ausgabe. 284 S. Inhaltsangabe bei Wolfg.
> Menzel II. p. 490—492.
> O r i g.: La Saxe galante. Amsterdam, aux dépens de la
> Compagnie. MDCCXXXIV. (1734.) 8⁰. Titre avec vignette,
> impr. en rouge, et 416 pp. Première édition rare et recher-
> chée. (Vente Pichon 78 fr.; 24 Mk. Max Harrwitz, Berlin,
> 1891; 8 Mk. A. Bielefeld, Carlsruhe, c. 1885; 8 Mk. G. Lau,
> München, 1892.) — Nouvelle édition, augmentée de l'h i -
> s t o i r e d e s e n f a n s l é g i t i m e s d'A u g u s t e II.
> Ibid. 1735. pet. in-8⁰. 2 ff. et 428 pp. Titre en rouge
> et noir (10 Mk. Rich. Bertling, Dresden, 1907.) Rep.
> ibid. 1736. 8⁰. 416 pp. Titre en rouge et noir. (4 Mk.
> 50 Pfg. M. Edelmann, Nürnb.; 15 Mk. Max Harrwitz.)
> Rep. ibid. 1763. 8⁰. 275 pp. (24 Sgr. Scheible, 1874;
> 6 Mk. Rich. Bertling, 1895), et souvent.
> G a y, Bibliogr. de l'amour III. col. 1078: „Cet ouvrage
> du baron de Pöllnitz est u n d e s p l a g i a t s l e s p l u s
> a u d a c i e u x. Ce n'est autre chose que le charmant roman
> de la Princesse de Clèves, de M m e d e l a F a y e t t e, que
> le baron de Poellnitz a mis sous son nom, en changeant
> tout simplement les noms des personnages et le lieu de
> l'action."

§ — — Dasselbe. Nebst Vorrede und Zueignungs-Schrift an die galante u. gelehrte Welt. Mit Titelkpf. (Dresden darstellend). Amsterdam (Offenbach) 1735. 8⁰. (4 Mk. Max Harrwitz, 1891.)

> 320 SS. Latein. Lettern.

— — Dasselbe. Neue Auflage mit einigen Zusätzen Von dem Baron von B ö l l n i t z (!) vermehret. Offenbach am Mayn (ohne Adresse), 1735. 8⁰. 224 S. (7 Mk. 50 Pfg. Rich. Bertling, Dresden, 1907.)

— — Dasselbe. Ibid., MDCCXXXV. (1735.) 8⁰. (8 Mk.. A. Bielefeld, Carlsruhe.)

    238 S. (incl. Tit. u. 1 Bl. „Nachricht an den Leser"). — S. 236 ff.: „Von den natürlichen Kindern des Königs Augusti II."

§ — — Dasselbe. Ibid. 1735. 8⁰.

    Tit., 1 Bl. Vorr., 248 S., nebst 2 Bll.: „Von denen natürlichen Kindern des Königs Augusti II."

— — Dasselbe. Neue Auflage mit dem Portrait August des Starken. Ibid. 1735. 8⁰. (6 Mk. 50 Pfg. Alfr. Lorentz, Lpz., 1906.)

— — Dasselbe. 2 Thle. Ibid. 1735. 8⁰. (1 Rthl. Scheible, 1874.)

— — Dasselbe. Neue Auflage. (1 Bd.) Ibid. 1736. 8⁰. (3 Mk. Theod. Ackermann, München.)

— — Dasselbe. 2 Thle. Ibid. 1737. 8⁰.

— — Dasselbe. 5 Thle. in 1 Bde., nebst Register. Franckf. a. M. 1739. 8⁰. (8 Mk. Bielefeld, Carlsruhe.)

    1 Alph. 9 Bogen. Titel in Rothdruck.

— — Dasselbe. Amsterdam (Offenbach) 1746. 8⁰. (Weller, fing. Dr.) (Auch ein Druck ibid. 1748. II.?)

— — Dasselbe. Neue Auflage, mit einigen Zusätzen vermehret. 2 Thle. Offenbach am Mayn (Th. 2: Altona) 1749. 8⁰. (6 Mk. Rich. Bertling, 1895.)

— — Dasselbe. Offenbach 1753. 8⁰.

— — Dasselbe. Ibid. 1766. 8⁰.

— — Dasselbe. Ibid. 1770. 8⁰.

— — Dasselbe. Ibid. 1779. 8⁰

— — Dasselbe mit d. Titel: Liebschaften König Augusts von Polen. (La Saxe galante.) Mit Königl. Preuß. allergn. Freiheit. (Mit Portrait des Königs auf dem Titel u. TKupfer von Henne.) Berlin (Regensburg, Montag) 1784. Gr. 8⁰. (10 Mk., schönes Expl., ohne Angabe des Kupfers, A. Bielefeld, Carlsruhe.)

    Portr., XVIII—344 S. Rar!

— — Dasselbe mit d. Titel: Pölnitz (!), Carl Ludw. Frhr. v., Das galante Sachsen. Geheime Chronick des sächsischen Hofes unter den Churfürsten Johann Georg IV. u. Friedrich August II., König von Polen. Neue Uebersetzung. Stuttgart, bei Karl Erhard. 1837. 8⁰. (In Stuttgart.)

    X—253 S. — S. VII—X Abdruck von Friedrich's d. Gr. satyr. „Abschied für den Baron v. Pölnitz" (de dato Potsdam, d. 1. Apr. 1744).

AUGUST II. — *v. Böllnitz* (!), Das galante Sachsen. Aus dem Herzensleben August des Starken. Hrsg. von Vassil (ps.). Berlin 1886. 8⁰. (1 Mk. 50 Pfg. Dittmer, Lübeck, c. 1890.)

AUGUST II. — Memoiren, Galante, König August des Starken. Nach *Pöllnitz* hrsg. von Vassil. 4. Aufl. Berlin, o. J. (c. 1900). 8⁰. (2 Mk. Schaper, Hannover, 1906.) Titel-Ausgabe des vorigen?

§ **AUGUST II.** — Belani, H. E. R. (d. i. *Carl Ludw. Haeberlin*), Galanterien u. Liebesgeschichten August des Starken, Königs von Polen u. Churfürsten von Sachsen. Nach „La Saxe galante du Baron *de Poellnitz*". Frei und in Novellenform bearbeitet. 2 Bdchn. Neuhaldensleben, bei C. A. Eyraud. 1833. 8⁰. 230 u. 262 S. (5 Mk. Kühl, Berlin, c. 1885.)

> Inh. I.: Die Spanierin; die Venetianerinnen; die Florentinerin; die Sieneserin. — II.: Prinzess Eberhardine; Frln. v. Kessel; Aurora v. Königsmark; die Gräfin v. Esterle; Fatime, die Türkin, nachmalige Frau v. Spiegel; die Fürstin Lubomirsky, nachmalige Reichsfürstin v. Teschen; Frau v. Hoym, nachmalige Gräfin v. Kosel; die Gräfin v. Dehnhoff; Frln. v. Dieskau; Frln. v. Osterhausen.

AUGUST II. — Hasche, S. G., d. jüng., Die Galanterien Ludwig's XIV. von Frankreich, Johann Georg's III. u. IV. von Sachsen, ingleichen Friedrich August's von Polen und Sachsen: Leben und Schicksale der natürlichen Kinder und Enkel dieser vier Regenten, ingleichen der Günstlinge August's, des Starken; ein Pendant zum „galanten Sachsen" und „sächsischen Heldensaale", mit Beiträgen zur Sittengeschichte der sogenannten guten alten Zeit, zur Adelsgenealogie und zur Topographie Dresdens. Zusammengestellt von —. Kl. 4⁰.

> Interessantes und in sich abgeschlossenes Manuscript aus der ersten Hälfte des XIX. Jahrhunderts, gegen 300 Seiten umfassend. (20 Mk. Rich. Bertling, Dresden, 1894.)

AUGUST II. — Herolander (ps.). Die unvergleichlichen Helden-Thaten und beglückte Regierung des Durchl. Sächssischen Königes Hengisto (d. i. August II., der Starke) und derer ihn begleitenden Helden, der galanten Welt in einem Liebes-Romain vorgestellet von *Herolandern*. Dreßden, b. Joh. Chp. Miethen und Joh. Chp. Zimmermann. 1699. Kl. 8⁰. (In Aarau, Cantonsbibl.) (2 fl. Theod. Ackermann, München, 1874; jetzt theurer!) Sehr selten!

> Schon im O. M. V. 1698. H 3 b angezeigt. — O. M. V. 1699. G 4 b.

— — Dasselbe. Dreßden, b. Mor. Bodenehr. 12⁰. (O. M. V. 1705. D 3 a.)

> Weller nennt im Lex. Pseud. noch eine Ausgabe 1712, ohne Ortsangabe.

AUGUST II. — Maitressenwirthschaft, Die, in
Deutschland. (Auch m. d. Titel: Versailles [d. i.
Dresden] in Deutschland.) 2 Bde. Mit feinen Stahl-
stichen. Stuttgart, R. Levi, 1876. 8⁰. (Mk. 8,40.) (6 Mk.
R. Levi, Stuttg.)

> Behandelt vornehmlich die Liebschaften August's des
> Starken. 1320 Seiten.

AUGUST II. — Memoiren August's des Starken.
Berlin 1852. 8⁰. Mit illustr. Umschl.

> (2 Mk. 40 Pf. — 3 Mk. Fischhaber, Scheible, Unflad u. A.)
— — Dasselbe. Ib. 1862. 8⁰. (2 Mk., geles. Expl., Paul
Neubner, Cöln, 1892.)

AUGUST II. Stahmann, Fr., Abentheuer u. Lieb-
schaften August d. Starken, Königs von Polen, in
Paris u. Versailles. Quedlinburg u. Leipzig 1840. 8⁰. (3 Mk.
Scheible, c. 1905.)

> Prinzessin Condé; Frau von Bas; Gräfin Roumignac; Mar-
> quise von Albe; Prinzessin von Bellefond; die Nonne von
> Montmartre.

AUGUST II. — Sternberg, A. v. (Vf. der „Braunen Märchen"), Saint-Sylvan. In 2 Bänden. Frankf. 1839. 8⁰.
(8 Mk., unbeschn. Leihbibl.-Expl., Max Harrwitz, 1903.)

> U. a.: Scenen am Hofe August's des Starken.

AUGUST (d. i. *Aug. Scharfenberg,* seit 1829 Actuar bei d.
Landger. Freienstein zu Beerfelden im Odenwald, das. 1804
geb.), Emeran der Findling, Scenen aus dem
Leben des Räuberhauptmanns Lorenz Lorenzo.
Mit Titelkpf. Erbach, gedruckt bei Silvester Stokk. 1828. 8⁰.
(In Straßburg, Univ.-Bibl.)

> 5 Bll., 190 S., 2 Bll. Stellenweise etwas frei.

AUGUST, Schnellart u. Rothenstein. Ein romantisches Gemälde aus dem Reiche der Geister- und Fabelwelt,
nach einer Sage bearbeitet. (Nebst dem histor. Anhang:
Der Burggeist auf Schnellarts u. Rodenstein.) Ebd. 1829. 12⁰.
9 Bog.

> A. G. Schmidt, Gallerie deutscher pseud. Schriftst.
> Grimma 1840.

AUGUST. Ein (stellenw. freies) Gemälde d. 18. Jahrhunderts.
Mit 1 Kpfr. (Portr. d. Helden) u. 1 Vign. (m. Druckersignet).
Leipzig, 1801. Bei Peter Franz Michaelis. 8⁰. (3 Mk. J. Taussig,
Prag, 1904.)

> 2 Bll. u. 256 SS.

AUGUST und Klärchen. Ein Gemälde menschlicher
Schwachheiten und Thorheiten. In zween Theilen. Mit 1 TKpf.
Berlin (Gera, Beckmann) 1783. 8⁰. (5 Mk. Kühl, Berlin,
c. 1882.) (In Dresden.)

> 172 u. 190 SS. (192 ist Druckf.) Rar!

AUGUSTA oder die Geständnisse einer Braut vor
ihrer Trauung. Eine (durchaus liederliche) Geschichte
aus der grossen Welt (von *Friedr. Carl* Frhrn. *v. Danckel-
mann*). 3 Thle. Weissenfels u. Leipzig 1804. 8⁰.

> Anon.-Lex. I. p. 119 (nach Goedeke).

— — Dasselbe. Mit 1 Kpf. Ebd. 1807. 8⁰. (4 Mk. 50 Pfg.
J. Taussig, Prag, 1904.)

— — Dasselbe. Ebd. 1808. 8⁰.

> Wildmoser's Leihbibl.-Cat., München.

— — Dasselbe, titulo: Augusta, ein Roman aus der
wirklichen Welt in 3 Theilen. Mit 4 Kpfrn. O. O.
(Rudolstadt) 1806. Kl. 8⁰. (In Dresden.)

> Ungeachtet des verfänglichen Inhalts hat der Verfasser
> den Roman der Prinzessin Katharina Amalie v. Baden
> dedicirt. I.: Titelkpf. u. 224 S. (incl. Vorst., wobei
> als Nebentitel: „Augusta, oder Geständnisse einer Braut
> vor ihrer Trauung"). Mit 1 Kpf. bei S. 118. II.: Titelkpf.
> u. 206 S. (incl. 1 Bl. Vorr. dat. St. Petersburg 1894,
> unterz.: Frhr. v. D.). III.: Titelkpf. u. 204 S. —
> Selten cplt.!

AUGUSTA, Die Ostfriesländische. Aurich 1755. 8⁰.

> Ungemein rar! Noch kein Expl. nachgewiesen.

AUGUSTE oder das Abentheuer auf der Elbbrücke.
2 Theile. Mit 1 Titelvignette. Leipzig, Köhler, 1808. 8⁰.

> 214 u. 198 S. Einiges etwas frei. Selten!

AUGUSTE und Friedrike (!), oder die zwo Ku-
sinen. Ein Bilderbuch für alle Stände. Nach der Zeichnung
eines pommerschen Junkers (verfasst von *Joh. Jac. Na-
thanael Neumann*, 1749—1804). 2 Thle. Mit 2 (einander
gleichen) Signet-Titelvign. Küstrin, bey Ferd. Oehmigcke. 1786.
8⁰. (2 Mk. 50 Pfg. Jos. Jolowicz, Posen, 1889; jetzt theurer!)

> I: Tit. u. 245 S. II: Tit. u. 297 S. — Besonders Theil 2
> (in Briefen) ist zum Theil anstößig und ein merkwürdiges
> Beispiel von Überspanntheit u. üppigem Schwulst.

AUGUSTI, L., Conradin und Inna, oder das Leben
der ersten Liebe in einer Reihe gemüthlicher Dichtungen
ausgesprochen. Gotha 1820. 8⁰.

> Wildmoser's Leihbibl.-Cat., München.

AUGUSTINER-Kloster, Das, oder: das Turnier zu
Jerusalem. Eine Kloster- und Rittergeschichte aus dem
13. Jahrhundert (von *Georg Karl Ludw. Schöpfer* = *C. F.
Fröhlich* ps., s. d.). Nordhausen, Fürst, 1823. 8⁰.

AUGUSTINI (ps.?), Entsagen, Dulden u. Wonne, oder
Gustav u. Antonie. Phantasiegemälde. Chemnitz, b. Geo.
Fr. Tasché. 1801. 8⁰.

> 402 SS. M. Versen u. Musik. Zahmen Inhalts. — Nicht
> in den Pseud.-Lexx.

AUGUSTINUS, Aurelius, 2 Bücher von E h e b r e c h e r - i s c h e n H e u r a t h e n. Straßburg 1694. 12⁰. Rar!

> Groß, Cat. univ. Lips. 1735, a 4 a. — Das Anon.-Lex. I. p. 120 hat folgende l a t e i n i s c h e A u s g a b e : De adulterinis conjugis libri duo cum notis jurisconsulti (Joh. S c h i l t e r i). — W i n e r, G. B., Handbuch d. theol. Lit. 3. Aufl., Lpz. 1838—42, nennt Georg S c h u b e r t als Herausgeber.

— — *Julians* W i d e r l e g u n g d e r B ü c h e r A u - gustins über den E h e s t a n d, bearb. von R o s e n - m ü l l e r. Leipzig 1796. 8⁰.

> Bibl. Günther. III. Dresd. 1834. No. 6731.

§ **AULANDERS** v o n H o f f n u n g s - B e r g e (d. i. *Joh. Gottfr. Hoffmann*) G e s i c h t e v o n f ü n f f l u s t i g e n B r ü - d e r n, Vorgestern, Gestern, Heute, Morgen, Uebermorgen u n d f ü n f f t r a u r i g e n S c h w e s t e r n, Alethea, Asträa, Constantia, Concordia und Patientia, genandt. IV. Gesichte (cplt.). Mit 1 Kupfer. Dantzig 1672. 12⁰. (In Göttingen.)

> Stellenweise derb-satyr.-moralische Allegorie, vieles in R e i m e n. Wenig bekannt und rar!

— — Dasselbe mit d. Titel: U n g e r e c h t e F r e u d e, u n d G e r e c h t e T r a u r i g k e i t, oder Erbauliche Betrachtung Fünff lustiger Brüder und Fünff trauriger Schwestern. Nebst einem P o e t i s c h e n A n h a n g e von der Betrübten Schwestern fünffacher Trauer-Stimme. In II. Theilen vorgestellet durch *Aulandern von Hoffnungs-Berge.* Mit Titelkupfer (2 Darstellungen mit je 2 beigestoch. Reimzeilen). Franckfurt und Leipzig, verlegts Christian Weinmann, Buchhändl. (darüber roth gedrucktes Signet) 1731. 8⁰. (Im Besitze des Univ.-Prof. Dr. Konrad B u r d a c h, Berlin.)

> 7 Bll. Vorst. (incl. Titel in Roth- u. Schwarzdruck), 64 + 59 S., nebst 5 unbez. S. poet. A n h a n g, auf dessen erster Seite sich der Verfasser nennt. Weller, Lex. Pseud., p. 53; f e h l t in Holzmann & Boschatta's Ps.-Lex.

AULETES, G r a t i a n u s A g r i c o l a (d. i. *J. G. Pfeiffer*), S o n d e r b a h r e R e y s e n i n o h n b e k a n d t e L ä n d e r (Ophir, Crapulien, Sevaramben). 3 Thle. Hanochia, Pazziville u. Sidenberg (Bremen). 1721—22. Sehr rar!

> Weller ,fing. Dr.

AUNOY (= Aulnoy), Marie Catharine Jumelle de Berneville Comtesse d' (née vers 1650, † 20. Janv. 1705), L e b e n s - u n d L i e b e s - B e s c h r e i b u n g. (Aus d. Französ.) Franckf. 1697. 12⁰.

> Höchst selten! — Bibl. Langii. Lips. 1702. p. 190.

AUNOY. — * D e r G r ä f i n d' A U N O Y G e h e i m e ME- MOIREN V o n u n t e r s c h i e d e n e r h o h e r P e r s o n e n a n d e m F r a n t z ö s i s c h e n H o f e v e r b o r g e n e n L i e b e s - INTRIGVEN. Zusammen getragen durch M. L. D.

D. O. Mit Portrait der Gräfin. Cölln, Bey Peter Marteau (fing.), 1700. Kl. 8⁰. (In Berlin: anYu 8171.) (25 Mk. K. W. Hiese-mann, Lpz., 1905.) Stellenw. anstössig.

> Zuerst erwähnt im O. M. V. 1698 G 4a: Leipzig und Merseburg, bey Mart. Theod. Heybey. 12⁰, titulo: „Geheime Memoiren von den Liebes-Intriguen unterschiedener großen Printzen des Frantzös. Hoffes".
> Orig. (in München): Mémoires secrets de M. L. D. D. O., ou les Aventures comiques de plusieurs grands princes de la cour de France, par Mme. d'Aulnoy. Paris, Bradon, 1696. 12⁰. Aventures amoureuses. Très-rare. (Gay V. p. 45.)

AUNOY, Comtesse d', Liebes-Geschichte, Seltsame und wahrhaffte (zahme) des Hypolitus Grafens von Duglas, oder die triumphirende Beständigkeit. Der galanten Welt zur Gemüths-Ergötzung aus dem Frantzösischen (der Gräfin *d'Aunoy*) übersetzet von Meletaon (Joh. Leonh. Rost). Mit Titelkpf. Franckfurt und Leipzig (Regensburg, b. Joh. Mart. Hagen) 1711. 8⁰.

> 1 Alph. 7 Bog. (Cat. Meissner.) Der wirkliche Druckort ergibt sich aus dem O. M. V. 1712, G 3b.
> Orig.: Histoire d'Hippolythe, comte de Douglas, par Mad. la comtesse d'Aulnoy (sic!). 2 part. Paris, Sevestre, 1690. (Ed. I.) 12⁰., u. sehr oft. (Gay IV. p. 36.) — Eine Ausg. Bruxelles 1704 befindet sich in Carlsruhe; Amsterd. 1795. 12⁰. 2 pts. ist in Oettingen.

§ — — Dasselbe, titulo: Die Triumphirende Beständigkeit und Belohnte Treue. Oder: .... Lebens-Geschichte Hypolite, Graffen von Douglas ... (Aus d. Französ. übers. von P. J. v. S., laut Zuschrift.) 2 Thle. Franckfurth und Leipzig, Joh. Mart. Hagen, 1712. 8⁰.

— — Dasselbe, titulo: Historie des Hypolitus, Grafens von Duglas. Aus dem Frantzösischen übersetzt von P. G. v. K. Mit vielen Kpfrn. Berlin, b. Joh. Andr. Rüdiger, 1744. 8⁰. (12 Kr. Halm & Goldmann, 1907.)

> M. M. V. 1743 D 2a. 22 Bog. Text u. 3 Bogen Kpfrn. (Cat. Meissner.)

AUNOY. — S. auch Warwick, Richard Graf v.: Engel-länder, Der verliebte.... beschrieben von der Gräffin *d'Aunoy*... ↄ 1704.

AURELIA. Vom Verfasser des Rinaldo Rinaldini (*Christian August Vulpius*). Arnstadt und Rudolstadt 1801. 8⁰.

> Anon.-Lex. I. p. 120 (nach Engelmann, Goedeke, Kayser, Meusel). Neue Allg. dtsch. Bibl. 81, 105.

AURELIUS oder der Einsiedler auf der Insel Kilda, eine freye Uebersetzung (von Christoph Heinr. Korn). Schwabach 1773.

> Anon.-Lex. I. p. 120 (nach Meusel u. Kayser). Zahm.

AURORA, ein romantisches Gemälde der Vorzeit (von *Christian August Vulpius*). 2 Bde. Mit 4 Kpfrn. u. 2 Titelvignetten. Leipzig, H. Gräff, 1794—95. 8⁰. (7 Mk. 50 Pfg. Adolf Weigel, 1907.)

> „Bildet den Vorläufer zu des Verfassers Rinaldo Rinaldini". (Oswald Weigel's Lpz. Auction, 1907.) Neue Allg. dtsch. Bibl. 28, 165—168; 67, 328.

— — Dasselbe. Ebd. 1798. 8⁰.

> Goedeke V, 512, 20.

— — Dasselbe. Ebd. 1800. 8⁰.

> Anon.-Lex. I. p. 121 (nach Engelmann u. Meusel).

AURORA F o r t u n a , oder d i e E h e d u r c h L o o s , eine komische Kleinigkeit (von *Carl Friedr. Döhnel*). Zwickau 1804.

> Anon.-Lex. I. p. 121 (nach Kayser u. Meusel). — Wahrscheinlich anstössig, wie fast alle Romane dieses originellen Autors.

AUS d e m B o u d o i r e i n e r H o f d a m e . . . . (50 xr. Halm, Wien, 1872.)

AUS d e m E h e l e b e n e i n e s B i s c h o f s . Erinnerungen an die schönste Frau zweier Jahrhunderte. Leipzig, o. J. (ca. 1890). 8⁰. (Mk. 3.—.) (2 Mk. C. Winter, Dresden, 1895.)

> Konnte bisher kein Exemplar erlangen.

AUS d e n E r i n n e r u n g e n e i n e s D e t e k t i v s . Erotische Abentheuer eines Kriminal-Kommissars. 2 Bde. Als Mspt. gedruckt in 400 Expll. (1908.) Nicht im Handel. 8⁰. (Br. Mk. 30 od. 36 Kr., in Leder Mk. 36 od. 43 Kr. 20 H.)

AUS d e n E r i n n e r u n g e n e i n e s F r a u e n - A r z t e s . (Erot.) Erzählung. Berlin, o. J. (c. 1890). 8⁰. (1 Mk. M. Edelmann, Nürnb., c. 1907.)

AUS d e u t s c h e n H a r e m s . Pikanterien aus der sogen. guten Gesellschaft, von *P. v. H.* Zürich, Ad. Wiechmans Verlag, o. J. (1890). 8⁰.

> (3 Mk. in einem nicht mehr festzustellenden Cataloge, wo es heisst: „Sämmtliche geschilderte Situationen sind Erlebnisse noch lebender Persönlichkeiten, zum Theil aus hohen Kreisen. Sehr wenige Expll. noch zu haben". (2 Mk. M. Edelmann, Nürnb., c. 1902; 1 Kr. 50 H. Halm & Goldmann, Wien, 1904.)
> V e r b o t e n vom Landgericht Lemberg, 18. Juli 1890.

AUS d e r K a s e r n e . M e m o i r e n e i n e s ö s t e r r e i c h i s c h e n M i l i t a i r s (Artillerie-Offiziers). Hrsg. v. Stephan T h u r m . 2 Bde. 2. Aufl. Leipzig, Frdr. Wilh. Grunow, 1845. 8⁰. (Ldpr. 3¹/₂ Rthl.) (2 fl. J. Eisenstein & Co., Wien, c. 1892; 4 Mk. Beck, Nördl., 1892.)

> I: Tit., 1 Bl. Inh., 266 S. (5 Cap.). II: Tit., 1 Bl. Inh., 260 S. (10 Cap.) u. Schlußbl.: Druck v. C. H. Hoßfeld in Leipzig. — Ed. I. ibid. eod. anno. (Expl. in Hamburg, Bibl. der „Harmonie".) S o l d a t e n - R o m a n mit vielen liederlichen Avanturen à la Casanova, **nur** plumper u. **weniger frei.**

AUS dem Leben in Reimen. Von einem heiteren Beobachter. Baden-Baden 1877. 16⁰. Zahm. (1 Mk. 20 Pfg. A. Bielefeld, Carlsruhe, 1891.)

AUS dem Leben einer Bauchtänzerin (der schönen Egyptierin Yelva). 2 Bde. Budapest, o. J. (c. 1900). 8⁰. (Mk. 5.—.) (2 Mk. 50 Pfg. H. Hugendubel, München, c. 1905; 4 Mk. 30 Pfg. [incl. Porto] R. Klinger, Berlin, ca. 1905.)

„Spielt bald in der egypt. Wüste, bald im Seinebabel."

AUS dem Leben und den Schriften des Magisters Herle, und seines Freundes Mänle. Mitgetheilt von dem Dritten im Bunde. (Universitäts- u. Liebeshändel.) Landshut, 1842, v. Vogel'sche Verlagsbuchh. 8⁰.

139 S. (incl. 11 S. Tit. u. Vorber. d. Herausg.). — S. 6; bis 81 ergötzlicher Vorrath deutscher Schimpfwörter.

AUS dem Leben eines jungen Mannes . . . . . . (3 Mk., eine böhmische Firma, 1901.)

AUS dem Leben einer leichten Person. Nach der neuesten Auflage des französ. (engl.) Originals übers. Mit 1 Photogr. Wien, Spitzer, 1865. 8⁰.

320 SS. Zahm. (3 Mk. Bielefeld; 4 Kr. Halm & Goldmann.)

AUS dem Leben eines Priesters (von *Ferd. Ignaz Herbst*). Ansbach 1842. (Hierher gehörig?)

Anon.-Lex. I. p. 121 (nach Kehrein).

AUS dem Leben einer Römerin. Leipzig, o. J. (1865). 8⁰. (3 Kr. 60 Pfg. Halm & Goldmann, 1907.)

AUS dem Leben einer jungen Römerin. 2 Thle. Leipzig, Verlags-Anstalt (Röhl) 1872. 8⁰.

638 SS. Zahm. (1 Rthlr. Fischhaber; 6 Mk., neu, Bielefeld.)

AUS den Memoiren eines Kellners, von ***. Berlin, o. J. (c. 1890). 8⁰. (1 Mk. M. Edelmann, c. 1902.)

AUS den Memoiren einer Sängerin, s. Memoiren einer Sängerin.

AUS den hinterlassenen Papieren eines Arztes. (Erot.-priap. Liebeshändel eines jungen Frauen-Arztes.) Neue durchgesehene und vielfach verbesserte Ausgabe von Dr. phil. Johann J. Neuhaus-Wien. 2 Thle. Wien 1909. Privatdruck. 8⁰. Lat. Lett. (Mk. 15.—.)

I: 79 S. (incl. Vor- u. Hauptit.). II: S. 80—168 (incl. Vor- u. Hauptit., sowie 3 S. Verz. erotischer Neuheiten.)

Unsinnige, aber sehr pikante Liebschaften in ultra-erotischer, jedoch nicht pöbelhafter Darstellung, weshalb das Opus erträglicher als die meisten der Gattung.

In einer einmaligen Auflage von 1000 in der Maschine numer. Expll. nur für Subscribenten hergestellt.
Zuerst gedr. c. 1895. (8 Mk. eine böhm. Firma, c. 1901.)

AUS den Papieren eines Geistlichen. Altona, Verlags-Bureau, 1865. Kl. 8⁰. 85 SS.
Zahm. Auch m. d. Tit.: Dunkle Existenzen. Bdchn. 3. (2½ Mk. Bielefeld.)

AUS den geheimen Papieren einer polnischen Gräfin. Amsterdam 1898. 8⁰. (2 Kr. Halm & Goldmann, Wien, 1904.)

AUS den Papieren einer Lesegesellschaft. 3 Bde. Riga, Hartknoch, 1787, 88, 89. 8⁰. Rar, besonders cplt.!
Enth. u. a.: Klage der Frau v. Kinglin gegen ihren Mann, den Präsidenten von Kinglin zu Strassburg. (Skandalprocess.) — Geschichte der Bedihuldgemal und des Seyfulmuluk. (Freie Novelle.) — Die Folgen der Ausschweifungen. — Ueber die verschiedenen Haar- und Bartmoden &c. (6 Mk., cplt., Kühl; 1—2: 5 Mk. Lehmann u. Lutz.)

AUS dem Poetenwinkel der Halbwelt. Romantische Zickzackfahrten halb- und vollblütiger Cameliendamen. Vom Verfasser der Erlebnisse eines Mannesbusens *(Paul Lippert)*. Berlin 1878. 8⁰.
Eleganteste Ausstattung m. Randleisten u. illustr. Titelumschlag. — Ernst Eckstein sagt über dieses merkwürdige Buch voll düsterer Herbheit und Ironie (cfr. Deutsche Dichterhalle, Bd. VII, No. 7): „Unverblümt wie Juvenal malt uns der Autor ein Bild vom menschlichen Elend". (Ldpr. 3 Mk.) (1 Mk., wie neu, Kühl.)

— — Dasselbe. 2. Aufl. Ibid. eod. a. 8⁰. (2 Mk. 50 Pfg. A. Bielefeld.)

§ **AUS** der Residenz. Schicksale eines Fürstensohnes. 2 Bde. Breslau, Kern, 1843. 8⁰.
308 u. 308 SS. — Zahm.

AUS dem Tagebuche eines Commis voyageur. (Priapische Liebschaften.) Paris, Verlag f. Kunst u. Litteratur (c. 1898). Kl. breit-12⁰.

AUS dem Tagebuch einer Verlorenen. Von einer Toten. (Hrsg. von Frau Margarethe Böhme in Berlin-Friedenau, geb. 8. Mai 1869.) Berlin, Fontane, 1905.
96 Seiten mit Randeinfassung. — 125. Aufl. 1907.
Referat eines Ungenannten in: Der Amethyst, Heft 8, Juli 1906, S. 258—59.

AUS dem Taschenbuche eines Frauenzimmers. 1780. (Aus den „Raritäten" des Küsters von Rummelsburg = *Carl Friedr. Wegner.*)
1. Liste meiner Liebhaber. 2. Namen Derjenigen, welche nichts geben. 3. Namen Derjenigen, welchen ich gebe. 4—6. Verzeichnis meiner Wäsche, Kleidungsstücke und übrigen Sachen. — In: Der Amethyst, Heft 9—10: Aug.—Sept. 1906, 8⁰, S. 282—286. — Ein früherer Sonderdruck

auf Büttenpap., der bald c o n f i s c i r t wurde, erschien O. O.
u. J. (Budapest, Neufeld's Druckerei, Verlag von Franz
Teubner in Cöln, 1890).

AUS U r g r o ß m u t t e r s G a r t e n : ein Frühlingsstrauß aus
d. Rokoko (Anthologie der erotischen Poesie des 18. Jahrh.),
hrsg. von Arno H o l z. München 1903. Gr. 8⁰. 238 S. mit
zahlreichen Randleisten. Origbd. m. Goldschn. (Pergament-
Imitation.) 8⁰. (Mk. 5.—.) (3 Mk. 75 Pfg. Taussig, Prag, 1906.)

§ **AUS** w a s G r u n d d i e L i e b e n t s p r i n g t. O. O. u. J.
(15**). 4⁰. Rarissime!

AUSARBEITUNGEN, J u g e n d l i c h e. (Anakreontische Poesien.) Sorau, Gli. Hebold, 1754. 8⁰.
> Zahm. — Vom selben Verfasser ist vielleicht „Wein u.
> Liebe", s. dort.

AUSARBEITUNGEN , J u g e n d l i c h e, b e y m ü ß i g e n
S t u n d e n.
> Pictoribus atque Poëtis
> Quidlibet audenti, semper fuit æqua potestas.
Frankfurt u. Leipzig in der Eßlingerischen Buchh. 1766. 8⁰.
(In Stuttgart.)
> 160 S. (incl. Tit. u. 1 Bl. Vorr. des Verlegers). — Darin
> S. 5—22: Vergleich zwischen einem Soldaten und Liebhaber,
> oder der Vorzug der Jugend, in Kriegs- u. Liebes-Vorfallen-
> heiten, in einer Rede in Versen abgefaßt am 4. Aug. 1765.
> — S. 49—80: Das Pochspiel, oder die glückliche Bellinde,
> ein Heldengedicht in drey Gesängen. — Unter den „ver-
> schiedenen Gedichten" S. 128 ein sehr freies : „die dreiste
> Frau".

AUSARBEITUNGEN, J u r i s t - p r a k t i s c h e. 7 Theile (1—2
hrsg. von C. L. S t e n g e l, 3—7 hrsg. von Christian Ludwig
P a a l z o w), Berlin 1799—1806.
> Wahrscheinlich auch sexuelle Criminalia enthaltend. —
> Anon.-Lex. I. p. 122 (nach Engelmann).

AUSARBEITUNGEN, M o r a l i s c h e, n e b s t e i n i g e n Ge-
d i c h t e n. Frankfurt und Leipzig 1764. 8⁰.
> Bibl. J. J. Schwabii. — Selten!

AUSFÄLLE, G e r e i m t e, a u f u n g e r e i m t e E i n f ä l l e,
von einem Wahrheit liebenden Freunde. Haderslebe, ge-
druckt mit Luckanderschen Schriften, 1779. 4⁰. (2 Mk. Völcker,
Frankf. a. M., 1876; jetzt theurer!)
> Titel in Roth- und Schwarzdruck. Sehr rar!

AUSFÜLLUNGEN m ü s i g e r (!) S t u n d e n f ü r F r e u n d e
d e r L e k t ü r e (von *S. Gr.*). Halberstadt 1796. 8⁰. (1 Mk.
50 Pfg., Leihbibl.-Expl., Adolf Weigel, Lpz., c. 1806.)

AUSGANGSPUNKT, D e r, d e s V e r g n ü g e n s, oder D i e
E r l e b n i s s e d e s P r i n z e n C h e r u b i n. Aus dem Französischen übersetzt. Paris und London 1775. (Neudruck,

ca. 1870.) Kl. 8⁰. (6 Mk. A. Bielefeld, Carlsruhe, 1891; 15 Mk. Adolf Weigel, 1907.)

> 47 S. Stark erotischer kleiner Roman, bereits sehr rar!
> Orig.: Le cadran de la volupté, ou les aventures du prince Chérubin, pour servir à la vie de Marie-Antoinette. Cologne, P. Marteau, s. d. (vers 1795) [réimpr. à Stoutgart, ca. 1850]; rep. Amsterdam 1796 (Paris, vers 1830). in-18, 3 lithogr. (10 frcs. H. Bukowsky, Stockholm, 1887); rep. Paris 1870. 8⁰. (4 Mk. Paul Neubner, Köln, 1890.)

AUSONIUS, Decimus Magnus (Galloromane aus Bordeaux, Erzieher des Gratianus, Sohns Kaiser Valentinians, nach dessen Tod (383) er wieder nach Bordeaux zurückkehrte, wo er den schönen Künsten und der guten Küche ergeben, lebte, Vf. der „Mosellä"), S e c h s (erot.) E p i g r a m m e des —. Uebertragen aus e. Sammlung „christlich-frommer und ganz unfrommer heidnischer" Distichen, die zum 1. Male 1472 in Venedig, zuletzt 1886 bei Teubner in Leipzig erschienen.

> Abdr. in: „Der Amethyst", Heft 3, Febr. 1906, 4⁰, S. 67.

AUSRUFER, D e r geheime, der bekannt macht, was eigentlich nicht bekannt werden soll. Ein freimüthiges und unterhaltendes Erholungsblatt. Bremen Goslar, Lohmann) 1810. 8⁰. Rar.

AUSSCHWEIFUNG, Tausend und eine, oder Bekenntnisse einer vornehmen Standesperson. Zur Unterhaltung und Belehrung für die höhern Stände. (Aus d. Französ. des *Pierre Jean Bapt. Nougaret.*) 2 Thle. Paris (Halle, Dost) 1792—93. 8⁰. (7 Mk. 50 Pfg. Max Harrwitz, Berlin, 1891; jetzt theurer!)

> Im Geschmack der „liaisons dangereuses" (s. L a c l o s), z. Theil in Briefen. 1: XVI, 308 SS. 2: VIII, 296 SS. Vorr. d. Uebers. ist M. (Mylius?) unterz.
> Orig.: Les écarts de la jeunesse ou les mille et une extravagances du Comte de D**. 2 tom*. avec. figg. Paris 1792. 8⁰. (In München.) — Les travers d'un homme de qualité ou les mille et une extravagances du Comte de D**. 2 tom. Bruxelles 1788. 8⁰. (1⁵/₆ Rthl. Maske, Breslau, c. 1865; 3 Mk. Lesser, Breslau, ca. 1875; jetzt theurer!)

AUSSCHWEIFUNGEN. 2 Hefte. (10+8 meist stark frivole Prosa-Erzählungen, nichts Poetisches. (Vf. *Friedr. Wilh.* Baron *v. d. Golz?*) Mit Titelvign. Fraustadt (Halle, Hendel) 1795. 8⁰. (Heft 1 von 256 S., apart, 6 Mk., Friedr. Klüber, München, 1896; 25 Mk. (!) Adolf Weigel, Lpz., 1907.)

> Complette und gut erhaltene Expll. fast unauffindbar. In Heft 1 hervorzuheben No. 8: „Der Pantoffel", in Heft 2 (S. 75—178): „Der Augarten bei Wien". (Unter diesem harmlosen Titel erzählt der raffinirte Verfasser die ultrapikanten Liebesabentheuer eines Avanturiers mit der üppigen Frau eines alten Generals und deren Kammermädchen.) — Aeusserst selten!

AUSSICHT, Reizvolle, ins Ehebette nicht nach dem Laufe der Welt, eine Geschichte. Th. (1) 2. Freistadt auf Kosten des Verfassers (Glogau, Günther) 1790—91. 8⁰.
> I: TKpf., 4 Bll. Vorst., 328 SS. II: Tit. u. 302 SS. — Ziemlich zahmen Inhalts. Scheint Uebersetzung aus d. Französischen.

— — Dasselbe. 2 Thle. Ebd. 1810. 8⁰. (Privatmittheilung.)
> Beide Ausgaben sehr selten!

AUSSICHTEN am Abend und Phantasien. O. O. 1762. 8⁰. 62 S., 1 S. Inh. (4 Mk. 50 Pfg., mit ähnl. Beibdchn., Max Perl's Berliner Oct.-Auct. 1907, no. 21.)
> Inhalt: Aussichten am Abend. — Die Wohnung des Schlafgottes. — Andenken an Doris. — D. unglückl. Liebhaber. — Ueb. d. Vergnügungen d. Menschen.

§ **AUSSICHTEN,** Hohe, der Liebe (zahme Poesien, von *Franz. Alex. v. Kleist* [s. d.], 1769—97). O. O. u. J. (c. 179*). 8⁰.
> 72 S. (incl. Bl. 2 „An Minonna"). Lat. Lett. — S. 29: Das Glück der Liebe („Albertinen", 33 neunzeil. Str.; zuerst gedr. Berlin, Vieweg, 1793. Gr. 8⁰.); S. 51: Das Glück der Ehe (34 neunzeil. Str.), nebst 1 Bl. Anmerkgn.

AUSSTATTUNG für Töchter, welche geliebt seyn und glücklich machen wollen. (Moralisirende Aufsätze, Erzählungen, Kosmetisches etc.) Hamburg, bei Adolph Schmidt. 1808. 8⁰. (1¹⁄₆ Rthl.) (1 Mk. 50 Pfg. Lehmann & Lutz, Frankfurt a. M., c. 1885.)
> VI—282 S. U. a.: Die französische Dame; die Morgenländerinnen im Harem; Mode etc.

— — Dasselbe. 3te wohlfeile Ausgabe. (Nachdruck.) Hamburg und Leipzig, bei Lucian Felix (fing.). 1810. Gr. 8⁰.
> 174 S. u. 1 Bl. Inh.

AUSSTELLUNGEN historischer Gemählde (von *Johann Christoph Kaffka,* eigentl. *Engelmann*). Mit 1 Kupfer. Köthen 1799. 8⁰.
> Anon.-Lex. I. p. 125 (nach Goedeke u. Recke-Napiersky).

AUSTERN, Frische, und pikanter Sardellen-Salat für Lüsterne und Feinschmecker. Rom u. Paris, gedruckt auf Kosten guter Freunde, als Mspt. zu betrachten. O. J. (c. 1865). Kl. 8⁰. (1¹⁄₃ Rthl. Fischhaber, Reutlingen, c. 1870.)
> 128 SS. Enth. sotadische Gedichte, Anekdoten etc.; ferner 1 sotadisches Räthsel in 16 Verszeilen. — Verboten vom K.-G. Wels, 19. Juni 1875. — Bereits selten!

AUSTERN-Bibliothek. 3 Bde. (Boudoirgeschichten. — Indiscretionen. — Liebesfreuden, Liebesschmerzen.) Budapest, o. J. (c. 1890?). 8⁰. (à Bd. 2 Mk. M. Edelmann, Nürnb., c. 1905.)

AUSTRIANA, Die unglückliche Königin. Leipzig 1724. 12⁰.
> Ungemein rar! — Bibl. quædam illustris. Lips. 1750. p. 275; Cat. Groß, contin. VI. 1738. p. 107.

AUSWAHL der besten und witzigsten Anecdoten und Geschichten. Mit 1 Titelkpfr. u. 1 Vignette. Berlin 1801. 8⁰. 478 Seiten. (2 fl. Gilhofer & Ranschburg, Wien, c. 1888.)

AUSWAHL, Neue, der besten und witzigsten Anekdoten und Geschichtchen. Recepte zum Lachen. 2 Thle. Berlin 1802. 8⁰.

AUSWAHL der besten zerstreuten prosaischen Aufsätze der Deutschen. 16 Bde. (14—16 auch tit.: Neue Auswahl . . . . Bd. 1—3.) Leipzig, Weygand, 1779—94. Kl. 8⁰. (In Warmbrunn.)

    Einiges etwas frei. So complet sehr rar!

AUSWAHL romantischer (stellenw. anstößiger) Gemälde. Von dem Verf. der romantischen Geschichten der Vorzeit *(Chrn. Aug. Vulpius).* 2 Thle. Mit 2 Titelvignetten. Zittau u. Leipzig, bey Johann David Schöps. 1793—95. 8⁰.

    I: 2 Bll., 218 S. Enth.: Almar und Almönide. — Das Mädchen mit dem Wasserkruge. — Blanka von Navarra.
    II: VI u. 250 S. Enth.: Die sonderbare Erscheinung. — Leonardo und Aurelia. — Caesario und Angelika. — Wahrscheinlichkeit und Wahrheit. — Liebe, Rache und Verzweiflung. — Glück im Unglück.

— — Es erschien noch ein dritter Theil, ebd. 179*. 8⁰.

— — Dasselbe. 2 Bde. Ebend. 1800. 8⁰. (36 xr. (= Kreuzer) Coppenrath, Regensburg, c. 1870; jetzt theurer!)

AUSWAHL kleiner Geschichten u. merkwürdiger Vorfälle aus dem menschlichen Leben, zum Nutzen u. Vergnügen junger Leute. Mit (unsign.) hübscher Titelvign. Breslau, bey Gottlieb Löwe 1781. 8⁰.

    Tit., 3 Bll. Vorr., 168 S. — Enth. 100 Nrn. ohne Ueberschr. (meist histor. u. culturgeschichtl. Inhalts). Nicht erotisch.

AUSWAHL kleinerer Liebesgeschichten in sittlichen Erzählungen aus deutschen Zeitschriften. Theil 1. (einz.). Berlin u. Leipzig (Rostock, Stiller) 1799. 8⁰.

    Kayser's B.-Lex.; Weller, fing. Dr.

AUSWAHL kleiner Romane und Erzählungen (hrsg. von Karl Konrad Streit). 7 Sammlungen. Breslau und Leipzig, bey Christian Friedrich Gutsch, 1780—91. 8⁰. (Ldpr. 2¹/₃ Rthl.)

    Aus den (mir nur bekannt gewordenen) ersten 3 Bdn. gehört hierher (Bd. II, S. 104—138): Diego de Colmenares. (Freie Erzählung der Liebschaft eines Spaniers mit einer Wilden, welche grausame Rache an ihrem treulosen Verführer nimmt.) — Sehr selten cplt!

AUSWAHL kleiner Romane und Gedichte für Freunde einer aufheiternden Lektüre. (Auch titulo: „Erheiterungen".) 9 Bdchn. Aarau, Sauerländer, 1812—14. 8⁰. (12 Rthl.)

Dürfte wohl auch hierher Gehöriges enthalten und cplt. schwer erhältlich sein.

AUSZUG, Gründlicher, aller geist- und weltlicher Rechte, welche meist dem noch unverehelichten Frauen-Zimmer nach seinen herrlichen Privilegiis eigentlich zustehen. Ausgefertiget von *S.* Franckfurt . . . . 1725. 8⁰. Rar! (In Amsterdam, Bibl. Gerritsen.)

AUSZUG aus Eduard Blondheims geheimen (!) Tagebuche. Beytrag zur Geschichte von Genie und Charakter (hrsg. von Friedr. Traugott Hase?). Leipzig 1777. 8⁰. (15 Mk., unaufgeschn. Expl., Edm. Meyer, Berlin, 1908.)
> Anon.-Lex. I. p. 128 (nach Lichtenberg, Briefe, Lpz. 1890, I. 332).

AUSZUG aus dem Tagebuche einer trauernden Wittwe; nebst einer kurzen Biographie der Verstorbenen (verfaßt von *Albertine Pfranger,* geb. *Hieronymi*). Mit 1 Kupfer. Leipzig 1803. 8⁰.
> Bibl. Günther III. Dresden 1834. Nr. 6789; Anon.-Lex. I. p. 128 (nach Meusel). — Sehr rar!

AUSZUG aus dem Taschenbuche eines Frauenzimmers (Freudenmädchens). (Verkürzter Abdruck des Originals von 1785, aus *Carl Friedr. Wegener's* „Raritäten", s. d.) O. O. u. J. (Verlag von Franz Teubner, Köln; Druck von Elias Neuwald in Budapest, 1890.) Kl. ⁰.
> 20 beziff. S. (incl. Titel mit Bordüren) u. 4 unbez. S. Teubner'scher Verlag. — Vergriffen!

§ AUSZUG aus dem Wörterbuche der Thorheiten. (Moral.-satyr. Glossen von *Joh. Nepomuk Lengenfelder,* cand. jur. zu München, geb. 1753 zu Straubing, † 25. Juni 1783 bei den Barmherzigen Brüdern zu München, von aller Welt verlassen.) Mit TVign. Leipzig (o. Adresse) 1780. 8⁰. (3 Mk. L. Rosenthal, c. 1885.)
> Tit. (m. d. Motto: . . . . Quantum mortalia pectora caecae Noctis habent!), auf d. Rücks. Register, 142 S.
> Inh.: Adel. Basquill (!). Controvers. Deutschfranzos. Ehe. Fußkuß. Gänse, capitolinische. Giftmischer. Geister, starke. Gottesläugner. Gratulanten. Gaubettler. Gesundheiten. Galanterien u. galante Hanswurste. Jnquisition. Koquetterie. Leberreime. Mendicanten. Nothzucht. Oekonomie. Physiognomie. Quaker. Rabulisten. Schöngeisteley. Teufel. Verfolgungsgeist. Wohlstand. Zeichendeutung. — Dieses gedruckte Verz. ist merkw. Weise ganz unvollständig; das Buch enth. viel mehr Artikel, auch burleske Gedichte, u. a.: „Schwester Eve" Klosterschwank in 36 sechszeil. Str.).

AUTHUMNUS (d. i. *Herbst*), Joh. Andreas (Capellmeister zu Nürnberg und Frankf. a. M., geb. 1588 zu Nürnberg, † nach 1660 zu Frankfurt), Theatrum amoris, Teutsche Venerische Gesäng nach Art der Welschen Madrigaln, mit fünff vnd sechs Stimmen. Nürnberg, Georg Leop. Fuhrmann, 1613. 4⁰. Rariss.

> Weller, Annalen II. p. 36—37. — Gerber hat „1611".

AVALON, Olivia von, Die bewunderungswürdige, oder sonderbare und curieuse Begebenheiten eines englischen Frauenzimmers von altem adlichen Geschlecht aus Bristol. Aus d. Engl. (d. *E. O. Gallups*). Mit Titelkpf. O. O. (Cöthen, Cörner). Gedruckt nach dem Londnischen Exemplare. 1753. 8⁰. (20 Kr. Halm & Goldmann, Wien, 1907.)

> Pikante Avanturiere. 414 SS. Aeusserst selten! Weller, fing. Dr., hat „London 1752".

AVANTÜREN aus den Feldzügen der Deutschen am Rheine. Bdchn. 1. („dem Gott der Liebe gewidmet"). O. O. (Hof) 1797. 2. Deutschland (ib.) 1798. 3. Hof, bey G. A. Grau, 1802. 8⁰. Cplt. rar! (15 Mk. A. Buchholz, München, 1908.)

> 333, 255, 307 SS. Mit 3 TKpfrn. (nach Schubert von Schule gest.) — Inh.: I: Die Wette. — Der gefällige Mann. — Die Feuers-Noth. — Der Quell des Lebens. — Die Grossmüthige. — St. Johannes in Deserto. — II: Liebe und Tugend. — Die Flucht. III: Der Pudel als Eheprocurator. — Das einsamstehende Bäumchen in Cassel. — Nur Th. 1., dessen von 1795 dat. Vorrede „r" unterz. ist, gehört dem Inhalt nach hierher.

AVANTURE Historique oder sonderbare Geschicht dieser Zeit. O. O. u. J. (c. 1680). 12⁰. Rariss.

> Zusammengebd. mit e. Schrift vom J. 1685 in der Bibl. A. E. de Seidel. Berol. 1718. p. 5.

AVANTUREN, Die fatalen und merkwürdigen, zweier Frauenzimmer. Frankfurt u. Leipzig 1753. 8⁰. Höchst selten!

* AVANTUREN, Wunderbahre, bestehend in einem lächerl. Gespräch zweyer lustigen Welt-Brüder, namentl. Bruder Philipp und Bruder Stephan, welche viele Reiche der Welt und gantz unbekannte Länder durchwandert, woselbsten einander ihre Schicksale, Landesgebräuche, Sitten und Gewohnheiten auf eine lächerliche Weise erzehlet haben. Mit TKpf. Franckfurt und Leipzig 1750. 8⁰.

> Einiges derb, doch nicht erotisch.

* AVANTURIER, Der Asiatische, Oder merckwürdige Reisen eines Türckischen Aga Sohn Ibrahim Abdulahly, nach seiner Bekehrung aber Christian Sigismund genannt. Aus dem Italiänischen ins Deutsche übersetzt. Mit Titelkpf. (dreitheilig). (Besitzt auch Oberlehrer Dr. Ullrich in Brandenburg a/Havel.) (4 Mk. Jos. Baer & Co., Frankf. a. M., c. 1890.)

478 S. (incl. Tit. in Roth- u. Schwarzdruck u. 6 S.
Vorr.). Zum Theil anstößig. Näheres bei M i l d e b r a t h,
Berthold, D i e d e u t s c h e n „A v a n t u r i e r s" d e s
a c h t z e h n t e n J a h r h u n d e r t s. Inaug.-Diss. Gräfen-
hainichen 1907. Gr. 8⁰. S. 107—110.

* **AVANTURIER,** Der B r e m i s c h e. — Der durch Zauberey
aus einem Welt-Theil in das andere (!) gebrachte B r e m -
i s c h e A v a n t u r i e r, Oder die wunderbaren Reisen und
zugestossenes Glück und Unglück eines Nieder-Sachsen F l o -
r e n t i n i C h r u s a d e n s, v o n B r e m e n gebürthig, so derselbe von dem 7 den bis ins 63 te Jahr seines Alters in alle vier
Theile der Welt gethan und ausgestanden. Aus dessen eigenen
hinterlassenen Schriften der curieusen Welt zum Zeitvertreib
dem Druck übergeben von zweyen seiner vertrauten Freunden,
Th. K. und O. E. G. Franckfurt und Leipzig 1751. 8⁰.

480 S. (incl. Tit. u. 4 unbez. S. Vorr.). Mit 3 theiligem
Titelkpfr. (7 Mk. 50 Pf. Franz Teubner, Düsseldorf, c. 1898.)
Höchst selten! Vom selben Vf. (laut Ullrich): „Die
gesuchte Perlen-Insul . . . . 1753". — S. auch Mildebrath,
S. 102—104.

AVANTURIER, D e r c u r i e u s e, Oder l u s t i g e u n d f a t a l e
G e s c h i c h t e e i n e s g e b o h r n e n F r a n z o s e n, N a -
m e n s J e a n L a p o u n c z k y, v o n P o l n i s c h e n G e -
b l ü t, Aus dem Frantzösischen ins Teutsche übersetzt. Mit
3theilig. Titelkpfr. Franckfurt und Leipzig 1752. 8⁰. (In Weimar, Großherzogl. Bibl.) Rar!

Titel, 3 S. Vorr. d. Vf., 1 S. Vorr. d. Uebersetzers,
311 S. Text. Verfasser ist sicher ein D e u t s c h e r, „der
seinem Buche durch Betonung der französischen Herkunft
eine Empfehlung an die Leser mitgeben wollte". (Mildebrath S. 51—57.)

* **AVANTURIER,** D e r d ä n i s c h e. Oder des Herrn von R.
eines geborhnen Dänen und Verwandten des berühmten Engel-
länders, Robinson Crusoe, wunderbare Begebenheiten und
Reisen nach Frankreich, Ost- und Westindien und in die Südsee,
größtentheils von ihm selbst in dänischer Sprache beschrieben,
nach seinem Tode aber ins Deutsche übersetzet und herausgegeben von Oluf Friederich Jacob J a k o b s e n. Erster,
Zweyter Theil (cplt.). Frankfurt und Leipzig 1751—52. 8⁰.
(Besitzt Dr. Ullrich.) (7 Mk. 50 Pfg. K. W. Hiersemann,
Lpz., c. 1905.) (Auch in der Berliner Universitäts-Bibl.) (10
Mk. Max Perl, Berlin, 1909.)

I: Tit., 6 S. Vorr. d. Herausgebers [dat. Wittenberg],
512 S. II: Tit., 6 S. Vorber. d. Herausg. [dat. Straßburg]
u. Druckfehlerverz. (zu Th. 1), 424 S. — Mildebrath,
S. 104—107.

— — Dasselbe. 2 Thle. Kopenhagen (Augsburg, Stage) 1769.
Weller, fing. Dr.; n i c h t bei Mildebrath.

* **AVANTURIEUR,** D e r D r e ß d n e r , oder Begebenheiten eines
debohrnen Dreßdners aufgesetzt und beschrieben, von ihm selbst.
2 Thle. in 1 Bde. Mit 1 Titelkpf. Franckfurt u. Leipzig 1755.
8⁰. (Besitzt Dr. Ullrich, wie auch d. beiden folgenden.)

> Tit., 2 S. Vorr., 256 S. (incl. S. 163—256 für Th. 2). —
> Mildebrath, S. 110—113.

— — Dasselbe, 2 Thle. in 1 Bde., titulo: D e r D r e s d n e r
A v a n t u r i e u r , oder Begebenheiten eines gebornen Dresdners
aufgesetzt und beschrieben von ihm selbst. Mit 1 Titelkpf.
Frankfurt und Leipzig, 1757. 8⁰.

> 256 S. (incl. Tit. u. 2 S. Vorr.). Th. 2 hat 1 besonderes
> Bl. u .die Seiten 163—256.

— — Th. 3. (Tit. wie vorhin.) Frankfurt und Leipzig 1757.
8⁰. (Alle 3 Thle. in 1 Bde. in Dresden.)

> 271 S. (incl. Tit. u. 2 S. Vorr., unterz.: „nicht der Autor,
> sondern X. Y. Z.“). „Dieser d r i t t e Theil scheint erst
> bei der zweiten Auflage hinzugefügt worden zu sein.“
> U l l r i c h , S. 160.
> Eines der besseren Werke dieser Gattung, frei von An-
> stößigkeiten.

AVANTURIER, D e r f r ä n k i s c h e (von *Carl Friedrich
Tröltsch*). Ansbach 1753. 8⁰. (Noch kein Expl. nachgewiesen.)

> Anon.-Lex. I. p. 130 (nach Kayser u. Meusel).
> Ueber d. Vf. s. B a a d e r , Clemens Alois, Lexikon ver-
> storb. bayer. Schriftsteller des 18. u. 19. Jahrh. Bd. I, 2.
> Augsburg u. Leipzig 1824. 8⁰.

§ * **AVANTURIER,** D e r K u r t z w e i l i g e , Oder: M i r a n)
d o r s S e l t s a m e r L e b e n s - L a u f Worinnen unterschiedene
sonderbare Begebnisse, wunderliche Zufälle, angenehme (stellenw.
pikante) Liebes - Händel, nützliche Anmerckungen über den
jetzigen Zustand der Welt und ernstliche Bestraffung der heut
zu Tag im Schwang gehenden Laster und Thorheiten zu finden.
Aus dem Holländischen (des *Nicolaus Heinsius*) in das Hoch-
Teutsche übersetzet. Ridendo dicere verum, quis vetat? 2 Thle.
Mit (sechstheiligen) Titelkpfrn. Augspurg, druckts und verlegts Andreas Maschenbauer und auch zu finden In Regenspurg
bey Johann Zacharias Seydel Buchhändlern allda. 1714. 8⁰.
(Auch in Warmbrunn, Reichsgräfl. v. Schaffgotsch'sche Majo-
rats-Bibl.)

> I: Titelkpf., 342 S. (incl. doppelseitigem Titel in Roth- u.
> Schwarzdruck, 1 S. Vorr. des deutschen Uebersetzers, 1 S.
> Vorr. d. Verfassers). II: Titelkpf. (wie bei I), u. 322 S.
> (incl. abgekürztem Titel). Mildebrath, S. 14—46.
> Das O r i g i n a l dieses Schelmenromans erschien zuerst
> 1695 unter dem Titel: D e n V e r m a k e l y k e n A v a n -
> t u r i e r ofte de Wispelturige en niet min Wonderlyke
> Levens-loop van Mirandor etc. S p ä t e r e A u s g a b e n :
> Amsterdam, 1704, 2 Deele; 1722, 2 Deele; 1727, 2 Deele etc.
> Ueber die 8 h o l l ä n d. D r u c k e (wovon 1715 u. 1727
> in Berlin, 1704 in München) vgl. t e n B r i n k , S. 36—38.

Französische Uebersetzung: L'Aventurier Hollandois ou la Vie et les Avantures divertissantes et extraordinaires d'un Hollandois. Amsterdam 1729. 2 vols.; rep. ib. 1747. II. 12⁰. (3 Mk. Stuber, Würzburg, c. 1885.)

Englische Uebersetzung: The life and surprizing Adventures of Mirandor. Translated from the Dutch. Adorned with thirteen Cuts. In Two Volumes. London 1730. 8⁰. (In Berlin nur vol. 1.)

Italienische Uebersetzung (nach der französischen) unter dem Titel: L'Avventuriere Ollandese. Trad. dal francese. Venezia 1732. 2 parti.

Vgl. Kippenberg, S. 64—65 u. XI; Jonckbloet, Geschiedenis der nederlandsche letterkunde, deutsch von Martin, 1870—72; Bd. II, S. 488—489.

— — Dasselbe (Nachdruck) mit dem Titel: Der Niederländische Robinson, oder: Mirandors seltsamer Lebens-Lauff worinnen unterschieden sonderbare Begebnisse, wunderliche Zufälle, angenehme Liebes-Händel, nützliche Anmerckungen über den jetzigen Zustand der Welt und ernstliche Bestraffung der heut zu Tage im Schwang gehenden Laster und Thorheiten zu finden. Aus dem Holländischen in das Hochteutsche übersetzet und mit vielen Kupffern außgezieret. Ridendo dicere verum quis vetat? 2 Thle. Mit 1 Titelkpf. und 6+6 Kpfrn. im Text. Franckfurt u. Leipzig 1724. 8⁰. (Besitzt Dr. Ullrich.)

I: 342 S. (incl. Titelkpf. u. Titel in Roth- u. Schwarzdruck). II: 322 S. (incl. Tit.). Ullrich p. 224—225.

* AVANTURIER, Der Leipziger, oder eines gebornen Leipzigers eigenhändiger Entwurf seiner Schicksale. 2 Thle. Frankfurt u. Leipzig 1756. 8⁰. (Auch in Dresden u. in der Berliner Univers.-Bibl.)

Zweitheiliges TKpf., 282 S. (incl. Vorber. S. 5—10) u. 168 S. (incl. Tit.). Sehr liederlich. (Th. 1 apart, geles. Expl., 22 Mk. [so!] K. W. Hiersemann, 1905.)

— — Dasselbe. Ibid. 1757. 8⁰.

Beide Drucke sehr rar! Letzterer fehlt bei Mildebrath, S. 76—83.

AVANTURIER, Der lustige. Oder: Das im Anfang wilde und ungezogene Leben eines jungen Holländers CORNELII van A***. Welcher durch mancherley Fatalitäten, die er auf Reisen und in der Fremde erlebet, eine vernünftige Lebens-Art angenommen, bis er endlich gantz unvermuthet zu einer rechten Glückseligkeit gelangen können, von Ihm selbst in Holländischer Sprache beschrieben. (In's Deutsche übers.) Franckfurt und Leipzig (o. Adresse), MDCCXXXVIII. (1738.) 8⁰. (Expl. in Dresden: Lit. Germ. rec. C 888.)

Tit. (roth u. schwarz) u. 238 S. (incl. Vorr. von 2 Seiten). Höchst selten! Voll erotischer und cynischer Begebenheiten, gehört das Opus zu den liederlichsten der Gattung. — Näheres bei Mildebrath, S. 46—51.

AVANTURIER, Der mühsame. — Der mühsame, aber doch unermüdete Liebes-Avanturieur (so!), Wie solcher Den Berg der Liebe nach vielen Beschwerlichkeiten endlich übersteiget, und die Anmuths-vollen Gegenden mehr als irdischer Ergötzlichkeiten glücklich erlanget, In Zwey Theilen. Wegen seiner Annehmlichkeiten aus dem Frantzösischen ins Teutsche übersetzt durch Pardenophilum (sic!). Franckfurt und Leipzig, 1740. 12⁰. Ziemlich harmlos. (Expl. in Dresden.)

Titel, 6 unbeziff. S. Vorrede, 270 S. Höchst selten! Näheres bei Mildebrath, S. 124—126.

* AVANTURIER, Der reisende. Oder sehr merckwürdiges Leben und Begebenheiten eines Flamländischen Ritters, Worunter er bey Erzehlung seiner eigenen Lebens-Umstände auch andere Schicksale glücklich und unglücklich gewordener Personen aus allerley Ständen aufführet, selbige mit untermischten Anmerckungen begleitet, Und solche zum Unterricht seiner Mitbürger aus patriotischem Eyfer mittheilet. Bremen, bey Herrmann Jäger und Joh. Gottfr. Müllern. 1748. 8⁰. (8 Mk. C. G. Börner, Lpz., 1907.) Titel, 10 unbez. S. Vorr., 292 S. (Auch in der Berliner Univers.-Bibl.; Expl. aus der Bibl. der Brüder Grimm mit vielen handschriftl. Notizen.)

* — — Dasselbe. 3 Thle. Mit 1 Titelkpfr. Frankfurt u. Leipzig (o. Adresse) 1749—50. Th. 3 auch titulo: Der reisende Aventurier oder der verunglückte Goldsucher.) 8⁰. (7 Mk. 50 Pfg. Max Jaeckel, Potsdam, c. 1906.) 292, 518, 423 S. (excl. Vorst.). (Th. 3 fehlt in Berlin.)

Gehört zu den besseren Werken dieser Gattung ohne grobe Anstössigkeiten. Näheres bei Mildebrath, S. 117—124.

AVANTURIER, Der Russische, oder sonderbare (stellenweise pikante) Begebenheiten eines edlen Russen, Demetrius Magouskyn genannt. Aus dem Spanischen ins Deutsche übersetzt. Mit Titelkpf. (3 Darstellgn.) u. Ornament-Titelvign. Franckfurt und Leipzig (o. Adresse) 1752. 8⁰. (In München, Univers.-Bibl.) (9 Mk. 50 Pfg. Frdr. Klüber, München, 1897.)

Einer der abentheuerlichsten u. seltensten Romane dieser Gattung, schwerlich auf spanischem Boden gewachsen. — 448 S. (incl. TKpf., roth u. schwarz gedr. Tit., 3 Bll. Vorr.). Näheres bei Mildebrath, S. 66—71.

AVANTURIER, Der Schweitzerische, Oder ausserordentliche Geschichte eines gebohrnen Baseler, Namens Christian Friedlieb Salmano von seinem 4ten bis ins 48ste Jahr beschrieben, und zum Druck befördert

von ihm selbst. Franckfurt und Leipzig. 1750. 8⁰. (In Weimar,
Großherzogl. Bibl., u. in Cassel, Landesbibl.) Rar!
> Titel, 4 unbez. S. Vorr. u. 480 S. Näheres bei Milde-
> brath, S. 60—66. — Von demselben Pseud. S a l m a n o ist
> der gleich folgende „Siebenbürgische Avanturier".

AVANTURIERS, D e s   s e l t s a m e n ,   s o n d e r b a r e   B e -
g e b e n h e i t e n ,   Oder   C o r n e l i u s   P a u l s o n s   W a h r -
h a f f t e   L e b e n s - G e s c h i c h t e , seiner Merckwürdigkeiten
wegen der curieusen Welt Zur erbaulichen Vergnügung ans Licht
gestellet. Mit Titelkpf. Lübben, bey George Vossen, 1724. 8⁰.
(In Würzburg, Univers.-Bibl.; besitzt auch Dr. Ullrich.)
> Titel, 6 unbeziff. S. Widmung (datiert Leipzig d. 1. May),
> 6 unbeziff. S. Vorr., 448 S. Sehr pikant und äusserst
> selten! Näheres bei Mildebrath, S. 95—101.

AVANTURIER, D e r   S i e b e n b ü r g i s c h e ,   Oder s e l t z a m e
u n d m e r c k w ü r d i g e L e b e n s - G e s c h i c h t e A d e l b e r t
M e l l u s i i ,   e i n e s   g e b o h r n e n   E d e l m a n n s , Worinnen
nicht nur Dessen theils ernsthaffte; theils aberlustige (!) Zufälle und Begebenheiten vorkommen; sondern auch das merckwürdige Gespräch, so er mit einem alten Mann von der thö-
richten Klugheit der verkehrten Welt gehalten, sonderlich zu
betrachten. Alles aus seinen eigenen Aufsätzen zusammen getragen, und der curieusen Welt zum Zeitvertreib mitgetheilet
von seinem vertrauten Freund *Salmano*. Mit 3theilig. Titelkpfr.
Franckfurt und Leipzig 1750. 8⁰. (In Breslau, Stadtbibl.) Ungemein rar!
> Titel u. 256 S. (incl. 4 unbeziff. S. Vorrede). Näheres
> bei Mildebrath, S. 57—59. Zuerst ersch. ebd. 1749. 8⁰.
> Mit Titelkpfr. (4 Mk. Jos. Baer & Co., Frankf. a. M.,
> c. 1890; jetzt theurer!) (Von Mildebrath nicht erwähnt.)

AVANTURIÈRE (!), D i e   T e u t s c h e . . . . 1725, s. L e i p -
z i g : V e r a m o r (ps.).

AVANTURIER, D e r   W ü r t e m b e r g i s c h e , s. bei S ü s s -
O p p e n h e i m e r.

AVANTURIERS, D i e   G a s k o n i s c h e n ,   Oder   l u s t i g e
u n d   s e l t s a m e   B e g e b e n h e i t e n   v i e l e r   G a s k o n i e r
u n d   G a s k o n i e r i n n e n   i n   H o l l a n d . Aus d. Französ.
übers. 2 Bde. Glogau, druckts und verlegts Christian Friedrich
Günther, 1769. 8⁰. (In Donaueschingen, Fürstl. Fürstenberg-
ische Bibliothek.)
> Einiges frei. 286 u. 214 S. Mildebrath, S. 83—87.
> O r i g. (in München): Les Gascons en Hollande, ou
> avantures singulières de plusieurs Gascons. 2 vols. S. l.
> 1767. 8⁰. 378 et 277 pp. (2 Mk. 50 Pfg. Koebner; 3 Mk.
> Kühl; jetzt theurer!)

* AVANTURIERS, Z w e y   i m   C o f f e e - L a n d e   h e r u m -
s c h w e i f f e n d e , Davon der eine den Namen führet: Bruder

Studeo, Oder die gelehrte Nachtigall; Der andere aber: Bruder
Lustig, Oder der kurtzweilige Rathgeber, Welche einander
Wechselsweise die bey ihrer geniessenden Glückseligkeit ange-
merckte seltsame Begebenheiten aufs lieblichste zu erkennen
geben. Mit (doppelseit.) Titelkpfr. Franckfurt und Leipzig,
1744. 8⁰. (Auch in Dresden.)

> 288 S. (incl. 4 Bll. Vorst.). Rar! Näheres bei Mildebrath,
> S. 115—117.

* AVANTURIEURS, Z w e y   W e s t p h ä l i s c h e   s o   g e -
g e n a n n t e R o b i n s o n s , o d e r —, a u f e i n m a l unter denen
Personen des B. d. D. und seines rafinirten ehemahligen Hof-
meisters I. C. L. Deren beyder curiöse Begebenheiten, wobey
Mars und Venus ihre wunderbaren Intriquen (!) blicken lassen,
Welche sonderlich die bisherigen Corsischen Affairen anbe-
treffen; Da nicht nur viele, in den öffentlichen Zeitungen nie-
mahls speciell kund gemachten Krieges- sondern auch Liebes-
Geschichte zum Vorschein kommen, Diese eröffnet aus dem
Munde eines guten Freundes der selbst mit inplicirt (so!) ge-
wesen, curiösen Lesern zum Plaisir. CALIGINOSUS. Mit
Titelkpfr. Franckfurt und Leipzig, 1748. 8⁰.

> 288 S. (incl. Tit. u. 6 S. Vorrede). — Selten, wie die
> folgende Ausgabe.

* — — Dasselbe. Zweyte vermehrte Auflage. Ibid. eod. a. 8⁰.
Näheres bei Mildebrath, S. 72—75.

AVENARIUS, Thomas, H o r t i c e l l o   a n m u t h i g e r ,   f r ö h -
l i c h e r v n d t r a u r i g e r , n e u e r   a m o r i s c h e r   Gesäng-
l e i n , mit hierzu allerseits artigen vnd sehnlichen Texten, deren
etzliche auf sonderbare Namen gerichtet, nicht allein zu singen,
sondern auch auff allerley Instrumente zu gebrauchen, mit vier
vnd fünff Stimmen componirt. Dreßden 1614. 4⁰. Rar!

> Becker, Sp. 244; Weller, Annalen II. p. 37 no. 90.

AVIA, J., T e u t s c h e   n e u e   k u r z w e i l i g e   T a f e l -
M u s i k ,   v o n   G e s p r ä c h e n ,   Q u o d l i b e t e n   v n d   a n -
d e r n   e h r b a r n   S c h n i t z e n   v n d   S c h n a c k e n ,   mit II
d e r n   e h r b a r n   S c h n i t z e n   v n d   S c h n a c k e n ,   mit II,
III vnd IV Stimmen. Costnitz 1650. 4⁰. Höchst selten!

> Becker, Sp. 246; Weller, Annalen II. p. 45. no. 171.

AXTER, Franz († 29. Juli 1808), D e r   B u n d   d e r   L i e b e.
Bamberg u. Würzburg, bei Jos. Anton Goebhardt. 1806. 8⁰.

> Gestoch. Tit., 2 Bll. Zuschr. u. 320 SS. — Der harm-
> lose Roman ist einer Gräfin v. T h ü r h e i m , geb. Reichs-
> freiin v. W e i c h s , Exzellenz, gewidmet.

— — Dasselbe m. d. Tit. H e i n r i c h   u.   J u l i e. Ebd. 1817.
8⁰. (18 ggr.)

> Kayser, Romane, 1836, p. 12.

AXTER, Rosenblätter. Zwey (zahme) Novellen. München, Fleischmann, 1823. 8⁰.

> 220 S. Enth.: Antonio. — Der Schleier.

AXUR, Verf. des Stefano Spadolino u. s. w. (d. i. Dr. *Karl Graebner*), Der Prior der Dominicaner oder der Schreckensthurm am Xenil. Ein (ziemlich zahmer) Roman von —. Weimar 1834. 8⁰.

> 200 S. Fehlt bei Kayser im Roman-Verz. von 1836.

AYLO und Dschadina, oder die Pyramiden, eine ägyptische Geschichte (von *Friedr. Eberhard Rambach*). 3 Thle. Mit 3 Titelkpfrn. u. 3 Titelvign. Leipzig, bei Joh. Ambrosius Barth. 1793, 1794, 1795. 8⁰.

> I: 3 Bll. u. 363 S. II: 3 Bll. u. 326 S. III: 3 Bll. u. 325 S. Nicht erotisch.
>
> Anon.-Lex. I. p. 131 hat irrig „Zerbst". Auf Grund dieses Romans erschien: „Die Pyramiden. Schauspiel in 5 Aufzügen. Nach der Geschichte Aylo und Dschadina." O. O. 1803. 8⁰. (7 Sgr. Steinkopf, Stuttg., 1874.)

§ * AYRER, Jac. († ca. 1605), OPUS / THÆATRICUM. / Dreissig / Aussbündtige / schöne Comedien / vnd Tragedien von allerhand Denck- / würdigen alten Römischen Historien vnd andern Politischen / geschichten vnd gedichten, Sampt noch andern Sechs vnd dreissig / schönen lustigen vnd kurtzweiligen Fassnacht / oder Possen Spilen, / Durch Weyland den Erbarn vnd wolgelährten Herrn *Jacobum / Ayrer,* Notarium Publicum. vnd Gerichts Procuratoren zu Nürmberg seeligen, Auss / mancherley alten Poeten vnd Scribenten zu seiner weil vnd lust mit sonderm fleiss zusammen col- / ligirt, vnd in Teutsche Reimen Spilweiss verfasset, das (!) man alles Persönlich / Agirn kan, Sampt einem darzu gehörigen Register. / Gedruckt zu Nürmberg durch Balthasar Scherffen. / Anno MDCXVIII. (1618.) Fol. (400 Mk., K. Th. Völcker, Frankfurt a. M., c. 1885; (600 Mk., sehr schönes Expl., Ludw. Rosenthal, München, 1906.) (Auch in Dresden, Hannover, Wolfenbüttel &c.)

> Titelbl., 2 Bll. Vorr., 2 Bll. Reg., 464 numer. Bll. Am Schluss Wiederholung der Druckanzeige. — Dann mit neuer Signatur u. Seitenzählung: „Folgen nun hernach etliche kurtzweilige Fassnacht oder Possenspil, welcher an der zahl 36. seindt." 167 num. Bll. Rücks. des letzten leer. *A. E.:* Gedruckt zu Nürmberg, durch / Balthaser Scherff. / Im Jahr MDCX. (Druckf., statt 1618.) Die Verleger nennt das O. M. V. 1618: „Nürnberg, bey Michel Külssn. vnd Simon Halbm." — Sehr wichtig für die Geschichte des deutschen u. englischen Theaters. S. auch Tieck, Deutsches Theater l., Einleitung. Ausführliche Titel und Geschichte der einzelnen Stücke bei Goedeke, 2. Aufl., II, 546, No. 4; Cohn, Albert, Shakespeare in Germany II, S. 77 sq.

§ * **AYRER.** — Ayrers D r a m e n. Hrsg. von Adelbert v. K e l l e r. 5 Bde. Stuttgart (76.—80. Publicat. d. literar. Vereins) 1865. 8⁰.

AZAMOR, oder d a s v e r l o r n e M ä d c h e n. Leipzig, Joachim (c. 1802). 8⁰.

Kayser's Roman-Verz.

AZOR, des Sohnes Babuk, Reise nach Persepolis, oder die verkehrte Welt. Mit Titelkpfr. Riga 1793. 8⁰. Rar! (Franz Teubner, c. 1898, mit 1 Beibd.: 3 Mk.)

B.

§ **BAADER**, F., 40 Sätze aus einer religiösen Erotik. München 1831. 8⁰. (2 Mk. Max Weg, Lpz., 1897.)

BAASCH, A. J., Mamsellen un Jumfern Drievwark. Mannslüüd Drievwark. Plattdüüdsche Riemels. 3. Upl. Hamborg 1861. 12⁰. Illustr. Orig.-Umschl. (2 Mk. Adolf Weigel, Lpz., 1906.)

> Ziemlich harmlos. — Ed. I. c. 1858?

BABET oder die Raubschützen. Ein ungewöhnlicher Roman vom Verfasser der Agathe (von *Xav. Maxim. Amadeus Edm. Vibeau*). Mit Titelkpf. Basel u. Aarau, Sam. Flick, 1806. 12⁰. (In Dresden, defekt: Lit. Germ. rec. C. 981.) (4 Mk. Heinr. Lesser, Breslau, c. 1878; jetzt theurer!)

> Einige üppige Schäferscenen. TKpf. u. 203 S. Selten!

BABST, Diederich Georg (geb. 1741), Allerhant schnaaksche Saken tum Tietverdriew; afers Wahrheten um sick mento to spegeln in unse Moderspraak. 3 Thle. Rostock Bookdrücker Müller, 1788—90. 8⁰. 561 S. (Nur Th. 1 in der Rostocker Landesbibl.)

> Max Perl's Berliner Febr.-Auction 1908, no. 35. — So cplt. rar!

— — Dasselbe, titulo: Allerhand schnaksche Saken tum Tiedvertriew, âwers Wâhrheeten, ümm sick mento to speegeln in unse Modersprak', van Diederich Georg Babst. Im Auszug aufs Neue herausgegeben. Rostock u. Schwerin, Stiller'sche Hofbuchh., 1843. 8⁰. (In Darmstadt, Hofbibl.; in Rostock, Landesbibl.)

> 312 pp. u. Verbesserungen. Stellenw. derb, doch nicht erot.

BABST, Uhterlesene Pladdütsche Gedichte. Rostock 1812. (In Rostock, Landesbibl., deren gedr. Cat. „Plattdütsche" hat; auch im British Museum.)

> Anon.-Lex. I. p. 132.

BABST, Michel (geb. 1540 zu Rochlitz, 1571 Pastor zu Mohorn, † das. 19. April 1603), Ein kurtzweilig Spiel der Bauwren Faßnacht genant, gemacht durch — von Rochlitz. Leipzig 1590. 8⁰. (Leipzig, Stadtbibl.; Wolfenbüttel.)

> Goedeke II, 371, 213: Bei seinem Terenz von 1590.

BABU, Schach, der Blinde, oder der Zauberbaum, eine astracanische Geschichte, erzählt von *G. L. B.* Mit TKpf. u. TVign. Frankfurt a. M., Zessler, 1796. 8⁰.

> Gestoch. Titel u. 158 S. Etwas freier Zauberroman.

BACH, Friedr. (Königgrätz, 1817—65), S e n s i t i v e n. Leipzig 1839. 12⁰. 132 S. (4 Mk. J. Taussig, Prag, 1907.)
> Darin u. a.: „Erotica", R ü c k e r t gewidmet.

BACH, K. Ed., A l b e r t' s J u g e n d j a h r e. Ein komischer Roman. Mit TKpf. von W. J u r y. Berlin, Schüppel, 1812. 8⁰. (5 Mk., schönes Expl., Adolf Weigel, Lpz., 1906.)
> 350 S. Stellenweise derber Schauspielerroman.

BACHANTINNEN, D i e, u n d d i e j u n g e n P a t r i c i e r R o m s u n t e r d e n C ä s a r e n, oder die Courtisanen und vornehmen Damen im alten Rom. Berlin 1864. 12⁰. (1 Rthl.) 197 SS. (2 Mk. 50 Pfg. J. Taussig, Prag, 1904.)
> Zuerst gedr. ebd. 1854. (1 Rthl. Ed. Fischhaber, Reutl.)

BACHER, J., G e r i c h t e f ü r u n v e r w ö h n t e G a u m e n. Den Freunden eines frugalen aber heiteren Mahls dargeboten. Frankfurt 1826. 12⁰. (1 Mk. A. Bielefeld, 1891.)

— — Dasselbe. 2. vermehrte Auflage. Leiden 1832. 12⁰. Orig.-Ppbd.
> Enth. u. a.: Etwas über versch. Belustigungsörter ver-
> schiedener Städte. Der Vauxhall zu L o n d o n. Der Vaux-
> hall (des Herrn Pflüger) zu F r a n k f u r t a. M. (auf
> der Zeil). — Mein Besuch nach dem Saal bei Ahrens zu
> H a m b u r g. (Dr. Franz Schnitzer's Bibl. München 1902,
> Nr. 663.)

BACHOFEN, J. J., D a s M u t t e r r e c h t. Eine Untersuchung über die G y n a i k o k r a t i e d e r a l t e n W e l t nach ihrer religiösen und rechtlichen Natur. Mit 9 Tafeln und Sach-register. Stuttgart 1861. 4⁰. (4¹/₂ Rthl.) (7 Mk. Lehmann & Lutz, Frankfurt a. M., 1884.)

— — Dasselbe. 2. Aufl. Basel 1897. Gr. 4⁰. (16 Mk. Cal-vary & Co., Berlin, 1898.)

* BACHRA. — S e c r e t a r i u s, D e r o r d e n t l i c h - l i e - b e n d e, Welcher die rechte Philosophie Im Lieben Bey dem Brinns- u. Kühnelischen Hochzeit-Feste In Bachra communiciret . . . . C. G. L. Bachra d. 19. Jun. 1714. 4⁰.
> 4 Bll. In Prosa.

BACHSTEIN, J., E i l e n b u r g e r R a m s c h. Angeboten zur Leipziger Michaelis-Messe 1865 von —. Eilenburg, Selbstverlag. 8⁰. 228 S. Selten!
> Zinke's (Dresden) März-Auction 1906, Nr. 1292.

BACHSTROHM, Gottfr. Heinr., Die auf dem schmalen Himmels-Wege befindliche Hindernisse, oder die U r s a c h e n d e s g o t t l o s e n L e b e n s d e r M e n s c h e n. Leipzig 1723. 12⁰.
> Cat d. Waisenhaus-Buchhandlg. in Züllichau, c. 1740. —
> Rar!

BACKEL, O r i g i n e s. Eine komische Geschichte. 2 Thle. Mit TKpf. Weissenfels, Severin, 1789. 8⁰. (3 Mk. Paul Neubner, Cöln, 1892, wo aber „Leipzig bei Fr. Severin 1790" im Cat.)

— — Dasselbe. 2. Aufl. Ebend. 1790. 8⁰. (1 ¹/₃ Rthl.)
> Kayser's B.-Lex. (Romane).

BACKFISCH, Juste (ps.), B e w e i s, d a s s d i e M ä n n e r
e i g e n t l i c h k e i n e M e n s c h e n s i n d ! Motto: Und
Frauenzimmer sind doch Menschen! Mit 1 color. Titelholzschnitt.
Berlin o. J. (1861). 8⁰. 16 S. (2 Mk. E. Frensdorff, Berlin,
1906.)
> „Fünf Auflagen" (von 1861). (Weller, Index. Pseud.)

BACKHAUS, F., N a t u r g e s c h i c h t e d e r w e i b l i c h e n
d i e n s t b a r e n G e i s t e r. 3 Abthlgn. Leipzig 1864. 8⁰.
> K. W. Hiersemann, Lpz., Cat. 26. [1887] no. 1132. (3 Mk.
> m. 1 Beibd.)

BACZKO, Ludw. v. (1756—1823), D a s K l o s t e r z u V a l-
l a m b r o s a. 2 Bde. Mit 2 Kpfrn. u. 4 Musikbeilagen. Königsberg 1806. Kl. 8⁰. (2 Mk. 50 Pfg. Beck, Nördlingen, 1892.)

BACZKO, G e s c h i c h t e P a o l o P e n n a l o s a, e i n e s
K l o s t e r b r u d e r s, oder es wird eine ewige Vergeltung seyn.
Leipzig 1821. 8⁰. (2 Mk., geles. Expl., Paul Neubner, Cöln, 1892.)

BADDELEY, Sophie. — L e b e n d e r i m J. 1786 z u L o n d o n
v e r s t o r b. e n g l. S c h a u s p i e l e r i n S o p h i e B a d d e-
l e y, beschrieben von ihrer Freundin *(Elisabeth Steele).* Als
ein B e i t r a g z u r G e s c h i c h t e d e r G a l a n t e r i e n v o n
E n g l a n d. Aus d. Engl. im Auszuge. Prag 1793. 8⁰. 190 S. Rar!
(5 Mk. 50 Pfg., schönes Expl., G. Priewe, Heringsdorf, 1904.)

BADE-C u r, D i e W o h l a n g e s c h l a g e n e, s. C u p i d o
i m B a d e.

BADEGESCHICHTEN aus „Caviars pikante u. heitere Blätter".
Mit vielen Illustr. 1885. 8⁰. (2 Mk. 50 Pfg. A. Bielefeld, 1891.)

BADEGESELLSCHAFTEN. Verlag von G. Grimm in Budapest.
> V e r b o t e n vom L.-G. Wien, 24. October 1891.

BADEN (Aargau, Schweiz). — § B ä d e r, D i e, z u B a d e n
i n d e r S c h w e i z. Eine Beschreibung derselben aus dem
XV. Jahrhundert. Mit neuen Anmerkgn. Für Schweizer und
Ausländer gar nützlich und lustig zu lesen. (Aus d. Lateinischen
des *Franc. Poggius* Florentinus, 1380—1459.) Gedruckt für
beyderley Geschlecht. O. O. 1780. 8⁰. 40 S. (In München:
Helvet. 558.)
> Aus einem Briefe P o g g i o' s vom 28. März 1416 an
> seinen vertrautesten Freund N i c o l o N i c o l i zu Florenz.
> — Selten! (Auction Dr. v. Renz, Frkft. a. M. 1900,
> Nr. 2311.)

BADEN. — H e s s, D., Die Badenfahrt. Mit zahlreichen Abbildungen (Kpfrn., Vign. u. Karte). Zürich 1818. 8⁰. Selten!
(8 Mk. G. Salomon, Dresden, 1891.)
> Behandelt auch ausführlich die Geschichte und S i t t e n-
> g e s c h i c h t e Badens. (Auction Dr. v. Renz, Frankf. a. M.,
> Völcker, Octob. 1900, no. 2299.)

BADEN. — § Die Lustbarkeiten in den Bädern zu Baden in der Schweiz. Ein Beitrag zur Geschichte mittelalterlicher Badesaisons (1416). Aus dem Lateinischen übertragen von Franz S a u t e r. Würzburg, Fr. E. Thein, 1862. 8⁰. 19 S. (In München: Helvet. 559.)

> Aus dem obigen Briefe.
> Eine französische Uebersetzung sei hier erwähnt: P o g g e, Les Bains de Bade au xve siècle, scène de Mœurs de l'âge d'or, traduit pour la première fois par Antony M é r a y, texte latin en regard. Paris, 1876. petit in-18⁰. („Opuscule d'une grâce et d'une fraîchcur de style admirables. Le joyeux auteur des Facéties a voulu prouver qui'l savait être à ses heures délicat, discret, presque pudique.") (3 Mk. 50 Pfg. Scheible, c. 1888.)

§ **BADEN.** — Z e i t v e r t r e i b, A n g e n e h m e r, i n d e n Bädern zu Baaden in der Schweitz, zu Schintznach und Pfeffers, nebst der Beschreibung und Vergleichung ihrer Wasser mit den Bädern zu Schwalbach und andern des Reichs. Alles mit artigen Geschichten . . . . verfasset, und mit Kpfrn. (d. h. 1 Karte u. 4 Prospecten) gezieret. Aus dem Frantzösischen (des *Dav. Franç. de Merveilleux* de Berne) übersetzet. Dantzig, b. J. H. Rüdigern. 1739. 8⁰. (In Aarau, Marburg u. Stuttgart.) (4 Mk. 50 Pfg. G. Salomon Dresden; 8 Mk. Scheible.)

> Stellenw. derb-pikante Geschichten. Sehr selten! 12 Bll. Vorst., 332 S. (26 Briefe), 1 Bl. Err. Vgl. H a l l e r, Bibl. d. Schweizer-Gesch. Bd. I. S. 465.
> Orig. (in Aarau u. Stuttgart): Amusemens des Bains de Bade en Suisse, de Schinznach et de Pfeffers, enrich. de tailles-douces. Londres (fing.?) 1739. 8⁰. (2 fr. 50 cts. H. Georg, Basel, 1874); rep. ib. 1749. 8⁰. (4 Mk. Schaper, Hannover, 1902.) Gay, Bibliogr. de l'amour I, 221.

BADEN. — S c h w e i z e r, J. Jak., Die Bade-Kur in Aargauisch Baden mit ihren Vor- und Nachwehen. Ein Gegenstück zu Hegner's Molkenkur. Burgdorf (Köhler in Lpz.) 1834. Gr. 12⁰. (1 Rthl.)

> Engelmann, Bibl. d. schönen Wissensch., 2. A., Lpz. 1837. 8⁰. S. 385.

BADEN b/Wien. — J a s a n d e r (ps.), A m u s e m e n s d e s eaux de Bade en Autriche. D. i. Angenehmer Zeitvertreib und Ergözlichkeiten (!) in dem Nieder-Oesterreichischen Baadner-Bad. Nebst Herrn Dr. D i e t m a n n s Untersuchung von dessen Gebrauch und Missbrauch (Wien 1734). Alles mit artigen (z. Th. pikanten) Geschichten verfasset und mit Kupffern (nur Titelkpf.) gezieret von —. Nürnberg, verlegts Joh. Adam Schmidt 1747. 8⁰.

> Höchst seltenes Buch! Heinsius' B.-Lex. hat die Jahrzahl „1744" (?). — Zuerst erwähnt im O. M. V. 1746, E 1 a, dann im M. M. V. 1747, D 1 a. — 1 Kupfer war auch nur in

Prof. v. Karajan's Bibl. II. no. 93 angezeigt; ebenso Auct. Dr. v. Renz no. 1921.

BADEN b/Wien. — Meine Launen zu Baden. Wien, 1781, bey Jos. Edlen v. Kurzböck. 8⁰.

> Magaz. d. Buch- u. Kunst-Handels. Jahrg. 1781. Lpz. gr. 8⁰. S. 935. — Karajan's Bibl. II. no. 94.

BADEN b/Wien. — Dellarosa, Ludwig (i. e. *Jos. Aloys Gleich*, 1772—1841), Das Räubermädchen von Baden und die Teufelsmühle am Wienerberge. Schauerliche Schreckensscenen aus Oesterreichs Vorzeit. Leipzig 1802. 8⁰. Zahm.

— — Dasselbe. Wien 1840. (1842?) 8⁰. 217 S.

> Goedeke VI, 398, 48.

BADEN - Baden. — Ordnung, wonach sich während der Baad-Zeit zu Baden sowohl die Wirthe als übrige dasige Burgerschaft gegen die dahin kommende Baad-Gäste und diese gegen jene sich zu achten haben. Rastatt 1768. Dabei: Bequartier- und Bewirthungs-Tax-Reglement. Fol. (5 Mk. A. Bielefeld, Carlsruhe, 1892.)

> Ebenso interessant als selten! Der § 31 lautet, dass Liederliche, und nicht wegen der Baad-Cur, sondern anderer ohnerlaubter Ursachen halber die Bäder besuchende Weibs-Personen und derley Gesindel sogleich fortzuschaffen seien.

BÄCKERSTOCHTER, Die, zu Eulenburg. Neuburg (Leipzig, Joachim c. 1805). 8⁰.

> Kayser, ohne Jahrzahl u. Preis. Rar!

BÄHRENS, Joh. Chr. Fr., Versuch über die Vertilgung der Unkeuschheit. Halle 1785. 8⁰. XIX—66 S. (1 Mk. M. Edelmann, Nürnb., c. 1905; 6 Kr. Halm & Goldmann, Wien, c. 1907.)

BÄNKELSÄNGER, Der, oder Leierkastenlieder. Mügeln, o. J. 8⁰. (40 Pfg. G. Priewe, 1895.)

BÄRBCHEN, das Hirtenmädchen (von *Carl Gottlob Cramer*). Leipzig 1804. 8⁰.

> Meusel, gelehrtes Teutschland.

— — Dasselbe. (Nachdruck.) Zofingen (Leipzig) 1805. 8⁰.

> Anon.-Lex. I. p. 133 (nach Goedeke).

BÄRBCHEN, das Hirtenmädchen (von *Joh. Jac. Brückner*). Pendant zum Jägermädchen von C. G. Cramer. 2. Aufl. Leipzig, Joachim. o. J. (c. 1802). 8⁰.

> 150 S. (incl. gestoch. Tit.) Liederlich. — Zuerst gedr. ebd. 1799. (Anon.-Lex. I. p. 133, nach Kayser, Meusel u. Goedeke.)

BAERTS, Jean, Des berühmten Ritters —, curieuse Liebes- und Glücksfälle, welche Ihme sowohl in Holland als Franckreich und insonderheit auff der / Pol- / nischen Expedition begegnet. Cöln, bey Pierre Marteau d.

Jüngern, o. J. (c. 1680). 12⁰. Rar! (2 Mk. 50 Pfg. Fidelis
Butsch, Augsb., 1878; jetzt theurer!)

BÄUERIN, Die durch ihre tugendhafte Aufführ-
ung hoch erhabene u. glücklich gewordene,
Oder die besonderen Begebenheiten der Frau
Marquisin v. LV., von einem Cavalier *v. M.* (d. i. *Pierre
Carlet de Marivaux (= Mariveaux),* 1688—1763) in Frantzös.
Sprach beschrieben u. wegen seines annehmlichen Inhalts in das
Hoch-Teutsche übers. 12 Thle. Mit 12 Kupfrn. Franckf. 1740
8⁰. (40 Mk., zu Anfang gering wurmst., Bernhard Liebisch,
Lpz., 1909.)

> So cplt. äusserst selten!

BÄTZ, Lorentz, Ein schöner Nüwer spruch. Von
der Gottßförchtige' frouw Susan'a, wie sie zwen
alte Juden vm' jr ehr wolten bringen, vnd darzu vm' vnschuld˙
solt versteiniget syn worde', wie sie Gott der Herr in jrem Gebätt
so gnädigklich erhalten hat . . . 1591. (Holzschnitt.) *Am
Ende:* Getruckt zu Bernn, by Vincentz im Hof. 8⁰. 8 Bll.
(Expl. in Zürich.)

> Joiachim zu Babel sass etc.
> Weller, Annalen I. p. 347—348, Nr. 297.

BAGATELLEN, Humoristische (von *L. C. Kehr*).
Frankfurt 1796. (1795?) 8⁰.

BAGATELLEN romantischen Inhalts. Wien, bei Carl
Schaumburg u. Comp. 1797. 8⁰. Rar! (6 Mk. A. Buchholz,
München, 1908.)

> TKpf. (von Kininger, meist fehlend), Tit. m. Vign.,
> 2 Bll. u. 382 S. Inh.: 1. Zwei Ehestandsgeschichten. 2. Eine
> besondere Art, Leibeserben zu bekommen. 3. Doppelte Rache
> für verschmähte Liebe. (Nach Bandello.) 4. Die Gerech-
> tigkeit in Venedig lässt kein Verbrechen ungestraft. 5. Das
> Gegenstück, nichts weniger als tragisch. 6. Die erste Beichte.
> 7. Eine Ballanekdote. 8. Der wahrsagende Brunnen. 9. Die
> beiden Zeisige. 10. Der Kapuzinerlaienbruder. 11. Meine
> letzte Reise auf der Donau von Ulm bis Wien. 12. Traum
> eines Unglücklichen in der letzten Nacht des Jahres. 13. Die
> Geburt Kaiser Karls des Großen. 14. Zwo Kriminalge-
> geschichten. — Außer Nr. 12 u. 14 sämmtlich pikante
> Novellen.

BAGATELLEN, Neue. Nach interessanten englischen und
französischen Originalen. 2 Bdchn. Zittau u. Leipzig, bey Joh.
Dav. Schöps. 1802—6. 8⁰.

> 1: 4 Bl. u. 247 S. 1. Perourou's Geschichte, od. der
> Kesselflicker. (The Universal Magazine. 1801.) 2. Die
> Binde der Liebe. (Ebd.) 3. Über Superfeinheit. (Ebd.)
> 4. Scarmentado's Geschichte seiner Reise. 5. (Voltaire.)
> Memnon, od. die menschliche Weisheit. 6. (Ders.) Nacht-
> wanderer u. Träume. 7. Anekdoten über Strassenraub.
> (Ebers, engl. Sprachlehre.) 8. Die Dame nach der Mode.

Eine Skizze. (The Universal Magazine, 1801.) 9. Krank-
heit, Heilkunst. 10. 'Feyertage in 3 Abschnitten. 11. Bettler.
12. Zeitung. 13. Richter. 14. Ravaillac. 15.'Folter, Tortur.
16. Zauberkunst. (9—16 aus den „Oeuvres de Voltaire".)
2: X, 3 Bl. u. 230 S. 1. Der Pallast der Empfindsamkeit
od. die glücklichen Verbindungen. (Novelle.) Aus d. Span.
(Orig.: Madrid 1793.) 2. Theresia Balducci. 3. Luise, od. der
Findling. 4. Über d. Charakter der Franzosen. 5. Beschreibung von Paris. 6. Die kranke Wittwe. (2—6 aus
dem Universal Magazine von 1803).

BAHRDT, J. F., S c h e r z u n d E r n s t. Eine Sammlung
poetischer Versuche und prosaischer Aufsätze. 2 Thle. Neu-
strelitz 1830. Selten! (In Rostock, Landesbibl.)

BAHRDT, Dr. Karl Friedr. (1741—92). — B e y t r ä g e u. B e-
r i c h t i g u n g e n z u H e r r n D r. K a r l F r i e d r i c h
B a h r d t s L e b e n s b e s c h r e i b u n g, i n B r i e f e n e i n e s
P f ä l z e r s. (Verfaßt von *Friedr. Christian Laukhard*.) —
Zier-Vignette in Holzschnitt. („Semper ego auditor, tantum
nunquamne reponam?" Juv.) (Druckerst.) O. O. 1791. 8⁰.
VI—248 S. (6 Mk. Friedr. Klüber, München, c. 1905.)

   Eine der heftigsten Kampfschriften gegen Bahrdt; schildert
   viele p i k a n t e V o r f ä l l e aus Bahrdts Leben, die ver-
   kommenen Zustände an dessen Philanthropie in Heidesheim
   u. verschied. andere Skandalgeschichten. Schlecht kommt auch
   der Frankenthaler berüchtigte „Nachdrucker" G e g e l weg.

BAHRDT. — C h a r a k t e r, D e r w a h r e, d e s H e r r n
D o c t o r C. F. B a h'r d t. In vertrauten (oft recht derben)
Briefen geschrieben von einem Niederländischen Bürger an
Seinen Freund in London. O. O. (Gera, Rothe) 1779. 8⁰.

   S k a n d a l s c h r i f t, voll der schärfsten Angriffe gegen
   Bahrdt. 80 S. (incl. Titel). — Weller, fing. Dr., hat irrig:
   „London 1778".

BAHRDT. — H e i n r i c h, Nachbar (d. i. *H. W. D. Bräss*),
K a r l F r i e d'r i c h B a h r d t s u n r u h i g e s L e b e n, s e i n
T o d u n d B e g r ä b n i s s. Hamburg (Braunschweig) 1792.
(3 Auflagen von diesem Jahr.)
   Weller, fing. Dr.

BAHRDT. — P o t t, D(egenhard), D. C a r l F r i e d r i c h
B a h r d t ' s L e b e n, Meynungen u. S c h i c k s a l e. Aus
Urkunden gezogen. Th. 1 (einz.). Mit Kpfrn. (Nur 1 drast.
Kpf. zu S. 103 erschienen.) O. O. 1790. 8⁰. (4 Mk., etwas
fleckiges Expl., Jos. Baer & Co., Frkft. a. M., 1894.)

   Reicht bis zum Weggang Bahrdt's von Erfurt nach Giessen,
   Ende 1770. VIII—238 S. Cfr. über dieses niederträchtige
   Pasquill P o t t ' s (eines Leipziger Buchhändlers): Bahrdt's
   Gesch. s. Lebens . . . .). Th. 4. Berlin 1791. 8⁰, S. 267
   bis 284. (Thesaurus libror. Philippi Pfister . . . . Ed. Hugo
   H a y n. München 1888.)

BAHRDT. — Standrede am Sarge des weiland-hochgelahrten Herrn K. F. Bahrdt. (Satire.) Berlin (Nürnberg, Grattenauer) 1787. (so!) Rar!
> Weller, fing. Dr.

BAHRDT. — Volland, G. G., Beiträge und Erläuterungen zu Herrn Doctor C. F. Bahrdts Lebensbeschreibung. Jena 1791. 8⁰. Sehr selten! (9 Mk., Süddeutsches Antiquariat, München, 1907.)

BAJADEREN - Tänze. Mit Titelbild. Leipzig, Verlags-Anstalt, (ca. 187*). 16⁰. Zahm. (Ldpr. 1 ¹/₂ Mk.) (1 ⁴/₅ Mk. Bielefeld.)

* **BAKI's** des größten türkischen Lyrikers, Divan. Zum ersten Mahle (sic!) ganz verdeutscht von Joseph v. Hammer. Wien 1825. Gr. 8⁰. (6 Mk. H. Streisand, Berlin, 1908.)

BALCKE, Joach., Historisches Blumen-Feld, d. i. 100 Historien aus alten und neuen Historiographis zusammen getragen. Mit Titelkpf. Nürnberg 1668. 12⁰. (5 Mk. L. Rosenthal, München, 1906.)
> Seltene Sammlung von Schwänken, Anekdoten etc.

BALCO, Engerand de. Eine Erzählung aus der Ritterzeit. Leichtsinn und Herzensgüte. Die Arche Noahs. Novelle. Nach dem Spanischen bearbeitet. Leipzig. 814. 8⁰.
> Wildmoser's Leihbibl.-Cat., München, no. 4536.

BALDAMUS, Karl (ps.), Wahnsinn und Liebe. Leipzig, Wienbrack, 1826. 8⁰.
> 332 S. Etwas frei. — Auch titulo: Gallerie neuer Original-Romane, Th. 1.

BALDAUF! — Zängerle!! — „Herold"!!! Ein Beitrag zur Chronique scandaleuse unseres Pfaffenthums. Gratz 1849. 8⁰. 8 S. Rar!
> S. auch: Biographie des Peter Baldauf .... in Voitsberg. Nach Actenstücken und Thatsachen von ihm selbst geschildert .... Gratz 1850. 8⁰. 96 S. — Schlör, Alois, Roman Sebastian Zängerle, Fürstbischof von Seckau. Gedrängte Schilderung seines Lebens und Wirkens. Wien 1849. 8⁰. 28 S. (Vgl. Schlossar, Lit. d. Steiermark. Graz 1886. Nr. 846, 848, 845.)

BALDUIN oder der Jäger im Zauberreviere. Ein Märchen in Prosa und Versen. Berlin 1807. 8⁰. (2 Mk. Franz Teubner, Düsseldorf, c. 1895.)

BALDUIN und Amanda, oder Mönchswuth und Klostergräuel. Ein historisch-romantisches Gemälde deutscher Seelengröße und Nichtswürdigkeit aus den Ritterzeiten. Mit TKupf. Quedlinburg, Basse, 811. 8⁰.
> Wildmoser's Leihbibl.-Cat., München, no. 8667.

BALKANSTAATEN. — Mettenhorn, E. v., Das Weiberregiment an den Höfen der Balkanstaaten.

Berlin 1901. 8⁰. (Mk. 2.—.) (1 Mk. 35 Pfg. Schaper, Hannover, 1906.)

BALL, Der, oder der versagte Schmuck (von *Joh. Heinr. Fr. Müller*). Wien 1771. 8⁰.

Sehr selten! — Anon.-Lex. I. p. 134 (nach Kayser).

BALLADEN und Liebeslieder, 50 ungedruckte, des XVI. Jahrhunderts, mit den alten Singweisen. Gesammelt und herausgegeben von Franz Wilh. v. Ditfurth. Heilbronn, Gebr. Henninger, 1877. 8⁰. VIII—125 S. (In Berlin, Magistratsbibl.) (1 Mk. 50 Pfg. Beck, Nördl., 1892.)

BALLADEN und Romanzen, Herzergreifende, deutscher Meistersänger. Als ein Spiegel der Warnung und Belehrung erwachsenen Jungfrauen und Jünglingen zur Declamation und Unterhaltung empfohlen. 2 Thle. Hamburg 1824. 8. Rar!

BALLADEN, Romanzen, Elegien und Idyllen. Eine angenehme Lektüre f. jeden Gebildeten. Halberstadt, H. Vogler (m. Signet), 1823. 8⁰.

VIII—320 S. Die Namen der Verfasser sind nicht beigefügt.

BALLHAUSPFLANZEN, oder: das rothe Teufelchen. Hamburg (c. 187*). (75 Pfg. Gust. Apitz, Lpz., 1885.)

BALLHORN, Johann, d. jüng. (d. i. *Carl Christian Friedr. Ludwig Schmidt*), Das Jahr, eine grotesk-komische Bilder-Gallerie in hübschklingenden Reimlein, ausgestellt von dem Verfasser des berühmten D. April und mancher berüchtigten Liebes-Abenteuer, Extrapost-Reisen, und erbärmlichen sich sowohl in Krieges- als Friedens-Zeiten veroffenbarten Geschichten, welche alle in diesem Büchlein beschrieben sind, nachdem sie vorgefallen waren, in den Thälern des Lichtes und der Finsterniß. Mit einer Vorrede und Inhalts-Anzeige, besonders aber mit erklärenden Noten und erbaulichen Nutzanwendungen von —. Algier, Tunis und Tripolis (Hadamar, Gelehrte Buchhandlung) 1802. 8⁰. Orig.-Umschl.

Satyrisches Curiosum. 336 siebenzeil. Strophen in Blumauer's Art. XLIV—126 S. Lat. Lett. Rar!

BALLLIEDER (von *Carl Heinr. Seifried* und *Langbein*). Mit Titelkpf. (schönes Medaillon-Portrait eines üppigen Mädchens, einen Pokal zum Trunk erhebend, in Braundruck, C. F. Stoelzel del. et sc. 1797). O. O. u. J. (1798). 8⁰. 24 S. Orig.-Umschl., von hübscher Randleiste umgeben. (18 Mk. E. Frensdorff, Berlin, 1907.)

Enth. 12 Nrn. nach der Marschmusik aus der Oper „Palmyra", Diverses aus „Don Juan" etc. — Höchst selten! Anon.-Lex. I. p. 134 (nach Meusel).

BALLOCK, Joh. Frhr. v., Des Ritters Myro und der Printzeßin Silvandra Liebes- und Wunder-Geschichte. Berlin 1708. 8⁰.

Bibl. Jablonski p. 163; Bibl. Schadeloock. II. p. 320.

BALLOCK, Der durch Fortuna betrogene und in Verzweiffelung zu Grunde gehende Ritter Myro. Dresden 1708. 8⁰.

Mit vorigem identisch? Cat. libror. A. Dussarat. Berol. 1716. p. 180. — So gut wie unbekannt!

BALTHASAR (ps.), Des Dorfschulmeisters — hinterlassene Aufsätze und Manuskripte. Prag und Leipzig, bei Kaspar Widtmann. 1788. 8⁰. Sehr rar!

8 Bll., 110 S., 1 Bl. Verbess. Vorr. unterz. B — — f. den 24. Oktober 1787. Balthasars eingesetzte Universalerbin.

U. a.: Flüchtige Bemerkungen ohne Zusammenhang. Über allerley Gegenstände. Dem gelehrten Custos der wienerischen Universitätsbibliothek Herrn Carl Michaeler in Freundschaft zugeeignet. — Der Schneider. Eine Skizze. — Fünf und zwanzig kuriöse Fragen. Aus der göttlichen Schrift. Dem Herrn Patriz Fast, erzbischöflich wienerischen Kur- und Chormeister, und gewesenen Dekan der philosophischen Fakultät von der wiener Universität in Freundschaft zugeeignet. Samt den auflösenden Antworten. — Sieben Küsse. Aus einem berühmten Dichter (Johannes Secundus?) übersetzt. — Balthasars flüchtige Bemerkung über den Ehestand. Allen Hagestolzen gewidmet. — Einige Gedichtchen nicht nach schulmeisterischem Geschmack Herrn Zensor Blumauer in Wien zugeeignet. (S. 98: Lied eines alten Deutschen an die deutschen Mädchen vom neuem (!) Schlag.) — Gar besondere Anekdoten. (Vgl. Goedeke VI, 739, 41.)

* BALTHIS Oder Etlicher an dem Belt weidenden Schäffer des Hochlöblichen Pegnesischen Blumen-Ordens Lust- und Ehren-Gedichte. Lübeck, In Verlegung Statius Wessell, Im Jahr 1674. Kl. 8⁰. (In Berlin: Yi 7346, mit 2 Beibdn.)

263 Seiten (incl. 6 S. Vorst.). — Enth. 1) Lob des Floridans (S. v. Birken).... von Thyrsis (Joh. Geo. Pellicer, Sächs. Lauenb. Rath u. Präsident, † 1682). — 2) Damons .. Lob- u. Ehren Lider Buch. Von weitberühmten Poeten in Teutschland. Gedruckt im Jahr 1675. (Damon der erste, oder der Preusse, ist Mart. Kempe, geb. 1637, † 1682). — 3. Des Hylas (Dan. Bärholz, geb. 1644 zu Elbing, 1685 Bürgermeister, † 1692) Hundert Kling-Gedichte (Sonette) .... 1675.

Unrichtige Verfassers-Angabe im Anon.-Lex. I. p. 134.

* — — Dasselbe, tit.: Balthis Oder Etlicher.... Schäffer.... Teutscher Gedichte Drey Theile. Bremen 1677. Kl. 8⁰. (In Berlin: Yi 7349.)

Darin Hylas, S. 169—263. Das Zuschriftssonett aus Elbing den 10. Brach Monahts-Tag. 1674.

— — Dasselbe. 3 Thle. Ebend. 1680. 12⁰. (Im British Museum.) Alle 3 Ausgaben sehr selten!

BALTISCH, Franz (d. i. *Franz Herm. Hegewisch*), E i g e n - t h u m u n d V i e l k i n d e r e i, Hauptquellen des Glücks und des Unglücks der Völker. Kiel 846. 8⁰. (In Hamburg, Bibl. d. „Harmonie".) (2 Mk. 50 Pfg. J. Jolowicz, Posen, 1908.)

BALZAC, Honoré d e (1799—1850), D i e D r e i ß i g s e h r d r o l l i g e n u n d s e h r k u r i o s e n G e s c h i c h t e n g e - n a n n t C o n t e s D r o l a t i q u e s des weiland *Honoratus Sieur de Balzac,* zum erstenmal treu und lustig verdeutscht und unsern ehrwürdigen Kant- und *cant*-ianern hochrespekt- voll zugeeignet von Doctor Benno R ü t t e n a u e r, und mit schönen Bildern gezieret durch Meister Gustav D o r é. 2 Bde. (über 600 Seiten). Verlegt bei R. Piper & Co. zu München, im Jahr des Heils 1907. (100 Expl. auf feinstem Hadernpap. in bieg- samen Ganzlederbdn. Mk. 24; 35 Expll. auf echtem Bütten van Geldern in 2 Ganzprgtbdn. Mk. 50.)

E r s t e s Z e h e n t: Die schöne Imperia. Ein lässliche Sünde. Das Königsliebchen. Der Erbe des Teufels. Die Belustigungen des guten Königs Ludwig des Eilften. Die Frau Connestable oder Wurst wider Wurst. Die Jungfrau von Thilhouze. Der Waffenbruder. Der Pfarrer von Alzay. Die schöne Färberin. Z w e i t e s Z e h e n t: Die drei Schreibergesellen von St. Niklas. Die Fasten des Königs Franziskus. Seltsame Reden der Nonnen von Poissy. Wie das Schloss von Alzay erbaut wurde. Wie eine schöne und tugendsame Frau zur Hure gemacht werden sollte. Die Brautnacht des Mönchs. Eine theuere Liebesnacht. Der lustige Pfarrer von Meudon. Der Succubus. Die abge- schnittene Wange. D r i t t e s Z e h e n t: Ausdauernde Liebe. Von einem Rechtsverdreher, der ein gewisses Ding nicht wieder erkannte. Von dem Mönch Amador, der nachher glorreicher Abt von Tulpenau wurde. Die reuige Bertha. Wie das schöne Mädchen von Portillon seinem Richter das Maul stopfte. Worin bewiesen wird, dass das Glück nicht sächlichen, sondern weiblichen Geschlechts ist. Von einem alten Wegelagerer. Unangebrachte Reden dreier Pilger. Aus Kindermund. Wie die schöne Imperia sich verheiratet.

BALZAC, D i e F r a u v o n D r e i s s i g J a h r e n. Deutsch von O t t o F l a k' e, eingeleitet von R e n é S c h i c k e l e. (Kr. 2.40; geb. Kr. 3.60, F. Lang, Wien, 1906.)

Nachdem seit Jahrhunderten das junge Mädchen im obli- gatorischen Liebesfrühling das weibliche Hauptrequisit der Romane und Gedichte gewesen war, führte Balzac in diesem Roman die verheiratete Frau von dreissig Jahren in die grosse Literatur ein. Er ist der erste, der sie in ihren Leiden- schaften und ihrer Traurigkeit studiert hat.

BALZAC, K l e i n e L e i d e n d e s E h e s t a n d e s. Aus dem Französischen übersetzt von A. F. R u d o l p h. 2 Bde. Nordhausen 1847. 8⁰.

— — Dasselbe, tit.: Die kleinen Leiden des Ehestandes. Uebers. von P l i n i u s d e m J ü n g s t e n (O. L. B. W o l f f).

Mit 300 Illustr. von B e r t a l l. Leipzig (1848). Imp. 8⁰.
(4 Rthl.) (5 Mk. Lehmann & Lutz, Frankf. a. M.; 12 Mk.,
Expl. im Orig.-Cart., Jos. Baer & Co., ebd., c. 1885.)

BALZAC, D a s M ä d c h e n m i t d e n G o l d a u g e n.
Deutsche Uebertragung von Ernst H a r d t. 4⁰. Mit einer
Titelzeichng., einem Initial, 10 Vollbildern, Einbd.- u. Vorsatz-
zeichng. v. Marcus B e h m e r. Leipzig, Insel-Verlag, 1904.
4⁰. 92 S. (Druck von Poeschel & Trepte in Leipzig.) Eleg.
Pergamentbd. in Etui. (20 Mk. Adolf Weigel, Lpz., 1906;
24 Kr. F. Lang, Wien, 1906; 15 Mk. H. Hugendubel, 1909.)
     Einmalige Auflage von 500 numer. Expll. auf Holländ.
Bütten.

BALZAC, P h y s i o l o g i e d e r E h e. Eklektisch-philosoph-
ische Betrachtungen über Glück und Unglück in der Ehe.
Vollständige deutsche Uebertragung von Dr. H. C o n r a d t.
Leipzig, Insel-Verlag (190*). 8⁰. (Geheftet Mk. 5.—, in Leder
Mk. 7.—.)
     Die e r s t e deutsche Uebers. erschien in 3 Bdn. Qued-
linburg 1842. 8⁰. (7 Mk. Hugo Streisand, Berlin, 1908.)

BAMBINO, L'A m o r o s o — oder: Die seltsamen Veränder-
ungen des menschlichen Hertzen (!) in den Begebenheiten
des Marquis von ***. Wegen seiner Annehmlichkeit aus der
Frantzösischen Sprache in die Teutsche übersetzt. Franckfurt
und Leipzig, Knoch u. Esslinger, 1747. 8⁰. (8 Mk. Adolf Weigel,
Lpz., 1905; 15 Mk. Max Perl, Berlin, Cat. 60, mit der u n -
r i c h t i g e n Jahrz., „1787"; 12 Kr. Halm & Goldmann, Wien,
1907.)
     2 Bll. u. 196 S. Selten! Denselben Stoff hat später
K l i n g e r bearbeitet (s. d. folg. Titel).

§ **BAMBINO'S** . . . . G e s c h i c h t e . . . (von *Friedr. Maxim.
v. Klinger*). 4 Thle. . . . . 1791, s. unter O r p h e u s.

BAND, E i n k l e i n e r , v o n A l l e r h a n d. Von *E. (Friedr.
Wilh. Eichholz* (oder *Eichholtz*), geb. 18. Febr. 1720 zu
Halberstadt, † 1800). (Holzschn.-Vign.) Frankfurt und Leipzig
(Halberst., Gross) 1755. 8⁰. (In Marburg, Univ.-Bibl.)
     Tit., 2 Bll. Vorr., 156 SS. u. 1 Bl. Inh.-Verz. — I: Lieder,
Lehr- u. Sinngedichte. (Einiges frei.) II: Vermischte Gedichte. (3 erot. Stücke S. 46—67: Das Brautbette (23 Str.);
die Nachtwache d. Venus, a. d. Lat. d. J. B o n n e f o n t
(sehr üppig, S. 54—59; J e a n B o n n e f o n t, geb. zu
Clermont in der Auvergne 1559, war Generallieutenant zu
Bar zur Seine, † 1614; auch sein gleichnamiger Sohn hinter-
liess latein. Gedichte); abgenöthigte Klage der Schönen,
entgegen u. wider die Hässlichen, samt d. richterl. Aus-
spruche d. Venus. — III. Pros. Stücke u. Abhdlgn. (Theils sehr
jocos.) — A n h a n g: Die beschwerliche Heyrath d. Grafen
Werners v. Walbeck mit der Ludgardis, Prinzessin a. d.
alten Markgräfl. Hause Meissen, u. der dadurch entdeckte

im J. 999. zu Derenburg ohnweit Halberstadt gehalt. Reichstag. Aus der hinterlass. Hs. eines verstorb. gelehrt. Freundes hrsg. S. 137 ff. — Sehr seltenes, pikantes u. interess. Buch!

BANDELLO, Matteo (geb. 1480, studirte zu Mailand die schönen Wissenschaften, kam dann als Mönch nach Frankreich, wo er 1550 von Heinrich II. zum Bischof von Agen ernannt wurde, † 1561). — § B a n d e l l o 's N o v e l l e n (übers. von Joh. Val. A d r i a n). 2. vermehrte Aufl. 3 Bde. Franckfurt a. M., Sauerländer, 1826. 8⁰. (12 Mk. Kühl; 10 Mk. Völcker.)

288, 323 u. 320 SS. Enth. 24 Novellen: I: Julia. — Das Müllermädchen. — Hass u. Liebe. — Bandelchil u. Aloinda. — Das unglückliche Brautpaar. — Edelmuth. — Errungene Liebe. — Der Page. — Arabella u. Federico. — II: Don Diego. — Gattenliebe. — Lucrezia. — Carlo. — Ein Liebesabenteuer. — Die Nacht im Grabe. — Die Liebesprobe. — Frauentugend. — Die Getäuschten. — III: Bindoccia. — Balduin. — Weiberlaune u. Männerlist. — Die Wiedererstandene. — Liebe um Liebe. — Die Geschichte der schönen Theodolinda. Nach Cervantes.

Zuerst gedr. ib. 1818—19. 8⁰. Mit TKpf. (8 Mk. Koebner, Breslau, Leihbiblex.; 15 Mk. [Bd. 1: 2. Aufl. 1819], schönes Expl., R. Bertling, Dresden.)

O r i g. (in Berlin u. München): Novelle del Bandello. 3 voll. Lucca 1554. 4⁰. (u. oft).

BANDELLO, N o v e l l e n. Seitenstück zu Boccaccio's Decameron. O. O. u. J. (c. 1860). 8⁰. (1 Rthl. Scheible.)

BANDELLO, 9 N o v e l l e n in ungekürzter Uebersetzung in: D a s R e i c h d e r K y p r i s. 16 Novellen (wobei 7 von *Girol. Morlino,* s. d.) aus dem Italienischen (Mspt. eines Klosters) mit Einleit. und Anmerkungen hrsg. von Dr. Alfred S e m e r a u . . . . (Privatdruck.) 1906. 8⁰. (Br. Mk. 15.—; eleg. in Seide gebd. Mk. 18.—.)

Bildet Bd. II der „Curiosa der Weltliteratur".

BANDELLO, K ü n s t l e r - N o v e l l e n a u s d e r R e n a i s s a n c e. Uebersetzt und eingeleitet von Paul S e l i g e r. 3. Aufl. Berlin 1903. 8⁰. (Mk. 2.—.) (1 Mk. 20 Pfg., unaufgeschn., Lipsius & Tischer, Kiel, 1907.)

Literarisch u. kulturhistorisch wertvolle Novellen voll Leben u. Frische, im Stile Boccaccios. Wurde von der Leipziger Staatsanwaltschaft beschlagnahmt und wieder freigegeben. B a n d e l l o, der bedeutendste Nachfolger und Erweiterer der Novellenform des Boccaccio, ist einer der hervorragendsten und liebenswürdigsten Renaissancedichter.

BANDITENRACHE, oder D e r V e r f o l g t e i m B e g r ä b n i ß g e w ö l b e. 3 Bde. 2 te verbess. Aufl. Leipzig, literar. Museum, 1845. 8⁰.

240, 192 u. 224 SS. — Zuerst gedr. Erfurt, Maring, 1808. (Kayser, Romane.) N i c h t erotisch.

* **BANISE,** D i e E n g e l l ä n d i s c h e, Oder: B e g e b e n h e i t e n d e r P r i n z e s s i n v o n S u s s e x, in einer Liebes-

und Heldengeschichte der curiösen Welt mitgetheilet von *C. E. F.* Franckfurt u. Leipzig 1754. 8⁰.

> TKpf. (zweitheilig), 3 Bll. Vorst. u. 408 SS. Sehr anstössiger Roman von grosser Seltenheit.

BANISETTA, D e r E u r o p ä i s c h e n, unvergleichlichen Schäferin —, Liebes-Geschichte. O. O. 1753. 8⁰. Sehr selten! (Titel correkt?)

BANN, D e r. Ein (stellenw. freies dialogisirtes) Gemälde der Vorwelt. Mit Titelvign. (Radirung v. Jo. B e r k a). Prag u. Leipzig, bey Albrecht u. Compagnie. 1794. 8⁰. Tit. u. 128 S.

BARATOTTI, Galerana (d. i. *Arcangelo Tarabotti*), La semplicita ingannata, d. i. d i e b e t r o g e n e E i n f a l t, deutsch von Joh. M a k l e. Franckf. 1663. 12⁰. (9 Mk. L. Rosenthal, München, 1906.)

> 283 S. Vieles in Versen. Scheint bisher unbekannt geblieben. Vgl. wegen des Pseud. Weller's Lex. p. 59.

BARBALI = B a r b e l i, s. bei M a n u e l, Nic.

BARBARA (Gemahlin Kaiser Siegmund's, † 1451). — K a l c h - b e r g, J. von (Joh. Nepom. v. K., geb. 1765, + 1827), D i e G r a f e n v o n C i l l i, eine Begebenheit der Vorzeit. 2 Thle. Mit Titelkpf. Grätz, Miller, 1792—93. 8⁰.

> Histor. Ritter-Roman, dramatisirt. Theilweise frech u. üppig, besonders die Figur der wollüstigen B a r b a r a, Gemahlin Kaiser Siegmunds. — Selten!
> Eine Hauptschrift über diese b e r ü c h t i g t e M e s s a - l i n e ist folgende Dissertation: M a r t i n i, Joh. Gothelf (!), Lipsiens., auct. & resp. (praes. Joh. Glo. B o e h m e) d e B a r b a r a C e l e i e n s e (aus Cilli), S i g i s m u n d i I m p. a l t e r a c o n j u g e. (Ornament-Kpf.-Vign., zugleich Drucker-Signet.) Lipsiae, ex officina Breitkopfia (1759). 4⁰. maj. 32 pp. (incl. Tit.), 1 unbez. Bl.

BARBARINA Cimarosa, s. C i m a r o s a.

* BARBARUS, Franc. — Eyn gût bûch von der Ehe was die / Ehe sei, was sie gûts mit sich bringe, Wie eyn / weib geschickt sein soll, die eyner zu d'Ehe / nehmen will, wie alt, waß sie dem Man᾽ / zubringen solle, Vom kosten vnnd / ge- / breng der hochzeit, Von dreien Tu / gende᾽ des weibs. Von der kley- / dung vn᾽ schmück des weibs / Wie mann Kinder ziehen / solle weiland zu Latin / gemacht durch den / Wolgelerten *Franciscum Barbarum,* / Rahthern zu Venedig, Nun aber / verdeutscht durch / Erasmum / A l b e r u m. // Zûm Leser. / Wer yetz nichts mher kan dann ab / Dem thut der bauch da von so we. . . . M.D.XXXVI. (1536.) *Am Schl.:* Getruckt Zû Hagnaw, Durch / Valentinum Kobian. 4/. 32 Bll. (In Göttingen u. Wolfenbüttel.) (50 Mk. Ludw. Rosenthal, München, Cat. 113 [c. 1906], wo 33 Bll. angegeben; 25 Mk. [32 Bll.] K. Th. Völcker, Frankf. a. M., 1906.)

Die Widmung an Herma Riedesel von Eysenbach, vom
VIII. Laurentij M.D.XXXIIII. ist unterzeichnet: E r a s m u s
A l b e r, pastor zû Sprendenlingen in d' drei Eych (im Isen-
burg-Büdingenschen). Vgl. Unschuldige Nachrichten 1721,
363. (Goedeke II, 443, 7.) Eingestreut sind viele V e r s e
von A l b e r u s.

O r i g.: B a r b a r u s, Franc. (Patricius Venetus), De re
uxoria libri II. Haganoae 1533. 8⁰. (Widekind p. 307; Bibl.
Feuerlini II p. 287.) Idem, repr. a Joach. Cluten. Cum
Poggii Florent. et Pauli Vergerii de hisce libris judicia.
Argent. 1611. 12⁰. 68 ff. (6 Mk. Jacques Rosenthal, Mün-
chen, c. 1903.) Rep. Amstelod. 1639. 16⁰. (de coitus ratione
p. 141—148). (Dr. Franz Schnitzer's Bibl. München 1902.
Nr. 36.)

* **BARBY.** — H e c h t f a n g, G l ü c k l i c h e r, Bey . . . .
Hrn. M. Oswald Hechts, 18. Jun. 1649. (zu B a r b y) gehalt. ver-
ehligung uffgesetzt . . . . von etzlichen guten Freunden u. Gön-
nern. Zerbst, durch Andr. Betzeln. 4⁰. (In Berlin: in Yf 6805.)

4 Bll. In Versen. — Seltener Zerbster Druck.

BARCHER, Ch., D i e g a l a n t e E c h i c a. (Roman aus d.
Englischen?) Mit TKpf. Leipzig 1728. 8⁰. (1 Rthl. Lippert,
Halle, Cat. 30. [c. 1860?] p. 4.)

Höchst seltenes, kaum bekanntes Buch!

BARDA, J. H. (d. i. *J. H. Böckel,* „Privatgelehrter" in
Berlin, laut A. G. Schmidt), G u i v a n n o M o n t o b e l l o,
d e r e d l e R ä u b e r c h e f u n d C o l o m a r d o d e r
S c h r e c k l i c h e, oder: Gräuelthaten eines seltenen Böse-
wichts. 3 Thle. Mit 1 lithogr. Abbildg. Weimar, A. Tantz u.
Komp., 1835—36. 8⁰.

286, 191, 186 S. Theil 2 ist stellenw. sehr frei. Dies
wird wohl auch öfter der Fall sein in den zahlreichen
andern Schauerromanen dieses „Privatgelehrten", welche hier
nach A. G. S c h m i d t 's Gallerie deutscher pseudon. Schriftsteller, Grimma 1840, S. 21—22, ın c h r o n o l o g. Reihe
folgen.

BARDA, E d m u n d v o n G e i e r s t n, oder d i e R ä c h e r
i m S c h a u e r t h a l e. Ritter- u. Geistesgeschichte aus den
Zeiten des Vehmgerichts. 3 Thle. Quedlinburg, Basse, 1827.
41¹/₂ Bog. 8⁰.

BARDA, C a r l o v o n O r t o b e l l o, o d e r d e r f u r c h t-
b a r e B u n d d e s u n t e r i r d i s c h e n T o d t e n g e w ö l b e s.
Eine romantische und abenteuerliche Geschichte. 3 Thle. Ebd.
1829. 46 B. 8⁰.

BARDA, C a r l o D o n C o r o n n a u. I s a b e l l a, d i e
V e r f o l g t e n, o d e r d i e e r l e b t e n S c h r e c k n i s s e i n
d e n K e r k e r n d e r I n q u i s i t i o n. Eine romantisch-aben-
teuerliche Geschichte. 2 Thle. Ebd. 1831. 25¹/₂ B. 8⁰.

BARDA, D e r L i e b e s s c h w u r b e i d e r T o d t e n-
U r n e, oder d i e m i t t e r n ä c h t l. E r s c h e i n u n g a u f

dem Gottesacker zu Veloni. Ein Schaudergemälde
des 17. Jahrhunderts. 2 Bde. Mit 1 lith. Abbild. Nordhausen,
Fürst., 1833. 22³/₄ B. 8⁰.

BARDA, Ritter Rudolph von Eberstein der unschuldig Verfolgte, oder die enthüllten Geheimnisse der Ruinen der Schwarzburg. Ebd.
1833. 17 B. 8⁰.

BARDA, Der Mord um Mitternacht, oder das
schauervolle Schloß. Eine höchst abentheuerliche
Klostergeschichte. 3 Thle. Ebd. 1833. 26³/₄ B. 8⁰.

BARDA, Francesco de Castelletto, der dank-
bare Banditenchef, oder das vereitelte Verbrechen in den Schaudergewölben des Schlos-
ses Sorentino. 3 Bde. Mit 1 lith. Abbild. Ebd. 36 B. 8⁰.

BARDA, Don Carlo Olivaro, der Gefangene
unter Räubern, oder Schreckensscenen aus
dem Leben des Räuberhauptmanns Marosini.
genossen. 2 Bde. Nordhausen, Fürst, 1834. 26 B. 8⁰.

BARDA, Don Carlo Orlasco, der furchtbare
Guerilla-Anführer, oder die Macht der Kabale.
Ein Schaudergemälde aus den Zeiten der französischen Invasion
und Zwingherrschaft in Spanien. Nach Quellen bearbeitet.
2 Thle. Mit 1 Titelbild. Meißen, Goedsche, 1834. 24 B. 8⁰.

BARDA, Der Findling in der Löwengrube, od.
die mitternächtliche Schauderthat. Ein historisch-
romantisches Rittergemälde aus den Zeiten der Kreuzzüge. Zum
Theil nach französischen Quellen bearbeitet. 4 Bde. Mit 4
Titelbildern. Ebd. 70¹/₂ B. Gr. 16⁰. (2 Mk. 50 Pfg. Franz
Teubner, Düsseldorf, c. 1895.)

BARDA, Odoardo Mirandolo, der gefürchtete
Räuberchef der Gebirge, oder die Unglücks-
genossen. 2 Bde. Nordhausen, Fürst, 1834. 26 B. 8⁰.

BARDA, Richard, Graf von Löweneck, der
Geistererlöser, oder der furchtbare Unhold in
den Ruinen der Waldburg. Ritter-, Räuber- und
Geistergeschichte aus den Zeiten der Kreuzzüge und der heiligen
Vehme. 2 Thle. Quedlinburg, Basse, 1835. 26¹/₂ B. 8⁰.

BARDA, Ritterschwur und Meineid, oder das
wunderbare Todtengerippe in der Halle des
Begräbnißgewölbes zu Burg Kroneck. Eine
Ritter- und Geistergeschichte aus den Zeiten der Kreuzzüge.
Nordhausen, Fürst, 1835. 14 B. 8⁰.

BARDA, Schaudervolle Abentheuer eines jungen Spaniers, oder der geheimnißvollle Greis
in den Ruinen von Sagunt. 3 Thle. Ebd. 13¹/₂B. (?) 8⁰.

BARDA, Graf Ditmund von Heldenfels, der Stählerne genannt, oder die Ritter des Tigerbundes. Ein Schaudergemälde aus den Zeiten des Faustrechts. 2 Thle. Mit 1 lith. Abbild. Meißen, Goedsche, 1835. 25 B. 8⁰.

BARDA, Die Flammen-Ritter, oder Heldenmuth und Geistesgröße im Kampfe wider Pfaffen-Bosheit und Tyrannei. Ein Schaudergemälde aus den Zeiten des Faustrechts und der heil. Vehme. 3 Bde. Mit 2 Titelbildern. Meißen, Goedsche, 1836. 35$^1/_2$ B. 8⁰.

BARDA, Graf Richard von Kronstein, der heldenmüthige Thüringer, und die furchtbaren Raubritter von Grimmenstein, oder blutiger Kampf und Sieg der gerechten Sache. Ritter- und Räubergeschichte aus den Zeiten des Faustrechts. 2 Bde. Mit 2 Titelbildern. Meißen, Goedsche, 1837. 25 B. 8⁰.

BARDA, Der geheimnißvolle Warner, oder die Schreckensnacht in den Ruinen von Paluzzi. Ein Schaudergemälde des 17. Jahrh.; zum Theil nach Miß *Anna Radkliff* aus dem Englischen bearbeitet. Mit Titelbild. Ebd. 1837. 13 B. 8⁰.

BARDENAU, Luise von. Oder: Liebe macht Verbrecher (von *Chr. Wilh. Roch*). Leipzig, Schneider, 1786. 8⁰.
> 330 S. (incl. Tit. m. Vign.) Einiges etwas frei. Auch m. d. Tit.: Neue Original-Romane d. Deutschen. Bd. 22. — Fehlt im Anon.-Lex.

BARDENSTEIN, Gustav von, oder die Abentheuer der Liebe. Eine (ziemlich zahme) Geschichte aus dem siebenjährigen Kriege. Cassel 1804. 8⁰. 206 S. (2 Mk. Heberle, Cöln, 1904.)

BARDENSTERN, Die Familie. (Pikanter Roman von *Heinr. Aug. Kerndörfer*, geb. 1769, † 1846). Th. 1. (einz.). Leipzig 1794. 8⁰.

BARDILI, Burckh., Beraubte doch zufriedengestellte Jungfernschaft. Quedlinburg (um 1680?). 8⁰.
> So kurz (ohne die Worte in Klammer) im Ehestands-Almanach f. 1799, S. 256.

BARDILI. — De separatione cohabitationis, von Ehescheidung zu Tisch und Bett. Tubingae 1675. 4⁰.
> Bibl. Schrader, Dresd. 1710. no. 2801, Beiband.

— — Dasselbe. Halae 1730. 4⁰. (80 Pfg. Ludolf St. Goar, Frankf. a. M.)

BARFÜSSER (Der) Secten und Kuttenstreit. St. Franciscus wird von Mönchen und Nonnen herumgerissen und seiner Kleidung beraubt. Holzschnitt, *T. Stimmer* fec. Passavant

89. Zu Seiten und unten fünfsp. G e d i c h t in Typen (von *Fischart*) (: Da ich in Welschland war vor Jaren etc. Fol.
— — Dasselbe. Anderer Abdruck. Oben: „Der Barfüsser Secten vnd Kuttenstreit, Anzuzaigen die Römisch ainigkeit." Unten dreisp. anderes G e d i c h t: „DIs ist ain wunderlicher streit. — Vnd ein ganz Büchlin von dem stuck 1577." Fol.

> 4 Rthlr., nicht vollst. Expl., bezw. 6 Rthlr., Drugulin II no. 336—337, sub anno 1569.

BARJAC, D e r V i c o m t e v o n, ein Beitrag zur Geschichte dieses Jahrhunderts. Aus d. Französ. (des *Jean Pierre Louis* Marquis *de Luchet,* 1740—92). 2 Thle. Hamburg 1784. 8⁰. (12 Sgr. Scheible.) **Zahm.**

> O r i g. (in Aarau u. Berlin): Le vicomte de Barjac, ou Mémoires p. s. à l'histoire de ce siècle. 2 tom. Dublin, de l'imprimerie de Wilson (France), 1784. 18⁰. (18 Sgr. Scheible.)

BARITERIPOSUNTS P f e i f f e n t h a l, s. R o b u n s e, Madame.

BARNABE, Steph., T e u t s c h e v n d I t a l i e n i s c h e D i s-c o u r s, s a m b t e t l i c h e n P r o v e r b i e n, H i s t o r i e n v n d F a b l e n. München, in Verlegung Joh. Wagner vnd Joh. Herm. von Gelder, gedruckt bey Seb. Rauch, 1682. 8⁰. 228 SS. (18 Mk. L. Rosenthal, München, 1906.)

> Aeusserst selten! Bernstein besitzt eine Ausgabe von 1662.

BARNHOLM, W i l h e l m v., und E m i l i e L i e b r e i c h, oder D i e G e w a l t d e r L i e b e u n d d i e M a c h t d e r E i f e r s u c h t. Eine wahre (ziemlich zahme) Geschichte. Braunschweig, Meyer, 1818. 8⁰. 264 S. (4 Kr. Halm & Goldmann, Wien, 1907.)

* BARNSSDORFFS (!), Nicolaus, N e u e G e d i c h t e u n d L i e d e r Anno 1650. O. O. 8⁰. 48 S. Rar! (Auch in Breslau, Kgl. u. Univbibl.)

BARNSTED, Eberh. Joh., S a t a n s - R ä n c k e, d. i. Schau-Platz, worauff die Haupt-Laster, durch welche der Satan heute die Hölle absonderlich angefüllet, gezeiget werden. Berlin 1676. 12⁰. 9 Bog. Sehr selten!

BAROMETER d e r L i e b e o d e r d i e K u n s t z u k ü s s e n. Nebst einem Unterrichte von allen dabei vorfallenden Umständen; für Herren und Damen. Gedicht (von *Chrn. Friedrich Henrici* sonst *Picander* ps.) Annaberg 1822. 8⁰.

> Das O r i g i n a l „L'art de baiser, oder die Kunst zu küssen" erschien Leipzig 1725. 8⁰. — S. H o c h z e i t s-s c h e r z e.

BARRÈS, Maurice, V o m B l u t e, v o n d e r W o l l u s t u n d v o m T o d e. Ins Deutsche übertragen von A. von K. und eingeleitet von Dr. F r a n z B l e i. Autorisierte Ausgabe.

Leipzig, Julius Zeitler's Verlag, 1907. 8⁰. (Br. M. 4.50. — Mit
Titelzeichnung von P. B r a n d t gebd. M. 5.50. — Auf van
Geldern in blaues Halbleder gebd. M. 12.—.)

> „Ein bezauberndes Buch, ein Treibhaus seltsamer Seelen-
> zustände, eine Weide für sensitive Leser." „Die Verzückung
> in der Einsamkeit." „Wenn ein junges Weib die Leere
> ihres Herzens und ihrer Hände fühlt." „Die Treue in Ver-
> brechen und Schande." „Singende Silben, duftende Ter-
> rassen." „Die Entwicklung des Individuums in den Museen
> von Toskana." „Über die Verwesung." „Unsere liebe Frau
> vom Schlafwagen." „Unsere liebe Frau, die niemals be-
> friedigt war." Deutlich hört man aus diesen deutschen
> Worten das zarte Vibrieren von Barrès Stimme, spürt das
> besonders schwere Parfüm seiner Sprache. Dies Buch wird
> nun auch zum deutschen Besitz zählen. Man wird es in
> seinen Bücherschrank nahe zu Stendhal stellen und unweit
> von Oskar Wilde. Man wird es oft und oft wieder hervor-
> nehmen und diese Seiten lesen, die von Geist und Gefühl
> schimmern. Der M e r c u r e d e F r a n c e bedachte die
> Ausgabe mit einem ausgezeichneten Lob." (Aus dem V e r -
> l a g s - P r o s p e k t.)

BARRIÈRE, M., D i e K u n s t z u v e r f ü h r e n. Studien
über den modernen Donjuanismus. Wiener Verlag. 1905. 4⁰.
Eleg. br. (6 Kr. Vict. Eytelhuber, Wien, 1905.)

BARRISONS, D i e (Tänzerinnen). — A u b e c q, Pierre d',
D i e B a r r i s o n s. Ein Kunsttraum. Zum Kapitel Zeitsatire.
O. O. u. J. (c. 1900). 8⁰. Umschl.Zeichnung von Th. Th. H e i n e.
(4 Mk., Herm. Lazarus, Berlin, 1905.)

BARSONY, Stefan, T a u s e n d s c h ö n. Aus dem Ungarischen
des —. Mit 3 Illustrationen. Budapest, Grimm, 1886. 8⁰.

BARRY, Mad. Marie Jeanne Gomart de Vaubernier, Marquise
du (1746—93). — A n e k d o t e n (vielmehr sehr frei erzählte
und meist erdichtete Biographie) v o n d e r G r ä f i n v o n B a r r i
(sic!). Aus d. Französ. (des *M. F. Pidansat de Mairobert*).
Frankfurt u. Leipzig (Dresden) 1776. 8⁰. (10 Mk. Adolf Weigel,
Lpz., 1904; 8 Mk. 25 Pfg. Ludw. Rosenthal, München, 1907.)

> 480 SS. (incl. Tit. u. 2 Bll. Vorbericht). Mit ziemlich
> vollständ. Reproduktion der u n s a u b e r n E p i g r a m m e
> a u f d i e d u B a r r y im Original.
> O r i g.: Anecdotes sur Mme. la Comtesse du Barry.
> Londres 1775. 8⁰. II-350 pp. (8 Mk. J. Taussig, Prag,
> 1904.)

— — Dasselbe. Ibid. 1782. 8⁰.

> Die meisten dieser Anekdoten sind ebenso erfunden, wie
> die nachher genannten Originalbriefe.

BARRY. — G e s c h i c h t e, G e h e i m e, d e r G r ä f i n v o n
B a r r y, in Originalbriefen. London (Berlin, Pauli) 1779. 8⁰.

> (²/₃ Tthlr. Baer.) 294 SS. Uebersetzung der „lettres ori-
> ginales de Mme. la comtesse du Barri" des *Pidansat
> de Mairobert*, die mit den obigen „Anecdotes" zusammen
> erschienen. Londres 1775. 8⁰.

12

BARRY. — A u s d e m L e b e n d e r G r ä f i n D u B a r r y ,
l e t z t e n M a i t r e s s e L u d w i g s XV. v o n F r a n k -
r e i c h , in ihren Orignal-Briefen, nebst denen der Prinzen,
Minister etc. an sie. Aus d. Französ. übers. von F. A. M e n a -
d i e r. Mit vielen erläuternden u. belustigenden Anmerk. Braunschweig, Meyer, 1830. 8⁰.

> (2 Mk. Kühl etc.) Ist Uebersetzung des Brunswick 1830.
> 8. erschienenen Auszuges der „Mémoires historiques de
> Jeanne Gomart de Vaubernier, comtesse du Barry, dernière
> maîtresse de Louis XV . . . ., par d e F a v e r o l l e. 4 vols.
> Paris 1803. 12⁰. av. portr. — Bruxelles 1829. 5 vols. 12⁰.

BARRY. — § L e b e n s g e s c h i c h t e , K u r z e , d e r G r ä -
f i n D u B a r r y. Paris 1774. 8⁰.

BARRY. — N a c h r i c h t e n , G l a u b w ü r d i g e , v o n d e r
G r ä f i n n v o n B a r r e (sic!) (u. deren Tochter) in Briefen.
Aus d. Englischen übersetzt. Cölln am Rhein, bey Peter Mar-
teau, dem Jüngern (Leipzig, Hertel) 1772. 8⁰. 176 S. (3 Mk.
E. Frensdorff, c. 1905.)

— — Dasselbe. Ibid. 1778. 8⁰.

> O r i g.: The Authentic Memoirs of the C o u n t e s s d e
> B a r r e , t h e F r e n c h K i n g ' s M i s t r e s s , Care-
> fully collated from a Manuscript in the Possession of the
> Dutchess of Villeroy, By Sir Francis N—. London 1771.
> E. & J. de G o n c o u r t: „C ' e s t u n p e t i t r o m a n
> q u i n ' a p a s l e m o i n d r e r a p p o r t a v e c l ' h i -
> s t o i r e d e m a d a m e d u B a r r y."
> F r a n z ö s. U e b e r s e t z u n g: Mémoires authentiques
> de Mme. la comtesse de Barré (!) . . . . Londres 1772. 8⁰.

BARRY. — O r i g i n a l - B r i e f e d e r F r a u G r ä f i n D ü
B a r r y. Nebst denjenigen der Prinzen, hohen Personen, Mi-
nistern und andern, die mit ihr in Briefwechsel standen. Aus d.
Französ. (des *Pidansat de Mairobert*). Mit vielen lustigen und
beleuchtenden Anmerkungen begleitet. Aus d. Französ. übersetzt. Amsterdam 1780. 8⁰. XVI—288 S. (8 Mk. Adolf Weigel,
1907.)

— — Dasselbe. Ibid. 1787. 8⁰.

> O r i g.: Lettres originales de Mme. la comtesse . . . . 1779.

— — Dasselbe. Nach der Uebersetzung von 1780 herausgegeben und eingeleitet von R e n é S c h i c k e l e. Berlin
(1905). 8⁰. (Br. Mk. 3.—, gebd. 4.—, Ldrb. 5.—.)

> N e u d r u c k einer köstlichen Amsterdamer Sammlung aus
> dem Jahre 1780, mit „vielen ergötzlichen und aufklärenden
> Bemerkungen". Das Buch ist ebenso heiter wie kultur-
> historisch interessant. (Kulturhistor. Liebhaber-Bibliothek.
> Bd. IV.)

§ * **BARRY.** — S c h i l d e r u n g , K u r t z e h i s t o r i s c h e ,
d e s L e b e n s d e r F r a u G r ä f i n n d u B a r r y , mit ihrem
Bildnisse geziert. Aus d. Französ. übers. Paris (Frankf., Varrentrapp) 1774. 8⁰. (2 Mk., etwas fleckiges Expl., G. Priewe.)

— — Dasselbe. Ibid. 1775. 8⁰.
    O r i g.: Précis historique de la vie de Mme. la comtesse
du Barry. 1774. 8⁰. av. portr.

BARRY. — S. auch Z e i t u n g, D i e, v o n C y t h e r e, Anhang; s. ferner: W e h l, Feodor, Die Galanten Damen der Welt-
geschichte. Bd. 1. Hamburg 1848. 8⁰. Nr. 5.

BARTELS, Friedr., D e C ä s a r i, oder d e r E r b f l u c h
d e s V e r b r e c h e n s. Abenteuerliche Räubergeschichte vom
Verf. des Calabresen. 3 Bde. Nordhausen, Fürst, 1838. 8⁰.
    191, 196 u. 206 SS. Einziger a n o n y m ersch. Roman des
    Verfassers.
    B a r t e l s ist einer der frechsten Vielschreiber auf dem
    Gebiete des pikanten Schauerromans. Seine Produkte finden
    sich oft in älteren Leihbibliotheken und sind heute noch
    beliebte K ü c h e n - u. K a s e r n e n - L i t e r a t u r.

BARTELS, C a l a b r e s e, D e r, oder: d e r s c h r e c k -
l i c h e F r a n k e n w ü r g e r. Romantisch-historische Räubergeschichte aus dem italienisch-französischen Kriege. 3 Thle. Mit
1 lithogr. Titelbild. Ibid. 1833. 8⁰. 230, 189 u. 175 SS.

BARTELS, C o n c i n o C o n c i n i, d e r R ä u b e r h a u p t -
m a n n. Romantische Erzählung. 2 Thle. Ibid. 1831. 8⁰. 254
u. 208 SS.

BARTELS, D i a v o l o, oder d e r d e u t s c h e T e u f e l i n
N e a p e l. Eine schauderhafte Räubergeschichte. 2 Thle. Ibid.
1834. 8⁰. 256 u. 258 SS.

BARTELS, E d u a r d o A n t o n i o, der V a t e r m ö r d e r,
oder d e r R ä u b e r h a u p t m a n n i n d e n A p e n n i n e n.
Eine Räuber- und Klostergeschichte. 3 Bde. Mit 1 lithogr.
Titelbild. Ibid. 1832. 8⁰.

BARTELS, F a l k e n a u, O t t o v o n, oder d e r C h r i s t
u n d d e r M u h a m e t a n e r. Eine Erzählung aus den Zeiten
der Kreuzzüge. Wesel u. Leipzig 837. 8⁰.
    Wildmoser's (jetzt Gmaehle's) Leihbibl., München.

BARTELS, G i o v i n e I t a l i a, oder d e r J e s u i t e n -
Z ö g l i n g. Eine romantische Erzählung aus der neuesten Zeit-
geschichte. 2 Thle. Mit 1 lithogr. Titelbild. Nordhausen, Fürst,
1835. 8⁰. (3 Mk., geles. Expl., Lehmann u. Lutz, 1884.)

BARTELS, G u l i e l m o, d e r B a n d i t v o n R o m. Eine
romantische Erzählung mit Berücksichtigung historischen Hin-
tergrundes. 2 Bde. Ibid. 1836. 8⁰. (4 Mk., Lehmann u. Lutz,
1884.)

BARTELS, K i n d e s m ö r d e r i n, D i e, oder M ö n c h u n d
N o n n e. Eine Klostergeschichte. 2 Bde. Ibid. 1831. 8⁰.
331 fortl. gez. SS. (1 fl. 50 Kr. Gilhofer u. Ranschburg, Wien,
c. 1888; 3 Mk., fleckiges Expl., A. Bielefeld, 1892.)

* **BARTELS,** Lorenzo Albano, genannt: Der Papst der Hölle. Romantisches Räubergemälde aus dem 16. Jahrh., aus historischen Quellen bearbeitet. 2 Thle. Weimar, A. Tantz u. Co., 1835. Kl. 8⁰.

> 1 freies lithogr. Titelbild, 182 u. 190 SS. u. je 1 Bl. Verlag der Firma. — Frechstes Opus des Verfassers. (I, Cap. 10: „Eine Scene à la Casanova.")

BARTELS, Marterkammern, Die, des Kosters Walkenried im Harze. Histor.-romantisches Sittengemälde des Mittelalters. 3 Thle. Mit 1 Abbildg. Nordhausen, Fürst, 1834. 8⁰. (1 fl. 80 Kr. Gilhofer & Ranschburg.)

BARTELS, Mönch, Der, Spaniens Schrecken, oder: Die Blutbrüder vom rothen Bunde. Ein histor.-romantisches Gemälde aus dem Leben eines spanischen Räubers. Ibid. 1835. 8⁰.

BARTELS, Seufzerthurm, Der, oder Der blutige Geist um Mitternacht. Eine Ritter- und Geistergeschichte aus den Zeiten Heinrichs IV. 3 Bände. Ibid. 1832. 8⁰.

BARTELS, Teufelsmühle, Die, auf dem Ramberge. Romantisches Gemälde. 2 Bde. Ibid. 1837. 8⁰.

§ **BARTELS,** Teufelsschlacht, Die, im Dom zu Goslar. Histor.-romant. Gemälde aus den Zeiten Kaiser Heinrich's IV. 3 Thle. Weimar, A. Tantz u. Co., 1835. 8⁰.

> 1 TKpf., 176, 184 u. 180 SS. Sehr üppiger Schauerroman. — Auch m. d. Titel: Harzbilder, in histor.-romant. Erzählungen. Bd. 4—6.

BARTELS, Todespalast, Der, oder Venedigs Banditenfürst. Ein Roman. 3 Thle. Braunschweig, G. C. E. Meyer, 1831. 8⁰. 223, 175 u. 224 S.

BARTELS, Todtenrichter, Der, oder das Bündniss des Brudermörders. Eine Bundesgeschichte. 2 Bde. Mit 1 Steindruck. Nordhausen, Fürst, 1832. 8⁰.

BARTELS, Unbekannte, Der geheimnisvolle, oder die Brüder von Neapel. Eine Seeräubergeschichte. 2 Thle. Ibid. 1837. 8⁰.

BARTELS, Victualien-Brüder, Die. Eine romantische Seeräubergeschichte. 2 Thle. Ibid. 1837. 8⁰.

> Spielt zur Zeit Störtebecker's, um 1400.

* **BARTH,** Caspar (1587—1658), Deutscher Phoenix. (Gedichte.) Franckfurt a. M. 1626. 4⁰. 48 Bll. Rar! (In Berlin 2 Expll.; auch in Breslau, Kgl. u. Univbibl., 1 Expl.)

> Enth. Dichtungen von der Unsterblichkeit der Seele, nichts Erotisches.

* **BARTH,** Ferd., Rosen u. Dornen. Versuche in Reim u. Prosa. Leipzig 1842, im Selbstverlage d. Verf. 8⁰. Orig.-Umschl. mit Bordüre.

Tit., 1 Bl. Inh., 91 S., 1 S. Inh. — U. a.: Narrenlied
(3 siebenz. Str.); die Kindesmörderin; die Nähterin; Tod
der Johanna von Arc; Untreue; der Wüstling; an die
Schauspielerin Mme Rettich; an die Schauspielerin
Marie, geb. Wolf. — S. 47—51: Der Selbstmörder.
(Erzählg.); S. 52—78: Die Spanierin. (Freie Novelle);
S. 79—91: Jungfrau u. Märtyrerin. (Tragisches Ende eines
keuschen Dienstmädchens.)

BARTH. — Die Verlobung im Wasser. (Ziemlich
freie Erzählung.) Leipzig 1843. 8⁰. (1 Mk. S. Glogau u. Sohn,
Hamburg, c. 1885.)

BARTH, J. C., Die Schönheiten des Frauenzimmers. Haag (Leipzig, Holle jun.) 1770. 8⁰.

> Angeführt in Weller's fing. Druckorten. — Das M. M. V.
> 1769 hat S. 1193 sub libris fut. nund. prod. den Titel s o :
> Die Schönheit des Frauenzimmers. Stück 1. Haag, bei Dorn-
> seiffen. 8⁰., ohne Angabe des wirklichen Verlagsortes. Höchst
> selten !

BARTELS, Hans, Erscheinungen (,) Träume und
Ehestandsscenen, komischer (stellenw. etwas derber)
Roman vom Verfasser des Fiorenzo *(Heinr. August Müller.)*
Mit TKpf. Hamburg u. Altona, bey Gfr. Vollmer, o. J. (1810).
8⁰. (3 Mk. J. Taussig, Prag, 1907.)

BASEL. — Gast's Tagebuch. In Auszügen behandelt von
Tryphius. Uebersetzt und erläutert von Buxtorf-Falk-
eisen. Basel 1856. 8⁰. (8 frcs. Georg & Co., Basel, 1904.)

> Dieses Tagebuch, eine kleine „Chronique scandaleuse,"
> liefert merkwürdige Beiträge zur Kultur- u. Sittengeschichte
> des XVI. Jahrhunderts, (namentlich Basel's).

BASEL. — Hochzeiten. — Frewden-tag (Auff den
hochzeitlichen) . . . . Herren Isaac Schönawers, Wie auch . . .
Susanna Sarasin, ... Welcher gehalten wird den 2. Christmonat, im 1644. Jahr, ... Gedruckt zu Basel bey Georg
Decker. 4⁰.

> 4 Bll. Auf dem letzten: Rätsel an die junge Gesellen.
> Unterz.: Floridan. — Abgedr. im Weimar. Jahrbuch
> 4 S. 153—154. — W. v. Maltzahn p. 295 no. 655.

BASEL. — — Relation von dem liebreichen Jung-
fervolk . . . . aus Anlass des Trauungs-Begängnisses Je-
remiae Ortmanns und An. Elisabeth Witzin, Basel 10. April 1676.
Strassburg 1676. 4⁰. (Max Weg, Lpz., Cat. 52. [1897] no. 1632,
Beibd.; 8 Mk. mit 3 ähnl.) Höchst selten!

BASHUYSEN, Henr. Jac. van, Nachricht von seiner
eigenen Meynung, wie Maria ohne Mann habe
können concipiren u. gebähren. Zerbst 1725. 4⁰.

> Ungemein selten u. merkwürdig! Bibl. Breitenau. I. p. 324.

BASILE, Giov. Bapt. (= Giambattista B., Graf von Torone,
† um 1637), Der Pentamerone, oder: Das Märchen
aller Märchen. Aus dem Neapolitanischen übertragen von

Felix L i e b r e c h t. Mit einer Vorrede von J a c o b G r i m m.
2 Bde. Breslau 1846. 8⁰. 770 S. (4 Mk. 50 Pfg. L. Meder,
Heidelberg, c. 1898.)

> „Das Schwankhafte, keck Spasshafte, derb Sinnliche, das
> alle Ding frischweg bei ihrem Namen nennt, herrscht auch
> in der Märchendichtung der Italiener vor. Ein treffliches
> Werk dieser erzählenden Gattung, deren bunte Phantastik
> und Abenteuerlichkeit dem Geist eines lebhaften, neugierigen,
> witzreichen und scherzhaften Volkes so ganz entspricht, be-
> sitzt die italienische Litteratur in dem Märchenbuch „Il
> Pentamerone" des Basile." (Scherr.)
>
> O r i g.: Il Pentamerone overo lo cunto de li cunte trattene-
> miento de li Peccerille di G i a n. A l e s i o (!) A b b a t t u t i s.,
> Roma 1679. (u. f r ü h e r : 1635 etc.). 12⁰. (4²/₃ Rthlr. Kirch-
> hoff & Wigand, Lpz., Cat. 220.) Vgl. W e l l e r , Lex.
> Pseud. p. 1.

— — Dasselbe, titulo: D e r P e n t a m e r o n (so!), oder
d i e E r z ä h l u n g e n d e r F r a u e n d e s P r i n z e n T h a d-
d ä u s. Gegenstück zu Decameron und Heptameron . . . .
(c. 1900?). (Mk. 4.—.) (3 Mk. W. A. Gabriel, Berlin, c. 1900.)

BASILIUS M a g n u s , Opera. Auss dem Griechischen vnd
Lateinischen zierlich in die Teutsche Sprache übergetragen durch
H. S c h w e i c k h a r t. Ingolstadt 1591. Fol. Ueber 1200
Seiten. (10 Mk., A. Bielefeld, Cat. 64.)

> Enthält unter vielen andern merkwürd. Predigten u. Ab-
> handlungen auch eine 60 Folioseiten starke Abhandlung
> „von der wahren Junckfrawschafft".

§ * **BASSI** (= Passi), Giuseppe. A l l - e r d e n k l i c h e ,
w a r h a f f t e W e i b e r - M ä n g e l. Einstens Von *Josepho
Baßi*, einem berühmten Italiänischen Historico, in Welscher
Sprach heraus gegeben, Nun aber durch eine getreue und wohlmeinende Feder, sowohl wegen enthaltenen raren Historien,
curiosen Discursen, Als vilfältig aus Heil. Schrifft und HH.
Vättern angezognen Texten, wie auch aus Geist- und Weltlichen
Rechten ordentlich-angefügten Recht-Sätzen; Und dann aus zer-
schidenen Scribenten, Statisten und Poeten anhero geschicklich
applicierten schertzhafftigen Reden, in das Teutsche versetzt.
Deme noch beygefügt ein T r a c t a t C u r i o s e E r ö r t e r u n g
d e r F r a g e , o b d i e W e i b e r M e n s c h e n s e y n d. Gedruckt zu Cölln bey Peter Marteau (Augsburg, Walther), Anno
1722. 8⁰.

> 4 Bll., 482 S. Styl u. Orthographie dieser Uebersetzung
> sind merkwürdig unbeholfen. S. 417—471: „Ein lustig G e -
> s p r ä c h , v o n d e r F r a g e , O b d i e W e i b e r M e n -
> s c h e n s e y n ? Persohnen: Bruder Endres, genannt Weiber-
> Feind, Benedictiner Ordens, Und Pater Eugenius, genannt
> Wiegandt, sonst Weiber-Freund, Electus Jesuita." (S. auch
> B e s c h r e i b u n g , Argument etc. 1643. 4⁰.) S. 472 sq.:
> Gedicht „Der Keusch- und Tugend-Edlen Weiber Erb-
> Lob . . . . Von D. M. Clemens Alexandrinus". (30 Strophen).

Zuerst gedr. ib. 1705. 8⁰. VI u. 405 S. (5 Mk. Rich. Bertling, Dresden, 1888; 8 Mk. Damköhler, Berlin, c. 1890.) (Expl. in München.)

Orig.: Passi, Giuseppe, I donneschi diffetti. Milano 1599. 4⁰. (3 Mk. 50 Pf. Kirchhoff u. Wigand, 1892.) Lo stesso. Aggiuntoui in questa quenta impressione molte cose dotte e curiose. Venetia, Somascho, 1605. 12⁰. (4 Mk. Oswald Weigel, Lpz., 1904.) Rep. Venetia 1618. 4⁰. (Expl. in Carlsruhe.) (4 Mk. Osw. Weigel, 1904.)

BASTARD, Der, oder Schicksale, Abenteuer, Wanderungen und Liebschaften eines Fürstensohnes (von *Joh. Jac. Brückner*, 1762—1811). 2 Thle. Fürth 1799. 8⁰.

BASTHOLM, C., Historische Nachrichten zur Kenntniß des Menschen in seinem wilden und rohen Zustande. Aus dem Dänischen v. H. E. Wolf. 4 Thle. (cplt.). Altona 1818—21. 8⁰. (6 Mk., nur 1—3, Osw. Weigel, 1904.)

> Aus dem reichen Inhalte der ersten 3 Bände hier folgende Capitel-Ueberschriften: Aberglaube, Liederlichkeit u. Schamlosigkeit, Blutrache, Menschenfresserei, Nahrungsmittel, Wohnungen, Kleidung u. Schmuck, Kunstfleiss u. häusliche Verrichtungen, Vergnügen, Jagd- u. Fischerei-Geräthschaften, Kriegswesen, Regierungsformen, Ehen u. Behandlung der Kinder bei den wilden u. rohen Völkern.

BASTIAN, Die Magdalenensache im Lichte des Wortes und der Thatsachen. Hamburg 1880. 8⁰. (In Dresden: Bibl. der Gehe-Stiftg.)

BÀTHORY, Gräfin Elisabeth. — Elsberg, R. A. v. (d. i. *Ferd. Strobl v. Ravelsberg*), Die Blutgräfin. Ein Sitten- und Charakterbild. Mit Illustrationen. Breslau 1904. 8⁰. (3 Mk. Scheible, c. 1905.)

> Abschlachtung von 650 jungen Mädchen durch Blutentziehung; behufs Verjüngung der Mörderin.

BATSANYI, G., Amor und Hymen. Ein Gedicht. Wien 1807. 8⁰. (1 Mk. Jos. Baer & Co., Frankf. a. M., 1894.)

BAUDELAIRE, Charles, Die Blumen des Bösen. Umdichtungen von *Stefan George*. Berlin 1901. 8⁰.

— — Dasselbe. 2. (Titel-) Aufl. Ebd. 1908. 8⁰. 197 S.

— — Dasselbe. In deutsche Verse übertragen von Wolf Graf von Kalckreuth. Titel, Vignetten und Einband gezeichnet von H. Wilh. Wulff (850 numerierte Exemplare: Nr. 1—50 auf Büttenpapier, in Pergament M. 14.—; Nr. 51—850 in Leder M. 7.—.) Leipzig, Inselverlag, 1908.

BAUDELAIRE. — Von Arthur Holitscher. Mit 10 Vollbildern in Tondruck und 2 Faksimiles. Verlag von Marquard & Co. Berlin 1908. 8⁰.

Inh.: Décadance. Der Dandy. Milieu. Die andere Schön-
heit. Werkzeug. Genossen. Mlle. Duval. Mme. Sabatier.
Fleurs du Mal. Haschischrausch. E. A. Poe. Richard
Wagner. Th. de Quincey. Die Auflösung.

BAUER, Der erlauchte, oder Lebensgeschichte
und Begebenheiten Daniel Moginiés, enthaltend
verschiedene geheime Nachrichten von den letzten Ver-
änderungen in Persien und Indostan. Aus dem Frantzösischen
(des *Jean Henri Maubert de Gouvest*) übersetzt. Berlin, b.
Haude und Spenern. 1755. 8⁰.

> 17 Bog. — M. M. V. 1755. S. 625; Cat. Meissner II;
> Bibl. Schwabii II.
> O r i g i n a l (in Aarau u. Wolfenbüttel): L'illustre païsan,
> ou memoires et avantures de Daniel Moginié .... Où
> se trouvent plusieurs Particularités, Anecdotes des dérnières
> Révolutions de la Perse & de l'Indostan, & du Règne de
> Thamas-Kouli-Kan .... Lausanne, Pierre A. Verney, 754. 8⁰.

— — Dasselbe, titulo: D a n i e l M o g i n i é s B e s c h r e i-
b u n g s e i n e r R e i s e u n d s e l t s a m e n B e g e b e n-
h e i t e n i n P e r s i e n u n d I n d o s t a n, insonderheit seiner
Kriegsdienste unter dem Schah Nadir. Hrsg. von R. T o m-
l i n s o n. 2 Thle. Mit 12 Kpf. u. 1 Karte. Bern 1763. 8⁰.

> 23½ Bog. — Cat. Meissner. (3 fl. 56 kr. Rosenthal,
> München, 1870.)

BAUER, Der, als ein Edelmann, oder seltsame
Begebenheiten des Msr. Ransau, nebst seiner Reise
in die gleich beysammen liegenden Insuln Isles Jumelles genannt. Aus dem Französischen (des *de Catalde*) übersezt (!),
und mit (7) schönen Kupfern gezieret. 2 Thle. in 1 Bde.
Franckfurt und Leipzig, bey Johann Albrecht, Buchhändler in
Nürnberg. 1739. 8⁰.

> Seltener Avanturier. Titelkpf., Titel (roth u. schwarz gedr.),
> 2 Bll. Vorr., 312 fortlaufend gez. Seiten.
> O r i g.: Le P a y s a n G e n t i l h o m m e, ou a v a n t u r e s
> d e M. R a n s a v, avec son voyage aux I s l e s J u m e l l e s.
> Par Mr. d e C a t a l d e 2 pts. (en 1 vol.). A. Paris, chez
> Pierre Prault, Quay de Gèvres, au Paradis. 1737. 8⁰. 3 ff. (y
> compris l'approb.), 188 + 210 pp. — Rep. ib. 1738. 8⁰. (In
> Wolfenb.) — Rep. à la Haye, chez Pierre de Hondt, 1738.
> 12⁰. II. Titre (en rouge et noir) et 284 pp. (La pagination
> se suit.) (Expl. in Dresden.) (1 fl. 48 kr. L. Rosenthal,
> München, 1872.)

BAUERMÄGDCHEN, Das glücklich gewordene, in
der Gräfinn von C** anmuthigen Lebensgeschichte. Aus d. Französ. übers. Frankfurt u. Leipzig
(Dresden, Gerlach) 1755. 8⁰.

> Cat. Monath II. p. 554; Bibl. J. J. Schwabii.

BAUERMÄDGEN, Das lustige, oder besonderer
Mischmasch von Gesprächen zwischen einem

βauermädgen und einer aufgeräumten Gesellschaft. — Der in das lustige Bauermädgen verliebte Moraĺist. Ó. O. u. J. (c. 1760). 8⁰. (1 fl. 45 kr.
Scheible, in e. alten Cat.)

In burlesken Versen. 3 Bog. Sehr rar!

BAURENMÄGDLEIN Baum, Der. Der Baurenknecht
Baum. Zu Augspurg, bei Marx Antonj Hannas, Form-
schneyder vnd Brieffmaler. O. J. (XVI. Jahrh.) Folioblatt
m. col. Holzsch. (Im German. Museum.)

Weller, Annalen I. p. 420. no. 809. — Rariss.

BAUER-Magd, Die einfältige, und der vier-
s'chrötige Pfingst-Lümmel. (Satyre?) O. O. u. J.
(c. 1660). 12⁰. Aeusserst rar!

Bibl. Kielmans-Egg. I. p. 1109. (angebd. einer Schrift
von 1657).

BAUREN-Almanach mit all den spaßhaften Ränken,
Schwänken u. Geschichten des berühmten Rheinländischen
Hausfreundes. No. 1. Gedruckt in diesem Jahr. Kl. 12⁰.

92 S., 1 Bl. Inh. — Enth. 55 zame Anekdoten u. Schwänke.

BAUREN-Almanach No. 1 mit all den spasshaften Ränken,
Schwänken und Geschichten des berühmten Rheinländ.
Hausfreundes, No. 2 mit all den wunderbaren Reisen,
Feldzügen und Abentheuern des berühmten Freiherrn von
Münchhausen. Blaubeuren (1842). 12⁰. (2 Mk. Julius
Neumann, Magdeb., 1906.)

BAUREN-Hochzeit. — Schreib- u. Daschen-Calen-
der, Neu verfertigter und in Kupffer gestochener, Auf das
Jahr unsers Herrn J. C. 1737. Darinnen zu ersehen eine in
Curiosen Zwergen vorgestellte lustige Bauren-
Hochzeit. Augspurg verlegt und zu finden bey Elias
Bäck, a. H. Saxo-Vinar. Princ. Calchographus. Titelkupfer
u. 12 Monatskupfer, am Ende Tabelle der „Stifftung der
Universitäten". Format 6 : 8 ¹/₂ cm. (9 Mk. Emil Hirsch,
München, 1904.) Rar!

BAUERN-Kirmis, Die. Nooch der ollgemehn'n Weise:

De Kirmst is inseĺ schreit der Bauer,
Ehr ale Kerl'n ei der Stoadt, —
Ehr macht doas Lab'n ins goar sauer,
Wenn inser ees de Kirmste hoat; —
Do thutt ehr inse Ruse küss'n,
De Kerl'n gleb'n, 's wär'n Pimpernisse,
Und flunscht recht zeärtlich eure Gusch'n
Wenn ehr thutt mit der Ruse guscheln.

O. O. u. J. (um 1800?). Gr. 8⁰. (Besaß Prof. Fr. Pfeiffer
in Freiburg i. Br.)

8 bedruckte S., enth. 25 achtzeil. Str. in s c h l e s i s c h e m
D i a l e k t. — Höchst selten, vielleicht U n i c u m !

§ * **BAUERNKOMÖDIEN,** N i e d e r d e u t s c h e, D e s S i e b -
z e h n t e n J a h r h u n d e r t s. Hrsg. Von Herm. J e l l i n g -
h a u s. Stuttgart 1880. Gr. 8⁰. 288 S. Lat. Lett.

> (8 Mk. Baer.) Bibl. d. literar. Vereins in Stuttg. CXLVII.
> (Der ganze Titel mit Initialen gedruckt.) Fünf Stücke.
> Drei davon nach einem Amsterdamer Drucke von 1661, der
> alle fünf enthält. Das vierte nach einem Hamburger Druck
> von 1640, das fünfte nach einem von 1652. Sehr ausführ-
> liche und werthvolle Beigaben des Herausgebers.

BAUERN - L i e d e r, V e r m i s c h t e (stellenweise freie). Aus
den besten neuen deutschen Dichtern gesammelt. Mit Titelvignette (Radirung v. J. K. M a y r in Lindau). Stadt Kempten,
verlegt bey Carl Gottwalt Benjamin Fritzsch, 1776. 8⁰. (In
Hannover Stadtbibl.; auch in Breslau, Kgl. u. Univ.-Bibl.) (15
Kr. Halm & Goldmann, Wien, 1907.)

> 151 S. (incl. 5 Bll. Vorst.), 1 S. Corrigenda. Die Vor-
> rede ist unterz.: „Die Herausgebern" (!) v. B. W. G. v. Z.
> — Enth. 50 Nrn.

BAUERNREGEL, N e u e f r e i e.

> V e r b o t e n vom L.-G. Wien, 8. Mai 1880. § 516.

BAUERNSOHN, D e r j u n g e, i n d e r M a s k e r a d e, **eine**
komische Geschichte (in 64 zweizeil. Strophen). O. O. u. J.
(Nürnberg, c. 1770). Einblattdruck in Fol. (1Mk. B. Seligsberg, Bayreuth, 1906.)

BAUREN (so!) -S t a n d , D e r g l ü c k s e l i g e u n d u n g l ü c k -
s e l i g e, nach seinem Ursprung, Wachsthum, Abnehmen, Tugenden und Lastern betrachtet, wobey gezeiget wird, auff was
Art und Weise einem jeden Lande durch Verbesserung des
Bauren-Standes eine beständige Gold-Grube zubereitet werden
könne. Mit A n h a n g d e r B a u r e n - D o c t o r m i t s e i n e r
D r e c k - A p o t h e k e. Mit Titelkupfer. Leipzig 1711. 8⁰. 14
Bog. Rar! (4 Mk. 50 Pfg. Rich. Bertling, Dresden, 1894;
10 Mk. Ernst Frensdorff, 1908.)

> Eine Ausg. Franckf. o. J. war in einer auctio libror. Lips.
> 3. Maj. 1717. p. 49.

BAUM, D e r, E r k e n n t n i s s d e s G u t e n u. B ö s e n . . . .
(a. d. Latein. des *A. Beverland*), s. U n t e r s u c h u n g.

BAUM. — D e r N e w e r A l l a m o d i s c h e r B a u m a l l e r
J u n g e n C a u a l l i e r e n v n d J u n g e r. Alte Karikatur
auf verschiedene Arten von L i e b e s b e w e r b u n g e n m i t
u n t e r g e d r u c k t e n f r e i e n G e s p r ä c h e n. Interessantes
Blatt auch wegen der T r a c h t e n. Gr. fol. Sehr selten! (10 Mk.
E. Frensdorff, 1908.)

BAUM, Caspar, Leene Nimfen, d. i. Jugendliche Dichtereyen an der Leene (d. i. Lahn). Marburg b. Caspar und Joseph Dietrich Göring. 8⁰.

  Herbst-Mess-Verz. 1678, E 3b, sub libris futuris nundinis prodituris. — Noch kein Expl. nachgewiesen.

BAUMELLE (= Beaumelle), Laurent Angliviel De La-, Gedanken von den menschlichen Thorheiten, von den Seelen der Thiere, von dem Ehestande. Aus dem Französischen (von Christian Gottlob Menzel). Koppenhagen und Leipzig 1756. 8⁰. (In Aarau.)

BAUMELLE. — Gedanken 1) von der Ehe, 2) von der Freundschaft, 3) von der Liebe etc., aus der Spectatrice danoise übersetzt. Copenhagen 1757. 8⁰. 8¹/₄ Bogen.

* BAUMGARTT, Samuel, Feuriger Schweffel-Regen über Sodom vnd Gomorra. O. O. u. J. (Vorr. dat.: Wittenberg 1. Jan. 1648). 4⁰.

  8 Bll. In Versen. Höchst selten!

BAUR, Wilh., und Carl Bastian, Die Magdalenensache. Zwei Ansprachen. Dresden 1876. 8⁰. (In Dresden, Bibl. d. Gehe-Stftg.)

* BAUTZEN. — Klipperling, Fioravante, Die verwundete Braut Auff der Schrammischen und Vogelischen Hochzeit zu Budissen (!), übersendet aus Leipzig durch den Liebethäler Boten, von *Fioravante Klipperlingio,* Gedruck (sic!) im ietzigen Jahr (c. 1690). 4⁰. (In Berlin: Yz 1761, no. 39.)

  4 Bll. In Prosa.

BAUVAL, E. (ps.?), Die Komödie der Liebe und die Kunst einen Mann zu bekommen. Freilicht-Studien . . . . (190*). (2 Mk. 40 Pfg. M. Luck, Berlin; 2 Mk. 60 Pfg. [incl. Porto] R. Klinger, Berlin, 1905.)

BAVAI, Abdiel (ps.), Europäischer Tugend- und Laster-Calender auf 1680. O. J. (1679.) Sehr rar!

  Weller, Lex. Pseud. p. 62.

* BAVARUS, Cunr., Processus Poeticus Novus in causa perantiqua, Præ-Dominium uxoris concernente, feliciter peractus transactusque. — Poetischer newer Proceß. In einer gar alten Sach, Die Herrschaft des Weibes belangende. Per *Cunr. Bavarum.* Leipzig b. Joh. Francken sel. Erben, vnd Sam. Scheiben. 1629. 8⁰. (In Göttingen: Dr. 5921.) (3 Mk. Osw. Weigel, Lpz., 1883.)

  In latein. u. deutschen Reimen. 120 S. — O. M. V. 1630. F 1b; Goedeke, 2. A., III. p. 212, 3.

BAWIER, Cptn. Franz Urban. — Des See-Captains Franz Urban Bawiers merkwürdige Seereise nach den beeden Indien in einer Reihe von außerordentlichen

Begebenheiten. Mit Kpfrn. Frankf. 1777. 8⁰. (3 Mk. 50 Pfg.
Friedr. Klüber, München, c. 1905.)

> 408 S. Rar und nahezu unbekannt! Ueber das interess.
> Buch s. W i r t h , Dr. Albr., „Ein deutsch-schweizerischer
> Odysseus", in: „Deutsche Erde", hrsg. v. Prof. Paul L a n g -
> h a n s.

BAYERN. — A m o r s R e i s e n a c h D e u t s c h l a n d. (Burlesk-erotisches Gedicht, 168 siebenzeil. Str., in: K a n t h a r i d e n
[v. *J. B. G. Büschel*]. Rom (Berlin, Himburg) 1786. 8⁰.)

> 10 Str., S. 42—45, beziehen sich auf B a y e r n (incl.
> M ü n c h e n).
>> Und (Amor) kam (von W i e n) ins nachbarliche Land
>> Wo Finsterniss noch wohnet,
>> Wo Barbarey und leerer Tand
>> In dicken Schädeln thronet.
>> Da lebt die Liebe vom Genuss
>> Der Sinne — kein Canonicus
>> Könnt' ohne sie bestehen.

BAYERN. — B r i e f e B a y r i s c h e r D e n k u n g s a r t u.
S i t t e n. Gedruckt 1778. O. O. 8⁰. 108 S.

> Enth. Klagen über die S i t t e n , Bettler, schlechte Spitäler
> etc. in B a y e r n, in Briefen aus allen Ständen. (Allg.
> D. Bibl. Bd. 39, S. 586—88.) — Weber, S. 633.

BAYERN. — * B r i e f e e i n e s R e i s e n d e n im (altbayer.)
V o l k s t o n. 6 Heftchen. O. O. 1810. 8⁰. (Das Berliner Expl.
1 vol.) Selten cplt.!

> Jedes Heft hat 32 Seiten (incl. Sondertitel). Stellenweise
> derb-komische Sittenschilderungen. Unter der poet. „Zu-
> rede": I n o z e n z S u c h e r d. (F e h l t in den Pss.-Lexx.)

BAYERN. — § B u r g h o l z e r, Joseph, D a s H o f f r ä u l e i n.
Eine Geschichte für bayrische Mädchen (prosodisches Gedicht
in vier Gesängen) nebst einigen Oden. (In München, Cgm.
4091. vom J. 1779. Pp. 161 Bl. 4⁰.)

> Goedeke IV, 127. 88.

BAYERN. — § G ä s s l e r, Michael v. (Liz., k. Advokat
u. Notar in Straubing), F r a u e n - R e c h t, oder Zusammen-
stellung der Bestimmungen des bayer. Landrechts u. anderer
kgl. Verordnungen in Bayern, in Beziehung auf das s c h ö n e
G e s c h l e c h t. In erläuternden Vorlesungen . . . in 2 Abthlgn.
Passau, Pustet, 1842. Gr. 8⁰.

> 595 fortl. gez. S. (incl. VIII S. Vorst.), 30 S. Reg., 2 Bll.
> Err. u. Abkürzgn., 1 Taf. („schema genealogicum"). Thesau-
> rus libror. Philippi Pfister, ed. H. H a y n, no. 4134.

§ — — Dasselbe. 2. Aufl. Ebd. 1846. Gr. 8⁰. (1 Mk. 30 Pfg.
Windprecht, Augsb., 1893.)

§ — — Dasselbe. Neue Ausgabe. Ebd. 1853. Gr. 8⁰. (2 Mk. l. c.)

BAYERN. — § G a e t s c h e n b e r g e r, Stiph., E n t h ü l l u n -
g e n a u s b a y e r i s c h e n K l ö s t e r n aus der neueren Zeit.
Nebst einer Geschichte des Mönchthums u. der Criminal-Justiz

in den Klöstern. Aus den ächtesten Quellen an den Tag gebracht
von —. Würzburg, Selbstverlag d. Verf., 1868. 8⁰. 300 SS.
(3 Mk. Max Perl, Berlin, 1898.)

BAYERN. — § Gemälde aus dem Nonnenleben. Verfasst aus den Papieren der aufgehobenen baier-
ischen Klöster (von *Felix Josef Lipowsky*). (Dritte Aufl.)
Mit (drast.) TKpf. u. TVign. München, bei E. A. Fleischmann.
1808. 8⁰. Ppb.

> TKpf., gestoch. Tit. m. Vign. (beides unsign.), VI—234 S.
> Nicht erot. Nach einer hdschriftl. Notiz schrieb Li-
> powsky dieses Buch auf Befehl der Regierung.
> — Ed. I. ibid. 1805 (rar!); rep. ib. 1808. 8⁰. VI—226 S.
> (Auch Drucke m. d. Jahrz. 1809 vorhanden?) — 4. ver-
> bess. Aufl. ebd. 1828. 8⁰. 240 S. — 4. (!) verbess. Aufl.
> ebd. 1828. 8⁰. 177 S. (7 Mk. Hugo Streisand, Berlin,
> 1908; 1 Mk. 50 Pf. R. Bertling, Dresden, 1889.) Neue
> Aufl. m. d. Tit.: Gemälde aus dem Nonnenleben, od.
> enthüllte Geheimnisse aus d. Papieren der aufgehobenen
> bayer. Klöster, von einem Archivbeamten. München, Gummi,
> 1870. 8⁰. VIII—182 S. Dasselbe, titulo: Memoiren
> einer Nonne. Ebd., Beck, 1874. 8⁰. 1 Bl. 182 S.
> (3 Mk. Scheible.) Dasselbe. Ludwigsburg, o. J. (c. 1890).
> 8⁰. (2 Mk. Max Harrwitz, 1904.)
> Die meisten Ausgaben wohl in München.

BAYERN. — Haberfeldtreiben. — Panizza, O., Die
Haberfeldtreiber im bairischen Gebirge. Eine
sittengeschichtliche Studie. Mit Illustrationen. 1891. 8⁰.
(Mk. 2.—.) (1 Mk. 50 Pfg. Gust. Fock, Lpz., 1907.)

BAYERN. — — *Queri*'s angekündigtes Werk durfte nicht erscheinen, weil Abdruck der obscönen Haberfeld-
treiber-Lieder von der Behörde verhindert wurde.

BAYERN. — Hagelstange, A., Süddeutsches
Bauernleben im Mittelalter. Leipzig 1898. 8⁰. (5 Mk.
60 Pfg. R. Kaufmann, Stuttgart, 1898.)

BAYERN. — Harmonie der neuesten baierschen
Ehescheidungsgesetze. Hamburg (Bamberg, Göbhardt) 1809.

> Weller, fing. Dr.

BAYERN. — Hofingen, J. G., Ueber die widerrechtl.
Bezüchtigung ausserehelich geschwängerter
Mädchen; e. Revision d. bairischen Schwängerungs-Gesetze.
Landshut, Krüll, 817. Gr. 8. (12 gr.)

BAYERN. — § Khraysser, Sebast. („Dr. jur., Hofger.-Ad-
voc. in München, u. Gräfl. Oetting.-Wallerstein'scher Rath"),
Compendium electoralis juris Bavarici (deutsch).
Augspurg, Joh. Wch (sic!), 1670. 8⁰.

> S. 267—70: Von Lehrn-Knechten, Ehehalten (Dienst-
> boten) u. Lidlohn (alle 14 Tage zahlbarer fester Lohn). —
> S. 515—19: Von den Ehehalten, vnnd jhrer Belohnung.

BAYERN. — Knoertzlin, Gertraud, Bayerische Dirn. Originelle Carricatur von E. Koning, mit schoenem alten Colorit, in reicher Umrahmung. Kupferst. (1715.) Gr. 4o: 18 cm. (3 Mk. Paul Neubner, Cöln, 1891:)

> „Dea Longfotz broat si rundi auss und iss a lauters Gscroa, vil hundet Heana reamt a si, vamog si nit an Oa, beym Rueben-hoka hon iss gheat, von Dirna dias guet wissn, sein Pfoad und Kittl sant voll Leuss, dazue noh feindla zrissn.“

BAYERN. — * Knuppeda von Apffelpupp (ps.), Redenkircher Kermeß, und Bäyerische Meß, vorgestellt in einer lustigen Sermon. Authore —. O. O. u. J. (c. 1700). 4⁰. (In Berlin: an Yy 4⁰ 2781.) Rar!

> Prosa-Satyre, an: Extra-Curier, An der Fastnachts-Zeit In Eyl abgefertigter . . . . (zus. 4 Bll.).

BAYERN. — § Lipowsky, Felix Josef (1764—1842), Baierns Kirchen- u. Sitten-Polizey unter seinen Herzogen u. Churfürsten. Aus den Quellen bearb. (Kpf.-Vign.) München, J. J. Lentner, 1821. Gr. 8⁰.

> Gestoch. Tit., XV—277 S., 1 S. Inh., 1 S. Err. — Dem Fürsten Anselm Maria Fugger, Fürsten zu Babenhausen etc., Kron-Oberstkämmerer, gewidmet.
>
> 1. Von dem Gottes-Dienste u. der Kirchen-Polizei. 2. Von Schulen und Erziehung der Kinder. 3. Von Verführung, liederlichen Häusern u. Bordellen. 4. Von Verführung zu einem faulen, liederlichen Leben, von Trinkgelagen, und Spielen, Kaffee-Schenken u. Bierwirthen. 5. Von Verschwendern, übertriebenem Aufwande und Kleider-Putze. 6. Von Abschaffung zur Polizei-Stunde in Wirths- und Kaffee-Häusern, dann Beschränkung der Freinächte u. öffentlichen Tänze. 7. Von Nichtgestattung geheimer Gesellschaften, heimlicher Vereine u. verborgener Zusammenkünfte. 8. Von Censur der Bücher, dann von Buchdruckereien u. Buchhandlungen. 9. Von Schauspielen und öffentlichen Vorstellungen, dann Kunst-Ausstellungen. 10. Von Kinder-, Waisen-, Armen- u. Kranken-Häusern. 11. Von Spinn-, Arbeits- u. Zucht-Häusern. 12. Von Abschaffung des öffentlichen Bettlens u. Steuerung des Müssiggangs. 13. Von Ehehalten und Taglöhnern.
>
> Vgl. Hayn, Hugo, Thesaurus libror. Philippi Pfister, Monacensis. München 1888. Nr. 4175.

BAYERN. — § Reise durch den baierschen Kreis (Interess. derb-satyr. Cultur-Schilderungen von *Johann Pezzl.*) Salzburg und Leipzig (Zürich, Ordl) 1784. 8⁰. (12 Kr. A. H. Huber, Salzburg, 1908.)

> Weller, fing. Druckorte.

— — Dasselbe. Ebd. 1785. 8⁰.

> Gesuchtes, im Preise steigendes Werk des talentreichen Verfassers.

BAYERN. — § S i c h e r e r, H. v., Ueber E h e r e c h t u n d
E h e g e r i c h t s b a r k e i t i n B a y e r n. München 1875. 8⁰.
(1 Mk. 20 Pfg. Jacques Rosenthal, München, c. 1903.)
BAYERN. — § V a c c h i e r y, C. v., Uiber die E h e h a f t e n
und E h e h a f t s g e r i c h t e i n B a i e r n. München 1798. 4⁰.
(2 Mk. l. c.)
BAYERN. — § V e r f a l l g u t e r S i t t e n, Der, u. über-
h a n d g e n o m m e n e r A u s g e l a s s e n h e i t u n t e r d e m
s c h ö n e n G e s c h l e c h t e, oder die b ö s e n F o l g e n
d e s K r i e g e s, in sehr unterhaltlich u. lächerlichen (oft sehr
lüsternen u. pikanten) Briefen. Allen rechtschaffenen Frauen,
Müttern u. Töchtern gewidmet. Von *M. S. F.* (d. i. *Franz Sebast. Meidinger*). (Nebentitel: Wahrhafte L i e b e s - B e g e -
b e n h e i t e n a u s d e m ʼK. K. S t a n d q u a r t i e r (sic!) in
(Alt-) B a i e r n vom 1. Jan. bis 30. Juny 1798.) O. O. (Landshut)
1803. (*Am Ende* steht: Ende d. 1. (einz.) Bdchns.) 8⁰. (Auch in
Darmstadt.) (12 Mk. Völcker, Frankf. a. M., ca. 1883; jetzt
theurer!)

> XXIII—261 SS. (117 Briefe u. von S. 251 ab „Epilog".)
> Mit TVign. Zur b a y e r i s c h e n S i t t e n g e s c h i c h t e
> ist dieses sehr seltene u. pikante Buch von nicht geringem
> Interesse. (S. Meusel V. p. 120, XIV. p. 124.) Niemals
> ist das „Z w e i e r l e i t u c h - F i e b e r" d e s w e i b l i c h e n
> G e s c h l e c h t s treffender und drastischer geschildert wor-
> den als von dem niederbayerischen Erotiker.
> Das Anon.-Lex. IV. p. 285 hat (nach Meusel, Kayser,
> Baader) „Landshut 1803—4". (Wirklich ein z w e i t e r
> T h e i l erschienen??). Der Aufnahme-Zettel der Münchner
> Hof- u. Staatsbibl. besagt: „N i c h t m e h r (als Th. 1)
> e r s c h i e n e n".

BAYERN. — § V o m N a t i o n a l c h a r a k t e r d e r B a y e r n.
Eine kleine Skizze zu einem großen Buche; geschrieben von
einem Einsiedler in der Einöde zu Thebaida. (Mit curioser
Titelvign.) Berlin (München) 1784. Gr. 8⁰. 88 S. (incl. Tit.).
Rar!

> Schildert den R ü c k g a n g d. A u f k l ä r u n g. — Beifällig
> recensirt in d. Allg. D. Bibl. Bd. 62, S. 423—25, u. in
> d. Jen. A. L. Z. 1786, Bd. 1, S. 267. — Weber, S. 633—34.
> N i c o l a i, Reise, VI. S. 773: „Ist von gar keinem
> Nutzen, es ist eine langweilige Chrie in §. §. von den alten
> Baiern u. Celten u. d. gl. Es scheinen darunter hin u. ʼwieder
> Anspielungen auf die jetzige Zeit verdeckt zu seyn; aber die-
> jenigen, denen etwas von diesen Anspielungen nützlich seyn
> könnte, werden gar keine Lust haben sie herauszuklauben.
> Das Beste ist die T i t e l v i g n e t t e, wo 4 mit Schellen-
> kappen behangene Köpfe voll Wind ein angezündetes Licht
> auszublasen suchen. Darunter die Worte: Qui potest capere
> —capiat —". Diese Allegorie wäre nun so ziemlich nach
> dem Leben. Statt den Kappen hätten auch Kutten und Infuln
> können gezeichnet werden."

BAYERN. — W a l d e, Ludw. v. (ps.), D i e K a t a s t r o p h e
im H a u s e W i t t e l s b a c h .... (c. 1890?). (1 Mk. oder
60 Kr. ö. W. Gust. Grimm, Budapest.)

BAYERN. — § Z e i c h e n d e r Z e i t, D i e, oder die
l e z t e n (!) Z u c k u n g e n d e s A d e l s u. d e r P f a f f e n
in B a i e r n. Kölln, bey Peter Hammer. (München) Jahr IX.
(1801.) 8⁰. (In München: Bav. 4004II, Beibd. I; auch in Carlsruhe, Hof- u. Landesbibl.: Ka 1653.)

    X—132 S. (incl. Tit. m. Linien-Einf.). Lat. Lett. Enth.
I. (S. 1—12) Abdr. einer phrasenreichen Obskurantenschrift:
M a x i m i l. J o s e p h II., Churfürsten von Pfalzbaiern, „ans
Ohr u. Herz gesprochen", dann II. (S. 13 bis Schluss) „er-
läuternde Anmerkungen" (stellenweise sehr derbe Abfertigung). Mit 2 Gedichten: „Gegen die falschen Staats-
künstler" (12 vierzeil. Str.) u. „Könige" (8 vierzeil. Str.).
Hier eine Stelle zur näheren Charakteristik dieser eben
erwähnten Abfertigung: S. 106—7: „Keine Geschichte ist
reichhaltiger, ereignissvoller, schrecklicher, als die G e -
s c h i c h t e d e r A t t e n t a t e, w e l c h e d i e P r i e s t e r -
s c h a f t s i c h ü b e r a l l u. z u a l l e n Z e i t e n h a t z u
s c h u l d e n k o m m e n l a s s e n. Man wird uns die Be-
lege davon leicht erlassen. Der hat nie Geschichte studiert,
der hier weitere Auseinandersetzung fordern würde, auch
ändern gute einzelne Individuen sowohl des Adel- als
Priesterstandes die Karakteristik des ganzen n i c h t s, g a r
n i c h t s. Blos als Resultat der Geschichte mag folgendes
genug seyn: Die Priester waren zu allen Zeiten Feinde
der Regierungen, weil es nie eine Regierung gab, die a l l e
ihre Ansprüche befriedigen konnte, ohne nicht selbst zum
Priester zu werden. Losgerissen von dem natürlichen Fami-
lienband, bilden sie einen e i g e n e n K a s t r a t e n s t a a t
i m S t a a t e; beschränkt auf die Waffen des Aberglaubens,
und ausser diesen ohne eigene Macht, bestechen sie das
Volk mit dem Gift der Heucheley, indem sie es zugleich
durch Dummheit lähmen; sie liegen in steter offener Fehde
mit Wahrheit und Vernunft, und sind Kämpfer der Finster-
niss. Sie kennen nicht Befriedigung, nicht Versöhnung,
nur Zernichtung endet ihre Kämpfe." — Wenig bekannte,
äusserst rare Schrift! Weller, fing. Dr. (sub 1801).

    Cfr. H a y n, Hugo, Thesaurus libror. Philippi Pfister,
Monacensis. München 1888. Nr. 4242.

BAYLE, Pierre (1647—1706, berühmter Vorläufer der Ency-
clopädisten, Vf. des „Dictionnaire historique et critique",
Rotterd. 1697, worin das O r i g i n a l für folgende Uebersetzung),
O b s z ö n i t ä t e n. Kritische Glossen von —. Bearb. u. zeitge-
mäß erweitert von Dr. Alfred K i n d. 2. Aufl. Wilmersdorf-Berlin.
1908. Willy Schindlers Verlag. (Ed. I ib. eod. anno.) 8⁰. (Mk.
2.—.) 105 S. (incl. Doppeltit.), 2 Bll. Verlag d. Firma, 1 Bl.
Druckanz.

    Auch titulo: Beiträge zur Geschichte des menschlichen
Sexuallebens. Hrsg. von Willy S c h i n d l e r. Bd. 2. —

A. E.: Druck von A. W. Schneider, Berlin W. 50. — Dr. Alfred Gotendorf vom Bearbeiter gewidmet. Einziger Separatdruck des französ. Originals (aus oben genanntem „Dictionnaire"): Sur les Obscénités. Remarques par *Pierre Bayle,* publiées pour la première fois séparément, avec une notice bio-bibliographique. Bruxelles 1879. in-12⁰, de 106 pp. Rare et épuisé. (10 Mk. Oskar Rauthe, Berlin, 1909.)

BAYREUTH. — § Vertraute Briefe über das Fürstenthum Baireuth vor und nach dem Preussischen Regierungs-Antritt an einen Freund in Schlesien. — Sudthausen, Fr. v., Schreiben an das Publicum die vertrauten Briefe ..... betreffend. — Briefe zur Besichtigung der vertrauten Briefe (von *Heinrich Christoph Meyer*). Berlin u. Baireuth (die 3. Schrift o. O.) 1794. 8⁰. (6 Mk., 3 Thle. in 1 Bde., Süddeutsches Antiqu., München, 1907.)

> Gehört zur Litteratur der Skandalchroniken. Selten cplt.! Name des Verf. der 3. Schrift im Anon.-Lex. I. p. 270.

§ BEANTWORTUNG der Frage: ob das Frauenzimmer ein nothwendiges Uebel sey? Frankfurth u. Leipzig (Hof, J. Gottl. Vierling) 1767. 8⁰.. Rar!

> O. M. V. 1767, S. 790; v. Börstel's Bibl. Berlin 1772, p. 233.

BEANTWORTUNG der Frage: Was soll mit den öffentlichen Hurenhäusern geschehn? Rede eines Stadtverordneten zu Breslau (s. d.). O. O. u. J. (Bresl. 1810). 8⁰. 15 S.

> Jahrzahl am Schluss genannt. Titel hat noch die Bemerkg.: „Wird zum Besten der Armen für 1 sgl. verkauft." — Sehr selten!

BEANTWORTUNG der wichtigen Frage: ob der Mensch eine Verbindlichkeit habe, seine Schönheit zu erhalten. Von *B. P. Z. R.* Nebst noch einigen andern (Fragen). O. O. (1773). 8⁰.

> Ehestands-Almanach f. 1798, S. 290.

BEANTWORTUNG der Frage: Ob die Weiber Menschen seyn oder nicht? 1660. 12⁰. Rar!

> Bibl. Kielmans-Egg. I. p. 1173.

BEARDSLEY, Aubrey, Venus und Tannhäuser, s. bei Tannhäuser.

BEAUFORT eines Frantzös. vornehmen Meinistri curieuser Wegweiser zum Politischen Glücke, welcher so wol Manns- als Weibs-Personen die rechte Klugheit im Reisen und Conversation, im Studiren und Exercitiis, im Lieben und Heyrathen, in Armuth und Reichthum, in Streithändeln Processen, in Kranckheit und Todesfällen, vielfältig zu erkennen giebet: alles in

einer verstelleten doch warhafften Geschichte
lustig und anmuthig vorgestellet. Leipzig, b. Chrn. Weidmannen. 12⁰.

    O. M. V. 1687. E 2a. (Sonst nirgends citirt.)

BEAUFORT, Bürgerin, E u r i d a n e. Schäferroman mit Romanzen und Liedern von der —. Aus dem Französischen (von
Wilh. Christhelf Sigm. M y l i u s u. T i l l y). Mit Titelkpf.
von Fr. B o l t. Berlin, bei Ernst Felisch 1798. 8⁰. (4 Mk. Max
Perl's Berliner Oct.-Auct. 1907, no. 28.)

    4 Bll., 99 S., 1 S. „Berichtigungen". — F e h l t im
Anon.-Lex.

BEAUREGARD, S o p h i e v. (Aus d. Französ.) 2 Thle. Hamburg, Verlagsgesellschaft, 1799. 8⁰. (1 ½ Rthl.)

    O r i g.: Sophie de Beaucegard, ou le véritable amour.
2 vols. Avec gravures. Paris VII (1799). 8⁰. (14 Sgr.
Scheible, c. 1870.)

— — Dasselbe, titulo: S o p h i e v. B e a u r e g a r d. Ein Ehe-
standsgemälde. 2 Thle. Breslau, Schall, 1802. 8⁰. (1 Rthl.)

    Beide Titel bei Kayser.

BEAUVILLIERS, M a r i e d e, Aebtissin zu Montmartre (XVI.
Jahrh.), s. G e s p r ä c h e i m R e i c h e d e r e r T o d t e n.

BEBEL, Aug. (der berühmte Führer der deutschen Sozial-
demokratie, geb. 22. Febr. 1840 zu Köln), D i e F r a u i n d e r
Vergangenheit, Gegenwart und Zukunft. Hattingen-Zürich 1883.
Gr. 8⁰. (7 Mk. Otto Ficker, Lpz., 1904; 9 Mk. Max Harrwitz,
Berlin, 1903.)

    E r s t e, in Deutschland v e r b o t e n e, u. bereits sel-
t e n e Ausgabe. 2 Bll. u. 220 S.

— — Dasselbe, titulo: D i e F r a u u n d d e r S o z i a l i s-
m u s. Die Frau in der Vergangenheit etc. (wie oben). 9. Aufl.
Stuttgart 1891. (u. öfter.) 8⁰. 383 S.

§ **BEBEL,** Heinr. (geb. um 1475, lebte noch 1518), D i e G a-
s c h w e c k *Henrici Bebelij,* welcher von Kaiser Maximiliano
ist zu einem Poeten gekrönt worden. In drey bücher getheilet,
gebessert vnnd gemehrt. S a m p t e i n e r P r a c t i c a vnd
Vorzeichen zukünfftiger ding, so biß auff den Jüngsten tag
vnder den menschen gemein sein werden (von *Jacobus Henrich-
mannus* von Sindelfingen). Durch ein guten Gesellen (wahrscheinlich M i c h a e l L i n d e n e r) auß Latein in das Teutsch
gebracht. Getruckt im Jar Anno 1558. O. O. 8⁰. (Dem Münchner
Expl. fehlt Bl. Tj.)

    E r s t e d e u t s c h e A u s g a b e, sehr selten! Bogen A—Z
und a—o 11 (ohne Seitenzahlen).

    Wegen der l a t e i n i s c h e n A u s g a b e n s. Brunet, Goe-
deke, Graesse etc. In M ü n c h e n sind folgende: Facetiae
. . . . Antverpiae 1541. 8⁰; Facetiarum . . . . libri tres
Tubingae 1542. 8⁰. (2 Expll.); rep. ibid. 1544. 8⁰; rep.
ibid. 1550. 8⁰. (2 Expll.); Facetiæ . . . . His acces-

serunt selectœ quædam P o g g i i facetiæ. His additæ sunt
et A l p h o n s i regis Arragonum, & A d e l p h i facetiæ.
Tubingæ 1557. 8⁰.

BEBEL. — F a c e t a e / H e n r i c i B e b e l i j .... in
drey vnderschiedliche Bücher, ein vnd / abgetheilet. Jetzund
aber gebessert vnd gemehret / mit einer ordentlichen abwech-
selung vnnd einmi- / schung der A p o l o g e n .... B e r n -
h a r d i n i O c h i n i v o n Se / nis .... Sampt einer an-
gehenckten (voraufgestellten) Practica (Heinrichmans) .....
Durch einen Liebhaber der Freyen Künst (n i c h t Lindener) /
ins Teutsch gebracht. / Gedruckt zu Franckfurt am Main, 1568.
8⁰. 12 u. 327 Bll. (In Göttingen.) (Goedeke II, 469, 6, b.)

BEBEL. — F a c e t i a e, in drey vnderschiedliche Bücher, ein
vnd abgetheilet. Jetzundt aber g e b e s s e r t v n d g e m e h r e t
mit den A p o l o g e n B e r n h a r d i n i O c h i n i v o n S e n i s,
darin feine Historien, Gleichnussen vnd lustige Geschwenck verfasset, sehr nutzlich vnd kurtzweilig zu lesen, durch einen Liebhaber der freyen Kunst ins Teutsch gebracht. S a m p t e i n e r
a n g e h e n c k t e n P r a c t i c a v n d V o r z e i c h e n zu-
k ü n f f t i g e r D i n g .... Franckf. a. M., durch Nicolaum
Basseum, 1589. 8⁰. (36 Mk. Osw. Weigel, Lpz., 1883; 50 Mk.
L. Rosenthal, München, 1906.) (Das Münchner Expl. ist seit
1827 abgängig.) 3 + 326 + 18 Bll.

Folgende l a t e i n. v e r m e h r t e A u s g a b e fand ich nicht
im Münchner handschriftl. Haupt-Cataloge: F a c e t i a e.
Acc. j o c i e t a p o p h t h e g m a t a ex M a c r o b i j,
P o g i j (sic!), E r a s m i, C a m e r a r i j et aliorum monumentis collecta. Francof. ad Moen. 1590. 8⁰. 420 S.
u. Reg. (10 Mk. 50 Pfg. Osw. Weigel, Lpz., 1883.)

§ — — Dasselbe. Ebend. 1606. 8⁰.

In B e r l i n wohl alle Ausgaben der Uebersetzung, sämmtlich Seltenheiten. — Ueber den berühmten Humanisten
B e b e l s. die treffliche Monographie von (Geo. Wilh.) Z a p f
(1747—1810), Heinrich Bebel nach seinem Leben und
Schriften. (Mit B.'s Wappen in Holzschnitt als Titelvignette.)
Augsburg 1802. Gr. 8⁰. 15 Bll. Vorst. u. 320 S. (Dem
so verdienten Bibliographen Geo. Wolfg. P a n z e r in Nürnberg gewidmet.)

— — —Dasselbe. Franckfurt, b. Joh. Treudel. 1612. 8⁰.
(Goedeke II, 469, 6, e.)

BEBEL. — H e i n r i c h B e b e l s S c h w ä n k e. Zum ersten
Male in vollständiger Übertragung hrsg. von Albert W e s -
s e l s k i. 2 Bde. (von zus. ca. 800 S.) München 1907, Georg
Müller. (Expll. auf feinstem Hadernpap. in Hprgt. mit Deckel-
pressg. Mk. 27.—; auf echt van Geldern in gepr. Schweinsleder
[nur 35 Expll.] Mk. 60.—.)

Der Übertragung ist Bebels Ausgabe letzter Hand, die
1514 in Straßburg bei Schürer erschienenen BEBELIANA
OPUSCULA NOVA ET ADOLESCENTIAE LABORES, zu-

13*

grunde gelegt worden, jedoch sind auch die nur in andern Editionen enthaltenen Stücke beigegeben, so daß absolute Vollständigkeit erreicht ist.

BEBEL. — Heinrich Bebel's Facetien, herausgegeben von Karl Amrain. (Einleitung LV Seiten.) Die Sprüche, welche Heinrich Bebel, der Poet, in seiner Jugend geschrieben hat. (93 Erzählungen.)

> Histor. Quellenschriften zum Studium der Anthropophyteia, hrsg. v. Dr. Friedr. Krauss. (Deutsche Schwankerzähler des XV. bis XVII. Jahrhunderts. Bd. II.)

* **BECCAU** (Joach.), Zulässige Verkürtzung müssiger Stunden, Bestehend in allerhand Weltlichen POESIEN, Als Nahmentlich (sic!) In Verliebten, Satyrischen- und Sinn-Gedichten, Grab- und Uberschrifften, Moralischen und Vermischten Gedichten. Denen Liebhabern der teutschen Poësie zur vergönneten Gemüths-Ergötzung . . . . ans Licht gestellet, Von BECCAU. Hamburg, Bey Christian Liebezeit u. T. C. Felginer. Anno 1719. 8⁰.

> 184 SS. incl. 12 SS. Vorst. (Titel roth u. schwarz.) Selten!

BECCAU. — * Theatralische Gedichte und Ubersetzungen, Denen Liebhabern der teutschen Poësie mitgetheilet von BECCAU. Hamburg, Bey Christian Liebezeit und Theod. Christoph Felginer. 1720. 8⁰. (Auch in Göttingen: **Dram. 6002.**)

> 6 Bll. (incl. Tit. in Roth- u. Schwarzdr.), 321 S., 1 Bl. Druckf. — Dem Flensburger prakt. Arzt Dr. Henr. Schäffer gewidmet. Inh.: 1) Amadis von Gaula, in e. Schau-Spiel (in 3 Handlungen, in Versen; a. d. Italien. des James Heidegger; zuerst in Hamburg aufgef. tit.: „Oriana. Ein Singe-Spiel. Hamburg, gedr. mit sel. F. Konr. Greflingers Schriften. 1717." 20 Bll. 4⁰. Comp. von Händel). 2) L'amour insanguinato, od. Holofernes, in einem Singe-Spiel (in 5 Handl., in Versen; im J. 1710 mit dem Titel „Judith" verfaßt; zuerst in Braunschweig aufgef.). 3) Blutiges doch muthiges PEGU, od. BANISE, aus dem bekannten ROMAN des Herrn Zieglers (s. d.) in eine Opern-mäßige Vers-Art geschlossen, u. in 2 Thle. verfasset. (S. 103—246). — Unter den Ueberstzgn. (aus d. Lat., Französ., Italien. (Tasso, Gierusalemme liberata, Canto I.), Holländ. (Cats), sind zieml. freie Epigramme, u. S. 285—305: „Byblis" (Erzählung von deren blutschänderischen Liebe zu ihrem Bruder, aus Ovid's Metam. lib. IX), sämmtlich mit Beifügung des Orig.-Textes links.

BECCAU. — * Bey Verschiedenen Gelegenheiten Entworffene Ehren-Gedichte, Zur vergönnten Gemüths-Ergetzlichkeit Denen Liebhabern der Poësie mitgetheilet Von BECCAU. Hamburg, Bey Christian Liebezeit und Theodor Christoph Felginer. 1720. 8⁰. (In Berlin: an Yk 2781.)

1 Bog. Vorst. (incl. Titel in Roth- u. Schwarzdruck) u.
208 S. Auf S. 41—88 ziemlich freie Hochzeit-Ge-
dichte.

BECHELI, Friedrich von, oder die vermeinte
Fürstentochter. (Roman von *Theod. Ferd. Kajetan
Arnold.*) Gotha 1800. 8⁰. Selten!

Anon.-Lex. II. p. 127 (nach Kayser).

BECHTOLD, Dr. August, Teufelsspuck und Liebes-
spuck. Novellen und Erzählungen. Nürnberg 1831. 8⁰.

Wildmoser's (jetzt Gmähle's) Leihbibl., München, no. 13312.

— — Dasselbe. Weissenfels 1832. 8⁰. (8 Sgr. Scheible, c. 1870.)

BECK, Joh. Jodoc. (1684—1744), Norimbergens., Dissertatio
inaug. de conjugalis debiti praestatione, von Leistung der
ehelichen Plicht . . . . Norimb., Meyer, 1706. 4⁰.

28 S. Einiges in deutscher Sprache.

— — Dasselbe. Ibid. 1721. 4⁰.

1 fl. 12 kr. Rosenthal; ½ Rthl. Scheible; 3 Mk. Bielefeld.

— — Dasselbe. Jenae 1733. 4⁰.

Gay III. p. 73, der p. 74 auch eine Ausg. s. l. et a. 4⁰.
anzeigt.

— — Dasselbe. Ibid. 1760. 4⁰.

⅓ Rthl. Schmidt, Halle, 142. p. 48.

§ **BECK.** — Tractatus de eo, quod justum est circa conjugalis
debiti praestationem. Von Leistung der ehelichen
Pflicht. Worinnen in specie von der bosshafft- u. halsstarrigen
Entziehung der ehelichen Pflicht, und der daraus entstehenden
Ehescheidungen . . . . , in Ansehung . . . . Ehebruchs u.
fleischlicher Verbrechen, ingleichen von der Unvermögenheit
zum ehelichen Werck, ... Mit TKpf. Franckf. u. Lpz.
(Nürnberg) 1733. 4⁰. (In Zürich, Stadtbibl.)

13 Bll. u. 264 S. Titel roth und schwarz.

— — Dasselbe. Mit TKpf. Ibid. 1756. 4⁰.

284 S. (6 Mk. Bielefeld 60. no. 79.)

§ — — Tractatus de eo, quod justum est circa stuprum.
Von Schwäch- u. Schwängerung der Jungfern
und ehrlichen Wittwen . . . . . (Titel sehr lang!) Mit
TKpf. (2 figurenreiche Darstellgn., links Trauung einer Schwangeren, A. Nunzer sc.). Nürnberg, in Verlegung Joh. Geo. Loch-
ners, Buch. Anno MDCCXLIII. (1743.) 4⁰. (Auch im German.
Museum.)

Voll pikanter sexuell-jurist. Händel, meist in deutscher
Sprache abgefasst. TKpf. 6 Bll. Vorst. (incl. roth u.
schwarz gedr. Titel), 918 S. u. 9½ Bog. Reg. Der Verfasser war bei d. Herausgabe dieses (jetzt gesuchten!)
Werkes „ICt., Gräfl. Hohenloh-Neuenstein- u. Gräfl. Gie-
chischer Rath, der Republique Nürnberg Consiliarius, bei
der Univers. Altdorf Codicis & Juris Canonici Prof. Publ.
u. bei der Juristen-Facultät Assessor primarius."

(2½ Rthl. Scheible 34. p. 214; 10 Mk. Bielefeld 60. no. 78; 12 Mk. Rosenthal.

BECKER, Jul., K l e e b e i n & Cie. Freie Federzeichnung in Hogarths Manier. Leipzig 1841. 8⁰. VII u. 261 S. (6 Mk. 50 Pfg. E. Frensdorff, c. 1905.)

Vergriffen u. selten! Sehr humorvolles Buch.

* **BECKER,** Rupert, K a y s e r b a r t s L e b e n u n d S c h i c k - s a l e. Leipzig 1796. 8⁰. 390 S.

„Abenteuerliches, sonderbares Buch. Eingeleitet wird das- selbe durch die Geschichte der Mutter der Heldin, einer Lucretia seltenster Art." (R. Zinke's in Dresden Novbr.- Auct. 1905, no. 1209.)

BECKFORD, William, V a t h e k. Ins Deutsche übertragen und eingeleitet von Dr. F r a n z B l e i. Leipzig, Julius Zeitler's Ver- lag, 1907. 8⁰. (Br. M. 3.—. Geb. M. 4.—. Auf Strathmore- japan in geflecktem Ganzleder M. 8.50.)

„Dieser von Fyvie ein greulicher Alpdruck genannte Roman stammt von dem spleenigen englischen Millionär, literar- ischen Excentric und Londoner Lordmajorssohn Beckford, der die Summe britischer Absonderlichkeit, Verrücktheit und Großartigkeit in seiner Person verkörpert und in der Schil- derung des K a l i f e n V a t h e k ins Morgenländisch-Exotische verkleidet hat. Das Werk ist erfüllt von der orientalischen Imagination eines englischen Lords, wenn er einen Opium- rausch hat. Es ist das wunderlichste Buch von der Welt." „W i l l i a m B e c k f o r d war einer der reichsten Erben Englands," sagt die W i e n e r Z e i t, besaß zwei Millionen Jahresrente, und führte, wenigstens äußerlich, ein glückliches Leben. Sein Reichtum scheint ihn übrigens isoliert und in eine Atmosphäre frostiger Einsamkeit gebracht zu haben. Einundzwanzig Jahre alt, 1781, schrieb er den Vathek, einen Roman, der ganz aus 1001 Nacht erfunden und ausgeführt ist. Ein Buch, das von Phantasie, Farbe und Ornamentik strotzt, und das als eines der ersten modern-artistischen Werke gelten darf. Der Kalif Vathek weiß zwar viel, doch möcht er alles wissen. Gestachelt von der eigenen Neugier und von seiner zaubersüchtigen Mutter, hat er sich der Magie ergeben. Da er aber ein schwacher Mensch ist, zwischen seinen Liebesfreuden und den Geisterbündnissen treulos hin und herschwankt, verfällt er der Verdammnis. Das Buch lenkt aus dem Artistischen leise ins Vornehm-Dilettantische. Die exklusive Art Oskar Wildes und die zeichnerisch prunk- volle Satire Beardsleys kündigen sich darin an." (Aus dem V e r l a g s - P r o s p e k t.)

* **BECKH,** Joh. Jos. (aus Straßburg, gekrönter Poet, Notar, Sekretär zu Eckernförde in Holstein, lebte dann ohne Amt zu Kiel. — Moller, Cimbr. lit.), E r n e u e r t e C h a r i c l i a (siehe *Brülovius*). Nebenst e i n i g e n Z w i s c h e n - S p i e l e n u n t e r d e n N a h m e n A l a m o d, Alles in eine Comoedie gebracht. Dreßden 1666. 8⁰.

Sehr rar, wie die 3 folgenden Bücher. — Goedeke III, 222, 46.

BECKH. — Elbianischer Floribella Liebesbe-
gäbnisse. Dreßden 1667. 8⁰.

BECKH. — Die wiedergefundene Liarta mit ihrem
liebsten Almaderen, aus dem dritten Theil der sinnreichen
Eromenen (s. *Biondi*). Dreßden 1668. 8⁰.

    Gottsched, Vorrath II, 255.

BECKH. — * Polinte oder die klägliche Hochzeit,
das ist: Eine Traurgeschicht zwischen etlichen Liebhabern.
Spielweise vorgestellet. Hamburg 1669. 8⁰. (l. c. I, 224.)

BECKMANN, C., Poetische Lobrede auf den welt-
beglückenden Ehestand. Schwerin 1856. 8⁰. (30 Pfg.
M. Glogau jr., Hamburg, 1906.)

§ **BEDENCKEN,** Gründliches, von der Ehe-Schei-
dung, deren Art und Unterscheid und Ursachen (von *Joh.
Gottfr. Lehmann*). Franckfurt und Leipzig 1720. 4⁰. 6 Bog.

— — Dasselbe. Ebend. 1726. 4⁰.

    Georgi's Europ. Bücher-Lex.

BEDENCKEN, Allerhand außerlesene rare und curiöse Theologische und Juristische, von denen
Heyrathen mit der verstorbenen Frauen-
Schwester, Schwester-Tochter, Brudern-Witt-
we, Brudern-Tochter, u. d. m. Zusammen getragen
von D. I. P. O. A. F. Franckfurt u. Leipzig (Braunschweig,
Renger in Commiss.), M D CCXXXIII. (1733.) 4⁰. (7 Mk.
50 Pfg. Jacques Rosenthal, München, c. 1903.)

    Enth. 60 Abhandl., Auszüge u. Citate, meist in deutscher
    Spr., stellenw. in zieml. freier Darstellung. Tit., 3 Bll. Index
    und 264 S.

BEDENCKEN, Gothaisches, über die Frage: Ob
die Ehe mit des Bruders Wittwe erlaubt sey?
O. O. 1752. 8⁰.

    Cat. Cammerer II. p. 44 u. 315; Bibl. J. J. Schwabii
    hat „Gotha 1752".

*BEDENCKEN, ob die H. Schrifft einem Mann er-
laube, zwey Schwestern nach einander zu heyrathen?

    56 S. u. 2 Bll. Err. An: Wagenseil, Joh. Chp.,
    Belehrung der Jüdisch-Teutschen Red- u. Schreibart . . . .
    1699; rep. 1715. 4⁰.

BEDENKEN eines Staatsmannes über die Materie
von ungleichen Ehen und Mißheyrathen eines
Reichsstandes, insbesondere eines regierenden Reichs-
grafen. Deutschland (Gießen?) 1787. 8⁰. (48 xr., mit 1 Beibd.,
Theod. Ackermann, München, 1872.)

    Ehestandsalmanach f. 1799, S. 282, hat „Gießen 1787".

BEDENCKEN, Politisch unvergreifflich, jetzo new auffgewermet.
Auff die fast zweiffelhaffte aber sehr nothwendige Frage, was

ein lediger Kerl vor ein Weib nehmen möge.
O. O. u. J. (ca. 1690). 6 Bll. 4⁰. (10 Mk. Jacques Rosenthal,
München, c. 1903.)

> Ziemlich derbes Gedicht in Knittelversen. Nirgends
> beschrieben.

BEELZEBUB (ps.), Ein sicherer Wegweiser zur
Hölle. Geschrieben von —. Aus dem Englischen. Frankf.
1752. 8⁰. (1 Mk. 20 Pfg. Lehmann & Lutz 1884.)

> Orig.: A sure guide to hell. S. d.

BEER, Chp. (Norimbergens.), Historisches Spatzier-
und Conversation (!) -Büchlein, in 300 außerlesenen
Trauer- und Freuden-Geschichten. Nürnberg 1701. 8⁰. 2 Alph.
(In Breslau, Kgl. u. Univbibl.)

> Bibl. Ludovici (bibliop.) nominalis curiosa. Vitemb. 1705.

BEER, F., Der Ritter Gottlieb. Bruntrut 1598. (In
Carlsruhe, Hof- u. Landesbibl.: Qb 62; ohne Formatsangabe
im gedr. Cat., S. 599.) Große Seltenheit!

* **BEER,** Joh. — JOHANNIS BEERII AUSTRIACI, Serenis-
simi Principis Saxo-Weissenfelsensis Phonasci ac in Camera
Musici, Deutsche Epigrammata, Welchen Etlich wenig
Lateinische beygefügt seynd. Weissenfels, Druckts auf Unkosten
des AUTHORIS, Die Brühlisch-hinterlassene Wittib. 1691. 8⁰.
(In Berlin: an Yb 7363.)

> 32 Seiten incl. Titel. — Sehr rar!

* **BEER,** Joh. Chp. („SS. Theol. Exam. & Approbat. SS. Can.
Cand., Pfarrer in Gottsmanshofen, auch des Land-Capitels Wert-
tingen Cammerer u. Senior"), Mercks Baur, d. i. Heil-
same, geistl. Lehren, u. Ermahnungen an die Christliche Baurschafft, zur absonderl. Vermeidung der Ungerechtig-
keit u. Unkeuschheit, wegen welchen die Baurschafft
sehr muthmaßlich durch das Anno 1750. den 27. August ent-
standene erschröckliche, auch ungemeine Donner-Wetter von
dem Allerhöchsten mit dem Feur vom Himmel hergenommen,
ı. gewarnet worden ist . . . . , welche in X. Geistl. Gesprächen vorgestellet . . . . Die II. Auflag. Mit Erlaubniß
der Oberen. Augspurg, verlegts Joh. Jac. Mauracher, Buch-
handler (!). 1752. 8⁰.

> 5 Bll. Vorst. (incl. Tit. in Doppelformat) u. 227 S.
> Von culturellem Interesse, enth. diese Schrift viele Derb-
> heiten über die Sittenlosigkeit des damaligen
> Bauernvolkes. — Zuerst gedr. ebend. 1751. 8⁰. Titelbl.
> (Doppelformat), 3 Bll. (Imprimatur u. Inhalt der 10 Ge-
> spräche), 228 S.

§ **BEER.** — Trauer-Bühne, Neu-eröffnete, Der
vornehmsten unglücklichen Begebenheiten,
welche sich in dem vergangenen und itzigen Seculo in der gantzen
Welt . . . . ereignet. Aus Latein., Frantzös. und Ital. Scribenten.

4 Thle. Mit Titelkpfrn. Nürnberg 1709—31. 8⁰. (Das Münchner
Expl. in 3 voll. gebd.)

> Cat. der Bibl. Haydinger verzeichnet nur 3 Theile: Ebd.
> 1726, 1709, o. J.

BEER. — Zeitvertreibung, Historische, Be-
stehend in 700 auserlesenen und anmuthigen
Geschichten. Augspurg und Innsbrugg 1761. 8⁰. (Das
Münchner Expl. ist seit 1827 abgängig.)

BEGEBENHEIT, Die seltene, oder der glückliche
Ehemann, eine wenig wahrscheinliche (zieml. frivole) Geschichte (wohl aus d. Französ.). Zweytes Bändgen. (Or-
nament-Vign.) Leipzig u. Salzburg, bey Joh. Jos. Mayers sel.
Erbin (!). 1779. 8⁰.

> 24 S. Die Geschichte ist cplt.! Wirklich ein dazu ge-
> höriges erstes Bdchn. vorhanden?

BEGEBENHEIT mit einem jungen Frauenzimmer
genannt Pöna, oder das Mädchen mit dem Schweinskopf.
Mit Holzschn. Linz, o. J. 8⁰. Rar!

> Prof. v. Karajan's Bibl. I. Lpz. 1875. No. 1018.

BEGEBENHEIT, Wunderbare, welche sich mit
einem Göttingischen Studenten auf dem alten
Schlosse Plesse zugetragen hat, nebst einem Theil
seiner übrigen merckwürdigen Lebensgeschichte von ihm selbst
beschrieben, und von dessen guten Freunden zum Druck be-
fördert. (Verfasser wahrscheinlich der sächs. Geh. Kammerrath
Otto Bernhard Verdion, geb. 171*, † 1800.) O. O. (Jena,
Cuno) 1744. 8⁰. Mit Titelkpfr. (In Stuttgart.)
* — — Dasselbe. O. O. 1748. (Vorr. dat. 1744.) — Th. 2
O. O. 1746. — Th. 3, Worinnen Fürnemlich seine Gefangen-
schafft zu Algier . . . . Franckfurth und Leipzig (Eisenach,
Griessbach) 1748. 8⁰. Rares Studenticum!

> Einer der liederlichsten Avanturiers, voll erotischer Händel.
> Der Vorbericht zu 1 und 2 ist V. unterzeichnet, ebenso
> tragen die Titel von 2 u. 3: „Mons. V***". 212, 568 u.
> 413 S., nebst 7 Bll. Vorst. u. 3 Titelkpfrn. — Cfr. Meusel,
> Lex. der verstorb. Schriftsteller, XIV, 241. — Theil 2 er-
> schien in 2ter Aufl. o. O. 1749. 8⁰. (In Stuttgart.)

— — Dasselbe. 3 Thle. Franckfurt und Leipzig 1746—55.
8⁰. (50 Kronen Halm & Goldmann, Wien, 1904; 24 Mk. J.
Halle, München, ca. 1905.)

— — Dasselbe. 3 Thle. Vermehrte Auflage. Eisenach, bei
M. G. Griessbach. 8⁰. (O. M. V. 1749. E 2 a.)

— — Dasselbe. 3 Thle. Ibid. 1770. 8⁰. (Expl. in Darmstadt.)

BEGEBENHEITEN, Angenehme, oder Beyträge zur
Geschichte der jetzigen Zeiten. 3 Theile. Hof
1763. 8⁰.

> 15 Bog. Selten! — Cat. Meissner II.

BEGEBENHEITEN, Artige und Kurtzweilige, Meinsten (!) Theils in Franckreich vorgegangen. Erstlich (von *de Villiers*) Frantzösisch beschrieben und nachmals in das Teutsche übergesetzt. Mit Titelkpf. Nürnberg, b. Joh. Dan. Taubern. 1676. 12⁰. (6 Mk., mit 1 Beibd., L. Rosenthal, 1906.)
> Enth. 4 Novellen: Les Soirées des auberges; l'Apothicaire de qualité (s. A p o t h e k e r); le Mariage de Belfégor; l'Occasion perdue recouverte. (Die beiden ersten Novellen standen schon in den „D i v e r s i t e z g a l a n t e s". Paris 1664; rep. La Haye 1665. 12⁰.) (Bibl. de l'amour, 4 e éd. II. col. 20.)

— — Dasselbe. Ibid. 1677. 12⁰. (In Breslau, Kgl. u. Univ.-Bibl.)

— — Dasselbe m. d. Titel: G a l a n t e r i e s diverses, arrivées pour la plus part en France: escrites premierement en Francois, & après Traduites en Alleman (!). Nuremberg, Jean Dan. Tauber 1685. — 2 ter Titel: Artige und Kurtzweilige Begebenheiten . . . . . Ibid. 1685. 12⁰. (Französ. u. deutsch, mit Blattzahlen.) (In Stuttgart.) (⁵/₆ Rthl. Kirchhoff & Wigand, c. 1870.)

— — Dasselbe. Ibid. 12⁰. (M. M. V. 1696. D 3 b.)

— — Dasselbe (um 2 Novellen vermehrt), titulo: S e c h s u n t e r s c h i e d l i c h e, a u s b ü n d i g, l u s t i g e, u n d l ä c h e r l i c h e B e g e b e n h e i t e n, Hiebevor in unterschiedl. Sprachen beschrieben, Nunmehr aber Den Teutschen Liebhabern Lustiger Geschichten zu Gefallen, In die teutsche Sprache übersetzt. O. O. Gedruckt im Jahr 1691. Kl. 8⁰. (12 Kronen Halm & Goldmann, Wien, 1904; 15 Mk. Auct. Graf York v. W. no. 33.) 480 S.
> Die ungefehre Begebenheit in der Herberge oder die zwey Mit-Buhlerinnen. — Die Kürtzung der Abendzeit in den Wirthshäusern. — Der edle u. geliebte Apotheker. — Die listige Weiber. — Die Heyrath Belfegors. — Die Gelegenheit. — Sehr selten!

BEGEBENHEITEN, Allerhand lustige und kurtzweilige, so sich hin und wieder zugetragen. Frantzös. u. Teutsch. Strassburg, b. Fr. Wilh. Schmuck. 12⁰. (O. M. V. 1686. E 1 b.)

BEGEBENHEITEN, Wunderliche, Des ABDALLA, Eines Sohns des HANIF, Welcher von dem Indianischen Sultan war abgeschicket worden, Die verborgene Insul Borico zu entdecken; Auf welcher die miraculöse Fontaine zu finden, Dessen (so!) Wasser wieder jung zu machen pfleget. Nebst der Rouschen, einer Persianischen Dame, Reise-Beschreibung in obbesagte Insul. Aus d. Frantzös. (des *Jean Paul Bignon*) in das Teutsche übersetzet. Erster und Anderer Theil. Mit 2 (unsign.) Titelkpfrn. Franckfurt und Leipzig 1731. 8⁰. (6 Mk. Franz Teubner, Düsseldorf, c. 1898.)

I: 6 Bll. Vorst., 246 S., 1 Bl. Reg. II: 2 Bll. u. 288 S. (kein Reg.). Beide Titel roth u. schwarz.

O r i g. (in Wolfenbüttel): L e s a v a n t u r e s d ' A b - d a l l a fils d'Hanif, envoyé par le sultan des indes a la découverte de l'Ile de Borico, où est la Fontaine merveilleuse dont l'eau fait rajeunir. Avec L a R e l a t i o n d u V o y a g e d e R o u s c h e n, Dame Persane, dans l'Ile Détournée, . . . Et Plus. autres Hist. cur. Trad. en Franç. sur le Mscr. Arabe trouvé a Batavia par M. de S a n d i s s o n *[Jean Paul Bignon].* Avec 8 gravures en t.-d. Paris, Pierre Witte, 1712. 12⁰.

BEGEBENHEITEN des P r i n z e n A d a l r i c h s u n d d e r P r i n z e s s i n G o t h i l d a. Aus dem Schwedischen (des *J. H. Mörck*) übersetzt. 16 Bücher in 4 Theilen. Wismar, b. Joh. Andr. Berger. 1750—52. 8⁰. Rar!

1—2: 1 Alph. 14¹/₂ Bog. 3: 18 Bog. 4: 21 Bog. — O. M. V. 1750. S. 64; Cat. Meissner II.

O r i g.: Adalricks og Giöthilds äfwentyr. 2 Thle. Stockholm 1742—43. 4⁰. (8 Mk. M. Spirgatis, Lpz., 1893.) „Der erste vaterländische Heldenroman Schwedens in I. Auflage.“

BEGEBENHEITEN, A b e n t h e u e r l i c h e u n d w a h r - h a f t e, d e s A m t m a n n (!) S t *** (Stein) u n d s e i n e r F a m i l i e . . . ., s. L a u k h a r d, Chr. Frdr., Wilhelm Stein's Abentheuer . . . .

BEGEBENHEITEN R o s a l i e n s v o n A u f f e n, der P r i n - z e s s i n n v o n B r i t a n n i e n. (Aus d. Französ.) Frankfurt und Leipzig (Straßburg) 1751. 8⁰.

17¹/₂ Bog. Cat. Meissner II.

O r i g.: Histoire de Rosalie d'Auffen, Princesse de Bretagne. 3 tom. La Haye 1746. 8⁰. (²/₃ Rthl. Scheible c .1870); rep. tit.: La Princesse Rosalie (d'Auffen) et le Prince Frédéric. 3 tom. Ibid. 1748. 8⁰. (1 fl. 12 kr. Coppenrath, Regensburg, Cat. 61.)

* BEGEBENHEITEN, Lustige, e i n e s a d l i c h e n A v a n - t u r i e u r s (!), entworfen von einem seiner Freunde. Frankfurt 1760. 8⁰. (12 Mk. Bernh. Liebisch, Leipzig 1904.)

Ebenso pikant wie rar! Titel, 6 S. Vorerinnerung u. 248 S. — Näheres bei M i l d e b r a t h, S. 90—95.

BEGEBENHEITEN des M a r k g r a f e n v o n B e l l a m o n t e, oder d e r D e u t s c h e D o n Q u i x o t e, komisch u. satyrisch beschrieben. Breslau 1753. 8⁰.

20¹/₂ Bog. Mit freien Gedichten. Sehr rar!

BEGEBENHEITEN, D i e g a n z a u s e r o r d e n t l i c h e (sic!), a b e r d o c h w a h r h a f t i g e, A l e x a n d e r s F r e y h e r r n v o n B e r n s t e i n. — Vignette. — Mit (9) Kupfern gezieret. Frankfurt u. Leipzig 1727. 8⁰. (7 Mk. Bernh. Liebisch, Lpz., 1907.)

TKpf., Tit., 6 Bll. Vorr. u. 766 SS. Enth. viele liederliche Avanturen. Selten!

BEGEBENHEITEN des Mathurin Bonice, ersten Be-
wohners der Sclaveninsel, ehemaligen Ministers des Königs von
Zanfara, aus seinen Berichten gezogen. Aus dem Französischen
(des *Romain Joly*) übersetzt. 2 Bde. Mit Vign. Frankfurt
am Mayn, bey den Gebrüdern von Düren, 1783. 8⁰. 285 u. 270
Seiten. (3 Mk. 50 Pfg. Julius Neumann, Magdeb., 1906; 7 Mk.
50 Pfg. Ad. Weigel, Lpz., 1908.)

> Anon.-Lex. I. p. 148 (nach Ullrich, Robinsonaden, S. 175).

BEGEBENHEITEN, Die wunderbaren, eines Britten, oder
der betrügliche Schein vieler Weltbürgerinnen und süßer Herren, moralisch und historisch
(wahrscheinlich von einer Dame) abgeschildert. Mit Titelkpf.
Regensburg, verlegts Johann Leopold Montag, 1769. 8⁰. (Besitzt Oberlehrer Dr. Ullrich in Brandenb. a. H.)

> Titel (roth u. schwarz), 4 unbeziff. S. Vorr. [unterz. „L.
> C. G. — — der Britte"], 287 S. — Zahmer, übrigens
> recht seltener Roman.

BEGEBENHEITEN, einer Buhlschwester, s. Hogarth.

BEGEBENHEITEN, Seltsame, und Schicksale der
schönen Charlotte von ***. 2 Thle. O. O. (Halberst.,
Gross) 1767. 8⁰.

> Ungemein seltener erotischer Avanturière-Roman.

BEGEBENHEITEN, Merkwürdige, eines jungen
Comödianten. 2 Thle. Berlin, Schöne, 1788. 8⁰.

> Höchst seltener erotischer Schauspieler-Roman.

§ **BEGEBENHEITEN** dreyer Coquetten, die der cyprischen Göttin gedient; oder die Spazier-Gänge zu
Thuilleries (sic!). Aus d. Französ. des Verf. der Neuen
Mariane (Abbé *Claude François Lambert*) übers. Mit Titelkpf. O. O. (Sorau, Hebold) 1761. 8⁰. 110 S. Sehr rar!

> Orig.: Avantures de trois coquettes, ou les promenades
> de Thuilleries. par l'auteur de la nouvelle Marianne. Haarlem
> 1740. 8⁰. Av. frontisp. (⁵/₆ Rthl. Schmidt, Halle; jetzt
> theurer!) — In München ist: Avantures et lettres ga-
> lantes, avec la promenade de Tuilleries. 2 tomes. Amster-
> dam 1718. pet.- in-8⁰.

BEGEBENHEITEN einer vornehmen Dame, welche
durch ihr Exempel zeigt, dass man auch ausserhalb des Klosters
tugendhaft leben kann. 4 Thle. Aus dem Französ. (des *Charles
de Fieux* Chevalier *de Mouhy*, 1701—84). Augsburg 1749
bis 50. 8⁰.

> Original ist wohl: Mémoires d'une fille de qualité qui
> ne s'est point retirée du monde. 4 tom. Amsterdam 174*
> bis 1747. 8⁰.

BEGEBENHEITEN, Die, der Philippine Damien von ihr
selbst beschrieben und von dem Herausgeber der Jungfer Meyern
(von Joh. Balthas. Koelbele) besorgt. Mit (orig.) Titelkpf.
u. Titelvign. (nach Nothnagel von Cöntgen). Frankfurt

am Mayn 1769 in der Andreäischen Buchhandlung. 8⁰. (4 Mk.
50 Pfg. Auct. Graf York v. W. no. 32.)

    3 Bll. u. 342 S. — F e h l t bei Kayser u. im Anon.-Lex.

BEGEBENHEITEN, D i e s e l t s a m e n, d e s F i r i n d o, Ein-
wohners derer glückseligen Insuln, so ihm auf seinen Reisen
durch Europa begegnet seyn, Satyrische Historie. Dem beygefügt d i e u n t r e u e E h e f r a u, aus d. Frantzös. übers.,
mit satyr. Anmerck. versehen von R o s a n t e s. Rostock, G. L.
Fritsch. 8⁰.

    (M. M. V. 1718. D 4b.) Vgl. auch F i r a n d o, Der
Europäische. — Grosse Seltenheiten !

BEGEBENHEITEN Karls von F l a m m e n b e r g. Ein Gemälde des menschlichen Herzens und ein Beitrag zur Geschichte der menschlichen Leidenschaften von einem Beobachter
der Welt u. der Menschen. (Lat. Motto, 2 Versz.) Halberstadt,
in H. Vogler's Buch- u. Kunsthandlg. 1823. 8⁰.

    VIII—346 S. — Darin u. a. der Liebschaften des „Helden"
mit einer Aebtissin u. deren Schwester.

BEGEBENHEITEN einer s c h ö n e n F r a n z ö s i n, und
e i n e s j u n g e n E d e l m a n n s, eine wahre (harmlose) Geschichte, verfasset von *G**** (Typ. Ornam.) Paris (Leipzig,
Kritzinger) 1762. 8⁰. (In Dresden.) (4 Mk. Scheible, c. 1885.)

    48 S. (incl. Tit.). Beigefügt eine zahme Erzählung: „Der
Bejahrte Freyer" (in V e r s e n, wie Prosa gedr., S. 45 ff.).
Selten !

BEGEBENHEITEN W a h r e, f r a n z ö s i s c h e r F r a u e n -
z i m m e r v o n S t a n d e. Aus dem Französischen übersetzt.
7 Thle. (cplt.). Frankfurt und Leipzig (Dresden) 1766—74.
In der Waltherischen Buchhandlung. 8⁰. (Cplt. in W a r m -
b r u n n, Reichsgräfl. Schaffgotsch'sche Majoratsbibl.) (Th.
1—3: 1 Rthl. Scheible, c. 1870.)

    I: 1766: Tit., 7 Bll. Vorr., 312 S. 1. Geschichte des
Herrn Ronais und der Fräulein du Puis (S. 15—103).
2. Gesch. des Herrn von Contamine und der Angelica
S. 104—194). 3. Gesch. des Herrn von Terny und der
Fräulein von Bernay (S. 194—262). 4. Gesch. des Herrn
von Jussy und der Fräulein von Fenouil (S. 262—312).
II: 1766: 318 S. (incl. Tit.), 1 weißes Bl. 1. Gesch.
des Herrn Des Prez und der Fräulein de l'Espine (S. 3—114).
2. Gesch. des Herrn Des Frans und der Sylvia (S. 114—318).
III: 1767: 456 S. (incl. Tit.). 1. Gesch. des Herrn Du
Puis und der Fräulein von Londe (S. 3—107). 2. Gesch.
des Herrn Grafen von Vallebois und der Fräulein Charlotte
von Pontais, seiner Gemalin (!) (S. 108—208). 3. Gesch.
des Grafen von Livry und der Fräulein von Mancigny (S.
208—325). 4. Gesch. des Herrn von Salvagni und der Frau
von Villiers (S. 326—456). IV: 1771: 436 S. (incl. Tit.).
1. Geschichte einer Pariserinn (Henriettens Bonnin, Tochter
eines Banquiers, S. 3—106). 2. Gesch. der Prinzeßin (!)
von Alenson (!) (S. 107—216). 3. Gesch. der Fräulein

Tournon (S. 217—336). 4. Gesch. der Frau von Lüzon
(S. 337—436). V: 1771: 408 S. (incl. Tit.). 1. Ge-
schichte des Ritters Ablincourt und der Fräulein Saint Simon
(S. 3—94). 2. Gesch. der Fräulein de la Grange und des
Grafen von Arcy (S. 95—110). 3. Gesch. der Frau Prä-
sidentin von Hacqueville (S. 111—208). 4. Gesch. der
Gräfin Blanchefort (S. 209—262). 5. Gesch. der Apolline
und des Grafen von Dancourt (S. 263—408). VI: 1772:
424 S. (incl. Tit.). 1. Gesch. der Gräfin von Volment
(S. 3—216). 2. Gesch. der Fräulein v. Valcourt (S. 217—
424). VII: 1774: 366 S. (incl. Tit.). 1. Gesch. des
Marquis und der Marquisin de la Chaussée (S. 3—30).
2. Gesch. des Grafen und der Gräfin Du Pont (S. 31—113).
3. Geschichte des Vicomte von Chateau—Haut (S. 114—141).
4. Gesch. des Fräuleins von Villejolie (S. 142—196).
5. Gesch. der Adelaide von A*** (S. 197—245). 6. Gesch.
des Herrn von Orsainval (S. 245—289). 7. Gesch. der
Fräulein Lucia von Desmarchais und des Herrn Morainville
(S. 289—323). 8. Gesch. der Julie *** (S. 324—366).
    So cplt. eine Seltenheit! Zahme Lektüre für die vornehme
Welt der Rokoko-Zeit; heute ungenießbar, weil entsetzlich
langweilig!

BEGEBENHEITEN des Herrn von Fringuello u.
seiner Freunde. Mit Kpfrn. Leipzig bei Joh. Glo. Heinr.
Richter. 1797. 8⁰.
    Etwas freier Roman. VIII (incl. TK. u. Tit. m. Vign.)
u. 328 SS.

* BEGEBENHEITEN, Die Wunderbahre und abentheurliche,
Dreyer reisenden Kurtzweiligen Handwercks-
Pursche, in sich haltend Viele besondere Merckwürdigkeiten
so sich mit ihnen zugetragen, insonderheit wie sie viele
Jahre ohne besondere Bemühung oder Gebrauchs ihrer Pro-
fession gantz Europa durchgestrichen, in was vor besonders
elenden Zuständen sie ihres ruchlosen Lebens halber zum öfftern
haben gerathen müssen, und wie sie endlich durch sonderbare
Fügung des Allerhöchsten ihren Zweck erreichet haben, Allen
jungen Leuten theils zur Warnung theils zum erlaubten Zeitvertreib vorgestellet Von *J. M. F.* (d. i.: *Johann Michael
Fleischer*). Mit Titelkpf. Coppenhagen, Bey Johann Nicolas
Lossius 1731. 8⁰.
    Ungemein rares, sehr merkwürdiges erot. Opus, stellenw.
unfläthig. Tit., 1 Bl. Vorr. (unterz. SELIMENE) und
252 S. — Nur das Berliner Expl. scheint bekannt.

BEGEBENHEITEN und Abentheuer des Junker
Hans v. Hansburg auf Hanshausen. Eine deutsche
Originalgeschichte nach der Natur. 2 Theile. Jena, Akademische
Buchhandlung, 1783. 8⁰. (1¹/₂ Rthl.) (18 Sgr. Scheible, vor 1870.)
    Kayser's B.-Lex. (Romane).

§ BEGEBENHEITEN, Geheime und lustige, einiger
Herren und Frauenzimmer, die sich vor kurzem zu

Dressden, Frankfurt, Augspurg, N . . . . (Nürnberg) und andern Orten zugetragen haben. Mit curios. Titelkpf. Frankfurt u. Leipzig 1754. 8⁰. Rar!

> Titelkpf. (unsign.) u. 94 S. (incl. 5 Bll. satyr.-moral. Vorr.). Eine Spinne und ein Fuchs erzählen sich einige galante Begebenheiten (Bearbeitung alter Novellen), mit Beifügung satyr.-moral. Glossen. — Ziemlich zahm.

BEGEBENHEITEN, des Herzogs v. ***, od. der kriekerische Weltweise. Breslau. 8⁰.

> Ohne Jahresangabe im Cat. **Cammerer** II. Erl. 1796. S. 45.

BEGEBENHEITEN, Seltsame, eines Hirtenbuben, welcher auf seinen Reisen durch Schiffbruch an eine mit Wilden bewohnte Insul verschlagen worden; alsdann aber mit vielem Reichthum wieder in sein Vaterland zurückgekommen. Von ihm selbst beschrieben. (Vf.: *Christian Gotthold Hauffe*.) Mit Titelkpfr. Frankfurt und Leipzig 1772. 8⁰. (7 Mk. 50 Pfg., etwas fleckiges Expl., Emil Hirsch, München, 1907.)

> Anon.-Lex. I. p. 148 hat: „(c. 1765.)"

* BEGEBENHEITEN, Sonderbare und merkwürdige, des nordischen Hyacinthus. Frankfurt u. Leipzig (Breslau, Pietsch) 1757. 8⁰.

> Pikante Avanturen eines Prinzen von Norwegen u. Dänemark und seiner Geliebten „Carelinde" in den genannten Ländern. Tit. m. Vign., 7 Bll. Vorr. u. 368 SS. — Nicht zu verwechseln mit: Der englische Hyacinthus (s. d.). Frankfurt u. Leipzig 1755. 8⁰. (In Breslau, Kgl. u. Univ.-Bibl.)

§ BEGEBENHEITEN, Nächtliche, des Signor Jocondo, eines veronesischen Cavaliers, in Briefen abgefasst. Leipzig 1773. 8⁰. Rar!

BEGEBENHEITEN eines Jünglings, der schwarz geworden ist aus Liebe, und einiger andern, die es nicht geworden sind. Mit TKpf. Bagdad (Cöthen, Aue?) 1800. 8⁰. (3 Mk. Scheible.) Ziemlich zahm.

* BEGEBENHEITEN, Wunderbare, eines Jünglings, welcher die philosophischen Grundsätze des achtzehnten Jahrhunderts nicht verdauen konnte. Hrsg. v. Philosophos u. Philaletes. Gedr. in der philosoph. Buchdr. im Anfange d. neunzehnten Jahrhunderts 1801. (Lüneburg, Herold u. Wahlstab.) Gr. 8⁰. Br.

> 12 Briefe zur Religions-Philosophie bilden hier eine Art moralisirenden Romans. 399 S. (incl. Tit., 1 Bl. Zuschr. u. 2 Bll. Vorr.). Zu Grunde liegt das öfter aufgelegte Buch „La confidence philosophique", worin die damalige philos. Modeschwärmerei lächerlich gemacht wird. Verf. scheint (laut Schluß d. Vorr.) kurfürstl. (hannov.) Garnisons-Prediger gewesen zu sein. Er widmet das (so gut wie unbekannt gebliebene) Buch „Jedem, weß Standes, verführten Jünglinge, der, seiner Wohllust zulieb, nichts glaubt,

u. im Weltton Weisheit wähnt; dem Philosophen ohne System, u. Verächter dessen, was er nicht kennt!" — Die pss. Herausgeber f e h l e n in Holzmann & Bohatta's Lex., ebenso bei Weller.

§ **BEGEBENHEITEN,** Sonderbare, zweier weit u. breit herumgewanderten Jungfern, nebst Erzählungen ihrer Reisen, und wie sie endlich durch ihre Heirath in einen höchst erwünschten Zustand gesetzet worden. Franckfurt u. Leipzig (Stuttg., Metzler) 1742. 8⁰. (Auch in Dresden u. Stuttgart.) 20¹/₂ Bog.

> Enthält wenig Anstössiges. Auch Drucke mit d. Jahrz. 1743?

BEGEBENHEITEN einiger Kaufmannsdiener (von *Christian Gotthilf Hauffe*, Buchhändler zu Nürnberg, geb. das. 1725). Nürnberg 1769. 8⁰.

> Journal aller Romane, St. I, S. 90; Heinsius, B.-Lex.

— — Dasselbe, titulo: Merkwürdige Begebenheiten einiger reisenden Kaufmannsbedienten, welche auf Reisen zu Wasser und Lande sehr reich und glücklich worden. Frankfurt und Leipzig (Regensburg, Montag) 1781. 8⁰. (54 xr. Scheible, v o r 1870; jetzt theurer!)

> Kayser, Romane.

BEGEBENHEITEN, Merkwürdige und außerordentliche, einer Kosakischen Standesperson, von ihr selbst zu ihrem und anderer Vergnügen beschrieben. Mit Titelkpf. Regensburg, verlegts Johann Leopold Montag. 1766. 8. (Besitzt Dr. Ullrich in Brandenb. a. d. Havel.)

> Tit. (roth u. schwarz), 2 SS. Widmung, unterzeichnet „Die Verfasserin Jacobine W***", 2 SS. „Vorerinnerung", 568 S. — Zahm.

BEGEBENHEITEN auf dem Lustschlosse zu B**, oder die Macht der Erziehung. Th. 1 (einz.?). Nordhausen, Karl Gottfr. Groß. 8⁰.

> O. M. V. 1778. S. 402.

BEGEBENHEITEN geplagter Männer, zum Nutzen und Frommen angehender Eheleute. Leipzig 1801. 8⁰. (2 Mk., Leihbiblexpl., Bielefeld; jetzt theurer!) Rar!

BEGEBENHEITEN der Jungfer Meyer'n, eines jüdischen Frauenzimmers, von ihr selbst beschrieben. (Hrsg. von Johann Balthasar K o e l b e l e.) 2 Thle. Frankfurt a. M. 1765. 8⁰.

> Bibl. J. J. Schwabii II. Vom Herausgeber beurtheilt in seinem Buche „Pflichten des christlichen Dichters" . . . . Frankfurt a. M. 1769 (Anhang). N i c h t erotisch.

— · — Dasselbe. 2. Aufl. Mit 1 Kpf. Ebend. 1766. 8⁰.

> 1 Alph. 3 Bog. Cat. Meissner II.

— — Dasselbe. 3. Aufl. M'it 1 TKpf. Ebend. 1771. 8⁰. (3 Mk. N. G. Elwert, Marburg, 1885.)

BEGEBENHEITEN des Markis von Mirmon oder der Philosoph in der Einsamkeit, von *L. M. D.* Aus d. Französ. (des Marquis *d' Argens*). Leipzig 1772. 8⁰. (4 Mk. 50 Pfg. Paul Neubner, Cöln, 1890.)

> Eine pikante Sittenschilderung des Lebens u. Treibens in den Nonnenkloestern.

BEGEBENHEITEN, eines Moscoviters. 2 Thle. Strasburg (Nürnberg, Bauer) 1722. 8⁰.

> Cat. Monath I. Nürnb. 1782. 8⁰. p. 183. — Höchst selten!

BEGEBENHEITEN, Sonderbare, Jürgen Müllers, eines Ackermanns Sohn. 1708. 4⁰. Rar!

> Fr. Heerdegen's in Nürnb. 77. Verz. p. 8.

BEGEBENHEITEN, Seltsame, eines jungen französischen Offiziers. Aus seinen Memoiren mitgetheilt von seinem Kriegscameraden. 3 Thle. Berlin u. Leipzig (Erfurt, Hennings) 1810. 8⁰. 316 S. Einiges etwas frei, oft mit Anspielungen auf Berliner Verhältnisse. (4 Mk. 50 Pfg. Adolf Weigel, c. 1905.)

BEGEBENHEITEN eines schönen Officiers, der wie Alcibiades lebte und wie Cato starb (von *Julius v. Voss*). Berlin, Schüppel. 1817. 8⁰.

> Tit., 1 Bl. Vorr. u. 316 SS. Von besonderem Interesse die dialogisirte Scene: „Sall im Reich der Todten." (3 Mk. Kühl.)

* **BEGEBENHEITEN,** List- und lustige, derer Herren OFFICIERS auf Werbungen. Erster (u. einz.) Theil. ROSTOCK. Zu finden bey Joh. Chr. Sigismund Koppen, 1741. 8⁰.

> Titel u. 204 S. Sehr selten!

§ **BEGEBENHEITEN,** Lustige, einiger französischen Offizier (!), welche unter den Marechals von Belleisle u. Maillebois mit nach Teutschland gekommen, und was sich währenden Kriegs in Bayern und Böhmen mit ihnen zugetragen. Nebst Kriegs-Geschichte bis auf den Tod Kaiser Karls VII. Franckfurt und Leipzig 1745. 8⁰.

> Scheible in einem alten Cat. um 1878: o. O. 1745. (1 Mk. 50 Pfg.; jetzt theurer!)

BEGEBENHEITEN .... Olivia von Avalon, s. Avalon.

BEGEBENHEITEN einer adelichen Pachterstochter (von *Christian Gotthold Hauffe*). (c. 1765.)

> Ohne nähere Angabe im Anon.-Lex. I. p. 148.

BEGEBENHEITEN, Wunderbare, einer schönen Pariserin, ehemaligen Geliebten des kleinen Corsen. O. O. 1816. 8⁰.

> Aeusserst selten! S. auch Napoleoniden.

BEGEBENHEITEN des Pedrillo del Campo und der Donna Lorenza. Ein komischer Roman. Salamanka (Braunschweig, Schröder) 1747. (Weller, fing. Dr.) Rar!

BEGEBENHEITEN des Herrn Eduard Rumpel (von *Chp. Ludw. Schreiber*). 2 Bde. Gräz 1786. 8⁰.

> Diese Ausgabe fehlt im Anon.-Lex. p. 148.

— — Dasselbe. 2 Bde. Salzburg, Mayr, 1791. 8⁰.

> Gradmann, das gelehrte Schwaben. (Tüb.) 1802. p. 594.

BEGEBENHEITEN Augusts von Schmaragden und und seiner Geschwister. Mit Titelkpf. Leipzig, o. J. (c. 1790?). 8⁰.

> „Sehr selten und abentheuerlich." (R. Zinke's in Dresden Novbr.-Auct. 1905, no. 1210.)

BEGEBENHEITEN etlicher Soldaten. 3 Thle. (Vorr. d. Herausgebers dat.: S** 23. Christmon. 1760.) Frankfurt und Leipzig 1762—66. 8⁰.

> 1 Alph. 19½ Bog. Manches zieml. frei. Namen nur mit Anfangsbuchstaben bezeichnet. (1 Rthl. Schmidt, Halle.)

§ — — Dasselbe. Zweyte Aufl. 3 Thle. Quedlinburg und Leipzig, bey Andr. Franz Biesterfeld. 1765. 8⁰. (In Dresden Th. 1—2.)

BEGEBENHEITEN Sophiens von Sondersheim, oder Nichts ist so fein gesponnen, Es kömmt doch endlich an der (sic!) Sonnen. Ein Gemählde des Lebens aus der wahren Welt von dem Verfasser der Gallerie der Teufel *August Friedrich Cranz*). (Hlzschn.-Vign.) Berlin, 1783 bey Sigismund Friedrich Hesse. 8⁰. (1 Mk. 50 Pfg. A. Bielefeld, Carlsruhe, c. 1883.)

> 36 S. Lebenslauf einer Liederlichen. Selten! Fehlt im Anon.-Lex.

BEGEBENHEITEN, Lustige, des berühmten Spaniers Lazarillo von Tormes, aufs neue (aus d. Spanischen des *Hurtado de Mendoza*) übersetzt, und zu einem unschuldigen Zeitvertreibe eingerichtet. 2 Thle. Ulm 1769. 8⁰. 292 S. Selten!

> Goedeke IV, 214, 34 b.

— — Dasselbe (mit dem Namen *Mendoza's*), titulo: Lazarillo. Aus d. Spanischen. 2 Thle. Mit 2 Titelvignetten von Kohl. Wien, Kaiserer, 1790. 8⁰. 142+184 S. (2 Kr. Halm & Goldmann, 1907.)

> Auch m. d. Tit.: Angenehme Bibliothek. Bdchn. 5—6. (Darin „Einige literar. Notizen" von G. Leon.) — Goedeke VII, 645, 221, 1.

BEGEBENHEITEN, Bewunderungswürdige, eines Uhrmachers, wie auch Dessen Reisen, Glück und Unglücksfälle auf dem Meere und unbewohnten Insuln; ingleichen Seine glückliche Zurückkunft in Deutschland (von *Christian*

Gotthold Hauffe). Mit Titelkpf. Regensburg, bey Johann Leopold Montag 1770. 8⁰.

> Tit. (roth u. schwarz) u. 404 S. Ullrich p. 171 vermuthet, daß eine D a m e Verfasser ist. (?)

* **BEGEBENHEITEN** e i n e s s i c h s e l b s t U n b e k a n n t e n. (Sittenzustände der e n g l i s c h e n G e s e l l s c h a f t jener Zeit, mit liederlichen Liebeshändeln.) Aus dem Englischen übersetzt. (Typogr. Ornam.-Vign.) Frankfurt u. Leipzig (o. Adresse). 1755. 8⁰. Tit. u. 534 S. Rar!

BEGEBENHEITEN, W u n d e r b a r e, j e d o c h w a h r h a f f - t i g e, d e r V.a l e r i e u. d e s e d l e n V e n e t i a n e r s B a r b e r i g o. Aus d. Frantzös. (des *Jean Galli de Bibiena,* né en 1710, † 1780) übers. von K**. Breslau, Mich. Hubert, 1744. 8⁰.

> O r i g.: Histoire des amours de Valérie et du noble Vénitien Barbarigo (trad. de l'ital.). Lausanne 1741. pet. in-8⁰. (1 Mk. 20 Pfg. Theod. Ackermann, München, Cat. 148.)

— — Dasselbe. 2. Aufl. Ibid. 8⁰. (M. M. V. 1747. D 1 b.)

BEGEBENHEITEN d e s R i t t e r s W o l f r a m v o n V e l - d i g k. Ein Beytrag zur Geschichte der Mönchsintriguen vormahliger Zeiten, hrsg. von Frz. v. W. (Johanna Isabelle Eleonore v. W a l l e n r o d t, geb. v. K o p p y). Mit Kupf. Berlin 1798. 8⁰.

> Anon.-Lex. p. 148 (nach Goedeke). — Ziemlich zahm.

— — Dasselbe. Ebend. 1816. 8⁰.

> Wildmoser's (jetzt Gmähle's) Leihbibl. in München.

BEGEBENHEITEN, W a h r h a f f t e u n d M e r c k w ü r d i g e, d e r b e r ü h m t e n T ü r c k i s c h e n D o c t o r i n, FRAUEN, F r. M a r i a F r a n c i s c a d e V o ë w i n a von ihrer Türckischen Gefangenschafft, in Ungarn, Constantinopel, und Egypten; wie auch glücklicher Befreyung, Schiffbruch, Reise nach Jerusalem, Damascus, Tripolis, Aleppo und Capo de bona Speranza, sammt ihrer in besagter Gefangenschafft durch eine ihr freygegebene Praxin, wunderhafte verrichtete Curen, nebst vielen Curiositäten kurtzbündigst beschrieben und an das Licht gestellet. Franckfurth und Leipzig, 1737. 8⁰.

> Zieml. zahme Avanturière. Selten! 42 unbeziff. Bll. (incl. Tit. u. 1 Bl. Vorbericht). — Auch im O. M. V. 1737. E 2 b fehlt der Name des Verlegers. — Scheible 54 kr. in e .alten Cat.: O. O. 1736. (!)

BEGEBENHEITEN d e r L u c i a W e l l e r s, oder F a l l - s t r i c k e d e r S c h ö n h e i t u n d U n s c h u l d. Aus dem Englischen übersetzt. Hamburg und Leipzig 1754. 8⁰.

> 1 Alph. 6 ½ Bog. Bibl. J. J. Schwabii II; Cat. Meissner II. — Zahmer Roman.

— — Dasselbe mit d. Tit.: G e s c h i c h t e d e r L u c y W e l l e r s, oder die beschützte Tugend, von einem Frauen-

14*

zimmer entworfen. Aus dem Englischen. 2 Thle. Hannover
1754. 8⁰.

— — Dasselbe mit d. Tit.: G e s c h i c h t e L u c y W e l l e r s,
oder die oft geprüfte und endlich belohnte Tugend. Hannover
1755. 8⁰.

    1 Alph. 5 Bog. Cat. Meissner II.

— — Dasselbe mit d. Tit.: G e s c h i c h t e d e r L u c y
W e l l e r s, oder Fallstricke der Schönheit und Unschuld.
Leipzig 1755. 8⁰.

— — Dasselbe mit d. Tit.: D i e S c h w e s t e r n, oder G e -
s c h i c h t e d e r L u c i a u n d C a r o l i n e W e l l e r s. Aus
dem Englischen. Leipzig 1756. 8⁰. (1 $^1/_3$ Rthl.)

    Die 4 letzten Titel auch in Heinsius' B.-Lex.

BEGEBENHEITEN des Y u - L i, eines T u n k i n i s c h e n
M a n d a r i n s. Aus dem Französ. (des *Thom. Simon Gueu-
lette?*). 2 Thle. Augsburg, o. J. (ca. 1760). 8⁰. 174 und 163 S.
Zahm. (3 Mk. J. Taussig, Prag, 1907.)

BEGEBENHEITEN u n d E r z ä h l u n g e n zur lehrreichen und
angenehmen Unterhaltung. 2 Bde. Hamburg, bey J. P. C.
Reußen. 1775. 8⁰. (1$^1/_3$ Rthl.)

    Bibl. Schwabii; O. M. V. 1776, S. 9.

BEGEBENHEITEN, R ü h r e n d e u n d l e h r r e i c h e, u n d
R o m a n e f ü r z ä r t l i c h e H e r r e n u n d D a m e n. Wien,
Gerold, 1781. 8⁰. Rar!

    Zum Theil recht frei. — Geschichts- u. Romanen-Litt.
Breslau 1798.

BEGEBENHEITEN u n d S c e n e n d e s m e n s c h l i c h e n L e -
b e n s. Leipzig, J. G. Beygang, 1790. 8⁰. 370 S. (In Darmstadt:
E 3974/10.)

§ **BEGEBNISS,** W a h r h a f f t i g e, d e r H e l d e n m ä s s i g e n
C a r b i n e n - R e u t e r i n. (Zieml. zahmer Roman aus d. Französ.) 3 Thle. Nürnberg 1679. 8⁰. Sehr selten!

BEGEGNISSE a u f d e r L e b e n s r e i s e. Altenburg 1802,
bei Chr. Fr. Petersen, 8⁰. (3 Mk. Adolf Weigel, 1907.)

    Leichtsinniger Roman. Tit. u. 205 SS. (F e h l t Kayser
unter Romanen.)

BEHEMOTH, s. F r i e d r i c h W i l h e l m II.

* **BEHMENUS** (Behm). — Poetisches CABINET, In sich haltend
allerhand Geist- und Weltliche Gedichte, Der Seelen zu einer
reinen Lust, und dem Gemüht (sic!) zum erlaubten Zeit-Vertreib
auffgerichtet. Und Nebst einer abgenöthigten Defension wider
den albernen S e l a m i n t e s (s. d.), Der neu-begierigen Welt
mitgetheilet von BEHMENO. Mit Titelkpf. Franckfurt und
Leipzig (Lübeck, b. J. C. Schmid), im Jahr 1715. 8⁰. (In Berlin:
an Yk 18; auch in Hamburg, Stadtbibl.)

O. M. V. 1715 F 3 b nennt den wirklichen Druckort. — TKpf., 32 S. Vorst., 140 S. Text u. 2 Bll. Reg. In der Vorrede vertheidigt Behm den folgenden Roman „Der liebliche und doch kriegerische Cupido" (zuerst Hamburg 1711) gegen den Pseudonym S e l a m i n t e s, dessen Romane „Der närrische und doch beliebte Cupido" (Hamburg 1713) und „Die glückliche und unglückliche Liebe" (Hamburg 1711) er einer scharfen Kritik unterzieht.

Obige Gedichte und besonders die 3 hier genannten Romane enthalten viel E r o t i s c h e s. Sämmtlich höchst selten!

BEHMENUS. — C u p i d o, D e r   l i e b l i c h e   u n d   d o c h k r i e g e r i s c h e, oder ein galanter Roman von unterschiedlichen Liebes-Avanturen in Nieder-Sachsen . . . . Hamburg, Christian Liebezeit, 1711. 8⁰. 18 Bogen.

— — Dasselbe. Neue Aufl. Ibid. 8⁰.

(M. M. V. 1712. E 4 a.) 1712 hat auch Weller, Lex. Ps., u. Cat. Meissner II.

BEHN, Afra (=Aphra B., 1642—1889). — L e b e n s- u n d L i e b e s g e s c h i c h t e   d e s   K ö n i g l i c h e n   S c l a v e n O r o o n o k o   i n   W e s t - I n d i e n . . . . . Durch die sinnreiche Feder der berühmten Engelländerin Mrs. Afra BEHN. Verteutscht durch M. V. Mit Portrait. HAMBURG, Gedruckt und verlegt durch Thomas von Wierings seel. Erben. 12⁰. (In Dresden.) 8 Bog. ($^1/_2$ Rthl. Lippert, Halle, u. W. Weber, Berlin, v o r 1870; jetzt theurer!)

Höchst selten! N i c h t erot. — Inhaltsangabe und ausführliche Besprechung in Jahn's Bibl. Th. II. Lpz. 1754. No. 3607.

F r a n z ö s. U e b e r s.: B e h n, Mad. Anna, Oronoko, trad. de l'anglais. 2 tom. Amsterdam 1735 (u. früher). 12⁰. (3 Mk. Graff, Braunschw., c. 1885.)

— — Dasselbe, titulo: O r o n o k o, o d e r   d i e   B e g e b e n-h e i t e n   e i n e s   a f r i k a n i s c h e n   P r i n z e n, aus d. Engl. 2 Thle. Breslau 1763. 8⁰. (3 Mk. 20 Pfg. J. Taussig, Prag, 1906: „3" (?) Thle.)

VI, 194+183 S.

BEHREND, Dr. S., K u c k u c k s - E i e r. (5 zahme Geschichten.) Altona, Verlags-Bureau. (August Prinz.) O. J. (ca. 1875). Kl. 8⁰. (3 Mk. Schaper, Hannover.)

78 S. (incl. Tit. u. 1 Bl. Verlag d. Firma), dann noch 1 Bl. Verlag. — 1. Conrad in Verlegenheiten. 2. Ein Mittel gegen die Trunkenheit. 3. Versöhnt. 4. In der vierten Classe. 5. Die tolle Minerva.

BEHREND. — L u s t i g e   Z e i s i g e. (4 ziemlich zahme Geschichten.) Altona, Verlags-Bureau. (August Prinz.) O. J. (c. 1875). Kl. 8⁰. (3 Mk. Schaper, Hannover.)

80 S. (incl. Tit. u. 1 Bl. Verlagsanz.). 1. Unter dem Dache. Genrebild. 2. Ein Abend aus dem Leben eines

Schauspielers. 3. Der Schallwinkel. Humoreske. 4. Das Kind mit drei Nasen.

BEI v e r s c h l o s s e n e n T h ü r e n. Heimliche und unheimliche Geschichten aus dem Reiche der Liebe. Fortsetzung der Tausend und einen Nacht einer schönen Frau (s. L i e b e s - n ä c h t e). 2 Bdchn. Altona, Aug. Prinz, o. J. (187*). 8⁰. (4 Mk. 50 Pfg., Bdchn. 1 apart, 79 S., Adolf Weigel, 1907.)
> Beide Bdchn. mit illustriertem Umschlag. Das zweite auch mit dem Spezialtitel: P a n t o f f e l g e s c h i c h t e n. Abenteuer einer galanten Dame. — Ziemlich zahm.

BEICHTE, D i e, Die Flucht, Alveradens Eselin, der Priester und der Wolf, der Fuchs und der Hahn, metrisch aus dem Lat. übers. von G. A. W e i s k e. Halle 1858. 4⁰. (Progr.) Mittelalterliche Dichtungen. (1 Mk. Leo Liepmannssohn, Berlin, 1906.)

BEICHTE, D i e, e i n e s S ü n d e r s. Memoiren eines Erotomanen. (Hrsg. von Dr. med. [!] *F. S.*, pr. Arzt.) P r i v a t - d r u c k, nur in 400 in der Maschine numer. Expll. hergestellt. (Berlin 1908.) 8⁰. (Br. Mk. 15.—; eleg. gebd. 18.—.)
> 151 Seiten. Ordinäres Sotadicum.

§ **BEICHTEN** w i e s i e g e b e i c h t e t w o r d e n u n d v i e l - l e i c h t n o c h o f t g e b e i c h t e t w e r d e n. Ein Beitrag zur Karakteristik des XVIII. Jahrhunderts (von *Christian August Vulpius*). Rom (Lübeck's Buchh. in Baireuth) 1788. 8⁰.
> Tit. u. 230 SS. Höchst seltene e r s t e Ausgabe des e r s t e n Theils.

— — Dasselbe. 2 Sammlgn. (Theile). Rom, Parma, Bonn und Prag (ebend.) 1789—91. 8⁰. (22 Mk., cplt., Friedr. Klüber, München, 1896; 26 Mk., Th. 1 von 1789 apart, 230 S., K. W. Hiersemann, Lpz., 1898; Th. 2 von 1791 apart: 2 ³/₄ Rthl. Scheible, v o r 1870.)
> Tit., 228 + 205 Seiten. Cplt. sehr rar! Ziemlich zahm!

BEICHTKIND u n d B e i c h t v a t e r, oder: K a p u z i n e r u n d D o r f p f a r r e r. Rom 1786. 8⁰. (5 Mk. G. Priewe, Heringsdorf, 1895.)

BEINTEMA, J. J. W.(d. i. *Joh. Ignaz Worb*) V e r n ü n f f t i g e U n t e r s u c h u n g d e r F r a g e : O b g a l a n t e n u. a n - d e r n F r a u e n z i m m e r n n i c h t e b e n s o w o h l a l s d e n e n M a n n s - P e r s o n e n, T o b a c k z u r a u c h e n e r - l a u b t und ihrer Gesundheit nützlich sey, nebst einer Vorrede von der Vortrefflichkeit des Thees u. Caffees. Hrsg. von J. F. R a u c h m a n n (ps.). Franckfurt und Leipzig (Jena, b. Joh. Frdr. Ritter) 1743. 8⁰. (In Frankfurt a. M., Stadtbibl.) Rar! (6 Mk. Jacques Rosenthal, c. 1903; 12 Mk. J. Halle, München, c. 1905.)
> 11 Bog. Wirkl. Druckort im O. M. V. 1743. E 2a. Von

diesem Pseud. schon Schriften von 1691 und 1697 vorhanden (laut Adelung).

BEYSPIELE von Tugend und Laster aus der Geschichte der Menschheit (von *Joh. Friedr. Poppe*). 2 Thle. Altenburg, Richter, 1778—79. 8⁰. (19 gr.)

> Anzeige des Verlegers; O. M. V. von 1778 u. 1779, S. 405 u. 613.

BEYTRÄGE zun Archive der Lieblinslektüre (von *Friedrich Wilh. v. Schütz*). Erstes (einz.?) Stück. Dessau, 1781 in der Buchhandl. der Gelehrten. 8⁰.

> Magaz. d. Buch- u. Kunst-Handels. Jahrg. 1781. Lpz. 8⁰. S. 923. — Anon.-Lex. I. p. 155 hat: Dessau u. Leipzig 1782, ohne Theilesangabe (nach Kayser u. Meusel).

BEYTRÄGE zu einer Geschichte der Deutschen im Mittelalter, in Anekdoten u. Charakterzügen. Weißenfels, Severin, 1798. 8⁰. (½ Rthl.)

> Anzeige des Verlegers.

BEITRÄGE zur Geschichte der Teutschen Justitzpflege im achtzehnten Jahrhundert (von *Joh. Leonh. Staudner*). 4 Nrn. O. O. Schwabach 1786—89.

> Anon.-Lex. I. p. 157 (nach Meusel).

BEYTRÄGE zur Geschichte der Liebe, aus einer Sammlung von Briefen (von *Jac. Friedr.* [von?] *Abel*). 2 Thle. Leipzig, Weygand, 1778. 8⁰. (⅙ Rthl.)

> M. M. V. 1778. S. 539; Koch II. p. 301; Heine, Roman in Deutschland. Halle 1892. S. 4.

BEYTRÄGE zur Geschichte der Menschheit, Freunden und Freundinnen gewidmet. Bd. 1. Frankfurt 1788. 8⁰. (4 Mk. 50 Pfg. Ludw. Rosenthal, 1907.)

> Enth. d. Romane: Wildenberg u. Ernstthals Schicksale. — Wilhelmine. — Sophie und Ulrike. — Flandora u. Juliane.

BEYTRÄGE zur Geschichte der menschlichen Narrheit. (Ein period. satir. Blatt von 12 Stücken.) Wien (o. Adresse) 1778. 8⁰.

> Wochenschrift f. d. Fasching 1778. Tit., 4 Bll., 192 SS. Mehr nicht erschienen. Sehr selten! — Dr. Franz Schnitzer's Bibl. München 1902. No. 60.

* **BEYTRÄGE** zur Geschichte deutschen Reichs und deutscher Sitten. Ein Roman (vom Hauptm. *Christian Friedrich v. Blankenburg*). Th. 1 (einz.). Mit Titelkpf. Leipzig und Liegnitz, Siegert, 1775. 8⁰. (1⅙ Rthl.)

BEYTRÄGE zur empfindsamen und moralischen Lecture (von *Joh. Glo. Sam. Schwabe*). Altenburg 1774. 8⁰. Selten!

> Bibl. Schwabii.

* **BEYTRÄGE** zur Beförderung einer nützlichen Lektüre (verfasst von *Christian Gottfried v. Lilienfeld*). 2 Thle. Leipzig (1781)—82. 8⁰.

BEYTRÄGE zur unterhaltenden Lektüre in Erzählungen und kleinen Romanen. 3 Bdchn. Mit 3 Titelkpfrn. Wien 1794. 12⁰.

> Selten! Dr. Franz Schnitzer's Bibl. München 1902. Nr. 61.

BEYTRÄGE, Neue, zur Deutschen Maculatur. (Sammlung zum Theil erotischer Gedichte von *Gottlieb Conrad Pfeffel.*) Erster und letzter Band. (Motto aus Ovid.) (Kl. Ornament.) Frankfurt am Mayn, bey Joh. Gottlieb Garbe, 1766. 8⁰. (2 Mk. 50 Pfg. Rich. Bertling, Dresden, 1888; jetzt theurer!)

> Sehr selten! Tit., 2 Bll. ergötzliche „Zueignung an die Göttin Vergessenheit", 5 Bll. kritisches Inh.-Verz. (voller Satyre u. Selbstironie), 128 S. — Hervorzuheben: Aurora u. Tithon, od. die unnütze Verjüngung; Galathee; Phryne; der Jungfern-Cranz; der Floh etc. Enth. ferner Fabeln in Versen u. Prosa, sowie Uebertragung d. IV. Satyre des Boileau.

BEITRÄGE zum deutschen Museum (von *Klamer Eberhard Karl Schmidt*). Thl. 1. (einz.). Dessau 1783. 8⁰.

> Selten! Inh.: Mathildis von Ararat. — ABC der Liebe. — Schöppenstädtische Streiche. — Catalog von Fischart's Schriften. — Grécourt, das gleiche Paar.
> Anon.-Lex. I. p. 155 (nach Kayser u. Meusel).

BEYTRÄGE, Vermischte, zum Nutzen und Vergnügen; eine moralische Wochenschrift (hrsg. von Rudolph Wedekind). Göttingen 1746—47.

> Anon.-Lex. I. p. 162 (nach Meusel).

BEYTRÄGE zum Nutzen und Vergnügen für beyderley Geschlecht (von *Heinrich Nudow*). 2 Thle. Frankfurt und Leipzig 1779. 4.

> Bibl. J. J. Schwabii; Anon.-Lex. I. p. 155; Kayser hat „Danzig 1778".

BEYTRÄGE zur Poesie der Niedersachsen. (Hrsg. von Chrn. H. Schütze.) Hamburg 1782 in der Heroldischen Buchhdlg. Gr. 8⁰. (In Breslau, Königl. u. Univbibl.)

> Magaz. d. Buch- u. Kunst-Handels. Jahrg. 1782. Lpz. Gr. 8⁰. S. 43; Anon.-Lex. I. p. 159 (nach Kayser).

BEYTRÄGE zur populären Rechtsgelehrsamkeit (hrsg. von Martin Wilhelm Götz). Nürnberg 1781—88.

> Anon.-Lex. I. p. 159 (nach Engelmann, Kayser, Meusel, Nopitsch).

BEITRÄGE, Romantische, zur angenehmen Lektüre (zieml. zahme Erzählungen von *Karsten*). Bdchn. 1. (einz.). Mit Titelkpf. Leipzig, Voß & Co., 1794. 8⁰.

> 3 Bll., 264 S. Lat. Lettern. Enth.: Numan u. Zeineb. — Giaffar u. Abassah. — Das Schicksal. — Olivier Salvary. — Julie Herzogin von Cenami. — Zeila. — Der Mann aus Orient.
> (Kayser, Romane, 1836, nennt S. 15 kurz den Verfasser.)

BEYTRÄGE zur Sittlichkeit der Geistlichen aus dem 16ten Jahrhundert, mit Anmerkungen (verfaßt von *P. Wolfter*). (1790.) 8⁰.

>   Anon.-Lex. I. p. 159 (nach Meusel).

BEITRÄGE, Kleine, zur Unterhaltung für Liebhaber von Räthseln und Devisen; ein Wochenblättchen in (so!) Taschen-Formate (hrsg. von August Christoph Meinecke). Magdeburg 1779. In dem königlichen Posthause zu haben, bey den (!) Post- etc. Einnehmer Meinecken.

>   Anon.-Lex. I. p. 161 (nach Kayser u. Meusel). „Seltenes, mit reizenden Vignetten und Randleisten ausgestattetes Curiosum" (6 Mk. Max Perl, Berlin, 1904.).

BEYTRÄGE zu freundschaftlichen Unterhaltungen, gesammelt aus den Unterredungen einer Kräntzel-Gesellschaft. Breslau, Hirschberg, Lissa in Südpreussen 1799, bey Joh. Fried. Korn d. ältern . . . . 8⁰. 3 Mk. 50 Pfg., wie neu, Friedr. Klüber, München, 1905.)

>   Tit., 1 Bl. Inh., 127 S., 1 S. Druckanz.: Breslau, gedr. in d. Grassischen Officin. — Ausser Einleitg.: 1. Wer verliert in der Ehe mehr von seiner Freiheit, der Mann od. die Frau? 2. Tragen zu unzufriednen Ehen die Männer od. die Weiber am meisten bey? 3. Ein Brief voll Frauenlob. 4. Ein Anhang zu dem Capitel von der Eifersucht. 5. Welche Frau verdient den Namen einer guten Wirthin. 6. Woher kommt es, dass der Aberglaube bey dem weibl. Geschlechte gemeiner ist, als bey dem männlichen. 7. Warum können manche Frauen ihre Dienstboten nicht lange erhalten? — Selten u. nirgends citirt!

BEYTRÄG zur Geschichte der Frauenzimmer im 18. Jahrhundert, oder merkwürdige Begebenheiten der Fräulein Sophie. Aus den Schriften der Frau Baronessin von Franquini gezogen. Frankfurt a. M., Reiffenstein, 1781. 8⁰. 357 S. (8 Mk. Hugo Streisand, Berlin, 1908.

BEYTRAG zur Geschichte der Zärtlichkeit. Aus den Briefen zweyer Liebenden. (Zahmer Roman von *Joh. Mart. Miller*.) Mit Titelvign. Leipzig, in der Weygandschen Buchhandlung 1776. 8⁰. 168 S. (In Breslau, Kgl. u. Univ.-Bibl., und in Berlin, Magistratsbibl.)

— — Dasselbe. (Nachdruck.) Carlsruhe 1776. 8⁰.

§ — — Dasselbe. (Nachdruck.) Frankf. 1777. 8⁰.

* — — Dasselbe. Zwote mit einem Anhange von Sophiens fernerem Schicksale vermehrte Auflage. Leipzig, Weygand, 1780. 8*. (4 Mk. Jos. Jolowicz, Posen, 1889.)

— — Dasselbe. (Nachdruck?) Mit 1 Kpf. von Chodowiecki. Frankfurt u. Leipzig 1780. 8⁰. (10 Mk., mit 1 Beibd., Friedr.. Meyer, Leipzig, 1906.)

— — Dasselbe. (Nachdruck.) Bamberg 1780. 8⁰.

— — Dasselbe. D r i t t e , rechtmässige, durchgesehene, und mit einem A n h a n g vermehrte Auflage. Frankfurt und Leipzig 1788. 8⁰. 3 Bll., 288 S. Mit schönem Titelkpf., D. C h o d o w i e c k i del. (Engelmann 340.)

— — Dasselbe, d ä n i s c h : (Kopenhagen) 1780. 8⁰.
> Auch im Nyeste Magazin af Fortallinger. Jahrg. II. Bd. I. Heft 1.

BEITRAG, N e u e r , z u r G e s c h i c h t e d e r Z ä r t l i c h k e i t ; eine wörtlich wahre Geschichte (von *Friedr. Wilh. Jonathan Dillenius*). Leipzig 1788.
> Anon.-Lex. I. p. 166 (nach Kayser u. Meusel).

BEYTRAG z u r e m p f i n d s a m e n u n d m o r a l i s c h e n L e c t ü r e . Altenburg, Richter, 1774. 8⁰.
> Bibl. Schwabii II. p. 407; Anz. d. Verlegers.

BEITRAG z u e r o t i s c h e n L i e d e r n , nach bekannten Melodien in geschlossenen Zirkeln zu singen. O. O. 1816. 8⁰. Höchst selten!

BEYTRAG z u m N a c h t i s c h e f ü r m u n t e r e u n d f ü r e r n s t h a f t e G e s e l l s c h a f t e n , bestehend in einer Sammlung von Maximen, Gedanken, Erzählungen, witzigen Einfällen, köstlichen Anekdoten, Kleinigkeiten und Räthseln. Hamburg 1766. 8⁰. (1 fl. 12 xr. Scheible in e. alten Cat.)
> Auch im Oster-Mess-Verz. 1767, S. 793, ohne Jahres- u. Verlegers-Angabe erwähnt.

BEITRAG z u r N a t u r g e s c h i c h t e d e s R e h w i l d e s , Flugblatt. Druck und Verlag v. Raimann & Godina, Wien.
> V e r b o t e n v. L.-G. Wien, 8. Jänner 1895. § 516. — Auf H a h n r e i s c h a f t bezüglich?

BEITRAG z u z w e y e n v o m K a n d i d a t e n S n e r i n g h e r a u s g e g e b e n e n k o m i s c h e n E r z ä h l u n g e n (von *August Friedr. Cranz*). Hamburg 1785. Sehr rar!

BEYTRAG z u r a n g e n e h m e n U n t e r h a l t u n g i n A b e n d s t u n d e n u n d a u f S p a z i e r g ä n g e n , in Geschichten u. Erzählungen. Kaschau in Ober-Hungarn, Scheibler, 1794. 8⁰.
> Anon.-Lex. I. p. 165 (nach Meusel u. Schröder).

§ BEYTRAG z u r U n t e r h a l t u n g m u n t e r e r G e s e l l s c h a f t e n . Hamburg 1767. 8⁰.

* BEYTRAG z u r U n t e r h a l t u n g b e y m N a c h t i s c h e f ü r F r a u e n z i m m e r v o n S t a n d e , s. M o d e n u. T r a c h t e n .

BEITRAG z u r W i s s e n s c h a f t d a s L e b e n z u g e n i e s s e n (von *J. G. Breitenstein*). Kreuznach (1797).
> Anon.-Lex. I. p. 165 (Eigenbericht).

BEYTRAG, Ein kleiner, z u r W ü r d i g u n g d e s w e i b-

lichen Geschlechts. Darmstadt 1807. 8⁰. (18 xr. F.
König, Hanau, in e. alten Cat.)

Bibl. Günther III. no. 6396.

BEKEHRUNG, Gnaden volle, eines elenden Sün-
ders, in einer merckwürdigen Lebens-Beschreibung vorgestellet. Nordhausen 745. 8⁰. (8 ggr.) Rar!

Cat. univ. d. Buchh. d. Waisenhauses in Züllichau (c. 1745).

BEKENNTNISS einer schönen Seele (betreffs der Ent-
jungferung). O. O. u. J. (c. 1890). Gr. 8⁰. Lat. Lett.
Offenes Bl., nur einseitig bedruckt. (50 Pfg.)

> Köchinnen- & Hausknechts-Poesie:
> Einstmals waren meine Eltern zum Besuch nach Onkel aus
> Und ich war mit meinem Arthur ganz allein im stillen Haus
> Er sass bei mir auf dem Sopha, mich umschlang sein süsser
> etc. etc. etc. etc. Arm.

BEKENNTNISS, Allgemeines, des Ritters von
Willfort. (Höchst üppiger erot. Roman.) Aus d. Französ.
(des *Hubert d'Orleans*). Frankfurt und Leipzig (Hanau) 1764.
8⁰. (In Warmbrunn.) Rarissime! 11 Bogen.

> Orig. (in München): Confession générale du chev. de
> Wilfort, histoire galante. Leipsic (Paris) 1755. 12⁰. —
> Londres (Cazin) 1758. 12⁰. Titre, IV—256 pp. (15 Mk.
> Scheible); puis en 1772, 1781 (2 ff., 230 pp.), 1787
> (faisant partie de la „bibliothéque amusante" de l'éditeur
> Cazin; 15 Mk. Scheible), 1793. — Le même (réim-
> pression) sous le titre: Les leçons de la volupté ou con-
> fession générale du Chevalier de Wilfort. Amsterd.,
> Auguste Brancart, 1888. 8⁰. Pap. vergé (10 Mk. M. Edel-
> mann, Nürnb., 1904); rep. ibid. 1891. 8⁰. 172 pp. Ed. de
> luxe s. pap. holl. (16 Mk. 50 Pf. Max Harrwitz, Berlin,
> 1904). Malgré ces nombreuses éditions ce livre est devenu
> rare. — Voir Gay, Bibliogr. de l'amour II. p. 303.

— — Dasselbe: (andre Uerbers.) mit d. Tit.: General-
beichte des Chevalier von Villfort (so!). Uebersetzt
aus dem französischen Werk: „Leçon de la Volupté". (c. 1895?)
(15 Mk. eine böhm. Firma, 1901.)

BEKENNTNISSE der schönen Agnes. 4. Auflage. Hamburg, Moriz Glogau jun., 1859.

> Verboten vom L.-G. Wien, 9. März 1863. § 516.

BEKENNTNISSE der schönen Alma, s. Hamburg.

BEKENNTNISSE einer Amerikanerin. Von ihr selbst
erzählt. Ein Seitenst. zu den Denkwürdigkeiten des Herrn von
H*** (s. dieselb.). (Aus d. Engl.?) Philadelphia (Altona, Hamb.
od. Berlin?) 1770 (i. e. 1870). 12⁰. (2 Rthl. Scheible, ca. 1872;
5 Mk. G. Klötzsch, Lpz., 1885.)

> 85 S. (incl. Tit.). Mit 5 schlechten versiegelt. Illustr.
> Verboten vom L.-G. Prag, 10. Sept. 1885. § 516. —
> Sotad. Opus, enth. Reise einer emanzipirten jungen Ameri-
> kanerin in eine thüringische Pension, Liebeshändel mit See-
> offizieren, Pensionslehrern etc.

— — Dasselbe. (Ohne Illustr.) Ebd. 1870 (i. e. 1874). 12⁰.
87 S.

BEKENNTNISSE einer schönen Frau, s. Casanova
femelle.

BEKENNTNISSE einer Giftmischerin. Von ihr selbst
geschrieben. (Freier Roman von *Paul Ferd. Frdr. Buchholz*
— S. Goedeke.) Berlin. Bei Joh. Friedr. Unger. 1803. 8⁰.
> Tit., 1 Bl. Vorr. u. 303 SS. Galante Memoiren einer
> Mannesmörderin (Berliner Geheimräthin Ursinus;
> s. auch Meuchelmörderin...., 1804.) (3 Mk.
> Kühl.)

§ — — Dasselbe, tit.: Bekenntnisse einer schönen
Seele. Von ihr selbst geschrieben. Ibid. 1806. 8⁰. 384 S.
(4 Mk. Völcker.)
> Schindel schreibt das Werk Friederike Helene Unger,
> geb. von Rothenburg zu, während Hamberger und
> Meusel die Unger und Buchholz als Verfasser angeben.

BEKENNTNISSE eines Hoftheater-Direktors.
Theaterroman in 2 Bdn. u. 4 Büchern. Grossenhain 1883. 8⁰.
(3 Mk. W. H. Kühl, Berlin, 1884.)
> „Sehr pikant!" 242+187 S.

BEKENNTNISSE, Meine, über die Weiber (von *Chrn.
Gfr. Flittner*). Mit color. TKpf. (von Meno Haas). Berlin,
Oehmigke, d. Jüng., 1800. Kl. 8⁰. (12 Mk. Frensdorff, c. 1906;
5 Kr. Gilhofer & Ranschburg, Wien, 1904.)
> 248 S. Enth. 531 stellenw. pikante Aphorismen üb. die
> Frauen. Bildet auch Bdchn. 16 der „Gynäologie" (s. d.).

BEKENNTNISSE, Erotische, des Abbé Pineraide
(.. . ᵣ .) (Priapische Scenen tollster Art.) In 4 Bdn. (zus.
in 1 vol.). (Aus d. Französ.) O. O. u. J. (c. 1896). Kl. 8⁰.
> 106 fortlauf. gez. Bl. (incl. Tit.). Lat. Lett. Die Titel
> dieser vereinigten 4 Abthlgn. sind zu obscön, um sie hier
> wiedergeben zu können.
> Orig.: Confessions érotiques de l'abbé Pineraide en
> 4 luvres. S. l. n. d. 8⁰. (10 Mk. Ottmar Schönhuth, Mün-
> chen, c. 1905.) Vergriffen!

— — Dasselbe. Von *Emilie Bl****. Ins Deutsche übertragen von V. Condor (ps.). Privatdruck (c. 1908.)
(Mk. 12.—.)

BEKENNTNISSE, Erotische, des Abbé Pum (?).
4 Bde.
> Verboten vom Wiener L.-G. 26. Mai 1897. — Ist wohl
> identisch mit vorigem.

BEKENNTNISSE, Die, einer Prinzessin. Wien 1906.
Orig.-Bd. (Mk. 4,50.) (3 Mk. 25 Pfg. Lipsius & Tischer, Kiel
1907.)
> Die Autorschaft dieses Werkes wird der ehemal. Kron-
> prinzessin v. Sachsen zugeschrieben.

BEKENNTNISSE einer schönen Seele, s. Bekenntnisse einer Giftmischerin.

BEKENNTNISSE, Die, eines Thoren, durch den Ritter
von der B***, oder der Marquis von Flanval.
2 Thle., aus dem Franzzös. übers. Hamburg, b. Joh. Adolph
Martini. 8⁰.

O. M. V. 1750, S. 60, s. l. f. n. p. — Wirklich erschienen?

BELEAU, Mlle. de, s. Maitresse, Die glückliche.

BELEIDIGUNG, Die belohnte. (Freier Roman.) Aus dem
Französischen übersetzt. Strassburg (fing.?) 1752. 8⁰.

15 Bog. Selten! — Cat. Meissner II.

BELEUCHTUNGEN, Praktische, für ledige Manns-
und Weibspersonen. O. O. 1798. 8⁰. (1 fr. Werner
Hausknecht, St. Gallen, Cat. 61.)

BELEUCHTUNGEN des weise-närrischen und när-
risch-weisen Menschengeschlechts. Quicquit (!) agunt
homines. Nebst vielen (7) Kupfern (unsign.), vorstellend
die Thier-Redoute in Menschen-Maske. (Vf.:
Daniel Jenisch, geb. 1762, ertränkte sich 1804 zu Berlin in der
Spree.) Berlin, 1802. Im Verlag der Königl. accad. Kunst- und
Buchhandlung. 8⁰. (8 Mk. J. Taussig, Prag, 1904.)

Wenig bekannt! XXVIII (incl. gestoch. Tit.), 1 Bl.
Druckf., X, 374 S., 1 Bl. „Nachschrift f. den Buchbinder"
wegen der interess. Kupfer (welche S. 355—374 erklärt
werden): 1. Der Hund, als Schildwache. 2. Der Wolf,
als Hirte. 3. Der Hahn, als Capuziner. 4. Die Gans,
als Stiftsdame. 5. Der Haase, als Jäger. 6. Der Fuchs,
als Advokat. 7. Der Bock, als Gärtner. — Aus dem reichen
Inhalt der 4 Abthlgn. hervorzuheben: Germania's Jam-
merklage bey der durch den Lüneviller Frieden beschlossenen
politisch-chirurgischen Amputazion (S. 51—57); Teutschlands Grossphilosophen, Kant, Reinhold, und Fichte,
vor Gottes Gericht, eine hyperboräische Erzählung (S. 79—89,
in Versen); über den Nachdruck der Buchhändler und über
den Selbstnachdruck der Schriftsteller (S. 118—124); Gespräche im Reiche der Toten (S. 137—166: Ramler u.
Lessing; Lessing u. Lichtenberg; Lichtenberg u. Lavater; Kästner u. Heidenreich);
Stadt-Idyllen (4 Nrn., deren letzte ein pikantes Selbstge-
spräch einer verliebten Jüdin enthält, welche sich bald einen
jüdischen Ehemann wünscht, dem sie dann unter Beihülfe
junger Christenliebhaber jedes Jahr ein Kind bringen
möchte); sieben und eine Ursache, warum die Damen auf
der jetzigen Culturstufe sich schminken und Perücken tragen
müssen (S. 197—209); ueber eine neu auftretende Secte in
der weiblichen Welt, Eviten genannt (freie Satyre auf die
Mode, zurschaulegen der Brüste etc., S. 210—219); Antworten der hocherfahrnen, von Damen und Mädchen in B—
(Berlin) besuchten Planeten-Leserin Z. über Verheyrathung
und Nichtverheyrathung einiger sie rathfragenden Mädchen
(S. 220—236); neuerfundener Thermometer, die Stufenfolge

der Empfindungen des weiblichen Geschlechts auszuforschen
. . . . (S. 237—244) etc. — Die 4. Abth. (S. 297 ff.)
enth.: „Poesien" (u. a.: „Herolde der Grazien an Amor, als
er ihnen aus dem Bade die Kleider gestohlen", S. 325—332).
— F e h l t im Anon.-Lex.

BELGIEN. — C l a r i s s a. Aus dunklen Häusern Belgiens.
Nach d. Franz. Mit Einleitung v. O. H e n n e am R h y n.
2. A. Berlin 1892. (Ed. I. ib. eod. a.?) 136 S. (1 Mk. 20 Pfg.
Jürgensen & Becker, Hamburg, 1899.)

— — Dasselbe. 4. Aufl. Leipzig, o. J. 8⁰. 100 S. (1 Mk.
20 Pfg. M. Glogau, Hamb., 1906.)

> Durchaus w a h r e Vorkommnisse sind es, die der Ver-
> fasser, ein geistvoller Belgier, zur Grundlage seiner Erzäh-
> lungen genommen hat. Um den Leser hiervon zu überzeugen,
> hat H e n n e am R h y n die von der grossbritannischen
> Regierung ausgehenden amtlichen Quellen, in denen Vor-
> kommnisse — der nach Belgien hin schwungvoll betriebene
> Mädchenhandel etc. — enthüllt sind, selbst studiert und
> gibt in der Einleitung (30 Seiten) einen Auszug aus den-
> selben.

BELGRAD. — A s s m u s, Burghard (kein Pseud.), G e h e i m-
n i s s e d e s K o n a k. Interessante Enthüllungen aus dem
B e l g r a d e r H o f l e b e n. Berliner Verlags-Institut (1903).
8⁰. (Mk. 2.—.) (1 Mk. 50 Pfg. M. Edelmann, Nürnb.)

> Darin auch die Ränke der D r a g a M a s c h i n (nachmal.
> Frau König Alexander's) und der E x - K ö n i g i n N a-
> t a l i e am serbischen Hofe. — Gehört zur Collection „Pur-
> pur und Sünde". (Zahm.)

BELIALS A r t i c k e l s B r i e f f, d. i. entworffene K r i e g s
B e s t a l l u n g d e r j e t z i g e n A l l o m o d i s c h e n S o l-
d a t e n z u R o s s vnd Fuss. Aus M e n g e r i n g s (s. d.) Kriegs
Belial zu jedermännigl. Nachrichtung in den Druck gefertiget.
O. O. 1634. 4⁰. 10 ungez. Bll. (6 Mk. Osw. Weigel, Lpz., 1904.)

> Seltene Satire auf die Z u c h t l o s i g k e i t d e r S o l-
> d a t e n i m d r e i s s i g j ä h r i g e n K r i e g e.

BELITZ, Joach. — F r ö l i c h e N e w e T e u t s c h e L i e d e r
durch *Joachimum Belitz* . . . . Alten Stettin 1599. 4⁰. Rar!
(Goedeke.)

BELLA, ein recht verwegenes deutsches Seitenstück zu Nana.
(2 Mk. E. Demuth, Straßb. i. Els., c. 1900.)

BELLAK, N e u e s t e r K a t a l o g v o n O r i g i n a l - P h o t o-
g r a p h i e n n u r e r s t e r Q u a l i t ä t. 19. Aufl. Belgrad
1894.

> In Oesterreich v e r b o t e n.

BELLAMANDA, s. M i r a c u l o s a B e l l a m a n d a.

BELLAMY, G e o r g i a A n n a (vormals Schauspielerin zu
Covent Garden in London, geb. 1731, † 1788), merkwürdiges
Leben, von ihr selbst verfasst. (Aus d. Engl.) 3 Thle. Hamburg
1786—87. 8⁰. Rar!

Französisch: Mémoires de Miss Bellamy, célèbre
actrice de Londres, 2 vols. Paris 1799. 8⁰. (1¹/₂ Rthlr.
Schmidt, Halle.) — Cfr. aussi: Mémoires de Mistress Bellamy, actrice du théâtre de Covent-Garden, avec une notice
sur sa vie par M. T h i e r s. 2 vols. Paris 1822. 8⁰.
(5 Mk. Scheible, 1883.)

BELLANDER (ps.), H e l d e n - B r i f e (12), etlicher unglücklich - Verlibten (!), allen curiösen Liebhabern, zu
vergönter (!) gemüths (sic!) -Ergötzung, mitgetheilet, von *Bel-
landern*. Oelß, druckts Heinrich Bockshammer, o. J. (c. 1700).
8⁰. (In Dresden; auch in Breslau, Kgl. u. Univ.-Bibl.)

> 48 Bll., sign. A—F (incl. Tit. u. 2 Bll. Vorr.). Stellen-
> weise üppig u. erotisch. — 1. Liebe zwischen (dem aus Rach-
> sucht einer früheren Geliebten castrirten) P e r n e d o u.
> (seiner jungen Ehegattin) B r i s e i d e n. 2. Liebe zwischen
> L o s a r d o u. O l i n d e n. 3. Liebe zwischen T r i c o n u.
> C o n s t a n t e. 4. Liebe zwischen G e r m a d o n u. A l o i s i a.
> 5. Liebe zwischen A m u r a t h u. C a s s a. 6. Liebe zwischen
> D e u c a l i o n u. P y r r h a. — Höchst seltener O e l s e r
> D r u c k !

BELLARMINUS, R o b. (Jesuit). — Zwo newe Zeitung; Spiegel
u. Ehrenkräntzlein der Jesuwider. B e r i c h t w i e d e r J e s u i t
R o b e r t u s B e l l a r m i n u s 1646 Weibspersonen be-
s c h l a f f e n etc. Basel 1614. 4⁰. (15 sgr. Möllinger, Breslau,
c. 1860; jetzt weit theurer!)

> Ungemein rar!

BELLEFOREST, Franc., L i e b : T u g e n d t v n d E h r n -
S p i e g e l, s. bei P h o e n i c i a.

BELLEGARDE, Duc de, s. bei L o u i s XIV.

BELLHARD, E r n s t, u n d K o m p a g n i e. Eine Alltags-
geschichte, die viel Wahres enthält, und mit komischen (stellenw.
freien) Gemälden ausmöblirt ist. 2 Thle. Preßburg, bey Phil.
Ulr. Mahler. 1789. 8⁰.

> I: Tit., 2 Bl. Inh. u. 182 S. II: 190 S. — Rar!

BELLO, Josias (ps.), K o m i s c h e A b e n t h e u e r E l i a s
P l a t z . . . . 1798.

BELLO. — E l f r i e d ' s a b e n t h e u e r l i c h e B e g e b e n -
h e i t e n u n d s e l t s a m e B e g e b e n h e i t e n. M.ıynz und
Hamburg 1799. 8⁰. Zahm.

BELLO, P a u l. E i n B u r s c h e n g e m ä h l d e ; dem Geist
von Sibaris gewiedmet (!) (von *J. P. B**r*). Ein Pendant zu
den Galanterien von Berlin (aber n i c h t von Friedel). (Vign.,
unsign.) Frankfurt und Leipzig, 1785. 8⁰. Mit dem Nebentitel:
„P a u l B e l l o, d e r l o k k e r e (!) A k a d e m i k e r." (Tadel-
lose Expl. werden mit Mk. 30.— u. höher notirt.) Rar!

> Titelkpf. (G r ü n l e r fec.), Hauptit., 2 Bll. „Apostrophe
> an alle Kunstrichter Deutschlandes, gross und klein, mit und
> ohne Bart, mit und ohne Kopf, mit und ohne Gallsucht,
> gerichtet" [dat.: „Geschrieben a u f d e n T r ü m m e r n d e s

K a i s e r - T r u z e s ohnweit Heidelberg", unterz.: J. P.
B * * r], 246 S. Einer der lüsternsten S t u d e n t e n - R o -
m a n e, z. Th. in H e i d e l b e r g spielend.

BELLONA, D i e N o r d i s c h e, Oder L e b e n u. T h a t e n
e i n e r S c h w e d i s c h e n F r ä u l e i n E v a v o n H a l -
m a s c h, aus Landscrona gebürthig, Welche ihrer sonderbaren
Begebenheiten halber zum Druck befördert ihre vertraute
Freundin, Sylveria von Clumers. Mit Titelkupfer. Franckfurt
und Leipzig (Langensalza, b. Joh. Christ. Martini), 1750. 8⁰.
(In Dresden: C. 180. Lit. Germ. rec.)

> Höchst seltener, stellenw. freier Avanturière-Roman. Wirk-
> licher Druckort im O. M. V. 1750. S. 41. — 5 Bll. Vorst.
> (incl. Titel in Roth- und Schwarzdruck) u. 301 S. Die
> gereimte Vorrede ist unterz.: E v a v. H a l m a s c h, sonst
> B e l l o n a v o n S i c a n d r o.

BELLUM V e n e r i s c o n j u g a l e. Das ist: E h e l i c h e r
V e n u s K r i e g / Erstlichen durch den / Herrn H e c t o r e m
d i V e n e l l a von Genua auß Italia bürtig / in Italienischer
Sprache beschrieben. Nun aber allen jungen Deutzschen Venus
Rittern zu sonderlichem gefallen vnd vnterricht in hoch gut
derb Deutsch mit sonderm fleiße transferirt, vnd verdolmetzscht.
Durch C a r o l u m C o r n e l i u m A u s t r i a c u m. 1613. 4⁰.

> 1'6 unbeziff. Bll. (Ed. Grisebach's Bibl. Lpz. 1894.
> Nr. 880.) Wohl e r s t e r Druck? D e u t s c h e s O r i -
> g i n a l, v o n e n o r m e r S e l t e n h e i t, k e i n e U e b e r -
> s e t z u n g !

— — Dasselbe, titulo: B e l l u m V e n e r i s C o n j u g a l e,
d. i.: E h e l i c h e r V e n u s k r i e g, darinnen gründlichen,
eygentlichen vnd klärlichen angezeiget, beschrieben vnd gelehret wird, wie sich ein junger Venus-Ritter, so sich newlich
in den Ehelichen Venus-Krieg begeben, bewapnen, berüsten,
das Jungfräuliche Schloss mit bewehrter Hand stürmen, erobern,
triumphiren, vnd im Garten der Bulreichen Venus spatzieren,
die Jungfräwlichen vnd Fräwlichen Rösslein (sic!) zur Ergetzlichkeit brechen vnd erlustigen sol. Erstlichen durch den Edlen,
wohlversuchten vnd vielerfahrnen Herrn H e c t o r e m d i V e -
n e l l a von G e n u a auss Italia bürtig, in Italienischer Sprache
beschrieben. Nun aber allen jungen Deutschen Venus Rittern
zu sonderlichem Gefallen vnd Unterricht, in gut hoch Deutsch
mit sonderm Fleisse transferirt vnd verdolmetschet, durch C a -
r o l u m C o r n e l i u m A u s t r i a c u m, 1618. 4⁰. (In Ulm,
Stadtbibl.)

> Vgl. Verzeichnis der Bücher so gesamlet Joh. Chrn. Gottfr.
> Jahn . . . . Frf. u. Lpz., Heinsius. 1755. 8⁰. Nr. 3735.
> — „Dasselbe (Nr. 3736), in einigen Stücken verändert,
> und in besser Deutsch gebracht. Eine saubere H a n d -
> s c h r i f t auf Türk. Pap. in 4⁰."

— — Dasselbe, titulo: Bellum Veneris Conjugale, d. i.: Ehelicher Venus-Krieg .... 4⁰.

> War ohne Orts- u. Jahrsangabe in der Bibl. Kielmans-Egg. I. Hamb. 1718. p. 444., angebunden an: Pinaeus, Sever., Probier vnd Kunst Kästlein der Jungfrawen .... O. O. 1611. (Letzteres s. in Hayn's Bibl. Germanor. gynaec. & cosmet. p. 94.)

— — Dasselbe. O. O. 1627. (Weller, Lex. Pseud. Regensb. 1886. S. 585.)

> Die andern oben citirten Drucke blieben Weller unbekannt.

BELMONT (d. i. *Heinr. Adolph Schuemberg*), Blutige Bilder aus der Geschichte der Sultane. 2 Bdchn. Zweite wohlfeile Auflage. Celle, bei Ernst H. C. Schulze. O. J. (c. 1825). 8⁰. (In Dresden.)

> I: Titel u. 181 S., 1 S. Druckf. II: XI—170 S., 1 Bl. Druckanz.: Camenz, gedr. bei C. S. Krausche. — Einiges etwas frei. (Ed. I. 18**?)

BELMONT, Graff (!), und Juliane von Montmorency. Männliche und weibliche Liebe im Kampfe mit Ehrgeiz und Tugend. Eine wahre Geschichte, unterhaltend und lehrreich. Zwey Bdchn. Frankfurt u. Leipzig, bey Joh. Jac. Stahels Wwe. 1791. Gr. 8⁰.

> Liederlicher Roman. I: TKpf., Tit. gestoch. m. Vign., 2 Bl. u. 268 S. II: 2 Bl. u. 235 S.

BELMONT, Susanne, oder die Gefallsüchtige ohne es zu wissen. 2 Bde. Leipzig 1828. 8⁰.

> Zinke's Dresd. Novbr.-Auct. 1905.

BELOLAWEK-Morgan, Camillo, Tulvia. Ein dramattisches Gedicht in einem Aufzuge. Wien 1881. Verlag der deutsch-akademischen Landsmannschaft „Moldavia". Druck v. J. B. Wallishausser.

> Verboten vom L.-G. Wien, 1881. § 516.

BÉLOT. Adolphe, Eine moderne Ehe. Pariser Roman. Berlin, o. J. (c. 189*). 8⁰. (Mk. 2,40.) (1 Mk. Adolf Graeper, Barmen, 1896.)

BÉLOT. — Flitterwochen in Monte Carlo. Deutsch von Fritz Wohlfahrt (d. i. Paul Herm. Heichen, geb. zu Löbau, 2. April 1848). (Roman u. zugleich Reise- u. Spielhandbuch, mit Figuren.) Berlin 1889. 8⁰. 213 S. (Mk. 2,40.) (1 Mk. 20 Pfg. Frdr. Klüber, München, 1904.)

BÉLOT, — Zwei Frauen. Aus d. Französischen. Leipzig, o. J. (c. 189*). 8⁰. (80 Pfg. Jürgensen & Becker, Hamburg, 1898.)

BÉLOT. — Das Glutweib. Pariser Salonroman. Deutsch von Paul Heichen. 2 Bde. Großenhain 1884. 8⁰. (2 Kronen Halm & Goldmann, Wien, 1904.)

Orig.: La femme de feu. 18. éd. Paris 1872. (3 Mk. Schaper, Hannover, 1904.)

BÉLOT. — Die Königin der Schönheit. (Aus d. Französ.) Leipzig, o. J. (c. 189*). 8⁰. (2 Mk. 50 Pfg. Jürgensen & Becker, 1898, zus. mit Gyp, Rund um die Ehe. Roman aus dem Pariser Leben. Lpz., o. J.)

BÉLOT. — Memoiren eines Eheherrn. Pariser Salonroman. Deutsche Ausgabe von „Mademoiselle Giraud, ma femme". Zürich 1884. 8⁰. (2 Kr. Halm & Goldmann, Wien, 1904.)

Orig.: Mademoiselle Giraud, ma femme. 67. éd. Paris 1883. (Mk. 5.—) (2 Mk., sehr eleg. Hfzbd., R. Levi, Stuttgart, 1904.)

BÉLOT. — Der Mund von Madame X***. Roman. Deutsch von Fritz Wohlfahrt (Paul Heichen). Zürich 1887. 8⁰. (Mk. 2.—.) (1 Mk. Klüber, 1904.)

Orig.: La bouche de Madame X***. Roman. 19. éd. Paris 1882. 8⁰. (Mk. 5.—) (2 Mk., schönes Expl. in eleg. Hfzbd., R. Levi, 1904.)

BÉLOT. — Das Taubenhaus und andere Novellen. (Aus d. Französ.) Berlin, o. J. (c. 189*). 8⁰. (60 Pfg. Jürgensen & Becker, 1898.)

BÉLOT. — Walinda die schwarze Venus. Ein Roman aus Äquatorial-Afrika. Deutsch von Paul Heichen. („Auf Grund der Literatur-Konvention zwischen Deutschland und Frankreich statthafte Ausgabe".) Berlin. Verlag von A. Warschauer, o. J. (um 1885). — *A. E.:* Druck von Gebr. Danziger Berlin S., Dresdener Str. Nr. 84. 8⁰. (4 Mk. 50 Pfg. J. Taussig, Prag, 1906.)

347 S. (incl. Titel). Vergriffen! Zieml. zahm [wie alle hier genannten Romane Bélot's].
Orig.: La Vénus noire. Roman. Paris 1882. 8⁰. (Mk. 5.—.)

BELPHEGOR, die wahrscheinlichste Geschichte unter der Sonne. (Roman von *Joh. Carl Wetzel.*) 2 Thle. Leipzig 1776. 8⁰.
Goedeke IV, 352, 6.

BELTSCHART, C. Th. v. — Geschichte eines Bösewichts, des Exministers C. Th. v. Beltschart. Deutschland (Hof, Grau) 1794.
Weller, fing. Dr. p. 158.

BELUSTIGUNG vor das honette (!!) Frauenzimmer und Junggesellen, zum anmuthigen Zeit-Vertreib, bey zulässiger Compagnie, von artigen Schertz-Fragen, un' nachdenklicher Antwort, seltsamen Hof-Streichen, auch klugen auserlesenen Lehr-Sprüchen.

Wer wüsste, was in mir
Der würde mich bald kauffen;

Ja wol noch hundert Meil
Ganz emsig nach mir lauffen.

Gedruckt in disem (!) Jahr, Da die Zeit noch besser war.
1715. 12⁰. (7 Mk. 50 Pfg. G. Priewe, Heringsdorf, 1895;
10 Mk. M. Edelmann, Nürnb., 1903.)

    336 S. Höchst selten! (Dr. Franz Schnitzer's Bibl.
München 1902. Nr. 44.)

BELUSTIGUNG der Vernunfft. Aus dem Frantzösischen
übersetzt. Mit Titelvign. Hamburg 1748. 8⁰. (2 Mk. 50 Pfg.
A. Buchholz, München, 1906.) Selten!

* **BELUSTIGUNGEN,** historisch, moralisch und politisch abgefasst, für alle Stände. 2 Thle. Das
Heyrathen, die Kinderzucht, den Aufputz und die Kost
verschiedener Völker betreffend. Leipzig 1780. 8⁰. (In Berlin: Ah
3166, 1 vol).

* **BELUSTIGUNGEN** für die Frauenzimmer und Jungen Herren, bestehend in Satiren, Oden u. Liedern, Fabeln,
Erzehlungen, Scherzen, Räthseln (22 mit Auflösungen) und
Kartenkunststücken etc. Mit galantem TKupf. u. 4. Musikbeilagen. Nürnberg, G. Bauer, 1767. 8⁰. 96 S. (3 Mk. Theod. Ackermann, München, 1891; 3 Mk. 50 Pfg. Adolf Weigel, Lpzg.,
1904.)

— — Dasselbe. Neue Auflage. Ebd. 1768. 8⁰. 116 S. (5 Mk.
G. Priewe, 1895.)

— — Dasselbe. Neue verbess. Aufl. Nürnberg, b. J. Eberh.
Zehen. 8⁰.

    O. M. V. 1769, S. 1063.

— — Dasselbe. Mit Titelkpf. Ebd. 1770. 8⁰. (5 Mk. G. Priewe,
1895.)

BELUSTIGUNGEN. S. auch. Etwas für Frauenzimmer und
Junge Herren, sowie Sinnersberg, G. R. v.

BELUSTIGUNGEN auf dem Lande, bey Hofe und in
der Stadt, worinnen verschiedene sowohl angenehme als auch
andere geheime historische Nachrichten enthalten. (Liebesgeschichten.) Aus d. Französ. (des *Eustache Le Noble Tenelière,*
1643—1711) übersetzt. 2 Thle. Frankfurt und Leipzig (Knoch
u. Eßlinger in Frankf. a. M.) 1751—54. 8⁰.

    2 Alph. 8 Bog. O. M. V. 1752. S. 246; Cat. Meissner II;
Bibl. Schwabii II.

    Orig.: Amusemens de la campagne, de la cour, et de la
ville, ou Récréations Historiques, Anecdotes, Secrettes et
Galantes. 12 vols. Amst., Frç. l'Honoré 1737—41. 12⁰.
(In Wolfenbüttel.) Avec 12 grav. — Nouv. éd. corr. Ibid.
1741—56. 12⁰. (12 Mk. O. Richter, Lpz., Cat. 24. p. 52,
wo Titel zu Bd. 11 fehlte.) Enth. u. a.: La coquette; le poète
en couche; histoire de Rosalie; la bizarrerie de l'amour dans
l'état du mariage; histoire de religieuse malgré elle; la belle
avanturière etc. (Voir Gay I. p. 220.)

15*

* **BELUSTIGUNGEN** für allerley Leser. (Zeitschrift.)
2 Bde. Leipzig 1773. 8⁰. (⁵/₁₂ Rthl.)

BELZEBULO, oder die vereitelte Entführung. Ein
(zieml. zahmer) Roman in 12 Kapiteln (von *Fr. Rottburg*).
Quedlinburg, Basse, o. J. (1810). 8⁰. 152 S.

> Anon.-Lex. I. p. 174 hat unrichtig „entdeckte" (nach
> Kayser).

BEMBO, Kardinal Pietro, Priapus. (Gedicht.) Übertragen
(aus d. Lat.) von Albert Wesselski.

> 2 nahezu vollbedruckte Quartseiten in: „Die Opale." II.
> Lpz., Jul. Zeitler, 1907. Gr. 4⁰. S. 189—190.

BEMERKERIN, Die mühsame, menschlicher Handlungen. (Zeitschrift, mit Register.) Dantzig 1737. 4⁰. (1 Rthl.)
Rar!

> Georgi's Europ. B.-Lex.

BEMERKUNGEN, Freye, über Berlin (s. d.), Leipzig
(s. d.) und Prag (s. d.). Original und Kopie. O. O. 1785. 8⁰.
(Bibl. d. Vereins f. d. Geschichte Berlins.)

> Vgl. Critik der Titel. Halle 1804. 8⁰. S. 155, wo sehr
> abfällig beurtheilt. — Selten!

BEMERKUNGEN, Einige, über die Staatsverwaltung
der deutschen Fürsten und ihrer Minister. Alexan-
drien, bei Ibrahims Erben (Altona, Bechthold) 1798.

> Weller, fing. Dr.

BEMERKUNGEN, Einige durch Zeitumstände nöthig gewordene,
über Verbesserung des Gesindewesens (von *Carl
Julius Marloth*). Leipzig 1844.

> Anon.-Lex. I. p. 181 (nach Haan).

BENDA, O. („Kriminal-Rath in Kalisch"), Die Irrthümer
der Liebe und die Launen des Geschicks. Frankfurt
a. d. O., akad. Buchh., 1807. 8⁰. (1¹/₃ Rthl.)

> XVI u. 374 S. Einiges etwas frei.

BENDA. — Romantische Erzählungen. Leipzig 1817. 8⁰.

* **BENDORF.** — Denen beyden Lob- und Liebwürdigen Hoch-
zeitern, Hn. M. MATTHIAE Berlichen, Erbassen uff
Bendorff, Vnd Jungfr. Magdalenen Laubin, Wollen mit
diesem ihre Dienstbefliessenheit glückwünschend entrichtet
haben, Wohlmeinende Freunde. Leipzig, Gedruckt bey Fried.
Lanckischen sel. Erben. O. J. (c. 1650). 4⁰. (In Berlin: Yf 6811,
no. 57.) 17 etwas freie Gedichte auf 10 Bl. — Ungemein rar!

BENEKEN, Fr., Praktische Philosophie für das
häusliche und eheliche Leben. 2 Bde, Hannover
1793. 8⁰.

> Zinke's Dresd. Nov.-Auct. 1905. Nr. 1874.

BENEKEN. Ueber die Liebe und Eifersucht. Ebd.
1796. 8⁰. 6 Bll. u. 440 S. (l. c. no. 1876.)

— — Dasselbe. Zerbst 1807. 8⁰.

> Bibl. Günther. III. Nr. 6538.

§ **BENINDE** (ps.), A c a d e m i s c h e r R o m a n , oder a b g e -
s c h i l d e r t e s S t u d e n t e n - L e b e n , der ehrliebenden (!!)
Jugend in einer artigen Liebes-Geschichte (voll sehr pikanter
Abetheuer vor Augen geleget von BENINDEN. (Typogr.
Ornam.) Franckfurt u. Leipzig, 1741. 8⁰.

> Tit. (roth u. schwarz), 232 S. — Höchst selten u. ge-
> sucht! (Angeblich Bearb. von H a p p e l ' s „Akadem. Ro-
> man", s. d.)

§ **BENINDE**. D i e v o n d e r L i e b e v e r f o l g t e , d o c h z u -
l e t z t b e g l ü c k t e P r i n t z e ß i n H e r m o i n e , entworffen
von *Beninden*. Mit Kpfrn. Franckfurt und Leipzig (Lauban), b.
Nic. Schill. 1733. 8⁰. (1 fl. 48 kr. Scheible in e. alten Cat.; jetzt
theurer!)

> 1 Alph. 17 Bog. u. 1 Bog. Kpfrn. — O. M. V. 1733.
> F 3b; M. M. V. 1733. E 4a; Cat. Meissner II; Georgi's
> B.-Lex.; Weller, Lex. Ps.

BEN OGLU, eine Skizze aus den geheimen Annalen der repu-
blikanischen Propoganda. Bagdad 1798, 8⁰.

> Weller, fing. Dr. — Müller-Fraureuth p. 88: „Spielt hier
> die Weltgeschichte in den Roman hinein, so verwertete man
> noch mehr die Wirklichkeit des R ä u b e r l e b e n s für ihn."

BENOIST, Mme, A g a t h a u n d I s i d o r e . Aus d. Französ.
Kopenhagen 1769. 8⁰.

> Bibl. J. J. Schwabii II. p. 329.
> O r i g .: Agathe et Isidore; par Mme B e n o i s t . 2 pts.
> Amsterd. et Paris 1768. 12⁰. (Nyon no. 8763.)

— — Dasselbe, titulo: D e r s c h ö n e S c h u s t e r oder B e g e -
b e n h e i t e n I s i d o r s u n d A g a t h e (!). Aus d. Französ.
der Frau *Benoist*. Frankfurt u. Leipzig 1769. 8⁰.

> Bibl. Schwabii II. p. 327.
> O r i g .: Les avantures du beau cordonnier ou les amours
> d'Isidore marquis D*** et de la vertueuse Agathe, veuve
> du marquis d'Olfonte. Tableau intéress. de la sympathie
> des coeurs nobles. 2 pts. avec 2 figg. La Haye 1769.
> 8⁰. (2 Mk. Erras, Frankf. a. M., c. 1880; à présent
> plus cher.)

BEOBACHTER, D i e u n s i c h t b a r e n , oder M e n s c h u n d
T e u f e l i n C o m p a g n i e . Für jetzige Zeiten lesbar. Glarus,
Vetter Blech & Co. (Leipzig, Köhler) 1797. 8⁰. (14 ggr.) Rar!
(2 Mk. 50 Pfg. Völiker, 1906.)

BEOBACHTUNGEN i n d e r m o r a l i s c h e n u n d l i t e r a r -
i s c h e n W e l t; eine Wochenschrift (hrsg. von G. v. B a u m -
g a r t e n). B r e s l a u 1773—74.

> Anon.-Lex. I. p. 185 (nach Kayser's B.-Lex.).

BEOBACHTUNGEN d e s N a r r e n i n d e r E i n s a m k e i t ,
ein von ihm hinterlassenes Manuskript, von seinem Vetter hrsg.
3 Thle. Mit curiosem Titelkpfr. Hundsfeld (Leipzig, Gräff)

1788—89. 8⁰. (18 Mk. Max Harrwitz, Berlin, 1906; 8 Mk. Oskar Rauthe, Friedenau—Berlin, 1907.)

> 232, 125, 166 S. — Darin ausser einer Anzahl f r e i e r
> G e d i c h t e u. E r z ä h l u n g e n auch s c h a r f e S a t y r e n
> auf Prinzen, Adel, Minister, Halbgelehrte, Theater etc.

BEOBACHTUNGEN u n d A n m e r k u n g e n a u f R e i s e n d u r c h T e u t s c h l a n d; in Fragmenten und Briefen (von *Johann Georg Heinzmann* geb. 1757, † 1802). Leipzig 1788. 8⁰. (Expl. im British Museum.)

BEOBACHTUNGEN u n d R e c h t s f ä l l e, G e m e i n n ü t z i g e j u r i s t i s c h e (verfaßt von *Christian Gmelin* u. *Carl Friedr. Elsässer*). Frankfurt und Leipzig (Nürnberg) 1777—82.

> Anon.-Lex. I. p. 186 (nach Kayser u. Engelmann).

BERALDE, D e r u n t e r a l l e n G l ü c k s e l i g e n d e r u n - g l ü c k s e l i g s t e L i e b h a b e r —, P r i n t z v o n S a v o y e n. Aus d. Frantzös. Franckfurt u. Leipzig 1684. 12⁰.

> Höchst selten! N i c h t erot. — Bibl. Val. Alberti. Lips,
> 1698. p. 273; Bibl. J. J. Schwabii II. (Die Jahrzahl 1648
> ist Druckfehler in der Bibl. Kielmans-Egg. II. p. 1344,
> statt 1684.)
> O r i g.: (in Stuttgart): Beralde, Prince de Savoye. 2 pts.
> Paris, Claude Barbin, 1672. pet. in-12⁰; rep. Leide 1672.
> II. 12⁰. (In München.) Voir Bibl. de Campagne VII.
> p. 165—256.

— — Dasselbe, titulo: B e r a l d e, D e r u n t e r a l l e n G l ü c k s e l i g e n d e r u n g l ü c k s e l i g s t e L i e b h a b e r, w e l c h e m n o c h b e i g e f ü g e t d e r s c h ö n e P o h l e, a. d. Frantzös. übersetzet. Leipzig b. Chrn. Weidmann. 12.

> O. M. V. 1684. D 2a.

BERANGARIUS (sic!), oder d e s t a p f f e r n G r a f f e n v o n d e r M a r c k S t a a t s - u n d L i e b e s - G e s c h i c h t e 1ster Theil mit Kupfern. Franckfurt a. d. Oder, verlegts Johann Völcker, Buchh. daselbst' 8⁰.

> S o i m H. M. V. 1693, F 2a. — Noch kein Expl. bekannt.

BERDU, F r i t z, e i n e s F r i s e u r s, L e b e n, W a n d e r - u n g e n u n d T h a t e n. Herausgegeben von einem seiner Freunde gleichen Kalibers. Ein Buch fürs Volk. Hamburg und Kiel 1801. 8⁰. (1 Rthl. 4 Ggr.) Rar!

> Näheres bei Müller-Frauenreuth, S. 70. — Kayser, Roman-
> Verz. 1827, S. 13, hat „Th. 1 (einz.) Hamburg, Kratzsch,
> 1802".

BERG, S o p h i e, e i n B e y t r a g z u r g e h e i m e n G e - schichte des K l o s t e r l e b e n s (zieml. zahmer Roman von *Joh. Frdr. Ernst Albrecht*). 2 Thle. Mit 1 TKpf. Leipzig, Weygand, 1781. 8⁰. (1 Rthl.)

> Koch II. p. 291; auch in Gmähle's Leihbibl. in München.
> — Das Anon.-Lex. I. p. 186 hat d. Jahrz. „1782" (nach Kayser
> u. Meusel).

BERGA, Adolf Jul. Theod. (d. i. *Chrn. Gottfr. Flittner*, geb. 1770, † 1828), Antihymen, s. Weiberlist u. Weiberrache.

BERGA, Apophthegemen für Männer, die das weibliche Herz und für Frauen, die sich selbst kennen lernen wollen. (Gynäologie, Bdchn. 16.) Leipzig (?) 1817. 8⁰. (16 Sgr. Scheible, Cat. 21.)

> Die erste Aufl. erschien in Berlin c. 1800.

— — Dasselbe. 3. Originalauflage. Berlin 1820. 8⁰.

> Nopitsch, 2. Aufl., S. 262.

BERGA, Caroline Louise (d. i. *Chrn. Gottfr. Flittner*), Buch der Weisheit für die Shönen. Mit Kpf. Berlin 1815. 8⁰.

> Gynäologie, Bdchn. 18.

BERGE, Goldne. (Freier Roman.) — Per varios casus, per tot discrimina rerum Tendimus in Latium. — Osnabrück, bei J. G. Kiessling, in Commiss. bei F. G. Jacobäer in Leipzig 1801. 8⁰. (3 Mk. 60 Pfg. Lehmann & Lutz, Frankf. a. M., c. 1885.)

> Tit., 1 Bl. Vorr. (dat. 1. Januar 1800) u. 306 SS. Enth. einige recht pikante Scenen.

BERGEN op Zoom. — Der Korb der Jungfer Bergen op Zoom an ihre Liebhaber, eine Comödie, worinnen die Belagerung dieser Stadt auf eine lustige Art beschrieben wird. Kyck in de Pot. 8⁰. (O. M. V. 1747, E 1 a.)

§ — — Der verlohrne Cranz der gewesenen Jungfer Berg op Zoom. Ein (anstößiges) Lust-Spiel, nebst einem Nach-Spiel. Darinnen in dem ersten die Belagerung dieser Stadt, in dem andern aber ihre unvermuthete Uebergabe vorgestellet wird. Mit curiosem Titelkpf. (Schaubühne mit Harlequin). Kyck in de Pot (Ammermüller in Nürnberg) 1747. 8⁰.

> 90 S. (incl. Tit. u. 4 Bll. Vorr.). S. 79 ff. Nach-Spiel. Der betrogene Alte. Mit eingestreuten Reimen (voller Zweideutigkeiten). (3 Mk. 50 Pfg. Scharre, Berlin, c. 1878; jetzt theurer!)

BERGER, Balthasar, Der deutsche Liebhaber und das französische Mädchen, eine wahre (ziemlich zahme) Geschichte in einer Reihe von Briefen erzählt. Wien 1784. 8⁰. (3 Mk. G. Priewe, Heringsdorf, 1895.)

BERGER, Julia, Sophia oder die Folgen des Leichtsinns und der Unwirklichkeit, eine wahre Geschichte, Müttern, Jungfrauen und Gattinnen geweiht. Bremen 1807. 8⁰. 280 S. (8 Mk. E. Frensdorff, 1907.) Zahm.

BERGHÄUSER, Karl Andreas (d. i. *Johann Ulrich Kaufmann*), Schäfergedichte und andere Näschereien. Mit (reizender) Titelvign. Wien, auf Kosten des Verfassers (Leipzig,

Graffé), 1788. 8⁰. (In Dresden.) (10 Mk. Hugendubel, München, 1904.) Rar!

142 S. (excl. Vorr.). — G i e s e k e , Joh. Chrn. (Prediger in Magdeburg), Handbuch für Dichter und Litteratoren. Th. 1 (einz.). Magdeburg, Verlag d. Verfassers, 1793. Gr. 8⁰. S. 104: 13 schlüpfrige und zum Theil sogar schmutzige und äusserst pöbelhafte Lieder und Erzählungen nach G r é - c o u r t   u n d   a n d e r n   L e u t e n   s e i n e s   S c h l a g s   ge- modelt, sind in diesen 9 Bogen enthalten. Der poetische Karakter dieser sogen. Schäfergedichte ist ebenso schlecht, als der moralische, sein Erzählungston ist so steif, ängstlich und schleppend, dass nichts drüber geht. Als Probe des Vor- trags diene hier (bei Gieseke) der Anfang einer Erzählung, betitelt: „Das kranke Kind." (Folgen 13 Verszeilen.)

Inh.: 1. Türkische Sitte oder das Selumalek (nach de la Monnoye). 2. Colom, Calotte und Colin (nach Boccaz). 3. Klaus und seine Frau. 4. Colin und Juliette. 5. Hans. 6. Junker Veit. 7. Das kranke Kind. 8. Die 3 Schwestern. 9. An H—n. 10. Lied zum Lobe Amatunts (nach Grécourt). 11. Das Kompliment. 12. Das schadhafte Fass (nach Gré- court). 13. Tirliberli (nach Grécourt).

BERGHOFER, Amand (Humanist, Sonderling, genannt „Oester- reich's Rousseau", geb. 1745, † 1825), S c h r i f t e n . 2 Bde. O. O. 1783. 8⁰. (1 fl. 50 kr. J. Taussig, Prag, 1872.)

— — Dasselbe. 2 Bde. Wien 1783. 8⁰. (1 fl. 20 kr. Gil- hofer & Ranschburg, Wien, ca. 1890.)

BERGHOFER, N e u e s t e S c h r i f t e n . Wien 1784. 8⁰. (1 fl. Taussig, 1872.)

U. a.: Briefwechsel eines Landpfarrers; G e s c h l e c h t s - t r i e b d e r M ö n c h e etc.

BERGHOFER, L i t e r a r i s c h e s V e r m ä c h t n i ß a n s e i - n e n S o h n L u d w i g (hrsg. von Letzterem). 3 Bde. Hamburg, in Commiss. in der Heroldschen Buchh. 1818. 8⁰.

1: XIII—72 S. Warnungen u. Ansprüche d. Vernunft u. d. Zeitgeistes (u. a.: Schlechte Regierung; der ächte Staats- mann; Censuranekdoten etc.).

2: 134 S. Wahrheitseifer. E. Stachelschrift (u. a.: Volks- bedrücker u. ihre polit. Marktschreier; der verächtl. Selbst- ling u. sittenlose Skriblergeck; Gesellschaft Jesu; Sing- pfaffen; Derwische; der Fechtmeister in Glaubensstreitig- keiten als Censor; der pöbelhafte Kanzleidespot; Thiere der Offenbarung etc.).

3: 112 S. Diogenes Laterne (u. a.: Fessler; Kant; Bücherwesen; Theatermorde; Klostererziehung; Rechtfertig- ung d. E h e l o s i g k e i t ; Schwelgerei; Titel u. Orden; die heutigen Franzosen; Ketzer; Rauchtabak etc.). — U e b. d i e L i e b e (Prosa u. Verse). — Kern- u. Denksprüche.

— — S. auch S c h r i f t e n , V e r b o t e n e .

* **BERGIUS,** Walther (d. i. *Johann Arnold Kanne,* geb. 1773, † 1824), B l ä t t e r v o n A l e p h b i s K u p h. (Satyren.) Leipzig 1801. 8⁰. (Auch in Marburg, Univ.-Bibl.)

BERGIUS. Kleine Handreise. Penig, Dienemann u. Comp., 1803. 8⁰. (¹/₃ Rthl.)

> Meusel's in Coburg Leihbibl.-Cat. no. 9744.

BERGK, J. A., Die Kunst Bücher zu lesen. Nebst Bemerkungen über Schriften und Schriftsteller. Jena, Hempel, 1799. 8⁰. 416 S. (6 Mk. Max Jaeckel, Potsdam, 1906.) Selten!

> U. a.: Ueber Ritter- und Geisterromane. — Ueber lascive Romane etc.

BERGMANN, Wenceslaus (Pfarrer zu Gerlachsheim im Marggraffthumb Ober-Lausitz), Tremenda mortis hora, oder das böse Stündtlein, d. i. Betrachtung der Todes-Stunde, wie böse dieselbe an und vor sich selber sey, und wie dem Bösen zu begegnen, und das Ende gut zu machen. 2 Theile, darin 450 sterbende Personen (Sünder und Sünderinnen aller Art) vorgestellet werden. Wittenberg 1664. 8⁰. 457 und 274 Seiten. Selten! (15 Mk. Völcker, 1906.)

— — Dasselbe. Ebd. 1689. 8⁰. 2 Alph. 4 Bog.

> Bibl. Ludovici (bibliop.). Vitemb. 1705.

BERGMANN. Die bedencklichen Gerichte Gottes über die Zungen-Sünden wider die Atheisten, Epicurer und Spötter dieser Zeiten. Dresden 1719. 8⁰. Enthält viele Wundergeschichten. (4 Mk. Völcker, 1906.)

BERGONE, s. Groeben, Otto Friedr. v. d.

BERGSCHLOSS, Das, oder der nächtlich wandelnde Burggeist auf Spessaro. Eine abenteuerliche Geschichte, von dem Verf. des Don Orbino. Mit 1 Kupfer. Neue Ausgabe. Eisenberg, Schöne, 1816. 8⁰. (1¹/₄ Rthl.)

> Ed. I. ca. 1812?

BERICHT .... von der Aabttissin (!) welche grosse vnzucht getrieben mit einem vogt .... (1599), s. Trier.

BERICHT vom heiligen Ehestande, in deutsche Reimen gebracht vnd in offenen Druck verfertiget zu sonderem dienst, gefallen vnd ehren dem Edlen Gestrengen wol vnd hochbenambten Herrn Christoffen Schaff Gotsch genandt .... Liegnitz .... 1592. Kl. 4⁰. (In Warmbrunn.)

> Grosse Seltenheit!

BERICHT von den .... Mordthaten, Ehebruch .... des Hans Liebmans und Barbara Kindesfresserin, s. Wohlau i/Schles.

BERICHT: Wie es gehe, Gar nach dem ABC. Welche sich zur Ehe, Unbesonnen geben, Da jhr gantzes Leben, hat zu widerstreben. Als Nemblich: „Ein ordentliche erzehlung, Wegen der Heyrathsbestellung". Kupferstich in 6 Bildchen, Ehescenen darstellend; darüber ein Gedicht in 19 Versen und darunter beschreibendes

Gedicht in 100 Versen. O. O. u. J. (ca. 1650). Fol.
(30 Mk. Ludw. Rosenthal, Cat. 113. [1906.] no. 1555.)

Höchst seltenes Flugblatt, einseitig bedruckt.

BERICHT des Phihihu, Kundschafters des chinesischen Kaisers, a. d. Chines. übersetzet. 8⁰. (Ohne
Adresse.)

O. M. V. 1761. S. 106.

BERICHT, Sonderbarer, von dem beym Anfange des vorigen
Seculi im Böhmer Walde, u. zwar in einem Bären-Bau,
zufälliger Weise gefundenen Wunder-Knaben, dem in der
Heil. Tauffe die Namen Jgnatius Augustinus Samson
beygelegt; Selbiger nachhero zu einem ordentlichen vernünftigen
Menschen, u. solchen qualificirten Cavalier educirt worden, daß
er wegen seiner besondern Conduite u. extraordinairen Leibes-
Stärcke sich endlich in den Fürsten-Stand empor geschwungen;
Wie denn auch verschiedene noch jetzt lebende Krieges-Helden,
nebst andern dessen hohen Descendenten, Ihn, aus überzeugen-
den Protocolls u. Beylagen vor Ihren Ur-Anherrn (!) zu erkennen
das gröste Gloir u. Plaisir gefunden. Welchen dem Publico
aus authentiquen alten Manuscriptis aufrichtig communiciret
ein ehrlicher HistorIoGraphuS. Mit curiosem Titelkpf.
(unten 7 Zeilen Erklärung gestoch.). Erfurt, druckts Joh. Dav.
Jungnicol, 1747. 8⁰. (In Marburg, Univ.-Bibl.) (3 Mk. Franz
Teubner, c. 1898; jetzt theurer!)

304 S. (incl. Titel in Roth u. Schwarz, u. 5 Bll. Vorr.).
Selten u. sehr abentheuerlich!

— — Dasselbe. 2. Aufl. Mit Titelkpf. Ebend. 1748. 8⁰. 19
Bog. (8 Mk. Jacques Rosenthal, ca. 1963.)

M. M. V. 1747, D 1b. — Weller, Lex. Pseud. p. 258,
hat nur „1747" und als Verfasser: „Historiographus".

BERICHT, Sonderbarer, von dem in Anfange des jetzigen Seculi
in der Gegend des Mayn-Stroms wunderbarer Weise
als ein Fündel-Kind aufgefischeten Wunder-Mägdgen
Beatrix, da denn nicht nur dieses Wunder-Kindes höchst-
bewundernswürdige Fata, sondern auch was dasselbe, nachdem
es nun etwas in die Höhe gewachsen zu aller Menschen Verwunderung, sonderlich im Feuer und Wasser mehr als zu viel
wunderthätig erzeigt. Das allerbewunderungswürdigste aber ist,
dass dieses Wunder-Mägdgen wenig Jahr hernach mit einem
hohen Printzen vermählet worden, und noch vorjetzo bey demselben als eine regierende Fürstin vergnügt lebt . . . . Mit
Titelkpfr. Erfurt 1748. 8⁰. (5 Mk. 50 Pfg. M. Edelmann, Nürnberg, 1903.)

Bibl. Dr. Franz Schnitzer's. München 1902. Nr. **52**.

— — Dasselbe, titulo: Bewunderungswürdige Geschichte eines adeligen Findelkindes, nebst sonderbaren Begebenheiten, welche mit diesem Wundermädgen bis zu ihrer Vermählung mit einem hohen Prinzen sich zugetragen. 2. Aufl. Mit Titelkpfr. Frankf. 1772. Gr. 8⁰. (2 Mk. 80 , l. c.)

BERINGER, Ritter. — Die historien von // dem rittir beringer. // [Darunter Holzschnitt: Verschiedene Ritter, wovon einer von seiner Frau Abschied nimmt.] *Am Schlusse:* Getruckt zu Straszburg. nach // der geburt Christi im. XCV. iar. // [1495.] 6 Bll. 8⁰. (600 Mk. Ludw. Rosenthal, München, Cat. 47, ca. 1888, no. 306.) Grösste Rarität!

> Vollständig unbekannter kleiner Ritter-Roman, ganz in Versen, aber wie Prosa gedruckt. Vielleicht Unicum! Beginnt:
> Es was ein ritter so rych. gar edel vnn gar herrlich.
> mit grossen eren stund sin huß. doch must er selber heruß.

— — Dasselbe (Neudruck): Die Historien von dem Ritter Beringer. Strassburg 1495. Facsim.-Ausgabe. mit einleitendem Text von K. Schorbach. Leipzig 1893. 16⁰. (Kr. 3,60.) (Kr. 1,80 Rudolf Heger, Wien, 1902.)

BERLIN.

ABENTHEUER, Galante, des Herrn von Mephisto ..... unter den Damen der Berliner Demi-monde, s. Rosenberg, Baron v. (ps.).

ABRISS des gesellschaftlichen Lebens und der Sitten in Frankreich, der Schweiz und Deutschland. In Briefen entworfen (von *John Moore*, geb. 1730, † 1802). Nach der 2. Englischen Ausgabe. Leipzig 1779. 8⁰. (In Hannover, Stadtbibl.) Fehlt im Anon-Lex.

> Enth. auch interessante Nachrichten über Berliner Verhältnisse und das Leben am preussischen Hofe in Potsdam und Berlin.
> Orig.: Moore, J., A view of society and manners in France, Switzerland and Germany. 2. ed. 2 vols. London 1779. 8⁰. (6 Mk. Rich. Bertling, Dresden, 1906.)

„ADA". Berliner Roman. Illustrirt. (190*.) (Mk. 2,20 R. Klinger, Berlin, c. 1905.)

> Ada, die Heldin des Buches, lernt als verarmte Komtesse einen reichen Emporkömmling kennen, nachdem sie einen Prinzen abgewiesen hat. Sie hintergeht jedoch ihren Gatten mit demselben Prinzen etc. etc.

ALMA's Ende. Ein Berliner Roman. (190*.) 229 S. (1 Mk. 20 Pfg. der Vorige; 1 Mk. 50 Pfg. M. Luck, Berlin.)

AM Hofe Kaiser Wilhelm's II., s. W i l h e l m II. im fortlauf. Alphabet.

AMOR, J. T. Z. (d. i. *A. Moritz*), B e r l i n u n d V o i g t - l a n d. Komische Schilderungen aus dem Volksleben. Erstes (einz.) Heft. Berlin, Stackebrandt, 1840. 8⁰. ($^1/_3$ Rthlr.) 56 S. (3 Mk. E. Frensdorff, Berlin, 1904.)

AMOR a u f d e r P r o m e n a d e. Berlin 1798. 8⁰. R a r !
> Auct. Frh. Max v. Speck-Sternburg. Lpz. 1857. p. 243.

AMORS R e i s e n a c h D e u t s c h l a n d. (Burlesk-erot. Gedicht, 168 siebenzeil. Str., in: K a n t h a r i d e n [von *J. B. G. Büschel*]. Rom (Berlin, Himburg) 1786. 8⁰. S. 9—68.)
> Der Schluss mit 12 Str. (S. 63—67) betrifft B e r l i n :
> Der deutschen Städte Königin
> Sah' er (Amor) von fern, und freute
> Sich ihres Anblicks, denn für ihn
> War hier ein Feld zur Beute.
> Das wusst' er längst, doch fand er mehr
> Als er es selbst gehoft (so !), so sehr
> Stand hier sein Dienst in Ehren.

ANDERS, N. J., (d. i. *Jacob Nathan*), O r p h e u m. — B a l l - h a u s. Berlins romantische Nächte! Humorist. Führer durch die Feensäle der Norddeutschen Metropole. Berlin, A. Stree- rath, Skalitzerstraße 127, o. J. (c. 1878). 12⁰. Illustr. Umschl. (5 Sgr.) (1 Mk. 50 Pfg. Schaper, Hannover.)

* ANNALEN d e r J u d e n i n d e n P r e u ß i s c h e n S t a a - t e n, b e s o n d e r s i n d e r M a r k B r a n d e n b u r g (von *Anton Balthasar König*). Berlin 1790.
> Sehr selten und gesucht ! Besonders auch auf B e r l i n be- züglich. — Anon.-Lex. I. p. 74 (nach Meusel).

ANTHONY, Wilh. (d. i. *Wilhelm Asmus*), S i l h o u e t t e n u n d A q u a r e l l e n a u s d e r C o u l i s s e n - W e l t. Berlin 1874. 8⁰.
> Gmähle's Leihbibl.-Cat., München, no. 31,390.

ANZEIGER, D e r B e r l i n i s c h e (redig. v. Aug. Friedr. C r a n z). Erstes (u. wohl einziges) Quartal. (Bestehend aus 19 Nrn.) Berlin 1796. Im Selbstverlage des Verf. 8⁰. IV—328 S. (In Berlin: Magistratsbibl.; 8 Nrn. des 1. Heftes auch in der Bibl. des Vereins f. d. Geschichte Berlins.)

ANZEIGER u n d E r z ä h l e r, D e r B e r l i n i s c h e. 1800. (Nur ein Quartal ersch.)
> Allg. Lit.-Ztg. 1801. Intellig.-Bl. Nr. 25. Sp. 208. — Goedeke VIII, 8, 12.

* ARCHIV, B e r l i n i s c h e s, d e r Z e i t u n d i h r e s G e - s c h m a c k s. 6 Jahrgg. (soviel ersch.). Monatsschrift (hrsg. von Friedr. Ludw. Wilh. M e y e r, Friedr. Eberhard R a m - b a c h und Ignaz Aurel F e s s l e r.) Mit hübschen farbigen Costümbildern. Berlin 1795—1800. 8⁰. (6 Hfte. apart., 1796, 2. Semester, 16 Mk. Max Harrwitz, Berlin, 1904.)

Darin viel Belletristisches; über W e i b e r , M o d e n etc.
Cplt. sehr selten!

AUF dem Bauernfängerfang, oder: W e i n k e l l e r s t u d i e n.
Sittenbilder von dem Verfasser der „Ballhauspflanzen", „Cornelia" u. s. w. Altona, Aug. Prinz. O. J. (187*). 12⁰.
> 79 S. m. illustr. Umschlag: Reise-Lecture (!). — A. E.
> Druck von Marschner & Stephan in Berlin.

AUS dem Leben eines Berliner Arztes. Breslau 1835. 8⁰. 2 Bl.
u. 204 S. (4 Mk. Ernst Frensdorff, 1907.)
> Selten! Aus d. Inhalte: „Das ärztliche Leben. — Der alte
> Arzt. — D a s R ä t s e l d e r w e i b l i c h e n N a t u r. —
> Das Gewissen. — Das Duell. — Die Krisis. — Der Spieler.
> Unter den alten Aerzten werden auch H e i m und H u f e -
> l a n d rühmend erwähnt.

AUS der Berliner Gesellschaft. Berlin 1886. 8⁰. (Mk. 6,50.)
(2 Mk. Schnabel & Walter, Potsdam, 1906.)

AUS dem Reiche der Todten. Politische Gespräche, 1799 bis
1808 = 7 Bde. 8⁰. (60 Mk. Ernst Frensdorff, Berlin, 1906.)
Sehr selten!
> Handelt u. a. über Mirabeau, Rabelais, Dr. Bahrdt, Dorat,
> Joseph II., Friedrich d. Gr., Dr. Faust, B e r l i n , Theater,
> „an die Fabrike der Kritler in der Litteratur", etc. etc.

AUSRUFER, B e r l i n e r , s. H e n s c h e l , W. u. F.

BAB, J., D i e B e r l i n e r Bohème. 5. Aufl. 1904. 8⁰. Orig.-
Lwdb. (Mk. 1,75.) (1 Mk. Lipsius & Tischer, Kiel, 1907.)

§ **BABEL,** N o r d d e u t s c h e s. Ein Beitrag zur G s c h i c h t e ,
C h a r a k t e r i s t i k u n d V e r m i n d e r u n g d e r B e r l n e r
P r o s t i t u t i o n. Hrsg. von einem philantropischen Verein.
Berlin, Langemann, 1870. 8⁰. (In Dresden, Bibl. der Gehe-Stiftg.)
> 1 Bl., 94 S. (1 Mk. 50 Pf. A. Bielefeld, Carlsruhe 1892;
> 1 Mk. 80 Pf. J. Taussig, Prag, c. 1903.)

BADE, Th., B e d e n k l i c h k e i t e n i n d e m d e r m a l i g e n
V e r h ä l t n i ß d e r B e r l i n e r S i t t e n p o l i z e i z u d e r p r o -
s t i t u i r t e n , resp. n i c h t p r o s t i t u i r t e n w e i b l i c h e n
J u g e n d. Berlin 1850. Gr. 8⁰. (Bibl. d. Vereins f. d. Gesch.
Berlins.)
> Als Manuscript gedruckt (1¹/₆ Mk. Kühl.)

BADE. Die P r o s t i t u t i o n i n B e r l i n und die Mittel, dieselbe zu beseitigen, beziehungsweise in ihre wenigst gefährlichen
Schranken zurückzuweisen. Berlin 1856. 8⁰. (In Berlin: Magistratsbibl.)

BADE. U e b e r G e l e g e n h e i t s m a c h e r e i u n d ö f f e n t -
l i c h e s T a n z v e r g n ü g e n (in Berlin). (Neuer Beitrag zur
Prostitutionsfrage.) Berlin 1858. 8⁰. 68 S. (In Dresden, Bibl.
d. Gehe-Stiftg.; mit der Jahrz. „1857".) (3 Mk. E. Frensdorff,
1904.)

BARONIN, Die, von der Wilhelmstraße. Interessante Memoiren einer Ausgewiesenen. Berlin 1889. 8⁰. (Mk. 1.—) (60 Pfg. A. Graeper, Barmen, 1891.) Zahm.

— — Dasselbe. (Aus den Memoiren einer Ausgewiesenen von ***.) Berlin, o. J. (c. 1890). 8⁰. 103 S. Illustr. Umschl. (4 Mk. 50 Pfg., br., unbeschn., Adolf Weigel, Lpz., 1907.)

BEAULIEU, G. v. (d. i. *Gertraut Charles de Beaulieu*), Neu-Berlin. Was Frau Guticke in der Reichshauptstadt erlebt. Breslau 1890. 8⁰. (Mk. 4.—) (1 Mk. 50 Pfg. Rich. Kaufmann, Stuttg., 1897.)

U. a.: In der Hasenheide. — Das Berliner Theater. — Unser Panopticum etc.

— — Das weibliche Berlin. Bilder aus dem heutigen socialen Leben. Berlin, S. Fischer, 1892. 8⁰. (Orig.-Bd. **Mk.** 2,50; br. 1,50.) VIII-149 S.

Vgl. Wilh. Thal im Litterar. Merkur. (Weimar) 1892, Nr. 30. — Beides zahm.

BEER, J., Die Schliessung der öffentlichen Häuser in ihren sittlichen Folgen für die Stadt Berlin. Berlin 1856. 8⁰. 16 SS. (In Berlin: Magistratsbibl.)

— — Memoiren einer Berliner Wickelfrau. Berlin, o. J. (c. 1860). 8⁰. (50 Pfg. Raabe's Nachf., Königsberg; 1 Mk. 50 Pfg. W. Koebner, Breslau, c. 1885.)

BEHREND, F. J., Die Prostitution in Berlin und die gegen sie und die Syphilis zu nehmenden Maassregeln. Eine Denkschrift, im Auftrag, auf Grund amtlicher Quellen abgefaßt und dem Minister v. Ladenberg überreicht. Erlangen 1850. 8⁰. (1 Rthlr.) (In Berlin, Magistratsbibl., u. in Dresden, Bibl. d. Gehe-Stiftg.) (12 Sgr. Heberle, Cöln, 1870.)

294 S. (3 Mk. 50 Pf., Orig. Umschl., E. Frensdorff.)

BEMERKUNGEN, Freye, über Berlin, Leipzig und Prag. Original und Kopie. O. O. 1785. 8⁰. (Bibl. d. Vereins f. d. Gesch. Berlins; auch in Görlitz, Bibl. d. Oberlausitz. Ges. d. Wiss.) (25 Mk. K. Hiersemann, Lpzg., 1887; 20 Mk. C. Uebelen, München, 1890.)

6 Bll. Vorst. u. 253 S. Ueber Berlin S. 1—86. Einer Dame („M**** S*******, S[chauspielerin] b. d. B. T. in D.") gewidmet. — Selten! Fehlt im Anon.-Lex.

BEMERKUNGEN eines Reisenden durch die königlichen Preußischen Staaten, in Briefen (von *Joh. Heinr. Friedr. Ulrich*) 3 Thle. Altenburg 1779—81. 8⁰. (Expl. im British Museum.) (1—2: 12 Mk. E. Frensdorff, 1907.)

Sehr selten! In Holtzmann u. Bohatta I p. 175 wird als mutmasslicher Verfasser auch Johann Friedr. Carl Grimm angegeben. Enthält in Bd. I S. 307—602 und in Bd. II S. 1—24 u. S. 520—528 „Berlin".

BEOBACHTER, D e r, a n d e r S p r e e. Jahrgg. 1—5. Berlin 1802—6. 8⁰. (24 Mk., Jahrg. V apart, Max Harrwitz, Berlin, 1903.)

> Diese ältesten Jahrgänge des beliebten Wochenblatts enthalten interess. culturgeschichtl. Notizen, vieles über Napoleon und den Aufenthalt der Franzosen in B e r l i n, viele Gedichte, pikante Geschichten etc. Wurde bis über die Mitte des Jahrhunderts fortgesetzt.

BEOBACHTERIN, D i e, a n d e r S p r e e u n d H a v e l. Hrsg. v. A m a l i e B e r n h a r d. (Zeitung in 8⁰). Berlin 1819 (mehr wohl nicht erschienen). 12 Stücke. Mit hochorig. Holzschnittvignette auf jeder Nummer (Berliner Obstfrau mit Hund). (9 statt 12 Stücke, br., unbeschn., in tadelloser Erhaltung, 25 Mk. E. Frensdorff, 1907.)

> Von allergrösster Seltenheit! Schon einzelne Stücke sind ungemein rar. Freien Inhaltes, z. B. „Die gehörnten Eheherren", „Ehestands-Andachten u. Ziegenbocks-Betrachtungen", „Aus dem Leben eines Flohes, Wahrheit und Dichtung (in Versen)", u. s. w.

BEOBACHTUNGEN u n d A n m e r k u n g e n a u f R e i s e n d u r c h D e u t s c h l a n d. In Fragmenten und Briefen (von *Joh. Geo. Heinzmannn*). Mit Titelvign. (B. A. D u n k e r del. et sc.) Leipzig 1788. (Ulm, Stettin'sche Buchhdlg.) 8⁰.

> Titel, 3 Bll., 544 S., 4 Bll. Reg. — Ueber B e r l i n: Französ. Litteratur; gesellschaftliches Leben; **Phantasterey** in Berlin; Armenanstalten; Karakter der Juden; das jüdische Frauenzimmer erhält Vortheile über den Talmud; die jungen Damen und Herren französiren sich; die jüdische Orthodoxie; Geschichte zweier jüdischer Frauenzimmer, die zur christlichen Kirche übertraten; Streit der Orthodoxen und Heterodoxen. — Dr. Franz Schnitzer's Bibl. München 1902. No. 48.

BERG, Alexander (ps.?), J u d e n - B o r d e l l e. Enthüllungen aus dunklen Häusern (Berlin's). Berlin, o. J. (1892). 8⁰. (In Dresden, Bibl. der Gehe-Stiftung.) (40 Pfg. G. Priewe, Heringsdorf, 1895; 1 Mk. 50 Pfg. E. Frensdorff, Berlin, c. 1905.)

— — J u d e n B o r d e l l e. Enthüllungen aus dunklen Häusern. Berlin. P. Heischen's Verl. I. Aufl. gedruckt v. Hohefeld & Witte in Lobau. IV. Aufl. gedruckt v. Karl Sallmann in Görlitz.

> V e r b o t e n vom L.-G. Prag, 28. Juli 1892, § 302.

— — Dasselbe. Berlin 1893. 8⁰. (75 Pfg. Adolf Graeper, Barmen, 1894.)

— — W e i h n s, W., B o r d e l l - J u d e n u n d M ä d c h e n h a n d e l. Ergänzung zu der Schrift „Juden-Bordelle". Berlin, o. J. (1892). Gr. 8⁰. (In Dresden, Bibl. d. Gehe-Stiftg.)

BERG, D e r g e b ä h r e n d e, oder: Die neue Gährung i n B e r l i n (von *Aug. Friedr. Cranz*). Berlin 1783. 8⁰. Sehr selten! (3 Mk. 50 Pfg. G. Priewe, c. 1900.)

BERGHENGST, Dr. Tobias (nicht enth. Ps.), Die neue Heilige des neunzehnten Jahrhunderts unter dem Schutze der Polizei. Mit Titelholzschn. Berlin 1849. Lex-8⁰. 8 S. (2 Mk. E. Frensdorff, Berlin, 1907.)
Auf Prostitution bezüglich?

BERLIN im Jahre 1786. Schilderungen der Zeitgenossen. (Enthält u. a.: Zustand der Strassen-Controle an den Stadtthoren. Witz und geselliger Ton. Kleidermoden. Strassenprediger. Schauspiel. Oper. Tanzsäle. Die Zelten. Getränke. Die jüdischen Fleischscharren. Wurmschneiden der Hunde u. s. w.) Leipzig 1886. 8⁰. (2 Mk. 50 Pfg. G. Priewe, c. 1900.)

BERLIN, Das belobte .... von *Ludw. L—r (Lesser),* s. unten Deppen, Otto v. (Dr. *Strass.*), Das verkehrte Berlin.
Auf Prostitution bezüglich?

§ **BERLIN wie es ist.** Fortsetzung der Sitten- u. Charaktergemälde von London, Madrid und Wien, v. *C. v. K .. y.* — 2 Bde. Leipzig. Magazin für Literatur, 1827. 8⁰. 178 S. (In Berlin, Magistratsbibl.)

> Hofleben. Hoffeste. Fackeltanz. Theater. — Die Nähterinnen, Luxus, Kupplerinnen, Dirnen, Volksfeste etc. (4 Mk. Emil Hirsch, München, 1904; 5 Mk. Max Jaeckel, Potsdam, 1906; 4 Mk., Orig.-Umschl., Ferd. Schöningh, Osnabr., 1907.)

§ **BERLIN wie es ist**: Ein Gemälde des Lebens dieser Residenzstadt u. ihrer Bewohner, dargestellt in genauer Verbindung mit Geschichte u. Topographie. Mit 7 Kpfrn. u. dem neuesten Grundriss von B. Berlin 1831. 8⁰. (In Berlin, Magistratsbibl.) (2 Mk. 50 Pfg., mit nur 3 Kpf., G. Priewe, Heringsdorf, c. 1902; 6 Mk., cplt., Max Perl, Berlin, 1904.)

BERLIN in seinem Jlanze. Nach bekannter Melodie. (Der Bänkelsänger.) Chemnitz 1848. 8⁰. 4 S. (1 Mk. 50 Pfg. Rich. Bertling, c. 1906.)

> Gedicht, theilweise in Berliner Mundart. Politisches Flugblatt.

BERLIN ohne Dach. (Berliner Mysterien.) Ein Sittengemälde der Neuzeit. 6 Thle. in 1 Bde. Berlin 1854. (2 Mk. 50 Pfg. Schnabel & Walter, Potsdam, 1906; Th. 1—2: 5 Mk. E. Frensdorff, 1907.)

> I. Die Amazone. II. Die Raubvögel.

§**BERLIN bei Tag.** Ein Epos in Knüttelversen. Hamburg 1857. 12⁰.

> Pikante Persiflage damal. literar. u. socialer Uebelstände. (1½ Mk. W. H. Kühl, Berlin, c. 1882.)

BERLIN wie es plappert und schnattert. Pudelnärrische Begebenheiten, Schilderungen und Scenen aus dem jetzigen Volksleben, von Brennecke, Stiebel und Lott-is-

d o d t. Mït 1 color. Titelbild. Berlin 1861. 16 S. (2 Mk. 50 Pfg.
E. Frensdorff, 1906.)

BERLIN, Das lustige, für 10 Sgr.! Nr. 1—2: B e r l i n
i n d e r L e h n e k l u f t und in (!) S c h l a f r o c k u n d P a n -
t o f e l n. Altona, o. J. (1864). 12⁰. (Ldpr. à 5 Sgr.) (à 1 Mk.
Fischhaber; zus. 3¹/₂ Mk. Bielefeld.)
> Mit 9 Titelbildern u. 1 pikanten Umschlag.

BERLIN in der Lehnekluft (geliehene Kleider), s. B e r l i n ,
Das l u s t i g e.

BERLIN mit und ohne Gasbeleuchtung. Liebesgeschichten in
Zick-Zack. O. O. u. J. (187*). 12⁰. (75 Pfg. Gust. Klötzcsh, Lpz.,
1885.)

BERLIN mit und ohne Gasbeleuchtung. Ein lustiger Führer
durch das lustige Berlin für lustige Leute. Altona, o. J.
(c. 1870). 12⁰.

— — Dasselbe. 3. Aufl. Ebd., o. J. 12⁰. 80 S. (1 Mk. 50 Pfg.
A. Bielefeld, 1092.)

— — Dasselbe. Ebd., Aug. Prinz, 1871. 12⁰. 80. S. Mit lithogr.
Umschl. (6 Mk. Adolf Weigel, 1907.)

BERLIN bei Nacht. Gründlicher Wegweiser durch das nächtliche Berlin vom frühen Abend bis zum späten Morgen. Berlin,
o. J. (187*). 12⁰. (75 Pfg. Pfg. Paul Neubner, Cöln, c. 1890).

**BERLIN bei Nacht und Nebel, bei Regen und Sonnen-
schein.** Berlin, o. J. (188*?). 8⁰. (1 Mk. 25 Pfg. G. Priewe,
Heringsdorf.)

BERLIN im Keller und im ersten Stock. Berlin, o. J. (c. 1880).
Kl. 8⁰.
> Dr. Franz Schnitzer's Bibl. München 1902. No. 677,
> Beibd. 3.

BERLIN bei Nacht in Wort und Bild. 6 Bdchn. Mit (freien
Holzschnitt-) Illustrationen. Berlin, J. Weinberg, o. J. (1887).
8⁰. (1—3: 6 Mk. 50 Pfg. Adolf Weigel, Lpz., 1907.)
> I. Vornehme Sünderinnen. II. Faschingsscherze der Venus
> im Tricot. III. Elsa, eine unschuldige Theaterprinzessin.
> IV. Ninas Tugendkampf. V. In wilder Ehe. VI. Von der
> Liebe zum Laster.

BERLIN, Das lachende: heitere Scenen aus den Gerichts-
sälen. Berlin 1890. 8⁰. 156 S. (1 Mk. 50 Pfg. J. Taussig,
Prag, 1904.)

BERLIN wird Weltstadt. Ernste und heitere Culturbilder.
Berlin, o. J. (c. 189*). 2 Bl. u. 233 S. (6 Mk. 50 Pfg. E.
Frensdorff, 1907.)
> A u s d e m I n h a l t e : Das Leihamt. — Sommerwohn-
> ungen. — Landpartien. — Berliner Schriftsteller. — Die
> möblirten Stuben. — Berliner Bock-Walpurgis. — Berlin
> bei Tage. — Berlin bei Abend. — Das Intelligenz-Blatt. —
> Berlins Père la Chaise. — Die Wettrennen. — Berliner

Aerzte. — Kleine Leiden eines Weltstadtbürgers. — Der
Berliner Milchbart. — Eine Berliner Leihbibliothek. — Die
Angler u. die Segelfritzen. — Berliner Winterfreuden. —
Der Ritter der Berliner Blonden. — Gerson's Magazin zu
Weihnachten. — Berlin's Thore. — Die Börse. — Die Bahn-
höfe. — Berliner Konditoreien. — Berliner Läden. — Die
Feuerwehr. — Das neue Museum. — Berliner Fuhrwerke. —
Reisende Berliner. — Der Berliner in der Fremde.

BERLIN, Das vornehme. Bilder aus dem High life der
Reichshauptstadt. Berlin, o. J. (c. 1900?). 8⁰. (2 Mk. Schnabel
& Walter, Potsdam, 1906.)

BERLINS Gegenwart und Zukunft. Berlin 1848. 8⁰. 16 S.
(2 Mk. E. Frensdorff, 1907.)

* **BERLIN'S Jungfrauen und Schauspieler.** Ein Beitrag zur
Hospitalgeschichte des 19. Jahrhunderts (v. *Frdr. Wilh. Ferd.*
Meyer). Berlin (o. Adresse) 1804. 8⁰. Selten! 39 S. (6 Mk.
E. Frensdorff, 1904.) Rar!

Anon.-Lex. II. p. 346 (nach Meusel u. Adelung).

BERLIN'S sittliche und sociale Zustände. Nach Berliner
Berichten dargestellt. 3. Aufl. Freiburg i. B. 1872. 8⁰. (50
Pfg. A. Bielefeld.) (In Dresden, Bibl. d. Gehe-Stiftg.)

Ed. I—II wohl von demselben Jahre.

BERLIN'S Spelunken und Verbrecherkneipen. Beiträge zur
Sittengeschichte der Residenz aus Vergangenheit und Gegenwart. Berlin, o. J. (1848). 8⁰. (1 Mk. 25 Pfg. G. Priewe.)

BERLIN und Mottenburg. Ein Rothbuch hrsg. von ††† (einem
Kreuzritter). Brünn 1869. Gr. 8⁰.

1 Bl. u. 203 S. Ca. 30 S. handeln allein von der B e r -
l i n e r P r o s t i t u t i o n. — Zinke's Dresd. März-Auct. 1906,
no. 454.

BERNHARDI, Wolfg. (k e i n Pseud.), D i e B a n d i t e n d e s
S a l o n s. 2 Bde. Mit illustr. Umschl. Berlin 1870.

Weigel's in Lpzg. Novbr.-Auct. 1875.

BERNHARDI, B e r l i n a r m u n d r e i c h. Romantisches Lebensbild. Ebd. 1871. (1870?). 8⁰. (Mk. 2.—.) (1 Mk. 50 Pfg.
A. Bielefeld.)

BERNHARDI, Bis in's dritte und vierte Glied. Roman
aus der Gegenwart. Ebd. 1870. 8⁰.

Gmähle's Leihbibl., München, no. 29, 270.

BERNHARDI, Finette, oder: D i e P e r l e d e s B a l l e t s.
Ein Sittengemälde der Gegenwart. Ebd. 1871. 8⁰. (l. c. no.
29,268.)

BERNHARDI, D e r K ö n i g d e r B a u e r n f ä n g e r. Ein
Berliner Sittengemälde. Mit color. Umschl. Ebd. 1870. 8⁰.
(l. c. no. 29,271.)

BERNHARDI, D e r R o m a n e i n e r K u n s t r e i t e r i n. Ebd.
1870. 8⁰. (l. c. no. 29,272.)

BERNHARDI, Die Wollarbeiterin. Ein Berliner Sitten-
Gemälde der Gegenwart. Mit Titelbild. Ebd. 1870. 8⁰. (l. c.
no. 29,273.) (1 Mk. 50 Pfg. A. Bielefeld.)

> Sämmtl. ziemlich zahme Colportage-Waare.

BESCHÄFTIGUNGEN, Berlinische, u. Lesereyen für an-
gesehene unstudirte Männer u. vornehme Bürger nach geendigten
Geschäften. Erstes, Zweytes Vierteljahr 1770 = 26 Nrn. (soviel erschienen). Gedruckt bey C. S. Bergemanns Wittwe.
Gr. 8⁰. 412. S.

> Dieses sehr selten gewordene, gute Wochenblatt enth. u. a.
> viel über Kinderzucht (-züchtigung), Gesundheitsregeln, „Von
> den Austern", „Vom Gesundheittrinken" (wird ver-
> worfen), auch Gedichte u. Fabeln. (Dr. Franz Schnitzer's
> Bibl. München 1902. Nr. 55.)

BEYSSEL, A. (d. i. *Jacob Nathan*), Berliner Bauernfänger; oder: Die Geheimnisse der Residenz. Sittenbild aus Berlin's Neuzeit. Bd. 1: Berlin, o. J. (186*). Bd. 2—3:
Dresden 1870. 8⁰. Zus. 952 S. (Mk. 6.—.) (2 Mk. Kühl, Berlin,
c. 1882; 3 Mk. 50 Pfg. H. Hugendubel, München, 1905.)

§ * **BEYTRAG** zur Chronika von Berlin im beliebten
altteutschen Romanzenton mit untergemischten erbaulichen Lob-
und Bußliedern. (Verf.: *Aug. Friedr. Cranz*, geb. 1737 zu
Marwitz bei Landsberg a. d. Warthe, † 19. Octob. 1801 zu
Berlin.) Berlin 1781. 8⁰. Erstes Stück 48 S. Zweytes St.
47 S. Drittes St. 46 S. Supplement z. erst. St. 47 S.
Supplement z. zweyt. St. 32 S. Mit e. Schattenriß. (In
Berlin, Magistratsbibl., cplt.; im Verein f. d. Gesch. Berlins
nur St. 1—2; in Dresden 3 Stücke u. 2 Suppl.) (3 Stücke
in 1 Bde., ebd. 1781, 6 Mk. E. Frensdorff, 1904.)

> 3 Stücke u. 2 Suppl., ebd. 1781—84, waren in Goedeke's
> Bibl. no. 1442.

— — Dasselbe. 2. Auflage. 3 Stücke. Berlin 1781. 8⁰. (4 Mk.
Paul Lehmann, Berlin, 1892.)

§ — — Zur Chronika von Berlin, eine Neujahrs-
Kurzweil im beliebten altteutschen Romanzenton .... Berlin 1781. 8⁰.

> Das dritte Stück hat den Titel: „Beytrag zur Chro-
> nika von Berlin, in sich fassend die öffentlichen An-
> stalten für den Geist und für das Fleisch."
> Bei letzteren werden die Bordelle der Madame Schu-
> bitz (sic!), der Saalbach und Garmuth. sowie
> Posen's Tanzsaal erwähnt. Als Proben hier 3 Strophen:
> St. III, S. 34:
>
> > In Kirchen wird gesorgt für die Seele
> > Doch daß es auch dem Leib nicht fehle
> > Sind Häuser die Menge auch da, be-
> > stimmt den Fleisches Lüsten

Und Mädchen ohne Zahl mit lockenden Brüsten,
Die offen an den Fenstern stehn . . . .

Ebd., S. 36:

Und unter dem Schutz der Polizey
Sind alle Venustempel frey,
Zusammt den kleinen Kapellen
Für liederliche Gesellen —

Ebd., S. 37:

Als Oberpriesterin der Göttin von Cithere
Hat Madam S c h u b i t z i n die Ehre,
Daß alles mit gehöriger Pracht
Gebührend werde zu Stande gebracht
Was jemahls zum Dienst am Altar
Der Göttin, im Gebrauche war.

etc. etc. etc.

Ueber den sehr fruchtbaren V e r f a s s e r, geb. 1737,
† 1801, der lange in B e r l i n lebte und durch s. literar.
Thätigkeit vielfach Anstoß erregte, heißt es bei G i e s e k e,
Joh. Chrn., Handbuch für Dichter und Litteratoren, Th. 1
(einz.). Magdeburg, Verlag des Verfassers, 1793, S. 424:
„A u g u s t   F r i e d r i c h   C r a n z, ehemal. Kgl. Preuß.
Kriegs- und Steuerrath zu Cleve; wurde s. Amtes entsetzt
und privatisirte seit 1779 zu Berlin; begab sich 1785 nach
Hamburg, ward aber von dort noch in demselben Jahre ver-
wiesen; dann hielt er sich zu Altona auf; ward darauf in
Berlin beim Finanzdepartement angestellt. Seit 1790 privatisirte er zu Frankfurt a. M. und seit dem Sommer 1791
lebte er wieder in Berlin.“ S. auch über ihn B ü s t e n
B e r l i n s c h e r   (!)   G e l e h r t e n   u n d   K ü n s t l e r
m i t   D e v i s e n (von Jul. Friedr. K n ü p p e l n, Carl
Chp. N e n c k e u. Chrn. Ludw. P a a l z o w). Leipzig, Oster-
messe (Stendal), 1787. 396 S. 8⁰. (10 Mk. Max Jaeckel,
c. 1906.) S. 65—70.

BEYTRAG z u r   B e r l i n i s c h e n   L i t t e r a t u r - G e -
s c h i c h t e (von *Aug. Friedr. Cranz*). Berlin 1781.

Anon.-Lex. I. p. 163 (nach Schröder's Lex. d. Hamburg.
Schriftst.).

§ BEYTRAG z u r   S i t t e n g e s c h i c h t e   B e r l i n s i m J. 1807.
(Nur — reine Wahrheit.) In: N e u e F e u e r b r ä n d e. Ein Journal in zwanglosen Heften. Hrsg. v. d. Verf. der vertrauten Briefe
über d. innern Verhältnisse am Preuss. Hofe seit d. Tode
Friedrichs II. (Von *Friedr. v. Cölln*). Hft. 5. Amsterd. u. Lpz.
(Lpz. Gräff) 1807, bei Pet. Hammer. S. 134—140. (Ziemlich
frei.)

BIEDENFELD, F r h r. v., D e r h i n k e n d e T e u f e l z u B e r -
l i n. In zwanglosen Heften herausgegeben. 4 Hefte. Berlin.
Bei Cosmar und Krause. Berlin 1827—28. 8⁰. (15 Mk., mit den
illustr. Orig.-Umschlägen, E. Frensdorff, 1905.) Selten cplt.!

Aus dem reichen, zur L o k a l g e s c h i c h t e B e r l i n s
wichtigen Inhalt seien angeführt: Strassenordnung. —
Troschken. — V e n u s V u l g i v a g a. — Brückenordnung.
— Singknaben. — Theater. — Das Hoftheater. — Das

Königstädtische Theater. — Kirchhöfe und Begräbnissfeier.
Gasthöfe. — W e i n k e l l e r. — R e s t a u r a t i o n e n. —
K a f f e e h ä u s e r. — T a b a g i e n. — B i e r - u n d
B r a n n t w e i n k n e i p e n. — Die Linden und das Be-
sprengen der Strassen. — Der Thiergarten. — Mittwochs-
gesellschaft. — Neuer Literarischer Verein. — N ä c h t -
l i c h e A b e n t h e u e r. — Die Pfauen-Insel, ein pittoreskes
Rundgemälde von M. G. S a p h i r. — Berlins Journale. —
Die Liebhaber-Theater Urania, Concordia, Thalia. — Maurerei
und Logen. — Der Berliner Wochenmarkt. — Das Arre-
stanten-Zimmer. — Friedrich von Raumer und die neuen
Sängerinnen zu Berlin. — Das Diorama des Herrn Gropius.
— Der Genz'sche rothe Wagen u. eines seiner Abentheuer. —
Der Schulgarten. — Die dramatischen Vorlesungen des
Herrn v. Holtei. — Enslens panoramische Zimmerreise und
geschminkte Wangen. — Die Singakademie.

BIERGLAS, A. (ps.), B e r l i n e r C a r i c a t u r e n. 1843.

BIERGLAS, D e r e w i g e J u d e. Berliner Puppenspiel. 1844.

BIERGLAS, D a s B u c h d e r g u t e n L a u n e. 1847.

BIERGLAS, D e r H u m o r i s t a u f d e r E i s e n b a h n.
1854 etc.

    Weller, Lex. Ps. p. 73.

BIOGRAPHIEEN e i n i g e r m e r k w ü r d i g e n B e r l i -
n i s c h e n F r e u d e n m ä d c h e n (von *Johann Christian Siede*),
s. R a r i t ä t e n v o n B e r l i n.

BITTE, Herzliche, e i n e s J ü n g l i n g s a n d i e S c h ö n e n
B e r l i n s w e g e n d e r S c h l e p p e n. O. O. 1795. 8⁰. Selten!

BITTERKLEE, Hieronymus (ps.), B e r l i n e r S i t t e n b i l d e r.
Eine Erzählung aus der Gegenwart. 1877. (2 Auflagen.)

    Zuerst anonym in „Neue Welt", 1876. — Weller, Lex.
Ps. p. 74.

***** **BLANDINE** oder w a h r e G e s c h i c h t e e i n e r s c h ö n e n
B e r l i n e r i n n. In (zahmen) Briefen an ihre Freundinn Laura.
Berlin, Realschule, 1790. (1791?) 8⁰. (In Berlin: Yw 3251.)
(¹/₂ Rthl., Schmidt, Halle, c. 1865.)

BOCCACCIO, D e r, v o n B e r l i n. (Die Brillantwanze, Pension etc.) Mit zahlr. originellen Illustrationen. Berlin, o. J.
(c. 1900). 8⁰. (60 Pfg. Hugendubel, München.)

BOHMHAMMEL, U l l o (d. i. *Albert Hopf*), R e i s e a b e n -
t h e u e r d e r A u r o r a S t r a m p e l m e i e r, oder Berliner
Pflanzen auf der Leipziger Messe. Berlin 1851. 8⁰. (40 Pfg.
G. Priewe.)

BORN, George F. (d. i. *Karl George Füllborn*), D i e G e -
h e i m n i s s e e i n e r W e l t s t a d t, oder S ü n d e r i n u n d
B ü ß e r i n. 3 Bde. Berlin 1871. 8⁰. (5 fl. 24 kr.) (1 fl. 36 kr.
Theod. Ackermann, München, 1875.)

    S c h w e d i s c h e U e b e r s e t z u n g : En verldsstads my-
sterier. Öfs. Stockholm 1877. 8⁰. (H. Bukowski's Stockh.
Octob.-Auct. 1884, no. 5811.)

BORN, P., B e r l i n s d u n k l e E x i s t e n z e n. Ernstes und Heiteres aus dem Leben und Treiben der Hauptstadt. Berlin, o. J. (c. 1900?). (Mk. 1,50.) 8⁰. (1 Mk., Max Jaeckel, 1904.)

BOUDOIR - B i b l i o t h e k f ü r d i e g a n l a n t e W e l t. 7 Bde. Altona, Verlags-Bureau (Aug. Prinz), o. J. (c. 1870 bis 1875). Kl. 8⁰. (á Bd. 1 Rthl.)

> Auf B e r l i n bezüglich Bd. 6: Ballhauspflanzen, oder das rothe Teufelchen. — Hinter der Gardine. — Auf dem Bauernfängerfang. — Photographien ohne Retouche. — Ferner in Bd. 7: Berlin mit und ohne Gasbeleuchtung.

§ * **BRASS,** Aug., D i e M y s t e r i e n v o n B e r l i n. 5 Bde. Mit Holzschnitten. Berlin, Reichardt und Comp., 1844—45. Kl. 8⁰. (Bd. 1—3: 2 Mk. 50 Pfg. Max Jaeckel, Potsdam.)

— — Dasselbe. 2. verbess. Aufl. Mit 15 Holzschnitten von B ö h m e r. Ebd. 1844—45. Kl. 8⁰. (12 Mk., cplt. in 2 eleg. Hfrzbdn., M. Edelmann, Nürnb., 1906.)

> Selten u. gesucht, besonders cplt. !

BRAUSEPULVER f ü r H y p o c h o n d r i s t e n. Sammlung B e r - l i n e r W i t z e, R e d e n s a r t e n u. A n e k d o t e n. Do- sis 1—7 (soviel ersch.?). 6. Aufl. Berlin, Verlags-Exped. des Berliner Modenspiegels. 1833—34. 24⁰. (2 Mk. 50 Pfg. Jos. Jolowicz, Posen, 1908.)

> Zuerst 1832 erschienen.

BRENNGLAS, Adolf, s. G l a s b r e n n e r, Adolf.

BRENNECKE, S t i e b e l u n d L o t t - i s - d o d t, B e r l i n wie es p l a p p e r t u n d s c h n a t t e r t. 1861.

> Weller, Lex. Ps. p. 85. — S. oben: B e r l i n wie es p l a p p e r t . . . .

BRENNUS. Eine Zeitschrift für das nördliche Deutschland (ver- fasst von *Heinr. Julius Ludw. v. Rohr*). Bd. 1. (Jan-Junius 1802, soviel erschienen?) Berlin 1802. 8⁰. (6 Mk. 50 Pfg. Ernst Frensdorff, Berlin, März 1907.)

> U. a.: Französ. Schauspiel in Berlin; über die V e r - g n ü g u n g e n B e r l i n s etc. — Vf. genannt im Anon.- Lex. I. p. 258 (nach Meusel).

BRIEFE aus Berlin über v e r s c h i e d e n e P a r a d o x e d i e s e s Z e i t a l t e r s (angebl. von *Carlo Antonio Pilati di Tassulo*), s. bei W i e n unter F r i e d e l, Johann.

§ **BRIEFE aus Berlin.** Geschrieben im Jahr 1832 (von *Friedr. Arnold Steinmann*). 2 Thle. Hanau, Friedr. König, 1832. 8⁰. Zahm. (In Berlin, Magistratsbibl. u. Bibl. f. d. Gesch. Berlins; Th. 1 auch in Dresden.)

> Anon.-Lex. I. p. 261 (nach Goedeke u. Rassmann). — Enth. u. a. in Theil 2, S. 19 sq. Angriffe auf die d e u t s c h e n U n i v e r s i t ä t e n.

BRIEFE über Berlin (von *Wolf Davidson,* geb. 1772 in Berlin, Arzt das., † 19. Aug. 1900). Erste (einzige) Sammlung. Landau, 1798, bei Emanuel Francini (Berlin, Felisch). Kl. 8⁰.
> Titel, 1 leeres Bl., 91 S. Wenig bekannt und rar! Der 8. (letzte) Brief bringt Interessantes über die Berliner Theater. — Anon.-Lex. I. p. 266 (nach Kayser u. Weller).

BRIEFE, N e u e , e i n e s E n g l ä n d e r s , auf seiner Reise nach Italien, Genf, Lausanne, Strassburg, B e r l i n , Deutschland etc. Aus d. FranzÖs. Leipzig 1782. 8⁰. (1 Mk. Lippert, Halle, 1893; jetzt theurer!) Rar!

BRIEFE eines reisenden Franzosen ü b e r D e u t s c h l a n d a n s e i n e n B r u d e r i n P a r i s . Uebersetzt von K. R. (verfaßt von *Joh. Caspar Riesbeck,* geb. 1749 oder 1750 zu Höchst bei Mainz, † 5. Febr. 1786 zu Aarau). 2 Thle. O. O. (Zürich) 1784—85. 8⁰. (5 Mk. Max Jaeckel, c. 1902.)
> I, Brief 48—55, scharf-satyrische Charakteristik der B e r - l i n e r S i t t e n z u s t ä n d e . — Th. 1 zuerst gedr. 1783. 8⁰. (In Hamburg, Commerz-Bibl.) Vgl. Anon.-Lex. I. p. 264.

§ * **BRIEFE über die Galanterien in Berlin,** auf einer Reise gesammelt von einem österreichischen Offizier (verfaßt von *Johann Friedel,* geb. 17. Aug. 1755, von deutschen Eltern, † 18. April 1789 als Schauspieldirektor zu Klagenfurt). O. O. (Gotha, Ettinger) 1782. 8⁰. X—378 S. (Bibl. d. Vereins f. d. Gesch. Berlins; auch in Dresden, Bibl. d. Gehe-Stiftg.) (7 Mk. 50 Pfg. Kühl, Berlin, c. 1885; 10 Mk., fleckiges Expl. ohne Titelbl., Rich. Bertling, Dresden, 1903; 20 Mk. E. Frensdorff, 1907.)

— — — Dasselbe. London (Gotha) 1782. 8⁰.
> Sehr gesucht! Aus dem Inhalte: Etwas von öffentlichen Schauspielen. — Die Oper. — Die französische Komödie. — Das deutsche Schauspiel. — Ueber den Hang zum Vergnügen. — Von den Ehen und Ehescheidungen. — Etikette der Offiziere, ihre Galanterien. — Avantüre im Thiergarten. — Gastereyen. — Hochzeiten. — Flüchtige Betrachtungen über Mädchen und Frauen. (Auch über weibl. Onanie u. Godmiché.) — Galanterien der Männer. — Warme Brüder. — Gedanken über die Knabenliebe. — Soll man die Knabenschänder bestrafen? — Beccaria Meynung. Hommels Anmerkung darüber. — Gedanken über beyde. — Ein Besuch in der Knabentabagie. — Vom Spiele. — Vom Trunke. — Kuppler und Gelegenheitsmacherinnen. — Putz der Damen. — Juden und Jüdinnen, ihre Galanterien. — Berlinische Mutter des Mittelstandes. — Französische Gouvernantinnen. — Analyse des zottigen Juden. — Von dem Mädchenraub. — Posens Tabagie. — Legers Tabagie. — Winkeltabagien u. dergl. m.

— — — Dasselbe. Neue Aufl. O. O. 1785. 8⁰. 378 SS. (In Berlin, Magistratsbibl. (6 Mk. Kühl, Berlin, c. 1883; jetzt theurer!)
— — — Dasselbe. O. O. 1802. 8⁰.

BRIEFE, Vertraute, über Preußens Hauptstadt. 2 Thle. 2te Ausgabe. Stuttgart, Fr. Brodhag, 1841. 8⁰. (5 Mk. Südd. Antiqu., München, 1907; 8 Mk. Adolf Weigel, c. 1905.)

> Wegen vieler sarkast. u. freimüth. Aeußerungen über Verhältnisse am preuß. Hofe u. diplomat. Vorgänge in Berlin seiner Zeit streng verboten. — Enth. 45 Briefe, worin auch interess. Mittheilungen über Ludwig Devrient, Seydelmann, Rüthling, Gern, Beckmann, Stawinsky, Madame Crelinger, Henriette Sontag, Bettina (= Elisabeth) v. Arnim, Theod. Mundt, Wienbarg, Saphir, Gutzkow, Hegel etc.
> Zuerst gedr. ibid. 1837. 8⁰. (Bibl. d. Vereins f. d. Gesch. Berlins; Magistrats-Bibl. in Berlin; auch in Dresden, Kgl. Öffentl. Bibl.) (3 Mk. 50 Pfg. Kühl, Berlin, c. 1885; 8 Mk. Adolf Weigel, Lpz., c. 1905.)

BRIEFE, Vertraute, über die innern Verhältnisse am preußischen Hofe (von *Geo. Friedr. Wilibald Ferd. v. Cöln*), s. unter Preussen.

> Das Anon.-Lex. I. p. 59 hat: 1783—84 (nach Kayser).

BRÜDER, Die schwarzen. Historischer Roman aus Berlins Vergangenheit (von *L. Gothe*, Berlin 1851. 8⁰. 456 S. (15 Mk. E. Frensdorff, 1907.)

> Sehr seltenes, gesuchtes Werk! — Fehlt im Anon.-Lex.
> — — Dasselbe (mit *Gothe*'s Namen), tit.: Die Schwarzen Brüder. Historische Erzählung aus der Vorzeit Berlins. Neue veränderte Ausgabe. 4 Thle. in 2 Bdn. Berlin, o. J. (1858). 8⁰. (Mk. 9.—.) (4 Mk. 50 Pfg. Friedr. Klüber, München, 1906; 6 Mk. Adolf Weigel, Lpzg., 1906.)
> 332, 267, 264, 347 Seiten.

BÜRGER - Blat (!), Das, eine neue Wochenschrift (hrsg. von Aug. Friedr. Cranz). Berlin 1784. 8⁰.

> „Er (Cranz) schrieb das Bürger Blat, welches eben so elend wurde, als elend er in seinen oekonomischen Umständen selbst war! er schilderte die pöbelhaftesten Auftritte, — Obscenitäten (!) des Strahlauer-Fischzugs, und dergleichen" —. Vgl. Büsten berlinscher (!) Gelehrten und Künstler. Lpz. 1787. 8⁰. S. 68.

BULLRICHEN (Madame), 1—6. Gardinen-Predigt, ihrem Gatten Ludwig beim Schlafengehen gehalten. Herausgegeben von Aug. Buddelmeyer (d. i. Aug. Cohnfeld). 6 Flugblätter im Berliner Dialect, mit Karrikaturen. Folio. (2 Mk. J. E. Mueller, Halle, 1905.)

* CAMERA obscura von Berlin. (Wochenschrift, hrsg. von Holle.) Jahrg. I—II. 4 Hefte (vom Juli 1795—Juni 1796). Mit 2 interess. Titelkpfrn. (nach Schubert von Meno Haas). Berlin. 8⁰. (Der 2. halbe Jahrg. auch in der Berliner Magistratsbibl.) (75 Mk., schönes Expl. mit den Orig.-Umschl., Auction Graf York v. W., Berlin, Oct. 1907, no. 83. — Heft 1 apart, 6 Mk., Expl. mit Orig.-Umschl., Leo Liepmannssohn, Berlin, 1906, Cat. 161, no. 489, wo Name d. Herausgebers.)

Wöchentl. 1 Bogen, zus. 416+400 Seiten. So cplt. sehr
rar! Erzählgn., Gedichte, Lokalklatsch, wobei interessante
B e r l i n e r S i t t e n s c h i l d e r u n g e n u. a.: Die schul-
gerechte Frau; Morgengebet der Madam S . . . und ihrer
Kleinen; die nächtliche Umarmung eines Kutschers mit
seinem Herrn in der Kanonierstrasse; die junge Wöchnerin"
etc. — F e h l t im Anon.-Lex.

CASTOR u. Pollux, D a s M a s s e u s e u n w e s e n i n B e r-
l i n . . . . (c. 1902). 8⁰. (1 Mk. H. R. Dohrn, Dresden.)

CHARAKTERISTIK der Sitten Berlins . . . . (von *Carl Heinr.
Frentzel*) (Gera 1783—84.)

      Anon.-Lex. I. p. 317 (nach Meusel).

CHARAKTERISTIK von Berlin. Stimme eines Kosmopoliten in
der Wüste (verfasst von *Julius Friedr. Knüppeln*). 3 Bändgen.
Philadelphia (Berlin) 1784, 85, 88. 8⁰. (In Berlin, Magistratsbibl.; auch in Breslau, Kgl. u. Univ.-Bibl.) (15 Mk. Ernst
Frensdorff, c. 1902, Cat. 1 no. 7, ohne Namen des Verfassers,
welchen das Anon.-Lex. I. p. 317 nennt; Bdchn. 2—3: Mk. 15.—
Südd. Antiqu., 1907.)

      Bändgen I: Strassen; oeffentl. Plätze; B ä l l e und
    P i q u e n i k s ; Concerte; Schauspiele; Opern; Erziehung;
    Policei; Fabriquen; F r a u e n z i m m e r ; Adel; Staats-
    männer; Juden; B o r d e l l e ; G a l a n t e r i e etc. — II ent-
    hält Abhandlgn. üb.: Lotterie, Mode, Criminal-Justiz, Geistl.
    Betrüger, Jüdische Wucherer, Kammer-Kollegia, Feuer-An-
    stalten, Tonkunst, Naturalisten, Schaubühne zu Berlin im
    Jahr 1785, Münchhausen etc. etc. — III (auch unt. d.
    Tit.: P h i l o s o p h. S k i z z e v o n B e r l i n) enth. Ab-
    handlg. üb.: Lage, Klima u. Bevölkerung Berlins; polit.
    u. moral. Charakter d. Berliner, Volkslaunen, Religion, Adel,
    Militair, Gelehrte, Künstler, Kaufleute u. Bürgerstand etc. etc.

§ CHARACTERISTIK (sic!) oder (versificirte) G e m ä l d e a u s
d e m i t z t l e b e n d e n B e r l i n für's Jahr 1784. Von dem
Verfasser der Berlinischen Correspondenz *(Aug. Friedr.Cranz).*
4 Stücke. Philadelphia (Berlin) 1784. 8⁰. (In Dresden nur
Stück 1—3.) (4 Mk. Kühl, Berlin, c. 1883.) (In Breslau,
Kgl. u. Univ.-Bibl., cplt. in 4 Stücken.)

§ * — — Dasselbe. 2. Aufl. 3 Bde. Ebd. 1785. 8⁰. (1—2 auch
in d. Bibl. d. Vereins f. d. Gesch. Berlins, ein Druck o. J. in
der Berliner Magistratsbibl.)

      Das Anon.-Lex. hat 4 Stücke. Philadelphia (Berlin) 1783
    bis 84.

CHRISTIANI, Otto Conr., C e c i l i e n s F l u c h t n a c h B e r-
l i n. Eine Schule für die Mädchenwelt. Mit Titelvign. Braunschweig 1800. 8⁰. (3 Mk. Franz Teubner, Bonn, 1893.)

***** **CHRONIK von Berlin,** oder B e r l i n i s c h e (!) M e r k-
w ü r d i g k e i t e n. Volksblatt. Hrsg. von T l a n t l a q u a t-
l a p a t l i (d. i. Heinrich Wilhelm S e y f r i e d , geb. 1755,
† 1800). 12 Bde. (= 287 Stücke vom 3. Jan. 1789 bis

21. Apr. 1792; soviel ersch.). Mit Titelkpfrn. (meist curiosen Radirungen). Berlin, 1789—93 (!). Bei Petit und Schöne (unter der Stechbahn). 8⁰. (Dem Dresdener schönen Expl. [Hist. urb. Germ. 1350] fehlen leider einige Nrn. u. Titelbilder. Expll. auch in der Berliner Magistratsbibl. u. der Bibl. des Vereins f. d. Geschichte Berlins.) (150 Mk., cplt. bis auf 1 Kpf., C. G. Boerner, Lpz., Cat. 2. [1905.] no. 138; 100 Mk.: Bd. 1—6, 8—12, mit Kupfern, E. Frensdorff, 1908.)

Bd. 1—4: 1498 S. 5—8: 1506 S. 9—12: 1516 S. Das Titelkpf. zu Bd. 9 gestoch. von J. F. Giegel, das zu 12 nach A. Nachsmann von P. Jacquier.

Cplt. von größter Seltenheit und als Fundgrube für Berliner Kultur- und Lokalgeschichte im Preise steigend und theuer bezahlt!

Hervorzuheben: Der Soldat als Kindbetter. — Carnevals-Lustbarkeiten (diverse Artikel). — Tagebuch des Königl. National-Theaters (durch alle Bände und von großer kulturgeschichtl. Bedeutg.). — Die 14 jähr. Mutter u. der 6 jähr. Naturforscher. — Madame Schubitz (mehrfache Beschäftigung mit dieser berüchtigten Bordellinhaberin). — Mutter-Fluch od. kurze Lebensgesch. des Hof-Klempners Albrecht. — Patriot. Betragen unsers Herrn (Polizei-) Präsidenten v. Eisenhard. — Impertinenz des Tobackspinners N—cks gegen die Polizei. — Zöllners Leichenpredigt. — Oper Medea. — Mechanicus Gnieser. — Oper Protesilaus. — Etwas von den Ferngläschen od. sogen. Opern-Guckern. — Kgl. Opernhaus. — Naumann's (Tonkünstler) Belohnung. — Kgl. italiän. Oper. — Comische Oper in Potsdam. — Kgl. Ballet. — Der Liebhaber im Camine. — Filistri u. Burmann (2 Dichter). — Frauenzimmer-Putz. — Abschaffung der großen Hüthe (!). — Lebensgeschichte eines Berlinschen ungerathenen Sohnes. — Der ärostat. Künstler Enßlen. Mehr als Blanchard.

II: Aprills-Narren. — Weiber Fabricke. — Halsbrechende Künste. Spinacuta u. seine schöne Frau. — Das Ziehen der Dienstmädchen und Bedienten. — Friedrich der Einzige. — Abergläub. Sitte, das Oster-Wasser-Holen betreffend. — Der Bereiter Mahyen. — Der gefangene Jude Kaspar Jakob. — Beschreibung des Enßlenschen Kunst-Cabinettes. — Jüdische Intoleranz, Rachsucht, Fanatismus und Bann-Vollmacht. Den Rabbiner Süßkind Cohen Raphael Jockusiells in Hamburg betreffend (dessen Portr. vor Bd. 4). — Der Berliner Töpfer-Markt. Lebendige große u. kleine Töpfe. — Der Schwarzkünstler, Geistercitirer u. Charletan (!) Philidor. — Sechs Damen suchen einen ernsthaften Führer. — Lustbarkeiten bei Schubitz, Pose, Lehmann, Legers u. Höhl. — Die frisirte Schneidermeisterin. — Pohlnische Juden-Versammlung. — Der Nacht-Geiger. — Prellerei der Schlächtermeister; Putz u. Staat der Schlächtermeisterinnen. — Der jüdische Student. — Etwas über die Einrichtung der jüdischen Fleischscharne. Prellereien der jüdischen pohl-

nischen Dienst-Mägde. Betrug der jüdischen
Schlächter. Ihr Schwur. — Bücher Nachdruck (des Buchhändler's Brönner in Frankfurt a. M., der einen Aufsatz
d. vorlieg. Zeitschr. nachgedruckt u. auf der Leipziger Jubi-
late-Messe ausgelegt hatte).

III: Der Liebhaber als Schornsteinfeger
oder Mittel, die Männer zahm zu machen. —
Orthodoxie u. Halsstarrigkeit des Rabbiner Jockusiel.
Ahndung des Hamburgschen Magistrats. — Ueb. die Fort-
schritte der Jüdischen Nation u. Abschaffung der Polacken.
— Ein Paar Schlächter-Frauen. — Feierlich-
keiten bei dem Aufenthalte I. K. H. der Frau Prin-
zessinn von Oranien. — Ueb. jüdische Aufklärung.
— Vertheidigung des Buchhändlers Brönner. — Auf-
forderung an die Ober-Aeltesten u. alle würdige Gelehrte
der jüdischen Colonie in Berlin, den verbannten Owadioh
betreffend (S. 954—968). — Charakter-Züge u. schlechte
Streiche des Raphael Jockusiels. — Prächtige Aufführung des Oratorii Hiob von Dittersdorf. — Antwort
an die Ober-Landes-Aeltesten u. Vorsteher der Berlinschen
Judenschaft. — Redoute bei der Madame Schubitz.
— Natürlich-polnische Juden-Charakter-Maske. — Post-
Straßenraub (des Schlächterknechts Lenz, später hingerichtet). — Der Liebhaber à l'Okzakow od. der
musicalische Hahnrei (S. 1142—47 u. V, S. 18—26).
— Die betrunkene gnädige Frau.

IV: Musje Koscher Schweizer Käse, der jüdische Figaro.
— Illumination bei Ladewig (neben der 2ten Artillerie-
Kaserne). — Der entlauffene (!) Bräutigam. —
Der Traiteur Ollmütz. — Neumodische Schnallen. Manche
Dame kehrt in Berlin die Straße. — Lebens-Geschichte einer Friseur-Frau. — Königlicher Besuch in Rheinsberg. — Schmausereien u. Tänze
der jüdischen Dienstmädchen. Eifer des jü-
dischen Klepper's. — Bestrafung der jüdischen
Dienstmädchen. — Klagen über den jüdischen Klepper.
— Anzeige des dramatischen Pantheons (projektirte Zeitschr.
f. dramatische Litt.). — Sendschreiben eines jüdischen Pa-
trioten über die fremden Juden-Verheimlichung (so!). —
Wünsche einiger preuß. Offiziere. — Dienstmädchen
und Schuster in einem Bette. — Juden-Abscheu (d. h. vor
2 jüd. Studenten, die keine Wohnung bei einem christl.
Gelehrten erhielten). — Frauenzimmer-Jagd. — Oper
Brenno (= Brennus vor Rom, Oper vom Kgl. Capellmeister
Reichardt). — Gemälde-Ausstellung. — Bewährtes
Mittel eine reiche Frau zu bekommen. — Die
geprellte Madame der Liebe (wohl die Bordell-
wirthin Schubitz). — Ein paar Hebammen. —
Die ehrliche Kupplerin. — Gallerie der Engel
(Belletr. Zeitschr. Seyfried's, wovon Quartal 1—3 in
demselben Verlag 1789 ersch.). — Die rothgewor-
dene Braut.

V: Verheimlichung der Dienstboten, Fremden u. Juden. —
Etwas üb. Frankenberg's (Sänger u. Schausp.) Leben,
Verdienste u. Charakter (geb. zu Salzburg 25. Juli 1760,

† zu Berlin 10. Sept. 1789). — Der Berlinsche Christ-Markt.
— **Der Pohlnische Juden-Schächter u. seine
christliche Anonima.** — Leben, Thaten u. schreckl.
Ende des berüchtigten Schlächter-Knechtes, Straßen-Räubers
u. Mörders **Johann Christian Lenz** (dazu S. 63
ein Kpf.: Lenz im Kerker, hingerichtet 19. Jan. 1790). —
Oper Ulysses Rückkunft zur Penelope (Oper vom Kapell-
mstr. Felix **Alexandrini** aus Rom). — Jüdisches Rab-
biner-Gerücht. — **Die reiche Maitresse.**
VI: Parterre-Billete-Händler vor dem Opern-Hause. —
Vier verliebte Kobolde im Keller. — **Der jüdische Eheprocurator u. beglaubigte Notarius.** — Die verunglückte Schuster-Familie. Vergiftete
Trödler-Betten. — **Der Rabbiner Joseph, die Aeltesten
Schlesinger, Buckow, Hirtz, Behr und das
ausgetriebene jüdische Dienstmädchen Lea**
betreffend. — Medicin.-chirurg. Studentenfeier, Nachtmusic
u. Vivat f. d. Herren Professores **Gönner, Walther,
Knape u. Mursinna.** — **Die Klingel der Madame
Schubitz.** — Der nichtswürdige Handlungsdiener. —
Skizze über junge Doctores, Wund- und Afterärzte. — **Die
nach Spandau entlaufene Braut.** — Nächtliches
Fenster-Einwerfen. — **Der weggejagte Bräutigam,**
od. **Vertheidigung der nach Spandau entlau-
fenen Braut.** — **Bewährtes Mittel, eine reiche
Frau zu bekommen.** — **Der weibliche Teufel.**
— Moabiterlands-Belustigungen. — Ueb. Vorurtheile ... der
Talmudisten. — Gesch. d. Straßenräubers u. Seidenwirker-
Gesellen (Chrn. Aug.) **Hellwitz.** — **Antonio Filistri
de Caramondani** (Kgl. Hofpoet, Vf. der Operntexte
„Brennus" u. „Ulysses Rückkehr"). — Hinrichtung des
Kindermörders **Reichel** (30. Apr. 1790). — **Ein Kauf-
dienergericht in Cytherens Tempel.** — Etwas
üb. das Taubstummen-Institut des Hrn. Doctor u. Direktor
Eschke in Berlin. — **Abraham Moses** frühe Be-
erdigung. — Die ertrunkene Bürgers-Tochter. Leichen-Jubel
in der Jacobs-Straße u. auf dem Köpenicker Kirchhofe.
VII: Predigt des Ober-Land-Rabbiners **Herschel.** —
Jüd. Gastfreundschaft u. christl. Undank oder wie kömmt
man zu einer Ohrfeige? — Beerdigung des Juden D. oder
die Rache der Juden an D., weil er viel mıt christl.
Offizieren verkehrte, ohne sie zu bewuchern) nach dem Tode.
— **Schreiben u. Bitte e. unglücklich verführ-
ten Mädchens, an den Volksschreiber.** —
Mädchen-Handel. — (Schluß der) „Kurzen Geschichte
der Pocken-Inoculation". — **Schnipselchens** (Frau des
Herausg.) **Reise nach dem Thiergarten.** — Wer
ist in der (**Cranz**'schen) Berlinischen Korrespondenz auf-
gestellet? Von dem Berlinischen Korrespondenten. — **Der
Müssiggänger** od. **der verliebte Jäger** (auf
Frauenzimmer). — Jüdischer Gage-Cammer- u. Nesseltuch-
Handel. — **Lehmann Loge** (Gasthaus). Das goldene
Acht-Groschen-Stück (e. Berauschter giebt Musikanten statt
8 Gr. 1 Friedrichsd'or). — Der einfältige jüdische Laden-
Junge. — **E. bewährtes Recept f. unzufriedene
Eheleute.** — Aufsetzung d. Knopfes auf den Marien-

kirchthurm. Z ö l l n e r ' s Predigt. G e d i k e ' s Denk-
schrift. Zimmerpolierers G r ä f s Rede (S. 1037—56). —
Stat. Nachrichten über Berlin (S. 1056—67). — D r e i
B r ä u t e u. ein B r ä u t i g a m. U n t r e u e D i e n s t -
m ä d c h e n. Ein wirkliches Schneider-Geschichtchen. —
Ländliche Jubel-Feier (50 jähr.) Ihrer Majestät der verw.
Königinn in Preussen (E l i s a b e t h C h r i s t i n e v.
Brnschw.-Wolfenb., seit 1733 Gemahlin Friedrich's d. Gr.,
geb. 8. Nov. 1715) in Schönhausen (S. 1101—11).

VIII : D i e a d e l i c h e D a m e u. d e r b ü r g e r l. B r ä u -
t i g a m. — M e i n S c h n i p s e l c h e n i s t i n s W o c h e n -
b e t t g e k o m m e n. — D i e g e s c h m i n k t e B r a u t. —
S t r a h l a u e r F i s c h z u c h t. — L e b e n s g e s c h i c h t e
d. K u n i g u n d e A d e l h e i t T l a n t l a q u a t l a p a t l i.
— U e b. d a s A m m e n h a l t e n. — Das politische Kanne-
gießern in Berlin. — Kindelbier-Schmauß. — An Herrn
S e y f r i e d, vom Buchhändler S c h ö n e. — D i e l e b e n -
d i g e P a s t e t e (Ueberbringung eines Kindes der Liebe
am Hochzeitsabend). — L i e b e u. R a c h e. — D a s A n -
z i e h e n (= Aufziehen in Stellung) d e r B e r l i n i s c h e n
D i e n s t - M ä d g e n s. — Berlinsches Chartenlegen, Tassen-
gießen u. Wahrsagen. — D e r N a s e n s t ü b e r i m T h i e r -
g a r t e n (den eine von einem Zierbengel belästigte junge
Dame in Gestalt von Ohrfeigen ausgetheilt hatte). —
M o a b i t e r - H o c h z e i t t a g. — L i e b s c h a f t e n d e r
N e u e n W e l t (d. h. vor dem Frankfurter Thore), oder
der unrechte Vater. — D e r T e u f e l (penis) i n l e i n e n
(!) H o s e n. — L i e b s c h a f t e i n e s C o m ö d i a n t e n,
od. H o c h z e i t s c h m a u ß u. F a u s t b a t a i l l e.

IX : Der eingebildete Pymäenheld (so !), Goldmacher, Geisterseher. — Die gelehrte Höckerey od. etwas über die Schrift
des D. B a r t h m i t d e r e i s e r n e n S t i r n (hier geräth
der Ritter v. Z i m m e r m a n n in den Verdacht der Ver-
fasserschaft, S. 77—84). — Nachricht (statist.) über die
Preise in Berlin von Holz, Hausmiethe, Brod, Fleisch, Bier,
Getreide, Toback, Wolle, von 1727—90, nebst Ursachen
wie sie gestiegen. — Ankunft des von der Osmannische (!)
Pforte an Sr. Majestät d. König abgeordneten Botschaffter
A s m i E f f e n d i. — Oper Darius. — S c h r e i b e n d e s
b u c k l i c h e n T a n z m e i s t e r s a n d i e D i e n s t -
m ä d c h e n i n B e r l i n. — D e r H e r r o h n e W a d e n
u. d i e M a d a m n a c h d e r M o d e. — Beschreibg. des
Kgl. Preuß. S a l z w e r k s z u S c h ö n e b e c k i m M a g d e -
b u r g i s c h e n — und d e s G r a d i r w e r k s z u G r o ß e n -
s a l z e ; nebst einigen Anmerkgn. zur Salzwerkskunde
(S. 243—248, 262—267, 301—303, 309—314). — Der Jude
am Sabbath (Geschichtchen aus B r e s l a u). — Ueber das
Singspiel Don Juan (von M o z a r t). (M e h r e r e Artikel;
im ersten sehr abfälliges Urtheil eines Moralisten über den
T e x t.) — L e b e n u. T h a t e n N i e s e w u r z i n d e m
L e i b e s e i n e r M u t t e r.

X : Niesewurz nimmt von Berlin („der Königsstadt!", „der
schönsten der Städte Deutschlands") Abschied (3 Artikel).
— W a s s i c h i n d e r H o c h z e i t n a c h t i n d e m
B r a u t b e t t e m e i n e s (Niesewurz's) V a t e r m e r k -
w ü r d i g e s z u t r u g. — Wie Niesewurz mit einem wiß-

begierigen Windmüller durch verschiedene Straßen Berlins
wandert und ihm ein Silhouetteur begegnen thät. Gar drollig
zu lesen. — Der aus dem neuen Clubb' gestoßene alte Jude.

XI: Ein erprüftes Schönheitsmittel f. die
Damen (betrifft Selbststillen der Kinder). — Können Zi-
geuner ganz nicht (!) aus den Preuß. Staaten verbannt
werden? — Sargines (Ritter am Hofe Philipp August's
v. Frankreich), e. Novelle nach d. Frz. des Arnaud. —
Strahlauer Fischzug. — Brief e. Vaters an s. in
Halle Theologie studirenden Sohn (sehr energische Phi-
lippica). — Beschreibung der, von Sr. Majestät d. Kaiser
u. Sr. Maj. d. König in Preußen in Pilnitz (!) aus-
getheilten Präsente. (Dokument der unsinnigen Verschwendung an Hofschranzen.) — Bittschrift einer (79 jähr.) Toll-
häuslerinn (in Königsberg i. Pr.) an Friedrich den
Zweiten, König in Preußen. (Nach einer Abschrift des
Originals.) — Oper Olympiade (Text vom Abt Meta-
stasio, k. k. Hofpoeten, Musik vom Kgl. Kapellmeister
Reichardt). — Der versteinerte Paukenschläger. (E. Erscheinung auf Lehmanns Saale.) — Auf den Tod der
Frau Karschin (3 vierzeil. Str., unterz. Sch—ch).

XII: Der hintergangene Liebhaber. E. wahre u.
noch ganz warme Geschichte. — Der lahme Liebhaber
unter den Linden. — Warum gibt es in Berlin
so viele alte Jungfern? — Die Herren Cousins
(Dienstmädchenverführer) unter der Stechbahn.
[Schlussatz: „Schämt euch ihr Herren Cousins, sind nicht
Jungfern-Häuser genug in Berlin, eure Lust büssen zu
können?") — Warum soll man die (!) Comödianten nichts
borgen? — Weiber-Krieg (um einen Posten stehenden
Soldaten). — Neujahrsgeschenk f. Berlins
edelste Töchter im Mittelstande. — Der Kobold
auf dem Werder. — Das sich selbst ertrunkene (!) Dienstmädchen. — Oper Vasco de Gama. — Winterwall-
fahrten der Berliner nach Charlottenburg.
— Amaliens Schicksale und Liebe. — Die
schöne Louise. Lebensgeschichte einer berlinischen Lais (S. 1418—21). — Liebschaft der
Madam N. N. in Martinichen. (Hierzu die hübsche
Titelradirung, D. fec. 1791: Aussicht von Martineken (!)
nach Charlottenburg u. Spandau.) — Die Berliner
Damen an die optischen Schauspieler (in der
Behrenstr.). — Das Jou-Jou-Spiel (und üble Folgen desselben). — Ueber die Hunde- u. Affen-Comödie (von Franciscus Seca, Joseph Roussi u. Consorten) auf dem
Gensdarmesplatze. — Die Untreue aus Zärtlichkeit, eine Konversation u. ein Brief. Von Herrn Anton
Matthias Sprickmann. — Etwas über die Lio-
nische (Kunstvoltig. u. Equilibrist.) Gesellschaft auf d.
Opernplatze.

COLOSSEUM. — Ein Maskenball im Colosseum. Berlin 1838. 8⁰. (1 Mk. 50 Pfg. Emil Hirsch, München, 1904.)
    Berliner Lokalposse mit zahlreich eingestreuten Lokalaus-
drücken u. witzigen Bemerkungen in Berliner Mundart.

COMPASS Berliner Lokale, „wo was los ist." Mit 1 Karte. Berlin 1866. 16⁰. 132 S. (1 Mk. 50 Pfg. J. Taussig, Prag, c. 1906.)

CORRESPONDENZ, Berlinische, historischen und literarischen Ihalts. Eine periodische Schrift von dem Verfasser der Lieblingsstunden *(Aug. Friedr. Cranz).* 59 Stücke und 4 Beilagen, nebst 1 Kupfer nach Chodowiecki von Meil (= 2 Bde., soviel ersch.). Berlin 1783—84. 8⁰. (10 Mk., schönes unbeschn. Expl., Wilh. Jacobsohn & Co., Breslau, Octob. 1907.) (Stück 11—36 in der Bibl. d. Vereins f. d. Geschichte Berlins.) Selten! (41 Stücke, ebd. 1782, offerirte für 10 Mk. E. Frensdorff, März 1906.)

> „Endlich trat er (Cranz) mit der Berlinschen Korrespondenz hervor, sagte mit unter Wahrheiten, aber beleidigte auch die Sittlichkeit, streute den Saamen der Gleichgültigkeit für die Tugend eines reinen Herzens aus, verunglimpfte viele gute Menschen, machte Familien-Geheimnisse bekannt, und reizte durch witzige Anmerkungen und Beschreibung von Modelastern, mehr zu deren Ausübung, als er sich mit unter davon abzuschrecken die Miene gab." Vgl. Büsten berlinscher Gelehrten u. Künstler. Leipzig 1787. 8⁰. S. 68. — Nicht zu verwechseln mit der folgenden Zeitschrift.

CORRESPONDENZ, Berlinische, historisch-politischen und litterarischen Inhalts; eine periodische Schrift .... (hrsg. von Ernst Adolf Eschke). 2 Bde. Berlin 1790—91. 8⁰.

> Selten u. wenig bekannt! — Anon.-Lex. I. p. 352 (nach Meusel).

§ CORRESPONDENZ mit und über eine Berlinische Lais (verfaßt von *Carl Christoph Nencke,* † 28. Aug. 1811, im Alter von 60 Jahren; nicht von Cranz), zugeeignet dem Verfasser des Versuchs einer Anleitung zur Sittenlehre für alle Menschen. O. O. (Berlin) 1783. 8⁰. (6 Mk. 50 Pfg., G. Priewe, Heringsdorf, c. 1890; 15 Mk. Frensdorff, c. 1906.)

> 166 S. (incl. XIX S. Tit. u. „Prolog"). Wichtig zur Berliner Bordell- u. Prostitutions-Litteratur. (S. 55—60 „Vorschlag zur Verbesserung der öffentlichen Häuser in grossen Städten".) Höchst selten!
> „Enth. unter dem Vehikel des Scherzes u. Persifflage (!), welche sich auf lauter Thatsachen gründet, einige wichtige Winke sowohl für die Policei der Sitten, als der Gesundheit." Vgl. Büsten berlinscher Gelehrten u. Künstler . . . Leipzig 1787. 8⁰. S. 216. Anon.-Lex. I. p. 352 (nach Kayser u. Meusel).

COSMAR, Alex. (kein Ps.), Sagen und Miscellen aus Berlin's Vorzeit. Nach Chroniken und Traditionen hrsg. von —. 2 Bdchn. Mit 9 Kpfrn. (H. Lami sc.). Berlin, Cosmar und Krause, 1831—32. 8⁰. (4 Mk. G. Priewe, c. 1902; 7 Mk. 50 Pfg. Max Jaeckel, 1902.)

> In Bdchn. 1 hervorzuheben die Capitel: 15. Luxus der Berliner. 16. Der Hosenteufel. 17. Sonderbare Titel einiger in Berlin erschienener Bücher. — Selten cplt.!

CREUTZIGER, Casp., D e r s p r u c h S. P a u l i j. T i m o t h. ij. S i e w i r d s e l i g d u r c h K i n d e r z e u g e n. (Aus d. Latein. durch Mag. Joach. F r i e d r e i c h.) *Gedruckt zu Berlin bey Hans Weiss*. **1541**. 4⁰. (24 Mk. Jacques Rosenthal, München, c. 1885.)

> S e h r f r ü h e r B e r l i n e r D r u c k! 16 Bll. — Friedländer p. 15.

DAMEN, D i e, d e r B e r l i n e r D e m i - M o n d e. (Dargestellt in Biographien, Skizzen und Genrebildern.) 3 Bde. Mit vielen freien Illustrationen. (Lithogr.) Neustadt, J. F. Wagner (Altona, Verlags-Bureau), 1863. Kl. 8⁰. (3 Rthl.) (Antiquar-Preis cplt. 15—20 Mk.)

> Einzelne Stücke dieser Sammlung finden sich auch in der „Berliner Prostitution", s. weiter unten R o s e n b e r g.

DANDINI, Carlo (ps.), D i e V e r s c h w ö r u n g i n B e r l i n. N ä c h t l i c h e E r o b e r u n g e n i n d e r p r e u s s i s c h e n R e - s i d e n z s t a d t. Ein Fresco-Gemälde (erot.-priap. Roman) als Seitenst. zu der Verschwörung in München von Bruckbräu. Rom, gedruckt in diesem Jahr (c. 1850). 8⁰.

— — Dasselbe. Boston. Reginald Chesterfield (Altona, Verlagsbureau), 1862. 8⁰.

> 280 SS. Seltene Orig.-Ausgabe. (4 Rthlr. Scheible.)

— — Dasselbe. Ibid. s. a. (c. 1860). 8⁰. (2 Rthl. Scheible etc.; jetzt theurer!

> N u r d e m T i t e l n a c h a u f B e r l i n b e z ü g l i c h e s, sehr üppiges Opus, dessen Schauplatz vornehmlich R u s s - l a n d ist. V e r b o t e n vom L.-G. Wien, 17. Novbr. 1863. § 516.

— — Dasselbe. (Wortgetreuer Neudruck.) Leipzig 1908. 8⁰. 316 S. (Unbeschn. in eleg. Orig.-Hfrz. in Etui: 25 Mk. Oskar Rauthe, Berlin 1908; 20 Mk., Orig.-Hfrz., Adolf Weigel, 1908.)

> P r i v a t d r u c k, nur in 550 Expll. hergestellt.

DECAMERON, D a s m o d e r n e, oder wahre (100 versificirte, stark erotische) Geschichten aus dem Leben und Treiben der heutigen (auch der B e r l i n e r) feinen Welt. Ans Licht befördert durch J a c o b d e n Z w e i t e n. Motto: Omne tulit qunctum, qui miscuit utile dulce. Bd. 1—2. 2. Aufl. (Zuerst gedr. 1853.) Boston, Druck und Verlag von Reginald Chesterfield (Altona, Verlagsbureau). 1863.; — Bd. 3. Ibid. s. a. 12⁰. (4 Rthl. Scheible, Fischhaber etc.; jetzt theurer!)

> 215, 281, 251 S. Selten cplt.! „Die Scenen wechseln zwischen Breslau, Hamburg, Halberstadt, B e r l i n, und einem bekannten (?) kleinen deutschen Hofe ab."

DEMI-MONDE, Die Berliner, die offene, versteckte und geheime. Berlin, o. J. (188*). 8⁰. (In Dresden, Bibl. d. Gehe-Stiftg.) (75 Pfg. Paul Neubner, Cöln, c. 1890.)

DENKWÜRDIGKEITEN und Tagesgeschichte der Mark Brandenburg, hrsg. von J. W. A. Kosmann u. Th. Heinsius. Jahrg. 1798. (12 Stücke.) Mit 1 Portrait. Berlin bei Belitz und Braun. 8⁰. 1448 S. (18 Mk., schönes saub. Expl., in 2 Bde. gebd., ohne das Portr., Max Harrwitz, Berlin, 1907.)

> Darin u. a.: Kosmann, Leben und Thaten Friedrich Wilhelms II. von Preussen. — Oelrichs, Gespenstergeschichten aus Crossen und Berlin. — Berlinische Promenaden eines reisenden Engländers im Sommer 1798. — Theaternachrichten etc. etc.

DENKWÜRDIGKEITEN und Tagesgeschichte der Mark Brandenburg und der Herzogtümer Magdeburg und Pommern (hrsg. von den Vorigen). Jahrg. 1799. (12 Stücke.) Ebd. 8⁰. 1442 S. (18 Mk., Expl. in 2 Bde. gebd., Max Harrwitz, Berlin, 1907.)

> Darin u. a.: Ideen über die Cultur der Brandenb. und Preuss. Länder. — Vergleichung der alten und neuen Zeit in Brandenburg. — Briefe über Berlin. — „Der schöne Kaffee im Tiergarten bei Berlin" (ein Gedicht, S. 873—876). — Kleiderordnung. — Schwedenborgianismus in Berlin etc. etc.

DEPPEN, Otto v. (d. i. Dr. *Carl Friedr. Heinr. Strass*, kgl. preuß. Justizcommissarius etc. in Berlin, geb. das. 18. Jan. 1803, † 18**), Das verkehrte Berlin, eine Buß-, Straf- und Controverspredigt, gehalten vom Schatten Abrahams a Santa Clara, und in den Knittelversen des Originals an's Licht gestellt. 3. Aufl. Berlin, 1827. Bei Heinr. Burchardt. 8⁰. 1¹/₂ Bogen. Rar! (6 Mk. 50 Pfg., 2. Aufl., E. Frensdorff, 1906.)

> „Binnen 4 Wochen in 3 Aufl. vergriffen." A. G. Schmidt, Gallerie etc. — Beginnt mit der folgenden Strophe:
> O Jammerzeit! O verderbtes Berlin!
> Du Luxusstadt, du zweites Wien!
> Du Sodomsort, du neues Gomorrha!
> Der jüngste Tag ist schrecklich da!
> Ist das ein Leben unter Christen,
> Mit solchen Ränken, solchen Listen?
> Statt Euch zu vertiefen in Euerer Seele,
> Lauft ihr hinaus in die Ball-Säle
> u. s. w.

DEPPEN, L—r, Ludw. (d. i. *Ludw. Lesser*, Cassierer in Berlin). Das belobte Berlin, ein Seiten- und Gegenstück zu dem verkehrten, vertheidigten, verdolmetschten und modernen Berlin, deren Verfassern und namentlich Herrn O. von Deppen, gewidmet von —. Berlin, Bethge, 1838. 16⁰. 2 Bog. (l. c.)

DEPPEN, Otbert und Folgen eines Sonntag'schen Concerts. („Otbert" nicht von Strass.) Leipzig, Lauffer, 1826. 8⁰. 15 Bog. (l. c.)

DEPPEN, Berliner Schnurren (zunächst als Mspt. für Freunde). Berlin, Logier, 1827. 8⁰. 2 Bog. (l. c.)

DERRERIER, Maria Dorothea (Hermaphrodit). — Mar- F. H., Beschreibung und Abbildung einer sonderbaren Miß - staltung (so!) der männlichen Geschlechtstheile von Maria Dorothea Derrerier aus Berlin, nebst den Meinungen von Stark, Hufeland etc. über diese Person. Mit zwey colorirten Kupfern. Leipzig, o. J. (c. 1802). 8⁰. 20 S. (5 Mk. G. Priewe, ca. 1890; 3 Mk. B. Seligsberg, Bayreuth, 1906; 5 Mk. 50 Pfg. S. Calvary & Co., Berlin, c. 1900.)

§ DIANA, Die schöne, Berlin's erstes öffentliches Mädchen. Vom Mann im grauen Rocke, Verfasser der „Raritäten von Berlin" *(Johann Christian Siede,* geb. 1765, † 1806). 2 Thle. Mit 2 Titelvignetten. Berlin, Schöne, 1794 bis 1796. 8⁰. (11 Mk. W. Koebner, Breslau, c. 1885; 12 Mk. List & Francke, Leipzig, c. 1888.)

    1: XVI—160 S. 2: V—253 S. — Sehr selten und im Preise steigend!

DIECK, E. G. A. (d. i. *J. Chr. Gaedicke*), Peter Storch- schnabel der lange Berliner. Eine Geschichte à la Münchhausen. Berlin 1828. 8⁰. (2 Mk. Jul. Neumann, Magdeb., 1906.)

DIENSTMÄDCHEN. — Hopf, Albert, General-Ver- sammlung der Berliner Dienstmädchen, zur Er- ledigung der Aussteuer-Frage. Mit Titelbild. Berlin 1852. 8⁰. (40 Pfg. G. Priewe.) Rar!

DIENSTMÄDCHEN. — Petition der (Berliner Dienst- mädchen. (Komische Lithographie [Einblattdruck] mit zwei- deutigem Text.) Berlin (1848). 4⁰. (2 Mk. Kühl, c. 1885; 4 Mk. Oskar Rauthe, Berlin 1908.) Rar! — Dazu: Kabinets- Ordre auf die Petition der Dienstmädchen. Mit Abbildg. 4⁰. (Erotisch.) (Zus. 1 Mk. 50 Pfg. Paul Neubner, Cöln, 1892.)

DIOGENES jun. (ps.), 1. Ein Abend im Mehlhause. 2. Ein Berliner Heirats-Bureau. Berlin 1856. 8⁰. (2 Mk. E. Frensdorff, 1906.) Rar!

    16 S. Mit 1 Silhouette (Schattenspiele).

DIXON, William Hepworth, Seelenbräute. (Aus d. Engl. übers.) 2 Bde. Berlin 1868, 8⁰. (Mk. 9.—.) (3 Mk. Max Jaeckel, Potsdam, c. 1902.)

    Orig.: Spiritual wifes. 2 vols. With 1 portrait. London 1868. 8⁰. (9 Mk. J. Taussig, Prag, c. 1903.) „Ebel and the Muckers at Berlin".

DÖRBECK, B., s. W i t z e , Berliner.

DRONKE, Ernst, B e r l i n . (Drastische Schilderungen der damaligen Berliner Sittenzustände: die Grisette, die Flaneurs, die
Spieler, die Orgien, Leben in der Nacht, die Ehe, die Jugendfrage,
etc. etc.) 2 Bde. Frankfurt a. M. 1846. 8⁰. (In Berlin, Magistratsbibl.; in Breslau, Kgl. u. Univ.-Bibl.; in Dresden, Kgl. Oeff.
Bibl.) (Mk. 7,50.) (3 Mk. 50 Pfg., Max Jaeckel, Potsdam,
1902; 7 Mk. 50 Pfg. E. Frensdorff, 1907.)

> 4 Bll., 381 + 1 Bl., 351 Seiten. — Vgl. auch: Die
> P r o z e s s - V e r h a n d l u n g e n g e g e n E r n s t D r o n k e
> vor dem Zuchtpolizeigericht zu Coblenz am 10. April u.
> 6. Mai 1847. Leipzig 1847. 8⁰. (1 Mk. E. Frensdorff,
> Berlin, c. 1902.)

DRUCKER, L o u i s . — D e s v e r g n ü g t e n W e i n h ä n d l e r s
L o u i s D r u c k e r ' s h u m o r i s t i s c h e r N a c h l a s s . Mit
seinem Portrait (mit künstler. Umrahmung v. Adolf M e n z e l)
und drei Beilagen. Neu hrsg., mit biographisch-kritischen Notizen versehen von Gotthilf W e i s s t e i n . Berlin (c. 1905). 8⁰.
2 Bl. 61 S. u. 3 S. Anhang. In grünem Orig.-Umschl. mit
zweifarbigem Druck. 8⁰. (1 Mk. 50 Pfg.)

> Aus der Zeit G l a s b r e n n e r s ein Gläschen prickelnden
> Humors! — Auch titulo: B e r l i n e r C u r i o s a , hrsg. von
> G. W e i s s t e i n . Nr. 3. Berlin, Ernst Frensdorff (c. 1905).

* **DRUIDE,** D e r . Eine moralische Wochenschrift (hrsg. von
J o h a n n G e o r g e S u c r o , n i c h t von Chp. Jos. Sucro).
Th. 1—2 (= St. 1—109, vom März 1748 bis April 1750; soviel
ersch.?). Berlin 1748—50. 4⁰. (St. 1—28 in Berlin, Kgl. Bibl.,
doppelt vorhanden.)

> Sehr selten u. wenig bekannt! — Anon.-Lex. I. p. 418:
> Cfr. S c h ü d d e k o p f , K. W. Ramler. Wolfenb. 1886,
> S. 24; G l e i m - U z , Briefwechsel. Tübingen 1899. S. 480.

EHESTANDS-GEBOTE, D i e z e h n , d e r B ü r g e r w e h r -
m ä n n e r . O. O. u. J. (Berlin 1848.) Schmal-Hoch-Folio-Bl.,
nur auf einer Seite bedruckt.

> Prosa. Schwacher Humor.

EHESTANDSMAGAZIN, B e r l i n i s c h e s . 1. (einz.) Stück.
Berlin 1788.

> Citirt in: Ehestandsalmanach f. d. J. 1799. Regensb. 12⁰.
> S. 284. — Aeusserst selten!

EICHHOFF, W., B e r l i n e r P o l i z e i s i l h o u e t t e n . 4 Serien
u. Nachträge (= 5 Hefte). Hrsg. von J. F. M a t t h i a s . Berlin (Heft 1, 2 und Nachtr.) u. London (Heft 3—4) 1860—61,
im Selbstverlag. 8⁰. (16 Mk. Max Harrwitz, Berlin, 1905;
12 Mk. F. Waldau, Fürstenwalde, 1908.)

> So cplt. von grosser Seltenheit! Seiner Zeit c o n f i s -
> c i r t e Sammlung. Scharf-kritische Beleuchtung der schweren
> Missstände, die sich in der Berliner Polizei unter von
> Hinckeldey's Präsidium entwickelt hatten. Auch über d.

17*

Verwaltung der V e r b r e c h e r - C o l o n i e R u m m e l s-
b u r g werden überraschende Enthüllungen gemacht.

EICHLER, Ludw., B e r l i n e r A n e c d o t e n u n d G e s c h i c h-
t e n. (Berlin u. die Berliner). Schilderungen. 3 Bde. Mit
3 Titelbildern von Theod. H o s e m a n n. Berlin 1839—1842. 8⁰.
(5 Mk., etwas fleckig, E. Frensdorff, 1907.)

    I n h a l t : Die Putzmacherin. — Das Colosseum. — Der
Exekutor. — Eine Tabagie. — Der Banquier. — Salons
und Soireen.

EICHLER, Ludw., B e r l i n u n d d i e B e r l i n e r. IV. (Neue
Folge I). Schilderungen: Die Putzmacherin. — Das Colosseum.
Mit einer Original-Federzeichnung von Theod. H o s e m a n n.
Berlin 1844. 48 S. 8⁰. (2 Mk., brosch. im Orig.-Umschl., der
Vorige.)

*** ENCART,** G. d' (ps?), B e r l i n, z w e i J a h r e n a c h d e r
R e v o l u t i o n. Ein Reisebild, geschrieben im Herbste des
Jahres 1850. Hamburg. Buchhandlung in St. Pauli. 1851. (Titel-
rückseite:) H. G. Voigts Buchdruckerei in Wandsbeck. Breit.
12⁰. 79 S. (incl. Titel). Sehr selten!

    Höhnisches, aber unbekannt gebliebenes G e d i c h t in
4 zeil. Strophen, beginnend:

      Auf einer Reis' im deutschen Land,
      Die jüngst ich unternommen,
      Bin ich auch leider nach Berlin,
      Der guten Stadt gekommen.

ENTHÜLLUNGEN a u s d e m B e r l i n e r Z u h ä l t e r t h u m
(von *Reinhold Herrmann*). Berlin (1891). 8⁰. (In Dresden,
Bibl. d. Gehestiftung.) (40 Pfg. G. Priewe.)

EREMIT, D e r, i n B e r l i n. Ein Unterhaltungsblatt für Gebildete. Hrsg. von K. Ed. Frhrn. v o n d e r O e l s n i t z. Berlin,
Petri. Erster Jahrg. 1827 (und diverse Nrn. von 1828, theils
gebd., theils in Heften.) 4⁰. (In Warmbrunn: 2 voll.) Rar!

    G o e d e k e VIII, 39, 197: Vom zweiten Jahrg., 1828,
scheinen nur 11 Nrn. erschienen zu sein. Vgl. Gesellschafter 1827. Nr. 197. S. 985: „Künftige, neuere und
wiedergeborene Zeitschriften."

EREMITA, Janus (d. i. *Joh. Christian Gretschel*, 1766—1830),
S a t y r i s c h e B l ä t t e r, hrsg. (verfaßt) von —. Mit Titelkpf.
Hohnstadt (Hamburg) 1798. 8⁰. 408 S. (3 Mk. 40 Pfg. J. Taussig,
Prag, c. 1903.)

    Darin auch: E i n T a g i n B e r l i n.

EREMITA, S a t i r i s c h e r A l m a n a c h a u f s J a h r 1 8 0 1.
Hrsg. (verfaßt) von *Janus Eremita*. Mit 1 illum. TKpf. (Buchhändler u. Schriftsteller) u. 1 Himmelskarte. Hohnstadt (ebd.),
auf Kosten der Leer- und Querköpfe, 1801. 8⁰. 308 S. (4 Mk.
Paul Neubner, Cöln, 1892; steigt im Preise.)

    Seiner Zeit c o n f i s c i r t; bereits recht selten! Darin
u. a.: Der h o h e B e r u f d e r T ö c h t e r d e r F r e u d e;

eine Rede, am E i n w e i h u n g s f e s t e d e s P h i l a n t r o -
p i n s (Bordells) d e r M a d a m e ** i n B e r l i n, Nach-
folgerin der weltberühmten und wohlseligen M a d a m e
S c h ** (u w i t z), gehalten von der schönen Jeannette. (51 S.)
— Th. 2 : Der Nutzen, welchen die Töchter der Freude dem
Staat und der Menschheit überhaupt leisten. (28 Seiten.)

ERLEBNISSE e i n e r j u n g e n B e r l i n e r i n L i n a S. a u f
d e m K r i e g s s c h a u p l a t z e i n B ö h m e n. Berlin 1866.
8⁰. Zahm. (40 Pfg. G. Priewe.)

ERNST, Dr. Hermann, B e r l i n e r M a s s e u s e n u n d M a n i -
k u r e n. Leipziger Verlag (c. 1908). 8⁰. (Mk. 2.—.)

ERZÄHLER, D e r , eine Unterhaltungsschrift für Gebildete.
Hrsg. von Hartwig v o n H u n d t - R a d o w s k y. Erster (Zwey-
ter) Band. Berlin, Hayn, 1818—19. 8⁰.
Mitarbeiter nennt Goedeke VIII, 31, 133.

ERZÄHLUNGEN, D r e i (ziemlich zahme), z u r K a r a k t e r i -
s t i k g r o s s e r S t ä d t e m i t R ü c k s i c h t a u f B e r l i n.
Mit Titelvign. Charlottenburg (Carlsruhe, Braun) 1792. 8⁰. (2
Mk. 50 Pfg. W. Koebner, Breslau, c. 1885; jetzt theurer!)
Tit., 1 Bl. Vorr. (unterz.: „Friedrich"), 304 S. 1. Der
Brief (a. d. Engl.). 2. Die Entführung (aus d. Russ.).
3. Der Fusstritt (von einem Berliner). — Nicht häufig!
— — Dasselbe. Dürkheim (ebd.) 1792. 8⁰.

EULENSPIEGEL, D e r B e r l i n e r, v o n u n d f ü r N a r r e n.
Hrsg. von Ed. O e t t i n g e r. 343 Nrn. von April 1829 bis
März 1830. Berlin. 8⁰. Rar!
Goedeke VIII, 40, 205, wo auch die folgende Zeitschrift.

EULENSPIELER, T i l l. B e r l i n e r, W i e n e r, H a m b u r -
g e r C o u r i e r. Redig. von Ed. M. O e t t i n g e r. 365 Nrn.
Berlin 1831. 4⁰. Rar!

FAKKELN, Neue, s. P r e u s s e n.

FALLIBEL, Hyracinth (ps.), D e r P a p s t i n B e r l i n. Interessante Enthüllungen. 1873.
Weller, Lex. Ps. p. 188.

FAMA, B e r l i n i s c h e, d e r n e u e s t e n S t a d t - u n d L a n d -
b e g e b e n h e i t e n (hrsg. von Aug. Friedr. C r a n z). Erstes
(einz.?) Ausblasen. Berlin 1781. 8⁰.
Aeusserst selten! N i c h t im Anon.-Lex.

FANNY, d i e s c h ö n e P u t z m a c h e r i n v o n B e r l i n. Bekenntnisse aus ihrem Leben. Leipzig, o. J. 8⁰. (2 Kronen Halm
& Goldmann, Wien, 1904.)

FAUCHER, Julius, V e r g l e i c h e n d e K u l t u r b i l d e r a u s
d e n v i e r E u r o p ä i s c h e n M i l l i o n e n s t ä d t e n (B e r -
l i n—Wien—Paris—London). Hannover 1877. 8⁰. (In Hannover,
Stadtbibl.)

FERNGLAS (ps.), Guckkästner Grebecke. Komische Gespraeche im berliner Dialekte. 1846.
Weller, Lex. Ps. p. 193.

FEUERBRÄNDE, Neue, s. Preussen.

FISCHER, G. M. S., Berlinische Hummeln und Hallische Wespen für lustige Leute in ein Nest getragen. Zweite Auflage. Halle 1883. 8⁰. (4 Mk. E. Frensdorff, 1907.)
Selten! Mit originellen color. Holzschnitten.

FISCHER, Karl (nicht in Kürschner's Litt.-Kal.), Nervös. (Roman.) Berlin, Karl Freund, 1904. (1905?) 8⁰.
Spielt im Grunewald bei Berlin. Wegen allzu handgreiflicher Personalschilderungen, Intimitäten und Eheirrungen, klagten mehrere der sich getroffen Fühlenden, u. a. ein Ehepaar. Vf. wurde vom Gericht zu 3 Monaten, in der Berufungs-Instanz gar zu 4 Monaten verdonnert, der Verleger freigesprochen, das Buch aber confiscirt. Dürfte bald zu den Seltenheiten gehören.

FLUGBLÄTTER. — Zwei satyrische Flugblätter auf Berliner Persönlichkeiten; auf dem einen Intendant Küstner u. die Sängerin Henriette Sontag; auf dem andern 2 ältere bucklige Leute vor einem Polizeikommissar stehend. Unter jeder Darstellung ein Vers. Anon. farbige Lithographien um 1825. Qu.-fol. (9 Mk. Jaques Rosenthal, München, c. 1903.)

FRÄNKEL, A., u. L. Köppen, Berliner Skizzen. Bilder u. Charakteristiken aus dem Leben der Gesellschaft. 3 Thle. Mit Abbildungen (2 Lithogr.). (1.: Zwei geheimnißvolle Personen. — Das Schenkmädchen. — Malwine. 2.: Die Familie des Trunkenbolds. — Die drei Schwestern. — Er hat sein Glück gemacht. 3.: Aus dem modernen Bürger- und Handwerkerleben.) Berlin, bei Rieß, o. J. (1846). 8⁰. (In Hamburg, Bibl. d. „Harmonie", Nr. 3805.) (3 Mk. 50 Pfg. Kühl, Berlin, ca. 1885; 6 Mk. Südd. Antiqu., München, 1907.)
Vergriffen u. selten!

FRAG- und Anzeigungs-Nachrichten, Berlinische, 1737, bis 1739. (Bibl. d. Vereins für die Geschichte Berlins.)
Höchst selten, wie das folgende.

FRAG- und Anzeigungs-Nachrichten 1745, Wöchentliche Berlinische, ferner Nr. 25 vom 20. Juni 1757. (Ebend.)

§ * **FRANZOSEN**, Die, in Berlin oder Serene an Clementinen in den Jahren 1806, 1807, 1808. Ein (zahmes) Sittengemälde (von *Friederike Helene Unger*, geb. 1751, † 1813). Leipzig, Züllichau u. Freystadt, Darnmann, 1809. 8⁰. 330 S. (4 Mk. 50 Pfg. Kühl, 1884; 5 Mk. Frensdorff, 1904.) Rar!

FRAUENKLUB, Demokratischer, — Buddelmeyer, August (d. i. *August Cohnfeld*), Herr Bullrig willt aber nich haben, daß seine Frau Mitgliedin wer'n soll von'n demo-

kratischen Frauenklub. Strafpredigt, gehalten von Herrn Bull-
rigen an seine Gattin Eulalia. (Berlin 1848.) (1 Mk. 25 Pfg.
G. Priewe.)

FRAUENKLUB. — Der Club der Frauen an seine Mit-
schwestern. Flugblatt. Gr.-Fol. Berlin 1848. (75 Pfg. Derselbe.)

FRAUENKLUB.—Anastasius (d. i. Schnüffler, *Albert Hopf.*),
Entdeckte Geheimnisse des demokratischen
Frauen-Clubbs. An der Tür behorcht und ausgeplaudert
von —. Mit großem Titelholzschnitt. Berlin (ohne Adresse),
1848. Imp.-8⁰. 8 S. (2 Mk. Paul Neubner, Cöln, 1892.)

FRAUENKLUB. — Die Aufhebung des demokratischen Frauen-Clubs oder das schreckliche Ende.
Mit großem Titelholzschnitt. Ebd. 1848. Imp.-8⁰. (2 Mk. l. c.)

FRAUEN-Treubund. — Rippenschwach, Otto (d. i. *Albert Hopf*), Ritter Otto, der zerschmetternde Rächer, oder Mysterien des (Berliner) Frauen-Treu-Bundes. Ro-
mant. Ritter-Schauspiel in Vier Farben (Prosa). 3. Aufl. Berlin,
im Selbstverl. d. Verf.: *A. Hopf*, Zimmerstr. Nr. 4, auf dem
Hofe 2 Treppen hoch. (1848.) *A. E.:* Druck von G. Lauter
u. Co., Klosterstr. 64. 8⁰. Illustr. rosa Orig.-Umschl. (50 Pfg.
G. Priewe.)
       32 S. Im ächten Berliner Dialekt, sehr komisch!

FREIMÜTHIGE, Der, oder Ernst und Scherz. Jahrg.
1—4. Hrsg. von August v. Kotzebue und Garlieb Mer-
kel. Berlin 1803—Juni 1806. 4⁰. — Jahrg. 5—26, titulo: Der
Freimüthige, oder Unterhaltungsblatt für gebildete, unbefangene
Leser. Hrsg. von A. v. Kotzebue und August Kuhn.
Berlin 1808—1829. 4⁰.
    Wurde unter verschiedenen Titeln noch bis zur Mitte
    vorigen Jahrhunderts fortgesetzt. — Näheres bei Goedeke
    VIII, 15, 50.

FREIMÜTHIGE, Der, für Deutschland. Zeitblatt der
Belehrung und Aufheiterung. Hrsg. von K. Müchler und J.
D. Symanski. Erster Jahrg. 1819. Januar bis Juni. Berlin.
Nr. 1—130 und 1820, Nr. 1—98 (dann verboten). 4⁰. Rar!
    Die Mitarbeiter nennt Goedeke VII, 419, 46, 9. — S. auch
    weiter unten: Leuchte, Die, und: Zuschauer, Der.

FRENSDORFF, Ernst, Die Berlinerinnen im 18 ten
Jahrhundert. Vortrag, gehalten im Verein für die Ge-
schichte Berlin's. Mit Titelvign. („Berlinische Folgsamkeit.")
Berlin 1903. Verlag von Ernst Frensdorff. 8⁰. (Tit. m. Bordüre.)
(Mk. 0,50.)

FRIEDENSKONGRESS, Der, zu Lagado im Königreiche Balnibarbi zwischen den Völkern von Lilliput,
Brobdingnock, Laputa, der Hoynhmms etc. etc. Ein historisches

(oft lascives) Familiengemälde in fünff Akten, halb in gebundener (= versificirter), halb in freier Rede. Aus dem Balnibartitanischen frei übersetzt (verfaßt von *C. A. Nicolai,* einem Sohne des berühmten Buchhändler-Schriftstellers Friedrich N.). Leipzig (o. Adresse), 1799. 8⁰. (In Berlin, Magistratsbibl.)

> XVI, 2 Bll. Personenverz., 298 S. S e l t e n e s , o f t
> o b s c ö n e s B e r o l i n u m m i t e r o t i s c h e n V e r s e n ,
> dessen fingirte Namen sich zum Theil auf Berliner Hof-
> grössen und Beamte beziehen. Gegen Ende werden die
> Vergnügungen am Tage der Huldigung Friedrich Wil-
> helm's III. ziemlich nach dem Leben geschildert. (Vgl.
> Jahrbücher der preuss. Monarchie, 1798, August-Stück,
> S. 467.) — Antheil (Mitarbeiterschaft) wird F r i e d r i c h
> S c h u l z in Berlin (Eulalia Meinau ps.), dem Herausgeber
> der „Berlinischen Dramaturgie" (1. Juli 1797—Juni 1798),
> zugeschrieben in: Almanach f. Freunde d. Schauspielkunst,
> hrsg. von L. W o l f f , Jahrg. 10 f. 1845, S. 91, von
> F r i e d r i c h A d a m i , in dem Artikel über Friedr. Schulz.
> D u r c h d i e J a h r e s z a h l v e r f ü h r t , bezeichneten
> manche Antiquare, ohne näheren Einblick in dieses Eroticum
> genommen zu haben, das Opus als eine Satyre auf den
> gleichzeitigen Congress zu Rastatt! Infolgedessen ist die
> Preisansetzung in Catalogen bisher eine sehr niedrige ge-
> wesen, während es von jetzt ab nicht unter 20 Mk. taxirt
> werden dürfte.

FRIEDRICH Wilhelm II., s. im fortlaufenden Alphabet.

FÜR Herren. Die B e r l i n e r D e m i - M o n d e , die offene, geheime und versteckte. Berlin, Max Marcus, o. J. (c. 1880). Kl. 8⁰. 50 S.

FÜR Literatur und Herz, eine Wochenschrift von Gottlob Wilhelm B u r m a n n. Berlin, Decker, 1775. Kl. 8⁰. (Expl. in Warmbrunn.)

GASS, F l o r a. Meine Vertheidigung in Sachen v. H a m m e r - s t e i n. Mit Portrait. Leipzig 1896. 8⁰. (50 Pfg. M. Hauptvogel, Gotha, 1904.)

GASS. — C a l i b a n *(Rich. Nordhausen?),* Herunter mit der Maske! F o r a G a ß , „ein G r e t c h e n f i n d e s i è c l e", in ihrer eigenen Beleuchtung. Leipzig, o. J. 8⁰. (50 Pfg. l. c.)

GEFAHREN, D i e , d e r S c h w ä r m e r e y , oder d i e A m t - m a n n s t o c h t e r i n B e r l i n. Berlin 1794. 8⁰.

> Seltene Wertheriade!

§ GEHEIMNISSE, D i e , v o n B e r l i n. Aus den Papieren eines Criminalbeamten. 6 Thle. Mit Illustrationen (Stahlstichen von P. H a b e l m a n n). Berlin, Meyer u. Hofmann, 1844. 12⁰. (Mk. 9,50.) (6 Mk. A. Bielefeld, Karlsruhe, 1905; 15 Mk. 6 Thle. in 2 schönen Hlwdbdn., Oskar Rauthe, Berlin, 1908.) Zahm.

> E n g l i s c h : The Mysteries of Berlin, from the papers
> of a Berlin criminalofficer. Transl. by B u r c k h a r d t.
> 10 parts. With engravings. New-York 1845. 8⁰. (1 Rthlr.
> Scheible.)

GEHEIMNISSE, D i e , v o n B e r l i n oder d i e G r ü n d e r a u f
d e m M o l k e n m a r k t . Historische Erzählung aus den dun-
kelsten Tiefen, über das Treiben der Kaiserstadt. Berlin, o. J.
(nach 1870). 8⁰. (4 Mk. 50 Pfg. Schnabel & Walter, Potsdam, 1906.) 1344 S. Selten!

GEHEIMNISSE, D i e , v o n B e r l i n . Sittenschilderungen aus
d. Vergangenheit u. Gegenwart der deutschen Reichshauptstadt.
Magdeburg, R. Jacobs, o. J. (c. 188*). 8⁰. (Mk. 12; herabges.
Pr. Mk. 5.—.)

> Berliner Gefängnisse aus neuer u. alter Zeit. — Berliner
> Verbrecherwelt der Vergangenheit u. Gegenwart. — Berlins
> Spelunken von ehemals u. heute. (Anzeige des Verlegers.)

GEHEIMNISSE e i n e r N a c h t d r o s c h k e . Polstergeschich-
ten in 6 Stereoskopen von einem Eingeweihten. Berlin. Verlag
von Max Marcus, o. J. (1873). Gr. 8⁰. (16 Sgr. Scheible,
c. 1875.)

> 30 S. Enth.: Tugendlottchen. — Seine Hälfte. — Eine
> Pulle Sect. — Aennchen u. Veronica, oder: Ein neuer
> Casanova. — Im Hemde. (Es scheint noch ein 2 tes Heft
> erschienen zu sein.)

§ **GEMÄLDE,** N e u e s t e s , v o n B e r l i n , a u f d a s J a h r
1 7 9 8 nach *Mercier*. (4 Zeilen französ. Motto aus J. J. Rousseau.) Kölln, bey Peter Hammer (Berlin, F. Oehmigkke in
Commiss.), 1798. 8⁰. (In Dresden.) (3 Mk. 50 Pfg., schadhaftes
Expl., Kühl, Berlin, ca. 1882.)

> Stellenw. frei. — Tit., 174 S. (incl. 1 Bl. Reg.), 1 Bl.
> Druckf. — Inh.: Der König; Modesucht; nackter Arm u.
> Hals; griechisches Costüm; die Juden; der Schlafrock;
> Schuhe ohne Hacken; Connexionen; Jüdinnen; Spielsucht;
> Redouten; das Klystier; tables de hôte (sic!); Ressourcen;
> der Stralauer Fischzug; Industrie; das Frühstück; Bischöfe,
> Aebte u. Mönche; Erbsen- u. Kartoffeln-Pikenick; Hin-
> richten; Ehen; Ehebrüche u. Ehescheidungen; Debating
> Societies; Amors Besuch in Charlottenburg; an Louise;
> General-Abfütterung; parties fines; Theaterwelt; gepolsterte
> Logen; Strassen-Pflaster; Musik-Anzeigen; die Gevatter-
> schaft; der Regimentsgevatter; Erziehung; die Wahrsagerinn;
> Winkelschulen; der Kaufmannsstolz; der Handel mit gedr.
> Neujahrswünschen; Kunstgärten; Brumbey u. Jäncke (2 di-
> mittirte Prediger, der eine an der Jerusalems-, der
> andre an der Bethlehem- od. Böhmischen Kirche); Diebe
> durch Diebe entdecken; die Gräber. — Am Schluss steht:
> „Ende des e r s t e n Stücks." (Nach Kayser's B.-Lex. erschien
> noch ein z w e i t e s.)

GEMÄLDE d e s g e s e l l s c h a f t l i c h e n Z u s t a n d e s i m
K ö n i g r e i c h P r e u ß e n , bis zum 14. October des Jahres
1806. Vom Verfasser des neuen Leviathan (*Paul Ferd. Friedr.
Buchholz* geb. 5. Febr. 1768 zu Alt-Ruppin, † 24. Febr. 1843 zu

Berlin). 2 Thle. Berlin und Leipzig 1868. 8⁰. (6 Mk. Südd.
Antiqu., München, 1907.)

Auch Interessantes über B e r l i n enthaltend.

GEMÄLDE, N e u e s t e s, v o n B e r l i n, a u s d e m J a h r e
1 8 o o. Berlin 1800. 8⁰. (3 Mk., Ernst Frensdorff, 1904.)

§ **GEMÄLDE** v o n B e r l i n (von *Julius v. Voss*, 1768—1832).
Berlin 1808. 8⁰. Rar!

GERSAL, L., S p r e e - A t h e n. Berliner Skizzen von einem
Böotier. Leipzig 1892. 8⁰. (Mk. 5,50.) (2 Mk. 75. Pfg. Schnabel
& Walter, Potsdam, 1906.)

— — Dasselbe. Autorisirte Uebersetzung. Ebd. 1893. 8⁰.
405 S. (2 Mk. 50 Pfg. Friedr. Klüber, München, 1906.)

GESCHICHTE, G e h e i m e, d e s B e r l i n e r H o f e s, s. weiter
unten M i r a b e a u, Graf v.

GESCHICHTE, D i e, d e r P r o s t i t u t i o n u n d d e s V e r-
f a l l e s d e r S i t t e n i n B e r l i n seit den letzten fünfzig Jahren,
in ihren Ursachen und Folgen. Nebst Beleuchtung der Schrift:
Die öffentliche Sittenlosigkeit (s. d. im fortlauf. Alphabet). Altona 1871. 8⁰. (In Dresden, Bibl. d. Gehe-Stiftg.) (3 Mk. 50 Pfg.
A. Bielefeld, 1892.)

GESPRÄCH z w i s c h e n z w e i B e r l i n e r S t u b e n m ä d -
c h e n. Und zwei schöne Lieder. Das Erste. Der Jäger in dem
Walde etc. Das Zweite. Bin der kleine Tambour Vait etc.
O. O. u. J. (c. 1750). 8⁰. 6 S. („Das 2te Lied fehlt leider am
Schluß." 3 Mk. Max Harwitz, Berlin, Cat. v. 1895, no. 858.)

Aeusserst seltene Pièçe.

GESTÄNDNISSE e i n e s R a p p e n m i t A n m e r k u n g e n
s e i n e s K u t s c h e r s. Berlin 1826. 8⁰. (2 Mk. 20 Pfg. G.
Priewe, 1903, sub Berlin.)

GLASBRENNER, Adolph (Georg Theodor, geb. 1810, † 1876),
B e r l i n w i e e s i s t (n i c h t „ißt", wie im Anon. Lex. I. p. 195)
— u n d t r i n k t. Von *Ad. Brennglas.* 33 Hefte (cplt.). Mit
color. Titel-Bildern (Lithogr.) von Theod. H o s e m a n n. Berlin,
Bechthold u. Hartje und (Heft 6 u. ff.) Leipzig (verschiedene
Verleger, zuletzt Ignaz Jackowitz) 1832—50. 16⁰. Orig.Um-
schlag. (Antiqu.-Preis, cplt., ca. 25—30 Mk., einzelne Hefte
75 Pfg.—1 Mk.) (In Berlin, Magistratsbibl.: Heft 1—28;
Bibl. d. Vereins f. d. Gesch. Berlins: Heft 17, 20, 21, 22.)

Die Hefte 20—24 sind v e r g r i f f e n. — Noch jetzt beliebte Sammlung humorist.-satirischer, im B e r l i n e r D i a -
l e k t verfasster, oft recht witziger und derber Schriftchen,
wovon hier hervorgehoben seien: Heft 1: 1832. Ecken-
steher. 32 S.; 2: 1833. H ö c k e r i n n e n. 30 S.; 3: 1834:
Holzhauer und Beschreibung des S t r a l a u e r F i s c h -
z u g e s. 32 S.; 4: 1834. K ö c h i n n e n. 32 S.; 5: 1834.
Berliner Fuhrleute. 36 S.; 8: 1835. Schnapsläden. 35 S.;
11: 1837. Strassenbilder. 31 S.; 13: 1842. Komische

Scenen und Gespräche. 44 S.; 15: 1842. Ein Sonntag in Tempelhof. 52 S.; 19: 1843. N a n t e N a n t i n o, der letzte Sonnenbruder oder die Entstehung der norddeutschen Volkspoesie. 48 S.; 26: 1847. Verein der Habenichtse für sittliche Bildung der höheren Stände. 24 S. — Von den ersten Heften giebt es verschiedene Auflagen.

GLASBRENNER, B u n t e s B e r l i n. 14 Hefte. Mit Umschlagzeichnungen von Theod. H o s e m a n n (Lithographien). Berlin, Plahn'sche Buchh., 1837—4*. Kl. 8⁰. (In Berlin, Magistratsbibl.: Heft 1—7, 9, 11, von 1837—40.) (24 Mk., 11 Hefte in Orig.-Umschl., 1837—40, Emil Hirsch, München, 1904; 12 Hefte mit den Orig.-Umschl., 1837—41, 21 Mk., Bernh. Liebisch, Leipzig, 1904; 5 Mk.: Heft 1—6, 8, 10—14, z. Th. ohne die Orig.-Umschl., 1852—53, Max Perl, Berlin, 1904.)
> Satyrisch-parodistische Dialoge (Lokalpossen etc.) im B e r - l i n e r D i a l e k t. Von einigen Heften erschienen verschiedene Auflagen. — „Die Original-Umschläge mit H o s e - m a n n ' s c h a r a k t e r i s t i s c h e n Z e i c h n u n g e n enthalten Scenen und Figuren aus den zugehörigen Heften und kommen so Textabbildungen gleich." (Liebisch, Cat. 144. no. 1230.)

GLASBRENNER, B e r l i n e r V o l k s l e b e n. Ausgewähltes und Neues von *Ad. Brennglas.* 3 Bde. Mit (farbigen) Illustrationen von Th. H o s e m a n n. Leipzig, Wilhelm Engelmann, 1847—1851. 8⁰. Orig.-Umschl. (Mk. 13,50.) (10 Mk. Max Jaeckel, Potsdam, 1904; 15 Mk. Max Perl, Berlin, c. 1903.) (Expl. in der Berliner Magistratsbibl.)
> I: 340 S. II: 335 S. III: 405 S. S. auch: S c h m i d t - C a b a n i s, Rich., Adolf Glassbrenner. Eine biogr.-literarhistor. Skizze. Berlin, A. Hofmann & Comp., 1881. 8⁰. 32 S.

§ GLOSSEN ü b e r e i n i g e G e g e n d e n u. S t ä d t e d e s n ö r d l i c h e n D e u t s c h l a n d s i m J a h r e 1 8 0 6 (von *Friedr. Gustav Schilling,* geb. 1766, † 1839) .... O. O. 1806. Kl. 8⁰. (In München: Itinera sing. 8⁰. 395; auch in Dresden.) (7 Mk. 50 Pfg. Paul Neubner, Köln, 1892; 10 Mk. Franz Teubner, Cöln, c. 1895.)
> Vortitel, 164 S. (incl. Haupttit.), 1 Bl. Druckf. — Scharfe Sittenschilderungen der hauptsächlichsten Städte Deutschlands. Der Vf. schreibt u. a.: „Ein's nur bewundere ich, dass man nicht dort (in Potsdam) u. in B e r l i n, wie in Otahiti zu geschehen pflegt, coram publico, vor aller Welt Augen, heisst das, am hellen Mittag dem Gartengott die Ehre giebt. Denn wäre diese schöne Hauptstadt eine heidnische, so würde P r i a p u s, s t a t t d e r S i e g s - G ö t t i n a u f d e m B r a n d e n b u r g e r T h o r, die ohnehin (in der Entfernung nemlich) nur einem Raben mit ausgespreizten Flügeln gleicht, wohl ganz an seinem Platze seyn. Ein angenehmer Schutz-Patron, zu welchem, stünd er dort, mehr Blicke, feurigere Bitten, heissere Gelübde als zu irgend einem neuern geschlechtlosen Heiligen, sich emporstrahlen

dürften." Dagegen beim Abschied (Abreise nach Hamburg):
„Bedrängt vom Schmerz der Trennung u. der Sehnsucht sah
ich nach der schönen Stadt zurück; nach der einzigen, die
mich die schönere Heimath (Dresden) schnell vergessen
machte, die an gebildeten und gefälligen Menschen, an
hellen Köpfen u. geistreichen Frauen, wohl reicher als jede
andere dieses Ranges und überhaupt, die bleiche zwar u.
fleckenvolle, aber doch wohlthuende, leuchtende Sonne des
Nordens ist und bleiben wird."

GOTHE, L., D e r F i s c h h ä n d l e r v o n K ö l l n. Historischer Roman aus Berlins Vergangenheit. Berlin 1850. 8⁰. (3
Mk. Schnabel & Walter, Potsdam, 1906.)

> Selten, wie die beiden folgenden Romane.

GOTHE, D e r g e h e i m n i s v o l l e T h u r m. 3. Aufl. Ebd.,
o. J. (Ed. I. 185*?) 8⁰. (3 Mk. 50 Pfg. l. c.)

GOTHE, M u t t e r W i e s e n. Ein Berliner Lebensbild. Ebd.,
o. J. (c. 1850). 8⁰. (1Mk. 20 Pfg. l. c.)

GRÄF, Prozess. — H e i n e m a n n, Max, D e r P r o z e ß
G r ä f u n d d i e d e u t s c h e K u n s t. Berlin 1895.

GRÄF. — M e p h i s t o (d. i. *Carl Schneidt*), E i n M ä d c h e n-
m o d e l l. Bilder aus dem modernen Kunstleben. Mit Portr.
der B e r t h a R o t h e r. Zürich, o. J. 8⁰. (Mk. 4.—.) (2 Mk.
Heinr. Hugendubel, München; 2 Mk. 50 Pfg., Max Jaeckel,
Potsdam; 3 Mk. J. Taussig, Prag.)

— — Dasselbe. Ebd. 1890. 8⁰. 480 S.

GRÄF. — P r o z e ß G r ä f. London, Deutsche Buchhandlung,
o. J. (Mk. 0,50.) 8⁰.

GRÄF. — P r o z e s s G r a e f u n d d i e M ä n g e l u n s e r e s G e-
r i c h t s v e r f a h r e n s nach den Originalberichten der Berliner Volks-Zeitung nebst mehreren Leitartikeln derselben als
Beilage. Leipzig 1885. 8⁰. (60 Pfg. Schaper, Hannover.)

> Die bekannten Verhandlungen mit B e r t h a R o t h e r.

GRÄF. — T r i b u n a l, D a s. Zeitschrift für praktische Straf-
rechtspflege. Hrsg. von S. A. B e l m o n t e. Jahrg. I (12 Hefte).
Hamburg 1885. Gr. 8⁰. (Mk. 12.—.) (4 Mk. 50 Pfg. A. Bielefeld, Carlsruhe, 1905.)

> Darin auch der P r o z e s s G r a e f. — Die Lustmorde
> im westlichen Deutschland, etc.

GRÄF. — U l y s s e s (ps.), E i n M o d e l l m ä r c h e n f ü r K i n-
d e r d e r Z e i t. Mit Illustr. Berlin 1886. 8⁰. (1 Mk. Max
Jaeckel.)

GREVE, Felix Paul (in Berlin, geb. in Radomno, am 14. Febr.
1879), F a n n y E ß l e r. Roman. Berlin—Stuttgart—Leipzig,
Axel Junker (1905). 8⁰. (Geheftet Mk. 6.—, gebd. 7,50.)

> Aus dem P r o s p e c t: „Der Verfasser schildert in diesem
> Roman das Leben eines „Berliner Mädchens", wie es aus
> der Provinz kam, indem es meinte, es würde als kleine
> Königin einziehen und herrschen, während alsbald das Leben

es fasst und es wirft, wie es ihm gefällt. Dies Problem
der „Berliner Mädchen", das sich fast überall an das
Theater angliedert, wird in der ersten Hälfte des vorliegenden
Buches mit einer Unparteilichkeit und Rücksichtslosigkeit
entwickelt, die einzig nach letzter Plastik und Verlebendigung
strebt. Das Buch gibt nacktes Leben in all seiner Schauer-
lichkeit, Komik und Tragik. — Erwähnt sei im zweiten
Abschnitt die Schilderung des Choristinnenmilieus, die an
Präzision, Körperlichkeit und unerbittlicher Wahrheit sicher-
lich ihresgleichen sucht. Die Realität ist das Ziel des
Autors: er zeichnet keine Ideale. In tollem Trubel huschen
eine Reihe von Milieus am Leser vorüber — — —."

„GRUNERT, James". Ein erotischer Roman aus dem heutigen
Berlin. 2 Bde. Mit Illustrationen in Farbenätzung von Emil
Satori. (Privatdruck der Gesellschaft österreich. Bibliophilen, X.) (1908). 8⁰. 27 Bogen. (Gebd. Mk. 30.—, Luxusausgabe Mk. 60.—.)

> Verfasser laut Prospect ein Berliner Schriftsteller von
> bekanntem Ruf.

GROTHE, W., Berlin bei Nacht oder der Nachtge-
sellen Leben und Treiben in der Reichshaupt-
stadt. Sensationelle Enthüllungen aus der Berliner Verbrecherwelt. Mit vielen Illustrationen. Berlin, o. J. (1893). 8⁰. (3 Mk. G.
Priewe, Heringsdorf.)

GUANO, Don, oder der steinerne Gastwirth, oder
der Doctor siegt. Ulcus simplex mit 5 metastatischen
Processen . . . . von Meo Breo. (Vf.: *Maxim. Breitung*.) Berlin, o. J. 8₀. 47 S.

> Derber Schwank, zum Theil im Berliner Dialekt. Als
> Mspt. gedruckt. — Max Perl's Berliner Febr.-Auct. 1908,
> no. 92.

GRÜNSTEIN, Jos. (geb. 1. Jan. 1841 in Wien), Babel-Ber-
lin. Typen und Schicksale. Berlin, o. J. (1907). 8⁰. 328 S.

> Traurige Schicksale dreier jungen Mädchen. — R. Zinke's,
> Dresden, Sept.-Auction 1908, no. 1278.

HABER, Siegm., Berlin bei Nacht. Kaiserstädtische
Kneipenstudien. 3te Aufl. Erfurt. Verlag v. Fr. Bartholomäus (c. 1875?). Gr. 8⁰. Illustr.-Umschl.

> Tit., 1 Bl. Inh., 76 S., 2 Bll. Verlagsanz. d. Firma.
> (Edm. Wallner's Reisebiblioth., Bd. III.) — Zuerst gedr.
> m. d. Tit.: Berlin zu nachtschlafender Zeit . . . . (wie ob.).
> Berlin, o. J. (c. 1870.); 2. Aufl. Ibid. s. a. (1 Mk. 50 Pf.
> H. Hugendubel.) — 7. Aufl. Leipzig, o. J. (1 Mk. C. Winter,
> Dresden.)

HABER, Tingel-Tangel. Berliner Kneipstudien. Berlin
1871. Orig.-Cart.

> Zinke's Dresd. Novbr.-Auction 1905.

HAMMER, Dr. med. W., Großstadtdokumente. Bd. 20.
Hrsg. von Hans Ostwald-Berlin, Schweizer, 1906.

Literar. Prozess vor der Strafkammer des Landgerichts I in Berlin. Die 3 Angeklagten (Verf., Herausgeber, Drucker) wurden freigesprochen, aber das Einstampfen der ganzen Auflage wegen zu freier sexueller Erörterungen verfügt (laut Zeitungsnotiz).

HAMMER. Zehn Lebensläufe Berliner Kontrollmädchen. Berlin, o. J. (c. 1905). 8⁰. (70 Pfg. B. Seligsberg, Bayreuth, 1907.)

HAMMER, Die Tribadie Berlins. Ebd., o. J. (c. 1905). 8⁰. (l. c., Cat. 277, no. 630.)

HANS in allen Gassen, Nante im Bierkeller oder das oeffentliche und muendliche Berlin. 1843.

Weller, Lex. Ps. p. 245.

HARRIET, W., Geschichte der Prostitution aller Völker. Eine ausführliche Abhandlung der Sittenverderbnis und ihrer Opfer. Mit besonderer Berücksichtigung der Zustände in Berlin, Wien, London, Paris, Hamburg etc. Berlin, o. J. (187*?). 8⁰. (6 Kr. Halm & Goldmann, Wien, 1907.)

HARWECK, L., Referendar a. D., Berlin bei Tag und Nacht oder die Geheimnisse von Berlin. Berlin, o. J. (c. 1866). 8⁰. 114 S. (2 Mk. J. Taussig, Prag, c. 1903.)

HAUPTSTADT, Die, ohne Maske. (ca. 1860.)

Auf Berlin bezüglich?? (Suchte Antiquar Adolf Weigel, Lpz., 1907.)

* HEBE. Ein Pendant zum Ganymed. (Verfaßt von *Jos. Joh. Paul Karl Jakob Winkler v. Mohrenfels,* geb. zu Nürnberg 10. Septbr. 1761, † zu Altdorf 7. Juni 1798, hrsg. vom Kriegsrath Aug. Friedr. Cranz in Berlin.) Mit Titelkpf. (G. W. Hoffmann pinx., D. Berger sc.) Germanien (Berlin, Himburg), 1792. 8⁰. (12 Mk. K. W. Hiersemann, Lpz., 1898.) (Expll. auch in Cassel, Ständ. Landesbibl., u. Heidelberg, Univ.-Bibl.)

Titelkpf. (Medaillon-Portr. mit Unterschrift: HEBE), Tit. (mit Motto aus Persius: „Dulce est digito monstrare / Et dicere hic est!"), 2 Bll. Einleitg., 2 Bll. Inh., 197 S.

Humorist.-satyr., oft boshafte u. stellenweise freie Charakteristiken deutscher Städte. Ueber Berlin (S. 28—40) heisst es u. a. S. 35—36: „Citherens Göttin wird hier beynahe allgemein verehrt. — Ihr fehlt es nicht an öffentlichen Tempeln, wo Priester u. Priesterinnen Tag und Nacht mit dem Opferamt beschäftigt sind. — Auch der Hausgottesdienst, den man dem Amor leistet, wird treulich beobachtet, ohne dadurch den häuslichen Frieden zu stöhren. Da wird mancher Edelmann von einem wohlgebildeten Bedienten erschaffen, und mancher gut aussehende Bediente hat seine Existenz einem hässlichen Edelmanne zu danken."

Goedeke VI, 542, 18, 1: „Winckler hatte Aug. Friedr. Cranz die Autorschaft des Taschenbuches überlassen, weil er wegen einer darin enthaltenen (Nürnberg betreff.) bedenklichen Stelle verborgen bleiben wollte."

HEILEMANN, Ernst, Die Berliner Pflanze. 30 Bll. Folio in mehrfarbigem Druck. München 1908. (Orig.-Leinenbd. Mk. 6.—.)

> „Heilemann ist nicht ganz der Künstler wie Reznicek; unter Umständen verschmäht er es nicht, beim Photographen gewisse Tricks zu entlehnen, und seine Weiber lächeln so obligat wie alle Varieté-Mädchen. Dennoch gelingen ihm farbige Symphonien ersten Ranges und das Ensemble der Blätter wirkt durch die echt berlinischen Witz-Unterschriften auf jeden Fall zwerchfellerschütternd. Das Album ist gefällig gebunden und sehr preiswert; bei der Beliebtheit des Zeichners bedarf es wohl keiner besonderen Empfehlung. Blatt 17 ist merkwürdigerweise enthauptet; dafür entschädigt das letzte Blatt durch ungewöhnlich reiche Figurenkomposition." (Bll. f. Bibliophilen, Heft 3.)

HEILSARMEE, Die moralische, in Berlin. Männerbund zur Bekämpfung der öffentlichen Unsittlichkeit. Ein Zeitbild von ***. Berlin 1889. 8⁰. (In Dresden, Bibl. d. Gehe-Stiftg.) (60 cts. Adolf Geering, Basel, 1896.)

HEIMLICHKEIT, Hundert und Eine Entdeckte, aus dem Archiv der verliebten und galanten Welt, oder Sammlung einiger lustiger und lesenswürdiger Begebenheiten aus dem Reiche der Liebe. Zu einem angenehmen Zeitvertreib aus dem Frantzösischen ins Teutsche übersetzt von Sperander (Fr. Gladow). Erlangen und Leipzig (Pätsch in Erlangen) 1746. 8⁰. 160 S. (18 Mk. Adolf Weigel, Lpz. 1907.)

> Enthält 15 „Paquete" Liebesgeschichten u. galante Novellen aus verschiedenen Städten (Berlin, Dresden, Leipzig, München, Danzig, Breslau u. s. w.). — Ungemein rar!

HEINZMANN, Joh. Geo. (1757—1802), Ueber die Pest der deutschen Literatur. (Zweiter Titel:) Appel an meine Nation über Aufklärung u. Aufklärer; üb. Gelehrsamkeit u. Schriftsteller; üb. Büchermanufakturisten, Rezensenten, Buchhändler; üb. moderne Philosophen u. Menschenerzieher; auch über mancherley anderes, was Menschenfreyheit u. Menschenrechte betrifft. Bern, auf Kosten des Verfassers. 1795. 546 S., 1 Bl. 8⁰. Mit prachtvoller satyr. Titelvignette (der Recensent u. sein Publicum). (Auction Graf York von Wartenburg. Berlin, Max Perl, Octob. 1907, no. 468.)

> Handelt u. a. über: Das aufgeklärte Berlin. Berliner Aufklärung, was sie sey. — Berliner Juden.

HENSCHEL W. u. F. — Berliner Ausrufer, gezeichnet und gestochen von *W. u. F. Henschel* Berlin (um 1810). 26 Tafeln in colorirtem Kupferstich, kl. 4⁰. (Format 18,9 : 13,3 cm.)

> „Diese Sammlung besteht aus 26 unnummerirten und unsignirten Blättern in Kupferstich, deren jedes eine Figur

mit Staffage wiedergiebt. Die Bilder sind fein und mi Humor ausgeführt und mit grösster Sorgfalt handcolorir Das Werk ist — besonders in dieser Voll ständigkeit — von der allergrössten Selten heit. Selbst die Lipperheide'sche Costümbibliothek besitz kein so completes Exemplar. Der soeben (1905) erschienen Nachtrag des Cataloges dieser Bibliothek (Bd. II, S. 71 No. 817 m), in welchem man auch die Abbildung eine Blattes findet, verzeichnet ein Ex. von nur 24 Blättern al complet, während das meinige 26 Bll. umfasst. Die Blätte sind costümgeschichtlich sehr interessant. — Leider sind hie alle bis zum Bildrand beschnitten, wodurch auch die ge druckten Unterschriften wegfallen." (75 Mk. Le Liepmannssohn, Berlin, 159. (1905) no. 74.)

HESSLEIN, Bernhard, und Carl Rogan, Berlins be rühmte und berüchtigte Häusr. In historischer, cri minalistischer und socialer Beziehung. Berlin, o. J. (ca. 1848). 8⁰. (Bibl. d. Vereins f. d. Geschichte Berlins.)

— — Dasselbe. 2 Bde. (cplt.) Ebd. 1849. 8⁰. 583 + 288 S. Uncastrirte Ausgabe. (9 Mk., Expl. ohne Titelbl. vor Bd. 2, Ernst Frensdorff, Berlin, 1907.)

Mit einer Abbildung des Barrikadenkampfes in der Breiten Str. in der Nacht vom 18./19. März 1848.

— — Dasselbe. 2te völlig neu umgearb. Auflage. 2 Bde. Ebd. 1857. Verlags-Magazin. 8⁰. (Erschien in 15 Heften á n. 3 Sgr.) 428 S. (4 Mk. 50 Pfg. E. Frensdorff, 1908.) (1882?).

— — Dasselbe. Dritte Auflage. Ebd. 1881. (1882?) 8⁰. (Mk. 11.—.) 3 Bll., 528 S.; 2 Bll. 528 S. (5 Mk. E. Frensdorff, 1907; 7 Mk. 50 Pfg. A. Bielefeld, Carlsruhe, 1905.)

Berlins historische Stätten — Berliner Gefängnisse aus alter u. neuer Zeit — Berliner Spelunken von ehemals u. heute — Berliner Verbrecherkeller u. -Winkel etc. etc.

HESSLEIN, Bernh., Die Geheimnisse von Berlin. Sitten schilderungen aus der Vergangenheit und Gegenwart der Reichs hauptstadt. 3te Aufl. 2 Bde. Berlin 1881. 8⁰. (ca. 1100 S.) (Mk. 11.—.) (4 Mk. 50 Pfg. A. Bielefeld, Carlsruhe, Cat. 153. (1892] no. 224.)

HESSLEIN, Berliner Pickwickier. Fahrten und Aben theuer Berliner Junggesellen bei ihren Kreuz- u. Querzügen durch das moderne Babylon. Mit illustr. v. Ludw. Löffler. 3 Bde. 8⁰. Berlin 1854, Stubenrauch. 8⁰. 554 S. (2¹/₂ Rthl.) (12 Mk. Adolf Weigel, Lpz., 1907.) Zahm.

HESSLEIN, Geo., Unter dem Schleier der Nacht. Sit tenbild aus Berlins Gegenwart. 4 Bde. Berlin 1857, Verlags-Magazin. 8⁰. (4 Rthl.) (2 Mk. 50 Pfg. Max Jaeckel, Potsdam, 1903.)

HEYDENREICH, Henriette Juliana, ein 17jähriges Mäd chen. Beschreibung ihres Verbrechens, nebst der darauf erfolgten Hinrichtung zu Berlin. Ein warnendes Beyspiel für Herrschaften, ihre Kinder den Dienstboten nicht so ganz allein zu überlassen. Auch zugleich für junge Mädchen, sich nicht vom Leichtsinn beherrschen zu lassen, sondern immer Gott und ihre Pflichten im Auge und im Herzen zu behalten. O. O. u. J. (Anfang des 19. Jahrhunderts.) 8⁰.

> „Sehr seltene, ganz verschollene Gelegenheitsschrift, in volkstümlichem Tone gehalten. „Ihro Majestät der König gab den strengen Befehl, über oben genannte Verbrecherin ein genaues Urtheil zu fällen und keine Rücksicht auf ihre Jugend zu nehmen. Das Urtheil fiel dahin aus, dass die Verbrecherin mit dem Rade von oben herab vom Leben zum Tode gebracht werden sollte." Die Tat der hoffnungsvollen Jungfrau bestand darin, dass sie einem ihr anvertrauten Kinde kochendes Oel in den Mund goss, um ihrem Vergnügen auf dem Tanzboden ungehindert fröhnen zu können." (5 Mk. Ernst Frensdorff, Berlin, 1905.)

* HIEROGLYPHEN. (Hrsg. v. F. T. Hartmann.) 5 Bde. Mit 3 Titelvignetten (Radirungen). Berlin, Selbstverlag, 1780—84. 8⁰. (5 Hfrzbde., 8 Mk., M. Edelmann, Nürnb., Cat. 21. [1904] no. 55.)

> Sehr seltene u. interess. Sammlung, welche sittengeschichtl., schönwissenschaftl., satyrische (u. a. scharfe antisemitische), handelswissenschaftl. u. belehrende Aufsätze enthält. — Auch auf Berlin Bezügliches.

HOCHZEITEN. (Alphabetisch-chronologisch.) — Andenken, Ehliges-fröliges, Seiner Ehrwürde Herrn Clemen-Theodoro Mandenbergen, Pfarrern zu Neustadt, und der Tugendbereicherten Jungfer, Jungfer Marien Knakrüggin, Zu ihrer am 14. Novembr. in Wusterhausen angestelleten Hochzeitlichen Ehrenfeyer Glückwünschend gestifftet in Berlin von Freunden und Oehmen (so!), im Jahr als Herr ManDenberg e]n PrIester hIetLe HoChzelt. (1654.) Berlin, Gedruckt durch Christoff Rungen. 4⁰. (In Dresden: Lit. Germ. rec. B 181, no. 39.)

> 4 unbeziff. Bll. mit typ. Schlussvign. Enth. 5 Gedichte: 1, ohne Ueberschrift, unterz.: Joachimus Döblerus, von Perleberg, der jungen Schröder jtziger Zeit HofeM. 2: Märckerinnen-Lob in Hammers. (!) Sarabandischer Melod. Part. I. no. 14, unterz.: Der bekandte Märcker Damon. (5 fünfzeil. Stroph.) 3: Sonnet an den Herrn Bräutigam, unterz.: Joachimus Schröderus. 4: Sonnet an die Jungfer Braut, unterz.: Joachimus-Godofredus Schröderus. 5: (Bl. 3—4), ohne Ueberschrift, plattdeutsch, unterz.: Daphnis.

HOCHZEITEN. — Havemann, Joh. — Bl. 1 recto: Hochzeit-Gespräch. Bl. 1 verso: Auff Des Hoch-Edel geborenen, Gestrengen, Vesten und Mannschafften Herrn, Hn. Joachim Rüdigers von der Goltze, Churfürstl. Brandenb. hochansehnlichen

Cammer-Herrn und Obristen, etc. Hauptmanns zu Zossen, etc.
Erb-Herrns auff Claußdorff, Hoffstädt und Hohenstein, etc. Vnd
Der Viel-Ehr und Tugendreichen Frauen, Frauen Margariten
Catharinnen geborner Burgstoffin, etc. Verwitweter Komtizinn,
etc. etc. In Churfürst-Fürst-Gräff- und Hoch-Adelicher Personen
Hochansehnlicher gegenwart Christlich vollzogenem Beylager,
In Vnterthänigkeit geschrieben und übergeben von J o h a n n
H a v e m a n n e n , Cantore des Churfürstl. Joachimstalschen
Gymnasii Berlin, den 26. August. Anno 1655. 4⁰. (In Dresden:
Lit. Germ. vec. B 181, no. 43.)

> 4 unbez. Bll., nämlich Tit., 5 S. Gespräch zwischen Bräuti-
> gam u. Braut, in Versen, u. 1 S.: „Des Tichters Hertz-
> wündschende Zugabe."

HOCHZEITEN. — H o c h z e i t - C o n f e c t , P a r n a ß i s c h e r ,
welcher bei Hn. Christoph Teskens, Pfarrers, mit Catharinen
Elisabeth Rummel Vertrauung auffgesetzet ward von guten Freunden. Cölln a. d. Spree (1669). 4⁰. (In Dresden: Lit. Germ.
rec. B 199, 31.)

HOCHZEITEN. — K a i s e r - L o b (d. i. *Gotthilf Treuer*), Der
vergnügte Selbstreit; H. Zacharias Schützen, Raths-Verwandten,
und beyder Pfarr-Kirchen in Berlin wolverordneten Vorstehers,
und Jungfer Maria Stechowinn, Des weyland Herrn Jacob Ste-
chows, Churfl. Brand. Hof-Küchmeisters hinterlassene Jungfer
Tochter, Bey ihren Hochzeitlichen Ehren-Feste den 20. Jan. 1656,
enddecket durch —. (Druckerst.) Berlin, durch die Run-
gische Presse. 4⁰. (In Dresden: Lit. Germ. rec. B 181, no. 12.)

> 2 unbeziff. Bll. In Versen, unterz.: T r e u e r .

HOCHZEITEN. — H o c h z e i t - L i e d , Als Die Edle, Viel-Ehr-
und Tugendreiche Jungfer Magdalena Elisabeth Wolffin, Meiner
hertzlieben ältesten Fr. Schwester Sel. Einige Tochter, Dem
auch Edlen und Hochgelahrten Hn. Joachim Friedrich Dörrien,
Beyder Rechten Doctoren und vornehmen Hildesheimischen
PATRICIO, Den 4. May, dieses 1669. Jahres, zu Franckfurth an
der Oder ehelichen anvertrauet worden. (Typ. Ornam.: Krone
mit der Devise: Constanti.) Berlin, Gedruckt bey Christoff
Runge. 4⁰. (In Dresden 2 Expll. [verbunden]: Lit. Germ. rec.
B 180, no. 73b.)

> 2 Bll. Gedicht in 12 sechszeil. Str., unterz.: Berlin,
> den 30. April. 1669. M a r t i n F r i e d r i c h S e i d e l .

HOCHZEITEN. — P e u c k e r , N i c o l a u s M a r t i n (aus Jauer
in Schlesien, geb. zwischen 1620—25, † zu Berlin 1674, begraben das. 16. Febr.):

* **HOCHZEITEN.** — N i c o l a i P e u c k e r s , Dess berühmten
Cöllnischen Poeten, Und weyland Curfl. Gerichts-Advocati, wie
auch Stadtrichters und Rahts (!)-Cäm·erers in Cölln an der Spree,
w o l k l i n g e n d e , l u s t i g e P a u c k e V o n 1 o o . S i n n r e i -

chen Schertzgedichte',..... nach des sel. Autoris Tode
(† 1674) .... übersehen und zum Druck befodert von Otto
Christian Pffeffern, Buchhändlern in Berlin. druckts Gotth.
Schlechtiger, 1702. Schmal-12⁰. (In Berlin 2 Expll.; 1 Expl.
auch in der Breslauer Kgl. u. Universitäts-Bibl., sowie in der
Göttinger Univers.-Bibl.: P. 2976.)

> Portr. Peucker's mit Wappen, 17 Bll. Vorst., 558 S., 3 Bll.
> Reg. Darin sehr freie Hochzeitsgedichte. Nach
> der Vorrede hätten dieselben über 27 Jahre nach Absterben des
> Verfassers unbenutzt gelegen. Es scheint aber doch einen
> früheren Druck von P's Gedichten zu geben, denn das
> O. M. V. 1687. I 1b führt unter den libris serius exhibitis
> auf: „Nicolai Puncklers (augenscheinlich Druckfehler für
> „Peuckers") Poetische und Satyrische Gedichte. Berlin, bei
> Rupert Völckern. 8⁰".

* HOCHZEITEN. — Nicolaus Peuckers Wolklingen-
de Paucke (1650—75) und drei Singspiele Christian Reuters
(1703 und 1710). Hrsg. von Georg Ellinger. Berlin, Gebr.
Paetel, 1888. (Berliner Neudrucke, Serie I, Bd. III.) 8⁰. XXIV
bis 71 S.

HOCHZEITEN. — Die sämmtlichen hier folgenden (in
Dresden befindl.) Einzeldrucke fehlen bei Goedeke.

HOCHZEITEN. — Bl. 1 recto: Brautsuppe. Bl. 1 verso: Die
Brautsuppe, wird gegäben den andern Tag in der Hochzeit
Welche am 8. Tage des Christmonats im bald abgelauffenen
1 6 5 6. Jahre, auffm Churfürstl. Schlosse zu Cölln an der Spree,
altem Brauche und Gewohnheit nach, celebriret und begieng
Tit. Herr Gottlieb Hinrich Oelven, Churfürstl. Brandenb. ge-
heimer Secretarius, mit des Curfürstl. Brandenb. Hof-Apothekers
Fahrenholtzes geliebten Jungfer Tochter Marien Sybillen. 4⁰.
(In Dresden: Lit. Germ. rec. B 181, no. 19.)

> Tit. u. 2 Bll. Verse, unterz.: „Getichtet im Jahr aLs In
> Der NeVMarCk Gefahr (1656) von Einem Hirten am
> Spreen Strom" (Nic. Peukker).

HOCHZEITEN. — Wundsch, Ein kurtz-außgesprochener aber
lang-gemeinter, auf Des Churfürstl. Brandenb. geheimen
Secretarij, Hn. Gottlieb Hinrich Oelvens, und Jungfer Marien
Sibillen geborner Fahrenholtzinn, etc. Am 8. Tage Christmanats
(so!), des zu Ende lauffenden 1 6 5 6. Jahres, auff dem Churfürstl.
Schlosse über der Ambts-Kammer, welchen Ort die gnädigste
Herrschafft aus sonderbaren Gnaden concediret, gehaltene
Hoochzeit (!). (Druckerst.) Berlin, Gedruckt bey Christoff
Runge. 4⁰. (In Dresden: Lit. Germ. rec. B 181, no. 18.)

> 1 Bl. In Versen, unterz.: Nikolaus Peukker, Cam.
> Elect. Brand. Advocatus & Reipubl. Colon. ad Spream h. t.
> Prætor Ordinarius.

HOCHZEITEN. — Bl. 1 recto: S c h m i e d e. Bl. 1 verso: Die Schmide (!) Mit ihrem Pinke Panke Pinke Panke Pink wird, durch Anleitung des Worts und Zunahmens Schmid, vorgestellet Bey der, zwischen Titt. Hn. Friderich Schmiden, Der Rechten Erfahrnen etc. Und Jungf. Marien Sibyllen Schillings, Herrn Johann Schillings, Wollverordneten Burgermeisters in der Niederlaußnitschen Haupt-Stadt Lukkow einigsten und hertzgeliebten Tochter am 23/13. Novembr. des 1 6 6 6 sten Jahres daselbst in Lukkow angestellten Hochzeit. (Zierleisten.) Kölln an der Spree, Drukkts Georg Schultze, Churfürstl. Brandenb. Buchdrukker auff dem Schlosse daselbst. 4⁰. (In Dresden: Lit. Germ. rec. B 180, no. 53.)

Tit. u. 1 Bl. Gedicht (7 achtzeil. Str.), unterz.: Also pinkte pankte seines Nachtbars (!) Sohne zu gefallen, am Spreen Flusse zu Kölln P e u k k e r.

HOCHZEITEN. — Bl. 1 recto: H e y r a h t (!). Bl. 1 verso: Die Heyrath Wird ohne Zweiffel durch ein fleißiges Gebet von Gott ersucht, erlangt, und vollenzogen; Wann Titt. Herr Johann Freytag, Churfürstl. Brandenb. Ambts-Verwalter zu Neuhoff in Preussen, Mit Jungfer Rebekken Trumbachs, Sel. Hn. Philipp Trumbachs, Wollverdienten Burgermeisters dieser Churfürstl. Brandenb. Residentz, Hauptstadt und Vestung Kölln an der Spree, nachgelassenen Jungfer Tochter, heute am 3ten Septemb. ist Dienstag nach Egidii, des 1 6 6 7. Jahres, sich durch des Priesters Hand trauen und verehelichen läßt. Welche Heyrath GOtt der himmlische Segens-Mann reichlich segnen, und den beyden verheiratheten Personen Glükk zu Ihrer Reise nacher Preussen, und allen Ihren Verrichtungen doselbst (!), geben und verleihen wolle. (Zierleiste.) Kölln an der Spree, Drukkts Georg Schultze, Churfürstl. Brandenb. Buchdrukker auff dem Schlosse daselbst. 4⁰. (In Dresden: Lit. Germ. rec. B 180, no. 18.)

Tit. u. 1 Bl. Gedicht (6 achtzeil. Stroph. mit Anfangs-Ornament), unterz.: Fast VnrVhIg sang DIeses aLLso aM SpreenfLVsse (1667) P e u k k e r.

HOCHZEITEN. — Bl. 1 recto: A n t w o r t. Bl. 1 verso: Antwort Auff Herrn Johann Eisenmengers, Pfarrers zur Weese, Willmerßdorff und Börnicke, am 2. Febr. 1668 an mich Endesbenanten abgeschicktes Hochzeits-Schreiben, Zu der mit Jungfer Marien Winzerlingks, Herrn David Winzerlingks, Rectoris an der Schulen zu Straußberg, vielgeliebten Tochter, auff den II. Februarij, ist Dinstag nach Invocavit lauffenden 1 6 6 8. Jahres, zu Straußberg angestellten Hochzeit-Feyer. (Zierleiste.) Kölln an der Spree, Drukts George Schultze, Churfürstl. Brandenb. Buchdrukker auff dem Schlosse. 4⁰. (In Dresden: Lit. Germ. rec. B 180, no. 12.)

Tit. u. 1 Bl. Gedicht (7 achtzeil. Str.), unterz.: P e u k k e r.

HOCHZEITEN. — Bl. 1 recto: K r a u s e. Bl. 1 verso: Die
Krause, Welche bey vorigen, und mehrenteils Unserer Vorfahren
Zeiten, so wol von Frauens- als Manns Personen umb den Hals
getragen worden, Wird aus der Braut, Jungfer Annen Sibyllen
Krausin, Zunahmen erinnert, Wann Sie von Ihrer Frau Mutter,
(Titt.:) Frauen Annen Flekkin, Seel. Herrn Johann Krausens,
Weyland Wolberühmten Churfürstl. Brandenb. Kammer-Ge-
richts-Advocatens, nachgebliebener Wittiben (Titt.:) Herrn Jo-
hann Christoff Otten, Beyder rechten Licentiaten und Churfürstl.
Brandenb. Kammergerichts zu Kölln an der Spree, Advocaten,
Am Andreas Abend war der 30.ste Tag des Schlacht-Monats
1 6 6 8. bey der Churfürstl. Brandenb. Residentz, Hauptstadt
und Veste Berlin, durch Priesterliche Hand, zur Ehe gegäben
ward. (Druckerst.) Berlin, Aus der Presse Christoff Rungens.
4⁰. (In Dresden: Lit. Germ. rec. B 180, no. 17.)
      Tit. u. 1 Bl. Gedicht, unterz.: P e u k k e r.
Am Andreas Abend war der 30ste Tag des Schlacht-Monats

HOCHZEITEN. — Bl. 1 recto: S t r a a s s e (große verzierte Ini-
tiale). Bl. 1 verso: Die Straasse In der Churfürstl. Brandenb.
Residentz und Haupt-Stadt Kölln an der Spree gelegen, wird
beschrieben, Aus welcher Des Edlen, Vesten und Hochgelahrten
Hn. Lic. Friderich Müllers, Churfürstlichen Brandenb. vornehmen Kammergerichts (so!) - Advocatens, Burgermeisters und
Sydikussens in Berlin, Sohn Tit.: Herr Lic. Friderich Müller,
Der Jünger, Churfürstl. Brandenb. Kammergerichts-Advokat, eine
Burg gesucht, auch gefunden, Wann Er mit Des Edlen, Vesten
und Hochgelahrten HERRN Burgm. Christian Straßburgs,
Churfürstl. Brandenb. wollberühmten Kammergerichts-Advo-
katens und Syndikussen der hochlöblichen Landschafft, wie
auch der Stad (!) Kölln, Tochter Jf. Annen Elisabethen, Sich
in ein Ehe-Verlöbnüß, zu dessen Christlicher Vollziehung der
6. des Aprill Monats 1 6 6 8. betaget, eingelassen, Daß (!)
GOtt segne! (Zierleiste.) Kölln an der Spree, Drukkts George
Schultze, Churfl. Brand. Buchdrukker auff dem Schlosse. 4⁰.
(In Dresden: Lit. Germ. rec. B 180, no. 50.)
      Tit. u. 1 Bl. Gedicht (7 achtzeil. Str. mit Anfangs-Orna-
ment), unterz.: P e u k k e r.

HOCHZEITEN. — Bl. 1 recto: K o r n m e s s e r (hübsche Initiale). Bl. 1 verso: Das Kornmesser Wann es so viel heißt als eine
Sense und Sichel, so der Land- und Akkerßmann den Frühling
und Sommer über, zum Graaß und Kornabschneiden braucht,
gibt Gedankken: Wann Tit. Herr Marttin Neimer, Wollbestelter
bey des Herrn Obristen Vergels Regiment zu Fusse im Halber-
städtischen Feld-Balbirer, als Bräutigam; sich mit Jungfer Katharinen Kornmessers, Seel. Herrn Jakob Kornmessers, wey-

land Rahts Kämmerers zu Kölln an der Spree nachgelassenen Tochter, als Braut Mit Genehmhaltung Ihrer Fraw Mutter, Herren Brüder, und nahen Anverwandten verheyrahtete (!), Und am 11. Tage des Weinmonats 1 6 6 8. doselbst (!) zu Bette ging. (Zierleiste.) Aus der Presse George Schultzens, Churfl. Brand. Buchdrukkers. 4⁰. (In Dresden: Lit. Gem. rec. B 180, no. 19.)

Tit. u. 1 Bl. Gedicht (5 achtzeil. Str. mit Anfangs-Ornament), unterz.: Also sang am Spreen Strohm . . . . Eine NymPhe (d. i. Nic. P e u k k e r).

HOCHZEITEN. — Bl. 1 recto: M e r t t e n s G a n s. Bl. 1 verso: Die Märtens Gans Wird von ihrer Geburth an, bis zum Ende Ihres Lebens, in einfältiger Kürtze beschrieben, und Auff die Hoochzeit (!), welche Titt. Herr Gregorius Bernhard, Der Artzney Kunst Gekrönter, und fleißiger Krankken-Besucher in denen beyden Churfürstl. Brandenburgischen Residentz und Haubt-Städten Berlin und Kölln an der Spree, Mit Jungfer Ursulen Marien Hoffmanns, Titt.: Herrn David Hoffmanns, Rathsverwandtens in Berlin, Dritten Tochter, Am 9. Novembr. war der Tag vorm Gänse-Fest 1 6 6 8. zum Berlin uf der Stralowischen Strassen hielt und beging, Gebrathen (!). (Zierleiste.) Kölln an der Spree, Drukkts Georg Schultze, Churfl. Brandenb. Buchdrukker. 4⁰. (In Dresden: Lit. Germ. rec. B 180, no. 39.)

Tit. u. 3 Bll. poet. Beschreibung in verschied. Versmaassen, unterz.: GäNse Peter (d. i. Nic. P e u k k e r), Auf Bl. 2 recto Anfangs-Zierleiste.

HOCHZEITEN. — Bl. 1 recto: P u s c h. (Große Zierinitiale.) Bl. 1 verso: Der Pusch oder Busch, (Wie dieses Wort einem Jeden zu lesen belibet). Er zeiget seiner Dienste Schuldigkeit und Auffwartung Wann Titt. Herr Michael Kibeler, Schösser zu Ukrow, Paserin und Pickelsdorff in der Laußnitz, Seine Elteste Tochter, Jungfer Elisabethen, An Peter Püschern, Bürgern und Fenster Meistern bey der Churfürstl. Brandenburgischen Geschwisterten Residentz, Haubt Stadt und Veste Berlin und Kölln an der Spree, am 23. Novembr. Alten Kalenders des 1 6 6 8. Jahres durch Priesterliche Zusammengebung verehlichte. (Zierleiste.) Kölln an der Spree, Drukts Georg Schultze, Kurfl. Brand. Buchd. 4⁰. (In Dresden: Lit. Germ. rec. B 180, no. 13.)

Tit. u. 1 Bl. Gedicht (7 achtzeil. Str.), unterz.: P e u k k e r.

HOCHZEITEN. — Bl. 1 recto: V e r e n d e r u n g. (Zierinitiale.) Bl. 1 verso: Verenderung erfrewt: Wann Die Tugendsahme, und wol Haußhaltende Frau Maria Schodebrohts, seel. Herrn Jakob. Danissens, weyland Churfürstl. Brandenb. Müllenschmidts und Bürgers in Berlin, nachgelassene Wittib, Sich mit (Titt.:) Hn. Hermann Kochen, Sangmeister bey der Kapellen zu Sanct Nikolaus, in der Churfürstl. Brandenburgischen Residentz,

Haubt-Stadt und Veste Berlin, am ersten Tage des Mertz-
Monats 1 6 6 9. liebreich Verehlichte. (Zierleiste.) Berlin, Ge-
drukk (!) bey Christoff Runge. 4⁰. (In Dresden: Lit. Germ.
rec. B 180, no. 2.)

    Tit. u. 1 Bl. Gedicht (7 achtzeil. Str. mit Anfangs-
Ornament), unterz.: EiN Poet (d. i. Nic. P e u c k e r).

HOCHZEITEN. — Bl. 1 recto: A u ß r e d e (große verzierte Ini-
tiale). Bl. 1 verso: Außrede, warümb, Dem Churfürstl. Brandenb.
Kammergerichts Advocato, (Titt) (!) Herrn Johann Balthasar
Wedigen, Auff seine den 6ten Novembr. 1671. bey der Chur-
fürstl. Brandenb. Residentz Hauptstadt und veste Berlin, mit
(Titt.) Jungfer Annen Margarethen Wernikkens, Seel. Herrn
Nikolaus Wernikkens, weiland Churfürstl. Brandenb. Registra-
toris nachgelassenen Jungfer Tochter angestellte Hochzeit, nicht
mit Versen, nach Begehren, auffgewartet werden kan.
(Druckerst.) Kölln an der Spree. Drukkts Georg Schultze, Chur-
fürstl. Brandenb. Buchdrukker. 1 6 7 1. 4⁰. (In Dresden: Lit.
Germ. rec. B 180, no. 52.)

    Tit. u. 1 Bl. Gedicht (8 achtzeil. Str.), unterz.: P e u k k e r.
    — Vf. entschuldigt sich, wegen des „vor neun und zehn
  Wochen" erlittenen Verlustes seines Söhnchens, nicht
  s c h e r z e n zu können.

HOCHZEITEN. — Bl. 1 recto: TANTZ. Bl. 1 verso: Tantz Auff
(Titt.:) Herrn Ludewig Mauritz Prukmans, Herrn D. Thomas
Pankows, Sel. weiland Churfürstl. Brandenb. Hoff- und Stadt-
Medici nach gelassenen Jungfer Tochter Gratien (!) Pankows,
Am 13. Februarij 1 6 7 2. in der Churfürstl. Brandenb. Haupt-
stadt und Vestung Berlin angestellten Hochzeit. (Zierleiste.)
Kölln an der Spree, Drukkts Georg Schultze, Churfürstl. Bran-
denb. Buchdrukker. 4⁰. (In Dresden: Lit. Germ. rec. B 180,
no. 6.)

    Tit. u. 1 Bl. Gedicht (8 achtzeil. Str.), unterz.: P e u k k e r.

HOCHZEITEN. — Bl. 1 recto: K r a n c k e V e r s e. (Zierinitiale
K.) Bl. 1 verso: Krankke Verse Auff (Titt.:) Herrn Herman
Kosts, Churfürstl. Brandenb. bestalten geheimen Kantzelistens,
Und Jf. Annen Elisabethen Essenbrüchers, Seel. Herrn Emund
(sic!) Essenbrüchers, weiland vornehmen Bürgers und Wein-
händlers in Berlin nach gelassener Eheleiblichen ältesten Jungfer
Tochter, Bey der Churfürstl. Brandenb. Residentz und Haubt-
stadt Berlin am 22. April 1 6 7 2 gehaltenen Hochzeit-Feyer. (Zier-
leiste.) Kölln an der Spree, Drukkts Georg Schultze, Churfl.
Brandenb. Buchdrukker, (!) 4⁰. (In Dresden: Lit. Germ. rec.
B. 180, no. 4.)

    Tit. u. 1 Bl. Gedicht (8 achtzeil. Str.), unterz.: P e u k k e r.

HOCHZEITEN. — Bl. 1 recto: A l l e r g u t e n D i n g e d r e y.
Bl. 1 verso: Aller guten Dinge drey. Auff Hn. Johann Christian

Honaks, Notar: Publ: Casarei und geschwornen Gerichts-Advocatè zu Kölln an der Spree, Als Bräutigams, mit Jungfer Elisabethen Hoochstäts, Herrn Johann Hinrich Hoochstäts, Bürgers auch wohlbestellten Accise-Einnehmers bey der Churfürstlichen Brandenburgischen Haupt- und Residentz-Stadt Kölln an der Spree, ältisten Tochter, Als Braut, Am Montage nach Jacobi war der 29. Tag des Heumonats 1 6 7 2. gehaltener Hoochzeit (Druckerst.) Berlin, Gedrukt bey Christoff Runge, 4⁰. (In Dresden: Lit. Germ. rec. B 180, no. 15.)

Tit. u. 1 Bl. Gedicht (8 achtzeil. Str.), unterz.: P e u k k e r.

HOCHZEITEN. — Bl. 1 recto: L a a g e r. Bl. 1 verso: Das Laager Wird bey der Churfürstlichen Brandenburgischen Haubt- und Residentz-Stad, auch Veste Kölln an der Spree, aufgeschlagen, Wann (Titt.) Herr Peter Supen, Churfürstlicher Zoll-Verwalter und Saltz-Factor, Mit Jfr: Vrsulen Dorotheen Müllers, (Titt.) Herrn M. Samuel Müllers, Des Köllnischen Gymnasij wolverdienten Obersten Lehrers, jüngsten Tochter zu Felde ziehen, und ehrlich vor der Faust fechten wird . . . . (17. Herbstmonats 1 6 7 2). Kölln an der Spree, Drukts Georg Schultze, Churfl. Brand. Buchdr. 4⁰. (In Dresden: Lit. Germ. rec. B 180, no. 5.)

Tit. u. 1 vollbedrucktes Bl. Verse, unterz.: SchNiP. (d. i. Nik. P e u c k e r).

HOCHZEITEN. — Bl. 1 recto: I c h f r a a g e (!) d a r n a c h (große verzierte Initiale). Bl. 1 verso: Ich fraage darnach, Wann Titt. Herr Christoff Sukke, Raths Kämmerer in Berlin, seine Tochter Jgf. Annen Katharinen, An Herrn Friderich Zorn, vornehmen Bürgern und Apothekern bey der Churfürstl. Brandenb. Haubt- und Residentz-Stadt auch Veste Berlin, nach vorhergegangener Werbung, und darauff erfolgte Zusaage am 21. Tage des Weinmonats 1672. durch Priesterliche Hand vergiebet und zum Ehestande versetzet. (Kurze Zierleiste, darunter 12 Versz.: „An seinen Freund.") O. O. (Köln an d. Spree) u. J. (1 6 7 2). 4⁰. (In Dresden: Lit. Germ. rec. B 180, no. 46.)

Tit. u. 1 Bl. Gedicht (8 achtzeil. Str., Gespräch zwischen Venus u. Kupido), unterz.: SchNaP (d. i. Nic. P e u k k e r).

HOCHZEITEN. — Bl. 1 recto: Was f r a a g s t (!) d u d a r n a c h? Bl. 1 verso: Was fraagst du darnach? Wann Eine noch nicht veraltete sondern in der besten Blüthe ihrer Jahre begriffene Wittib Zur andern Ehe, welches wol zu geschehen pfleget, auch nicht verboten ist, schreittet (!), Vnd sich durch Pristerliche Hand, an einen noch jungen und hurttigen (!) Gesellen, Vertrauen und einsegnen läßt. (Zwischen 2 Druckerst. 8 Verszeilen: „An Meister klüglingen.") Kölln an der Spree, Drukkts Georg Schultze, Churfl. Brand. Buchd. O. J. (1 6 7 2). 4⁰. (In Dresden: Lit. Germ. rec. B 180, no. 45.)

Tit. u. 1 Bl. derb-pikantes (auf H a h n r e i s c h a f t an-
spielendes) Gedicht (8 achtzeil. Stroph.), unterz.: Also pfiff,
auff der HirteN P f e i f f e (= Nic. P e u k k e r).

HOCHZEITEN. — Bl. 1 recto: S t i e f f v a t e r . Bl. 1 verso: Der
gute Stieffvater. Als Herr Heinrich Brandeß, Vornehmer Bürger
und Kleiderbereiter in Berlin, Seine Stieff-Tochter J. Katharinen Marien, Sel. Herrn Johann Wedings, weyland vornehmen
Bürgers und Handelßmannes zu Kölln an der Spree, hinterlassene
Tochter, An Hn. Joachim Grimmen, Gold-Schmieden in Berlin vergab, Und am 25. Tage des Wintermonats 1673. war Katharinen Tag Sie Beyde daselbst durch des Priesters Hand zusammen sprechen ließ. (Druckerst.) Kölln an der Spree, Drukkts
Georg Schultze, Churfürstl. Brandenb. Buchdr. 4⁰. (In Dresden:
Lit. Germ. rec. B 180, no. 16.)

Tit. u. 1 Bl. Gedicht (8 achtzeil. Stroph.).

HOCHZEITEN. — Bl. 1 recto: E i n L i e b e s P a a r / H ä l t
J u b e l - J a h r ! Bl. 1 verso: Ein Liebes-Paar Als (Titt.) Herr
Wolff Christian Otto, Churfürstl. Brandenb. Cammer-Gerichts
Secretarius und Jungfer Maria Elisabeth Tieffenbachs, (Titt:)
Herrn Johann Tieffenbachs, Churfürstl. Brandenb. Kammer-
gerichts-Advocatens, bey der hoochlöbl. (!) Landschafft Verord-
netens, und Bürgermeisters in Berlin, Jüngste Tochter, Hält
Jubeljahr Mit der am 14. Aprilis 1673. zu Berlin angestellten
Hoochzeit-Feyer. Umb daß Numehr das Dorff Blankkenburg
und Wohnhaus in Berlin, welche beyde der Jungfer Braut Vater,
Herr Bürgermeister, Johann Tieffenbach, itzo bewohnet, von
1573. und also von hundert Jahren her, in Herrn Hinrich Strau-
bens, Churfürstl. Brandenb. Ampts-Raths und Kammermeisters,
und dessen Ehe Liebsten, Fr. Magdalenen Blankkenfelds Ge-
schlechts-Lini, erkaufft, conserviret, und verpflanzet worden,
Das Gott segne! (Druckerst.) Berlin, Gedrukt (!) bey Christoff
Runge. 4⁰. (In Dresden: Lit. Germ. rec. B 180, no. 49.)

Tit. u. 1 Bl. Verse, unterz.: P e u k k e r .

HOCHZEITEN. — Bl. 1 recto: A b e r D i e W e l t w i r d s i c h
F r e w e n . Bl. 1 verso: Aber Die Welt wird sich Frewen.
Auff der Zwischen Dem Wol-Edlen und Wol-Mann-Vesten Herrn
Christian Neubauern, Sr. Churfürstlichen Durchläuchtigkeit zu
Brandenburg wolbestallten Ingenieur, und Stükkhauptmann, Und
der Wol Edlen, Hoch-Ehr und Tugendbegabten Jungf. Magdalenen Dorotheen Weitzkens, Tittul. Seel. Herrn Peter Weytz-
kens, Churfürstl. Brandenb. Geheimen-Hoff- und Kammer-Ra-
vensbergischen Appellation-Gerichts- auch Jagt-Rahts (!), El-
testen Jungfer Tochter, Am 13. Tage des Mayen Monats Anno
1673. bey der Churfürstlichen (so!) Brandenburgischen Haupt-
und Residentz-Stadt, auch Veste Berlin Im Väterlichen Hause

angestellten Hochtzeyt (!). (Druckerst.) Berlin, Gedrukkt bey
Christoff Runge. 4⁰. (In Dresden: Lit. Germ. rec. B 180, no. 48.)

Tit. u. 1 Bl. Gedicht (7 achtzeil. Str. mit Ornament-An-
fangsleiste u. Initiale), unterz.: P e u k k e r.

HOCHZEITEN. — Bl. 1 recto: R u m m e l e y. Bl. 1 verso: Rum-
meley, Als Titt. Hr. Balthasar Neumann, Käyserlicher geschwor-
ner Notarius, und bey denen Stadt-Gerichten der Churfürstlichen
Brandenburgischen Residentz und Veste Kölln an der Spree be-
stellter Gerichts-Actuarius, Mit Jfr. Vrsulen Rummels, Herrn
Friderich Rummels, seel. weyland Bürgers und Handelßmannes
allhier hinterlassenen Jüngsten Jungfer Tochter, Am 13. des
Monats Octobris 1 6 7 3. vor die Traue ging.　Kölln an der
Spree, Drukkts Georg Schultze, Churf. Brand. Buchdrukker. 4⁰.
(In Dresden: Lit. Germ. rec. B 180, no. 7.)

Tit. u. 1 Bl. Gedicht (8 achtzeil. Str.), unterz.: U k e p e r
(= P e u k e r).

HOCHZEITEN. — Bl. 1 recto: L i n d e n H o l t z. Bl. 1 verso:
Linden-Holtz Auff Titt: Herrn Christian Müllers, Beyder Rech-
ten Licentiatens und Churfürstl. Brandenb. Kammer-gerichts
Advokatens, Mit Titt: Jungf. Annen Vrsulen Lindholtzin, Seeligen
Herrn Christian Lindholtzens, weiland Churfürstl. Brandenb.
Kammergerichts Advokatens, nachgelassener eintzigen Jungfer
Tochter Hoochzeit (!), Angestellet in Berlin am 27. Octobr.
des 1 6 7 3. Jahres, Die GOtt segnen und benedeien wolle! Kölln
an der Spree, Drukkts George Schultze, Churf. Brandenb.
Buchdr. 4⁰. (In Dresden: Lit. Germ. rec. B. 180, no. 8.)

Tit. u. 1 Bl. Gedicht (8 achtzeil. Str.), unterz.: P e u k k e r.

HOCHZEITEN. — Bl. 1 recto: R e i c h e A w e n. Bl. 1 verso:
Reiche Awen. Auff (Titt:) Herrn George Friderich Reichenaus,
Churfl. Brandenb. bestelten Reise-Apotekers, Bräutigams, Und
Jfr. Annen Magdalenen Wedigens, Seel. Hn. Christian Wedigens, weiland Rahts-Verwandtens und Gerichts-Actuarii allhier
nachgeblibenen Jungfer Tochter als Braut Am I. des Christmonats 1 6 7 3. bei der Churfürstl. Brandenb. Haupt- und Residentz-Stadt Kölln an der Spree, in des Bräutigams Fr. Mutter
Behausung angestellte Hochzeit (!). (Druckerst.) Drukkts George Schultze, Churfl. Brandenb. Buchdr. auff dem Schlosse
daselbst. 4⁰. (In Dresden: Lit. Germ. rec. B 180, no. 33.)

Tit. u. 1 Bl. Gedicht (7 achtzeil. Str.), unterz.: P e u k k e r.

* **HOCHZEITEN.** — Bl. 1 recto: D e r F u c h s k r e u c h t z u
L o c h e (große verzierte Initiale D). Bl. 1 verso: Der Fuchs
Kreucht zu Loche.　Auff Tittull: Herrn Paull Fuchsen, Churfürstl. Brandenburgischen geheimen Secretarii etc. Und J. Lom-
sen Friedeborns, Tittull Herrn Jacob Friedeborns, Auch Churfürstl. Brandenb. geheimen Sekretarii, Eheleiblichen Jungfer
Tochter, am 14. Jan. deß jüngst eingetrethenen (!) 1 6 7 4. Jahres

in der Churfl. Brandenb. Haubt und Residentz Stadt Berlin an gestelten Hoochzeit (!). (Zierleiste.) Kölln an der Spree, Drukkts Georg Schultze, Churfl. Brandenb. Buchdr. 4⁰. (In Dresden: Lit. Germ. rec. B. 180, no. 36; in Berlin: an Yi 4251.)

Tit. u. 1 Bl. Gedicht (6 zehnzeil. Str.), unterz.: P e u k k e r.

HOCHZEITEN. — Bl. 1 recto: B r a u t - L a d e (große verzierte Initiale B.). Bl. 1 verso: Braut-Lade, Aus dem Zunahmen Ladovius hergenommen, Auff Hrn. (!) Christian Ladovius, Churfl. Brandenb. Speisemeisters Und Jungfer Annen Elisabeth Goltzens, (Tittull) Hrn. Bartholomæus Goltzens, Rahts-Kämmerers bey der Churfürstl. Brandenb. Haubt Stadt Berlin, Eheleiblichen Tochter Hochzeit. Angesetzet den 2. Februarij, sonst der Tag Mariae Lichtmesse genannt, des 1674. Jahres. (Druckerst.) Cölln an der Spree, Druckts Georg Schultze, Churfl. Brandenb. Buchdr. 4⁰. (In Dresden: Lit. Germ. rec. B. 180, no. 44.)

Tit. u. 1 Bl. Gedicht (6 zehnzeil. Str.), unterz.: P e u k k e r.

— N e u m a n n , B a l t h a s a r („N. P. C. u. Gerichtsschreiber in Cölln"), T r a u r i g e L i e b e s - u n d T h r ä n e n - P f l i c h t, So Dem weyland Wol Edlen, Wol Ehrenvesten, Groß-Achtbarn und Wohlgelahrten, auch Wolweisen Hrn. N i c o l a o P e u k k e r n , Churfürstl. Brandenb. Cammergerichts-Advocato, E. E. Rahts-Cämmerern, und Stadt-Richtern in Cölln, Als nach seinem seligen Ableiben Selbiger in volkreicher Versammlung beerdiget wurde den 15. Februarii, abgestattet von —. O. O. M. DC. LXXIV. (1674.) 4⁰. (In Dresden: Lit. Germ. rec. B 180, no. 54.)

4 unbez. Bll. mit Anfangs-Ornament. — 1) deutsches Gedicht von Balth. N e u m a n n , 6 zehnzeil. Str. 2) Lat. Gedicht von Balthasar M ü l l n e r. 3) Deutsches Gedicht von J. H a v e m a n n. — A. E.: Kölln an der Spree, im Jahr: MeIn LIeber FreVnD, Herr PeVkker, RIChter, stIrbt zV frVh! (1674.)

HOCHZEITEN. — S c h i r m e r s , M. Michael, Poetens (geb. im Juli 1606 zu Leipzig, 1637 gekrönter Poet, 1656 Konrektor am Gymnas. zum grauen Kloster in Berlin, † ebd. 4. Mai 1673), P o e t i s c h e r G l ü c k s t o p f f , Auff Hn. George Thielens, Apotheckers, Vnd Jungfer Marien Kaulin Hochzeit, In F ü r s t e n w a l d e.

Horatius:
Was beydes nützlich ist und lustig anzuhören,
Wil der Poeten Volck mit treuer Feder lehren.
(Druckerst.)

Zu Berlin gedruckt bey Christoff Runge, Anno 1656. 4⁰. (In Dresden: Lit. Germ. rec. B. 181, no. 3.)

4 unbeziff. Bll. In Versen. — Ueber den Vf. s. B a c h m a n n , J. F., M. Michael Schirmer nach s. Leben u.

Dichten. Nebst e. Anhange .... Berlin 1859. 8⁰. 4 Bll.
u. 240 S.

* HOCHZEITEN. — Aus dem Parnasso Poetische Ge-
sandtschafft an .... Christoff Rungen und .... Sido-
nien Rösnerin, auff deren .... Hochzeitfest aubgefaßt .... Berlin. 1662. 4⁰. (In Berlin: Yi 1611.)

„1622" ist Druckf. in Bratring's Bibl. Berlin 1832. S. 21.

HOCHZEITEN. — Strohkranz - Rede bey einer hohen Vermählung am Königl. Preussischen Hofe gehalten. Leipzig. 742.
4⁰. 1 gr.

Cat. univ. d. Buchh. d. Waisenh. in Züllichau (c. 1745).

HOCHZEITEN. — Strohkranzrede bey einer vornehmen
Hochzeit am Berlinischen Hofe gehalten. Cleve 1746.
4⁰. Rar!

HOCHZEITEN. — Treuer, M. Gotthilff, Poet: Berl. Gymn. (zum
Grauen Kloster) Sub R. (kein,) (geb. 11. Febr. 1632 zu Bes-
kow, 1676 Archidiakonus in Frankf. a. O., † 20. März 1711)
Liebes - Räthe, Vnd Hof - Diener Die Augen.
(Druckerstock.) Berlin, durch Christoff Rungen Presse. O. J.
(c. 1655). 4⁰. (In Dresden: Lit. Germ. rec. B. 181, no. 9.)

4 Bll. In Versen. Glückwunsch zur Hochzeit Johann
Butendach's, Churfl. Brandenb.-Halberst. Amts- u. Kammer-
raths, u. Jungfr. Even Catharinen Tornowin.

HOCHZEITEN. — Treuers, M. Gotthilff, Poet: und Berl. Sub
R. (kein Komma) Poeten - Witz, In Heyraths - Sachen,
Des Titul Herrn Christian Prillwitzen, Churfürstl. Durchl. zu
Brandenburg wolbestalten Hof-Küchschreibers, itzigen Bräuti-
gams, und Der Viel Ehr- und Tugendreichen Jungfr. Marga-
rethen, Des weyland Wol Ehrenvesten, Großachtbarn, und Wol-
vornehmen Herrn Melchior Schultzen, Churfürstl. Brandenb.
Ambts-Cammer-Secretarij und Landmessers in Berlin nach (!)
gelassenen eheleiblichen Tochter, als Braut, erwiesen an ihren
Hochzeitfeste den 24. Aug. 1656. (Druckerst.) Berlin, durch
Christoff Rungen Schrifft im selben Jahre. 4⁰. (In Dresden:
Lit. Germ. rec. B 181, no. 11.)

2 unbeziff. Bll. Gedicht in 14 sechszeil. Strophen.

HOCHZEITEN. — Tscherning, Andreas, Prof. (der Dichtkunst
an d. Universität Rostock seit 1644, geb. 18. Nov. 1611 in
Bunzlau, † zu Rostock 27. Sept. 1659), ODE auf H. Gabriel
Luthers, und J. Anna Rosina Weisin, Hochzeit, übersendet aus
Rostock von —. (Druckerst.) BERLIN, Gedruckt bey Chri-
stoff Runge, im Jahr 1655. 4⁰. (In Dresden: Lit. Germ. rec.
B 181, no. 13.)

4 unbez. Bll. = Tit. u. Gedicht auf 3 Bll. (19 fünfzeil.
Stroph.)

HOCHZEITEN. — Bei der Chiflard- und Quienischen Ehe-Verbindung, welche den 18. des May-Monats zu Berlin vergnügt vollzogen wurde, wollte seine Ergebenheit und Freude an den Tag legen ein abwesender treuergebener Freund. Berlin, Gedruckt mit Henningschen Schriften, 1749. 4⁰. (2 Mk. Ernst Frensdorff, Berlin, Aug. 1907.)

HOCHZEITEN. — Bey der am 22. Juli 1760 in Jöhstadt höchstvergnügt begangenen Hoffmann- und Facilidessischen Hochzeitfeyer wollte dem hochgeschätzten Brautpaar ergebenst glückwünschen der Jungfer Braut aufrichtiger Bruder *A.F.F.:* Berlin. 4⁰. (1 Mk. 50 Pfg. der Vorige.)

HOCHZEITEN. — Bey dem Lienemann- und Rannenbergischen Hochzeitfeste. Berlin, den 19. September 1771. Sehr seltener Privatdruck! 8⁰. (8 Mk. l. c.)

HOCHZEITEN. — (Albert Sanftleben und Amalie Wolff.) Mit hoher obrigkeitlicher Bewilligung wird heut Freitag, den 20. April 1838, zur Vorfeier des morgenden Hochzeitsfestes des Herrn Albert Sanftleben und der Jungfrau Amalie Wolff von einer hierher berufenen Künstler-Gesellschaft im Locale, Königsgraben Nr. 7, aufgeführt werden: Die Dorfschule oder die Singprobe, Scene aus dem Volksleben in einem Act. Aus dem Neuholländischen frei übersetzt, mit liederreichen Stellen versehen von Göthe (so!). — Interessanter Hochzeits-Theaterzettel in Folio. (2 Mk. 50 Pfg. der Vorige.)

HOCHZEITEN. — (Ferdinand Taeuber u. Mathilde Taeuber geb. Oehl, am Tage ihrer Vermählung.) Privilegirte himmlische Zeitung von Familien- und Heiraths-Sachen. No. o. (!) Sonnabend, den 26. Mai 1838. Redakteur: Zeus. Expedition: im Olymp. Im Verlage der Amor- und Hymenschen Buch- und Kunsthandlung. Gedruckt, bei F. Weidle, Kaiserstrasse 30. Einblattdruck auf starkem Papier. Oblong-Folio. (3 Mk. 50 Pfg. l. c.)
> Höchst humoristische Hochzeitszeitung mit recht originellen Beiträgen.

HOCHZEITEN. — (Hochzeit Hestemann mit Agnes Bratius.) Theaterzettel: Mit Hoher Genehmigung wird heute den 2 Mai 1840 von der Schauspielergesellschaft des Herrn Hymen zum Erstenmale aufgeführt: Die fröhliche Hochzeit, Lustspiel in 1 Akt, von Amor (2 Mk. l. c.)

HOCHZEITEN. — (Doppelhochzeit: Albert Joseph Knobl und Vera Algenstaedt, sowie Hermann Willing und Nadegde Algenstaedt). Privilegirte Himmlische Zeitung von Familien- und Heiraths-Sachen. Sonnabend den 20. August. No. o. 1842. Im Verlage der Amor- und Hymenschen Buch- und Kunsthandlung. Folio. (3 Mk. l. c.)

HOCHZEITEN. — Sonntag, den 23. October 1842: Zur Vermählungsfeier des Herrn von Diebitsch mit Fräulein Pauline Lubow zum Ersten- und Letztenmale: Die Polterabend-Probe. Schwank in 1 Act. Hochzeitstheaterzettel mit 2 Vignetten. Oblong-Folio. (2 Mk. l. c.)

HÖFLINGS- und Streberthum am Berliner Hofe. (Verfasser Freiherr *von St.*) Berlin 1892. 8⁰. (1 Mk. G. Priewe.)

HÖLLEN-Parade der Galerie interessanter Romane der Gegenwart. Buch I: Der Teufel in Berlin. Buch II: Der Teufel in Paris. Berlin, o. J. (18**). 8⁰. Selten! (3 Mk. 50 Pfg. Schnabel & Walter, Potsdam, 1906.)

HOLTEI, Carl v. (1797—1880), Die Berliner in Wien. Liederposse in 1 Aufzug. Die Wiener in Berlin, Liederposse in 1 Aufzug. Nach den Manuskripten von einem Theaterfreunde herausgeg. O. O. 1826. 8⁰. 47 S. Zahm. (8 Mk. E. Frensdorff, 1906.)

> „Sehr seltener Originaldruck der beiden berühmten Possen, die sowohl in Berlin wie in Wien zahlreiche, mit grossem Beifall aufgenommene Aufführungen erlebten. Carl von Holtei erinnerte sich noch im hohen Alter mit Genugthuung und grosser Freude der Erfolge, die ihm diese beiden Kinder seiner übermütigen Jugendlaune eingebracht hatten."

HOPF, Alb., Die Bauernfänger von Berlin. Ein Noth- und Hülfsbüchlein für Jedermann aus dem Volke. Mit 5 Illustr. (nicht 6). Sechste Aufl. Berlin, o. J. 32 S. 8⁰. (2 Mk. E. Frensdorff, 1906.)

HOPF, Der Baron von Hammelsdorf auf dem Berliner Wollmarkt. Humoristisches Sittengemälde mit etwas Todtenbund aus dem 19. Jahrhundert. Mit 1 Titelvignette. Berlin. Im Selbstverlage des Verfassers. 32 S. 8⁰. (1 Mk. 80 Pfg. l. c.)

HOPF, Lumpazi's Carneval. Erstes Heft. Die schöne Hulda. 2. Auflage. Mit 1 Titelbild. Charlottenburg 1846. 30 S. 8⁰. (2 Mk. l. c.)

HOPF, Humoristische Schriften. In sorgsamer Auswahl gesammelt und herausg. vom Verfasser. 2 Bdchn. in 1 Bde. Leipzig 1871. 2 Bl. u. 151 S. u. 172 S. 8⁰. (4 Mk. 50 Pfg., Orig.-Umschlge. mit eingebunden, l. c.)

> Inhalt: Die Bauernfänger von Berlin. — Brennekes Doktor-Examen. — Allgemeiner Hundejammer oder die Einführung der Maulkörbe. — Berliner Dienstboten-Wirtschaft. — Nanettens Unterhosen-Prozess. — Wahrhaftige Historie der Sennora Pepita. — Ein Stündchen an der Börse. — Wollmarkts-Bilder. — Der Trichinen-Doktor. — Er und Sie und Es, oder ein politisches Sünden-Register. — Offen ge-

schriebener Schreibebrief an den Vergnügungsgefangenen auf Wilhelmshöhe. — Die schöne Therese und ihr Gatte.

HUPPÉ, Dr. S. E. (Mitgl. d. Kgl. statist. Seminars), Das s o - c i a l e D e f i c i t (Prostitution) v o n B e r l i n in seinem Hauptbestandteil. Berlin, J. Guttentag, 1870. Roy.-8⁰. (In Dresden, Bibl. der Gehe-Stiftg.) 32 S. (S.-A. aus „Berlin u. s. Entwickelung, Städtisches Jahrbuch f. Volkswirtschaft u. Statistik. Hrsg. v. statist. Verein d. Stadt Berlin. IV. Jahrg.")

> 1. Die gesellschaftl. Elemente d. Prostitution. 2. Gesch. u. Statistik d. Berliner Prostitution. 3. Die physischen Wirkungen d. Prostitution. 4. Einflussübende Faktoren. 5. Entstehungsgründe d. Prostitution. 6. Das Gewerbe u. die Zuhälter. 7. Bordelle od. Einzeldirnen? 8. Der Staat u. die Prostitution. 9. Aufgabe der Gesellschaft gegenüber der Prostitution.

JACOBY, Joel, B i l d e r u n d Z u s t ä n d e a u s B e r l i n. 2 Bdchn. Altenburg 1833. 8⁰. (3 Rthl.) (Bibl. d. Vereins f. d. Gesch. Berlins; Kgl. u. Univ.-Bibl. in Breslau; Bibl. der „Harmonie" in Hamburg.) (8 Mk. E. Frensdorff, 1906.)

> 280 + 261 S. U. a. über: die Juden; Zeitungen u. Journale; Censoren; Berliner Studentenleben u. burschikose Welt-anschauung; Berliner Poeten; Skizze aus dem Berliner Tollhause; Theater; der Stralauer Fischzug; Stehely (Conditorei) u. s. w.

INDISCRETIONEN. Aus den Erinnerungen eines patriotischen Reptils. (Vf.: *Wollheim.*) Bd. I. (451 pag.) Berlin 1883. (Enthält u. a.: Berliner Leben in den 30er und 40er Jahren. — Berliner Gesellschaften. — Parteien. — Berliner Silhouetten: H. v. Mühler, Glassbrenner, Schneider, Varnhagen von Ense etc.) (7 Mrk.) (2 Mk. G. Priewe.)

INFERNALE. Eine Geschichte aus Neu-Sodom (Berlin), dramatisirt (von *Andreas Riem*). Gedruckt in Westindien (Hamburg, Gottfr. Vollmer) 1796. 8⁰.

> 334 S. Mit Titelkpfr. — Auf König F r i e d r i c h W i l - h e l m II. (s. d.) u. die Gräfin L i c h t e n a u (s. d.) bezüglich. Sehr selten! Bildet auch Th. 3 von (Andr. R i e m ' s) freiem satyr. Roman: „D e r S u b s t i t u t d e s B e h e - m o t h." 2 Thle. Bagdad (ebd.), o. J. (1796). 8⁰. (In Oettingen, Fürstl. Bibl., vgl. Doubl.-Cat. p. 84.) Mit Anspielungen auf F r i e d r i c h W i l h e l m II., den Kaiser P a u l etc.

INHALT einiger R e d e n an F r a u e n s p e r s o n e n in B e r - l i n, s. weiter unten R e d e n.

INHALT einiger R e d e n a n M ä n n e r i n B e r l i n, s. ebendort.

INTELLIGENZ-Z e t t e l, B e r l i n i s c h e, 1768. 8⁰. (Bibl. d. Vereins f. d. Gesch. Berlins.)

JONAS, Emil J. (d. i. *Arthur Loy*), E i n B e r l i n e r D o n J u a n. Roman aus dem Altagsleben (!). Berlin, Albert Sacco,

1851. 12⁰. (Bibl. d. Vereins f. d. Geschichte Berlins.) (4 Mk. Leo Liepmannssohn, Berlin 1907.)

> Ziemlich zahmes Berliner Sittenbild, bereits selten! Tit. u. 183 S.

JOURNAL von Berlin, hrsg. (verfasst) von *Cranz*, Königlich Preußischem Kriegsrath. Erstes Stück. Berlin 1787. Im selbst Verlage des Verfassers. 8⁰. 120 S.

> Jedes der 6 Kapitel hat die Aufschrift: Journal von Berlin über den Monarchen (selbst) und (über) seine (neue) Regierung. Als Beilage dazu erschien Neuigkeitsblatt. 6 Nrn. 52 S. 8⁰; Neue Auflage: Berlin 1790. 8⁰. — Sehr selten, wie die folgenden Stücke! (Cplt. 15 Mk. Paul Neubner, Cöln, 1891.)

— — Dasselbe, Stück. 2, tit.: Vorbereitungen auf die Erscheinung meiner Beyträge zur Geschichte des laufenden Zeitalters oder des Journals von Berlin. Zweites Heft. Von *Cranz*, Berlin 1790, im eigenen Verlage des Verfassers. 8⁰. 160 S.

— — Dasselbe, St. 3, tit.: Journal von Berlin in Beyträgen zur Geschichte des laufenden Zeitalters. Drittes Heft. Von *Cranz*, Königlich Preußischem Kriegsrathe. Deutschland (Gräff in Leipzig) 1790. 8⁰. 134 S. (Cplts Expl. in Carlsruhe, Hof- und Landesbibl.: Ka 121.) Goedeke V, 544, 1, 16.

> Der Verfasser eifert über die zu weit gehende Publicität in Preussen u. bringt dabei ganz merkwürdige Dinge zur Sprache: Er schreibt unter Anderen: „Die Indiskretion der heutigen Publizitet kennt keine Schranken mehr u. selbst der berühmte Ritter Zimmermann, der sich kein Gewissen macht, das grosse Geheimniss entziffern zu wollen, dessentwegen er den verstorbenen preuss. Monarchen für unfaehig hielt, den Damen u. schoenen Jünglingen beizuwohnen, scheint es doch missfaellig zu bemerken, dass man sich in oeffentl. Schriften um die verborgenen Theile des Oberconsistorialraths Gedicke bekümmert, seine Verdienste ums Schulwesen nicht antastet, aber im Angesicht des Publikums ihm die Vorhaut abspricht. Es ist doch entsetzlich, wenn Publizitet u. Aufklaerung soweit getrieben wird, dass ehrliche Leute oeffentlich auch — von solchen Kleinigkeiten Rechenschaft geben sollen."

JOURNAL, Berlinisches, für Aufklärung, hrsg. von G. N. Fischer und A. Riem. Bd. I—VIII u. Bd. IX, Stück 1 (= Oktob. 1788—Octob. 1790, soviel ersch.). Berlin 1788—90. 8⁰. (30 Mk., Expl. in 4 Bde. gebd., K. W. Hiersemann, Lpz., c. 1900.) Cplt. rar!

ISIDOR (ps.), Herr Meyer auf dem Silvesterball bei Kroll. Berliner Genrebild. Mit Titelbild. Berlin 1850. 8⁰. (50 Pfg. G. Priewe.)

> Nicht in Weller's Lex. Ps.

KALISCH, Dav., B e r l i n b e i N a c h t. Posse mit Gesang in 3 Aufzügen. Mit 1 Kpf. Berlin 1850. 12⁰.

N i c h t erot. Vergriffene 1. Ausgabe. (2 Mk. Kühl.)

KALLOS, B e r l i n, humoristisch-satyrisch. Panorama in Distichen-Spielen. 1s Hundert. Berlin, Cosmar u. Krause, 1832. $3^1/_2$ Bog. 16⁰. (Expl. in d. Bibl. d. Vereins f. d. Gesch. Berlins.)

A. G. Schmidt, Gallerie etc. S. 104; Weller, Lex. Pseud. p. 293.

KAMMERGERICHTS- und R e g i e r u n g s r ä t e. — E r l e b - n i s s e d e r v e r h a f t e t e n K a m m e r g e r i c h t s - u. R e - g i e r u n g s r ä t e a u f d e r F e s t u n g S p a n d a u i m J a h r e 1780. Auszüge aus dem Tagebuche des Rats Neumann. (Ein Beitrag zum Müller Arnold Prozess.) 2 Hefte. Mit 1 Faksimile u. 1 Silhouette. 8⁰. (6 Mk. Oskar Rauthe, Berlin, 1908.)

Zum Theil sehr freie Schilderungen. P r i v a t d r u c k. Von diesen Heften sind je 500 mit der Hand numerierte Exemplare gedruckt, die nur für einen engeren Kreis von Bibliophilen und Juristen bestimmt sind.

KELLNERINNEN. — E t i s, M. (ps. ?), D i e K e l l n e r i n n e n i n B e r l i n. Eine soziale Frage. (50 Pfg. E. Frensdorff, 1905.)

KELLNERINNEN. — S c h n e i d t, Carl (geb. 13. Mai 1854 zu Rußhütte, Kr. Saarbrücken), K e l l n e r i n n e n - E l e n d i n B e r l i n. 4. Aufl. 1890.

Kürschner's Deutscher Litt.-Kal.

§ KLÄRCHENS u n d L a u r e n s L i e b e s g e s t ä n d n i s s e, oder L e b e n u n d A b e n t e u e r z w e y e r (Berliner) B u h - l e r i n n e n, s. K l ä r c h e n . . . .

„Die Heldinnen gehörten durch einige Zeit den „Salons" der M a d a m e S c h u w i t z (s. d.) an." (R. Zinke's Dresdener Novbr.-Auction 1905, no. 943.)

KÖNIGSMARK, Walter von (ps.), E i n n e u e r D o n J u a n, oder: Die modernen Cavaliere in B e r l i n und Hamburg. Ein Sittengemälde aus der Neuzeit. 5 Bde. Berlin 1869.

Weller, Lex. Ps. hat p. 299: o. J. (1868).

KORTH, Dr. D(avid), N e u e s t e s t o p o g r a p h i s c h - s t a - t i s t i s c h e s (u. moralisch-satyr.) G e m ä l d e v o n B e r l i n u. d e s s e n U m g e b u n g e n. Mit Titelkupfer (Schauspielhaus) u. 1 Titelvign. (Hauptwache). Berlin, Schlesinger, o. J. (Vorr. dat. 1821). 8⁰. Orig.-Cartonbd. (Ldpr. 1 Rthl. 21 gr.) (Expl. in Berlin, Magistrats-Bibl.) (3 Mk. G. Priewe; jetzt theurer!)

XVI—568 S. — Das längst vergriffene Buch bringt auch eingehende, mit Wärme verfaßte S i t t e n s c h i l d e r u n g e n, stellenweise recht unverblümt. (Unter den „nothwendigen Uebeln" werden S. 504—508 „Freudenhäuser" u. „Freudenmädchen" besprochen).

KOSSAK, Ernst. — Seine h u m o r i s t. W e r k e ü b e r B e r l i n sind g a n z z a h m. Nur kurz erwähnt seien: Berlin und die Berliner . . . . Berlin 1851. 8⁰. IV—248 S. (6 Mk. E. Frensdorff,

1907.) — Berliner Federzeichnungen. 6 Bde. Ebd. 1860—65. 8⁰. Mit illustr. Umschlägen. (6 Mk. Max Jaeckel) — Berliner Historietten. Ebd. 1858. 8⁰. 6 u. 280 S. (3 Mk. E. Frensdorff.) — Humoresken. Blätter aus dem Papierkorbe eines Journalisten. 2. verm. Aufl. Ebd. 1859. 8⁰. 2. Bl. u. 206 S. (2 Mk. 50 Pfg. Derselbe.)

KRETZER, Max (Schriftsteller in Charlottenburg, geb. zu Posen am 7. Juni 1854), D i e B e t r o g e n e n. Berliner Sitten-Roman. 2 Bde. Berlin 1882. 8⁰. (Mk. 9.—.)
> Prostitutionsverhältnisse düsterster Art.

KRETZER, D i e V e r k o m m e n e n. Berliner Roman. Mit einem Vorwort des Verfassers. 2 Bde. Berlin 1883. 8⁰. (Bibl. d. Vereins f. d. Geschichte Berlins.)
> 3. Aufl. erschien 1899. — Zahm, wie die 5 ff. Werke:

KRETZER, I m R i e s e n n e s t. Berliner Geschichten. Leipzig 1886. 8⁰. (80 Pfg. G. Fritzsche, Hamburg.)
> 2. Aufl. erschien 1894.

KRETZER, I m S ü n d e n b a b e l. Berliner Novellen und Sittenbilder. Ebd. 1886. 8⁰. (Mk. 3.—.) (1 Mk. 50 Pfg. J. Scheible; G. Priewe.)
> 2. Aufl. erschien 1898.

KRETZER, D r e i W e i b e r. Berliner Kultur- und Sitten-Roman. 2 Bde. Jena 1886. 8⁰. Eleg. Orig.-Bde. (Mk. 12.—.) (6 Mk. M. Edelmann, Nürnb., 1907.)

KRETZER, B e r l i n e r N o v e l l e n u n d S i t t e n b i l d e r. 2 Thle. Jena, o. J. (c. 1890). (Bibl. d. Vereins f. d. Geschichte Berlins.) (1 Mk. Max Jaeckel, Potsdam, 1902.)

KRETZER, Berliner S k i z z e n. Berlin 1898. 8⁰. (Mk. 2.—.) (1 Mk. 20 Pfg., der Vorige.)

KROPFER, T o b i a s , d e r J u n k e r m i t d e m H u n d e, eine Geschichte. Mit Titelkupf. u. Titelvign. (Joh. B e r k a del. & sc. Pragae). Prag u. Leipzig, bei Albrecht u. Compagnie, 1793. 8⁰. (7 Mk. J. Taussig, Prag, c. 1903.)
> Pikanter Roman, dessen Held besonders in B e r l i n eine Reihe galanter Abenteuer besteht. 2 Bll. u. 367 S. Sehr selten! — Auch eine Ausgabe Penig 1793 vorhanden?

KÜHNE, F. Gustav, M e i n C a r n e v a l i n B e r l i n 1843. Braunschweig 1843. 8⁰. 3 Bl. u. 123 S. (5 Mk., unbeschn. im Orig.-Umschl., E. Frensdorff.)
> Inhalt u. A.: Meine ersten Morgengedanken. — Zur Charakteristik Berlins. — Worin sind wir deutsch. — Witz und Verbrechen. — Armuth und Frömmigkeit. — Der neue Ehegesetzentwurf. — Anblick der Majestät. — Besuche auf der Universität. — Steffens Schelling. — Theodor Mundt. — Bruno Bauer. — Theaterleiden und -Freuden. —

KUNSTAUSSTELLUNG 1895. — B r a n t, Sebastian (ps. ?), D i e
P r o s t i t u t i o n a u f d e r G r o ß e n B e r l i n e r K u n s t -
a u s s t e l l u n g 1895. Berlin 1895.

KYNOSARGES. Eine Quartal-Schrift. Hrsg. von Aug. Ferd.
B e r n h a r d i. Erstes (einz.) Stück. Berlin 1802 bei Heinrich
Frölich. 8⁰. (Expl. in Dresden: Eph. Litt. 680 m.)

> Genaue Inh.-Angabe in: Bibliogr. Repertor. Bd. I, Sp.
> 21—26. — Sehr rar!

LACHKRAMPF, Der. Q u i n t e s s e n z d e r p i k a n t e s t e n u.
a u s e r l e s e n s t e n B e r l i n e r W i t z e u. R e d e n s a r t e n ,
Anekdoten und scherzhaften Gedichte. Herausgegeben von
A. L., Stammgast bei Rennebohm. Heilbronn 1835. 8⁰. Zahm.
(1 Mk. 50 Pfg., G. Priewe.)

— — Dasselbe. 2 Bdchn. Ulm 1836—42. 8⁰. (2 Mk. 50 Pfg.,
Orig.-Umschl., F. Waldau, Fürstenwalde, 1908.)

LANCENSCHEIDT, G., N a t u r g e s c h i c h t e d e s B e r -
l i n e r s. Zugleich ein Spaziergang durch das alte Berlin von
1739. Für Einheimische und Fremde. Berlin. 1878. 8⁰. 85 S.
(1 Mk., br. im Orig.-Umschl., E. Frensdorff.)

LANO, P. de, L a c o u r d e B e r l i n. 2 édition. Paris 1894.
(éd. I. vers 1890?) 8⁰. (3 Mk. 50 Pfg.) (1 Mk. 50 Pfg. Schnabel
& Walter, Potsdam, 1906.)

LAREN, D i e, Unterhaltungsschrift in Monatsheften. Hrsg. von
M. T e n e l l i (d. i. Joh. Heinr. M i l l e n e t). Berlin, Rücker,
1818. 8⁰.

> Goedeke VIII, 31, 136: „Sechs Hefte bilden einen Band,
> und nur der erste scheint erschienen zu sein." Daselbst auch
> Angabe der Mitarbeiter.

L'ARRONGE, Adolf (geb. 8. März 1838 in Hamburg, † 1908
in Berlin), E i n e P r o s t i t u i r t e. Berliner Sittenbild. Berlin
1869. 8⁰. 159 S. (7 Mk. 50 Pfg. H. Streisand, Berlin, 1907.)
Bereits selten!

LASKER, J., D a s A u g e d e r P o l i z e i. Aus dem Leben
Berlins. Berlin 1844. 8⁰. 228 S. (1 Mk. 25 Pfg. Schnabel
& Walter, Potsdam, 1906; 5 Mk. H. Streisand, Berlin, 1908.)

LAUFPASS, D e r. E m p f i n d u n g e i n e r B e r l i n e r
K ö c h i n, ausgehaucht in den Gefilden Moabits. Für eine
Singstimme. Berlin (ca. 1830). Mit einer colorirten Abbildung.
(Hosemann?) Sehr selten! (75 Pfg. G. Priewe, Heringsdorf,
1895; jetzt theurer!)

LAURA, D i e s c h ö n e, u. i h r L o u i s a l s (Moabiter)
K l o s t e r s t ü r m e r v o r G e r i c h t. Oder: Sie bauen ein
Kloster u. wir müssen in die Zelle. Eine improvisirte Ge-
richtsscene, die mit singen (!) eines Kloster-Couplets endigt.
Nicht schauerlich u. schutzmannscharfeinhauerlich, / Nicht

piusunterthanerlich u. scheiterhaufenahnerlich. Mit illustr. Titel. Berlin, A. Streerath, Skalitzerstr. 127. (ca. 1870). 8⁰. (2¹/₂ Sgr.) Ang. d. Verlegers. — Bereits sehr selten!

LEBEN, B e r l i n e r. Enthüllte Geheimnisse der Weltstadt. Berlin, o. J. (c. 1890). 8⁰. (50 Pfg. C. Winter, Dresden.)

LEBEN u n d s o n d e r b a r e S c h i c k s a l e z w e i e r G o l d - t ö c h t e r (Berliner Buhlerinnen) nach der Mode, s. oben K l ä r c h e n s u n d L a u r e n s L i e b e s g e s t ä n d n i s s e.

„Die Heldinnen gehörten durch eine Zeit den „Salons" der M a d a m e S c h u w i t z (s. d.) an". (R. Zinke's Dresdener Novbr.-Auct. 1905, no. 943.)

LEBENS- u n d V e r g n ü g u n g s - P l a n, B e r l i n e r. Reizendes colorirtes Blättchen. 15¹/₂ : 13¹/₄ cm. Mit Andeutung der dargestellten Gegenden der Residenzstadt, belebt durch höchst spassige Figuren (Männlein, Weiblein u. Tierlein; Vergnügungslokale, Theatergebäude u. dgl. mehr).

„Höchst originelles Blättchen, vermutlich U n i k u m. Zur Aufnahme in: C l a u s w i t z, „D i e P l ä n e v o n B e r l i n u. d i e E n t w i c k l u n g d e s W e i c h b i l d e s" fehlt es diesem Plane an der nötigen Würde. Er ist durchaus nicht innerhalb des „W e i c h b i l d e s" e h r b a r e n E r n s t e s gelegen, sondern berührt in jeder Beziehung das Gebiet k ö s t l i c h e n H u m o r s." (15 Mk. Ernst Frensdorff, Berlin, März, 1907.)

LEBEWELTNÄCHTE d e r F r i e d r i c h s t a d t (in Berlin) von Satyr. 6. Auflage. Berlin, o. J. 8⁰. (80 Heller A. L. Huber, Salzburg, 1908.)

Großstadt-Dokumente, Bdchn. 30.

LENZ, Ludw., u. L. E i c h l e r, B e r l i n u n d d i e B e r - l i n e r. Genrebilder und Skizzen. 8 Hefte (soviel ersch.). Mit 8 Titelbildern u. Original-Federzeichnungen von T h e o d. H o s e m a n n. Berlin 1840—42. 8⁰. Illustr. Umschl. (Heft 1—3 u. 4—6 [Neue Folge 1—3] in Hamburg, Bibl. d. „Harmonie".) (25 Mk., cplt., Karl W. Hiessemann, Lpz., Cat. 174. [1896] no. 407; 30 Mk., 8 Hefte in 1 Bde., E. Frensdorff, 1908.)

„Vorzügliche, humorvolle Blätter des beliebten Künstlers, den man wohl mit Recht den d e u t s c h e n G a v a r n i nennen darf." — Alle 8 Hefte zus. von grösster Seltenheit!

LEUCHTE, D i e. Ein Zeitblatt für Wissenschaft, Kunst und Leben. Hrsg. von J.(oh.) D.(an.) S y m a n s k i (geb. 8. Sept. 1789 in Königsberg i. Pr., † 25. März 1857 in Berlin). Nr. 1—104 (soviel ersch.). O. O. (Berlin) 1818. 4⁰.

Mitarbeiter nennt Goedeke VII, 419, 46, 8⁰.

LICHTENAU, Gräfin, s. im fortlaufenden Alphabet des Cataloges.

LIEBETREU, C. F. (d. i. *F. Truloff*), A u s d e n K i n d e r - j a h r e n d e r W e l t s t a d t. Berlin, o. J. (nach 1870). 8⁰. (60 Pfg. Schnabel & Walter, Potsdam, 1906.)

LIEBETREU. B e r l i n b e i G a s u n d S o n n e n l i c h t. Skizzen und Humoresken aus den fünfziger Jahren. Berlin 1868. 8⁰. (Bibl. d. Vereins f. d. Geschichte Berlins.)
      Darin u. a. der Prozeß gegen den Maler u. Leutnant a. D. v. Z a s t r o w (Urning); s. auch weiter unten.

LIEBSCHAFTEN d e r s c h ö n e n L o k a l s ä n g e r i n F a n n y ...... in Hamburg, Leipzig und B e r l i n. Veröffentlicht von ihrem Gefährten K. aus B. 2te Aufl. Mit feiner Titelvignette. (Altona, Verlags-Bureau [Prinz], ca. 1865.) 12⁰. (¹/₄ Rthl.) (Antiquarisch jetzt 3—5 Mk.)

LINDNER, Fr., B e r l i n e r M ä d c h e n. Erzählung aus dem Leben der Großstadt. 2. Aufl. Berlin (c. 1895). 8⁰. (80 Pfg. Paul Lehmann, Berlin.)

LISCO, G., Z u s t ä n d e d e s s i t t l i c h e n u n d k i r c h l i c h e n L e b e n s i n B e r l i n. Berlin 1868. 8⁰. (1 Mk. A. Bielefeld, Karlsruhe.)

LISZT, Franz. — D a s L i s s t — g e B e r l i n. 3 Hefte. (Heft 1 mit einem humorist. Titelbild: Lass—Lisst—Lust.) Berlin 1842. 8⁰. Selten! (6 Mk., etw. fleckig, E. Frensdorff.)

LOEBELL, J., B e r l i n und Hamburg, oder Briefe aus dem Leben. Erster (einziger) Theil. Breslau 1836. 8⁰. 160 Seiten. (1 Mk. 25 Pfg., defektes Expl., G. Priewe.)
      U. a.: Berlin. Dumme Jungen. Rellstab's Berlin von der andern Seite. Berliner Schriftsteller. Wahrheiten und Dichtungen aus dem Leben Berlins u. s. w.

LÖFFLER, K., D a s g a l a n t e B e r l i n. 3. Aufl. Mit Illustrationen. Berlin, Mecklenburg, 1856. 16⁰. (10 Sgr.) 138 S. (75 Pfg. O. Richter, Lpz., c. 1880.)

LÖFFLER, B e r l i n i m s c h w a r z e n R a h m e n. 2 Hefte. Ebd. Thiele, 1860. 16⁰. (10 Sgr.)

LÖFFLER, D i e B e r l i n e r G r i s e t t e. 2. Aufl. Ebd., Seehagen, 1856. 32⁰. (5 Sgr.)

LÖFFLER, D e r B e r l i n e r H a n d l u n g s d i e n e r. Ebd. 1856. 32⁰. (5 Sgr.)

LÖFFLER, D i e B e r l i n e r L'o r e t t e. Ebd. 1856. 32⁰. (5 Sgr.)
LÖFFLER, D e r B e r l i n e r W u c h e r e r. Ebd. 1856. 32⁰ (5 Sgr.)
      Herm. Hoppe's Cat. St. Petersb. 1871. S. 851.

LÖFFLER, L., B e r l i n u n d d i e B e r l i n e r. I n W o r t u n d B i l d. M. 60 in den Text gedruckten Abbildgn. Leipzig 1856. 8⁰. 4 Bl. u. 138 S. (6 Mk., Illustr. Orig.-Umschl., unbeschn., E. Frensdorff.)

LÖSCHEIMER. Ein Journal in zwangslosen (!) Heften, hrsg. von H. v. L—n. (d. i. Gustav v. B o t h). 6 Hefte (soviel ersch.). O. O. (Berlin) 1807. 8⁰. (Heft 1—4 in Berlin, Bibl. d. Vereins f. d. Geschichte Berlins.) (Heft 1—3 mit den Orig.-Umschlägen,

10 Mk. E. Frensdorff, 1904; Heft 1—6 (wovon 1 defekt).
20 Mk. Derselbe, 1904.)
    Complet mit allen Umschlägen eine Seltenheit. Enth.
Diverses zur Chronique scandaleuse. — Anon.-Lex. III. p. 85
(nach Meusel, Weller u. dem Neuen Nekrolog).

*LOEWE, Phil., Die Hetären aller Zeiten u. Völker,
mit besonderer Berücksichtigung der für Berlin schwebenden
Sittenfrage. Berlin, o. J. (185*). 8⁰. (²/₃ Rthl. Scheible in e.
älteren Cat.; 3 Mk. G. Priewe.)

* — — Dasselbe. Neue Aufl. Ibid. (1869). 8⁰. (¹/₂ Rthl. Kirchhoff & Wigand; 2 Mk. Kühl.)

§ * LOEWE, Die Prostitution aller Zeiten u. Völker
mit besonderer Berücksichtigung von Berlin.
Berlin, Logier, 1852. 8⁰. (Auch in Amsterdam: Bibl. Gerritsen).
(18 Sgr. Scheible; jetzt theurer!)

LOUISE, oder die verwaisete Berlinerin. (Etwas
freier Roman.) Neu-Ruppin (J. B. Kühn) 1799. 8⁰. 207 S. (3 Mk.
Lehmann & Lutz, Frankf. a. M., 1884.)
    Fehlt bei Kayser unter Romanen.

LOY, Arthur, Berliner Novellen aus der Gesellschaft. Berlin, o. J. (c. 185*). 8⁰. (1 Mk. B. Seligsberg,
Bayreuth, 1896.)
    S. auch weiter oben Jonas (ps.).

MAGDALENENSTIFT, Das, bei Berlin vom 1. April 1872
— bis dahin 1874. Berlin. 8⁰. 24 S. (50 Pfg. A. Bielefeld.)

MAGDALENENSTIFT. — Nach dem Magdalenenstift.
(Geschichte eines gefallenen Mädchens.) Altona, Verlags-Bu-
reau, 1870. Kl. 8⁰. 188 S. Lithogr. Umschl. (5 Mk. Adolf
Weigel, Lpzg., 1907.)

— — Dasselbe. Ebd., A. Prinz. 1873. (Auch titulo: Dunkle
Existenzen. IV. Bdchn.) Breit-12⁰. 188 S. (In Dresden, Bibl.
der Gehe-Stiftg.) (2 Mk. J. Taussig, Prag.)

MANITIUS, Emanuel (ps.), Fanny, die schöne Putz-
macherin in Berlin. Bekenntnisse derselben aus ihrem
Leben. Mit (freiem) Titelbild. Leipzig, Verlags-Anstalt (W.
Röhl), o. J. (1871). 8⁰. (¹/₄ Rthl. Scheible; jetzt theurer!)

MARCUS, Max, Führer durch Berlin's Nachtlokale.
Ein gründlicher Wegweiser durch das nächtliche Berlin . . . .
Neueste, reich verm. u. verb. Aufl. Berlin, Max Marcus, o. J.
(c. 1880). 12⁰. 71 S. (50 Pfg. G. Priewe.)

MARIONETTENSPIELER, Der. Eine Geschichte. Nebst (4)
andern kleinen Erzählungen. Mit 1 Kupfer (G. Opiz del., C.
Frosch sc.). Leipzig, in Joh. Benj. Georg Fleischers Buchhandlung, 1806, 8⁰.
    Nr. 5: „Die verlorne Dose" (S. 261—342). Spielt in
Berlin und enthält interess. Lokal- und Personalnachrichten.

MEMOIREN einer Berliner Wickelfrau. Herausgegeben v. Dr. J. Beer. Berlin, o. J. (c. 1870). 8⁰. (1 Mk. 25 Pfg. G. Priewe.)

MENGERTIN contra Meinhardt. — Erlass in Injuriensachen der unverehel. Mengertin contra die Putzmacherin Meinhardt u. Bericht des Stadtgerichts an den König über die Verhandlungen der Injurienprozesse des gemeinen Volks vor dem kleinen Gerichtstag. November 1801. Berlin. Fol. 8 S. Original-Manuscript. (4 Mk. 50 Pfg. A. Bielefeld, Carlsruhe, 1905.)

MESSALINEN, Die, Berlins. Realistische Novellen und Sittenbilder aus dem high life der Reichshauptstadt, von*** *(Sacher-Masoch).* Berlin 1887. 8⁰. 209 S. (Mk. 3.—.) (2 Mk. Jürgensen & Becker, Hamburg; 1 Mk. 50 Pfg. Friedr. Klüber, München.) (In Dresden eine Ausgabe Berlin, o. J.)

— — Dasselbe. 2. Aufl. Ebd. 1889. 8⁰. (1 Mk. 50 Pfg. M. Edelmann, Nürnb.; 3 Mk. W. A. Gabriel, Berlin.)

> 376 S. Inh.: Eine vornehme Messaline. — Die blonde Baronin. — Eine Messaline des Salons. — Fürstin Lydia. — Die Liebe einer Weltdame. — Wie man eine Messaline wird. — Eine Theater-Messaline. — Weibliche Modelle. (Prozeß Gräf. — Bertha Rother.) — Eine Messaline der Feder. — Eine Messaline als Selbstmörderin. — Mandolinata. — Die Messalinen der Kneipe. — Café chantants- und Wiener Café-Typen. — Weibliche Commissionäre. — Die Messalinen in den Bädern. — Liebe und Messalinenthum. — Die Liebe der Messaline. — Messaline und Demimonde. Das Geheimniß des Messalinenthums. — Die Messaline, die es nicht ist. — Auf der schiefen Ebene.

— — Dasselbe. 5. Aufl. Ebd., o. J. 8⁰. (1 Mk. 50 Pfg. A. Graeper, Barmen.)

— — Dasselbe. 9. Aufl. Ebd. o. J. 8⁰. 373 S. (Mk. 3.—.) (1 Mk. 50 Pfg. Max Jaeckel, Potsdam.)

— — Dasselbe, titulo: Die Messalinen der Spree. Neue Augabe. Berlin, o. J. 8⁰. (2 Mk. W. A. Gabriel, Berlin.)

MEYER, Frau (Gattenmörderin). — Beschreibung der in Berlin am 22. Mai 1834 von der Ehefrau Meyer an ihrem Ehegatten verübten schauderhaften Mordthat und der am 2. März 1837 an der Verbrecherin vollzogenen Hinrichtung mit dem Rade von unten auf. (Bibl. d. Vereins f. d. Geschichte Berlins.)

MIRABEAU [Honoré-Gabriel Riquetti], Comte de (1749—91), Geheime Geschichte des Berliner Hofes oder Briefwechsel des Grafen von Mirabeau. Rotterdam 1789. 8⁰. 124 S.

MIRABEAU, Geheime Geschichte des Berliner Hofes, oder Briefwechsel eines reisenden Franzosen, geschrieben in den Jahren

1786 und 87. Aus d. Französ. 2 Thle. Cölln (fing.) 1789, 8⁰.
506 S. (9 Mk. Friedr. Klüber, München, 1898.)
— — Dasselbe. Aus d. Französ. übersetzt und mit einigen
Anmerkungen begleitet. O. O. 1789. Kl. 8⁰. (4 Mk. 50 Pfg.
Rich. Bertling, Dresden, 1892; 5 Mk. E. Frensdorff, c. 1902.)
(Expl. in Hannover, Stadtbibl.)

O r i g.: Histoire secrète de la cour de Berlin, ou corres-
pondance d'un voyageur françois, depuis le 5. juillet 1786
jusqu'au 19. janvier 1787. Ouvrage posthume. 2 vols. S. l.
(Alençon, Melassis le jeune) 1789. 8⁰. (In Düsseldorf,
Kgl. Landesbibl.) (10 Mk. Friedr. Klüber, München, c. 1900;
10 Mk. Ferd. Schöningh, Osnabr., 1907.)

Cette révélation indiscrète des manoeuvres diplomatiques
de Mirabeau écrite dans un esprit de critique amère, et
avec la licence d'un libelle, souleva tous les esprits contre
l'auteur assez peu scrupuleux pour faire, des secrets de
l'hospitalité, de la confiance des amis et de celle du gouvernement, la pâture de la malignité publique. L'empereur
Joseph II, le roi de Prusse et surtout le prince Henry,
qui se trouvait alors à Paris etaient fort maltraités dans
cette production. Louis XVI crut devoir une satisfaction au
corps diplomatique et ce livre fut condamné par le par-
lement à être brûlé par la main du bourreau. — 1. Edition
d'une grande rareté. Quérard, supercréries II, col. 1158 f.

M i r a b e a u a désavoué cet ouvrage. (Quérard, l. c.) —
Rep. Rotterdam (Paris) 1789. 8. II. 139 + 148 pp. Avec
2 magnifiques portraits en taille-douce (Frédéric Guillaume II
et Catherine II). (9 Mk. E. Frensdorff, 1907.) Rep. Paris
1789. 8. III. (Expl. in Hannover, Stadtbibl.)

MIRABEAU. — P o s s e l t, Dr. E. L., U e b e r M i r a b e a u's
H i s t o i r e s e c r è t e d e l a C o u r d e B e r l i n, aus authentischen Quellen. Mit Titelvign. Carlsruhe 1789. 8⁰. VIII Bll. u.
188 S. (4 Mk. 50 Pfg. E. Frensdorff, 1907.)

MIRABEAU. — S p i o n, D e r e n t l a r v t e, oder Beleuchtung
der geheimen Geschichte des Berliner Hofs. O. O. 1789. Gr.
8⁰. (In Berlin, Magistratsbibl.) XXIV—363 S. Selten! (7 Mk.
50 Pfg., schönes Expl. in Hpgtb., Frdr. Klüber.)

MIRABEAU. — T r e n k c o n t r a M i r a b e a u oder politisch-
critische Beleuchtung der geheimen Geschichte des Berliner
Hofs. Aus d. Französ. Leipzig 1789. 8⁰. (2 Mk. Damköhler,
Berlin, 1882.)

MIRABEAU. — W e l s c h i n g e r H., M i r a b e a u i n B e r l i n
als geheimer Agent der französ. Regierung (1786—87). Deutsch
von O. M a r s c h a l l v. B i b e r s t e i n. Mit Portr. Leipzig
1900. 8⁰. 487 S. (Mk. 7,50.) (4 Mk. J. Taussig, Prag, 1907.)

Cfr. aussi: V i e p u b l i q u e e t p r i v é e d e H o n o r é -
G a b r i e l R i q u e t t i, com_te d e M i r a b e a u . . . .
Nouv. édit., corr. et augm. depuis sa mort. Avec portr.
curieux, gr. en bistre. Paris, hôtel d'Aiguillon 1791. Gr.
in-8⁰, de 121 pp. (10 à 12 frcs. Cohen; Hayn, Bibl. erot.

Monacens. p. 44.) Pamphlet acerbe et scandaleux contre Mirabeau. Rare!

MIRABEAU. — E n g l i s c h e U e b e r s e t z u n g : The Secret H i s t o r y o f t h e C o u r t o f B e r l i n . . . . in a Series of Letters, translated from the French. A posthumous work, to wich is added a Memorial, presented to the present King of Prussia, by Count Mirabeau . 2 vols. London, Bladon, 1789. 8⁰.

> Vente comte de Manderström II. no. 976. (Stockh., Novbr. 1884.)

MITTHEILUNGEN, V e r t r a u l i c h e , v o m P r e u ß i s c h e n H o f e und aus der Preußischen Staatsverwaltung. Berlin 1865. 8⁰. 211 S. (In Hannover, Stadtbibl.) (4 Mk. 50 Pfg., Orig.-Umschl., Max Harrwitz, Berlin 1903.)

> Charakterzüge Friedrich Wilhelms IV. — Mordanfälle auf Preußens Könige. — Das schwarze Buch etc.

MOLL, Fr. Ed., R e d o u t e n - A b e n t h e u e r e i n e r B e r - l i n e r K ö c h i n , von ihr selbst erzählt. Scherzgedicht nach v. G ö t h e ' s (!) „Wahrheit u. Dichtung". (Der Morgen kam etc.) Berlin, 1838. Im Selbstverlage d. Verf. 8⁰. (1 Mk. G. Priewe.)

> 8 S., enth. 16 achtzeil. Str. im ä c h t e n B e r l i n e r D i a l e k t.

MOLL, H u m o r i s t i s c h e s H u n d e r t und E i n s der gesell- schaftlichen Belustigung gewidmet. Enthaltend: Travestien, Schwänke, Schnurren, B e r l i n e r J o k o s i t ä t e n . . . . Mit 1 illum. Titelkupfr. Berlin, 1842. Ferd. Rubach. 8⁰. VIII— 230 S. (In Berlin; Magistratsbibl.) (3 Mk. Süddeutsches Anti- quariat, München, 1907.)

MOLL, U n t e r h a l t e n d e s U n i v e r s a l - B r i m b o r i u m , oder d i e T o n n e d e r n ä r r i s c h e n W e i s h e i t. Original- Beiträge zur jovialen Unterhaltung. Caricaturen-Bazar. Mit S a - p h i r s Portr. u. Facsim. Mit vielen Text-Illustrationen in Holz- schnitt. Berlin 1844. 8⁰. Ueber 500 S. (3 Mk. M. Edelmann, Nürnb., 1904.)

MOLL, D e r W o l l m a r k t. Humoristische Bilder aus dem B e r l i n e r V o l k s l e b e n. Berlin, o. J. 8⁰. (Bibl. d. Vereins f. d. Gesch. Berlins.)

MON p l a i s i r. Berliner Album mit pikantem Text und zahl- reichen Illustrationen für Lebemänner und Junggesellen. Berlin, o. J. (Mk. 3.—.) (1 Mk. 20 Pfg. H. Hugendubel, München, c. 1905.)

MONATSSCHRIFT f ü r d e n g e s i t t e t e n B ü r g e r s t a n d. Berlin, Petit u. Schöne, 1791. (á Monat 4ggr.)

> Laut Notiz in *(Seyfried's)* „Chronic (s. d.) von Berlin", St. 202 vom 12. Febr. 1791, S. 159, enth. No. 1 : An die Bürger. — Die Bürger, ein achtungswerther Stand. — Von Volksfesten u. gesellschaftl. Vergnügungen. — Welches

Land ist das Beste für den Bürger. — An Louisen. Ein Ringelreim.

MONATSSCHRIFT, Berliner. Hrsg. v. L. Buhl. Erstes und einziges Heft. Mannheim, Selbstverlag von L. Buhl. 1844. Kl. 8⁰. IV—332 S. (24 Mk., Orig.-Cart., E. Frensdorff; 36 Mk., Orig.-Cart., Max Perl, Berlin.)

Sehr selten u. gesucht! Enthält den interessanten Aufsatz von Max Stirner: Einiges Vorläufige vom Liebesstaate, ferner Beiträge von Edgar Bauer, Jordan, Grävell etc.

MORVELL, Dr. (d. i. *W. F. A. Vollmer*), Memoiren eines Berliner Nachtwächters. 6 Bdchn. Dantzig, Verlag u. Druck von Fr. Sam. Gerhard. 1845. 8⁰.

Voll verfänglicher Liebeshändel und interess. Berliner Lokalgeschichten seit 1810. Selten! (8 Mk. H. Streisand, Berlin, 1908.)

MÜCHLER, Karl Friedr. (1763—1857), Der vierundzwanzigste August oder Der Stralauer Fischzug. Eine tragi-komische Geschichte. Berlin 1822. 8⁰. (3 Mk. 50 Pfg., fleckiges Expl., Adolf Weigel, 1906.)

Seltenes Berliner Sittengemälde. Goedeke VI, 377, 78.

MÜLLER, Justus Conr., Gemälde von Berlin, Potsdam u. Sansouci (!). Politisch-moralisch-charakteristisch freimüthig (aber sehr!) entworfen. (Motto: 2 Versz. aus Juven. sat. I.) London (Frankfurt), und in allen Buchhandlungen Deutschlands. 1792. 8⁰. (In Dresden: Hist. urb. Germ. 1342; auch in Breslau, Kgl. u. Univ.-Bibl.: Hist. Germ. V. 99a, m. Beibdn.)

Tit., 1 Bl. Vorber., 120 S. — S. 78—109: „Ueber die Ausschweifungen Berlins: das ist dessen Tanzsäle (Bordelle), Kupplerinnen, Freudenmädchen." (Mit Versen.) — S. 110—20: „Potsdam u. Sanssouci." — Rar!

Das interessante Buch erschien nicht anonym, daher bei Holzmann & Bohatta II. p. 173 zu streichen.

MUSEUM des Witzes, der Laune, des Scherzes und der Satyre. (Berliner Wochenschrift, redigirt v. H. Ph. Petri.) Berlin 1826, gedr. bei G. Hayn. Gr. 8⁰.

416 S. Kleine Romane, Anekdoten, viele Gedichte (u. a. von Adolf Roland), dramat. Scenen (u. a. von Julius v. Voss) etc. — In Nr. 51 (S. 402—404) pikante fingirte Titel mit der Ueberschr.: „Avertissement. Bei ihrer Durchreise empfehlen sich mit einem ausgezeichneten Sortiment von Musikalien, Modeschriften und Galanterie-Waaren, Hymenaeus et Comp." — Noch mehr von dieser Zeitschrift erschienen?

MYSING, O., Die neue Aspasia. Berliner Studenten- und Sittenroman. Leipzig 1900. 8⁰. (Mk. 3.—.) (2 Mk. Hugendubel, München.)

MYSTERIEN der galanten Frauen Berlins. Altona, Verlagsbureau (Aug. Prinz), o. J. (c. 1872). 8⁰. Mit illustr. Umschl. (1 Rthl.)

NA ich sage doch! oder Schulze und Müller. Ein Lustspiel in Berlin. Altona, Verlagsbüreau (Aug. Prinz), o. J. (ca. 1865). *A. E.:* Druck von J. J. Wagner in Neustadt. 12⁰. Titelbild, Tit. u. 79 S. Vergriffen! (6 Mk. Adolf Weigel, 1907.)

NACHT (Eine) in Berlin, oder Geheimnisse eines Victualienkellers. Aus den Papieren eines Nachtwächters. Demmin, Gesellius u. Comp., 1844. Citirt Apell (o. Formatsang.).

NACHTSEITEN der Gesellschaft, eine Sammlung der merkwürdigsten Geschichten und Rechtsfälle aller Zeiten und Länder. Aus den Papieren eines Criminalbeamten. Berlin (ca. 1840). 8⁰. 864 S. (5 Mk. 50 Pfg. Max Harrwitz, 1903.) Unter den 26 Criminalgeschichten betreffen viele Berliner Verbrechen.

— Dasselbe. 2te Serie, titulo: Nachtseiten der Gesellschaft. Eine Gallerie merkwürdiger Verbrechen und Rechtsfälle. 8 Bde. Leipzig 1848—51. 8⁰. (4 Rthl.) Vergriffen! (7 Mk. 50 Pfg. Süddeutsch. Antiqu., München, 1907.)

NACHTSEITEN der Berliner Gesellschaft. Sociale Lebensbilder der neuesten Zeit. 2 Thle. à 4 Bdchn. (= 8 Bdchn). Mit Illustrationen. Berlin 1845—46. 8⁰. (6 Mk. W. H. Kühl, Berlin, c. 1885; 4 Hefte mit 2 Titelkpfrn., ebd. 1846, 6 Mk. 80 Pfg. J. Taussig, Prag, ca. 1900.)

NACHTSTUNDEN, Berliner. 12 Photos nach Originalen von E. Urbach. Berlin (18**). In eleg. Mappe. (7 Mk. 50 Pfg. A. Bielefeld, Carlsruhe, 1892.)

* NÄCHTE, Berlinische (von *Josef Alois Mercy,* geb. 1764, † nach 1810).

Jamque dies exactus erat, tempusque subibat,
Quod tu nec tenebras, nec possis dicere lucem.
OVID.

2 Thle. Leipzig u. Züllichau, in der Darnmannschen Buchhandlung. 1803—4. 8⁰. Bd. I hat, wie bei allen Expl., ein etwas abweichendes Format von Bd. II. (Cplts. Expl. auch in der Bibl. des Vereins f. d. Gesch. Berlins; Th. 2 auch in der dortigen Magistratsbibl.) (22 Mk. 50 Pfg. E. Frensdorff, 1807; 35 Mk. mit eigenhänd. Widm. d. Verfassers in beiden Bänden, Bernh. Liebisch, Lpz., 1908.) VIII 372, 355 und 8 SS. Dieses seltene Werk schildert in 104 Nächten in satyr. Erzählungen u. Beobachtungen bemerkenswerte Vorgänge und Zustände des alten Berlins und seiner Umgebung. Aus dem reichen Inhalte seien angeführt: Im Thiergarten, bei dem Ausmarsche der

Truppen; in einem Marionettentheater; bei den Schlafenden unter den Linden; auf der Anatomie; bei Fichtianern; bei einer Soldatenwitwe; auf dem Köpniker Kirchhofe; bei dem Stralauer Fischzuge; bei der Deportation nach Sibirien; in der Neustädter Kirche; bei Hufeland; auf der Lotterie; bei einer Wahrsagerin; in Wilmersdorf; auf der Sternwarte; nach der Komödie; im Invalidenhause; in Treptau (so!); in der Redoute; bei einer Hebamme; auf dem Rückwege von 'Spandau; auf dem Wege zum Galgen; in der Behrenstrasse; bei den Berlinerinnen; in den Collegien der Professoren; bei Eröffnung des neuen Schauspielhauses; auf einem Schauspielerballe im neuen Komödienhause; in den Kunstgärten der Gebrüder Bouché; in dem Strahlauer Viertel; in der Domestikenwelt; auf der Gallerie im deutschen Theater; beim Ausbruche des Grattenauerschen Judenkrieges; auf einem adelichen Kinderballe, u. dgl. m.

Eine f r a n z ö s i s c h e U e b e r s e t z u n g erschien in 2 Theilen: „Les Nuits de Berlin. Paris 1838." 8⁰. (1¹/₃ Rthl. H. W. Schmidt, Halle, c. 1870; jetzt theurer!)

NÄCHTE, D u r c h t o l l t e, d u r c h j u b e l t e T a g e. D e r R o m a n e i n e r B e r l i n e r L e b e d a m e (vom Theater, nachmaliger Fürstin, laut Prospect). Als Mspt. gedruckt in einer einmaligen, beschränkten Auflage von 400 in der Maschinenumer. Expll. (1908.) (Eleg. gebd. Mk. 20.—.)

P r i v a t d r u c k, nicht für den Handel bestimmt.

NANTE Strumpfs h i n t e r l a s s e n e P a p i e r e. Hrsg. von und zum Besten seiner strumpflosen Familie. 7 Bde. Mit H o s e m a n n schen Zeichnungen. Berlin 1838—41. 8⁰. Sehr selten! (15 Mk., Bd. 1, 4 u. 5 in 2. Aufl., Hugo Streisand, Berlin, 1908. 8⁰.)

Nante's Weltgang — Künstlerleben — Ein Maskenball im Colosseum — Wachsfiguren-Cabinet — Nante's Nachtgedanken — Auctionsscene etc. — Mörder u. Gespenster aus Nante's Tagebuch, oder Chronik d. ungebildeten Welt — Nante Strumpf bei der Einholung. — Berliner Local-Scenen.

NARREN, D i e, b e y d e r W i r t s c h a f f t (in C ö l l n a n d e r S p r e e). O. O. u. J. (c. 1690). 1 Bl. Fol. (12 Mk., zus. mit 1 ähnl. Einblattdruck von 1690, Ludw. Rosenthal, München, Cat. 113. [1906.].)

In derben und schlüpfrigen V e r s e n. — Bisher un-b e k a n n t!

NATURGESCHICHTE der B e r l i n e r i n von *D*******. Berlin, o. J. 8⁰. (60 Pfg. B. Seligsberg, Bayreuth, 1896.)
— — Dasselbe. Von ***. 4. Auflage. Berlin 1885. 8⁰. 124 S. (Bibl. d. Vereins f. d. Geschichte Berlins.) (1 Mk. J. Taussig, Prag, c. 1901.)

NATURGESCHICHTE der galanten Frau∍n in Berlin. Mit (etw. freiem) Titelbild. Altona 1869. 12⁰.
N i c h t erot. (1¹/₂ Mk. Unflad; 3¹/₂ Mk. Bielefeld.)

NAUWERCK, K., B e r l i n e r B l ä t t e r. 6 Hefte. Berlin 1844. 8⁰. (5 Mk. E. Frensdorff.)

> Seltene S e r i e interessanter B e r o l i n e n s i e n.

NEMO, Helfgott Οὖτις (ps.), A n d e r e r B e r l i n e r M u s e n - a l m a n a c h f ü r d. J. 1830, oder G e o g r a p h i e d e r n e u - e n t d e c k t e n w e l t b e r ü h m t e n M u s e n - E r d k u g e l. — Ein schön kurzweil. Büchlein, fast lustig, nützlich u. überaus lehrreich zu lesen und mit einem Vorworte Apollo's, des Musengottes, von u. s. w. zusammengetragen. 99ste verb. Aufl. Landsberg a. d. W., Ende, 1830. 12. Rar!

> Satyre auf das Jahr 1830. 2 Bog. mit 1 Holzschnitt. — A. G. Schmidt, Gallerie etc.

NENCKE, K. C., J u l c h e n G r ü n t h a l, oder d i e F o l g e n d e r P e n s i o n s - A n s t a l t e n u n d d i e G e f a h r d e r g r o s s e n S t a d t. Ein Schauspiel in 5 Akten. Berlin 1784. 8⁰. (8 Mk. E. Frensdorff.) Selten!

NESSEL, Gottfr. (d. i. Pastor *Emil Steffann* in Berlin, geb. 1814 zu Barmen, seit 1875 in Tübingen), L e o k a d i e. „Bilder aus der Gesellschaft". Leipzig, Justus Naumann's Buchhandlg. (mit Signet), 1868. 8⁰. 472 S. (12 Mk. Max Harrwitz; 12 Mk. K. Th. Völcker; 8 Mk. Max Perl.)

> Dieser Roman machte bei s. Erscheinen nicht geringes Aufsehen und ist seit Jahren vergriffen, weil vom Vf. in fast sämmtlichen Exemplaren aufgekauft. — O h n e grobe Anstößigkeiten. Wurde u. a. im „Kladderadatsch" persiflirt.

NEUMANN, S., D i e B e r l i n e r S y p h i l i s f r a g g e. Ein Beitrag zur öffentlichen Gesundheitspflege Berlins. Mit 3 statistischen Tabellen. Berlin 1852. 8⁰. (In Berlin: Bibl. d. med.-chir. Fr.-Wilh.-Inst.)

NONSENS, F. v. (ps.), D e r O p e r n h a u s b a l l. Romantisches Epos. Berlin, Jul. Springer, 1857. 12⁰.

> 2 Bll. u. 72 S. Zahm.

ODEN u n d L i e d e r, B e r l i n i s c h e (zahme). 3 Thle. Leipzig, Breitkopf und Sohn, 1766—68. Quer-Fol. (180 Mk., gut erhalt. Expl. in 3 Hldrbdn. der Zeit, E. Frensdorff, 1906.)

> Von allergrösster Seltenheit! Enthält Beiträge von Gleim (15 Gedichte), Lessing (6), Zachariä, Uz, Kästner, Hagedorn, Ewald v. Kleist, Gellert, Alardus u. v. A. Ferner Compositionen von Marpurg, Agricola, Bach, Quantz (Lehrmeister Friedrichs d. Grossen im Flötenspiel), Janitsch, Schalo, Braun, Kirnberger, Sack u. A.

OHRFEIGEN-P r o z e s s, D e r. Wortgetreuer Bericht der öffentlichen Verhandlung wider den Ober-Konsistorialrat Dr. F o u r n i e r am 30. Juni 1869. Berlin 1869. 8⁰. (2 Mk. 20 Pfg., schönes Exemplar mit Golddruck auf dem Vorderdeckel, G. Priewe, 1907.)

ONKEL F i f i. Berliner Sittenbild. (ca. 1900.) (1 Mk. W. A. Gabriel, Berlin.)

ORPHEUM (ehemal. Ballsaal). — B i l d e r a u s d e m O r p h e -
u m. 2 Hefte. Berlin, Max Marcus, o. J. (c. 1880). 12⁰. (1 Mk.
60 Pfg., mit den Orig.-Umschl., G. Priewe.)
    Heft 2: Eine Sect- und Austerngeschichte. 15 S.
ORPHEUM. — N a c h t, E i n e, i m O r p h e u m. Bdchn. 1.
(einz.) O. O. u. J. (ca. 1875). 12⁰. (1 Mk., Fischhaber, Reutlingen, c. 1880.)
ORPHEUM. — O r p h e u m s - G e s t a l t e n. Aus Berlins so-
cialem Leben. Mit Titelbild. Altona, Aug. Prinz, o. J. (c.
1870). 12⁰.
— — Dasselbe. 3. Aufl. Ibid. s. a. (187*). 12⁰. 80 S. Lith.
Umschl. (4 Mk. A. Bielefeld; 6 Mk. Adolf Weigel.)
OSTWALD, Hans (geb. zu Berlin 11. Juli 1873), B i l d e r -
s t ü r m e r in der B e r l i n e r F r a u e n b e w e g u n g. Berlin
1906. 8⁰. (Mk. 1.—.) (60 Pfg. J. E. Mueller, Halle.)
OSTWALD, B e r l i n e r B o r d e l l e. Leipzig 1905. 8⁰. (70 Pfg.
B. Seligsberg, Bayreuth, 1906.)
OSTWALD, B e r l i n e r K a f f e e h ä u s e r. 5. Aufl. Berlin
(c. 1905). 8⁰. (70 Pfg. l. c.)
OSTWALD, B e r l i n e r K o n f e k t i o n. Berlin (c. 1905). 8⁰.
(Mk. 1.—.) (60 Pfg. J. E. Mueller, Halle.)
OSTWALD, Z e h n L e b e n s l ä u f e Berliner Kontrollmädchen.
Berlin (c. 1905). 8⁰. (Mk. 1.—.) (60 Pfg. l. c.)
OSTWALD, B e r l i n e r N a c h t b i l d e r. Leipzig 1903. 8⁰.
(60 Pfg. B. Seligsberg.)
OSTWALD, B e r l i n e r S c h w i n d e l. Berlin (c. 1905). 8⁰.
(Mk. 1.—.) (60 Pfg. J. E. Mueller.)
OSTWALD, B e r l i n e r T a n z l o k a l e. Berlin (c. 1905). 8⁰.
(70 Pfg. l. c.)
OSTWALD, D i e T i p p e l s c h i c k s e. Brettl-Szenen (Ebd.?)
1901, (Litt.-Kal.)
OSTWALD, V a g a b o n d e n. Berlin 1900. 8⁰. (Mk. 3.50.) (2 Mk.,
wie neu, B. Seligsberg.)
OSTWALD, V a r i é t é u n d T i n g e l t a n g e l in Berlin. Ebd.
(c. 1905). 8⁰. (Mk. 1.—.) (60 Pfg. J. E. Mueller.)
OSTWALD, V e r w o r f e n e. N o v e l l e n. Berlin 1902. 8⁰.
(1 Mk. 20 Pfg. B. Seligsberg.)
OSTWALD, D u n k l e W i n k e l in Berlin. Ebd. 1904. 8⁰. (70
Pfg. l. c.)
OSTWALD, D a s Z u h ä l t e r t h u m in Berlin. 3. Aufl. Ebd.
(c. 1905). 8⁰. (70 Pfg. l. c.)
OSTWALD, D a s B e r l i n e r D i r n e n t h u m. 2 Bde. Leipzig,
Walther Fiedler, 1907.

Günstig recensirt von Prof. Dr. Erich M e y e r (Weimar) in dessen Aufsatz: „Zum Kampfe gegen die Unsittlichkeit". (Berliner Tageblatt 1907, Nr. 274, v. 2. Juni, Beibl. 2.)

OSTWALD, M ä n n l i c h e P r o s t i t u t i o n. Berlin, o. J. (1907). 8⁰. (1 Mk. 25 Pfg. G. Priewe, 1907.)

Erpresser. Schlupfwinkel. Soldaten und Halbprostitution. Beichten Homosexueller. Poesie, Sprache und Spitznamen der männlichen Prostituirten u. s. w.

OSTWALD. — S. auch: G r o ß s t a d t - D o k u m e n t e.

PATCHOULI. N a c h t b i l d e r a u s d e r G r o s s s t a d t. Deutsch von W e i s s e n t u r n. Berlin, o. J. (c. 1900). 8⁰. (70 Pfg. H. Hugendubel, München.)

PETERSEN, Wilh., D i e P r o s t i t u t i o n i n B e r l i n. Heilbronn 1887. 8⁰. (In Dresden, Bibl. d. Gehestiftung.) (1 franc Adolf Geering, Basel, 1896.)

PETERSSEN, Fr. C., G e n r e b i l d e r a u s d e m m o d e r n e n B a b e l. Stuttgart 1870. 8⁰. (Mk. 2.—.) (1 Mk. 25 Pfg. S. Calvary & Co., Berlin, c. 1900.)

PFEIL, V., W a l d i n e o d e r d i e B a u e r n f ä n g e r v o n B e r l i n. Zeitroman. Dresden, Verlag von Adolf Wolf. (190*.)

Verboten vom K.-G. Böhm. Leipa, 6. Februar 1895. § 64.

PHANTASIE-R e i s e d u r c h B e r l i n b e i N a c h t oder: o z i e h e t l i e b e r d e n S c h l e i e r d ' r ü b e r. Hrsg. von F. E. L u n z e. Druck und Verlag von C. G. Hoffmann, Hainichen in Sachsen. O. J. (c. 1888). 8⁰.

48 S. (incl. Tit.), 8 Bll. Verlag populärer Schriften d. Firma. —

Einleitung. — Die Verschlepper. — Die kleine Fischerin. — Im Wiener Caffee. — Die Prostitution. — Die Louis. — Zu früh geheirathet und geliebt. — Beschränkt die Be völkerungszunahme. — Genießt die Liebe mäßig. — Die Pennbrüder. — Im Verbrecherkeller. — Die Leiche im Koffer.

PHOTOGRAPHIEN o h n e R e t o u c h e. Bilder aus dem B e r - l i n e r A l l t a g s l e b e n, von *G. A. B.* Vierte Auflage. Altona. Verlagsbureau (A. Prinz), o. J. (1870.) Breit. 12⁰. 79 S. Zahm. (1 Mk. 80 Pfg., J. Taussig; 4 Mk., Expl. mit lithogr. Umschl., Adolf Weigel.)

Zuerst gedr. Berlin (1861). (75 Pfg. Max Jaeckel, Pots- dam, 1902.)

PORST, Joh., D e r e n t b r a n n t e Z o r n G o t t e s ü b e r d i e U n k e u s c h h e i t wurde Am IX. Trin. 1707 . . . in der Doro- theen-Städt. Kirchen / in einer Predigt / der Christl. Gemeinde fürgestellt. Berlin, Nicolai, 1715. Kl. 8⁰.

Ein interess. Dokument der damaligen B e r l i n e r K a n - z e l b e r e d s a m k e i t.

POSNER, Ed. Wilh., Die Wiedereinführung der Bordelle in Berlin. Berlin 1851. 8⁰. 52 S. (In Dresden, Bibl. der Gehe-Stiftg.) (2 Mk. 50 Pfg. Leo Liepmannssohn, Berlin, 1905.)

POSSEN-Blödsinn, Der höhere Berliner. Witz-Blumenlese aus neuen und alten Possen. Herausgegeben von Kalauer und Meidinger, Possen-Enthusiasten. Berlin, o. J. (c. 186*). 8⁰. IV u. 115 S. (1 Mk. 50 Pfg. E. Frensdorff.)

Mit (zahmen) Beiträgen v. L. Angely, Castelli, Cohnfeld, Dohm, Th. Gaßmann, C. A. Görner, C. Helmerding, A. Hopf, E. Jacobson, C. v. Holtei, D. Kalisch, A. v. Kotzebue, Rob. Linderer, F. Raimund, H. Salingré, Louis Schneider u. A.

POTPOURRI, Humoristisches. Bilder u. Schilder (!) aus den Straßen Berlins. Berlin, Grothe, 1865. 16⁰. (10 Sgr.)

Herm. Hoppe's Cat. St. Petersb. 1871. S. 852.

POTPOURRI, Humoristisches. Allerlei Bilder und Schilderungen (!) aus den Straßen Berlins, von *H. A. B.* Berlin, o. J. (18**). 12⁰. (60 Pfg., Max Jaeckel, Potsdam, Cat. 2. [c. 1902] no. 297.)

Mit vorigem einerlei?

PREUSSEN, Das galante, oder Reise eines jungen Franzosen nach Berlin. aus dem französischen (!) (des *Cl. Franc. Etienne Dupin* † 1828). Mit 1 (erot. unsign.) Titelkupfer. Coblentz. (Leipzig, Rein.) 1802. 8⁰. (Expl. in Berlin, Magistratsbibl.) Sehr rar!

Irrthümlich als ein Auszug aus Joh. Friedel's „Galanterien von Berlin" bezeichnet, vielmehr ein ganz selbständiges Opus sehr pikanter Art.

Titelkpf. (eine Gräfin verführt einen Studenten, S. 104), gestoch. Titel, 156 S., 2 Bll.

Inh. der 16 Capitel (auf den 2 letzten unbeziff. Bll.): 1. Beschreibung von Berlin. Oeffentliche Denkungsart. Schauspiele. Deutsches Theater. A** K*** (August Kotzebue). Policey. 2. Sitten. Ehescheidungsgesetz. 3. Preußischer Adel. Galanterie der Offiziere. 4. Reise nach Potsdam. Madam Wallner. Galantes Abentheuer. Arbeit will bezahlt seyn. (2 Ehefrauen, Mutter u. Tochter, bezahlen 2 Offizieren die geleisteten Dienste (gelegentlich eines Ballfestes) in einer Grotte des Gartens durch Ueberlassung einer kost, baren Uhr (der Mutter) und einer Rolle mit 25 Dukaten (welche die Tochter von ihrem Manne zur Bezahlung des Schlächters erhalten hatte), und behaupten nach Rückkehr in den Ballsaal plötzlich, diese Werthsachen seien Ihnen gestohlen worden. — Dies als Probe!) 5. Mönchsgalanterie. Spaziergang im Thiergarten. Madame Walberg. Madam Florbach. Herr Hermann. 6. Studentengalanterie. Geschichte der Madam Wiglef u. Madam Konrad. Doktor H***. 7. Bürgergalanterien. Putz. Spiel. Gastgebote. 8. Hochzeitgeschichte. Liebschaft der Madam Steinau. 9. Ende (des vorigen) Romans. 10. Galanterie der Damen. 11. Abgezehrte Ehemänner. Böses Beyspiel. Predigt. 12. Schule des Sokrates. Männerliebe. Warme Brüder (sic!). Minos.

San Francisco d'Assisi. Physische Abhandlung über den antiphysischen Geschmack. 13. Ein neuer Joseph. Temperament der Gräfin Blastrow (welche den Joseph, einen Studenten, mit der Pistole in der Hand zur Stillung ihrer Begierden zwingt; hierzu das Titelkpf.). Liebschaften der Madam Lublinska u. des Hauslehrers Landhof. Unfall des Herrn Windenheim. Gelehrsamkeit. 14. Streit in der Kirche. Meinung des Doktors Krinkini. Ungewöhnliche List der Liebe. Beyspiel von Sorglosigkeit. 15. Reise nach Sans-Souci. Mittelpunkt des Glücks. Das unglückliche Nichts. Galante Partie (mit einer etwa vierzigjähr. Frau Baronin v. Culamon und ihrer Gesellschaftsdame Zizi, welche physische und antiphysische Neigungen bekunden). 16. Dienst des Herrn Anodin. Was Wilhelmine war. Liebschaft mit Julchen. Abentheuer in Spa. Rückkehr nach Frankreich.

Franzö s. Orig.: La Prusse galante ou voyage d'un jeune Français à Berlin. Trad. de l'allemand par le Docteur Akerlino. Avec 1 figure libre. Coïtopolis (Paris) 1801. 8⁰. 166 pp. (Expl. in Berlin, Kgl. Bibl.) (15 Mk., expl. en tres belle reliure de Vauthrin, Adolf Weigel, Lpz., 1898; 15 Mk. J. Scheible, 1905.) — 11 Jahre früher erschien: Journal d'un voyage militaire fait en Prusse dans l'année 1787, ou la Prusse galante. Voyage d'un jeune homme à Berlin. Avec figg. S. l. 1790. 8⁰. Fort rare! (1 Rthl. 18 Sgr. J. M. C. Armbruster, Lpz., 1853; jetzt viel theurer!) — Mit vorigem identisch?? (Vielleicht ist dieses äusserst seltene Buch ein Auszug aus Friedel?)

§ * **PROSTITUTION,** Die, in Berlin und ihre Opfer. Nach amtlichen Quellen u. Erfahrungen. In histor., sittlicher, medizinischer u. polizeilicher Beziehung beleuchtet (vom Kammergerichts-Assessor *Dr. Wilh. Joh. Carl Eduard Stieber,* geb. d. 3. Mai 1818 zu Merseburg, † am 29. Jan. 1882 zu Berlin als geheimer Regierungs-Rath). Berlin, A. Hofmann u. Comp., 1846. Gr. 8⁰. (Auch in Breslau, Kgl. u. Univ.-Bibl.) 3 Bll. u. 210 S. Vergriffen u. selten!

* — Dasselbe. 2. unveränderte Aufl. Ibid. eod. a. Gr. 8⁰. (Auch in Dresden, Bibl. der Gehe-Stiftg.) (6 Mk. Anton Creutzer, Aachen, 1906.) 3 Bll. u. 210 S.

PROSTITUTION, Die, in Berlin. Berlin (1852). 8⁰. (In Dresden, Kgl. Öffentl. Bibl.)

PROSTITUTION, Die, in Berlin und die Mittel, dieselbe zu beseitigen. Berlin 1856. 8⁰. 31 Seiten. (In Dresden, Bibl. der Gehe-Stiftung.) (3 Mk. Leo Liepmannssohn, Berlin, 1905.)

PROSTITUTION und Zuhälterthum, Berliner. Von Dr. *X.* Leipzig 1892. 8⁰. (In Dresden, Bibl. d. Gehe-Stiftg.) (1 Mk. A. Bielefeld, Carlsruhe, 1905; 1 Mk., Expl. mit Orig.-Umschl., E. Frensdorff, Berlin, 1906.)

— — Dasselbe. 2. Aufl. 1896. 8⁰. (50 Pfg. L. Meder, Heidelberg, c. 1900.)

PROSTITUTION, D i e, i n B e r l i n, deren Helfershelfer als Louis, Kupplerinnen, Lehnefrauen u. ihr schädlicher Einfluss auf die Sittenzustände der Gegenwart. Berlin, Max Marcus, o. J. (c. 1875?). 8⁰. 22 S. (1 Mk. Paul Neubner, Cöln, c. 1895.)

PRUDENS, E. (ps.), E n t h ü l l u n g e n a u s d e m B e r l i n e r N a c h t l e b e n. O. O. u. J. (c. 1900). 8⁰. (2 Mk. 20 Pfg. J. Taussig, Prag, c. 1902, zus. mit 1 andern Buche.)

PRUDENS, I m S t r u d e l d e r W e l t s t a d t B e r l i n: Roman einer Gefallenen. O. O. u. J. (c. 1900?). 8⁰. (60 Pfg., l. c., c. 1900.)

    Beides f e h l t in den Pss.-Lexx.

* PUBLICIST, D e r, Eine Zeitschrift zur Besprechung criminalistischer u. administrativer Gegenstände, gesellschaftlicher und bürgerlicher Verhältnisse. Hrsg. von A. F. T h i e l e. Jahrg. 1 bis 2 (soviel ersch.?). Berlin 1845—46. 4⁰. (6 Rthl. ungbd.) (4 Mk. Ausrufspreis in Zinke's Dresdener Novbr.-Auct. 1905; 6 Mk. 50 Pfg., Jahrg. 1 apart., 490 S., mit den ausserordentl. Beilagen, G. Priewe.)

    Behandelt vornehmlich B e r l i n e r V e r b r e c h e r t h u m, P r o s t i t u t i o n, B o r d e l l w e s e n, S t r a f a n s t a l t e n, zu einer Zeit, wo noch körperliche Züchtigungen an der Tagesordnung waren.

QUALM, Hans (d. i. *Albert Hopf*), D a s v e r k e h r t e B e r l i n i m J a h r e 1842. Strafpredigt, gehalten in freien Knüttelversen, in des Aeltervaters Abraham a Sancta Clara Manier. 2. Aufl. Berlin, Krause, 1843. 8⁰. (¹/₆ Rthl.)

    Engelmann II, S. 24. — Die e r s t e Aufl. wohl von demselben Jahre.

QUALM, D e r S t r a l a u e r F i s c h z u g. Eine Berliner Historie. Berlin, o. J. (1857). 8⁰. (1 Mk. 25 Pfg. G. Priewe.)

QUIXOTE, D o n, B e r l i n e r. Ein Unterhaltungsblatt für gebildete Leser (redigirt von Adolf G l a s b r e n n e r). Jahrg. 1 bis 2 (soviel ersch.?). Berlin 1832—33. 4⁰. (10 Mk., Jahrg. 2 apart in 2 Bdn., Max Jaeckel, Potsdam, c. 1906.)

    „Von höchstem kulturgeschichtlichen Interesse für die Geschichte A l t - B e r l i n s."

* RARITÄTEN. Ein hinterlassenes Werk des *Küsters von Rummelsburg*. (Satyrisches und schwankhaftes Originalwerk von *Carl Friedrich Wegener* in Berlin, geb. 1734 in Pommern, † 1787 in Berlin.) 9 Thle. (cplt.) Mit Portrait des Valentin Schwarzbuckel und einigen Kupfern. O. O. (Berlin, Maurer) 1778—85. 8⁰. (Antiqu.-Preis für selten ganz cplte Expll. 50 bis 60 Mk.)

    Auf dem Titel zu 1 steht: „Sr. Hochehrwürden dem Herrn Magister Sebaldus Nothanker . . . . zugeeignet von B a l d r i a n S c h w a r z b u c k e l, Enkel des wohlseel. Küsters."

„Datum Fröhlichshausen, am 28. Herbstmonats 1776." —
Näheres bei „R a r i t ä t e n" im fortlaufenden Alphabet.

RARITÄTEN v o n B e r l i n und m e r k w ü r d i g e Geschichten einiger Berlin'schen (!) Freudenmädchen
(von *Joh. Christian Siede*, geb. 19. Oktob. 1765 zu Magde-
burg, Fürstl. Anhalt-Cöthenscher Geschäftsträger und Geheimer
Rath zu Berlin, † das. 14. Juni 1806). 5 Thle. (Auf Tit. von
3—4: „vom Mann im grauen Rocke".) Th. (1). Mit Titelvgn.
Berlin, 1792. In Karl Matzdorffs Buchhandlung. Th. 2—5:
Berlin 1794—99. Bei Christian Gottfried Schöne. 8⁰. (In Berlin,
Magistratsbibl.) (36 Mk., schönes cplts. Expl., W. H. Kühl, Berlin, c. 1880; Th. 1—2 (1792—94): 36 Mk., mit Lesespuren,
Karl W. Hiersemann, Lpz., 1894; Th. 1—4 (1792—98): 60
Mk., alte Ldrbde. mit Rückenvergoldung, Adolf Weigel, Lpz.,
1907.)

> C p l t. ä u s s e r s t s e l t e n u n d s e h r g e s u c h t ! 284,
> 311, 286, 306, 320 Seiten. — In einem alten Cat. der
> ehemal. J. F. Schmidt'schen Leihbibl. in Dresden waren unter
> Nr. 954 ebenfalls 5 Thle., aber „1792—1800". — Nur die
> b e i d e n e r s t e n T h e i l e sollen von S i e d e verfaßt
> sein. — Goedeke V, 517, 21, 5.

— — Dasselbe, Th. 2—4, sub. tit.: B i o g r a p h i e e n e i n i g e r
m e r k w ü r d i g e n B e r l i n i s c h e n F r e u d e n m ä d c h e n.
Ebd., bei Christian Gottfried Schöne, 1794, 1798, 1798. 8⁰.
(Bd. 3—4: 10 Kronen [Bd. 3 beschädigt], Halm & Goldmann,
Wien, 1904.)

> Th. II: 3 Bll. u. 311 S. Inh.: Elisa. — Nantchen. —
> Finette. — Sabine. — Die schwarze Luise. III: 286 SS.
> (excl. Vorst.'). Inh.: Hannchen Müller. — Rebecka. —
> Amalie Holdern. — Florentine. — Jahnchen, od. die Avan·
> türiere. IV: 306 SS. (excl. Vorst.). Inh.: Justchen. —
> Robespierrens Juliette. — Barbara Dhein.

§ **RASCH**, Gustav (1825—78), B e r l i n b e i N a c h t. Culturbilder. Berlin, Hausfreund-Expedition, o. J. (1871). 8⁰. (1 Mk.
50 Pfg., W. H. Kühl, Berlin, c. 1885; 1 Mk. R. Kaufmann,
Stuttg., 1898; 4 Mk. 50 Pfg. E. Frensdorff, 1908.)

> 2 Bll. u. 248 S. — Inhalt: E. Nacht in d. Berl. Ver-
> brecherwelt, Berl. Kaffeeklappen, Zufluchtshäuser, das Todten-
> haus, Razzia etc. etc.

§ **RASCH**, D i e d u n k e l n H ä u s e r B e r l i n s. (Bd. 1.) 2.
vermehrte u. vollständig umgearb. Ausgabe. Wittenberg, R. Her-
rosé. 1863. (Ed. I. 1861.) X—148 S. — Bd. 2. Berlin, A. Vogel
u. Comp. 1865. 8⁰. 2 Bll. u. 168 S. (9 Mk. [ebd. 1861—65] Ernst
Frensdorff, Berlin, 1907.) (2 Bde., 1865, in der Bibl. d. Vereins
f. d. Geschichte Berlins.)

> S c h i l d e r u n g e n B e r l i n e r s o z i a l e n E l e n d s,
> u. a.: Das Haus der Büsserinnen. — Das Herz (so!) des
> Freudenmädchens. — Ein neues Siechenhaus. — Die nächt-
> liche Conditorei. — Das Irrenhaus. — Das Todtenhaus. —

20*

Ein neues Leichenhaus. — Ein Besuch im Zellengefängniß bei Moabit. — Das Idiotenhaus. — Ein Haus in der Vorstadt. — Das Haus zum guten Hirten. — Aus den Familienhäusern.

RAUFSEYSENS (Phil. Ernst) Gedichte, nach dem Tode des Verfassers hrsg. von G. Danowius, Lieutenant bey dem Königl. Preuss. Feld-Artillerie-Corps, Berlin, gedruckt bey J. C. F. Eisfeld 1782. 8⁰. (25 Mk. E. Frensdorff, 1907; 15 Mk. Adolf Weigel, 1908.) Sehr selten!

> Enth. u. a.: An die Linden der großen Allee in Berlin. — An die Priesterinnen in einem Tempel der Venus in Berlin. — Der Cavalier und der Jude etc.
> Vf., geb. zu Danzig 1743, studirte in Jena, hielt Vorlesungen zu Greifswald, ergab sich dem Trunke, ging unter das Kleistsche Regiment Freidragoner, Privatsekretär des Generals v. Kleist, nach dessen Tode 1769 Musketier im Regiment Prinz Ferdinand, † im Lazarett zu Ruppin am 21. Decbr. 1775. — Goedeke IV, 331, 9.

— — Dasselbe. Zweite Auflage. Berlin, gedruckt bei Arnold Wever, 1792. 8⁰. XVI—311 S. (8 Mk. Leo Liepmannssohn, Berlin, 1907; 15 Mk. F. Waldau, Fürstenwalde, 1908.)

RAUMER, C. v., Die gefallenen Mädchen und die Sittenpolizei. Berlin 1900. 8⁰. (Mk. 1.—.) (60 Pfg., J. Taussig, Prag, c. 1902.)

REBMANN, A. G. F. (1768—1824), Nelkenblätter. Th. 3. Leipzig, bey Wilhelm Heinsius dem Jüngern, 1793. 8⁰. (In München, Universitäts-Bibl.)

> Enth. in 14 Briefen (S. 1—216) eine scharfe und eingehende Kritik der damaligen Berliner (und Potsdamer) Verhältnisse (auch in polit. Hinsicht) und Sittenzustände. Vgl. Geiger, Berlin 1688—1840, 2 Bde., 1893—95, Bd. II, S. 53, wo R. ein „verständiger Beobachter" genannt wird.

REDE, Feierliche, der alten Köchin Sibylle etc. Berlin, o. J. 8⁰. (Bibl. d. Vereins f. d. Gesch. Berlins.) Rar!

REDEN. — Inhalt einiger Reden an Frauenspersonen in Berlin. Frankfurt a. M., Andreä, 1783. (1738?). 8⁰. (15 xr.)

REDEN. — Inhalt einiger Reden an Männer in Berlin. Ibid. eod. a. 8⁰. (24 xr.)

> Höchst selten und so gut wie unbekannt! Beides verzeichnet Cat. Monath. II. Nürnb. 1783. 8⁰. p. 387.

REDERN, Wilh. Graf v. — Erstes Berliner Mixpickel oder die Reise zur Hochzeit in fünf Gesängen. (Satyre auf den Grafen v. R., nachherigen Intendanten in Berlin.) Goethe'sche und Schiller'sche Verse travesirt. Hamburg u. Altona, bei Ezechiel. 8⁰. **Mspt.** Tit. u. 4 Bll. (6 Mk., v. Zahn & Jaensch, Dresden, Cat. 138. (192] no. 1934.)

REICH, A., Berlin wie es lacht und lachte. Geschichten aus dem alten und neuen Berlin. 6 Hefte. Berlin

1885. 8⁰. (Mk. 3.—.) (1 Mk. 80 Pfg. L. M. Glogau Sohn, Hamburg, 1888.

— — Dasselbe. Ebd. 1886. 8⁰. (1 Mk. 25 Pfg., Orig.-Umschl., Frdr. Klüber, München, 1907.)

REINMAR, W. (ps. ?), Berliner Kinder. Bunte Bilder aus der Reichs-Hauptstadt. Berlin 1888. 8⁰. 241 S. (1 Mk. 80 Pfg. G. Priewe, 1907.)

> Kleines Volk. Militärische Bilder. Landpartien und Kremserfahrten. Restaurants, Weinstuben und Ähnliches. Die Hasenhaide.

REISE durch einen Theil von Sachsen und Dänemark in den letztverflossenen Jahren (von H., einem gebornen Norweger). Altona, J. F. Hammerich, 1813. 8⁰. 314 S.

> Auch über B e r l i n, S. 168—181.

* REISE von Wien über Prag, Dresden, und durch einen Theil der Lausitz nach B e r l i n u. P o t s d a m. (Laut Vorber. d. Herausgebers v. einem u n g a r. E d e l m a n n verfaßt.) Leipzig, bei Karl Friederich Schneider. 1787. 8⁰. 5 Bll. 134 S.

> S. 72—102: B e r l i n. — Selten!

REISEGESCHICHTE, E i n e; Halbroman vom Verfasser der Rückkehr ins Vaterland (*Garlieb Helwig Merkel,* 1769—1850). Berlin 1800. 8⁰. (8 Mk. E. Frensdorff, 1906.)

> 352 S., 1 Bl. Neue Allg. deutsche Bibl. 55, 57. Enth. u. a.: Die Weibergallerie. — B e r l i n. — Louisen's Geschichte.

REISKEL, E r o t i s c h e W ö r t e r d e r B e r l i n e r M u n d art, s. A n t h r o p o p h y t e i a, Bd. IV. Leipzig 1907. Gr. 8⁰.

RELATION, B e r l i n i s c h e p r i v i l e g i r t e w ö c h e n t l i c h e, d e r m e r k w ü r d i g s t e n S a c h e n. Berlin 1756. Rar! (Bibl. d. Vereins f. d. Geschichte Berlins.)

RELATIONS-P o s t i l l o n, B e r l i n i s c h e r. Eine Zeitschrift (Berlin) 1711. (l. c.) Aeusserst selten!

REVOLUTIONEN i m S t ä d t c h e n ** (Trebbin), 3 Meilen von Berlin. Komischer Roman. 3 Bdchn. Berlin, 1792, 93, 94 bei Arnold Wever. Kl. 8⁰.

> Stellenw. cynische Philistergeschichten, aber nichts eigentlich Erotisches. 1: Tit. u. 286 S. 2: Tit., 388 S., 1 Bl. Errata (von 1 u. 2). 3: VIII—399 S., 1 S. Err. — Wenig bekannt u. rar!

RÖHRMANN, Carl („Doctor der Rechte, ehemal. Kgl. Criminal-Commissarius u. Kammergerichts-Referendar"), D e r sittliche Z u s t a n d v o n B e r l i n n a c h A u f h e b u n g d e r g e d u l d e t e n P r o s t i t u t i o n d e s w e i b l i c h e n G e s c h l e c h t s. Ein Beitrag zur Geschichte der Gegenwart, unterstützt durch die v o l l s t ä n d i g e n u. f r e i m ü t h i g e n B i o g r a p h i e e n d e r b e k a n n t e s t e n p r o s t i t u i r t e n F r a u e n z i m m e r i n B e r l i n. Leipzig, 1846. Röhrmann's Verlags-Expedition. Gr.

8⁰. (In Berlin, Magistratsbibl.; in Dresden, Kgl. Oeffentl.- Bibl.)
(6 Mk. A. Bielefeld, c. 1898; 12 Mk. M. Edelmann, 1906.)
Längst vergriffen! 238 S. (incl. Tit.). Enth.: 2 Abthlgn.:
1: Die Prostitution. 2: 33 Nrn. Biographien. 1. Ottilie,
die schöne Schwindlerin. 2. Auguste L., die projectirte
„gnädige Frau". 3. Marie Therese Enderly. 4. Schwefel-
holz (= Schwefel-Marie). 5. Die geschiedene Frau des
Sängers H . . . . r. 6. Studenten - Cläre. 7. Minna
W—tz—k, die geschiedene Kaufmannsfrau. 8. Louise D.,
die Amazone. 11. Judenline. 12. Officier-Jette. 13. Die
Kutschersfrau L*****, geborne H*******. 14. Die Minna
von Spandau. 15. Die Blumencaroline. 16. Mutter S.
17. Die geschiedene Tapeziererfrau G . . . . k, geb.
F . . . . i. 18. Sidonie von der Heyde. 19. Camilla, die
Markgräfin. 20. Die unverehelichte J . . l. 21. Motte
Stiefschwester der G . . . . k). 22. Feldlotte. 23.
Amalie K . . . t . . l. 24. Invalidenlotte. 25. Die schwarze
Auguste. 26. Die verehelichte W . . . . r, geb. B . . . . ., s.
27. Bademinna. 28. Sporenminna. 29. Die dicke Jeanette.
30. Die ungetreue Jette. 31. Die Wittwe G . . . . l u.
ihre Tochter Auguste. 32. Die Schwestern Alwine u. Marie.
33. Droschken-Emilie u. der schlappe Anton (Studenten-
dirnen in Berlin).

— Dasselbe. 2. Abdruck. Ibid. eod. a. 8⁰. (In Amsterdam:
Bibl. Gerritsen.)

— Dasselbe. 3. Abdruck. Leipzig 1847. Gr. 8⁰. (3 Mk., Fischhaber, Reutlingen, ca. 1875; 3 Mk., Kühl, Berlin, c. 1885; jetzt
theurer.)

S. 63—218: Unverfälschte Biographien der bekanntesten
prostituirten Frauenzimmer in B e r l i n.

ROLAND von Berlin, „K n i p k e". S c e n e n a u s d e m B e r -
l i n e r L e b e n vom —. (190*.) (2 Kr. 40 hl., gebd. 3,60,
P. Lang, Wien, 1906.)

„Es war des Abends um Uhre achte,
Als Knipke sich auf die Strümpfe machte,
‚Ein freies Leben‘, das war sein Motto,
Doch mit dem Vornamen hiess er Otto,
Und ausser dem sittlichen Lebenswandel
Betrieb er — en gros — den Gurkenhandel."

„Also beginnt Kapitel I eines sehr humorvollen Buches, das
unter dem Titel: „Knipke", Szenen aus dem Berliner Leben
vom Roland v. Berlin einst in Berlin und bereits in
vielen Auflagen verbreitet war, als sich plötzlich die schüt-
zende Hand des preussischen Staatsanwaltes über diese Publikation breitete und sie im heiligen deutschen Reiche k o n -
f i s z i e r t e. Die Gutachten der literarischen Sachverständigen,
eines Dr. Paul Lindau, eines Professor Ludwig Pietsch etc.
halfen dem armen „Knipke" nichts, er wurde und blieb verboten. Aber was hilft's! In Oesterreich leben auch Deutsche,
und denen blüht nach wie vor der Genuss dieser lustigen
Lektüre, denn ein Satiriker wie der „Roland v. Berlin" lässt
sich und seine Werke nicht vom Staatsanwalt aus der Literaturgeschichte streichen, dafür sorgen schon die tüchtigen Wiener

Verleger, wie zum Beispiel die Firma C. W. Stern (L. Rosner's Verlag), Wien I, Franzensring 16, die von Anfang an den Verlag für Oesterreich übernommen hatte und nun nach der Konfiskation den Vertrieb mit doppelter Kraft auch ins Ausland betreibt. Das Buch bildet eine glanzvolle scharfe Satire auf unsere bestehenden sozialen und gesellschaftlichen Zustände. In der harmlos-lustigen, durchaus nicht gerade dezenten Art der Verslein erinnert „Knipke" an Wilhelm Busch's beste Sachen und ist eins der lustigsten Bücher neuerer Zeit, eine köstliche, geistreiche, dabei graziöse und keineswegs bittere Satire, wie sie schon lange nicht mehr da war, reich und äusserst fein humoristisch illustriert. — Das Grossstadtleben ist grossartig scharf beobachtet und wird geradezu hervorragend geschildert." (Prospekt.)

ROSENBERG, Baron v. (d. i. *Joh. Wilh. Christern* in Hamburg, 1809—*), Die Berliner Prostitution. Nr. 1—10 (soviel erschienen). Mit ziemlich freien lithogr. Titel-Umschlägen. Neustadt J. F. Wagner, o. J. (Altona, Verlagsbureau, 1860 ff.) 12⁰.

Jede Nr. umfaßt ca. 80 Seiten. — Diese pikanten Heftchen sind längst vergriffen u. sehr gesucht. — Daraus e i n z e l n:

ROSENBERG, No. 1: Memoiren und galante Abenteuer der Jda Jonas. Herausgegeben von ihrem ersten Geliebten, Gr. v. H. (Eleg. broch. mit feiner Titelvignette 7 ½ Sgr.)

ROSENBERG, No. 2: Memoiren und galante Abenteuer einer jungen Frau aus der Demi-Monde. Fortsetzung der Jda Jonas. Herausgegeben von ihrem ersten Geliebten, Gr. v. H. (Eleg. broch. mit feiner Titelvignette 7 ½ Sgr.)

ROSENBERG, No. 3: Ida's Tagebücher, oder Stoß- und Klageseufzer eines Sopha. Fortsetzung von No. 1 und 2 Herausgegeben von ihrem ersten Geliebten, Gr. v. H. (Eleg. broch. mit feiner Titelvignette 7½ Sgr.)

„Die Nrn. 2—3 bilden einzeln immer ein für sich abgeschlossenes Ganzes und wurden daher auch stets einzeln abgelassen."

ROSENBERG, No. 4: Die Königsmauer. Ein Beitrag zu den galanten Geheimnissen von Berlin. (Eleg. broch. mit feiner Titelvignette 7 ½ Sgr.) 78 S. (7 Mk. 50 Pfg., Adolf Weigel, 1907.)

ROSENBERG, No. 5: Die Venusgrotte am Goldfischteich (im Thiergarten), oder: Die Kunst, die Männer aus- und anzuziehen. Von Jda und Lottchen. (Eleg. broch. mit feiner Tittelvignette 7½ Sgr.)

— — Dasselbe. 2. Aufl. Ebd., o. J. 12⁰. (1 Mk. W. H. Kühl, Berlin c. 1882; jetzt theurer!)

ROSENBERG, No. 6: Matratzenbälle, oder Zaubergeschichten am Goldfischteich. (Eleg. broch. mit feiner Titelvignette 7½ Sgr.)

V e r b o t e n vom L.-G. Wien, 18. Sept. 1863. § 516.

ROSENBERG, No. 7: Galante Abenteuer des Herrn
von Mephisto und des Baron von Pfeifenstiel
unter den Damen der Demi-monde. (Eleg. broch. mit feiner
Titelvignette 7$^{1}/_{2}$ Sgr.)

ROSENBERG, No. 8: Die lackirte Mausefalle, oder:
Die Kunst, Mädchen zu verführen. (Eleg. broch. mit Titelkupfer
und mit Titelvignette 7$^{1}/_{2}$ Sgr.)

ROSENBERG, No. 9: Berlin bei Tag und Nacht, wie
es stickt und flickt und weint und lacht. (Mit Titelkupfer und
Titelvignette 7$^{1}/_{2}$ Sgr.) 79 S. (6 Mk. Adolf Weigel, 1907.)

ROSENBERG, No. 10: s. oben: Na ich sage doch!

ROSSNECK, Friedr. (d. i. *Friedr. Corssen*), Mimi Schlich-
ting; interessante Berliner Grisettengeschichte.
(c. 1900.)

RUSSELL, Joh., Reise duch Deutschland und einige
südliche Provinzen Oestreichs (!), 1821—22. Aus d. Eng.
2 Bde. Leipzig 1825. 8^{0}. (4 Mk. J. Taussig, Prag, 1907.)

    II, S. 24—516: Berlin. — Renommirtes Werk!

SASS, F., Berlin in seiner neuesten Zeit und Entwicklung. Leipzig 1846. Gr. 8^{0}. (In Gotha, Herzogl. Bibl.)

    IV—339 S. Wenig bekannte, stellenweise recht freie Sitten-
schilderungen.

SAUDECK, Rob. (in Berlin, geb. 21. April 1880 in Kolin in
Böhmen), Dämon Berlin. Roman. Berlin, Concordia,
Deutsche Verlags-Anstalt (Herm. Ehbock), 1907. 8^{0}. (Mk. 4,
gebd. 5.—.)

    Breslauer Zeitung: Das Eindringen Berlins auf
Hirn und Seele eines Empfänglichen, den Kampf bis auf
das Messer, der sich daran anknüpft und mit dem Unter-
liegen des Menschen, mit dem grandiosen Triumph der Stadt
endet, zeichnet Robert Saudek in seinem Roman „Dämon
Berlin". Das Buch, das an ein gewaltiges Problem mit fana-
tischem Temperament herantritt, ist hier (Berlin) geschaffen
worden. Aber der fortreissende fanatische dichterische Ein-
schlag ist nicht alles. Hinter der bizarren Dekoration wird
eine gediegene Kenntnis der Materie, werden Ideen sichtbar,
die sich die kaufmännischen Machthaber Berlins einmal
durch den Kopf gehen lassen sollten. Saudek hat Berlin
verstanden, und er verdient es, dass Berlin auch ihn versteht.

    Die Berliner Aktiengesellschaft „Kaiserkeller" beantragte
gegen den Verfasser obigen Romans ein Strafverfahren.
(Dresdner Nachrichten, Nr. 335, vom 3. Dezbr. 1907.)

SCHADEN, Adolf v. (1791—1840), Berlins Licht und
Schattenseiten. Nach einem mehrjährigen Aufenthalte an
Ort und Stelle skizzirt. Mit Titelvign. (Schauspielhaus). Dessau,
im Verlag bei C. Schlieder, 1822. 159 S. 8^{0}. (In Berli‚n: Magistratsbibl., u. in d. Bibl. d. Vereins f. d. Geschichte Berlins.)

(10 Mk. Max Jaeckel, Potsdam, 1906; 12 Mk. 50 Pfg. Leo Liepmannssohn, Berlin, 1907.)

> U. A.: Sprache, Frömmelei, Soldaten, Nationalgardisten,
> Stadtverordnete, Kadetteninstitut, Postwesen, Schöngeister
> (E. T. A. Hoffmann, Jul. v. Voss), Buchhändler, F r e u d e n -
> m ä d c h e n , Kaffee, Selbstmorde, Zweikämpfe, dramat. u.
> literar. Kritik, Meyerbeeriana, Spontini u. Weber, Stutzer, d a s
> s c h ö n e G e s c h l e c h t , E h e n , Theater, Jagd, Pökelfleisch
> u. Erbsen, Droschken, die Geheimen, der Molardsche Wein-
> berg, Biere, Lebensmittel, Branntweine, Kaffeehäuser, Ta-
> bagien, Weinhäuser, T a n z e n .

SCHADEN, D a s B l u m e n m ä d c h e n , oder s e l t s a m e
S c h i c k s a l e und L i e b s c h a f t e n e i n e r r e i z e n d e n
B e r l i n e r i n d e r n e u e s t e n Z e i t . Berlin, J. W. Schmidts
Wittwe u. Sohn, 1821. 8⁰. 206 S. Stellenweise frei.

SCHADEN, D a s F i s c h e r m ä d c h e n , oder K r e u z - u n d
Q u e r z ü g e z u W a s s e r u n d z u L a n d e e i n e r B ******
rinn (Berlinerin). Romantisches Gemälde. Berlin, Petri, 1822.
8⁰. (1 Mk. Heinr. Lesser, Breslau, c. 1875.)

> Zahmen Inhalts. 215 S. (incl. Tit. u. 1 Bl. Vorr.).

§ SCHATTENRISS v o n B e r l i n . Mit TVign. (Silhouette der
Gräfin L i c h t e n a u). Amsterdam 1788. 8⁰. (Expl. auch in
Dresden.) (4 Mk. W. H. Kühl, Berlin, ca. 1885; jetzt theurer!)

> 147 S. Freimüthige u. pikante Schilderungen d a m a l i g e r
> B e r l i n e r S i t t e n z u s t ä n d e .

— — Dasselbe. Zweite Auflage. Amsterdam, 1788. 8⁰. 86 S.
u. 1 Bl. Inhalt. (8 Mk. E. Frensdorff, 1907.)

> Sehr selten! Aus dem interessanten Inhalt: Erster An-
> blick. — Betragen der Einwohner gegen die Fremden. —
> Adel. — Minister. — Staatsrath. — Kammergericht. —
> Französische Kolonie. — Juden. — Akademie der Wissen-
> schaften. — Akademie der Künste. — Schulanstalten. —
> Cliquen. — Wucherer. — Strassen. — S t r a s s e n h u r e n .
> — B u d e n . — V o i g t l a n d . — T a b a g i e n . — Grosse
> Oper. — Deutsche Komödie. — Deutsche Operette. —
> Deutsches Schauspiel überhaupt. — M a d a m e S c h u b i t z .
> — O e f f e n t l i c h e K u p p l e r i n n e n u n d K u p p l e r .
> — G e h e i m e K u p p l e r i n n e n . — Strassenjungen. —
> Oeffentliche Spaziergänge. — Charitée. — Invalidenhaus. —
> F r a u e n z i m m e r . — G a l a n t e r i e n . — Handel. — Buch-
> handel. — P i q u e n i k e . — Lebensart. — Armenanstalten.
> — Karakter der Einwohner usw.

SCHEEREN-S c h l e i f f e r , D e r , b e y d e r W i r t s c h a f f t ,
z u C ö l l n , a n d e r S p r e e , a m 7. Jan. 1690. 2 Bll. Folio.
(12 Mk., zusammen mit einem ähnlichen Flugblatt, s. ob. N a r -
r e n , Ludw. Rosenthal, München, 1906.)

> In deutschen V e r s e n , z. Th. derben und schlüpfrigen
> Inhalts. Bisher u n b e k a n n t !

SCHMELING, Carl, D i e W o l l m a r k t s b a r o n i n . L e -
bensbild aus dem Treiben der Berliner Demi-monde. Berlin,

o. J. (ca. 1875). Kl. 8⁰. Illustr. Umschl. Zahm. (Ldpr. 1 Mk.) (1 Mk. 50 Pfg. L. M. Glogau Sohn, Hamburg 1888.)

SCHNEIDER, L o u i s (Schriftsteller, Schauspieler, kgl. Vorleser u. Geheimer Hofrath, 1805—78), B i l d e r a u s B e r l i n s N ä c h t e n, Genreskizzen aus der Sage, Geschichte, Phantasie und Wirklichkeit. Berlin 1835. 8⁰. 332 S. (2 Mk., Leihbibl.-Expl., J. Taussig, Prag, 1904.)

— — Dasselbe. 2. Aufl. Ebd. 1870. 8⁰. (1 Mk. 20 Pfg. Max Jaeckel, Potsdam, 1904.)

SCHNEIDER, D e r T e u f e l i n C a v a l i e r g e s t a l t a u f d e m W e d d i n g. 1855. 8⁰. (Bibl. d. Vereins f. d. Geschichte Berlins.)

SCHNEIDER, „Was ist ein S c h w e i n e h u n d? Eine naturhistorische Untersuchung über ein zoologisches Problem. Humoristischer Vortrag von *L. Schneider*." **Autogr. Mspt.** Titel u. 20 S. 4⁰. (20 Mk. E. Frensdorff, 1904.)

Nirgends abgedrucktes, sehr freies (theilweise erotisches) Werkchen.

SCHNÜFFLER, Anastasius (d. i. *Albert Hopf*), Die aris t o k r a t i s c h e n W e i b e r, oder: O Glück! D i e G a r d e b l e i b t. Eine herausgeschnüffelte Schnüffelei. Mit großem Titelholzschn. Berlin, 1849. Imp.-8⁰. 8 S.

SCHNÜFFLER, D e r p a s s i v e W i d e r s t a n d d e r B e r l i n e r oder: K a r l i n e h a t S c h u l d! Eine unpolitische Kneipen-Scene, mitgeteilt von —. Mit großem Titelholzschn. Ebd., 1848. Imp.-8⁰. 8 S. (2 Mk. E. Frensdorff, 1907.)

Zwei traurige Produkte der befreiten Presse, voller Anstössigkeiten. — S. auch weiter unten: T ä n z e r i n n e n.

SCHOCKEWILZ, Joh. („Med. Doct., Medicus d. Königl. Schweitzer Garde u. Phisicus der Friedrichsstadt"), Curiose Observation von einem B a u r J u n g e n, der einen F i n g e r - H u t, wie ihn die Schneider gebrauchen, von gehärteten Eisen gemacht, über einen n i c h t a l l z u k l e i n e n K o p f f des m ä n n l i c h e n G l i e d e s unglücklich gestossen, u. in kurtzer Zeit glücklich curirt worden, heraus gegeben von dem AUTORE JOHANNE SCHOCKEWITZ . . . . Berlin (o. Adresse), Anno 1705. 4⁰.

15 S. à 2 Col. (lat. u. deutsch). Die auf S. 7 erwähnte Kupfertaf., Abbildg. des Jungen u. des Fingerhutes, fehlte (wie fast stets) bei vorliegendem Expl. — Höchst seltenes Curiosum !

SCHRIFTEN, K l e i n e, von dem Verfasser der Lieblingsstun·den *(Aug. Friedr. Cranz)*. 2 Bdchn. Mit Portrait. Berlin 1781. 8⁰. (8 Mk. E. Frensdorff, 1906.)

I n h a l t: C h a r l a t a n e r i e n in alphabet. Ordnung. 2 Abschnitte. — B e y t r a g z u r C h r o n i k a v o n B e r l i n. 2 Stücke. — Supplement z. Ersten Stück d. Chronika. —

Supplement z. Zweiten Stück d. Chronika. — Charlatanerien
in alphabet. Ordnung. 3. Abschnitt. — Beytrag z. Chronika
v. Berlin. 3. Stück. — Charlatanerien in alphabet. Ordnung.
4. und letzter Abschnitt.

SCHUBAR, L. (d. i. *Rudolph Lubarsch*), M y s t e r i e n v o n
B e r l i n. 12 Bde. Berlin 1844—45. 8⁰. (8 Mk. Max Perl,
Berlin, 1904.)

— — Dasselbe. Ebd. 1845—46. 8⁰. (12 Mk., Leihbibl.-Expl.,
E. Frensdorff, 1907.) Selten vollständig!

§ **SCHULZ,** Aug. Wilh. Ferd., D i e S t e l l u n g d e s S t a a t e s
z u r P r o s t i t u t i o n. Vortrag, gehalten im wissenschaftlichen
Vereine der Physiker B e r l i n s. Berlin, A. Hirschwald, 1857.
8⁰. 93 S.

SCHULZE, A., A u s d e m N o t i z b u c h e i n e s B e r l i n e r
S c h u t z m a n n e s. Bilder aus dem Leben der Reichshauptstadt. (Die Wrangeldore. 24 Stunden auf der Polizeiwache.
Missgriffe. Der Philosoph. Die Taubenlene u. s. w.) Leipzig
1887. 8⁰. (Mk. 3.—.) (1 Mk. 25 Pfg. G. Priewe.)

— — Dasselbe. 2. Aufl. Ibid. eod. a. 8⁰. (Mk. 3.—.) (1 Mk.
C. Winter, Dresden.)

SCHUWITZ, M a d a m e (Elise), (berüchtigte Berliner Buhlerin,
Inhaberin des vornehmsten der dortigen Bordelle, † 1798). —
A p o l o g i e D e r M a d a m e ** (Schuwitz), ein Sendschreiben im
Namen derselben an den Verfasser ihrer Lebensbeschreibung.
(Honny soit qui mal y pense.) (Verf.: *Jos. Aloys Mercy.*) Ber-
lin 1792. 8⁰.

— — Dasselbe. Ibid. 1793. 8⁰.

    Vgl. Meusel, Gel. Teutschl., 5. Ausg., u. Gradmann, Gel.
    Schwaben p. 377.

§ **SCHUWITZ.** — L e b e n d e r M a d a m e S c h u w i t z, von
ihr selbst aufgesezt (!). Mit Titel-Silhouette. Cythere (Berlin)
1792. 8⁰. (50 Mk. E. Frensdorff, 1906.) (Expl. auch in Breslau, Kgl. u. Univ.-Bibl.)

    Lasciv! Tit., 1 Bl. Vorr. u. 92 S. — Sehr selten, wie
    das folgende.

SCHUWITZ. — L e b e n s b e s c h r e i b u n g d e r M a d a m (sic!)
S c h u w i t z), von Ihr selbst aufgesetzt. O. O. 1792. 8⁰. 69 SS.

§ **SCHUWITZ.** — N a c h r i c h t v o n e i n e r l u s t i g e n R e -
v o l t e i n B e r l i n g e g e n d i e B o r d e l l e d e r M a d a m e
S c h u w i t z. In: D e r d e u t s c h e Z u s c h a u e r (hrsg. von
Peter Adolf W i n k o p p, von Bd. 5 ab von „Freunden der
P u b l i z i t ä t"). 8 Bde. (oder 24 Hefte). O. O. (Zürich, Orell)
1785—88. 8⁰.

SCHUWITZ. — P o p o n i u s, Gottlieb, (d. i. *Friedr. Schulz*),
E p i t a p h i u m d e n u n s t e r b l i c h e n V e r d i e n s t e n d e r
M a d a m e S c h u w i t z e r r i c h t e t, mit einem Schreiben an

ihre hinterbliebene würdige Tochter. Frankfurt und Leipzig
1798. 8⁰. 42 S. (18 Mk. E. Frensdorff, 1906; 12 Mk. Derselbe, 1908.)

— — Dasselbe. O. O. 1798. 8⁰.

SCHUWITZ. — E l i s e S c h u b i t z so!), oder A b e n t e u e r
u n d E r f a h r u n g e n e i n e r d e u t s c h e n (Berliner) B u h -
l e r i n. Berlin (Altona, Verlagsgesellschaft) 1796. 8⁰.

    G r o s s e S e l t e n h e i t! Ausführlichste Schrift über die
Schuwitz.

SCHUWITZ. — § S t a n d r e d e a m G r a b e d e r M a d a m e
S c h u w i t z. Ein Neujahrsgeschenk für Incroyables (von *Friedrich Schulz*). (Motto: Homo sun; humani nil a me alienum
puto.) Rastadt (Leipzig, Gräff), 1798. 8⁰. (10 Mk. E. Frensdorff,
1906.)

    46 S. (incl. angehängtem „Testament", Actum. Berlin,
d. 16. Novbris 1797. S. 29 ff.). Darin Zuwendungen an den
„Montagsclub" und die „Musikalische Ressource" in Berlin,
den Friedenscongress in Rastatt, die Herausgeber der „Denkwürdigkeiten der Churmark" (wohl J. W. A. K o s m a n n
u. Th. H e i n s i u s; s. B e r l i n: D e n k w ü r d i g k e i t e n).
— Steht auch in: V a d e m e c u m, Berlinisches (s. d.).

SCHUWITZ. — — D e r V e r f a s s e r d e r S t a n d r e d e a m
G r a b e d e r M a d a m e S c h u w i t z a n d a s B e r l i n i s c h e
P u b l i k u m. (Motto: O cives, cives, quaerenda pecunia pri-
mum eft, virtus post nummos!) Rastadt (ebd.) 1798. 8⁰.

    40 S., unterz.: E u l a l i a M e i n a u (d. i. F r i e d r i c h
S c h u l z). Der Vf. behauptet, weiblichen Geschlechts und
eine vertraute Freundin der sel. Madame Schuwitz zu sein.

SCHUWITZ. — § S t a n d r e d e b e i m S a r g e d e r Ma-
d a m e S c h u w i t z (von *Friedr. Schulz*). Haarburg 1798. 8⁰.

— — — — S c h r e i b e n d e r M a d a m e S c h u w i t z a n d e n
V e r f a s s e r u n d V e r l e g e r i h r e r S t a n d r e d e. Stra-
lau, in des Küsters Handbuchdruckerei. 1800. 27 S. 8⁰. (8 Mk.
E. Frensdorff, 1906.)

    Mad. Schuwitz schreibt aus dem bessern Jenseits: „Ich
sass ruhig in Elysium in einem Treibhause, und trank eine
Tasse Kaffee" etc. etc. Sie erwähnt im Folgenden bekannte
Berliner Persönlichkeiten, z. B. Fr. Nicolai, Karl Müchler,
Ludwig Tieck. Die Namen sind natürlich nur angedeutet.
(Vgl. Auction Graf York v. Wartenburg, Berlin, Max Perl,
Octob., No. 859.)

SCHUWITZ. — — M e i n a u, Eulalia (d. i. *Friedr. Schulz*),
A n d e n P a t r i a r c h e n d e r d e u t s c h e n L i t e r a t u r,
von —, Protestantin. Rastadt (Leipzig, Gräff) 1798. 8⁰. 34 S.

SCHWACHHEITEN und G a l a n t e r i e n g r o ß e r S t ä d t e.
Pendant zur Menschheit im Negligél. (Vf.: *Karl Wilh. Reh-
kopf*, 1764—1814.) O. O. (Leipzig, Joachim) 1805. 8⁰. Sehr
rar!

238 S. (172 ist Druckf.) incl. Tit., S. III—IV „An meine
sämmtlichen Universitäts-Freunde", unterz. F—. W., S. V—VI
„Statt der Vorrede". — Enth. 2 erot. Romane: 1. Sic
eunt fata hominum. Meist wahre Geschichte (S. 7—100).
2 Lexel und Lympel (d. i. Alexander u. Olympia), e. kleiner
(sehr liederlicher, zum Theil in B e r l i n spielender) Roman
in zwei Theilen (S. 101—238).

SCHWARTZE, Carl, S e l t s a m e G e s c h i c h t e n a u s d e r
W e l t u n d a u s B e r l i n. Berlin, 1832. Im Verlage des
Verfassers (Markgrafenstr. 74). *A. E.:* Gedruckt bei L. Krause,
Adler-Str. Nr. 6. 8⁰. (1 Mk. 75 Pfg. W. H. Kühl, Berlin,
c. 1885; jetzt theurer!)

> Tit., 7 Bll. Subscrib.-Verz. (grösstentheils B e r l i n e r),
> 304 S. — Der Titel ist deplacirt, da bis auf die Subscr.-
> Liste und eine Notiz bezügl. Josty-Bier auf S. 160, im
> ganzen Buche v o n B e r l i n n i c h t d i e R e d e i s t. —
> Das bereits sehr seltene Opus enth.: 1. Zadig. Eine Ge-
> schichte aus der grossen Welt. Nach V o l t a i r e.
> (S. 1—156.) 2. E r z ä h l u n g e n a u s B e r l i n u.
> a n d e r e n S t ä d t e n u. O r t e n. (Die Reise wider Willen.
> S. 159—179; Uebung macht den Meister. Aus d. Per-
> sischen. S. 180—182; Odine. Erzählung aus d. 14. Jahrh.
> S. 183—214; Kilian Sperber. Erzählung [verunglückte Ent-
> führung einer schönen Kellnerin] aus einer grossen Stadt.
> S. 215—246; das Gewissen. A. d. Engl. S. 247—252; die
> Kunstreise nach Italien. Aus d. 19. Jahrh. S. 253—272;
> der Irländische Brutus. S. 273—276). 3. Anekdoten u.
> Gedanken (S. 277—304.)

SCHWARTZE, F e l d b l u m e n - S t r a u ß, oder E r z ä h l-
u n g e n u n d G e d i c h t e. B e r l i n, 1826. Bei Leopold Wilhelm Krause, Adlerstr. No. 6. 8⁰.

> XII (Tit., Widm., 10 S. bezüglich B e r l i n ' s interess.
> Subscr.-Verz.), 1 Bl. Inh., 207 + 1 (unbeziff.) S. — U. a.:
> Annette, oder: Die Brautnacht. In 3 Gesängen (S. 1—76);
> H e i n r i c h s F a h r t n a c h B e r l i n. Komische Erzählung
> (S. 81—141); die Grafen Aarstein (in 2 Gesängen, S. 143
> bis 172); Logogryph (in 9 sechszeil. Str., S. 193—196);
> Julie u. Ferdinand (in 2 Ges., S. 197—207.

SCHWARTZE, F e l d b l u m e n - S t r a u ß d e s J a h r e s 1827.
Enthaltend E r z ä h l u n g e n u n d G e d i c h t e. B e r l i n, 1827.
Bei Leopold Wilhelm Krause. Adlerstr. Nr. 6. 8⁰.

> XVI (Tit. u. 14 S. bezügl. B e r l i n ' s interess. Subscr.-
> Verz.), 206 S., 1 Bl. Inh. u. Schlusswort. — Darin: Otto
> u. Klara. Erzählung aus dem Mittelalter (S. 1—64); der
> Kanarienvogel. Launige Erzählung (S. 65—108); Liebes-
> seligkeit. Ein Scherz. (S. 109—128); Lebenslauf der Jung-
> frau Säuberlich (S. 129—160, in 6 zeil. Strophen); der
> falsche Saphir. Ein Mährchen (in Versen, S. 161—178);
> kleinere Dichtungen (S. 179 ff., u. a.: „Logogryph" in
> 4 sechszeil. u. „Anagramm" in 7 sechszeil. Strophen).
> Alle 3 Werkchen gelangten nicht in den Handel; längst
> vergriffen u. selten! Sämmtlich zahm.

SCHWEBEL, O., Geschichte der Stadt Berlin. 2 Bde. Berlin 1888. 8⁰. Orig.-Lwdbde. (Mk. 18.—.) (10 Mk. Schnabel & Walter, Potsdam, 1906.)

SCHWEBEL, Renaissance und Rococo. Die deutsche Reichshauptstadt. Abhandlungen zur Kulturgeschichte Berlins. Minden 1884. 8⁰. (Mk. 7.50.) (1 Mk. 50 Pfg., tadelloses unaufgeschn. Expl., Dieselben.)

SCHWEBEL, Aus Alt-Berlin. Stille Ecken und Winkel der Reichshauptstadt in kulturhistorischen Schilderungen. Mit 508 Illustrationen. Berlin 1891. 4⁰. Orig.-Lwdb. (Mk. 20.—.) (10 Mk. Dieselben.)

    Kulturell hierher gehörige Werke.

SEYFRIED, Heinrich Wilhelm (1755—1800), Gallerie der Engel, oder: Sammlung solcher Gemählde, welche man sehr häufig und sehr sparsam antrift. (Wochenschrift.)

    Für euch, ihr Damen und ihr Herrn,
    Die die Gemählde sehen gern
    Für Euch nur zeichnete ich sie!
    Besuchet meine Gallerie!

3 Bdchn. (= Quartale á 13 Stücke). Mit 2 Titelkpfrn. (zu 1 u. 2, letzteres sign. J. F. Giegel fec.). Berlin. Bei Petit und Schöne (unter der Stechbahn) 1788, 88, 89. 8⁰. (In Warmbrunn, Reichsgräfl. Schaffgotsch'sche Majoritätsbibl.; hübsch. Expl. in gleichzeit. Ppbdn.)

    Ungemein rar u. nirgends citirt! 559 fortlauf. pagin. S. (incl. Tit., 4 Bll. Einleitg. u. 2 S. „Nachrede" d. Vf.) — Enth. auss einer Menge vermischter (hier u. da lockerer) Gedichte einen durch alle 3 Thle. gehenden Kupplerinnen- u. Bordellroman, dessen Schauplatz Berlin ist. (Bdchn. II, S. 250 wird auch die „Stadtberüchtigte Madame Ziputsch" [Schuwitz] erwähnt.) (S. oben.)

SINNENLUST, Die, und ihre Opfer. Geschichte der Prostitution aller Zeiten und Völker mit genauer Darlegung ihrer gegenwärtigen Form und ihrer Ursachen in Berlin, Hamburg, Wien, Paris, London und den anderen Grossstädten, nebst zeitgemäßen Vorschlägen zu ihrer Verminderung und Regelung. Herausg. von einem philantropischen Verein. Berlin 1870. Gr. 8⁰. (In Dresden: Bibl. d. Gehe-Stiftg.) VI—324 S. (6 Mk. H. R. Dohrn, Dresden, c. 1902; 4 Mk. 50 Pfg. E. Frensdorff, c. 1903; 6 Mk. 50 Pfg. J. Jolowiz, Posen, 1907.)

SIRIUS, oder die Hundepost von Spandau nach Berlin. (Komischer Roman von Sigmund Gottfried Dittmar.) 2 Thle. Mit Kpftit. Osterholz (Braun in Berlin) 1808. 16⁰. 232 + 236 S. Rar! (8 Mk. 50 Pfg. Hugo Streisand, sand, Berlin, 1908.)

    „Den Manen des hochberühmten altgriechischen Hundes am Hofe des Alkibiades gewidmet.

SITTENLOSIGKEIT, Die öffentliche, mit besonderer Beziehung auf Berlin, Hamburg und die anderen grossen Städte des nördlichen und mittleren Deutschlands. Petition und Denkschrift des Central-Ausschusses für die innere Mission der deutschen evang. Kirche. 4. Aufl. Berlin 1869. Gr. 8⁰. (In Dresden, Bibl. d. Gehe-Stiftg.; auch in Hamburg, Bibl. der „Harmonie".)
Zuerst gedr. ebd. 1865. 40 S. (1 Mk. F. Waldau, Fürstenwalde, 1907.)

— — Dasselbe. 5. Aufl. Ebd. 1869. Gr. 8⁰. (1 Mk. 50 Pfg. Max Jaeckel, Potsdam, 1906.)

SITTENLOSIGKEIT. — Die öffentliche Sittenlosigkeit. Entgegnung auf die gleichnamige Schrift des Central-Ausschusses für die innere Mission. 5. Aufl. Hamburg 1870 Gr. 8⁰. (In Dresden: Bibl. d. Gehe-Stiftg.)

SKANDÄLER, Lauter —, aus Berlins Tag - und Nachtwächterleben. (Berlin 1848.) 2 Flugbll. Fol. (à 75 Pfg., G. Priewe.)

SKIZZE, Philosophische, von Berlin (von *J. Knüppeln*). Philadelphia (Gera, Beckmann) 1789.
Weller, fing. Druckorte I. p. 142.

SOMMER-Vergnüglinge. 14 Bll. color. Lithographien in Folio (nach Motiven von *Honoré Daumier*). Berlin, Druck und Verlag von Ferdinand Reinhardt & Co., Schloßfreiheit Nr. 8⁰. O. J. (ca. 1850?). (6 Mk. 75 Pfg. G. Priewe, Heringsdorf, ca. 1902; 15 Mk. E. Frensdorff, Berlin, 1908.)
„Seltene Sammlung humorvoller Kunstblätter, die auch Anspielungen auf vormärzliche Zustände enthalten (vgl. Tafel 11)." U. A.: Ein Herr, welcher die interess. Lebensweise der Bienen all zu nahe hat studieren wollen. — Was kostet die Weintraube? Unglückliches Kind! — Das lernt man in solcher Gesellschaft! — Annehmlichkeiten einer Sonntags-Früh-Partie! — Im Berliner Thiergarten darf in der freien Luft noch immer nicht geraucht werden. (Tafel 11.)

SPASSVOGEL, Ernst (ps.), In Berlin. Erstes (u. einz.) Heft. Berlin, J. F. J. Stackebrandt, 1838. Gr. 12⁰. 24 S. (2 Mk. E. Frensdorff, 1907.)
Am Schluss ein scharfer Angriff gegen Gutzkow, der „ein sehr arroganter Kritiker" genannt wird.

SPAZIERGÄNGE, Die, von Berlin. O. O. (Berlin, Wever) 1761. 4⁰. Rar!

SPERLING, Dr. *(Adolf Glasbrenner?)*, Statistisch - Topographische Späße und Ernste über Berlin. Erstes (u. einz.) Heft. Berlin, Rubach, 1832. 8⁰. 2 Bog. Rar!
A. G. Schmidt, Gallerie etc.

SPIEGEL des Berliner Volksgeistes. Komisch-poet. bearbeitet zum Deklamiren oder zur scenischen Darstellung in fröhlichen Gesellschaften. 1 (einz.) Heft. Berlin 1835. (Zesch.) 16⁰. (10 gl.)

     Citirt Engelmann.

SPRINGER, Robert, B e r l i n ' s S t r a s s e n, K n e i p e n u n d K l u b s i m J a h r e 1848. Berlin 1850. Bei Friedrich Gerhard. 258 S. 8⁰. (12 Mk. E. Frensdorff, 1907.)

     Inhalt: R e l l s t a b u. Berlin's Vorzeit. — Das Berliner Volk der Vorzeit. — Die Entstehung des constitutionellen u. des politischen Clubs. — Die erste Volksversammlung unter der einsamen Pappel. — Die Bürgerwehr und die Rehberger. — Der Politische Club und die Jakobiner. — Clubs und Vereine, auch verunglückte — Demonstrationen, Scandäler und Katzenmusiken. — L o u i s S c h n e i d e r u. d. blecherne Kreuz. — Die Volksversammlungen. — H e l d, Berlin's Mirabeau. — Der Linden-Club u. die Constabler. — F e r d i n a n d R e i c h a r d t u. die Strassen. — Literatur. — Tages- und Wochenblätter, Flugschriften. — Das herrliche Kriegsheer, Berlins Alpdrücken und der Zeughaussturm. — Das Berliner Criminal-Gericht u. d. Zeitgeist. — Der Magistrat u. d. demokratische Club im Wettstreit um Wohltätigkeit. — Die Arbeiterunruhen auf dem Köpnicker Felde usw.

SPINGER, B e r l i n w i r d W e l t s t a d t. Ernste und heitere Culturbilder. Berlin. O. J. 8⁰. 2 Bl. u. 233 S. (6 Mk. 50 Pfg., der Vorige, 1907.)

     A u s d e m I n h a l t e: Das Leihamt. — Sommerwohnungen. — Landpartien. — Berliner Schriftsteller. — Die möblirten Stuben. — Berliner Bock-Walpurgis. — Berlin bei Tage. — Berlin bei Abend. — Das Intelligenz-Blatt. — Berlins Père la Chaise. — Die Wettrennen. — Berliner Aerzte. — Kleine Leiden eines Weltstadtbürgers. — Der Berliner Milchbart. — Eine Berliner Leihbibliothek. — Die Angler u. d. Segelfritzen. — Berliner Winterfreuden. — Der Ritter der Berliner Blonden (Weissbier). — Gerson's Magazin zu Weihnachten. — Berlin's Thore. — Die Börse. — Die Bahnhöfe. — Berliner Konditoreien. — Berliner Läden. — Die Feuerwehr. — Das neue Museum. — Berliner Fuhrwerke. — Reisende Berliner. — Der Berliner in der Fremde.

STADTKLATSCH, B e r l i n e r. Heitere Lebensbilder aus Berlins Gegenwart von H o p f, S a l i n g r é, J a c o b s o h n u. A. 25 Nrn. (soviel ersch.). Mit color. Titelbildern u. Holzschnitten. Berlin, Lassar, o. J. (1866). 8⁰. (à 2¹/₂ Ngr.) (21 Nrn., gebrauchtes Expl., 6 Mk., C. Kirsten, Hamburg, 1904; e i n - z e l n e Nrn. à 2 Mk. 50 Pfg. E. Frensdorff, 1907; 30 Mk., cplt. in 1 Bde., Derselbe, 1908.)

     Enthält u. a.: H o p f, Ein Mädchen für Alles. — L i n - d e r e r, Berliner Feuerwehr. — S a l i n g e r, Vom Brandenburger Thor bis zu Kroll. — H e s s l e i n, Berlin um Mitternacht. — P a u l, Berliner Wochenmärkte, usw.

STADTVOGTEI. — C o n a r d, Julius, D i e D a m e i m S c h l e i e r

oder der Bildersaal der Stadtvogtei in Berlin.
Romantische Criminal-Erzählung. 3 Bde. Berlin 1870. 8⁰.
     Gmähle's (München) Leihbibl. no. 29316—18.

STADTVOGTEI. — Die Stadtvoigtei (so!) in Berlin.
Eine historische Darstellung des Gefängnisses und der damit
verbundenen Gebäude. [Berlin's berühmte u. berüchtigte Häuser.
10. Heft.] Berlin 1857, Verlags-Magazin. 8⁰. (5 Sgr.)

STADTVOGTEI. — Weiland, W., Stadtvoigtei-Aben-
teuer. Bilder aus dem Gefängnisse. Mit 1 Titelkpfr. Grimma
1851. 8⁰. (6 Sgr.)

STEFFANN, Emil, Die Freigemeindler. Novelle. Leipzig 1871. 8⁰. (Mk. 4.—.) (1 Mk. 25 Pfg. J. Eckard Mueller,
Halle a. S., 1906.)
     „Gegen Steffann (Prediger an der Bartholomäuskirche in
     Berlin) erhob sich in Berlin ein Sturm des Unwillens.
     Man wollte in seinen Novellen Anschauungen niedergelegt
     finden, die mit seinem Amte nicht verträglich seien."

STEFFAN. — S. oben Nessel, Gottfr., Leokadie.

STERNBERG, Alex. (Frhr.) v. (1806—68), Ein Carneval
in Berlin. Leipzig 1852. 8⁰. (4 Mk. 50 Pfg., Orig.-Umschl.,
Oskar Rauthe, Berlin, 1908; 4 Mk. 50 Pfg. H. Streisand, Berlin,
1908.)
     Interessantes Werk des berühmten Schriftstellers über die
     Berliner Verhältnisse, spez. die Gesellschaft.

STERNBERG, Prozeß. — Enthüllungen, Authen-
thische, über den Prozess Sternberg und das
Treiben der Kriminalpolizei in Berlin. Unge-
schminkte Sittenbilder über die Kinderprostitution. 1901.
8⁰. (60 Pfg., Süddeutsches Antiquariat, München, 1907.)

STERNBERG, Prozeß. — Machelli, M., Großstadt-
sumpf. Streiflichter zum Sternberg-Prozess. Leipzig 1901. 8⁰. (60 Pfg. M. Edelmann, Nürnb., 1906.)

STIEFELKNECHTS-Galopp-Walzer, Berliner. Herr
Schmidt mit seinen Töchtern im Elisium (bekanntes Alt-
berliner Tanzlokal). Text: 15 Verse. Altcolor. Blatt in
Folio. (14 Mk., schönes, tadellos erhaltenes Blatt mit vollem
Rande, Oskar Rauthe, Berlin, 1908.)

STRAHL, X. (d. i. *(H. v. Langen),* Die anonymen Briefe
der Hofgesellschaft und ihre Opfer. Studie über das
Hofleben unserer Zeit mit schliesslicher Festnagelung des Autors
der bekannten anonymen Briefe. Hagen, o. J. (1856). 8⁰. 80 S.
(1 Mk. Schaper, Hannover, 1904.)

SUITEN, das sind Erzählungen der Suitiers von
einem Suitier. Hrsg. von O. v. — e. — Zerbst, 1825. In
Commiss. d. Schützischen Buchh. 8⁰. (In Dresden: Lit. Germ.
rec. C 1142 m.)

305 SS. u. 1 S. Inh. Sehr seltenes u. gesuchtes Scandalosum, B e r l i n e r   S i t t e n b i l d e r in sehr üppiger Darstellung enthaltend, seiner Zeit c o n f i s c i r t u. streng verboten. Einige Suiten sind R e i s e a b e n t e u e r, wovon No. 5 im Kgr. S a c h s e n spielt. (5 Rthlr. Scheible; 12 Mk. Lesser; 20 Mk. J. Halle, München.)

TABLEAU d e B e r l i n à l a f i n d u 18me s i è c l e. Berlin, Decker, 1801. 8⁰. (3 Mk. Max Mai, Berlin, 1895.)

TABULETKRÄMER, D e r k l e i n e, oder A b e n t e u e r e i n e s j u n g e n B e r l i n e r s. Nach d. Französ. bearb. von Ferd. R o s e n. 2 Thle. Berlin, bei Bechtold u. Hartje, 1833. — *A. E.:* Gedruckt bei J. F. Flick's Erben in Rathenow. Gr. 8⁰. (3 Mk. 50 Pfg., geles. Expl., W. H. Kühl, Berlin, c. 1885.) „Liederlicher Roman mit zahlreichen Schäferscenen." I: Tit., 1 Bl. Vorr., 238 S. II: Titel u. 236 S. — Freie Bearbeitung von P a u l d e K o c k ' s „Gustave, ou le mauvais sujet".

TÄNZERINNEN. — P e t i t i o n w e g e n R ü c k b e r u f u n g d e r G a r d e n (drastischer Holzschnitt, etwa ⅓ Seite einnehmend), beschlossen im V e r e i n d e r P e r l i n e r (so!) T ä n z e r i n n e n. Fünfte Auflage. Berlin, 1848. (Wenigstens 5 Auflagen von diesem Jahre.) Verlag von Louis Hirschfeld. (Carlottenstr. 15.) Fol. 8 S. (1 Mk. G. Priewe.)

TÄNZERINNEN. — S c h n ü f f l e r, Anastasius (d. i. *Albert Hopf*), P e t i t i o n d e s g e s a m m t e n w e i b l i c h e n B a l l e t-P e r s o n a l s u m P e r m a n e n z d e s B e l a g e r u n g s z u-s t a n d e s. (Großer Holzschnitt.) Berlin 1848. (80 Pfg. Paul Neubner, Köln, 1888.)

TÄNZERINNEN. — D i e P e r l i n e r (!) T ä n z e r i n n e n w o l-l e n n i c h t a u f g e b e n! (so!). Adresse der Perliner Tänzerinnen an das Staatsministerium. Berlin, 1848. Dr. v. Fähndrich u. Comp. Flugbl. Folio. (1 Mk. G. Priewe; 1 Mk. 30 Pfg. J. Windprecht, Augsburg.)

TAG- u n d N a c h t l e b e n i n d e r W e l t s t a d t, o d e r d i e G e h e i m n i s s e v o n B e r l i n. (c. 1900.) (1 Mk. W. A. Gabriel, Berlin.)

TANTE V o s s m i t d e m B e s e n 1848. Prospekt u. Nr. 1—6. (Alles was erschienen.) 4⁰. Höchst selten! (12 Mk., tadelloses Expl., Otto, Lpz., Jan. 1907.)

TANZSAAL, B e r g e r s c h e r. — „A b e n d b e l u s t i g u n-g e n a u f d e m b e r ü h m t e n B e r g e r s c h e n T a n z s a a l e z u B e r l i n." Sehr schönes personenreiches Blatt. Im Vordergrunde zu beiden Seiten Wirtstische, woran Herren und Damen (letztere etwas leichteren Genres) sich erfrischen. Im Hintergrund eine Gruppe tanzend, noch mehr nach hinten ein kleines Orchester. Im ersten Range Logen, von welchen aus das Publikum das Treiben im Saale beobachtet. Das Ganze aufs Sorgfältigste coloriert u. von höchstem Interesse sowohl für die Costüm- als auch für die Culturgeschichte. Das Blatt ist aus der Zeit des Directoire oder dem Anfang des Empire (ca. 1790—1810) u. ist in der Gruppierung, wie im Detail, von künstlerischem Wert. Klein-folio. (Leo Liepmannssohn, Berlin, Cat. 159. [1905]: „Verkauft".)

* **TASCHE,** Die gefundene, oder: zwey Frauen-zimmer-Briefe an den Herrn Abendstündler des Vauxhall. (Mit Portrait.) — Die wiedergegebene Ta-sche, oder: Beantwortung der zwey Frauenzim-merbriefe.... — Liebeserklärung an den Herrn Abendstündler.... — Feyerlicher Abschied... (Berlin 1781.) 8⁰. (In Berlin, 1 vol.: Yy 8⁰. 6941.) Sehr rar!

TAUSCH, Herr von, und die Verfasser der anony-men Briefe der Hofgesellschaft. Zürich, o. J. (1896). 8⁰. (1 Mk. Schaper, Hannover, 1904.)

THAMM, J., Der Glätzer in Berlin. Lustspiel in 1 Akt mit Gesang. Habelschwerdt, Druck v. Schmidt, o. J. 8⁰. (In Warmbrunn, Reichsgräfl. Schaffgotsch'sche Majoratsbibl.)

THEATERKLATSCH, Berliner. Geheimes und Bekanntes aus Berlins Coulissenwelt in lustigen Reimen. Berlin, o. J. 8⁰. (Bibl. d. Vereins f. d. Geschichte Berlins.)

THEE- und Caffee-Zeitvertreib für Herren und Damen. (Wochenschrift, hrsg. von Ad. Wilh. Schmolck.) Mit Portraits u. Kpfrn. Jahrg. 1815—17 (soviel ersch.?). O. O. (Berlin, Maurer). 8⁰. (Jahrg. 1817 apart, 832 S., 1 fl. 36 xr. Scheible in e. alten Cat.)

THEOFRIED, H. L. (pseud.)., Fanny, die schöne Putz-macherin von Berlin. Bekenntnisse aus ihrem Leben. Leipzig, Verlags-Anstalt (ca. 1870). 8⁰. 80 S. (4 Mk., illustr. Orig.-Umschl., Adolf Weigel, Lpz., 1907.)

§ **THIELE,** Peter Ernst (d. i. *Carl Brandt*), Das moderne Berlin in seinen Tugenden und Lastern. Ro-mantisch dargestellt. Mit Illustrationen. Berlin, o. J. (1852). 8⁰. 765 S. (6 Mk. Scheible, c. 1905.)

TINGELTANGELEIEN. Deutsche Reichs-Couplets und Chan-tant-Piquanterien. Berlin, o. J. 8⁰.

TISSOT, Victor et Constant Améro, Les mystères de Berlin. 10e éd. Paris 1879. 8⁰. 452 p. (Frcs. 3.50) (2 Mk. Rich. Bertling, Dresden, 1906.)

TLANTLAQUATLAPATLI, s. Chronik von Berlin....

TRAHNDORF, K. F. E., Die Wiederherstellung der Bordelle eine Schmach für Berlin. Ansprache an die

Bewohner Berlins. Berlin 1852. 8⁰. (Bibl. d. Vereins f. d. Geschichte Berlins.)

TRESCHER, H., F l a t t e r f a h r t e n. E i n B e r l i n e r S k i z z e n b u c h. (Enthält u. a.: Vergessene Gräber. Vom ewig Weiblichen. Lebende Bilder u. s. w.) Berlin, o. J. 8⁰. 115 S. (50 Pfg. G. Priewe.)

UEBER den Luxus in Berlin. (Weimar 1787.) 8⁰. 17 S. (Ausschnitt aus „Journal des Luxus und der Moden.") (1 Mk. 50 Pfg. Rich. Bertling, ca. 1905.)

UEBER die sogenannten Pensionsanstalten und Nebenschulen in Berlin. Berlin, Unger, 1784. 8⁰. Rar!

UEBER den Verfall der Sitten in den grossen Städten. Mit besonderer Berücksichtigung der Zustände in B e r l i n. Berlin 1857. 8⁰. 32 S. (2 Mk. E. Frensdorff, c. 1903.)

URSACHEN d e r P r o s t i t u t i o n i n B e r l i n u n d d i e M ö g l i c h k e i t i h r e r V e r m i n d e r u n g, sowie ein Wort über B o r d e l l e u n d F i n d e l h ä u s e r, von *B. E. v. O.* Berlin 1870. 8⁰. (90 Pfg. J. Taussig, c. 1902.)

URSINUS, C h a r l o t t e, Giftmischerin, Gattin d. Geheimraths Ursinus in Berlin, zu lebenslängl. Gefängniss verurtheilte Messaline. — D i e M e u c h e l m ö r d e r i n n e b s t d e r B e i c h t e i h r e r S ü n d e n. Aus den Papieren der Giftmischerin U***s. Ein wahrer (sehr freier) Roman, von ihr selbst geschrieben. (Verfasst von *Theod. Ferd. Kajetan Arnold.*) Berlin (Hennings in Erfurt) 1804. Kl. 8⁰. 598 S. (18 Mk., schönes unbeschn. Expl., wie kaum noch aufzutreiben, Friedr. Klüber, München, 1896.)

> Skandalöses, mit cynischer Verve geschriebenes, s e h r s e l t e n g e w o r d e n e s B u c h.
> Vgl. über diese Verbrecherin: Authent. Vertheidigung der verw. Geheimräthin Ursinus, von ihr selbst aufgesetzt. Berlin 1804. 8⁰. — S t e p h a n y, C., Charlotte Ursinus, die Giftmischerin. Enthüllung ihrer Lebenszüge u. Schuld. Berlin 1866. 8⁰.

* VADEMECUM, B e r l i n i s c h e s, zur Beförderung der Verdauung. 2 Thle. Berlin, Schöne, 1796—98. 8⁰. 192+192 S. (6 Mk. Max Mai, Berlin, 1895; 16 Mk. 50 Pfg. E. Frensdorff, Berlin, 1903; 12 Mk. Oskar Rauthe, Berlin, 1908.) Selten!

> U. a.: S t a n d r e d e a m G r a b e d e r M a d a m e S c h u w i t z (s. d.). — Vom Hörner-Tragen. — Noch eine Entdeckung auf dem Gebiete der Galanterie. — Zur Charakteristik der hiesigen Dachstuben-Bewohner. — Zur Charakteristik von Berlin. — Briefe eines Reisenden aus Berlin. (Enthält auch zahlreiche N a p o l e o n - A n e k d o t e n in dem Cap.: Anekdoten von B u o n a p a r t e und anderen Republikanern.)

— — Dasselbe. 2 Bdchn. Berlin 1798, In der Schönschen (!) Buchhandlung unter der Stechbahn. 8⁰. 192 S. (6 Mk. Rich. Bertling, Dresden, c. 1905.)

VASILI, Graf Paul (d. i. *Madame Edmond Adam,* laut Weller's Lex. Ps. p. 583), Hof u. Gesellschaft in Berlin. Autorisirte Uebersetzung (von „Societé de Berlin"). 4. Aufl. Budapest, Gust. Grimm, 1885. 8⁰. (3 Mk. 50 Pfg. = 2 fl. Gustav Grimm.)

Berüchtigte Skandalschrift: 23 Briefe voller Abgeschmacktheiten u. Lügen. 206 S., 1 Bl. Inh.: Vorwort.

1. Die königl. Familie. 2. Das Parlament. 3. Prinzen u. Prinzessinnen. 4. Der Hof. 5. Die Intimen der Kaiserin. 6. Der Kanzler. 7. Der Bundesrath. 8. Das Ministerium. 9. Preussens Politik. 10. Herr von (!) Windthorst u. die Katholiken. 11. Herr Bebel u. die Sozialisten. 12. Graf Moltke; Marschall v. Manteuffel; General v. Kameke. 13. Die fürstl. Familien. 14. Herr v. Bleichröder u. die Finanzgrössen. 15. Die Gräfin Schleinitz u. der Wagnerkultus. 16. Die grosse Gesellschaft in Berlin. 17. Die 3 Schwestern. 18. Herr Stöcker u. die Judenfrage. 19. Das diplomat. Corps. 20. Das Bürgerthum. 21. Gelehrte u. Künstler. 22. Die Presse. 23. Die Geprellten des Kanzlers. — Ed. I—III. wohl von demselben Jahre.

Orig.: Vasili, Paul comte de, La société de Berlin. Augmentée de lettres inédites. Paris 188*; 2de édit. ib. 1884. (2 Mk. Max Perl, Berlin, 1904); rep. ib. 1885. 8⁰. (4 Mk. 50 Pf. G. Prierve), et souvent.

Der wirkliche Verfasser ist laut Telegramm aus Paris v. 11. Aug. 1889, in den „Münchner Neuesten Nachrichten" vom selben Datum: „Foucauld, Protégé Boulanger's, früher Hauslehrer bei Fürst Chimay. Lebte nach s. Entlassung in Paris auf Kosten einer Maitresse, welche ein Hôtel garni in der Rue de Balzac 4 hielt, gründete sodann eine Schwindelbank und bankrottirte. Der Liquidator erklärte ihn jeder Schlechtigkeit fähig und meint, er habe für 2000 Francs vielleicht eine Quittung über 32000 Francs an Boulanger ausgestellt. Foucauld (sonst auch de Mondion oder Morel) ist jener Graf Vasili, welcher Berliner, Wiener, Petersburger, Londoner etc. Hofleben in (Mme. Adam's „Nouvelle Revue") sensationell beschrieb. Die französ. Originale erschienen unter dem Collektivtitel: Les sociétés des cours de l'Europe (= Berlin—Londres—Madrid—Paris—Rome—St. Pétersbourg—Vienne). 8 vols. Paris 1881—88. 8⁰. (20 Mk., 1e—4e édit., bel expl. relié, Paul Alicke, Dresden, 1904.)

In geheimen Missionen war F. überall für die französ. Regierung beschäftigt, rühmte sich auch, jene Beweise eines angeblichen Doppelspiels der deutschen Diplomaten in Bulgarien herbeigeschafft zu haben, welche dem Zaren in die Hände gespielt wurden und bekanntlich gefälscht sind.

* VAUXHALLS Beschäftigungen im Vauxhall zu

Berlin, gesammelt von einem Freunde des Vergnügens (*Aug. Friedr. Cranz*). 2 Stücke. Berlin 1781. 8⁰.

> 62 fortl. pag. SS. Liederliche Erzählung. Sehr selten! — Anon.-Lex. I. p. 197 (nach Goedeke u. Kayser).

VELOCIFER. Eine auf Lebensweisheit und Lebensgenuß wie auch Vaterlandswohl abzweckende Wochenschrift, von einigen Geschäftsmännern herausgegeben. Erstes (einz.?) Vierteljahrsheft. Berlin 1805. (Bibl. d. Vereins f. d. Geschichte Berlins.) Rar!

VENUS, Die, von Berlin u. Anderes. Reich illustr. Berlin, o. J. Gr. 8⁰. (Mk. 3.—.) (1 Mk. Adolf Weigel, Lpz., 1908.)

VERBRECHERWELT, Die, von Berlin. Von Ω. Σ. Berlin u. Leipzig 1886. 8⁰. (2 Mk., br. im Orig.-Umschl., E. Frensdorff, 1907.) 243 S.

VERHEIRATHUNG, Die, der zwölf Töchter Schmidts. Ein Zwiegespräch in Versen und Prosa. Berlin 1832. (Bibl d. Vereins f. d. Geschichte Berlins.)

> Höchst selten!

VERNÜNFTLER, Der, eine wöchentliche Sittenschrift. Erster, Zweeter Theil (= St. 1—32; soviel ersch.?). Berlin, bey Friedrich Wilhelm Birnstiel. 1754. 8⁰. (15 Mk., Th. 2 apart = St. 17—32 : 254 S. mit Titelvign., E. Frensdorff, 1907.)

> Sehr rare belletrist. Zeitschrift. Gedichte (auch Epigramme), Prosa, Rezensionen etc.

VERORDNUNG wider die Verführung junger Mädchen zu Bordels und zur Verhütung der Ausbreitung venerischer Uebel. Berlin 1792. 8⁰. Rar! (2 Mk. G. Priewe, 1895.)

* VERSUCH einer historischen Schilderung der Hauptveränderungen der Religion, Sitten, Gewohnheiten, Künste, Wissenschaften etc. der Residenzstadt Berlin seit den ältesten Zeiten bis zum Jahre 1786 (von *Anton Balthasar König*). 5 Theile. Berlin 1792—1799 Gr. 8⁰. (Cplt. in der Bibl. des Vereins f. d. Geschichte Berlins.) (60 Mk., E. Frensdorff, c. 1902.)

> Hauptwerk! „Wegen der verschiedenen Abhandlungen über die Sittenzustände u. die kulturhistor. Entwickelung Berlins für jeden Geschichtsfreund unentbehrlich. Das vollständige Werk ist fast unauffindbar!"

VOCATIVUS, Illustrirter Berliner, neu in bunter Menge bietend Scherzgedichte, Späße, Schwänke, Puffs und Jokus aller Art. Von F. E. Moll und Anderen. Mit 44 Holzschnitt-Illustrationen von W. Scholz. Berlin, 1857. Otto Janke. VII u. 248 S. 16⁰. (In Berlin, Magistratsbibl.)

VOLLMAR, C. A. J. (auctor & resp.), praeside J. F. Hertling, Lustige, jedoch nützliche Sacraments-Gedancken de ma-

trimonio dotato, occasione der vom 3. Jun. 1712 an statt
der Ritter-Academie zu Berlin auffgerichteter (!) Jungfern-
Cassa. Heidelberg 1712. 4⁰. (1 Mk. 25 Pfg. Kirchhoff & Wigand, Lpz., 1894; 3 Mk. Bangel & Schmitt, Heidelb., 1905.)

VOSS, Julius v. (1768—1832), Geschichte eines bei Jena gefangenen preußischen Officiers, nebst einem Gemälde von
Berlin im Winter 1806 und 7 und einem Anhange von
dramatischen Scenen. 3 Thle. Berlin 1807. 8⁰.

     Goedeke V, 537, 100, 3.

VOSS, Die Moden der guten alten Zeit. Ein launiges
Sittengemälde aus dem Jahre 1750. Berlin 1825. 8⁰. (2 Mk. W. H.
Kühl, Berlin, ca. 1882.)

     268 S. Von Interesse zur Geschichte der Berliner
     Sitten u. Trachten um die Mitte des 18. Jahr-
     hunderts.

VOSS, Neu Berlin (sic!). Oder vaterländische Ideen
über Wiedergedeihen und Emporblühen der
Hauptstadt Berlin 1811. 8⁰.

     Bibl. Kürschner. Lpz. Mai-Auct. 1904, no. 1321.

VOSS, Der Berlinische Robinson. Eines jüdischen
Bastards abentheuerliche Selbstbiographie. Ans Licht gestellt v. —. 2 Thle. Berlin, 1810. Bey Joh. Wilh. Schmidt.
8⁰. (2²/₃ Rthl.) (6 Mk. E. Frensdorff, c. 1904.) (Besitzt Dr.
Ullrich in Brandenburg a. H.)

     I: Tit., 1 Bl. Vorr., 343 S. II: Tit., 364 S.

— — Dasselbe mit d. Titel: Der Israelitische natürliche Sohn, oder Leben eines jüdischen Aben-
theurers aus Berlin. 2. Auflage. 2 Bde. Berlin 1816. 8⁰.
Selten! (7 Mk. 50 Pfg. Jos. Jolowicz, Posen, 1906.)

VOSS, Satyren und Launen die Zeit beachtend.
2 Bdchen. Mit einem ausgemalten Kupfer. Breslau 1813. 8⁰.
(7 Mk. 50 Pfg. E. Frensdorff, 1904.)

     Selten! Enthält u. A.: „Auf Nicolais Tod. — Kurzer
     Auszug einer berlinischen Chronik vom 19ten
     u. 20sten Jahrhundert. — Mittel, in wenigen Jahren
     eine zahlreiche Bibliothek ohne alle Kosten zu sammeln. —
     Friedensvermittelung, angetragen dem Herrn August von
     Kotzebue und dem Herrn Doctor Merkel, bei Ge-
     legenheit ihres wüthend und hartnäckig fortgesetzten litte-
     rarischen Krieges. — Nachricht von einer Bekeh-
     rungs-Anstalt für schöne Jüdinnen. — Ent-
     wurf einer Luxussteuer für das Vogtland bei
     Berlin, jetzt: Rosenthaler Vorstadt genannt.
     — Ueber eine unartige und völlig unwahre Stelle in Schiller's
     Wallenstein. — Ankündigung neuer Bücher,
     welche bei Peter Hammer in Cölln erscheinen
     werden, sobald ihre Herausgabe, von Seiten der Censur,
     gestattet ist, etc. etc. (Goedeke V, 538, 26, mit der un-
     richtigen Jahrzahl „1812".)

— — Dasselbe. Z w e i t e A u f l., tit.: S a t y r i s c h e Zeit-
b i l d e r i n s c h a r f e n U m r i s s e n n a c h d e m L e b e n,
oder E r z ä h l u n g e n, S c h w ä n k e u. P o s s e n. 2 Bdchn.
Ebd. 1817. 8⁰. (Goedeke, l. c.)

VOSS, N e u e T h e a t e r p o s s e n n a c h d. L e b e n. Berlin
1822. XVIII, 222 S. 8⁰. (2 Mk. Max Jaekel, c. 1902.)
 Inh.: D e r S t r a h l o w e r F i s c h z u g. Volksstück mit
 Gesang in 2 Handlgn. — Die Damenschule im Theater.
 Posse in 2 Aufz. — Prof. Kürschner's Bibl., Nr. 1326.

§ **WACHENHUSEN**, Hans (geb. 1827), B e r l i n e r P h o t o-
g r a p h i e n. Berlin, Otto Janke, o. J. (1865). 8⁰. Zahm. 2 Bll.
u. 152 SS.

WALDMANN, Gustav. Eine deutsche Geschichte, von *A. F.*
G — — — — r, (d. J.). (Liederlicher, oft erotischer Roman von
Adam Friedr. Geisler d. Jüng. (1757 — ***). 4 Thle. Mit
4 Titelkpfrn., 2 Kpfr.- u. 2 Holzschn.-Titelvign. (erstere schlechte
Radirungen von K r e i s l e r). Leipzig, Auf Kosten des Verfassers,
1784, 85, 86, 86. 8⁰. (10 Mk., fleckiges Expl. ohne Kpf., J.
Halle, München, 1892.) 8⁰.
 Cplt. äusserst selten! Sehr merkwürdiger abentheuerl.
 Sitten-Roman, der besonders in der 2ten Hälfte freie Schil-
 derungen, u. a. über B e r l i n e r B o r d e l l w e s e n, Kna-
 b e n s c h ä n d u n g etc., enthält. — 270, 208, 204, 150 S.

WALLNÜSSE (eine Samml. schertzhafter Räthselfragen) f ü r
B e r l i n e r N u ß k n a c k e r. 1s halbes Schock. Geschlagen u.
aufgelesen von Magister V o l k s w i t z. Mit 1 illum. Steindruck.
Berlin, Gröbenschütz u. Seiler, 1833. 12⁰. 1 Bogen.
 A. G. Schmidt, Gallerie etc.

* **WANDERUNGEN**, K l e i n e, d u r c h T e u t s c h l a n d. Mit
hübscher T i t e l - V i g n. (Radirg. nach J u n k e r v. D u n k e r).
Berlin (Basel, Flick) 1786. 8⁰. (Auch in Dresden u. in Magdeburg, Stadtbibl.)
 220 S. (incl. Tit.), 1 Bl. Nachschr., 1 Bl. Inh. (der
 36 Briefe). — Von besonderem Interesse die Parallele
 zwischen B e r l i n (S. 77—138) und D r e s d e n (S. 138
 bis 220), preuss. u. sächs. Kriegswesen u. gesellschaftl. Verkehr, wobei die B e r l i n e r S i t t e n z u s t ä n d e a b-
 f ä l l i g b e u r t h e i l t w e r d e n, aber auch die Herren
 Sachsen nicht zum Besten wegkommen. Wenig bekannt
 u. rar! — Der Autor wird in der Nachschrift als sonderbarer
 reisender H y p o c h o n d e r vorgestellt, der in S m o l l e t ' s
 Geiste umherblickt, an der Veröffentlichung der Briefe aber
 unschuldig ist.

WANDERUNGEN, K l e i n e, d u r c h S a c h s e n u n d B r a n-
d e n b u r g. O. O. (Danzig, Troschel) 1795. 8⁰. (1 Rthl.) (10
Mk. Franz Teubner, Düsseldorf, c. 1900; 6 Mk. E. Frensdorff,
1906.) Rar!
 Schilderungen des Lebens in den hauptsächlichsten
 Staedten; namentlich über das B e r l i n e r L e b e n finden

sich eingehende, scharfe Charakteristiken. Der Verfasser
stellt Betrachtungen an über den H a n g d e r B e r l i n e r
z u r s i n n l i c h e n W o l l u s t u. die Mittel ihn zu befriedigen, über P a e d e r a s t i e, über p o l i z e i l i c h e E i n-
r i c h t u n g e n i n B o r d e l l e n, über das B e r l i n e r
E h e l e b e n u. den darin betriebenen W e i b e r t a u s c h etc.

WANDERUNGEN, K o s m o p o l i t s c h e, d u r c h e i n e n
T h e i l D e u t s c h l a n d s. Leipzig 1793. 8⁰. (2 Mk. 25 Pfg.,
J. Taussig, Prag; 3 Mk. J. Scheible, 1900.)

> 216 S. — Hauptsächlich über B e r l i n (Schauspiel, Oper,
> Militär, Prostitution, Galanterien, Freudenhäuser), ferner
> über P o t s d a m, viel über L e i p z i g (s. d.).

WEHL, Feodor, B e r l i n e r W e s p e n. Zeitschrift. 5 Hefte
(soviel ersch.). Leipzig 1843. 8⁰. 240 S. Selten! (8 Mk. 75 Pfg.
Hugo Streisand, Berlin, 1908.)

WEIBER, D i e B e r l i n e r. Ein originelles Lustspiel in drey
Aufzügen. Charlottenburg (Warschau, Wilke) 1790. 8⁰. (6 gr.)
(2 Mk. 50 Pfg., G. Priewe, 1905.) Rar!

> 88 S. (incl. Tit. m. 3 Buchdr.-Stöcken, wovon 1. u. 3.
> roth gedr., auf d. Rücks. Personen-Verz.). „Die Scene ist
> u n t e r d e n L i n d e n, ... , u. dann in Theodorichs
> Hause." Seltenes Sittengemälde des d a m a l i g e n B e r-
> l i n s, aber o h n e A n s t ö s s i g k e i t e n. — Weller, fing.Dr.

WEILL, A., u. Edgar B a u e r, Berliner Novellen. Mit 1 Titelvign. Berlin 1843. 8⁰. 2 Bll. u. 328 S. (2 Rthl.) (10 Mk. E.
Frensdorff, 1907; 6 Mk., Titelbl. fleckig, Oskar Rauthe, Berlin, 1908.)

> Sehr selten! Enthält: Ein Winter in Berlin, von A. W e i l l.
> — Es leben feste Grundsätze, von E d g a r B a u e r.

WELTBÜRGER, Der. Wöchentlich an das Licht gestellet in
Berlin (von Jacob Friedrich L a m p r e c h t, geb. 1707, † 1744).
52 Nrn. (vom 2. Febr. 1741 bis 25. Jan. 1742). Bey Ambrosius Haude. (1742.) 4⁰. (40 Mk. E. Frensdorff, 1908.)

> Goedeke IV, 12, 5, 4. „Nur dieser Jahrgang (1741) (so!)
> ist erschienen." (6 Mk. 50 Pf., Expl. in Hprgt., Max
> Mai, Berlin, Cat. 85. [1895.] No. 811.) Aeusserst selten!

WERNER, J., A n i m i r - K n e i p e n u n d N a c h t - C a f é s oder
P o l i z e i u n d S i t t l i c h k e i t. Berlin 1892. 8⁰. (In Dresden,
Bibl. d. Gehe-Stiftg.) (40 Pfg. G. Priewe.)

WEYL, L., D e r L e b e m a n n v o r, b e i u n d n a c h
T i s c h e. Mit 1 Kupfer. Berlin, o. J. (ca. 1850). 8⁰.
(6 Mk. M. & H. Schaper, Hannover, 1904.)

> 240 S. Mit vielen, meist auf B e r l i n e r V e r h ä l t ·
> n i s s e bezügl. Beiträgen von Saphir, Weyl, Anast. Grün,
> Herlossohn, J. Janin u. Andern.

WEYL, B e r l i n e r P o l t e r a b e n d - S c h e r z. 2. Aufl. 5
Hefte. Berlin, Cohn, 1860. 12⁰. (1 Rthl. 7¹/₂ sgr.)

> Herm. Hoppe's Cat. St. Petersb. 1871. S. 856. — Ed. I
> (185*?).

WEYL, Rebbenhagen auf dem Berliner Corso. Ein Genrebild. Mit Titelkpf. Berlin 1845. 12⁰. (75 Pfg. I. St. Goar, Frf. a. M., 1896.)

WEYL, Rebbenhagen's Weissbier-Clubb in der Berliner Gewerbe-Ausstellung. Ein Genrebild. Mit Titelkupfer. Berlin 1844. Jul. Schmidt. 12⁰. Selten! (1 Mk. 25 Pfg., Max Jaeckel, Potsdam, c. 1902.)

WEYL, Humoristische Vorträge. Berlin 1843. Berliner Verlags-Buchhandlung. 8⁰. Selten! (2 Mk. Max Jaeckel, 1906.)

> Enth. u. A.: Die Winterbelustigungen der Berliner in 7 Bildern dargestellt.

WEYL-Liew, Dr. L. (mit vorigem identisch), Berliner Scherze. Humoristische Vorträge (meist in Versen). Berlin, 1842. Plahnsche Buchhdlg. (L. Nitze). 16⁰.

> Tit. u. 49 S. — Unter den Vortragenden finden sich Namen bekannter Berliner Komiker: Gern, Rüthling, L. Schneider, Beckmann. — Nur Weniges im Berliner Dialekt.
> 1. E. Stimme aus d. J. 1742 an das J. 1842. E. Strafpredigt an die Berliner. 2. Betrachtungen vor der Academie-uhr (Normaluhr Berlins). 3. Die Winterbelustigungen der Berliner (in 7 Bildern dargest.). 4. Wahrhaftigen Gott, ich kann nicht mehr! Tisch-Seufzer in Ess-Dur. 5. Kalt u. Warm od. das Thermometer der Liebe (vorgetr. v. Frln. Hulda Erck). 6. Variationen üb. das Thema: „Na, davon später!" 7. Die Strassen-Revue der Herren über die Damen. 8. Dialog zweier vor dem Concertsaale haltenden Kutscher. (Nrn. 6—8 waren bereits in Littfas' Declamatorium, Heft 5, abgedr.)

WEYL-Liew, Neue Berliner Scherze. Humoristische Original-Vorträge. Ebd. 1844. 16⁰.

> W. Engelmann, Bibl. d. schönen Wiss. II, S. 346.

WIEN und Berlin in Parallele. Nebst Bemerkungen auf der Reise von Berlin nach Wien durch Schlesien über die Felder des Krieges. Ein Seitenstück zu der Schrift: Vertraute Briefe über die innern Verhältnisse am preußischen Hofe seit dem Tode Friedrichs II. von *F. v. C—n* (d. i. *Geo. Friedr. Wilibald Ferd. v. Cölln,* geb. 1766 zu Örlinghausen in Lippe, † 1820 in Berlin). Amsterdam und Cölln 1808, bei Peter Hammer. (Leipzig, Gräff.) 8⁰. Illustr. Cartonbd. (vorn Ansicht aus Wien, hinten Brandenb. Thor in Berlin.) (20 Mk. E. Frensdorff, 1904.)

> XIV—310 S. u. literar. Beilagen. Stellenweise sehr derb. — Mit 2 Kpfrn. (J. Penzel del. & fec.), 2 vorzügl. blattgrossen Holzschnitten v. Gubitz (der Zirkel im Berliner Thiergarten u. der Wiener Prater) u. 3 sehr originellen blattgr. illum. Kpfrn. v. Geisler. (So cplt. rar!)
> In Cap. XVII: Betragen der Berliner Freudenmädchen. Redoute. Sammelplatz der Verliebten und Neugierigen. — S. 248 („Nachschrift"): „Ich sehe es vorher:

unsere modernen ästhetischen Kritikaster werden ein grosses
Geschrey darüber erheben, dass in diesem Buche so viele
schmutzige Sachen mit ihrem wahren Namen genannt sind.
Diess ist von mir nicht Unachtsamkeit, sondern Vorsatz ge-
wesen. Ich nenne nun einmal die Dinge mit ihrem wahren
Namen: Koth ist Koth, und nicht bloss Schmutz; eine
Hure ist eine Hure, und nicht bloss eine galante Dame."

— — Dasselbe französisch: Vienne et Berlin mis
en parallele. Observations faites dans un voyage de Berlin à Vienne par la Silésie. Trad. de l' allemand. Enrichie de
2 gravures en taille-douce p. Penzel, de deux grav. en bois
p. Gubitz et de 3 estampes enluminées par Geisler. Amsterdam et Cologne 1808. 8⁰. Couverture orig. avec des vues de
Berlin et de Vienne. (15 Mk. Karl W. Hiersemann, Lpz., 1896:)
> „Diese französische Ausgabe des berühmten Buches gehört
> zu den grössten Seltenheiten und ist meines Wissens seit
> vielen Jahren nicht mehr vorgekommen."

WIEN und Berlin. — Vertheidigung des großen Cölln
wider seine Todfeinde. Bei Gelegenheit des Meister-
werkes Wien und Berlin. Amsterdam u. Cölln 1808. 8⁰. Rar!
> Bibl. Kürschner-Eisenach no. 239.

WILHELM II., Deutscher Kaiser und König von
Preußen, s. im fortlaufenden Alphabet.

WIRKUNGEN, Dreyerley. Eine Geschichte aus der Pla-
netenwelt, tradirt und so erzählt (von *Joh. Friedr. Albrecht,*
geb. 1752 zu Stade, zuerst Arzt in Reval, Erfurt, Leipzig,
dann Buchhändler in Prag, † 1816 in Altona). 8 Bde. Germanien, bey Peter Sandhof (1—6: Wien, Schaumburg; 7—8
[sehr rar]: Dresden, Richter). 1789—92. 8⁰. (Cplts. Expl. in
Darmstadt; 1—6: 1789—90, in Marburg, Univbibl.) (1—6: 16
Mk. Max Harrwitz, Berlin, 1904.)
> Schmähschrift auf Friedrich Wilhelm II. (s. d.)
> u. die Gräfin v. Lichtenau (s. d.), sowie die da-
> maligen Berliner Zustände, wie aus einem in Darm-
> stadt befindl. handschriftl. Briefe des hessischen diplo-
> matischen Agenten Reckert (vom 8. August 1789) her-
> vorgeht. 256, 254, VIII—192, 284, 244, 262, 260, 166
> Seiten. — Ganz cplt. äusserst selten!

WITZ, Berliner, in Wort u. Bild. Berlin, Hofmann
& Co., 1857. 8⁰. (10 Sgr.)
> Herm. Hoppe's Cat. St. Petersb. 1871. S. 856.

WITZE, Berliner, 1.—3. Heft. 2te Aufl. und 4.—8. Heft.
Berlin 1838—40. (Ed. I. 1837.) Stange. 12⁰. (Heft 1.—6. à 1/6
Rthl. —\ 7 u. 8. à 1/4 Rthl.) (Heft 1—3, ebd. 1837—38 [3. in 2.
Aufl.], 8 Mk. 50 Pfg. H. Streisand, Berlin, 1908.) Rar!
> 1. Hft. Wollmarkt und Pferderennen. 2. Hft. Die Guck-
> kästnerin. 3. Hft. Tabagie und Billard. 4. Hft. Weih-
> nachtsfreuden und Neujahrsgratulanten. 48 S. (1 Mk. 20,
> Orig.-Umschl. E. Frensdorff, 1907.) 5. Hft. Nante auf

der Kunstausstellung. 6. Hft. Berliner Anekdoten u. Geschichtchen. 7. Hft. Nante's Tod, oder: Die Verschwörung der Federfuchser. Historisch-romantisch-komische Tragödie in 5 Acten von H. v. A. 2. Aufl. 8. Hft. Nante als Fremdenführer. Oder Ganz Berlin für 7¹/₂ Sgr.! Ein Wegweiser für Fremde, die hier bleiben wollen, und für Einheimische, die noch nicht gehörig orient- und occidentirt sind. Nach den besten Flüssen (so!) bearbeitet von Dr. N a n t e. Mit 1 Stadtkarte von Berlin (auf dem Umschlage). 1840.

— — Derselben 9.—11. Hft. — Auch u. d. Tit.: D a s L i ß t - g e B e r l i n (s. ob.). 3 Hfte. (Jedes mit 1 illum. Titelbild.) Berlin 1842. Eyssenhardt. 16⁰. (à ¹/₄ Rthl.) (5 Hefte von 1838, 5 Mk. E. Frensdorff, 1907.)

W. Engelmann, Bibl. d. schön. Wiss. Bd. 2. Lpz. 1846. S. 351.

WITZE, Berliner. — D ö r b e c k, B., B e r l i n e r W i t z e. Berlin (Gropius, circa 1830). 8 Hefte zu je 4 Blatt, im ganzen 32 lithographirte und kolorirte B l ä t t e r k l e i n - f o l i o, theils Hoch-, theils Querformat, zu jedem Heft ein gedrucktes Blatt Erklärungen in dem gleichen Format. Ein besonderes Titelblatt ist nicht vorhanden, wohl auch nicht erschienen. (In Mappe.) (100 Mk. E. Frensdorff, März 1906:)

„Aeusserst seltene vollständige Reihe. D i e s e B l ä t t e r v o n D ö r b e c k g e h ö r e n z u d e n s e l t e n s t e n B e - r o l i n e n s i e n."

— — Dasselbe, tit.: B e r l i n e r H u m o r v o r 100 J a h r e n nach Zeichnungen v. B. D ö r b e c k. Berlin, o. J. Fol. 31 Zeichnungen auf 23 Tafeln in col. Lichtdruck. Org.-Lwd.-Mappe. (20 Mk. F. Waldau, Fürstenwalde, 1908.)

Ueber diesen genialen Zeichner siehe: K u g l e r, Frz., Kleine Schriften u. Studien z. Kunstgeschichte.

WOCHENBLATT, N ü t z l i c h e s u n d u n t e r h a l t e n d e s B e r l i n i s c h e s, für den gebildeten Bürger und denkenden Landmann. Hrsg. von Fr. W a d z e c k. Auf Kosten des Herausgebers. Jahrg. I—XII (soviel ersch.?). Berlin 1809—20. 4⁰. (Jahrg. 4 u. 6: 20 Mk., 11 u. 12: 12 Mk., Wilh. Jacobsohn & Co., Breslau, 1907:)

„Seltene Zeitschrift; für die Kenntniss des damaligen Berliners von Werth."

WOCHENBLATT f ü r T a b a g i e n, w o r i n n e n d i e B e - t r ü g e r e i e n a l l e r K ü n s t l e r u n d H a n d w e r k e r f r e i - m ü t h i g e n t d e c k e t w e r d e n. 2 Thle. B e r l i n, Birnstiel, 1773—74. 8⁰. Ungemein rar!

Citirt der Cat. Monath, Th. 4. Nürnb. 1785, S. 457.

WÖLFERT, W., D e r T e u f e l i n B e r l i n. Ein Berliner Roman. 2. Aufl. Berlin 1901. 8⁰. (Mk. 3,50.) (1 Mk. 60 Pfg. Max Jaeckel, Potsdam.)

WOLFF, A., Der hinkende Teufel in Berlin. Schilderung aus dem Berliner Leben. Leipzig 1886. 8⁰. (Mk. 3.—.) (2 Mk. Max Jaeckel.)

WOLL-Witze, Berliner. Berlin (o. Adresse). 1838. 12⁰. (2 Mk. F. Waldau, Fürstenwalde, 1907.)

> 22 S., enth. 4 sehr komische Scenen im ächten Berliner Jargon, u. 3 S. Anekdoten. — Sehr selten! (Bibl. Pfister. München 1888. No. 1637.)

ZASTROW, Prozeß (1864). — Der Prozeß Zastrow. Ausführlicher Bericht über die Gerichtsverhandlung wider den Lieutenant a. D. von Zastrow wegen versuchten Mordes u. Verbrechens gegen die Sittlichkeit. Mit den Portraits der Richter, des Staats-Anwalts, des Vertheidigers, des Knaben Handke u. des Angeklagten. Berlin, A. Streerath, Skalitzerstr. 127. (1864.) 8⁰. (5 Sgr.)

> Anzeige des Verlegers.

ZASTROW, Proceß. — Der Prozeß gegen den Maler und Lieutenant a. D. v. Zastrow. Ausführlicher Bericht der Verhandlungen des hiesigen Schwurgerichts von einem Geschworenen. Berlin, o. J. (1864.) 8⁰. (Bibl. d. Vereins f. d. Geschichte Berlins.)

ZEITSPIEGEL, Satyrischer. Eine Erbauungsschrift in zwanglosen Heften für Freunde des Witzes und lachenden Spottes. Hrsg. von Theod. Heinr. Friedrich (geb. 30. Octob. 1776 zu Königsberg in d. Neumark, 1806 OL-Gerichtsrath in Stettin, ertränkte sich in der Elbe zu Hamburg, 12. Dezbr. 1819). Mit artigen Kupferstichen. 7 Hefte (cplt.). Berlin, Maurer, 1816—17. 12⁰. (à ½ Rthl.)

> Vollständig schwer zu finden! Goedeke VI, 391, 23, 13.

ZEITVERTREIB auf den Spaziergängen in dem Thiergarten zu Berlin, bestehend in moralischen und unterhaltenden Erzählungen. Thl. 1. (einz.). O. O. (Berlin, Himburg) 1775. 8⁰.

> Sehr selten! Bibl. Martin. Berol. 1779. p. 106. — Schon 1772 erschienen?

ZUSCHAUER, Der Berlinische. Eine Wochenschrift, hrsg. von Carl Friedr. Wegener (1734—87). Thl. I, II. Berlin 1769. — Der neue Berlinische Zuschauer. Thl. I, II. Berlin 1772—73. — Der neueste Berlinische Zuschauer. Thl. I, II. Berlin 1775—76. — Der allerneueste Berlinische Zuschauer. Thl. I—IV. Berlin 1776—78. 8⁰. (Alles Erschienene.) (10 Mk., Eman. Mai, Berlin, Cat. 85. (1895.) no. 818, wo irrthümlich „E. F. Wegener“; jetzt viel theurer!) — So cplt. äusserst selten!

ZUSCHAUER, D e r. Eine neue Berliner Wochenschrift als Fortsetzung der C h r o n i k v o n B e r l i n. (s. d.). Berlin 1793. 8⁰. (Bibl. d. V. f. d. Gesch. Berlins.) Sehr rar!

ZUSCHAUER, D e r. und M o q u e u r v o n B e r l i n. 1794. (l. c.) Höchst selten!

ZUSCHAUER, D e r. Zeitblatt für Belehrung und Aufheiterung. Hrsg. von J.(oh.) D.(aniel) S y m a n s k i (geb. 8. Sept. 1789 in Königsberg i. Pr., † 25. März 1857 in Berlin). 33 Stücke (soviel ersch., dann v e r b o t e n). Berlin 1821—23. 4⁰. Rar!

> Goedeke VII, 420, 11 nennt die Mitarbeiter.

ZUSCHAUERIN, D i e B e r l i n i s c h e. Eine wöchentliche Sittenschrift zum Unterricht und Zeitvertreib für das schöne Geschlecht. (Hrsg. von Carl Friedr. W e g e n e r.) Nr. 1—79 und „N e u e B e r l i n i s c h e Z u s c h a u e r i n", Nr. 1—13 (= Bdchn. 1—4). Berlin, Birnstiel, 1770 — März 1772. 8⁰. (28 Mk. Max Harrwitz, Berlin, c. 1903.)

ZUSCHAUERIN, D i e n e u e B e r l i n i s c h e. Eine wöchentliche Sittenschrift, zum Unterrichte, und nützlichen Zeitvertreibe, für das schöne Geschlecht. (Hrsg. vom Vorigen.) 43 Nrn. (= 2 Bdchn.) Gedruckt, und zu finden bey Friedr. Wilh. Birnstiel, Königl. privil. Buchdrucker. (177*.) 8⁰. Rar!

> 305 fortl. gez. S. (Jedes Stück 8 S. stark.) Enth. u. a.: Geschichte der Pantochara, einer Coquette. — Gespräch zwischen einer Scheinheiligen u. ihrer Magd. — Wünsche an die Berlinischen Schönen z. Neuen Jahr 1773. — Erfahrungen einer alten Jungfer, aus ihren Handschriften gezogen etc. — Lebenslauf einer Klosternonne, von ihr selbst beschrieben. — Geschichte einer schönen Schäferin. — Gespräch zwischen Libertinen u. Honoren. — Antwort einer Berlinischen Schönen auf die Liebeserklärung eines süssen Herren. — Die vornehme Dame u. das Kammer-Mägdchen. (Dialog.) — Die Gräfin u. die Kaufmannsfrau. (Dialog.) — Warnungen an eine junge Schöne. — Gedichte etc.

BERLING, Theodor, H u m o r i s t i s c h e D i c h t u n g e n i n V e r s e n u n d P r o s a. Brünn 825. 8⁰.

> Gmähle's Leihbibl., München, no. 10213.
> Inhalt: Namens-Chiffer. Weibliche Gewalt. Die Rivale. Der Zimmermann aus Batavia. Die Abentheurer. Marlborough's Liebe. Corona. Milton's Schlummer. Die Erbschaft im Traume.

BERMANN, G a l a n t e G e s c h i c h t e n. Illustrirt v. V. K a t zl e r. Wien 1870. Gr. 8⁰. (5 Kr. Halm u. Goldmann, 1904.)

BERN. — B e m e r k u n g e n, F r e i m ü t h i g e, ü b e r d i e L a g e d e r S t a d t u n d d e s C a n t o n s B e r n. Ursopolis (Bern) 1798. Rar!

> Weller, fing. Dr.

§ **BERN** w i e e s w a r — i s t — u n d s e y n w i r d (von *David Müslin*). O. O. 1798. 8⁰. (Auch in Zürich, Stadtbibl.)

Anon.-Lex. I. p. 195 hat „Bern 1798" (nach Kayser u. Meusel).

BERN, w a s e s w e r d e n k ö n n t e! (von *H. J. Bidermann*). Bern 1798. 8⁰. (In Zürich, Stadtbibl.)

Anon.-Lex., l. c. (nach Meusel).

BERN. — E h e g e r i c h t s s a t z u n g e n (chronologisch):

Grosse Mandat der Stadt Bern / wider allerhand in schwang gehende Laster: Derselben sich zu entzeuhen: Vnd dargegen sich eines Thugendsamen Gottseligen Lebens zubefleissen. Auss hievorigen Mandaten und Ordnungen vnd nach dem es die Noht-durfft weiters erfordert: erneweret und vermehret. Jährlich zu Statt und Land von Cantzlen zu verlesen. Bern, G. Sonnleitner, 1561. 3 Teile. in 1 Bd. Kl. Fol. (22 frcs. Georg & Co., Basel, 1908.)

BERN. — O r d n u n g v n d S a t z u n g d e s s E h e g e r i c h t s der Statt Bärn vmb Ehesachen vnd straff des Ehebruchs, Hury vnd anderer lasteren, wie sy erstmals angesehen: hernach aber für vnd für inn zugetragnen fählen geenderett, verbesserett vnd jetz uff das letst mitt wyterer Lyterung beschlossen vnd für-hin zu bruchen angesechen. Dinstag d. 17. Febr. 1601. Be-schriben durch Samuel B r u n e r n, Brichtschrybern der Statt Bärn. Folio. (36 Mk., gepr. Prgtbd., Karl W. Hiersemann, Lpzg., 1908.)

G l e i c h z e i t i g e s, in schöner, gleichmässiger Zier-schrift gefertigtes M a n u s k r i p t mit 84 beschriebenen und 12 weissen Blättern und 1 kolorierten Tafel „d e r B o u m d e r S i p s c h a f f t o d e r B l u t s v e r w a n d t n u s s".

BERN. — Der Stadt Bern E h e g e r i c h t s - S a t z u n g e n. Bern. 1634. Fol. (In Zürich.)

BERN. — Der Statt Bern Chorgerichts Satzung vmb Ehsachen, Hûrey vnd Ehbruchs-Straff: Anstell- vnd Erhaltung christen-licher Zucht vnd Ehrbarkeit / vnd was zur selben gehörig. Zu Statt vnd Land zu gebrauchen. Bern, G. Sonnleitner, 1667. Kl. fol. (16 frcs. Georg & Co., Basel, 1908.)

— — Dasselbe. Bern, 1743. 4⁰. Selten! (6 fr. die Vorigen.)

— — Dasselbe. Bern, 1779. 4⁰. (6 fr. die Vorigen.)

BERN. — Ehegerichts-Satzung für die Stadt Bern und dero Lande. Beschlossen u. erkennt den 25. Jänner 1787. Bern, 1787. 4⁰. 106 S. u. Reg. (5 fr. die Vorigen.)

Dem Exemplar ist eine Verordnung des Grossen Raths der Stadt Bern betr. Ehegerichtssatzung v. Jahre 1792 beige-geben.

BERN. — H i r t e n - G e s p r ä c h, E i n lustig, Von deß Friedes sehr lieblichen, und hingegen deß Kriegs sehr schäd-

lichen Früchten: Auß deß weitberühmten Poëten Virgilij La-
teinischen, und Martini Opitii deß fürtrefflichen Teutschen
Poëten gedichten gezogen . . . . . Getruckt zu B e r n , bey
Georg Sonnleitner. O. J. (1653). 4⁰. (In Zürich).

> Hochzeitsgedicht, unterz.: P h i l o m u s u s L i e b f r i d (d. i.
> J. G r a v e s e t). 10 Bll. Beginnt:
>> Fried, Sägen, Glück vnd Heyl zu diesem Frewden-Feste etc.
> Vgl. Weller, Ann. I. p. 408.

BERN. — M e i n e R e i s e ü b e r d e n G o t t h a r d n a c h d e n
B o r r o m ä i s c h e n I n s e l n u n d M a i l a n d (von *Christian
Gottl. Hölder*). 2 Bde. Stuttgart 1803—4. 8⁰. (2 Rthl.) (2
Mk. 50 Pfg. Max Jäckel, Potsdam, c. 1904.)

> Darin Nachrichten zur c h r o n i q u e s c a n d a l e u s e v o n
> B e r n: Liederlichkeit der Weiber, Prostitution etc. — Selten !

BERN.— St. A l b a n, Eugen v. (d. i. Dr. der Rechte *Carl Baldamus*, geb. 14. Oct. 1784 zu Roßla am Harze, † nach 1824),
B e r n w i e e s i s t. 2 Bde. Leipzig, bei C. H. F. Hartmann.
1835. — *A. E.:* Schneeberg, 1835, gedr. bei Julius Müller.
8⁰. (1¹/₂ Rthl.)

> In 27 zahmen Briefen. Ausser Titelbll. 166 u. 154 SS.
> (3 Mk. Lehmann u. Lutz.) — Ueber den Verf. s. A. G.
> S c h m i d t, Gallerie etc.

BERN. — Z e i t u n g , N e w e , D e r B ä r h a t e i n H o r n b e -
k o m m e n. O. O. 1632. Folioblatt mit Kupfer. (In Ulm und
im Germanischen Museum.)

> Wohl politischen Inhalts. — Weller, Annalen I. p. 167,
> no. 867.
>> Ach Marge zu Loret
>> Ach! Daß sie ihm nicht steth
>> Die Mütze, ja nicht stehen wil etc.

BERN, C a r l, oder S c h w ä r m e r e i u n d L i e b e. Ein Roman aus der wirklichen Welt. Quedlinburg, Basse, 1813. Kl. 8⁰.
229 S. Zahm. (12 Mk. [!] Hugo Streisand, Berlin, 1909, unter
„Wertheriana !")

BERNANDIS . . . . . Liebes- u. Helden-Geschichte, s. P a l -
m e n t e s.

BERNAU, E d u a r d v o n. (Roman von *Friedrich Herrmann*.)
Warschau 1797.

> Anon.-Lex. II. p. 4 (nach Kayser).

BERNBURG, D i e, oder d e r J u n g f e r n - K e r k e r. Eine
Sage aus der Vorzeit (in jocosen u. derben Reimen). Rotweil
1803. 8⁰. Sehr selten!

— — Dasselbe. Freiburg i. B., Herder, 1808. 8⁰.

BERNHARD, Claire, D e r h a l b e M e n s c h. Dresden. o. J.
(1907). 8⁰. 155 S.

> „Alberner P h a n t a s i e r o m a n, der Homosexualität und
> Sodomie behandelt." (Dr. K i n d t.)

BERNER, Bent. (so!), Die frisch g e f a n g e n e u n d e r s t l i c h
a u s g e l ö s e t e B r a n d t w e i n - D r o s t e l d. i. artige und
lustige Beschreibung allerhand unter Jungfern und Weibern be-
findlicher versoffener Brandtwein-Schwestern O. O. 1692. 12⁰.
(9 Mk. Jacques Rosenthal, München, c. 1903.)
> Höchst selten!

§ **BERNHARD,** Joh. Adam (Hanoviensis), K u r t z g e f a s t e
(!) curieuse H i s t o r i e d e r e r G e l e h r t e n etc. Mit
Titelkpfr. Franckfurt a. M., Joh. Martin v. Sand, 1718. 8⁰.
894 S. (20 Mk. M. Edelmann, Nürnb., 1904.)
> 894 SS. Handelt u. a. von gelehrten Hurenkindern, ver-
> liebten oder verhurten Gelehrten, von gelehrten Hahnreyen
> (S. 330—334) etc. Selten, da die meisten Expll. bei einem
> Brande in Frankf. a. M. zerstört wurden.

BERNHARD u. H i l d e b r a n d. Eine (zahme) poetische Phantasie (in 6 Gesängen, von *Karl Ferd. Szhmid*). Eisenach,
J. G. E. Wittekindt, 1781. 8⁰. (70 Pfg. Scheible.)
> Anon.-Lex. I. p. 195 (nach Kayser u. Meusel).

— — Dasselbe, in: G a n y m e d f. d. Lesewelt. Bd. 2. Ibid.
eod. a. 8⁰. S. 173—286.

BERNHARDI, George Chrn., O d e n, L i e d e r, E r z ä h l -
u n g e n u. B r i e f e. Mit großer allegor. Titelvign. (unsign.).
Dresden, 1751. zu finden in der Waltherischen Buchhdlg. Gr. 8⁰.
(In Dresden: Lit. Germ. rec. B. 1804 a, Beibd. 1.)
> Tit., 3 Bll. Vorr. (dat. Dresden, am 30. Sept. 1751),
> 119 S., nebst 3 Bll. Inh. d. 3 Abth. (wovon die Oden u.
> Lieder die erste bilden). Unter den 10 poet. Erzählgn. eine
> mit d. Tit.: „Der Renomist" (S. 112—16, einen Jenenser
> studentischen Prahlhans betreffend, der von den Bauern
> Prügel bekommt). — Zuerst gedr. m. d. Tit. „Oden, Lieder
> u. Erzählgn." Ebd. 1750. (Vgl. d. Vorr.) 21 Lieder und
> Erzählgn. dieser 1. Ausgabe sind in der obigen 2. durch
> ebensoviel neue ersetzt. (Goedeke IV, 58, 11, 1.)

BERNHARDI, A u s g e s u c h t e P o e s i e n. Dresden, 1755. 8⁰.
> W. v. Maltzahn's Bücherschatz, S. 409.

BERNHARDI, V e r s u c h e im S i n g e n u. D i c h t e n. Magdeburg. Hechtel, 1765. — Angebd.: Authentische Nachricht von
den Schicksalen des Verfassers im letzten Kriege, besonders
1759. Von ihm selbst aufgezeichnet. Magdeburg 1764. 8⁰.
(6 Mk. Ludw. Rosenthal, München, 1907.)

BERNHARDI, Wolfgang, D i e H e i l i g e n u. i h r u n h e i l i g e s
T h u n im J a h r e d e s H e i l s 1869. Berlin 1870. 8⁰. (1 Mk.
50 Pfg. P. Neubner, 1892.)

BERNHARDO, F r a n z, oder d e r I r r t h u m d e r L i e b e.
Mit Titelvign. Breslau, Meyer, 1783. 8⁰. (In Oettingen, Fürstl.
Bibl.) (3 Kr. Halm & Goldmann, 1907.)
> „Gut geschriebener, vom „Werther" stark beeinflusster
> Roman."

BERNHARDT, S a r a h (die bekannte jüdische französ. Schauspielerin). — C o l o m b i e r, Marie (née à Ausanzes, départ. Creuse, 18**), D i e M e m o i r e n d e r S a r a h B a r n u m [d. i. Bernhardt]. Aus d. Französ. Budapest, Gustav Grimm, 1884. 8⁰. (3 Mk. = 1 fl. 50 xr.) (3 Mk. 50 Pfg. L. M. Glogau Sohn, Hamburg, 1888.)

    O r i g.: Les mémoires de Sarah Barnum. Avec une préface par Paul B o n n e t a i n. Paris, chez tous les libraires, s. d. (vers 188*). 8⁰. XV, XII, 332 pp., 1 f. „table''. Edition complète et sans suppression. (Avec converture orig. illustrée: 3 fr. 50 cts.) Ouvrage condamné en Belgique et en France.

BERNHARDT. — Der Lebenslauf der Marie Pigeonn i e r. (Gegenstück zum vorigen.) Aus d. Französ. Ebd. 1884. 8⁰. (Mk. 1,50 = 75 xr.) (2 Mk. M. Edelmann, 1905.)

    O r i g.: La Vie de Marie Pigeonnier, par un de ses ***, préface de J. M i c h e p i n. Paris (vers 188*). (6 frcs.) Ce livre est la réponse à l'ouvrage nommé ci-haut. Poursuivi et condamné en Belgique et en France.

BERNHARDT. — S a r a h's R e i s e b r i e f e aus drei W e l t - t h e i l e n (Amerika, Europa und Skobeleffia). Würzburg, o. J. 8⁰. (1 Mk. 50 Pfg. G. Priewe.)

    Schmähschrift auf Sarah Bernhardt, wohl veranlasst durch: C o l o m b i e r, Marie, Voyages de Sarah Bernhardt en Amérique par —. Préface par Arsène H o u s s a y e. Appréciations par Henri F o u q u i e r et J. J. W e i s s. Caricatures américaines. Avec frontisp. et vign. Paris, Marpon et Flamarion, s. d. 8⁰. (4 frcs.) (5 Mk. Max Harrwitz, Berlin, c. 1903.) Portrait de Marie Colombier et nombreuses caricatures de Sarah Bernhardt, en pleine page.

BERNIS, C a r d i n a l v., s. bei P o m p a d o u r: T o u c h a r d - L a f o s s e.

BERNRODE, S o p h i e v o n, oder V e r i r r u n g e n i n d e r L i e b e. Theils Welt- theils Klostergeschichte. Mit Titelkupfer. Leipzig, Kramer, 1799. 8⁰. Zahm.

    XIV u. 416 S. Von einer Dame herausgegeben.

BEROALDUS, Phil., Ein hüpsche subtyliche D e c l a / m a t i o n von dryen brüdern, der erst ist ein / drunck- k n e r b o s s, der and' ein hürer, der drytt ein / s p y l e r. w ö l c h e r der verachtest sey. . . . Getr. zu Strassb. zu dem / Thiergarten, von Reynhart / Becken. A. / 1513. 4⁰. Mit 4 Holzschnitten. (36 Mk., etw. fleckig u. 1 Bl. fehlt, J. Halle, München, c. 1905.)

    Auf der Rückseite des Titels Dedication des Uebersetzers „Jacobus W y m p f f e l i n g von Schlettstadt'' dem Friederich Camerer von Dalburg. Datum: Heidelberg 1500. Selten!

    Uebersetzung von: „Declamatio P h i l i p p i B e r o a l d i te tribus fratribus, ebrioso, scortatore et lusore.'' (Cfr. Brunet, Graesse &c.)

* BEROALDUS. — Ein künstlich höflich / Declamation vnd hefftiger / wortkampff, zanck vnnd hader dreyer brüder / vor gericht, Nämlich eines Sauffers, Hurers, vnd / Spilers, vnder welchen der ergest auß seines / vatters geschäfft vnd Testament enterbt / sein soll, Dero kein der böst will sein. / Von *Philippo Beroaldo* in Latein gestelt / verteütscht (von Sebastian Franck). Anno 1531. *Am Ende:* Gedrückt zu Nürmberg durch Friderich / Peypus 1531. 20 Bll. 4⁰.

> Mit prächtigem Titelholzschnitt. Sehr selten! Goedeke. II.
> Seite II. Nr. 11. (38 Mk. C. G. Boerner, Lpz., Liste XVIII.
> (1903), wo Reproduktion des Titelholzschnitts. — Goedeke
> II, 11, citirt noch eine Ausgabe o. O. (1536.) 4⁰.

BERTHA's, der schönen Holsteinerin, Liebesiust und Leid. Von *v. R.* — Neustadt, J. Wagner, 1860.

> Verboten v. L.-G. Wien, 9. März 1863. § 516.

BERTHOLD von Urach, eine wahre deutsche, tragische Rittergeschichte aus den Zeiten des Mittelalters mit Scenen aus der Zeit Heinrichs IV. und V. Nebst einer vorläufigen Abhandlung über das Ritterwesen des Mittelalters. (Vf.: *Joh. Georg Schilling* aus Rudolstadt, nachmals Konsistorialrath in Stade.) Leipzig 1787—89. 8⁰.

> Fehlt im Anon.-Lex.

BERTOCH, D. Joh. Geo., Das besondere Recht in Ehe- u. Schwängerungs-Sachen der Soldaten, zum allgemeinen Nutzen ausgefertiget von —. ZITTAU, verlegts Joh. Jac. Schöps. 1729. 8⁰. (2 fl. Gilhofer & Ranschburg, Wien, 1897.)

> Durchaus juristisch-wissenschaftlich, nichts Erotisches. Seltener Beitrag z. Litt. der Militair-Justiz. Tit., 12 Bll. Vorr.,
> 1 Bl. Inh., 180 S.

BERTOLDO. — Bauer, Der, am Hofe, oder Berthold's Abenteuer: eine Arabeske von Peter Squenz (in Versen). Mit TKpf. Leipzig, Roch & Co., 1800. 8⁰. (4 Mk. Taussig, Prag, 1907.)

> Eine Nachahmung von: Croce, G. C. de, Le sottilissime astuzie di Bertoldo, dove si scorge vn villano accorto, e sagace, il quale dopo varij e strani accidenti a lui intervenuti, alla fine per il suo ingenio raro e acuto vien fatto uomo di corte, e regio consigliero. In Lucca, per i Marescandoli 1694. Pet. in-8⁰. Edition rare de ce livre populaire italien. Inconnu à Brunet. (18 Kr. Stähelin & Lauenstein, Wien, 1907.) — Bertoldo con Bertoldino e Cacasenno, in ottava rima c. argom., allegorie C. molte tav. in rame. Venezia 1739. 8⁰. (Karajan's Bibl. I. Lpz. 1875. Nr. 2848.)

BERTOLOTTI, Erzählungen etc. Ronneburg 1826. 8⁰.

> „In der Geschichte „Die Cypresseninsel" entrollt sich uns auf ca. 100 S. ein Gemälde von unglücklicher Liebe u. Blut-

22*

schande." (R. Zinke's Dresdener Novbr.-Auct. 1905,
Nr. 1358.)

BERTRAM und Idda oder Rittersinn und Liebe.
Magdeburg 816. 8⁰.
<blockquote>Gmähle's Leihbibl., München, Nr. 3936.</blockquote>

BERTRAND, Graf. Ein romantisches Gemählde der Vorzeit.
Leipzig, 1800. In allen Buchhandlungen. (Joachim in Lpz.) 8⁰.
<blockquote>Freies TKpf., Tit. m. Vign. u. 239 S. Theilweise an-
stößig. Selten!</blockquote>

BERTRAND, Graf von Poitou, oder der Geisterlehr-
ling. Ein romantisches Märchen, in welchem Geister auftreten,
welche keine Gespenster sind. Danzig 1803. 8⁰. (2 Mk. Franz
Teubner, Bonn, c. 1898.)

BERTRAND, E., Philosophischer und moralischer Versuch
über das Vergnügen. Leipzig 1778. 8⁰.
<blockquote>Bibl. Schwabii.</blockquote>

BERTRAND, Gottlieb (nicht Schöpfer), Allwina, Prinzessin von ***, oder die Kabale. 4 Bde. Leipzig, Joachim, 1807. 8⁰. (3²/₃ Rthl.)
<blockquote>Behrendt's in Berlin Leihbibl.-Cat., S. 99. — Kayser nennt
keine Jahrzahl.</blockquote>

BERTRAND, Amina, die schöne Zirkassierinn (sic!).
2 Thle. Mit 1 TKpf. u. 1 TVign. (von Mettenleiter). Leipzig,
1803, bei Wilh. Rein. 12⁰. (5 Mk. H. Hugendubel, München,
1905.)
<blockquote>I: 4 Bll., 297 S. II: 397 S. Beide Titel gestochen.
— Zahm, wie die 3 folgenden:</blockquote>

BERTRAND, Franzischino, oder der Mönch. Eine abentheuerliche Geschichte. 2 Bde. Leipzig 1830. 8⁰.
<blockquote>Behrendt's in Berlin Leihbibl.-Cat., S. 99.</blockquote>

BERTRAND, Minna oder das neue Räubermädchen
Leipzig, Rein, 1819. 8⁰. 297 S. (1¹/₃ Rthl.)

BERTRAND, Rosaline oder das Geheimniss. 2 Bde.
Braunschweig 1822. 8⁰. (1 Mk. 50 Pfg. A. Bielefeld, Carlsruhe, 1891.)

BERTRANDUS (ps.), Die Getreue Liebe der Durchl.
Printzeßin Theresia, welche sie gegen den tapffern
Grafen Heinrich aus Burgund geheget, und glück-
lich gecrönet zu stande gebracht. Franckfurt und Leipzig, in
Commission b. Joh. Jac. Lotter. 1736. 8⁰. 18 Bog.
<blockquote>O. M. V. 1737. F 4 b; Georgi's Europ. B.-Lex. u.
Weller, Lex. Pseud., haben die Jahrzahl „1736".</blockquote>

BERTRANT, G. (d. i. *Geo. Carl Ludw. Schöpfer,* geb. 13.
März 1811 in Göttingen, schrieb laut Schmidt, A. G., Gallerie
deutscher pseud. Schriftsteller (Grimma 1840. Kl. 4) unter 32
Decknamen), Die schöne Advokaten-Tochter zu
Wachholderleben. Ein Seitenstück zur Pfarrers-Tochter

zu Taubenhayn (s. B o r n s c h e i n). Leipzig, literar. Museum.
(Umschl. m. d. Jahrz. 1866 u. d. Bezeichng.: Serie I. Bd. 12.)
12⁰. 160 S. (Mk. 1.—.)

> Serien-Inh.-Verz. u. Verlags - Anzeigen auf den innern
> Umschl.-Seiten. — Zuerst gedr. Nordhausen, Fürst, 1829.
> 8⁰. (3 Mk. 50 Pfg., fleckiges Expl., Ludw. Rosenthal,
> München, 1907.) 2. Aufl. Leipzig 1847. 8⁰.

BERTRANT, D i e A s k a n i e n b u r g e r u n d d i e A r n -
s t e i n e r, oder: d e r S i e g d e r g e r e c h t e n S a c h e. Historisch-romantisches Gemälde aus den Ritterzeiten. 2 Bde. Nordhausen, bei Ernst Friedr. Fürst, 1831. 8⁰. (2 Rthl.)

BERTRANT, C o n t a r i n o, N a c h f o l g e r S a l l o S a l l i -
n i s. Räubergeschichte aus der zweiten Hälfte des vorigen
Jahrhunderts. Ebd. 837. 8⁰.

> Gmähle's Leihbibl., München, Nr. 15,111.

BERTRANT, D i a v o l e t t o, d e r S c h w a r z e v o n L a B a g-
g a r i a. Räubergemälde al Fresco aus dem 13. Jahrh., in den
Zeiten der sicilianischen Vesper. 2 Bde. Ebd. 1837. 8⁰. 24 Bog.
(1 Mk. 50 Pfg. Franz Teubner, c. 1898.)

BERTRANT, R o m a n t i s c h e G e m ä l d e d e r V o r z e i t.
Ebd. 1831. 8⁰.

> 224 S. Enth. (wie auch auf d. Tit. steht): 1. Der Duldung
> u. der Treue höchster Lohn. 2. Der Kampf auf Trumaton.
> E. romant. Gemälde (S. 99—126). 3. Der Boyer-Fürst. E.
> hist.-romant. Gemälde a. d. Zeiten d. Kaisers Tiberius.

BERTRANT, D e r m o r d l u s t i g e G l a c c o u n d d e r e d l e
R ä u b e r h a u p t m a n n R u p e r t o. Eine Räubergeschichte
aus den Gebirgen Spaniens. 2 Bände. Ebd. 1829. 8⁰.

> 224 u. 208 Seiten. Pikant.

BERTRANT, H i m l o H i m l i n i, d e r R ä u b e r h ä u p t l i n g
i n S p a n i e n m i t s e i n e r g e f ü r c h t e t e n B a n d e. Grosses
Räubergemälde. 2 Bde. Ebd. 1833. 8⁰. (2 Rthl.) (2 Mk. Franz
Teubner, c. 1898.)

BERTRANT, L e b e n, T h a t e n u n d L i e b s c h a f t e n d e s
R i t t m e i s t e r s v o n S t r a b a l o f f. Ein Gegenstück zur
schönen Advokaten-Tochter zu Wachholderleben. Ebd. 1833.
8⁰. 207 S. (6 Mk. A. Bielefeld, 1891; 4 Mk. 50 Pfg. H. Streisand, Berlin, 1907.)

BERTRANT, S u l t a n M a h o m e d III. m i t s e i n e n 7 r e c h t -
m ä ß i g e n F r a u e n u n d 1 3 7 0 K e b s w e i b e r n, o d e r d i e
F l u c h t a u s d e m H a r e m z u C o n s t a n t i n o p e l. Historisch-romantisches Gemälde. Ebd. 1828. 8⁰. (1 Rthl. 5 Sgr.)

— — Dasselbe. Ebd. 1834. 8⁰. (3 Mk. 50 Pfg., fleckiges Expl.,
A. Bielefeld, 1891.)

> Bertrand schrieb auch zahlreiche anstössige Romane unter
> den Pseud. D e l a r o s a, F r ö h l i c h und S c o p e r (s. d.).

BERTRING, Thessaline, oder die Reize der allmäh-
ligen Näherung. Heidelberg, Pfähler, 1790. 8⁰. Rar! (Kayser, Roman-Verz.)

BESCHÄFTIGUNGEN, Angenehme, in der Einsamkeit
oder 1000 Stück auserlesener Anekdoten. Frank-
furt u. Leipzig 1775. 8⁰. (In Breslau, Kgl. u. Univ.-Bibl.) (Th.
1—5, 7—8, Leipzig 1782—93 (!), waren für Mk. 5.— in L.
Rosenthals's Cat. 114. [1907] angeboten.)

BESCHÄFTIGUNGEN, Gesellschaftliche. (Motto aus Horaz.) (Vignette, unsign.: Ein Bienenkorb.) Berlin, 1770. Bey
G. J. Decker u. G. L. Winter. Schmal. 8⁰.

> Tit. m. Bordüre, 7 Bll. Vorr., 366 S. (sämmtl. in
> Einfassg.). — Inh.: 1. Character eines Weltweisen. 2.
> Wisterbury, e. engl. Gesch. (a. d. Zeit Alfred's
> d. Gr., dessen Feldherr W. war). (S. 27—32.) 3. Sidney
> u. Whiston. 4. Des Marius Rede an das römische
> Volk. Nach d. Lat. d. Sallusts. 5. Ist die Liebe eine
> Leidenschaft, u. muß sie es immer seyn? 6. Schreiben
> üb. die Ruhe u. üb. die Verschwiegenheit. A. d. Frz.
> 7. Gespräch des Alexanders u. des Diogenes üb.
> die Gleichheit der Güter. 8. Ueb. die Unterredungen in den
> Gesellschaften. 9. Auf d. Tod des Herrn F**. A. i. d. a.
> L. (!). 10. Die Vergnügungen u. die Vortheile der Arbeit-
> samkeit. Nach d. Engl. 11. Anmerkgn. üb. die Mahlerey.
> 12. Ueb. die Kunst, sich zu ergetzen. 13. (Gerdil, P.)
> Abhdlg. von der Natur u. den Wirkungen des Luxus. Nach
> d. Frz. (Orig.: Turin 1768.) (S. 197—344.) 14. Der
> Weise. (Moralisirender Aufsatz.) — Wenig bekannt und
> selten!

BESCHÄFTIGUNGEN der Liebe, der Freundschaft
und des Vergnügens (Gedichte.) 4 Stücke (soviel ersch.).
O. O. 1756—66. 8⁰. Selten!

> Bibl. Martin. Berol. 1779. p. 83.

BESCHREIBUNG einer Bauernhochzeit, Poetisch-
komische. (Ornament u. Leiste.) Potsdam bey Carl Christian
Horvath 1780. 8⁰.

> VI u. 40 S. Rar!

BESCHREIBUNG, Theatralische, des Ehestandes.
Aus dem Nieder-Teutschen in's Hochdeutsche versetzet. O. O.
1706. 4⁰. (¹/₈ Rthl. Scheible, c. 1870; jetzt theurer!) Rar!

BESCHREIBUNG von einem alten vermaskirten
Deutschen Hans Siebenwurst oder Hanns Sieben
uf a mol. Mit dem Gedicht: Der Vogelfänger.
Papageno, ein ganz neues Opern-Stuck aus der Zauberflöte.
Mit 1 Titelvign. (Nürnberg, ca. 1780.) 8⁰. 8 S. (1 Mk. 25 Pfg.
B. Seligsberg, Bayreuth, 1906.) Nirgends citirt!

* BESCHREIBUNG, Gründ- vnd probierliche, Argument vnd
Schluß-Articul, sampt beygefügten außführlichen Beant-

wortungen: Belangend die **Frag, Ob die Weiber Menschen sein, oder nicht?** Meistentheils auß Heiliger Schrifft, daß (sic!) vbrige auß andern Scribenten vnd der Experientz selbsten zusammen getragen, Zuvor Teutsch im Truck nie gesehen: An jetzo aber zu mercklicher guter Nachrichtung, Bevorab dem Weiblichen Geschlecht, zu gebürlicher Verantwortung, Gesprächsweiß lustig verfasset vnd publicirt Durch einen besondern Liebhaber der Lieb vnd Bescheidenheit, Anno 1617. Getruckt im Jahr M. DC. XLIII. (1643.) 4⁰.

3½ Bogen, sign. A—D. Dialog zwischen **Bruder Endres**, genandt Weiberfeindt, Benedictiner Ordens, und **Pater Eugenius**, mit dem Zunamen Weiberfreund, Emeritus Jesuita.

Zuerst gedr. Anno MDCXVII. (1617.) 8⁰. 4 Mk. 50 Pf. G. Priewe, 1895). Rep. o. O. MDXVIII. (1618.) 4⁰. 20 Bll. (In Zürich.) Rep. o. O. M. DCXL. (1640.) 4⁰. 14 Bll. (In Zürich.)

— — Dasselbe. O. O. M. DCLX. (1660.) 12⁰. 48 Bll. (In Zürich.)

Auf den letzten 5 Bll. ein **Gedicht**: „Der keusch- und Tugendedlen Weiber Erb.-Lob" . . . . 31 Str. von *G. S.* Beginnt:

KOmmet, kommt, ihr Pierinnen
Laßet euren Parnaß stehn
Vnd befruchtet meine Sinnen
Aus dem reichen Hippokren etc.

— — Dasselbe. Getruckt im J. 1671. 8⁰. (5 Mk. 40 Pfg. Friedr. Klüber, München, 1895.)

— — Dasselbe. Franckf. 1721. 8⁰.

Auction Frhr. v. Lindenthal. Lpz. 1859. p. 345.

— — Dasselbe, titulo: **Ob die Weiber Menschen seyn oder nicht?** Gesprächsweise lustig verfasset und publiciret. Getruckt in diesem Jahr. O. O. u. J. 8⁰.

Serapeum, Jahrg. 24. 1863. S. 155.

§ **BESCHREIBUNG** ungemeiner Geschichte und sonbarer Merckwürdigkeiten. D. i. Aussbund curiöser Dinge, Historien etc. Sehr angenehm zu lesen. Hamburg, H. F. Hoffmann, 1701. (Nebst Kupfertitel.) 12⁰. 5 Bll., 276 SS. (5 Mk. L. Rosenthal. 1906.)

BESCHREIBUNG, Ausführliche, von dem Glückshafen der verliebten Frauenzimmer. O. O. u. J. (c. 1785). 4⁰. Sehr rar!

Haydinger's Bibl. I. 2. (Wien 1876.) Nr. 731, Beibd.

BESCHREIBUNG, CURIEUSE, Eines armen, jedoch Verliebten Narren, Durchgehends Mit Verliebten Arien untermengt. Gedruckt zu Liebenau 1717. 8⁰.

8 Bll. Aeusserst rar! — Besass Wendelin v. Maltzahn.

§ **BESCHREIBUNG,** Curiose, lustige u. artige, der R e g i e r -
s ü c h t i g e n e i g e n n ü t z i g e n B ö s e n W e i b e r, allen u.
ieden Männern zu nothwendiger Warnung u. Unterricht auf
vieler Begehren ans Liecht gebracht durch *V. O. J.* Gedruckt
im Jahr, da die bösen Weiber regierten (ca. 1690?). 12⁰. (Auch
in Dresden: Lit. Germ. rec. D. 413.)

> 308 S. (incl. Tit. u. 7 S. Vorr.). — Bl. A 5 b beginnt
> d. Text mit d. Ueberschrift: Höfflich Gespräch zwischen
> dreyen Personen (genannt sind nur 2 Interlocutoren: Her-
> mannus, Regina) über dem (!) alten hochwichtigen Streit.
> Ob des Mannes Hosen, oder der Frauen Schürtze das
> Gubernement u. Regierung führen solle". (Zahm.) Ein-
> gemengt sind R e i m e, wobei einige plattdeutsche, ferner
> viele class. lateinische Citate. — Selten!

BESCHREIBUNG k e u s c h e r L i e b e (Roman). Frft. 1663.
12⁰. Rarissime!

> Multif. gen. libr. cat. Lips. 1750. Append. (libri misc.)
> p. 99.

BESCHREIBUNG, K u r t z e, e i n e s r e c h t s c h ö n e n
j u n g e n W e i b s. M. M e r i a n fec. O. O. u. J. Folioblatt
m. Kupfer. (Drugulin's Bilderatlas Nr. 2545.)

> Wann ich solt wünschen mir ein Weib etc.

BESCHREIBUNG, K u r t z e, v o n d e n e n n e u n H ä u t e n
d e r b ö s e n W e i b e r .. *Am Ende:* Regenspurg, Gedruckt
in diesem Jahr, da das Bier recht wohlfeyl war. Ao. 1680.
Querfolioblatt m. Kupfer.

> Vierspaltiges Gedicht. — Drugulins Bilderatlas Nr. 2565.
> Unlängsten trug sichs zu etc.

BESCHREIBUNG, K u r t z e v n n d e i g e n t l i c h e, d e r e n 16
E y g e n s c h a f f t e n, w e l c h e e i n s c h ö n v n d w o l p r o -
p o r t i o n i r t e s P f e r d t a n s i c h h a b e n s o l. 1618. O. O.
Querfolioblatt m. Kupfer.

> Vierspaltiges Gedicht, V e r g l e i c h d e s P f e r d e s m i t
> d e m W e i b e. — Drugulins Bilderatlas Nr. 2925.
> Mancher möcht groß verwundrung han etc.

BESCHREIBUNG, K u r t z w e i l i g e, d e r l ö b l i c h e n
S p i n n - u n d R o c k e n s t u b e n. P. T r o s c h e l fec. Zu
finden bey Paulus Fürsten. O. J. (um 1650). Folioblatt m.
Kupfer.

> Dreispaltiges Gedicht. — Drugulins Bilderatlas Nr. 2574.
> Mein lieber Leser, steh hier still etc.

BESCHREIBUNG, L u s t i g e, e i n e r u n e r h ö r t e n g r o ß e n
B a ß g e i g e. — Abbildung derselben. — Nebst einem p o ß i r -
l i c h e n W e r b u n g s - G e s p r ä c h e, zwischen zweyen Nach-
barn, deren ein jeder ein sonderlich Sprüchwort an sich hatte,
als der Erstere: (Unten und Oben.) Der Andere aber: (Hinten
und Vorne.) Gedruckt in diesem Jahr, da die Wahrheit theuer

war (c. 1750). 8⁰. (In Breslau, Stadtbibl.: 8⁰ V. 1633. (8 Mk.
J. Halle, München, 1907.)

    Höchst rare Jahrmarktsschrift! 4 Bll. Auf Bl. 3 findet
sich noch: „Ein schön lustig Lied" (Ständchen‚.

§ BESCHREIBUNG, W a r h a f f t e u n d e i g e n t l i c h e, D e s
H e u t z u T a g U n g l ü c k l i c h e n H e y r a t h e n s, Wie man
in solchem hintergangen, und mit dem so genannten Frauen-
Zimmer betrogen wird. Allen jungen Gesellen, und auch denen so
bereits verheyrathet sind, zur sonderbaren Warnung und Nachricht beschrieben und zum Druck befördert. Von einem der
dieses alles erfahren, und ein lebendiger Zeug seyn kan. Gedruckt unter der Press, 1706. 12⁰.

    Pikant u. rar! 74 SS. (incl. Tit. u. 1 Bl. Vorr.).

BESCHREIBUNG d e s R e i c h s d e r L i e b e m i t b e y g e f ü g -
t e m L a n d k ä r t g e n. (Typograph. Scherz von *Joh. Gottlob
Immanuel Breitkopf*.) Nürnberg 1778. 8⁰. Rar! (4 Mk. Julius
Neumann, Magdeb., 1906.)

    Zuerst gedr. Leipzig, Breitkopf, 1777. 8⁰.

— — Dasselbe. (Neudruck.) Leipzig, Dyk'sche Buchhandlung,
o. J. (c. 1870). 16⁰. (2 Mk., mit Orig.-Umschl., Adolf Weigel,
1904.)

BESCHREIBUNG v n d F i g u r d e r z u k ü n f f t i g e n b ö s e n
v n d M a n n t h e w r e n Z e i t. Nemlich, daß sich S i e b e n
W e i b e r . . . O. O. u. J. Folioblatt m. Kupfer. (Im German.
Museum.)

    Weller, Annalen I. p. 420.

BESCHWERDEN d e s J u n g f e r n s t a n d e s i m E l s a s s, s.
S t r a s s b u r g.

BESENSTIEL (d. i. *Heinr. Albert Weinholz*), M e m o i r e n.
1847.

    Weller, Lex Ps. p. 71.

BESENSTIEL, H a b a k u k (ps.), L o r d S t i e f e l t o n's
w u n d e r b a r e R e i s e a b e n t e u e r u n d E r l e b n i s s e
1869.

    Weller, Lex. Ps. p. 71.

BESENVAL, Pierre Baron de, E r z ä h l u n g e n. Mit Einleitung
und Anmerkungen v. K. B r a n d. Leipzig 1905. Gr.-8⁰. (Br.
Mk. 2.—; eleg. gebd. 3.—; Ganzldrbd. 4.—.) (3 Kr. 60 hl.,
Halm & Goldmann, 1907.)

    Auch titulo: Romanische Meistererzähler. Hrsg. von F.
S. K r a u s s. Bd. 9. Der Band enth. 4 Nrn.: Der Spleen.
— Die Liebenden als Soldaten. — Alonzo. — Der Einsiedler.
    „Eine ganz eigentümliche Erscheinung in der so reichhaltigen
französischen Literatur des 18. Jahrhunderts ist der B a r o n
d e B e s e n v a l. Ein Mann aus den höchsten Kreisen, bei Hofe
hochangesehen, der das Leben nur von der heitersten Seite
kennen gelernt hatte und bis auf die letzten Tage seiner
offiziellen Tätigkeit stets vom Glück begünstigt war, schrieb

die durch und durch pessimistische Erzählung „Der Spleen".
Der wenig beneidenswerte Held erzählt, wie er in allen
mannigfachen Lebensverhältnissen von früh an stets vom
Unglück, von Mißgeschick verfolgt, nie Gelegenheit gehabt,
das Leben von der heiteren Seite aufzufassen und endlich
zum vollständigen Einsiedler im großen Paris geworden ist.
Die mit großem Geschick aneinandergesetzten Schilderungen
eröffnen vielseitige Blicke in die damaligen Lebensverhältnisse
und geben uns spannende Beschreibungen der verschiedenen
maßgebenden Kreise. Die anderen, mit dem Spleen ver-
einigten Erzählungen reichen zwar an die erste
heran, vervollständigen aber doch das Gesamtbild der literarischen Tätigkeit des Autors." (Aus dem P r o s p e k t.)

BESOLD, Chr., H i s t o r i s c h e s B l u m e n t h a l. Rinteln
1685. 12⁰.

25 Bog. Sehr selten! — Georgi's Europ. B.-Lex.

§ * **BESSER,** Joh. v. (1654—1729), Des Herrn *von Besser*
S c h r i f f t e n, Beydes in gebundener und ungebundener Rede.
Erster (u. Zweiter) Theil. Ausser des Verfassers eigenen Verbesserungen, mit vielen seiner noch nie gedruckten Stücke und
neuen Kupfern, N e b s t d e s s e n L e b e n Und einem Vor-
berichte (und einer Untersuchung von der Beschaffenheit der ein-
sylbigen Wörter in der teutschen Ticht-Kunst) ausgefertiget von
Johann Ullrich K ö n i g. Leipzig, bey Johann Friedrich Gleditschens sel. Sohn, 1732. 8 Bl., CXXXIV, **XX**, 901 S. u. 7 S.
Inhalt. Gr. 8⁰. (7 Mk., schönes Expl., Rich. Bertling, Dresden,
1889; 13 Mk. 50 Pfg. Auction Graf York v. W., Berlin, Octob.
1907, no. 38; 18 Mk. Adolf Weigel, 1908.)

Goedeke III, 346, 4. E i n z i g v o l l s t ä n d i g e A u s -
g a b e. Mit 7 schönen Kpfrn. u. Vignetten (worunter
die Portraits B.'s u. seiner Gattin u. der Grafen
Heinrich Friedrich v. Friesen u. Heinrich v. Brühl) u.
A. W e r n e r i n von C. F r i t z s c h. Enthält u. a. Heroische
Gedichte, Leich- u. Trost-Schrifften, Beylagers Gedichte,
Galante Gedichte, Uebersetzungen etc. Hinter S. 832 auf
6 unpagin. Bl. die (bisweilen fehlenden) berüchtigten „V e r -
l i e b t e n G e d i c h t e": Woher es komme, dass Mann und
Weib sich zu vereinigen verlange? — R u h e s t a t t d e r
L i e b e o d e r d i e S c h o o s s d e r G e l i e b t e n.

F r ü h e r e Ausgaben: Des Herrn v o n B(e s s e r)
Schrifften, Beydes in gebundener und ungebundener Rede.
(Mit Portrait.) Leipzig 1711. 8⁰. (In Berlin.) — Andere
Auflage. L e i p z i g, Bey J. F. Gleditschens seel. Sohn,
1720. 8⁰. (In Berlin 2 Expll.) 1 Alph. 8 Bog. Mit Portr.
Diese Ausgabe f e h l t bei Goedeke, der „Leipzig 1715" (??)
citirt. — Ein Gedicht von v. Besser (**B. überschrieben)
steht in Th. VI p. 20 von Hofmannswaldau u. a. Deutschen
.... Gedichten. — Ueber den Vf. s. auch V a r n h a g e n v o n
E n s e, Ausgewählte Schriften. Abth. II: Biogr. Denk-
male, Bd. 4, Nr. 3: J o h a n n v o n B e s s e r.

BESSER, Joh. v. — S. auch R u h e s t a t t d e r L i e b e, oder
(die) S c h o o ß d e r G e l i e b t e n.

BESTÄNDIGE T., Der, s. T a l a n d e r = Aug. B o h s e.

* BESTÄNDIGKEIT, D i e g e k r ö n t e, in einer c u r i ö s e n
L i e b e s - G e s c h i c h t e d e r M a r q u i s i n n d e M a u l e o n.
Aus dem Frantzösischen. Franckfurt und Leipzig 1719. 12⁰.
213 S. (Dem Berliner Expl. fehlt Titel; derselbe ist aus
S c h w a b e, Cat. Bibl. selectae. P. II. Lips. 1785.)

> War auch in Heerdegen's in Nürnb. 78. Cat. p. 67 mit
> „Leipzig 1719. 12." angeführt.

— — Dasselbe. Ibid. 1720. 12.
> Cat. Meissner II. — Wirklich neuer Druck?

§ BESTÄNDIGKEIT, D i e T r i u m p h i r e n d e, u n d B e -
l o h n t e T r e u e. Oder . . . L e b e n s - G e s c h i c h t e H Y -
P O L I T E, G r a f f e n v o n D u g l a s . . . Erst- und Ander
Theil. (Aus d. Französ. der Mme. *d'Aulnay* (= *Aulnoy*) von
P. J. v. S.) Mit Titelkpf. Franckfurth und Leipzig, verlegts
J. M. Hagen. MDCCXI. (1711.) 8⁰.

> W. v. Maltzahn's Bücherschatz, S. 517, wo weder Name
> d. Verf. noch d. Uebersetzers. — Goedeke citirt das Buch III,
> 262, 61, unter den Romanen M e l e t a o n 's (Joh. Leonh.
> Rost's) als Nr. 5 !
>   O r i g. (in Carlsruhe): Sc 669): Histoire d'Hypolite
> Comte de Douglas (par Mme. d ' A u l n o y). Bruxelles 1704.

BESTIMMUNG d e r J u n g f r a u u n d i h r V e r h ä l t n i ß a l s
G e l i e b t e u n d B r a u t. Neusalza, b. Herm. Oeser. (c. 1860.)
8⁰. (¹/₂ Rthl.)
> Anzeige des Verlegers.

BETA, Heinr. (d. i. *Heinrich Bettziech*), D i e G e h e i m -
m i t t e l u n d U n s i t t l i c h k e i t s - I n d u s t r i e i n d e r
T a g e s p r e s s e. Berlin 1872. 8⁰. (60 Pfg. A. Bielefeld.)

BETA, Ottomar (d. i. *Ottomar Heinr. Bettziech*), D i e K u n s t,
v e r h e i r a t h e t u n d d o c h g l ü c k l i c h z u s e i n. Strategie
und Taktik im Ehekrieg. Berlin 1887. 8⁰. (1 Mk. 50 Pfg.
Ernst Richter, Nürnb., 1896.)

BETRACHTUNG d e s M e n s c h e n n a c h G e i s t, S e e l e
u n d L e i b (von *Peter Friedr. Detry*). Mit Kpfrn. Frankfurt
und Amsterdam (Hannover) 1726. 8⁰.

— — Dasselbe. O. O. 1732. 8⁰. (10 Sgr. M. L. St. Goar,
Frankf.; jetzt theurer!)

> Das Anon.-Lex. I. p. 213 nennt auch einen Druck von
> „1736" (nach Mylius u. Weller).

BETRACHTUNG ü b e r d a s w e i b l i c h e G e s c h l e c h t und
dessen Ausbildung in dem gesellschaftlichen Leben (von *Georg
Friedr. Brandes*). Hannover 1802. 8⁰.
> Anon.-Lex. I. p. 213 (nach Ersch.).

BETRACHTUNGEN ü b e r d i e A u s s c h w e i f u n g e n seiner
J u g e n d, angestellt von *F****. Leipzig 1731. 8⁰. Rar!

BETRACHTUNGEN im Beichtstuhle. 9 Thle. Leipzig 1750 bis 65. 8⁰. Sehr selten!
        3 fl. Cat. Cammerer II. Erlang. 1796. 8. p. 57.

BETRACHTUNGEN über das Frauenzimmer. („Thue Buß, und heurathe." Pope.) (Verf.: *Franz Xav. Oberer.*) (Typogr. Ornam.-Vign.: 2 sich schnäbelnde Tauben auf Blumen, u. Zierleiste.) O. O. 1791. 8⁰. (6 Mk. E. Frensdorff, 1903; 20 Kronen, Expl. in eleg. mod. Hmarbd., Halm u. Goldmann, 1907.)

    Tit., 1 Bl., 163 S. Mit typogr. Anf.- u. Schlußvignetten. Ebenso pikant wie culturgeschichtl. interessant, in vortreffl. Darstellung. Wenn auch sehr frei, doch zu den besten Schriften dieser Gattung zählend.
    Inh.: An das schöne Geschlecht. — Von der Schönheit des Frauenzimmers. — Unschuld u. Keuschheit d. Fr. — Temperament d. Fr. — Mannbarkeit d. Fr. — Das Frauenzimmer im Ehestande. — Einfluß d. Ehestandes auf d. Gesundheit d. Fr. — Von dem Beischlaf. — Von der Unfruchtbarkeit d. Fr. — Von dem Alter u. Tod.

BETRACHTUNGEN, Kluge und fürsichtige, sittliche Gedancken, kluge Sprüche oder stoische und politische Grundregeln. Franckf. a. M., H. v. Sand, 1672. 16⁰. 4 Bll. u. 232 SS. (6 Mk., etwas wurmst. Expl., L. Rosenthal, 1906.)

BETRACHTUNGEN, Sorgliche, eines jungen Gesellen da er auff eyne Zeit sich zu verheyrathen willens gewesen. O. O. u. J. (XVII. Jh.).
    In Versen. — Heitz, Bibl. alsatique. Paris 1868. Nr. 3747.

BETRACHTUNGEN, Philosophische, über Pfaffen, Wunderwerke u. Teufel. Rom (Orell in Zürich) 1790. 8⁰. (5 Mk. 50 Pfg. R. Bertling, Dresden, 1889.)

    214 SS. (incl. VI SS. Vorst.). Stellenw. pikantes und ziemlich seltenes Buch, voll interess. Anekdoten. Vorber. d. Herausgebers ist M. unterzeichnet. Er beginnt: „Aus d. Ganzen sieht man, dass d. Verf. diese . . . . Betrachtungen zwey Jahre nach d. glückl. Regierungsantritt des von der Welt u. s. Unterthanen geliebten u. bewunderten Josephs in Wien geschrieben."

§ **BETRACHTUNGEN** über Wundergaben, Schwärmerey, Toleranz . . . . (von *Johann August Eberhard*). Berlin u. Stettin 1777. 8⁰. (In München: Polem. 287 m.)

§ **BETRACHTUNGEN**, Critische, und freye Untersuchungen zum Aufnehmen und zur Verbesserung der Teutschen Schau-Bühne; mit einer Zuschrift an die Frau Neuberin (hrsg. von Joh. Jac. Bodmer). Bern 1743. 8⁰. (5 Mk. Harrassowitz, Lpz.)

    Goedeke: Hierin Rost's Vorspiel u. der verschnittene Cato u. die genothzüchtigte Iphigenia, letztere beide Verhöhnungen der Gottsched'schen Stücke.

BETROGENE, D i e s o v e r g n ü g t, a l s b e t r ü b t e. In einer anmuthigen und sinnreichen Liebes-Geschicht. Mit Titelkpfr. O. O. 1686. 12 Bll., 215 SS. 12⁰. (10 Mk. L. Rosenthal, 1906.)

S e h r s e l t e n ! Ziemlich zahm.

BETRÜGER, D e r s c h e i n h e i l i g e, in den lustigen und nachdenklichen Begebenheiten des schalkhaften, verliebten, leichtfertigen, andächtigen etc. Herrn T a r t ü f f e W i n d r o h r s. Mit TKpf. Frkf. u. Lpz. 1765. 8⁰.

206 SS. Stellenw. frei. (2¹/₂ Mk. W. H. Kühl, Berlin, c. 1882; jetzt theurer!)

BETSI; oder der E i g e n s i n n d e s S c h i c k s a l s. Eine englische Geschichte. Frankfurt a. M., Brönner, 1770. 8⁰. Zahm.

Auch mit d. Tit.: Das wunderbare Verhängniß.

F r a n z ö s. U e b e r s.: Betsi ou les Bisarreries du destin. 2 vols. Amst. 1769. 8⁰. (1 fl. Beck, Nördlingen, vor 1870.)

BETTELMÖNCHE. — A u f e r s t e h u n g, D i e, d e r B e t t e l - m ö n c h e (von *Christoph Heinr. Korn*). Mietau (Stettin in Ulm). 1782.

Weller, fing. Dr. — Das Anon.-Lex. I. p. 114 nennt auch Joh. Ferd. G a u m als Verfasser (nach Privat-Mittheilung).

BETTELMÖNCHE. — E l y c h n i u s, Theoph. (d. i. *Gottlieb Dachtler*), A f f e n S p i e l, s o d i e B e t t e l - M ö n c h, b e e d e r d e ß P r e d i g e r v n d B a r f ü s s e r O r d e n s, m i t d e m H e y l i g e n E v a n g e l i o t r e i b e n. Durch *Theophilum Elychnium.* Mit kleinem Titelholzschn. O. O. 1613. 12⁰. 3 Bll., 159 SS., 9 Bll. (24 Mk., 1 Bl. beschäd., L. Rosenthal, 1906.) Rar!

BETTELMÖNCHE. — E t w a s a n d e n T o t e n g r ä b e r d e r B e t t e l m ö n c h e (von *Modestinus Hahn*). O. O. 1781. 8⁰. (1 Mk. 50 Pfg. J. Halle, München, c. 1905.)

Mit „Todtengräber" ist Vf. der folgenden Schrift gemeint.

BETTELMÖNCHE. — G r a b, D a s, d e r B e t t e l - M ö n c h e (von *FranzWilh*. Frhrn. *v. Spiegel zum Diesenberg-Canstein*). Gedruckt im J. 1781. 8⁰. 8 Bll. u. 174 S. (5 Mk. E. Frensdorff, 1908.)

BETTELMÖNCHE. — N i c h t m e h r u n d n i c h t w e n i g e r a l s 12 A p o s t e l. E i n S t ü c k z u r B e t t e l m ö n c h s - G e s c h i c h t e (von *Joh. Ferd. Gaum,* geb. 1738, † 1813). Mit Vignetten. Mietau (Ulm) 1781. 8⁰. 4 Bll. u. 203 S. (Mit dem vorigen 4 Mk. Traber's Nachf. [Victor Ottmann], München, 1898; apart 4 Mk. 50 Pfg. Adolf Weigel, 1906.)

BETTELMÖNCHE. — W i e g e h t e s d a n n (!) e i g e n t l i c h i n d e n K l ö s t e r n d e r B e t t e l m ö n c h e zu? (Freier satyr. Roman in Briefen.) Gedruckt in Philadelphia (Ulm, Stettin'sche Buchh.) 1783. 8⁰.

384 S. incl. Tit. Rar! Wirkl. Druckort nennt Weller.

BETTEL-Stab der Liebe. 1636. 8⁰. Rarissime!
> Ohne nähere Ang. mit mehreren Gedicht-Sammlungen in d. Bibl. Kielmans-Egg. III. p. 811.

BETTINA, eine Geschichte in (zahmen) Briefen (von *Friedr. v. Oertel*, geb. 1764, † 1807). („Mit Martern erkauft ein gefühlvolles Herz seine Freuden, aber ein Augenblick des Genusses wiegt Jahre voll Leiden auf.") Leipzig, bey Fr. Aug. Leo. 1794. 8⁰.
> (In Marburg, Univbibl.) TKpf., gestoch. Tit. u. 500 SS., nebst 1 Bl.: Chemnitz, gedr. b. Joh. Carl Wesselhöft.

BETTLERS Mantel, Poetischer, zerlumpter, und außgeflickter, das ist, Relation auß dem Parnasso wegen des Mißbrauchs der Edlen dichte-Kunst (!). Guben, bey Erasmo Rößner.
> O. M. V. 1663. D 3 b. — Noch kein Expl. nachgewiesen.

BETTY, Die wilde. Eine (ziemlich zahme) Ehestandsgeschichte (von *Joh. Carl Wetzel*, geb. 1747, † 1819). Mit 4 Kpfrn. u. 1 Vignette von Chodowiecki. (Engelmann 280—284.) Leipzig. Dyk, 1779. 8⁰. 199 S. (25 Mk., stark fleckig, C. G. Börner, Lpz., 1908.)
> — — S. auch Wetzel, J. C.

BETZI, oder die Liebe, wie sie ist. Ein Roman, der keiner ist. Aus d. Französ. von J. G. Grohmann. Mit Betzi's Bild. Leipzig 1803. 8⁰. (6 Mk. M. Edelmann, Nürnb., 1906.)
> „Geschichte einer pariser Lais." Selten!

BEUTEL, Der grüne, aber nicht der englische! Ein Schwänchen (!) in Deutsche Pompadoure nach Blumauer. Breslau, o. J. 8⁰. 16 S. (Das Warmbrunner Expl. der Reichsgräfl. Schaffgotsch'schen Majoratsbibl. war im Sommer 1906 nicht aufzufinden.)
> Auch im Cat. von Haydinger's Bibl. — Sehr rar!

BEUTHERS, Geo., hochteutscher Bluhmenkranz, bestehend in fünf Zehen allerhand weltlicher Tugend, Liebes- und Lustbildern. Freyb. 1668. 8⁰.
> „Ist mir (v. Meusebach) bis jetzt nur in dem Catalogus Bibl. J. J. Schwabii P. II. Lips. 1785, pag. 216 vorgekommen." „In den Leipziger Meßverzeichnissen von 1667—1670 habe ich nichts davon gefunden." (v. Meusebach's Notiz in s. Handexpl. von Koch's Compendium II. p. 103.)

BEUTLER, Tob., in Zwickau, Neuer moralischer Sack-Schreib- und Taschen-Allmanach für das Frauenzimmer deutscher Nation, ans Licht gestellet von —. 4⁰.
> M. M. V. 1745. C 2 a.

BEWEGUNG, Die alleredelste, oder theologischer Tractat von der Liebe. Altenburg 1689. 12⁰.
> 13 Bogen. — Bibl. Ludov. II. Vitemb. 1705. p. 48.

* **BEWEISS**, Ausführlicher, Daß der Eheliche Stand Ein Mittel wieder (!) den Selbst-Mord seyn könne, ... Franckfurt und Leipzig 1742. 4⁰. 2 Bogen.

BEWEIS, daß die bey den Potestanten üblichen Ehescheidungen vom Bande auch nach katholischen Grundsätzen gültig sind (von *Bened. Maria Leonh. Werkmeister* Carlsruhe 1804. 8⁰. (6 Sgr. A. Bielefeld, vor 1870; Carlsruhe 1891.)

> Bibl. Günth. III. no. 6708; Anon.-Lex. I. p. 225 (nach Kayser u. Meusel).

— — Dasselbe (mit Weglassung des „vom Bande"). Ebend. 1820. 8⁰. (l. c. p. 229.)

BEWEIS daß ein Feldprediger durchaus nicht ohne Frau fertig werden könne. 2te Aufl. Halberstadt 1851. 8⁰. (¼ Rthl. H. W. Schmidt, Halle, vor 1870.)

BEWEIS, Unumstößlicher, dass die Frauenzimmer keine Menschen sind. Wien 1878. 8⁰. (50 Pfg. G. Priewe, 1895.)

BEWEIS, dass die so vielen Klöster und die so grosse Anzahl der Mönche dem Lande grossen Schaden bringen etc. Wahrheitsburg (Wien). 1781.

> Weller, fing. Dr.

BEWEIS, daß die Mannsbilder keine Menschen sind. — Text ohne Noten für junge Weiber. o. O. 1782. 12⁰. (1 Mk. Ludolph St. Goar, Frankf. a. M. 1877.)

BEWEIS, Klarer, dass alle Mannsbilder im Gewissen verbunden sind, zu heurathen. Zum Trost aller Jungfern und Herzensfreude der Kellnerinnen, Stubenmädchen und Exklosterfrauen, von einer verrosteten Pfarrersköchin. Gedruckt in diesem Jahre. 8⁰. (½ Rthl. Scheible, vor 1870; jetzt theurer!)

— — Dasselbe. O. O. 2871. (d. i. 1782). 8⁰. 8 S. (1 Mk. 50 Pfg. J. Taussig, Prag, 1907.)

§ **BEWEISS**, Abgezwungener, sowohl aus hl. Schrift, als denen Rechten, dass Verlobter Beysammenschlafen vor priesterlicher Copulation keine so grosse Sünde und Schande, dahero auch mit der Kirchen-Busse nicht zu belegen sey. Anfängl. in latein. Sprache, hernach in teutscher Sprache ausgefertiget. Deventer 1720. 8⁰.

> Rares Curiosum!

BEWEIS, Curieuser, dass die Weiber nicht zum menschlichen Geschlechte gehören. Frkft. u. Lpz. (Kopenhagen, b. Gabr. Chr. Rothens Wwe.) 1752. 8⁰.

> 58 SS. (incl. Tit. u. 1 Bl. Vorr.).

— — Dasselbe. Ebd. 1753. 8⁰. 4 Bog. (12 Sgr. Scheible, 1871.)

Wirklicher Druckort im O. M. V. 1752, S. 247.

— — Dasselbe. Kopenhagen 1758. 8⁰.

Ehestands-Almanach II. p. 282.

BEYER, Geo., Dissertatio jurid. de concubitu intra tempus luctus, **vom Beyschlaff in währender Trauerzeit.** Lipsiae 1700. 4⁰.

6 Bog. Nur in lat. Sprache. (1 Mk. Theod. Ackermann 44. no. 88.)

— — Dasselbe. Ibid. 1719. 4⁰.

6 Sgr. Scheible.

* — — Dasselbe. Ibid. 1720. 4⁰.

— — Dasselbe. Vitembergae 1736. 4⁰.

Gay III. p. 74.

— — Dasselbe. Jenae 1754. 4⁰.

BEYER, De crimine bigamiae, **vom Laster der zwiefachen Ehe,** de bigamiae praescriptione. **von Verjährung der zwiefachen Ehe.** Lipsiae 1685. 4⁰.

1 Mk. 50 Pf. Bielefeld 103. no. 1058.

BEYERSDORF. — Kagel, Joachim, Einen rechtschaffenen Ehemann als einen starken Andream wollte als der Herr **Johann Andreas Mehrling,** wohlemeritirter Bürgermeister zu Freyenwalde an der Oder mit der Hoch-Edlen Jungfer **Sophia Dorothea Rischkin,** zu **Beyersdorf** den 4. May 1740 ihr **Hochzeit-Festin** vollzogen, vorstellen. (Gedicht.) Berlin. (Expl. in der Bibl. d. Vereins f. d. Geschichte Berlins.) Sehr rar!

BEZAUBERUNGEN. Rittergeschichten und unterhaltende Erzählungen. 2 Thle. Dresden, o. J. (c. 1800). 8⁰. Rar!

BIANOR (ps.), **Curiose Winterdiscurse.** 1702.

BIANOR, Sommerdiscurse. 1706.

Weller, Lex. Ps. p. 72. — Beides sehr rar!

BIANTES *(Andreas Elias Buchner?),* **Aufgeräumter Historicus,** welcher allerhand kurtzweilige Historien, wunderliche Einfälle mancher Menschen, begangene Schwachheiten, sinnreiche nachdenkliche und artige Reden, hochmüthige Einfalten etc. etc. vorstellet. Franckfurt und Leipzig, o. J. (1730). 8⁰. (6 Mk. 50 Pfg. W. H. Kühl, Berlin, c. 1882; jetzt theurer!)

Enthaltend 51 theils ergötzliche, theils anstössige Historien als: Die vor eine Hexe gehaltene Braut. — Das curieuse Brautbette. — Der Liebes- verhinderliche Barth. — Die nackende Königin. — Die lustige Weiberlist. — Die Circassischen Rülps-Aertzinnen. — Der wunderliche Handwercks-Gebrauch bey Böttigern. — Die Liebesverhinderliche grosse Nase. — Die wohl vexirten Juden. — Der eheliche Liebes-Betrug. — Die resolvirte Bauer-Magd etc. etc.

BIANVENINO. Aus den Schätzen der Bibliothek des Josephus. (Motto in griech. Spr.) Aus d. Spanischen übers. O. O. (Gotha, Ettinger) 1787. 8⁰. (3 Mk. Friedr. Klüber, 1900.)

> Sammlung von (ziemlich zahmen) satyr.-humorist. Schilderungen in 30 Kapiteln. 4 Bll. u. 134 S.

BIBBIENA, Kardinal (1470—1520), Die Calandria, eine Komödie in 5 A. Aus d. Italien. übers. und eingeleitet von Paul Seliger. Leipzig, Magazin-Verlag Jacques Hegner, o. J. (190*). 8⁰. 165 S. m. 1 Facsim. (br. Mk. 2, gebd. 3.—.) (1 Mk. 20 Pfg. J. Taussig, Prag, 1904.)

> „Die Komödie gibt ein ungeschminktes Bild von den sittlichen Zuständen in Rom und ganz Italien und entrollt uns eine Vorstellung von der echt antiken Unbefangenheit, die in den höchstgebildeten geistlichen und weltlichen Kreisen Italiens zu Beginn des 16. Jahrhunderts natürlich war."
> „Kardinal Bibbiena, einer der vielseitigsten Geister der Renaissance, hat mit Calandria das Vorbild der lasciven Komödie geschaffen. Es ist ein ganz eigenes und wunderbares Gefühl, diese Leute, die vor so viel 100 Jahren gelebt haben, sprechen zu hören, wie wenn sie heute lebten. Und damit erhebt sich diese Komödie, trotz der sehr frivolen Handlung, zu einem kulturhistorisch ungemein wertvollen Werke, das ebenso lehrreich wie angenehm zu lesen ist."

— — Dasselbe. 2. Aufl. Ebd., o. J. (190*). 8⁰. (Kr. 2,40; gebd. 3,60: F. Lang, Wien, c. 1905.)

BIBEL. — Bibel, Die, in der Westentasche. Berlin, Verlag von O. Hardisch & Co. (1892).

> In Oesterreich verboten.

BIBEL. — Biographien aus der Bibel. Ein Gegenstück zu Niemeyer's Charakteristik, von einem Türken. (Nach d. Französ. von Carl Heinr. Georg Venturini.) Häresiopel, im Verlag der Ekklesia pressa (Schweinfurt, Riedel) 1787. 8⁰. (2 Mk. Wilh. Koebner, Breslau, c. 1890.)

> Interessante satyr. Schrift eines Atheisten, welcher die Erzählungen der Bibel als lächerlich darzustellen versucht. — Weller, fing. Dr., wo auch die folgende Ausgabe.

— — Dasselbe. Neue Aufl. Ebd. 1791. 8⁰. 220 S. (3 Mk. Kössling, Lpz., c. 1875.)

BIBEL. — Erklärung, Ausführliche, der sämmtlichen Wundergeschichten des Alten Testaments aus natürlichen Ursachen. 2 Bde. Berlin (Körner in Frankfurt) 181*.

> Weller, fing. Dr.

BIBEL. — Guttzeit, J. (kein Pseud.), Unsinn und Unmoral im alten Testament oder die Blut- und Eisenreligion. 2. Aufl. Rudolstadt, o. J. 8⁰. (75 Pfg. Paul Neubner, Köln, 1890.)

BIBEL. — Die Stellen der Bibel, welche Ge-
schlechtliches enthalten. Gesammelt und mit einer
Vorrede und Nachrede herausgegeben für Geistliche, Lehrer
und Eltern. Zürich 1872. 12⁰. 31 S. (6 Mk., Expl. im Orig.-
Umschl., E. Frensdorff, 1907.)
> Vergriffen u. selten!

BIBEL. — Haurenski (ps.?), Der Teufel ein Bibelerklärer?!
oder Beitrag zur Entscheidung über das Zwingende einer ver-
nunftmäßigen Christenthums- u. Bibelansicht, sowie das Staats-
u. Sittengefährliche des Gegentheils. Altenburg 1834. Gr. 8⁰.
XVI u. 315 SS. Sehr selten! (1 Mk. 30 Pfg. Mindestgebot R.
Zinke's Dresdner März-Auction 1906, no. 792.)

BIBEL. — Hardegg, E., Bibel-Gerbstoff in Pillen! (A. d.
Stadt Simons d. Gerbers.) Jaffa 1891. Selten! (1 Mk. Wilh.
Scholz, Brnschw., 1896.)

BIBEL. — Niess, E., Ehestands-Buch, Bibel-
stellen etc. über alle Eheverhältnisse, nebst prac-
tischen Beispielen. Eisleben 1858. 8⁰. (30 Pfg. Erras, Frankf.
a. M., c. 1890.)

BIBEL. — Trusen, J. P., Darstellung d. biblischen
Krankheiten und der auf die Medicin bezügl. Stellen der
heil. Schrift. Posen 1843. 8⁰.
> Beschneidung. — Liebestränke. — Jungfrauschaft. — So-
> domie, Päderastie, Onanie. — Die Krankheiten Sauls, Jorams,
> Nebucadnezars etc. (3 Mk. Bielefeld.)

BIBEL. — Das Uebernatürliche, Das, des neuen
Testaments natürlich erklärt. Cöln, P. Hammer
(Heinsius in Gera). (Ende XVIII. Jh.)
> Weller, fing. Dr.

BIBEL. — Warlitz, C., Disquisitio medico-sacra de mo-
destia Scripturae in rebus verecundis. Vitemb.
1702. 4⁰. (2 Mk. 50 Pfg. Julius Koppe, Nordhausen, 1907.)
> Sehr interessante Zusammenstellungen und Erklärungen
> aller anstössigen Stellen der Bibel.

BIBEL. — Wunder, Die, des alten und neuen
Testaments in ihrer wahren Gestalt (von *Joh.
Andr. Steger*). Rom (Berlin, Fröhlich) 1799.
> Anon.-Lex. IV. p. 419 (nach Weller, fing. Dr.).

BIBERGAILIADE, Die. O. O. 1753. 8⁰. (In Darmstadt:
E 5733.)
> 32 S. Selten! In Versen (Alexandrinern). Spott auf
> Klatschgesellschaften.

BIBERIUS von Schmecks-Brettel. Kurzer vnd kurzweiliger Abdruck der edlen Wurst-Zapffen oder Krippen-Reu-
terey, o. J.
> Weller, Lex. Ps. p. 72. — Höchst selten!

BIBIENA (Jean Galli da [!] —, 1710—80), Die Puppe. Aus d. Französ. übers. Frankf. 1753. 8⁰. 11 Bog.

> Cat. Meissner II.
> Orig.: La poupée. Dernière édition, corr. et augm. de l'origine des Bijoux indiscrets (voir Diderot). 2 pts. La Haye 1748. 12⁰. (3 fl. 12 kr., ancien maroq. rouge, fil., Theod. Ackermann, München, c. 1872.)

BIBLIOTHECA satyrico-moralis. — Schreiben eines guten Freundes an seinen Freund, als ein Beytrag zu dessen Bibliotheca Satyrico-morali. Frf. 1746. 8⁰.

> Bibl. Schwabii II. p. 466.

BIBLIOTHEK, oder Sammlung von Begebenheiten, die täglich vorkommen. Aus d. Französ. Bd. 1. Breslau, verlegts Wilh. Gottl. Korn. 8⁰.

> M. M. V. 1782. S. 410.

BIBLIOTHEK, Die Blaue, aller Nationen. 12 Bde. (soviel ersch.). (Bd. 1—4 hrsg. von Chrn. Friedr. Wilh. Jacobs, Bd. 5—12 hrsg. von Fr. Justin Bertuch.) Mit 12 schönen Titelkpfrn. nach H. Lips u. A. Gotha, Ettinger, 1790—1800. 8⁰. (Expl. im BritishMuseum.) (1—9, Expl. in Hfz., 16 Mk. Adolf Weigel, 1906.)

> Die beste ältere Sammlung von Feenmärchen, meist aus dem Französischen (Ch. Perrault, Mad. de Lintot, J. J. Rousseau, A. Hamilton, Comtesse d'Aulnoy, Supplemente zu 1001 Nacht u. s. w.)

BIBLIOTHEK der Charitinnen. (Hrsg. von Josias Ludw. Gosch.) Bd. 1. Mit (3) Kpfrn. (u. 1 Titelvign.) von H. Lips. Gotha, bey Ettinger. 1792. 12⁰. Lat. Lett. (In Dresden.)

> Zahm. 256 S. (incl. Titelkpf [Portr. d. nachher genannten Fürstin], Tit. m. Vign., 1 Bl. Widm. an Luise Auguste, Kronprinzessin v. Dänemark u. Norwegen, Gemahlin von Friedrich Christian, Herzogen zu Schleswig-Hollstein [!]--Sonderburg, 2 Bll. Vorr., unterz. G. u. dat. Weimar, im Febr. 1792), 2 Bll. Nachricht an d. Publikum, 1 Bl. Verbess., 1 Bl. Inh.: 1. Die Parzen beschliessen Luise Auguste, Kronprinzessin v. Dänemark u. Norwegen, zur vierten Charitin zu weihen. 2. Minerva u. Thalia über die Darstellung der Wissenschaft. 3. Eumetis u. Roxane nach Thales über die Ideen. 4. Thais u. Archion üb. d. Schönheit (m. 1 Kpf. bei S. 69). 5. Alexander, Kompaspe u. Apelles. 6. Agandekka, e. Trsp. in 6 Akten. Erster u. zweiter Akt (m. 1 Kpf. bei S. 197). Selten u. wenig bekannt! — Erschien noch Bd. 2. Ebd. 1794. (Anon.-Lex. I. p. 233, nach Kayser u. Schröder.)

§ * **BIBLIOTHEK** deutscher Curiosa. Bd. 1—7 (noch mehr ersch.?). Lindau, Ludwig, 1876—83. 8⁰.

BIBLIOTHEK der Damen, oder Sammlung lehrreicher und angenehmer Abhandlungen, zur Bildung, Nutzen und Vergnügen des schönen Geschlechts, aus dem

Französ. übersetzt (von Carl Friedr. K r e t s c h m a n n). Zittau
1766. 8⁰. 14 Bog. (In Stuttgart.) Zahm.

Anon.-Lex. I. p. 234 (nach Jördens u. Goedeke).

BIBLIOTHEK d e r e l e n d e n S c r i b e n t e n. 7 Stücke (cplt.,
soviel erschienen). Frankfurt u. Leipzig. 1768—71. 8⁰. (Expl.
in Hamburg, Stadtbibl.)

I n d i e s e r V o l l s t ä n d i g k e i t v o n u n g e m e i n e r
S e l t e n h e i t ! Außer bei Ebeling I. S. 335—37, der die
satyr. Titelkupfer der beiden letzten Stücke nicht kannte,
ist dieses für die damaligen Litteraturzustände hochinteress.
Werkchen nirgends eingehender behandelt. Zur Vervoll-
ständigung Ebeling's hier die genaue Collationirung:

S t ü c k 1: Frkft. u. Lpz. 1768. Tit. m. Kpf.-Vign.
[zwei Hasen, von denen der eine dem andern einen Spiegel
vorhält, nebst dem Motto: „Astupet ipsa sibi"], 10 Bll.
Vorst., 44 S., 7 Bll. Nachstücke. Herausg.: Frdr. Justin
R i e d e l (geb. 1742, † 1785), ein gewisser H e i n s e (nicht
Wilh.) u. J. G. C. G l e i c h m a n n (ehemal. Student zu
Erfurt). Verspottung von Dorfpfarrern, Magistern, Schul-
meistern, Candidaten. Die elenden Scribenten, an der Zahl
40, figuriren als Pränumeranten. Der stellenw. sehr witzige
u. beißende Inhalt geht aber meist gegen Pastor W i c h -
m a n n u. dessen Journal „der Antikritikus", gegen seinen
Bruder, W i l k e u. Z i e g r a. Zwölf Stücke sollten von
dieser Bibliothek binnen Jahresfrist erscheinen. Seitens der
ersten Unternehmer unterblieb jedoch die Fortsetzung.

S t ü c k 2: O. O. 1769. Tit. (m. derselb. Vign.) u.
78 S. (incl. 25 Bll. Vorst.). Im höchsten Grade roh und
gemein, ein Wolkenbruch von Koth über K l o t z u. R i e d e l,
entladen von (M. Chrn. Heinr.) W i l k e (in Leipzig, † 1776).

S t ü c k 3: London u. Halle, bey Dodsley und Compagnie 1769. 14 Bll. Vorst., 54 S., 10 Bll. Inh. u. Reg.
Auf der Titelvign. paradirt Klotz als uniformirter Affe m.
d. Sinnspruche: „ mihi magnus Apollo." Herausg. war
Gottfr. Joach. W i c h m a n n (geb. 1736, † 1790, damals
Pfarrer zu Zwätzen u. Löbstädt bei Jena, zuletzt Superint.
in Grimma∫. Als Pränumeranten liest man Klotz's Anhänger
u. Mitarbeiter.

S t ü c k 4: O. O. 1769. 86 S. (incl. 32 Bll. Vorst.).
Titelvign. wie bei St. 1 u. 2. Hrsg.: C. H. W i l k e. Gegen
Klotz u. Riedel.

S t ü c k 5: O. O. 1769. 9 Bll. Vorst., 78 S. Mit Titelvign.
(Klotz als Astrolog). Hrsg.: W i l k e. Die Pöbelhaftigkeit
gegen die Vorigen, Meusel, Feder, Hausen, Herel, Jacobi,
Heinr. Schmidt, Dusch, Baldinger, Harles, Briegleb u. Wittenberg übersteigt die äussersten Erwartungen.

S t ü c k 6: O. O. 1770. Satyr. Titelkpf., 3 Bll., 74 S.
Mit der vorigen Titelvign. Hrsg.: W i l k e. Darin wird der
hallische Professor (Klotz) als Donquixote in einem nieder-
trächtigen zotenhaften „Heldengedicht in 5 Gesängen" ver-
höhnt.

S t ü c k 7: O. O. 1771. Satyr. Titelkpf. (2 Darstellgn.) u.
80 S. (incl. Tit. mit d. vorig. Vign.). Hrsg.: W i l k e.
Hier werden Klotz u. s. Freunde in der parodirten Ode „an

den Gott Stupor", wie auch in einem „Heldengedicht in
4 Gesängen od. 3 Ausritten" und in einer „Satyra Menippea"
an den Pranger gestellt.

Anon.-Lex. I. p. 234: „Th. 1—7 London u. Halle (Weimar)
1768" (nach Weller u. Meusel).

BIBLIOTHEK des Frohsinns. Oder 10 000 Anekdoten,
Witz- u. Wortspiele, Travestieen u. Parodieen,
humorist. Aufsätze u. Curiosa aller Art. Herausg.
v. J. M. Braun. 10 Bände. Stuttgart 1836—40. 12⁰. (13¹/₃
Rthl.). (7 Mk. 50, schönes Expl., R. Levi, Stuttg., 1904.)

Komische Züge und Scenen des deutschen Mittelalters.
Carnevalsscenen. Hexenprozesse. Vehmgerichte etc. Interessante Sammlung.

— — Dasselbe. 13 Bdchn. (soviel ersch.?). Ebd. 1841. 12⁰.
(5 Mk. A. Bielefeld, c. 1890.)

BIBLIOTHEK, Galante. Nr. 1 und 2 (Liebes-Abenteuer eines
hübschen jungen Mannes. Sittenroman in 2 Bdn. Wien 1871).
Verantwortl. Redacteur Alois Krammer. Druck und Verlag
Jos. Holzwarth jun.

Verboten vom L.-G. Wien, 30. October 1871. § 516.

BIBLIOTHEK der Geschichte der Menschheit. 4 Bde.
Leipzig 1780—82. 8⁰. (4 Mk. Paul Neubner, Cöln, 1892.)

Eine interessante Sammlung von Sittenschilderungen
fremder Völker, namentlich reichhaltig in Bezug auf Hoch-
zeitsgebräuche, Ansichten über Jungfernschaft u. Ehe, das
Leben der Mädchen u. Weiber bei d. verschiedenen Völker-
stämmen etc.

BIBLIOTHEK für gesellige Circel (so!). 2 Thle. Berlin
1801. 8⁰. 432 S. (2 Mk. 50 Pfg. Rich. Härtel, Plauen, c. 1902.)

Reiche Auswahl v. Räthseln, Gesellschaftsspielen, Anekdoten, Gespenstergeschichten, Kartenkunststücken u. s. w.

BIBLIOTHEK der Grazien. Bdchn. 1—3 (soviel ersch.?).
Mit 1 hübschen Frontisp. (die 3 Grazien), unsign., in reizender
Amoretten- u. Arabeskenbordüre. Pirna, bei Pinther 1804. —
A. E.: von Bdchn. 2: Dresden, gedr. bei Meinhold u.
Comp. Kl. 8⁰. Die Titelbll. auf stärkerem Pap. (In Dresden.)
Zahm.

I: X—202 S. 1. Eugenios und Helena. Fragment aus
dem Tagebuche einer Reise durch Griechenland (S. 1—45).
2. Der Pflegling. Eine Erzählung (S. 47—109). 3. Das
Mißverständniß. Eine Erzählung (S. 111—202).
II: Tit., Nebentit., 1 Bl. Vorber., 259 S., 1 S. Druckanz.
Enth.: Drei Abende am Kaminfeuer meines Schwiegervaters.
(1. Das hallische Wäschermädchen [S. 1—79]. 2. Anklam,
od. Die Entführung auf väterliche Veranlassung [S. 80—166].
3. Das fatale Perlengeschenk [S. 167—259].)
III: Tit. u. 184 S. Enth.: Die häuslichen Feste. Eine
Erzählung, nach d. Französ. der Frau von Genlis bearb.

BIBLIOTHEK der Grazien. Bdchn. 1. Cölln u. Deutz 1806. 12⁰. (10 Sgr. O. Richter, Lpz., ca. 1870.)

Heinsius, B.-Lex. hat: 3 Bde. Cölln 1804. (Vielleicht Nachdruck des vorigen, in Pirna ersch. Werkes.)

BIBLIOTHEK, Humoristische. Zur Erhaltung und Verbreitung froher Laune. Eine Auswahl der vorzüglichsten Erzeugnisse im Gebiete der Komik etc. Hrsg. von **Pierrot.** 2 Bde. Berlin 1854. Kl. 8⁰. 534 u. 638 SS. Zahm. (3¹/₂ **Mk.** Kühl.)

BIBLIOTHEK, Humoristisch - satyrisch - pikante. Nonne und Officier. Verlag v. L. Merz. Druck v. H. Schlick in St. Veit a. d. G.

— — Dieselbe. Die Garnisonstratsche. Ebd.

— — Dieselbe. Jusuff's pikante Abenteuer. Ebd.

Sämmtl. verboten v. L.-G. Klagenfurt, 5. Mai 1895. § 516.

BIBLIOTHEK humorist. Dichtungen. Hrsg. v. G. **Haller.** Bd. I—X. (cplt.?). Halle 1868—1872. (3¹/₂ Rthl.) (1 Rthl. 20 Sgr. Maske, Breslau, c. 1875.)

BIBLIOTHEK des Humors. Gesammelt u. hrsg. v. E. O. **Hopp.** 6 Bde. (cplt.). Berlin o. J. (c. 1870). (4 Rthl.) (5 Mk. 50 Pfg. H. Lesser, Breslau, 1904; 6 Mk., eleg. Orig.-Lwdbde., R. Levi, 1904.)

Medizin., geistl., jurist. Humor. — Lehrer u. Schüler. — Liebe und Ehe. — Deutsche Geschichte bis 1861, dann seit 1861. — Brandenb.-Preussische Geschichte.

BIBLIOTHEK für Lebemänner. 5 Bde. Budapest, Gustav Grimm, 1891. 8⁰. (à Mk. 2.50) (à Mk. 1.20 H. Hugendubel, c. 1904.)

I.: Aus Amor's Tagebuch. E. Sammlg. pikant. Erzählgn.
II.: Aus d. Memoiren e. Gigerls. Erlebtes, Amüsantes, Pikantes.
III.: Compass für Liebende. Galante Abenteuer u. Boudoir-Geschichten.
IV.: Allerlei Liebe. Aus d. Reiche d. Pikanterie.
V.: Was uns Frau Venus erzählt.

BIBLIOTHEK für Liebende und für Freunde des feinen Geschmacks. Hrsg. von Störchel, Verf. Karl des Zwölften, u.s.w. Mit St.'s Portr. (Kniestück, unsign.) als Titelkpfr. Leipzig (Prag). In der Joseph Poltischen Journalhandlung, o. J. (1803). 8⁰. Zahm.

240 S. (incl. Titel), enth. Gedichte, Erzählgn., Novellen, Dramatisches etc. Nebst XLVIII S. „Zerstreute Blätter", welche u. a. Mittheilungen über das k. landständ. Theater zu Prag (Spezialtitel mit d. Jahrzahl 1802) enthalten. — Jahrzahl nennt auch das Anon.-Lex. I. p. 234 (nach Kayser).

BIBLIOTHEK für erwachsene Mädchen, Gattinnen und Mütter. Bd. 1. Mit 1 Kpf. Frauenfeld 1804. 8⁰. (1 fl. 8 kr.) (34 kr. Beck, Nördlingen, Cat. I. [1829]. p. 92.)

Auch m. d. Tit.: Elsa's Vermächtniß für ihre Tochter Henriette.

BIBLIOTHEK nach der Mode. Th. 1. (einz.) Erfurt Akadem. Buchh., 1793. 8⁰.

Citirt Kayser p. 14. unter Romanen.

BIBLIOTHEK, Die, nach der Mode (verfasst von *Joh. Heinr. Zschokke*). Frankfurt a. d. Oder, 1793. Bei Joh. Andreas Kunze. 8⁰. (4 Mk. Lehmann & Lutz, Frankf. a. M., 1884.)

Tit. u. 248 SS. Inh. (wie auch auf d. Titelbl. steht: 1. Die falschen Münzer, eine (stellenw. pikante) Geschichte. S. 1—190. — 2. Atlantis, od. die Entdekkung von Madera. Ein romant. (in d. 1. Hälfte erotisches) Gedicht in 2 Gesängen (43 u. 143 Stroph. in Ottaverime). S. 191—248 incl. 2 Bll. Vorber., wonach der Stoff aus der Geschichte d. Entdeckung Madera's unter Eduard III. v. England entlehnt ist, welche ausführlich in „Falconer's erstaunliche Seefahrten. Aus d. Engl. übers. Frkft. u. Lpz. 1778" erzählt wird. Das Gedicht blieb unvollendet, wofern nicht etwa von dieser „Bibliothek nach der Mode" eine Fortsetzung erschien.

§ * **BIBLIOTHEK** der Romane (hrsg. v. Heinr. Aug. Ottokar Reichard u. A.) 21 Bde. Mit 21 Tkpf. u. 21 TVign. von Chodowiecki, Meil, Mechau, Schubert u. Geyser. Berlin, Chrn. Friedr. Himburg, 1778—81, u. Riga, Hartknoch, 1782—94. 8⁰. (125 Mk., in 9 gleichzeit. Ldrbdn. u. 3 Pppbdn. m. T., Friedr. Meyer, Lpz., 1906.) (Expl. auch im British Museum.)

Von den ersten Bänden erschienen neue Ausgaben 1782 etc. Enth. u. a. Auszüge aus: Schäffereyen von der schönen Juliane. (Cfr. Montreux, Nic. de.) — Rétif de la Bretonne, das Verderben des Landmanns, od. die Gefahren der Stadt. — La garduna (die Ratze) von Sevilla. (S. Leben . . . der Donna Rufina. A. d. Span. des Castillo de Sollórçano.) — Dorat, die Schäferstunde. — Cazotte, Lord eh' er sichs versah. — Memoiren eines Zeitgenossen des Regenten von Frankreich etc.

BIBLIOTHEK, Neue, deutscher Romane. 8 Bdchn. Leipzig, Richter, 1802—4. 8⁰. (6 Rthl.)

BIBLIOTHEK, Auserlesene, d. vorzüglichsten Romane u. Erzaehlungen f. Deutsche. Bd. 1. (einz.?) Mit TKpf. Frkft. u. Lpz. (ohne Adresse) 1804. 8⁰.

TKpf., gestoch. Tit., IV (Vorr., dat.: in d. Wetterau, im Christmonat 1803) u. 406 SS., nebst 1 S. Inh.: 1) Die Ruinen v. Moyencourt. (Pikant.) 2) Ritter Huldmann v. Behringen, oder: die Höhle d. Zobtenberges (v. Aug. v. Kotzebue). 3) Das Portrait (v. Aug. Lafontaine).

BIBLIOTHEK a u s e r l e s e n e r R o m a n e und E r z ä h l - u n g e n D e u t s c h l a n d s. Mit Kpfrn. 12 Thle. München 1827—28. 8⁰. (1 fl. 12 kr. Coppenrath, Regensb., c. 1870.) Zahm.

* **BIBLIOTHEK**, S a t y r i s c h e, oder a u s e r l e s e n e r k l e i n e r s a t y r i s c h e r S c h r i f t e n Sammlg. 1—5 (cplt.). Mit 5 Titelvignetten. Frankfurt und Leipzig (o. Adresse) 1760 bis 65. 8⁰. (1—4 in 2 voll. in Frankfurt a. M., Stadtbibl.) (Cplt. 14 Mk. Max Harrwitz, Berlin, 1904; 20 Mk. C. G. Boerner, Lpz., 1907.)

In dieser Vollständigkeit selten! F e h l t bei Weller I: 1760. 6 Bll., 228 S. II: 1761. 2 Bll. u. S. 233 bis 468. III: 1762. 2 Bll. u. S. 471—704. IV: 1763. 1 Bl. u. S. 705—941. V: 1765. 1 Bl. u. S. 943 bis 1179. Zusammen 17, 22, 19, 10, 17 Stücke. Das 1. Stück der 5. Sammlg. mit d. Tit.: „Don Ambrosio Pansa von Mancha des Jüngern (d. i. M e y l i n g), weyland unpar-theyischen gelehrten Zeitungsschreibers, jetzigen wohlbe-stalten Correctors, ... wohlgemeintes Meßgeschenk, mit des Sezers Noten. Graptomaniacum" (S. 943—1043) erschien schon früher (apart) 1757. — S. über das Werk auch Flögel, kom. Litt. I. p. 288.

Die interessante Sammlung enth. s t e l l e n w e i s e d e r b e u n d f r e i e E r ö r t e r u n g e n, u. a.: Schreiben Benedikts von Querlequitsch. — Abdankungsrede bey . . . . Leichen-bestattung der tugendreichen Jungfer Brand. — Kinderprobe der alten Deutschen. — Der galante Soldat. — Nachricht von einem (!) Amazonen. — Nachricht von der Gesellschaft der Auslegerinnen. — Fragment eines Verzeichnisses derjenigen Personen, die in der Walpurgisnacht auf dem Bloksberge (!) gewesen sind. — Die weibliche Schwachheit, oder der Ur-sprung des Kartenspiels. — Von den Halstüchern der Frauen-zimmer (III, S. 638—644). — Etwas auf Hochzeiten. — Schreiben an einen jungen Herrn, welcher der Heirath wegen seine Religion verändert . . . . — Histor.-kritisches Verzeichniss meistentheils seltener Jungfern, die in einem bekannten Saal Abends von 8—11 Uhr an den Meistbietenden sollen überlassen werden.

Die Sammlungen 3 und 4 enthalten auch zahlreiche f i n - g i r t e (meist jokose) B ü c h e r t i t e l), welche in H u g o H a y n ' s diessbezügl. Bibliographie in der „Zeitschrift f. Bücherfreunde" nicht erwähnt sind.

BIBLIOTHEK d e r S c h e r z e (hrsg. von Franz Johann Joseph v. R e i l l y, Buchhändler u. Schriftsteller in Wien). 6 Thle. 18** (Wien?).

Ohne Orts- u. Jahrsangabe bei Goedeke VI, 555, 33, 7; Anon.-Lex. I. p. 234 (nach Goedeke u. Wurzbach).

BIBLIOTHEK, D i e, d e r S t u z e r (!), oder Nachrichten um zur Geschichte des guten Tons, und der ausserordentlich guten Gesellschaft zu dienen . . . . Aus d. Französ. (des *F. C. Gaudet*). Prag 1771. (Expl. im British Museum.)

Citirt das Anon.-Lex. I. p. 235.

BIBLIOTHEK d e r g r a u e n V o r w e l t. (Ziemlich freie und üppige Erzählungen.) 3 Thle. Leipzig, Voss, 1793—94. 8⁰. Selten cplt.!

> Als V e r f a s s e r nennt das Anon.-Lex. I. p. 234 (nach Goedeke, Kayser u. A. G. Schmidt): Joh. Ernst Friedr. Wilh. M ü l l e r, Isabelle Johanna Eleonore v. W a l l e n r o d t und Carl Aug. Gottlieb S e i d e l.

BIBLIOTHEK f ü r W o l l ü s t l i n g e. 4 Bde. Rom, o. J. (Ende 18. Jh.). (Weller, fing. Dr.) Grosse Seltenheit!

> Noch kein Expl. nachgewiesen.

BIBLIOTHEK d e s r o m a n t i s c h W u n d e r b a r e n (von *Christian August Vulpius*). Leipzig 1805. (Im British Museum.)

> Anon.-Lex. I. p. 234.

BIBLIOTHEK, N e u e E r o t i s c h e. 5 Bde. (jeder in sich abgeschlossen). (Mk. 24.—, e i n z e l n à Mk. 6.—, Ch. Corday, Paris - St. Mandé, 9 rue Fays.)

> Unter Bücher-Anzeigen am Schluss von Heft 5 des „Ame-thyst", April 1906. — In Deutschland rar!

* BICINIA g a l l i c a, l a t i n a, g e r m a n i c a, ex praestan-tissimis musicorum monumentis collecta et secundum seriem to-norum disposita. Tomus primus. Vitebergae, 1545. *A. E.:* Wittembergae apud Georgium Rhaw. — Secundus tomus Bici-niorum etc. 1545. Quer-6⁰. Musik von J. S t a h l. (Expl. auch in Wien.)

> Darin 32 d e u t s c h e (meist weltliche) L i e d e r, deren Verzeichnis bei Goedeke II, 23. Vgl. Eitner 92 ff.; Böhme 793; Weller, Annalen II. p. 18.

BICKERKUHL, F r i e d r i c h. Ein (zieml. zahmer) Roman aus dem Leben und für dasselbe (von *Joh. Moritz Schwager,* geb. 1738, lebte noch 1804). Dortmund, Mallinkrodt, 1802. 8⁰. (1¹/₃ Rthl.) (24 xr. Beck, Nördlingen 1870; jetzt theurer!)

> Kayser, Romane, mit Namen des Verfassers. — Anon.-Lex. I. p. 237 (nach Meusel).

BIEBER - B o e h m, (Mme.) Hanna, V o r s c h l ä g e z u r B e-k ä m p f u n g d e r P r o s t i t u t i o n. Berlin 1895. 8⁰. (In Amsterdam, Bibl. Gerritsen.)

> Von derselben Dame erschien f r a n z ö s i s c h (Expl. l. c.): Par quelles mesures légales pourrait-on arriver à diminuer le nombre des femmes qui cherchent dans la p r o s t i t u t i o n leurs moyens d'existence? Bruxelles 1899. 8⁰.

BIEDENBACHS, M i e z e, E r l e b n i s s e. Erinnerungen einer Kellnerin. Berlin 1906. 8⁰. (Mk. 3.—) (2 Mk. Jos. Jolowicz [„Biederbach"?], Posen, 1908; 3 Kr. A. L. Huber, Salzburg, c. 1907.)

BIEDERSINN u n d F r a u e n t r u g, eine (zahme) Geschichte in Briefen. Vom Verf. der Fragmente zur Geschichte der Zärt-lichkeit *(Joh. Martin Miller).* 2 Thle. Dessau 1783—84. 8⁰ Selten! (3 Mk. 60 Pfg., Lehmann u. Lutz, Frankf. a. M., 1884.)

— — Dasselbe. Leipzig 1787. 8⁰.

F e h l t im Anon.-Lex.

BIENENKORB, N e u e r , v o l l e r e r n s t h a f t e r u. l ä c h e r -
l i c h e r E r z ä h l u n g e n. 14 Thle. Cölln (Wittenb., Ahlfeld)
1768—76. 8⁰.

Aeusserst selten! Von den ersten Theilen giebt es verschiedene Drucke.

— — Dasselbe. 15 Thle. Cölln und Wittenberg 1770—89.
8⁰. (15 Mk. G. Priewe, Heringsdorf, 1895.) (Besass Dr. Franz
Schnitzer in München.)

— — Dasselbe. 16 Thle. Ebd. 1772—91. 8⁰. (24 Kronen Halm
& Goldmann, 1904.)

W e l l e r , fing. Druckorte I. p. 104 hat 14 Thle., ebd.
1771—1777, mit der Notiz: „Wurde bis 1789 fortgesetzt".
Ist also wohl mit obigen 16 Theilen c o m p l e t. — Enth.
viel Derbes und Pikantes, auch eine Menge auf H a h n r e i -
s c h a f t bezügl. schwankhafte Geschichten.

* BIENENSTOCK, H i s t o r i s c h e r , v o l l e r s c h a l k h a f t e r
u n d m u t h w i l l i g e r E r z ä h l u n g e n. O. O. (Hamburg)
1759. 8⁰. (Auch in Göttingen.) (9 Mk. W. H. Kühl, Berlin,
c. 1883; jetzt theurer!)

4 Bll. Vorst. u. 304 SS. Enth. 28 Erzähl., denen
z. Th. wahre Begebenheiten zu Grunde zu liegen scheinen.
Inh.: Das Abentheuer. — Die gerechtfertigte Tochter. —
Der erschrockene Liebhaber. — Das Erdbeben. — Der zeris-
sene Friede. — Der verrätherische Strumpf. — Das Be-
scheidthun. — Der doppelte Betrug. — Das saubere Kräuter-
bad. — Dreymal übel verschwendete Gunst. — Der Perl-
schlucker. — Mittel, die Hofmeisterin zu gewinnen. — Die
Gabel. — Paradies der Türkinnen. — Der gutherzige Caplan.
— Versprechen muss man halten. — Die Pietistin. — Die
getreue Frau. — Die eingepökelten Liebhaber. — Der Stoss-
vogel. — Die den Mann vertreibenden Hunde. — Wirkung
des Donners. — Der heimgeschickte Courtisierbruder. —
Das Bürsten. — Die bezahlten Birnen. — Der Irländer. —
Die beyden Gesundheiten. — Die Falschgeschwächte.

— — Dasselbe. Surate, auf Kosten der Gesellschaft, o. J.
(Hamburg, c. 1760). 8⁰.

§ — — Dasselbe. Ibid. 1763. 8⁰.

BIENENSTOCK, D e r , eine Sittenschrift, der Religion, Vernunft und Tugend gewidmet (verfasst von *Joh. Dieterich Leyding,* geb. 1721, † 1781). Hamburg 1758—64. 8⁰.

Anon.-Lex. I. p. 237 (nach Kayser, Meusel u. Schröder).
Goedeke hat „1756—64".

BIENENSTOCK, D e r n e u e. Eine Sittenschrift etc. (wie vorhin). Von dem Verfasser (n i c h t „Herausgeber") . . . . des
ersten Bienenstocks *(Joh. Dieterich Leyding).* 2 Bde. Hamburg bey John Chrn. Brandt. 1764 bis 65. Gr. 8⁰. (Bd. 1
apart 8 Mk. 50 Pfg. E. Frensdorff, 1907.)

I: X—252 SS. m. TVign. II: II—394 SS. — Darin u. a.:
Die Wollust. — Geschichte der chinesischen Matrone. —
Geschichte der Troglodíten. — Von der Schändlichkeit der
Mannspersonen, die das Frauenzimmer verführen. — Geschichte der Catharina Alexowna, Gemahlin Peters
d. Gr. — Von den Vorrechten der Frauen über ihre Männer
zu herrschen. — Gesch. des Aristonous. — Gesch. der Madame Wilson &c. (Sämmtl. zahm.)

BIENZ, J. L., Weibertreue. Nach Beyspielen aus der Geschichte. Halle, Hendel (c. 1795?). 8⁰. (8 ggr.)

Inh.: 1. Lukretia. 2. Zulmira. 3. Suschen. — Anzeige des
Verlegers.

BIERBAUM, Otto Julius (Herausg. der „Zeit" mit Singer u.
Kanner, in München-Pasing, geb. zu Grünberg in Schlesien am
28. Juni 1865), Irrgarten der Liebe. Verliebte, launenhafte
u. moralische Lieder, Gedichte u. Sprüche aus d. Jahren 1885
bis 1900. Im Verlag der Insel b. Schuster u. Loeffler, Berlin
u. Leipzig Frühjahr 1901. Kl. 8⁰. Gzprgt. m. Goldschn. in
Enveloppe. (15 Mk. Emil Hirsch, München, 1905; Luxus-
Ausgabe 25 Mk. Adolf Weigel, 1908.)

Mit Leisten u. Schlusstücken geschmückt v. H. Vogeler.
Exemplar der Privatauflage, nur in 100 Exemplaren
gedruckt.

— — Dasselbe. (Gewöhnliche Ausgabe.) (3 Mk., Orig.-
Umschl., Südd. Antiqu., München, 1908.)

BIERBAUM, Prinz Kuckuk. Leben, Thaten, Mein-
nungen und Höllenfahrt eines Wollüstlings. In
einem (freien) Zeitroman. Mit Portrait B's. von Karl Bauer.
München und Leipzig bei Georg Müller, 1906—7. (Bis 1908
zehn Auflagen.) 8⁰. (Orig.-Lwbde. Mk. 18.—.) (10 Mk. Lipsius & Tischer, Kiel, 1907; 13 Mk. 50 Pfg., Orig.-Bde., Adolf
Weigel, 1908.)

Besprechung von Fritz Engel im „Berliner Tageblatt"
v. 27. März 1907, 2tes Beiblatt; von Mathieu Schwann,
Königsdorf, in den „Münchner Neuesten Nachrichten" vom
30. Jan. 1907; Blätter f. Bibliophilen. Hrsg. v. Willy
Schindler. Heft I, S. 49—52.

— — Dasselbe. Luxus-Ausgabe auf van Geldern in 3
Halbprgtbdn. 8⁰. (25 Mk. Adolf Weigel, 1908.)

Nur in 100 vom Autor signierten Expll. hergestellt.

BIERGANS, F. J. M. („keiner gelehrten, noch polit. Gilde Mit-
glied", Notar zu Aachen, geb. zu Aldenhofen bei Aachen 177*),
Minne-Gedichte. Ein Toiletten-Geschenk f. empfindsame
Jünglinge, u. liebende Mädchen. Köln, in d. Spitzischen Buch-
hdlg., o. J. (Vorr. dat. Aachen im Octob. 1818). 12⁰. Farbiges
Papier.

6 Bll., 137 S., 2 Bll. Reg. — A. E. d. Textes: Köln, gedr.
bei Th. Fr. Thiriart 1819. Selten u. wenig bekannt! Sieh
Rassmann, Pantheon deutscher Dichter, 1823, S. 26. —

Darin u. a.: Das Hohe-Lied d. Liebe. E. Hymnus an
Cythere. (59 achtzeil. Str.) Aristoteles, od. d. Macht d.
Liebe. E. Romanze. (23 achtzeil. Str.) Emma u. Eginhard,
od. d. Sieg d. Liebe (47 vierzeil. Str.) Carl d. Gr. u. Ra-
childis, od. d. Liebe baut das Münster in Aachen. E. Romanze. (35 vierzeil. Str.) Niclas Ipskamp, od. der Gattinn-
Mörder. E. Ballade v. 1813. (23 achtz. Str.) Uebersetzungen
aus Catullus, Sinngedichte etc.

BIJOUTERIEN, Romantische. (4 etw. freie Erzählungen,
von *Carl Aug. Gottlieb Seidel?*). Mit TKpf. (C. F. Stoelzel del. et sc.) Weißenfels u. Leipzig, bey Friedr. Severin
1796. 8⁰. (3 Mk. O. Richter, Lpz., c. 1888.)

TKpf., Tit., XVI u. 400 S. Inh.: 1. Rosalie u. Betty,
oder Liebe macht Feinde. 2. Florinde, oder die Macht der
Wallungen. 3. Eleonore, oder Ende gut, alles gut. 4. Franz
Detrouzel, oder Liebeleien, wie sie in Paris nur möglich sind.
Anon.-Lex. I. p. 237 (nach A. G. Schmidt).

— — Dasselbe. Ebd. 1811. 8⁰.

BILD einer vollkommenen Gattin. Mit reizender Titelvignette. Leipzig 1784. 8⁰.

Bibl. Günther. III. No. 6377.

BILDER aus dem Harem. Erlebnisse eines Eunuchen. Mit
vielen Illustrationen. (c. 1900?). (3 Mk. W. A. Gabriel, R.
Klinger, M. Luck, sämmtl. in Berlin.)

Angeblich confiscirt gewesen.

§ **BILDER,** Getroffene, aus dem Leben vornehmer
Knabenschänder und andere Scenen aus unsrer Zeit und
Herrlichkeit. Mit Titelkpfr. Merseburg, Fr. Weidmann, 1833.
8⁰. 198 SS. Sehr selten!

BILDER aus dem Leben der Liebe. Nach *Althing's*
Manier. 2 Thle. Halle u. Leipzig, in der Ruffschen Verlags-
handlg., o. J. (ca. 1805). 816 SS. Ziemlich zahm. (2 fl. 42 kr.
J. Scheible, in einem alten Cat.)

BILDER der Liebe (vom Hofrath Dr. *Aug. Gebauer* in
Heidelberg). 3 Bde. Leipzig 1800. (Auch m. d. Tit.: Ge-
mälde der Liebe.) 8⁰. (Bd. 3 von 1800 apart: 2 Mk.
Paul Neubner, Cöln, 1892.)

372, 364, 209 Seiten. Sentimentale Erzählungen und
Familiengeschichten. — Erschien auch m. d. Tit.: „Ge-
mälde der Liebe". Ibid. eod. a. (Kayser hat im Roman-
Verz. „3 Bde. 1799—1803", wohl irrtümlich.)

BILDER der Lieblichkeit. Quedlinburg, o. J. (Ende 18.
Jahrh.?) 8⁰.

Erotisch? — Bibl. Günther. no. 6388.

BILDER der Natur. Mit erot. Kupf. (20 Ngr. P. Jünger's
Antiquariat in Leipzig, ca. 1858; jetzt theurer!)

Inh.: Amor der Bogenschnitzler; die Weinlese der Venus,
mit erot. Kpfr.; die Teufelsleiter; an die Schönheit; ent-
wichene Liebe; Berührung; Schlummerlied u.s.w.

BILDER, Romantische, der Gegenwart (von *Wilh. Elias*). 2 Thle. Halle, Anton, 1840. 8⁰. (2²/₃ Rthl.)

I: Söhne der Zeit. E. Novelle. II: Töchter der Zeit. Eine (liederliche) Novelle. Nebst 2 Liedern. (Vgl. Wolfg. Menzel, Deutsche Dichtung III. p. 474.)

BILDER, Romantische, der Vorzeit in bunter Reihe (von *Gotthold August Weber*). Meissen 1827. 8⁰.

Anon.-Lex. I. p. 238 (nach Goedeke).

BILDER der Vergangenheit, s. *Amors Larven.*

BILDER der Vorwelt (von *Joh. Friedr. Ernst Albrecht*). Mit Titelvign. Leipzig, Schwickert, 1796. 8⁰. (1 Rthl.)

VIII—360 S. Den Verfasser nennt Kayser. — Fehlt im Anon.-Lex.

BILDER edler und unedler Weiblichkeit, in Geschichten tugendhafter und nichtswürdiger Weiber aus den Zeiten der Griechen und Römer. Eine Lektüre für Deutschlands edle Töchter. Quedlinb. (18**). 8⁰.

Verzeichnet im Cataloge von 1819 der ehemal. Schmidt'-schen Leihbibl. in Dresden, S. 155.

BILDER der Wollust. Aus Priaps geheimem Cabinet. Padua, Pietro Tarone. O. J. (Berlin, Himburg, c. 1798.) (Weller, fing. Dr.) (Format?)

Grosse Seltenheit! Noch kein Expl. nachgewiesen.

BILDERBECK, Ludw. Franz Alex. Frhr. v., Der neue Paris, oder die drey lustigen Weiber in Madrid. Eine komische Unterhaltung. Aus d. Französ. (übers. von Friedr. Ludw. Wagner). Frankfurt a. M. 1787. 8⁰.

Anon.-Lex. I. p. 238 (nach Goedeke u. Kayser).

BILDERBUCH für Hagestolze, redigirt von Emile Mario Vacano. 5 Bde. Mit je 100 Federzeichnungen von K. Klič. Leipzig, Glaser u. Garte (187*). Roy-8⁰. Orig.-Holz-Enveloppe m. Schwarzdruck auf Cigarrenkistel-Deckel. (à Mk. 5 ord., à 3 Mk. baar.)

Es erschienen wenigstens 4 Auflagen, die vierte 1877.

BILDERGALLERIE, Erotische. Von einem Kunstliebhaber . . . . Erster (u. einz.) Saal. Mit 1 Kpf. Neu York Im Verlag bei James Flottwell. O. J. (c. 1870). 16⁰. (6 Mk. G. Priewe; 8 Mk. S. Calvary & Co.)

Neudruck einer Gedicht- u. Epigrammen-Sammlung aus dem Ende des 18. od. Anfang des 19. Jh. IV. u. 184 SS. Enth. u. a.: Brautnachtsgespräch; Bemerkung eines Weiberkenners; der Schuh; der dringende Liebhaber; Schloss und Schlüssel; die kluge Wittwe; der Geschmack ist verschieden; Bekenntnisse einer Kammerjungfer; der verliebte Kutscher; die Brautnacht; moderne Unschuld; der Muff etc. — Titel mit dem Motto:

Νιχτς, δας ιν Παρις ερδαχτ,
Σω διε μαεδχεν ρειξενδ μαχτ
Αλς δερ μυττερ Εva τραχτ.

BILDERGALLERIE, Kleine, für Dichterfreunde. 6
Sammlgn. (soviel ersch. ?). Weissenfels 179*. 16⁰. (3 Mk. 50
Pfg., Samml. 6, ebd. 1799, mit 13 Kpfrn. von Cl. Kohl,
apart, Adolf Weigel, 1906.)
> „Kleine Anthologie erzählender und erotischer Gedichte".

* **BILDERSAAL,** altdeutscher Dichter. Bildnisse, Wappen
u. Darstellungen aus dem Leben und den Liedern der deutschen
Dichter des XII. bis XIV. Jahrhunderts. Nach Handschrift-
gemälden, vornehmlich der Mannesse'schen Sammlung und nach
anderen gleichzeitigen bildlichen Denkmalen. Hrsg. von Friedr.
Heinr. von der Hagen. Berlin 1856—61. 279 Seiten in 4 to
und Atlas von 54 Tafeln in Folio. (20 Mk. J. A. Stargardt,
Berlin, 1897.)

BILDUNGS- und Complimentirbuch für Frauen und
Jungfrauen. Nebst einem Anhang: das Benehmen in
Liebesverhältnissen. 2. Aufl. Hamburg, o. J. (18**).
8⁰. (14 Sgr. Scheible, c. 1870.)

BILITIS (geb. im Anf. d. VI. J. v. Chr. im Osten Pamphiliens,
am Ufer des Melas in einem Gebirgsdorfe, bekannte Curtisane,
im Alter Dichterin, Zeitgenossin der Sappho, lebte in Mytilene
u. Cypern, ihr Grab aufgefunden zu Palaco-Limisso bei Ama-
thout). — Die Lieder der Bilitis. Nach der aus dem
Griechischen besorgten Übersetzung des Pierre Louys,
verdeutscht von Franz Wagenhofen. Budapest, Verlag
von G. Grimm. 1900. 8⁰. Illustr. Umschl.
> Originelle Mystification. Die Lieder sind von
> Pierre Louys selbst. 176 S. (incl. 6 Bll. Vorst. u.
> 4 Bll. Inh.-Verz.). Titel mit latein., Text mit deutsch. Lettern
> gedruckt. — Inh.: Das Leben der Bilitis (S. 5—12), dann
> 4 Abth.: I. Hirtenlieder in Pamphilien. II. Elegien in
> Mytilene. III. Epigramme auf der Insel Kypros. IV. Bilitis'
> Grabmal. (Viel Erotisches.)

BILLIG, G., Joseph Tannhäuser, der furchtbare
Raubritter im Böhmerlande, genannt der Schwarze
von Höllenstein. Historisches Räubergemälde aus dem 15. Jahrhundert. Weimar 1836. 8⁰. (1 Mk. 50 Pfg. Franz Teubner.)

BILSE, Fr. O. (aus Eisenach, Leutnant im Trainbataillon zu
Forbach in Lothringen), Aus einer kleinen Garnison
(Forbach). Braunschweig, Sattler, 1903. 8⁰. (Mk. 3.—) (2 Mk.
25 Pfg. J. Taussig, Prag, 1904; 2 Mk. H. Hugendubel,
München, 1905.)
> In Deutschland verbotener Sensations-Ro-
> man, der s. Z. ebensoviel Aufsehen wie Heiterkeit erregte.
> Er verursachte den blamabelsten aller Militair-
> Prozesse.

— — Dasselbe. (Nachdruck.) Wien 1904. 8⁰. (Mk. 3,50.)
(2 Mk. Franz Deuticke, Wien, 1905.)

BILSE. — Barr, C. v., Was lehrt der Fall Bilse, nebst ausführlichem Abdruck der Prozess-Verhandlung vor dem Metzer Kriegsgericht. Braunschweig 1904. 8⁰. (1 Mk. A. Bielefeld, 1906.)

BILSE. — Bilse's konfiszierter Roman: Aus einer kleinen Garnison. Wien 1904. 8⁰. (3 Mk. 50 Pfg. A. Bielefeld, 1906.)

BILSE. — Hohburg, G. von der, Der Forbacher Garnisonsteufel! Glossen zum Prozess Bilse nebst neuen Details. 3. Aufl. Zürich 1904. (50 Heller A. H. Huber, Salzburg, 1908.)

BILSE. — Bilse schrieb noch 2 zahme Bücher: „Wahrheit — Drama in 4 Akten". Berlin 1904. 8⁰. (Mk. 3.—) (1 Mk. 50 Pfg. Franz Deuticke) u. „Lieb' Vaterland . . . . Roman aus dem Soldatenleben". Wien 1905. 8⁰. (Mk. 3.—) (2 Mk. H. Hugendubel.)

BINDER, Ludw. (Meistersinger). — F. 1: Diss Liedt sagt von / Lucretia. / Do si vmb jr ehre kam, / Do hett sie also grosse scham, / Das sie jr. selbs das leben nam. / Vnd ist in des Späten thon. / Holzschnitt: Lucretias Selbstmord . . . . . f. 4, l. 15: Darumb sol sich ein jegklich fraw des / massen, kein frembden man in jr hauss / nit einlassen, besonder wenn der Man / nit ist im hause, so sol sie kein wirtschaf- / te han, Es ist an niemandt sich zu lan, / *Ludwig Binder* in disem thon, hat das / gedicht vollendt vnd ist jetzt ausse. / Gedruckt zu Nürnberg, durch / Valentin Newber (ca. 1550), f. 4ᵛ weiss. 8⁰. 4 Bll. zu 22 Zeilen. (120 Mk., vorzüglich erhalt., breitrand. Expl., Josef Baer & Co., Frankf. a. M., Cat. 500. [1907.] no. 647 :)

> Goedeke II, 253, 4, nennt unter den 3 bei Neuber ersch. Ausgaben die vorliegende an erster Stelle, vorher einen Druck „Nürnberg, Kunegund Hergotin". 4 Bll. 8⁰. (Wackernagel, Phil., Bibliogr. d. dtsch. Kirchenlieds im XVI. Jh. 338 A.)
> Dieses interess. Meisterlied besteht aus 9 Gesetzen, von denen jedes aus Stollen, Gegenstollen und Abgesang zusammengesetzt ist. Es wurde im „Späten-Ton" gesungen. — Nach einem Strassburger Drucke vom J. 1530 abgedr. in Scheible's Schaltjahr 3, 260—263. Einen andern Strassb. Druck ohne Jahr, 4 Bll. 8⁰, ohne den Reimtitel, beschreibt Bechstein im Anz. 2, 179: Diess lied sagt von Lucretia, wie sie vmb ire ere kam, vnnd sich selbst ertödtet. Vn' ist im Späten thon.

— — Dasselbe, niederdeutsch, in: Twe schone historien Lede, Dat erste Van dem Olden Hillebrande, Dat ander, van der eddelen Lucretia. Do se vmme er ehre quam, Do hadd se also grote scham. Dat se sick süluest dat leuent nam. Vnd is in des Speten Thone. O. O. u. J. 4 Bll. 8⁰.

BINDER-Krieglstein, C., In der zwölften Stunde — eine Zukunftsmusik. Wien, Verlag v. K. Konegen.

Verboten v. L.-G. Brünn, 16. November 1887. §§ 122, 516.

BINTERIM, A. J. („Pfarrer in Bilck, u. der Vorstadt Düsseldorff"), Sammlung der vornehmsten Schriften, die über den wichtigen Gegenstand der Ehescheidung im Falle des Ehebruches, u. über die Frage: Ob ein Katholik (!) eine geschiedene Protestantin heyrathen könne u. dürfe? erschienen sind. Bd. I, 1 (nicht mehr ersch.) Düsseldorff (so!) 1807. In der großherzogl. privil. Hofbuchhdlg. Gr. 8⁰.

Doppeltit. (Der 2te lateinisch), 2 Bll., 342 S., 1 Bl. Err. — Selten!

BIOGRAPH, Der. Darstellungen merkwürdiger Menschen der 3 letzten Jahrhunderte. 8 Bde. Mit Register. Halle und Berlin 1809—10. 8⁰. (10 Mk. E. Frensdorff, 1905.)

Interessante Schilderungen histor. Persönlichkeiten, u. A.: Marquise de Maintenon, Elisabeth Charlotte von Orleans, Marie Aurore von Königsmarck, Herzogin von Valière etc.

BIOGRAPHIE einer Aeffin (von *Michael Kosmeli*, oder *Cosmeli*). Altona 1800.

Anon.-Lex. I. p. 241 (nach Meusel u. Neuer Necrolog d. Deutschen).

§ **BIOGRAPHIE** eines Mönchs, oder die Begebenheiten des Pater Hyacinths, in Briefen. Mit Titelkpf. O. O. (Ulm, Stettin'sche Buchh.) Gedruckt im Jahr 1782. 8⁰. (1 Rthl. Eman. Mai, Berlin, 1854; jetzt theurer.)

XII u. 384 S. Freien Inhalts.

BIOGRAPHIE des Kilianus Mops, Nachtwächters zu Weilheim. Mit 4 Kupfern. München 1818. 8⁰. (3 Mk. 50 Pfg. A. Buchholz, München, 1906.)

Die Biographie, zum Theil sehr derb, ist in Versen geschrieben und mit amüsanten Kupfern versehen.

BIOGRAPHIE der berühmten Römer und Römerinnen. \ Wien 1800. 8⁰.

Heinsius, B.-Lex. — Selten!

BIOGRAPHIEN, Satyrische, der Alt-Väter und Aposteln (!). Berlin, Frankfurt u. Leipzig 1789. 8⁰. Zahm. (1 Mk. Scheible, c. 1890.)

220 S. (incl. Tit. u. 4 Bll. Vorber.). Adam. — Noha (!). — Abraham. — Isaak. — Jakob. — Moses. — Josua. — Salomo.

BIOGRAPHIEN der Hahnreihe oder Ehestands-Chroniken. Eine Morgenlectüre für geplagte Männer, deren Weiber gern ein X für ein U machen. Vom Verf. der Abentheuer des Hrn. v. Lümmel *(Ernst Bornschein)*. Mit Titelkpf. u. Titelvign. Leipzig 1800, bei Ernst Bornschein. 8⁰. Rar!

Inh.: 1. Bärbchen. 2. Der Wechsel. 3. Nachbars Fiekchen. (30 Mk. [!] Adolf Weigel, Lpz., 1907; 10 Kr. Halm & Goldmann, Wien, 1907.)

BIOGRAPHIEN der Kinder-Mörder. Aus gerichtlichen Akten gezogen und romantisch dargestellt. Seitenstück zu den Biographien der Selbstmörder von K. H. Spieß. Leipzig u. Neustadt im Magaz. f. Lit. (gedr. in Eisenberg, b. Schöne), o. J. (1802). 8⁰. (6 Mk. Bernh. Liebisch, Lpz., 1907.)

> Nicht von Spiess selbst! — Theilweise verfängl. Inhalts. Titelkpf., Tit. gestoch. u. 214 S. Inh.: 1. Lottchen A* aus F*. 2. Der Dorfrichter in S* bey Torg*. 3. Die schöne Müllerstochter. 4. Ludwig R*. Ein Fragment. — Kayser nennt die Jahrzahl.

BIOGRAPHIEN Gefallener Mädchen. Ein Spiegel für das schöne Geschlecht: ädlen Müttern zur Aufmerksamkeit, schuldlosen Töchtern zur Warnung aufgestellt. Camburg a. d. Saale. 1802. bei Wilh. Rößler. 8⁰.

> Tit. u. 276 S. (incl. 11 S. Einleitung, unterz.: „Veit Abel" u. dat.: geschrieb. an d. Elbe, in d. 1. Stunde d. Jahres 1800). Enth. 3 sehr schlüpfrige Romane: Emilie. (Findet sich auch in den „Raritäten von Berlin", s. d.). — Eulalia. — Cora.

— — Dasselbe. 2. Aufl. Ebd. 1804. 8⁰.

> Tit. u. 276 S. (incl. 11 S. Einleitung). — Beide Ausgaben sehr rar!

BIOGRAPHIEN, Romantische, aus dem mittlern Zeitalter, von *X. Y. Z.* (d. i. *Chrn. Friedr. Gottlob Kühne,* † 1830). Neue Ausg. Frkft. a. Mayn (Lpz., Sommer), 1808. 8⁰. Tit. u. 151 SS. 1. Heinrich d. Unglückseelige, Markgraf zu Meissen. 2. Chilperich, König d. Franken. (Darin d. pikante Geschichte d. Königin Fredegunde, Ch's Gemahlin.) Selten!

> Zuerst gedr.: Bdchn. 1 (einz.). Ib. 1798. 8⁰. (In München.) Das Anon.-Lex. I. p. 242 hat: O. O. u. J. (nach Kayser u. Meusel).

BIOGRAPHIEN hingerichteter Personen die sich durch ihre hohe Würde, Gelehrsamkeit, Verbrechen etc. auszeichneten. 3 Thle. (Hrsg. von Georg Christoph Wilder.) Nürnberg 1790—92. 8⁰. (Th. 1 apart 5 Mk. Jacques Rosenthal, c. 1903.)

BIOGRAPHIEN, Neue, der Selbstmörder (Nebentit.: Eigenmächtige Reisen in eine andere Welt) (von *Joh. Friedr. Ernst Albrecht*). 4 Bde. — 1—3: Leipzig 1788—90. 4: Prag, Neureutter, 1792. Mit Titelkpfrn. Kl. 8⁰. (1—3: 2 Mk. Völcker, 1876.)

> 33 ausführliche Schilderungen der seelischen Zustände von Selbstmördern aus Liebe, religiösem Wahnsinn, Verzweiflung, Grossmuth etc., u. a.: Marie, schreckl. Selbstmörderin aus Schwermuth. — Fritz u. Karl, zwei 13 jähr. Selbstmörder. —

Lord Pisport. — Louise Steinbach, Selbstmörderin üm über-eilter Ehe willen. — Liebenwald, Selbstmörder durch jugendl. Ausschweifungen. — Die schöne Ottilie, Opfer der Chikane. — Beispielloser Selbstmord eines Hundes. — Charlotte, un-glückl. Selbst- und Kindesmörderin um der viehischen Wol-lust ihres eigenen Vaters willen. — Der schöne Fritz, Opfer der Lüste. — etc.

— — Dasselbe. 4 Bde. Frankfurt und Leipzig 1794. 8⁰. (5 Mk. M. Edelmann, Nürnb., 1906.)

— — Dasselbe. Ebd. 1800—1. 8⁰. (10 Mk. Max Harrwitz, c. 1903; 8 Mk. Bernh. Liebisch, 1907.)

— — Dasselbe. Th. 1—3. Mit 3 TKpfrn. Halle, Reinicke, 1801. Kl. 8⁰. (1¹/₂ Rthl.) (1 Mk. 20 Pfg. Beck, Nördl., c. 1890; jetzt theurer!

BIOGRAPHIEN m e r k w ü r d i g e r G e s c h ö p f e a u s d e m T h i e r r e i c h e n e b s t e i n i g e n L o b r e d e n, wofür der Verfasser nicht einen Heller bekommen hat. (Vf.: *Joh. Jacob Ebert.*) Leipz. u. Dessau zu finden in der Buchh. d. Ge-lehrten. 1784. 8 Bl. 156 S. u. 1 Bl. 8⁰. (6 Mk. Oskar Rauthe, Berlin, 1908.)

> Satirisch-scherzhafte Erzählungen u. Reden, z. B. Biographie eines berühmten Esels, e i n e s d e u t s c h e n F l o h e s etc., Lob d. Unverschämtheit, d e r b ö s e n W e i b e r etc. Selten!
> — Anon.-Lex. I. p. 242 (nach Kayser u. Meusel).

BIOGRAPHIEN, S k i z z e n u n d C h a r a k t e r e b e r ü h m-ter Königinnen; oder: G e m ä l d e w e i b l i c h e r G r ö ß e u n d S c h w ä c h e. Hrsg. (verfaßt) von *G. F. P. (Georg Friedr. Palm).* Hamburg, 1797, bei Benj. Glo. Hofmann. 8⁰. (Im British Museum.) Selten! (3 Mk. Paul Neubner, 1892.)

> VIII u. 293 S. Inh.: Katharina von Medicis. — Johanna Gray, Königin v. England (Gemahlin des Lord Guilford Dudley, Sohnes des Herzogs v. Northumberland). — Elisa-beth v. England. — Maria Stuart. — Elisabeth v. Spanien (vormalige Verlobte des Don Carlos). — Christine v. Schweden. — Zenobia v. Palmira. (Grösstentheils nach dem Trebellius Pollio.)
> Anon.-Lex. I. p. 242 (nach Meusel u. Kayser).

BIOGRAPHIEN, S k i z z e n, S c e n e n u. G e m ä l d e a u s d e m M e n s c h e n - L e b e n (von *Mantel?*). 4 Lfgn. Mann-heim (o. Adresse), 1800, 1800, 1801, 1802. 8⁰.

> Verfasser nirgends genannt. Einiges freien Inhalts. Selten cplt.!
> I: 143 S. (incl. Tit.). 1. Geschichte dreier Freundinnen, od. die Rückkehr zur Tugend. 2. Das Mädchen in der Wald-hütte. 3. Maria, od. das Opfer weiblicher Bosheit. 4. Die Ueberraschung. E. Familienscene. 5. Der verlorene Sohn. E. wahre Gesch. 6. Anekdoten. 7. Denksprüche. 8. Auf-sätze in Stammbücher.

II: 128 S. 1. Die Fischerhütte. 2. Hanchen (sic!), od. das Opfer menschlicher Schwäche. (Anstössig.) 3. Der Einsiedler auf den Alpen. 4. Der gute Sohn. 5. Ein sterbender Freund erscheint seinem abwesenden Freunde. 6. Das arme Dorfschulmeisterlein. (Gedicht.) 7. Anekdoten. 8. Aufsätze für Stammbücher.

III: 142 S. 1. Die treue Margarethe. 2. Die entwurzelte Maie. 3. Die unglückliche Familie. 4. Said. 5. Die Liebe auf den Alpen. 6. Rede am Grabe eines Schauspielers. 7. Tollkühne Liebe u. grausame Strafe. 8. Bewunderungswürdige Rettung im Krieg u. Frieden. 9. Der durch Glück, Sparsamkeit u. Rechtschaffenheit Reichgewordene. 10. Grosser Sieg der Blutsverwandschaft und der Vaterlandsliebe.

IV: 128 S. 1. Louis. (Etwas freie Erzählg.) 2. Die Zwillingsbrüder. 3. Waldhelm. 4. Der verdorbene Hering. 5. Gerechtigkeitsliebe eines deutschen Fürsten. 6. Zwei Beyträge z. Gesch. des weibl. Heldenmuths. 7. Die Erscheinung. 8. Elegie. 9. Gesang auf einen Helden. 10. Anekdoten. 11. Die Ermordung des Marquis Monaldeschi. 12. Die Stufenleiter des menschlichen Lebens. 13. Gedichte, auch in (so!) Stammbücher brauchbar.

§ * **BIONDI**, Giov. Francesco (d. i. *Maffeo Barberini*), EROMENA; Das ist, Liebs- und Heldengedicht, In welchem, nechst seltenen Begebenheiten, viel kluge Gedancken, merckwürdige Lehren, verständige Gespräche, und verborgene Geschichte zu beobachten. Von Herrn *Johann Franz Biondi* Rittern, und der Königl. Majestät in Groß Britannien Kämmerern, in Welcher Sprache beschrieben, anjetzo aber, in die Hochteutsche übersetzet. Durch ein Mitglied der Hochlöblichen Fruchtbringenden Gesellschafft, den Unglückseligen (d. i. Johann Wilhelm v. Stubenberg, Freiherr in Kapfenberg etc., geb. 1631, † 1. Mai 1688). Nürnberg, In Verlegung Michael und Johann Friderich Endtern, im Jahr 1667. 12⁰. (Unter der Widmung: Johann Wilhelm, Herr zu Stubenberg.) 24 Bll. u. 513 S. — Das vertriebene Fräulein oder der EROMENA Zweiter Theil. 1667. 10 Bll. u. 436 S. schrift: Auf Schallenburg den 6. Brach-Monats 1650, der Unglückselige.) 12 Bll. u. 610 S. — Koralbo: oder der Eromena Dritter Theil .... 1667. 10 Bll. u. 436 S. — Der Eromena vierdter und letzter Theil .... 1667. 16 Bll. u. 447 S. 12⁰. Alle 4 Thle. mit Kpfrn. (Expl. in Berlin: Xr. 4120; in München: P. o. it. 139, 4 voll.; in Göttingen: Fab. rom. 269; ferner im British Museum.) Sehr rar! Goedeke III, 248, 14, 8.)

Früherer Druck ebd. 1650—52. 12⁰. (4 Thle., ebd. 1651, von der 2. Ausgabe, in München: P. o. it. 138, 4 voll.; ebd. 1656—59. 12⁰. Mit vielen Kupfern. (1—2 besass W. v. Maltzahn; Th. 4 apart, 610 S., 4 Mk. Friedr. Klüber, München, 1906.) 5 (?) Bde., ebd. 1656, 89 Bogen stark, verzeichnet Georgi's Europ. B.-Lex. (In Zürich ist Th. 1

von 1650, ferner alle 4 Theile: 1 u. 2 von 1667, 3 von 1658, 4 von 1652; in Berlin noch Th. 2—4: 1652, 1651 (so!), 1652: Xr 4118.)

Lippert in Halle a. S. offerirte im Cat. 30 (1858), S. 25 für 2 Thaler: Manuscript. — Historia der Printzessin Eromena Auss Sardegna. Erstlichen in Ital. Sprach Beschrieben durch Herrn *Joh. Biondi*, Hiergegenwertig aber in dise Teutsche Sprach Ubersetzt. Vnnd vertiert. Anno 1637. Fol. 542 S. — Auf d. Titel das Monogramm des Übersetzers: E. A. M. V. R.

Italien. Orig.: Biondi, Giov. Franc., L'Eromena. — La Donzella desterrada. — Il Coralbo. Venetia 1629 bis 33. 8⁰. (3 Mk., „Th. 1 u. 3 von der ersten Ausgabe", Gottlieb Geiger, Stuttg., 1896; jetzt theurer!)

In München sind: L'Eromena. Venetia 1634. 4⁰. (P. o. it. 69, 1.) — La Donzella desterrada. Ibid. 1640. 4⁰. (P. o. it. 70, vol. 1.) — Il Coralbo. Ibid. 1635. 4⁰. (P. o. it. 69, 1.) — Il Coralbo. Ibid. 1641. 4⁰. (P. o. it. 70, vol. 2.)

La donzella desterrada libri III, che seguono l'Eromena. In Viterbo 1643. 12⁰. (In Hamburg, Stadtbibl.) Il Coralbo del Caualier — — — libri III, che seguono la Donzella desterrada. Bologna, G. B. e. G. Corvo (avec leur marque), 1645. Gr. in- 12⁰. 2 ff. et 272 pp. — Continuazione al Coralbo libri III, nouamente aggiunti dal Signor Carlo Boer, ne' quali si termina tutta l'istoria d'Eromena. Ib. eod. a. Gr. in- 12⁰. Titre et 295 pp.

BIRKNER, Kantor u. Schulhalter zu Großtheurungen (ps.), Leben und Maximen Richard Filzhausens. Eine Geschichte, die sich in Niedersachsen wirklich zugetragen hat, beschrieben von—. Magdeburg, 1785. bey Johann Adam Creutz. 8⁰. (3 Mk. L. Rosenthal, 1907.)

115 S. incl. Tit. u. folg. Vortitel: Anti-Romane. Eine Sammlung wahrer Geschichten und Scenen aus dem menschlichen Leben. Bdchn. 1. — Zahm. Der Pseud. fehlt bei Weller.

BISARRERIEN. (12 Aufsätze von *Carl Gottlieb Just*.) Stulta est clementia — periturae parcere Chartae. (Hlzsch.-Vign.) Leipzig, bey Weidmanns Erben und Reich. 1775. 8⁰. 198 S. (In Leipzig, Universitäts-Bibl.; auch im British Museum.) (1 Mk. 50 Pfg. G. Fritzsche, Hamburg, 1897.)

Nichts Erotisches.

BISCHOF, Der, hält Hochzeit. Dramatisches Bruchstück aus dem neuern Frankreich (von *Plaumaurer*). Mit Titelkpfr. Straßburg (Leipzig, Liebeskind) 1795. 8⁰. (18 ggr.) (12 sgr. Scheible 1868; jetzt theurer!) (Expl. in Oettingen, Fürstl. Bibl.)

Wirklichen Druckort nennt Weller, fing. Dr. — Fehlt im Anon.-Lex.

BISCHOFF, Der Entlarvete, Ein Gespräch, Dar-Innen der Papistischen Bischöffe und Paffen

üppiges Leben entdecket und gestraffet wird,
In vorigem Seculo, Zur Zeit des CONCILII TRIDENTINI
(1546—63) erstmahls gehalten, Anitzo zum Druck befördert
und mit sonderbahren Anmerckungen vermehret. Dem curieusen
Leser zu Gefallen. Im Jahr Christi 1677. (Nebst Kupfertitel.) 4⁰.

> Doppeltit., 57 S. (incl. 7 S. Vorr.), 1 unbeziff. S. Auf
> letzterer Abdr. des Orig.-Titel (ca. 1550): „D e r H u r e n -
> W i r t h. E i n e s H u r e n - W i r t s. aber doch schrifft-
> lich (so!), G e s p r ä c h, m i t e i n e m o n e r k a n n t e n B i -
> s c h o f f, wie sie ungefehr gen Trient auffs Concilium
> zu reysen im Feld zusammen kommen. Eine höffliche S a -
> t y r a, das ist, S t r a f f - B ü c h l e i n, darinnen d e r
> B i s c h o f f e r H u r n - S c h i n d e r e y, A b s o l u t i o n
> u m b s B e y l i e g e n d e r P f a f f e n sittiglich gestrafft,
> auch wie die Bischoffer und Priester seyn sollen aus geist-
> lichem und weltlichen Recht angezeigt wird. Alles lustig
> und nützlich zu lesen im jetzigen Lauff." — S. auch W e g -
> s p r e c h . . . . 1525.

BISCHOFFS, D e s E n t l a r v e t e n, Z w e y t e r T h e i l :
E i n G e s p r ä c h e V o n d e r p a p i s t i s c h e n B i s c h ö f f e
u n d P f a f f e n ü p p i g e n u n d u n g e b ü h r l i c h e n
L e b e n, in viel und mancherley Geschichten und Reden vorgestellet und höflich gestrafft; Darbey auch unterschiedliche
Merckwürdigkeiten vorfallen. Dem Nachricht-liebenden Leser
zu Gefallen. Gedruckt im Jahr M.D.C.L.XXIX. (1679.) (Nebst
satyrischem Kupfertitel.) 4⁰.

> Doppeltit., 2 Bll. Zuschr. von „Andreä Löfflers (Buch-
> händlers) seel. hinterlass. Witwe u. Erben", 46 S. (incl.
> 8 S. Vorr.), 1 Bl. Reg. (zu Th. 2).

§ **BISCHOF,** P r ä l a t e n u n d N o n n e n. O. O. 1782. 8⁰.

BISCHOFF, Dr. (grossherz. sächs. Criminalgerichts-Dirigent in
Eisenach), M e r k w ü r d i g e C r i m i n a l - R e c h t s - F ä l l e
für Richter, Gerichtsärzte, Vertheidiger u. Psychologen, hrsg.
von —. 4 Bde. Hannover, Hahn'sche Hof-Buchh., 1833, 35,
37, 40. Gr. 8⁰. (9 ¹/₂ Rthl.) (In Weimar.)

> Vergriffene und gesuchte Sammlung von 60 s e h r i n t e r -
> e s s a n t e n C r i m i n a l p r o z e s s e n, z. Th. in freier u.
> drastischer Darstellung. Darin Untersuchungen über Kinds-
> mord, verheimlichte Schwangerschaft u. Geburt, Fahrlässig-
> keit bei unehel. Niederkunft, gewaltsame Nothzucht, Ehe-
> bruch, Bigamie, Kuppelei, Blutschande, Bestialität, Zer-
> störung des Fortpflanzungsvermögens, Concubinat, versuchte
> Abtreibung der Leibesfrucht etc. (15 frcs. Hausknecht, St.
> Gallen, 61. no. 622.)
> 1 : VIII—581 S. 2 : VI—644 S., 1 Bl. Err. 3 : IV—316 S.
> 4 : VII—463 S.

BISMARK, M a r i e v o n, o d e r L i b e u n d L i b e (so!),
ein Gemälde nach dem Leben (in Briefen, von *Chrn. Carl*

André 1763—1831). Erste, Zweite Suite (soviel erschienen).
Leipzig, 1786—88. Bei Siegfr. Leber. Crusius. 8⁰.

> I: 3 Bll., 164 S. (incl. Doppeltit.). II: 184 S. (incl.
> Tit.), 1 Bl. Druckf. 2 Bll. Nachschrift, d. 1. Suite betreff.
> Zur Charakteristik dieses verschrobenen, wenig bekannten
> Romans nur 2 Ueberschriften in Th. 2: P l a n z u r V e r -
> f ü r u n g (!) m e i n e r s c h ö n e n T o c h t e r , von mir
> selbst entworfen, d. 5. Mai 1769 (jedoch ohne Abdruck
> desselben, nur dieser Tit. auf S. 76); S. 147—82: S c h n e p -
> f e n b e r g , e. melodramat. Gemälde, eingerichtet zur Musik
> der beiden Melodrame „Ariadne auf Naxos" u. „Cephalus
> und Prokris". Zum Geburtstage des Doktor Z u k e r -
> m a n n (!), d. 1. Junius. — Auch in orthograph. Hinsicht
> ist das Buch ein Curiosum.

BISSMARCKS, Jo., F r u c h t b r i n g e n d e r L u s t g a r t e n .
Lüneb. 1647. 8⁰. „geschr."

> S o in der Bibl. Schadeloock. II. Nrb. 1775. p. 296. (sub
> libris poet.) angeboten für 8 xr.

BISTORIUS, C. (ps.), K r o n i k d e r H e i l i g e n . Nach Urkunden u. Legenden (in Versen à la Blumauer). Mit (3) Kpfrn.
(unsign. Radirgn.). Wittenberg, gedr. mit Rautischen Schriften
(Wien), 1787. 8⁰. (6 Mk. 50 Pfg. J. Taussig, 1907.)

> 321 S. (incl. Tit., 4 Bll. Vorber., 1 Bl. Inh., 1 S. Druckf.).
> 1. Leben des grosen (!) Heiligen, B e n e d i k t u s , Abt
> u. Ordensstifters (nach P. Frdr. H a r l e t , D. d. Gottes-
> gelahrheit (!), Prämonstr. Ordens, u. Chorherrn zu Würzb.).
> (S. 13—105, in 4 Kap.). 2. Leben der Heiligen G e n o -
> v e f a , gebornen Herzogin von Braband. In zween Ge-
> sängen (S. 107—208). 3. Leben des Heil. F r a n z i s k u s
> d e P a u l a , Stifter d. Ordens d. Mindern Brüder. (Nach
> e. Legend, besonders aber nach dem Hochwürdigsten Joseph
> Maria P e r r i m e z z i , dieses Ordens Professor, erstlich
> zu Oppido, dann zu Ravello, u. Scala Bischoffen, endlich
> aber Erz-Bischoffen zu Bistron, Zeit s. Ravellonischen Bis-
> tums beschrieb. Ihro Päbstl. Heiligkeit Klementi IX. didi-
> zirt (!); zweimal im italiänischen aufgelegt, u. in Venedig
> gedr. 1737. Dann ins deutsche übersetzt mit Gutheisung
> (sic!) der Geistlichen Obern, u. an Tag gegeben: Ist gedr.
> in Waldsassen, in 4to 1764"). (S. 209—321.)
>
> „Eine Parodie der echten Legenden, in Blumauer's Manier,
> voll Spott über den kathol. Glauben. Alle Heiligen werden
> hier ungefähr wie Antonius der Grosse von den Teufeln,
> die ihn unter allen möglichen Gestalten zu necken u. zu
> verführen trachteten, von den Witzeleien des Dichters um-
> drängt." Wolfg. Menzel III. p. 167.

BITAUBÉ, J o s e p h , in 9 Gesängen. Aus d. Französ. Mit
Frontisp., 1 Titelvign. u. 9 Kpfrn., M e i l inv., S t o c k sc.
Berlin 1768. 8⁰. (15 Mk., hübsches Expl., Gust. Fock, Lpz.,
1908.)

BITTEN, D i e s i e b e n , d e r E h e f r a u e n a n i h r e
M ä n n e r . I n V e r s e n abgefasst u. illustriert. (Kupferstich.)

1 Blatt in Fol. Nürnberg, Renner & Co. (2 Mk. Ferd. Schöningh, Osnabrück, 1905.) Rar!

§ * **BLÄTTER,** Die fliegenden, des XVI. und VII. Jahrhunderts, hrsg. von J. Scheible. Stuttgart, Scheible, 1850. 8⁰.

BLÄTTER, Humoristische, für Kopf und Herz von Jacob****** (d. i. Jacob Bischoff, geb. 1773, † 1824). Quartal I—II (soviel ersch.). Nürnberg 1799. 8⁰.

> Goedeke V, 365, 55, 1 nennt nur Quartal I.

BLÄTTER, Lose. Humoristische Hochzeitszeitung. Samstag, den 9. Juni 1894. Verfaßt von Hugo Kühnel in Engelsberg. Druck von W. Krommers Witwe in Freudenthal.

> In Oesterreich verboten.

BLÄTTER für Polizey u. Kultur für 1801—3 (hrsg. von Aug. Chrn. Heinr. Niemann). Tübingen 1800 (!). (In Hamburg, Commerz-Bibl., u. in Schleswig, Provinzial-Bibl.)

> Anon.-Lex. I. p. 244 (nach Kayser).

BLÄTTER, Romantische (4 theilweise etwas freie Novellen von *Chrn. Aug. Vulpius*). Leipzig, Jacobäer, 1798. 8⁰. (1 Mk. 40 Pfg. W. H. Kühl, Berlin, c. 1883.)

> Tit., 1 Bl. Vorr. u. 258 S. — Inh.: 1. Rinaldo u. Serena. 2. Die Hamadryade. 3. Rosa Fiori. 4. Felix u. Isabella. Das Anon.-Lex. I. p. 245 hat die Jahrzahl „1795" (nach Engelmann u. Kayser).

BLÄTTER, Scherzhafte, für Frohsinn u. muntere Laune. Wien 1805. 8⁰. 206 S. (1 Mk. 50 Pfg., J. Taussig, c. 1905.)

BLÄTTER, Verlohrene, zur Unterhaltung des Witzes und Verstandes. Aus der Französ. Litteratur. 2 Thle. Mit 2 Kpfrn. Libau, bei Joh. Dan. Friedrich. 1792. 8⁰. Selten! 232 u. 240 SS.

> Enth. u. a.: Das wunderbare Abentheuer, od. der glückliche Liebhaber. — Das Dorffrühstück, od. die Abentheuer der Unschuld. — Dem Andenken Diderot's (1713 bis 84). etc.

BLÄTTER für Bibliophilen. Bibliographie der Sexualwissenschaft. Hrsg. von Willy Schindler. Heft 1—4 (nicht mehr erschienen). Wilmersdorf-Berlin, Willy Schindler (!) Verlag (1907—8). 8⁰. (à Mk. 1.—.)

> U. a.: Kind, Dr. Alfred: Die Bedeutung der erotischen Weltliteratur für die Sexualforschung. — Ders.: Zur Psychologie des Obszönen. — Ders.: Friedrich S. Krauss. — Hans Ostwald: Erotische Volksunterhaltung. — Ernst Klein: Franz von Bayros. — Ders.: Casanova. — Ders.: Moderne deutsche Erotica. — Heinrich Conradt: Lesbierinnen. — Dr. Alfred Semerau: Anthoine de la Sale. — Zahlreiche Bücherbesprechungen, besonders von Eroticis und sexualwissenschaftl. Werken. — Mittheilungen und Berichte über Prozesse, Confiscationen, Denunciationen u. s. w.

BLÄTTGEN, Das, der Liebe für junge Eheleute, welche eine glückliche Ehe führen wollen. Mit TKpf. Hymens-hayn, im Jahr der Liebe (ca. 1800). 12⁰.

> Bibl. Bülov. II, Abth. 4, S. 144; Weller, fing. Dr.

BLAGUISKOF, Baronin (ps.?), Liebesleben einer Schwindlerin, aus d. Französ. (c. 1900). (Mk. 1.—, W. A. Gabriel, Berlin, c. 1898.)

BLANCHARD (ps.?), Die Gespenster der Nacht, oder die Schrecknisse der Schuldigen. Ein Schauplatz der Frevel, enthaltend, in Form histor. Novellen, Erscheinungen höllischer Ungeheuer, unheilbringender Trug-gestalten, mörderischer Kobolde, grauser Gespenster und trie-fender Blutbühnen. Nach d. Französ. des *Blanchard*. 2 Bde. Sondershausen u. Nordhausen, Voigt, 1822. 8⁰. Selten!

> 198 u. 165 SS. Mit TKpfrn. Enth. 8 freie Novellen. Bd. I: Das klagende Mausoleum der Liebe. — Das Alp-drücken des Verbrechens. — Das Gespenst d. Rache oder der belebte Dolch. — Der Hund, als Verräther der Schuld, oder die Bäder von Blut. — Bd. II: Die blutige Ent-führung der schönen Jenny, oder die englische Lucretia. — Das anklagende Gespenst Peter III. — Der Bär und die Jungfrau in dem Mordkeller der kalabresischen Räuberhöhle. — Der reuige Galeerensklave.

BLANCHARD. — S. auch Schatten, die blutigen.

§ **BLANCKARDUS,** Caspar, Neuer Historischer Lust-Garten. Nürnberg 1701. 12⁰.

BLANCKARDUS, Historisches Lust-Gärtlein. Dar-innen 100 auserlesene . . . . . Historien. Samt einem An-hang lustiger Geschichten u. Gedichten. Mit TKpf. Nürnberg 1718. 12⁰.

> Haydinger's Bibl. I. 1. no. 333. — Beides rar!

BLANDINE. (Roman.) Frankfurt a. M., Dan. Simon, 1802. 8⁰. II—176 S. (2 Mk. J. Taussig, 1907.)

> Kayser hat: „Blandine, ein Roman, zur Bildung der Weiber". Ibid. eod. a. (18 ggr.)

BLANDINE, Die schöne, und ihre Freyer. Mit 1 Kupfer von Penzel. Leipzig 1803, bey Heinrich Gräff. Kl. 8⁰. (3 Mk. J. Taussig, 1907; 5 Mk. Gust. Fock, 1907.)

> Tit. u. 264 S. (incl. 3 Bll. Vorst.).

BLANDY, Maria (Vatermörderin, 17. April 1752 zu Oxford hingerichtet). — Die unglückliche Liebe der Jungfer Maria Blandy, welche auf Veranlassung ihres Liebhabers ihren Vater durch Gift umgebracht, und den 17. April 1752. zu Oxford ein öffentliches Opfer der Gerechtigkeit geworden ist. Aus Ihrem eigenen Berichte u. den Criminal-Acten übersetzt. (Ornament.) Hamburg u. Leipzig, bey Georg Christ. Grund u. Adam Heinr. Holle. 1753. 8⁰.

Tit., 2 Bll. Vorber., 4 Bll. „Gedanken (in Versen) über die unbedachtsame u. unglückl. Liebe der Jungfer M a r i a B l a n d y", 182 S. Text. — Sehr selten!

BLANNBEKIN (= Blannbeckin), Agnes (saec. XIII). — P a n i z z a, Oskar (Zürich), A g n e s B l a n n b e k i n, e i n e ö s t r e i c h i s c h e S c h w ä r m e r i n a u s d e m 13. J a h r- h u n d e r t, nach den Quellen. 2 Hefte. à 8 S. in 4to. Ver- griffen! (10 Mk. Edm. Meyer, Berlin, c. 1905.)

> Zürcher Diskussionen. Heft. X—XI.
> Ein überaus rares, hieher gehöriges Buch verzeichnet das Anon.-Lex. II. p. 251 (nach Meusel): H a d r i a n u s P o n t i u s, H i s t o r i a l i b r i r a r i o r i s: V e n e r a b i l i s A g n e t i s B l a n n b e c k i n v i t a e t r e v e l a t i o n e s. (Ed. Carol. Chrn. H i r s c h.) Francofurti et Lipsiae 1735.

BLANSEE u. A d e l h e i d. Familiengruppen schöner Seelen. (Freier Roman.) Aus d. Französ. Halle u. Berlin 1802. 8⁰.

> Tit., 1 Bl. Vorr. d. Uebersetzers u. 236 SS.

BLANSEY, ein Roman . . . . aus d. Französ. (des *Jean Claude Gorjy* von Johannes L a n g). Neuwied 1760.

> Anon.-Lex. I. p. 246 (nach Goedeke, Kayser, Meusel).

* **BLASCHKO,** A., D i e m o d e r n e P r o s t i t u t i o n. (Die Neue Zeit. 1891—92. Bd. II.)

BLASIUS, J. M. (ps.), L i b e r s i n e t i t u l o a u f d e m B l o c k s b e r g g e f u n d e n. 1784. Rar!

> Weller, Lex. Ps. p. 75.

BLATT, D a s r o t h e. Novellen, Erzählungen und Schnurren (verfasst von *Joh. Michael Armbruster,* geb. 1. Novbr. 1761 zu Sulz in Würtemb., erschoss sich 17. Januar 1814 in Wien). Berlin (Regensburg, Montag u. Weiß) 1791. 8⁰. (60 Pfg. Coppen- rath, Regensburg, c. 1890; jetzt theurer!)

> Ueber d. Vf. s. Gradmann, Gelehrtes Schwaben, S. 13—15.

BLAU, Peter (ps.), A d o l f i n e, Gräfin v. Nuor. 2 Bde. Leip- zig 1803. 8⁰.

> Weigel's Novbr.-Auct. 1875. p. 151.

BLAU, H u g o l i n ' s, S t a d t o r g a n i s t e n z u Y p s, M o r g e n l ä u f e u n d A b e n d r u h e. 2 Bdchn. Mit 1 (freien) TKpf. Leipzig, Sommer in Commiss., 1802. 8⁰.

> 158 u. 160 Seiten. — Zahm.

BLAU, S a n t a l m i r. (Roman.) 1805.

> Weller, Lex. Ps. p. 75.

* **BLAUFUSS,** Jac. Wilh. (Theol. Dr. et Philosoph. Prof. extraord., † 3. Juni 1758 zu Jena, 53 J. alt). — Z w o S c h e r z- r e d e n, unter welchen die Erste die V o r z ü g e d e s F r a u e n z i m m e r s v o r d e n M a n n s p e r s o n e n i n d e r B e r e d s a m k e i t, die Andere aber die V o r z ü g e d e r M a n n s p e r s o n e n v o r d e m F r a u e n z i m m e r i n d e r G a l a n t e r i e den witzigen Menschenfreunden anpreiset, in der teutschen Gesellschaft in Jena gehalten, und auf Verlangen

einiger Liebhaber der schönen Wissenschaften zum Druck befördert, von M. *Jacob Wilhelm Blaufus* (!). JENA, verlegts Georg Michael Marggraf, 1745. 4⁰. 48 S. (24 Mk., zus. mit den 4 folgenden Schriften, Emil Hirsch, München, 1907:)

> „B. gehörte zum Gottsched-Kreise und spricht in der ersten Rede wiederholt über die literarische Bedeutung der „S c h w a r t z i n n, der Freundin Opizens" und der G o t t - s c h e d i n n."

* **BLAUFUSS.** — A b g e n ö t h i g t e V e r t h e i d i g u n g d e s a r t i g e n G e s c h l e c h t e s w i d e r d i e e r s t e S c h e r z - r e d e, welche von dem Herrn M. *Jacob Wilhelm B*** unter der Aufschrift, die Vorzüge des Frauenzimmers vor den Manns-Personen in der Beredsamkeit den witzigen Menschen-Freunden angepriesen in der Hochlöblichen teutschen Gesellschaft in Jena gehalten und alsdann zum Druck befördert worden, verfertiget und vor die vernünftigen Verehrer des schönen Geschlechtes herausg. v o n e i n e m e h r l i c h e n T e u t s c h e n (Gottfr. *Friedr. Amandus Trautmann* in Jena). JENA, bey Georg Michael Marggrafen. 1746. 4⁰.

> Tit., 7 Bll. Zuschrift an Blaufuss, 55 S.

* **BLAUFUSS.** — F o r t s e t z u n g d e r a b g e n ö t h i g t e n V e r t h e i d i g u n g d e s s c h ö n e n G e s c h l e c h t e s, und zwar wider die zweite Scherz-Rede des Herrn M. *Jacob Wilhelm Blaufuss*, welche unter der Aufschrift, die Vorzüge der Manns-Personen vor dem Frauen-Zimmer in der Galanterie, in der teutschen Gesellschaft in Jena öffentlich 1745. gehalten worden. Vor die vernünftigen Verehrer des schönen Geschlechtes, herausg. von einem ehrlichen Teutschen (*G. F. A. Trautmann* in Jena). Frankfurth u. Leipzig (Jena, Marggraf), 1747. 4⁰.

> Tit., 3 Bll. Zuschr. an Blaufuss [unter der sich Trautmann als J. V. Doctorand vorstellt], 40 S.

* **BLAUFUSS.** — A b g e n ö t h i g t e A n t w o r t a u f G o t t - l i e b F r i e d r i c h A m a n d u s T r a u t m a n n s, beyder Rechten Doctoranden u. Jurispracticum alhier (sic!), abgenöthigte. Vertheidigung des artigen Geschlechtes, nebst einer Zueignungsschrift an eben denselben. Hrsg. v. M. *Jacob Wilhelm Blaufu*s. O. O. u. J. (Jena, Marggraf, 1747). 4⁰. 31 S.

* **BLAUFUSS.** — K u r z e B e a n t w o r t u n g d e r a l z u h ö f - l i c h e n (!) A n t w o r t d e s H e r r n M. J a c o b W i l - h e l m B l a u f u ß, welche er auf die abgenöthigte Vertheidigung des artigen Geschlechtes herausgegeben hat, nebst einer Vorrede an dem (sic!) Leser, einen (!) Danksagungs-Schreiben an ermeldeten Herrn M. *Blaufuß*, und einen (!) Anhang verschiedener neuer Fehler Desselben, verfertiget von einem ehrlichen Teutschen *(G. F. A. Trautmann)*. Frankfurth und Leipzig (Jena, Marggraf) 1747. 4⁰.

N i c h t im Anon.-Lex.

* **BLAUFUSS,** Jak. Wilh. (der Vorige), V e r s u c h e in d e r D i c h t k u n s t. Jena 1755. 8⁰. 196 S. u. Reg. Rar!

* **BLAUSTRUMPF,** M. Leberecht, V i e r p o s s i e r l i c h e Ge-d i c h t e, als I. Eines Wittenbergischen Edelmanns Poetische Abschilderung des gewöhnlichen Studenten-Lebens; II. Eines Höllischen Passagiers Lobgedichte auf das eingeführte Pursicalische Karbatschen-Klatschen . . . . zum Druck befördert von M. — —, Halbehrwürdigen Mitgliede der Froschmäusler-Gesellschaft. Schönstädt, 1746. 4⁰. 24 S. (In Berlin 2 Expll.: Yk 8796; B. Dz. 2764. 4⁰.)

BLAUSTRUMPF, d e r, oder B r e i t i n g s A b e n t e u e r u n d t o l l e S t r e i c h e. 3 Bde. Hamburg und Mainz 1804. 8⁰. (6 Mk. 50 Pfg. Alfred Lorentz, Lpz., 1905.)

* **BLAZZO,** C a s t e l l, eine Romanze (in 6 Büchern). Regensburg, Montag, 1789. 8⁰.

> Burleskes Opus, in Bürger's u. Blumauer's Geschmack. 70 S. (incl. 3 Bll. Vorst.). Lat. Lett. Der Pseud. unter‡ zeichnet die Widm. an die „Hochwohlgeb. Frau Amalia Mirabella (vermaehlte CHristalline Felicia, geb. Salamandrin von Radiante": „Geträumt im Bauche des Wallfisches am 1sten Marientage 1789." „Don E d u a r d P a d m a n a b a". (F e h l t bei Weller.)

BLEI, Franz (Dr. phil. in München, geb. 18. Jan. 1871 zu Wien), D i e g a l a n t e Z e i t u n d i h r E n d e. P i r o n, A b b é G a l i a n i, R é t i f de la Bretone, G r i m o d de la R e y n i è r e, C h o d e r l o s de Laclos. Mit 1 Heliogravüre, 1 Faksimile u. 10 Vollbildern in Tonätzung. Berlin Bard, Marquardt et Co. (190*). Breit-12⁰. Verzierter Orig.-Carton. — *A. E.:* Gedr. in Leipzig bei Poeschel & Trepte. (Mk. 1,25; in echt Pergament gebd. 2,50.)

> Bildet Bd. 3 von: D i e L i t e r a t u r. Sammlung illustrierter Einzeldarstellungen. Hrsg. von Georg B r a n d e s. — Ueber den Abbé G a l i a n i erschien von Blei bereits 1895 eine Einzeldarstellung.

BLEI, D a s L e s e b u c h d e r M a r q u i s e, ein R o k o k o-b u c h. München, Hans v. Weber, 1908. 8⁰. II u. 144 S. Mit 8 z. T. handkolorierten Vollbildern, vielen Rahmen, Vignetten usw. von Constantin S o m o f f auf Van Geldern (800 numerierte Exemplare) in goldgepreßtem roten Maroquinbande. (Preis ungefähr 25 Mark, Luxusausgabe auf Japan (höchstens 50 Expl.) ungefähr 50 Mark.)

> „Unbedeutend, aufgewärmter Abhub von der Rokokotafel." (Dr. K i n d t.)

BLEI, Prinz Hypolit und andere Essays. Leipzig, Insel-Verlag, 1903. (Druck von Spamer, Lpz.) Kl.-4⁰. Origlwd. (Mk. 6.—) (4,50 Mk. Bernh. Liebisch, Lpz., 1906.)
Beardsley. E. T. A. Hoffmann. Ninon de Lenclos etc.

— — Dasselbe. Luxusausgabe. (Vergriffen.)

BLEI, Die Sehnsucht. Komödie in 3 Akten. Wien 1899. 8⁰. (3 Mk. Emil Hirsch, München, 1907.)
Als Manuskript gedruckt. Nicht im Handel.

BLEI, Von amoureusen Frauen. Mit Illustrationen (in Vollbildern). (Berlin 1908.) 12⁰. V—67 S. (Gebd. Mk. 1.50.)
„Ein wundervoller Essay in einer Sprache voll herber Schönheit, das Ganze reizend ausgestattet mit Portraits von Margarete v. Valois, Brantôme, Casanova, Katharina v. Medici, Maria Stuart, Ninon de Lenclos, Marion Deloime, Lady Hamilton, George Sand und Alfred de Musset." (Dr. Kindt.)

BLENDUNG, Die, aus d. Französ. (des *Poinsinet de Sivry* übers. von Joh. Phil. Schulin). Bayreuth 1759.
„Geistvolle Satyre auf die damalige Gesellschaft."
Orig.: La berlue. Londres à l'enseigne du Lynx 1759. 12⁰. 10 et 166 pp. Ouvrage rare dédié: „aux aigles Illustres oiseaux, parce qui'l faut abandonner l'espèce humaine, pour trouver des êtres qui voient clair" . . . . (14 Mk. Max Harrwitz, 1904.)
Das Anon.-Lex. I. p. 246 nennt den Uebersetzer, aber nicht den Verfasser.

— — Dasselbe. Neue Auflage. Ebd. 1767.

BLENKE, H., De sponsalibus. Von den Verlobungen. Harderovici 1702. 8⁰.
Mit 2 holländ. Gedichten. (12 Sgr. Bielefeld 37. no. 51.)

BLESSIG, C., Gedichte. Nürnberg (Fr. Campe) 1839. Gr. 8⁰. (1½ Rthl.)
Wolfg. Menzel III. p. 476: „Eine lächerliche Parodie des tragischen Lenau."
Ganze Bündel von zärtlichen Gedichten an nicht weniger als 26 verschiedene Schönen, in welche der Dichter immer gleich feurig verliebt, bei denen er aber nicht immer gleich glücklich ist, so dass wir ihn bald vor Vergnügen, bald vor Furcht u. Aerger zappeln sehen."

BLEY, Fritz, Circe. Roman. Dresden 1893. 8⁰. (2 Mk. 60 Pfg. L. Rosenthal, München, 1907.)

BLEYER, N., Newe Paduanen, Galliarden, Canzonen, Sinfonien Erster Theil. Leipzig 1624. 4⁰.
Weller, Annalen II. p. 42 (nach Becker, Sp. 289).

BLICK, Der, ins Jenseits. Eine prickelnde Geschichte. Mit Illustrationen. (c. 1900.) (1 Mk. 50 Pfg. Reinhold Klinger, Berlin, 1905.)

BLICK, Ein, in den faulen Sumpf des Pietistentums. Hrsg. zur Warnung für die sündige Welt. Eine wahre

Geschichte nebst einem Anhang pietistischer Anekdoten. Bern, Jenni, o. J. (1841). 8⁰. (80 Pfg. A. Bielefeld,
c. 1885; 50 Pfg. G. Priewe, c. 1895; jetzt theurer!)

§ **BLICK**, Kurzer, in die geheimen Machinationen
der Mönche. Regensburg 1802. 8⁰.

BLICKE, Einige, in die Herzen der Lasterhaften
(von *Gottlob Timotheus Michael Kuehl*). Hamburg 1784.

 Anon.-Lex. I. p. 247 (nach Kayser u. Schröder).

BLICKE auf Menschen oder auffallende Scenen
aus dem Menschenleben.... Th. 1. (einz.). Magdeburg 1792.

 Anon.-Lex. I. p. 247 nennt als Verfasser: Joh. Chr.
Giesecke (nach Kayser), als Herausgeber, mit d.
Jahrz. „1793": Joh. Chrn. Wagner (nach Goedeke).

§ **BLICKE**, Freymüthige, des Philosophen in's
Mönchswesen (von *Lorenz Hübner*). Frankfurt u. Leipzig 1779. 8⁰.

 Anon.-Lex. I. p. 247 hat: O. O. 1779. (nach Meusel).

BLICKE in das Innere der Prälaturen oder Kloster-
Ceremonien im achtzehnten Jahrhundert. In
Briefen (von *Friedr. Nicolaus Baur*). 2 Bdchn. Mit 9 (statt 10)
drast. Radirungen (unsign.). O. O. (Gotha, Ettinger) 1794—99. 8⁰.
2¹/₂ Rthl.) (Bdchn. 1 in Görlitz, Bibl. d. Oberlaus. Gesellsch.
d. Wiss.) (10 Mk., Expl. mit 9 Kpfrn., Scheible, 1892; 6 Mk.,
o. O. 1799, W. Koebner, Breslau, c. 1880.)

 1: 146 S. (incl. Tit. u. 2 Bll. Vorr.), 9 Briefe enth.,
2 Bll. Erklärung der 6 Kupfer, 1 Bl. Inh. (Kupfer 5 wurde
unterdrückt.)

 2: XXVIII—426 S., 1 Bl. Druckf. 11 Briefe enth. Mit
4 Kpfrn. u. Musiknoten zu alten latein. Kirchen-
Hymnen. Die Nachschrift ist unterz.: „Geschrieben in
meinem lieben Franckenlande, im 18. Jahrhundert, wo
ich — mit sehr wenigen (!) zufrieden seyn muss, und wirklich zufrieden lebe." Der Verfasser u. Herausgeber.

 Verf. nennt Weber, Möncherei, 2. A., IV. 1849, S. 398;
Verleger nennt Ersch, I. 2. 1822. no. 1989. Weber l. c.:
„Schade! dass das versprochene dritte u. letzte
Bändchen nie erschienen ist." Obiges Werk u. die
„Briefe aus d. Noviziat" (Joh. Pezzl's) bezeichnet W.
als die beiden lehrreichsten Schriften, die uns so recht
in das Innere der dunkeln Klöster blicken lassen.

 Anon.-Lex. I. p. 247 (nach Felder, Kayser, Meusel).

BLISZ, P., Auf Amors Pfaden. 7 kleine (zahme) Liebesgeschichten. Berlin, o. J. (c. 1900). 96 S. 8⁰.

 R. Zinke's (Dresden) Septr.-Auction 1907, no. 1154.

BLITZE von dem goldenen Kalbe mit Timaleths
Notaten (von *J. J. Du Toit*). Germanien (Dessau, Tänzer)
1804. 8⁰. 280 S. (1 Mk. 50 Pfg. J. M. Heberle, Cöln, 1888;
2 Mk. 50 Pfg. Julius Neumann, Magdeb., 1906.)

 Fehlt im Anon.-Lex.

BLOCKSCHLEYFFER, Der Arglistige. — Die Listigen Blockschleyfferinen (!). (Goffardt exc.) — Schantzen- und Wag-Spiel, Unterschiedlich Hitzig Verliebten, So Manns als Frauenpersonen. Qu.-Fol. — 3 kulturhistorisch u. costümlich interessante Blätter mit curiosen Versen: „Gewesene Jungfrawen tragen auch noch Kräntz, Arglistige Füchse tragen Grosse Schwäntz" etc. (ca. 1620). (75 Mk. E. Frensdorff, 1904.)
> Aeusserst selten!

BLOHM, Mich. Dieterich, Vermischte GEDICHTE. .... Altona, verlegts D. Iversen, 1756. (Nebst Kupfertitel.) Kl. 8⁰. (In Warmbrunn.)
> v. Maltzahn III. p. 406.

BLOMBERG, Barbara. — Barbara Blomberg, vorgebliche Maitresse Kaiser Karls des Fünften. Eine Originalgeschichte in 2 Theilen (von *Christiane Benedicte Naubert*, geb. *Hebenstreit*, geb. 13. Sept. 1756 in Leipzig, † das. 12. Jan. 1819). Leipzig 1790. 8⁰. (Im British Museum.) (1 ½ Rthl. H. W. Schmidt, Halle, vor 1870; 80 Pfg. (!) Ferd. Schöningh, Osnabr., 1905.) Zahm.
> Das Anon.-Lex. I. p. 248 hat die Jahrzahl „1789", Goedeke aber V, 497, 15, 13: „1790".

BLONDCHEN der Zigeunerfindling. Eine romantische Geschichte. Neue Aufl. Reichs-Commissions- u. Industrie-Bureau, o. J. (Leipzig, Joachim, c. 1808). 8⁰.
> 216 S. Freien Inhalts. — Zuerst gedr. Zofingen (ebd.) 1805. 8⁰. (Weller, fing. Dr.) (2 Mk. Franz Teubner, c. 1895.)

— — Dasselbe. Leipzig 1825. 8⁰.
> Behrendt, Berlin, Lhbiblcat. p. 104.

§ **BLONDHEIM's,** Eduard, geheimes Tagebuch oder Lebensgeschichte. Leipzig, Dyck, 1777. 8⁰. (½ Rthl.)

§ **BLONDEL,** Jac. (d. i. *John Henry Mauclerc*), Drey merkwürdige physikalische Abhandlungen von der Einbildungskraft der schwangeren Weiber u. derselben Wirkung auf ihre Leibesfrucht. Aus d. Engl. des Hrn. — übers. Strassburg 1756. 8⁰. Rar!
> Seltene satyr.-pikante Schrift, (½ Rthlr. Scheible; 3 Mk. Völcker, Frkft. a. M., Anz. 19.)
> Französ. Uebers.: Sur la force de l'imagination de femmes enceintes sur le foetus, trad. de l'angl. par A. Brun. Leyde 1737. 8⁰. (2 Mk. 10 Pf. Auct. Davidsohn, no. 3818.)

BLORR, Hanns von, der Letzte seines Stammes. Eine Geschichte aus der jetzigen Ritterwelt (von *Heidrich*, Arzt zu Troppau, dann zu Wolmirstedt). Mit Titelkpf. Zerbst, bei Andreas Füchsel. 1795. 8⁰. (3 Mk. 50 Pfg. H. Lesser, Breslau, c. 1875; jetzt theurer!)

Stellenw. lascives und sehr rares Opus. Titel u. 332 S. — Cfr. Nationalzeitung der Teutschen 1797, S. 11, 238 ff. — Goedeke V, 529, 53.

BLÜMML, E. K., Erotische Volkslied aus Deutsch-Oesterreich, s. Oesterreich.

BLÜTHEN, Herrliche, der französischen Romantik. Nordhausen 837. (In München, Gmähle's Leihbibl., no. 15219.)

Metalla. — Das maurische Armband.

BLÜTHENLESE spanischer Volkspoesie. (16 sotad. Holzsch.-Vollbilder auf Cartonpap., mit entsprechenden Reimen in altbayer. Dialekt [Romanzenton]. In erotisch-illustr. Orig.-Umschl., rosa Pap. (ca. 1895). 8⁰. (Antiquarisch 5—6 Mk.)

BLÜTHEN und Blätter, gereimte Prose (!) oder: am Fuße des Helikons gesammelt von *(Franz Peter) G(ec)k(er)t.* Mit 1 Kpf. Neisse und Leipzig 1804. Gr. 8⁰. (In Warmbrunn.) Rar!

Anon.-Lex. I. p. 248 (nach Goedeke).

BLUM, Adolf (d. i. *Jos. Aloys Gleich*), Der Eheteufel auf Reisen. Komische Novelle aus dem Geisterreiche. Leipzig, bei Joh. Friedr. Hartknoch. — *A. E.:* Rudolstadt, gedr. in Dr. C. P. Fröbels Hofbuchdruckerei. Hartknoch, 1821. 8⁰. Tit., 1 Bl. Inh., 266 S. Zahm. (8 Mk. K. W. Hiersemann, Lpz., 1905.)

BLUM. — S. auch Nächte, Drei, ausser dem Brautbette.

BLUM, Eduard (d. i. *Benjamin Silber,* 1772—1821), Die getäuschte Liebe, eine (ziemlich zahme) Autobiographie. Weissenfels 1802. 8⁰.

— — Dasselbe, titulo: Die deutsche Xantippe, oder der zerstörte Hausfriede. Ein Warnungsspiegel für junge Ehemänner. Weissenfels und Leipzig 1805. 8⁰.

Goedeke VI, 390, 20, 1.

BLUMAUER, Aloys, Die Abentheuer des frommen Helden Aeneas oder: Das zweyte Buch von Virgils Aeneis. Travestiert. Mit Titelvign. Wien u. Prag 1782. 8⁰.

Seltener Druck! Erste Probe von Blumauers Travestie als Fortsetzung folgender Arbeit (von *Joh. Benj. Michaelis):* Leben und Thaten des theuren Helden Aeneas. Erstes (einz.) Mährlein. Halberstadt 1771. 8⁰. (5 Mk. 50 Pfg. Bernh. Liebisch, Lpz. 1907.)

BLUMAUER, Virgils Aeneis. Erstes Buch. Travestirt. Wien 1783. 8⁰.

Erster seltener Separatdruck. — Haydinger's Bibl. I. 2. Wien 1876. no. 59.

BLUMAUER, Virgils Aenneis travestirt. 3 Bde.
Ebd. 1784—85. 8⁰.

> Eine Ausgabe, Wien 1784—88, 8⁰, war in Karajan's Bibl. I.
> Lpz. 1875. no. 3915. (8 Mk. L. Rosenthal, 1907.)

— — Dasselbe. 4 Thle. Frankf. 1788—94. 8⁰. (5 Mk.
50 Pfg. l. c.)

> Complete erste Ausgabe. Enth. auch in Th. 4 die
> von Prof. Carl Wilh. Friedr. Schaber travestirten Ge-
> sänge 9—12. Blumauer selbst hat nur 1—8 be-
> arbeitet.

BLUMAUER. — Blumauer bey den Göttern im Olympus über die Travestirung der Aeneis angeklagt: oder Tagsatzung im Olympus, Virgilius Maro contra
Blumauer in puncto labefactae Aeneidos. (Streitgedicht.) Hrsg.
von einem P*** *(Wolfg. Anselm v. Edling?)*. Leipzig und
Grätz, bei Franz Ferstl, 1792. 8⁰. (7 Mk. 50 Pfg., Expl. auf
starkem Papier im Ppbd. der Zeit, F. Waldau, Fürstenwalde,
1907.)

> Anon.-Lex. I. p. 248 (nach Goedeke).

— — Dasselbe. 2. Aufl. Gräz und Leipzig 1796. 8⁰. (6 Mk.
L. Rosenthal, 1907.)

— — Dasselbe. Mit Anhang. 3. Aufl. Leipzig 1810. 8⁰.

> Prof. v. Karajan's Bibl. I. no. 3916.

BLUMAUER. — Bockornius (ps.), Blumauer travestirt. 1784.
8⁰. (l. c., Beibd. 1.)

BLUMAUER. — An Herrn Blumauer. Eine Fabel über
die vom Prof. *Schaber* (s. weiter ob.) travestirten 4. Theil der
Aeneis. Wien 1784. 8⁰. (l. c., Beibd. 2.)

BLUMAUER, Gedichte. 2 Thle. Mit Kpfrn. Wien 1787.
8⁰. (l. c. no. 3914.)

BLUMAUER, Gesammelte Schriften. Gesammt-Aus-
gabe mit dem Bildnisse des Verfassers und neun humoristischen
(z. Tl. sehr freien) Illustrationen von Theod. Hosemann. Stuttgart 1877. 8⁰. 616 S. Orig.-Lwdbd. (14 Mk.
50 Pfg. E. Frensdorff, c. 1905.)

> Vergriffen und selten!

BLUMAUER. — Probeblätter aus A. Blumauer's
sämmtlichen Werken. Mit Nachlass, Biographie, Porträt u. 16 Bildern. Verlag v. Moriz Stern, Wien. Druck v. M.
Bettelheim, Wien.

> Verboten v. L.-G. Wien, 9. Juni 1884. § 516.

BLUMEN auf den Altar der Grazien (von *Georg
Schatz*). Mit Titelkpf. Leipzig, Dyk, 1787. Kl. 8⁰. (Im British
Museum; auch in Warmbrunn.)

> Anon.-Lex. I. p. 248 (nach Meusel, v. Maltzahn u.
> Jördens).

BLUMEN deutscher Dichter aus der ersten Hälfte des 17. Jahrh., gesammelt von G. A. H. Gramberg. Oldenburg 1805. 8⁰. (1 Rthl.)

> Schlesinger's (ehemal.) Leihbibl., Berlin 1827, S. 16.

BLUMEN, Wilde, im Irrgarten der Liebe. (Gedichte.) O. O. u. J. (c. 1850). 8⁰.

> Sehr selten! (1 Rthlr. Schletter, Breslau, v o r 1870; jetzt viel theurer!)

BLUMENFELD, Ewald, Paulinens Reise nach Deutschland, s. bei C o b u r g.

BLUMENFELD, oder Gemälde unserer Tage, wahre Geschichten. Ein Ersatz für Romane. Mit 1 Kpf. Berlin u. Leipzig (Dresden) 1794. 8⁰. (18 ggr.)

> F e h l t Kayser unter Romanen.

BLUMENHAIN, C a r l, und A m a n d a v o n M o r g e n r o t h. Ein Roman. Quedlinburg, Ernst, 1793. 8⁰. (²/₃ Rthl.)

BLUMHAIN oder Gemählde der Zeitgenossen. Wahre Geschichten. Mit (5) Kupfern (interess. Radirungen, incl. erot. Titelkpf., sämmtl. unsign.). Berlin u. Leipzig (Freiberg) 1788. 8⁰. (In Hamburg, Stadtbibl.) Aeusserst selten!

> Erot. Titelkpf. (alter Mönch magnetisirt eine in der Klosterzelle in sehr freier Haltung und mit entblösstem Busen auf dem Bettrande sitzende, noch junge Aebtissin), Tit., 1 Bl. „Erinnerung", 1 Bl. „Erklärung der Kupfer", 239 S. — Kayser hat u n r i c h t i g „Blumenhayn".
> Unter der famosen Auswahl wirklich interess. Geschichten h e r v o r z u h e b e n : L i n a, ein Beispiel von Weiber-gelehrsamkeit (S. 134—147). — U e b e r H a m b u r g s S ö h n e u n d T ö c h t e r. (Pikanter Auszug aus e. Briefe aus Hamburg, S. 170—177.) — Magnetismus (S. 194—204). — A v a n t u r e n e i n e r m a g n e t i s c h e n R e i s e, oder d i e W a l l f a h r t d e r h e i l i g e n d r e y K ö n i g e v o n H a m b u r g. (Satirisch-komisch.)

BLUMENKÖRBCHEN, D a s, der praktischen Verfeinerung des Lebens bestimmt (von *August Friedrich Cranz*). Hamburg 1785.

— — Dasselbe. Berlin 1793.

> Anon.-Lex. I. p. 249 (nach Kayser, Meusel u. Schröder).

BLUHMENKRANZ (!), D e r. Eine Nationalwochenschrift. Zelle 1773. 4⁰. Rar!

> Bibl. J. J. Schwabii.

BLUMENLEBEN (oder) C a r l o. (Sonderbarer phantast. Liebes-Roman, mit Versen untermischt.) Penig, S. Dienemann u. Comp., 1804. — A. E.: Chemnitz, gedr. bei C. G. Kretschmar. 8⁰.

> Titel, 1 Bl. Widmung, 310 S.

BLUMENLESE, E p i g r a m m a t i s c h e. (Hrsg. v. E. F. R ü h l). 3 Sammlungen. Offenbach, Weiss, 1776, 76, 78. 8⁰. 160, 157, 160 SS.

In W. v. Maltzahn's Bücherschatz wird S. 424 „J o h.
A n d r e" als Verfasser (! ?) genannt.
Hirzel 18. Sehr selten ! Enthält von G o e t h e : I. S. 46:
Der Recensent; S. 131: Ein Gleichniss; Goedeke IV.
643. 48 und 48a. Die übrigen Gedichte sind von André,
Blum, Claudius, Gleim, Goeckingk, Hahn, Heinse, Käst-
ner, Klopstock, Lenz, Lessing, Meissner, Mylius, Pfeffel,
Schink, K. E. K. Schmidt, Schubart, Voss, H. L. Wagner,
Weckherlin u. v. a. (120 Mk., hübsches Exemplar in gleich-
zeitigem braunen Lederband mit Rückenvergoldung, J. Halle,
München, 1907.)

BLUMENLESE, A l l g e m e i n e , d e r T e u t s c h e n (hrsg. von
Joh. Heinr. F ü e s s l i). 6 Thle. Zürich 1782—88. Kl. 8⁰. (Im
British Museum.)

> Anon.-Lex. I. p. 250.

BLUMENLESE, P r e u ß i s c h e , f ü r s J a h r 1782. Hrsg. v.
Georg Friedr. J o h n. Mit Portr.-Vign. des Dichters S i m o n
D a c h (Medaillenform mit Umschrift, E n d n e r sc.). Königs-
berg, bey Gfr. Lebr. Hartung. 8⁰.

> Tit., 1 Bl. Vorw., 172 S. — S. 46—82: D i e B r a u t ⌐
> n a c h t , e. Erzählg, 1780. (in 2 Abschn., enth. 119 + 58
> vierzeil. Stroph.), unterz.: H e r k l o t s.
> Auch die früheren Jahrg. von 1780—81 (hrsg. v. J. J.
> D ö r k und F. S. M o h r, sowie der viel später ersch.
> Jahrg. 1793 (hrsg. v. Joh. Dan. F u n k und Aug. Sam.
> G e r b e r) dürften hierher Gehöriges enthalten.
> Anon.-Lex. I. p. 250 (nach Kayser u. Goedeke).

BLUMENLESE, P o e t i s c h e , f ü r d a s J a h r 1782, 1783.
(Hrsg. v. Justus Christian Gottlieb K o e n i g.) Nürnberg
1782—83.

> Anon.-Lex. I. p. 250 (nach Kayser, Will etc.).

BLUMENLESE, P o e t i s c h e , f ü r s J a h r 1784 u n d 1785.
Mit 2 Titelvign. Dresden 1784—85. 8⁰. (4 Mk. Friedr. Klüber,
c. 1905.)

> 183 + 176 S. „Auserlesene, reiche Sammlung zumeist
> pikanter Gedichte."

BLUMENLESE a l l e r e d l e n , k o m i s c h e n u n d t h ö r i g -
t e n (!) H a n d l u n g e n u n s e r e r Z e i t e n. Ein Sittenspiegel
auf das Jahr 1788. Mit 5 (freien) Kpfrn. Berlin und Leipzig
(Craz in Freiberg) 1788. 8⁰. (1 Rthl. Scheible, c. 1872; jetzt
theurer !)

> 239 S. — Auct. Ritter v. Schwarz no. 1968; Haydinger's
> Bibl. I. 2. Wien 1876. no. 65.

BLUMENLESE, R o m a n t i s c h e , aus verschiedenen Sprachen.
(Erzählungen.) Mit 1 Kpf. Berlin, Himburg, 1789. 8⁰. (1 Rthl.)

BLUMENLESE, N e u e , z u m N u t z e n u n d V e r g n ü g e n
(verfaßt von *Briegleb*). Koburg 1801.

> Anon.-Lex. I. p. 250 (nach Kayser).

BLUMENLESE, N e u e , t e u t s c h e r und v e r t e u t s c h t e r
G e d i c h t e . Leipzig 1803. 8⁰.
> Bratring's Büch.-Samml. Berlin 1832. S. 33, no. 223.

* **BLUMENLESE** a u s 101 d e u t s c h e n D i c h t e r n neuerer
und neuester Zeit . . . . Herausg. von Einem der 101. Iserlohn
u. Leipzig 1834. 8⁰. (In Berlin: Yf 3001.)

BLUMENSTRÄUSSCHEN , P o e t i s c h e s und p r o s a i -

BLUMENSTRÄUSSE, ein Geschenk für Fühlende auf 1799.
Mit 1 Kpf. Hamburg, Schniebes, 1779. 16⁰. (In Warmbrunn.)

BLUMENSTRÄUSSE, ein Geschenk für Fühlende auf 1799
(Poesie u. Prosa, hrsg. von Carl Gottlieb K a p f , geb. 1772,
† 1839.) Breslau, J. Fr. Korn. 8⁰. (18 ggr.)
> Schummel's Bresl. Alman. 1801. 8. S. 290. — Kayser,
> Roman-Verz. 1825, S. 151.

BLUMENTHAL, F r a n z , oder H a n d l u n g e n und B e -
g e b e n h e i t e n e i n e r a n g e s e h e n e n F a m i l i e in L**.
Frankfurt u. Leipzig 1782. 8⁰. (5 ggr.)
> Bibl. Schwabii II. p. 354.

BLUMENTHAL's G e s c h i c h t e in psychologischer Hinsicht
von *M—r.* Berlin, Rellstab, 1787. 8⁰. (7 Ggr.)
> Karsten's u. A. Bibl. Berl. 1810. p. 126; Kayser, Romane,
> S. 16.

BLUMENTHAL, W i l h e l m v o n , oder d a s K i n d d e r
N a t u r eine deutsche Lebensgeschichte (von *Johann Gottlieb
Schummel*). 2 Bde. Mit 2 schönen Titelkpfrn. (D. C h o d o -
w i e c k i del: & sculp:). Leipzig, in der Weygand'schen Buchhandlung. 1780/81. 8⁰. 536 u. 352 S. (30 Mk. Frdr. Meyer,
Lpz., 1906; 12 Mk. Auction Graf York v. W., 1907, no. 161,
etwas stockfl.)
> Engelmann 348, 392; Goedeke IV. 215, 35, 10.

BLUMENTOPF (sic!), D e r ; oder L e c t ü r e f ü r m e h r a l s
e i n e A r t L e s e r . Frankfurt und Leipzig, b. Chr. Glo. Hilschern in Commiss. 8⁰.
> O. M. V. 1783. S. 513.

BLUHM- u n d L u s t - G a r t e n , D e r J u g e n d V i e r f ä l d -
i g e r w o h l r i e c h e n d e r . Voll Anmüthiger Lehr-, Lust- und
Bürgerlicher Conversations-Ergetzlichkeiten. Nützliche Sitten-
Lehren, eines Ehrbaren Wandels unter den Menschen. I Ein
artiges Gespräch o d e r C o m p l e m e n t i r (!) - B ü c h l e i n
II Ein neues R ä t z e l - B ü c h l e i n . III Ein rares und niemahl
gedrücktes L e b e r - R e i m - B ü c h l e i n . Mehrenteils aus dem
Frantzösischen ins Teutsche übersetzt. Zu Hamburg, bey der
Börse zu finden im gülden A. B. C. O. J. (c. 1680). 16⁰. (10
Mk. E. Frensdorff, 1903.)
> Selten und interessant! Dieser Druck auch im Cat. libr.
> Lips. 30. Nov. 1716. p. 64.

25*

— — Dasselbe. O. O. 1690. 12⁰. 17 ¹/₂ Bogen.
Cat. Meissner I. p. 312.

BLUM v n d A u ß b u n d A l l e r h a n d t A u ß e r l e s e n e r
W e l t l i c h e r, Z ü c h t i g e r L i e d e r v n d R h e y m e n . . .
so wol auß Frantzösischen als Hoch- vnd Nider Teutschen
Gesang- vnd Liederbüchlein zusamen gezogen, vnd in Truck
verfertigt. Gedruckt zu Deuenter, im jahr M. DC. II. (1602.)
Kl. qu.-8⁰. (Expl. in Jena.) Rarissime!
8 Bll. u. 190 S. Unter der Vorrede vom 20. Nov. 1602
P. V. D. AE. (P a u l v o n d e r A e l s t). Vgl. Hoffmann,
von Fallersleben im Weim. Jahrbuch 1855. II, 320—356.
Genaue Inh.-Angabe bei Goedeke II, 42, 36.

BLUMENKORB. Sammlung der besten Gedichte. Altona (1784).
Suchte 1907 Antiquar J. H a l l e in München.

BLUNT, E h r e n r e i c h, oder A b e n t h e u e r e i n e s F r i-
s e u r s. Eine (stellenw. verfängl.) Kopie nach dem Leben
(von *Carl Aug. Gottlieb Seidel*). 2 Thle. (in 1 Bde.). Mit
1 Titelkpf. (W. J u r y del. et sc.) Weißenfels u. Leipzig, bei
Friedrich Severin. 1795. Kl. 8⁰.
1 5 6 + 167 S. — Im Anon.-Lex. I. p. 2 5 0 u n r i c h t i g
(nach A. G. Schmidt).

* BLUTROSEN. Schauer-Erzählungen, frei nach d. Französ.
des E. S u e, D u m a s, B a l z a c, H u g o u. A. Breslau 1837.
8⁰. (In Berlin: Xx 250.)

§ **BLUTWURST** u n d S a u e r k r a u t. Sammlung von Ge-
dichten u. Erzähluntgen in schwäbischer Mundart. Mit TKpf.
Stuttgart, o. J. (18**). 8⁰.
Aeusserst selten!

BOAYSTEAU, P., surnommé L a u n a y. Le Théâtre du monde,
ou il est faict ung ample discours des misères humaines etc.
W e l t l i c h e r S c h a w p l a t z, darinn Menschliche jammer,
Kummer vnd Ellend aussgeführt. (Französ. u. deutscher Text.)
Wirtzeburgi, H. Aquensis, 1588. 12⁰. (6 Mk., Pergt.-Umschl.,
Stähelin & Lauenstein, Wien, 1907.)

§ **BOBERFELD,** Moses v. (ps.), W u n d e r b a h r e r S o h n
o h n e M u t t e r u n d V a t e r. Auf Kosten der Societät der
Liebe u. Wissenschaften in Sachsen gedruckt. Mit Titelkpfr.
Dresden 1754. Gr. 8⁰. 160 S. (2 Mk. Friedr. Klüber, 1907.)

BOCCACCIO, Giov. (1313—75). — Hie hebt sich an das pûch
vo' / seinem meister In greckisch / genant d e c a m e r o n, daz
ist c e n / to novelle in welch Vn' hun / dert histori oder
neüe fabel in / teutsche Die der hoch gelerte / poete *Johannes
boccacio* ze li / ebe vnd früntschafft schreibet / dem fürsten
vnd principe gale / otto. Die in zechen tagen von / syben
edeln frawen vn' dreyen / iu'gen man'en zû einer tötliche'
pestilenczischen zeiten gesaget / worden / (Aus d. Italien.

übers. von Heinrich [Arigo] Steinhoewel.) Mit Holzschnitten. O. O. u. J. (Ulm 1472?) Fol. (Expl. in Göttingen:
Fabb. rom.) 11 unbeziff. Bll. (nur IX hat eine Zahl) u.
CCCLXXXX Bll., zweispaltig, 38 Zeilen.) (In der Seitenzählung
fehlt Nr. VII. VIII. IX.) Grösste Rarität!

> Näheres Goedeke I, 368, 2, 1 (ohne Angabe von Druckort
> und Jahr des Erscheinens).
>
> Die ed. princeps des italien. Originals erschien
> o. O. u. J. (Venetia, Valdarfer, 1471). Fol. (Cfr. Gay, Bib-
> liogr. de l'amour II. p. 436.)
>
> Die Berliner Kgl. Bibliothek besitzt fast alle
> Drucke der deutschen Uebersetzung.

§ * — — Dasselbe (Neudruck), tit.: Decameron von Heinrich Steinhöwel, hrsg. von Adelbert v. Keller. (Bibl.
d. litterar. Vereins in Stuttgart, LI. Publication.) Stuttgart. Gedruckt auf Kosten des litterar. Vereins. 1886. 8⁰. 704 S.
(15 Mk. Adolf Weigel, 1906.)

BOCCACCIO, Cento Novelle. Das seind die hundert neuen
Fabeln . . . . Augspurg, A. Sorg, 1490. Fol. (In Dresden.)
2 u. 366 Bll., zweispaltig, 38 Zeilen. Mit Holzschnitten.

> Ebert 2553; Falkenstein 752.

BOCCACCIO, Cento nouella. Das buch der hundert nuwen
Historien so ein Lieplich geselschafft von Florentz fliehende
den sterbe der Pestilentz vmb ergetzlichkeit vn minderung ires
schmertzen gesagt vn erdacht hat, gar kurtzweilig vnder grossen
anligenden geschefften der menschen ze lesen oder ze hören
ist ietzunde glückselichen anzesahen. Mit sehr vielen Holzschnitten. Straßburg, Joh. Grüninger, 1509. Fol. (500 Mk.,
sehr schönes Expl., aber 2 Bll. (110 u. 113) gleichzeitig handschriftl. ergänzt, Ludw. Rosenthal, 1906, dessen Titelaufnahme
incorrect scheint.)

> Ebert 2553; Schmidt, Grüninger, S. 46, Nr. 107.

§ **BOCCACCIO,** CEntum Nouella *Johannis / Boccacij //*
Hundert neuwer historien, welche eyn erbar ge- / selschafft, von
dreien männern, vnd sieben weibern fliehent / ein groß sterben zû
Florentz, zûsamen geredt, jnen damit an lu / stigen enden, auff
jren gesässen vnd grünen gärten, die / trübselig zeit zûuertreiben,
dem hochgeborn / Fürsten vnnd herrn, herr Galeotto / durch
Johanne· Boccattiu· / zûgeschriben, / kurtzweilig zû lesen. //
Anno M. D. XXXV. (1535.)   *A. E.:* Zû Straßburg durch
verlegung Johannis / Albrechts getruckt bey M. Jacob / Cam-
merlandern. Fol. 4 Bll. u. CCXVIII Bll. (In Göttingen: Uffen-
bach 502.)

> Goedeke I, 369 (oben): „Die Drucke 1509, 1519, 1551,
> 1557, 1561 und 200 Novellen 1616 sind verstümmelt
> oder interpoliert."

BOCCACCIO, Cento Novella. Hundert newer Historien. Mit 67 schönen Holzschnitten. Strassburg, Knoblouch, 1547. Fol.

Prof. v. Karajan's Bibl. I. Lpz. 1875. Nr. 3918. — Fehlt bei Goedeke.

BOCCACCIO, Cento Nouella. Hundert Newer Historien kurtzweilig zu lesen. Es ist mehr vnnd weitter dann vor, hinzu gethon worden die zehend histori der sibenden tagreiss, welche im Deutschen vormals nie gedruckt worden. Strassburg, H. Knoblouch, 1557. Fol. Mit 67 höchst originellen Holzschnitten der elsäss. Schule, 3 Bll. Vorr., 1 weisses Bl. u. 199 num. Bll. (120 Mk., gebrauchtes, aber cplts. breirand. Expl., L. Rosenthal, 1906.)

BOCCACCIO, Cento Nouella *Johannis Bocatij.* Das ist Hundert Newer Historien, welche ein Erbare geselschafft, von dreyen Männern, vn' siben Weibern, fliehent ein gross sterben zu Florentz, zusamen geredt, jnen damit . . . . die trübselig zeit zuuertreiben . . . . kurtzweilig zu lesen. Mit vil schönen vnd lustigen Figuren . . . . *A. E.:* Gedruckt zu Strassburg, in Paulus Messerschmidts Druckerey. M.D.LXI. (1561). Fol. (150 Mk., etw. beschäd. Expl., Adolf Weigel, 1907.)

Goedeke unbekannt geblieben. Unter den Holzschnitten finden sich viele aus der ersten Ausgabe.

BOCCACCIO, Cento novella. 100 newer Historien etc. 2 Bde. Mit Holzschnitten. Frankf. 1601. Hfz.

Prof. v. Karajan's Bibl. I. Lpz. 1875. Nr. 2919.

— — Dasselbe. 2 Thle. Mit vielen Holzschnitten. Franckfurt a. M., Egenolff Emmel in Verlegung Leonh. Burck. 8⁰. (9 Mk., defektes Expl., L. Rosenthal, 1906.)

* **BOCCACCIO,** Zwei Hundert der aller schönsten Newen Historien. Hiebevor 100 durch den weitberühmten *Boccatium* beschrieben Jetzo aber mit 100 vermehret. Frankfurt. J. G. Schönwetter, 1646. 12⁰.

984 S., mit Kupfertitel. — Dr. Grisebach's Bibl. no. 882.

* **BOCCACCIO,** Kern der lustigen und scherzhaften haften Erzählungen des *Boccaz*, aus d. Italiän. übers. 3 Thle. O. O. 1762. 8⁰. (8 Mk., nur 1—2, F. Waldau, Fürstenwalde, 1909.)

(In Berlin nur Th. 1 u. 2; in München nur Th. 3; cplt. in Stralsund, Rathsbibl.) 26$\frac{1}{2}$ Bog. Mit vielen Text-Kpfrn. in schlechten Abdrücken. — Vollständige Expll. dieser u. der folgenden Ausgabe höchst selten!

* **BOCCACCIO,** Kern der lustigen und scherz-Erzählungen des *Bocaz* aus dem Italiänischen übersetzt, mit (zahlreichen, zum Theil freien) Kupfern (nach Romain de Hooghe, ebenfalls in schlechten Abdrücken). 3 Thle.

O. O. 1772. 8⁰. (In Berlin nur Th. 1—2; in München nur
Th. 1.) (1 o fl., cplt., Gilhofer & Ranschburg, Wien, 1888, aus
Julius Krone's Bibl.)

Die Uebersetzung stellenweise mehr als frei u. ur-
wüchsig. — Th. 1—2: Titelkupfer, 224 fortlaufend pag.
Seiten (Th. 2 beginnt mit S. 95). — Th. 3: 200 Seiten.

Hier einige der sehr unverblümten Ueberschriften der
übersetzten Novellen: Mazet von Lamporechio stellet sich
stumm, wird Gärtner in einem Nonnen-Closter, und die
Nonnen wollen alle von ihm bedienet seyn. — Eine galante
Frau, die sich andächtig und scheinheilig stellete, be-
dienete sich eines Mönchs, um ihre Liebe ihrem Galan
zu entdecken. — Don Felix sagte dem Bruder Pucio die
Art, in kurzer Zeit selig zu werden, und machte ihn,
während daß er die Busse that, die er ihm aufgeleget
hatte, zum Hahnrey. — Feronde nimmt ein Pulver ein,
welches machet, daß er so lange schläfet, daß man ihn
vor todt hält und begräbet. Ein Abt, der in seine Frau
verliebt ist, nimmt ihn aus dem Grabe, und leget ihn ins
Gefängniß, da er ihm weiß machet, daß er im Fegefeuer
sey. Endlich weckt er ihn wieder auf, und macht, daß
er das Kind, welches er mit seiner Frau gezeuget hat, für
das seinige erkennet. — Ein Mönch machte einer Venetianischen Dame weiß, daß der Engel Gabriel in sie verliebt wäre, und schlief verschiedenemahl unter der Gestalt
des Engels bey ihr. etc. — Litio de Valbone überrumpelt
den Richard Menard, da er bey seiner Tochter schlief,
und macht, daß er sie heyrathen muß. — Ein Eyfer-
süchtiger, welcher sich in einen Priester verkleidet hatte,
hörete seiner Frau Beichte, diese machte ihm weiß, daß
sie einen Priester liebte. Der Mann stand des Nachts
Schildwache um den Priester zu ertappen, und unterdessen
ließ die Schöne ihren Liebsten durch das Dach des Hauses
zu sich kommen, und betrog ihren Mann. etc. etc. etc.
— Eine Schöne, welche ihren Liebsten bey sich hatte,
wurde von dem Lambert, welcher sie gleichfalls liebte, zu
gleicher Zeit besuchet. Weil nun der Mann darzukam, so
schlug sich Lambert mit dem Degen in der Faust durch,
und mit dem andern stellete es die Schöne so an, daß
ihn ihr Mann nach Hause begleitete. — Die Frau eines
Eifersüchtigen band, wenn sie sich schlafen legte, einen
Faden ans Bein, und gab dadurch ihrem Liebsten zu verstehen, ob er kommen sollte oder nicht. Der Mann wurde
es gewahr, und während daß er den Amanten verfolgte,
so ließ die Schöne ihre Magd an ihre Stelle legen. Der
Eifersüchtige, welcher sie vor seine Frau hielt, schlug sie,
schnitte ihr die Haare ab, und ließ die Verwandten seiner
Frau kommen, welche, da sie die Unwahrheit dessen, was
er gesaget, eingesehen, ihn mit tausend Scheltworten be-
legten. — Lidia, die Gemahlin des Nicostrats, welche in
den Pirrus verliebt war, that dreyerley, ihn von der Auf-
richtigkeit ihrer Liebe zu überzeugen, und da sie ihr
Liebster vor den Augen des Mannes careßiret hatte, so
überredete sie ihren Mann, daß das was er gesehen hätte,
nicht wahr wäre. — Die Frau des Gasparin versprach

bey dem Gulfar zu schlafen, wenn er ihr eine gewisse Summe Geldes gäbe. Der Galan lehnte sich das Geld vom Manne, und sagte darnach zu ihm, daß er es der Frau wieder gegeben hätte, welches sie zu läugnen sich nicht unterstund. — Der Pfarrer zu Varlongue schlief bey einer Frau, ließ ihr davor seinen Mantel zum Pfande, und borgete einen Mörser von ihr. Hierauf schickte er den Mörser wieder, und verlangte seinen Mantel, welchen ihm der Mann wieder geben ließ. — Der Probst der Kirche zu Fiesole, welcher eine Frau liebte, die ihn aber nicht liebte, glaubte bey ihr zu schlafen, und schlief bey ihrer Magd, wobey sein Bischof einen Augenzeugen abgab. — Spinelosse schläfet bey der Frau seines Freundes, welcher, da er es erfuhr, ein Mittel fand, ihn in einen Kasten zu verschliessen, und Repressalien zu gebrauchen. — Zwey Cavaliers blieben in einem Wirths-Hause. Der eine schlief bey der Tochter des Wirths, und der andere bey seiner Frau. Da der Galan der Tochter in sein Bette zurück wollte, so verirret er sich, und legte sich zu dem Wirth ins Bette, welchem er sein Glück erzählete, weil er ihn vor seinen Freund hielt. Der Wirth machte einen grossen Lärm deßwegen, die Mutter, welche sich auch verirret hatte, legte sich zu ihrer Tochter ins Bette, und fand ein Mittel, alles wieder gut zu machen. — Herr Johannes will auf Bitten seines Gevatters Peters eine Zauberey vornehmen, und dadurch seine Frau zu einem Pferde machen: Da es aber bis dahin kam, daß der Schwanz solte angemachet werden, so schrie Peter, daß er es nicht haben wolte, und verderbte alles. — Als Gentil von Carissendi von Modena zurück kam, so zog er eine Frau aus dem Grabe, welche er liebte, und die man begraben, weil man sie vor todt gehalten hatte. Diese Frau kam wieder zu sich selbst, gebahr einen Sohn, und beyde wurden dem Manne wieder zugestellet. — Richard Minutolo liebte die Frau des Philipp Tighinolfi, weil er aber nichts von ihr erhalten konte, so gab er ihr auf eine geschickte Art zu verstehen, daß ihr Mann mit seiner Liebste eine Zusammenkunft verabredet hätte. Philippen seine Frau, welche eyfersichtig war, fand sich an diesem Orte ein, und schlief bey dem Minutolo, in der Meynung, bey ihrem Manne zu schlafen. — Wilhelm von Roßillon tödtete den Liebhaber seiner Frau, und gab ihr sein Herz zu essen. Als es die Frau erfahren hatte, so stürzte sie sich aus einem Fenster, und wurde mit ihrem Liebhaber begraben. — Als Peter von Vinciolo zu einem seiner Freunde zum Abendessen gegangen war, so kam er geschwind wieder nach Hause, und überraschte den Liebhaber seiner Frau, welche ein Mittel fand, alles wieder gut zu machen. — Als Madame Philippi mit ihrem Liebsten von ihrem Manne war überfallen worden, so zog er sie vor Gericht, sie wickelte sich aber durch eine sinnreiche Antwort aus diesem Handel, und machte, daß das Gesetz, welches man wider die Weiber gegeben hatte, eingeschränket wurde. — Da Bruder Seyfart bey seiner Frau Gevatter schlief, so kam der Mann von ohngefähr dazu, welchem man weiß machte, daß der Mönch die Würmer seiner Pathe beschwörete. etc. etc.

BOCCACCIO.— Der Decameron des Boccaz . Aus dem Italiänischen neu übersetzt. 4 Bde. Mit 4 schönen Tkpfrn. u. 4 reizenden TVign., nach (Cochin u. Eisen, gest. v. Geyser). St. Petersburg (Leipzig, Dyk) 1782—84. 8⁰. (Im British Museum.) (30 Mk. Adolf Weigel, 1906.) XVI, 388, 344, 346, 504 S.

    Aeusserst seltene Uebersetzung; Goedeke unbekannt. Die Vorrede, an A. G. Meissner, und die zahlreichen Randanmerkungen sind mit „U" unterzeichnet. Anon.-Lex. I. p. 251 nennt August Gottlieb Meissner als Uebersetzer.

BOCCACCIO. — *Boccazens* Erzählung von den drei Ringen: Berlinische Monatsschrift 1794. Bd. 23. Apr. S. 304—9. Goedeke VII, 635, 188, wo auch das folgende.

BOCCACCIO. — Nathan. (Aus dem Decam. des Boccaz.) Von Sofie Mereau: Schiller's Horen 1796. Bd. 7. St. 9. S. 85—94.

BOCCACCIO. — Das Decameron des *Boccaccio*. Von D. W. Soltau. 3 Thle. Berlin, bey Fröhlich. 1803. 8⁰.

    XX—560; XX—510; 493 S. Vgl. N. Lpz. Lit.-Ztg. 1804. St. 19. Sp. 289 ff.; Allg. Lit.-Ztg. 1806. Nr. 192 ff. Bd. 2. Sp. 289—300.

— — Dasselbe. 3 Thle. Berlin, Verlag von A. Hofmann & Comp. 1860. 8⁰.

    XIV—251; XIV—230, 1 Bl.; VI—218 S. — Auch titulo: Classiker des In- und Auslandes. Bd. 57—59.

— — Dasselbe. 2 Bde. Ebd. 1874. 8⁰. (3 Kr. Halm & Goldmann, 1907.)

— — Dasselbe. 3 Thle. 4. Aufl. Ebd. 1878. 8⁰. (Mk. 3,50.) (1 Mk. 80 Pfg., Expl. in Orig.-Lwdbd., H. Hugendubel, 1905.)

— — Dasselbe. 3 Thle. Mit 26 Illustr. von Boucher und Gravelot. München, Bibliogr.-artistisches Institut, 1881. 8⁰. (8 Kr. Halm & Goldmann; 15 Kr., Orig.-Lwdbde., Vict. Eytelhuber, 1904, Wien.)

    XVI—382; XIX—344 S.; VIII—321 S.

— — Dasselbe. Auswahl. Ebd. 1881. 8⁰. VI—257 S. (3 Kr. 60 Hl. Halm & Goldmann, 1907.)

— — Dasselbe. Deutsch von D. W. Soltau. 3 Thle. 5. Aufl. Berlin 1883. 8⁰. (Mk. 2.70.) (1 Mk. 50 Pfg. B. Liebisch, Lpz., 1907.)

— — Dasselbe. Deutsch von D. W. Soltau. Berlin, Jacobsthal, 1885. 8⁰. XII—626 S.

— — Dasselbe. Verlag von E. Bartels in Berlin, o. J.

    Verboten vom L.-G. Troppau, 9. Novbr. 1886. § 516.

— — Dasselbe, tit.: Decameron oder die 100 Erzählungen. Deutsch von D. W. Holtan (so!). Berlin, Verlag von G. Goldbach.

    Verboten vom L.-G. Lemberg, 3. Octob. 1889. § 516.

— — Dasselbe. Berlin, Neufeld und Henius, 1891. Gr. 8⁰.

— — Dasselbe. Berlin, o. J. 8⁰. 624 S. (1 Mk. 20 Pfg. Friedr. Klüber, c. 1905.)

— — Dasselbe. 8. Stereotyp-Auflage. 3 Thle. Hamburg, Verlagsanstalt u. Druckerei. 1894. 12⁰.
XIV—251; XIV—230; VI—218 S.

— — Dasselbe. 14. Stereotyp-Aufl. 3 Thle. Leipzig, Bibliogr. Institut (Ad. Schumann), o. J. (c. 1900).

BOCCACCIO. — Aus dem Decamerone. F i a m e t t a : A. W. S c h l e g e l ' s Vorlesungen 1803—4. (Dtsch. Lit.-Denkm. Nr. 19.) 3, 231—237.

BOCCACCIO. — (3) B a l l a t e n (!). Aus dem Decam. — Aus dem Ameto. Anruf des Dichters: S c h l e g e l ' s Blumensträuße 1804. S. 79—90; Sämmtl. Werke 1846. 4⁰. S. 79—88.

BOCCACCIO. — B a l l a t e d e r N e i f i l e aus dem Decamerone des B.: Chamisso-Varnhagen, M. A. 1805, S. 62 ff. W. N e u - m a n n.

BOCCACCIO, D e r F a l k e , übers.: Feßlers Eunomia 1805. August.

BOCCACCIO, — N o v e l l e (Probe aus einer Uebers. des Dec. III, 9:) Morgenblatt 1809. Nr. 57 ff. S. 225 ff. 229—231. Georg K e ß l e r.

BOCCACCIO. — 3. N o v e l l e des 1 o. T a g e s übers. in Büschings u. Kannegießers Pantheon 1810. I, 1, 92—102. L. K.
Die letzten 6 Titel verzeichnet Goedeke VII, 635, 188. 345, 323, 308 S.

BOCCACCIO, D a s D e k a m e r o n. Neu übersetzt von J. O. H. S c h a u m. 6 Bde. Quedlinburg, Basse 1827—31. (2 Mk., Bd. 1—4 u. 6, A. Buchholz, München, 1908; 6 Bde. „1831", 6 Mk. F. Waldau, Fürstenwalde, 1909.) Vergriffen!

— — Dasselbe. 3 Thle. (übers. von Karl W i t t e). Leipzig, Brockhaus, 1830. 8⁰. 345, 323, 308 S. (1 Mk. 50 Pfg., gutes Expl., Friedr. Klüber, c. 1905.)

— — Dasselbe. Aus d. Italien. übers. v. Karl W i t t e. 2. Aufl. 3 Bde. Ebd. 1843. 8⁰. (15 Mk. F. E. Lederer, Berlin, 1908.)
Auct. Runze-Zolling. Lpz., Novbr. 1904. Nr. 164.

— — Dasselbe. 3. Aufl. 3 Bde. Ebd. 159. 8⁰. (2 Thaler.) (4 Mk. 25 Pfg. S. Calvary & Co., 1898; 8 Mk. Hugendubel, 1905; 18 Kr. Halm & Goldmann, 1904.)
„Vergriffen u. selten ! Die beste und gesuchteste deutsche Ausgabe des Dekameron."

— — Dasselbe, deutsch von O r t l e p p. 3 Bde. Stuttgart 1841 bis 1842. Kl. 8⁰. Selten! (4 Mk. M. Edelmann, Nürnb., 1906; H. Streisand, Berlin, 1907: „8 Thle. Ebd. 1841", Hldr., 7 Mk.)

BOCCACCIO, S ä m m t l i c h e R o m a n e u n d N o v e l l e n, deutsch von R ö d e r. 4 Bde. Stuttgart 1842. 8⁰. (3 Mk. 50 Pfg. M. Edelmann, 1907.)

BOCCACCIO. — *Boccaccio's* Romane und Novellen. Zum
ersten Male getreu übersetzt von G. Diezel. 4 Bde. Stuttgart
1855. Kl. 8⁰.

C. G. Boerner (Lpz.) März-Auct. 1906, Nr. 40.

— — Dasselbe. 3. neu bearb. Aufl. Ibid. eod. a. Kl. 8⁰.
(4 Mk., Expl. im Orig.-Umschl., Adolf Weigel, Lpz., 1907.)

BOCCACCIO, Die 100 Erzählungen des Dekameron.
Aus d. Italien. 2 Thle. Neue Ausgabe. Mit 9 Illustrationen. Leip-
zig, Dyk'sche Buchhandlung, o. J. (vor 1885). Kl. 8⁰. (3 Kr.
Halm & Goldmann 1907; 4 Mk. F. Waldau, 1909.)

Ziemlich freie Uebersetzung.

BOCCACCIO, Dekameron. Hrsg. von G. Körner. 4 Thle.
in 1 Bde. 7. Aufl. . . . . 8⁰. (Mk. 4.—.) (1 Mk. 60 Pfg., Expl.
im Orig.-Lwdbd., Lipsius & Tischer, Kiel, 1906.)

BOCCACCIO, Hundert Erzählungen des Decameron.
Uebersetzt von G. v. Joanelli. Vollständige Ausgabe. 30
Lfrgn. in 3 Bdn. Mit 30 Bildertafeln (wovon 1 in Farben)
u. 1 Textabbildg. Prag, Hynek, o. J. (1897). Gr. 8⁰. (Orig.-Lwd.
Mk. 18.—.) (12 Mk. H. Hugendubel, 1905: 7 Mk. 50 Pfg. Rich.
Bertling, Dresden, 1907; 18 Mk., Ausg. mit der Jahrz. „1898",
eleg. Lwdbde., Jürgensen & Becker, Hamburg, 1898.)

BOCCACCIO, Das Decameron. Neue vollständige Ta-
schenausgabe. Aus d. Italien. übers. von Schaum. Durchgesehen und vielfach ergänzt von Dr. K. Mehring. 3 Bde. Mit
zweifarb. Titelrahmen, Umschlagvign. u. Rückentitel v. Walter
Tiemann. Gedruckt in der Offizin W. Drugulin. Leipzig,
Insel-Verlag, 1904. 12⁰. (50 Mk., Pergamentbände m. Goldpressg. u. Goldschn., in Etui, tadellos. Expl., Adolf Weigel,
1907.)

Luxusausgabe auf echt holländ. Büttenpapier, nur in 100
Exemplaren hergestellt. Vergriffen.

— — Dasselbe. 3 Bde. Ausg. auf gewöhnl. Papier. Br., unbeschn. im Orig.-Umschl. (Mk. 10.—.) (7 Mk. 50 Pfg. W.
Hugendubel, 1905.)

— — Dasselbe. 3 Bde. Biegsame Orig.-Lwbde., ob. Schnitt
vergoldet. (Mk. 15.—.) (12 Mk. Adolf Weigel.) Jeder Band
27 Bogen stark.

Breslauer Zeitung: „Boccaccio ist noch heute
einer der glänzendsten Schriftsteller der Weltliteratur. Der
Kulturhistoriker findet in ihm ein anschauliches Bild der Zeit
der beginnenden Renaissance, dem kaum etwas zur Seite
zu stellen ist. Der Literarhistoriker erkennt in zahlreichen
seiner Novellen die Quelle berühmter Meisterwerke von
Shakespeare bis zu Lessing. Der Psychologe erstaunt über
die Freiheit und Natürlichkeit, mit der Boccaccio in das
Seelenleben eindringt. Und schliesslich was auch Boccaccio
und wie er auch schreibt, es ist alles von einem Esprit
durchtränkt, der wahrhaft entzückend wirkt."

„Schon der äussere Habitus dieser reizenden Bändchen hat etwas Boccaccieskes. Das handliche Format, die geschmackvolle Umschlagvignette, aus der uns die idyllische Sinnenfreude des Italieners entgegenlächelt, der schmiegsame Originaleinband, dessen Leder für weiche Frauenhände bestimmt zu sein scheint: all das entspricht aufs beste den Absichten dieses wunderbaren Buches, das unterhalten, verwundern, rühren, lachen und den müssigen Damen von Neapel und Florenz auf allerhand angenehme und heimliche Art die Zeit vertreiben will."

(Studien zur vergleich. Literaturgeschichte.)

BOCCACCIO, — Auswahl der pikantesten Liebesgeschichten aus dem Decameron des *Boccaccio.* Mailand. O. J. (19. Jh.) Gr. 8⁰.

> Mit 24 erot. Kpfrn. — Eine Gallerie von 48 erot. Kpfrn. erschien Paris 1850. Gr. 8⁰.

BOCCACCIO, Das Decameron. O. O. 1854. Gr. 8⁰.

> Mit 24 erot. Kpfrn. (24 Mk. Ackermann, München.)

BOCCACCIO, Die hundert Erzählungen des Dekameron. 2 Thle. Leipzig, o. J. 12⁰.

> Mit 12 erot. Kpfrn.

BOCCACCIO. — Album zu den Hundert Erzählungen des Dekameron von *Boccaccio.* (24 Originalradirungen von Max Berthold.) O. O. u. J. (Leipzig, literar. Bureau.) Längl. 4⁰.

BOCCACCIO. — Gallerie zum Decameron.

> Verboten vom L.-G. Wien, 1. December 1864. § 516.

BOCCACCIO. — Hecker, O., Boccaccio-Funde. Stücke aus der Bibliothek des Dichters . . . . Mit 22 Tafeln. Braunschweig 1902. Lex.-8⁰. (20 Mk. List & Francke, Lpz., 1908.)

BOCCACCIO. — Koerting, G. Boccaccios Leben und Werke. Leipzig 1880. (Auch titulo: Geschichte der Litteratur Italiens in der Renaissance. Bd. 2.) Gr. 8⁰. 741 S. (9 Mk. H. Streisand, Berlin, 1907.)

BOCCACCIO. — Landau, Dr. Marcus (in Wien, geb. zu Brody 21. Nov. 1837), Giovanni Boccaccio. Sein Leben und seine Werke. Stuttgart 1877. 8⁰. (Mk. 6,50.) (1 Mk. 50 Pfg. Bernh. Liebisch, 1907.)

BOCCACCIO. — Die Quellen des Dekameron. (Boccaccio's Decamerone.) Wien 1869. 8⁰. (6 Mk. H. Streisand, Berlin, 1907.)

— — Dasselbe. Zweite, sehr vermehrte und verbesserte Auflage. Stuttgart 1884. Gr. 8⁰. XVIII und 345 Seiten nebst zwei Uebersichtstafeln. (Mk. 6.—.) (4 Mk. J. Scheible, 1905; 3 Mk. 50 Pfg. B. Liebisch, 1907.)

> Inhalt: Tausendundeine Nacht. Buch der Beispiele (Pantschatantra, Kalila we Dimna.) Verbreitung des Pantschatantra. Pantschatantra u. Dekameron. Hitopadesa. Die

sieben weisen Meister. Libro de los enganos. Sieben Weise
und Dekameron. Cukasaptati. Vetâlapantschavinçati. 'Ardschi
Bordschi. Somadeva. Dasakumâra Tscharitra. Saadi. Langue
d'oil und Langue d'oc. Provenzalisches. Nordfranzösisches.
Cento novelle antichi. Francesco von Barberino. Busone
de Gubbio. Der Wunderritt. Legende und Allegorie. Barlaam
und Josaphat. Die Macht der Frauen. Legenden und Kloster-
geschichten. Caesarius von Heisterbach. Walter Mapes. Nicolaus Pergamenus. 'Don Juan Manuel. Gesta Romanorum.
Midrasch Rabboth. Der gespenstische Jäger. Alexander-
romane. Mittelgriechische Romane. Milesische Märchen. Par-
thenius. Apulejus. Ovid und Theokrit. Italienische Lokalgeschichten. Die Prinzessinnen.

BOCCACCIO. — Beiträge zur Geschichte der Italienischen Novelle von Dr. *M. Landau*. Wien, Rosner,
1875. Gr. 8⁰.

> Inhalt: „Nachahmer des Decamerone" (im 14.—18. Jahr-
> hundert); „Nachträge und Verbesserungen zu
> den Quellen des Decameron".

BOCCACCIO. — Manni, D. M., Istoria del Decamerone
di Gio. Boccaccio. Avec plus. planches etc. Firenze
1742. Di Crusca. 4⁰. (12 Mk., tres bel expl., Adolf Weigel
1906:)

> „Commentaire indispensable à quiconque veut étudier le
> „Décaméron" et les moeurs de son époque."

BOCCACCIO. — Treitschke, R., Literarische Stoss-
vögel; neue Randglossen zu Streit- und Zeitfragen. Leipzig
1882. 8⁰. (Mk. 2,50.) (1 Mk. Jul. Neumann, Magdeb., 1907.)

> Darin auch: „Boccaccios Decamerone".

BOCCACCIO. — Wismayr, J., Boccaccios Leben,
Schriften und Verdienste. Mit Portrait. München 1818.
4⁰. (2 Mk. 40 Pfg. List & Francke, 1907.)

> Pantheon Italiens. 1. Bd. (2 ter ?), 3 te Abth.

BOCCACCIO, Fiametta. Aus dem italienischen (!) des
übers. von Sophie Brentano. (+ 1806). Berlin 1806.
In der Realschulbuchhandlung. 8⁰. VIII, 382 S., 1 Bl. Inh.

> Vgl. Steig, Arnim und Brentano. 1894. S. 158 ff.
> 162. 171. 182. 212. — Aeusserst selten!
> Das Anon.-Lex. I. p. 251 nennt Christoph Bretzner
> als Uebersetzer (nach Jördens).

BOCCACCIO. — Probe einer Uebersetzung von Giovanni Boccaccio's Fiametta. N. Ttsch. Merkur 1808. Febr. S. 80—85,
Franz Passow.

BOCCACCIO, Die liebende Fiammetta (!), deutsch von
E. Soltau. (So kurz citirt in J. Taussig's in Prag Cat. 129.
(1904.) No. 59: Mk. 1,30.)

BOCCACCIO, Fiametta. Neue vollständige Taschenaus-
gabe. Aus dem Italienischen übersetzt von Sophie Brentano. Durchgesehen und vielfach ergänzt von K. Berg.

Mit Titelrahmen und Rückentitel von W a l t e r T i e m a n n.
Leiwzig, Insel-Verlag, 1906. 8⁰. Br. (Mk. 3,50.)
— — Dasselbe. Biegsamer Ldrbd., ob. Schn. vergold., in
Etui. (Mk. 5.—.) (3 Mk. 75 Pfg. B. Liebisch, 1907.)
— — Dasselbe. Luxusexemplar auf holländischen Büttenpapier
mit Inselwasserzeichen, sowie einer besonderen Einbandzeich-
nung v. W. Tiemann. In Pergament geb., numerirt. (16 Mk.
Adolf Weigel, 1906.)

> Vergriffen! Die Fiametta des Boccaccio, der Roman
> der verlassenen Frau, bildet die Ergänzung der dreibändigen
> Decamerone-Ausgabe des Inselverlages.
> Folgende höchst seltene f r a n z ö s. U e b e r s e t z u n g be-
> sitzt die W o l f e n b ü t t e l e r B i b l.: F l a m m e t t e. Côp-
> lainte des tristes amours de Fla'mette a son amy Pa'phile,
> Transl. Ditalien (sic!) [de Giovanni B o c c a c c i o] en vulgaire
> Francoys. Lyo˙ Cl. Nourry, dict Le Prince (1532). 8⁰.

BOCCACCIO, I l F i l o s t r a t o (Troilus und Kressida):
epische Dichtung zum erstenmale verdeutscht von Kr. Frhrn.
von B e a u l i e u - M a r c o n n a y. Berlin 1884. 8⁰. (XXIII,
⁰240 S.) Br. (5.—) (2 Mk. 50 Pfg. Adolf Weigel, 1905; 5 Mk.
Ernst Geibel, Hannover, 1907.)

> Einzig existirende Uebersetzung dieser erotischen Dichtung.

BOCCACCIO, I r r - G a r t e n / d e r L i e b e : / s a m t a n g e -
h e n g t e m L i e b e s - G e s p r ä c h. / *Giovanni Boccaccio* /
aus Italienischer : in Teutsche / Sprache übergesetzet / durch
/ J. M. D. (d. i. Joh. M a c k l e Doct.). / Vignette / Franc-
furt / ⟨In Georg Müllers Verlag. / Bey Egidius Vogeln gedr. /
M DC LX. (1660.) 12⁰. 328 S. (Expl. in Stuttgart.) Rariss.

> Hier einige Ausgaben des i t a l i e n. O r i g i n a l s: Labe-
> rinto d'amore con una epistola à Pino de Rossi. Public. dal
> L. P. R o s e l l o. S. l., typ. nom. et ao. (Venet? ca. 1540.)
> 72 ff. Gamba No. 203. Brunet I. 1016. Edition très-
> rare. (27 Mk. Jacques Rosenthal, c. 1903.) Laberinto d'amore
> (altrimenti Il Corbaccio) di nuovo corretto et aggiunte
> le postille. Vinegia, Gabriel Giolito de Ferrari, 1558. 8⁰.
> (15 Mk., zus. mit „Ameto", ibid. 1557, Adolf Weigel,
> 1907.) — Il corbaccio (Laberinto d'amore.) Firenze, F.
> Giunti, 1594. (9 Mk., etwas wasserfl., List & Francke,
> 1908.) — Laberinto d'amore; aggiunt. un dialogo d'amore
> trad. di latino da M. A m b r o s i o. Venet. 1603. 12⁰. (2¹/₂
> Mk. Beck, Nördlingen; jetzt theurer!)

BOCCACCIO. — D a s L a b r i n t h d e r L i e b e. Auch u. d. T.
Il Corbaccio. Schmähschrift des Ser *Giovanni Boccaccio* gegen
ein übles Weib, genannt der Rabe. Verdeutscht und herausgegeben von W i l h e l m P r i n t z. Mit Einband und Titelzeichnung
von Walter T i e m a n n. Leipzig, Julius Zeitler, 1907. 8⁰. (Br. M.
3.—; gebd. in bedrucktem Leinenband Mk. 4.50. [2 Mk. 25 Pfg.,
tadellos, B. Liebisch, 1907.] Auf van Gelder in Ganzpgt. mit
Rückenprägung M. 7.50.)

„Da diese Satire unter uns wenig bekannt, seltsamen
Inhalts ist, indem Andächtelei und Zoten, verliebte Wut
und Frömmigkeit, heilige und verbuhlte Frauenzimmer, Welt
und Fegefeuer sonderbar in derselben kontrastieren, und
sie die Zeichen ihrer Zeit an der Stirn rrägt, so denke"
. . . , sagte einmal der treffliche Flögel. Boccaccios „Labyrinth der Liebe", auch „Irrgarten der Liebe" genannt,
ist ein misogynes Gegenstück zu den unvergleichlichen Quinze
Joyes des Anthoine de la Sale. (S. La Sale.) Die Satire gibt
in der Tat eine Psychologie des Weibes, die für das Jahr
1355, in dem sie entstand, so erstaunlich ist, wie für heute.

Um seinem Ärger Luft zu machen, schrieben diese Leute
ein ganzes Buch! Und welch selbstgenießerische Sorglosigkeit zeigt Boccaccio dabei! Man wird es mit vielem Vergnügen lesen. „Ein Liebender", schildert M. Finder, „trifft
im Traum den verstorbenen Gatten seiner spröden An-
gebeteten. Der hat all die Reize genossen, die der andre
mit verzweifelter Sehnsucht erringen möchte. Und der Ver-
storbene warnt nun den verliebten Toren vor der Nach-
folgerschaft, schildert seine Witwe in den grellsten Farben,
entkleidet sie, deckt all ihre Gebrechen, ihre Fehler und
Laster auf. Und die übertreibende Gehässigkeit ist sehr
spaßhaft dabei. Die Übertragung ins Deutsche ist von
Wilhelm Printz sehr treu besorgt worden." „Es ist eine
ganz persönliche Schrift", sagt Dr. Blei, „ein paar Jahre
nach der Vollendung des Dekamerone entstanden, in Boccaccios 42. Lebensjahr, und ist seine letzte Schrift
in italienischer Sprache. Sie steht auf der Schneide
zwischen seinem humanistischen und seinem katholischen
Leben, und hat von dort noch den sexuellen, von hier
schon den asketischen Zynismus."

BOCCACCIO. — *Johannis Boccaccii* Büchlen Von den
sinnrychen erluchten Wyben, die von den alten
Chronikschrybern vm ihre sünderliche Beginnen in öwige ge-
dechtniß synd gesetzt worden. Getutscht durch Hainricum
Stainhowel Von Wyl an der Wirms, Doctor in der Arzney,
Meister der syben Künst, geschworner Arzt zu Ulm, zu Lob vnd
er der durchlüchtigisten fürstin vnd frawen Elionory, Herzogin zu Oesterrych. Vlm, seliglichen geendet von Johann Zainer
von Rütlingen. 1473. Fol. 8 u. 140 Bll., goth. Mit 76 schönen
Holzschnitten. (2000 Mk., Expl. in Ldrbd. mit altcolor. Holzschnitten u. 1 facsim. Bl., Ludw. Rosenthal, 1906.)

Hain 3333. Proctor 2497. Goedeke I, 369 No. 3,1.
Ebert 2600. Muther 96.

Dieses Werk zählt zu den grössten Seltenheiten und
ist von mehr als einem Gesichtspunkte, besonders aber in
sprachlicher Hinsicht, höchst interessant. Neben zwei schönen
Randleisten u. den Holzschnitten befinden sich in dem
Buche auch zahlreiche prächtige Initialen. Unter den Holzschnitten ist die Darstellung der Entbindung der „Päpstin
Johanna" von besonderem Interesse.

BOCCACCIO, De claris mulieribus, deutsch übers. v. Stainhöwel, hrsg. v. K. Drescher. Tübingen 1895. (205.
Publ. d. litter. Vereins.) (10 Mk. L. Rosenthal, 1906; 8 Mk.
v. Zahn & Jaensch, Dresden, c. 1903.)

> Mit genauer Bibliographie der lat. u. deutsch. Hand-
> schriften u. Drucke.
> Goedeke I, 369, 3 führt folgende Papier - Handschrift
> an: *Boccatius* de claris mulieribus, verdeutscht durch H.
> Steinhöwel. Cgm. 252. Fol. Pp. 1477—80. Bl. 202
> bis 213.

BOCCACCIO. — Hyenach volget der Kurtz syn von
ettlichen Frawen von denen *Johannes Boccacius* in
latein beschriben hat vnd Doctor hainricus stainhöwel
geteutschet. — *A. E.:* Hye endet sich das büchlein von denen
Johannes Boccacius in latein beschriben hat, vnnd doctor hein-
ricus steinhöwel geteutschet. Gedruckt vnd volenndet in der
stat Augspurg von Anthoni Sorgen am Freytag nach sant Va-
lenteins tag Anno . . . . lxxix. jare. (1479.) Fol.

> Zapf, Augsb. Buchdruckergesch. 1, 54 Nr. 29; Ebert 2600.

— — Dasselbe. Straßburg, Prüss, 1488. Fol. 95 Bll. (Ebert
2600.)

— — Dasselbe, titulo: EIn Schöne Cronica oder Hy-
stori bûch von den furnämlichsten Weybern, so
von Adams zeyten an geweßt, Was gûttes oder böses ye durch
sye geübt, Auch was nachmaln gûttes oder böses darauß entstanden. Erstlich Durch *Johannem Boccatium* inn Latein beschriben, Nachmaln durch Doctorem Henricum Stainhöwel in' das Teütsch gepracht. Gedruckt zû Augspurg
durch Haynrich Stayner, Anno M. D. XXXXI. (1541.) Fol.
(In Aargau, Cantonsbibl.; in Dresden [Falkenstein 165]; in
Göttingen: Hist. misc. 91 a.) 6 u. XC Bll. Mit 81 Holzschnitten
von Hans Burgkmair und Hans Schäuffelein. (48
Mk., wasserfl. u. einige Holzschn. schlecht colorirt, Jacques
Rosenthal, c. 1903.)

> Unter der Vorrede: Geben zû Vlm auff den Xiiij
> Augusti . . . . im Mccccliij jar. (1483.)

— — Dasselbe. Augsburg, H. Stayner. 1543. Fol. Mit 81
Holzschnitten, wie vorhin. (In Dresden [vgl. Ebert] u. Helmstedt.) (100 Mk. Ludw. Rosenthal, 1906.)

— — Dasselbe. Frankf. 1566. 8⁰. (In Dresden. — Ebert 2600.)

> Bibl. d. litterar. Vereins in Stuttgart, 205, S. XII.

— — Dasselbe, tit.: Historien von allen den für-
nembsten Weibern; zum andern mal in truck verfertigt
durch D. H. Steinhowel von Weil. Franckfurt a. M. 1576. 8⁰.

> Goedeke I, 369, 3, 7 (ohne Angabe der Quelle).

BOCCACCIO. — Boccatius, Joannes, von Certaldo, For-
nem'ste Historien vnd exempel von widerwert-

igem Gluck, mercklichem vnd erschröcklichem vnfahl, er-
bärmklichen verderben vnnd sterben grossmächtiger Kayser,
Künig, Fürsten vnd anderer namhafter Herren. Jetzt zum aller
ersten von Hieronymo Ziegler fleyssig verteutscht. Augspurg, Hainrich Stainer, 1545. Fol. Mit über 100 schönen
Holzschnitten von Burgkmair u. Schäuffelein. (18
Mk., defektes u. stark gebr. Expl., L. Rosenthal, 1906.)

> Sehr seltene, erste deutsche Ausgabe. — Er-
> wähnenswert auf Bl. 222 b die Historie der Päpstin
> Johanna, mit einer Abbildung von deren Niederkunft.
> (Graesse I. p. 446. — Bibliogr. Boccacesca p. 21.)

BOCCACCIO, Der Moderne. Eine Sammlung pikanter und
heiterer Erzählungen. 20 Bdchn. Mit 20 (freien) Titelbildern.
Budapest, Gust. Grimm's Verlag, 1884 ff. 8⁰. Eleg. br.
(à Mk. 1.—.) (1—15: 9 Mk. G. Priewe.)

> Verboten wurden vom L.-G. Lemberg, 22. Decbr. 1889,
> auf Grund des § 516 des Strafgesetzbuches die Nrn. 3, 6,
> 9, 10, 11, 16, 17, 20. — Hier Inhalt von I—XX laut Anzeige
> des Verlegers:
> I. Die Probe. — Der glückliche Fischer. — Das Ge-
> lübde. — II. Der Hexensabbat. — III. Der Strike der
> Ehemänner. — Liebesglück. — IV. Wie man den Teufel
> bändigt. — Hans und Grethe. — V. Der kleine Herzog. —
> VI. Der Blinde. — VII. Der Kasus des Fräulein Susanne.
> — VIII. Das Mieder. — Janina. — IX. Die Tugendwächter.
> — X. Eine Brautfahrt mit Hindernissen. — XI. **Wem** gehört
> der Sohn? — Ohne Schnürleib und ohne Aussteuer. —
> XII. Der erste Kuß. — Das Elixir. — XIII. Eine Evas-
> tochter. — Weder Thiere noch Kinder. — XIV. Liebes-
> unterricht. — XV. Strike der Frauen. — Der Vogel Greif.
> XVI. Mein Freund Ulysses. — XVII. Johannistrieb. —
> XVIII. Der Geprellte. — XIX. Die erste Reise. — XX. Meine
> Tante Irene.

*BOCCALINUS, Almannus (ps.), Das Wunderseltzame Leben,
Auffnehmung vnnd Großwerdung Der viel Lieblichen, groß dunckenden, Vermögenden, Signora Richeza
d'Allemanni, zu Teutsch, der Teutschen newlicher Reich-
thumb . . . . auß dem Italienischen . . . per *Almannum
Boccalinum* etc. 1624. 4⁰. (In Berlin: Yy 1281.)

> Satyre in Prosa. Schwerlich Übersetzung. 4 Bll. Selten!
> Weller, Lex. Pseud. p. 77. — Angeblich erotisch.

§ BOCCALINUS, Trajanus (ps.), Die wohl-gewehlte
Wahl eines Königes unter den menschlichen
Gliedern, welche auf dem Parnaß von denen Priestern der
Natur preißlich erwogen u. von Apollo weißlich vollzogen
worden, getreulich mitgetheilet von des Parnassus Secretario,
Trajano Boccalini, 1715. 8⁰. Sehr rar!

> In Versen. — Ohne Angabe eines Druckorts im Frf. u.
> Lpz. O. M. V. 1715. H. 3 b; Weller, Lex. Pseud. p.
> 77. — Wohl sotad. Inhalts.

BOCCAZ, Der Deutsche, oder Erzählungen der Liebe. Voller Anspielungen auf unsere Zeiten. Th. 1. Mit 13 illum. Kpfrn. Hamburg u. Mainz, in Commission bey G. Vollmer. 1803. — Th. 2. Mit 9 illum. Kpfrn. Ibid. eod. anno. 12⁰. (1¹/₃ Rthl.) Höchst selten cplt.! (2 Rthl., incplt, Scheible, v o r 1870; 8 Kronen, nur Th. 1, Halm & Goldmann, Wien, 1904.)

> I: 234 S. incl. XIV S. Vorst. Inh.: Vorrede. — Epilo-girender (!) Anfang. — Erklärung d. Titelkupfers. Dann 12 satyr. Erzähl. u. Dialogen, betitelt: Die geizige Liebe. — Platonische Liebe. — Sympathetische Liebe. — Wahn-sinnige Liebe. — Schmollende Liebe. — Versöhnende Liebe. — Israeliten-Liebe. — Geistige Liebe. — Abgelebte Liebe. — Geizgierige Liebe (Druckf. auf d. Kupfer statt „Geldgierige"). — Trunkene Liebe. — Landliebe. —
> II: 132 S. Inh.: Einleit. Dann 9 satyr. Erz. u. Dialoge, überschrieben: Orangeboven. — Der geheimde Rath. — Herr von Scheerbeutel etc.

BOCCAZ, Der neue, in scherzhaften Erzählungen. Aus d. Französ. übers. 2 Thle. Leipzig 1772. 8⁰. (4 Mk. 25 Pfg. Auction G. Salomon, Dresden, März 1875; 10 Mk. Scheible, Stuttg., c. 1880; jetzt theurer!)

> Mit TKpf. u. vielen Kpfrn. im Texte, nach R o m a i n, d e H o o g h e (in schlechten Abdrücken). Sehr selten! (10 Mk. Scheible.)

BOCK, Johann (ps.), N e u e s d e u t s c h e s L i e d v o n e i n e m S c h n e i d e r, der sich mit zwey Weibern auf einmal ver-schustert hat. Von — —. O. O. u. J. (c. 1790?). 8⁰. (Besaß Prof. v. Karajan.)

> 4 unpag. Bll., enth. 25 sechszeil. Stroph. — Sehr selten!

BOCK, J. C., E r s t l i n g e m e i n e r M u s e. Leipzig, Holle, 1770. Kl. 8⁰. (In Warmbrunn.)

BOCK, (Ign. Frdr.) Raphael (geb. 30. Nov. 1779 zu Marien-werder, ertrank zu Königsb. [zuletzt Sekretär an d. dortigen kgl. Bibl.] beim Baden im Pregel, am 17. Aug. 1837). A u r a. Ein romantisches Gedicht (in 6 Ges.). Frankf. a. M. 1817, bei Heinr. Ludw. Brömer. 8⁰. Zahm.

> Tit. (m. kl. Ornam.-Vign.), 1 Bl. Widm. an die Prinzessin W i l h e l m v. Preussen), 266 S. (in 8 zeil. jamb. Stanzen). Schauplatz der Hauptbegebenheit ist P e r s i e n zu d e r Zeit, als die P o r t u g i e s e n 'daselbst erobernd landeten. — Ueber den merkw. Lebensgang d. Vf. s. Brümmer I. p. 71.

BOCKIADE, D i e, oder Fragment über den Ton in den Streit-schriften einiger deutschen Gelehrten und Schöngeister (von *Aug. Friedr. Cranz*). Frankfurt a. M. 1779.

> Anon.-Lex. I. p. 251 (nach Goedeke, Meusel, Schröder).

* BOCKIADE, D i e n e u e u n d v e r m e h r t e, in Briefen über den Ton der Litteratur, Kritik, Streitschriften, Geschmack, Mein-ungen und Sitten des heutigen Jahrhunderts, den geopferten

Buffalo, Theaterangelegenheiten, geschossene teutsche National-
böcke und Bockstreiche aus allen Ständen und die weibl. Angelegenheiten (von *Aug. Friedr. Cranz*). 4 Thle. Mit Titelvign.
(zwei stossende Böcke mit der Umschrift: „Wieland: Der
garstige Bock!" „Nicolai: Pfui der garstige Bock!") Berlin
1781—82. 8⁰. 93, 120, 48, 48 S. (Auch im British Museum; nur
1—2 in der Berliner Magistratsbibl.) (5 Mk. Friedr. Klüber,
München 1904.)

> Anon.-Lex. I. p. 251 (nach Goedeke, Kayser, Meusel,
> Schröder).

* **BOCKIADE.** — Beilage zu der neu aufgelegten u.
vermehrten Bockiade, die weiblichen Angelegenheiten
betreffend. Ein Neujahrsgeschenk für das schöne Geschlecht
(von Aug. Frdr. Cranz). Berlin 1781. Im Selbstverlage
des Verfaßers der Gallerie der Teufel. 8⁰. (In Berlin 2 Expll.)

— — Dasselbe. Berlin, 1782, und in Hamburg auf dem Adreß-
komtoir. 8⁰. 48 S. (5 Mk. Ferd. Schöningh, Osnabrück, 1904.)

> „Ihro Kgl. Hoheit der Prinzessin A m a l i e von Preussen
> gewidmet".
> Anon.-Lex. I. p. 133. Vgl. auch Magaz. d. Buch- u. Kunst-
> Handels. Jahrg. 1782. Lpz. Gr. 8⁰. S. 753.)

BOCKIADE. — Apologie de la dame Vituline, d. i.
verdolmetscht, die gerechtfertigte Vituline, als zweite
Beilage zu den Akten der Bockiade. Berlin 1872. 8⁰.

> Bibl. Bülow. II. 2. p. 146. — Cranz als Verfasser ge-
> nannt in: Büsten Berlinischer Gelehrten und Künstler.
> Leipzig 1787. 8⁰. S. 371.

BOCKIADE. — S. auch Vitulien, oder die übermüthige
Kokette, im fortlauf. Alphabet.

BOCKSBART's Meppen, Freiherrn von Bocks-
theuer eines pereginirenden Kandidaten, eine
wahre Geschichte (von *Carl. Glo. Cramer*). Mit (freier) Titelvign.
Leipzig, Schneider, 1783. 8⁰. (10 Mk. J. Halle, München, c.
1905.)

> 318 SS. (incl. Tit., 2 Bll. Vorr. unterz.: S., u. 3 Bl. Inh.).
> In der Vorrede wird noch eine Fortsetzung in Aussicht ge-
> stellt. Diese erschien ebd. 1785. Beide Theile bilden Bd. III
> u. Bd. XVII der Samml. „Neue Original-Romane der Deut-
> schen". (8 Mk. Alfr. Lorentz, Lpz., 1905.) — Einer der
> liederlichsten Romane des s. Z. renommirten Vielschreibers.

— — Dasselbe (mit dem Namen Cramer's): Leben und
wundersame Abentheuer Meppen Bockbarts,
eines peregrinirenden Weltbürgers. 2 Thle. Mit 1
Tkpf. (J. Gerstner sc.). Leipzig (o. Adresse). 1802. 8⁰.

* — — Dasselbe. 2 Theile. Ebd. 1804. 8⁰.

> 336 S. (fortlaufend paginirt.)

BOCKSBART's Meppen, Freiherrn von Bocks-
bartsberg, Abentheuer und Weiber. Thl. 1. (einz.).

Mit TKpf. Leipzig 1800. 8⁰. Einiges derb u. frei. (4 Mk.
Alfr. Lorentz, 1905.)

BOCKSDORF, Louise von, s. *Boksdorf.*

BOCKSPRÜNGE, 100 lustige, oder Possen über Possen gewidmet dem Orden lustiger Brüder zu X. Prag 1801. 8⁰. (2 Mk.
Taussig, c. 1905.)

BOCKSPRÜNGE. S. auch B o c k s p r ü n g e . . . .

BODE, Theod. Heinr. Aug. (1778—1804), B u r l e s k e n. Mit
4 Kpfrn. (illum., kostümlich interess. Karrikaturen). Leipzig,
in d. Juniusischen Buchhdlg. 1804. 8⁰. X—257 SS. (In Darmstadt.) (4 Mk. 50 Pfg. Edmund Meyer, Berlin, 1909.)

> Inh.: 1. Der Hauptmann Copernikus. 2. Das unter-
> brochene Opferfest. 3. Der verliebte Don Quichote. 4. Däum-
> ling. 5. Die Erfindung der Kunst. 6. Das Concert. (Sämmtl.
> zieml. zähm.)

BODEN, D e r, i m S a c k. Oder R e s t v o n v e r m i s c h-
t e n E r z ä h l u n g e n, v o n H e r r n v o n X***, auf-
gewecktem Mitgliede bey der Akademie der Schlafenden. Aus
d. Französ. (des *François Félix Nogaret* [1740—1831] von
Adam Friedr. Geisler d. Jüng.) übers. 2 Thle. Mit 1 TKpf.
Lausanne (Brückner in Römhild) 1783. 8⁰. (10 Mk., unbeschn.
Expl. mit vollem Rande, Scheible, 1892.)

> Sehr rare Prosa-Uebersetzung von poet. Erzählgn., Ge-
> dichten, Briefen etc., darunter pikante Stücke, z. B. Roger-
> Gut-Zeit, od. die zerbrochnen Eier, I. S. 12—27.
>
> I: TKpf., Tit., 2 Bll. Vorbericht d. Uebersetzers, u. S. 9—80.
> II: 137 SS.
>
> O r i g. (in München): Le Fond du sac, ou Restant
> des babioles de Mr. X*** (X a n f e r l i g o t e, pseud.
> de Félix Nogaret), membre éveillé de l'Académie des Dor-
> mans. 2 tom. av. 1 frontisp. et 9 très-jolies vignettes
> à mi-page, dans le genre de Duplessis-Bertoux, par le
> dessinateur-miniaturiste D u r a n d. A Venise, chez Pantalon
> Phébus (Paris, Cazin), 1780. pet. in-18⁰. (40—50 Frcs.
> Cohen.) (18 Mk. Scheible, 1892.)

BODY, N. O., I d a, oder d i e G e f a h r e n d e s T h e a t e r-
l e b e n s. Mittheilungen aus dem Leben einer Schauspielerin.
Wien 1865. 8⁰. 176 S.

> Vergriffen u. selten! (3 Mk. Kühl; 1 Mk. 50 Pfg.
> Ernst Frensdorff, März 1907.)

BODY, N. O. (mit vorigem wohl nicht identisch), A u s
e i n e s M a n n e s M ä d c h e n j a h r e n. Mit einem Vorwort von Rudolf P r e s b e r und einem Nachwort von Dr.
med. Magnus H i r s c h f e l d. Berlin, Gust. Riecke, o. J.
(1907), 8⁰. (2,50; geb. 3,50.) 218 S.

> Wahre Geschichte eines männlichen Zwitters. — Der P r o-
> s p e k t besagt: D i e s e s h o c h i n t e r e s s a n t e B u c h
> i s t e i n B u c h d e r W a h r h e i t — e i n B u c h, wie
> e s n o c h n i e g e s c h r i e b e n w u r d e — und das großes

Aufsehen erregen wird. Die seltsamste Jugend, die wohl je gelebt wurde, spricht darin ihre eigene Sprache. Dieses Leben will geglaubt werden, so fremd es auch ist. Aber fremd sein heißt nicht Lüge. Von einem Leben wird hier gesprochen, das wie eine Last auf einem unerkannten Menschen lag. Es ist die Geschichte der Wirren und Konflikte, die dem Verfasser aus eigenster Natur erwuchsen.

Das Gewebe seines Lebens war aus wirren Fäden geschlungen, bis das innere Wesen seiner Männlichkeit die Schleier, Hüllen und Halbheiten, die Erziehung, Gewohnheit und Lebensnot um ihn gewoben, mit starkem Schlage zerriß.

BOECKLER, Geo. Andr., W a h r h a f f t i g e R e l a t i o n o d e r e i g e n t l i c h e r B e r i c h t v o n d e r hoch- und w e i t b e r ü h m t e n V e s t u n g d e r s o g e n a n n t e n Inclination und derselben merckwürdige Belägerung . . . . Mit Kupf. Nürnberg, G. Scheurer, 1679. 12⁰. (In Warmbrunn.) Höchst selten!

BÖHEIMB, M., E h e g l ü c k. Ernste u. heitere Weisen. Leipzig 1878. 12⁰. (Mk. 1.80.) (1 Mk. Lehmann & Lutz, 1884.)

*** BÖHLAU,** Chp. Dietr. v. (geb. 24. April 1707 zu Koburg, † das. 26. Febr. 1750). — Herrn *Christoph Dietrichs von Böhlau*, Dermahligen Hochf. Sachsen-Coburg-Salf. Cammer-Junkers, Hof- und Regierungs-Raths, wie auch der Durchl. Printzen-Hofmeisters, und der teutschen Gesellschaft in Jena Mitglieds, P o e t i s c h e J u g e n d - F r ü c h t e. Bey Verschiedenen Gelegenheiten gesammelt, mit einer Vorrede versehen von Herrn Daniel Wilhelm T r i l l e r, ... Und Mit Genehmhaltung des Herrn Verfassers hrsg. von Johann Wilhelm F a b a r i u s . . . . . Mit Titel-Portr. (von dem Berliner Kupferstecher J. G. W o l f f g a n g) und Titelvign. Coburg und Leipzig, Druckts und verlegts M. Hagens sel. Wittwe und Georg Otto. O. J. (Vorber. dat. Coburg 9. Apr. 1740). Gr. 8⁰. (Auch in Göttingen: P. 3659.) (10 Mk. A. Buchholz, München, 1906.)

12 Bll. Vorst. u. 436 S. — Wolfg. Menzel, Deutsche Dichtung II, S. 474: „Schrieb zwischen 1729—39 Lobgedichte auf Gönner, Oden u. Episteln höchst ordinären Inhalts; nur in lasciven Schilderungen zeigt er sich munter u. lebendig (folgt sehr harmlose Probe). Von dem damaligen S\i t t e n z u s t a n d i n S a c h s e n gibt er keinen guten Begriff (kurze Probe).''

„Von dieser Samml. giebt es 2 Auflagen, vorliegende muß die frühere sein, da die andere, worin das Titelkpf. von S y s a n g gestochen ist, in dem Vorber. ein sehr ungünstiges Urtheil enthält über das Titelkpf. der ersten Ausgabe, womit offenbar, wenn auch W o l f f g a n g nicht genannt wird, doch nur dieser gemeint sein kann. Die Differenz beider Ausgaben zeigt sich, außer einigen Abweichungen auf dem Titelkpf. u. in dem Vorber., hauptsächlich in der gänzlichen Verschiedenheit der Titel-Vign.

(in der späteren Ausgabe ist es der Pegasus auf dem Parnaß, mit einer Einfassung von Muschelwerk, darunter der Name des Kupferstechers Sysang) und der Buchdruckerstöcke nach Fabarii Vorbericht u. Triller's Ode." — F. C. Fulda.

— — Dasselbe. 2te Aufl. Coburg, b. Geo. Otto. Gr. 8⁰.

M. M. V. 1750. S. 110. s. l. f. n. p. (Wirklich erschienen?)

BÖHME, (Frau) Marg. (in Berlin-Friedenau, geb. 8. Mai 1869 in Husum) T a g e b u c h e i n e r V e r l o r e n e n. Von einer Toten. 12. Tausend. Berlin 1905. 8⁰. (Cart. 3 Mk.; Orig.-Lwd. Mk. 4.) (1 Mk. 80 Pfg. Dietrich, Göttingen, 1907; 3 Mk., Orig.-Lwd., B. Liebisch, Lpz., 1907.)

Die 125. Aufl. erschien 1907 (laut Kürschner's Lit.-Kal.).

BÖHMERT, Victor, D e r K a m p f g e g e n d i e U n s i t t l i c h - k e i t. Leipzig 1888. 8⁰. (In Dresden, Bibl. d. Gehe-Stiftg.)

* **BÖSE - W e i b e r - A p o t e k k e n** . . . . Fraustadt, o. J. (c. 1700). 12⁰.

Neue Ausgabe von E t h o g r a p h i a e M u n d i p a r s p o s t e r i o r. M a l u s m u l i e r, d. i. Gründl. Beschreibung von der Regimentssucht der bösen Weiber. O. O. 1608 &c. — S. O l o r i n u s Variscus (d. i. *Joh. Sommer*).

* — — Dasselbe, tit.: S c h a u - P l a t z D e r B ö s e n W e i b e r . . . . O. O. 1712. 8⁰.

Mit einem A n h a n g vermehrt.

* — — Dasselbe. Frankfurt u. Leipzig 1751. 8⁰.

BÖTTCHER, K., A m o r e t t e n - G e k i c h e r. Eine Skat-humoreske. Berlin 1887. 8⁰. (2.—.) (1 Mk. Hugendubel, c. 1905.) Zahm.

BOGATZKY d. J ü n g e r e, S c h a t z k ä s t l e i n f ü r V e r - l i e b t e u n d E h e l u s t i g e. Mannheim u. Jena (Leipzig, Seger) 1792. 12⁰. (16 ggr.)

Bibl. Günther. III. Dresd. 1834. no. 6813.

— — Dasselbe. Ebd. 1796. 12⁰. (Weller, fing. D., wo aber „Bojatzky" steht.)

— — Dasselbe. Z w e y t e v e r s c h ö n e r t e A u f l a g e. Cölln 1809, bei Peter Zange (Leipzig, Seeger). 16⁰. (6 Mk. F. Waldau, 1908; 3 Mk. B. Seligsberg, Bayreuth, 1907.)

Liederlich, stellenweise pikant. Ziemlich selten. Weller, fing. Dr.

Tit., 1 Bl. Inh., 172 S. — 1. Das Schatzkästlein wird produzirt. 2. Das Sch. wird aufgethan. 3. So betrügt man die Mütter. 4. So fängt man die Mädchen. 5. So erobert man Männer. 6. So kommt man zu einer Frau. 7. So kommt ein Mädchen unter die Haube. 8. S o k r ö n t m a n d i e M ä n n e r (S. 91—107). 9. Allerhand Seufzer und Stoßseufzer, Wiegenlieder etc. (1. Seufzer eines schmachtenden Liebhabers, der seiner Herzensgebieterin aufwarten will. 2. Morgenseufzer eines vierzehnjährigen verliebten Mädchens. 3. Seufzer eines Bräutigams vor der Trauung. 4. Stoßseufzer für manchen Bräutigam [4 Versz.] 5. Morgen-

lied einer jungen Frau nach der ersten Hochzeitsnacht.
(6 vierzeil. Str.) 6. Falsche Eifersucht. Eine Anekdote.
7. Wiegenlied (frivoles), von der Kindermuhme zu singen.
— Kleines Beykästchen (S. 139—172), enthaltend ein alphabet. Verzeichnis (!) derjenigen Dinge, welche in der
Liebe und Ehe vorkommen, zum bequemen Gebrauch f.
Verliebte und Ehelustige. (S. 151—152 „Hörner".)

BOHEMANN, geheimer Oberer und Haupt der asiatischen Brüder. Ordensgeschichte neuerer Zeiten. Seitenstück zu Lindor
etc. (von *Theodor Ferd. Kajetan Arnold*). 2 Bde. Hamburg
1803. 8⁰. (21 ggr.)

> Kayser, Rom.-Verz. 1836, S. 20. — Nach Goedeke V,
> 532, 75, 26 („Bohömann" und ohne Theilesangabe) Fort-
> setzung von „S i r i u s (s. d.) S c h w ä r m e r e y e n").

— — Dasselbe. 2 Bde. Ebd. 1811. 8⁰.

> Gmähle's in München Leihbibl.-Cat., no. 4035—36.

BOHEMUS (d. i. *Georg Eman. Opitz*), H y g e a u. E r o s.
Ein Cyclus interessanter Badegeschichten. 3 Bde. Leipzig 1842.
8⁰. Zahm.

BOHN, Pastor Lic., G r u n d l e g e n d e   G e d a n k e n   f ü r
den   I n t e r n a t i o n a l e n   K o n g r e ß   z u r   B e k ä m p f -
u n g   d e r   u n s i t t l i c h e n   Literatur,   Köln,   im
J a h r e   1 9 0 4. Berlin 1904. (50 Pfg.)

BOHN, M a t e r i a l i e n   z u r   B e k ä m p f u n g   d e r   u n -
s i t t l i c h e n   L i t e r a t u r   Ein kulturgeschichtliches Denkmal
für die deutsche Presse. Berlin 1905. (2 Mk.)

BOHN, K o n g r e ß   z u r   B e k ä m p f u n g   d e r   u n s i t t -
l i c h e n   L i t e r a t u r,   Köln,   im   J a h r e   1 9 0 4. Bericht
erstattet von den außerdeutschen und deutschen Berichter-
stattern. Berlin 1905. (2 Mk.)

BOHN, D i e   M ü n c h e n e r   „J u g e n d"   u n d   d i e   n e u e   M o -
r a l. Berlin 1906. (30 Pfg.)

> Alle 4 citirt im Anhange von: S c h i n d l e r, Willy, Das
> erotische Element in Literatur und Kunst. Berlin, o. J.
> (1907). p. 127—128.

BOHNSTEDT, David Siegm., G e d a n c k e n   v o m   s c h w e r e n
G e r i c h t   G o t t e s   ü b e r   d i e   S ü n d e   d e r   H u r e r e y
u n d   E h e b r e c h e r e y,   von   M i s s g e b u r t e n,   von der
m o n s t r u e u s e n   (sic!)   E h e   d e r   V i e l w e i b e r e y   etc.
Franckf. 1725. 8⁰. Höchst selten!

BOHNSTEDT, D i e   G e s t a l t   t h e i l s   e r b a u l i c h e r,
t h e i l s   f l e i s c h l i c h e r   V i s i t e n   u n d   C o m p a g n i e n.
Wie auch   d i e   e n t l a r v e t e   E i t e l k e i t   d e r   W e l t - ü b -
l i c h e n   C o m ö d i e n, zur allgem. Besserung d. Kirche entworfen von —. JENA, verlegts Joh. Friedr. Ritter, 1743.
8⁰. Rar! (In Marburg, Univ.-Bibl.: XIX c. C 1244.) (10 Mk.
E. Frensdorff, 1904.)

12 Bll. Vorst. (incl. Zuschr. an Jungfer Anna Sophia
K r u p p i n, dat. Essen, d. 29. April 1743) u. 203 S.,
nebst 13 unbez. S. Reg. Tit. m. Signet d. Verlegers.
Stellenw. etwas derb u. frei. Ueb. d. Comödien S. 101 sq.
Verfasser bezeichnet sich auf den Titel als „evang-luth.
Past. zu St. Gertrud in Essen."

BOHR, Jac., sen., D e r g e i s t l i c h e G l ü c k s h a f e n, Das
ist: E i n s Z w e y D r e y v n d N i c h t s. Mit schönen
Holzschnitten und vielen hundert Capiteln in artliche R e y m e n
gebracht. 4 Thle. Wien 1613. 8⁰. (2 fl. 24 xr. Fidelis Butsch,
Augsburg, v o r 1870.)

* — — Dasselbe . . . . gebessert vnd gemehrt. 2. Ausgabe.
Gedruckt zu Passaw (!) bey Conrado Frosch. Anno 1634.
(Nebst Kupfertit. u. Kpfrn.) 8⁰.

Stellenweise derb. — Goedeke II, 287, 99, nennt nur die
Wiener Ausgabe.

§ * **BOJARDO**, Matteo Maria, Graf v. Scandiano (1434—94),
V e r l i e b t e r R o l a n d. Zum 1. Male verdeutscht und mit
Anmerkungen versehen von J. D. G r i e s. Th. 1: Stuttgart b.
Christian Wilhelm Löflund, 1835. Th. 2—4: Ebd., b. Beck und
Fränkel, 1836, 37, 39. 8⁰. (10 Rthl.) (6 Mk. Scheible; 7 Mk.
50 Pfg. A. Bielefeld, 12 Mk. H. Streisand.)

Schöne Ausgabe mit Antiqua-Schrift. 1: XLVIII—402 S.,
1 Stammtaf. 2: Tit. u. 434 S. 3: Tit. u. 417 S. 4:
400 S. (incl. Tit.). — Gesang 12 erschien als Probe bereits im Morgenblatt 1813, Nr. 117—122; Stanze 1—87 in
Gries' Gedichten 1829, II, S. 137—167. — A u s z u g des
B o j a r d o ' s c h e n Orlando innamorato erschien als Vor-
stück zu (V. Lütkemüller's) Uebers. des Arist : Orlando der
rasende mit Anmerkgn. . . . . Zürich, Geßner, 1797—98.
(Goedeke VII, 636, 190.)

— — Dasselbe. Neu hrsg. von Wilh. L a n g e. 2 Theile.
Leipzig (1886). 16⁰. (= Reclam's Univ.-Bibl. Nr. 2161—68.)

— — Dasselbe. Neu hrsg., überarbeitet und eingeleitet von
Ludwig F r ä n k e l. 2 Thle. Stuttgart (1895). 8⁰. (= Cotta'sche
Bibl. d. Weltlitt. Bd. 259 u. 261.)

In B e r l i n (Xo 5884) folgende Ausgabe des zuerst Ende
XV. Jh. gedruckten i t a l i e n. O r i g i n a l s : Orlando innamorato del Signor M a t t e o M a r i a B o i a r d o C o n t e
d i S c a n d i a n o, insieme co i tre libri de gli Agostini, nuo-
vamente riformato per M. Lodovico D o m e n i c h i . . . . In
Vinegia appresso Girol. Scotto 1545. Kl. 4⁰. — Näheres
über eine Mailänder 4⁰-Ausgabe von 1542 s. in P ä c h t e r-
m ü n z e ' s, Friedr. (d. i. Ignaz S c h m i d ' s) Bibl. d.
ältern Litteratur. Stück 1. (einz.) Zürich 1793. 8⁰. S. 201
bis 209.

§ * **BOJARDO**. — _Matteo Maria Bojardo's_ . . . . V e r l i e b t e r
R o l a n d als erster Theil zu Ariosto's Rasendem Roland . . . .
zum erstenmale vollständig verdeutscht, mit Glossar n. Anmerkgn. herausg. von Gottlob R e g i s. Nebst dem Porträt des

Dichters. Berlin, G. Reimer, 1840. 4⁰. (4 Rthl.) (3 Mk. Ludolf
St. Goar, Frankf. a. M., c. 1880.)

§ * **BOJARDO**. — Rolands Abentheuer in hundert-
romantischen Bildern. Nach dem Italiänischen des
Grafen *Bojardo*. Herausg. von Fr. Wilh. Val. Schmidt.
2 Theile. (XII—360 + VI—280 S.) Berlin und Leipzig, G.
C. Nauck. 1819. — Th. 3: über die italienischen Hel-
den-Gedichte. Ebd. 1820. 8⁰. (In Berlin: Xo 5975; auch
in Breslau, Kgl. u. Univ.-Bibl.; 1—2 in der Berliner Magistrats-Bibl.)

BOILEAU-Despréaux, Nicolas — CASPAR ABELS auser-
lesene Satirische Gedichte, worinnen viele jetzo im
Schwange gehende Laster, auf eine zwar freye, und schertz-
haffte doch vernünfftige Art, gestrafet werden; Und Theils ihrer
Vortreflichkeit halber aus dem berühmten BOILEAU und HO-
RATIO übersetzet, Theils auch nach deren Vorbilde verfertiget
sind. Quedlinburg und Aschersleben, verlegts Gottlob Ernst
Struntze, 1714. 8⁰. (In Göttingen. P. 3720.)

   12 Bll. u. 224 S. — Goedeke III, 23, 2; W. v. Maltzahn
   III. p. 387. no. 71.

BOILEAU. — Des berühmten Poeten *Nicolai d'Esperaux* (!)
Boileau, Satyrische Gedichte, Welche nicht allein voll
herrlicher Sitten- und Tugend-Lehren sind, sondern auch die
Laster darinnen gar artig und sinnreich durchgehechelt werden,
Ihrer ungemeinen Anmuth und Vortrefflichkeit halber, insge-
samt. aus dem Frantzösischen in Teutsche Verse übersetzet, und
mit einem Anhange, verschiedener aus dem Horatio, Vir-
gilio, und andern, verteutschten, wie auch noch andern
Hoch- und Niedersächsichen Gedichten vermehret, von Caspar Abeln. Goßlar, Verlegts Johann Christoph König. 1729. 8⁰. 8 Bll. u. 528 S. — Zweyter Theil,
Samt allen Eclogen oder Hirten-Gedichten des Virgilii, Und
den meisten Oden oder Gesängen, wie auch vielen Satyren und
Episteln des Horatii, Welche Ihrer besondern Anmuth und
Nutzbarkeit halber, aus dem Frantzösischen und Lateinischen,
theils in Hoch- theils aber in Nieder-Sächsische Verse übersetzet worden, Von Caspar Abeln. Ebd., Verlegts Johan'
Christoph König, 1732. 8⁰. 8 Bll. u. 272 S. (In Göttingen: P.
1479.) (4 Mk. 50, Th. 1 apart, Julius Neumann, Magdeb. 1906.)
Selten cplt.!

   Gottsched, Beytr. 4, 518—560. S. auch Ad. Hofmeister, Caspar Abels niederdeutsche Gedichte. Nd. Jhb.
   1882. 9, 1—25. (Goedeke III, 284, 23, 3.)
   Eine frühe Ausg. von Boileau, in Wolfenbüttel befindlich, sei hier mitangeführt: Oeuvres diverses Du Sieur
   D*** [Nicolas Boileau-Despréaux] avec le traité du

sublime ou du merveilleux dans le discours. Traduit du Grec de L o n g i n . . . . Suiv. la Copie Impr. à Paris, O. O. 1675. 12⁰. M. 1 Titelkpfr u. 1 Kpfr. — Hiervon eine deutsche Uebersetzung: S c h r i f f t e n (s. d.), Verschiedene satirische deß Hrn. *D*** (Despréaux)* . . . . 1694.

§ **BOKSDORF** (sic!), L o u i s e v., g e b. v. B l e n k e n s c h e i t. Gemählde der verfeinerten Kultur (Sittenlosigkeit) und Aufklärung aus der höheren Menschenklasse. 2 Bde. Mit 1 Titelkpfr. London, 1788. Bei William Harris in der großen Russelstraße (Weißenfels, Severin). 8⁰. (10 Mk. Oskar Richter, Lpz., c. 1885; 10 Mk. Volckmann & Jerosch, Rostock, 1892.)

> Hundsgemeine Frivolitäten der damaligen höheren Gesellschaft in Deutschland (Höfe, Adel, Offiziere, Beamtenthum) werden hier in cynischer Weise in 203 Briefen ausgemalt. Die Fortstzg. (Bd. 3 ff.) wohl von der Censur inhibirt. — 1: TKpf., XIV u. 350 S. Vorr. dat.: London, im Jenner (!) 1788. 2: Tit. u. 376 S. (Brief 124—203).

BOKSPRÜNGE u n d N a r r e n s t r e i c h e d e r m e n s c h l i c h e n V e r n u n f t. Ein komischer sehr unterhaltender Roman. Vom Verfasser d. Tepichkrämers. Mit Titelkupfer. Prag und Leipzig 1800. 8⁰. 255 S. Selten! (5 Mk. Julius Neumann, Magdeb., 1906; 5 Mk. Hugo Streisand, Berlin, 1908.)

BOLDING, s. B r i c k B o l d i n g.

BOLOGNESER - H ü n d g e n, D a s, oder d e r g e t r e u e L i e b h a b e r. (Aus d. Französ. des Abbé *de Torche*.) O. O. (Erfurt Nonne) 1769. 8⁰.

> Das O r i g i n a l erschien 100 Jahre früher: Le chien de Boulogne ou l'amant fidelle (!). Nouvelle galante. Cologne 1669. 12⁰. (2 Mk. Oswald Weigel, Lpz., 1904.) H o l l ä n d. U e b e r s.: Het wonderlyk leven van't boulonnois Hondtge. Amsterdam 1702. 12⁰. Mit Kpf. (2 Mk. Auction G. Salomon, Dresden, März 1875, no. 475.)

BOMBEN u n d G r a n a t e n a u s g e z o g e n e n K a n o n e n, oder ihr sollt u. müsst lachen. Ein lustiger Gesellschafter für alle Welt. Berlin, o. J. (18**). 8⁰. (1 Mk. Paul Neubner, 1892.) Vollmer (Gedr. Quedlinburg. b. Basse), o. J. (1811). 8⁰. Zahm.

BONAFONT, Carl, L i e b e u n d T r e n n u n g. Ein kleines Herzens-Gemälde für gefühlvolle Menschen. Stuttgart, Im Magazin für Litteratur 1807. 8⁰.

> 49 S. Dedic.: Geschrieben am Ufer der Pegnitz, 1803. Nicht bei Kayser 1827, ist aber im Roman-Verz. 1836. — Zahm.

BONAVENTURI, d e r G e w e i h t e d e r N a c h t. Vom Verf. des Fiorenzo *(Heinr. Müller).* 2 Bde. Hamburg, bey Gottfried Vollmer (Gedr. Quedlinburg b. Basse), o. J. (1811). 8⁰. Zahm.

> TKpf., Tit., 214 u. 240 SS. — Kayser p. 17 nennt das Jahr des Erscheinens.

BONBONNIÈRE, Die. Galante und artige Sammlung erotischer Phantasien von *Choisy le Conin* (d. i. Marquis *Franz v.*

Bayros) mit Paraphrasen in Poesie und Prosa von Amadée de la H o u l e t t e. 6 Liefrgn. (à 6 Bll., 29 $\times$ 33 cm., m i t T e x t) O. O. u. J. (1907 ff.). Gr. 4⁰. (à Liefrg. Mk. 15.—.) (Lfrg. 1—2: 30 Mk. Adolf Weigel, Lpz., 1908; 20 Mk. Schnabel u. Walter, Potsdam, 1907.)

P r o s p e c t: Die Bonbonnière. Original-Radierungen, zu denen Amadée de la Houlette G e d i c h t e u n d N o v e - l e t t e n geschrieben, geniale Paraphrasen der Bilder, er- scheint in Zwischenräumen von $1^1/_2$—2 Monaten zum Sub- skriptionspreis von M 15.— pro Lieferung. Die Drucke sind auf Japanpapier, die Texte auf Bütten. Die einmalige Aus- gabe beträgt 300 numerierte gewöhnliche Exemplare und 30 Luxusausgaben, ganz auf Kaiserlich Japan à M 30.— die Lieferung.

„Choysy le Conin" versteht es wie kein anderer, das erotische Element im Leben des Weibes von der liebens- würdigen und amoureusen Seite zu nehmen. In dieser Auffassung weicht er stark von der Kunst des Félicien Rops ab, der in symbolistischer Weise das Weib stets als den Urgrund alles Unglücks des Mannes darstellt und das Weib nur als den Gesamtinbegriff von Leidenschaft und Tücke kennt.

Aber auch von dem nicht minder grossen und genialen Aubrey Beardsley unterscheidet sich „Choysy le Conin" auf das beste, da er im Gegensatz zu diesem, dessen Werke stets eine krankhafte Sinnlichkeit zeigen, nur von der Idee des „Schönen. Graziösen und Ästhetischen" einzig und allein geleitet wird.

Der Rausch der Sinne, wenn er schöne Menschen darstellt, ist für das Schönheitsideal genau so eine Offenbarung, wie jede andere.

Choysy le Conin wird dies in seinem hier angekündigten Radierungswerke noch mehr bestätigen.

Adolf Weigel, Lpz., 1808: Die F o r t s e t z u n g dazu „D e r H i r s c h p a r k" liefere ich jeweilig sofort nach Erscheinen zum Subskriptionspreis. Lfg. 1 (Bonbonnière Lfg. 3) ist be- reits erschienen.

BONEFONIUS, Jo. (= *Jean Bonnefons d' Auvergne*, 155* bis 114), D i e N a c h t w a c h e d e r V e n u s. Eroticum (sehr üppiges, in 13 Str.) aus dem Lateinischen des — (von Friedr. Wilh. E i c h h o l z). O. O. u. J. (Köln, Franz Teubner, 1890; Druck von Elias Neuwald, Budapest.) Kl. 8⁰.

L ä n g s t v e r g r i f f e n e r N e u d r u c k d e r U e b e r - t r a g u n g v o n 1755. 14 S. (incl. Tit. m. Bordüre). Auf Titelrücks. u. den beiden letzten (unbez.) Seiten Teub- ner'sche Verlagsanzeigen. Vgl. oben: B a n d, E i n k l e i n e r, v o n A l l e r h a n d. Von *E*. Frankf. u. Lpz. (Halberst., Gross) 1755. 8⁰. Sehr rar!

Ist Verdeutschung von B's latein. Gedicht „Pancharis". Parisiis 1587. 8⁰. (Hendecasyllaben.) Rep. Leovardiae 1613. 8⁰. (In München.) Lugd. Batavor., Jos. Barbou, 1779. 8⁰. (In München.) Sämmtlich rar!

BONELLI, Gianetta, oder die Sibariten. Ein romantisches Denkmal aus dem Mittelalter Italiens (von *Joh. Michael Konrad*). 2 Thle. Mit Titelkpf. u. Titelvign. von Berka. Prag, Jos. Polt, 1799. 8⁰. (3 Mk. 50 Pfg. H. Lesser, c. 1878; 3 Mk. J. Taussig, Prag, 1906.)

> Gestoch. Titel, 4 Bll. Vorst. u. 206 S. Der Roman ist Gli. Aug. Meissner gewidmet. — Zahm.

BONENBART, Schnapps, oder der Siegfried von Lindenberg unserer Tage. Ein komischer Roman. 2 Bde. Lindenberg, o. J. (c. 1795). 8⁰. (3 Kr. Halm & Goldmann, 1904.)

BONMARMOTA (d. i. *Otto Konrad Christiani*, geb. 23. März 1767 zu Kiel, † 25. Novbr. 1803 zu Weimar), Bilder aus Ottmars Kuckkasten, in neun (zieml. zahmen Hauptvorstellungen für die Optik der Seele, gesammelt u. hrsg. von —. Mit TKpfr. u. TVign. Chambery (Leipzig, Joachim) 1800. 8⁰. (1²/₃ Rthl.) (3 Mk. 50 Pfg. Lehmann & Lutz, c. 1885.)

> 340 S. Dem Glasermeister Woltereck in Goslar dedicirt. Inh.: 1. Geschichte meines Vetters, ein modernes Feenmährchen. 2. Fragmente aus einem psycholog. Reise-Journal. 3. Die Schröpfgläser, oder die Kur für rothe Backen. 4. Die Verbrechen der Liebe (freie Bearb. einer span. Novelle). 5. Die Erscheinung des Teufels. 6. Hat der Teufel so etwas gesehen? (Schwank.) 7. Karsten und Ursel, od. der buchstäbliche Sinn (eine Posse). 8. Die geheime Züchtigung und die öffentl. Busse, aus dem Archiv der Wahrheit u. der Zeit entlehnt. 9. Die veränderte Adresse, oder der Scherz im Tode, in lustiger Einfall in 5 Scenen.
> Ueber den Verfasser s. Rassmann, S. 27.

BONNEVAL, Comte C. A. de (= Achmed-Pascha, geb. 1675, † 1747). — Leben, Merckwürdiges, des Grafen von Bonneval, ehedessen Kaiserlicher General der Infanterie, anitzo aber Commandirender Bassa (= Pascha) über eine Türckische Armee. Aus d. Frantzös. übersetzet. 3 Thle. (in 1 Bde.). Mit 1 Titelkpfr. O. O. 1738. 8⁰.

> I: Titelkpf. (B. als türkischer General im Felde, ein Kanonenrohr mit der Linken umfassend), 116 S. (incl. Tit. in Roth u. Schwarz). II: 142 S. (incl. Tit.), 1 leeres Bl. III: 160 S. (incl. Tit.). Das Buch enth. auch Bonneval's galante Abentheuer, u. a. mit 3 italien. Ehefrauen, wobei ein vom eifersüchtigen Manne applicirtes Keuschheitsschloss (cadenas de sûreté) zu beseitigen war. Interessanter Vorgänger Casanova's.
> Zuerst gedr. Hamburg 1737—38. II. 8⁰. 283 u. 238 S. (9 Mk. Ilfred Lorentz, Lpz., 1905; 8 Mk. B. Seligsberg, Bayreuth, 1908.)

— — Dasselbe. Vielvermehrte, mit einem Bildniß des Autors und vielen andern (26) Kpfrn. (wobei 1 sehr freies) verzierte Ausgabe. Constantinopel 1738. 8⁰. 456 S.

R. Zinke's in Dresden Novbr.-Auction 1905, no. 1217.
Das französ. Orig. erschien zuerst in 2 Theilen:
Les mémoires du Comte `de Bonneval, ci-devant général
d'infanterie au service de Sa Majesté Impériale Catho-
lique. Londres, aux dépens de la Compagnie. 1737. —
Fortsetzg.: Nouveaux mémoires du Comte de Bonneval . . . .
contenant ce qui lui est arrivé de plus remarquable durant
son séjour en Turquie. Ibid. eod. a. (Beides in Warmbrunn, Reichsgräfl. Schaffgotsch'sche Majorabsbibl.) (Zus.
6 Mk. Isaak St. Goar, Frankf. a. M. 1897.) — Rep.
titulo: Les mémoires du Comte de Bonneval dit Pacha de
Karamanie avec un avant-propos sous le titre „Le nouvel
Encelade foudröié comme pour servir d'explication à l'estampe
et d'addition à la présente histoire, ou le caquet rabatu
du renégat dans toutes les formes." 3ème édition. 3 pts.
Avec frontisp. obscène. Hannovre 1739. 8°. 46, 190, 184,
190 pp. (6 Mk. Friedr. Klüber, München, 1905; 8 Mk. Ferd.
Schöningh, Osnabr., 1905.)

Ein viel späteres französ. Werk beschäftigt sich wieder
mit B.: Grasset de Saint-Sauveur, Les amours
du fameux Comte de Bonneval, pascha à deux queues, connu
sous le nom d'Osman, rédigés d'après des mémoires parti-
culiers. Avec 4 jolies gravures à l'aqua-tinte. Paris, chez
Deroy, an IV (1796). Pet. in-8°, de 12 + 144 pp. (36 Mk.,
rel. orig. en maroq. rouge etc., Jacques Rosenthal, München,
c. 1903.)

— — Dasselbe. Hamburg 1740—42. 8°. (4 Kronen Halm &
Goldmann, 1904.)

BONNEVAL. — Critic, Gründliche, über die Lebens-Beschreibung des Grafen von Bonneval, nebst verschiedenen Anmerkungen über den itzigen Türcken-Krieg. Aus
d. Frantzös. O. O. 1738. 8°. (3 Mk. 50 Pfg. K. W. Hiersemann, 1898.)

BONNEVAL. — Des Grafens von Bonneval Neue
und geheime Nachrichten aus Venedig und der
Türkey von den Begebenheiten, so ihm seit seiner Ankunft
in Venedig bis zu seiner Verbannung auf die Insel Chios im
Martio 1739 zugestossen, von Herrn *von Mirone* (d. i. *Pierre
Lambert de Saumery*). Aus d. Frantzös. 2 Bde. Franckf. 1740.
8°. (4 Mk. 80 Pfg. Taussig, Prag, 1906.)

War auch im Cat. der Buchhandlung des Waisenhauses in
Züllichau (ca. 1745) für 8 ggr. angeboten.

BONNFELD, Karl, Zauberhallen. Ein Phantasiegemälde.
3 Thle. Görlitz 1803. 8°. (2½ Rthl.)

BONSENS, Ernst (d. i. *Friedr. Chp. Brosse*), Antipseudo-
Kantiade, oder der Leineweber und sein Sohn, ein
satyrisch-kritischer Roman, mit imaginirten Kupfern, ohne Vorrede v. Kant, aber mit einer übeln Nachrede der Pseudo-Kan-
tianer. Mit 1 color. Kpfr. Gnidos, bey Amoroso Severo
(Meinhausen in Riga), o. J. (1798). 8°. Selten!

Farce auf die Kant'sche Philosophie, namentlich auf ihre Anhänger, amüsant wegen des grotesk-komischen Stils des Verfassers und seiner ausgelassenen Phantastereien. Zuerst gedr. o. O. u. J. (1797). 8⁰. (20 Mk. Gustav Fock, Lpz., 1908.)

BONVIVANT, Hilarius (ps.) Erholungen für Kinder der Freude. Amathunt (Berlin, Littfaß) 1808.
Weller, fing. Dr. — Sehr selten!

BONVIVANT, Der, und Philosoph, kein Roman. Eine Lectüre für Mädgen u. Jünglinge, Weiber u. Männer, Matronen u. Greise aus allen Ständen, von *L. Gr. z. L.* Magdeburg (v. Schütz) 1809. 8⁰.
Enth. 35 (zahme) moral.-satyr. Aufsätze. Tit. gestoch., VIII—156 SS.
Von demselben Vf. ist der Roman: Schäfer-Stunden (s. dort) eines galanten Herrn .... 1809.

BOOCKS-Beutel (Der Frau Venus —), oder der Schlendrian verliebter Thorheiten in einem Zwischen-Spiele fürgestellet (mit 3 Personen).
Anhang von: Schriften, Ausgesuchte und anmuthige, für die lange Weile .... Frf. u. Lpz. 1749. 8⁰. S. 33—56.

BORA, Catharina v. (1499—1552). — Beste, W., Die Gedichte Catharina's von Bora. Nach den Quellen bearbeitet. Halle 1843. 8⁰. (1 Mk. 50 Pfg. Oswald Weigel, Lpzg., 1904.)

BORA. — Engelhardt, Eusebius („Clericor. in Commune viventium Presbyter u. Missionarius Castrensis", d. i. *Michael Khuen = Kuen*), LUCIFER WITTENBERGENSIS, oder der Morgen-Stern von Wittenberg, das ist: vollständiger Lebens-Lauff CATHARINÆ von BORE (sic!), des vermeynten Ehe-Weibs D. MARTINI LUTHERI, meistentheils aus denen Büchern Lutheri, aus seinen safftigen Tisch-Brocken, geistreichen (scilicet) Send-Schreiben u. anderen raren Urkunden verfasset, in welchem alle ihre Schein-Tugenden, erdichtete Großthaten, falsche Erscheinungen, u. elende Wunder-Werck, nebst dem gantzen Canonisations-Proceß, wie solcher von ihrem Herrn Gemahl noch bey ihren Lebs-Zeiten vorgenommen worden, weitläuffig erzehlet werden. An das Licht gestellet von R. D. EUSEBIO ENGELHARD .... 2 Thle. Zweyte, neue, vermehrte u. verbess. Auflage. Mit Portr. Catharina's, 3 weiteren Kpfrn. u. 1 Stammtafel. C. licentia Superiorum. Landsperg, gedruckt bey Joh. Lorentz Singer, auf Umkösten des Authoris. 1749. 8⁰. (5 Mk. Beck, Nördlingen.)
Berüchtigte Skandalschrift voller Lügen u. Gemeinheiten, ein würdiges Seitenstück zu Weislinger's Unfläthereien. Einiges in Versen.

I: Portr., 12 Bll. Vorst. (incl. Tit. in Roth u. Schwarz auf 2 Bll., 356 S., 8 Bll. Reg. II: Tit. (schwarz, auf 1 Bl.), 66 beziff. S. Vorr., 2 Bll. „Register der Capitlen", 416 S., 8 Bll. 2 tes Register. — Zuerst gedr. ebend. 1747. Zu finden bey dem Authore selbsten. 8⁰. (Expll. in Berlin, München und Carlsruhe: Ko 120.) Portr. Catharina's, 332 + 346 S. (excl. Vorst. u. Regg.) (10 Kronen Halm & Goldmann, 1907.) Cfr. Vogel, Bibl. biogr. Luth. Halle 1851. Weller, fing. Dr., S. 85, hat: Pressburg (Augsburg, Rieger) 1747. — Dasselbe Freyburg 1752. 8⁰.

BORA. — Erinnerungen, Freundschaftliche, an Herrn W. Fr. W. (Walch), wegen übel geputzten Morgensterns, von Eus. Engelhard (M. Kuen). Presburg (Rieger in Augsburg). 1752. (Weller, fing. Dr.)

BORA. — Glückwunsch, Des katholischen Laien —, und Trostschreiben an den Auctor des Lucifer Wittenbergensis (M. Kuen). Freyburg (Enders in Schwabach). 1752. (l. c.)

BORA. — Kroker, E., Katharina von Bora, Martin Luther's Frau. Ein Lebens- und Charakterbild. Mit 3 Bildnissen. Leipzig, E. Haberland, 1906. Gr. 8⁰. 285 S. (5 Mk.) (3 Mk. 50 Pfg. Friedr. Klüber, München.)

Referat von R. S. im Berliner Tageblatt, Nr. 214 vom 28. April 1906, wobei Notiz über ihre Flucht aus dem Kloster Nimbschen und die darüber verbreiteten tendenziösen Legenden. Einmal hat sie der als Verfasser der „Klosterhexe" und der „Bernsteinhexe" bekannte evangelische Pastor Meinhold in seinem stark katholische Hinneigung bekundenden Roman „Der treue Ritter von Altensteig und die Reformation" als eine wenig für sich einnehmende, engherzige Persönlichkeit gezeichnet. Luther hat aber besser gewusst, was er an seiner Käthe gehabt.

BORA. — Leben der Katharina Luther, geb. von Bora. (S.-A. aus „der Pilger aus Sachsen".) Dresden, o. J. Kl. 8⁰. (1 Mk. 50 Pfg. Schaper, Hannover, 1904.)

BORA. — Luther mit seiner Frau auswandernd. Er trägt seine Anhänger in einem Nachtstuhl auf dem Rücken, seinen unmässig dicken Bauch nebst den Büsten dreier Freunde auf einem von ihm selbst geschobenen Schiebkarren und auf der Hand ein Weinglas. Catharina von Bora, mager, mit Kind und Hund, folgt ihm. Unten zweisp. Gedicht: Nuhn Muess es ja gewandert sein — o gross Ungemach. Qu.-fol. (2²/₃ Rthl. Drugulin II. no. 341.)

BORA. — Martin Luther und Ketherle auf der Wanderschaft. Ersterer mit Weinglas, Schiebkarren und Tragkasten, worin die Häupter der Reformatoren; letztere in Nonnentracht, einen Säugling tragend und auf dem Rücken einen Pack mit der Bibel. Unten Verse 2sp.: Nuhn muess ess ia gewanderdt sein — grosses Ungemach. In P. Troschels

Manier gest. Copie nach dem vorigen. Qu.-Fol. ($1^2/_3$ Rthl. l. c. no. 1335.)

BORA. — Mayer, J. F., Ehrengedächtnis Catharinen Lutherin, geb. von Bora. Mit 2 Bildnissen derselben. Frankf. 1724. 8^0. (In Dresden.) (1 Mk. 50 Pfg. Osw. Lpz., 1904; jetzt theurer!)

BORA. — Naenia Luthero-Bornea aeternum resonans, d. i. ewig widerschallendes Klag-Geschrey und Trauer-Echo des fünfften Affengelisten Martini Luderi und Catharinä von Born (sic!) seines weiland gewesten Kebsweibes. Gedruckt zu Freyburg anno 1714. 4^0.

> 8 Bll. In Versen. Sehr rar!
>
> In der sehr seltenen Schrift „Die angetastete Jungfer-Ehr Der Lutherischen Kirchen .... Durch Isaac Aletophilum." (s. d.) O. O. 1714. 8^0. heisst es Bl. 8b über obiges Pamphlet: „Der gantze Vortrag bestehet aus vielen ungereimten teutschen Reimen, und einem ertzgroben Comœdianten-Auffzug". Auch Catharina tritt auf, von der es als „einer verloffenen Closters-Stuten", heisst: „Anno 1523 sprang die Nonn aus, und führte noch sieben andere mit Ihr (!) in den April, dann in diesem Monat verliess Sie die Kutten und suchte den Hengst, welchen Sie auch Anno 1525 gefunden. Währenden diesen zweyen Jahren übte Sie sich bey denen Wittenbergischen Studenten in der Fechtkunst, aus welcher gleich darauff als Luther der verhurte Fleischbengel, wofern die Frau nicht wolte, die Magd erlaubte, ein Handwerck entstanden, welches laider noch wäre".
>
> Die lat. Zuschr. an die gesammte Lutheraner lautet:
>> Hæreticis . . . .
>>   hocce dicavit opus
>> Lascivum fictâ qui in Relligione (!) Lutherum
>>   Echo *herum*
>> Agnoscunt, Sathanæ qui tamen est
>>   famulus   Echo *mulus*
>
> Am Schluss: „Dise wenige Zeillen (!) wolte dem theuren Werckzeug des Sathans D. Martino Luthero, der weyland ruhmdürfftigen Evangelosen Religion Erstem Ausbrecher (!) zu Ehren: Seinen Herrn Herrn Pfarr-Narren und Seelworgern zu lieb: allen Heyl-liebenden Lutheranern aber zu einer Schimpff-Ernstermahnung, treumeinend aufsetzen. *S. G. U.* — Gegen Ende werden die Prädicanten ermahnt: „Auff, Ihr lose Buben, den Irrthum widerrufft, sonst wird man euch die Stuben einheitzen in der Krufft, wo Eur Luther schwitzt."

— — Dasselbe. Ibid. eod. a. 8^0. Dieser Druck in kleinerem Format lag dem nicht enthüllten Pseud. Isaac Alethophibus vor. (S. vorigen Titel, Anmerkg.)

BORA. — Sendschreiben der Catharina von Bore an die aufgehobenen Nonnen aus dem Reiche der Todten. Köln, (Wien, Hörling) 1783. 8^0.

BORA. — Ursach vnd antt / wortt: da si ungk / fawe' kloster. got- / lich. u'lassen. muge'. / Doctor *Martin / Luther* Wittemberg 1523. 4⁰.

> Panzer II, 1700. Nicht bei Weller. 6 Bll., mit breiter Ornament-Titelbordüre in Holzschnitt. Gewidmet „dem fürsichtigen u. weyssen (!) L e o n h a r d K o p p e n Burger zu Torgau", welcher die 9 Nonnen aus dem K l o s t e r N i m b - schen entführte. Dieselben sind am Schlusse namentlich aufgeführt, darunter K a t h e r i n a v o· B o r a, Magd. Staupitzyn etc.
>
> (360 Mk.: „S e l t e n e e r s t e A u s g a b e dieses Tractates. Mit einer Bemerkung auf der Rückseite des Schlussblattes, welche ohne Zweifel v o n d e r H a n d M. L u t h e r s s e l b s t herrührt." K. W. Hiersemann, Lpz., 1905.)
>
> Weitere Drucke s. bei Panzer, Weller, Kuczinsky.

§ **BORA.** — W a l c h, Chr. Wilh. Fr., W a h r h a f t i g e G e - schichte der seligen Frau Catharina von Bora, D. M a r t i n L u t h e r s E h e g a t t i n, w i d e r E u s e b i i E n g e l h a r d s (s. ob.) M o r g e n s t e r n z u Wittenberg h e r a u s g e g e b e n. Halle 1751. 8⁰. (1 Mk. 50 Pfg. Osw. Weigel, 1904.)

§ — — Dasselbe. 2 Thle. (1 in 2. Aufl.) Mit Portrait nach L u c a s C r a n a c h. Ibid. 1752—54. 8⁰. (2 Mk. 50 Pfg. Derselbe; 3 Mk., ohne Theilesangabe, mit Portr., E. Frensdorff, 1906; 5 Mk. Ernst Geibel, Hannover, 1907.)

> Vogel, bibl. biogr. Luth. no. 510, 512.

BORDE, J., D i e L i e b e, e i n e U e b e r w i n d e r i n d e s H a s s e s: wie solche als eine Spanische Geschichte von Mons. *J. Borde* in Frantz. Sprache aufgeführet und Sr. (!) Königl. Hoheit der verw. Hertzogin v. Orleans 1712. ¨dediciret, auch mit Kgl. Privilegio versehen, jetzo aber wegen der artigen Erfindungen u. zuläß. Schreib-Art ins Teutsche übersetzet worden. 1720.

> Ohne Orts- u. Formatsangabe im Frf. u. Lpz. O. M. V. 1720. F 3a.

— — Dasselbe. Hamburg, b. Sam. Heyl 1735. 8⁰. 14 Bog.

> Cat. Meissner II; Rüdiger's cat. univ. Contin. I.; O. M. 1735. War auch in einem guten handschriftl. Cataloge.

§ **BORDEL** (!), D a s e n t d e c k t e, oder d i e l o s e F r a u v o n L o n d o n. Warnungsstadt (Nordhausen, Gross) 1762. 8⁰. (4 Rthl. Scheible, Cat. 21, hat: „enthüllte" [?])

> (In Stuttgart.) 3¹/₂ Bog. Aeusserst selten, wie das folgende.

§ **BORDELL,** D a s e n t d e c k t e, oder d i e a r g l i s t i g e n, K u p l e r. Mit Titelkpf. Schaafhausen. O. J. (c. 1760). 8⁰. (12 Mk. G. Priewe, 1895.)

BORDELL, Das, a l s S t a a t s a n s t a l t. Von der Zweckmässigkeit der Bordelle in grossen Städten und wie sie im Interesse der öffentlichen Moral und des allgemeinen Gesund-

heitswohles am besten einzurichten sind. Leipzig 1851. 8⁰.
78 S. (In Amsterdam, Bibl. Gerritsen.) (1 Mk. Th. Nielsen,
Hamburg, c. 1895; 1 Mk. 60 Pfg. J. Jolowicz, Posen, 1907.)

§ **BORDELLE.** — Cella, Joh. Jac., Freymüthige Aufsätze.
3 Bdchn. Anspach 1784—86. 8⁰. (1—2 in Stralsund, Rathsbibl.)
    Enth. u. a.: Errichtung öffentlicher Bordelle
in grossen Städten u. auf Universitäten.

BORDELLE. — Franck, Geo., Tractatio quâ lupanaria, vulgo
Huren-Häuser, ex principiis medicis improbantur auctore
Georgio Franco. Halae Magdeb. 1743 Kl. 4⁰. Libellus perrarus!
    (6 fr. Techener; 15 fr. Claudin, Paris.) — Zuerst gedr.
Heidelbergae 1674. 4⁰. (Auct. Davidsohn no. 5173.) Gay
III. p. 72 ungenau.

BORDELLE. — Freudenberger, Julius Augustus (d. i.
Christian Gottfr. Flittner). Ueber Staats- u. Privat-
bordelle etc., s. unter F.
    Bildet auch Bdchn. 15 der „Gynaologie" (s. d.).

BORDELLE. — Heidemann, Dr., Was ist für und wider
die öffentlichen Freudenhäuser zu sagen?
Breslau 1810. 8⁰.
    1 Mk. Bielefeld 60. no. 425.

BORDELLE. — Huren-Leben, Das Amsterdamer, s.
Amsterdam.

BORDELLE. — Ideen über die Frage: ob Freudenmädchen vom Staate zu dulden sind? Hamm 1822. 8⁰.
    ¹/₃ Rthlr. Eman. Mai, Berlin, Cat. von 1854, p. 408.

BORDELLE. — Leonhardi, F. G., Ueber die Schädlichkeit der Bordelle. Eine Vorlesung. Leipzig 1792. 4⁰.
8 Sgr. Förster in Reudnitz (vor 1875).

BORDELLE. — § Papiere, Geheime, aus dem Archive
der Liebe, s. unter P.
    Bd. I. Anhang: Sind Bordelle nothwendig?

BORDELLE. — § Patze, Adolf, Ueber Bordelle u. die
Sittenverderbniss unserer Zeit. Leipzig 1845. 8⁰.
    ¹/₃ Rthlr. Lippert in Halle (c. 1860).

BORDELLE. — Paulowitsch, Haben die Bordelle
Nutzen oder nicht? Penig 1831. 8⁰.
    6 Sgr. Heberle 74. Abth. N. no. 565.

BORDELLE. — § * Ueber Ehesachen u. insbesondere Ehescheidungen, uneheliche Vaterschaft, Stuprum u. Bordelle in
Beziehung auf Gesetzgebung und anderweite obrigkeitliche Behandlung. Ein Beitrag zur Revision des Preuss. Allgem. Landrechts. Von *F. v. G(eisler).* Minden, F. Essmann, 1835. 8⁰.

BORDELLE. — Strafgesetzbuch, Das deutsche, und
polizeilich concessionirte Bordelle. Hamburg 1877.
8⁰. (In Dresden, Bibl. d. Gehe-Stiftg.)

BORDELLE. — Von Verführung, liederlichen Häusern und Bordellen."
> In: L i p o w s k y, Fel. Jos., Baierns Kirchen- u. Sitten-Polizey unter seinen Herzogen u. Churfürsten. München, Lentner, 1821. 8⁰. Cap. 3. (Siehe B a y e r n.)

BORDELLE. — Wolffsheim, F. S., U e b e r B o r d e l l e in medizinisch-polizeilicher Hinsicht. Hamburg 1845. 8⁰.
> 46 S. Zur Hälfte G e s c h i c h t e der Bordelle. (7 Sgr. Scheible 6. p. 90.)

BORDELLE. — S. auch B e r l i n, B r e s l a u, D r e s d e n, H a m b u r g - A l t o n a, L e i p z i g, L o n d o n, M ü n c h e n, P a r i s, W i e n.

BORDELLPASSIONEN. (6 Mk. eine böhm. Firma, 1901.)

BORGIA, C e s a r e (c. 1470—1507). — L e b e n d e s C ä s a r B o r g i a, H e r z o g s v o n V a l e n t i n o i s (von *C. H. F.* d. i. *Carl Heinr. Frentzel*). 2 Thle. Berlin, bei Friedr. Maurer, 1782. 8⁰. (2 Mk. Franz Teubner, 1898.)
> XXII—279 fortlauf. gez. S. Nur die Anfangsbuchstaben d. Namens d. Vf. unter der undat. Vorr. Anon.-Lex. III. p. 14 (nach Kayser u. Meusel).
> Vielleicht mit Benützung von: T o m a s i, Tomaso, La vita di Cesare Borgia, detto poi il Duca Valentino. S. l. 1671. 12⁰. 18 Bog. (Bibl. Ludovici nominalis curiosa. Vitemb. 1705.)

BORGIA, L u c r e z i a († 1520). — G i l b e r t, W., L u c r e z i a B o r g i a, H e r z o g i n v o n F e r r a r a. Nach seltenen und zum Theil unbekannten Quellen. Mit Portrait und Facsimile von Lucrezia Borgia. Leipzig 1870. 8⁰. (6 Mk. Paul Lehmann, Berlin, 1889.)

BORGIA. — G r e g o r o v i u s, Ferd., L u c r e z i a B o r g i a. Nach Urkunden und Correspondenzen ihrer eigenen Zeit. 2 Thle. Mit 1 Taf. u. 3 Bll. Facsim. Stuttgart 1874. Gr. 8⁰. (Mk. 12.—) (15 Mk., eleg. Hldrbd., Adolf Weigel, 1907.)
> Vergriffen und sehr gesucht.

BORGIA. — Grote, O., L u c r e z i a B o r g i a. Novelle aus der Geschichte der Päpste. Zürich 1877. 8⁰. (1.50) (75 Pfg., M. Edelmann, 1907.)

BORGIA. — Scoper, Ludw. (d. i. *Geo. Carl Ludw. Schöpfer* L u c r e z i a B o r g i a, oder d e s P a p s t e s T o c h t e r. Italienisches Sittengemälde aus dem Anfange des 16. Jahrhunderts. (Zieml. zahmer Roman.) 2 Bde. Nordhausen, Fürst, 1834. 8⁰.

BORKENSTEIN, Heinr., s. bei H a m b u r g.

BORN, A d o l p h, ein bürgerlicher Roman (von *Conrad Pol*). Altenburg 1803.
> Anon.-Lex. I. p. 254 (nach Kayser).

27*

BORN, G. F., (d. i. *Carl George Füllborn*), F ü r s t i n S i -
r e n e oder d i e G e h e i m n i s s e des Kardinals. 2 Thle.
Mit zahlr. Illustr. Dresden, o. J. 8⁰. (8.—) (3 Mk. 50 Pfg.
Hugendubel.)

BORN, G e h e i m n i s s e e i n e r W e l t s t a d t. Roman. 3 Thle.
Berlin, o. J. 8⁰. 1440 Seiten. (3 Mk. Derselbe.)

BORNAU, E m i l i e v., s. *Reisen* . . . . Fräuleins Emilie v.
Bornau.

BORNHAUSER, Thomas (ps.), I d a v o n T o c k e n b u r g oder
die s c h r e c k l i c h e n F o l g e n der E i f e r s u c h t. Historisch-romantische Erzählung aus der letzten Hälfte des 12.
Jahrhunderts. Schwäb. Hall, F. F. Haspel, o. J. (c. 1845). 8⁰.
     Tit. u. 284 S. — Einiges etwas frei.

BORNHEIM, D i e F a m i l i e v o n, historisches Gemälde aus
der großen Welt (von *Heinr. Aug. Kerndörffer,* geb. 16.
Dezbr. 1769 in Leipzig, † in Reudnitz 23. Septbr. 1846). Frankfurt und Leipzig 1796. 8⁰.
     Neue Allg. dtsch. Bibl. 39, 412. Das Anon.-Lex. I. p. 254
     hat „Bornhelm" (? — s. Goedeke VI, 399, 2, 8.)

BORNHUSIUS, Laurentius, N e w e L u s t i g e D e u t s c h e
C o m o e d i a, V o n d e r W e l t j t z i g e m z u s t a n d e v n d
L a u f f / V n d wie sie zu warer Busse vermanet wird / Auff
die Historien des Propheten Jonae gerichtet. Gedruckt zu
Eissleben / bey Vrban Gaubitsch / im Jahr / 1591. 120 S.
in 8⁰. (11 Mk. Auction Graf York v. Wartenburg, no. 563.)

BORNITZ, Dr. Leop. (d. i. *Leop. Schefer*), B r i e f e e i n e s
L i e b e n d e n.   Eingeleitet von Friedr. S c h l e i e r m a c h e r.
Cöln u. Aachen, Ludw. Kohnen, 1836. 8⁰. (1 Mk. 50 Pfg., Albert
Unflad, München, c. 1883.)
     2 Bll., VI—124 S. Prof. Henr. S t e f f e n s gewidmet.
     — Zahm.

BORNMEISTER, M. Sim. (Rect. z. Heil. Geist in Nürnberg,
geb. das. 31. Mai 1632, † als Rect. der St. Sebaldusschule
8. Dezbr. 1688), N e u - e r ö f f n e t e r S c h a u - P l a t z, d e r
von C. J. Cæsare, bis auf jetzt r e g i r e n d e n (!) LEO-
POLDUM, R ö m i s c h - T e u t s c h e n, wie auch M o r g e n -
l ä n d i s c h e n K ä i s e r: . . . . (Tit. sehr lang). M i t m e h r
a l s 1 o o P o r t r. (unter jedem ein latein. Symbol-Spruch und
ein paar deutsche Reime gestoch.; sämmtlich unsign.). Nürnberg, Joh. Hofmann, Buch- u. Kunsthändler. Daselbst gedruckt bey Andreas Knorzen. Im 1678. Christ-Jahr. (Nebst
Kpftit.) 8⁰.
     20 Bll. Vorst., 1169 S. u. Reg. Nebst dem (fast stets
     fehlenden) Ergänzungsblatt zu S. 1130. — Ed. I. ib. 1669;
     rep. ib. 1672. (beides anonym). (1672: 4 Kr. A. H.
     Huber, Salzburg, 1908.) Alle 3 Ausgg. sind selten ge-
     worden. — Vgl. S c h e t e l i g 's ikonogr. Bibl.

BORNSCHEIN, Ernst, A b e n t h e u e r u n d m e r k w ü r d i g e
R e i s e n d e s g e s t r e n g e n H e r r n L ü m m e l a u f
L ü m m e l s d o r f. Eine satyrisch-komische Geschichte. 2 Thle.
Mit TKpf. Leipzig, Joachin, 1798. 8⁰.

Ohne des Verfassers Namen. Stellenw. anstössig, wie die
folgenden, einst stark gelesenen Romane. — Ebeling, kom.
Lit. III. p. 627, hat irrig d. Jahrz. „1779".

Goedeke V, 518—519: J o h a n n E r n s t D a n i e l B o r n -
s c h e i n (ps. Chrn. Fr. M ö l l e r), geb. am 20. Juli 1774 zu
Prettin (Bez. Merseburg), studirte 1793—97 zu Wittenberg,
1799 Buchhändler und Korrektor in Leipzig, 1802 Inhaber einer
Kunsthandlung in Gera, † das. am 1. April 1838. E b e l i n g
urtheilt l. c. über B.: „Sein Name würde uns bereits völlig
verloren gegangen sein, wenn er nicht durch die Bearbeitung (s. weiter unten) der Bürger'schen Romanze „Des
Pfarrers Tochter von Taubenhain", wie durch seinen „Hunds-
sattler" (s. d.) unter den Hausknechten, Droschkenkutschern,
Obsthökerinnen und verwandten Leuten eine sicher noch
lange stichhaltige Celebrität geworden wäre."

BORNSCHEIN, A n t o n i a d e l l a R o c c i n i, d i e S e e -
r ä u b e r - K ö n i g i n. Eine romantische Geschichte des sie-
benzehnten Jahrh. vom Verf. der Abentheuer des Hrn. Lümmels.
2 Thle. Mit TKpf. u. TVign. Braunschweig 1801. 8⁰. (20 Mk.
Adolf Weigel, 1907, ohne Theilesangabe.)

— — Dasselbe. 2. verb. Aufl. Leipzig, Kollmann, 1823. 8⁰.
264 u. 256 SS. Mit TKpf. u. 2 TVign.

— — Dasselbe. 3. Aufl. Ibid. 1838. 8⁰.

— — Dasselbe. (Nachdruck.) 2 Thle. Mit 1 TKpf. u. 2
TVign. Ofen 1820. 8⁰. (1 Kr. 50 Hl. Halm & Goldmann, 1907.)

BORNSCHEIN, B e i c h t - S t u h l, D e r. Eine wahre schaudervolle Begebenheit des achtzehnten Jahrhunderts. Leipzig
1802. 8⁰.

— — Dasselbe. Neue Aufl. Pegau u. Leipzig, Günther, o. J.
(c. 1805). 8⁰. (2 Mk. 50 Pfg. W. H. Kühl, Berlin, c. 1883;
jetzt theurer!)

TKpf. (gestoch. von L i e b e), Tit. u. 306 SS.

— — Dasselbe. Leipzig 1816, 8⁰.

— — Dasselbe. Ibid. 1829. 8⁰.

— — Dasselbe. Ibid. 1839. 8⁰.

BORNSCHEIN, F r ä u l e i n K u n i g u n d e v o n F e l s i n g,
Herrin auf Heftelbach und Gladingen, Stifterinn des Ordens zum
Wachtelnest. Ein komischer Roman. Bdchn. 1. (einz.). Cam-
burg, Rößler, 1803. 8⁰.

Theilweise derb. 232 Seiten. Selten! Goedeke V, 519,
27 hat 2 Thle. (?)

BORNSCHEIN, D e r F i n d l i n g o d e r d a s K i n d d e r
L i e b e. Eine abentheuerliche Geschichte. 1811. 8⁰.

Ohne Ortsang. in Schmidt's Dresdener Lhbiblcat. 1819. p. 215. Fehlt bei Goedeke unter Bornschein (Wirklich von letzterem?).

BORNSCHEIN, Die Gräfin als Schauspielerin, oder die Uebereilung. Berlin 1813. 8⁰. (15 Sgr. Schmidt, Halle, vor 1870.) Zahm.

BORNSCHEIN, Das Harfenmädchen. Ein Schauspiel in 5 Aufzügen. Leipzig und Borna 1800. 8⁰. 284 S. (1 Mk. Rich. Bertling, Dresden, 1888.)

— — Dasselbe. (Nachdruck.) Grätz 1800. 8⁰. 139 S. (?)

— — Dasselbe. (Nachdruck?) Eisenberg 1804. 8⁰.

BORNSCHEIN, Junker Oswald der Flachskopf, Herr auf Dachsburg und Schölau, Wendelingen, Sonnenberg, Kirchfeld und Heinsdorf. Keine Rittergeschichte, aber ein Liebesroman in dem neuesten Geschmack, doch in türkischer Manier. Eisenberg, Schöne, 1804. 8⁰.

Fehlt bei Goedeke.

— — Dasselbe. 2te Aufl. Ebd. 1808. 8⁰.

— — Dasselbe. Ebd. 1824. 8⁰.

BORNSCHEIN, Des Pfarrers Tochter von Taubenhayn. Eine wahre Geschichte nach Bürgers Ballade neu bearb. (angeregt von Joh. Jac. Brückner), sehr verbess. Aufl. Mit 2 Kpfrn. Eisenberg, Schöne, 1827. 8⁰. 215 S. (12 Mk. Adolf Weigel, 1907.)

Dass Bornschein wirklicher Verfasser, s. bei Ebeling III. p. 627. — Zuerst gedr. ebd. 1801. 8⁰. 4. Aufl. Ebd. 1820. 8⁰. — Erschien auch in Volks- u. Jahrmarkts-Ausgaben.

— — Dasselbe. 6. Aufl. Ebd. 1840. 8⁰.

— — S. auch Schröter, Wilh., bei Bürger, G. A.

BORNSCHEIN, Romane und Erzählungen, Gesammelte kleine. 1811. 8⁰.

Schmidt's in Dresden Leihbibl.-Cat. p. 215, ohne Ortsangabe. — Nicht bei Goedeke.

* **BORNSCHEIN,** Der Cantor Steffen und sein alter Hauskater, eine komische Geschichte. Mit Titelkpf. (Radirung m. Unterschrift, Stechername unleserl.). Gera, in der Hallerschen Verlagsbuchhandlg., o. J. (1802). 8⁰. (1 Mk. A. Bielefeld, c. 1885; jetzt theurer!)

Gestoch. Tit., XVIII (incl. „Sieben Paragraphen über u. an Friedr. Laun") u. 262 S.

BORNSCHEIN, Das Nordhäusische Wundermädchen, ein weiblicher Rinaldini. Eine romant. Geschichte. Neue Auflage. 4 Thle. Mit TKpfrn. u. 4 Musikbeilagen. Leipzig 1804. (Zuschr. dat. Gera 1802.) 8⁰. (15 Mk. Adolf Weigel, 1907.)

Nur Th. 1 (mit freiem TKpf.) ist erotisch. Der Inhalt
ist aus dem Roman „F r i e d e r i c a" (1748) gestohlen (s. d.).
Zuerst gedr. Gera u. Leipzig 1802. III (!). 8⁰. (Goedeke
V, 519, 23.)

— — Dasselbe. Neue Aufl. Leipzig, im Magaz. f. Lit., o. J.
(180*). 8⁰.

> 1008 fortlauf. gez. SS.

— — Dasselbe. Ibid. 1826. 8⁰.

BORSOD, Aug. Baron (d. ¿ *August* Frhr. *Bors v. Borsod*).
F a t u m - N e b e l b i l d e r a u s d e m n e r v ö s e n Z e i t a l t e r.
Wien 1890, Brockhausen & Bräuer (Commissionsverlag).

> V e r b o t e n v. L.-G. Wien, 28. November 1889. § 516.

BOSC, Jean, S e e m a n n s S ü n d e n. Roman. — C o n f i s -
c i r t. (1 Mk. 50 Pfg. e. norddeutsche Firma, 1907.)

BOSHAFTES v o n d e r G a t t i n u n d S c h w i e g e r m u t t e r.
Eine Sammlung von Sprüchen, Scherzreimen u. Anekdoten.
Leipzig 1882. 8⁰. (Mk. 1.—) (50 Pfg. Adolf Graeper, Bar-
men, 1896.)

BOSSEN. — A l l e r h a n d B o s s e n l u s t i g e S c h o i s s e n,
e r f r e u l i c h e B e g e b e n h e i t e n f i n d m a n i n d i e s e n
(!) B u c h u n d Z e i t e n. Das Traurige bleibt auch nicht aus,
man finds in einen (!) jeden Hauß. Ohn alle Mühe ist diß
geschrieben wider die Melancholie. I n T e u t s c h e n V e r s e n
du kanst sie lesen. (Druckerst.) 3 Thle. Mit sehr drolligem
allegor. Titelkpf. (vorn Cupido als Trommelschläger, unsign.,
darunter 2 Reimzeilen). Jena, bey Matthias Kaltenbrunner, 1722.
Kl. 8⁰. (6 Kr. Halm & Goldmann, Wien, 1904; jetzt theurer!)

> Tit., 6 Bll. Vorwort, 96, 96, 96 Seiten. — Aeusserst
> selten! Enthält G e d i c h t e, grösstentheils derb-pikanter,
> oft epigrammatischer Art.

BOSSERT, Das n e u a n g e h e n d e n E h e l e u t e n a u s
G Ottes W o r t e r k l ä r t e u. g e w ä h r t e v e r e h r t e
B r a u t - B e t t e. (Predigt.) (17**.) 4⁰.

> Ohne Angabe von Ort u. Jahr in einem alten Cat. von
> Haude & Spener in Berlin (c. 1760), p. 114. — Sehr rar!

§ * **BOSTEL,** N i c o l a i v o n. Stad:Brem:P o ë t i s c h e N e -
b e n - W e r c k e, bestehend In Teutschen u. Lateinischen, Geistlichen, Moral-Trauer-Vermischten- und Ubersetzten Gedichten,
Nach des Seel. Autoris Tode († 1707) aus dessen hinterlassen
(sic!) Schrifften coligirt. Hamburg, Heyl u. Liebezeit, 1708.
8⁰. (In Göttingen: P. 3176; auch in Breslau, Kgl. u. Univ.-
Bibl., u. in Zürich.)

> TKpf., 15 Bll. Vorst., 355 SS. u. 5 Bll. Reg. u. Err.
> — Darin nebst galanten Sachen auch Uebersetzung von
> Heroiden O v i d s, S. 189—240, u. von Pietro M i c h i e l e,
> S. 241—250. Enthält auch niederdeutsche u. lateinische
> Gedichte.

Nic. v. Bostel, Prätor u. Rathsherr in Stade, geb. daselbst 6. Oct. 1670 als Sohn eines angesehenen Kaufmanns, † 13. Jan. 1707.

BOTHEN-Läuffer, Poetischer. Partie 1—2. Leipzig, b. Joh. Gli. Bauch. O. J. (c. 1720). 4⁰. (In Leipzig, Univbibl.)

> Rar! 2 Bog. Enth. frivole Klatschereien in Prosa u. Versen. Näheres in: Flossmann, Paul, Picander. (Diss.) 1899.

BOTTWAR (Würtemb.). — Gross, Willibald (ps.), Sonder- und wunderbare, doch wahre Geschichte wie der Teufel sich einmal in der Gestalt eines Esels auf dem Rathhause zu B....r im W..b..g..schen sehen liess. Zum Beweiss des Daseyns eines Teufels. Im Manuscript und ans Licht gestelt von Paul Weisshammer. O. O. 1786. 8⁰.

> 29 SS. Gedicht von 51 Versen, eine Verspottung d. Aberglaubens. In den Anmerkungen am Fusse jeder Seite zahlreiche Ausfälle gegen Missstände aller Art.

BOUDOIR-Bibliothek für die galante Welt. 7 Bde. Altona, August Prinz (187*). Kl. 8⁰. (à Bd. 1 Rthl.)

> I.: Liebesnächte. 3 Theile. — Bei verschlossenen Thüren.
> II.: Eva im Beichtstuhl. 3 Theile. — 101 Liebhaber.
> III.: Unverbesserlich. 2 Theile. — Therese! Liebesschwänke. 2 Theile.
> IV.: Amanda, die gefällige Putzmacherin. — Cornelia, die hübsche Tingeltangel-Sängerin. — Bekenntnisse einer Tänzerin. — Leben und Lieben in Frankfurt a. M.
> V.: Nur eine Biermamsell. — Nach dem Magdalenenstift.
> VI.: Ballhauspflanzen, oder das rothe Teufelchen. — Hinter der Gardine. — Auf dem Bauernfängerfang. — Photographien ohne Retouche.
> VII.: Liebes-Abenteuer einer Bühnenkönigin. — Berlin mit und ohne Gasbeleuchtung. — Nur eine Näherin.

BOUDOIRGESCHICHTEN. Mit Illustrationen. Budapest, Grimm, o. J. 8⁰.

> Mit illustriertem Umschlag.

BOUDOIR-GESCHICHTEN, Amüsante. 4 Bde. (188*.) 8⁰.

> Zahm. (Ldpr. 12 Mk.) (4¹/₂ Mk. Bielefeld.)

BOUDOIRGESCHICHTEN. Heitere Erzählungen nach d. Ungarischen v. Asmodi. Budapest, Sam. Marcus, 1896. 8⁰. (Antiqu.-Pr. c. 2 Mk. 50 Pfg.)

BOUFLERS, Maréchal Louis François Duc de (1644 bis 1711). — Liebs-Geschichte, Des Marschalls Von Bouflers —, Oder Galante Liebes-Händel, welche sich mit ihm Zeit währender Commendirung der Frantzös. Armeen bis auf die Vermählung Mit Mlle Von Grammont zugetragen haben. Aus d. Frantzös. übers. ([von] J. G. L. Mit Portrait B's in Kupfst. Remben, Romanus (d. i. Bremen, Sauermann), 1697. 12⁰. (In Wolfenbüttel.) **Rar!**

Zuerst gedr. ebd. 1696. 12⁰. (²/₃ Rthlr. Förstemann, Nordhausen, c. 1870; jetzt theurer! Das H. M. V. 1696 führt Bl. D 3 b eine Ausgabe an mit der Adresse: Nürnberg b. Paul Fürstens seel. Wittib u. Erben.

Orig.: Histoire des amours du maréchal de Boufflers, ou ses intrigues galantes avant son mariage avec Mlle. de Grammont. Paris (Holl.) 1696. pet. in-12⁰, de 437 pp. Avec portr. de B. (Gay IV. p. 52.) (6 Mk. L. Rosenthal, c. 1885.)

Engl. Uebers.: The history of the amours of the Marshal de Boufflers, or a true account of the love-intrigues and gallant adventures, etc. London 1697. 12⁰. (4 frcs. Scheible. — Gay IV. p. 91.)

— — Dasselbe, titulo: Der berühmte Marschall von Bouflers, nach seiner Galanterie. Erzehlung aller Liebes-Händel, bis auf die Vermählung Mit Mademoiselle von Grammont. O. O. 1697. 12⁰. (1¹/₃ Rthl. Graff & Müller, Braunschw., 1875.)

War auch in Bibl. Langii I. 1. Lips. 1702. p. 202.

BOUFLERS (Stanislas Jean Chev. de, 1737—1815), Erzählungen u. Mährchen. 2 Bdchn. Berlin 1811. Bei Friedr. Braunes. 8⁰. Zahm.

I: VIII—200 SS. Der Derwisch. — Tamara od. der Strom der Reue. Ein indisches Mährchen. II: 1 Bl. u. 198 SS. Ach wenn —! (Deutsche Novelle.) (2 Mk., Leihbiblexpl., Lehmann u. Lutz; jetzt theurer!)

Von Orig.-Ausgaben der B'schen Werke sind in Wolfenbüttel: Oeuvres du chevalier de Boufflers. Nouv. Ed. augm. (Aussi sous le titre: La reine de Golconde, conte.) Londres 1782. 12⁰; Oeuvres diverses, en vers et en prose, de M. le chev. de B**. Nouv. éd., Corr. & augm. Londres 1786. 12⁰. — In München: Oeuvres. Seule édition avouée et corr. par l'auteur. Paris, Huet, an XI (1803). 8⁰.

BOUFLERS, Die Königin von Golkonde. Nach B's Prose (versif.). (Im Götting. Musenalmanach 1794. S. 3—46. [Gottfr. Aug.] Bürger.)

Vgl. Neue Bibl. d. schön. Wiss. 1794. 52, 1, 116—125; Allg. Lit.-Ztg. 1794. Nr. 404. Sp. 675 ff.

BOUFLERS, Mädchen und Pferd. Nach B. (Im Götting. Musenalmach 1793. S. 213—215. [F. L. W.] Meyer.)

BOUFLERS. — Des Ritters *von Bouflers* kleine Schweizerreise und ein paar seiner romantischen Erzählungen. Nebst dem Fragment eines Briefes über die Altsitten der Schweizer in den Gebürgen. Geschrieben im Jahr 1751 im Geiste des Ritters von Bouflers. Genf 1789. 8⁰. (2 Mk. Julius Neumann, Magdeb., 1906.) Selten!

BOURLESKE, Eine extralustige und mit den seltsamsten Intriguen versehene, betitelt Colombine, der verstellte arglistige u. doch redliche Advokat, u. Hanswurst, der verzweifelte

Recrut, voller Courage und Liebe; oder: die lächerlichen Thränen d. trostlos-verliebten Frauenzimmers, bei dem fröhlichen Abmarsch d. tapferen Martissöhne etc. Wien. 1767. 8⁰. (3 Mk. Scheible, c. 1878; jetzt viel theurer!)

BOXHORN's, Magister Zacharias, Reise nach Lügenfeld. Mit 1 (scherzhaften) Landkärtchen. Alethopel, gedruckt auf Kosten d. Wahrheit. (Augsb.) 1791. Kl. 8⁰. 125 S. (In Warmbrunn.) (3 Mk. Friedr. Klüber, München, 1905.)
> Mit vielen Holzschnitten im Text und 1 Karte von der Stadt und Landschaft Lügenfeld. Seltene und wenig bekannte Utopie, bestehend in Klatschereien und satyr. Randglossen.

BOYSSARD, (= Boissard), Jean Jacques (geb. 1528 zu Besançon, † 30. Octob. 1602 zu Metz). — Schawspiel Menschliches Lebens. Erstlich durch den Hochgelehrten Herrn *J. J. Boyssardum,* Lateinisch beschrieben / nunmehr aber ins Teutsch gebracht. Mit schönen Kupfferstücken geziert vnd an Tag geben / durch Dietrich von Bry / Kunststecher vnd Bürger zu Frankfurt. 1597. (Frankfurt a. M., Joh. Feyerabend.) 4⁰. (10 Mk., stellenw. fleckiges Expl. mit ausgebess. Titel, Schaper, Hannover, 1902.)
> 265 Seiten. Mit 58 hochinteressanten Kupfern in tadelloser Ausführung; darunter: „David u. Bethsabea", „Susanna im Bade", „Bacchus" etc.

BOYLE, Cptn. Robert. — Die Reisen und Begebenheiten des Englischen Capitains Robert Boyle Worinnen die Geschichte der Mad. Villars, mit welcher er aus der Barbarey geflüchtet, wie auch eines Ital. Sclavens Anton Alvares, und eines Spaniers Don Petro Aquilio. Nebst denen merckwürdigen Reisen des Herrn Castelmanns, dessen Schiffbruch wunderbahren Conservation, Beschreibung von Pensylvanien und besonders derselben Hauptstadt Philadelphia. (Aus d. Engl. übers.) 2 Thle. Mit 6 Kpfrn. Leiptzig 1744, bey C. F. Schoppen in Halberstadt u. D. Pietsch in Bresslau. 8⁰. 9 Bll., 634 S. u. Reg. (15 Mk. Aldolf Weigel, Lpz., c. 1905.)
> Sehr seltene Robinsonade, mit pikanten Episoden. Nicht bei Ullrich aufgeführt.
> Zuerst gedr. ebd. 1735. 8⁰. (Sauermann's Messcat.) Kippenberg, S. XV.
> Holländisch: De Nieuwe Engelsche Robinson of de overzeldzame Gevallen van Capitein Robert Boyle, waarin men onder andere ontmoet, de historie van juffrow de Villars, de verwonderl. gebeurtenisse van Don Antonio, de wisselvallige levensloop van Don Pedro Aquilo (!). En de reyze, schipbreuk en behoudenis van Rich. Castelman, met een Beschryving van Pensylvania en Philadelphia. Uit het engelsch vertealt. Met platen. 2 deele. Amsterdam 1761. 8⁰. 6 Mk. Franz Teubner, c. 1895.)

BOYSEN, H a n s v o n. H a u p t u n d g e h e i m e r O b e r e r
d e s p r e u s s i s c h e n B u n d e s. Eine dialogisirte Rittergeschichte aus dem 15. Jahrhundert (von *Ludw. Adolph Franz Jos.
v. Baczko,* 1756—1823). 2 Bde. Thorn u. Dessau, bei Gfr.
Vollmer 1795. 8⁰.

    Tit. m. Vign., 272 u. 268 SS. — Zahm.

— — Dasselbe. 2te Aufl. Mainz u. Hamburg, b. Gfr. Vollmer, o. J. (1803.) 8⁰.

BOZZARIS' H., D i e S c h a n d e d e r d e u t s c h e n J o u r-
n a l i s t i k. 1838.

    Weller, Lex. Ps. p. 83.

BRACHFELD, J o s e p h i M a u r i t i i von, Curieuse und Wun-
der-volle (stellenw. verfängliche, in P a r i s spielende Liebes-) B e-
g e b e n h e i t e n, I n d e n U n b e k a n n t e n S u d - L ä n-
d e r n, Nemlich In der glückseligen Insul Jaketan, und dem unweit darvon entlegenen sehr grossen Reich Adama, auch andern
geraumen Ländern, Wobey merckwürdig vorgestellet, auf was
seltsame Art Er dahin gekommen . . . . (Titel sehr lang), auch
m i t v i e l e n K u p f f e r n versehen von Ihm selbst. 2 Thle.
Franckfurt und Leipzig 1739. Verlegts Michael Gottlieb Grieß-
bach, Hoch-Fürstl. Sächs. Eisenachs. privilegirter Buchhändler.
8⁰. (In Dresden, wo Titelbl. von Th. 1 defekt.) Rar! (10 Mk.
J. Halle, München, c. 1905.)

    Titelkpf., Tit. roth u .schwarz, 6 Bll. Vorr. u. Reg. (über
    beide Theile), 682 beziff. S. (Th. 2 beginnt mit S. 369
    incl. Sondertitel, schwarz). (I, S. 313—314 merkw., höchst
    barbare S t r a f e n f ü r E h e b r e c h e r b e i d e r l e i G e-
    s c h l e c h t s i n J a k e t a n). Mit 7 + 5 Kpfrn. (B r ü h l
    del et sc. Lips.)

— — Dasselbe. Eisenach 1759. 8⁰.

    Kippenberg, S. XV (nach Heinsius' B.-Lex.).

BRACKEBUSCH, J. G. L., T a g e b u c h e i n e s M e n s c h e n-
b e o b a c h t e r s. Hannover 1792. 8⁰. (2 Mk. Julius Neumann,
Magdeb., 1906.)

BRADT, Wilh., N e w e l u s t i g e V o l t e n, C o u r a n t e n,
B a l l e t t e n, P a d o a n e n, G a l l i a r d e n . . mit fünff Stimmen verfertigt. Franckfurt a. O., Mart. Guth, 1621. 4⁰. Sehr
rarer Druck!

    Weller, Annalen II, 41.

BRÄUTIGAM, E i n u n g l ü c k l i c h e r, oder d i e s c h a u e r-
l i c h e H o c h z e i t s n a c h t. Eine unglaubliche aber wahre
Thatsache. (c. 1895.) (25 Pfg. Demuth, Straßburg i. Els.)

BRÄUTIGAM, D e r, o h n e B r a u t oder d i e G e s c h i c h t e
d e s P a t e r s C h e z i l l s. (Nebst andern Erzählungen.) O. O.
1765. 8⁰. 7¹/₂ Bog. (¹/₃ Rthl. Lippert, Halle; ¹/₂ Rthl. Scheible,
c. 1870.)

BRÄUTIGAMSWAHL, Die, oder die unschuldige Verurtheilung. (Schausp. in 1 Akt.) Mit einem Anhange. Für Männer und unerfahrene Jungfrauen. Haarburg. Gedruckt bei A. R. Schloch & Fickdusian (Stuttgart), o. J. (c. 1868). 8⁰. In Versen. 24 SS.

— — Dasselbe. Ebd., o. J. (187*). Kl. 8⁰. 32 S.

— — Dasselbe. Mit 4 Illustrationen. Ebd., o. J. (c. 188*). Kl. 8⁰. 40 S.

— — Dasselbe. Gedruckt — was gehts euch an, bei — (wie oben). Haarburg (c. 1870). 8⁰. 171 S. u. 1 Bl. Index. Handschrift. (In Wien, Stadtbibl.: Secr. J. 507.)

    S. 1—42 das obige Stück; S. 43—54: Das Bordel. Ein Dialog in 2 Aufzügen; S. 55—75: Der unglückliche Liebhaber oder der von Wanzen gefressene Bösewicht Baumschabl. Dialogisirte Pantomime. In einem Aufzuge von *Ramstmasschern* (so!); S. 77—92: Die büßenden Schwestern. Lustspiel in IV Akten; S. 93—134: Die Brautnacht in einem Winkel. Ein Lustspiel in Versen und einem Aufzuge; S. 135—171: Saturnus, priapischer Schwank in 3 Aufzügen. Von einem Saumagen.

BRAGA, vollständige Sammlung klassischer und volksthümlicher deutscher Gedichte aus dem 18. und 19. Jahrhundert, hrsg. von A. Dietrich und mit einer Einleitung von Tieck. 10 Thle. Dresden 1827—28. 8⁰. (4 Mk. Isaac St. Goar, Frankf. a. M., c. 1880.)

    Darin auch einige freie Sachen, wie „Das entweihte Nonnenkloster" etc.

BRAGA. Sammlung deutscher, östreich., schweizer., französ., engl., schott., span., portug., brasil., holl., schwed., dän., russ., poln., lithauischer, finn. etc. Volkslieder in ihren ursprüngl. Melodien, mit Klavierbegleitung (Originaltext und deutsche Uebersetzung). 14 Hefte. Bonn bei Simrock. Gr. Lex.-8 (7 Thlr. 14 Sgr.) (2¹/₃ Rthl. Heberle, Cöln, c. 1872.)

BRAMINE, Der lasterhafte, oder die Begebenheiten des Mouba; aus dem Französ. übersetzet (von Christoph Heinr. Korn). Ulm, Bartholomäi, 1768.

    Anon.-Lex. I. p. 256 (nach Kayser u. Meusel).

— — Dasselbe. Ebd. 1771. 12⁰. xr. A. Coppenrath, Regensb., in einem alten Cat.)

    War auch in der Bibl. J. J. Schwabii.

BRANCONI, Frau v. (die Geliebte des Erbprinzen Carl Wilhelm Ferdinand von Braunschweig, die Freundin Goethe's, Lavaters etc.). — Rimpau, W., Frau von Branconi. Mit 24 Abbildgn. u. 1 Stammtafel. Wernigerode 1900. 8⁰. (3 Mk. Schaper, Hannover, 1904.)

BRAND, Moritz, ein Halbroman, sammt einem Quentlein Pfafferei. Breslau 1788. 8⁰. (1 Rthl.)

BRAND, W e r n e r , oder wie der Leser will. Eine Sammlung von Gemälden, deren Originale wirklich existiren. Köthen, bei Joh. August Aue. 1795. 8⁰. (9 ggr.)

  165 S. Einiges frei. Vgl. Critik der Titel. Halle 1804. 8⁰. S. 167.

BRANTOME, Messire Pierre de Bourdeille, Seigneur de (né vers 1540, † 1614), A u s d e m L e b e n g a l a n t e r F r a u e n. Nach der 1740er Ausgabe übers. von L. v. A l v e n s l e b e n. 2 Thle. Grimma 1851. 8⁰. (3 fl. 50 xr. Gilhofer & Ranschburg, Wien, 1897; 6 Kr. Halm & Goldmann, 1904.)

  O r i g. (in verschied. Ausg. in Berlin): Mémoires . . . . contenans les vies des dames illustres (ou galantes) de France de son temps. Leyde, chez J. Sambix le jeune (offic. Elzev.) 1665. pet.-in-8⁰. (Auch in München u. Wolfenb.) Vorliegende Uebersetzung ist den Oeuvres de Brantôme. 15 vols. 1740. entnommen. — Ueber die französ. Ausgaben s. Brunet; Gay, Bibliogr. de l'amour.

BRANTOME, B o u d o i r - G e s c h i c h t e n. F r a u e n l i e b u n d L e b e n i n F r a n k r e i c h. Von —. Frei nach d. Französ. übertragen. Hamburg, B. S. Berendsohn, o. J. (c. 1860). 8⁰. Farbiger illustr. Orig.-Cartonbd. (3 Mk. 50 Pfg. M. Edelmann, ca. 1905.)

  1 Bl., III—300 S. Vergriffen u. bereits selten!

BRANTOME, D a s L e b e n d e r G a l a n t e n D a m e n in F r a n k r e i c h. Vollständige deutsche Uebersetzung von W. K a s t n e r. Leipzig, o. J. (190*). 8⁰. (3 Mk. Taussig, 1904.) — — Dasselbe. Mit historischen und kritischen Anmerkungen. Deutsch von W. A. K a s t n e r. Ebd. 1904. Gr. 8⁰. XXI—443 S. (Mk. 3—.) (2 Mk. 25 Pfg. Schaper, 1906; 3 Kr. Halm & Goldmann, 1907.)

BRANTOME. — A u s d e n M e m o i r e n d e s H e r r n v o n B r a n t ô m e. Uebersetzt und eingeleitet von Dr. Alfred Semerau. Berlin 1904. 8⁰. (4 Mk., in Leder gebd. 6 Mk., F. Lang, Wien, 1906.) — — Dasselbe. 2. Aufl. Ebd. (1905?). 8⁰. (4 Kr. 80 Hl., gebd. 6 Kr., F. Lang, Wien, 1906:)

  „Der grosse indiskrete Memoirenschreiber und unübertreffliche Causeur Pierre de Bourdeille, Herr von Brantôme ist in dieser Ausgabe mit seinen witzigsten und schönsten, fast unbekannten Arbeiten vertreten, und seine ganze elegante und cynische Art wird durch diese Arbeiten erschöpfend charakterisiert. Das Werk selbst gibt ein lebendiges Bild von den Zuständen und dem Leben am Hofe in der 2. Hälfte des 16. Jahrhunderts, den Ueppigkeiten, den Ausschweifungen, den blutigen Greueln und dem tollen Fanatismus dieser Zeit.“   Bildet auch Bd. XVII der „Kulturhistor. Liebhaberbibliothek“.

BRANTOME, D a s L e b e n d e r g a l a n t e n D a m e n. In wortgetreuer und vollständiger deutscher Uebertragung von G e -

org Harsdoerffer, geschmückt mit neun Portraits nach
Prançois Clouet, die Zeichnung der Titelblätter ist von
Walter Tiemann. 2 Bde. Erschienen im Insel-Verlag zu
Leipzig im Jahre MDCCCCV. (1905.) 8⁰. Eleg. weisse Orig.-
Prgbde. mit Rückenvergoldg. Feines geripptes Papier, unbeschn.
Lat. Lett. (In Schuber.) (Mk. 20—.)

Vortit. (roth), Frontisp., Tit. (roth u. schwarz in Bordüre),
XLI (Vorst., Biographie u. literargeschichtl. Einleitung) und
352 S. (letzte unbeziff.). II: Vortit. (roth), Frontisp.,
Tit. (wie bei I). 332 S. (letzte unbeziff.). Auf Rücks. der
Vortit. (in Rothdruck): „Dieses Buch wurde gedruckt in der
Rossbergschen Buchdruckerei zu Leipzig in einer Auflage
von 1200 Exemplaren, davon dieses No. (—)".

Aus d. Einleitg.: Die erste Orig.-Ausgabe (nach
Kopien von B's hinterlass. Msptn.) erschien Leyden, bei
Jean Sambix, 1665—66. Hiervon machten im XVII. u.
XVIII. Jh. spekulative Buchdrucker eine Menge Abdrücke.
Erst die vortreffl. kritische Ausg. von 1822 „Oeuvres com-
plètes du seigneur de Brantôme" (Paris, bei Foucault)
griff auf die (seit 1904 im Besitze der Nationalbibl.
in Paris befindl.) Orig.-Mspte. im Besitz der Familie Bourdeille zurück. Monmergué gab sie heraus. B. hat ursprünglich die beiden Bücher „Vies des Dames illustres"
und „Vies des Dames galantes: „Premier" u. „Second
Livre des Dames" genannt. Die neuen Titel waren Verleger-
Erfindung. Die beste spätere Ausgabe der „Galanten
Damen" ist die bei Abel Ledoux in Paris 1834 ersch.
von Philarète Chasles, mit Einleitg. u. Anmerkgn.,
welche der vorliegenden Uebersetzung zu Grunde liegt.
Die Crayonzeichnungen u. Kupferstiche berühmter u. galanter Damen d. XVI. Jh. im Werke Bouchot's „Les
femmes de Brantôme" sind sehr gut, der Text selbst ist
wesentlich ein erweiterter Abklatsch aus Brantôme selbst
und darf auch in seinen kritischen Reflexionen über den
Verfasser der „Galanten Damen" nicht überschätzt werden.

Inh. I: Abhdlg. 1. Von den Damen, die der Liebe
leben und ihre Gatten zu Hahnreien machen (S. 1—210).
2. Darüber was in der Liebe am meisten befriedigt, das
Gefühl, der Anblick oder das Wort (S. 211—281). 3. Über
die Schönheit eines schönen Beines und über seine Reize
(S. 282—302). 4. Über ältere Damen, die der Liebe ebenso
pflegen wie die jungen (S. 303—346). — Anmerkungen
u. Inh.-Verz. (S. 347—352).

II: Über den Umstand, dass die schönen und ehrbaren
Damen die tapfern Männer lieben, und die tapfern Männer
die mutigen Damen (S. 1—84). 6. Weshalb man niemals
von den Damen übel reden darf, und von den Folgen,
die daraus entstehen (S. 85—143). 7. Über die ver-
heirateten Frauen, die Witwen und Mädchen, zur Erkenntnis
dessen, dass die Einen in der Liebe feuriger sind als die
Andern, und Welche (S. 144—326). — Anmerkungen u. Inh.-
Verz. (S. 327—332).

Die Portraits in I: 1. Pierre de Bourdeille, seigneur
de l'abbaye de Brantôme. 2. Diane de Poitiers. 3. Marie

Stuart, reine de France. 4. Catherine de Medicis à la fin de sa vie. 5. Marguerite de Valois, reine de Navarre († 1549). II: 6. Henri III. 7. Gabrielle d'Estrées à l'époque de la mort de Henri III. 8. Marguerite de Valois, fille de Henri II, étant enfant. 9. Marguerite de Valois, en costum (!) d'apparat pour la réception des ambassadeurs polonais.

* **BRATIMERO**, Amandus de, D e r P o l i t i s c h e B r a t e n - w e n d e r, worinnen enthalten Allerhand Politische Kunstgriffe, vermittelst welcher der Eigennutz heutiges Tages fast von iedermann gesucht wird, entworffen von *Amando de Bratimero*. zu (sic!) finden Bey Christian Weidmannen, Buchhändlern in Leipzig. Gedruckt im Jahr 1682. (Nebst Kpftit.) 12⁰. (8 Mk. L. Rosenthal, 1906.)
> Seltener derb-satyr. Roman, stellenw. frei. 260 SS. (incl. roth u. schwarz gedr. Tit. u. 15 SS. Vorr.). Am Schluss verspricht der Verfasser die „Politische Liecht-Putze''.

BRAUN, G a l l e r i e d e r H e r s c h e r i n n e n. 10 Bll. prächt. farbige Bilder in ganzer Figur. (Katharina II. — Maria Theresia. — Marie Antoinette etc.) m i t T e x t. Gera und Leipzig 1851. Fol.
> Vergriffen! — R. Zinke's (Dresden) März-Auct. 1906, Nr. 358.

BRAUN, H., D r e y t y r a n n i s c h e L a n d t - R e a t e r So heut das vierte Theil auff der Erde tödten. Gießen 1611. 4⁰. 26 Bll. (¹/₄ Rthl. Maske, Breslau; jetzt theurer!)

BRAUN, Eine christliche Quästion, samt der Responsion, w a - r u m b d i e M ü t t e r l i e b e r S ö h n e a l s T ö c h t e r h a - b e n? Ibid. eod. a. 4⁰. (75 Pfg. Kirchhoff & Wigand; jetzt theurer!)

BRAUN, Joh. Adam (geb. zu Augsburg 24. Dezbr. 1753, lebte noch 1818), D i e L e i d e n d e r j u n g e n K u n i g u n d e. Augsburg 1778. 8⁰. (2 Mk. Scheible.)
> Zahme Wertheriade. Selten!

BRAUN, T. S. (d. i. *Antonie Simon*, geb. *Stöckel*), A u s d e r E h e w e l t. 3 Bde. Leipzig 1868. 8⁰. (4¹/₂ Rthl.) (4 Mk., wie neu, A. Bielefeld.)

BRAUN, E r n a, o d e r i c h h a b e g e l e b t u n d g l i e b e t. 3 Bde. Ebd. 1872. 8⁰. (Mk. 13,50.) (4 Mk. 50 Pfg. A. Bielefeld; 2 Mk. 50 Pfg. C. Winter, Dresden, 1895.)
> Beides zahm.

BRAUN, W. v., Z w e i u n d s i e b z i g S c h w e d i s c h e G e - d i c h t e. Metrisch frei übersetzt v. A l b a n o (ps.). Berlin. In Kommiss. der Nicolai'schen Buchhandlg. 1854. Gr. 8⁰. Eleg. Orig.-Sarsenetbd. m. Goldpr. u. Goldschn. (2 Rthl.) (5 frcs. Hanke, Zürich, 1894; 3 Mk. Wilh. Scholz, Braunschw., 1890.)
> Tit., 1 Bl. Vorw. d. Uebers., 1 Bl. Inh., 213 S., 1 S. Druckanz.: Gedr. bei A. W. Schade in Berlin, Grünstr. 18.

— — Dasselbe. Zweite (Titel)-Auflage. Ebd. Nicolaische Verlags-Buchhandlung (Stricker). 8⁰. Eleg. roth. Orig.-Srsbd. **m.**
Goldpressg. (3 Mk. 50 Pfg. Adolf Weigel, 1905.)

> Theilweise ziemlich frei. In der angesehenen Nicolaischen
> Buchhandlung erschienen, erregten sie s. Zeit grosses Auf-
> sehen.

BRAUNSCHWEIG. — Sylvester-Zeitung, Braun-
schweiger, vom 1. Januar 1890. Druck und Verlag von
A. Vogel & Co., Braunschweig.

> In Oesterreich verboten.

BRAUT, Der altdeutschen, erste, zwote Partikel.
Wittenberg, o. J. 8⁰. (In Dresden.)

— — Dasselbe. Ebd. 1762. 8⁰. (Ebd.)

> P. E. Richter, Bibl. geogr. Germaniae. Lpz. 1896.
> S. 481.

BRAUT, Die. Eine Wochenschrift. 24 Stücke. Dresden 1742.
4⁰. Rar!

> Ehestands-Almanach II. p. 283.

BRAUT, Die berühmte, weil dieselbe Einem Adelichen
Officier eine Vermählung abgeschlagen, so haben viele Offi-
ziers verschaft (!), dass diese einen Tambour bekommen. Nebst
Nachricht Christian Andreas Käsebiers. O. O. (1749.) 4⁰. (In
Frkft. a. M.) Rar!

BRAUT, Die, bis ins Alter, in der nachdenklichen
Geschichte Jungfer Julchens aus L** Von ihr selbst
in vertraulichen Briefen an eine Muhme beschrieben. In zwey
Theilen verfasset. Mit 8 Kupfern. — Citat aus Machiavelli.
— O. O. 1764. — Theil. 3: O. O. 1765. 8⁰. (10 Mk. Jos.
Baer & Co., Frankf. a. M., 1894.)

> I—II: 344 fortl. gez. S. (incl. Titkpf. u. 4 Bll. Vorst.).
> III: S. 345—528 (incl. Titel).
> Das Buch ist einer Mademoiselle (Doris) Sm*** in Danzig
> gewidmet. In 24 Briefen. Einiges in Versen.

BRAUT, Die erwartete, oder der verliebte Witwer
(!), eine wahre komische (ziemlich zahme) Geschichte. Frankfurt und Leipzig (München) 1806. 8⁰.

> 32 S. Vieles in Versen. Rar!

BRAUT, Die durch Meuchelmord verunglückte.
Oder: Geschichte Adelheid's von Pommerain, nunmehr Lady Collville, in einer Reihe trauriger Begebenheiten. Von ihr selbst geschrieben. Grätz 1799. 8⁰. (3 Mk. J. Taussig, 1904; 5 Mk. Max Perl, 1904.)

> 166 S. Abentheuer auf St. Domingo. — Taussig hat
> „1779". (?) Kayser hat: „Grätz, Tusch, 1799". (8 ggr.)

BRAUT, Die, ohne Mitgabe oder Träumereien eines
Pariser Philosophen. Aus d. Französ. Königsberg 1791.
8⁰. (6 Mk., unbeschn. Expl., Max Harrwitz, 1904.)

> Idealisierte Brautschau. Ueber Buhlschwestern.

BRAUT und Bräutigam, oder das 29. Kapitel vor dem Ende. Ein züchtiger (etwas freier) Roman voller Laune u. Witz für Alt u. Jung zum Trost u. Erbauung geschrieb. von *** *e*, Leipzig (Kühn), im 19. Jahrh. (1803). 253 SS. (2 Mk. Bielefeld.)

BRAUT und Bräutigam in der Klemme. Eine Posse in 1 Akt. Nach dem Französ. bearb. vom Verf. des Herrn Lümmel von Lümmelsdorf *(Joh. Ernst Dan. Bornschein.)* Coburg 1802. 8⁰.

> Neue Allg. dtsch. Bibl. 77, 326.

BRAUTBETTE, Das. Erotisches Gedicht nach dem Original von 1755. (1785 ist Druckf.) (23 zehnzeil. Strophen.) O. O. u. J. (Köln, Franz Teubner, 1890; Druck von Elias Neuwald in Budapest.) Kl. 8⁰.

> 15 S. (incl. Tit. mit Bordüre), nebst Teubner'schen Verlagsanzeigen auf Rücks. d. Titels u. der letzten unbez. S. Vergriffen! — Vgl. Band, Ein kleiner, von Allerhand. Von E. (d. i. Frdr. Wilh. Eichholz). Frankf. u. Lpz. (Halberstadt, Groß) 1755. 8⁰. Sehr rar!

§ **BRAUT-EXAMEN.** Eine Gabe für Braut- u. Eheleute. Nürnberg 1842. 8⁰.

BRAUTFAHRT, Eine, mit Hindernissen. Von *Ch. A.* Mit (freiem) TKpf. (Der moderne Boccaccio. X.) Budapest. M. DCCC. LXXXIV. (1884.) Kl. 8⁰. Mit bunt. illustr. Umschl. (Mk. 1—.)

> 58 S. u. 1 Bl. m. freier Vign. Rücks. d. Tit.: Druck v. Sam. Markus, Budapest.

BRAUTHEMD, Das, der Pfarrerstochter. (c. 1876). (ca. ¹/₂ Rthl.)

BRAUTKRANZ, Der eheliche, von achterley Tugendrosen geflochten. Wittenberg 1591. 12⁰. Sehr rar!

> Fülleborn, kl. Schr. II. Bresl. 1798. 8⁰. p. 222.

BRAUTKRANZ, Der, eine Familiengeschichte (von *Friedr. Sam. Mursinna*). 2 Thle. Braunschweig 1835. 8⁰.

> Anon.-Lex. I. p. 257 (nach Kayser).

BRAUTKUSS, Der, auf dem Grabe, oder die Trauung um Mitternacht in der Kirche zu Mariengarten. Vom Verfasser der doppelten Ursuliner-Nonne. (Ziemlich zahmer Roman von *Theod. Ferd. Kajet. Arnold*.) Rudolstadt u. Arnstadt, Klüger, 1801. 8⁰. (1 Rthl.)

> Neue Allg. dtsch. Bibl. 75, 399. Kayser's Roman-Verz. von 1836 hat „1804". (?)

BRAUTNACHT, Die. Brief einer jungen Frau an ihre Freundin ihr die Gefühle u. Eindrücke der Brautnacht beschreibend. O. O. u. J. (c. 1875). 16⁰. 15 SS.

> Daran: Venetianische Nächte. Aus d. Tagebuch eines österreich. Offiziers. Als Mspt. gedruckt. O. O. u. J. 16⁰. 16 SS. Beides sotadisch. (Antiqu.-Pr. 2—3 Mk.)

Es gibt auch Exemplare ohne den Anhang, mit der Adresse: Boston, Chiavututti & Co., 1877". 15 S.

— — Dasselbe, mit Anhang. Zürich, o. J.

Beides v e r b o t e n vom L.-G. Wien, 28. April 1895. § 516.

BRAUTNACHT, D i e. Enthüllungen über Brautfahrt und Ereignisse im Brautgemach. Seinem theuren Clärchen nach dem Hochzeitstag gewidmet von Baron von W**. Berlin (ca. 1875). 12⁰. (50 Pfg. G. Priewe; 1 Mk. Scheible.)

BRAUTNACHT, D i e. Ein Gedicht in sieben Himmeln. Mit 1 Kupfer. Berlin. O. J. (19. Jh.) 8⁰.

BRAUTNACHT, D i e a n g s t v o l l e. Nebst einer Zugabe heitern Inhalts. (2. Der Herzlose. — 3. Der Zweykampf. — 4. Das Geheimniss. — 5. Die Damenschuhe. — 6. Der Welt-Lauf.) Mit Titelkpfr. Wien 1810. 8⁰. 179 S.

Kürschner's Bibl. Lpz. 1904. Nr. 670.

— Dasselbe. Mit Titelkpfr. Ebd. 1816. 8⁰. (2 Mk. 50 Pfg. O. Richter, Lpz.)

— — Dasselbe. (Ohne das Kpfr.) Leipzig, bei J. F. Hartknopf, 1815. 8⁰. (4 Mk. Max Perl, 1904; 7 Mk. 50 Pfg. Süddeutsches Antiqu., München, 1907.)

Titel, 1 Bl. Inh., 242 S.

BRAUTNACHT, D i e, d e r C o m t e s s e v o n C. u n d d e s R i t t m e i s t e r s v o n S. Ereignisse derselben mitgetheilt von Letzterem im Kreise seiner Kameraden. Magdeburg 1876. 12⁰. (2¹/₂ Mk. Albert Unflad, München, c. 1882.)

BRAUTNACHT, D i e, d e r C o m t e s s e Melanie u n d des G r a f e n H a l b l i n s k i. Ereignisse derselben, mitgetheilt von Letzterem im Kreise seiner Bekannten (c. 1900?). (50 Pfg. M. Luck, Berlin, c. 1905.)

BRAUTNACHT, D i e, d e r G r ä f i n X. (c. 1890?). (Mk. 0,50.)

BRAUTNACHT, D i e, oder d i e F e n s t e r k a n o n a d e, s. H a l l e a/S.

BRAUTNACHT, s. auch N a c h t, D i e s c h ö n e.

BRAUTSCHAU, D i e, oder d e r K u s s d e s S c h r e c k e n s a u f d e r B u r g R o t h w e i l e r. Mit Titelkpfr. Magdeburg 1811. 8⁰. (2 Mk. Franz Teubner, c. 1895.)

BRAUTTSPIL, D a s, erklärt durch 4 Spielkarten und 3 allegor. Darstellungen m i t V e r s e n. Unten erläuternder Text in Typendruck. Schöner Einblattdruck. Jo. Ph. S t e y d t n e r exc., ca. 1670. Fol. (15 Mk. Ludw. Rosenthal, c. 1888.)

BRAUTWERBER, D e r k l u g e u n d v o r s i c h t i g e. Ein Rathgeber für heirathslustige Jünglinge und Jungfrauen. Berlin 1809. 8⁰. (1 Mk. Paul Neubner, 1892.)

BRAUTWERBUNG, D i e (des Bauers Michael Lichmeck). O. O.
u. J. (c. 1895). 8⁰. 1 Bl. (ca. 50 Pfg. Antiqu.-Pr.)
> Lächerlich-dumme Werbung mit entsprechender Antwort
> des Orts-Gerichtsschreibers als Brautzeugen.

BRAVOUREN, E r o t i s c h e. (Novellen.) Rom u. Paris, gedruckt in diesem Jahr. (Neuer Druck, c. 1855.) Kl. 8⁰.
> (4 Mk. Scheible u. A.) IV u. 198 SS. Inh.: 1—3.
> Italienische, fürstliche, gräfliche Tändeleien. 4. Weibertreue.
> Eine gewöhnliche Tändelei.) 5—6. Geistliche u. theatral-
> ische Tändeleien. 7. Gelegenheit macht Diebe. — Zuerst
> gedr. Rom und Paris (Leipzig, Rein) 1805. (Siehe L a n g-
> b e i n, Innocenz.)

BRECHNAGEL, H. (ps?), N e p t u n u s H e r k u l e s oder: D a s
n e u e s t e W u n d e r d e r W a s s e r k ü n s t e. Ein (zahmes)
Heldengedicht mit Moral vermischt, in 3 Gesängen und hoch-
deutschen Reimen. Augsburg 1822. 8⁰. (80 Pfg. A. Buchholz,
München, 1906.)

BRECHTENBERG, Andreas (d. i. *Andr. Brecht*), T a u s e n d
u n d e i n e N a c h t. Eine Grille über verschiedene Gegenstände. Als Seitenstück zu Weisse's satrischen Blättern, Cu-
now's Federstreichen. (?) und Saphir's Papilloten. Kaschau,
bei Ellinger 1830. 8⁰. 3¹/₄ Bogen.
> A. G. Schmidt, Gallerie etc.

BRECHTEL, Franz Joach. (1594 schon als verstorben angezeigt), N e u e k u r t z w e i l i g e (26) T e u t s c h e L i e d l e i n
m i t d r e y e n S t i m m e n, nach art der Welschen Villa-
nellen, componirt, durch *Franz Joachim Brechtl.* Prima
vox. Gedruckt zu Nürnberg, durch Katharinam Gerlachin.
M. D. LXXXIX. (1589.) Quer-4⁰. (In Göttingen: Mus. 409.)
> Goedeke II, 58, 28, wo auch die 2 folgenden.

* **BRECHTEL,** N e u e k u r t z w e i l i g e (20) T e u t s c h e
L i e d l e i n, m i t v i e r v n d f ü n f f s t i m m e n, nach art
der Welschen Canzonetten componirt Durch *Frantz Joachim
Brechtl.* Gedruckt zu Nürnberg durch Catharinam Gerlachin.
M. D. XC. (1590.) Quer-4⁰. (In Göttingen: Mus. 409.)

BRECHTEL, K u t z w e i l i g e N e u e (23) T e u t s c h e L i e d-
l e i n, m i t v i e r s t i m m e n, nach art der Welschen Canzonetten componirt Durch *Frantz Joachim Brechtel.* Gedruckt
zu Nürnberg, inn der Gerlachischen Truckerey durch Paulum
Kauffmann. M. D. XCIIII. (1594.) Quer-4⁰. (In Göttingen,
Mus. 409.)

* **BREDELO** (= Bredelou), Heinr. (geb. 1640 zu Königsberg
i. Pr., wurde Prof. d. Rechte u. Geschichte an der Ritterakad.
zu Wolfenb., † 17**). — *Heinrich Bredeloen* von Königsberg
auß Preussen, P o e t i s c h e r T i s c h, Mit allerhand Herrlichen Lieblichen . . . . Speisen besetzt, So doch Daß das Lang-
öhrichte Wildprett, welches in Herren P. Abraham à S. Clara . . . .

Mercks Wien häuffig herumb springet, aus dieser Zahl in der Vorrede gäntzlich ausgesondert worden. Franckfurt und Leipzig. (Jena) Zu finden bey Joh. Bielcken, Buchh. Im Jahr Christi 1682. (Nebst Kupfertitel.) 8⁰. (In Berlin: Yi 8501.)

> Enth. zumeist w e l t l i c h e G e d i c h t e. 15 Bll. Vorst. u. 192 S.
>
> Wolg. M e n z e l, Deutsche Dichtung II. p. 341: „Gibt sich als N a c h a h m e r H o f f m a n n s w a l d a u ' s zu erkennen, zumal in schlüpfrigen u. Hochzeitsgedichten. Auch im Styl durchgängig. (Probe.) Schamloser als das Lied S. 93 kann nicht gedichtet werden. Dagegen ist ein Ständchen nicht übel (Probe). Schließlich bereut der Dichter s. Jugendsünden u. wollüstige Schreibart, wendet sich der Tugend zu u. bittet den Leser um Verzeihung. Besser sind seine Madrigale."

BREDELO. — Der von zweenen, der alten Religion und Herrn P. Abraham à S. Clara Reform. August. zugethanen guten Freunden A. und B. vermittelst eines Gesprächs ü b e r e i n e n H a u f f e n g e w o r f f e n e P o e t i s c h e T i s c h *Heinrich Bredeloens.* O. O. Ebd. 1682. 8⁰.

> O. M. V. 1682. D 3 a; Bibl. Jablonski. Berol. 1733. p. 11.

BREDELO. — B r e d e l o e n a n n o c h f e s t s t e h e n d e r P o e t i s c h e r T i s c h. O. O. 1682. 8⁰.

> Bibl. Jablonski. Berol. 1733. p. 11.

* BREDELO. —*Henrichs Bredelou* Von Königsberg aus Preussen, N e u e M a d r i g a l e n. Helmstädt 1689. 8⁰. (In Berlin: Yi 8511.)

> 8 Bll. u. 43 S. — Georgi's Europ. B.-Lex. hat „Magdeburg, 1689. 4 Bog."

* — — Dasselbe. Z u m a n d e r n m a h l g e d r u c k t u n d v e r m e h r t. Ebd., Verlegts Joh. Nicolaus Gerlach. 1694. 8⁰.

> Sämmtlich sehr selten! — Ueber B. s. auch P i s a n s k i in den Neuen Preuß. Provinzial-Blättern, 1852, I, 464ff.

§ *** BREHMENS,** C(hristian) (geb. 26. Apr. 1613 zu Leipzig, 1657 Bürgermeister in Dresden, 1660 churfl. Rath, † 10. Septbr. 1667), a l l e r h a n d t L u s t i g e, T r a w r i g e, v n d n a c h g e l e g e n h e i t d e r Z e i t v o r g e k o m m e n e G e d i c h t e. Zu Passirung der Weyle mit dero M e l o d e y e n mehrenteils auffgesetzt. Gedruckt zu Leipzig bei Fried. Lanckischen S. Erben. Im Jahre 1637. 4⁰. 74 Bll. (In Berlin 2 Expll.: Yi 1541; an Yi 2851; auch in Göttingen: P. 2927.) Rar! (18 Mk. Oswald Weigel, 1883.)

> Stellenw. frei. — Wolfg. Menzel II. p. 316—17. — Goedeke III, 67, 20 (wo auch das folgende).

BREHME, D i e V i e r T a g e E i n e r N e w e n u n d L u s t i g e n S Chäfferey, V o n d e r S c h ö n e n Coelinden V n d D e r o s e l b e n e r g e b e n e n S c h ä f f e r Corimbo. Zu Dreßden, Drucktens und Verlegtens Gimel Ber-

gens Seel. Erben, Im Jahr: M. DC. XLVII. (1647.) Sign. A-R 4.
8⁰. (In Göttingen: P. 2927.) Ungemein rar!

BREITBACH, Wilhelm, oder praktischer Unterricht
in der Kunst ein Bösewicht zu werden. (Roman,
stellenw. etw. frei.) 2 Thle. Altenburg, Schnuphase, 1804. 8⁰.
196 + 202 S. (1 Mk. 80 Pfg. Scheible, vor 1885.)

BREITENFELS, Jac. Chrn., Historisches A. B. C. zum
Zeit-Vertreib bey müssigen Stunden oder Dreyhundert anmuthige, nach dem Alphabet eingerichtete Historien u. warhafftige Geschichte . . . aus bewehrten Autorn hervorgesucht. 3
Thle. Nürnberg, Wolffgang Michahelles u. Joh. Adolph, 1706.
8⁰. (In Breslau, Kgl. u. Univ.-Bibl.) Titel, 8 Bll., 681 fortl. pag.
SS., 25 SS. Reg. (4 Mk. 50 Pfg. L. Rosenthal, 1906.)

> Bibl. Dr. Franz Schnitzer's (München 1902), No. 67.

BREM, J. G., Dissertatio jurid. de frigusculo: von Kaltsin-
niger Liebe. Jenae 1678. 4⁰.

> ¹/₅ Rthl. H. W. Schmidt, Halle, 142. p. 48.

— — Dasselbe. Ed. II. Ibid. 1681. 4⁰.

> 5 Sgr. Roesger, Bautzen; 7 Sgr. Scheible.

— — Dasselbe. Ibid. 1707. 4⁰.

> Hugo Helbing's in München März-Auction 1907, no. 651.

— — Dasselbe. Ibid. 1731. 4⁰.

> 8 Sgr. Scheible.

BREMBERGER, Conr. — Ein hiebst lied vo˙ des
brembergers end vnd todt. In dem mûschkatblüt donn.
Am Ende: Getuckt (so!) vff Grüneck (Straßburg, Barth.
Kystler). xv. c. jor. (1500.) 8⁰. 4 Bll. (15 Str.) (Expl. in Erlangen.)

> Weller, Annalen I, 197; II, 532. Goedeke I, 311, 14, 1.
> Mit vrlob frauw, vmb vren werden dinsteman.
> geheise˙ was er bremberger, ein edeler riter wisse etc.

— — Dasselbe, titulo: Ein hüpsches lied von des
Brembergers endt vnd todt, In des Brembergers thon.
Am Ende: Nürnberg, Christoff Gutknecht. O. J. (c. 1560). 8⁰.

> Weller I. p. 197. 4 Bll. m. Titelholzsch. — Collection
> no. 1196.
> Mit vrlaub Fraw etc.

— — Dasselbe, titulo: Ein schön new Lied von
ainem man der seinem weyb vff einem brieff schrieb was
sie thon oder lassen sol, vnd wie ehs Im ergieng. Im Speten
thon. Ein ander Lied, Von des Brembergers endt vnd todt,
Jn des Brembergers thon. O. O. u. J. (c. 1560). 8⁰.

> 4 Bll. m. Titelholzschn. — Vgl. v. d. Hagen's Ge-
> sammtabenteuer III. S. 791; Weller I. 197.
> 1. In einer stadt da wz ain man etc.
> 2. Mit vrlaub Fraw etc.

* BREMBERGER. — Ain Brenberger. O. O. u. J. Quartblatt. O. O. u. J. Quartblatt. 3 Str.

> Es jagt ain fraw, ain hirß über ain grüne haid,
> der het sein scharpffe horen nit, vn' was gelauffen here etc.
> (Endlich ereilt verwandelt er sich in einen schönen Jüngling,
> den die Frau umarmt.) Weller II, 429. no. 542.

* BREMBERGER. — Ain Brenberger. O. O. u. J. Quartblatt m. Holzsch. (Mann und Frau am Tische).

> Ist das im „Wunderhorn" abgedruckte Lied. Weller, l. c.
> no. 547.

* BREMBERGER. — Ain hipsch lied in des prem-
bergers thon. O. O. u. J. Quartblatt. 3 Str.

> Weller, l. c. no. 548.
> Es ist nit lang das mich ainn hubsche Junckfraw bat,
> ich solt nit vnder wegen lan, ain lied solt ich ir
> singen etc.

* BREMBERGER. — Ein hübsches lied in des Brembergers thon. O. O. u. J. Qartblatt. 3 Str.

> Weller, l. c. no. 549.
> Ist yemandt hie der sich frey der wintter lange nacht,
> der leg sich schlaffen es ist zeyt ich wil noch lenger
> sitzen etc.

* BREMBERGER. Ein hübsches lied in des Brembergers thon. O. O. u. J. Quartblatt m. Holzsch. (die 3
Königinnen geben Ecken Helm, Schwert und Schild). 3 Str.

> Weller, l. c. no. 550.
> Wie wol dem tag der mir allerminst ist worden kundt,
> was grosser eer vnd wirdigkait, an rainen weyben lege etc.

BREMBERGER. — Ein hübsch Lied von dem Bremberger vnd eyner Hertzogin von Osterreich,
mit fünffzehen gesetzen. O. O. u. J. (Nürnberg, K. Hergotin, c. 1530.) 4 Bll. m. Titelholzschn.

> Goedeke I, 311, 14, 2.
> ICh sahe sie an die außerwelte frawe zart etc.

BREMBERGER. — Ein hubsch lied vo' dem Bremberger vnd von einer hertzogin von österreich
mit xv. gesetze'. *Am Ende:* Getruckt zu Nürnberg. O. J.
8⁰. (In Erlangen.) 6 Bll. m. Titelh. 15 Str.

> Weller II, 342; Goedeke I, 311, 14, 4, hat 8 Bll.

BREMBERGER. — Ein hubsch lied vo' dem Bremberger vnd vo' einer hertzogin vo' österreich
mit xv. gesetze'. (In Dresden. Hs. M 8. Fol. 392 ff.; aus
einer Vorlage vom J. 1474, abgeschrieben 1590.)

> Ich sach sie an die áußerwelten frawen zart

BREMBERGER. — Ein búllied. In dem hofton Cunrat
Brembergers. (Dresd. Hs. M 8 Bl. 348 ff.)

> Durch forcht vnd schmerz

BREMBERGER. — Ein ander Liede, In des Brembergers Thon (ISt yemandt hie der sich frewt der win-

ter langen nacht) in: Drey hübscher Lieder, Das erst, Hertz
eynigs lieb, bis nit betrübt. Das ander, Ist yemand hie. Das
dritt Weyß mir ein feynes megetleyn. Getruckt zû Nürnberg
durch Kunegund Hergotin. O. J. 8⁰. 4 Bll. (Weimar 14,6: 6oe.
Nr. 17.)
BREMBERGER. — (Liebesgruß.) In des Brembergers
hofton (Mein hochster hort). (Dresd. Hs. M 8 Bl. 396; aus
einer Vorlage vom J. 1474, abgeschrieben 1590.)

   Die 4 letzten Nrn. verzeichnet Goedeke I, 311, 14, 2—5.
* BREMENS, Joh. Georg, F. S. Hof-Advoc. in Altenburg Gedichte Bey Freuden- und Trauer-Begebenhei-
ten. 2 Thle. Zu finden In Dreßden . . . . Leipzig . . . .
Gera . . . . und hier (Altenburg) beym Autore. O. J. (1725).
8⁰. Rar!
BREMEN. — Gottfried, Gesche Margar. (geb. Timm,
verw. Miltenberg, Giftmörderin [durch Arsenik in „Mäuse-
butter"] in Bremen, geb. 6. März 1785 das., enthauptet ebend.
21. April 1831). — Lebensgeschichte der Giftmörderin Gesche (= Gesina) Marg. Gottfried, geb.
Timm. Nach erfolgtem Straferkenntnisse höchster Instanz
hrsg. von dem Defensor derselben, Dr. F. L. Voget. 2 Thle.
(in 3 voll.). (Th. 2 in 2 Abth. hat d. Titel-Aenderung: . . . .
„Nach Vollzug des Todesurtheils" hrsg.) Bremen, W. Kaiser,
1831. (Th. 2 hat: Bremen 1831. Im Museum der neuesten
Literatur von C. Schünemann.) Gr. 8⁰. (6 Mk. Max Harrwitz, 1894.)

   1: XII—302 S., 2 Bll. Inh. u. Vortit., 1 Bl. Err.
   2: VI (incl. Doppeltit.) u. 464 S. (Abth. 2 beginnt
   mit S. 209.) So cplt. selten! Th. 1 enth. die Lebensgesch., Th. 2 das gerichtl. Verfahren u. Leben während
   der Gefangenschaft.
   Die Verbrecherin, vielleicht das entsetzlichste weibliche
   Ungeheuer, welches je abgeurtheilt wurde, vergiftete in e.
   Zeitraum von c. 20 Jahren ihren Ehemann, ihre Eltern,
   ihre leibl. Kinder, ihren Bruder, ihren 2. Mann, ihren
   Verlobten, ihre Freundinnen, Dienstmädchen, verschiedene
   Geschäftsleute, Kinder (zus. ca. 20 Personen), aus Wollust u. Habsucht. Wegen ihrer ehebrecherischen
   Verhältnisse, deren Darstellung übrigens eine durch-
   aus decente, kann das Buch hier eine Stelle finden.
— — Weissenburg d. Aelt., Geschichte der berüchtigten Bremer Giftmischerin Margarethe
Gesina Gottfried, geb. Timme, und ausführliche Erzählung ihrer schauderhaften Unthaten. Stuttgart 1829. 8⁰.
127 SS.

   Dr. Franz Schnitzer's Bibl. München 1902. Nr. 1447.
BREMEN. — Ordnung der Statt Bremen, wie es hin-
führo mit den Verlobnussen, hochzeiten. kleid-

ungen und kindbetten, begräbnussen, Fenstergeldern
und was dem anhängig in dieser Statt gehalten werden soll.
6 verschiedene Ordnungen aus den Jahren 1606, 1624, 1634,
1656. (Zus. 7 Mk. 50 Pfg. Schaper, Hannover, 1893.)

BREMEN. — Ein Spaziergang auf dem Stein-
pflaster in Bremen. Ein scherzhafter Ernst u. ernst-
hafter Scherz, dargestellt in Reimen nach Hans Sachs. Ein
Fund am Fusse der Rolandssäule. (Verf.: *Joh. Gerh. Horn.*)
Bremen 1832. Gr. 8⁰. 48 S. — Eingeklebt 1 yatir. Steindruck, unterschrieb.: „Der verdorrte, verwünschte Pfefferbaum."
Selten! (3 Mk. Friedr. Klüber, c. 1905.)

BREMEN. — Weinlob, Dr. Jodocus, Spuk, Rausch und
Traum, Bilder aus dem Bremer Rathskeller. 1878.
          Weller, Lex. Ps. p. 608.

BRENNECKE, Welche Mittel stehen uns zu Gebote
im Kampfe gegen die öffentliche Sittenlosigkeit? Mit einem Vorwort des Vorstandes des Magdeburger
Männerbundes zur Wahrung und Pflege der öffentlichen Sittlichkeit. Magdeburg 1893. (In Dresden, Bibl. d. Gehe-Stiftg.)

BRENNECKE, Wilh. Heinr., Ueber die Verschlimmer-
ung des Gesindes und dessen Verbesserung; nebst
einem Vorschlage zu Gesinde-Versorgungsanstalten, und einem
kurzen Unterricht über die Pflichten des Gesindes. Berlin,
Maurer, 1810. 8⁰. (6 gr.)
          Ersch II, 1. 1823. Sp. 544.

BRENTIUS (Brentz), Joh. — Wie in Ehesache' / vnd inn den
fellen, so sich / derhalben zu tragen, nach / Götlichen billigen
rech / ten, Christenlich zu / handeln sey. / *Johan. Brentius.* /
Mit eyner Vorrede / Mart. Luthers. / Nüremberg, Künigund
Hergotin, 1531. 4⁰. 24 Bll. Letztes leer. Mit Titelbordüre.
(2 Mk. 50 Pfg. L. St. Goar, Frankf. a. M., c. 1880; jetht theurer!)

BRENTIUS, Wie in Eesach-/en vnnd den fellen / so sich derhalben zu / tragen, nach Götlichem / billichem rechten, / Christenlich zu / handeln / sey. / *Johann Brentzius* zu / Schwebischen Hall. / O. O. u. J. 4⁰. 32 Bll. Mit Titelbordüre. (2 Mk.,
Expl. mit vielen Randglossen und unterstrich. Stellen, Derselbe.)

BRENTIUS, Wie inn Eesach/en vnnd den fellenn so / sich
derhalben zutra-/gen, nach götlichem / billichem rechte' /
Christe'lich / zu han-/delen / sey. / *Johann Brentius* zu /
Schwebischen Hall. / O. O. u. J. 4⁰. 20 Bll. Mit Titelbordüre.
(2 Mk., ebenso, Derselbe.)
          Alle 3 Bibl. Haeberlin IV. — Ein Druck o. O. u. J.
     ist in Schaffhausen, Stadtbibl.

BREPHOBIUS, Michael (d. i. *Christian Wilh. Kindleben*),
Ein Wort der Ermahnung an die bösen Männer,

in einer Trauerrede bei Beerdigung des handfesten J ü r g e n
S t e i ß etc. O. O. 1781. 8⁰. (1 Mk. 40 Pfg. Scheible, c. 1888.)
BREPHOBIUS, E t w a s f ü r J u n g f e r n u n d J u n g g e -
s e l l e n Nürnberg 1781. 8⁰.

Fr. Heerdegen's (Nürnb.) 77. Verz. p. 42.

BRESLAU.

**BRESLAU. — Bücher sub Breslau, denen ein † vorgesetzt
ist, besitzt die Stadtbibliothek in Breslau.** — † A l m a n a c h,
H u m o r i s t i s c h - s a t y r i s c h e r B r e s l a u e r. Prophe-
zeihungen für jeden Tag des Jahres 1862. Von Dr. M ü n c h -
h a u s e n (d. i. E. M e y e r). Breslau, Jacobsohn. 8⁰. 24 S.

† **Beobachter, Der,** a n d e r O d e r. Hrsg. v. Carl Chp.
N e n k e, † 28. Aug. 1811 zu Breslau, 61 J. alt.) Bd. 1.
(einz.) Breslau, E. G. Meyer, 1810. Gr. 8⁰.

> S. 184—89: Ist die Frage: was soll mit den ö f f e n t -
> l i c h e n H u r e n h ä u s e r n (in Breslau) geschehen? in
> der im Druck ersch. „Rede eines Stadtverordneten zu Bres-
> lau", 1 Bog. 8⁰., genügend beantwortet? — S. 273—87:
> Abgenöthigte Erklärung des „Beobachters an der Oder",
> gegen die von dem Hrn. Dr. H e i d e m a n n in der Schrift:
> „Neue u. wichtige Unterhandlungen über die ö f f e n t l.
> F r e u d e n h ä u s e r" u.s.w. Breslau, bey Barth 1810. 8⁰.
> 29 S. ihm gemachten Vorwürfe u. ausgestoßene Beleidig-
> ungen. — Enth. ferner S. 340—348: L o n d o n u n d
> B r e s l a u. (Humorist. Parallele der Sittenzustände.)

† **BESCHÄFTIGUNGEN** m i t B r e ß l a u, d e s s e n G e -
s c h i c h t e u n d M e r k w ü r d i g k e i t e n (von *Joh. Karl
Roppan,* † 20. April 1804). Stück 1 (einz.). Breßlau, Joh.
Friedr. Korn, d. Aeltere, 1778. 8⁰. 84 S. (In Breslau, Kgl. und
Univ.-Bibl.: Hist. Germ. V. Silesiaca 8⁰. 199.)

> „Iste liber est rarissimus cujus causam vide Provinzialbll.
> in elogio Roppanis, Roppans Denkmahl." (Notiz im Zettel-
> Cat .d. Stadtbibl.) Das Anon.-Lex. I. p. 196 hat „Breslau
> 1777" (nach Kayser u. Meusel).

† **Bordelle.** — B e a n t w o r t u n g d e r F r a g e: W a s s o l l
m i t d e n ö f f e n t l i c h e n H u r e n h ä u s e r n g e s c h e h n?
Rede eines Stadtverordneten *(G. L. Rahn)* zu Breslau. O.
O. u. J. (Breslau 1810). 8⁰.

> 15 S. Jahrzahl am Schluß genannt. Titel trägt noch die
> Bemerkung: „Wird zum Besten der Armen für 2 sgl.
> verkauft." Sehr selten!

† — H e i d e m a n n, D r. (in Breslau), N e u e u n d w i c h -
t i g e V e r h a n d l u n g e n ü b e r d i e „ö f f e n t l i c h e n
F r e u d e n h ä u s e r" (in Breslau). Mit critischen Bemerkungen
und einer Designation sämmtlicher in der Stadt und den Vor-

städten Breslaus befindlichen Bordelle. Ebd., C. F. Barth, 1810. 8⁰. 29 S.

S. auch (oben) B r e s l a u : Der Beobachter an der Oder. Bd. 1, S. 273 ff.

† **BRESLAU, wie es isst und trinkt, weint und lacht, tanzt und hinkt, bei Tag und Nacht.** B r e s l a u , wie es speculirt, intriguirt, cabalisirt, liebt, studirt und spintisirt. Harmlose Schattenrisse aus Breslaus Gegenwart. Oels, A. Ludwig, o. J. (1862). 8⁰. 48 S.

Bereits selten! — Partsch, Heft 5, S. 349.

† **BRESLAU'S** Markthallen-Epos (von *Berthold Schäfer*). Breslau, M. Kragen, 1903. 8⁰. 57 S.

§ **BRIEFE über die Galanterien von Breslau,** von einem .... schen (österreichischen) Offizier. (Vf. n i c h t *Joh. Friedel* O. O. (Gotha, Ettinger) 1785. 8⁰. (35 Mk. Adolf Weigel, 1907; 30 Mk. E. Frensdorff, 1904.)

86 S. (incl. Tit. u. 1 Bl. Vorber.), 1 leeres Bl. — Ueppigstes Eroticum, enth. 25 auch culturhistor. interess. Briefe, nebst „Zusatz d. Herausgebers" auf der letzten Seite — Beschäftigt sich vornehmlich mit den damaligen B r e s - l a u e r B o r d e l l e n u. g a l a n t e n S c h l u p f w i n k e l n, mit genauer Angabe der Localitäten u. Straßennamen (z. Th. jetzt noch bestehend). — Höchst selten u. gesucht! Daß Johann Friedel n i c h t der Verfasser, ergibt sich aus G u s t a v G u g i t z ' s Monographie über Friedel im 15. Jahrbuche der Grillparzergesellschaft.

† * — — Dasselbe. N e u d r u c k auf Büttenpapier. (Breslau 1899.) 8⁰. 87 S. Ganzpergtbd. (10 Mk. E. Frensdorff; 15 Mk. Süddeutsch. Antiqu.; 16 Mk. Schaper; 8 Kr. Halm & Goldmann.)

Nur in ganz kleiner Aufl. f. d. Mitglieder der „Sancta Simplicitas" zu Breslau hergestellter P r i v a t d r u c k.

† **BRIEFE aus Breslau** oder B e i t r ä g e z u r E r k l ä r - u n g d e r 10 B r i e f e a u s O e s t e r r e i c h. Breslau 1784. 8⁰. 141 S.

† **CARNEVALSFEIERN.** — U b e r d i e i n B r e s z l a u V o n d e m H o h e n A d e l F a s c h i n g s - W e i s e A n g e s t e l l t e H o c h z e i t, Vornehme Gäste Und dabey Ausgetheilte Bedienungen Wurden Folgende Gedancken Schertz-Weise eröffnet. (D e u t s c h e s G e d i c h t von *Christian Stieff*. O. O. (1724). 6 Bll. Folio.

† — — U b e r d i e i n B r e s z l a u V o n . . . H e r r n G r a f e n v o n S c h a f g o t s c h . . . a n g e s t e l l t e U n d v o n d e m H o h e n A d e l Z u r F a s c h i n g s - L u s t e n M a s - q u e g e h a l t e n e B a u r e n - H o c h z e i t, Derselben Hohe . . . Gäste Und dabey durch das Loosz zugetheilten Bedienungen Wurden Folgende Gedancken Schertz-Weise er-

öffnet. (Deutsches Gedicht von *Christian Stieff*. Ueberarbeitung des Vorstehenden.) O. O. 6 Bll. Fol.
Beides von größter Seltenheit!

† **CATALANI**, A n g e l i c a (in Breslau, October 1819). —
! ! ! ! ! ! ! Sieben Ausrufungszeichen über Madadme Catalani in Breslau (deutsches Gedicht). Breslau, Schöne. 2 Bll. 4⁰.
— — Zwölf Antworten auf Sieben Fragezeichen. Vom Verfasser der Sieben Ausrufungszeichen (deutsches Gedicht). Ebd. 2 Bll. 4⁰.

ERLEBNISSE, Schaurige u. g r a u s i g e, e i n e s a l t e n
B r e s l a u e r N a c h t w ä c h t e r s. Oels (ca. 1860). 8⁰. —
B u n t e B i l d e r a u s B r e s l a u's d u n k l e n N ä c h t e n gezeichnet von einem Breslauer Nachtwächter. Ebd. (Seitenstück zur vorigen Schrift.) 8⁰.
Dr. Franz Schnitzer's Bibl. München 1802. No. 787.

FREUDENBERG, E l i a s (schles. Meistersinger, Ende des XVI. Jahrh.), Ein L o b s p r u c h d e r w e i t b e r ü h m t e n H a u p t s t a d t B r e s l a u (hrsg. von J. G. B ü s c h i n g). (S.-A.) Breslau 1812. 8⁰.
Dr. Franz Schnitzer's Bibl. München 1902. No. 786 (Beibd.).

† **FREYMÜTHIGE, Der.** Eine wöchentliche Sittenschrift auf das Jahr 1751 [Verfasser und Herausgeber: *Martin Gottlieb Böhm.*] 52 Stücke. Breslau, Daniel Pietsch. 8⁰. Rar!

† **GABELJÜRGE,** D e r k o n s e r v a t i v e, u n d s e i n R u n d g a n g i n B r e s l a u in der ersten Neujahrsstunde 1862 (von *Gustav Fritz*). Breslau, Selbstverlag. 8⁰. 8 S.

GELÜCKS-TOPFF / welcher an einem / Geburths- / und / Nahmens-Feste, / Einem / F r a u e n z i m m e r / z u E h r e n / statt einer Glückwünschung / von folgenden / spielenden Personen / eröffnet, / Laura. Silpia. / Lip/tia. Clelia. / Gilpel. / Den VII. Septembr. (Druckerst.) Gedruckt zu Breßlau. O. J. (c. 1660?). 4⁰. (In Dresden: Lit. Germ. rec. 4⁰. B 172, no. 18.) Sehr rar!
4 vollbedruckte unbeziff. Bll. — Ganz in V e r s e n. Zahm.

† **GESCHICHTEN,** K l e i n e, a u s G r o s z - B r e s l a u. In vier humoristischen Lebensbildern. Breslau, L. Brann, 1849. 8⁰. 8 S.

† **GESPRÄCH** i m R e i c h e d e r T o d t e n z w i s c h e n z w e i e n i n B r e s l a u w o h l b e k a n n t e n P e r s o n e n, nämlich dem Unterofficier Ell, und dem Kirchbedienten auch Klingelbeutelherumträger Müller. Leipzig und Breslau. E. W. Buchheister. 8⁰. 15 S. Mit Abbild.

† **GESPRÄCHE,** Z w e y l u s t i g e u n d g a n t z n e u e, Das Erste. Z w i s c h e n d e m B r e s z l a u i s c h e n F e t z-

popel und einem Knaben. Das Andere. Zwischen einem Soldaten und Bauer [In schles. Mundart]. O. O. 1741. 8⁰. 4 Bll. Ungemein rar!

† **HAUSFREUND, Der.** Eine Wochenschrift zur Erheiterung geselliger Freistunden. Herausg. von C. Geisheim. Jahrgang 1—12 (1821—32). Breslau, Grass, Barth. — Fortsetzung: Der Humorist. Eine Wochenschrift zur Erheiterung geselliger Freistunden. Herausgegeben von C. Geisheim. Ebd. 1833. 830 S. [Mehr nicht erschienen]. 8⁰.

† **HOCHZEITEN.** — Amor. — Der Rechts-Gelehrte AMOR. (Gedicht von *Gottfried Roth.*) Breßlau, Druckts Johannes Christoph Jacob, Baumannischer Factor, o. J. (1664). 4⁰.

> Am Ende der Name des Verf. u. die Jahrzahl. 7 Bll. Rücks. des 1. u. letzten leer.

> Weller, Annal., I. p. 359 hat irrig: Der „ehrwürdige" Amor (und hiernach das Anon.-Lex. I. p. 46).

† — — Bedenken, Jüngst erwogenes, Vber den Verß Ovidii Si qua voles aptè nubere, nube pari. Auff Hochzeitlichem Ehrenfeste . . . . Herrn M. Salomon Steyers, der Kirchen zu S. Salvator in Breßlau Pfarrers . . . . Denen anwesenden Gästen am ersten Hochzeit-Abendt, des Tages Corneli, oder 3. Hewmonats. Im Jahr 1632. Wolmeynende Entdecket Von . . . . *M. S.* (d. i. laut Unterschrift *Mauritius Schinstern*). Leipzig, Gedruckt bey GREGORIUM Ritzsch. 4⁰.

> 4 Bll. Rückseite d. 1. leer. Obigem Hochzeitgedicht folgt noch eine „Ode", unterz.: Chr. Pangius, Ph. St.

— — **COLERUS,** Chp., Pindarischer Gesang, Auff Dess Edlen, Ehrenvesten Herrn Joh. Burckarts, vnd Der . . . . Jungfrawen Dorothea gebornen Röberin; Hochzeitliches Ehrenfest, geschrieben von *Christophoro Colero* professore historiarum. Zu Bresslaw Druckts Georg Baumann (c. 1640). 4⁰. 4 Bll. (8 Mk. Adolf Weigel, 1905.)

* — — **CUPIDO, Der witzige.** Breßlaw, Druckts Johann Christoph Jacob, Baumanischer Factor. O. J. (c. 1635). 4⁰. (In Berlin: Yf 6807, no. 57; auch in Breslau, Kgl. u. Univ.-Bibl.)

> 4 Bll., unterzeichnet: M. C. In Versen.

* — — **DRESZLER,** Sigism., Der Gott HYMENÆUS Flehet an der Musen Gott APOLLINEM umb Vergünstigung deß Musen-Chors zu Bereitung eines Hochzeitl. Ehren-Krantzes, so von vielerley Blumwerck oder künstlich gereimten Wünschen zusammen getragen werden soll, Zu Lieb und Ehr Deß . . . . Hrn. BERNHARDI JOSEPHI Hoffmanns . . . . Als Bräutigams, ... Breßlau, In der Baumannischen Erben Druckerey

druckts Joh. Cph. Jacob, Factor, o. J. (1673). 4⁰. (In Berlin:
Yf 6807, no. 73.)
>6 Bll. In Versen.

— — **GETICHTE auff die Hochzeitliche Ehren-Frewde,** Dess
. . . . Herrn Paul Spons, Bürgers vnd Handels-Mannes: Vnd
Der . . . Jungfrawens (sic!) Susannae, Dess . . . . Hn. Sten-
tzel Rhons . . . Jungfraw Tochter (von *Casp. Naeve*): an-
gestellt den 20. Octob. An 1643. (Breslau 1643.) 4⁰. (8 Mk.
Adolf Weigel, Lpz., 1905.)   W
>Am Schluss ein „Sonnet" von Georg Ernst K o l l h a s.

† — — **HAUSZ, Eheliches,** welches . . . . Herr Heinrich
Francke, Burger und Handelßmann in Breßlaw, mit
Jungfrawen Maria, Deß . . . . Herrn Georg Baumanns . . . .
Tochter am 15. Tage Januarii, Dieses Newangehenden 1635.
Jahres anhub zubawen, vnd mit Gottes Hülfe in einer Nacht
volbrachte. 4⁰.
>2 Bll. In stellenw. derb - pikanten Versen, unterz.:
>E u c h a r i u s   E i n s c h n e i d e r von Nägborßhausen.

— — **LIEBES-** u. E h e - G e s c i c h t e, Wahrhafte u. zu-
verläßige, d e r V e n u s u. d e s V u l k a n (aus einer zu
Ritzebüttel aufgefundenen Handschrift). Zu Ehren der frohen
Verbündungsfeyer der Demoiselle Louise Krieger mit dem Herrn
F. W. Pfeiffer, ans Licht gebracht von s. S. (so!) Breslau, den 23.
Wonnemond 1821. 4⁰.
>4 Bll., Rücks. d. 1. u. letzten leer. 17 siebenzeil. Stroph.
>in B l u m a u e r ' s Manier, stellenweise frei.

† — — **PLAVIUS,** J o h. (u n r i c h t i g bei Weller, Annalen I. p. 359, no. 384), A n h a n g Z w e y e r A u ß g e s p i c k -
t e r T r a w g e t i c h t e, auß Herrn M. *Johannis Plavij* Poë-
matibus: Von Einem, dem Herrn Bräutigam, und Jungfrawen Brautt Anvorwandten (!), der selbst nicht tichten können.
Zu B r e ß l a w druckts Georg Baumann. O. J. (c. 1638).
4⁰. (12 Mk. Adolf Weigel, 1905.)
>4 bedruckte Bll. — Goedeke III, S. 138, 1: „Plavius
>kenne ich nur aus N e u m e i s t e r s spöttischen u. L e m c k e s
>lobenden Anführungen".

† — — **TSCHERNING,** A n d r e a s (geb. 18. Novbr. 1611
in Bunzlau, † als Prof. der Dichtkunst am 27. Sept. 1659 zu
Rostock). Auff . . . . Hn. David Ebens Deß Breslawischen
Fürstenthumbs Landrechtens Adsessoris, vnd . . . . Jungfrawen
Anna Magdalena . . . Martinus . . . H o c h z e i t. (Breslau.)
Anno 1640. 4⁰.
>8 Bll. In 9 etwas freien Strophen, vom Verfasser unter-
>zeichnet.
>D a r a n: K l a g e - L i e d d e r O d e r - N y m f e n, Alß
>ihnen . . . . Anna Magdalena durch den Amor entführt,
>vnd Hn. Dav. Eben ehlich vertrawt ward; Nebenst an-

gehengter Antwort Der entführten Nymfe. Am Schluß die
Namen **Ferd. u. Carl Friedr. Mudrach.**

† **KLATSCHER, Der.** Humoristische Montags-Zeitung. Her-
ausgeg. von Dr. Wohlgemuth. Jahrg. 1 No. 1—43 [1877
März 1 — Dez. 24). Jahrg. 2—4 [1878—80]. Redakteur und
Verleger, Jahrg. 1: F. W. Fischer, dann G. F. Fischer. 4⁰.

† **KLEIDERORDNUNGEN.** [Verordnung des Rates gegen
den Kleiderluxus. Ohne Titel. Undatiert. 16. Jahrh.]. 1 Bl. Fol.

† **— Der Kayser- und Königl. Stadt Breszlau,**
Policey- und Kleider-Ordnung. 1704, Sept. 3. Breslau, Baumann. Fol. 4 Bll.

† **KONTE, Gust.** (d. i. *Aug. Semrau*). **Glossen und
Randzeichnungen zu Breslauer Texten.** Ein
Noth- und Hülfsbüchlein für Fremde und Einheimische, die
das **Thun und Treiben Breslaus** gründlich kennen lernen wollen. Breslau, R. Lucas. O. J. (1852). 8⁰. 160 S.
      Citirt **Partsch, Heft 5.** Breslau 1897. S. 329.

† **KÜCHEN-ZETTEL, Breßlauischer, Oder:** Kurtze Erzehlung Deren meisten und vornehmsten Victualien, welche
in Breslau durch öffentlichen Verkauff einem jeden, der
Geld hat, den Appetit zu stillen dienen; Allen hungrigen
Magen zu sonderem Trost und Erbauung **Reymweise** mitgetheilet: Von einem DIChter, dem Sein Vers bey Wein und
guten Braten, Weit besser als bey Quarg und Brodt und Wasser
will gerathen. (Vf.: *Joh. Christian Sanftleben*.) 1732. 4⁰.
4 Bll. Sehr rar!

**KUNST, Die, der Menschen Gemüther zu er-
götzen, oder der verliebte Niemand** . . . . (6 lascive
Liebesgeschichten, „dem schönen galanten und liebenswürdigen
Frauenzimmer in Leipzig, Dresden und Breßlau ge-
widmet.) Paris, bey Jean Avanburier, 1726. 8⁰. (Expl. in
Stuttgart, Kgl. Bibl.) Rarissime!
      105 S. (incl. Titel u. 5 S. Widm. u. Vorr,).

† **LUBANENSIS Liszst, Breslau, wie es trinkt
und trinken musz!** Ein Hülfsbüchlein für Jedermann (*Am Schlusse:* Bitterbieria am 30. Mai 1854]. Breslau,
Rob. Lucas. 12⁰. 15 S. Weller, Lex. Pseud. p. 330.

† **MANNIGFALTIGKEITEN,** eine Unterhaltungsmonatschrift.
1. Jahrg. 1829. Dasselbe 1831 [Noch 1832 erschienen]. Breslau
und Leipzig, Buchheister. 4⁰. Mit Abbild.

† **MEPHISTOPHELES.** Ein Unterhaltungs-Blatt für Hu-
moristik, Satyre, Kritik und Tagesneuigkeiten. Red.: Gust.
Schneiderreit. No. 1—16 [1836 Apr. 4—Mai 30]. Breslau, Friedländer. 4⁰.

† **MORDAX**, Guilelmus (ps.), Breslau wie es war! Genrebilder von *Guilelmo Mordax*. Breslau, H. Richter, 1835. 8⁰. 24 S.
> Fehlt in Wellers' Lex. Ps.

† **MORITZ**, G., Das Faszbier wird alle! Oder der über die untergehenden Kretschmerhäuser verzweifelnde Breslauer. Ein Lokalscherz. (Deutsches Gedicht.) Breslau, Verlags-Comtoir, 1846. 8 S. 8⁰.

† **MÜNCHHAUSEN**, Acidalius (ps.), Unentbehrlicher Rathgeber für Fremde, welche in der kurzen Zeit des Wollmarktes Breslau kennen lernen und genießen wollen. Breslau, C. F. Fritsch, 1827. 8⁰. 47 S.
> Fehlt in Wellers' Lex. Ps.

† **NACHTWANDLERIN, Die.** Eine Zeitschrift für Scherz und Ernst von Dr. Lasker (Julius Sincerus). No 1—52 [1837 Jan. 1—Juni 28. — Mehr nicht erschienen]. Breslau, Leuckart. 4⁰.

† **PICKELHÄRING**, Breslau, wie es — spazieren geht. Humoristische Zeitbilder. Breslau, G. P. Aderholz, o. J. (1834). 8⁰. 36 S.
> 1. Morgenspaziergang in Morgenau. 2. Die Promenade. 3. Das Wurstausschieben im Seelöwen. 4. Das Königsschießen.

— — Das Fest des Wettrennens zu Breslau am 30. und 31. Mai 1834. Humoreske. Mit 1 Abbildg. in kl. quer-Fol. Ebd. 1834. 8⁰. 16 S.

† — — Breslau in der Wolle. Humoristische Zeitbilder. Ebd., o. J. 8⁰. 32 S.
> 1. Der Wollmarkt. 2. Wollmarkts-Illumination bei Liebich. 3. Die Wollmarkts-Redoute.
> Alle 3 selten geword. Werkchen citirt A. G. Schmidt, Gallerie etc.

RECHEIS, Georg, Breslau. Kritischer Reisebrief (Umschlagtitel: Die Breslauer Gesellschaft, kritisch beleuchtet von einem Fremden). Bremen, Ed. Hampel, o. J. (1893). 8⁰. 19 S.
> Partsch, Heft 5, S. 349.

REISE von Glogau nach Sorrent, über Breslau, Wien etc. etc. Von dem Vf. des Natalis (d. i. *Carl Friedr. Benkowitz*, kgl. preuß. Kammer-Sekretär in Glogau, geb. 1764, † 1807). 3 Thle. Mit Kpfrn. u. Holzschn. (v. Gubitz). Berlin, Frdr. Maurer, 1803—4. 8⁰.
> I, S. 18—30: Breslau. (S. 19—22: „Die Gräfinn Lichtenau in Breslau"; S. 22—29: „Madame Unzelmann auf d. Breslauischen Theater".)

ROLAND, Gustav (d. i. *Moritz Gust. Bauschke*), Breslau, oder: das Buch der Hundert und Ein. Ein

Fastnachts-Taschenbuch für 1833. (Distichen.) Breslau, Verlags-Comptoir, 1834. Kl. 16⁰. 4 Bog. (4 ggr.)

> A. G. Schmidt, Gallerie etc.

† — — B r e s l a u w i e e s i s t (so!) — u n d t r i n k t. Heller-Beiträge zur europischen Staatenkunde. Ebd. 1834. 8⁰. (2 Mk. F. Waldau, Fürstenwalde, 1907.)

> 1. Heller-Bierstube. — 2. Ein Sonntag bei Liebichs. — 3. Ein Quartal der K ö c h i n n e n im Schweidnitzer Keller. — 4. Ein Abend im Breslauer Theater. — 5. Ein blauer Montag in der goldnen Sonne.

— — Dasselbe. Zweite vermehrte Aufl. Ebd. 1834. 8⁰. 71 S. (2 Mk. 50 Pfg. Emil Hirsch, München, 1904.)

— — B r e s l a u w i e e s — t r i n k t. Seitenstück zu Breslau wie es — ist. Heller-Beiträge zur europäischen Staatenkunde. Ebd. (1834). 8⁰. 2¹/₂ Bog.

> A. G. Schmidt, Gallerie, S. 167.

† — — B r e s l a u w i e e s — i n d e r W o l l e s i t z t. Humoristisches Zeitbild. 1842. 8⁰. 8 S.

— — D e r G a b e l j ü r g e. Rundgang in der Neujahrsnacht. I—VIII. (je 1—2 Bogen). Breslau 1840—48. 8⁰.

> Höchst selten, besonders cplt.! — Partsch, Heft 5, S. 349.

† — — L o k a l s c h e r z e 1840—51: Rundgänge des Gabeljürgen, Hundsfelder Messbilder u. a.

† — — D e s G a b e l j ü r g e n R u n d g a n g d u r c h B r e s l a u i n d e r N e u j a h r s n a c h t. Lokalscherz. Breslau, Günther, 1840. 16 S. Des Gabeljürgen Vierter Rundgang . . . . . Ebd. 1843. 16 S. — Des Gabeljürgen fünfter Rundgang . . . . . Ebd. 1844. 8⁰.

† — — D e s G a b e l j ü r g e n Z w e i t e r R u n d g a n g. Breslau, Günther, 1841. 16 S. Des Gabeljürgen Dritter Rundgang . . . . Ebd. 1842. 16 S. Des Gabeljürgen siebenter Rundgang . . . Breslau, Richter, 1846. 8 S. 8⁰.

† — — D e s G a b e l j ü r g e n R u n d g a n g i n d e r N e u j a h r s n a c h t 1845 . . . . Breslau, Richter. 8⁰. 15 S.

† — — D e s G a b e l j ü r g e n W a n d e r u n g d u r c h B r e s l a u i n d e r N e u j a h r s n a c h t 1846 a u f 1847 . . . . Ebd. 1847. 8⁰. 8 S.

† — — D e s G a b e l j ü r g e n S p a z i e r g a n g d u r c h B r e s l a u i n d e r N e u j a h r s n a c h t v o n 1847 a u f 1848 . . . . Ebd. 1848. 8⁰. 8 S.

† — — D e s G a b e l j ü r g e n S p a z i e r g a n g . . . . i n d e r N e u j a h r s n a c h t v o n 1848 a u f 49 . . . . Ebd. 1849. 8⁰. 8 S.

† — — D e r G a b e l j ü r g e a u f s e i n e m R u n d g a n g i n d e r N e u j a h r s n a c h t v o n 1850 z u 1851 . . . . Breslau, Lucas, 1851. 8⁰. 8 S.

† — — Die berühmte Messe zu Hundsfeld am 17.
März 1840. Humorist. Volksbild. Ebd. 8⁰. 8 S.
† — — Die Breslauer auf der Hundsfelder
Messe . . . Breslau, Günther, 1842. 8 S. Dasselbe 2. Auflage. Ebd. 1842. 8 S. — Bunte Scenen aus der Hundsfelder
Messe . . . Ebd. 1843. 8 S. — Die Geheimnisse von Hundsfeld, oder Freuden und Leiden der Hundsfelder Messe am
5. Mai 1844 . . . Ebd. 1844. 8 S. — Denkwürdigkeiten und
Abenteuer auf der nassen Hundsfelder Messe am 9. Mai 1847
. . . . Breslau, Richter. 8 S. — Bunte Bilder aus der Hundsfelder Messe im Jahre 1851 . . . Breslau, Lucas. 8 S. 8⁰.
> Sämmtlich sehr rar!

† — — Die Breslauer auf der Messe zu L'issa.
Humoristisches Volksbild. Breslau, Günther, 1840. 8⁰. 8 S.

† **SANFTLEBEN,** J. C. Mit Lügen vermischte Wahrheiten.
Oder: Des Poetischen Zeitungs-Extracts, Worinnen die notablesten Vorfallenheiten derer Letzt abgewichenen Zwey Herbst-
Monathe Septembris und Octobris . . . Reymweise wiederholet zu finden, Erstes Stück. Br. Selbstverlag. 4⁰. 4 Bll.

† **SCHREIBEN eines Frauenzimmers** an den Verfasser
des Breszlauischen Wochenblatts betr. das 25ste
Stück von den Frauenzimmer-Moden. Mit beygefügten Anmerkungen dieses Verfassers, statt der Antwort. Breslau 1760.
8⁰. 29 S.

† **SCHLITZER,** Amandus v. (ps.), Mittheilungen aus
einer geheimen Sitzung des demokratischen Frauen-
Clubbs zu Breslau. Mit Titelbild. Breslau, Klein (1849). 4⁰.
7 Seiten.
> 3 Auflagen von demselben Jahre (laut Weller). — Zuerst
> gedr. ebd. 1848. (2 Mk. Paul Neubner, Cöln, 1892.) Poli
> tisches Pamphlet obscönen Inhalts.

† **SCHOCKWITZ,** Breslauer Genrebilder, keine Nebelbilder. Mit den frischesten Farben gemalt, gefaßt in
poetische Goldleisten und eingewickelt in provisorische Anmerkungen. Breslau, Trewendt, 1846. 8⁰. 35 S.
> Inh.: Humorist. Gedichte : Die Extrazügler in Fürsten
> stein. 14. VI. 1846. — Anne Rose und Christian, Tragi
> komische Historie bei der Barmherzigen Brüder-Kirmiss.
> — Eduard und Kunigunde. (Partsch, Heft 5, S. 349.)

SCHWABHÄUSER, Carl (aus Weimar, † 1847), Gereimte
Launen und Schnurren. Mit großer Titelvignette
(unsign.). Jena, Stahl, 1802. Gr. 8⁰.
> Darin u. a. ein derber Schwank in 26 siebenzeil. Stroph.:
> „Das komische Mißverständniß. Eine Anekdote aus
> Breslau."

SCHWEIDNITZER Keller. Sämmtliche über denselben erschienene Broschüren sind zahmen Inhalts. Aus diesem Grunde ver-

z i c h t e n   w i r   a u f   d i e   W i e d e r g a b e   d e r   T i t e l, welche
der K a t a l o g d e r B r e s l a u e r S t a d t b i b l i o t h e k verzeichnet.

† **SINCERUS,** J o c o s u s C a n d i d u s (d. i. *Joh. Chr. Senftleben*), B r e ß l a u i s c h e r S c h l e n d r i a n, Nach der Melodie
des bekannten Quodlibets, Wie solcher von einem Tage zu
dem andern In denen K r e t s c h a m - o d e r B i e r - H ä u s e r n
getrieben wird; Zu einiger guten Freunde Belustigung auffgesetzt von einem dessen Kiel den lieben S c h ö p s zu Ehren
Der Reimen-Schmiede Lieder-Kram in etwas hilfft vermehren.
O. O. 1731. 4⁰. 8 Seiten.

† — — D i e a n d e r e A u f l a g e v e r m e h r t u n d v e r -
b e s s e r t Durch *Jocosum Candidum Sincerum.* Breslau 1732.
4⁰. 8 Seiten. *Am Schlusse:* „Zusatz des Breßlauischen
Schlendrians.")

    Aeusserst selten! — Partsch, Heft 5, Bresl. 1897. S. 341.
    — Vgl. auch Schles. Ztg. 1891, vom 9., 10., 12. Septbr.
    P l (a u m a n n), A., Breslaus Wirthsstuben sonst und jetzt.

† — — W o h l v e r d i e n t e s E h r e n - L o b D e r e r B r e ß -
l a u i s c h e n W e i n - u n d W a s s e r - S c h e n c k e n, Oder
Historische Nachricht Von denen Breszlauischen Haupt- Quar-
tiren, allwo man süßes und saures, kaltes und warmes, leichtes
und starkes um gutes Geld zu bezahlen gewohnt ist. Zu Nutzen
des gemeinen Bestens R e y m w e i s e abgefasset. Durch *Jocosum Candidum Sincerum.* Ebd. 1732. 4⁰. 8 Seiten.

    Höchst selten! — Partsch, Heft 5, S. 341.

† — — B r e ß l a u i s c h e r W e g w e i s e r v o r s T h o r,
Oder k u r t z e r U n t e r r i c h t, W o e s u m B r e ß l a u h c r u m
a n l u s t i g e r C o m p a g n i e v o n b e y d e r l e y Ge-
s c h l e c h t e n i e m a l s o d e r s e l t e n z u e r m a n g e l n
p f l e g e: Allen, so frembden als einheimischen curieusen Passagiers zu dienlicher Nachricht R e i m - w e i s e mitgetheilet
durch *Jocosum Candidum Sincerum.* (2. Aufl.) O. O. 1732.
4⁰. 8 Seiten.

    Höchst selten! — Partsch, Heft 5, S. 342.

† **STRASSENKANNEGIESSEREI.** Niedergelegt in Briefen
eines Breslauers an seinen Vetter in Grüneiche. Red.: Jul.
L ö w e. 1. Heft April 1846. 2. Heft Mai 1847. Breslau, Trewendt.
4⁰. 32 und 28 S. Mit Abbild.

† **TASCHENBUCH** f ü r d i e S c h w ä g e r h a l l e a u f d a s
J a h r 1821, Hrsg. von Christian G ü t e t h u e r, Wilhelm
H o n i g u. sämmtlichen Schwägern u. Schwägerinnen. (Motto:
2 Verszeilen.) Mit 2 color. (unsign.) Kpfrn. (unter jedem 2
Versz. v. C. G. F ö r s t e r). Breslau, gedr. mit Kreuzer-Scholz-
schen Schriften. Breit-12⁰. Orig.-Cartonbd.

32 S. Text u. 13 unpag. Bll. Calendarium. — Den Haupt-Inhalt dieses s e l t e n e n C u r i o s u m s bildet: „Das Lustspiel ohne Namen. Dramatische Posse in 1 Handlung. Ein gedrucktes Mspt. Aus d. Malabarischen übers. Aufgef. in der Schwägerhalle 1821."

THEATERPROZESSE in B*** (Breslau), G a l a n t e r i e n u n d b l a u e A u g e n, mitunter etwas Ertoffelsalat. Abdera 1790. 8⁰.

2 Bll., 82 S. Eine der seltensten, B r e s l a u und die G r o s s m a n n ' s c h e S c h a u s p i e l e r t r u p p e betreffenden Schriften. (Prof. Kürschner in Eisenach besaß ein Expl.) Weller kennt den wirklichen Druckort nicht.

† **THIEME**, H., D e s a l t e n G a b e l - J ü r g e R u n d s c h a u i n d e r S y l v e s t e r - N a c h t. Eine Knüttelvers-Epistel . . . Breslau, Grüson, 1869. 8⁰. 8 S.

— — U e b e r d e n L o k a l c h a r a k t e r d e r B r e s l a u e r, m i t H i n s i c h t a u f L u x u s u n d L e b e n s g e n u s s.

Journal des Luxus u. der Moden, 1797, Aug., 394—401.
— Partsch, Heft 5, S. 348.

† **UNTERHALTUNGEN.** Eine Wochenschrift. No. 1—26 [1812, Jan. 4 — Ende Juli]. Breslau, Buchheister. 416 S. und 24 S. Beilage.

† **VERHEIRATUNGS-Bureau.** — Freimüthige und unbefangene Beurteilung über das neu errichtete Verheiratungs-Bureau des Gotthelf Cubasch in Breslau. Breslau, F. W. Grössel, o. J. [ca. 1810—20]. 8⁰. Rar!

VERNÜNFTLER, Der, eine wöchentliche Sittenschrift (hrsg. von Chrn. Nic. N a u m a n n). Zweeter Theil („Stük" 17—32). Mit Titelvign. Berlin, bey Friedr. Wilhelm Birnstiel. 1754. 8⁰. 254 S. (15 Mk. E. Frensdorff, Berlin, Cat. 37. [1907] no. 77.)

Darin: A n d i e B r e s s l a u i s c h e n G e f i l d e. (Wohl in Versen.) — Sehr rar!

† **VOIGT**, E., G u c k k a s t e n b i l d e r, nach dem Leben gezeichnet . . . Breslau, Krone, 1849. 8⁰. 16 S.

† — — F r i e d r i c h d e s G r o s s e n P r o m e n a d e n durch Breslau im Jahre 1850. Erste Promenade. Breslau, Storch. 8⁰. 8 S.

† **VOLKSSPIEGEL,** B r e s l a u e r, eine unterhaltende und belehrende Monatsschrift zur Beleuchtung der gesellschaftlichen Zustände und zur Beförderung der Volksbildung. Redigirt unter Verantwortlichkeit des Herausgebers Ferdinand B e h r e n d. 1. Jahrg. [1846]. Breslau, Trewendt. 8⁰.

† **VOLKSSPIEGEL.** Monatsschrift für politisches und soziales Leben. 2. Jahrg. 3. Jahrg. No. 1—3. Ebd. 1847, [48]. 8⁰.

WEGWEISER, B r e ß l a u i s c h e r, v o r ' s T h o r, oder U n - t e r r i c h t, w i e e s u m B r e ß l a u h e r u m, a n l u s t i g e r C o m p a g n i e v o n b e y d e r l e y G e s c h l e c h t, niemahls zu

29*

mangeln pflege. (Vf.: *Joh. Christian Senftleben*.) Breßlau
1732. 4⁰. 4 Bll. (Besaß Univ.-Prof. Dr. Pfeiffer in Freiburg
i. B.) Höchst selten!
— — Die 2. Auflage s. oben bei **Sincerus**, Jocosus Candidus.

† **WENTZEL**, Friedr. Aug. (geb. 1773 in Breslau, Sekretär der Accis-Direktion daselbst, † als Privatgelehrter am 8.
Juni 1823 ebd.), **Matthias Corvinus und Maria, die
Konsulstochter von Breslau, oder die Belagerung
von Breslau** im J. 1474. Ein historisches vaterländ. Schauspiel in 5 Akten. Breslau 1809. 8⁰.
— — Dasselbe, titulo: **Mathias Korvinus und Maria,
die Konsulstochter von Breslau**. Ein romantisches
Gemälde in dramatischer Form. Neue Ausgabe. Mit Kupfer.
Breslau, Jos. Max, 1817. 8⁰. 238 S. (Nur neue Titelauflage
des vorhergehenden.)

† **WOCHENBLATT**, Breszlauisches, vor das Jahr 1760
(hrsg. von Andreas **Belach**). Breslau 1760.
    Anon.-Lex. IV. p. 406 (nach Meusel).

† **WOLLE-SCHAARE**.— Die berühmte Wolle-Schaare
Zu Breszlau. In Kupfer und Lustigen Reimen vorgestellet. [Gedicht in schlesischer Mundart. Verfasser: *von
Kottwitz?*] Gedruckt in diesem Jahr auf Kosten der Käuffer
und zu finden im Buch-Laden zu Crossen. 2 Bl. Fol. — Dazu:
Perspectivischer Abrisz der berühmten Wolle-
Schaare in Breslau. F. B. Werner Siles. delin. G. P.
Busch fec. Berolini. 1 Bl. Rariss.

ZEITSCHRIFTEN, Die, Breslaus (kurzer kritischer Überblick): Blätter für literar. Unterhaltung 1830. Nr. 345. S. 1379 ff.
    Goedeke VIII, 5, i.

BRESNITZ v. Sydacoff, Ungekrönte Frauen. Liebesromane von europäischen Fürstenhöfen. 2 Bde. Leipzig (1906). (Kr 6—.) (4 Kr. Alois Hilmar Huber, Salzburg,
1908.)

BRETONNE, s. Rétif de la Bretonne.

BRETSCHNEIDER, Heinr. Gottfr. v. — Denkwürdigkeiten aus dem Leben des K. K. Hofrathes Heinr.
Gottfr. v. Bretschneider, 1739—1810. Mit Benutzung
sehr selten gewordener Quellen zum erstenmale vollständig herausg. v. K. F. Singer. Wien 1892. 8⁰. (Mk. 6,50.) (7 Mk.
Franz Teubner, c. 1898; 4 Mk. Max Jaeckel, c. 1906.)
    Bretschneider war Soldat, Gubernialrath, Bibliothekar in
Ofen u. in Lemberg, Rathgeber und Vertrauter Kaiser

Josef's II., Reiseabenteurer, Dichter, Romanschreiber, Recensent, Satiriker, Freimaurer und Kochkünstler, ein Peregrinus Proteus in hundert Farben. Die Schilderungen des Soldatenlebens und der wechselvollen Erlebnisse Bretschneiders, seiner vielfachen Abenteuer auf seinen Reisen in Deutschland, Holland, England, Frankreich, Oesterreich und Ungarn, bieten Interessantes in Hülle und Fülle. — Das Werk wurde kurz nach seinem Erscheinen in Oesterreich wegen einiger Schilderungen beanstandet und confiscirt.

BRETTSCHNEIDER, J., Die schwersten Verbrecher unter den zivilisierten Völkern, ihre Enthüllungen, Prozesse u. Blutsühne. St. Gallen 1870. 8. (3 Kr. 60 hl. Halm & Goldmann, 1907.)

* **BRETZNER,** Chp. Frdr. (1748—1807), Das Leben eines Lüderlichen. Ein moralisch-satyrisches Gemälde nach Chodowiecki und Hogarth. 3 Bde. Mit 3 TKpfrn. und 3 TVgnn. v. Penzel und Chodowiecki. Leipzig, bey Friedr. Gotthold Jacobäer. 1787—88. 8⁰. (Th. 2—3 in Berlin, Th. 1 in 2. Aufl.) (7 Mk., cplt., Jos. Jolowicz, Posen, 1889; Th. 1 und 3 12 Mk. Adolf Weigel, 1906.)

Erste seltene Ausg., anonym erschienen. Ebeling, kom. Lit. III. p. 599. Goedeke IV, 253, 26, 9.

§ — — Dasselbe. Zweyte verbess. Auflage. 3 Bde. Mit 3 Kpfrn. Ibid. 1790—92. 8⁰. (Th. 1 in Berlin.)

1: 6 Bll., 320 S., 1 Bl. Verlag d. Firma. II: 3 Bll., 300 S. III: 4 Bll., 469 S., 1 S. Err.

— — Dasselbe. 3. Aufl. 3 Bde. Mit 3 Kpfrn. u. 3 Vign., gest. von Penzel u. Geyser. Ebd. 1820. 8⁰. (4 Mk. Scheible; jetzt theurer!)

BRETZNER. — Der Lüderliche. Ein tragisches Gemälde in fünf Akten. Nach der Geschichte: das Leben eines Lüderlichen. Leipzig, Jacobäer, 1789. 8⁰. 213 S. (2 Mk. 50 Pfg. E. Frensdorff, Berlin, 1908.)

BREVIARIUM, Das, der Politiker. Aus d. Französ. übersetzt. O. O. 1770. 8⁰. 5 Bll. u. 100 S. Rar! (6 Mk. Oskar Rauthe, Berlin, 1908.)

Die gedruckte Widmung lautet: „An meine Schöne". — Inh.: Von den Weibern. — Von den Aerzten. — Von den Leidenschaften etc.

BREYER, Alb., Sultanin-Favorite Anysia. Die enthüllten Geheimnisse des Serails. Leipzig, o. J. 8⁰. (Kr. 2.40.) (1 Kr. A. H. Huber, Salzburg, 1908.)

BREYER, Die Tochter d. L'andstreicherin. Kriminal-Roman. Berlin, o. J. 8⁰. (80 Heller, A. H. Huber, Salzburg, 1908.)

BREVIER für Liebende, oder die Kunst schnell und glücklich zu heirathen. (1 Mk. P. Neubner, 1892, ohne nähere Angabe.)

BRICK B o l d i n g, oder W a s ist das L e b e n? Ein englisch-französisch-italienischer Roman (nach d. Französ des *C. A. B. Sewrin* von Carl Ludw. Methusalem M ü l l e r). 2 Thle. Mit Titelkpfrn. (von G. B o e t t g e r sen.). Leipzig, bey Salomo Lincke. 1800. 8⁰.

> 1 : TK., VI—239 S. 2 : TK., 1 Bl., 232 S. — Freien Inhalts u. sehr selten! (F e h l t im Anon.-Lex.)
> O r i g.: Brick Bolding ou qu'est--ce que la vie. Roman Anglo-Franco-Italien. 3 tomes. Avec 3 frontisp. curieux (n. signés). A Paris, Cailleau, an VIII. (1800.) 16⁰. (6 Mk. 50 Pfg. [seulement t. 1 et 3] Hugendubel, München, c. 1903.) 173, 152, 151 pp. (de plus 1 page d'avis de l'éditeur).

— — Dasselbe, titulo: N e u e r französisch-italienischenglischer R o b i n s o n oder G e s c h i c h t e eines A b e n t h e u e r s (sic!) d u r c h Z u f ä l l e u n d S c h i c k s a l e. 2 Thle. Carlsruhe 1801. 8⁰. 239+230 Seiten.

BRIEF (chronologisch). — B r i e f f, Ein v n u o r g r e i f f l i c h e r P o l i t i s c h e r, S o von einem I n d i a n i s c h e n Philosopho, L y n d o r a c h g e n a n n t, an C u l t h e b e r den grossen König der Indier ist geschrieben iw o r d e n. Worinnen gehandelt vnnd angezeigt wirt. 1. Von den Vmständen die man beachten soll, wann man sich verheurathen will . . . . 2. Von der Art vnd Eygenschafft vieler Weiber. etc. etc. etc. Anfänglich auß Indianischer in Italianische, ... hernocher . . . . in Teutsche Spraach verdolmetscht. . . . . Gedruckt in der Schlesing, durch Cornelium Zapffreeß. 1620. 4. (In Breslau, Kgl. u. Univ.-Bibl.)

> Prosa-Satyre. 16 Bl. Sehr selten!

— — Dasselbe. Franckfurt, b. Geo. Müller. 24⁰.

> M. M. V. 1676. C 4 a, sub libris futur. nundin. proditur.

BRIEFF, C u r i o s e r, w e l c h e n S i g n o r A n t o n H ä c h e l m a c h e r, a n s e i n e n H a u s s - W ü r t h I g n a t i o S c h e r g a s t G e s c h r i e b e n den 19. M a r t i j a u s s M a n t u a. (3 Briefe mit 1 Lied.) O. O. 1707. 4⁰. 6 Bll. Rar!

> Haydinger's Bibl. I. p. 1. Wien 1876. Nr. 342.

BRIEF, C u r i e u s e r, e i n e s L a q u a y e n s, M r. T o u t d e B o n, a n e i n e v o r n e h m e D a m e, so einen geschickten Laquayen verlanget, darinn er ihr seine Qualitäten anrühmet und beschreibet, daß er in gantz Europa gewesen, alles erlernet, und zu allem zu gebrauchen sey. Auf eine lustige Art in V e r s e n beschrieben. Saltzburg (Leipzig, Boetius) 1733. 4⁰. 28 SS. Selten!

BRIEF a n H e r m i o n e. (Aus d. Engl. des *Jonathan Swift*.) Breslau 1789. 8⁰. Zahm.

> Emil Hirsch, München, Cat. 48. (1907.) no. 948, Beibd. 1. — N i c h t im Anon.-Lex.

BRIEF eines Pfarrers an ein Mädchen aus seinem Kirchspiel. O. O. u. J. (18**). 8⁰. (12 xr. Scheible in e. älteren Cat.)

BRIEF (Erot.) einer jungen Frau (Minna) an ihre Freundin, ihr die Gefühle u. Eindrücke der Brautnacht schreibend. O. O. u. J. (c. 1895). Gr. 4⁰. 1 Bl., auf beiden Seiten bedruckt.

BRIEFE (chronologisch). — § Brieffe, Aufgefangene, welche zwischen etzlichen curieusen Personen über den ietzigen Zustand der Staats(-) und gelehrten Welt gewechselt worden. (Hrsg. von A. Stübel.) Mit vielen Kpfrn. Wahrenberg, bey Joh. Georg Freymunden (Leipzig, Groschuff). 1699—1703. 8⁰.

> Ist in „Ravagen" und „Pacquete" eingetheilt. (3 „Ravagen", ebd. 1700—2, und „Der III. Ravage Pacquet 6 bis 12" sind in München. (7 Mk. 50, „III. Ravage in 12 Pacqueten", Paul Neubner, Cöln, 1892; 12 Mk., „I. Ravage, Pacquet 1—2, 11—12", u. „II. Ravage, 1—4", L. Rosenthal, München, c. 1905:)
>
> „Ein für die Geschichte des 17. u. 18. Jahrhunderts wichtiges Werk, in welchem sich interessante Aufschlüsse u. Anekdoten über die damaligen Staatshändel finden. Auch für die Geschichte des gesellschaftl. Lebens v. grossem Interesse, da sich die merkwürdigsten Begebenheiten u. Festlichkeiten, die Betrügereien der Goldmacher, merkwürdiger Wunderzeichen, Bündnisse mit dem Teufel etc. aufgezeichnet finden."
>
> Complet rar! Enthält auch Interessantes über Universitäts- u. Studentenwesen.

§ BRIEFE, Geheime, so zwischen curieusen Personen über notable Sachen der Staats(-) und gelehrten Welt gewechselt worden. Mit Kpfrn. u. Register. Freystadt (Hülsen in Leipzig) 1701—3. 8⁰.

> Ist in „Cabinets" à 12 „Posten" getheilt. (In München sind 12 „Posten" vom „Cabinet I" vom J. 1701.) (5 Mk. Paul Neubner, 1892, wo auch Cabinet III mit 12 Posten von demselb. Jahre „1701" für 5 Mk. angeboten wurde.) Complet rar!
>
> In der Bibl. Ludovici nominalis curiosa, Vitemb. 1705, ist verzeichnet „des dritten Cabinets 9 Posten". Ebd. 1703. 8⁰. 2 Alph. 4 Bog.

BRIEFE, Auserlesene, aus denen galantesten u. neuesten Frantzös. Authoribus ins Hochteutsche übersetzt von Menantes (Chrn. Friedr. Hunold). Frantzös. u. teutsch. 2. Aufl. Hamburg, Gottfried Liebernickels Wwe. 12⁰. Wwe. 12⁰.

> Lpz. O. M. V. 1709. F. 3 a. — Ed. I. c. 1705?

BRIEFE, Remarquable curieuse, oder deutliche Beschreibung alter und neuer merkwürdiger Begebenheiten. Leipzig 1710—28. 8⁰.
> Wagenseil V. p. 293.

BRIEFFE, Auserlesene, Galantester und Berühmter Englischer Autorum . . . durch Aldinor. Hannover 1725. 8.
> Cat. libr. L. B. de Schlippenbach. Berlin 1735, p. 98.
> Index libror. F. A. Wageneri. Hamb. 1802, p. 155.

BRIEFE, Aufgefangene (freie Reimereien von *Picander = Chrn. Friedr. Henrici*). 4 Nrn. (In Bd. I der Gedichte, s. Picander.)
> Flossmann, Paul, Picander. (Diss.) 1899. S. 20.

§ **BRIEFE,** Geheime juristische, zwischen zwey Rechtsgelehrten. (Stellenweise verfängl. Processe.) 36 Collectionen. Leipzig 1731. 8⁰. (In München in 3 voll.)

BRIEFE einiger Personen an einander über allerley Materien (verfasst von *Joh. Anton Janson von Wasserberghe*). Danzig 1747.

— — Dasselbe Leipzig und Naumburg 1756.
> Anon.-Lex. I. p. 265 (nach Meusel).

BRIEFE, Ergötzliche, über den grossen Wunsch aller Menschen, nämlich über das Verlangen glücklich zu seyn. (Aus d. Französ.) Berlin, Stettin u. Leipzig (Rüdiger in Berlin) 1761. 12⁰. (In Glogau, Stahn's Bibl.; Cat. p. 112.)
> Orig.: Lettres Parisiennes sur le désir d'être heureux. 2 part. Francf. 1758. 8⁰. (3 Mk. 50 Pfg. A. Bielefeld, c. 1885.) Rep. ib. 1759. 8⁰. (⁵/₆ Rthl. H. W. Schmidt, Halle, c. 1870.)

BRIEFE, Asiatische, im teutschen Kleide. Frankf. 1763. 8⁰. 8 Bog.
> Cat. Meissner I.

BRIEFE, Anmuthige und Satyrische, in historischen Erzählungen über verschiedene Begebenheiten (von *J. A. Philippi*). Cölln am Rhein (Himburg in Berlin), 1764. Kl. 8⁰. (In Warmbrunn.) (12 Sgr. Scheible, vor 1870.)
> Tit. u. 350 S. (286 ist Druckf.) — Ueber Protestanten, Katholiken, Juden, Carneval, Besessene, Tyroler Adel, Erziehung, Klosterleben etc.

§ **BRIEFE** Cäciliens an Julien. Ein Roman. Aus d. Französ. des *Durosoi* von Joh. Gottfr. Gellius. Frankf. 1764. 8⁰.
> Name des Vf. fehlt im Anon.-Lex. I. p. 261.

BRIEFE des Herrn von S**, worinne derselbe seinem in C** zurückgelassenen Freunde verschiedene Werbehistör-

c h e n nebst einigen seiner eigenen Begebenheiten bis zu seiner
Vermählung vor Augen leget. — Vign. — Leipzig, 1765. bey Joh.
Gottlob Rothen, Buchhändler in Koppenhagen. 8⁰. (In Stuttgart.)
> Tit .u. 382 S. Stellenweise etwas frei. Der Held unter-
> zeichnet die von M* bey L. 1765 datirten Briefe: H. G.
> von S**.

BRIEFE, H e r o i s c h e. D e s B a r n e v e l t s a n d e n T r u-
m a n, und d e r Z e i l a a n d e n V a l c o u r. Aus d. Französ.
(Barock-Ornament u. Zierleiste.) Mit Titelkpf. (M. G. E i c h l e r,
jun. fec.) Augsburg, bey Conrad Heinrich Stage, 1766. 8⁰.
> 48 S. (incl. Tit. u. 5 Bll. Vorw.) In Versen. Brief 1
> betrifft den Inhalt von T i l l o 's engl. Trauersp. „Georg
> Barnwell oder der Kaufmann von London" (auch in Deutsch-
> land beifällig aufgenommen), Brief 2 (S. 35 ff.) richtet
> Zeila, eine junge Wilde, Sclavin zu Constantinopel, an
> Valcour, einen französ. Befehlshaber. Mit e. Schreiben an
> die Frau von C. (Bearbeitung der Erzählung Gellert's
> „Inkle [engl. Kaufmann] und Yariko [Indianerin]", nach
> der Geschichte der Yariko im Englischen Zuschauer, mit
> veränderten Namen.)

BRIEFE d e r S o p h i e u n d d e s C h e v a l i e r v o n **. Aus
d. Französ. (des *Desfontaines de Lavallée*) ins Deutsche übers.
Copenhagen 1766. 8⁰. 484 S. Zahm. (2 Mk. 50 Pfg. Max
Perl's Berliner Octob.-Auction, Nr. 184.)
> O r i g.: Lettres de Sophie, et du chevalier de***, p. s. de
> supplément aux lettres du marquis de Roselle. Par Mr.
> de***. 2 pts. Liège, chez D. Boubers, 1773. (u. früher). 8⁰.

BRIEFE, Ein completes Paquet zusammengesuchter —, a u s d e m
g e h e i m e n A r c h i v e d e r F r a u v o n W e s t e r l o h -
w e l c h e d i e G e s c h i c h t e i h r e s V a t e r s, d e s L o r d s
Z a n t b o h l, u n d s e i n e s J ä g e r s J o c h e n b e t r e f f e n.
Dresden, b. J. Nic. Gerlach u. Sohn. 1766. 8⁰. (In Stuttgart.)
Rar! 1 Alph. 2 Bog.
> O. M. V. 1766. S. 669; Cat. Meissner II (unter „Liebes-
> geschichten").

§ **BRIEFE.** Nebst einer Zueignungsschrift an eine Schöne (von
K. G. Deckart). Breßlau u. Leipzig, b. Joh. Friedr, Korn,
dem ältern. 8⁰.
> O. M. V. 1768. S. 924; Bibl. Schwabii; Anon-Lex. J.
> p. 266 (nach Kayser).

BRIEFE a n d a s s c h ö n e G e s c h l e c h t über verschiedene
Gegenstände aus dem Reiche der Natur. Jena 1770. 8⁰.
> Ehestands-Almanach I. p. 289.

§ **BRIEFE,** V e r t r a u t e, z w i s c h e n e i n i g e n G e i s t-
l i c h e n v o n d e m v o r g e b l i c h e n V e r d e r b n i s s e d e r
G e i s t l i c h k e i t, s a m m t d e r s e l b e n H a u p t q u e l l e n.
Dem Bedenken eines alten Staatsministers . . . . (s. Anmerkg.)
entgegengestellt (von *Joseph Herz*.) 2 Bde. Freyburg (Rieger

in Augsburg) 1770—71. 8⁰. (3 Mk., nur Bd. 1 mit Beibd.,
Stoll & Bader, Freiburg i. Br., 1891.)

> Veranlaßt durch: Aufrichtiges u. gewissenhaftes B e-
> d e n k e n über die Frage: ob und wie bey so vielen sowohl
> in offenen Schriften als in besonderen Berichten vorkom-
> menden K l a g e n g e g e n d i e G e i s t l i c h k e i t u n d
> d e r s e l b e n I m m u n i t ä t ein Landsherr im Gewissen
> schuldig die Hände einzuschlagen? Auf Verlangen eines
> großen Hofes verfasst von einem alten Staatsminister. O. O.
> 1770. 8⁰. F e h l t im Anon.-Lex., wo aber obige Gegenschrift
> I. p. 275 (nach Kayser, Meusel u. Weller).

§ — — Dasselbe. Bd. 1. 2te Aufl. O. O. 1770. 8⁰.

§ — — Dasselbe. 2 Bde. Augsburg 1773. 8⁰.

BRIEFE d e s H e r z o g s v o n C. und der L a d y G r o s-
v e n o r, ingleichen Geschichte der M a i t r e s s e d e s H e r-
z o g s v o n G r a f t o n. Deutsch. Frankfurt 1770. 8⁰. (10 Mk.
eine süddeutsche Firma, c. 1905.) Rar!

§ **BRIEFE** über das M ö n c h w e s e n v o n e i n e m k a-
t h o l i s c h e n P f a r r e r a n e i n e n F r e u n d, worin aus
der Kirchengeschichte, Kirchenversammlgn., besten katholischen
Schriftstellern u. Erfahrung dargethan wird; dass Unwissenheit
u. Aberglauben ihren Ursprung den Mönchen zu verdanken
haben. 4 Bdchn. I (von *Georg Michael v. Laroche*, gen.
Frank, Kurtrier. Kanzler, Grossvater von Clemens Brentano
und Bettina v. Arnim, geb. 1720, † 1788, und *Joh. Jac. Brechter*,
Diakonus in Nürnberg, † 1772). O. O. 1771. (Zürich, Orell.)
II—IV (verfasst von *Joh. Caspar Riesbeck*, geb. 1754, † 1786).
O. O. (Ebd.) 1780—81. 8⁰. (Auch in Zürich cplt.: 1772 [I in
2ter Aufl.]—1781, und im British Museum.) (2 Mk. 50 Pfg.
Ludolph St. Goar, Frankf. a. M., c. 1880.)

> Vgl. W e b e r, Mönchswesen, 2. Aufl., IV, S. 396, wo
> 4 Bde. mit d. Jahrzahlen 1782—83 (?) angezeigt sind.
> Anon.-Lex. I. p. 266.

§ — — Dasselbe. 4 Bdchn. O. O. (Zürich, Orell) 1780—81.
8⁰. (3 Mk. 50 Pfg. L. Rosenthal, c. 1888.)

§ — — Dasselbe. 4. Aufl. (Nachdruck?) Frankfurt und Leipzig 1780—81. 8⁰. (3 Mk. 50 Pfg. G. Lau, München; 1892.)

BRIEFE, N e u e, f ü r u n d w i d e r d a s M ö n c h w e s e n (von
Joh. Ferd. v. Gaum, geb. 1738, † 1813). 4 Thle. Wien (Ulm,
Stettin'sche Buchh.) 1782. (Nebst 2 A n h ä n g e n: Ganganelli,
Luther und Melanchthon. — Die Aufhebung der Klöster.) 8⁰.
(3 fl. 30 xr. Ldpr.) (2 Mk. Ludolph St. Goar, Frf. a. M., 1880.)

— — Dasselbe. Den Ordensgeneralen zugeeignet. 4 Bde.
O. O. Gedruckt im Jahr 1782. 8⁰. (6 Mk., unbeschn. Expl.,
Scheible, 1888.) (In Aarau, Cantonsbibl.; auch in Wien,
Stadtbibl.)

Wirklich anderer Druck als der vorige? Vf. G r a d - m a n n, Gelehrtes Schwaben. — Laut Weber a. a. O. reichen diese „Neuen Briefe" . . . . den vorigen das Wasser nicht.

BRIEFE über die Erziehung der Frauenzimmer (von *Rudolf Zobel*). Berlin u. Stralsund 1773. 8⁰. (In Stralsund, Rathsbibl.)

Anon.-Lex. I. p. 267 (nach Krusche).

BRIEFE eines Patrioten, zur Verbesserung der Sitten unsers Jahrzehends (von *Johann Gottlob Hase*). Leipzig 1774. 8⁰.

Anon.-Lex. I. p. 264 (nach Meusel). — Kayser hat „1775".

§ **BRIEFE,** Akademische, nebst einigen (erot.) Ge- dichten. Frankfurt und Leipzig (Nürnb., Monath) 1775. 8⁰. Rar! (4¹/₂ Mk. Kühl, Berlin; jetzt theurer!)

BRIEFE an meine Lieben (von *Joh. Carl Chrn. Fischer*). 2 Bdchn. O. O. (Stralsund) 1776. 8⁰.

Bibl. J. J. Schwabii. — Das Anon.-Lex. I. p. 260 hat „Stralsund", ohne Theilsangabe (nach Kayser u. Meusel).

§ **BRIEFE,** Türckische Briefe des Prinzen v. Mon- tenegro. (Aus d. Italien des *Stiepan Zanovic*.) Berlin, bey Arnold Wever, 1777. 8⁰. Mit gestoch. Titel. (J. H. B e e s - k o w inv., D. B e r g e r sc.) (8 Kr. Halm & Goldmann, 1907.)

XVI—234 S. Die Briefe, meist aus B e r l i n und D r e s - d e n adressiert, sind stark satirisch gehalten. Der Ver- fasser, berüchtigter Industrieritter und Hochstapler in der Art des Cagliostro, wurde wegen dieses Buches aus Dresden ausgewiesen.

O r i g.: Lettere turche raccolte e stampate da S t i e p a n P a s t o r - V e c c h i o. Constantinopoli 1776. 8⁰. (8 Kr., l. c., 1907.)

§ **BRIEFE,** Türkische, und Gedichte nebst einer Co- mödie die Türkische Heyrath betittelt. Zweyter Theil. Mit Titelkpfr. (Portr. Castriottos, C. C. G l a s s b a c h filius sc.) Ebd. 1777. 8⁰. (8 Kr., l. c., 1907.)

282 S. (incl. Tit.), 1 Bl. Druckf. Dieser Band enthält die dem p r e u ß i s c h e n K r o n p r i n z e n, später F r i e d r. W i l h e l m II., gewidmeten Gedichte, durch die Z. einen so großen Einfluß auf den Prinzen erhielt. Diese seltenen Curiosa f e h l e n im Anon.-Lex.

BRIEFE zur Verbesserung moralischer Fehler. Erster Posttag. Coburg, b. Rud. Aug. Wilh. Ahlen. 8⁰.

O. M. V. 1778. S. 408.

BRIEFE einer Hofdame an einen Officier (von *Chrn. Gottlieb Steinberg*). Breslau, b. C. F. Gutschen. 8⁰.

M. M. V. 1778. S. 541; Anon.-Lex. I. p. 262 (nach v. Schindel).

BRIEFE, H i n t e r l a s s e n e, d e s H e r r n v o n H o f f-
n u n g s r e i c h . . . . (Freier Roman von *Johann Friedel*).
Halle 1780. 8⁰.

> Anon.-Lex. I. p. 272 (nach Kayser u. Meusel).

§ **BRIEFE** a u s d e m N O V I Z Z I A T (von *Johann Pezzl,*
1756—1823, nach Andern † 1838). (Typogr. Vign.) O. O.
(Zürich, Orell). MDCCLXXX. (1780.) 8⁰. Auf ord. grau-blaues
Papier gedr. (3 Mk. Alfr. Lorentz, Lpz., 1905.)

> Schilderung der Mißstände des Klosterlebens, mit scharfen
> und ergötzlichen Angriffen gegen Ueppigkeit, Aberglauben,
> Bauchdienst, Geisselungen, Mortifikationen etc. — 184 S.
> (incl. Titel in Einfassung u. 4 Bll. Vorr. d. Herausg.).
> Der erste Brief (überschr. „Lieber P" [e z z l]) ist dat. 12.
> Sept. 177*. Der Verfasser wurde wegen dieser Briefe in
> gerichtliche Untersuchung verwickelt. Vgl. W e b e r,
> M ö n c h e r e i, 2. Aufl. IV, S. 398; Goedeke V, 506, 7;
> Anon.-Lex. I. p. 261 (nach Kayser, Meusel, Winer).

§ — — Dasselbe. 3 Bde. O. O. (Ebd.) 1780—83. 8⁰. (1¹/₄
Rthl.) (Auch in Zürich.) (4 Mk., Süddeutsches Antiquariat,
München, 1905; 1—2, nebst dem folgenden: 7 Mk. 50 Pfg.
Jos. Baer & Co., Frankf. a. M., 1894.)

> Wurde laut Vorrede zu Theil 3 s. Zeit in München
> v e r b o t e n.

§ **BRIEFE.** — U n p a r t h e i l i c h e G e d a n k e n ü b e r d i e
B r i e f e a u s d e m N o v i z i a t. O. O. 1781. 8⁰.

— — Dasselbe. Bdchn. 1. (einz.) Bamberg und Würzburg,
1782, bey Tob. Göbhardten. 8⁰.

> Magaz. d. Buch- u. Kunst-Handels. Jahrg. 1782. Lpz.
> Gr. 8⁰. S. 439.

BRIEFE a u s d e m N o v i z i a t. O. O. 1830. 8⁰. (2 Mk.
50 Pfg. Scheible, c. 1888.)

> Auszug oder Neudruck?

BRIEFE e i n e s L a i e n (von *Chrn. Wilh. Kindleben*). 1781.

> So kurz bei Goedeke IV, 354, 23, 15.

BRIEFE z w e y e r L i e b e n d e n i n e i n e r k l e i n e n S t a d t
a n d e m U f e r d e s I n n f l u s s e s. Mannheim, verlegts
Schwan. 8⁰.

> O. M. V. 1781. S. 20. (80 Pfg. Scheible in e. alten
> Cat., wo aber „an den Ufern" steht.)

BRIEFE e i n e s R e i s e n d e n v o n *** a n s e i n e n g u t e n
F r e u n d z u *** . . . . . (von *Dominikus Beck*). Salisb.
(!) 1781.

> Anon.-Lex. I. p. 265 (nach Wurzbach, Hittmair u. Meusel).

BRIEFE z w e y e r L i e b e n d e n u n d i h r e r F r e u n d e, aus
dem Englischen. (Deutsches Original von *Johann Christoph
Kaffka*, eigentlich *Engelmann*.) Leipzig, verlegts Weidmanns Erb. u. Reich. 8⁰. (¹/₂ Rthl., Scheible, c. 1870.)

> O. M. V. 1782. S. 269; Anon.-Lex. I. p. 271 (nach
> Meusel u. Goedeke).

BRIEFE der Liebe und Freundschaft. 2 Bdchn.
Frankfurt a. M., bey Joh. Glieb. Garbe. 1782. 8⁰.

216 S. — Zuschrift unterz.: „J* B* F* B— U". Zahmen
Inhalts. Weder bei Kayser 1827 u. 1836, noch im Anon.-
Lex.

BRIEFE (73) eines reisenden Franzosen über
Deutschland an seinen Bruder in Paris, übers v. K. R.
(Deutsches Original v. *Kaspar Risbeck = Riesbeck,* geb. 1754
zu Höchst bei Mainz, † 5. Febr. 1786 zu Aarau). 2 Bde.
O. O. (Zürich) 1783. 8⁰. (In Zürich.) (6 Mk. Wilh. Scholz,
Braunschw., 1898; 8 Mk. 50 Pfg. Taussig, Prag, 1901.)

Berühmtes Buch mit interess. Sittenschilderungen aus den
Hauptstädten Wien, Berlin, München, Prag, Dresden, Ham-
burg, Cassel etc.
Der Verfasser dieses mit beissender Satire geschriebenen
Werkes war ein Deutscher; er hatte alle Ursache seinen
Namen zu verbergen, da die Freimüthigkeit seiner Sprache
sehr oft die Grenzen des Erlaubten überschreitet. (S. auch
Allg. Deutsche Bibl. 57,350.) 1 : XIV u. 598 S., 2. (2. ver-
bess. Aufl.): 412 S., 1 Bl.

— — Dasselbe. Zweyte beträchtlich verbesserte Auflage.
2 Bde. O. O. (Ebd.) 1784. 8⁰. (In Zürich.) (12 Mk. E. Frensdorff, 1906.)

„Ein Werk, das durch seine originellen und noch heute
zutreffenden Ansichten von hohem Interesse ist, man ver-
gleiche nur die Würdigung Goethes, die Bewunderung
und Achtung vor Friedrich dem Grossen, die treffliche Charakteristik der Münchner u. Hessen etc."
(S. Calvary's in Berlin März-Auction 1905, Nr. 625.)

§ — — Dasselbe. Zweyte (!) Ausgabe. 2 Bde. O. O. (Zürich)
1785. (!) 8⁰.

432+414 S. „Von grossem Interesse für die soziale
Geschichte Deutschlands. R. schreibt sehr ausführlich über
die Industrie, das Armenwesen, Prostitution etc. Aber
auch über die Literatur und Theatergesch. finden sich viele
zutreffende Bemerkungen." (9 Kr. Halm & Goldmann,
c. 1905.)
„Kulturgeschichtlich von grossem Interesse. Der erste Band
behandelt hauptsächlich Oesterreich, besonders Salzburg und Wien. Im 2. Bande werden Dresden und
Berlin eingehend gewürdigt. Von besonderem Interesse ist
aber das, was der Verfasser über Weimar, den Herzog, Wieland und Goethe sagt." (12 Mk. Leo Liepmannssohn,
Berlin, 1907.)
S .auch: (Weber, Carl, Jul.) Deutschland, oder Briefe
eines in Deutschland reisenden Deutschen. I. Stuttg. 1826.
S. VII—IX. „Risbek, Caspar, Vf. der berühmten „Briefe
eines reisenden „Franzosen", war ein ehrlicher Deutscher,
geb. 1754 zu Höchst am Main von wohlhabenden Eltern,
fiel in die Zeiten des Geniewesens, schwärmte umher, ohne
sich um etwas Solides zu bekümmern, † einsam u. un-
zufrieden mit sich u. mit der Welt, zu Aarau 1786. Er
hatte nie mit einem Fuße den deutschen Norden betreten

u. kannte aus eigener Ansicht nur die Donau- u. Rhein-
länder, Schwaben u. Baiern. Witz u. Darstellungsgabe,
Chronique scandaleuse, u. die Seltenheit einer Reise durch
g a n z Deutschland vollendeten den Ruhm obiger Briefe."

— — Dasselbe. Letzte verbesserte Auflage. 3 Bde. Wien,
Schrämbl, 1790. 8⁰. (7 Mk. Taussig, 1907.)

> 218, 395, 400 Seiten. „Erinnern hinsichtlich ihrer Derb-
> heit u. unverblümten Sprache vielfach an den Verfasser
> des Demokrit. B e r l i n, C ö l n, D r e s d e n, M ü n c h e n
> werden, hinsichtlich ihrer U n s i t t l i c h k e i t, besonders
> hart vom Verfasser mitgenommen u. zuweilen artet derselbe
> in seinen Schilderungen so aus, dass der tugendhafte
> H e r a u s g e b e r auf S. 121 des I. Bds. sich zu folgender
> Apostrophe veranlasst sieht: „Der Ton, in welchem der
> Verfasser hier und an sehr vielen Orten spricht, ist unaus-
> stehlich, und würde, wenn auch alle seine Bemerkungen,
> wie sie es doch nicht sind, richtig wären, immer höchst
> unanständig sein." (8 Mk. W. H. Kühl, Berlin, 1880.)

— — E r i n n e r u n g e n ü b e r e i n i g e B r i e f e e i n e s
v o r g e b l i c h e n F r a n z o s e n, der sehr sonderbar von Sachsen aus über die Eider hinüber gereiset seyn will (von *Fr.
Eckard*). Altona 1784. 8⁰. Rar!

> Rich. Siebert, Berlin, Cat. 193. [1890.] No. 220, Beibd.

— — D e n k m a l, B i o g r a p h i s c h e s, R i s b e c k s, V e r-
f a s s e r d e r B r i e f e e i n e s r e i s e n d e n F r a n z o s e n
(von *Johann Pezzl*). Kempten (Wien) 1786.

> Weller, fing. Dr.

— — S c e n e n, I n t e r e s s a n t e, a u s d e r G e s c h i c h t e
d e r M e n s c h h e i t (hrsg. v. Geo. Friedr. P a l m). Bdchn. 2.
Hannover, Ritscher, 1797. 8⁰.

> S. 264—71: E i n i g e L e b e n s u m s t ä n d e v o n
> C a s p a r R i s b e c k, dem Verfasser der Briefe eines rei-
> senden Franzosen.

— — Dasselbe. 2. Aufl. Ebd. 1799. 8⁰. S. 262—268.

— — F r a n z ö s. U e b e r s e t z u n g der „Briefe": R i e s-
b e c k, Baron (!) de, V o y a g e e n A l l e m a g n e, dans une
suite de lettres. Traduites de l'Anglois (sic!). 3 vols. Av. portr.,
plans et carte en taille-douce. A Paris, chez Regnault, 1788.
8⁰. (25 Mk., veau plein, Adolf Weigel, Lpz., 1906.)

> * I: Strasbourg. — Stuttgart. — Augsbourg. — Passau.
> — Vienne. — II: Vienne (Cont.) — L'Autriche. — La
> Bohême. — Prague. — Dresde et les Saxons. — Weimar
> et Gotha. — Wittenberg. — Potsdam. III: Berlin. —
> Mecklenbourg. — Les Danois. — Hanovre. — Wirtzbourg.
> — Francfort. — Mayence. — Cologne etc.
>
> Avec une carte, les plans de Vienne et de Berlin et
> les beaux portr. de J o s e p h II., J. H i c k e l pinx., J.
> H u o t sc., et de F r é d é r i c k II., H. R a m b e r g del.,
> D e L a u n a y sc.

— — Daßelbe. Paris, chez Buisson, 1788. 8⁰. (8 Mk., veau, dos orné, Scheible, 1883; à présent plus cher!)

> 2 très-jolies portraits (Joseph II. empereur, grav. p. H u o t, et Frédéric II., roi de Prusse, p. p. Ramberg, grav. par D e L a u n a y, en superbes épreuves), 1 plan de Vienne et 1 plan de Berlin. L'ouvrage intéressant cont. entre autres: Les habitans de l'Alsace et leur gouvernement doux. — Quelques anecdotes sur le fameux Gesner. — Les troupes des comédiens à Munich. — Les comédiens à Vienne. — Épreuve de chasteté par l'Ordalie à Wirtzbourg etc.

— — R e i s e n e i n e s C u r l ä n d e r s d u r c h S c h w a b e n (von *Joh. Ferd. Gaum*). Ein N a c h t r a g z u d e n B r i e f e n e i n e s r e i s e n d e n F r a n z o s e n. O. O. 1784. 8⁰. (In Aarau, Cantonsbibl.)

> Maltzahn's Bücherschatz, S. 528 no. 2180; Anon.-Lex. III. p. 365 (nach Heyd, Weller u. Kayser).

§ **BRIEFE** e i n e s r e i s e n d e n F r a n z o s e n d u r c h B a y e r n, P f a l z u n d e i n e n T e i l v o n S c h w a b e n. Aus d. Französ. übersetzt. (Deutsches Original von *Joh. Casp. Riesbeck*.) O. O. (Zürich) 1783. 8⁰. (In Aarau, Cantonsbibl.)

> Im Anon.-Lex. I. p. 264 wird (nach Meusel) auch ein C. A. C o l l i n i als V e r f a s s e r genannt und nur die „2. Aufl. Zürich 1783" angezeigt.

BRIEFE e i n e s F r a u e n z i m m e r s a u s d e m XV. J a h r h u n d e r t. Nach alten Urschriften (von *Paul v. Stetten*). Augsburg, Stage, 1783. 8⁰. (Expl. im British Museum.) (9 Mk., schönes Expl. mit vorzügl. Abdrücken der Kpfr., E. Frensdorff, c. 1905.)

> 204 S. m. Titelbl. in Kpfr. gest. u. 12 Kupf. (R i e d e l del. u. W e b e r sc.) Zuerst gedr. ebd. 1779. 8⁰. (In München.) — Anon.-Lex. I, 263 (nach Kayser u. Meusel); Goedeke IV, 211. — Erschien auch als N e u d r u c k.

* **BRIEFE,** d e r J u l i e, T o c h t e r K a i s e r s A u g u s t a n O v i d. Eine Handschrift, welche in dem Herkulan gefunden worden. Nach einer englischen Uebersetzung (des französ. Originals). Franckfurth u. Leipzig. 1783. 8⁰.

> Tit., 2 Bl. Vorr. d. englischen Herausgebers, 114 Seiten. Enth. 43 geistlose u .langweilige Briefe. — F e h l t in Weller's fing. Dr.
> O r i g.: Lettres de Julie, fille d'Auguste, à Ovide. Genève 1766. 8⁰. (¹/₂ Rthl. H. W. Schmidt, Halle, c. 1870.) Rome 1789. 12⁰. Avec 1 grav. (18 Sgr. Scheible, c. 1870.)
> I t a l i e n. U e b e r s.: Corrispondenza tra Giulia ed Ovidio. 2 tomi. Lipsia 1801. 8⁰. (²/₃ Rthl. Scheible.)

BRIEFE a n 2 v e r h e i r a t h e t e F r a u e n z i m m e r ü b e r d i e w i c h t i g s t e n M a t e r i e n. Aus d. Engl. Leipzig 1784. 8⁰.

> Ehestands-Almanach II. p. 283.

§ **BRIEFE** a n e i n e F r e u n d i n ü b e r S c h ö n h e i t, G r a z i e u n d G e s c h m a c k (von *Joh. David Hartmann*). Ber-

lin 1784, bey C. F. Himburg. 8⁰. (2 Mk. 50 Pfg. G. Priewe,
1895; 3 Mk. Julius Niemann, Magdeb., 1906.)

> Vorr. unterz.: Halberstadt. J. D. H. — Anon.-Lex. I.
> p. 260 (nach Kayser u. Meusel).

* **BRIEFE,** M a r o k k a n i s c h e. Aus dem Arabischen. (Deut-
sches Original von *Johann Pezzl.*) Mit fein gestoch. satyr.
Titelvign. Frankfurt und Leipzig, 1785. 8⁰. (6 Mk. Schaper,
Hannover, 1904.)

> Moralisirende und satyrische Schrift bei Gelegenheit der
> M a r o k k a n i s c h e n G e s a n d s c h a f t, w e l c h e 1783
> W i e n b e s u c h t e, mit Ausfällen gegen Mönchthum, Je-
> suiten, Ohrenbeichte, Recensenten-Unwesen etc. 232 S., 1 Bl.
> Zuerst gedr. ebd. 1784. 8⁰. 255 S. (In Leipzig, Börsen-
> vereinsbibl.; auch in München u. im British Museum.)
> (2 Mk. 80 Pfg. Max Harrwitz, c. 1903.) Neue vermehrte
> u. verbess. Aufl. Ibid. eod. anno. 8⁰. 256 S. (In München.)
> (3 Mk. Süddeutsch. Antiqu., 1905.)
> Goedeke V, 506, 7, 2 hat „Maccaronische Briefe" (!!).

* — — H a m i d t ('s) M e y n u n g e n ü b e r d i e M a r o k-
k a n i s c h e n B r i e f e. An seinen Freund Sidi. Leipzig 1785.
8⁰. (Auch in Marburg, Univ.-Bibl.)

> Weller's Lex. Ps. hat „Hamid" und „1787" (?).

BRIEFE e i n e r b e f r e y e t e n N o n n e; eine kleine Geschichte (von *Joh. Ludw. Am Bühl*). St. Gallen 1785. 8⁰.

> Cat. Cammerer II. Erlang. 1796. 8⁰. p. 214. — Das
> Anon.-Lex. I. p. 262 citirt „1783" und „1784" (nach Meusel
> u. Kayser). Goedeke V, 541, 3, 6 hat „1783".

BRIEFE e i n e s r e i s e n d e n P u n d i t e n ü b e r S c l a-
v e r e i, M ö n c h e r e i, u n d T y r a n n e i d e r E u r o p ä e r
a n s e i n e n F r e u n d i n U—p a n g. Leipzig, Weygand, 1787.
8⁰. (3 Mk. Ludw. Rosenthal, c. 1880.)

> Tit. m. Vign., 7 Bl. Einleit. u. 360 S. — Nicht häufig.

BRIEFE z w e y e r L a n d p f a r r e r ü b e r d e n P o r z i u n-
k u l a a b l a ß. Eichstett 1787. 8⁰.

> G. Priewe, Cat. 60. [1895], No. 965, Beibd.

* **BRIEFE** e i n e s H o t t e n t o t t e n ü b e r d i e g e s i t t e t e
W e l t. Aus dem Französischen. (Deutsches satyr. Original
von *Joh. Wilh. Tolberg* und *Wilh. Friedr. Heinr. Bis-
pinck.*) Pack 1—2 (soviel ersch.). O. O. 1787—88 Kl. 8⁰.
(Auch in Warmbrunn.) Selten!

> Anon.-Lex. I. p. 263 (nach Kayser u. Meusel).

BRIEFE b u n t s c h ä k i g t e n (!) I n n h a l t s d e n Z e i t-
l ä u f t e n g e m ä ß. Geschrieben im Jahr 1784. Frankf. 1788.
8⁰. (1 Mk. Scheible, c. 1880.)

BRIEFE d e r F r a u G r ä f i n n v o n L*** a n d e n H e r r n
G r a f e n v o n R***, aus dem Französischen. (Deutsches Original von *Chrn. Friedr. Gottlob Kühne*.) 2 Thle. Wittenberg 1788. 8⁰.

„Aus dem schönen Jahrhundert Ludwig's XIV." (2 Mk. Julius Neumann, Magdeb., 1907.) — Das Anon.-Lex. I. p. 261 hat „Leipzig" (nach Meusel); Goedeke V, 516, 18, 2.

BRIEFE, Empfindsame, zwischen Reimann u. Rudolph über die Begebenheiten ihres Lebens. Eine (stellenw. sehr verfängl.) Originalgeschichte. Leipzig 1788, auf Kosten des Verfassers *C. H.* 8⁰. (2 Mk. 50 Pfg. R. Levi, Stuttgart, 1892.)

> Merkwürdiger, nirgends citirter Roman. 221 S. mit allerliebster Titel-Vign. (Radirung, B. [Bollinger, oder Bolt?] fec.)

BRIEFE des Barons von Stiegenrode an seinen Freund von Rückersdorf. Düsseldorf 1788. 8⁰. Rar!

BRIEFE einer Hofdame (von *v. Lützow*). O. O. 1789.

> Anon.-Lex. I. p. 262 (nach Schindel).

BRIEFE des ewigen Juden über die merkwürdigsten Begebenheiten seiner Zeit (von *Wilh. Friedr. Heller,* geb. 1756, † nach 1800). 2 Thle. Mit 1 illum. Kpfr. von Schweyer. Utopia (Offenbach) 1791. 8⁰. XVI, 274 + 288 S. (In Warmbrunn.) (6 Mk. Taussig, Prag, 1907.)

BRIEFE, Neue, des ewigen Juden .... (von Vorigem). Ebd. 1801. 8⁰. (Ebd.)

> Complet rar!

§ BRIEFE zweier Liebenden. 2 Bde. O. O. 1791. 8⁰. (In München: P. o. germ. 178.)

BRIEFE zweier Liebenden in Lyon. (Aus d. Französ. des *Nicolaus-Germain Léonard,* übers. von Ernst Valentini.) 3 Thle. Frankf. 1791. 8⁰.

> Hat auch d. Tit.: Sammlung der besten Romanen. Bdchn. 2—4. Frankf. 1791. 8⁰. — S. auch andre Übersetzung sub Faldoni und Therese: 1785, 1797, 1802.

BRIEFE über die Weiber (von *Karl Friedrich Pockels,* 1757—1814). Bdchn. 1. (einz.). Hannover 1792. Kl. 8⁰. VI u. 112 S. (3 Mk. 50 Pfg. Adolf Weigel, 1906.)

> Fehlt im Anon.-Lex.

BRIEFE, Geheime, an die gesunde Vernunft. Etwas für lüsterne Leser. Allen Herren Postmeistern des heiligen römischen Reichs dediziert. Constantinopel (Rostock, Stiller) 1794. 8⁰. (1 Mk. 50 Pfg. Jos. Jolowicz, Posen, 1889; 12 Mk. Dieterich, Goettingen, 1907.)

> Zieml. zahme moral-philosophische Betrachtungen.

BRIEFE, Vertraute, über die jetzige abentheuerliche Lesesucht und über den Einfluß derselben auf die Verminderung des häuslichen und öffentlichen Glücks. (Vf.: *Johann Gottfr. Hoche,* geb. d. 24. Aug. 1763 in Harzungen

[Grafschaft Hohnstein], † 2. Mai 1836 als ehemal. Konsistorialrath). Hannover 1794. 8⁰.

    Vgl. Carl Müller-Fraureuth, Die Ritter- und
Räuberromane, S. 95. (Goedeke VI, 422, 11, 1.)

BRIEFE über die wichtigsten Gegenstände der
Menschheit. Geschrieben von *R.* und hrsg. von S. T. U.
(verfasst von *Chrn. Friedr. Sintenis*). 4. Bde. Leipzig 1794
bis 1798. 8⁰. 376, 356, 348, 346 S. (7 Mk. 50 Pfg. Friedr.
Klüber, München, 1904.)

    Handelt u. a. über die sicherste Methode, deutsche Knaben
vor der Epidemie des Zeitalters, Negerjungengreuel genannt,
zu bewahren. — Ehescheidungen. — Studentenleben. — Ge-
sindewesen. — Gelehrte Weiber. — Träume. — Juden. —
Cölibat. — Theater. — Spielsucht. — Volksfeste. — Ver-
botene Ehen etc.

BRIEFE eines reisenden Franzosen über die Deut-
schen, ihre Verfassung, Sitten u. Gebräuche.
Nebst Berichtigungen und Bemerkungen von einem Deutschen.
(Verf.: *Wölfling* oder *Welfing*.) Franckfurth u. Leipzig (Dres-
den), 1796. 8⁰. VIII—352 S. (2 Mk., Lesesp., Lehmann &
Lutz, 1884.)

    Anon.-Lex. I. p. 264 (nach Meusel). — Nicht mit Ries-
beck's Werk zu verwechseln!

BRIEFE eines Frauenzimmers über die Kunst zu
gefallen (übers. von Carl Heinr. Heydenreich). Liegnitz 1796.

    Anon.-Lex. I. p. 263 (nach Kayser u. Meusel).

BRIEFE, Unterhaltende, über das Justizwesen im
Monde. Besserwirds bei Michel Gutmacher (Jäger in Frankfurt) 1799.

    Weller, fing. Druckorte.

BRIEFE, Gestohlene, von und über Männer, Weiber .... aus der Revolutionszeit in Helvetien
.... 1801, s. Schweiz.

BRIEFE, Lyrische, und Gesänge eines jungen
Mahlers, hrsg. v. v. L—w—n. Mit TKpfr. Berlin 1804,
In Commission der Himburgschen Buchh. 8⁰. XVI u. 80 S.

    „Sehr selten! Näheres über Verfasser (vielleicht
Gustav v. Both?) u. Buch war nicht zu ermitteln." (15 Mk.
Süddeutsches Antiqu., München, 1907.) Nicht im Anon.-Lex.

BRIEFE, Unfrankirte. Enthaltend (6) Gemälde aus dem
wirklichen Leben. Königsberg, bey Goebbels u. Unzer. 1805.
8⁰. (⁵/₆ Rthl.)

    Selten! Tit., 251 S., 1 Bl. Inh.: 1. Einleitg. 2. Seltene
u. schwere Rache eines getäuschten Liebhabers. 3. Hohes
Glück eines vollkommen gebesserten Wüstlings (Losreissung
von der schönen Doris, welche als Freudenmädchen endet).
4. Ein Kaufmann rettet, durch sichtbare Einwirkung Gottes,
seinen Neffen aus einer grossen Gefahr. 5. Warnung vor

unnöthigen Ausgaben. 6. Moses Pinto und seine Tochter: zwei edle Menschen d. jüdischen Nation. — Z u g a b e : Mehr Glück als Verstand. Eine kleine Erzählg. ohne Briefform.

BRIEFE, O f f n e , d e s F r e i h e r r n A r m i n i u s v o n d e r E i c h e . . . . (von *Joh. Friedr. Reichardt*) . . . . 1806, s. bei F r a n k r e i c h.

BRIEFE ü b e r d i e M o r a l i t ä t u n d B e s t i m m u n g d e s W e i b e s , Hamburg 1808. 8⁰.
> Bibl. Günther. III. No. 6431.

BRIEFE, S e h r v e r t r a u t e , z w e i e r F r e u n d i n n e n d e r F. A. v. B. (?). 2 Bde. Hanau, Scharnalk, 1815. 8⁰. Rar!
> Citirt Kayser ohne Angabe des Ldpr.

BRIEFE v o n A m a n d a u. E d u a r d. 2 Thle. Wien 1817. 8⁰. (3 Mk., Lesesp., Südd. Antiqu., München, 1907.)

§ **BRIEFE** a n T h e k l a. Zur Beruhigung für christliche Ehegatten, deren Ehe nicht mit Kindern gesegnet ist etc. Augsburg 1825. (1815?) 8⁰. (27 kr. F. König, Hanau, c. 1860).

§ **BRIEFE,** M o r a l i s c h e , g e s c h r i e b e n a u s u n s e r e r Z e i t Straßburg 1832. 8⁰. Sehr rar! (In München: Remot 19.)

BRIEFE e i n e s N a r r e n a n e i n e N ä r r i n (von *Carl Ferd. Gutzkow*). Hamburg, Hoffmann & Campe, 1832. 8⁰. 326 S. (9 Mk., Expl. im Orig.-Umschl., H. Streisand, Berlin, 1907.) Zahm.
> Anon.-Lex. I. p. 264 (nach Engelmann u. Ersch).

BRIEFE e i n e s A f f e n a n s e i n e B r ü d e r. Zum Druck befördert von * * * *. Hanau, Edler, 1846. 8⁰. 332 S. (3 Mk. Leo Liepmannssohn, Berlin, 1906:)
> „Interessante Briefe über gesellschaftliche Zustände. Das letzte Kapitel: „Kaiser Joseph II und Papst Pius in der Schattenwelt" wendet sich gegen das C o e l i b a t d e r k a t h o l. P r i e s t e r."

§ **BRIEFE,** U n t e r s c h l a g e n e (in Versen). Bern, Jenni Sohn, 1846. 8⁰. 50 S. (In München: P. o. germ. 1634 m.)

BRIEFE e i n e s j u n g e n D e u t s c h e n (halbverrückten Schriftstellers) u n d e i n e r (verheiratheten) J ü d i n. Hrsg. von Johannes D a h l m a n n. Verein für Deutsches Schriftthum (darüber Signet), Berlin. O. J. (c. 1895). *A. E.:* Druck von C. G. Röder in Leipzig. 8⁰.
> 1 5 0 S. (incl. Tit. u. 1 Bl. Vorber. d. Herausgebers). Der 1. Brief der Frau Sarah an Albert ist dat.: Berlin W., 30. Octob. 1895. Der „Held" erschießt sich, nachdem die ehebrecherische Messaline seiner Person und seines unsinnigen Geschreibsels überdrüssig, ihm den Laufpaß gegeben hatte.

BRIEFE u n d B e i c h t e e i n e r H e i r a t s l u s t i g e n. Werdohl 1905. Aus d. Handel v. Verleger zurückgezogen. (1 Kr. A. H. Huber, Salzburg, 1908.)

BRIEFE der kleinen Gräfin, gesammelt, übersetzt, hrsg. von Professor Konr. Eppach . . . 1907, s. bei Paris.

BRIEFSTELLER, Der vielvermehrte und hurtige. Nürnberg 1690. 8⁰. (1¹/₃ Rthl. Scheible, vor 1875; jetzt theurer!)

> Rar! 1240 SS. — Darin Liebes- u. Scherz-Schreiben, unverschämte und Buhl-Briefe, Strafschreiben etc., zum Theil in Versen.

BRIEFSTELLER, Krähwinkler und Dümlinger. Enthaltend merkwürdige Liebesbriefe und andere lächerliche Aufsätze (hrsg. vom Buchhändler Gottfr. Basse). Quedlinburg, Basse, 1812. 8⁰. 136 S. (50 Pfg., defektes Expl., G. Priewe, c. 1898.)

> Anon.-Lex. I. p. 276 (nach Meusel).

BRIEFTASCHE, Die grüne, des Herrn von Sartine . . . . 1779, s. bei Frankreich.

BRIEFTASCHE, Die, aus den Alpen (von *Joh. Ludw. Ambühl,* 1750—1800). 4 Lfrgn. Zürich und St. Gallen 1780 bis 1785. Kl. 8⁰. (3 Mk. Beck, Nördlingen, 1888.)

> Goedeke V, 541, 3, 4. — Anon.-Lex. I. p. 276 hat: „Lfrg. 1—2: Zürich 1780—82 u. (nach Kayser) St. Gallen 1780—85. V.: Ambschel (?).‟

BRIEFTASCHE, Die geheime. 2 Bdchn. Berlin und Lpzg. (Friese in Pirna 1805.)

> Weller, fing. Dr. — Rar!

§ **BRIEFTASCHE,** Die grüne. O. O. 1781. 8⁰. (In München: Polem. 394 m.) Sehr selten!

BRIEFTASCHE des grünen Mannes (von *Chp. Friedr. Dreysig*). Berlin 1780. Rar!

> Anon.-Lex. I. p. 376 (nach Kayser u. Meusel).

BRIEFTASCHE eines Liebenden. Ein Beitrag zur Geschichte der Zärtlichkeit. Bern, Typogr. Soc., 1787. 8⁰. (¹/₃ Rthl.) (²/₃ Rthl. H. W. Schmidt, Halle, c. 1868.)

BRIEFWECHSEL, Zärtlicher, worinnen von Seiten des Liebhabers die größte Treulosigkeit unter dem prächtigen Namen schöner Gesinnung ausgeübet wird. Magdeb. u. Helmst., b. d. Commercienr. Hechtel. 8⁰.

> So im M. M. V. 1767. S. 896.

BRIEFWECHSEL, Zuverlässiger, über die Geschichte eines zweiten (keuschen) Josefs. 4 Hefte. Amsterdam (Leipzig, Hilscher) 1772. Aeusserst selten!

> Citirt nur Weller, fing. Druckorte.

§ **BRIEFWECHSEL,** Der. Keine Erdichtung. Leipzig 1776. 8⁰. (In München: Russ. 21,3.) Rar!

BRIEFWECHSEL, eines jungen Officiers, oder Denkwürdigkeiten des Marquis v. Lüsigni und der

(sic!) H. v. St. J u s t. 2 Bde. Mit 2 Kpfrn. Berlin 1779.
8⁰. (48 xr. Brissel, München, c. 1872; jetzt theurer!)

§ **BRIEFWECHSEL** j u n g e r H e r r e n u n d F r ä u l e i n s.
Bdchn. 1. (einz.). Wien, Gerold, 1781. 8⁰. (In München:
Epist. 122d.)

> Kayser, Romane, giebt die Zahl der Bdchn. nicht an,
> also wohl nur dieses eine erschienen.

BRIEFWECHSEL e i n i g e r O f f i c i e r e a u f i h r e n R e i -
s e n u n d W e r b p l ä t z e n, über den Zustand, die Sitten und
die Militärverfassungen verschiedener Länder. Frankfurt und
Leipzig 1782. 8⁰. (8 Mk. E. Frensdorff, 1907.) Rar!

BRIEFWECHSEL, K o m i s c h, e r n s t h a f t, s a t i r i s c h,
u n d — ein B i ß c h e n t r a u r i g, so wie es der Leser auch
nicht anders finden wird. München, b. Jos. v. Crätz, u. Lpz.,
b. Paul Wilh. Kummern in Commiss. 8⁰.

> O. M. V. 1783. S. 515.

BRIEFWECHSEL z w e y e r F r e u n d e. (Stellenw. freie Liebes-
gesch.) Halberstadt in der Buchhandlung der Grossischen Erben 1792. 8⁰. 172 S. Rar!

BRIEFWECHSEL des F ü r s t e n z u A...t m i t d e m M i -
n i s t e r v o n B...g. Ein Buch f. Deutschlands Edle. Germanien, 5802. (Fürth u. Nürnb., Campe, 1802.) 8⁰.

> IV—180 S., wovon die größere Hälfte (S. 85 ff.) 140
> zahme philos.-politische A p h o r i s m e n einnehmen. —
> Wenig bekannt u. selten!

BRIEFWECHSEL, I n t i m e r, z w i s c h e n z w e i g e i l e n
J u n g f r a u e n, oder G s t i l l t e S e h n s u c h t. New-York.
Gedruckt auf Kosten guter Freunde. O. J. (ca. 1895). Breit-12⁰.
(ca. Mk. 5—.)

> 63 S. (incl. Tit.). — Ebenso lüstern wie schmutzig. V e r ·
> b o t e n vom L.-G. Wien, 28. April 1895. § 516.

BRIEF-WECHSELS, D e s p o e t i s c h e n, 1—6. Copie (soviel
ersch.?). O. O. 1724. 8⁰. Sehr selten! (In Dresden: Litt.
Germ. rec. 8⁰. B 201, 29s.)

> Pikante Klatschereien in der Weise P i c a n d e r ' s !

BRIEGEL's (Wolfg. Carl, 1626—1710) v e r s c h m ä h e t e
E i t e l k e i t, i n e t l i c h e n G e i s t - u n d W e l t l i c h e n
L i e d e r n. Gotha, b. Sal. Reyhern. 4.

> O. M. V. 1669. E 2 b. s. l. f. n. p. — Wirklich er-
> schienen?

* **BRIEG.** (Schlesien.) — G e s i c h t e, Träumendes, als Jungfr.
Justina geborne Schwopin, Sich Hrn. Joh. Leubischern, am
24. Hornungs-Tag 1665. Jahres, Ehlich vertrauen ließ. Abgebildet von Einem guten Freunde. (Brieg, Cph. Tschorn.) 4⁰.
(In Berlin Yf 6807, no. 60.)

> 4 Bll. In Versen. Mit einigen Musiknoten.

* — — Liebes-Gedanken, Errathene, Auff die Gold-ner-Gerstmannische Verknüpffung, In . . . . Brieg, den letzten Tag Aprilis, 1675sten Jahres eilends entdecket, Und dehnen Verliebten übergeben Von Freundes-Hand. In Brieg, druckts Joh. Cph. Jacob. 4⁰. (In Berlin: Yf 6807, no. 77.)

2 bedruckte Bll. In Versen.

* — — Der Götter vnd Göttinnen Prosopopoei-sche Lieder Auß dem Parnaßo von Mercurio eingebracht, Vff daß Hochzeitliche Ehrenfest (Titul) Herrn Mathæi Apellis von Löwenstern: vnd (Titul) Frauen Barbaræ Gebornen von Tarnau vnd Kühschmaltz: (Vf. *Wenzel Scherffer* [s. d.], aus Leobschütz in Oberschlesien, Organist in Brieg, † daselbst im August 1674.) Gedruckt zum Brieg, Durch Augustinum Grün-dern. O. J. (1637). 4⁰. (In Berlin: Yi 2331, mit 3 Beibdn.; auch in Breslau, Stadtbibl.)

Aeusserst seltener Brieger-Druck.

2¹/₂ Bog. Titel in Einfass. — Die hierin vorkommende Vincenzgeschichte findet sich schon in den Newen fröhlichen vnd lieblichen Tänzen mit schönen poetischen vnd andern Texten. Componirt durch Georg Hasen. Nürnberg 1602. (Ed. I. ib. 1600; rep. ib. 1610.) 4⁰. (das letzte Stück.) — Die Hochzeitlieder von Scherffer stehen sehr erweitert auch im achten Buch seiner Gedichte. Brieg 1652. 8⁰.

* — — Schertz-Gedichte, Anakreontisches, auff Hrn. V. Carl Ortlob u. Jungfr. Annen Rosinen geb. Letschin . . . . . 4. Christmonats-Tag . . . . 1657 . . . ., in Brieg angestelletes Hochzeitl. Ehrenfest, ... übersetzt von B. B. Gedr. zum Brieg, von Christoff Tschorn. 4. (In Berlin: Yf 6807, no 39.)

4 Bll. Rücks. d. letzt. leer.

BRILLE, Die, der Erkenntnis für blöde Augen der Könige; Märchen. Mit Titelkpfr. London (Leipzig, Beygang) 1787. 8⁰. (24 xr. Theod. Ackermann, München, 1875.)

BRILLENPULVER und Augensalbe (von *H. C. Schiede,* seit 1802 Landprediger unweit Alzey in Hessen). Gelnhausen (Erfurt, Hennings) 1803. Kl. 8⁰.

Anon.-Lex. I. p. 278 (nach Weller).

BRINVILLIERS, MARQUISE VON (berüchtigste Giftmischerin des XVII. Jahrh.). — Bareste, Die Marquise von Brinvilliers. Mit 3 schönen Lithogr. von J. v. Pechy. Wien 1852. Gr. 8⁰. Bereits selten!

Die Steindrucke stellen dar: Die Marquise (entkleidet) auf der Folter; im Kloster; auf dem Schaffot.

BRION, MLLE. DE. — Geschichte der Demoiselle de Brion, gewes. Gräfin de l' Aunoy. O. O. u. J. (ca.

1835). 8⁰. (4 Mk. e. böhm. Firma, 1901; 5 Mk. H. Hugendubel, München, c. 1902.) Rar!

> O r i g.: Histoire de Mlle. de Brion, dite Comtesse de L'Aunay. Toulon, chez les filles de Bonton. S. d. (ca. 1830). 12⁰. (3 Mk. 50 Pfg. Max Harrwitz, Berlin, 1904; 5 Mk. List & Francke, Lpz., 1904.)

BRIONTES (ps.), D i e   l i e b e n s w ü r d i g e   A m e r i k a - n e r i n. Langensalza 1736. 12⁰. Sehr selten!

> Noch kein Exemplar nachgewiesen.

BRISAIDE v o n M o n t f e r a t. — „Der günstige Leser geliebe zu wissen, daß die P r i n c e s s i n B r i s a i d e v o n M o n t f e r t (!) zu Ende der Messe, ohnfehlbar wird herauß kommen auff gar schönen weissen Postpappier gedrucket, mit artigen perspecti- vischen Kupffern durch und durch versehen, in einen (!) reinen und Cantzeley gemäßen Stylo, und hat man solches denen Lieb- habern zur Nachricht diesen (!) (Mess-) Catalogo einverleiben lassen wollen." O. M. V. 1679. F 4b, sub libris serius exhibitis. Auf Bogen D 2b bereits angezeigt: „Die Prinzessin von Mont- ferat, auß dem Frantzösischen übersetzt. Leipzig b. Bartholome Molaw. 12⁰."

BRISAIDE. — B r i s e i d e v o n M o n t f e r a t, D i e a n S c h ö n h e i t d e s L e i b s u n d G e m ü t h s f ü r t r e f f - l i c h s t e P r i n z e s s i n —, D. i.: Eine warhaffte, zwar traurige, doch annehmlich- und Lesenswürdige Liebs-Geschicht. Aus dem Französischen (des *Gabriel de Bremond*) über- setzt. Mit 12 Kpfrn. (von C. N. S c h u r t z). Nürnberg, In Verlegung Johann Ziegers, Buchh. Gedruckt daselbst bey Christoff Gerhard, 1679. 12⁰. 408 S. (In Wolfenbüttel.) 12 Mk. L. Rosenthal, 1906.)

> O r i g.: La princesse de Montferrat. Nouvelle, Con- tenant sou Histoire & les amours du Comte de Saluces. Amsterdam, Abr. Wolfgang (à la sphère) 1676. 12⁰. (In Wolfenb.) (4—30 frcs.) (Bibliogr. de l'amour VI, 135.) Rep. titulo: H i s t o i r e de la princesse de Monferrat et les amours du comte de Saluces. Amsterdam, Pierre Marteau, 1697. 12⁰. (Ebd.) Rep. Londres 1749. 8⁰. Avec frontisp. (1¹/₃ Rthl. Scheible.) Techener, Bulletin I, 54.

* — — Dasselbe, titulo: B r i s a i d e ' s, P r i n z e s s i n v o n M o n t f e r a t, wahrhafftige und anmuthige, darneben aber auch klägliche und betrübte Lebensbeschreibung. 3 Theile. Leip- zig, Ch. Kirchner, 1679. 12⁰. (3 Mk., sauberes Expl. in Prgtbd., W. H. Kühl, Berlin, 1884; jetzt theurer!)

> XLII—415 S. Mit 13 interess. Kpfrn.

* — — Dasselbe, titulo: V o l l k o m m e n e r ABRISS Oder W a r h a f f t i g e r E n t w u r f f e i n e s A u s b ü n d i g e n M e i s t e r s t ü c k s d e r N a t u r, i n d e r D u r c h l e u c h - t i g s t e n u n d H o c h g e b o r n e n BRISAIDE, Prin-

zessin von Montferat, Eines, so wol an ungemeinen
Leibes, als herrlichen Gemütsgaben, außerwehlten Frauenbildes,
sampt dero warhafftigen und anmuthigen, darneben aber auch
kläglichen und betrübten Lebens-Beschreibung, Wie auch Ohn-
verdiente Belohnung Dero Hertzlichen und getreuen Liebe. (3
Theile.) Nürnberg, In Verlegung Johann Ziegers, Buchh. Gedruckt bey Christoff Gerhardt. 1680. 12⁰.
> Titelkpf., Titel, 16 Bl. Vorrede, 422 S. u. 1 Bl. Schwanen-
> Gesang — der — — BRISAIDE. Mit Kupfern.

— — Dasselbe. Leipzig 1687. 12⁰. 20 Bogen.
> Georgi's Europ. B.-Lex.

BRISSONETO. — V o m E d l e n R i t t e r / B r i s s o n e t o. /
Ein schöne kurtzweilige Geschicht, von dem / theuren Helden
und R i t t e r B r i s s o - / n e t o B a p t i s t a v o n G e n u a genant, auch von / einer schönen Jungfrauen V e r e c u n d a,
e i n K ö n i - / g i n i n A r a b i a, des Königreichs Pij Amoris,
wie die- / ser Ritter durch sein große Dienstbarkeit und Man'-
heit, diese Königin überkommen hat, jeder- / man sehr dienst-
lich und nütz- / lich zulesen. / [Holzschnitt]. / Im Jahr, 1656.
(Am Schluss:) Nürnberg, Gedruckt vnnd verlegt, bey Michael Endter [Vignette] Im Jahr, 1656. Kl.-8⁰. 112 Bll., die
zwei letzten leer, mit 45 Holzschnitten. (In Goettingen: Fab.
rom. 1340 in 498.) Grosse Seltenheit! (225 Mk. Albert Cohn,
Berlin, Cat. 215. [1898] no. 11: Wohlerhalt., breitrand. Expl.
in Prgtb.)
> Unter der Widmung an „Michael Hanen, Hanauischen Rath
> und Diener" steht: „Datum Strassburg, den 6 Martij Anno
> 1559. E. E. W. Görg Messerschmied". Er sagt, er habe
> das Buch von einem guten Freunde erhalten, der es „aus
> einem sehr alten Exemplar zusammen gelesen". Auch
> Fischart erwähnt den Roman im Podagramm. Trostbüchlein
> von 1591, und Grimm, KM. 62.
>
> Die O r i g i n a l a u s g a b e „Franckf. a. M., Han, 1559,
> 8⁰, mit vielen Holzschnitten, besass Prof. v. K a r a j a n,
> aber ohne Titelbl. (laut No. 4163 des Auctions Cat., Lpz.,
> List & Francke, 1875). Goedeke II, 473, ist diese ed.
> princeps nicht bekannt, er bringt aber die Notiz: „Harder
> setzte nach dem Messmemorial in der Fastenmesse 1569
> vom Brissonet 45 Exemplare ab". — Die Beschreibung der
> obigen Ausgabe von 1656 bei Graesse I, 541 entstammt
> Albert Cohn's Cat. von 1854.

— — Dasselbe. Mit vielen Holzschnitten. Ebd. 1682. Kl. 8⁰.
> Besass ebenfalls Prof. v. K a r a j a n, laut Auct.-Cat. von
> 1875, No. 3943 (mit 2 Beibdn.).

BRISTOL, Comtesse de, s. K i n g s t o n, Herzogin v.

BRJÚSSOFF, Valerius, D i e R e p u b l i k d e s S ü d k r e u z e s.
N o v e l l e n. Autorisierte Übersetzung aus dem Russischen von
Hans v o n G u e n t h e r. Gedruckt bei Oscar Brandstetter-

Leipzig. Umschlag, Titel und Initialien von Otto z u G u t e n -
e g g München, Hans v. Weber, 1907. 8⁰.

Broschiert in Büttenumschlag zum Preise von 3 Mark.
In goldgepreßtem Ganzleinenbande gebunden zum Preise von
4 Mark 50 Pfg. Fünfzig numerierte Exemplare wurden auf
Van Gelder abgezogen und in goldgepreßtes Leder gebunden
zum Preise von 15 Mark.

> „Die Kenner der russischen Literatur wissen und bedauern
> es, daß sie bei uns, von den großen Namen der Tolstoj
> und Dostojewski abgesehen, nur als Gorki, Korolenko und
> ähnliches (!) bekannt ist, das künstlerisch nicht ernst ge-
> nommen werden kann. Es ist, als ob wir unser Bestes
> den Russen in Sudermann oder Götz Kraft vorstellten.
> Die modernen Russen sind bei uns so gut wie unbekannt,
> und doch besitzen sie Künstler allerersten Ranges, wie
> Sollogub, Brjússof, Hippius, Balmont, Block. So wird man
> es wohl Dank wissen, daß der Verlag in diesem Buche
> einen Russen vorstellt, der ein großer Dichter ist. D i e s e r
> B a n d v e r e i n i g t d i e p h a n t a s t i s c h - a b e n t e u -
> e r l i c h e n, s o w i e d i e g r o t e s k - e r o t i s c h e n N o -
> v e l l e n d e s A u t o r s, die von so überzeugender Magie
> sind, daß man, wenn Brjússof nicht so selbständig wäre,
> ihn gern den russischen Poe oder Hoffmann nennen könnte.
> Der Verlag bereitet noch weitere Ausgaben Brjússofscher
> Werke vor, zunächst die eines seltsam bizarren und un-
> heimlichen Dramas, das in den Tagen des Weltunterganges
> spielt, sowei eines größeren Romans." (Aus dem V e r -
> l a g s - P r o s p e k t.)

BROCKE, Jo. S. de, Infantes pro a diabolo suppositis, quos
vulgo W e c h s e l b ä l g e appellarunt, rhachitici erant. (Mit
Vign.) Helmstadii 1725. 4⁰.

> 80 Pfg. Kössling, Lpz., Cat. 3. (Bibl. Haberland) no. 170.

BROCKENMÄDCHEN, D a s. Eine abentheuerliche Geschichte
(von *Chrn. Gottlieb Möbius*, geb. 29. Octob. 1772 zu Zeitz,
1823 OLGer-Assessor in Naumburg). 3 Thle. Mit 1 TKpf.
Leipzig, bei Friedrich Gotthold Jacobäer. 1795, 96, 97. 8⁰.
(In Dresden: Lit. germ. rec. C. 913.) (3 Rthl. Scheible,
v o r 1870.)

> Pikanter Roman. 470, 512 u. 388 (208?) Seiten (excl.
> Titelbll.). Goedeke V, 529, 55, 2. Neue Allg. D. Bibl.
> 29, 325.

BROD, Max, D r e i (freie) G e d i c h t e. 1. Von Küssen. 2. Von
einem Fläschlein. 3. Die Solitüde oder von drei Rosenketten.
(In: D e r A m e t h y s t, Heft 3, Febr. 1906. 4⁰. S. 82—84.)

BROD, T o d d e n T o t e n. Stuttgart, Junker.

> „Ein starkes Dokument der jungen Generation und ihrer
> neuen Wertungen des Lebens" (A m e t h y s t 1906, Doppel-
> heft 9—10, S. 325, kurze Notiz.)

§ BRONNER, Franz Xav. (ehemal. Mönch, geb. 1758, † 1850,
im 93. Lebensjahre), F i s c h e r g e d i c h t e U n d E r z ä h l -

ungen. (Mit Gessner's Vorrede.) Zürich, bey Orell,
Gessner, Füssli u. Comp. MDCCLXXXVII. (1787.) 174 S. 8⁰.
(Auch in Berlin, Magistratsbibl., u. in Zürich, Stadtbibl.) (3 Mk.
50 Pfg. Südd. Antiqu., München, 1905.)

* BRONNER, S c h r i f t e n. 3 Bdchn. Zürich, bey Orell, Gess-
ner, Füssli u. Co. MDCCXCIV. (1794.) 8⁰. (Auch in Berlin,
Magistratsbibl., u. in Oettingen, Fürstl. Bibl.) (7 Mk. 50 Pfg.
Adolf Weigel, 1904.)

> 248, 310 u. 271 SS. (incl. Vorst.). Mit TVignetten
> (nach G e s s n e r). Th. 1 u. 2 auch m. d. Titel: N e u e
> F i s c h e r g e d i c h t e u. E r z a e h l u n g e n. (Meist in
> poet. Prosa.) In Th. 1 findet sich eine erot. Idylle: Wol-
> lust u. Liebe, S. 185—197. Auch in Th. 2 einige lüsterne
> Stücke: Wunsch, das kranke Knie, das Bad, die Beobach-
> tungen etc. — Th. 3 hat auch d. Titel: F r ü h e r e
> F i s c h e r g e d i c h t e u. E r z a e h l u n g e n. Mit neuen
> Gedichten vermehrte u. durchaus verbess. Ausgabe. (Es gibt
> Ausgaben der 3 Thle. o h n e Titelvignetten.)

— — Dasselbe. Mit 3 TKpfrn. von J. B l a s c h k e (die zu
2 u. 3 pikant). Wien 1812. Bey B. Ph. Bauer. 8⁰. (Antiqu.-
Preis ca. 10—12 Mk.)

> N a c h d r u c k. Ausser Vorst. 203, 238 u. 209 SS. Wegen
> der Kupfer gesuchte Ausgabe.

§ **BRONNER,** D e r e r s t e K r i e g. In 60 metrischen (stellenweise anstössigen u. lüsternen) Dichtungen. 2 Bde. Mit 2
TKpfrn. u. 2 TVign. von J. S c h e u r m a n n. Aarau, bey
Heinr. Remigius Sauerländer 1810. Gr. 8⁰. (3 fl. 36 xr. Eisenstein & Co., Wien, 1887.)

> 1: 2 Bll., VIII—396 S. 2: 2 Bll., 432 S. Lat.
> Lett. — Besonders freien Inhalts ist ein großer Theil des
> 2 ten Bandes, u. a.: Naëma u. Athar. — Enos' Erzählung.
> — Naëma u. Jared. — Die Hochzeitfeste der Natur. —
> Haggïth. (Ueppig.) — Die Versuchung.

§ **BRONNER,** L u s t f a h r t e n i n's I d y l l e n l a n d. 2 Thle.
Aarau, Sauerländer, 1833. 8⁰.

BRONNER. — W i e l m e r, J., F r a n z X a v e r B r o n n e r
(1758—1850). Ein Beitrag zur Geschichte der deutschen Litteratur in der Schweiz. Zürich 1901. 8⁰. (1 Mk. 80 Pfg. Gust.
Fock, Lpz., 1907.)

BROOCKS, F r a n t z, e i n e s E n g e l l ä n d e r s u n g l ü c k-
l i c h e S c h i f f a h r t i n d i e B a r b a r e y, Unterschiedt.
merckwürdige und seltsame Begebenheiten, wie derselbe auf dem
Meer verrätherischer Weise gefangen und in die Sclaverei geführet worden; wie es ihm darinnen ergangen, und wie er
endlich durch eine glückliche Flucht derselben entkommen.
Aus dem Französischen übers. v. J. G. S. R. G. E. Stuttgardt
1748. 8⁰. (4 Mk. Friedr. Strobel, Jena, 1905.)

— — Dasselbe. Ebd. 1749. 8⁰. Beide Drucke rar! (3 Mk. Franz Teubner, Düsseldorf, c. 1898; im Preise steigend.)

BROSCHI, Carlo. — Désastre, Jean, Carlo Broschi. Curiose Abenteuer eines ? (so!) Sopranisten. Deutsch v. Réné Rabelais. Zürich 1903. 8⁰. Auf Büttenpapier. (3 Mk. H. Hugendubel, München, c. 1803.)

> Der Lebenslauf des grossen italien. Sängers u. Sopranisten Carlo Broschi — wohl des berühmtesten aller Kastraten — wird in diesem humorist. Roman zum erstenmal in zusammenhäng. Darstellg. veröffentlicht.

BROTBEIHEL, Matthias. — Ein künstliches kurtzweyligs spil, von abbyldung der vnzüchtigen leichtsinnigen weibern, Durch M. *Matthiam Brotbeihel* auss treffelichen vnd ansehenlichen vralten historie' gezogen. M.D.XXXXI. (1541.) Gedruckt zu Augspurg durch Heynrich Stayner. 8⁰. 32 unbez. Bll. (Wiener Hofbibl.) Grosse Seltenheit!

> Allg. D. Biogr. 2, 365; Goedeke 2, 380, 264.

BROWN, Fr. A., Dissertatio juridica de mitigatione poenae in crimine sodomiae: Von Milderung der Strafe beim Laster der Sodomitcrey. Francof. 1750. 4⁰. (¹/₃ Rthl. Scheible, vor 1875.)

BROWN, Th., Pseudodoxia epidemica, d. i. Untersuchung derer Irrthümer so bey dem gemeinen Mann im Schwange gehen mit Beyfügung curiöser Tractätlein darinn der Grund der gantzen chymischen Wissenschaft. . . . Uebers. v. Chr. Rautner. Mit vielen Kupfern. Franckfurt und Leipzig. 1680. 4⁰. 978 S. (10 Mk. Südd. Antiqu., München 1906.)

> Enth. u. a.: Ob die Juden von Natur stincken. Von Zwergvölckern etc. — Interessant und reichhaltig.

BRUCHSTÜCKE (chronologisch). — *Bruchstücke. Veritas odium parit. Gedruckt in Cölln bey Liberty, 1779. 8⁰. (In Berlin: Ag 7911.) (1Mk. 50 Pfg. Völcker, 1876.)

> 146 S. u. 1 Bl. Reg. Enth. zahme philos., moral., archaeolog. u. philol. Abhdlgn.

BRUCHSTÜCKE mancherley Art (von *Joh. Phil. v. Carosi*). Cöln (Breslau) 1779. (Im British Museum.) Selten! Anon.-Lex. I. p. 280 u. Weller, fing. Dr.

BRUCHSTÜCKE aus der Verlassenschaft meines Oheims. Byzony, 1999. (1781.) 8⁰.

> Magaz. d. Buch- u. Kunst-Handels. Jahrg. 1781. Lpz. Gr. 8⁰. S. 843; M. M. V. 1781, S. 176.

BRUCHSTÜCKE von Gedanken und Geschichte. Erste Fracht. Winterthur u. Hamburg, b. J. G. Virchaux. 8⁰.

> M. M. V. 1781. S. 176.

BRUCHSTÜCKE m o r a l i s c h e n und s a t y r i s c h e n In-
h a l t s (von *Heinr. Wilh. Seyfried*). Frankfurt und Leip-
zig 1783—84. 8⁰. Rar!
Anon.-Lex. I. p. 280 (nach Kayser u. Meusel).
BRUCHSTÜCKE v o m M e n s c h e n , von *J. F. W*****g.*
(d. i. *Wieting*). Berlin (Wien) 1789. 8⁰.
16 u. 192 S. Darin u. a.: Erziehung des Menschen
zu s. Glücke; Liebe u. Zeugungstrieb; Ehelosigkeit d.
kathol. Geistlichen etc. (1 Mk. 30 Pfg., etw. fleck. Expl.,
W. H. Kühl, Berlin, c. 1883.)
Das Anon.-Lex. I. p. 280 hat „1790" (nach Kayser u.
Weller).
BRUCHSTÜCKE ins A r c h i v d e r M e n s c h e n (von *Carl
Gottlieb Heinr. Kapf*, 1772—1839). O. O. 1793. 8⁰.
Schrieb Vf. in Eßlingen. — Schummel's Breslauer Al-
manach. 1801. S. 288; Anon.-Lex. I. p. 280 (nach Goedeke,
Kayser, Meusel).
BRUCHSTÜCKE a u s d e n R u i n e n d e r M e n s c h h e i t. . . .
1797.
Ohne Ortsang. in e. alten Cat. der ehemal. Schmidt'schen
Leihbibl. in Dresden.
BRUCHSTÜCKE, B i o g r a p h i s c h e , oder t r e u e G e m ä l d e
d e r V o r z e i t f ü r g e b i l d e t e R o m a n l e s e r , von *X.
Y. Z.* (d. i. *Chrn. Friedr. Gottlob Kühne*). Mit 1 Protrait.
Hirschberg, Pittschiller, 1797. Kl. 8⁰. (In Warmbrunn.)
Neue Allg. D. Bibl. 51, 40; Goedeke V, 516, 18, 7.
BRUCHSTÜCKE, H i s t o r i s c h - r o m a n t i s c h e , treu nach
der Geschichte bearbeitet (von *Chrn. Friedr. Gottlob Kühne*).
Hirschberg 1801. 8⁰.
Goedeke V, 516, 18, 14; Anon.-Lex. I. p. 280 (nach
Meusel). — Mit vorigem etwa gleichen Inhalts?
§ **BRUCHSTÜCKE**, oder d i e v e r l o r n e B r i e f t a s c h e.
1803. 8⁰. (In München: P. o. germ.)
BRUCHSTÜCKE a u s d e n P a p i e r e n d e s T ü r k e n H a s-
s a n (von *Ignaz v. Brenner*). 3 Bde. Berlin, J. F. Unger,
1808—09. 8⁰. (7 Mk. 50 Pfg. Südd. A'ntiqui, München, 1907.)
Cplt. rar!
Von grossem culturhistor. u. sittengeschichtl. Interesse.
Enth. auch viele Artikel über Handel u. Finanzen und
beschäftigt sich mehrfach eingehend mit H a m b u r g.
Anon.-Lex. I. p. 279 (nach Kayser u. Meusel).
BRUCHSTÜCKE a u s d e r L e b e n s p h i l o s o p h i e f ü r j e-
d e s A l t e r b r a u c h b a r von *R**. (d. i. *Dietr. Anton Carl
Rose*). Halberstadt 1821—26. 8⁰.
Anon.-Lex. I. p. 279 (nach Kayser).
§ **BRUCHSTÜCKE** a u s d e m E r d e n w a l l e n eines Dä-
m o n s. Fragment aus den Papieren eines Blasé. (Vf.: *Gustav
Bacherer*.) Grimma, Verlags-Comptoir, o. J. (1840). 8⁰. 1 Bl.

u. 238 S. (3 Kr. Halm & Goldmann, 1907.) (In München sub libris remotis.)

Anon.-Lex. I. p. 279 (nach Engelmann u. Kayser).

BRUCKBRÄU, Friedr. Wilh. (geb. 1791 in München, † das. 23. Dezbr. 1874, 83 Jahre alt, als ehemal. kgl. bayer. Haupt-Zollamts-Verwalter), E r z ä h l u n g e n, N o v e l l e n u n d S a r d e l l e n. München 1838. 12⁰. (24 xr. Theod. Ackermann, München, v o r 1875.)

BRUCKBRÄU, L e i b p a g e, D e r, d e r M a r i e A n t o i- n e t t e, s. M a r i e A n t o i n e t t e.

BRUCKBRÄU, L i e b s c h a f t e n, G e h e i m e, v o n P a- r i s e r H o f d a m e n, s. B u s s y - R a b u t i n, C o m t e d e.

BRUCKBRÄU. M e m o i r e n d e s G r a f e n A l e x a n d e r v. T—, s. T i l l y, Alex. Graf v.

BRUCKBRÄU, D a s ,M i l i t ä r- oder Z w e i e r l e i t u c h- F i e b e r d e s w e i b l i c h e n G e s c h l e c h t s (und beson- ders der D i e n s t m ä g d e). Ein philos.-psychol.-therapeut.-hu- morist. Capriccio. Passau 1844. 8⁰. Selten!

— — Dasselbe. O. O. 1844. 8⁰. (12 xr. Scheible, v o r 1870; jetzt viel theurer!)

Längst vergriffen und sehr selten!

BRUCKBRÄU, M i t t h e i l u n g e n a u s d e n g e h e i m e n M e m o i r e n e i n e r d e u t s c h e n S ä n g e r i n. Ein Spiegel wundersamer Liebesabenteuer der denkwürdigsten Personen un- serer Zeit in Wien, Mailand, Rom, Neapel, Madrid, Lissabon, Paris, London, Petersburg u. Berlin. Zum Ergötzen aller Freunde reizender Theaterdamen aufgestellt. 2 Thle. Stutt- gart, Gebr. Franckh, 1829. 8⁰. (In Stuttgart.) (12 Mk. Adolf Weigel, 1904.)

311 u. 384 SS. Angeblich apokryphe Memoiren der H e n - r i e t t e S o n t a g.

— — Dasselbe. Stuttgart, Gebr. Franckh, 1829. (Neuer Druck, c. 1865.) 8⁰. 224 u. 272 SS. (4 Mk. Scheible; 6 Mk. Bielefeld.)

BRUCKBRÄU, P a p s t, D e r, i m U n t e r r o c k e. Ein histor. Roman. S. *Johanna, Päpstin.*

BRUCKBRÄU, R o s a ' s G a r d i n e n s e u f z e r. Nachge- haucht von —. (Forts. der „Mittheilungen . . . . einer deut- schen Sängerin.") 2 Bde. Mit 1 TKpf. (Portr. Rosa's, üppig dekolletirt.) Stuttgart, Brodhag, 1832. 8⁰. (4¹/₂ Mk. Koebner, Leihbiblex.; 8 Mk. Lehmann u. Lutz.)

234 u. 217 SS. Saubere Expl. mit dem Portr. sind selten.

BRUCKBRÄU, S c h ü r z e n - R ä t s e l. (25 Erzählungen u. Skiz- zen.) Stuttgart, Fr. Brodhag'sche Buchhlg., 1835. 8⁰. 10 Mk. Adolf Weigel, 1908.)

Tit. u. 425 SS. Der Roman selbst schließt mit S. 392 ab. Es folgen auf S. 393—425 „Variationen über Alles, eine humoristische Vorlesung für Liebende und Musterkarte der Schürzen-Räthsel". Darin u. a.: Pignatelli, od. Damen-Eifersucht am alten Madrider Hofe. — Der Mädchenstecher. E. Novelle aus d. jüngsten Zeit. — Rebekka. E. Novelle aus d. Münchner Chronik v. J. 1589. — Paganini, od. d. Dämon d. Violine. — Damen-Köder. Guter Rath f. Liebhaber. — Die 4 Temperamente auf d. Kirchhofe etc.

BRUCKBRÄU. Verschwörung, Die, in München, s. München.

BRUDER Liederlich. (Pikanter Roman.) (c. 1875?) (War in e. älteren Mspt.-Cat.)

BRUDER, Der lustige. Eine Sammlung der besten Räthsel, Sprichwörter, Lieder der Freude, Aufsätze für Stammbücher und Gesundheiten. Ein Handbuch für fröhliche Gesellschaften. Zweite verbess. Aufl. Altona 1806. 16⁰.

Nopitsch (2) p. 89. — Ed. I. ib. c. 1800.

— — Dasselbe. 3. Aufl. Ebd., Bechtold (c. 1810). 12⁰. (¹/₂ Rthl.)
Kayser I. 1825. p. 187 (ohne Jahrsangabe).

BRUDERMÖRDER, Der, oder Das edle Weib Lunara in Persien. Mit TKpf. u. TVign. von Weinrauch. Wien und Prag, Fr. Haas, 1799. 8⁰. 286 S. Zahm. (2 Mk., geles. Expl., Taussig, Prag, 1906.)

§ **BRÜCKMANNUS,** Fr. Ernest. („Med. Doct. et Pract. Brunsvic., 1697—1753.) Relatio brevis physica de curiosissimis duabus conchis marinis, quarum una vulva marina et altera concha venerea (beide einer Jungfern-Schaam gleichend) nominatur, in chartam coniecta et cum orbe erudito communicata . . . . C. (2) figg. aeneis (in I tab.). Brunsvigae MDCCXXII. (1722.) 4⁰.

24 pp. (incl. Tit. u. 3 Bll. Zuschr. an die Mitglieder „Sac. Rom. Imp. Academiae Naturae Curiosorum").

Große Seltenheit! (1 Expl. in München, Hof- u. Staatsbibl. ex Bibl. erot. Krenneriana.) Vgl. Hayn, Bibl. erot. Monacensis. Berlin 1888. No. 111, u. Modeer, A., Bibl. Helmintholog. Erlang. 1786. p. 34.

BRÜCKMANNUS, Centuriae III epistolarum itinerariarum. 4 voll. c. permult. tabb. aen. Wolfenbüttel 1742 —1756. 4⁰.

Karajan's Bibl. I. Lpz. 1875. No. 92. Von der 3. Centurie erschienen nur 75 Briefe. — In dieser Vollständigkeit ist das überaus reichhaltige Werk eine Rarität ersten Ranges. — Eine frühere Ausgabe der ersten Centurie, ebd. 1727—37, 4⁰, war für 20 Mk. in Scheible's Cat. 229 (1892), no. 177, angeboten. — S. auch bei Hexenwesen (Blocksberg).

BRUCKMANNUS, Epistola itineraria XLIX. de signis urbium mnemonicis. C. II tabb. aeneis (quarum altera obscoenitate curiosissima). Wolfenb. 1735 4⁰. 24 pp.

Dieses einzeln im Handel überaus seltene Heft bringt Abbildgn. von 3 Wahrzeichen aus Merseburg, 1 aus Magdeburg, 1 aus Scheningen im Braunschweigischen, u. 1 (Tafel 2 in qu.-Folio) aus Salzdalum bei Wolfenb. Unter letzterem Wahrzeichen folgende 3 Stroph. nebeneinander gestochen:

Hier ist was seltsames! Die Katze hat entwendet,
Dem Probste, wie ihr seht, sein Patrimonium (den penis),
Er schreiet Jämmerlich u˙ sieht sich darnach um,
Viel tausend flüch er ihr mit offnen haltz nach sendet,
Dis Kan die Domina auch ohne Brillen sehen
Sie Klagt u˙ sagt: Herr Probst, nach dem uns wird misgönt (sic!)
Der Liebste Theil an euch wie werd ihr dem Convent,
Dan' Künftig Kön'en recht wie sichs gebührt vorstehen,
Wer dis zu sehen kömt den wird die Non'e fragen,
Zuvor eh sie sich rächt! ob Keine Artzeney,
Dis Stück an seinen ort zuheilen Kräfftig sey,
Hernach wil sie die Katz auf einen Streich erschlagen, (!).

BRÜCKNER, J(oh). J(ac). [1762—1811], Gedichte. Leipzig, auf Kosten des Verfassers und in Kommission bei Joh. Glo. Heinr. Richter. 1805. Kl. 8⁰.

5 Bll., 246 S. Liebes- und Trink-Lieder, Romanzen, vermischte lyr. Sachen. — Die Romanzen sind überschrieben: Das Mädchen von Pirna, oder die Keuschheitsprobe. — Das Liedchen vom Schäferknecht. Ein Mährchen. — Regner Lodbrock.

BRÜDER, die Grauen, oder der Bund des (sic!) Schrecklichen. (2 Bücher). Erfurt bey Gottfried Vollmer, 1795. Gr. 8⁰. (²/₃ Rthl.)

Titel gestoch. mit Vignette, 254 Seiten. Etwas frei. Fehlt Kayser, 1827 u. 1836.

BRÜDER, Die schwarzen. Eine abentheuerliche (stellenw. freie) Geschichte von *M. J. R.* (i. e. *Heinr. Zchokke,* 1771—1848). 3 Thle. Frankfurt a. O., akad. Buchh., 1791 bis 1795. 8⁰.

— — Dasselbe. Ebd. 1800—2. 8⁰.

Anon.-Lex. I. p. 281: .... „Ein abentheuerlicher Roman .... 3. Aufl. Berlin 1800" (nach Kayser u. Engelmann) und „Frankf. a. O. 1791—93" (nach Meusel).

BRÜDER, Zwey, ungleiche, s. Hanns kommt durch seine Dummheit fort .... 1783.

BRÜGGE in Flandern. — Die „Disciplina gynopygica" des Franziskaner-Mönchs Cornelius Adriänsen in Brügge.

In: F r u s t a , Giovanni (d. i. *Carl Aug. Fetzer*), D e r F l a g e l l a n t i s m u s u. d i e J e s u i t e n b e i c h t e . . . . Aus d. Ital. (Deutsches Original.) Leipzig u. Stuttgart 1834. 8⁰. — In anastat. Neudruck. Stuttgart, o. J. (1904). 8⁰.

BRÜGGE. — S o d o m i t e r e i. — Wie zween munch in einer predig zu B r u g in F l a n d e r n haben S o d o m i t i g s c h e g o t t l o s i g k e i t d e s C l o s t e r s der Obrigkeit angegeben d. 18. Mai 1578. Radierg. v. H o g e n b e r g mit untenstehenden d e u t s c h e n V e r s e n. 20 × 28 cm. Selten! (4 Mk. B, Seligsberg, Bayreuth, 1907.)

— — H i n r i c h t u n g u. A u s p e i t s c h u n g s o d o m i t i s c h e r M ö n c h e z u B r ü g g e d. 26. Juli 1578. Radierg. v. H o g e n b e r g mit untenstehenden d e u t s c h e n V e r s e n. 20 × 28 cm. Selten! (4 Mk. 1. c.)

> Drugulin II no. hat sub 18. Mai 1577 (!): A u s - w e i s u n g s o d o m i t i s c h e r M ö n c h e z u B r ü g g e, Qu.-Fol. Aus H o g e n b e r g : Preis 1/2 Rthl.

BRÜGGLER Sekte. — D a s e n t d e c k t e G e h e i m n i s s d e r B o s h e i t i n d e r B r ü g g l e r - S e c t e. Th. 1. (einz.). Mit Portr. von Hieron. K o h l e r. Zürich 1753. 8⁰. (War für 2 Mk. angeboten.)

BRÜHL, G r a f v. — L e b e n u. C h a r a k t e r d e s Kgl. P o h l n. u. Sächs. P r e m i e r - M i n i s t r e (!) G r a f e n s v o n B r ü h l in vertraulichen Briefen entworfen (von *Joh. Heinr. Gottlob v. Justi?*). 3 Teile u. Beiträge. Gedruckt bei Peter Hammer. (Göttingen.) 1760—61. 8⁰. (8 Kr. Halm & Goldmann, 1907.)

> Th. 1 von 1760, XVI—208 S., zus. mit „Schreiben an das Publicum von demselben Verfasser obiger Schrift. Hamburg und Leipzig 1760" (30 S.), offerirte für 1 (!) Mk. Kössling in Lpz., ca. 1875.
> Anon.-Lex. III. p. 19 (nach der Allg. Deutschen Biogr.). Meusel hat: „(Ulm 1760)".

BRÜHL. — B e y t r ä g e z u d e s G r a f e n v o n B r ü h l s L e - b e n. Gedruckt bey Peter Hammer (ebd.). 8⁰. 48 S. (6 Mk. zus. mit Thl. 1—2 obiger Biogr., 1760—61, Max Harrwitz, Berlin, c. 1903.)

BRÜHL. § — L e b e n d e s G r a f e n v o n B r ü h l (von *Johann Friedrich Seyfart*). Augsburg 1764. 8⁰. (In München in duplo.)

> Anon.-Lex. III. p. 15 (nach Meusel u. Kayser).

BRÜHL, G r ä f i n v. — § L e b e n u n d C h a r a k t e r d e r G r ä f i n v. B r ü h l, in vertraulichen Briefen entworfen. O. O. 1763. 8⁰.

> Cat. libr. H. G. Franckii III. Graizae 1784. p. 347 u. p. 389.

BRÜHL, Z. v., Die Marmorbraut. Sittenroman der Gegenwart. (Innentitel: Der Jäger, historischer Roman aus der Gegenwart von Robert Frankenburg.) Dresden (1895).
> In Oesterreich verboten.

BRÜHWEIN, J. F. L. (kein Pseud.), Hamaniade. Eine heidnische und jüdische Begebenheit aus dem 4. Jahrtausend, in 3 Aufzügen dramatisiert. Breslau, Holäufer, 1816. 8⁰. (80 Pfg., N. G. Elwert, Marburg, 1885.)

BRÜNING, Albert, Frühling u. Liebe. Dichtungen. Wriezen a. O., E. Roeder, 1854. 12⁰. Orig.-Sarsenatbd. IV— 188 S. Zahm.

BRÜNN. — Flet, Albin (geb. in Wien am 13. Mai 1773, Schauspieler am städt. Nationaltheater in Brünn), Gedichte über Brünn und die Vorstädte. 4 Hfte. Brünn 1814—15. 8⁰. Rar! (2 Kr., 1—3, ohne Titel zu 2 u. 3, Carl Greif, Wien, 1909.)
> Goedeke VI, 593, 156, 3.

BRÜSSEL. — Abschaffung, Die, der weissen Sclaverei in Brüssel. Uebersetzt durch das Central-Comité des Deutschen Culturbundes. Berlin 1882. 8⁰. (In Dresden, Bibl. d. Gehe-Stiftg.) (50 Pfg. P. Neubner, mit d. Jahrz. „1881".)

BRÜSSEL. — Rose, Die, von Laeken, oder Paris, Brüssel und Rom. Enthüllungen aus der Gegenwart europäischer Höfe vom Grafen *D**** *mont*. Würzburg 1870. 8⁰. 328 S. (2 Mk. Taussig, 1906.)

BRÜSSEL. — Suau de Varennes, Die Geheimnisse von Brüssel. Frei nach d. Französ. des — von Heribert Rau. 2 Thle. Frankfurt a. M., Oehler, 1844—45. 8⁰. (2 Rthl.) (1 fl. 20 xr. Gilhofer & Ranschburg, Wien, c. 1890.)

— — Dasselbe, deutsch bearbeitet von Ludwig Hauff. 13 Bdchn. Stuttgart 1846—47. 12⁰. (1 Mk. 50 Pfg. M. Edelmann, Nürnb., 1904; 5 Mk. Ernst Geibel, Hannov., 1907.)
> Orig.: Les Mystères de Bruxelles. 5 vols. Francf. 1844. 8⁰. (2 Mk. Lehmann & Lutz, 1884.)

BRÜSSEL. — Winterfeld, A. v., Das Manneken P**s (Piss) von Brüssel. Humoreske. Berlin 1862. Louis Gerschel. 8⁰. 185 S. (In Berlin, Magistratsbibl.) (1 Mk. 50 Pfg. P. Neubner, 1888.)
> Drugulin II, no. 5994 hat sub. 4. Oct. 1817: Enlèvement de Manneken-Pis à Bruxelles dans la nuit. Groteske Scene, viele Frauenzimmer in Nachttoilette. Unten franz. u. flamänd. Verse. Radirung und Aquatinta. Gr. qu.-Fol. Rthl. 1¹/₃.

* BRÜLOVIUS, M. Casparus, Pyricens. Pomeranus. — Chariclia. Eine schöne lehrhaffte Tragico-Comoedia, darinnen

deß Glücks vnbeständigkeit, vnd mancherley seltzame Zufäll
Menschlichen Lebens, wie auch die Belohnung der Gottes Forcht
vnd reiner Keuscher Lieb: Im gegentheil die ernste Straff
der Vnzucht, gleichsam in einem Spiegel klärlich vorgebildet
wirdt. Genommen vnd zusammengezogen auß der lustigen
Aetiopischen Historia *Heliodori* (s. d.). Durch den Ehrnhafften
wolgelehrten Herrn M. C a s p a r u m B r ü l o v i u m Pyricensem
Pomeranum. Auß der Lateinischen auffs kurzest in vnser Mutter Spraach versetzt. Gedruckt zu Straßburg, durch Antonium
Bertram. O. J. (c. 1615). 8⁰. (In Berlin: Yp. 2801; auch in
Hannover.)

> 96 Bll., sign. A—M. Latomus' M. M. V. 1614. D 3 b.
> L a t. O r i g.: Chariclea. Argent. 1614. 8⁰. 10 unbez.
> Bll. u. 127 S. (In Straßburg, Kaiserl. Landes- u. Univers.-
> Bibl.) Beides sehr rar!

BRUMMEISEN, Daniel, poëta laureatus, D i e C o m ö d i a v o n
d e r s c h ö n e n I o, wie solche von dem heidnischen Gotte
Jupiter geliebt, in eine Kuh verwandelt, und von Merkurio wunderbarlich errettet worden, in zierlichen K n i t t e l v e r s e n,
Stanzen, Terzinen, Sonnetten, natürlich u. poetisch, freymüthig u.
elegant, ans Licht gestellet von —. Prag (o. Adresse) 1804.
Kl. 8⁰. (In Darmstadt: E 5820; auch in Görlitz, Bibl. d. Oberlaus. Gesellsch.) (5 Mk. Taussig, c. 1902; 8 Mk. E. Frensdorff, 1905.)

> 109 SS. (incl. 13 S. Vorst.). Jokose Anspielungen (z. B.
> auf Schlegel's Lucinde) enthaltender dramat. Scherz (3 Akte
> m. Prolog u. Epilog), zugleich aber derbe Satyre auf Alle,
> „die zu den Künsten der Cagliostro und Mesmer ihre Zu-
> flucht nehmen", in Wirklichkeit aber auf die Romantiker,
> veranlaßt durch A. W. v. S c h l e g e l ' s „Jon".

Erster Akt. Erste Scene.
Jupiter.

Beym Stix, das ist ein verfluchtes Leben,
Seit Juno sich der Ästhetik ergeben,
Die Lucinde liest sie die ganze Nacht,
Da wird viel gefühlt, und wenig gedacht,
Und mag mir gleich das Zeug nicht behagen,
Will sie mich doch stets mit Vorlesen plagen,
Schlaf' ich dann etwa gar dabei ein,
So beginnt erst meine wahre Pein,
Da weckt sie mich, da soll ich mit ihr fühlen,
Und mit ihr tändeln und mit ihr spielen.

BRUNA, F e r n a n d e z d e, oder d a s V e r h ä n g n i s s. Ein
komischer Roman. 2 Thle. Camburg 1800. 8⁰.

— — Dasselbe. (Ebd.?) 1804. 8⁰.

> Schmidt's in Dresd. Cat. d. (ehemal.) Leihbibl. von 1818,
> S. 266.

BRUNAU, Moritz Wilhelm Wergel (Mergel?) von.
Ein Buch für Jedermann. 2 Thle. Leipzig, Knobloch, 1789—90.
8⁰. (1⁵/₆ Rthl.)
>Citirt Kayser unter Romanen.

BRUNEHILDE und Fredegunde, oder die Gefahren
der Schönheit. Eine interessante Geschichte aus dem
7. Jahrhundert. Mit Titelkpf. Hamburg u. Mainz, bei Gottfried
Vollmer, 1804. 8⁰.
>8 Bll. Vorst. u. 374 S. Inh.: Fragment einer Predigt
(als Vorrede). — Brunehilde (geb. 548, ermordet 613)
u. Fredegunde († 597), eine actenmäßige Geschichte
aus d. Ende d. 6. u. Anfang d. 7. Jahrh. S. 25—364.
— Leontares u. Helena bey der Einnahme von Kon-
stantinopel durch die Osmannischen Türken. S. 365—374.
Das Buch ist der Generalin Sophia Charlotta v.
Schoultz, geb. v. Schönäick, Erbherrin auf klein
Camilten sc., gewidmet. Unter der Zuschrift: V . . . . r .
25. Hornung 1802.

— — Dasselbe, titulo: Die Gefahren der Schönheit,
ein Versuch das weibliche Geschlecht auf eine angenehme Art
mit der Geschichte vertraut zu machen. Mit Titelkpf. Ebend.
1804. 8⁰. (3 Mk. 60 Pfg. Taussig, 1907.)
>Fehlt Kayser unter Romanen. — Druck mit vorigem
übereinstimmend.

BRUNHILDE, die starke. Liebesabenteuer einer Bohnen-
königin. Hamburg, o. J. (187*). 12⁰. (75 Pfg. Gust. Klötzsch,
Lpz., 1885.)

BRUNMYLEUS, Gasp., Von dem vnerlichen, schädlichen, vn-
nützen, gefährlichen, Gottlosen vnd verdamlichen Laster
dess Ehebruchs, ein Vermanung. Getruckt zu Pfortz-
heym bey Georg Raben 1560. 80 Bll. 8⁰. (30 Mk. J. Halle,
München, 1899.)
>Ueberaus selten! Bl. 71—72 ein Gedicht.

BRUNNERUS, Chp. Andr., Fatum theologico-historicum, oder
theolog.-historische Abbildung des Göttlichen
Geschicks. 2 Thle. Leipzig 1704. 8⁰. Rar!
>Sehr umfangreiches Werk: 5 Alph. 5 Bog. — Ludovici
(bibliop. Vitemb.) Bibl. nominalis curiosa. (Continuatio.)
Vitemb. 1705.

BRUNO, Giordano (geb. 1548, verbrannt zu Rom 1600),
Der Sieg der triumphierenden Bestie, s. bei
Papstthum.

BRUNO. Eine teutsche (zur Hälfte sehr freie) Original-
geschichte. 2 Bde. Mit (drastischem) TKpf. Leipzig, bey
Paul Gotthelf Kummer. 1794. 8⁰. (3 Mk., geles. Expl., W. H.
Kühl, Berlin, c. 1882; jetzt theurer!)
>I: Tit., 282 S. II: Tit. u. 222 S. Selten!

BRUSTFLECK, Kilian (ps.), Der melancholische Zeitvertreiber. 1719.

BRUSTFLECK, Der verreist gewesene und nun wieder angekommene Kilian Brustfleck .... Schertz-Reden. Zum Druck befördert von Scappin. 1729.

— — Dasselbe. 1730.

> Diese Schwankbücher kurz citirt in Weller's Lex. **Pseud.** p. 88 u. 503. Sehr rar!

BRUSTFLECK, Kilian (kein Pseud.). — Schnacken, Schnurren, lustige Schwänke u. Einfälle, welche der weltbekannte *Kilian Brustfleck* im Wirthshause zu Gablitz (sic!) öfters zu erzählen pflegte. Wien, Alois Doll, 1801. 8⁰. (24 xr.)

> Anzeige des Verlegers. — Selten, wie die folgende Ausgabe.

— — Dasselbe, titulo: Schnurren, lustige Schwänke u. Einfälle des weltbekannten Kilian Brustflecks, welche er im Wirthause zu Gablitz öfters zu erzählen pflegte. Nürnberg 1801. 8⁰. 124 S.

BRUSTFLECK, Kilian, oder der Sauhirte. 2 Theile. Mit Kupf. Schweinfurt, Riedel, 1806. 8⁰. Sehr selten!

> Citirt Kayser unter Romanen, ohne Angabe des Ladenpreises.

BRUTALIA juris für alle Menschenkinder, besonders aber die Fakultisten und Schöppen lustig und lieblich zu lesen (von *Johann Christoph Koch*). Erstes (einz.) Stück. Cölln, Peter Marteau (Giessen, Krieger), 1779. 8⁰. (1 Mk. 50 Pfg. Völcker, 1876; jetzt theurer!)

> Weller, fing. Dr. — Im Anon.-Lex. I. p. 104 wird auch Carl Ferd. Hommel [1722—81] als Vf. genannt (nach Meusel u. Goedeke).

BUBLINA, die Heldin Griechenlands unserer Zeit. Von dem Verfasser d. Rinaldini *(Chrn. Aug. Vulpius)*. 2 Bde. 2. Aufl. Mit Titelvign. Gotha 1828. 8. (8 Kr. Halm & Goldmann, 1907.)

> Zuerst gedr. ebd. 1822. 8⁰. (Goedeke V, 513, 55.)

BUCH, C., De foeminarum sequestro, von mancherley besondern das Frauenzimmer und den Ehestand angehenden rechtlichen Fällen. Francof. 1747. 4⁰. (1 Mk. Kirchhoff & Wigand, 1894.)

BUCH (chronologisch). — Buch, Das, vom Ehestand. Blaburem (!) 1475. 8⁰.

> Ehestandsalman. p. 261. — Größte Seltenheit!

* Das **BUCH** der Liebe, / Inhaltendt / Herrliche Schöne / Historien Allerley Alten / vnd / newen Exempel, darauß mennig- / lich zu vernemmen, beyde was recht ehrliche, dar-

gegen auch was / vnordentliche Bulerische Lieb sey, Wie so
gar wunderbarlicher weiß, die so wol ho- / hes als nidern stands
Personen offtermals eyngenommen, Auch mit was seltzamen
Abenthewren, vnd / grosser Leibs vnd Lebens gefahr, sie solch
jhr fürnemmen ins Werck gericht, biß jhnen endtlich durch
Glücks schickung, zum / theil ein frölich gewündscht endt,
zum theil aber ein erbärmlicher außgang erfolget. Wie dann
solchs auß den Exempeln der / vnschuldigen Princessin, Key-
sers Octauiani Gemahel, sampt der keuschen Hertzogin in
Britannien, welche beyde bey höch- / ster vnschuldt zu dem
grimmigen Todt deß Feuwers vervrtheilt, Aber doch
endtlich durch Gottes deß gerechten Rich- / ters ver-
sehung (sic!) jhre vnschuldt hell an Tag kommen, So auch
vnzehlich viel anderer hohen stands Perso- / nen, als Königin,
Fürstin, Gräuin, vnd vom Adel, deren diese Historien mel-
dung / thun, augenscheinlich zu ersehen. // Demnach, welcher
gestallt die vom Adel, vnd andere so zu Hof seyn, Ritter-
schafft / vben, oder sonst nach hohen Ehren streben, sich zu
verhalten, damit sie bey grossen Potentaten / gnad vnd gunst er-
werben, so auch bey menniglich Lob vnd Preiß erlangen
mögen. // Ferrner, (sic!) wie in allen Weltlichen Händeln, bevorab in Liebssachen vnd Ritterspielen, das Glück / so gar
wanckelmütig vnd vnbestendig, vnd jetzt durch offentliche gewalt, dann mit heimlichen Tücken / der Tugendt vnd Frömbkeit zu zusetzen pflegt, vnd dadurch von jhrem guten für- /
satz abwendig zu machen vermeynet. // Letzlich, wie in solchen
Fällen, Tugendt vnd Frömbkeit, jre Nachfolger vnd Liebhaber, vngehindert allerhand / anstöß vnd widerwertigkeit, all-
wegen herauß zureissen, vnd endlich mit grossen / Freuden
in Ehrenstandt zu bringen vnd setzen pflegen. // Allen hohen
Standts personen, Ehrliebenden vom Adel, züchtigen Frauwen
vnd Jungfrauwen, / Auch jederman in gemein so wol zu lesen
lieblich vnd kurtzweilig, als liebs vnd leyds nahe verwandt-
/ schafft, Glücks vnd Vnglücks wunderbarliche wechsel, vnd
dann die kräfftige Hülff Gottes in nöten / hierauß zu erkennen,
vnd in der gleichen fällen sich desto bescheidener zu ver- /
halten, fast nützlich vnd vorträglich. // — Holzschnitt — //
In gegenwertiger Form vnd zierlicher Teutscher Sprach, mit
kurtzen verständtlichen Sum- / marien vber alle Capitel, a u c h
s c h ö n e n F i g u r e n, auffs new zugericht, vnd in Truck /
geben, dergleichen vor nie gesehen. // Franckfurt am Mayn,
in verlegung Sigmund Carln Feyerabendts. // — M. D.
LXXXVII. (1587.) Gr. Folio. (In Berlin: Yt 301; v. Meusebach's Expl., früher in der Herzogl. Bibl. zu Dillenburg in
Nassau). S e l t e n h e i t a l l e r e r s t e n R a n g e s !

Enth. 13 Volksbücher. (Romane.) Mit vielen Holzschnitten. Titel mit roth u. schwarz gedr. Zeilen, 2 Bll. „Vorred", dat. Frf. a. M. 1. Septemb. 1587 — Sigmund Feyrabendt, Burger vnd Buchhändler daselbst, enth. die Dedication: „Der . . . . Frauwen Hedwigen, Landgräffin zu Hessen, gebornen Hertzogin zu Wirtenberg vnd Teck:" [deren Wappenschild zu Anfang in Holzschnitt], 1 leeres Blatt, und 396 beziff. Blätter, wovon die Bll. 92 und 93 (wie vermuthlich in allen Expl.) falsch paginirt sind mit 83 u. 84. In zwei Columnen gedruckt. Am Schluß die Anzeige des Druckorts u. Jahrs wiederholt. Rücks. des Titels u. des letzten Blattes leer.

Inh.: 1. Octavian. 2. Magelone. 3. Galmy. 4. Tristrant. 5. Camill u. Emilie. (S. weiter unten H i s t o r i e n . . . . C a m i l l i vnd A e m i l i a e.) 6. Florio u. Bianceffora. 7. Theagenes u. Chariklia. (S. weiter unten H e l i o d o r u s.) 8. Gabriotto u. Reinhard. (S. weiter unten W i k r a m.) 9. Melusina. 10. Ritter vom Thurn. 11. Pontus u. Sidonia. 12. Herpin. 13. Wigoleis.

„Ohne Zweifel eine der grössten Seltenheiten dieser Sammlung, von der wir noch niemals in einem Auktionskatalog ein Exemplar erwähnt gefunden". (v. d. Hagen's Bücherschatz.) Zuerst gedr. ebd., Feyerabend, 1 5 7 8. Fol. (Expl. in Darmstadt.) Goedeke I, 340, 3.

* **BUCH** d e r L i e b e. Innhaltendt Herrliche, schöne Historien, allerley Alten und newen Exempel; züchtigen Frauwen und Jungfrauwen, auch jedermann in gemein, zu lesen lieblich und kurzweilig. (Hrsg. von Heinr. Aug. Ottokar R e i c h a r d.) Mit Titelkupf. (nach C h o d o w i e c k i von G e y s e r gestoch.). Leipzig, in der Weygandschen Buchhandlung Verlegung Anno Domini MDCCLXXIX. (1779.) 8⁰. (In Berlin: Yt 351.) (Das Münchener Expl. fehlt seit 1827.) (12 Mk. Auction Runze-Zolling, Lpz., 1904.)

Inh.: Ritter Galmy. (Abdruck der Ausgabe von 1588.) — Apollonius von Tyrlandt. (Ein poetisches Bruchstück aus einer alten handschriftl. Übersetzung.) F e h l t bei Goedeke. Maltzahn I. no. 1293.

§ — — Dasselbe. Leipzig, v. Kleefeld, 1796. 8⁰. (In München: P. o. germ. 1131 y.) 396 S. (12 Mk. Ludolph St. Goar, Frankf. a. M., c. 1880.)

— — Dasselbe. (Titelaufl.) Ebd. 1799. 8⁰.

* ***BUCH** d e r L i e b e. Herausgegeben durch Dr. Johann Gustav B ü s c h i n g und Dr. Friedrich Heinrich v o n d e r H a g e n. Bd. 1. (einz.). Berlin. 1809. 8⁰. (Ldpr. 3¹⁄₂ Rthl.) (In Berlin: Yt 371; Expl. auf Velinp.: Yt 371 a.) (3 Mk. 50 Pfg. Adolf Weigel, 1904; 6 Mk. Emil Hirsch, München, 1904.)

Enth.: Tristan u. Isolde.— Fierrabras. — Pontus u. Sidonia.

BUCH, D a s, d e r W e i s e n u n d N a r r e n, oder k l u g e u n d e i n f ä l t i g e r e d e n u n d a n t w o r t e n (so!), Leipzig, Fritsch, 1705. Kl. 8⁰. (In Warmbrunn.)

Buch 487

* **BUCH,** D a s, o h n e N a h m e n. Wer's nicht kauffen will, mags bleiben lassen. Mit Titelkpf. Leipzig, im Cörner'schen Buch-Laden. O. J. (ca. 1720). 8⁰. (In Berlin: Yt 10, 151; auch in Breslau, Kgl. u. Univ.-Bibl.: Litt. Teut. I. 8⁰. 256.) (4 Mk. 50 Pfg. W. H. Kühl, Berlin, c. 1882.)

> 556 S. 1076 ergötzliche und pikante Historien umfassender Anekdotenschatz, stellenweise sehr frei und derb.

— — Dasselbe. Cöln (1735).

> Weller, fing. Druckorte.

BUCH, D a s, o h n e T i t e l, b e s t e h e n d i n O d e n, L u s t - S p i e l e n u n d E r z e h l u n g e n. O. O. (Hamburg?) 1746. 8⁰.

> Cat. Nicolai. O. M. V. 1746. E 2 b; Cat. Groß, Suppl. X p. 294. hat als Druckort „Hamburg".

§ **BUCH,** D a s, n a c h d e r M o d e, aus dem Franzôs. (des Marquis *Caraccioli*) übersetzt (von Gottl. Elieser K ü s t e r). Mit Titelvign. Grünblatt, aus der Buchdruckerey des Frühlings, beym Papegey (so!). Im neuen Jahre. 8⁰. Ganz in Grün gedruckt. (In München, Rar. 8d/2, aufbewahrt bei den Cimel. I 4⁰. 8d; auch in Stuttgart.) (9 Mk. Emil Hirsch, München, 1904.)

> Behandelt vornehmlich die S i t t e n z u s t ä n d e v o n P a r i s in satyrischer Weise. — F e h l t im Anon.-Lex.
> O r i g.: Le livre à la mode. A Verte-Feuille de l'imprimerie du printemps au Perroquet. L'année nouvelle. Pet. in -8⁰. (Grün gedruckt.) Voir Brunet III. 1113. (7 Mk. 50 Pfg. Heinr. Lesser, Breslau, c. 1878.)
> Nouv. éd., marquetée, polie et vernissée. En Europe chez les libraires. (Paris) 1000700509 (1759). Pet. in 8⁰. (4 Mk. Friedr. Klüber, München, c. 1905.) (Imprïmé en encre rouge.) 88 pp.

* — — Dasselbe, titulo: D a s M o d e - B u c h. Nach der allgemeinen Mode übers., vermehrt u. verbessert. Grünfeld, in der Frühlings-Druckerey zum Papegey, im neuen Jahre. (Braunschweig 1768.) 8⁰. (In Berlin: Yy 6041; auch in Nürnberg, Stadtbibl.)

> „Ist ein sehr curiöses Buch, von einem tiefsinnigen Gelehrten verfertiget" sagt davon die Bibl. Solgeriana P. III. Norimb. 1762. p. 339.

BUCH o h n e N a m e n, D a s N e u e, in Gellertischen Nachahmungen, angenehmen Begebenheiten, und nützlichen Erzählungen (von *Frdr. Adolph Kritzinger*). Amsterdam (Kritzinger in Leipzig) 1762. 8⁰. Zahm.

§ **BUCH,** D a s, n a c h d e r M o d e. Hamburg 1766. 8⁰. 284 S. (6 Kr. Halm & Goldmann, 1907.)

> Sehr komisch u. stellenweise derb und frei. Kayser hat: „Danzig (Aue in Altona) 1766".
> Inh.: 1. Gesetzbuch der Ehe. 2. Tränen des heil. Ignatius. 3. Der betrogene Schwiegervater. Ein Lustspiel etc.

BUCH, D a s, o h n e T i t e l i n V e r s e n (von *Friedr. Adolph Kritzinger*). Scherzfeld (Leipzig) 1765.

> Weller (u. darnach das Anon.-Lex. I. p. 283) irrthümlich „Hamburg' 'als Druckort. Alle Kritzinger'schen Bücher erschienen in L e i p z i g, wo K. als Schriftsteller u. Sprachlehrer sehr produktiv war.

§ **BUCH,** D a s e h e r n e, eine Indianische Geschichte, aus d. Französ. (des *Nic. Bricaire de La Dixmerie*) übersetzt. Frankfurt und Leipzig 1766. 8⁰. 6 Bog. (Auch in Stuttgart.)

* BUCH, D a s, v o m b l a u e n D u n s t (von *J. U. Zorn.*)

> Vor der Wahrheit Bliken (!) kan keine Thorheit
>   ihre Farbe behalten.   Youngs   Klagen,
>   5te Nacht, v. 349.

(Große allegor. Titelvignette im Barockstyl, unsignirt.) Cölln am Rhein, bey Peter Marteau, dem jüngern. 1768. 8⁰. (In Berlin: Yy 6031; auch in Weimar.) (5 Mk. G. Priewe, Heringsdorf, c. 1895.; 4 Mk. 10 Pfg. Ludw. Rosenthal.)

> Auf blaugraues Papier gedrucktes C u r i o s u m. Tit. u. 290 S. (incl. 1 Bl. „Erklärung des Titel-Kupfers" u. 4 Bll. Einleitung"). Enth. in 3 Abthlgn. den blauen Dunst in Worten, in Schriften, in Gebärden u. Handlungen, ganz in Prosa (nur ist das G e l l e r t ' sche Gedicht vom „Schwätzer" S. 24—25 eingefügt.). Abth. 1, S. 112, findet sich eine gefaltete originelle „T a b e l l e d e r j e n i g e n F r a u e n z i m m e r, w e l c h e g e n e i g t s i n d, s e i n e r Z e i t i n d e n S t a n d d e r h e i l i g e n E h e z u t r e t e n" (in qu.-Fol.). — F e h l t im Anon.-Lexikon.

BUCH, E i n, f ü r d i e L a n g e w e i l e (von *Johann Anton Trinius*). Lfg. 1. (einz.). Bernburg 1771. 8⁰. (6 ggr.)

> Verz. neuer Bücher, so in der Lpz. O. M. 1771 herausgek. 8⁰. — Anon.-Lex. I. p. 284 (nach Kayser).

* BUCH, D a s, b l a u e, oder N o n e n s, ein allegorisches Gemälde (von *Heinrich Wolfgang Behrisch*). 4 Thle. (in 1 Bde.). Mietau, bey Jac. Friedr. Hinz. 1776. 8⁰.

> XXX—328 S. 1—2: Geschichte des N o n e n s (S. 1—168); 3: Die n e u e N i n o n, od. die Originalbriefe der Juliana v. B. u. des Ritters d'Orso, aus d. letztern Journalen gezogen (S. 169—274); 4: B r i e f e z w e e r (so!) L i e b e n d e n vor ihrer Verbindung. Der neuen Ninon, oder Gemälde der tugendhaften Liebe, zweeter Theil. — Anon.-Lex. I. p. 283 (nach Kayser).

BUCH, D a s, f ü r j u n g e F r a u e n z i m m e r . . . . Aus d. Französ. übersetzt (von Joh. Daniel H e y d e). Dresden 1776.

> Anon.-Lex. I. p. 283 (nach Meusel).

BUCH, D a s g o l d n e, oder M o r a l f ü r s H e r z (von *Heinrich Wolfg. Behrisch*). Leipzig 1777. 8⁰.

> Hierher gehörig? Anon.-Lex. I. p. 283 '(nach Kayser). Vgl. Behrisch, Wiener Autoren. 1784.

Buch 489

BUCH, D a s , f ü r W e i b e r. Altenburg 1785. 8⁰. (¹/₂ Rthl.)
> Cat. bibl. Wittwer. II. 1. p. 153. Heinsius' B.-Lex. hat „1784".

BUCH, D a s g o l d e n e , f ü r H y p o c h o n d r i s t e n u n d h y s t e r i s c h e F r a u e n z i m m e r (von *Friedr. Adolph Kritzinger*). O. O. (Freiberg) 1784. 8⁰.
> Schmidt's in Dresden Lhbiblcat. 1819. p. 52. Das Anon.-Lex. I. p. 283 hat „Freiberg" (nach Kayser).

§ **BUCH,** D a s a b s c h e u l i g s t e , u n t e r a l l e n , d i e **w i r** d e r A u f k l ä r u n g v e r d a n k e n. O. O. 1788. 8⁰. (In München: Mor. 332,1.) Rar!

BUCH, D a s , v o m A b e r g l a u b e n , M i s s b r a u c h u. f a l s c h e n W a h n. Ein nöthiger Beytrag zum Unterricht-, Noth- u. Hülfsbüchlein (von *Heinr. Ludw. Fischer*, hrsg. von B. W. B e c k e r). (In analoger Ausstattung) Mit Titelkpf. (den Teufel darstellend). Oberdeutschland 1790. Im Verlag des Unterr.- etc. Büchleins. (Weissenburg in Francken, Jacobi). 8⁰.
> 6 Bll. (incl. Titel), 383 SS. Fundgrube für die Geschichte des Aberglaubens.
> Dr. Franz Schnitzer's Bibl. München 1902. Nr. 142. — Das Anon.-Lex. I. p. 285 hat „Leipzig 1790—94" (nach Kayser, Meusel, Graesse u. Weller).

— — Dasselbe. 2 Thle. Leipzig, Schweickert, 1790—93. 8⁰. 339 + 306 S.
> Enth. u. A.: Vom Teuffel, v. wilden Jäger, v. Bannen, v. Magnetismus, v. d. Hundswut etc. Mit 21 Holzschnitten. (Max Perl's Berliner Febr.-Auct. 1908, no. 203.)

BUCH, D a s , d e r L i e b e. (Philos. Inhalts.) O. O. 1794. 12⁰.
> Bibl. Bülov. I. 1. p. 164.

BUCH, D a s , f ü r S t u b e n m ä d c h e n , worinnen alle Pflichten derselben deutlich vorgetragen werden. Mit 1 illum. Abbildung. Wien 1795. 8⁰. (1 fl. 20 xr. J. Eisenstein & Co., Wien, c. 1892.)
> Karajan's Bibl. II. no. 4157.

BUCH, D a s , o h n e T i t e l. Braunschweig 1801. 8⁰. (¹/₃ Rthl. Scheible, c. 1892.)

BUCH o h n e T i t e l u n d B i l d c h e n. 2 Theile. O. O. 1802. 8⁰. (²/₃ Rthl. Scheible, 1868.)

BUCH d e r L i e b e , o d e r d i e K u n s t d u r c h L i e b e g l ü c k l i c h z u s e i n u n d z u m a c h e n. 2., mit einem Heirathskatechismus vermehrte Aufl. Mit Titelbild. Stettin, o. J. (ca. 1830). 8⁰. 88 SS. (2 Mk. Harrwitz, Berlin, 1891.)

— — Dasselbe. Ulm, o. J. 8⁰. (8 Sgr. Scheible, c. 1870.)

BUCH d e s F r o h s i n n s u n d d e r h e i t e r n L a u n e. Für Freunde einer abwechselnden, lustigen und frohen Unterhaltung. Enthaltend: 1) Eine Sammlung der witzigsten Züge,

Anekdoten und Schwänke, zum Behufe aller Mißvergnügten und Grillenfänger. 2) G e s e l l s c h a f t s s p i e l e für gesellschaftliche Zusammenkünfte. 3) Liederbuch für frohe Gesellschaften, enthaltend: eine Auswahl der besten Gesänge von Schiller, Göthe (so!), Tiedge, Matthisson, Salis, Voß, Langbein etc.

    Gmähle's Leihbibl., München, Nr. 434.

BUCH, D a s , d e s F r o h s i n n s enthaltend eine Auswahl von 145 Anekdoten. (Hrsg. von Joh. Mich. D a i s e n b e r g e r.) Regensburg 1819.

    Anon.-Lex. I. p. 283 (nach Meusel).

BUCH d e r F r e u d e u n d d e s g e s e l l i g e n V e r g n ü g e n s , oder: N e u e s t e s u n d v o l l s t ä n d i g e s P u n k t i r b u c h , wie man jede Sache genau erfährt, die man zu wissen wünscht. Leipzig, o. J. (ca. 1820). 8⁰. 216 Seiten.
(75 Pfg. G. Priewe, 1895.)

BUCH, N e u e s t e s , z u m T o d t l a c h e n , z u r A u f h e i t e r u n g i n a l l e n S t u n d e n d e s L e b e n s. 14 Hfte. (in 4 Theilen). 3. verbess. Aufl. Hamburg, b. Gottfr. Vollmer, o. J. (vor 1820). 8⁰. ($3^{1}/_{2}$ Rthl.)

BUCH, D a s , z u m T o d l a c h e n (so!), oder Erzählung lustiger Ränke etc. Mit Vign. München 1850. 8⁰. (80 Pfg. Traber's Nachf. (Victor Ottmann, München, 1898.)

BUCH z u m L a c h e n , enthaltend Anekdoten und Kurzweiligkeiten. Leipzig 1855. 12⁰. (50 Pfg. P. Neubner, 1892.)

BUCH, D a s v e r f l u c h t e. Zur Geschichte pfaffischer Despotie und religiöser Wollust. O. O. u. J. 8⁰. (3 Kr. 40 Hl. Halm & Goldmann, 1904.)

§ BUCH v o n d e r S a u , Das. (Schmutztitel: Das Buch von der fidelen und traurigen Sau.) Mit 1 Holzschn. München, Braun u. Schneider, o. J. (1881). 8⁰.

    144 SS. N i c h t erotisch.

BUCH, D a s , d e r X a n t h i p p e n. Warnende Beispiele für jeden Ehelustigen. Von *D. E. F.* München, o. J. (1883). 8⁰. 24 S.

BUCH M o s i s , S e c h s t e s u. s i e b e n t e s , oder d e r m a g i s c h - s y m p a t h i s c h e H a u s s c h a t z , das ist Mosis magische Geisterkunst, das Geheimniss aller Geheimnisse. Wortgetreu nach e. alten Handschrift, mit staunenerregenden Abbildungen. Philadelphia, o. J. 8. Moderner Druck. (M. 7.50) (3 Mk. Rich. Bertling, Dresden, 1907.)

— — Dasselbe. Lwd., mit Shirting verklebt u. mit 3 Siegeln versehen. (4 Mk. Derselbe.)

    V e r b o t e n vom K. G. Böhmisch-Leipa, 15. Juli 1888, § 516.

Buch 491

— — Dasselbe. Philadelphia und Hamburg, o. J. (c. 1896). 8⁰.
473 S. Neudruck (4 Mk. 50 Pfg. Jacques Rosenthal, Mün-
cen, c. 1903.)

Das sechste und siebente Buch Mosis. Aus
Berlin, 24. Sept., schreibt man: „Das sechste und siebente
Buch Mosis" und der „wahrhaftige feurige Drache" bot
gestern für lange Zeit die Lektüre der Schöffen am Amts-
gerichte II. Diese beiden Druckwerke, ziemlich dickleibige
Bände, mussten auszugsweise zur Verlesung gebracht werden
und zwar in einem Strafverfahren, das sich gegen den Buch-
druckereibesitzer Alwin Bartel aus Neu-Weissensee richtete
und auf Verbreitung unzüchtiger Schriften
lautete. Unter der ländlichen Bevölkerung ist vielfach der
Glaube verbreitet, dass, wer das sechste und siebente Buch
Mosis besitzt, hexen und zaubern, schatzgraben, sich unsicht-
bar machen und viele andere Kunststücke lernen kann. Wer
aber von den Zuhörern glauben mochte, von der Vorlesung etwas zu profitieren, der irrte sich, denn der Ge-
richtshof beschloss, wegen Gefährdung der guten Sitten
die Oeffentlichkeit auszuschliessen. Aus dem öffentlich ver-
kündeten Urtheile ging hervor, dass der Angeklagte mit den
bei ihm beschlagnahmten Büchern einen schwunghaften
Handel getrieben hat. Nach Ansicht des Gerichtshofes enthalten die Bücher zwar meistens nur „Curiosa" oder „Dumm-
heiten", zum Theile auch „Rezepte", die auf Dummheit und
Aberglauben zu spekuliren scheinen, an einzelnen Stellen
aber seien sie geeignet, die Sittlichkeit zu untergraben.
Das Urtheil lautete daher auf 30 Mk. Geldstrafe und Beschlagnahme aller erreichbaren Exemplare der beiden
Schriften. (Münchner Neueste Nachr. 1896. Nr. 453 v.
30. Sept.)

BUCH Mosis, Achtes u. neuntes, oder enthüllte
Geheimnisse der Zauberei. Leipzig, o. J. 8. Moderner
Druck. (Mk. 6.) (3 Mk. Rich. Bertling, Dresden.)
— — Dasselbe. Lwd., mit Shirting verklebt u. mit 3 Siegeln
versehen. (4 Mk. Derselbe.)

BUCH, Das siebenmal versiegelte, der grössten
Geheimnisse, oder magisch-sympathetischer Hausschatz in
bewährten Mitteln wider viele Krankheiten u. Gebrechen des
Leibes, nebst wundersamen Geheimnissen zur Erreichung der
verschiedenartigsten Zwecke. O. O. u. J. 8. 64 S. — Geheime
Kunst-Schule magischer Wunder-Kräfte. 32 S. — Romanus-
Büchlein. 47 S. — Engel-Hülfe zu Schutz u. Schirm in grossen
Nöthen. — Das heilige Sales-Büchlein oder die Glücks-Ruthe.
21 S. — In einem Bande. Moderne Drucke. (2 Mk. Derselbe.)

BUCH, Ein, gegen die Ehe. Druck u. Verlag v. Robert Withalm & C. in Graz. (1894.)
Verboten v. L.-G. Graz, 19. Juni 1894. § 305.

BUCH, Das, der Liebe. Wissenschaftliche Darstellung
der Liebe nach ihrem Wesen, ihrer Bestimmung, ihrer Ge-

schichte und ihrer geschlechtlichen Folgen etc. Dresden, Verlag v. Münchmaier.

Verboten v. L.-G. Wien, 1877. § 516.

BUCH, Das pikante. Verlag v. G. Grimm in Budapest. (Aus dem „Caviar.")

Verboten v. L.-G. Wien, 24. October 1891. § 516.

BUCH, Das, vom Kusse und vom Küssen. Sammlung der schönsten Gedichte über den Kuss klassischer u. zeitgenössischer Dichter. Leipzig, o. J. 8⁰. Orig.-Lwd. m. Goldschn. (2 Mk. 50 Pfg. Jürgensen & Becker, Hamburg, 1898.)

BUCH, Das sittsame. Verschämte Anekdoten u. züchtige Scherze. Im grossen Zeitalter der Lex-Heinze gesammelt. Von einem Unverdorbenen. Budapest, Grimm, 1901. 8⁰. 96 S. (Mk. 2—.) (1 Mk. Friedr. Klüber, 1905.)

BUCHBINDERGESELLE, Der reisende, oder merkwürdige und bewunderungswürdige Fata eines Buchbindergesellen, so ihm in Portugall in Lissabon, in der Inquisition begegnet und wie er durch Vorbitte der Königin vom Feuer erloest worden. (Vf.: *Chrn. Frdr. Rudolph.*) Mit Titelkpfr. Stockholm 1756. 8⁰. (3 Mk. Franz Teubner, c. 1895; jetzt theurer!) (In Leipzig, Bibl. d. Börsenvereins d. d. Buchhändler.)

Enthält pikante Details über die „Serails" der Inquisitoren.

BUCHHOLZ, Carl Aug. (1785—1843), Romantische Gemälde. (Novellen.) I. (einz.?) Band. Mit eines Titelkupfer u. einer Vignette nach Jury. Berlin 1804. 8⁰. (3 Mk., ziemlich fleckiges Expl., Leo Liepmannssohn, c. 1806.)

„Dem Herrn Hofrath Friedrich von Schiller als leises Merkmal der tiefsten Ehrfurcht, der höchsten Bewunderung, der innigsten Achtung."

Inhalt: Bionda und Seguino od. d. Rache d. Unsichtbaren. — Fiaresco u. Fernando. — Guido Mazarini od. Jolandino d. Verkappte. — Pignata's Flucht od. Mönchshass u. Rache. — Guiseppino u. Amalda od. d. Totenkopf. — Lutardo der Banditenhauptmann.

BUCHHOLZ, Emanuels Lehrjahre oder des Lebens Ansichten. Ein psycholog. (schwärmerisch-pikanter) Roman. 2 Bde. Mit TVign. Zürich 1807. 8⁰.

R. Zinke's in Dresden Novbr.-Auct. 1905.

BUCHHOLZ, Reminiscenzen und Reisetabletten. Hildesheim 1807. 8⁰.

VIII u. 306 SS. Satyrisch u. pikant. — R. Zinke's in Dresden Novbr.-Auct. 1905.

BUCHHOLZ, C. F., Historische Denkwürdigkeiten aus Kriminalprozessen der neuern Zeit. 2 Thle. Mit 2 curiosen Kupfertiteln. Pesth, bei Konrad Adolph Hartleben (gedr. Wien, b. Leop. Grund) 1816. 8⁰.

Selten u. wenig bekannt! I: Kupfertit. (weiss auf
schwarzem Grunde) u. 232 S. 1. Der Einsiedler von Burgund od. der Trug der Sinne. 2. C a g l i o s t r o, od.
Blendwerk u. Gaukleley (S. 34—73). 3. Das Mädchen in den
Pyrenaen, od. die Verfolgungen einer Stiefmutter. 4. Der
Arzt B o r s, od. die Macht des Verhängnisses. 5. Herois-
mus eines Negersclaven. 6. Die Macht des Gewissens, od.
der H u n d s s a t t l e r u. der Weber. 7. Die doppelte Ehe,
od. die Ränke eines Weibes. 8. Die Kindesmörderinn, od.
die Folgen öffentlicher Beschimpfung. 9. Die Thorheiten u.
Verschwendungen des M a r q u i s v. B r ü n o y. 10. S t a -
n i s l a u s u. K o s i n s k y, od. der König u. sein Mörder.
11. T r u m e a u, der Giftmischer. 12. Ein Betrug von Millionen. 13. Die Braut in der Lotterie.

II: Kupfertitel (verschieden von dem zu Th. 1) u. 239 S.
1. P o i l l y, od. das erzwungene Klostergelübde. 2. M o l l y
S i b l i s, od. die Bekenntnisse einer Buhlerinn (S. 31—41).
Joseph, der Taubstumme, od. die Geschichte des G r a f e n
S o l a r. 4. S c h i n d e r h a n n e s, od. die Räuberbanden
am Rhein. 5. Die Heirath aus Zwang (S. 71—95). 6. Der
englische Admiral B y n g, ein Opfer der Politik. 7.
M i c h a e l A l e n z e r, od. die Rache verschmähter Liebe.
8. Die Launen, Verschwendungen u. Ränke der H e r z o g i n n
v. K i n g s t o n (geb. E l i s a b e t h C h u d l e i g, Tochter
des Obersten Thomas Ch.). 9. Der Prozess des General-
Lieutenants G r a f e n L a l l y, od. die Folgen zu weit ge-
triebener Strenge. 10. Der Mörder aus Lebensuberdruss. 11.
Der Diamanten-Diebstahl im Garde-Meuble zu Paris (Sept.
1792).

BUCHIUS, Conr., Dissertatio juridica inauguralis de foeminarum sequestro. Germanice: V o n m a n c h e r l e y b e s o n -
d e r n d a s F r a u e n z i m m e r u n d d e n E h e s t a n d a n -
g e h e n d e n r e c h t l i c h e n F ä l l e n (1698). Francofurti etc.
1737. 4⁰. (In Amsterdam, Bibl. Dr. Gerritsen.)

§ BUCHLEIN. — E i n s c h o n s b u c h l e i n v o n r e c h t e m
w a r e m w u l l u s t m e n s c h l i c h s l e b e n s .... durch
Joh. G o t f r i d i verdeutscht. O. O. u. J. 4⁰. Rarissime!
(In München: Ph. pr. 200,4.)

BUCHNER (= Büchner), Joh. Heinr., S e r v i a v o n s c h ö n e n
V i l l a n e l l e n, T ä n t z e n, G a l l i a r d e n v n d C o u r a n -
t e n, mit vier Stimmen vocaliter vnd instrumentaliter zu gebrauchen. Nürnberg, Georg Leop. Fuhrmann, 1614. 4⁰.
    Weller, Annalen II. p. 37.

BUCHNER, E r o d i a e, d. i. L i e d l e i n d e r L i e b mit Amo-
rosischen Texten vnterlegt, b e n e b e n e t l i c h e n G a l l i a r -
d e n, C o u r a n t e n, I n t r a d e n v n d B a l l e t t e n mit vier
vnd fünff Stimmen. Straßburg, Marx von der Heyden, 1624. 4⁰.
    Weller, Annalen II. p. 37. — Goedeke II, 81, 86 (nach
    Gerber I, 544; Becker 245).

BUCHSTABEN, D i e. Bruchstücke über . . . was Sie wollen;
kein A, B, C, weder für kleine noch für grosse Kinder; keine

Wochenschrift, auch nicht ganz eine Satire, gewiss kein Libell, ex omnibus aliquid (von *Johann* Grafen *Fekete von Galantha*). O. O. (Dessau). 1782—84. 8⁰. (²/₃ Rthl. Ludolph St. Goar, Frankf. a. M., v o r 1870.)

> Anon.-Lex. hat: „Dessau 1782—84" (nach Meusel u. Wurzburg), ferner „1782—87" (nach Kayser).

BUCKELEY, Dr. Aug., Zur Frage der Mutterschaftsversicherung. Regensburg 1908. 8⁰. IV u. 79 S. (Br. Mk. 1,50.)

> „Eine eingehende kritische Studie. Behandelt den bestehenden Mutterschutz, die ausländische Gesetzgebung, die Versicherung vom privaten und sozialen Standpunkt aus." (Dr. A. K i n d.)

BUCKWITZ, Joh. Lud., B e t r a c h t u n g ü b e r d i e L i e b e. Berlin 1754. 8⁰. Rar!

> In Versen. 4 Bog. — Cat. Meissner III.

(BUCKART's, Joh. Gfr., P o e t i s c h e s T r a u e r - F r e u d e n - S p i e l. 1672. 8⁰. Höchst selten!

> Bibl. Kielmans-Egg. I. p. 617.

BUCKFISCH, Fr. G., De Apostolis uxoratis: D i e A p o s t e l u n s e r s ˙H e r r n h a b e n a l l e, a u s g e n o m m e n J o - h a n n e s u. P a u l u s, W e i b e r g e h a b t. Wittenberg 1734. 4⁰.

> Rar! (1 fl. 12 kr. Rosenthal 16. no. 813.)

BUDAPEST. — C a v i a r: Pikante und heitere Blätter. Budapest 1886 ff. 4⁰. (Jahrg. 1—6 in Hlwdbdn. mit Tit., theilw. vergriffen, 35 Mk. Wilh. Scholz, Braunschw., 1896.)

BUDAPEST. — F r e m d e, D e r, i n P e s t u n d d e r P e - s t h e r i n d e r V a t e r s t a d t . . . . . (von *Aug. Tekusch*). Pesth 1833.

> Anon.-Lex. II. p. 122 (nach Kertbeny u. Petrik).

*BUDAPEST. — G a n s, Moriz (Vf. von „Elisabeth Bathory", oder „Die Geheimnisse der Schachtitzburg", von „Die Tochter der Karpathenhexe" etc. etc.), D i e R a c h e d e r T o d t e n. Sittengemälde aus dem P e s t e r - u. W i e n e r l e b e n. 3 Bde. Wien u. Leipzig, J. Aug. Bachmann, 1865. 8⁰. Hlwdb.

> 224 + 197 + 224 S. (nebst 2 S. Verlagsanz. d. Firma bei Bd. 2).

BUDAPEST. — G e h e i m n i s s e a u s d e r v o r n e h m e n W e l t, d e m V o l k s - u n d K l o s t e r l e b e n i n Wien, Prag und P e s t h. Von einem Unbekannten 2 Bde. Leipzig und Meissen, Goedsche, 1844. 8⁰. 262 + 263 S. (7 Mk. Max Harrwitz, 1904.)

BUDAPEST. — G r a t i s - K a t a l o g. G e s c h e n k - L i t e r a - t u r f ü r H e r r e n. Kunstverlag Phönix, Budapest (1895).

> In Oesterreich v e r b o t e n.

BUDAPEST. — Leben, Gesellschaftliches, in Ofen und Pesth; in Briefen an Euphrosine J. (von *Christoph Rös-ler*). (Pesth 1805.)

    Anon.-Lex. III. p. 24 (nach Meusel).

BUDAPEST. — Levitschnigg, Heinr. Ritter v., Die Geheimnisse von Pest. 4 Bde. Wien 1853, Greß. 8⁰. (1¹/₂ Rthl.)

— — Dasselbe. 2. Aufl. Ebendas. 1853. 8⁰. (1¹/₂ Rthl.)

— — Dasselbe. Neue (Titel-) Ausgabe. Ebend., Capellen, 1866. 8⁰. (24 Sgr.)

BUDAPEST. — Mädchen, Das liebenswürdige, aus Pesth, eine interessante Geschichte. Mit Titelkpf. Pesth, J. Leyrer, 1804. 8⁰. 221 S. Rar! (3 Mk. Taussig, Prag, c. 1905.)

BUDAPEST. — Robert Julius (ps.?), Weibliche Nachtfalter. Erzählungen aus dem Budapester Leben. (190*.) (2 Mk. 20 Pfg. R. Klinger, Berlin, ca. 1905.)

BUDAPEST. — * Des SERASKIER BASSA (= Pascha). Krieges und Liebes-Geschichte. Worinnen zugleich Die Belagerung und Entsatz Ofens enthalten. Seiner Würde und Annehmligkeit halber aus dem Frantzösischen (des *de Préchac?*) übergesetzet. HAMBURG, Bey Georg Wolffen, Buchhändlern in St. Johannis Kirchen. 1686. Kl. 8⁰. (In Berlin: X x 6568.) Rar!

    Titel, 3 Bll. Dedic. (dat. Hamburg, den 20. Aug. 1685. Georg Wolff), 147 bez. S. Text. — Ein Roman mit ähnlichem Titel findet sich im O. M. V. 1686. D 2 b.

    Orig.: Ibrahim, Bassa de Bude. Nouvelle galante. Cologne, Pierre Marteau (à la sphère), 1686. 12⁰. (Scheible, c. ¹/₂ Rthlr., Beibd.) Ed. I. 1685? (Gay, Bibliogr. de l'amour I. p. 363.)

    Eine italien. Uebersetzung von 1685 ist in Wolfenbüttel: Il Seraskier Bassá historia In cui si cont. il suo Inalzamento, Suoi Amori, La diuersità de' suoi Impieghi, ed altre particolarità della sua Carica suprema nella difesa delle Piazze dell' Vngheria. Portata dal Francese da N. N. (Giovanni Domenico Rossi). .... Venetia, 1685. Steff. Curti. 12⁰.

— — Dasselbe, andre Uebersetzung: Der Bassa von Ofen. Mit Portrait. O. O. 1765. 8⁰.

    Haydinger's Bibl. III.

    Orig. de cette nouvelle traduction, titulo: Le Bacha de Bude. S. l. 1765. 8⁰. (Nyon no. 8634.) 3me éd., rev. & corr. Yverdon 1765. 8⁰. (In Wolfenb.)

— — Dasselbe. Augsburg, b. Conr. H. Stage. 8⁰. (O. M. V. 1766. S. 661.)

BUDAPEST. — Spiritus Asper u. Lenis (d. i. *Friedr. Korn* [= *F. Nork* ps.], geb. 26. April 1803 zu Prag), Pa-

norama von Ofen u. Pesth, oder Charakter- u.
Sittengemälde der beiden Hauptstädte Un-
garns. Aufgenommen nach eigener Anschauung v. *Spiri-*
tus asper u. Spiritus lenis. Leipzig, Hartmann, 1833. 8⁰.
17¹/₂ Bog. Selten!

> U. a.: Badehäuser (S. 15 bis 41), Kaffeehäuser (S. 41
> bis 55), Theater (S. 55—74), Geistige Physiognomie der
> Einwohnerschaft (S. 91—172), Geselliges Leben, Volks- u.
> Kirchenfeste, Sprachen, Literatur, Kunst- u. Wissensch. —
> Von den Freiheitsbegriffen d. Ungarn.
> Vgl. A. G. S c h m i d t, Gallerie dtsch. ps. Schriftst.,
> S. 232.

BUDAPEST. — Sturm, A., Culturbilder aus Budapest. Leipzig 1876. Gr. 8⁰. 313 S. (Mk. 2,40.) (1 Mk.
Kirchhoff & Wigand, 1895.)

BUDAPEST. — Weiber, Die lustigen, von Budapest. Von einem Viveur. (190*.) (2 Mk. 20 Pfg. R. Klinger, Berlin, c. 1905.)

BUDBERG, Leonh. Geo. v., Victor und Constantia,
oder Pflicht triumphirend über Leidenschaft.
St. Petersburg 1811. 8⁰. Selten!

> Citirt Kayser ohne Angabe des Ladenpreises.

BÜCHER, Die fünf, Moyses, s. Moyses (sic!).

BÜCHER-Cabinet, Curieuses, oder Nachrichten
von historischen, Staats- und galanten Sachen.
32 Thle. (cplt.?). Mit vielen Portr. Cöln 1711—15. 8⁰.

> Enth. u. a.: „Nachrichten von den M a i t r e s s e n des
> H e r z o g s v o n S a v o y e n“.

BÜCHER-Cabinet, Curieuses. Cöln 1740.

> Weller, fing. Dr.

BÜCHER-Cabinet, Das neue (von *Joh. Jac. Schmau-*
sius). Franckfurt und Cölln 1711.

> Anon.-Lex. I. p. 286 (nach Mylius).

BÜCHERSAAL, Neuer, der gelehrten Welt (von
Johann Gottlieb Krause und *Johann Georg Walch*) . . . .
60 Oeffnungen. Leipzig 1710—17. (Expl. im British Museum.)

> l. c. (nach Mylius).

BÜCHERSCHRANK, Ein, Entwurf einer noch nie gesehenen
Bibliothek. Fopphausen 1777.

> Weller, fing. Dr. — Sehr rar!

§ * **BÜCHLEIN.** —

> Diß büchlein gibt dir zu verston
> Was etlich priester hondt gethon
> In dißem jar in butzen weiß
> Der das will wissen leß mit fleyß

Wen es wolt in der naßen beyssen
Der soll zu jar sich bessers fleyssen
Vnd sollichs vnderwegen lon
So würt man sein auch müssig gon

O. O. u. J. (1520). 4 Bll. 4⁰. m.. *Titelholzschnitt* (eine zur
Zither singende Frau). Letztes Bl. u. Rücks. des 1. leer. (In
Berlin: Yh 181; auch in Freiburg i. Br. und Mayhingen.)
Weller, Annalen II., 353.

> Da Gott Moysi gepot
> Das er in egipten gehen solt.
> Erschrack sagt er wer nit bereyt dar zu
> Da sprach Gott zu jm alßo etc.

* **BÜCHLEIN.** — Ein lustiges vnd sehr nutzliches
Büchlein, darinn vermeldet, wie die Königin Fraw Venus mit jhren Gespielen, Fraw Liebin, Fraw
Stät, Fraw Trew, mit sampt Fraw Gerechtigkeit, Fraw Weisz-
heit, Fraw Geistlichkeit, etc. von wegen des Pfennings,
in groß elend kommen sind. Sampt einer erklärung, was die art vnd Natur der alten bösen
Weiber scy. Franckfurt a. M. 1580. Joh. Spies 8⁰. (In
Berlin: Yf 6601, no. 1.)

> 10 Bogen. In Versen. Mit Holzschnitten. — Unge-
> mein rar!

— — Dasselbe. Magdeburg, bey Francken. 1606. 8⁰.
Draudius, 1611. p. 427.

BÜCHLEIN, Ein gottloses, für gute Fürsten: die
Plane der Bösewichte zu vereiteln. O. O. 1785. 8⁰. Selten!
(3 Kr. 50 Hl. Halm & Goldmann, 1904.)

§ **BÜCHLEIN,** Ein alt, über Möncherey. Mit curioser
satyrischer Titelvign. Neu verlegt und verbessert im J. 1803.
1803. O. O. (München, Fleischmann.) 8⁰. 166 S. (In München:
H. mon. 78.) (3 Mk. P. Neubner, c. 1890.)

> Schwaermereien d. Moenche in Selbstpeinigungen, ihr Be-
> griff v. Ehelosigkeit u. der Satan d. Fleisches der sie
> peinigte. — Die Moenche werden Meuterer, Moerder, Raeuber,
> u. Mordbrenner. — Die Arglist d. Bettelmoenche. — Der
> Beichtstuhl etc. etc.

BÜCHSENMACHER, Der (galante) Kupferst. v. ca. 1750. Jer.
Wolff exc. 30×19 cm. (3 Mk. Wilh. Scholtz, Braunschw.,
1887.)

> Die Büchs ist gut, mein Kind, ihr könnt damit bestehen;
> Doch wenn es wieder was, daran zu bessern setzt
> So dürfft ihr nicht damit zu andern Meistern gehen
> Denn meine Arbeit wird noch immer werth geschetzt
> Und wenn ein schönes Kind mir ihre Büchse bringet,
> Wird vor mich nur ein Kuss zum Arbeits-Lohn bedinget.

BÜCKLER, (= Pückler), Joh., s. Schinderhannes.

§ * **BÜHEL,** H a n s v o n (lebte zu Poppelsdorf bei Bonn im Dienste des Erzbischofs von Köln), V o n e i n e s k ü n i g e s t o c h t e r v o· F r a·c k r i c h e i n h ü b s c h e s l e s e n wie d' künig sie selb zû d'Ee wolt hon, des sie doch got vor im behût vn' daru'b sie vil trübsal vn' not erlidt. zû letst ein küngin in Engellant ward — Holzschnitt — *Am Ende:* Getruckt vnd seliclich geendt Durch Grüninger als man in nent Im tusent vnd fünffhundert iar Vff gburt Marie. das ist war Lob vnd er sy Got. (Strassb. 1500.) Fol. (In Berlin: Yg 4511; auch in Freiburg i. Br., Göttingen u. in der Stiftsbibl. zu St. Gallen.) 72 Bl. m. Holzschnitten.

S sass ei' künig vo· franckrich
In hohen eren ritterlich etc.

Nach dem französischen Roman Helayne de Constantinople bearbeitet. Panz. I. no. 300. A. Elwert im Deutsch. Museum 1784. Bd. II. S. 256—76. Weller, Annalen II. p. 298.
    Nach der Schlussangabe vollendete der Dichter sein Werk im Februar 1400. — Goedeke I, 290, 1, 1, der auch einen Druck (ebd.) 1508. 72 Bll. Fol. citirt.

* — — Des *Büheler's* K ö n i g s t o c h t e r v o n F r a n k-r e i c h mit Erzählungen ähnlichen Inhalts verglichen u. herausgegeben von J. F. L. M e r z d o r f. Oldenburg 1867. 8. (In Berlin: Yg 4515.) (1 Rthl. 26 Sgr.) VI u. 260 S.

§ * **BÜLAU,** Frdr., G e h e i m e G e s c h i c h t e n u n d r ä t h s e l h a f t e M e n s c h e n. Sammlung verborgener und vergessener Merkwürdigkeiten. 12 Bde. Leipzig, F. A. Brockhaus. 1850—60. 8⁰. (40 Mk. E. Frensdorff, 1908.)
    Wichtiges u. gesuchtes Werk. Vergriffene Originalausgabe dieser überaus reichhaltigen Sammlung.

— — Dasselbe. Auswahl in 4 Bänden. Ebd. 1887. 8⁰. (Mk. 12—.) (4 Mk. 50 Pfg. Jos. Jolowicz, Posen, 1906.)

BUELER, Der n a m h f f t e (sic!), a n d i e J u n g f r a u. (Satyr. Gedicht aus d. XVII. Jahrh.) Mit color. Kupfer. Fol. Ungemein rar!
    H e i t z, Bibl. alsatique. Strasb. 1868. no. 3628.

BÜLTZINGSLÖWEN, J. v., A n s i c h t e n z u r B e f ö r-d e r u n g g l ü c k l i c e r E h e n. Berlin 1820. 8⁰.
    Bibl. Günther. III. no. 6666.

BÜLTZINGSLÖWEN, B r i e f e ü b e r w e i b l i c h e B i l d u n g. Berlin 1819. 8⁰.
    l. c. no. 6407.

BUENOS-A y r e s. — S c h n a b l, L., B u e n o s-A y r e s. Land und Leute am silbernen Strome. Stuttgart 1886. 8⁰. (Mk. 6—.) (2 Mk. 50 Pfg., L. M. Glogau Sohn, Hamburg, 1888.)

BÜRGER, Gottfr. Aug. (1748—94). — § G o t t f r i e d A u g u s t B ü r g e r's E h e s t a n d s-G e s c h i c h t e. Berlin und Leipzig, bei Ferdinand Schulz u. Comp. (vielmehr Vollmer in Ham-

burg). 1812. (Zweiter Titel:) G e s c h i c h t e d e r d r i t t e n
E h e G o t t f r i e d A u g u s t B ü r g e r ' s. Eine Sammlung
von Acten-Stücken. 8⁰. 258 S. (61 Mk. Auct. Graf York v. W.,
Nr. 68; 100 Mk., Expl. mit dem Censur-Stempel der Polizei-
Direktion zu Goslar, Schaper, Hannover, 1906.)

    Goedeke IV, 387 e. O r i g i n a l a u s g a b e des berüch-
tigten Eroticums, in dem Bürger der Mutter seiner dritten
Gattin Elise Hahn mit rücksichtsloser Offenheit die Geschichte seiner höchst unglücklichen Ehe und die Ausschweifungen seiner Gattin berichtet. V o n b e k a n n t e r
R a r i t ä t! Als Herausgeber gilt K a r l v o n R e i n h a r d.

    „D i e d r i t t e E h e B ü r g e r s, m i t d e m S c h w a b e n -
m ä d c h e n E l i s e H a h n ist durch die Schuld der leichtfertigen Gattin ein erschütterndes Bild moralischer Verkom-
menheit geworden. Das vorliegende von Karl Reinhard nach
dem Concept u. mündlichen Mitteilungen des getäuschten
Ehegatten veröffentlichte Leben erweckt Verständnis, Anteil-
nahme und Sympathie für das bedauernswerte Opfer menschlicher Verworfenheit, indem es uns des Dichters Seelen-
regungen schrankenlos enthüllt.

— — Dasselbe. (Neudrucke literarhistorischer Seltenheiten.
No. 1.) Berlin, Ernst Frensdorff, 1904. 8⁰. Hochelegante
Ausstattung. (Br. Mk. 3—; eleg. Hlwd. 4,50.)

— — Dasselbe. Luxus-Ausgabe für Bibliophilen auf echtem
holländ. Büttenpapier. (Nur in 50 nummerierten Exemplaren
gedruckt.)

    „Dieses hauptsächlich auf Grundlage Bürger'scher Briefe
verfasste Buch gehört schon seit Jahrzehnten zu den ge-
suchtesten Seltenheiten der biographischen Literatur, wodurch
der obige Neudruck genügend gerechtfertigt erscheinen
dürfte.

    Die d r i t t e E h e G o t t f r i e d A u g u s t B ü r g e r s m i t
d e m S c h w a b e n m ä d c h e n E l i s e H a h n bildet in dem
Leben des Dichters eine der fesselndsten, zugleich aber auch
der erschütterndsten Episoden. Nur dann, wenn man die
frohen Hoffnungen in Betracht zieht, welche er an dieses
letzte Liebesband knüpfte, und alle die sehnsüchtigen Brwar-
tungen berücksichtigt, die durch die Schuld der leichtfertigen
Gattin, deren Eheirrungen eine eingehende Schilderung erfahren, so jählings getäuscht wurden, ist man im Stande, sich
eine zutreffende Vorstellung von dem zerrissenen Herzensleben des Dichters zu machen.

    Das Buch ist von K a r l R e i n h a r d aus Helmstädt (geb.
1769, † 1840), dem letzten „kaiserlich gekrönten Poeten" des
untergegangenen alten deutschen Reiches, nach dem Concept
und nach mündlichen Mitteilungen des enttäuschten Ehegatten
herausgegeben und enthält nicht nur einen wichtigen Beitrag zur Lebensgeschichte Bürgers. Wegen der Fülle der
in ihnen enthaltenen allgemein gültigen Ermahnungen sind
diese Briefe auch häufig als eine „Epistel an die Frauen"
überhaupt bezeichnet worden.

    Ob die Beweggründe, welche Reinhard zu seiner Ver-
öffentlichung veranlasst haben, wirklich lediglich der Rach-

sucht wegen der Abweisung, welche er von Seiten Elise
Hahns erfahren haben soll, entsprungen sind, möge dahin-
gestellt bleiben, jedenfalls handelt es sich um ein Buch,
welches keiner der späteren Biographen des Dichters un-
beachtet gelassen hat, weil es ein Spiegelbild von den
unsagbaren Leiden bietet, welche dem Dichter fortan seine
ganze Schaffenskraft lähmten, bis ihn der Tod von seinen
Qualen erlöste."

Die „Frankf. Ztg." schreibt hierüber: Eine literarische
Rarität ist soeben bei Ernst Frensdorff in Berlin im Neudruck erschienen. „Gottfried August Bürgers Ehestands-Ge-
schichte. Berlin und Leipzig bei Ferdinand Schulz u. Co.
1812." So lautet der Titel. Der Verlag ist fingiert. Der
eigentliche Verleger war Vollmer in Hamburg. Der Herausgeber, der sich ebenfalls verbirgt, war wahrscheinlich
K a r l R e i n h a r d, der neben Bürger Dozent in Göttingen
und ein Verehrer des Dichters war (gest. 1840). Bürgers
Briefe, die sich auf seine dritte Ehe beziehen, sind hier
grösstenteils abgedruckt. Der Inhalt ist zum Teil so in-
timer Natur, dass das Buch in manchen Bibliotheken nicht
in der Abteilung für Literaturgeschichte, sondern im sogenannten „Giftschrank" aufbewahrt wird. F r i e d r i c h E b e -
l i n g hat 1868 dem Herausgeber tendenziöse Interpolationen
und Animosität gegen Frau Bürger vorgeworfen. Aber die
Mohrenwäsche, die Ebeling hier an dem „Schwabenmädel" versucht, ist zwecklos. Die z w a n z i g j ä h r i g e E l i s e H a h n,
die nicht nur jung, sondern auch schön war, bot sich in einem
im September 1789 im Stuttgarter Beobachter erschienenen
Gedichte dem von ihr vergötterten Dichter als Frau an.
Der doppelt so alte Bürger liess es sich trotz aller Warnungen seiner Freunde und Verwandten nicht nehmen, auf
diesen Roman einzugehen; er „lockte das junge Wild in
seinen verödeten Hag", wie Ebeling sagt. Bald brachte
die junge Frau durch allerlei Liebeleien mit jungen Studenten und adeligen Herren sich und den Gatten in Spott
und Gerede und wurde endlich (am 3. Februar 1792) von
ihrem Gatten mit einem Herrn Emanuel d'Overschie de
Nerifsche ertappt. Nach der Scheidung wurde das „Schwabenmädel" Schauspielerin und Schriftstellerin und starb am
24. November 1833 in der Bockenheimer Gasse in Frankfurt in ärmlichen Verhältnissen und nach einem frommen
Lebensabend."

BÜRGER. — E b e l i n g, Friedr. Wilh., G o t t f r i e d A u -
g u s t B ü r g e r u n d E l i s e H a h n. Ein Ehe-, Kunst-
und Literarleben. Leipzig 1868. 8⁰.

Interessante Schrift, welche die E l i s e H a h n, g e s c h i e -
d e n e B ü r g e r, die der Ruf als eine der Verworfensten
ihres Geschlechts bezeichnete, wieder zu Ehren zu bringen
suchte. (R. Zinke's Dresdener Novbr.-Auct. 1905, Nr. 611.)

BÜRGER. — W u r z b a c h, W. G o t t f r i e d A u g u s t B ü -
g e r Sein Leben und seine Werke. Mit 42 Abbildungen. Leipzig 1900. 8⁰. (Mk. 8,50.) Eleg. Leinwbd. (Mk. 3,75, J. Eckard
Mueller, Halle a/., 1907:)

„Eine ausführliche und in viele Einzelheiten eingehende Biographie stellt uns das Leben dieses zügellosen, schwachen und guten Menschen auf, der ein grosser, starker Dichter war und ein so verworrener haltloser Charakter, von Sehnsüchten und Begierden wild getrieben und gequält, von Mitmenschen betrogen, ausgenützt, und vielfach verlacht und missachtet. — Die Kapitel des Buches, die über Bürgers erstes Auftreten sprechen, rollen uns ein deutliches Bild der ganzen literarischen und gesellschaftlichen Zustände jener Zeiten auf. Das verleiht dem Werke seine kulturelle Bedeutung über die blosse Monographie hinaus."

BÜRGER. — N e u e w e l t l i c h e h o c h d e u t s c h e R e i m e enthaltend die ebentheyerliche doch wahrhaftige Historiam von der wunderschönen Durchlauchtigen Kaiserlichen Prinzessin E u - r o p a und einem uralten heydnischen Gözen J u p i t e r i t e m Z e u s g e n a n n t, als welcher sich nicht entblödet, unter der Larve eines unvernünftigen Stieres an höchstgedachter Prinzessin ein crimen raptus, zu teutsch: Jungfernraub auszuüben. Also gesezet und an das Licht gestellet durch M. *Jocosum Hilarium*, Poët caes. laur. (d. i. *Gottfr. Aug. Bürger*). Mit 2 reizenden Vignetten von J. H. M e i l. O. O. (Göttingen) 1777. Kl. 8⁰. (15 Mk., sehr schönes unbeschn. Prachtexpl. in Hmaroginbd., Bernh. Liebisch, Lpz., 1907; 15 Mk., Expl. in Hprgtbd., Dieterich, Göttingen, 1907; 20 Mk. Gust. Fock, Lpz., 1907; 8 Mk. Auction Graf York v. W., 1907, no. 75.)

Goedeke IV, 390, 13.

BÜRGER, L e n a r d o u n d B l a n d i n e. — G ö z, S. F. v., Versuch einer zahlreichen Folge (160) leidenschaftlicher Entwürfe für empfindsame Kunst- und Schauspiel-Freunde. Erfunden, gezeichnet, geätzt und mit Anmerkungen begleitet. 2 Bde. Augsburg 1783. 4⁰. (30 Mk. K. W. Hiersemann, Lpz., 1905; 45 Mk. E. Frensdorff, 1906; 60 Mk. Max Harrwitz, 1903; frcs. 60—80 Cohen die gleichzeit. französ. Ausgabe: „Exercices d'imagination".)

Seltenes und merkwürdiges Buch! Der Titel zu den 160 Radirungen ist folgender: „L e n a r d o u n d B l a n - d i n e. Ein Melodram nach B ü r g e r in 160 leidenschaftl. Entwürfen". Die fortlaufende Nummerierung der Kupfer geht bis No. 150; wobei Titel als No. 1 gilt.

— — — — D e r H a u s k n e c h t u n d d i e W ä s c h e r i n n, oder L e o n h a r t l u. G a t s c h i n k a. Parodie der Ballade: Lenardo u. Blandine von Bürger. Wien, o. J. (1837). (2 Kr. A. L. Huber, Salzburg, c. 1905.)

BÜRGER. — D e r B r u d e r G r a u r o c k aus *Bürgers* Gedichten erfunden und geaetzt von C. R e i n h a r t 1784. Sr. Excellenz dem Herrn Geheimen Rat v. Weitershausen untertaenig gewidmet. 4⁰. (4 Mk. Bernh. Liebisch, 1907: scharfer Abdruck mit vollem Rande.)

Schon 1843 in Weigel's Kunstkatalog als „sehr selten"
bezeichnet. — Ein Pilgermädel, jung und schön, erkennt
in dem Bruder Graurock ihren Liebsten, dessen Probejahr
noch nicht abgelaufen und der das Kloster nun verlässt,
um sich ihr zu widmen.

BÜRGER, Lenore. Ballade. In drei englischen Übersetz-
ungen. (Hrsg. von Joh. Joach. Eschenburg.) Göttingen,
Dieterich, 1797. 8⁰. 60 S. Sehr selten! (8 Mk. Bernh.
Liebisch, 1907: unbeschnittenes, tadelloses Exemplar.)

> B.'s Lenore, die am häufigsten übersetzte deutsche Ballade,
> in den Uebertragungen von Stanley (der den Schluss
> völlig veränderte), Spencer u. Pye. Mit 2 Briefen an
> Gleim. Anon.-Lex. I. p. 287 nennt Eschenburg als
> alleinigen Uebersetzer (nach Kayser). (?)

BÜRGER. — Viktor (d. i. *Nicol. Meyer,* 1775—1855), Leo=
nore, Ein Roman nach der *Bürger'*schen Ballade. Leipzig 1830. 8⁰. 264 S. (4 Mk., geles. Expl., Max Jaeckel,
Potsdam, c. 1907; 2 Mk. 40 Pfg. Taussig, Prag, 1904.)

> Goedeke VII, 54, 15.

BÜRGER. — Zumstegg, J. R., Die Entführung oder
Ritter Karl von Eichenhorst und Fräulein Ger-
trude von Hochburg, Ballade von *G. A. Bürger* in
Musik gesetzt. Hamburg, Böhme, o. J. (ca. 1795). Mit Titel-
vignette von L. Wolf. Qu.-fol. 21 SS. (12 Mk. J. Halle,
München, 1907.)

> Eitner X. 366 citiert diese Ausgabe nicht.

BÜRGER. — Des Pfarrers Tochter von Taubenheim
von *G. A. Bürger* in Musik gesetzt. Leipzig, Breitkopf u.
Härtel, o. J. (ca. 1800). Mit Titelvignette, Schnorr del., W.
Böhm sc. Qu.-fol. 26 SS. (12 Mk., Expl. im Orig.-Umschl., Derselbe.)

> Eitner X. 367.

BÜRGER. — Das Lied von Treue, Ballade von *G. A.
Buerger* in Musik gesetzt. Leipzig, Breitkopf u. Härtel, o. J.
(1803). Mit Titelvignette, Schnorr v. K. del., Riedel sc.
Qu.-fol. 28 SS. (15 Mk., Expl. im Orig.-Umschl., Derselbe.)

> Eitner X. 367.

BÜRGER. — Phantasien; in drei priapischen Oden
dargestellt und im Wettstreit verfertiget, von
B(ürger), V(oss) und St(ollberg). Letzterer erhielt die
Dichterkrone. Mit Titelkupfer (Amor, der den Pfeil schärft) nach
Raph. Mengs, gez. v. Gröger, gest. v. F. Bolt, 1800.
Berlin. In allen guten Buchhandlungen. 4⁰. 16 S. Rarissime!
(In Hamburg, Stadtbibl.; auch in Wien, Stadtbibl.: Secr. A 90,
oder der folgende Druck.) (75 Mk., sehr saub. Expl. in eleg.
Hldrbd., Adolf Weigel, 1906.)

> Grisebach, Weltlitteratur No. 1616. Allem Anschein nach
> der erste Druck des unglaublich schamlosen Reimwerkes.

Enth.: I. An die Feinde des Priaps (11 sechszeil. Str.) II. An Priap (8 zehnzeil. Str.) III. Wahl meiner künftigen Gatten und ihrer Eigenschaften (17 vierzeil. Str.)

— — Dasselbe, tit.: P h a n t a s i e n; i n d r e i p r i a p i s c h e n O d e n d a r g e s t e l l t und im W e t t s t r e i t v e r f e r t i g t von B (ü r g e r), V (o s s) und S t (o l b e r g). Letzterer erhielt die Dichterkrone. Berlin. In allen guten Buchhandlungen. O. J. (ca. 1820). (Preis 12 g. Gr.) 2 Bog. Kl. 4⁰. Auf holländ. Bütten (von Adrian Rogge.) Nach diesem 2. Druck reprod. in: D e r A m e t h y s t, 1906.

— — Dasselbe. Neuer Abdruck. Paris und London (c. 1825?).

> C. G. Boerner's Leipziger März-Auction 1906, Nr. 79. — Sehr rar!

BÜRGER. — S c h r ö t e r, W., D e s P f a r r e r s T o c h t e r v o n T a u b e n h a y n. Nach *Bürger's* Ballade bearbeitet. Leipzig 1868. 8⁰. (2 Mk. Franz Teubner, c. 1895.)

BÜRGER. — S. auch oben B o r n s c h e i n, ferner: L i e b e s -G e d i c h t e (Erotische) und V e n u s R o s e n k r ä n z l e i n.

BÜRGER, D e r, v o n C o n d o m, ein comischer Roman (von *Joh. Gottwerth Müller*). Itzehoe u. Hamburg, im Verlag d. Müllerschen Buchhlg. 1775. 8⁰. (In Dresden.) (2 Mk. 50 Pfg. A. Buchholz, München, 1906.)

> Scheint Bearb. e. französ. Originals. Der Held ist ein G a s c o g n e r. 208 S. (incl. Tit. u. 2 Bll. Vorber. d. Vf.). Zahm. — F e h l t in Kayser's B.-Lex.

BÜRGER-J o u r n a l oder k l e i n e F a m i l i e n b i b l i o -t h e k f ü r S c h w e i z e r. 2 Bde. Bern 1791—92. 8⁰. (20 frcs. Werner Hausknecht, S. Gallen, 1904.)

> Fortstzg. von Joh. Geo. H e i n z m a n n ' s „Die Feyerstunden des Geschäftsmannes. Vom Herausgeber der Feyerstunden der Grazien." (Vgl. Bibl. Kürschner. Lpz., Mai-Auction 1904, No. 849.)

BÜRGERMÄGDLEIN, D a s v o r d e m S p i e g e l s i c h p u t z e n d e u n d s c h m i n k e n d e, welches durch ihre annehmliche Caressen die galante Welt mit besonderer Affection zu bedienen beflissen lebet. Frankfurt und Leipzig (Celle, Gsellius) 1750. 8⁰. 17 Bogen.

> Aeusserst selten! — Cat. Meissner II; Günther's Verz. no. 197.

BÜRKNER, Rob., E r o t i s c h e (sehr zahme) L i e d e r u n d E p i g r a m m e. Mit 1 Kpfr. Breslau 1834. 8⁰.

> Mit dem Motto: „Wem's nicht gefällt, — der schelt!"

BÜRSTENBINDERS-G e s e l l e n, D e s p o l i t i s c h e n, L e -b e n s -L a u f f Oder R e i s e b e s c h r e i b u n g, von ihm selbst ans Tages-Licht gegeben, Wird allen lustigen Gemüthern zur Verkürtzung der Zeit, durch zu lesen bestens recommandiret. Mit 1 Kpfr. O. O. 1705. 12⁰. 190 S. (25 Mk. Bernh. Liebisch, Cat. 158 [1907]; 8 Mk. Jacques Rosenthal, München, ca. 1903, wo aber 190 Bll. angegeben sind.)

> Sehr seltener und den Bibliographen unbekannter „Aufschneiderroman" in der Art von Christian Reuters Schelmuffsky. Ausdrücke, die in genanntem Romane vorkommen, finden sich auch in dem vorliegenden, sodass der Verfasser dem Kreise Reuters nicht fern zu stehen scheint. Auf S. 139—179 eine zum Teil in derben Ausdrücken abgefasste dreiaktige C o m o e d i e : D e r f e i g e P r a h l e r.

BÜSCHEL (Joh. Gabr. Bernhard —, geb. 1758 in Leipzig, Regimentsquartiermeister das., † 7. März 1813), L a u n i g e G e m ä l d e. Mit freiem TKpf. Leipzig (o. Adresse) 1799. 8⁰. (Antiqu.-Pr. 8—12 Mk.) Ziemlich selten!

> Tit., 1 Bl. Inh., 340 S. 1. Hin ist hin. 2. Der Telegraph. 3. Die vier Hahnreye. 4.Ima. Nach d. Französ. 5. Prinz Didi und Prinzessin Didelette. Nach einem alten Fabliau. — E b e l i n g , kom. Lit. III. p. 624.

BÜSSEL, Aloys, D e s S k a l d e n R y p o - N o r y x I r r - u n d M i n n e f a h r t e n. 1—3. Fahrt. (3 Bde.) München, Michael, 1828. Kl. 8⁰.

> Zahm. 153, 191, 150 SS. Enth. 3 Novellen: Prinz Donora. — Die Reise in die Krimmel. — Die Convertiten.

BÜSSENDE, Die. Ein Mährchen nach *Leopold Friedrich Graf v. Stolberg* (von *Joh. Jac. Brückner*). Leipzig, Joachim, 1805. 8⁰. (18 ggr.)

> Kayser's Roman-Verz. — Ed. I. ib. 1799. (Goedeke V, 533, 76, 7.)

BÜSSENDE, D i e s c h ö n e, oder V e r o n i c a a u s d e n K a r p a t h e n. 2 Thle. Bremen 1807 bei Joh. Heinr. Müller. 8⁰. (²/₃ Rthl. Scheible, c. 1870.)

> Freier Roman. 320 u. 208 SS. (incl. 2 gestoch. Titeln). Kayser p. 20 hat irrig „1808".

— — Dasselbe. Neue unveränd. Ausgabe. Leipzig 1821. 8⁰. (1⁵/₆ Rthl.)

BÜSSUNGEN. In A l t h i n g ' s Manier. 2 Bde. Giessen, Ferber (1816). 8⁰. (2 Rthl.) (15 Mk., ' gestemp. Titelbll., Adolf Weigel, 1906:)

> „Höchst seltener erotischer Roman."

BUGENHAGEN, Jo., W a s m a n v o m C l o s t e r - L e b e n i n s o n d e r h e i t d e r N o n n e n h a l t e n s o l l. Wittenberg 1529. 8⁰.

> Bibl. Kielmans-Egg. III. p. 738.

BUGENHAGEN, O b e i n h a u s s v a t e r m ö g m i t g u t e m g e w i s s e n v n c h r i s t l i c h v n B a e p s t l i c h e h a l t e n g e d u l d e n. Nuernberg 1532. 4⁰. 4 Bll. (9 Mk. Paul Graupe, Berlin, 1908.)

* BUHLEN, Das a l l g e m e i n e, und F r e y e n D e r m e n s c h l i c h e n H e r t z e n, M i t D e n d r e y e n T ö c h -

tern der Welt, Superbia, Luxuria, Avaritia....
Prag 1719. 4⁰. (In Berlin: Yk 2801.) (Auch in Breslau, Kgl.
u. Univ.-Bibl.: Lit. Teut. II. 4⁰. 332.)

> In moralisirenden Versen.

* **BUHLER.** — Eyns bulers Traum in Reumen (!)
gesetzt, kurtzweilig zu lesen.

> Wer vff weibs schön wort thut bawen,
> Vnd sein Träumen will vertrawen,
> Der wirdt manch mal ser betrogen,
> Das ist warlich vngelogen,
> Traum machen manch Nerrischen man,
> Wer sich vff sie fast will verlan,
> Dem geben sie schlaffenden lust,
> Wachent ist alles vmb sust.

O. O. u. J. (Siemern, H. Rodler, c. 1533). 4⁰. 8 Bll. Rücks.
des letzten leer. (In Berlin: Yh 916.)

> Anfang: ES fuegt sich an eynem morgen etc. etc. —
> Weller, Annalen I. p. 308.

BUHLER, Die, im Narrenkäfig, im Singen unterrichtet;
oben Spottgedicht von 10 Zeilen: da ich jung war, war
ich ein Hur . . . Volle Beutel müssen wir han. Holzschnitt
in Michael Ostendorfers Manier, um 1550. Satyrisches
Flugblatt. Qu.-fol. Späterer Druck. (18 Mk. Jacques Rosenthal, c. 1903.)

BUHLERTRUG und Mädchenschwüre. Mit 1 Kpfr. Leipzig, Joachim, 1805. 8⁰. (1 Rthl.) Sehr selten!

* **BUHLSCHAFFT,** Die verfehlte, das ist: Zwey lustige
Spiel, da in dem ersten dargethan wird, wie der Teuffel
einer Buhlerin ihre Ehr vor ihren Buhlern hütet, biss ihr Ehemann wieder kommt. Vnd In dem andern, wie drey vermeinte
Buhler, bey einer ehrlichen ʹBeckin, übel angefahren, vnd
schlecht, von ihren eigenen Weibern, darüber seyn traztiret worden. Männiglich zur Warnung vorgestellt. (Vf. *Jacob Ayrer*)
O. O. u. J. (1623). 8⁰. (In Weimar.) 32 Bll.

> Weller, Annal. II. p. 253. no. 42. Grosse Seltenheit!
> Ohne Namen Ayrer'.s, in dessen „Opus Thæatricum" das
> zweite Spiel als Nr. 46 steht: „Faßnachtspil, Die ehrlich
> Beckin mit jhren drey vermeinten Bulern, mit 9 Personen."

— — Dasselbe. Neudruck: Die ehrliche Bäckin mit
ihren drei vermeinten Liebsten. Ein Possenspiel.
Wien 1876. 8⁰. 26 S. (Goedeke III 550, 46.)

BUKAREST. — Der blich, Land und Leute der Mol-
dau und Walachei. Prag 1859. 8⁰. IV u. 315 SS. „

> „Hamburg, mit den Tausenden inscribirter Dirnen ist ein
> spartanisches Dorf im Vergleiche zur Freudenstadt
> Bukarest." (R. Zinke's Dresd. Novbr.-Auct. 1905. Nr.
> 1895.)

BULLINGER, Heinr., Der Christlich Eestand. O. O.
1579. 8⁰. (6 Mk. Ludw. Rosenthal, c. 1888.)

BUND, Britischer, continentaler u. allgemeiner, zur Abschaffung der Prostitution, vornehmlich als gesetz-
liche oder geduldete Einrichtung. Neuenburg 1877. 8⁰. (50
Pfg. Paul Neubner, 1892.)

BUND, Der, der Geheimen .... (von *Ernst Bornschein*), s. Portokar, Moritz Graf v.

BUND, Der, der Magern und der Fetten. Ein komischer Roman von *K. K. ff. r. (Küffner?).* Wien, Anton
Pichler, 1801. 8⁰.

> Unsinniges Machwerk, aber harmlos. Titelkpf., Tit. gestoch.
> u. 155 S. (incl. 1 Bl. Vorr.). Darin S. 65—83: Orfeus
> und Orfea, oder der bezauberte Geigenbogen. Ein mytholog.
> Mährchen mit Arien, Chören u. Erscheinungen.

BUND, Der, der Richter im Verborgenen, oder
Franzesko di Casano und Blanka di Villaher-
mosa. Eine (stellenweise freie) Geistergeschichte, gezogen aus
den Handschriften des Ungenannten. 2 Thle. Winterthur 1796.
8⁰. (2¹/₃ Rthl.)

> S. Richterbund, Der .... (gleichen Inhalts).

BUND, Der schöne. Ein kleiner Roman für das neue Jahrhundert. Göttingen, Dietrich, 1801. 8⁰. (1¹/₃ Rthl.)

BUND, Der dreifache, in Deutschlands Wäldern geschwo-
ren .... (von *Carl Gottlob Cramer*). Leipzig 1814.

> Anon.-Lex. I. p. 289 (nach Meusel).

BUND, Der geheime, der schwarzen Brüder, Ur-
quell der vorzüglichsten academischen Verbindungen .... (von
Gerhard Friederich). Mainz 1834.

> l. c. (nach Kloss).

BUNDESSCHWESTERN, Die geheimen, und der
Mohrenprinz, Begründer einer genialischen Colonie in
Afrika. Fragmente zu einem Sittengemälde aus d. Brieftasche
eines Reisenden (von *Theod. Ferd. Kajetan Arnold*). 2 Thle.
Cöthen, Auesche Buchhdlg., 1808. 8⁰.

> Pikant u. rar! 302 u. 280 SS. (4 Mk. 80 Pf. W. H. Kühl,
> Berlin, c. 1883.)

BUNDIE, Edgar (ps.), Paradiesäpfel vom Baume der
Erkenntniss. (Freie Gedichte.) Philadelphia (Altona, Verlagsbureau) 1853. 12⁰.

— — Dasselbe. Ibid. 1863. 85 S. 12⁰. (3 Mk. Scheible etc.)

— — Dasselbe. Philadelphia, C. F. Myers. 1863.

> Anderer Druck, Format und Seitenzahl, wie das vorige.

BUNDSCHUH, Ueber Erziehung des Frauenzimmers. Offenbach 1785. 8⁰. (1 Mk. Max Weg, Lpz., 1897.)

BURDACH, Heinr., Der Sohn der Natur, oder der
neue Achill. Romantische Erzählung. Leipzig, bey C. H.

F. Hartmann. 1819. 8⁰. (1 Mk. 80 Pfg. Alfred Lorentz,
Lpz., 1905.)
> Tit. u. 165 S. Stellenw. etwas frei.

BURGER - L u s t, E r g ö t z l i c h e r, Aber Lehr, Ehr- vnd
Sittsamer, von allerhand Vnsauberkeiten rein bewahrter, bestehend in sehr lustigen Begebenheiten, wol Possierlichen Historien, gar schimpfflichen Gesprächen vnd Erzehlungen: Mit
vielen merckwürdigen Sprüchen, new üblichen Gedichten,
scharpffsinnigen, artigen, Schertzfragen vnd Antworten . . . .
3 Thle. Mit TKpfr. O. O. 1663. 12⁰.
> Sehr selten! Eines der besseren Schwankbücher. —
> F r ü h e r : O. O. 1659. 12⁰. (Citirt Julius Krone, nach
> Palm u. Rothhan.)

— — Dasselbe, tit.: E r g ö t z l i c h e r, a b e r L e h r - u.
S i t t s a m e r B u r g e r l u s t. Bestehend in sehr lustigen Begebenheiten, wohl possierlichen Historien etc. In drey Theile
abgetheilt. Dediciert Allen eines Melancholischen langweiligen,
und unfröhlichen Gemüts behaften (sic!). Augsburg bey Andreas
Brinhausser 1758. 12⁰. (8 Mk. C. G. Boerner, Lpz., c. 1902.)
> In B e r l i n noch a n d e r e A u s g a b e n.

BURGERHARD, S a r a h. ˙ Eine niederländische (zahme) Geschichte aus dem bürgerlichen Leben in zwey Theilen. Leipzig,
Weygand, 1789. 8⁰.
> 360 fortl. gez. S. incl. Titkpf., Tit. u. 1 Bl. Vorbericht, wo-
> nach 2 holländische Donnen, M a d. E. B e k k e r u. A.
> D e k e n Verfasserinnen des 1782 erschienenen Originals
> sind. — F e h l t im Anon.-Lex.

BURGFELD, K a r l v.; oder w i e k a n n m a n z u e i n e r
F r a u g e l a n g e n ? (von . . . . *Cochlovius*). 2 Theile. Halle
(Ruff) 1788. 8⁰. (16 ggr.) Rar!
> Anon.-Lex. I. p. 301 hat: „Halle 1787" (nach Meusel)
> u. „Hannover 1788" (nach Kayser).

BURGFRIEDE, D e r. Eine Rittergeschichte aus dem 13. und
14. Jahrhundert (von *Ernst Adolph Eschke*). 2 Bde. Braunschweig 1792. 8⁰.
> Anon.-Lex. I. p. 290 ˙(nach Meusel). — Kayser p. 20
> hat „1794". (?)

BURGGEIST, D e r, in d r e y f a c h e r G e s t a l t. Mit
Holzschn. Wien 1798. 8⁰. Selten!
> Haydinger's Bibl. I. 2. (Wien 1876). No. 76.

BURGGEIST, D e r, a u f S c h n e l l e r t s und R o d e n -
s t e i n . . . . (von *August Scharfenberg*). Würzburg 1829.
> Anon.-Lex. I. p. 290 (nach Goedeke u. Scriba).

BURGGEIST, D e r, a u f T o d t e n s t e i n oder d e r L a n d -
g e i s t i m O d e n w a l d e (von *Johann Conrad Dahl*). Frankfurt 1816.
> l. c. (nach Kayser).

BURGGESPENST, D a s. Eine (zahme dialogisierte Ritter-) Geschichte der Vorzeit. Von *F. K. L. M—n.* Weißenfels und Leipzig, bei Friedr. Severin 1793. 8⁰. 140 S.

— — Dasselbe. Ebd. 1811. 8⁰.

Kayser, Romane, p. 20.

BURGHALLER, Rudolf (in Berlin-Wilmersdorf, geb. in Halle a. S. 22. Aug. 1872), P h r y n e. Drama in einem Vorspiel u. 3 Akten. Berlin 1908. 8⁰. 149 S., brosch. 3,50 Mk.

„Verfasser versucht, in seinem Drama nicht bloß einen Ausschnitt aus dem Menschendasein zu geben, sondern alle wesentlichen Erscheinungen des Lebens hineinzuziehen. Der Entwicklungsprozeß der Phryne vom Kapernmädchen (so!) bis zum geistig freien Weib, und daneben die Parallele des „suchenden Mannes" sind die beiden Richtlinien, auf denen sich die Handlung bewegt. Was die Sprache anlangt, so vermeidet Verfasser mit Bewußtsein das, was er „Wortkunst" nennt; er zieht Einfachheit des Ausdrucks und beliebigen Wechsel zwischen Vers und Prosa der strengen und hohen Gebundenheit vor." (Dr. A. K i n d.)

BURGHAUSER, Karl, (d. i. *Fr. Karl Mebus*), F e r d i n a n d v. M o l l. Krakau (Wien, Gerold) 1805. 8⁰. Selten!

BURGONITZKI (ps. ?), S c h a u d e r h a f t e B a l l a d e, oder d r e i f a c h e M o r d t h a t a u f d e r R i t t e r b u r g A r m i n s - f e s t e. Druck v. C. Schwarzenberger, Wien.

V e r b o t e n vom L.-G. Wien 1880. § 516.

BURGUND. — D i e g e h e i m e G e s c h i c h t e v o n B u r - g u n d, Nebst den B e g e b e n h e i t e n d e r K ö n i g i n v o n N a v a r a, M a r g a r e t h a (s. dort) v o n V a l o i s. (Aus dem Französ. der Mlle. *Charlotte Rose de Caumont de La Force,* 1654—1724.) Stockholm und Leipzig, b. Goitfr. Kiesewetter. 1745. — Fortsetzung . . . . als der z w e y t e T h e i l der geheimen Geschichte von Burgund. Ebd. 1746. 8⁰. Zus. 3 Alph. 4 Bogen (Expl. in Hannover, Stadtbibl., u. in Wolfenbüttel.) (1²/₃ Rthl. Scheible, v o r 1870.)

O r i g. (in Wolfenb.): Histoire secrète de Bourgogne. 2 tomes. La Haye, L. & Hnr. van Dole, 1694. 12⁰.

BURI, A n e k d o t e n g r o ß e r u n d k l e i n e r M ä n n e r u n d W e i b e r, guter und böser Menschen. 4 Bde. Neuwied, Gehra, 1789—91. 8⁰. Cplt. rar!

Meusel's in Coburg Lhbiblcat. 1807. no. 1254—57. War auch ohne Theilesangabe in Schmidt's in Dresden Lhbiblcat. 1819. p. 145.

BURGHARD, J. G., D i e s i e g e n d e C h l a r i n e. (Schauspiel.) 1672. 8⁰. Höchst selten!

Antiquar B. Simonssohn's in Berlin hinterlass. Bücher-Sammlung 1830. p. 218, no. 418, Beibd.

BURLESKEN und sotadische Erzählungen. Rom
1800. 8⁰.
> Sehr selten! (1 fl. 36 xr. Scheible in e. alt. Cat.;
> jetzt viel theurer!) Weller, fing. Dr.

BURMANN, Nic., Verlassene und versorgete Ruth.
Leipzig 1693. 8⁰. Rar!
> Cat. bibl. Ransleb. (Berol.) 1714. p. 46.

BURNS, M., Der Mädchenspiegel. Berlin 1887. 8⁰.
(40 Pfg. G. Priewe, 1895.)

BURSCH, der flotte, oder Neueste vollständige
Sammlung von sämtlichen jetzt gebräuchlichen burschikosen Redensarten u. Wörtern, sowie eine genaue Aufführg. aller Sitten u. Gebräuche, welche
bei Comitaten, Aufzügen, Wein-, Bier- u. Fuchscommerschen
oder sonstigen solennen Festivitäten vorkommen und strenge
beobachtet werden müssen. Nebst Appendix mehrerer Originale,
originellen Einfälle u. Anekdoten aus der Burschenwelt. Ein
Produkt froher Laune für alle Universitäten Deutschlands. Von
C. B. v. Rag - - - y u. a. Leipzig 1831. 8⁰. 130 S. (¹/₂ Rthl.) (4
Mk., unaufgeschn. in Orig.-Umschl., Friedr. Klüber, 1898.) (In
Hannover, Stadtbibl.)

BURSCHENALMANACH, oder akademisches Liederbuch. Dessau 1782, in der Buchhdlg. der Gelehrten. 8⁰.
Höchst selten!
> Magaz. d. Buch- u. Kunst-Handels. Jahrg. 1782. (Lpz.)
> S. 830.

BURSCHENLEBEN, Das, nach der Natur gezeichnet; ein Schauspiel in 4 Aufzügen (von *Carl Theod. v. Traiteur*). Frankfurt 1780.
> Anon.-Lex. I. p. 291 (nach Kayser u. Meusel).

BURZELBÄUME meines Satyrs. (Stellenw. freie Dar-
stellungen von *Gustav Teubner*.) 2 Bde. Berlin (Erfurt,
Hennings) 1811. 8⁰. (1²/₃ Rthl.) 270 + 255 S. (2 Mk. 50
Pfg. H. W. Kühl, c. 1883.)
> Anon.-Lex. I. p. 291 irrig „1810" (nach Goedeke, und
> dieser nach Kayser).

BUSCH, F. B. („Regierungs-Advocat u. Amts-Commissair zu
Arnstadt"), Theoretisch-praktische Darstellung
der Rechte geschwächter Frauenspersonen gegen ihre Verführer u. der unehelichen Kinder
gegen ihre Erzeuger, aus dem Gesichtspunkte des gemeinen bürgerl. Rechts betrachtet. Nebst e. Anhange, enthaltend die hierüber bestehenden Verordnungen der k. k. Oest-
reich., k. Preuß., Baier. u. k. Sächs. Gesetzgebungen, ingleichen
die des Großherz. Sachsen-Weimar-Eisenach u. der Herzog-
thümer Coburg u. Sachsen-Altenburg. Ilmenau, Bernh. Fr. Voigt,

1828. Gr. 8⁰. (In Rostock, Univers.-Bibl.) (10 Mk. A. Biele-feld, c. 1882.)

XXIV—502 S., 1 Bl. Verlag d. Firma. — Vergriffen u. gesucht!

BUSCH, G. Fr., D e r B u r g g e i s t. Eine Ritter- und Geister-geschichte aus den Zeiten Kaiser Heinrichs des IV. Nord-hausen, Fürst (c. 1832). 8⁰.

BUSCH, C i n t h i o oder d i e g e b e s s e r t e n U e b e r-r e s t e a u s d e m f u r c h t b a r e n B u n d e d e r v e r s c h w o-r e n e n B r ü d e r. Eine romantische Räuber- und Familien-geschichte. 2 Thle. Ebd. 1838. 8⁰. (2 Mk. Frz. Teubner, ca. 1898.)

BUSCH, H a n s B a r t o l d u n d H a n s U n t e r b e r g, S t i f-t e r e i n e r R a u b b a n d e b e i A n d r e a s b e r g. Ebd. 1842. 12⁰. (1 Mk. G. Lau, München, 1892.)

BUSCH, D e r s c h w a r z e R i t t e r, oder: D e r B l u t-r ä c h e r. Eine historisch-romantische Erzählung aus dem Ritter-leben und den furchtbaren Zeiten des heimlichen Gerichts. 2 Bde. Ebd. 1843. 8⁰.

BUSCH, H a b a k u k S c h m a u c h, d e r b r a n d e n b u r g-i s c h e R ä u b e r h a u p t m a n n, oder: D e r H ö l l e n-s c h l u n d i m R a u l i n g a m P l a u e s c h e n S e e. Eine schauderhafte Räubergeschichte. 2 Thle. Ebd. 1843. 8⁰.

BUSCH, W o l f d e r V e r r u c h t e oder: D e r T e u f e l i m R i t t e r p a n z e r. Ritter-, Räuber- und Geistergeschichte. 2 Bände. Ebd. 1841. 8⁰.

216 u. 187 Seiten. Stellenw. anstössig.

BUSCH, Wilh. († 1908), D e r h e i l. A n t o n i u s v o n P a d u a. Lahr, M. Schauenburg o. J. (1870). Gr. 8⁰. 69 S.

V e r b o t e n v. L.-G. Wien, 6. September 1871. §§ 122 b, 303, 516. — E r s t e, bereits sehr rare Original-Ausgabe! (30 Mk., mit illustr. Orig.-Umschl., Adolf Weigel, 1907; 24 Mk. Südd. Antiqu., München, 1908.) — Expll. mit dem Verlagsort „Strassburg" sind von einer späteren (Titel-) Auflage.

BUSEN-TUCH, D a s. Eine Arabeske. Als Seitenstück zu dem Unterröckchen, wie es seyn sollte (von *Joh. Ernst Friedr. Wilh. Müller*). Leipzig, Kühn, 1804. 16⁰. (2 Mk. E. Frens-dorff, 1895.)

TKpf. u. 48 SS. N i c h t erotisch.

BUSSERL, D a s g e w e i h t e. Grossenhain u. Leipzig, Ver-lag von Baumert u. Ronge.

V e r b o t e n v. L.-G. Klagenfurt, 19. October 1891. §§ 58 b, c, 303, 305. Hierher gehörig?

BUSSIÈRES, Joh. de, B l ü m l e i n a l l e r l e y G e s c h i c h-t e n, aus dem Latein. von Einem unglückseligen Fürsten

(F e r d i n a n d A l b e r t, Herzog zu Braunschweig und Lüneb.).
Hannover 1673. 8⁰. (6 Mk. Eman. Mai, Berlin, 1898.)

> Vom Uebersetzer seinem Vater, dem Herzog A u g u s t zu
> Brnschw.-Lüneb., „zum Neuen Jahrs Geschenck" gewidmet.
> Sehr selten!

> Der Cat. J. N. Fritz, München 1770, verzeichnet S. 74:
> B u s s i è r e s, Joan. de, s. J., Flosculi historiarum in
> areolas suas distributi. Coloniae 1705. 12⁰.

* **BUSSLEBIUS** (-Bussleben), Joh. (aus Ilmenau), J u n g f r a w
S|piegelein, Das ist, Ein Christlich Büchlein von guter Zucht,
vnd bewerten Sitten, Allen Ehrliebenden, Tugentsamen, vnd
Erbarn Hausmüttern, wie sie jhre Töchter fürnemlich erzihen
sollen, Zu nutz vnd ehren in R e i m e geordnet, durch *Joannem
Bußlebium* Ilmensem . . . . . *Am Ende:* Gedruckt zu Erffordt,
Durch Conradum Dreher zum bundten Lawen bey S. Paul.
O. J. (1570). 8⁰. (In Berlin: Yh 4571, mit Beibd.) Sehr selten!

> Titel u. Textseiten mit Randleisten. 1 Bog. Vorst. (Vorr.
> in Prosa), und signirt B—E 4. Mit 3 geistl. Liedern.
> Das letzte Bl. enth. nur die Druckortsanzeige auf der
> Stirnseite.

> Jahrzahl bei Cless II, 64, u. Fülleborn, kl. Schr. II.
> Breslau 1798. 8⁰. p. 220.

BUSSTAGE e i n e s W ü s t l i n g s; oder P h a n t a s i e n e i n e s
N e r v e n k r a n k e n. 2 Bde. Leipzig, Heinsius, 1806. 12⁰.

> 240 u. 191 Seiten. Zahmen Inhalts. — Kayser hat:
> Erfurt, Hennings (ohne Jahrsangabe).

BUSS - T h r ä n e n, E v a n g e l i s c h e, U b e r d i e S ü n d e n
s e i n e r J u g e n d, Und besonders Uber eine Schrifft, Die
man M u f f e l d e r N e u e H e i l i g e betitult, Mit Poetischer
Feder entworffen, von dem Verfasser des sogenannten Muffels,
oder besser M. Vufle (*Johann Simon Buchka*, geb. 27. April
1705 zu Arzberg, † 25. März 1752 als Syndiakonus u. Freitags-
prediger zu Hof, „größtenteils aus Gram über sein lasterhaftes
Weib"), Leipzig und Bayreuth . . . . 1737. 8⁰. 12 Bll. u.
134 S. (In Göttingen: P. 3700.) (5 Mk. Ludw. Rosenthal,
1906.)

— — Dasselbe. Z w e y t e A u f l a g e, welcher der Muffel
selbst angefüget ist. Basel 1737. 8⁰. 8 Bll. u. 80 S. (In Göttingen: P. 3700.)

> Darin S. 69—80: Muffel, der Neue Heilige . . . . Dritte
> Aufl. Basel 1737.

> Der e r s t e Druck des „Muffel" erschien titulo: Als
> Herr Joh. Friedr. Wilhelm von Jerusalem, Von Osnabrück aus
> Westphalen, Die Magister-Würde in Wittenberg erhielte,
> Bezeugte hiemit seine Freundschafft Ein Bekandter, Den
> 30. April 1731. 8⁰. 14 S. (In Göttingen: P. 3451.) In
> Alexandrinern. Beginnt:
> Recht so, Geehrter Freund! Lass dich Magister nennen.

— — Dasselbe. A n d e r e (so!) A u f l a g e. Leipzig und Bayreuth, 1740. 8⁰. 8 Bll. u. 119 S. (In Göttingen.) (4 Mk. 50 Pfg. Max Harrwitz, zus. mit dem weiter unten verzeichneten „Muffel" von 1740, c. 1903.)

— — Dasselbe. D r i t t e A u f l a g e. 1747. 8⁰.

— — Dasselbe. V i e r t e A u f l a g e. Hof und Baireuth 1750. 8⁰.

— — M u f f e l d e r N e u H e i l i g e oder D i e e n t l a r v t e S c h e i n h e i l i g k e i t Bey einer Magister-Promotion offenbaret von einem Mitgliede der deutschen Gesellschaft in Leipzig. Neue Auflage im Jahr 1740. 8⁰. (In Göttingen.)

— — Dasselbe (S. 219 ff.) in: Des Herrn *Johann Simon Buchka,* Bestverdientgewesenen Syndiaconus und Freitags-predigers zu Hof, A u s e r l e s e n e G e d i c h t e in Ordnung gebracht, und mit einem V o r b e r i c h t v o n d e n b e s o n-d e r n L e b e n s u m s t ä n d e n des seligen V e r f a s s e r s begleitet von J.(ohann) M.(ichael) P.(u r u c k e r). Hof und Bayreuth, verlegts Johann Gottlieb Vierling, privilegirter Buch-händler, 1755. 8⁰. 12 Bll. u. 549 S. (In Göttingen.)

Vgl. Goedeke III, 356, 39, 1—2.

BUSSY - R a b u t i n, Roger Comte de (geb. 3. April 1618 zu Epiry, † 9. April 1693 zu Autun), H i s t o i r e a m o u r e u s e d e s G a u l e s, oder k u r t z w e i l i g e L i e b s - G e s c h i c h-t e n f ü r n e h m e r S t a n d s p e r s o n e n am K ö n i g l. H o f z u P a r i s s, s. F r a n k r e i c h.

BUSSY-RABUTIN, L i e b s c h a f t e n, G e h e i m e, v o n P a-r i s e r H o f d a m e n, s. ebd.

§ **BUSSY-RABUTIN,** D a s O r a k e l d e r L i e b e. Ein Toi-lettengeschenk für Liebende. Nach dem Franz. des *Roger,* Grafen *v. Bussy-Rabutin* von Frdr. Wilh. B r u c k b r ä u. Augsburg u. Leipzig, in der v. Jenisch- u. Stageschen Buch-hdlg. 1828. 8⁰. (In München: Ph. pr. 178 m.) Selten!

1 Bl., 124 S. (incl. 28 S. Vorw. m. biogr. Notizen). — Eine poet. Uebertragung der „Maximes d'amour" findet sich schon in P h i l a n d e r (s. d.) v. d. L i n d e ' s (Joh. Burch. M e n c k e's) „Galanten Gedichten", Lpz. 1705, S. 133 bis 166, sowie in Dessen „Schertzhafften Gedichten". Lpz. 1706, 1713, 1722. 8⁰.

BUTLER, Jos., D a s s t a a t l i c h r e g u l i e r t e L a s t e r u n d d i e d a m i t v e r b u n d e n e n E i n r i c h t u n g e n. 2 Vorträge 1886. 8⁰. (80 Pfg. Schaper, 1904.)

BUTLER, J. E., E i n e S t i m m e i n d e r W ü s t e. (Prosti-tution.) 8. Paris 1875. 8⁰. (1 Mk. A. Bielefeld, c. 1905.)

BUTLER, M o n a (Wenn ein Kind liebt . . . . .) Eine Ge-schichte von Liebe und Rute. (Priap. Roman eines talent-vollen Autors, der etwas Edleres verfassen könnte.) Aus d.

Englischen von D. E. L o t y (wohl ps.). P r i v a t d r u c k.
O. O. u. J. (Sudbury 1907). 8⁰. VIII—121 S. Lat. Lett. (Br.
Mk. 15.—; Lederbd. m. Goldschn. Mk. 18.—.) Br. 14 Mk.
F. Waldau, 1908; 15 Mk., Expl. im Origlederbd., Adolf Wei-
gel, 1909.)

> Die Expll. sind numerirt, da die Auflage nur auf die
> Subscribenten beschränkt war.
> Hierzu erschien laut Anzeige auf dem letzten unbeziff.
> Bl. in einer einmaligen Auflage von 200 num. Expll. e i n e
> F o l g e v o n 10 d e n T e x t b e g l e i t e n d e n Z e i c h -
> n u n g e n von R e g i n a l d T h u n e. London. (Preis
> Mk. 20—; die 25 ersten Expll. vom Künstler koloriert u.
> gezeichnet, Mk. 40—.)

BUTTLER, E v a v o n, die M e s s a l i n e und M u c k e r i n,
als Prototyp der „Seelenbräute." Ein Beitrag zur Kenntniss der
Mysterien des Pietismus. Nach authentischen Quellen für's
Volk erzählt von Ludw. C h r i s t i a n y. Stuttgart 1870. 12⁰.

> Kurzgefasste, dabei mit aktenmässigen Daten belegte Dar-
> stellung des T r e i b e n s e i n e r M u c k e r b a n d e, welche
> zu Anfang des vorigen Jahrhunderts, von Deutschland's Zer-
> rissenheit profitirend, i n H e s s e n und a n d e r n D u o -
> d e z s t a a t e n in ihrem pietistischen und blasphem.-pria-
> pischen Unfug zu erschreckender Ausartung gelangte. (12
> Sgr. Scheible, Nat. 49.)

BUTSCHKY, Samuel, H o c h d e u t s c h e V e n u s - K a n z e -
l e y, Darinnen allerhand Schimpf-, Ernst- und Währhafte (!)
Brife in Libes-Sachen. Schweidnitz, Perfertische Buchdrukkerey,
1644. 12⁰. (18 Mk. J. Halle, München, c. 1905.)

> Sehr interess. Liebesbriefsteller. E r s t e r S c h w e i d -
> n i t z e r D r u c k ! (Deschamps col. 1154—55 citirt erst
> 1683.) — Auct. Klemm no. 369. Mit einem A n h a n g von
> (136) „Sprüch-Wörtern und Scherz-Reden". — Sehr selten !

BYRON, Lord (1788—1824), D o n J u a n, übersetzt von O.
G i l d e m e i s t e r. 2 Bde. Bremen 1845. 8⁰. (2 Rthl.) (3
Mk. Karl W. Hiersemann, Lpz., 1905.)

> O r i g.: Don Juan. 6 vols. (16 cantos.) London 1820—24.
> Small-8⁰. First edition. (75 Mk. Hiersemann, l. c.) —
> Weitere deutsche Uebersetzgn. in den bibliogr. Lex.
> Eine s c h w e d i s c h e Uebertragung von C. A. W. S t r a n d -
> b e r g erschien Stockholm 1878. 8⁰, in 2 delen.

BYRON. — L o r d B y r o n ' s L i e b e s - A b e n t h e u e r. Aus d.
Englischen von R e i t e r (ps.). 2 Thle. Sondershausen, G. Neuse,
o. J. (1862). 8⁰. (1¹/₃ Rthl.) (4 Kr. Halm & Goldmann, 1904;
steigt im Preise.)

> O r i g. ist vielleicht: Private life of Lord Byron, by
> John M i l f o r d (ps. ?).
> F r a n z ö s. U e b e r s.: Vie privée et amours secrètes de
> lord Byron, trad. de l'angl. par F. Paris 1837, 1838, 1840,
> 1842. 2 vols. in-18⁰. (Bibliogr. de l'amour VI, p. 418.)

BYRON. — Isidor (d. i. Frau *v. Mauritius*), Bilder aus dem Leben eines genialen Dichters unserer Zeit. Romantisch bearbeitet. Magdeburg, 1834. Bei Ferd. Rubach. 8⁰. Zahm.

> IV—234 S., 1 Bl. Verlag der Firma. — Auch u. d. Tit.: Taschenbuch f. d. elegante Welt, auf d. J. 1834. — Weller, Lex. Pseud.

BYRON. — Magnien, Eduard, Mensch, Engel oder Teufel? Byrons Leben und Abenteuer in England, Italien und Griechenland. 2 Bde. Meißen, bei Fr. W. Goedsche. 1837. 8⁰. Zahm.

> 1: 289 S. (incl. Tit. u. 4 Bll. Vorw.). 2: 345 S. (incl. Tit.). (Nebentitel von Abth. II: In Italien. „Cicisbeo e Carbonaro", von Abth. III: In Griechenland. *Ἥρως καὶ μάρτυρ.*") — Selten u. wenig bekannt !

BYRON. — Zianitzka, K. Th. (d. i. *Kathinka Therese Pauline Modesta Zitz*, geb. *Hallein*), Lord Byron. Romantische Skizzen aus einem vielbewegten Leben. 5 Thle. Mannheim 1866—67. 8⁰. Zahm. (Ldpr. 5 Rthl.) (1 fl. Beck, Nördl., vor 1870; 1 Rthl. A. Bielefeld, c. 1872.)

C.

CABINET (chronologisch). — Geheimes Cabinet, von Staats- u. Liebes-Intriguen, wie auch Glück- und Unglücks-Fällen vornehmer Minister (hrsg. v. D. Kemmerich). Erste (einz.) Eröffnung. 1713. 8⁰. Sehr selten!
Vgl. Huhold, M. P., Curieuse Nachricht von denen ....
Journal- .... Schrifften. 4. Ausg. Jena 1717. 8⁰. S. 12.
— —, Neueröffnetes, Sinn-, Lust- u. Lehrreicher Historien. Berlin, Rembold, 1733. 8⁰. Rar!
Cat. Monath. I. Nürnb. 1782. p. 401.

§ **CABINET,** Eroeffnetes, grosser Herrn. 2 Bde. Leipzig 1733—35. 8⁰. (In München: Eph. polit. 12.)

— —, Geheimes, der Ehe, oder A, B, C-Buch des Ehestandes, Nebst einem Allmanach in gebundener Schreibart ans Licht gestellet. In diesem A, B, C, stehn lauter Ehstandsfragen, Ein ieder mühe sich dieselben aufzusagen. Im Jahr 1752. 87 S. 8⁰. (8 Mk., unbeschn. Expl., Adolf Weigel, c. 1905:)
„Aeusserst seltenes, auch als Dichtung nicht unbedeutendes Eroticum."

— —, Geheimes, nackender Schönheiten. Franckfurt u. Leipzig. 8⁰.
O. M. M. 1752. S. 248. Grosse Seltenheit!

— — historischer Ergötzlichkeiten zum Zeitvertreib in der Einsamkeit u. in der Gesellschaft. Hamburg, Gleditsch, 1754. 8⁰.
Cat. Monath I. Nürnb. 1782. 8⁰. p. 401.

— —, Das, der Feen, oder gesammlete Feenmährchen in 9 Thln. (cplt.). Aus d. Französ. (der Mme. *d'Aunoy*) übers. (von Fr. Imman. Bierling). Mit vielen Kpfrn. Nürnberg, Raspe, 1761—65. 8⁰. (6 fl.)
Cat. Monath. I., l. c. — Anon.-Lex. I. p. 293 hat „1761—66".

— — Dasselbe. 9 Thle. Mit vielen Kpfrn. Ebd. 1781. 8⁰. (9 Mk., ohne Th. 7, Friedr. Klüber, 1906.)
Enthalten meist pikante Liebesgeschichten. Einige Titel: Graciöse u. Persinet. — Die Schöne mit den goldnen Haaren. — Der Prinz Kobolt. — Don Gabriel Toledo. — Der neue adliche Bürger. — Bellebelle oder der beglückte Ritter. — Der Prinz Marcassion oder Frischling. — Der Delphin. — Persinette. — Das Land der Vergnügungen. — Amors Macht. — Die vernichtete Tyrannei

33*

der Feen. — Reise des Zulma im Lande der Feen. — Der Prinz von Aquamarina. — Der unsichtbare Prinz. — etc.

— —· Dasselbe. 9 Thle. Mit vielen Kpfrn. 2. (!) verbess. Aufl. Ebd. 1820. 8⁰. (9 Mk., ohne Th. 5 u. 8, Derselbe.)

Märchen in pikanten Liebeshistorien wie: Florine die schöne Italienerin. — Die vollkommene Liebe. — Angui-lette. — Immerschöne. — Der Palast der Rache. — Die Begebenheiten der Finette. — Incomparabilis. — Die Königinn der Feen. — Graciöse u. Persinet. — Der blaue Vogel. — Die Prinzessin Rosette. — Die gute kleine Maus. — Der Hammel. — Don Gabriel Ponce. — Babiola. — Der Tauber u. die Taube. — Die Prinzessin Bellastella u. der Prinz Carus. — Fortunio. — Die irrenden Ritter. — Reise des Zulma im Land der Feen. — etc.

In Wolfenbüttel folgende Sammlung: Le cabinet des fées, ou collection choisie des contes des fées, et autres contes merveilleux, Ornées de Figures. [Par Charles Joseph Mayer.] T. I—XXXXI. Genève, Barde, Manget & Cie, & Paris, Cuchet, 1785—89. 12⁰. (Die Kpfrn. fehlen.)

CADEMANN, M. Adam Gotthelf („h. t. Archi-Diaconus an der Stadt-Kirche in Kemberg"), **Das schwer zu bekehrende Weiber-Hertz,** welches am andern Sonntage nach Trinitatis . . . . . 1742 in der Nachmittags-Predigt seiner Gemeinde vorgestellet u. auf Begehren zum Druck überlassen hat —. **Zweyte** Edition . . . . verbessert. Leipzig, 1744. Zu finden bey Aug. Martini, Buchhändler auf dem alten Neumarckt, an der Ecke des Gewand-Gäßgens. 8⁰. 48 S.

Ed. I. erschien wohl 1742? — Rar!

CADENSKY, S. T., **Von Ehe-Sachen, auch Stand und Pflicht der Eheleute.** Argentor. 1713. 4⁰. (6 Sgr. Scheible.)

CÄCILIE *(Amalie v. Voigt),* **Erzählungen und Novellen von** —. Erfurt 1816. 8⁰. (1 fl. 30 xr. Scheible.)

Weller, Lex. Ps. p. 91. — Das Anon.-Lex. I. p. 293 hat als Vf.: „Johanna Caroline Amalie Ludecus" (nach Engelmann).

Zahm. Inh.: 1. Clementine. 2. Novellen von F. Sacchetti. 3. Novellen einiger mit Boccaccio gleichzeitigen, oder wenig neuern Novellisten. 4. Novellen von F. Grazzini.

CÄCILIE, oder **Geschichte u. besondere Abentheuer eines französischen Frauenzimmers von Stande.** Mit Titelkpfr. Wien, 1794. 8⁰. 270 S. (4 Mk., ohne das Kpf., J. Taussig, 1904.)

CAECILIE oder **Liebe und Entsagung.** (Zahmer Roman.) Mit TKpf. Leipzig (Wien) 1807. 8⁰. 272 S. (2 Mk. J. Taussig, 1904.)

CÄCILIE oder **die natürliche Tochter.** (Dialogform.) Chemnitz, Starke, 1812. 12⁰. (⁷⁄₁₂ Rthl.)

CECILIA oder d i e g o t t l o s e T o c h t e r , (Roman) von dem
Verfasser der Charlotte von Weissensee (s. d.). Leipzig, 1764,
bei Joh. Rothen, Buchh. in Coppenhagen. 8⁰. (In Stralsund,
Rathsbibl., u. in Stuttgart.)

> 396 SS. (incl. Tit. m. Vign. u. 1 Bl. Personen-Verzeichniss,
> unterzeichnet: *C. A. T.*) Stellenw. ziemlich frei.

CECILIE und K a l l i s t e , oder B r i e f e a u s L a u s a n n e .
Aus dem Französischen (von Joh. Friedr. Leonh. M e n z e l).
Hof und Baireuth, Grau, 1791. 8⁰.

— — Dasselbe. Ebd. 1792. 8⁰.

> Anon.-Lex. I. p. 293. War auch in Schlesinger's (Berlin)
> ehemal. Leihbibl.

— — Dasselbe, titulo: Verbindung und Verirrung, oder Briefe
aus L***. (Lausanne). Nach dem Französischen. Ebd. 1797.
8⁰. (1 Rthl.)

— — Dasselbe. Ebd. 1817. 8⁰.

> Die beiden letzten Ausgaben citirt Kayser.

CÄSAR, J u l i u s . — D i e g r o ß e K a y s e r - L i e b e oder
d e r l i e b e n d e J u l i u s C æ s a r . Aus dem Frantzösischen
übersetzet von H i g e m o n e . Leipzig, verlegts Chp. Hülße.
1698. 12⁰.

> M. M. V. 1698. F 3a; Bibl. Thomas. Hal. 1739. p. 378;
> Bibl. J. J. Schwabii II.

CÄSARIUS v o n H e i s t e r b a c h (= Caesarius Heisterbacen-
sis, monachus Cisterc., vixit c. 1200). — E i n i g e E r z ä h l -
u n g e n a u s d e m D i a l o g u s M i r a c u l o r u m von —.
Deutsch von Albert W e s s e l s k i .

> In: D i e O p a l e , Th. 4. Lpz., Julius Zeitler, 1907,
> gr. 4⁰, S. 161—166. 1. Wie der Papst Innocenz ein Weib,
> das von ihrem eigenen Sohn geschwängert worden war,
> ob ihrer vollkommenen Reue losgesprochen hat von der
> Strafe für ihre Sünde. 2. Wie eine jüdische Jungfrau,
> die von einem Geistlichen geschwängert gewesen ist, eine
> Tochter geboren hat, während die Eltern geglaubt haben,
> sie werde den Messias gebären. 3. Von einem Priester,
> der, weil er einen ihm als Buße aufgetragenen Psalm zu
> beten vergessen hat, an den Geschlechtsteilen Strafe er-
> litten hat. 4. Wie der Teufel den Gesang hoffärtig sin-
> gender Geistlicher in einen Sack gesteckt hat. 5. Von
> dem Abte Gevardus, der die während der Predigt schla-
> fenden Mönche mit der Geschichte von König Artus auf-
> geweckt hat. 6. Wie eine edle Schloßfrau die Lust des
> Fleisches im Wasser ertötet hat. 7. Von der Oberin Beatrix.
> 8. Wie eine Störchin wegen Ehebruchs getötet wörden ist.
> 9. Von der Strafe der Kebse éines Priesters, die vom
> Teufel gejagt worden ist.
> Das für das Klosterleben damaliger Zeit und für die Cultur-
> und Sittengeschichte überhaupt sehr wichtige l a t e i n i s c h e
> O r i g i n a l „Dialogus Miraculorum" erschien zuerst s. l. et a.
> (sed Coloniae apud Udalricum Zell de Hanau, c. 1470). Fol.
> — Ed. II: Coloniae per Joh. Koelhoff, 1481. Fol., u. oft; zu-

letzt in 3 Bdn. nach 4 hdschr. Codices und dem ersten Drucke hrsg. von J. S t r a n g e. Coloniae 1850—51. 8⁰. Ca. 800 S. u. 48 S. Index. (6 Mk. 50 Pfg. A. Bielefeld, 1883; 5 Mk. 50 Pfg. J. M. Heberle, Cat. 74 J. (c. 1875): „Es gewähren die Werke dieses von seinen Zeitgenossen hochgeschätzten Schriftstellers den tiefsten Blick in die Verhältnisse d. damal. K l ö s t e r , wie in das ganze Leben und Treiben des damal. rhein. Volkes, und gehören die- selben zu d. bedeutendsten F u n d g r u b e n f ü r S a g e n - f o r s c h u n g , C u l t u r - und S i t t e n g e s c h i c h t e d e s M i t t e l a l t e r s."

CÄSARS, Joh. Melch., M u s i k a l i s c h e r W e n d - U n - m u t h , bestehend in unterschiedlichen lustigen Qvodlibeten, und kurtzweiligen teutschen Concerten. Augsp. in Verleg. des Authoris. 8.

> O. M. V. 1687. G 3 b sub libris futuris nundinis pradi- turis

— — M u s i c a l i s c h e r W e n d - U n m u t h , bestehend in unterschiedl. lustigen u. kurtzweil. Teutschen Concerten, von 1, 2, 3, 4 und 5. so Stimmen, als Instrumenten, Musicalisch gesetzt von *Johann Melchior Cäsar,* des Hohen Domstiffts zu Augspurg Capellmeistern, in 4⁰. bey Joh. Cörlin.

> O. M. V. 1688. C 1 a.

CÄSARI, de, oder der Erbfluch des Verbrechens, s. B a r t e l s , Friedr.

CAESIUS, Cajus (ps.). B e d e n c k e n w a s e i n l e d i g e r K e r l v o r e i n W e i b n e h m e n m ö g e ? (1629.)

> Weller, Lex. Ps. p. 91. — S. H o c h z e i t s s c h e r z e.

CAFARDO, Giuseppe, m e r k w ü r d i g e B e g e b e n h e i t e n (aus d. Italien. übers. von Joh. Jac. S c h a t z). Augsburg und Memmingen 1767. 8⁰.

> Anon.-Lex. I. p. 149 (nach Meusel) u. II. p. 294 (nach Kayser).

CAFFEE-F r e u n d , D e r. Ein Gedicht aus meines ver- storbenen Oheims Papieren . . . von *H. v. W . . . . in* Frank- furt u. Leipzig 1775. 8⁰. 13 S. (3 Mk. 50 Pfg. Paul Graupe, Berlin, 1908.)

CAFFE-H a u s z , D a s C u r i e u s e , Z u V e n e d i g. Dar- innen die Misz-Bräuche u. Eitelkeiten der Welt, nebst Einmisch- ung verschiedener sowol zum Staats(-) als gemeinen Leben ge- höriger Merckwürdigkeiten vermittelst einiger ergötzlicher Assembléen von allerhand Personen, vorgestellet, ... wer- der (von *Philipp Balthasar Sinold v. Schütz*). Die erste (An- dere, Dritte) Wasser-Debauche. Freyburg, Zu finden bey Joh. Geo Wahrmund. (Groschuff in Leipzig) 1698. 4⁰. (In München 4 Expll. — 1 Expl. auch im British Museum, ferner in Breslau [Kgl. u. Univ.-Bibl.: Lit. Teut. II. 8⁰. 741], in Leipzig, Stadtbibl., und in Zürich.) (12 Mk. Adolf Weigel, 1906; 12 Mk. L. Rosenthal, 1906.)

> 1 Titelkupfer, 110, 220, 332 Seiten. — Alles was von der seltenen Erstlingsschrift des berühmten Publicisten erschienen ist, Politische Monatsschrift mit antifranzösischer Tendenz, mit einer „Operetta" (3 Akte): Die längst beschlossene aber nicht länger als 20 Minuten währende Erhöhung des Printzens von C o n t i auf den Pohlnischen Thron (II, S. 163—201, in R e i m e n, Gottsched unbekannt).

— — T e u t s c h m u n d, Joh. Mich. (ps.), D a s a u s g e - f e g t e C a f f e e - H a u s s z u V e n e d i g, welches von des Authoris (?) der die Missbräuche und Eitelkeiten der Welt zu reformiren und viel Staats- auch andere Merckwürdigkeiten zu beschreiben sich unterfangen hat, mitgetheilet worden . . . in dreyen unterschiedlichen Wasserzechen (= 3 Theilen) purgirt und ausgebutzet von —. Freystadt, b. J. Hammermeister, o. J. (1699). 4⁰. (10 Mk., zus. mit vorigem Werke, W. H. Kühl, Berlin, c. 1882; jetzt theurer!)

> 17 Bog. Bibl. Ludovici nominalis curiosa, Vitemb. 1705, hat d. Jahrg. 1699. — Weller hat „1698" und nennt S i n o l d v. S c h ü t z als V e r f a s s e r, während es wohl eine G e g e n s c h r i f t des vorigen S'schen Werkes ist.

— — Vgl. auch P a s q u i n u s und W a s s e r - D e b a u - c h e n.

CAFFÉ - H a u ß, D a s n e u e u. c u r i ö s e, vormahls in Italien, nunmehro aber in Teutschland eröffnet. 1—2. Debauche. Brunnenstadt (Leipzig b. Theophilo Georgi). 1706. 8⁰.

> Weller, fing. Druckorte. Nicht in d. Messcat. von 1706, aber im Neujahrs-Mess-Verz. 1708. D 2 a.

CAJI, Pauli, I n s t i t u t i o n e s j u r i s a m a t o r i i l i b r i IV. Aus dem Lateinischen. Nebst Anhang (aus dem Englischen v. Manl. Luc. U l p i a n u s). Frankf. u. Leipzig 1751. 8⁰.

> Der Pseud. f e h l t bei Weller.

— — P a n d e c t a e j u r i s c o n j u g i i, d. i. d i e H a u p t - s ä t z e d e s E h e s t a n d e s. Frankf. u. Leipzig 1753. 8⁰.

> 2 Bogen. In Versen. — Beides selten!

CALENDER (chronologisch). — * Ein schnackischer, bissweilen phisierlicher / C a l e n d e r, A l l m a n a c h u n d / P r o c k - d i c k ein, / welcher nicht leugt, sondern auff / all Jahr gewiss eintrifft, und nicht ein- / mal fehlt . . . — Holzschnitt — Gedruck (sic!) in disem 1. 2. 3. 4. 5. 6. 7. 8. 9. 0. 1. etc. — *Am Ende:* Herr *Kuglmann* bin ich genandt . . . . Gedruckt durch Christoff Lochner (Nürnberg. 16**?). 16⁰.

> 16 Bll. Stellenw .derb-pikant. Sehr rar!

§ * — —, D e r F ü r a l l e b ö s e u n d u n a r t i g e W e i - b e r A u s g e f e r t i g t e, Worin jedoch Das Tugendsame Frauenzimmer . . . . gepriesen, Denen unglückseligen Ehe-Män-

nern aber, ... gezeiget wird, an welcher Kranckheit ihre
lasterhafften Weiber laboriren, Wogegen sehr probate Recepte,
. . . . . Alles mit spaßhafft-poetischer Feder beschrieben, Von
Wenn deck wer frägt, sau segge: Du weist et nich . . . . 1738.
O. O. 4⁰. (In Berlin 2 Expll.: Yz 2461; B. Diez. 4⁰. 2643,
no. 2). (5 Mk. Rich. Bertling, Dresden.)

> In Versen. — TKpf. u. 35 eng bedruckte Bll. Selten!

§ — —, Lappländischer, vom Jupiter verbessert. Augsburg 1754. 4⁰. (In München: Bav. 2198 I, 11.)

§ — —, Immerwährender, für Eheleute und Ehe-
lustige. Frankfurt und Leipzig. O. J. (c. 1790). Kl. 12⁰.
(In München: L. eleg. m. 167 x b.) (3 Mk., Orig.-Umschl.,
Gust. Fock, Lpz. 1907.)

> Tit., 23 Bll. Calendarium m. Erklärung, 432 S. Lat.
> Lettern. — Inh.: 1. Cecilie, od. die natürliche Tochter,
> e. wahre Geschichte dieses Jahrhunderts, dialogisirt (S. 1
> bis 366). 2. Gedanken eines Philosophen üb. d. Natur
> d. Liebe, an e. junge noch unverheyrathete Schöne. Nach
> d. Französ. (S. 367—388). 3. Das große ABC Buch f.
> junge Eheleute (S. 389—400); moralisirende Aphorismen,
> in Versen, wie die beiden folg. Nrn.). 4. Erklärung
> d. Lesezeichen. 5. Die 10 Gebote f. Eheleute. 6. Mutter
> Anne, als Bauermädgen, vor ihrer Hochzeit mit dem Zimmer-
> mann Claus (Dialekt-Dichtung, S. 409—416). 7. Ueb. d.
> Frage: ob e. Frauenzimmer nicht selbst auf die Heyrath
> gehen könne? 8. Ludewig v. Bitterfeld an s. geliebte Cecilie.

— — Und Haustafel für Liebende, Ehelustige
und Eheleute. Amathunt 5812. (Magdeburg, v. Schütz,
1812.) Rar!

> Weller, fing. Druckorte.

CALIGINOSUS, s. Robinsonaden, erotische.

CALINICH, Culturgescichtliche Skizzen. Hamburg
1876.

> „Darin schildert d. Verf. das Leben der Geist-
> lichen im XVI. Jahrh. nach den Quellen recht an-
> schaulich." (Notiz Dr. Oberbreyer's.)

CALLENBACH, Geo., Tugend- und Laster-Spiegel
von allerhand Historien. Dantzig 1669. 12⁰. Rar!

CALLOTTO resuscitato oder neu eingerichtetes
Zwerchencabinet. O. O. u. J. (Amsterd. 1715.) 50 Bll., gez.
von G. Koning, gest. von Folkema u. a. Fol. (50 Mk.
Ludw. Rosenthal, 1906.)

> Brunet III. 1823. Sammlung grotesker Figuren m.
> interess. höchst bizarren Bordüren, mit Unter-
> schriften in Versen im Gechmack des Jean
> Chrétien Toucement (Trömer), des Deutschfranzos.

CALNESIUS *(N. Fiener),* Die Quarre Vor der
Pfarre. Das ist, Kurtze und deutliche Erweisung
Daß einem STUDIOSO, Ehe derselbe zu einem öffent-

lichen Amte gelanget, nicht nur z u h e y r a t h e n g a r w o l
v e r g ö n n e t, sondern auch dasselbe höchst-löblich und überall zu recommendiren sey; Aus erheblichen Ursachen gezeiget
von Einem auffrichtigen Studenten-Freunde, der sich nennet
— Franckfurt und Leipzig zu finden, 1715. 8⁰. 88 S. (incl. Titel,
auf dessen Rücks. Widmung „denen Sämmtlichen HERREN
STUDIOSIS", 2 Bll. Vorr. u. 3 S. „Schluß-Reyme"). (6 Mk.,
zus. mit d. folg., Emil Hirsch, München, 1904.)

— — W i e d e r l e g u n g (so!) d e r Q v a r r e v o r d e r
P f a r r e, genennt, Als eine ungöttliche, ärgerliche, schändliche und injuriose Schrifft gäntzlich verworffen, Von Einem
Gottfürchtigen Zucht-, Erbarkeit- und Tugend-Liebenden Studenten-Freunde. Franckfurth und Leipzig zu finden. 1717.
8⁰. 54 S. (incl. Tit.), 1 leeres Bl.

> Beide derb-pikante Curiosa f e h l e n in Weller's Lex. Ps.

CAMERARIUS, Ph., M e d i t a t i o n e s h i s t o r i c æ, d. i.
H i s t o r i s c h e r L u s t g a r t e n, darin allerley denkwürdige,
nützliche und lustige Historien und Exempel zu finden. Lustig
und anmutig zu lesen. Aus dem Lateinischen von G. M a i e r.
3 Thle. Leipzig 1630—31. 4⁰. (12 Mk., Th. 1 u. 3 [702+519
S.], Friedr. Klüber, München, 1898.)

> U. a.: Warum man die Bäpstische Abgötterey fliehen
> soll. — Dass man Unzucht, Hurerey u. Allerley Wollust
> meiden soll. — Von grossen Fressern u. Sauffern. — Vom
> Schmucke der Weibspersonen, wie schändlich es sei, wenn sie
> sich anstreichen. — etc. etc.

§ **CAMERON,** M i s s J a n e (eigentl. F l o r a M a c d o n a l d,
geb. 1720, + 1790). — Besondere N a c h r i c h t e n d e r J u n g -
f e r H a n n c h e n C a m e r o n, einer weltbekannten Conver-
sations-Dame des jungen Prätendenten (Carl Stuart); worinnen
von ihrem Geschlechte, ihrer jungfräulichen Aufführung u. ihren
Liebeshändeln ausgesuchte Umstände vorkommen. Zur Erläu-
terung der letzten Rebellion in Schottland aus d. Engl. (des
Archibald Arbuthnot) übersetzt v. A. B a i t h n e r. A. M.
Hamburg, in der Hertelischen Handlung, im Dom, 1747. 8⁰.
(Expl. in München: 8⁰. Var. 625, Beibd. 3; P. o. gall. 433,
Beibd. 1.) (54 xr. Scheible; jetzt theurer!)

> 79 S. (incl. Tit.). Pikant u. rar!

> O r i g.: A r b u t h n o t, Archib., Life and adventures of
> M i s s J e n n y C a m e r o n (Flora Mac Donald). London
> 1746. 12⁰. Rep. Boston 1750. 8⁰. (Oettinger, Bibliogr.
> biograph. Lpz. 1850. no. 2742.)

— — Dasselbe, titulo: L e b e n s - u n d L i e b e s - G e -
s c h i c h t e . . . . . J e n n y C a m e r o n, Grand Maitresse des
englischen Cron-Prätendenten. Erfurt 1747. 8⁰.

> 14 Bog. — Cat. Meissner II.

— — Dasselbe, tit.: Die schöne Schottländerin, oder curieuse Lebens- und Liebesgeschichte der Jenny Cameron. Franckfurt und Leipzig (Copenhagen, Mumme) 1747. 8⁰.

> Bibl. Schwabii II. p. 299 no. 13574: „Man zweifelt, daß ein holländisches (sic!) Original davon da sey". Den wirklichen Druckort nennt Groß' cat. univ. Suppl. XI. Lips. 1747. 4⁰. p. 305.

CAMILLA. Seitenstück zu Fiormona s. Vittorio, oder Bekenntnisse eines römischen Improvisatore . . . .

CAMILLE, oder Briefe zweyer Mädchen aus unserem Zeitalter, (aus dem Französ.) übers. von J. F. Jünger. 4 Bde. Leipzig, Dyk, 1786—87. 8⁰. (3¹/₃ Rthl.) (6 Mk. 50 Pfg. H. Streisand, Berlin, 1906.)

> Orig.: Camille ou lettres de deux filles de ce siècle. 4 vols. Londres 1785. 8⁰. (dem.-veau, 1 Rthl. Maske, Breslau, Cat. 93. no. 138.)

CAMILLUS und Aemilia. — Historien vnd Geschicht Camilli vnd Aemiliæ, vnd jhrer beyder brünstiger Liebe, vnd was sich in solcher Liebe zwischen jhenen beyden begeben. Frankfurt, bey Hartmann Han 1580. 8⁰. Mit Holzschnitten. (Clessius 2, 214; Draud p. 494.)

> „Aus d. latein. Volksroman." (Jul. Krone.) — Francisci Florii Florentini de Amore Camilli et Emiliae Aretinorum historia. Turonis pr. Kal. Jan. 1467. 4⁰. (Goedeke, 2. A., II. p. 479.)

— — Historien vnd Geschicht, Camilli vnd / Emilie, von jhrer beyder hertzlicher brünstiger Liebe, damit / eines gegen das ander ist entzündet gewest, Vnd was sich in / solcher Liebe zwischen jhnen begeben vnd / zugetragen.

> Buch der Liebe. Franckf. a. M. 1587. Fol. 107 b—118 a. (24 Cap., mit Holzschnitten.)
> S. Reichards Bibl. d. Romane Th. V, S. 91—110. — Findet sich ferner hinter dem Volksbuch vom Markgraf Walther, nach einer Notiz Büsching's zu Koch II p. 242.

— — Geschichte von Camillo und Emilie, von ihrer beiderseitigen herzlichen Liebe. Leipzig 1850. 8⁰.

> Haydinger's Bibl. I. 1.

* CAMINERUS, Antoninus. — Der Politische Feuermäuer-Kehrer, Oder überaus lustige und manierliche Begebenheiten der Curiosen Welt, absonderlich aber denen jungen und lust begierigen Gemüthern, zur vorsichtigen Warnung des heut zu Tag in Grund verdorbenen Frauenzimmers, welches darinnen nach all ihren Eigenschafften abgemahlet wird, Practiqven und falsche Qvinten wol zu fliehen und zu meiden, mit kurtzen Umbständen entworffen Von ANTONINO CAMINERO. Gedruckt zu Strassburg, Und von dar zum Verkauff übersandt An Chrn. Weidmannen, Buchhl. in Leipzig, Im Jahr 1682. 12⁰. (In Berlin: Yu 7571.)

> TKpf., 9 Bll. Vorst., 369 SS. u. 5 Bll. Anhang. Derb-satyr., stellenw. sotadisches Opus. Darin S. 303—354 „Aller-hand Epigrammata".

— — Dasselbe. O. O. 1682. 12⁰. (In Stuttgart.)

* — — Dasselbe. Ibid. 1683. 12⁰. (In Berlin: an Yu 7611.) (8 Mk. L. Rosenthal, 1906.)

> TKpf., 9 Bll. Vorst. u. 382 SS. Mit Kpfrn. (S. 303—354 Epigrammata.) — Angeregt durch obigen Roman erschienen noch:

* — — Der Ausgekehrte Politische Feuer-Mäuer-Kehrer. Mit seinen geführten Streichen, auf Ver-anlassung herausgegeben. Im Jahr 1682. 12⁰. (5 Mk. L. Rosen-thal, 1906.)

> TKpf., 9 Bll. Vorst. u. 62 SS.

— — Die versetzten Streiche und abgezwun-gene Anforderung des ausgekehrten polit-ischen Feuermäuerkehrers, auf Gutbefinden heraus-gegeben, in Verlegung des Authoris und zu finden bey Chrn. Weidmannen. 12⁰.

> O. M. 1682. D 3a.

CAMMARANO, S., Der Troubadur, oder Ständchen und Zweikampf um Mitternacht etc. Grosse Oper nach dem Italienischen des — von Balthasar Aegidius Ler-chenschnabel (ps.), Theaterdirector.

> Weller, Lex. Ps. p. 318.

CAMMER-Courier, Der lustige, welcher sowohl für Manns- als Frauens-Personen etwas mitbringet. 1. Visite. O. O. 1736. 8⁰. Sehr rar!

> 6 Bog. — Cat. Meissner I. p. 685. Ort u. Verleger fehlt auch im M. M. V. 1736. D 4b, wo der Titel so lautet: „Der lustige Cammer-Courier, welcher sowohl für die Manns-Personen, als auch für das Frauen-zimmer etwas Neues überbringet."

CAMMER-Mädgen, Das verliebte, ein Lustspiel mit 4 Aufzügen verfertigt von *J. G. S.* Frankfurt und Leipzig. 1754. 8⁰. 61 S. (1 Mk. E. Carlebach, Heidelb., 1894; jetzt theurer!

> v. Maltzahn III. pag. 539. Bibl. Schwabii II: „Kammer-mägdchen".

CAMPAGNEN-Gedichte zum Zeitvertreib im La-ger (von *Johann George Scheffner;* ohne Wissen des Vf. vom Berliner Buchhändler Rüdiger hrsg. mit vielen groben sinnentstellenden Fehlern). Dresden, 1761. 8⁰. 63 S.

> Goedeke IV, 113, 47, 3. Maltzahn p. 443 no. 996 (ohne Angabe des Verfassers). Zeitschrift f. vergleichende Literatur-gesch. X. 459. — Anon.-Lex. I. p. 297 (nach Goedeke).

CAMPAZAS, Des berühmten Predigers Gerundio
v., Lotterie für die Herren Prediger (von *Modest
Hahn*). Kanzelburg, Verid. Ernst der Aeltere (Fritz in München), 1777.

— — Neue Aufl. Zankerhausen (Constanz, Wagner) 1777.
Weller, fing. Druckorte.

CAMUS, Jean Pierre (Bischof von Belley=Bellay). — H e r a c l i -
t u s und D e m o c r i t u s Das ist. C. F r ö l i c h e u n d
T r a u r i g e G e s c h i c h t e : gedolmetscht Aus den lehrreichen
Schrifften St. *P. Camus* Bischoffs zu Belley, benebens (S. 561 ff.)
angefügten X. G e c h i c h t r e d e n , aus Den Griechischen und
Römischen Historien, zu übung der Wolredenheit gesamlet durch
Ein Mitglied der Hochlöblichen Fruchtbringenden Gesellschafft
(Geo. Phil. H a r s d ö r f f e r). Gedruckt zu Nürnberg, bey
Michael Endter, 1652. 12⁰. (In Göttingen: Fab. rom. 619.)
     22 Bll., 729 S. u. Reg. (Unter der „Zuschrifft": G.
P. H. der Spielende). — Bischoff & Schmidt, Festschrift.
Nürnb. 1894. S. 412.

— — Pentagone historique, H i s t o r i s c h e s F ü n f f e c k ,
auf jeder Seiten mit einer denckwürd. Begebenheit gezieret (von
Jean Pierre Camus, Bischof v. Belley). Angefüget *S. Halls*
K e n n z e i c h e n d e r T u g e n d e n u. L a s t e r gedolmetscht
durch ein Mitglied der Fruchtbr. Gesellsch. (G. P. H a r s d ö r f -
f e r). Franckf. 1652. 12⁰. (6 Mk. Baer & Co., 1893.)

* — — Dasselbe. 2 Bde. Mit 3 Titelkpfrn. und 10 Sinn-
bildern. Ebd. 1661. 8⁰. (40 Mk. L. Rosenthal, München, Cat.
113. 1906.)
     Goedeke III, 110, 16⁰. — Diese Ausgabe n i c h t im Anon.-
Lex. I. p. 297.

CANARI u. C a e c i l i a oder d i e M ä n n e r v o m s c h w a r z e n
F e l s e n . (Zieml. freier Roman.) Mit TKpf. μ. TVign. Prag
1797. 8⁰. (1 Rthl.) (2 Mk. Bielefeld.)

— — Dasselbe. 2. Aufl. Ebd. 1800. 8⁰.
     Citirt Kayser.

CANCAN eines d e u t s c h e n E d e l m a n n s . (Zieml. zahmer Roman von *Carl August* Graf *v. Saint-Quentin*). 3 Bde.
Leipzig, F. A. Brockhaus, 1842—45. Kl. 8⁰. (5½ Rthl.) (4 Mk.
80 Pfg. Th. Ackermann; 8 Mk. [1 Bl. fehlte] A. Bielefeld; 10
Mk. H. Hugendubel, c. 1902.)

— — im H a r e m . Kniffliche Eunuchengeschichte mit 30
pikanten Illustrationen. (1 Mk. eine Berliner Firma, c. 1900.)

CANDAULES, Trauerspiel (von *Georg Wilh. Schmid*). Karlsruhe 1758.
     Anon.-Lex. I. p. 297 (nach Goedeke u. Kayser). — Rar!

CANDIDAEUS, Sincerus (ps.). — D e r p o l i t i s c h e L e y e r -
m a n n , worinnen durch lustige Exempel der Eigen-Nutz der

heutigen Welt abgebildet wird, von *Sincero Candidaeo.* Mit
Titelkupfer. O. O. 1683. 16⁰. 138 SS. (8 Mk. L. Rosenthal,
1906.)

> Weller, Lexicon Pseudonymorum, S. 94. Zum Teil
> erotischen Inhalts; hierin ein Lied: „Wie steht's Jungfer
> Worilis" etc.

CANDIDAT, Der kleine. (Roman.) Leipzig 1802. 8⁰.
(14 ggr.)

> Citirt Kayser.

CANDIDE, Felix *(Karl Heinr. v. Schrader),* Sieben wunderbare Lebensjahre eines Kosmopoliten. Von
ihm selbst beschrieben. 4 Abthlgn. in 2 Bdn. Mit 4 Titelkpfrn.
Hamburg, Mutzenbecher, 1797. 8⁰. (9 Mk. Heinr. Lesser,
Breslau, c. 1875.)

> 1: 3 Bll. u. 254 S. 2: 2 Bll. u. 264 S. 3: 302 S.
> 4: 347 S. Voll liederlicher und pikanter Avanturen. Selten
> cplt., besonders mit den Kpfrn.! Laut Anon.-Lex. III. p. 31
> nur Bd. 2 von K. H. v. Schrader verfasst.

CANDORINS (in Rist's Schwanen-Orden, d. i. *Conrad v. Hö-
velen*) Helden Lust-Uben, oder Ehren-Tantz- und
Sing-Schau-Spiele Entwurf in 5 Theilen. Halberstadt 1663. 8⁰.

> Ein Ehrengedicht auf H., als derselbe den 2. Theil dieser
> Schauspiele herausgab, steht in Kindermann's Buch der
> Redlichen, S. 832.

— — Geschicht-Spiel-Uben, oder Freud-, Trauer-
und Schertz-Spiele Entwurf in 3 Theilen. 1665. 8⁰.

> Grosse Seltenheiten. — Bibl. Kielmans-Egg. III.
> p. 1068—69.

CANTOR, Joh. Chrysost. („Benedictiner zu Banz"), Gedichte.
Erster (u. einz.) Theil. Bamberg, in der Lachmüller'schen
Kunst- u. Hofbuchhdlg. 1798. 8⁰. Illustr. Orig.-Umschl.

> Lat. Lett. — Tit., 3 Bll. Zuschr. (an Hofrath Lorber
> v. Stoerchen, dat. Banz, am 27. Dec. 1797), 2 Bll.
> Vorr., 2 Bll. Inh.-Verz. (der 63 Nrn.), 135 S., 1 S. Druckf.
> — Hervorzuheben die „Beicht einer Nonne" (S. 84—88).
> Selten und wenig bekannt!

CANTUS de doloso mulierum amore. Ein schön Lied von
falscher Liebe der Weyber. O. O. u. J. (c. 1550). 8⁰.

> 8 Bll. 38 lat. und 38 deutsche Str. Uebersetzung. Weller,
> Annalen I. p. 225.
>
> > Non reputo laudabilem
> > amorem mulierum etc.
> > Ich acht nit löblich noch für gut
> > Die lieb der falschen frawen,
> > Sie lieben nur auß argem mut,
> > Auff gelt vnd gut sie schawen etc.

* CANUT der Grosse, oder der Streit der Kind-
lichen und Ehelichen Liebe. Eine (zahme) Helden-
geschichte. 4 Thle. in 2 Bdn. (12 Bücher.) Mit Titelkpfrn.

Ulm, bey Albrecht Friedrich Bartholomäi 1771. 8⁰. (In Berlin:
Yv 7371, 2 voll.)
          1—2: 15 Bll. u. 512 S. 3—4: 504 S.
CAPEL, V o n s ü n d l i c h e n V e r s u c h u n g e n. 4 Thle.
Quedlinburg 1701. 8⁰.
          Ehestands-Almanach II. p. 258.
CAPELLE, D i e h e i l i g e, z u F l o r i d a, eine wahre und
seltsame Geschichte der neuesten italienischen Zeitperiode, aus
den hinterlassenen Papieren eines neapolitanischen Mönchs, hrsg.
vom Verf. der Seeräuberkönigin Antonia della Roccini *(Ernst
Bornschein).* 2 Bde. Braunschweig, Schröder, 1806. 8⁰.
CAPELLO, B i a n c a (aus einem venetianischen Patrizier-Ge-
schlechte, eine der schönsten Frauen ihrer Zeit, wurde, nachdem sie mehrere Anbeter gehabt, Herzogin von Toskana, geb.
1548, † 1587). — M e i s s n e r, Aug. Gottlieb (1753—1807),
B i a n k a C a p e l l o. Ein dramatischer Roman. (Leben einer
italienischen Buhlerin, nach *Sanseverino.*) Mit gestoch. Tit.
u. 3 Kpfrn. (wovon 2 von Dan. C h o d o w i e c k i). Leipzig
1785. 8⁰. (2²/₃ Rthl.) (10 Kr. Halm & Goldmann, 1907.)
          3 Bll. u. 592 S. Stellenw. etwas frei.
— — Dasselbe. 3. gänzlich umgearb. Ausgabe. Mit 2 Kupfern
u. 2 Vignetten (von C h o d o w i e c k i). Ebd. 1798. Goedeke
IV, 219, 52, 16.
— — Dasselbe. Neue Auflage. (Nachdruck.) 2 Thle. Mit
Titelkpf., gestoch. von M a n s f e l d, u. Vignette. Mannheim
1800. 8⁰. (10 Mk. 50 Pfg. Edm. Meyer, Berlin, 1908.)
— — R o m a n, D e r, ;d e r s c h ö n s t e n F r a u B i -
a n c a C a p e l l o. Berlin 1888. 8⁰. (Mk. 3,50.) (1 Mk. M.
Gräper, Barmen, 1897.)
— — S a n s e v e r i n o. — L e b e n u n d t r a u r i g e s
E n d e d e r B i a n c a C a p e l l o e i n e r v o r n e h m e n V e n e -
z i a n i s c h e n D a m e u n d n a c h h e r i g e n G r o s s h e r -
z o g i n n v o n T o s c a n a: aus dem Italienischen des Herrn
von Sanseverino. Mit Titelkupfer (D. C h o d o w i e c k i inv. &
sc.). Berlin, bey August Mylius 1776. 134 S. 12⁰. (3 Mk. Leo
Liepmannssohn, Berlin, 1907.)
          Engelmann, Chodowiecki Nr. 150.
CAPER, D e r n e a p o l i t a n i s c h e. Räubergeschichte. 3 Bde.
Leipzigg, Joachim, 1809. 8⁰. (1¹/₂ Rthl.)
CAPITEL, S i e b e n, v o n K l o s t e r l e u t e n (von *Joseph Va-
lentin Eybel*). Wien 1782. (In Aarau, Kantons-Bibl.)
          Anon.-Lex. I. p. 300 hat irrig „1732".
CAPITELPREDIGT, s. K a p i t e l p r e d i g t.
CAPITELS - S u p p, D i e. (Erzählendes Gedicht.)
          An: P a n g r a t z, der eingefleischte Polter-Geist . . . .
          1722. S. 135—151.

CAPITULATION, Die, oder So machen sie es alle!
(Lascive Reimerei ziemlich drolliger Art, wobei es sich augenscheinlich um eine Magd oder Köchin handelt.) — *A. E.:*
Druck von Zebedäus Eiersack in Pforzheim (c. 1895). Schmal
hoch-8⁰. 1 Bl., nur einseitig bedruckt.

CAPRICE, Humoristisch satyrisches Wochenblatt. I. (einziger)
Band (= 26 Hefte). Mit viel. Illustrationen. Budapest 1902.
8. (Kr. 8—.) (3 Kr. 60 H. Halm & Goldmann, 1904.)

CAPUZINER. — Ammann, F. (gewes. Kapuziner), Die Teu-
felsbeschwörungen, Geisterbannereien, Weih-
ungen, Zaubereien etc. der Kapuziner. Bern 1841.
8⁰. Mit kabbalist. Figur a. d. Umschlag. (1 fl. Bermann &
Altmann, Wien, 1898; 1 Mk. 50 Pfg. C. Winter, Dresden,
1895.)

— — Dasselbe. Aus dem lateinischen Benedictionale. O. O.
u. J. Kl. 8⁰. (1 fl., l. c., 1898.)
   Seltener Scheible'scher Wiederabdruck.

— — Assmus, Burghand (nicht ps.), Leben u. Lieben
der Kapuziner. Interessante Enthüllungen aus dem Klosterleben. Mit farbigen Bildern. Leipzig 1903. 8⁰. (1. Mk. 50 Pfg.
A. Bielefeld, 1908.)

— — Der EntlarvteCapuciner, oder Scheinheiligkeit derCapuciner-Münche. (Aus d. Französ. des *Fr. de
Chavigny?*) Cölln 1697. 12⁰. 6 Bog.
   Bibl. Ludov. I; Bibl. Kielmans-Egg. I. p. 1256; Weller,
fing. Druckorte. — Ist wahrscheinlich Übers. von „Les entre-
tiens de la grille ou le moine au parloir" (par Fr. de
Chavigny). In dem Dresdner Auct.-Cat. 1834 no. 733
u. 737 hatten die Epll. der Ausgabe Cologne 1682. 12⁰.
als ersten Titel: „Le Capucin démasqué". Wir
lesen in einem andern Auct.-Cat., daß dieser Roman eine
verkürzte Bearb. des sehr seltenen Buches „La Galanterie
monacale, ou Conversations familières des moines et moi-
nesses. A Neufchâtel, chez l'Amant oisif (Holl., à la
Sphère), s. d. (c. 1680), pet. in-12⁰. fig. (vendu 25 bis
40 frcs.) sei.
   Ist vermuthlich eine Übersetzung von „Il Puttanismo mo-
derno, con il novissimo parlatorio delle monache." Londra
(Genève), 1669. pet. in-12⁰; rep. s. l. (Holl.) 1677. 12⁰.
67 pp. (Voir Gay, Bibliogr. de l'amour.)
   Fernere Ausgaben des Originals: Le Capucin démasqué par la confession d'un frère de
l'ordre. A Cologne, chez Pierre le Sincère (vers 1695); rep.
ib. 1714. 12⁰. — Le même, titulo: Vie voluptueuse
entre les Capucins et les Nonnes, par la confession d'un frère de l'ordre. Avec frontisp. (n. s.). à
Cologne, chez Pierre le Sincère (Hollande), M.D.CC.LIX.
(1759.) 12⁰. (Expl. in München.) (12 Mk. Paul Neubner,
1892.) 96 pp. (y compr. le frontisp. [représ. 2 capucins dé-
masqués], titre et 2 ff. préface du libraire pseud.) (Eine

Ausg. ibid. 1755. 12⁰. war im Dresdener Auctions-Cat.
von 1868 sub no. 19.) Rep. tit.: Vie voluptueuse . . . .
tirée de la confession d'un frère de cet ordre. Augmenté
d'un poëme héroi-comique sur leurs barbes, & de plusieurs
autres pièces relatives à cet ordre. A Cologne, chez Pierre
le Sincère (France) 1775. 12⁰. (Vente Bukowski, Stockholm, 188*, II. no. 852.)

— — Dasselbe, tit.: Der Entlarvte Capuciner, oder
die entdeckte Scheinheiligkeit der Capuciner
München, aus freywilliger Bekändniß eines Ordens-Bruders.
Aus den (!) Frantzösischen übersetzet. Mit Titelkpf. (unsign.).
Cöllen, bey Peter den (!) Offenhertzigen (c. 1700). 12⁰. (4 Mk.
G. Priewe, 1895; jetzt theurer!)

Tit. (roth u. schwarz), 1 Bl. „Madrigal", 131 S. —
In der zweiten Hälfte sehr pikante Liebeshändel mit Ehefrauen, Mädchen u. Nonnen. — Sehr selten! Das „Madrigal" auf Bl. 2 lautet:

BEtrachte den entlarvten Ordens-Bruder,
Der für der Welt ein reiner Engel war;
Allein itzt wird sein Handel offenbaar.
Die Wollust war sein Schiff
Die Geilheit aber dessen Ruder.
Zwar wolte Er das bleiche Armuth bauen,
Und haßte von (!) der Welt den Ehestand;
Doch kühlte Er der Liebe geilen Brand
In lauter Wollust reichen Auen
Drum wundre dich nicht über dessen Sachen
Die Capuciner pflegens alle so zumachen.

— — Ergötzlichkeiten der Capuciner, oder historische Beschreibung der Lustbarkeiten und Lebensart, welcher die Capuciner zur Zeit ihrer Musse sich bedienen. Aus
dem Frantzös. übersetzet von Veramandern (Joh. Zach.
Gleichmann). Leipzig 1739, bey Wolffg. Heinr. Schöner-
marck. 8⁰. Rar! (8 Mk. Scheible, c. 1888; 6 Mk. E. Frensdorff, c. 1905.)

Satyre in Romanform, stellenweise frei.
Orig.: Les récréations des capucins, ou Description historique de la vie que mènent les capucins pendant leurs récréations. La Haye aux dépens de la Compagnie, 1738 (5 Rthl.
Eman. Mai, Berlin, vor 1870; 12 Mk. Scheible; 15 frcs. Te-
chener; 48 frcs. Veinant.); rep. ib. 1744. pet. in-12⁰.
(Gay, Bibliogr. de l'amour VI. p. 176.)

— — Dasselbe, tit.: Die Rekreationszeiten der
Kapuziner. Nürnberg (o. Adresse) 1783. 8⁰.

143 S. (incl. Tit. u. 2 Bll. Vorr.). Handelt von den
Mahlzeiten, Spielen, Tänzen, Farzen, Maskeraden, Komödien,
u. von S. 64 an werden 6 Gattungen von Kapuzinern
beschrieben, als: die obersten Vorgesetzten; die Guardiane;
Advents- und Fastenprediger; Beichtväter; Stadtsammler;
Köche und Speisemeister.

§ — — Geschichte, Wunderseltsame, der Bärte
u. der spitzen Kapuzen der Ehrw. P. P. Ka-

puziner, desgl. der grimmigen Anfälle, welche die
Ehrw. P. P. Franziskaner oft auf beide gethan
haben. Nebst e. Untersuchung des Vorgebens der P. P. Franziskaner: daß der heil. Franziskus so wie Christus gekreuzigt
worden. Aus d. Französ. übers. (von Karl Friedr. T r o s t ,
geb. 1740. † 1807). Mit (3 drastischen) Kpfrn. (nach J. C.
F r i s c h gestoch. v. C. C. Glassbach). C. Permissu Superior. Kölln am Rh. bey Franz Joseph Biner (Berlin, Nicolai).
1780. 8⁰. (In München: Mon. 198 b.) (4 Mk. 50 Pfg., sehr
schönes Expl., Scheible, c. 1893; 6 Mk. Ernst Geibel, Hannover, 1908.)

> 358 S. (incl. Titelkpf., Tit. u. Vorr. d. ungenannten
> Verfassers), 1 Bl. Inh., 1 Bl. Err. — Expll. mit allen 3
> Kpfrn. sind selten!

* — — K a p u z i n e r b r u d e r , D e r p o l i t i s c h e , oder
b a l d i g e A n k u n f t d e s A n t i c h r i s t s w e g e n d e r R e -
d u k t i o n d e s M ö n c h s w e s e n s u.s.m. (!). Eine Prophezeiung. Nebst e. k o m i s c h e n G e d i c h t (in 8 vierz. Str.)
a u f d e n A n t i c h r i s t . O. O. 1783. 8⁰.

> 24 S. (incl. Tit. u. 2 Bll. Anhang). — Gegen Pater
> M a r t i n C o c h e m ' s erbauliches Buch vom Antichrist
> gerichtete Satire.

— — K a p u z i n e r - G e s p r a e c h e . Im Jahr 1797. 8⁰. Lat.
Lett. 47 S. (incl. Tit., auf dessen Rücks. der Text beginnt).

> Durch die französ. Revolution beeinflußter Disput über
> die Z u k u n f t d e s k a t h o l . K l e r u s u n d d e s
> M ö n c h s w e s e n s . Die Unterredenden sind (wie auch
> auf d. Titel steht): Pater Sincerus und Pater Contentus,
> Kapuziner zwischen Maass und Rhein. — Selten!

— — K a p u z i n e r - S u p p e , D i e . D r e i T ö p f e (von
Jos. Richter, 1748—1813). O. O. 1787. 8⁰.

> Brümmer II. p. 202. — Rar!

— — * RASIBUS oder PROCES (!), w e l c h e r d e n C a -
p u c i n e r - B ä r t e n g e m a c h t w o r d e n , eine Satyre, entworffen von einem aus dem Kloster entlauffenen Mönch, aus
dem Französ. übersetzt. O. O. 1760. 94 S. 8⁰. (1 Mk. 80 Pfg.
Lehmann & Lutz, 1884; jetzt theurer!)

> Interessantes Curiosum, in Form eines Dialogs zwischen
> „Alexis" u. „Lysander", nebst A n h a n g (Dissertation in
> deutscher Sprache): De jure barbae, sive V o m B a r t -
> R e c h t e (S. 65—93). Mit 1 Kupf.
> O r i g .: Le Rasibus, ou le Procès fait à la Barbe des Capucins par un Moine défroqué. Cologne, Pasquin Resuscité,
> 1680. in-12⁰, de 110 pp. (2 Rthl. Julius Möllinger, Breslau,
> Cat. 3. [vers 1862].)
> Permoser 1704, p. 96; Bibl. Ludovici (bibliop.) Contin.
> Vitemb. 1705; Journal des Scavans de Anno 1714. mens.
> Febr. p. 236; Observatt. misc. St. 34. p. 765.

— — **Wölfe in Schafskleidern**, neuerlich entdecket, in dem von äußerlicher **Scheinheiligkeit so berufenen Capuzinerorden**, an dessen General und Provinzial-Vorstehern . . . ., aus den unchristlichen, tyrannischen und himmelschreyenden Ungerechtigkeiten, welche dieselbe ein halbes Jahrhundert hindurch verübet an zweyen Priestern etc. (langer Titel) . . . . . . zu jedermanns Warnung gedruckt. Leipzig 1775. 8⁰. 582 S. (2 Rthl. Scheible, **vor** 1875; 6 Mk. Friedr. Klüber, 1896.)

Heftige Kampfschrift! Über Geilheit der Mönche, Verführung der Jugend, bedrohte Nonnen etc. etc. — Selten!

CARA MUSTAPHA. — Des **Gros-Vezirs Cara Mustapha Historia.** Worinnen kürtzlich enthalten desselben Erziehung Liebesgeschichte im Sarail, verschiedene Bedienungen, wahre Ursache warum er sich die Belägerung der Stadt Wien unternommen und wie bald darnach auch mit was Umbständen seines Lebens Ende erfolget. Aus dem im verwichenen Jahr zu Paris herausgegebenen Exemplar ins Teutsche übersetzt (aus d. Französ. des Sieur *de Préchac*). Hamburg, Georg Wolff, 1685. 12⁰. 190 S. (In Wien, Stadtbibl.)

Orig.: Cara Mustapha, Grand Visir. Histoire contenant son élevation, ses amours dans le serrail; ses divers emplois, le vray sujet qui lui a fait entreprendre le siège de Vienne, et les particularitez de sa mort (par le Sieur de Préchac). Avec frontisp. gr. Suivant la copie imprimée à Paris, 1684. 12⁰. fig. — Amsterdam 1711. 12⁰. 154 pp. (In Wien, Stadtbibl.) Rep. Cologne 1684. 12⁰. (Bibl. Sr. Excell. Graf H. Wilczek in Sebarn, no. 5546.) Paris 1685. 12⁰. fig. — Lyon, Amaulry, 1685. 12⁰. fig. — Amsterdam 1711. 12⁰. (Cfr. Barbier; Bibl. de l'amour II. p. 120.

Le même sous le titre: Kara Mustapha et Basch-Lavi. 3 pts. Amsterdam (Paris) MDCCL. (1750.) 8⁰. 3 titres (dont le premier gravé avec fleuron n. s.), et 275 pp. (la pagination se suit). (Nyon 8640.)

Cara Mustapha était un icoglan très-gentil; la sultane Validé, mère du sultan Mahomet IV, en devint amoureuse. Elle le fit élever successivement aux plus grandes places de l'empire; bref, il devint Grand-Visir. Mais arrivé là C. M. se permit de devenir très-amoureux d'une belle veuve appelée la princesse Basch-Lavi. La sultane Validé, apprit tout et devint furieuse de jalousie. Au lieu de chercher à l'apaiser, C. M. acheva de l'irriter en lui faisant ôter la part qu'elle avait dans le gouvernement; mais ce fut sa perte; la vieille dame profita d'une emeute pour faire demander par les janissaires vainqueurs la tête du Grand-Visir, ce que Mahomet IV s'empressa de leur accorder. (Bibliogr. de l'amour II. p. 120.)

— — Dasselbe (andere Uebersetzung), titulo: Cara Mustapha, eine türkische Geschichte. Aus d. Französ. Frankfurt und Leipzig 1755. 8⁰. 16¹/₂ Bog.

> Cat. Meissner II; Bibl. J. J. Schwabii.

CARAFFA, Antonio, Cardinal. — Supplication vnd Vorbitte aller Huren vnd Cortisanen zu Rom, ⁰an die Bepstliche Heiligkeit, wegen des vertriebenen Cardinals Caraffae. O. O. 1593. 4⁰. 6 Bll. (1 fl. Beck, Nördl., 1873; 1¹/₃ Rthl. Scheible; jetzt theurer!)

> Bibl. Heumann. Altdorf (1762). p. 906. — Rarissime!

§ * **CARBINEN-REUTERIN,** Der Helden-mässigen, warhafftigen Begebniß Erster (Zweyter, Dritter) Theil. Aus der Frantzösischen in die Hochteutsche Sprach übersetzet. Nürnberg, Zu finden bey Leonhard Loschge, Buchhändlern. Gedruckt im Jahr 1679. (Nebst Kupfertitel.) 12⁰. (In Berlin: Xx 6175, 1 vol.; in München: P. o. gall 217, mit 2 Beibdn.)

> 1—2: 2 Bll., 244 S., 1 leeres Bl.; 3 (ohne bes. Tit.): 228 S. — Rar!

CARCELL DE AMOR. Oder, Gefängnüss der Lieb, Darinnen eingebracht wird die trawrige vnd doch sehr schöne Historie von einem Ritter genannt Constante vnd der königlichen Tochter Rigorosa. Aus spanischer Sprach (des *Diego Hernandez de San Pedro* in Hochdeutsch gebracht, Durch... Herrn Hanss Ludwigen, Herrn Khueffsteinern, Freyherrn, etc. Mit TKpf. Hamburg, gedruckt bey M. Pfeiffern, In Verlegung J. Naumanns, 1660. 12⁰. (5 Mk. Scheible; jetzt theurer!)

> Zuerst gedr. Leipzig 1630. 12⁰. Rep. ibid. 1635. (25 Sgr. Heberle, Cöln, 1870.)

—— Dasselbe. Ibid. 1675. 12⁰. (Im British Museum.)

> Alle 4 Ausgaben selten! — Goedeke III, 246, 6 hat „Khuffsteinern". Anon.-Lex. I. p. 300 nur die Ausgabe von 1675. — Hier eine Ausgabe des sehr raren span. Originals: Question de amor y Carcel de Amor (p. Diego de San Pedro), del cumplimiento de Nic. Nun'ez. 2 pts. Anvers, M. Nucio, 1556. 12⁰. (39 Mk. Jacques Rosenthal, München, c. 1903: Brunet V, 111: La plus jolie et la plus rare des anciennes éditions hollandaises. Non cité par Nuyts.)

CARDENO, Der unglückselig-glückselige, oder Schottischer Liebes-Roman, so sich zwischen der Printzessin Amarellen aus Sutherland und dem tapffern Grafen Cardeno von Atholien begeben, von *A. d. A.* Mit Titelkpf. Leipzig, b. Christian Weidmannen. 1683. 12⁰.

> Ungemein selten! 5 Bll., 315 S. (18 Mk. Ludw. Rosenthal, 1906.)

34*

CARIKATUREN und Silhouetten des neunzehnten Jahrhunderts. Vom Verfasser des Mefistofeles *(Friedr. Arnold Steinmann).* I., II. III. Sammlung (soviel ersch.). Coesfeld 1843—1844. 8⁰. (Bibl. d. Vereins f. d. Geschichte Berlins.) (3 Mk. Dieterich, Göttingen, 1907.)

— — Dasselbe. Leipzig 1849.

> Anon.-Lex. I. p. 304 (nach Engelmann u. Goedeke): „Carri-caturen".

* CARL VIII. v. Fankreich und Anna von Bretagne. — Die geschicht zwischen des rö / mischen Kûnigs vnd des Küni- / ges von franckreich — *Am Ende:* Hie vollendt *hans ortenstain* sein geticht. O. O. u. J. (1491.) 4⁰. 6 Bll. (In Berlin: Yg 5391.) Große Seltenheit, wie die beiden folgenden Drucke.

> Hans Ortenstain's Spruchgedicht vom Fräulein von Britanien. Reimpaare. 282 Verszeilen. Liliencron II. Nr. 179. Fehlt bei Panzer. Goedeke I, 280. Weller, Annal. II. p. 564.
>
> In der Einleitung heisst es: Da man nach cristus geburt zalt. Tausent vierhundert mit gewalt Vnd ain vnd neuntzig das ist war da besan ich mich in dem jar da fieng ich an zû dichten. — Der Verf. erzählt die Geschichte der Entführung der Anna von Bretagne durch Carl VIII. „wie er sie zu Nürnberg vernommen und 1491 gedichtet hat."

— — Dasselbe, titulo: Ain hubsch gedicht wie der kung vo' fra'ckreich dem durchleichtigen kung Maximilian sein eelichen gemahel genommen. *Am Ende:* 1492. O. O. 8 Bll. 8⁰. (Besaß Bibliothekar Greiff in Augsburg.)

> Weller, Annal. II. p. 13 u. 564.
>
>   O Heyliger geist du ware mynn
>   Verleych mir krafft vn' gib mir sin etc.
>
> *Schluss:* das wir te deum laudamus singen
>   das bit ich dich zu disser pflicht
>   Hie volent hans orrstain (so l) sein geticht.

§ — — Dasselbe. Querfolioblatt ohne Ueberschrift. *Am Schlusse:* Gedruckt zu Vlm nach cristi geburt vier / zehenhundert vnd in den lxxxxii iaren (1492). Gr. Fol.

> 283 Verszeilen in 5 Columnen. Weller, Ann. II. p. 225.
>
>   O hailiger gaist du ware minn
>   Verleich mir krafft vnd gib mir synn
>   Das ich kunstloser man betracht
>   Vnd ich ain loblich ticht volacht
>   Zu lob maria der künigin zart etc.
>
> *Schluss:* Hie vollent hans ortenstain sein geticht

— — S. auch *Talander (Aug. Bohse),* Schauplatz Der Unglückselig-Verliebten, Welche sich unter der Regierung Carl des Achten, Königs von Franckreich, befunden .... 1697.

CARL X., König von Frankreich. (1757—1836.) — Staats- und Liebes-Abenteuer von Karl X., ehemaligem König von Frankreich. Aus d. Französ. nach der Chronique scandaleuse de Charles X. Leipzig 1830. 12⁰.

O r i g.: Histoire scandaleuse, politique, anecdotique et bigote de Charles X. (Récit en termes décentes.) Edition suivie d'une biographie des ex-ministres. Paris 1830. 12⁰. 226 pp. front. gr. (1 Rthlr. Baer; 1½ Mk. O. Richter.) anecdotique et bigote de duchesse d'Angoulême et de Berry, — Hieran schliesst sich: Histoire scandaleuse, politique, anedotique et bigote de duchesse d'Angoulême et de Berry, formant le complément indispensable de l'histoire scandaleuse de Charles X. Paris 1830. 18⁰. (4 Mk. Kühl.)

CARL II. (Stuart), König von England. (1630—85.) — § * A m n o n (sic!), D e r G e i l e, und Hinterlistige Joab, in des Letztverstorbenen C a r l d e s II. und annochlebenden Jacobi des II. (s. d.) Beyder Könige in Gross Brittanien, Leben und Thaten etc. etc. Aus d. Engl. übers. Cölln, Bey Peter Marteau 1689. 4⁰. Sehr rar!

Titel u. 133 S. (2 Mk. 40 Pf. Ludolph Gt. Goar, Frankf. a. M., c. 1880; jetzt viel theurer!.) — In der Berliner königl. Bibl. folgende holländische Uebersetzung: Ammons Geylheit, en Joabs Dubbelhartigheit, onpartydig afgebeeld in de daden en bedryven van K a r e l d e T w e e d e, Koning van Groot Brittanje. Zijnde een verklaring van zoo vele svvaar verdrukte en lang in Ballingschap gesvvorvene Protestanten, van de drie Koningryken. Mitsgaders een narigting en waarschouwing van alle die door geen Jesuytise Mentale Reservatie en de Staatkunde van den tegenwoordigen Koning van Engelant, J a c o b u s d e T w e e d e, begeeren misleyt en bedrogen te worden. (Kl. typogr. Ornam.) In Vrustad, voor Geerard de Smeeder, M. DC. LXXXVIII. (1688.) 4⁰. 98 S.

* — — G e s c h i c h t e, G e h e i m e, d e r R e g i e r u n g Carls des Zweiten. Von einem Mitgliede des geheimen Raths. Aus d. Engl. 2 Bde. Göttingen, im Verlage der Vandenhoek- und Ruprechtischen Handlung, 1794—95. Gr. 8⁰.

I: Tit., 3 Bll. Vorr., 406 S., 1 weißes Bl. II. Tit. u. 314 S. — Vergriffen u. selten!

* — — G e s p r ä c h e i n d e m R e i c h e d e r e r T o d - t e n zwischen C a r o l o II., König von England, und der wegen ihrer Schönheit berühmt gewesenen M o l i è r e, worin die Aventuren der letzteren. Leipzig 1720. 4⁰. (1½ Mk. Schmidt, Halle, v o r 1875.)

— — L e b e n K a r l s II. und Jacobi II., Könige von Grossbritannien. Londondry (!). O. J. (XVIII. Jahrh.)

Weller, fing. Dr. I. p. 185.

— — S c h i m m e l , H. J., S t a a t s - und L i e b e s -
I n t r i g u e n. Historischer Roman aus der Zeit K ö n i g
K a r l s II. von E n g l a n d. Nach dem Holländischen frei
bearbeitet. 5 Bde. Berlin 1870. 8⁰.

— — S. auch E n g l a n d : G r a m m o n t , C o m t e d e , Memoiren, hrsg. von Comte d e H a m i l t o n , und P o r t s -
m o u t h , Herzogin v.

* CARL XI., K ö n i g v o n S c h w e d e n (regiert 1660—97).

— G e h e i m e N a c h r i c h t e n vom S c h w e d i s c h e n
H o f e u n d v o n d e n e n V e r ä n d e r u n g e n u n t e r R e -
g i e r u n g C a r l s d e s XI. Aus dem Frantzösischen (des
Esais Pufendorf). Cölln, P. Marteau (Hamburg, Sam. Heyl),
1716. 8⁰. (In Berlin: Ua 204, no. 3.)

> O r i g. (in Berlin: Ua 6610): Les anecdotes de Suède
> ou l'histoire secrete des changements arrivez dans la Suède.
> Sous le regne de Charles XI. La Haye, Chez Charles
> Charpentier, à l'Enseigne de l'Apôtre St. Barthelemy (Ulm)
> 1716. 8⁰. — Rep. Stockholm (Holl.) — Cassel 1718. (Vgl.
> Weller.)

CARL L u d w i g , K u r f ü r s t v o n d e r P f a l z (geb. 1617,
† 1680). — * G e s p r ä c h e in d e m R e i c h e d e r e r
T o d t e n zwischen F r i e d e r i c o V. von d e r P f a l z u n d
s e i n e m S o h n C a r o l o L u d o v i c o , so sich in F r ä u -
l e i n v o n D e g e n f e l d v e r l i e b t. Leipzig 1722. 4⁰. (1¹/₄ Mk.
Schmidt, Halle, v o r 1875.)

— — G e w i s s e n s - R a t h , der ungewissenhaffte, vorgestellet in einer theolog. Fakultät zu Hedelberg Bedencken
über etzliche Brieffe J o h. L u d w. L a n g h a n s e n s , vormals bey des Kurfürsten von Pfaltz Durchl. gewesenen Beicht-
Vaters, darinnen er Ihre Churf. Durchl. zur Desertion dero
Gemahlin, und ungebührlichen Buhlen-Liebe mit einer gewissen
Hof-Dame verleiten wollen. Samt einer Vorrede, worinn dessen
Conduite, Verbrechen und Bestraffung enthalten. O. O. 1689. 4⁰.
36 Bll. (5 Mk. P. Neubner, 1892.)

— — Dasselbe. Gedruckt im J. 1720. O. O. 8⁰. (3 Mk.
50 Pfg. M. Edelmann, 1904.)

— — L e b e n s - G e s c h i c h t e d e r w e y l a n d D u r c h -
l a u c h t i g s t e n C h u r - F ü r s t e n i n d e r P f a l z F r i e d -
e r i c h d. V. (des Winteikönigs), C a r l L u d w i g u. C a r l.
Worinnen die Böhmische Unruhe, der Dreyssig-jährige Krieg,
die Vicariats- und Wildfangs-Sache, d e s C h u r - F ü r s t e n
C a r l L u d w i g L i e b e s - H ä n d e l m i t d e r B a r o n e s s i n
v. D e g e n f e l d , u n d d i e L a n g h a n s i s c h e S a c h e beschrieben werden (von *J. F. Rieger*). Cölln (Frankfurt a. M.,
Zunner) 1693. 12⁰. (10 Mk. 50 Pfg. M. Edelmann, 1903.)

S. 181—205: Liebe zwischen Chur-Fürst Carl Ludwig
und Maria Susanna von Degenfeld . . . . Von Herrn
H o f m a n s w a l d a u (s. d.) in gebundener Rede ge-
schrieben. (Schwülstige Alexandriner voller Erotik.) —
Weller, fing. Dr. I. p. 44 nennt folgende späteren Aus-
gaben: Cölln (Zunner in Frankf. a. M.) 1695, 1700 (mit
Portr.), 1703, 1705, 1732; 1735.
Hier sei auch ein f r a n z ö s. B u c h über Carl Ludwig
erwähnt: La vie et les amours de Charles Louis, Electeur
Palatin. Cologne 1692. 12⁰. Avec portr. Rare! (2²/₃ Rthlr.
Jos. Basae & Cie.; 10 Mk. Bielefeld.) (Expl. in Carls-
ruhe. Nk 247.)

— — H i s t o r i e n - A l m a n a c h , D e r k l e i n e . . . . Leipzig, Junius, 1804. Kl. 12⁰.
S. 130—169: F ü r s t l i c h e L i e b e s b r i e f e (des Kurfürsten C a r l L u d w i g v o n d e r P f a l z und der Hofdame B a r o n e s s e L u i s e v o n D e g e n f e l d) und Ehe-
klagen (der K u r f ü r s t i n C h a r l o t t e , geb. Landgräfin
von Hessen) aus der Mitte des XVII. Jahrh. (aus Joh.
Chr. L ü n i n g s teutscher Reichskanzlei; Th. II, S. 165 ff.
— S. auch dessen Litterae procerum Europae I, 699 ff.
U n t e r g e s c h o b e n , weil das A e n e a s (s. d.) S y l v i u s
(Pius II.) Briefe zwischen Eurialus und Lucretia hier als
wirklich zwischen dem Kurfürsten und Louise v. Degenfeld
gewechselte lateinische Briefe aufgenommen sind. (Goedeke
I, p. 362, C.)

— — L i p o w s k i , Felix Jos. (1764—1842), K a r l L u d -
w i g C h u r f ü r s t v o n d e r P f a l z , und M a r i a S u -
s a n n a L o u i s e R a u g r ä f i n v. D e g e n f e l d nebst d. Biographie d. Churfürsten Karl v. d. Pfalz. Eine histor. Schilderung. Sulzbach 1824. 8⁰. (1 Mk. 50 Pfg. Max Weg., Lpz.,
1897; 3 Mk. 50 Pfg. Friedr. Klüber, München, 1898.)
Enth. u. a. auch die pikant gedichteten „Liebes-Intriguen"
zwischen Churfürst Carl Ludwig i. d. Pfalz u. Maria Loysa
v. Degenfeld von Hofmannswaldau.

— — V e r s u c h e i n e r G e s c h i c h t e d e s L e b e n s und
d e r R e g i e r u n g K a r l L u d w i g s , K u r f ü r s t e n v o n
d e r P f a l z (von *D. L. Wundt*). Mit urkundlichen Beilagen.
Genf (Heidelberg, Pfähler) 1786. 8⁰. (26 Sgr. Jos. Baer &
Co., c. 1870.)
Weller, fing. Dr. I. p. 133.

CARL's, H e r z o g s v. B r a u n s c h w e i g , D e n k w ü r d i g-
k e i t e n. Mit authentischen Aktenstückten. 2 Bde. Cassel 1844.
Lex.-8⁰. (In Berlin: Bibl. d. Reichs-Postamts. Cat. 1883. S.
315.) (5 Mk. 60 Pfg. List & Francke; 35 Mk. Ernst Geibel,
Hannover, 1908.)
Seiner Zeit c o n f i s c i r t gewesen, daher ziemlich selten.
398 + 813 S.

CARL MAGNUS, R h e i n g r a f. — *Laukhard, Friedr. Christian*, Leben u. Thaten des Rheingrafen Carl Magnus, den
Joseph II. auf zehn Jahre in's Gefängnis nach Königstein (in

Nassau) schickte, um da die Rechte der Unterthanen und anderer Menschen respektiren zu lernen. Zur Warnung für alle winzige Despoten, Leichtgläubige und Geschäftsmänner geschildert von —. O. O. 1798. 8⁰. XII—355 SS.

> Interessante S c a n d a l c h r o n i k dieses ehemaligen P f ä l z e r R e g e n t e n. (6 Mk. Isaac St. Goar; 24 Mk. Paul Alicke, Dresden, 1909.)

CARL. J., W a r n u n g v o r d e n S ü n d e n w i d e r d a s 6. G e b o t. Leipzig 1839. 8⁰.

> 12 Sgr. Lippert, Halle (c. 1860). — Selten!

CARL u n d J u l i e, oder d i e e n t s c h l e i e r t e C a b a l e. Von *August* R*** *(Riesch.)* Mit 1 Kpf. Jena, b. Joh. Chrn. Glo. Etzdorf. 1808. Kl. 8⁰.

> 3 Bl. u. 272 S. Theilweise freien Inhalts. Der Roman ist der Accise- u. Zoll-Räthin V i l l a r e t zu Halle gewidmet.

CARL u n d K a r o l i n e; eine (zahme) Geschichte (von *Johann Martin Miller*). Wien 1783.

> Anon.-Lex. I. p. 301 (nach Kayser, Meusel und Jördens).

CARL u n d K l ä r c h e n, eine Scene aus dem letzten Kriege (von *Johann Friedel*). Halle 1781.

> Anon.-Lex. I. p. 301 (nach Meusel). Kayser hat „1784".

CARL u n d S o p h i e. Eine Jugendgeschichte (von *Joh. Jac. Christian v. Reck*). Regensburg 1784.

> Anon.-Lex. I. p. 301 (nach Kayser, Meusel u. Goedeke).

CARL u n d W i l h e l m i n e oder L e i d e n u n d F r e u d e n d e r e r s t e n L i e b e. Ein Charaktergemählde unserer Zeit in zwei Theilen. Magdeburg, v. Schütz, 1818. 8⁰. (2 Mk. 50 Pfg. Gust. Fock, 1907.)

> 124 u. 190 Seiten. — Etwas frei.

CARL u n d d i e Z a u b e r i n. Eine Fabel aus d. Französ. übers. Breslau, gedruckt mit Grassischen Schriften. O. J. (c. 1760). 4⁰. (3 Mk. Bernh. Liebisch, Lpz., 1908.)

> Höchst seltenes erotisches Gedicht, nirgends citirt.

CARLS V a t e r l ä n d i s c h e R e i s e n, in Briefen an Eduard (von *Carl Gottlieb Samuel Heun*). Mit 1 Kpf. von S c h u l z. Leipzig 1793. 8⁰. (8 Mk. J. Taussig, Prag, 1906.) Selten!

> VIII, 567 S. „Sehr frei, besonders die Briefe über G ö t - t i n g e n, C a s s e l und die R h e i n g e g e n d, zum Theil in Versen."

CARL, s. auch K a r l.

CARLISLE, v., F ü r j u n g e F r a u e n z i m m e r, sich und ihre künftigen Männer glücklich zu machen. Nebst einem Versuch über weibliche Delikatesse. Leipzig 1791. 8⁰.

> R. Zinke's (Dresden) Novbr.-Auct. 1905, Nr. 23.

CARLOS, D o n (1548—68). — * D e r U n g l ü c k l i c h - V e r - liebte F U R S T: Oder Printz Karls a u ß S p a n i e n k u r t z g e f a ß t e L i e b e s -, L e b e n s - u n d T o d e s - G e -

s c h i c h t e. Auß dem Frantzösischen (des Abbé *César Vich-ard de Saint-Réal,* aus Chambery, † das. um 1692) ver-teutscht. (Unter d. Vorr.: J. H. W. v. B.) Im Jahr M DC LXXIV. (1674.) 12⁰. (In Berlin: an Yu 5401 a; auch .in Göttingen: Fab. rom. 662.)

178 S. (incl. 5 S. Vorst.). — Zuerst gedr. o. O. 1673. 12⁰. (Auctio libror. Lips. 3. Maj. 1717. p. 17.)

O r i g.: Dom Carlos. Nouvelle historique et galante. Amsterdam, s. d. 8⁰. (In Berlin: Qr 7750.) Le même. Amsterdam 1672. 12⁰. — Jouxte la Copie imprimée à Amsterdam 1673. 12⁰. (In Berlin: Qr 7751.) (¹/₃ Rthlr. Scheible; jetzt theurer!) „Roman ingénieux des amours d'un jeune prince pour sa belle mère." (Bibliogr. clérico-galante. Paris 1879. 8⁰. p. 160. — Ein a n d r e s Werkchen ist wohl: Dom Carlos grand d'Espagne. Nouvelle galante. La Haye, Jean Swart, 1711. 12⁰. (In Wolfenbüttel.)

* — — G e s c h i c h t e d e s D o n C a r l o s S p a n - i s c h e n P r i n t z e n s von dem Abbe (sic!) *St. Réal.* Aus d. Französ. Berlin, bey Joachim Pauli 1762. 8⁰. 118 S. (In Berlin: Qr 7756; auch in Breslau, Stadtbibl.: an B 1470.)

— — Dasselbe, tit.: D o n K a r l o s. Eine historische No-volle, übersetzt von S c h m i d t. Worms 1828. 8⁰. (12 Sgr. Scheible, 1874.)

§ — — S t a a t s - u n d H e l d e n - G e s c h i c h t e d e s f r ü h z e i t i g e n C o n q u e r a n t e n s u n s e r e r Z e i t e n D o n C a r l o s , I n f a n t e n s v o n S p a n i e n: der neugierigen Welt zur Bewunderung dargestellt von *M. M. R.* O. O. (Regens-burg, b. Joh. Leop. Montag) 1735. 4⁰. (In München: Hisp. 61; auch in Stralsund, Rathsbibl.: E. 4⁰. 217.) (2 Mk. 40 Pfg. Ludolph St. Goar, n a c h 1870.)

O. M. V. 1735. G 2 a. Haydinger's Bibl. II no. 618.

CARLSBAD. — I r g e n d J e m a n d (ps.), F r e i m ü t h i g e B l ä t t e r ü b e r K a r l s b a d. 1819.

Weller, Lex. Ps. p. 285.

— — N a c h r i c h t e n , M o r a l i s c h e u. S a t y r i s c h e a u s d e m C a r l s b a d e, in einem Schreiben an den Herrn von H*** abgelassen. Im Jahr 1736. 8⁰.

Zum Theil freien Inhalts. 64 SS. Sehr selten! (In Mar-burg, Univbibl.)

— — Z e i t v e r t r e i b , U n s c h u l d i g e r , i m C a r l s - B a d e, in anmuthigen und lustigen Historien. O. O. (Jena, Bielcke) 1748. 8⁰.

M. M. V. 1748. E 1 a. Ungemein rar!

— — Dasselbe. Cöln (Celle, Gsellius) 1751. 8⁰.

CARLSRUHE (Baden). — B r i e f e ü b e r C a r l s r u h e (von *Friedr. Leop. Brunn*). Berlin 1791. Rar!

Anon.-Lex. I. p. 266 (nach Meusel). Kayser hat „Karls-ruhe".

— — M ö l l e r, G., D i e m o d e r n e n C o n s t i t u t i o n e n
D e u t s c h l a n d s, d e n g e h e i m e n W i e n e r C o n f e-
r e n z - B e s c h l ü s s e n g e g e n ü b e r. Mühlhausen 1844. 8⁰.
(4 Mk. 50 Pfg. Paul Neubner, Cöln, 1892:)
„Traurige Zustände Deutschlands, insbes. des Grossherzog-
thums B a d e n. — C h r o n i q u e s c a n d a l e u s e e i n e r
F ü r s t e n f a m i l i e? Nähere Aufklärungen über die M o r i z
v. H a b e r ' sche Geschichte, beziehungsweise die Verhältnisse einer hohen Dame in K a r l s r u h e zu demselben",
etc. etc.

— — V o r s c h r i f t, O r t s p o l i z e i l i c h e, über die A u s-
ü b u n g d e r g e w e r b s m ä s s i g e n U n z u c h t i n d e r R e-
s i d e n z s t a d t. Karlsruhe 1874. (In Dresden, Bibl. d. Gehe-
stiftg.)

* CARMINA B u r a n a. Lateinische und deutsche Lieder und
Gedichte einer Handschrift des XIII. Jahrh. aus B e n e d i c t-
b e u e r n. (Herausg. v. J. A. S c h m e l l e r.) Mit Abbildungen.
Stuttgart, Literar. Verein, 1847. 8⁰. (In Berlin: Yf. 7155.) (21
Mk. K. Th. Völcker, 1878.)
        Vergriffen u. selten!

CARMINA c l e r i c o r u m; S t u d e n t e n l i e d e r d e s M i t-
t e l a l t e r s, ed. domus quaedam vetus. Heilbronn 1876. 12⁰.
(1 Mk. 20 Pfg.) (50 Pfg. Theod. Ackermann, 1887.)

CARNEVAL. — A n t e - C h r i s t, Der bey dieser verwürten
F a s c h u n g s - Z e i t erdicht- und allen curiosen Faschungs-
Lapen vorgestelte. Wienn 1707. 2 Bll. 4⁰. Sehr rar! (7 Mk.
50 Pfg. Jacques Rosenthal, c. 1903.)

— — A p e l l e s, Valentin (1544—81 Rector zu Freiberg in
Meissen), N a r r e n - S c h u l z u r F a s t n a c h t, a b g e t h e i-
l e t a u f f d i e f ü n f f A c t u s i n F a b u l i s o d e r C o m œ-
d i e n am endt eines jeden Actus einzubringen, d a s o n s t e n
d i e F a s t n a c h t N a r r e n i h r N a r r e n w e r g k z u t r e i-
b e n p f l e g e n. Gedruckt zu Franckf. a. d. Oder. Anno 1578.
8⁰. 36 Bll.
        Goedeke II, 368, 192. — Gottsched II, 232 ff.

* — — E i n e s c h ö n e n e w e v n d k u r z w e i l i g e C o-
m e d i a, g e n a n d t d i e N a r r e n S c h u l e, Ist mit neun
Figuren zu agiren vnd hat vier Actus. In R e i m e n verfasset
durch *Johannem Herphort* von Fr. (= Johannem Erfordia-
num [*Johannes Wittel*, Pfarrer] von Fr[ondorf].) O. O.
u. J. 8⁰. 16 Bll.
        Goedeke II, 366, 176: Möglicher Weise ist die Komödie
        nur Abkürzung des gleichnamigen (obigen) Spiels von Val.
        A p e l l e s. — Vgl. Zarncke, Brants Narrenschiff. S.
        CXXVIII.

§ — — B e r g e r, Chp. Heinr. de (um 1680 — 1757),
C o m m e n t a t i o d e p e r s o n i s v u l g o l a r v i s s e u m a-

scheris, von der Carnavals- Lust, critico historico
morali atque iuridico modo diligenter conscripta. C. 154 tabulis
aeri incisis (Scenen aus den Comödien des Terenz). Francofurti & Lipsiae (1723). 4⁰. (10 Mk. K. W. Hiersemann, c. 1900;
14 Mk. M. Edelmann, 1903; 15 Mk. Bangel & Schmidt,
Heidelb., 1905.)

> 340 pp. et copiosiss. indices. — „Ausserordentlich fleissige
> Arbeit über das alte Schauspiel u. die Schauspieler unter
> Benützung u. namentlicher Anführung von ca. 366 Autoren."
> „Umfangr. Abhdlg. üb. d. Grotesk-Komische von d. ältesten
> Zeiten an mit 154 Kupfertafeln, Darstellungen aus antiken
> Komödien. Dem jurist. Kapitel sind viele Verordnungen,
> Carnevalsverbote etc. meist Sächs. Fürsten in deutscher
> Sprache beigefügt."

— — Carneval, Der entdeckte, oder die galante
Fastnachts-Freude der heutigen Welt, ent-worffen
von den (!) Autor des Narren-Calenders. Erste Masquerade.
Wien 1709. 4⁰. (In Breslau, Kgl. u. Univ.-Bibl.)

> Rar! 24 SS. Mit Titelholzschnitt. S. 17—24 Gedicht:
> Lob des Carnevals.

— — Carneval, Ein, der Narren-Welt u. ihr ver-
kehrtes Wesen wird mit dem Liede vorgestellt zu singen und
zu lesen, gantz neu gemacht in diesem Jahr, als alles umge-
kehrt war. Durch F. R. (1729.) 8⁰. 2 SS. (incl. Tit. in
4⁰). Sehr selten!

> Curiose Utopie in 122 sechsz. Str. u. burlesk-satirisches Lied
> von 70 sechsz. Str., dann noch (S. 58 ff) Brief (in Versen)
> des Hündgens Harlekin an den Hund Philandern d. 10. Aug.
> 1729. — Dr. Franz Schnitzer's Bibl. München 1902, no. 396
> (Beibd.).

§ * — — Carneval, Das Römische (von *Joh. Wolfgang v. Goethe*). Mit gestoch. Titelvign. von Lips u. 20
color. Maskenbildern. Berlin, gedruckt bey Johann Friedrich
Unger. Weimar und Gotha. In Commiss. bey Karl Wilh.
Ettinger. 1789. Kl. 4⁰. 69 S. (Auch in Warmbrunn.)

> Sehr gesuchte und seltene Original-Ausgabe, die schon
> Ende d. XVIII. Jahrh. theuer bezahlt wurde; im Preise
> steigend. Hirzel, S. 35.

— — Dasselbe. Neudruck (c. 1903). Ganzldrbd. im Geschmack
der Zeit. (Mk. 40—.)

— — Carnevals-Almanach auf das Jahr 1830.
Hrsg. v. S. W. Schiessler. 1. (einz.) Jahrg. 12⁰. Mit
TKupf., gest. Titel, 12 fein color. Maskenbildern, 18 lithogr. Bll.
Tanztouren u. Musikbeilagen. Prag, bei C. W. Enders. 12⁰.
312 S. Orig.-Cart. in Etui. Selten! (9 Mk. Adolf Weigel,
c. 1905; 12 Mk., mit nur 11 Maskenbildern, E. Frensdorff, 1907.)

— — Carnevals-Freuden, Die, oder Kleines Ideen-
Magazin zu geistreichen und leicht ausführbaren Masken. Mit

24 feinkolor. Kupfertafeln. Nürnberg 1839. Quer-8⁰. (2 Rthlr.) (8 Mk. E. Frensdorff, 1904.)

CÖLN a. Rh. — Bellen-Töne. Sammlung der Kölnischen Karnevals-Lieder. (1823—1834.) Mit 19 lith. Noten-Beilagen. O. O. (Cöln) Fr. Xav. Schlösser'sche Buchdruckerei. 8⁰. Illustr. Umschl. (6 Mk. 50 Pfg. Max Jaeckel, Potsdam, 1909.)
XI, 1 S. Register der Noten-Beilagen, 388 S. Text, 1 Bl. Druckf.

— — — — Gürzenich. — Dä Bevvr un et Hänneschen am Göözenich. Fastelovendshöchgen en einem Akt, Zum Besten der hiesigen Armen. Mit 1 Titelvignette. Köln, gedruckt bei F. X. Schlösser. 1839. go. 16 S. (5 Mk. E. Frensdorff, 1908.)

— — — — Jerrmann, Ed., Das Wespennest oder der Kölner Carneval. Fragmente aus meinem Theaterleben, humorist.-satyrisch geschildert. Leipzig 1835. 8⁰.
Leihbibl. v. Aug. Kacholt, Rheine (Westf.), no. 946.

— — — — Köln's Carneval, wie er war, ist und seyn wird. Weihegabe für die Kölner und alle Freunde von Volksfesten, vom Magister loci. Köln, o. J. (c. 1840). 8⁰. 326 S. (4 Mk. 50 Pfg. G. Priewe, 1909.)
Prager's Leihbibl., München, no. 6657.

— — — — Martha oder die Mägdeherberge em wiesse Pähdge. Original-Carnevals-Posse mit Gesang in 3 Akten. (Musik v. Flotow). 6. Jubel-Ausg. Koeln 1873. 8. 32 S. In Koelner Mundart. (75 Pfg. R. Bertling, 1892.)

— — Eremita d. Jüng., Janus, Das teutsche Carneval. 1802. Sehr rar!
Weller, Lex. Ps. p. 174.

— — Fabricius, G. H., De Bachanaliis. (Diss.) Lipsiae 1691. 4⁰. (1 Mk. 20 Pfg. Ferd. Schöningh, Osnabrück, 1905.)

§ * — — Fahne, A., Der Carneval mit Rücksicht auf verwandte Erscheinungen. Ein Beitrag zur Kirchen- und Sitten-Geschichte. Köln u. Bonn, Heberle, 1854. 8⁰.

— — Fasten-Krieg. Die in Lapp-Land vorgenommene Grosse Recroutirung der Fleischmann'schen Generalität. Verursachet zum Lächerlichen Beschluss: Bey der Stockfischischen Armee Einen unvermutheten Ausgang d. Fasten-Krieg. Lachensburg 1707. 2 Bll. 4⁰. (5 Mk. Ludw. Rosenthal, 1906.) Sehr selten!
So der Titel in L. Rosenthal's Cat., 1906. — Nicht bei Weller, fing. Druckorte.

— — H a u e i s. E., D a s d e u t s c h e F a s t n a c h t s s p i e l im 15. J a h r h u n d e r t. Baden bei Wien 1874. 8⁰. 24 SS.

— — K i n d e r v a t e r, Joh. Heinr. (auct. & resp.), et Joh. Casp. Z e u m e r (praes.), B a c c h a n a l i a C h r i s t i a n o r u m vulgo: D a s C a r n e v a l. Jenae, typis Joh. Ad. Mulleri, 1699. Kl. 4⁰. 48 pp. (3 Mk. Leo Lippmannssohn, 1907.)

'Mit zahlreichen d e u t s c h e n Citaten. Rar!

— — K r e u z n a c h e r C a r n e v a l 1 8 3 7. — 1) K e h r, Carl, Das Masken-Lied. — Hanswürschchens Leid- u. Freudenfahrt. — Epistel an die Mitdirectoren der Winter-Redouten-Gesellschaft zu Cöln. Kreuznach 1837. 8⁰. 36 SS. 2) Dess. Proclamation des Hanswurstes von 1837 an sämmtliche Bewohner von Stadt und Land diesseits und jenseits der Nahe. Ebd. 8⁰. 8 SS. 3) Dess. Bericht der greulichen' Geschicht / Die Niemand hört' noch jemals nicht. Abgestattet durch die Orgelsänger im Carneval von 1837 zu Kreuznach. 8⁰. 4 SS. 4) Dess. Nachklang eines Hagestolzen auf ein oft gehörtes Klagelied. 8⁰. 4 SS.

Dr. Franz Schnitzer's Bibl. München 1902.

— — L u b e r t u s (= *Lübbert*), Henr. (aus Lübeck, Pastor in Böhlendorf), Fassnachts-Teuffel, Lübeck, b. Ulrich Wetstein 1673. 12⁰. Sehr selten!

* — — M a s k e n b ä l l e. — U e b e r d i e M o r a l i t a t d e r M a s k e n b ä l l e (in N ü r n b e r g), ein Gespräch Schwabach 1783. 8⁰. (3 Mk. Jacques Rosenthal, c. 1903.)

32 SS. Selten, wie das folgende:

* — — — — U e b e r d i e M a s q u e n - B ä l l e, ein Büchelgen, das sich der Lesewelt empfiehlt. Franckfurt u. Leipzig 1785. 8⁰. VIII u. 24 SS.

— — M a s k e n - u n d V o l k s f e s t e - A l m a n a c h für d. Jahr 1812, 1813 (2. Jahrgg., soviel ersch.?). München 1812—13. 8⁰. (Jahrg. 2, mit 36 illum. Figg. u. 2 Musikbeilagen: 20 Mk. K. W. Hiersemann, 1905.)

— — M a y e r, Geo., A i n C h r i s t l i c h F a s s n a c h t K ü c h l e i n, oder O s t e r f l a d e n, Alten vnnd Jungen (von tollen, vnbesinnten, wilden wesen sich zu enthalten) zu guttem, in dise R e i m e n beschryben. — *A. E.:* Augspurg, Val. Schönigk. 1581. 8⁰.

— — Dasselbe, tit.: E i n C h r i s t l i c h F a s s n a c h t K ü c h l e i n, oder O s t e r f l a d e n, Alten vn' Jungen (von dem Tollen vnbesinnten wesen sich zu enthalten) zu guttem inn dise R e y m e n beschryben. 1596. — *A. E.:* Augspurg, Val. Schönigk. 8⁰. (In Zürich.)

24 Bll. m. Titelholzschn. — Weller, Annal. I. p. 338. no. 241; Goedeke II, 284, 62, 1 (nur die Ausgabe von 1581).

— — Mecklenburg. — Jwan, F., Fastnachts-
bräuche in Mecklenburg. („Illustr. Chronik der Zeit."
1891. Nr. 13.)

— — Messelreuter, Masquen-Saal. Bayreuth 1729.
(In Carlsruhe: Lb 10.) Sehr rar!

— — Misander (*Joh. Sam. Adami,* 1638—1713). Der
tolle Fastnachts- und der volle Kirms-Bruder,
nach ihrem Anfange, Fortgange und Ausgange. Dressden,
Mieth, 1692. 8⁰. Sehr selten!

— — Muckenfänger, Carnevalsblättchen. Nr. 1
bis 2. Pforzheim 1861. (In Carlsruhe: N 141.)
Fehlt in Weller's Lex. Ps.

§ — — Nohr, J. C., De jure personarum, quas
vulgus larvas seu mascheras dictitat, ... vom
Carnaval(!)-Recht. Vitemb. 1720. 4⁰. (2 Mk. A. Bielefeld, vor 1885.)

— — Prag. — Curioser Unterhalt (!), oder Discours
zweyer Masqueren, nemlich Eines Nobile und
Einer(!) Domino, von Nutzen und Schaden der
gewöhnlichen Pragerischen Fastnachts-Ballen,
worin zu finden, wie man sich bey einem Ball zu verhalten
hatt. Mit Titelkpf. Prag 1734. 8⁰. 66 S. Sehr rar!
Auction Kürschner. Lpz. 1904, no. 2700.

— — Rassmann, Fr., Fastnachtsbüchlein für
Jung und Alt. Hamm 1826. 8⁰. Mit Titelkupfer nach
Ramberg. 359 S. (15 Mk. F. Waldau, Fürstenwalde, 1907.)
Enth. Harri Heine, Frescosonett (Meyer, Heine-Bibl. S. 18),
ferner Gedichte v. Hoffmann v. Fallersleben, Wilhelm Müller,
Voss etc., sowie zahlreiche Carnevalberichte in
Poesie und Prosa.

— — Sarcerius, Erasm. (1501—59. — Zwo Predigten
Erasmi Sarcerij, Eine wider das teufflische, vn-
ordentliche vnd viehische Leben, so man in der
Fastnachtszeit treibt, Vnd die andere vom
Fasten. Gepredigt zu Leipzig, des jars 1551. 4⁰. (2 Mk.
Heberle, Cöln, vor 1885; jetzt theurer!)
Goedeke II, 479, 2. (Titel correkt?)

— — Saufaus, Fastnachtsgespräch zwischen
Hansel und Krätel. Herausgegeben von —. (Gedicht.)
O. J. (Nürnberg 1790.)
Weller, Lex. Ps. p. 502.

— — Schmidt (auch Schmid), Joh. Pet. Fastel-
Abends-Sammlungen, oder geschichtmässige
Untersuchung der Fastel-Abends-Gebräuche
in Teutschland. Rostock, Martin Warningck, o. J. (1742).
6 Bll. u. 180 S. 4⁰. (In Rostock, Landesbibl.)
Max Perl's Berliner Febr.-Auct. 1908.

„Seltene u. interessante Schrift über deutsche F a s t -
n a c h t s g e b r ä u c h e. Enthält Erklärung des Ursprungs
u. der Ursachen der Fastnachtsgastereien und -Gerichte als:
Kreutz-Kringel, Heetwecken, geräucherte Schweins-Schinken,
Mettwurst u. Rindfleisch, des Fastnachtsgesöffs, der Ver-
kleidung in allerhand Gestalten, Tänze, Spiele etc. nebst
Sprich- u. Scheltwörtern, abergläub. Gewohnheiten u. s. w."
— — Dasselbe, titulo: G e s c h i c h t s m ä s s i g e U n t e r s u c h-
u n g d e r F a s t e l - A b e n d s - G e b r ä u c h e in T e u t s c h-
l a n d. Nebst Sprich- und Scheltwörtern. Leipzig 1742. 4⁰.
(3 Mk. 50 Pfg. Bernh. Liebisch, 1901.)
§ — — Dasselbe. Neue Aufl. Rostock 1752. 4⁰. (Auch in
Carlsruhe Lb 71.) (15 Mk. Ernst Frensdorff, 1903.)
— — S c h w a l b e, Chr., Praemetium historico-philologicum
super b a c h a n a l i a. Curiæ Variscorum 1620. 8⁰. 16 unpag.
Bll. (1 Mk. Ferd. Schöningh, 1905.) Selten!
§ — — U n t e r w e i s u n g, Heylsame, w i e m a n d i e
F a s s n a c h t z e i t m i t F r ö h l i c h k e i t z u b r i n g e n k a n n,
München 1713. 8⁰. Sehr rar!
— — V o r l e s u n g e n f ü r d e n F a s c h i n g. Eine Wochen-
schrift (von *Johann Rautenstrauch*). 2 Thle. Wien 1775—82. 8⁰.
(36 Kr., Wien 1775, 192 S. Mit Kupfervign., Gilhofer & Ransch-
burg, Wien, 1909.)
    Anon.-Lex. IV. p. 352 (nach Fikenscher, Kayser, Meusel,
Adelung). **Goedeke IV, 198, 8.**
— — W a g n e r, H., B a c h a n a l i a. F a s t n a c h t, B ä c h-
t e l t a g, w a s F a s t n a c h t s e y, v n d w o e s h e r k o m m e.
Strassburg 1599. 8⁰. Höchst selten!
— — W a g n e r, Joh. Erasm., B a c c h a n a l i a, oder B e-
s c h r e i b u n g d e s r u c h l o s e n F a s t n a c h t - L e b e n s,
worinnen nicht allein dessen Ursprung und Anfang ange-
zeigt, sondern auch die Ueppig-, Schänd- und Schädlichkeit des-
selben erwiesen wird. Mit Titelkpfr. Franckfurt, b. Joh. Hoffmann. 1671. 12⁰. 161 S. Rar!
— — W e r l h o f, P. G., G e d i c h t e, hrsg. von der deutschen Gesellschaft in Göttingen, mit Vorrede A. H a l l e r ' s.
Hannover 1749. 8⁰. (2 Mk. K. Th. Völcker, Frankf. a. M.,
1906:)
    „Enthält viel Carnevalistisches."
* — — Z e i d l e r, Joh. Gottfr. (Theolog, Prediger zu
Femstedt im Mansfeldischen, † 1711 als Auctionator in
Halle), D a s v e r d e c k t e u. e n t d e c k t e C a r n e v a l,
vorstellend die wunderbaren Masqueraden und seltsamen Aufzüge auf dem grossen Schau-Platze der Welt, und deren Ent-
larvung vorgestellt und unter einer Masquerade abgebildet. 3
Aufzüge (Abthlgn.). Zu finden auf dem Carnevals-Platze, wo
die Masquen feil sind. O. J. (c. 1700). 8⁰.

Betrifft nicht speciell den Carneval, sondern es ist ein ganz allgemein gehaltenes satyr.-moral. Opus zieml. zahmer Natur. Selten cplt.! Weller, fing. Dr. I. p. 183.

— — Zeumer, M. Joh. Casp., Carneval oder Fastnachts-Feyer der Christen nach ihrem Ursprunge, Fort- und offters unglücklichem Ausgange beschrieben, mit vielen ... Historien erläutert. Jena, b. Joh. Bielcke, 1703. 8⁰.

    15 Bog. Handelt auch von Comödien, Opern, Gesundheittrinken, Tanzen etc. Sehr rar!

CARNEVAL zu Venedig, Der verliebte und vergnügte, darinnen eine der curieusesten Liebesbegebenheiten mit allerhand unvermutheten Trennungen, wundersamen Zusammenkünfften, artigen Verwirrungen, unverhofften Zufällen und seltenen Glücks-Veränderungen, auf eine gantz sonderbare und anmuthige Art vorgestellet wird von *S. G. S.* Mit Titelkpfr. Jena, in Verleg. Heinr. Chp. Cröckers. 1693. 12⁰.

    Ungemein rar! Auszug in Reichard's Bibl. d. Romane, Bd. 10; Koch II, S. 297; Kuppitsch' collection no. 6113 (daher wohl Expl. im British Museum).

CARNIFUGUS, Carneas (ps.). — Die veränderliche Unvergänglichkeit u. unvergängliche Veränderung aller Dinge, in dem Exempel der Sehlunde (sic!); beschrieben von *Carneade Carnifugo.* (Frankf. a. O.) b. Joh. Völckern. 8⁰.

    Frf. u. Lpz. M. M. V. 1714. H 3a. — Roman? Noch kein Expl. nachgewiesen. Pseud. fehlt bei Weller.

CAROLINCHEN, oder der Druckfehler. Eine Geschichte der neuesten Zeiten, von *C. G. R.* Dresden, Gerlach, 1787. 8⁰. (¹/₂ Rthl.)

* **CAROLINA VON ENGLAND,** Georg's II. (1727—60) Gemahlin. — Der Character der verstorbenen Königin von Gross-Britannien etc. etc. Carolina, Aus dem Englischen übersetzt von Conrad Heinrich Völcksen .... Hannover, o. J. (1738). 8⁰. (In Berlin 2 Expll.: Tu 1582, an Tu 1576.) (50 Pfg. E. Frensdorff, c. 1905.) Zahm, wie das folgende.

* — — Ein kurzer Versuch, den Charakter Ihro weiland Königl. Majestät Carolinä, Königin von Gross-Britannien, zu entwerfen, Aus dem Englischen — — übersetzt von Gebhard Ludwig Meyer. Altona, 1738. 8⁰. (In Berlin 2 Expll.: Tu 1576; Bibl. Diez. 8⁰. 5090.)

    Orig.: London 1738. 8⁰. (In Berlin: Tu 1568.)

CAROLINE Amalie Elisabeth, Königin von England, geb. Prinzessin von Braunschweig (Gemahlin Georg's IV., geb. 1768, † 1821). — Almerté, Tarmini, Reisen Ihrer Maj. der Königin von Grossbritan-

nien u. Ihres Kammerherrn des Baron Pergami
in Teutschland, Italien, Sicilien, Griechenland, nach Constantinopel u. s. w. in den Jahren 1814—1820. Aus dem Franzö́s.
Leipzig 1821. Gr. 8⁰. (10 Mk., leicht fleckig, Adolf Weigel,
1907.)

> Der Verf. war ein Grieche, aus dem Gefolge der
> Königin.

— — Denkwürdigkeiten, Historische, und Ak-
tenstücke aus dem Leben und über den Pro-
cess der Königin Caroline von England. 4 Hefte.
Leipzig und Altenburg, 1821. 8⁰. (Expl. in der Privatbibl. d.
† Königs Georg V. von Hannover, Cat. von 1858, S. 85; auch in
Hannover, Stadtbibl.) (5 Mk. E. Frensdorff, 1905.)

> 1: Denkwürdigkeiten des Baron von Per-
> gami. 2—4: Geschichte des Processes der Kö-
> nigin.

— — Leben und Schicksale der Königin Caroline von England nebst authentischen Nachrichten
über die im Jahr 1806 wegen ihres Betragens angestellte gericht-
liche Untersuchung. 2 Abteilgn. mit 4 Bildnissen. London u.
Bremen 1820. 8⁰. (Privatbibl. d. † Königs von Hannover, Cat.
von 1858, S. 85.) (5 Mk. E. Frensdorff, 1905.)

— — Der Prozess der Königin Caroline von
England vor dem Engl. Parlament im Jahre 1820.
Nach den aktenmässigen Verhandlungen aus d. Engl. übers.
8 Hefte. Bremen 1821. 8. (3 Mk. 50 Pfg. der Vorige.)

> Orig.: A full report of the trial of Caroline Ame-
> lia Elizabeth, queen of England, before the Peers
> of Great Britain. 2 pts. London 1820. 8⁰. (In Hannover,
> Stadtbibl.)

— — Sack, der weisse, Oder Auszug aus verschiedenen Briefen aus England, Deutschland, Italien u. s. w.,
welche auf den Karakter, die Sitten und das öffentliche und Privatbetragen der unglücklichen
Caroline von Braunschweig, Königin von England Bezug haben. 2 Bdchen. Mit d. Bildnisse d. Königin.
Ellwangen u. Gmünd 1821. 8⁰. (5 Mk. 50 Pfg., ohne Portr.,
E. Frensdorff, 1905; 10 Mk., mit Portr., Max Perl, 1904.)

— — Scherr, Johannes. Menschliche Tragikomödie Bd. IX.
Leipzig 1884. 8⁰. (1 Mk. E. Frensdorff, 1905.)

> Inhalt: Karoline von England und Anderes.

— — Tagebuch eines brittischen Reisenden
oder Denkwürdigkeiten über J. K. H. die Prinzessin Caroline von Wallis, geborene Prinzessin v. Braunschweig während der Jahre 1814
bis 1816. Aus d. Italienischen. Aarau 1817. 8⁰. (2 Mk.
E. Frensdorff, 1905.) (Expl. in Hannover, Stadtbibl.)

F.ranzös. Uebers.: Journal d'un voyageur anglais ou mémoires et anecdotes sur son A. R. Caroline de Brunswick, Princesse de Galles. Depuis 1814 au 1816. Traduits en Italien par B. D. et en Français par C. G. Lugan 1817. 8⁰. (1 Mk. 50 Pfg. E. Frensdorff.)

Hier seien noch 2 **e n g l i s c h e** Werke über Königin Caroline erwähnt: **W i l k s , J.**, Memoirs of **q u e e n C a r o - l i n e A m a l i e E l i z a b e t h**, consort of George IV. 2 vols. London 1822. 8⁰. (6 Mk. Derselbe.) — **D i a r y** illustrative of the times of George the Fourth, interspersed with original Letters from the late **Q u e e n C a r o l i n e** and from various other distinguished persons. 2 vols. London, 1838. (Privatbibl. des † Königs v. Hannover, Cat. v. 1858, S. 85.)

— — **V o s s , J u l i u s v.**, u. Adolf v. **S c h a d e n , L e - b e n s g e m ä l d e ü p p i g e r g e k r ö n t e r F r a u e n . . .** Nebst **m o r a l i s c h e n B e t r a c h t u n g e n ü b e r d e n R e c h t s h a n d e l d e r K ö n i g i n** (Caroline) **v o n E n g - l a n d**. Berlin 1821. 8⁰. (2 Mk. W. H. Kühl, Berlin, c. 1883; jetzt theurer!)

— — **Z e i t g e n o s s e n**. Neue Reihe, No. III. Leipzig, F. A. Brockhaus, 1821. Gr. 8⁰.

CAROLINE MATHILDE, K ö n i g i n v o n D ä n e m a r k. (Nebst einigen Schriften über die **G r a f e n S t r u e n s e e** u. **B r a n d t**.) — **A u f k l ä r u n g e n**, Authentische und höchst merkwürdige, über die **G e s c h i c h t e d e r G r a f e n S t r u e n - s e e u n d B r a n d t**. Aus dem Mspt. eines hohen Ungenannten (des Prinzen *Karl von Hessen-Kassel*) zum erstenmal übersetzt und gedruckt. Germanien (Kempten, Dannheimer) 1788. 8⁰. (3 Mk. E. Frensdorff, 1905; 5 Mk. Julius Neumann, Magdeb., 1909.)

— — **B e e r**, Michael (geb. 19. Aug. 1800 in Berlin, † 22. März 1833 in München), **S t r u e n s e e**. Trauerspiel in fünf Aufzügen. Stuttgart, Cotta, 1829. 8⁰.

Uraufführung in München, 27. März 1828. — Goedeke VIII, 570, 9.

— — Dasselbe. Zweite, mit einem Nachtrage vermehrte Auflage. Ebd. 1847. 8⁰.

— — Dasselbe. Stuttgart u. Tübingen, o. J. Kl. 8⁰. (50 Pfg. E. Frensdorff, 1905.)

— — Dasselbe, in: Sämmtliche Werke. Hrsg. von Eduard v. S c h e n k. Leipzig, F. A. Brockhaus, 1835. 8⁰. S. 285—520.

— — Dasselbe in Reclam's Univ.-Bibl. Nr. 299.

— — — — **B r i e f e e i n e s U n g e n a n n t e n a n E n e - w o l d B r a n d t**, welche in der Brieftasche, die dieser beständig bey sich trug, gefunden wurden. Aus d. Französ. übers. (von B r ä m). O. O. 1773. 8⁰. 24 S. (In Schleswig, Provinzial-Bibliothek.)

Anon.-Lex. I. p. 264.

— — Ehescheidungsprozess zwischen Koenig Christian VII u. Königin Karoline Mathilde. Nach bisher unveröffentlichten Urkunden zusammengestellt von A. Fjelstrup. Mit 9 Abbildgn. Berlin 1902. 8⁰. (2 Mk. F. Waldau, Fürstenwalde, 1909.)

— — Falkenskiold, S. O., Denkwürdigkeiten, hrsg. von P. Secretan, übers. (aus d. Französ.) von L. A. Magnus. 2 Thle. Leipzig 1826. 8⁰. (2 Mk. E. Frensdorff, 1905.)

      Orig.: Mémoires. Paris 1826. 8⁰. (4 Mk. 50 Pf. Derselbe.)

— — Frage, Sittliche, warum mussten die Königin Car. Mathildis und die Grafen v. Struensee und v. Brandt arretirt . . . . werden? Elisäum, beim Grafen von Struensee und Brandt. Nirgendheim 1773.

      So bei Weller, fing. Dr. I. p. 106.

— — Gespräche im Reiche der Todten zwischen den ehemaligen Grafen Struensee, Brandt und Ulefeld. Copenhagen (fing.) 1772 86 S.

      Weller, fing. Dr. I. p. 105.

— — Hee, Jürgen („Probst bey dem See-Etat"), Zuverlässige Nachrichten von des hingerichteten Enewold Brandts Betragen u. Denkungsart in seiner Gefangenschaft bis zu seinem Tode auf dem Schaffotte den 28. April 1772. Mit Portrait. Leipzig 1773. 8⁰. 62 S. (1 Mk. 50 Pfg. Jul. Neumann, Magdeb., 1908, mit d. Jahrz. „1772".)

— — — — Bekehrungsgeschichte des vormaligen Grafen Enevold Brandts. 2. Aufl. Mit Portrait. Leipzig 1773. 8⁰.

— — Heimbürger, H. Ch., Caroline Mathilde nach ihrem Leben und Leiden. Celle 1851. 8⁰. (2 Mk. E. Frensdorff.)

— — Höst, J. K., Struensee und sein Ministerium. 2 Bde. Kopenhagen 1826. 8⁰. (6 Mk. Derselbe.)

— — Jenssen-Tusch, G. F. v., Die Verschwörung gegen die Königin Caroline Mathilde von Dänemark und die Grafen Struensee und Brandt. Nach Originalakten von J. L. Flamand. Leipzig 1864. 8⁰. (2 Mk. Derselbe; 4 Kr. Gilhofer & Ranschburg, 1908.)

— — Laube, Heinr., Struensee . . . . Leipzig 1800. 8⁰. (2 Mk. E. Frensdorff.)

— — Lebensbeschreibung, Verhaftung und Hinrichtung des unglücklichen Grafen J. Fr. Struen-

see und E. Brands, nebst Testament Struensees.
Mit Kpfrn. Copenhagen 1772. 23 S. (R. Zinke's Dresdner Juni-
Auct. 1908.)

— — Mettenborn, E. v., Das Weiberregiment am
Hofe der Königin Karoline Mathilde von Dänemark. Berlin 1901. 8⁰. (Mk. 2—.) (1 Mk. 35 Pfg. Schaper,
1906.)

— — Münter, Dr. B., Bekehrungsgeschichte des
vormaligen Grafen und dänischen geheimen
Cabinetsministers Joh. Friedr. Struensee. Mit
Portrait. Kopenhagen 1772. 8⁰. (2 Mk. 50 Pfg. E. Frensdorff,
1905.)

— — Dasselbe, tit.: Bekehrungsgeschichte des vormaligen Grafen Joh. Struensee. O. O. 1773. 8⁰.
(3 Mk. 80 Pfg., zus. mit Hee [s. ob.], Derselbe.)

— — Nachricht, Zuverlässige, von der in Dänne-
mark den 17. Jan. 1772 vorgefallenen grossen
Staatsveränderung etc. Amsterdam (fing.) 1772. 8⁰.
(2 Mk. 50 Pfg. Derselbe.)
  Weller, fing. Dr. I. p. 105.

— — Nachricht, Zuverlässige, von der letzten Staatsveränderung in Dänemark, von der Königin Caroline Mathilde, während ihrer Gefangenschaft eigenhändig
entworfen. Aus d. Engl. Rotterdam (Halle, Trampe) 1772.
(l. c.)

— — Dasselbe. Ebd. 1773. (l. c.)

— — Dasselbe, tit.: Nachrichten von einer Unglücklichen Königin, nebst ihren Briefen, an verschiedene ihrer vornehmen Verwandten und Freundinnen. Aus d.
Engl. Mit Titelvign. Boston (Celle, Schulze) 1777. 8⁰. 223 S.
(10 Mk. E. Frensdorff, 1905:)
  „Für Historiker absolut unentbehrlich. Sehr selten und
  gesucht!" — Weller, fing. Dr. I. p. 112.
  Französ.: Mémoires d'une reine infortunée, entremêlés
  de Lettres écrites par elle-même à plusieurs de ses parents
  et amis illustres. Londres 1776. 8⁰. (6 Mk. E. Frensdorff,
  1905.)

— — Nachrichten, Gründliche, von denen Begebenheiten und Verbrechen der Grafen Struensee und Brand, Hamburg (Schwabach, Mizler) 1772.
  Weller, fing. Dr. I. p. 105.

— — Relation, Umständliche, der Revolution in
Copenhagen. Copenhagen (Braunschweig, Schröder) 1772.
(l. c.)

— — Rothe's, C. A., Entdeckung der wahren Absichten des Staatssystems der Dänischen Re-

gierung, enthaltend die wahren Ursachen der letzten Revolution in Copenhagen. O. O. 1772. 8⁰. (2 Mk. E. Frensdorff, 1905.)

— — Scherr, Johannes, Menschliche Tragikomödie. Bd. VI. Leipzig 1884. (1 Mk. Derselbe.)

Inh.: Mathilde von Dänemark u. Anderes.

— — Schriften, die in Sachen des ehemaligen Grafen Joh. Friedr. Struensee bey der königl. Inquisitions-Commission zu Copenhagen wider und für ihn übergeben sind; mit der von ihm eigenhändig entworfenen Apologie und die über ihn gefällten Urtheile. O. O. 1772. 8⁰. (3 Mk. 50 Pfg. Derselbe.)

— — Struensee, Friedrich Graf von, oder das Dänische Blutgerüst. Dramatisch bearbeitet von D. B . . . n (d. i. *Daniel Bornschein*). 3 Bde. Kopenhagen, Flensburg und Altona (Leipzig, Barth) 1793. 8⁰. (15 Mk. Derselbe:)

„Aeusserst selten!" — Weller, fing. Dr. I. p. 154.

— — Struensee's, Graf, Brand's, Falkenschiolds(!), Gählers und Justiz-Raths (so!) Struensee wahre Unterredung zur Aufmunterung etc. Copenhagen 1772. 8⁰. (4 Mk. Derselbe.)

— — Stunden, Die letzten, Ihro Majestät der hochseligen Königin von Dänemark, Caroline Mathilde, in einem Briefe an A . . . M . . . Esq. in London. 3. Aufl. O. O. 1776. 8⁰. Selten! (4 Mk. Derselbe.)

— — Ueber die Staatsveränderung in Dänemark, von 1772. Amsterdam (fing.) 1772.

Weller, fing. Dr. I. p. 105.

— — Wittich, Prof. Dr. C., Struensee. Leipzig 1879. 8⁰. (5 Mk. E. Frensdorff, 1905.)

— — Yves, Marquis Ludwig d', Geheime Hof- und Staats-Geschichte des Königreichs Dänemark. Zeiten nach der Struenseeischen Revolution. Aus d. Französ. Germanien (Tübingen, Heerbrand) 1790. 8⁰. (8 Mk. Derselbe.)

„Sehr selten!" — Weller, fing. Dr. I. p. 147.

CAROLINEN's galante Abenteuer. (Sotadisches Machwerk.) Philadelphia (ca. 1875). 12⁰. (3 Mk. Fischhaber; 5 Mk. Gust. Klötzsch.)

Vielleicht gleichen Inhalts mit d. folgenden Opus:

CAROLINEN's Lebensgeschichte. O. O. u. J. (Altona, c. 1876?). 12⁰. 88 S. (3 Mk. Fischhaber.)

Bildet auch Theil 2 von „Leontine (s. d.), ein sinnenlustiges Weib". Cincinnati (Altona), o. J.

* CARON (= Garon), Lud., Exilium melancholiae, Das ist Vnlust-Vertreiber. Oder Zwey Tausendt Lehr-

reiche, scharffsinnige, kluge Sprüche, . . . artige Hofreden . . .
Apophthegmata, . . . lustige Historien, Exempel, Thaten etc.
Auss *Lud. Caron* Frantzös. tractat, La Chasse—Ennuy . . . .
(von Chrph. L e h m a n n). Strassburg, Laz. Zetzner, 1643. 8⁰.
4 Bll., 563 SS., 21 Bll. (10 Mk. Harrwitz, Berlin, 1891; 12 Mk.
Emil Hirsch; 18 Mk. Jacques Rosenthal; 24 Mk. Ludw. Rosenthal [sämmtl. München, ca. 1905].)

> Reichhaltige Anekdotensammlung. Enth. u. A.: über
> Frawenlist, Fresser, Geizhälse, Gelehrte, Kinderzucht, Lecker-
> bissen, Musicanten, Müssiggänger, Narren, Räuber, Studenten,
> Studentenbösslein. Teufelaustreiber, Träumer . . . . viele er-
> götzliche Geschichten.
> G o e d e k e III. S. 265. No. 6. E r s t e sehr seltene
> Ausg. des raren Schwankbuchs.

— — Dasselbe, titulo: E x i l i u m M e l a n c h o l i a e, Das
ist, V n l u s t V e r t r e i b e r: Oder Zwey Tausendt Lehrreiche,
scharffsinnige, kluge Sprüche, geschwinde Außschläg, artige Hofreden, denkwürdige Schertz, Fragen, antworten, Gleichnussen,
vnd was dem allen gleichförmig, sonsten Apophthegmata genannt: dabey schöne kurtze, lustige Historien, Exempel vnd
Thaten, von hoch: vnd nider, Geist: vnd Weltlichen Standspersonen, Auß *Ludovici Caron* Frantzösischem tractat, La
Chasse-Ennuy, ou l'honneste Entretien des bonnes Compagnies,
intitulirt, vnd andern guten Authorn colligirt; vnd was nicht
in Teutscher Zungen vorhin außgangen, sonderlich der besagte
Tractat, auß andern Sprachen, in dieselbe, newlich von einem,
auff beschehen ersuchen, übergesetzet. Alles vnter gewisse Titul
der Materien, nach Ordnung des Alphabeths gebracht, welche zugleich sampt den Personen, derer drinnen gedacht wird, in einem
außführlichen Register zu befinden. Straßburg, In Verlegung
Johann Joachim Bockenhoffer. M. DC. LV. (1655.) 8⁰. 563
Seiten, ohne die Vorrede und das Register. (In Warmbrunn.)
> S o Nopitsch, 2. Aufl., S. 44—45.

— — Dasselbe (nur neue Titel-Aufl.): E x i l i u m M e l a n -
c h o l i a e, Das ist, V n l u s t V e r t r e i b e r: Oder Zwey Tausend Lehrreiche, scharffsinnige, kluge Sprüche, geschwinde Außschläg, artige Hofreden, denckwürdige Schertz, Fragen, antworten, Gleichnussen, vnd was dem allem gleichförmig, sonsten
Apophthegmata genannt: dabey schöne kurtze, lustige Historien,
Exempel vnd Thaten, von hoch- vnd nider; Geist- vnd Weltlichen Standspersonen, Auß *Ludovici Caron* Frantzösischen
tractat, La Chasse Ennuy, ou l'honneste Entretien des bonnes
Compagnies, intitulirt, vnd andern guten Authorn colligirt, vnd
was nicht in Teutscher Zungen vor hin außgangen, sonderlich der
besagte Tractat, auß andern Sprachen, in dieselbe, newlich von
einem, auf beschehen ersuchen, übergesetzet. Alles vnter gewisse

Titul der Materien, nach Ordnung des Alphabeths gebracht, welche zugleich sampt der Personen, derer darinnen gedacht wird, in einem ausführlichen Register zu befinden. Straßburg, Gedruckt und Verlegt durch Josias Städel. Anno M. DC. LXIX. (1669.) 8⁰. 4 Bll., 563 S., 21 Bll. (12 Mk. Jacques Rosenthal; 24 Mk. Ludw. Rosenthal, c. 1905.)

> Nopitsch, 2. A., S. 47; Duplessis 564; Goedeke III, 265, No. 6; Maltzahn II, No. 1161.

CARPIN (d. i. *Carl Pinn*), Des deutschen Studenten Liebesleben. Leipzig, o. J. (1896). Gr. 8⁰. (1 Mk., Orig.-Umschl., Adolf Weigel, 1906.)

CARRIERE das blutdürstige Ungeheuer und seine Mitschurken. Greuelscenen aus dem französ. Revolutionskriege, aus gerichtlichen Akten beurkundet. Kreuznach. (c. 1830.)

> Wildmoser's, München, Leihbibl.-Cat., no. 4164.

CARTER-Stent, G., Chinesische Eunuchen, od. der Ursprung, Charakter, Habitus, Obliegenheiten u. Zurichtung der Hämmlinge China's. Leipzig (c. 1880). 8⁰. (60 Pfg. A. Bielefeld.)

CARTHÄUSER — Bauer, F. A., Erbauliche Gespräche im Reiche der Lebendigen über die Aufhebung der Karthäuser und andern geistlichen Orden. Wien 1782. 12⁰. (1 Mk. G. Lau, München, 1893.)

— — Gedanken, Andächtige, über die Aufhebung der Carthäuser, Camaldulensser und Nonnenklöster. Wien 1754. 12⁰.

> Haydinger's Bibl. I. 1. No. 2199.

* CARTHEUSER, Friedr. Aug., Sinngedichte. Frankfurt a. d. O. 1764. 8⁰. (In Berlin: Yl 6506.)

> 48 Seiten. Selten, wie die folgende Ausgabe:

* — — Dasselbe. Neue vermehrte Auflage. (Nürnb.) 1765. 8⁰. (Ebd.: Yl 6508.)

> 51 Seiten. — Druckort wird genannt in J. Pauli's, Berlin, O. M.-Cat. 1765.

CARTOUCHE, Louis-Dominique (geb. 1693 in Paris, gerädert ebd. 1721). — § Arlequin Cartouche, oder der Ertz-Räuber Cartouche in der Person des Arlequins in einem Lustspiele zur Gemüths-Ergötzlichkeit vorgestellet und aus d. Frantzös. ins Teutsche übers. Mit 31 Kpfrn. gezieret von J. Chr. Kolb. Augsburg 1722. 8⁰. (Auch in Breslau, Kgl. u. Univ.-Bibl.)

> Stellenw. sehr derb. Ungemein selten, besonders mit allen Kpfrn. !

— — Des berüchtigten Ertz-Diebes Cartouche Ankunfft im Reiche der Todten oder Curieuse Entrevue zwischen Cartouche u. dem . . . Polizey-Director d'Argenson, worinnen viele Nachrichten von dieses grossen Haupt-Diebes Leben . . . u. practiquen. Mit Titelkpf. Frkf. (1722.) 8⁰. 56 SS.

— — Gespräche in dem Reiche der Todten unter den Spitzbuben. Zweyte Entrevue zwischen der Ertz-Betrügerin Falsette und dem Strassen-Räuber Cartouche. Mit 2 Kpfrn. Hamburg 1722. 4⁰.

— — Leben, Das list-und lastervolle, des Diebes und Mörders Louis Dominique Cartouche und seiner Cameraden, samt deren gantzen Prozess, End-Urtheil und Execution. Aus d. Frantzös. Mit Bildniss in Kupfer. Hamburg, Thomas v. Wiering, 1722. 8⁰. 92 S. (6 Mk., mit 1 Beibd., A. Bielefeld, 1905.)

— — Leben und Thaten des welt-berüchtigten Spitzbuben Louis Dominique Cartouche u. seiner Cameraden, sammt deren gantzen Process, End-Urtheil u. Execution. IV. Ed., aufs neue übersehen, u. . . . . vermehret. Nach dem wahren Pariser Expl. übersetzt. O. O. 1723. 4⁰. (Besass Regierungsrath Phil. Pfister, † 1889 in München.)

Tit. m. Vign. (Hüftbild C's), 69 S., 1 ungez. S. „Cartouche en miniature" (in deutschen Reimen).

— — Leben, Thaten, Abentheuer, Liebschaften u. Ende des berüchtigten Straßenräubers L. Dom. Cartouche. Nach den gerichtlichen Akten u. seinen eigenen Memoiren. Frei nach d. Französ. bearb. v. Carl Friedlich (wohl ps.). Mit 1 Titelkpf. (C's Execution in Paris, Lehnhardt del. & sc.). Kaschau, 1830. Bei Georg Wigand, Buchhändler. Kl. 8⁰. (2 Mk. 50 Pfg. A. Bielefeld, 1905.)

124 S. (incl. Tit. u. 1 Bl. Einleitg.). — Französisch erschien kurz vorher: Vie et amours du fameux Louis-Dominique Cartouche. Avec portr. Paris, Caillot fils, 1825. 12⁰. 33 pp. — Histoire de la vie et du procès du fameux Louis-Dominique Cartouche, et de plusieurs de ses complices. Avec (le même) portr. (n. s.). Ibid. eod. a. 12⁰. 72 pp. — Zehn Jahre später: Mémoires du fameux Cartouche, chef de brigands, écrits par lui-même etc. Ornés d'une vignette. Paris, Langlois, 1835. 12⁰. 147 pp. (Max Harrwitz, Berlin, 1904: mit 1 erot. Beibd. 10 Mk.)

— — Wahrhafte Lebensbeschreibung des französischen Erzspitzbubens Cartouche u. seiner Kameraden, herausgenommen aus den Prozessakten u. anderen besonderen Nachrichten. Kopenhagen 1757. 8⁰. 96 S. (2 Mk. F. Waldau, 1908.)

— — Dasselbe. Mit 1 Kpf. Ebd. 1760. 8⁰. (Max Perl's Berliner Febr.-Auct. 1908, no. 232.)

— — Dasselbe. Ebd. 1767. 8⁰.

— — Le Grand, Cartouche oder die Diebe, ein Lustspiel in 3 Handlungen aus dem Französischen des Herrn —. Breslau, Korn, 1761. 8⁰. (In Warmbrunn.)

> Zwei viel frühere Uebersetzungen erschienen titulo: Cartouche mit seiner Diebs-Gesellschaft in einer Comödie vorgestellet. Aus d. Französ. des —. Hamburg, Thom. v. Wiering, 1722. 8⁰. 61 S. (6 Mk., mit 1 Vorband, A. Bielefeld, 1905.) — Cartouche oder die Diebe, Lustiges Schauspiel zu Paris aufgeführt von dem königl. Frantzös. Hof-Comödianten Le Grand .... O. O. 1722. 4⁰. 56 S.

— — Louis Cartouche, berüchtigter Räuber zu Paris u. dessen Genossen, sein Aufenthalt in England u. Südfrankreich. Neu bearb. u. mit vielen neuen Anekdoten versehen. 5 Bde. Braunschweig 1830—31. 8⁰. (4 Mk. 50 Pfg., geles. Expl., A. Bielefeld, 1905.)

— — Dasselbe, tit.: Louis Cartouche, berüchtigter Räuber zu Paris und dessen Raubgenossen. Historisches Gemälde. 3 Bde. nebst Fortsetzung 2 Bde. Ebd. 1830. 8⁰. (5 Mk. Franz Teubner, Bonn, c. 1895.)

— — Lustig, Jeremias, Abenteuer, Liebschaften und Kniffe des berüchtigten Spitzbuben Cartouche, von —, weiland Spiessgesellen dieser noblen Compagnie. Mülheim (Zürich, Ziegler) 1800. 8⁰. Rar!

— — (Portrait.) Wahre Abbildung dess Ertz-Raubers Claudii(!) Cartouche, benebst einer kurtzen Relation aus seinem Leben. Porträt u. 10 verschiedene Darstellungen aus s. Leben. Augspurg, bey Joh. Chr. Kolb, Kupferstecher. Gr. Fol. (18 Mk. J. Halle, München, c. 1905.) Sehr rar!

— — Cartouche, der tollkühnste Räuberhauptmann aller Zeiten. Der Schrecken der Tyrannen. Der Abgott der Frauen. Illustriert. 20 Bdchn. (190*.) 8⁰. (10 Mk. O. Rauthe, 1909, ohne Orts- u. Jahresangabe.)

CASANOVA, Giacomo [= Jacopo], geb. 2. April 1725 in Venedig als der älteste Sohn eines Schauspielerpaars, berühmter Abenteurer u. Schriftsteller, Dr. jur., nannte sich auch Chevalier de Seingalt, † als gräfl. Waldstein'scher Bibliothekar am 4. Juni 1798 zu Dux in Böhmen [wo er die „Histoire de ma vie jusqu à l'an 1797 sc. schrieb] in Armen des Grafen von Waldstein und des Fürsten von Ligne). —

> Casanova ist einer der grössten Erotiker, vielleicht der grösste, den die Welt je gesehen hat. Aber er war mehr

als das. Wenn Grabbe ihn „den Napoleon der Unzucht"
nennt, so ist damit Casanovas Wesen noch lange nicht erschöpfend bezeichnet. Sein Freund Fürst Charles de Ligne
hat von ihm gesagt: „Versäumt nicht, ihm eure Verbeugung
zu machen, denn um ein Nichts wird er euer Feind werden;
seine wunderbare Phantasie, das lebhafte Temperament seiner
Heimat, seine Reisen, die vielen Berufe, die er nachein-
ander ergriffen hat, die Charakterstärke, womit er es er-
trägt, dass er jetzt aller einstigen körperlichen Vorzüge
und sonstigen angenehmen Eigenschaften entbehren muss:
dies alles macht aus ihm einen seltenen Mann, dessen
Bekanntschaft ein köstliches Gut ist. Und so ist er würdig
der Achtung und grosser Freundschaft von seiten der sehr
kleinen Zahl von Personen, die vor seinen Augen Gnade
finden." Casanova hatte ein Recht zu diesem Stolz seiner
Greisenjahre.

Aus der Subscr.-Einladung zu H e i n r. C o n r a d' Uebersetzung (s. unten).

— — C a s a n o v i a n a, oder A u s w a h l a u s C a s a -
n o v a ' s d e S e i n g a l t vollständ. M e m o i r e n. I. (einziges) Bdchn. Leipzig: F. A. Brockhaus, 1823. 12⁰. 382 S.
(5 Mk. Adolf Weigel, c. 1905.)

C.'s Flucht aus den Bleikammern zu Venedig. — C.'s
Duell mit Branicki in Warschau. — C.'s Besuch bei Haller
u. Voltaire.

Zuerst gedr. in der Urania für 1822, 1823. (Stück 3
erschien in Jahrg. 1824; Goedeke VI, 111, 14.) Nebst
e. Vorwort des Herausgebers B r o c k h a u s und Charakteristiken C's von Wilh. v. S c h ü t z.

§ — — A u s d e n M e m o i r e n d e s V e n e t i a n e r s J a c o b
C a s a n o v a d e S e i n g a l t, oder s e i n L e b e n, w i e e r e s
z u D u x i n B ö h m e n n i e d e r s c h r i e b. Nach dem Original-Manuscript bearbeitet von Wilh. v. S c h ü t z. 12 Thle.
Leipzig: F. A. Brockhaus, 1822—28. Kl. 8⁰. (Ldpr. 36 Rthl.)
(10 Rthl. Scheible 1872; 45 Mk., gebrauchtes Expl., S. Calvary & Co., c. 1900; 20 Mk. Max Perl's Berliner Octob.-
Auct. 1907, no. 84.)

Nur Th. 1—3 mit den freien Stellen (9 Mk. Adolf
Weigel, c. 1905), Th. 4—10 castrirt. — Ottmann no. 3:
„Diese erste Ausgabe weicht stark vom Original ab, da
Schütz alle bedenklichen Stellen fortgelassen oder gemildert
hat, sie ist aber sehr geschickt bearbeitet und liest sich
besser als die B u h l ' sche (s. weiter unten), auch sind
die einleitenden Erklärungen des Bearbeiters von Wichtig-
keit." Die Memoiren endigen mit dem Jahre 1774, nicht
1797 (wie der Titel des Mspts. besagt). Ca. 6000 S.
starkes Werk, cplt. nicht häufig !

Die f r a n z ö s i s c h e Ausgabe in sehr willkürlicher Bearbeitung des französ. Sprachlehrers J e a n L a f o r g u e in
Dresden ist e b e n f a l l s c a s t r i r t, mit geänderten Eigen-
namen und sonstigen „Verbesserungen". Brockhaus war ebenfalls der Herausgeber dieses „revidirten" französ. Textes:
Mémoires de J. Casanova de Seingalt, écrits par lui-même.

Edition originale. „Ne quidquam sapit qui sibi non sapit."
12 vols. 1826—38. (1—4: Brockhaus de Leipzig et Ponthien
et Cie., Paris, 1826, 26, 28, 28; 5—8: Heideloff et Campe,
Paris, 1832; 9—12: seulement „Bruxelles" 1838.) 8⁰. (45 Mk.
Scheible; jetzt theurer!) — Mémoires, extraits de ses ma-
nuscrits originaux publiés en Allemagne par G u i l l a u m e
d e S c h u t z (!). (Rédigés par A u b e r t d e V i t r y.)
14 vols. Paris 1825—28. 8⁰. (Ottmann no. 5.) — Mémoires. Edition originale (?) et complète (?). 4 vols. Paris,
1843. (Cat.-Werth 14 fr.) (Ottmann no. 6.) — Les mêmes.
Ed. orig., la seule complète. ˙6 vŏls. Bruxelles, J. Rozez,
1860. Gr. in-8⁰. (30 Mk. S. Calvary & Co., c. 1900.)
Ibid. 1872. (Ottmann no. 13: „Schön gedruckte und statt-
liche, aber gemilderte und schlecht redigirte Ausgabe.")
Rep. ib. 1880. Gr. in-8⁰. Avec 141 gravures la plupart
eaux-fortes libres. (Belle édition publiée à 300 frcs.) Ibid.
1881. (30 Mk., demi-maroqu. bleu, Calvary & Co.) Ibid.
1887. (19 Mk., l. c.; 15 Mk. Adolf Weigel.) — Les
mêmes, suivis de fragments des mémoires du P r i n c e d e
L i g n e. Nouvelle édition collationée sur l'éd. orig. de
Leipsick. 8 vols. Paris, Garnier, s. d. (1880). Gr. in-8⁰.
(Prix fort 24 fr., rel. 40 fr.) (400 Mk., L'un des expls.
sur papier de Chine, auquel on a ajouté la suite complète des 102 c h a r m a n t e s f i g u r e s l i b r e s publiées
par B a r r a u d, Parisc c. 1870, et celles de R o z e z, com-
prenant 48 f i g g. a u t r a i t; cart. bradel soie, n. r.,
couv; les dernières 48 figg. apart: 25 Mk. Adolf Weigel,
1900.) (Atlas de 48 gravures, série cplte. à ses Mémoires
in-8⁰, non rogné, 36 Mk. S. Calvary & Co., c. 1900.)
Cent Deux (102) Figures sur acier pour illustrer les
Amours de J. Casanova. (225 frcs., un cat. d'Amsterdam,
vers 1892.) Scheible dans un cat. de 1872, no. 960:
Galerie pour les mémoires de Casanova. 19 gravures érot.
Paris, Institut artistique allemand, s. d. (vers 1870). Gr.
in-8⁰, 6 Rthlr.: Ces gravures sont destinées à illustrer
les très-curieux mais très-peu édifiants Mémoires d'un aventurier célèbre. Elles offrent parfois un talent réel, un
dessin spirituel. Il est fâcheux que la moitié d'entre elles
environ montrent les personnages dans un deshabillé trop
conforme à la nudité des tableaux que retracent avec com-
plaisance les recits du fougueux Vénitien. —

In einem holländ. Cat. ist angezeigt: C a s a n o v a: a
Splendid Series of Artistic Steel Engravings, illustrating
the most remarkable scenes in the celebrated „Memoirs";
102 plates size, on thik hand-made paper, brillant im-
pression. Paris, c. 1860 (?). Very scarce! 8 L 10 sh.;
ferner: T h e A m o u r s o f J a c q u e s C a s a n o v a d e
S e i n g a l t. Extracted from his Memoirs. 1 vol. Pocket
Edition. Paris 1889. 8 sh. — L e s A m o u r s e t
a v e n t u r e s d e J a c q u e s C a s a n o v a d e S e i n g a l t,
ornés de 9 gravures libres. 2 vols. (S. adresse.) 18⁰.
papier vél. Frcs. 12⁰. Les mêmes, ornés d'une grav. coloriée.
(S. adresse.) 18⁰. pap. vél. Frcs. 3—.

Hier noch 1 i t a l i e n. Schrift: L a C o n t e s s a C l e -
m e n t i n a, M e m o r i a d i G. C a s a n o v a d i S e i n-

g a l t. (Sans note.) (V e r b o t e n vom L.-G. Triest, 2. Mai
1885. §§ 64, 516.)

— — M e m o i r e n v o n J a c o b C a s a n o v a v o n S e i n -
g a l t. Erste vollständige deutsche Ausgabe. Herausg. v. Ludw.
B u h l. 18 Thle. Berlin, Gustav Hempel, 1850—51. 8⁰. (120
Mk., saub. Expl., Adolf Weigel, 1907.) (In Wien, Stadtbibl.:
A 46126, 9 voll.; Bd. 1 in 2. Aufl.)

    Ottmann, No. 7: Diese geschätzte und gesuchte Aus-
gabe ist die einzige deutsche, die auf annähernde Vollständigkeit Anspruch erheben darf. Alle späteren Ausgaben
sind unvollständig, verstümmelt und häufig willkürlich ent-
stellt. Den A n h a n g der Buhlschen Ausgabe bilden: 1.
Casanovas Briefe an Herrn Faulkircher in Oberleutersdorf.
2. Fragmente des Fürsten von Ligne über Casanova. 3. Th.
Mundt über C. 4. Barthold üb. die Geltung u. die Be-
strebungen der Italiener im Auslande. — S e h r g e s u c h t
u n d c p l t. n a h e z u u n a u f f i n d b a r !

— — D e n k w ü r d i g k e i t e n d e s J a c o b C a s a n o v a
v o n S e i n g a l t. Von ihm selbst geschrieben. Hrsg. (übers.)
v. M. O. H e r n i (d. i. Ludw. B u h l). 12 Thle. Mit
Stahlstich-Portr. C's (vor Bd. 12). Hamburg, 1854—56. Institut f. Lit. u. Kunst (J. C. E. Lembcke). 8⁰. (Bis 75 Mk.
notirt.) Die meisten Expll. etwas papierfleckig.

    I: 3 Bll., 306 S. II: 3 Bll., 313 S. III: 4 Bll., 303 S.
IV: 3 Bll., 290 S. V (2. Aufl. 1856): 4 Bll., 304 S.
VI (2. **Aufl.**, 1856): 4 Bll., 323 S. VII (2. Aufl., 1856):
3 Bll., 325 S. VIII: 4 Bll., 312 S. IX: 4 Bll., 336 S.
X: 4 Bll., 336 S. XI: 4 Bll., 332 S. XII: Portr. (C im
3 Bll., 325 S. VIII: 4 Bll., 312 S. IX: 4 Bll., 336 S.
63. Lebensj., Brustbild en profil, nach rechts, unsignirt),
4 Bll., 312 S. — Vergriffen u. sehr gesucht!

— — Dasselbe. 2. Aufl. 12 Thle. Mit Portrait vor Th. 1.
Ebd. 1856. 8⁰. (In Wien, Stadtbibl.: A 50819.)

— — Dasselbe. 3. Aufl. Ebd. (c. 1860). 8⁰.

  . — — Dasselbe. 4. Aufl. Ebd. (1867). 8⁰. (20 Mk. Adolf
Weigel; 25 Mk. Rich. Bertling; 30 Mk. Max Jaeckel, 1907.)

— — Dasselbe. 5. Aufl. Ebd. 1869. 8⁰. (20 Mk. Adolf
Weigel.)

V e r b o t e n vom L.-G. Wien, 19. Dezbr. 1874. § 516.

— — D e n k w ü r d i g k e i t e n u n d A b e n t e u e r J a c o b
C a s a n o v a v o n S e i n g a l t s. Nach der einzigen vollständigen Original-Ausgabe frei bearbeitet von L. v. A l -
v e n s l e b e n. Mit (42 ganzseitigen) Illustrationen. 17 Bde.
Dessau, Neuburger, 1864—65. Kl. 8⁰. (Ldpr. 10 Rthl. 27¹/₂ Sgr.)
(17 Mk., wie neu in den Orig.-Lwbdn., A. Weigel.) (In Wien,
Stadtbibl.: A 37761, 9 voll.)

— — Dasselbe. 17 Bde. Mit Illustr. Leipzig und Oranien-
burg, o. J. 8⁰. (10 Rthl.) (12 Mk., br. unbeschn., Derselbe.)

— — Dasselbe mit d. Titel: **M e m o i r e n d e s V e n e t i a -
n e r s J a c o b C a s a n o v a de S e i n g a l t.** Deutsch von L.
v. **A l v e n s l e b e n.** 17 Bde. Mit (miserablen) Illustrationen.
Altona (Prinz), o. J. (c. 1870). 8⁰.

> Ottmann no. 9.

— — **M e m o i r e n C a s a n o v a s.** Nach L. v. Alvensleben
bearb. von Dr. C. F. **S c h m i d t.** 17 Bde. Mit (40 miserablen) Illustrationen. Dessau 1864—65. 8⁰. (10¹¹/₁₂ Rthl.)
(25 Mk. S. Calvary & Co., c. 1900.)

— — Dasselbe. 17 Thle. — 1—14: Leipzig, H. Neuburger's Ver-
lag; 15—17: Dessau. Druck u. Verlag von H. Neuburger.
O. J. 8⁰. (18 Frcs. Schneider, Basel.) (In Wien, Stadtbibl.:
A 21056.)

> **V e r b o t e n** vom L.-G. Wien 1880. § 516.

— — Dasselbe. Leipzig 1890. 8⁰. Vergriffen! (10 Mk. S.
Calvary & Co.)

> Vom L.-G. Triest wurden auch die folgenden 2 **i t a l i e n.**
> **A u s g a b e n v e r b o t e n:** „Memorie" (Rom) 1883 (de dato
> 7. Jänner 1884. § 516), und „Memorie di G. Casanov.ı
> di Singalt (!). Capricci italiani." (Rom.) C. **P e r i n o,**
> editore (de dato 18. Febr. 1884. § 516).

— — **A u s w a h l** (der pikantesten Stellen) **a u s d e n M e -
m o i r e n J a c o b C a s a n o v a s v o n S e i n g a l t.** Mit (48)
Bildern. Venedig (Altona, Prinz), o. J. Gr. 8⁰. (2 Mk.
50 Pfg. W. H. Kühl, Berlin, c. 1882: 72 S. mit nur 4 [statt
7] Lithogr.)

> Ottmann no. 11: Sehr selten, offenbar nicht vollständig
> erschienen. Ich habe bisher nur das erste Heft mit 5
> zahmen, nicht übel ausgeführten Lithographien finden können,
> auch Hayn erwähnt nur dieses Heft und 7 Lithogr., jedoch
> fand ich auf dem Umschlag einer andern Bilderserie eine
> buchhändlerische Anzeige von obigem Werk mit der Be-
> merkung: „Erste Lieferung. 72 S. mit 12 feinen Bildern
> in Tondruck. **D a s g a n z e W e r k i n 4 L i e f e r u n g e n
> m i t 48 K u p f e r n** kostet 3 Thlr. 10 Sgr. Diese Aus-
> gabe enthält eine sorgfältige Auswahl der interessantesten
> Liebesabenteuer und merkwürdigsten Begebenheiten aus dem
> Leben dieses berühmten Wüstlings in 48 Kapiteln mit ebenso
> vielen Bildern."

— — **G a l a n t e M e m o i r e n d e s C a s a n o v a.** Nach
dem französischen Original (im Auszuge). In freier Bearbeitung. (Quintessenz der erotischen Abentheuer.) Mit Titelbild. Hamburg. B. S. Berendsohn (ca. 1855). 8⁰. Illustr.
Orig.-Cartonbd. (⁵/₆ Rthl. Scheible; jetzt theurer!)

> Titel u. 328 S. — Längst vergriffen, gesucht u. selten!
> Ottmann no. 12 etwas abweichend.

— — **M e m o i r e n.** Nach der deutschen Bearbeitung von
Wilhelm von Schütz. Vollständig (?) in 4 Bänden. München (ohne Adresse). 8⁰. (Ottmann no. 15: Katalogwert 6 Mk.)

— — Jugendjahre und Jugendabenteuer. Auszug aus seinen Memoiren nach der deutschen Bearbeitung von W. v. Schütz. Ebd. (o. Adresse). 8⁰. (2 Mk. Derselbe, no. 16.)

— — Memoiren. München, Unflad, 1884. 8⁰. (Derselbe, no. 17.)

— — Jakob Casanova's Memoiren. Aus dem Italienischen (so!!) übersetzt von Gustav v. Joanelli. Vollständige und mit kunstvoll (laut „Amethyst" „fürchterlich") ausgeführten (c. 120.) Illustrationen versehene Prachtausgabe. 9 Bde. Leipzig, Prag, Wien. Verlagsbuchhdlg. Aloys Hynek in Prag. (1898—1900.) Gr. 8⁰. (Mk. 21,60; gebd. 32,60.) (12 Mk. Adolf Weigel, 1905.) (In Wien, Stadtbibl.: A 32720.)

— — Dasselbe. 9 Bde. Leipzig und Prag 1897—98. Gr. 8⁰. (Mk. 37,20.) (15 Mk., eleg. Orig.-Lwbde., Derselbe.)

— — Dasselbe. 9 Bde. Ebd. 1902. 8⁰. Eleg. gebd. (Kr. 54.) (27 Kr. Vict. Eytelhuber, Wien, 1905.)

> Ottmann no. 18: Zahme und literarisch werthlose Bearbeitung.

— — Casanova's Abenteuer. Deutsch von F. Gerhardt. Berlin, o. J. (c. 1900?). 8⁰. (1 Mk. 20 Pfg. H. Hugendubel, München, 1904.)

— — Die zwei unveröffentlichten Kapitel aus Casanovas Memoiren.

> In: „Der Amethyst", 1906. 4⁰. (Doppelheft XI—XII, S. 327—342.)

— — Gallerie zu den Memoiren des Venetianers Jakob Casanova von Seingalt. In 12 Lieferungen. 48 hübsche galante Scenen in Stahlstich (von Adolf Gnauth nach den vortrefflichen Zeichnungen Julius Nisle's [und Anderer?], nebst VIII—125 S. Text aus den Memoiren. Paris, Deutscher Kunstverlag, o. J. (Stuttgart [Berlin?], ca. 1850). Gr. 8⁰. (38 Mk., mit nur 47 Tafeln, Max Harrwitz, Berlin, 1906; 60 Mk., schönes cplts. Expl., Adolf Weigel, 1907.) (In Wien, Stadtbibl.: Secr. B 113.)

> Bereits recht seltenes Illustrationswerk!

— — Dieselbe Gallerie, aber viel kleiner und mit Druckverschiedenheiten im Texte. Brüssel, o. J.

— — Album zu den Memoiren des Jakob Casanova von Seingalt. 30 Originalradierungen von Max Berthold. Leipzig, Litterarisches Bureau, o. J. (c. 1870). Kl. qu.-Fol. (Katalogwert 12 Mk.)

> Ottmann no. 21: Die nur umrissenen, mittelmässigen Radierungen sind zahm, wurden aber dennoch früher eingezogen.

— — S e r i e v o n 102 G r a v ü r e n z u C a s a n o v a s M e -
m o i r e n. (Paris, Barraud, ca. 1875.) 8⁰.

> Ottmann no. 19: Die Serie dieser sehr freien, ziemlich
> fein ausgeführten Kupfer kommt selten vor, zumal voll-
> ständig, und dann meistens in Verbindung mit der (franzöſ.)
> Rozez'schen Ausgabe. Der Katalogwert dieser Ausgabe m i t
> den Gravüren ist 140—200 Mark.

— — C a s a n o v a ' s E r i n n e r u n g e n. Zum ersten Male
vollständig nach d. édition originale (1826—38) ins Deutsche
übertragen, mit Einleitung und Anmerkungen von Heinr. C o n -
r a d. 12 Bde. zu je etwa 500 Seiten, mit mehr als 100 Illustrationen. München u. Leipzig, Georg Müller, 1906. 8⁰. (Br. à
Bd. Mk. 8—, in Hprgt. geb. à Bd. 9.50, numerierte Luxusausgabe auf holländischem Bütten in Ganzpergament à Bd.
20—.) (110 Kr., cplt., gewöhnl. Ausgabe, Gilhofer & Ranschburg, Wien, Dezbr. 1908.) (In Wien, Stadtbibl.: A 46570.)

> Das Werk erschien nur als P r i v a t d r u c k f. Subscri-
> benten. E s i s t d i e e i n z i g e d e u t s c h e A u s g a b e,
> d i e k e i n e K ü r z u n g e n e n t h ä l t.
>
> Das Verlags-Circular besagt: „D e r L e b e n s k ü n s t l e r
> J a c o p o C a s a n o v a hat in seinen Erinnerungen die ganze
> Fülle seines bunten Lebens mit einer Kraft, Farbenpracht
> und Wahrheitsliebe überliefert, die das Werk zu einem
> M e i s t e r w e r k d e r W e l t l i t e r a t u r machen. Lange
> hat man Casanova, dem Italiener, diese in elegantem Fran-
> zösisch glänzend geschriebenen „Mémoires" nicht zugetraut
> und nach dem wirklichen Urheber derselben geforscht, bis
> nunmehr Casanovas Autorschaft ganz und gar erwiesen ist.
> Die beste Anerkennung des Werkes, die über seinen Wert
> mehr aussagt, als die zahlreichen enthusiastischen Essays,
> welche sich mit demselben beschäftigen, dürfte — bei allem
> Irrtum — wohl das Endergebnis der Forschungen eines
> namhaften französischen Literarhistorikers sein, der die „Er-
> innerungen" kurzweg Stendhal zuschreiben zu müssen glaubte.
> — Ganz besonders wertvoll ist der K o m m e n t a r d e s
> H e r a u s g e b e r s. Conrad hat aus der breiten Casanova-
> Literatur alles Wissenswerte ausgezogen und verarbeitet.
> Seine Anmerkungen geben Aufschluss über die lange Reihe
> der Persönlichkeiten, von denen in den „Erinnerungen"
> die Rede ist. Zum erstenmal hat er ausserdem das riesige
> Material von fast 8000 an Casanova gerichteten Briefen
> bearbeitet. In vielen Ländern Europas ist Conrad seit Jahren
> den Spuren Casanovas nachgegangen und hat persönliche
> Nachforschungen angestellt, was namentlich auch den I l l u -
> s t r a t i o n e n zugute gekommen ist."

— — M e i n e F l u c h t a u s d e n S t a a t s g e f ä n g -
n i s s e n z u V e n e d i g, d i e P i o m b i g e n a n n t. Eine
höchst interessante Geschichte aus dem Französischen (von
Chr. Aug. B e h r). Gera und Leipzig, 1797. 8⁰. (Besaß Ottmann.) Sehr selten! (7 Mk. 50 Pfg., J. Traber's Nachf. [Victor
Ottmann], München, 1898.)

1 Bl. Vorber. (unterz. vom Uebersetzer), 219 S., 1 S.
Druckf. Anon.-Lex. II. p. 104 (nach Kayser u. Meusel).
Orig.: Histoire de ma fuite des prisons
de la République de Venise, qu'on ap-
pelle les Plombs. Ecrit (!) à Dux en Bohême l'année,
1787. A Leipzig, chez le Noble de Schönfeld, 1788. (Expl.
im British Museum.) 8⁰. 270 S. Mit 2 Stichen. (Vendu
50 frcs., 1889.) Fort rare! Aus einem in der gräfl.
Waldstein'schen Bibl. zu Dux befindl. handschriftl. „Placet au
Public" Casanova's erfährt man, dass C. „die Sorge um
die Publikation dieses kleinen Buches einem jungen
Schweizer überlassen, der das Talent besass, hundert
orthographische Fehler hineinzubringen". Der Text ist in
der ersten Fassung des betreffenden Kapitels der später
ersch. Memoiren. Vgl. Amethyst, Heft 8, Juli 1906, S. 248.)
— Auf der Rückseite des Titels das Epigraph: Vir fugiens
denuo pugnabit. Hor. Die beiden Stiche sind gezeichnet:
J. Berka del. et sc. Pragæ. Der eine gegenüber dem
Titel stellt mit der Unterschrift: „e quello mettetelo in
deposito" die Einbringung Casanovas in den Dogenpalast
vor, der andere, bei S. 213, ohne Unterschrift, sein Her-
absteigen vom Dach des Palastes in den Kanal (was bekanntlich dem Sinn der Erzählung ganz widerspricht, laut
Ottmann, no. 22). Réimpression textuelle de la rarissime édition originale de Leipzick 1788, accompagnée d'une
notice et d'un essai de Bibliographie Casanovienne pas L. B.
de F. (L. Bordes de Fortaye). Bordeaux 1884. Gr.
in 8⁰. Sehr schöner Neudruck auf Büttenpapier. XXXII und
270 S., 3 S. Anhang, mit 2 Portraits u. 2 Stichen. (Ldpr.
15 frcs., Ant.-Pr. 6—8 fr.) Nur in 350 Expll. gedruckt,
vergriffen! Von den beiden Porträts Casanovas ist das
eine die Reproduktion des Porträts aus dem Icosameron, das
andere die Duxer Abbildung einer im Duxer Schlosse befindlichen
Büste Casanovas. Der einleitende bibliographische Essai von
L. B. de F. übertrifft (laut Ottmann no. 23) jedenfalls
Baschets Arbeit (Ottmann no. 48), auf die er sich
stützt. — Rep. sub titulo: Relation de ma fuite des prisons de la République de Venise, appellées les Plombs.
Tirée des Mémoires de Jacques Casanova de Seingalt.
Histoire intéressante et instructive pour les jeunes per-
sonnes. Nouv. éd. Halle 1823. 8⁰. (5 Mk. J. Traber's
Nachf., 1898, expl. un peu fatigué.) Fort rare! Tiré à
petit nombre.

— — Casanova's Flucht aus den Bleikammern
zu Venedig. Leipzig 1857. 8⁰. (3 Mk. Adolf Weigel, c. 1905.)
— — Casanova's Gefangenschaft und Flucht
aus den Bleikammern zu Venedig. Bearb. von Otto
Randolf. Leipzig, Ph. Reclam jun., o. J. 12⁰.
　　Universal-Bibliothek no. 687.
— — **CASANOVA.** — Schriften über Casanova (mit
Ausschluss nichtdeutscher, alphabethisch). — Barthold,
Friedr. Wilh., (Universitäts-Prof. in Greifswald, geb. 1799, †
1858), Die geschichtlichen Persönlichkeiten in

Jacob Casanovas Memoiren. Beiträge zur Geschichte des 18. Jahrhunderts. 2 Thle. Berlin, Alex. Duncker, 1846. 8⁰. (3 Rthl.) (Antiqu.-Pr. 4—6 Mk.)

> Renommirtes Werk! 268+339 S., XV S. Index. Näheres Ottmann no. 47. (S. 137—139.)

— — Casanova, Jacob. Eine Studie von *B. M. (Bernhard Marr)* jr. (Duxer Zeitung, 25 Juli, 1897.)

— — Casanova, der venetianische Eulenspiegel, als Erzieher. Von einem Deutschen *Karl Tannen,* Buchhändler und plattdeutscher Dialektdichter). Mit 2 Illustrationen (Porträt C's, Waldstein'sches Schloss in Dux). Bremen 1899. 16⁰. III u. 182 S. (2 Mk. Rich. Bertling, Dresden, 1907.)

> Ottmann no. 50: Im ersten Theil seines Werkchens, dessen Titel sich an jenen des konfusen Langbehn'schen Rembrandt-Buches anlehnt, zieht der Verfasser eine Parallele zwischen Tyl Eulenspiegel und Casanova und sucht eine Art Geistesverwandtschaft zwischen den beiden festzustellen, im zweiten „Erzieher" genannten Theil werden Aussprüche Casanovas als Beiträge zur Lebensweisheit gebracht.

— — Casanova im Fort Saint-André. Lustspiel in 3 Akten. Nach dem Französischen (des *C. Lebrun*) bearbeitet von Ludwig Osten (d. i. Carl Friedr. Ludw. Litzmann, Justizcommissar u. Notar in Salzwedel, geb. das. am 25 Juni 1785, † 18**). Magdeburg, Wagner u. Richter, 1837. 8⁰. 131 S.

> Ottmann (welcher den wirklichen Namen des Bearbeiters nicht anführt) no. 51: Das Lustspiel wurde nach einem französischen Vaudeville ins Deutsche übertragen, welches im Sommer 1836 auf dem Théâtre des Vaudevilles zu Paris mit ungewöhnlichem Beifall eine geraume Zeit hintereinander aufgeführt worden war. — S. auch A. G. Schmidt's Gallerie deutscher ps. Schriftsteller. Grimma 1840.

— — Ebhardt, J., Casanovas Memoiren. („Magazin für Litteratur", 1885, S. 358 ff.)

> Ottmann no. 52.

— — Herbert, Lucian (d. i. *Julius Gundling* in Prag), Casanova. Roman. Wien, 1873. 8⁰. 414 S. (6 Mk. Taussig, Prag, 1906:)

> Die 42 Seiten umfassende Einleitung gibt höchst interessanten Aufschluss über Casanova's Nachlass, den Herbert noch zu dieser Arbeit benutzt hat, der seitdem jedoch verschollen ist.

— — — — Casanova, Chevalier von Seingalt. Roman. 3 Bde. (cplt.) Jena, Hermann Costenoble. 1847. 8⁰. (6 Mk., eleg. Hfrz., Joh. Traber, München, 1898.)

> 1: 2 Bll., 238 S., 1 Bl. Verlag d. Firma. 2: 2 Bll., 235 S., 1 S.: Druck von G. Pätz in Naumburg. 3: 2 Bll., 294 S., 1 Bl. Verlag d. Firma. — Ottmann no. 53: Interessanter als der litterarisch ziemlich wertlose Roman, der eine Episode aus dem Leben des Abenteurers behan-

delt, ist die 75 S. lange früher schon von der Prager „Bohemia" veröffentl. Einleitung, in welcher der Verf. einen biographischen Abriss Casanovas gibt u. seine litterar. Hinterlassenschaft beschreibt.

— — Dasselbe. Ebd. 1879. 8⁰.

— — Hofmannsthal, Hugo v. (geb. zu Wien, 1. Febr. 1874), Der Abenteurer und die Sängerin oder die Geschenke des Lebens. In einem Aufzug, mit einer Verwandlung. (In: Theater in Versen.) Berlin, S. Fischer, 1899.

> Ottmann no. 55: Der Abenteurer ist Casanova, der hier unter dem Namen Baron Weidenstamm auftritt. Das Stück behandelt eine Episode aus Casanovas Leben und spielt, nach der Angabe des Dichters, in Venedig um die Mitte des 18. Jahrh. Unter den Personen befinden sich die Tänzerin Corticelli und Casanovas Kammerdiener Le Duc, die bekanntlich beide in seinen Memoiren eine Rolle spielen.

— — Meier, Dr. F. J., Casanova, seine Eltern, seine Geschwister. (Duxer Zeitung, 12. u. 19. Juni 1897.)

> Ottmann no. 63: Der Verfasser, ein dänischer Privatgelehrter, hat auch in verschiedenen nordischen Zeitschriften und Encyklopädien Aufsätze über Casanova veröffentlicht.

— — Memoiren, Die, des Casanova. (In: „Der Amethyst". Blätter für seltsame Litteratur und Kunst. Hrsg. von Dr. Ph. Franz Blei. Heft 8: Juli 1906. 4⁰. S. 247—253. Dann noch S. 257—259: Bericht über die geplante (cplte.) deutsche Uebers. von Heinrich Conrad, in 12 Bdn., für Subscr., verlegt bei G. Müller in München.) — S. weiter oben!

— — Ottmann, Victor (geb. in Breslau 17. April 1869), Jakob Casanova, Chevalier von Seingalt. Ein kulturgeschichtlicher Aufsatz. („Buchhändler-Akademie", VIII. Bd., 1896, Heft 8.)

> „Niederschrift eines in München gehaltenen Vortrags."

— — — — Casanova's Werke und seine litterarische Hinterlassenschaft. Mit 2 Illustrationen und einem facsimilierten Brief. („Zeitschrift für Bücherfreunde", I. Jahrg., 1897 bis 1898, Heft 8.)

> „Die ‚Frankfurter Zeitung' brachte am 23. Novbr. 1897 einen autorisirten Nachdruck (auszugsweise) dieses Aufsatzes, die ‚New Yorker Staatszeitung' bald darauf einen illustrierten Auszug."

— — — — Jakob Casanova von Seingalt („Vossische Zeitung", 20. Novbr. 1898.)

— — — — Jacob Casanova von Seingalt Sein Leben und seine Werke. Nebst Casanovas Tragikomödie Das Polomoskop (Vexir-Lorgnette). Mit Porträt-Kpfr. Abbildgn. und

Facs. Stuttgart 1900. **Privatdruck** der Gesellschaft der Bibliophilen. Imp.-8⁰. Vornehme Publikation auf holländ. Pap., unbeschn. Einbandschmuck (roth Sarsenet mit Goldpressg.) exlibris u. Signet von K. C. Hirzel. (15 Mk. Max Harrwitz, Berlin, 1904.)

Schönes Werk des talentreichen Verfassers. 192 S. (incl. Portr. C's. im Alter von 63 J., Reprod. des J. Berka'-schen Stiches in Bd. 3 von C's. „Icosameron", in Art der Radirung, und Titel in Roth u. Schwarz. Nicht im Handel und bereits selten! — Das „Polemoskop" füllt (mit besond. Titelbl.) die Seiten 145—192. Erschien auch in der „Insel", Novemberheft 1900.

— — **Poritzky, J. E., Jakob Casanova.** (Interess. biogr. Abriß im „Zeitgeist", Beibl. zum „Berliner Tageblatt," vom 22. April 1907.)

— — **Schmitz, Oscar A. H., Don Juan, Casanova und andre erotische Charaktere.** Berlin, Stuttgart, Leipzig: Axel Juncker's Verlag (c. 1905). Umschlagzeichnung von Alfred Kubin. (Mk. 2.—, gebd. 3,50.)

Dr. Helene Stöcker: „Das kleine Buch enthält doch mehr Feinheiten und tiefe Einsichten in das Wesen der Erotik als viele dicke Bände pedantischer und anmaßender Fachgelehrten zusammen genommen. Die Gegenüberstellung des finsteren Gewaltmenschen Don Juan und des liebenswürdig kultivierten Casanova gibt ihm die Möglichkeit, Entwicklungslinien zu ziehen, die weit über diese Gestalten hinausragen . . . . Mit einer für einen Mann bewunderungswürdigen Feinheit hat er erkannt, daß Don Juan gar kein Erotiker im eigentlichen Sinne des Wortes ist, sondern ein Tatmensch, dem es um Erobern und Zerstören zu tun ist . . . . Nicht nur die Frauen werden die geistreichen psychologischen Erörterungen dieses „Verbündeten des Weibes gegen den geschwollenen Hahnenkamm des Herrn der Schöpfung" mit Entzücken lesen, sondern auch alle Männer, deren Entwicklung über die plumpe Auffassung Don Juans von der Frau hinausgewachsen ist. Mir scheint, selbst wer die Anschauungen nicht teilt, muß das kleine Buch vom künstlerischen Standpunkt aus genießen, da mir außer Nietzsche wenige deutsche Schriftsteller bekannt sind, die mit solcher Grazie und Bosheit die deutsche Sprache zu gebrauchen verstehen."

Dr. Wilhelm von Scholz: „Das Buch zeigt einen klaren, knappen, prägnanten Stil, Sachlichkeit, Erkenntniskraft; dabei lebhafte, eindringliche Darstellung . . . . Es ist hochinteressant und sicher einer der gelungensten Versuche, die Erotik dem Verstande zu erobern."

CASANOVA des Zweiten Liebschaften und Abentheuer in Frankreich und Italien (aus d. Französ.?), von L. Glockentreter (ps.), 2 Thle. Leipzig, Wigand, 1833. (4 Mk. Scheible.) 8⁰.

270 u. 235 SS. Der Held nennt sich „Graf Alphons".

36*

CASANOVA's Nachfolger, oder Abentheuer, Liebschaften und Erlebnisse eines galanten Offiziers (Hauptm. *Conrad Friedrich* aus Frankf. a. M.). 4 Bde. Paris, Verlag von Heideloff u. Campe. O. J. (c. 1860). Gr. 8⁰. (15 Mk., Max Jaeckel, Potsdam, c. 1903.)

 512, 511, 540 u. 438 SS., nebst Inhaltsverz. bei jedem Bande. — Weller hat: „Friederich".

— — Dasselbe, titulo: Der neue Casanova, oder Abenteuer, Liebschaften und Erlebnisse eines galanten Offiziers. 4 Bde. Ebd., o. J. (c. 1860). Gr. 8⁰. (6 Rthl. Scheible, 1872.)

 Ottmann no. 71.

— — — — S. auch Strahlheim *(C. Friedrich)*, Vierzig Jahre (1790—1830) aus dem Leben eines Todten . . . . . 1847—53. (Orig.-Ausgabe.)

 Vgl. Schmidt, A.-G., Gallerie deutscher pseud. Schriftst., S. 194—195.

CASANOVA, Der Hamburger, s. Hamburg.

CASANOVA, Der kleine. Wahrheitsgetreu erzählt von ihm selbsten. Paris, o. J. (c. 1860). 12⁰.

 Höchst seltenes sotadisches Opus, kaum mehr auffindbar. Eines der pikantesten Erotica. ($1^1/_2$ Rthl. Scheible 1872; jetzt viel theurer!)

CASANOVA femelle. (Mad. *de St. Elme*). — Aus dem Leben und den Memoiren einer weiblichen Casanova. Aus d. Französ., wie sie es selbst in Paris im Jahre 1827 niedergeschrieben. Bekenntnisse einer schönen Frau, oder Erinnerungen, Anecdoten u. geheime Liebesgeschichten von den ausgezeichnetsten Personen, welche in Deutschland zur Zeit der französ. Republik, des Consulats und des Kaiserreichs in Europa geglänzt haben. (Aus d. Französ.) 8 Thle. Stuttgart, Gebr. Franckh, 1828—29. 8⁰. (Ldpr. 14 Rthl.) (28 Mk., schönes Expl., Scheible; 40 Mk. Adolf Weigel.)

 117 Bog. stark. — Ida de St. Elme ou St. Edme, dite la Contemporaine, ist pseud. für Elzéline Tolstoy van Aylde Jonghe, Courtisane u. Polizei-Agentin unter Napoleon, Maitresse mehrerer französ. Generale, geb. 1778, † in Brüssel 1845. (Voir principaux personnages de la république, du consulat, de l'empire etc. 8 tom. Bruxelles 1827. 8⁰. — Paris, Lacovat, 1827—28. 8. avec 2 pls., dont l'une représ. la Contemporaine en Vénus couchée. — Stuttgart, Charles Hoffmann: 1828. 12⁰. ($3^1/_2$ Rthl.) 4 vols. 505, 490, 528, 648 pp. On y trouve (IV, 621 et suiv.) „Lettres inédites de Napoléon Bonaparte, général en chef de l'armée d'Italie". Ces 4 vols. ferment les livraisons 24—40 de: Collection portative d'oeuvres choisies de la littérature francaise. Publ. par l' abbé Mozin et par Charl. Courtin, 2 de série. (In Wolfenb.) (5 Mk. Wilh. Scholz, Braunschw., 1899.) — Ibid. 1831. 12⁰. IV. ($3^1/_2$ Rthl.) (22 Sgr. Heberle, Cöln, 1870.)

CASANOVA, oder Begebenheiten eines Welt-mannes, s. Sue, Eugen.

* CASELIUS, Mart. — ZVCHT-SPIEGEL, Das ist, Nothwen-dige und sehr wohlgemeinte Erinnerung an das Christ-und Ehrliebende Frawenzimmer in Deutschland, aus Gottes Wort und der heiligen Väter, wie auch anderer vor-nehmer Lehrer Schrifften verfertiget, und auff frommer Christen Begehren, mit einer Vorrede der löblichen Theologischen Fa-cultet zu Jehna, in den Druck gegeben von MARTINO CASE-LIO, der H. Schrifft Doctorn, Fürstl. Sächs. General-Superin-tendenten, Hoff-Predigern, und Assessorn des Consistorii zu Altenburg. Zu Altenburg druckts und verlegts Otto Michael, 1646. 4⁰. (Auch in Stralsund, Rathsbibl.)

Titel, 7 Bll. Vorrede, 84 beziff. S. Text. Sehr selten!

CASMANN, Orthon., Strick und Hammer der fleischlichen Sicherheit vnd weltlichen Wol-lüsten, durch welche viel Tausend Menshen von Rew vnnd Buß ihrer Sünden vom seligen guten Leben, ja vom Himmel vnd der Seligkeit selbsten procrastinando abgehalten werden. Darmstadt 1610. 8⁰. (1 fl. 15 xr., mit Beibd., Ludw. Rosen-thal, vor 1870.)

CASSANDRA, s. Statira.

CASSEL (= Kassel). — Chaos, Das, oder für jedem (!) etwas. Eine Wochenschrift; enth.: Philos., moral., histor. u. poet. etc. Abhandlgn., hrsg. v. A. August Darmstädter. Cassel 1785. 8⁰.

Bibl. Kürschner. Lpz., Mai-Auct. 1904, no. 50. Sehr rare Casseler Wochenschrift, kaum noch bekannt.

— — H. H., Pingesten Scherzhaftes Gedicht in Alt-Kasseler Mundart. Auf Verlangen herausgegeben. Kassel, o. J.

— — H. H., D'n Schorsche Botterwecke sin Antwortschriewen an d'n Cunrod Schoof. 5. Aufl. Kassel, o. J.

— — H. H., En Schriewens an sinn herzge-bobbertes Nusskernchen. 4. Aufl. Kassel, o. J.

— — H. H., Der nu prei'sch cunfermirte Schorsche B. an sinn liewen Kunnerod. 4. Aufl. Kassel, o. J.

Ackermann, Dr. Karl, Bibl. Hassiaca. Repertorium d. landeskundl. Litt. f. d. preuss. Regierungsbez. Kassel. (Ebd. 1883.) 8⁰. S. 126—127.

— — Hochzeitsfest, Das beglückte Gottsched-ische und Scipionische.... (von *Joh. Friedr. Reif-stein*). Cassel 1748.

Anon.-Lex. II. p. 295 (nach Meusel u. Strieder).

— — Hochzeitsscherze. — Die Kaufmannschaft der Liebe. Hochzeitsgedicht für Herrn Hieronymus Zoltzschue, wohlrenomirter (!) Kauf- und Handelsmann in Cassel, und Jungfer Anna Catharina Moll, am 3. Febr. 1735. Folio. (2. Mk. Gust. Klaunig, Cassel, 1884.)

— — — — ₁Weitz, J. S. — Was bey einer neu-angelegten ₁Weitzen-Mühle zu obseviren seye? Gedicht bei der am 15. Juni 1728 celebrirten gesegneten Verbindung des Herrn Müllers mit Jungfer Susanna Elisabeth Weitzin v. *J. S. Weitz*, Secretarius bey Fürstl. Hess.-Cassel. Berg-Rahts (!)-Collegio. Cassel 1728. Fol. (2 Mk. der Vorige, 1884.)

— — Polizei, Die entlarvte hohe und geheime, des zerstörten Königsreichs Westphalen. O. O. (Göttingen, Dietrich) 1814. 8⁰. VIII u. 216 S.
> Sehr seltener Beitrag zur Chronique scandaleuse von Cassel unter dem König Jérôme. (10 Mk. Adolf Weigel, Lpz., 1908.)

— — Zuschauer, Der Casselische. (St. 1—24, soviel ersch. ?) 1772. 8⁰. (In Marburg, Univ.-Bibl.: I C 179.) Rar!

CASSILDA, die schöne Räuberbraut, oder: die schwarzen Bluträcher auf der Tiger-Burg. Ein romantisches Gemälde aus der grauen Ritterszeit. (Großer Holzschnitt.) Druck u. Verlag v. A. Ludwig in Oels (c. 1855). 8⁰.
> Bereits seltene Jahrmarktsschrift. 48 S.

CASTANIER, Prosper, Die Kourtisane von Memphis. Antiker Roman. Deutsch von Gustav v. Joanelli. Mit vielen (etwas freien) Illustrationen von A. Calbet. Prag, Verlag von A. Hynek, o. J. (1902). 8⁰. (Eleg. Orig.-Lwdbd. Kr. 7,50.) (5 Kr., wie neue, Vict. Eytelhuber, Wien; 4 Mk. Hugendubel, München.)
> Aus dem Prospekt: „Unter den vielen Arbeiten moderner Schriftsteller, die ihren Stoff aus dem Alterthume schöpfen, finden wir in dem fesselnden Romane Die Kourtisane von Memphis von Prosper Castanier, ein hervorragendes Kunstwerk von grossem poetischen Werte. Der Autor schildert darin das Leben der alten Aegypter, ihre Sitten, den Götzendienst, die Anbetung des Gottes Pthah, des Stieres Hapi, des Rá, Osiris, der Isis, des geheiligten Käfers, anderer Gottheiten und Idole. Er beschreibt das Leben der Priester, der Hierodulen, Pallaciden, die Ceremonien bei den Opfern, dann das Treiben der Flagellanten, sowie die bedeutendsten Tempel, den Bau der Pyramiden, die Sphinxe und Begräbnisstätten von Memphis. Die Heldin Nephoris, eine Tochter des Cheops, wird von diesem zu einer Heirat mit dem nubischen Negerfürsten Mazait gezwungen. Die Prinzessin erfleht sich von Cheops

einen Monat Bedenkzeit, um sich zu diesem Schritte vorbereiten zu können, die ihr auch gewährt wird.

Mit ihrer jüngeren Schwester Mirisonkou am Ufer des Nils lustwandelnd, wird sie von einem Krokodil gerade in dem Momente überfallen, als der schöne Fischer Hermias ahnungslos an dem Ufer der königlichen Gärten am Nile mit seinem Flötenspiele die Fische anlockt, um sie zu fangen.

Er rettet Nephoris aus dem Rachen des Ungeheuers, verliebt sich in sie und erbittet sich als einzigen Lohn für seine Heldenthat nur einen Kuss.

Nephoris gewährt ihm seine Bitte. Hierauf erscheint Cheops selbst vor dem schuldigen Liebespaare und verurtheilt Hermias für sein Vergehen, eine Königstochter, die noch Jungfrau ist, geküsst zu haben, zum Tode. Hermias soll an die Sphinx Harmak'his gefesselt und dem Hungertode preisgegeben werden, wenn er sich nicht mit einem entsprechend hohen Lösegelde loskaufen kann. Nephoris fleht um Gnade für ihren Retter. Hermias behauptet von unerschöpflichen Goldlagern in den Abhängen von Ataka zu wissen. Unter der Aufsicht des Generalintendanten und eines Corps von Bogenschützen wird Hermias auf seine Nachforschungen ausgesendet, wozu ihm ein Monat Frist gewährt wird.

Und so weiter ist der Stil des Buches wunderbar einfach, eine reiche Fantasie belebt die Erzählung, welche ungemein fesselnde Schilderungen des öffentlichen Lebens in Memphis entrollt. Gleich einem reinen glänzenden Stern erhebt sich das ideale Liebespaar Nephoris und Hermias, über dem düsteren Pfuhl von Habgier gemeiner Laster und Blutschuld.

Trotz der realistischen Schilderung mancher sinnlichen Darstellungen ist dem genialen Autor gelungen, eine vornehme und edle Haltung beizubehalten. Diese bildet den Grundzug dieses interessanten Werkes."

— — Die Orgien der Römer. Deutsch von M. v. Suttner. Mit vielen (etwas freien) Jllustrationen von Schmidt u. Coeurdame. Ebd., o. J. (1902). 8⁰. (Eleg. Origlwdbd. Kr. 7,40.) (Kr. 5—, wie neu, Vict. Eytelhuber, Wien; 2 Mk. 75 Pfg. Lipsius & Tischer, Kiel, 1906.)

— — Die Tochter des Krösus. Deutsch von M. v. Suttner. Mit vielen (etwas freien) Illustr. von Schmidt. Ebd. 1904. 8⁰. (Kr. 5—, eleg. gebd. 7,40.) (4 Kr., wie neu, Vict Eytelhuber.)

CASTALLANE, Maurice, Die grossen Don Juans und das Geheimnis ihres Liebens. Leipziger Verlag, G. m. b. H. (c. 1906). 8⁰. (Mk. 5—.)

Einleitung. — Was macht den Don Juan? — Warum ein Don Juan Frauenherzen erobert? — Die Erfolge der interessanten Männer. — Die grosse Leidenschaft und die erotische Verliebtheit. — Weibliche Don Juans. — Das Märchen von der Treulosigkeit der Frauen. — Wahre und falsche Tugend der Frauen. — Ein unfehlbares Mittel zur Eroberung. — Kann man noch im Alter das Herz eines

jungen Mädchens erobern? — Fehltritte junger Mädchen.
— Spiel und Weiber u. a. m.

CASTELLANI, Ch., D a s W e i b a m K o n g o. Deutsch von
Marg. B r u n s. Mit Einleitung und Anmerkungen von Max
B r u n s und zahlreichen Illustrationen. Minden, o. J. (1902).
8⁰. (Mk. 4—.) (3 Mk. M. Edelmann, Nürnb., 1806.)

* CASTENHOF, Rupertus a. — P e n t a l o g u s C o n i u g a l i s.
Das ist: V o m E h e s t a n d, Benantlich: Sanna, Superbia,
Felix, Pietas, vnnd Cheruspatte Faron . . . Durch *Rupertum
a Castenhof* in Teutsche R e i m e verfasst vnd eröffnet. Welches
dem hie bevor aussgegangenen Ehestands A. B. C. mag entgegen gehalten werden. Nürnberg, Bey Simon Halbmayern.
— *A. E.:* Gedruckt zu Nürnberg, durch Balthasar Scherffen.
1617. 8⁰. (In Berlin: Yh 8651; auch in Weimar.)
 Reimkomödie. 3½ Bog. Gottsched S. 177. — Weller,
Annal. I. p. 369 no. 466, II. p. 252 no. 3. — Höchst
selten!

CASTIGLIONE, Conte Baldesar (geb. 6. Dec. 1478 zu Casatico
bei Mantua, lebte an den italienischen Höfen, trat nach dem 1524
erfolgten Tode seiner Frau in den geistlichen Stand, von Karl V.
zum Bischof von Avila ernannt, † zu Toledo am 8. Febr. 1529. —
Goedeke II, 128, 25.). — D e r H o f m a n n (Il Cortegiano)
des Grafen *Baldesar Castiglione.* Uebersetzt, eingeleitet und
erläutert von Albert W e s s e l s k i. 2 Bde. Mit mehreren Bild-
beigaben. München, Georg Müller, 1907. 8⁰. Zus. c. 700 S. (1.
Exemplare auf echt van Geldern in Ganzpergament zum Preise
von Mk. 50—; 2. in einer Ausgabe auf feinstem Hadernpapier
zum Preise von Mk. 20— broschiert, in Halbfranzband Mk.
25—.) (30 Kr. Halm & Goldmann, Wien, 1907.)
 Aus dem P r o s p e k t: „Über den Wert des Buches ist
wenig zu sagen. Zu einer Zeit geschrieben, wo die neuen
Lebensanschauungen nicht mehr Eigentum eines kleinen
Häufleins, sondern Gemeingut Aller sind, und noch nichts
von der unvermeidlichen Reaktion zu spüren ist, kann es
das gesellschaftliche Leben und seine Grundlagen in einer
Form behandeln, die fünfzig Jahre vorher, als die Frau
noch ein niedrigeres Geschöpf gewesen ist als der Mann,
lächerlich, fünfzig Jahre nachher, wo die Inquisition die
Bücher Tassos zensiert, unmöglich gewesen wäre. Und über
das g e s e l l s c h a f t l i c h e L e b e n unterrichtet Graf Castiglione den Leser in einer Weise, mit der kein Novellen-
dichter wetteifern kann: obwohl der C o r t e g i a n o seinem
Titel nach in erster Hinsicht h ö f i s c h e s W e s e n be-
s c h r e i b e n und l e h r e n w i l l, berichtet er doch in
den e i n g e f l o c h t e n e n e r n s t e n u n d s c h e r z-
h a f t e n E r z ä h l u n g e n ebenso von B a u e r n u n d S o l-
d a t e n w i e v o n P ä p s t e n u n d K ö n i g e n, e b e n s o
v o n h e r r l i c h e n F r a u e n g e s t a l t e n w i e v o n
l e i c h t f e r t i g e n W e i b e r n.

Den Kreisen, an die sich der Verlag mit der Ausgabe
des H o f m a n n s wendet, noch ein Weiteres über den Inhalt,
die Darstellungsweise und die Tendenzen des Buches mit-
zuteilen, ist wohl überflüssig; es genüge der Hinweis, dass
von der Editio princeps — V e n e z i a, A l d u s, 1528
— bis zur nächsten Jahrhundertwende v i e r z i g i t a l i -
aenische A u s g a b e n (u. a.: Firenze, Giunta, 1528.
Kl. 8⁰. 220 pp. [36 Mk. J. Halle, München, 1907]; Brunet
I., 1629. — B a l d a s s a r C a s t i g l i o n e, Il libro del
Cortegiano. Venezia 1533. 8⁰. (Goedeke II, 128.) — Vinegia,
G. G. de' Ferrari, 1556. 8⁰. 18 Bll., 416 S. [10 Mk.
Adolf Weigel, 1906].) notwendig gewesen sind, dass bereits
1584 der Doktor der Theologie A n t o n i o C i c c a r e l l i
einen „g e r e i n i g t e n" Text des u n e r k l ä r l i c h e r -
w e i s e a u f d e n I n d e x g e s e t z t e n W e r k e s hat
herausgeben müssen, und dass der C o r t e g i a n o schon
1537 in die französische, 1549 in die spanische, 1563
in die lateinische und 1565 i n d i e d e u t s c h e S p r a c h e
übersetzt worden ist. Allerdings wäre es ein vergebliches
Bemühen, heute eine deutsche Ausgabe auftreiben zu wollen.
Goedeke II, 128, 25 citirt: D e r v o l l k o m m e n e H o f -
m a n (!) u n d H o f d a m e; übersetzt durch J. C. L. L.
D. Francf. (!) 1684. 8⁰.

— — F r a u e n s p i e g e l d e r R e n a i s s a n c e. Uebersetzt
und eingeleitet von Paul S e l i g e r. 2. Auflage. (Kr. 2,40;
gebd. 3,60.)

„Dieses Buch ist die wichtigste Quelle für die Kenntnis
des Frauenlebens in der italienischen Renaissance. Die
Frau tritt uns hier zum erstenmal als Individuum entgegen, das sich — entgegen den frühern Zeiten — seiner
geistigen Individualität bewusst ist. Die Stellung der Ge-
schlechter zueinander wird Problem."

CASTILLO, Fernando del (ps.), D o n J u a n. Romantisches
Lustspiel mit Arien u. Ballet in fünf Aufzügen. Aus d. Span.
übers. Madrid 1820 (1870). 8⁰.

Sotad. Parodie der Opern „Don Juan" u. „Freischütz".
Einiges in Versen. 112 SS. Mit 6 erot. Bildern. Im
5. Akt Persiflage des Mädchens von Orleans. — Bereits
sehr selten! (1 Rthl. Scheible, ohne Bilder 21 Sgr.; jetzt
viel theurer!)

CASTILON (= Castilhon), L. — Z i n g h a, K ö n i g i n n v o n
A n g o l a, eine afrikanische Geschichte. Aus dem Französischen
des Herrn *L. Castilhon.* Frankfurt und Leipzig 1770. 8⁰.
Bibl. J. J. Schwabii.

O r i g.: Zingha, reine d'Angola. 2 pts. Bouillon 1769.
8⁰. (2 Mk. Köhler, Lpz., 1875.)

* CASTIMONIUS, Pamphilus. — Das P o l i t i s c h e H o f -
M ä d g e n, d. i. Allerhand neue, selzame und wunderliche
Griffgen, welche von etlichen Frauen-Zimmer, sich in die Höhe
zu bringen, ersonnen und practiciret worden, Bey müssigen
Stunden ausgefertiget, und iezo allen Liebhabern zu sonder-
bahrer Belustigung an den Tag gegeben von PAMPHILO CA-

STIMONIO. Gedruckt zu Freistadt an der Gehl (Gotha), 1685.
12⁰. (In Berlin: Yu 8316.)

> Titelkpf., Titel, roth u. schwarz, 2 Bll. Vorr., 231 S.
> Mit Gedichten. Voll liederlicher Liebeshändel. — Eine neue
> Ausgabe oder Umarbeitung scheint zu sein: M a d a m e
> R o b u n s e (s. d.), m i t i h r e r T o c h t e r J u n g f e r R o-
> b i n s g e n, oder d i e p o l i t i s c h e S t a n d e s - J u n g f e r
> . . . . entdecket von *Bariteriposunts.* Pfeiffenthal, o. J.
> (Leipzig 1724). 8. (In Dresden: Lit. Germ. rec. C. 1109.)

* — — Das Politische Hof-Mädgen, ... von PAMPHILO
CASTIMONIO. Gedruckt zu Freystadt an der Gehl (Gotha),
1686. 12⁰. (In Berlin: an Yu 8016.)

> TKpf., Tit., 2 Bl. Vorr., 231 S. — Sämmtlich Selten-
> heiten!

CASTRI, D i e R ä u b e r i n A n g e l a d i.   Eine Arabeske.
Leipzig (Joachim), o. J. (c. 1800). 8⁰.

> 112 S. (incl. Tit.). — Zahmen Inhalts.

CATALANI, A n g e l i c a (1782—1849). — B a c h m a n n,
Wilh., Catinka Antalani, die Sängerin, ihre Leiden u. Freuden.
Ein Lebensroman. 2 Thle. Döbeln: Fr. Lehmann & Comp.,
1845. 8⁰. (1½ Rthl.) (2 Mk. 50 Pfg., stockfl., Südd. Antiqu.,
München, 1907.)

> Novellisirte Memoiren der einst so gefeierten Sängerin.
> 151 u. 207 S. — A. E.: Gedr. bei H. Neubürger in
> Deßau.

CATALOGE, S c h e r z h a f t e (fingirte, oft unfläthige Bücher-
und andere Titel; chronologisch). — * C a t a l o g u s e t l i c h e r
s e h r a l t e n B ü c h e r, Welche neulich in Irrland auff einem
alten eroberten Schlosse in einer Bibliothec gefunden worden.
Anno 1649. 4⁰. 4 Bll. (In Berlin: Yz 2741.)

* — — Dasselbe. 1650. 4⁰. 4 Bll. (Ebd.: Zz 2743.)

— — Dasselbe. 1669. 4⁰.

> Bibl. Kapp. II. p. 148. — Sämmtlich rar!

— — C a t a l o g u s l i b r o r u m ab autoribus illustribus sub
finem anni 1688 . . . . editorum. S. 1. 1689. 8⁰.

> Satirisch. 4 Bll. — Haydinger's Bibl. I. 2. (Wien 1876).
> no. 454.

* — — CATALOGVS von den rarsten Büchern und
MANVSKRIPTIS, welche bishero in der Historia litteraria
noch nicht zum Vorschein kommen: nun aber nebst einem
ziemlichen Vorrath / von allerhand fürtrefflichen Antriquitäten,
Gemählden, Medaillen, Statuen, Naturalien, Instrumenten, Ma-
chinen und andern unvergleichlichen Kunst-Sachen / an die
meist-bietende verkaufft werden sollen. (Verf. angeblich *Wolrab*.) Frankfurth und Leipzig (Ulm). Anno 1720. Kl. 8⁰.
(In Berlin 3 Expll.; besitzt auch die Börsenvereins-Bibl. d.
deutsch. Buchh., Lpz.) (10 Mk. Wilh. Koebner, Breslau, c.

1890; 10 frcs. Franz Hanke, Zürich; 12 Mk. Jos. Baer & Co., Frankf. a. M., 1893.)

> 102 pp.; mit Titel-Kupfer in Rothdruck „Carolo C e f i o et E d e l i n fc. A. 1719".
>
> Enth. 200 unfläthige u. erotische Bücher-, 50 Manuscripten- u. 200 Antiquitäten-Titel, u. a.: Nr. 136: Hans Dampfs curiöse Gedanken v. d. Fähigkeit d. Ungarischen Ochsen zum Taschenspielen etc., Cypripoli 7811 in regal-Duodez. — Nr. 47: Ein blauer Carfunkel-Stein, grün u. roth gesprängelt, in der Mitte ein lebendiger Seekrebs, der mit e. jungen Katzen auf d. Brett spielet etc. etc.
>
> Das Buch wurde seiner Zeit c o n f i s c i r t, daher selten !

— — Dasselbe. (Neudruck.) München, Unflad, (188*). Kl. 8⁰.

* — — Dasselbe. Frankfurt und Leipzig 1726. 8⁰. (In Berlin 2 Expll.; auch in Stuttgart.)

> 103 SS. (incl. Titel); ohne Kupfer. 'Mit einigen geringen Druckverschiedenheiten. — Ed. Grisebach's Bibl., Lpz. 1894, hat no. 1809 „104 pp." und als Proben: Nr. 85: „Ein gantz neues Trenchier-Messer ohne Klinge und Hefft . . ." — Hier ist also vermuthlich die Quelle zu Lichtenberg's „Messer ohne Klinge, an welchem der Stiel fehlt." — Nr. 71: „Hans Wursts, compendiöse Manier, den Spanferckeln die Frantzsäuische Sprache im Schweinstroge beizubringen . . ." Nr. 137: „Kilian Brustflecks, Critique über die zerrissenen Nabelbinden . . ." — Vgl. Goethe's „Hanswurst's Hochzeit".

* — — Dasselbe, titulo: C u r i e u s e r M i s c h m a s c h, Von allerhand raren, lustigen, extrafeinen, und der Närrischen halb gelehrten Welt sehr zuträglichen, an das Licht dieser Welt aber noch niemals gekommenen neuen Novitäten, Tractaten und Schrifften, denen beygefüget: Eine schöne Quantität, vieler altfränckischen Antiquitæten der Alten und Neuen Welt, aus verschiedenen Uhralten Reise-Tourniestern gesammlet, auch unterschiedenen sehr schönen, recht fürchterlichen Gemählden, unnatürlichen Naturalien Und unerhörten Raritäten, In gegenwärtiges Werckgen zusammen getragen, und allen neugierigen Liebhabern zum Plaisir dargeleget von *Ventiblasi Rumplificio*. Wers nicht kauffen will, kans bleiben lassen. Gedruckt, zu Cappadocia im Voigtlande 1733. 8⁰. 96 S. incl. Titel.)

> Diese Ausgabe ist ein wenig verkürzt und enth. 199, 46 u. 196 fing. Titel der vorhin bezeichneten Art.

— — C a t a l o g u s d e s H a u s r a t h s d e r v e r s t o r b e n e n F r a u H a b e n i c h t s (c. 1750?). 8⁰. Sehr selten !

> 1¹/₂ Bog. In Versen. — Cat. Meissner III.

* — — C a t a l o g u s n e u e r B ü c h e r, die mit der Leipziger Oster-Messe aufgeleget worden und bei Pierre Marteau in Commission zu haben sind. (**Mscrpt.** ohne Tit.) 1557. 4⁰.

> Dr. Max Baumgart, Die Litt. üb. Friedr. d. Gr., S. 116. Berlin 1886.

CATECHISMUS, E r o t i s c h e r. Ein Vademecum für Lebemänner. Bukarest. Verlag von Sam. Hecht. O. J. (c. 1890).
8⁰. Büttenpap. Lat. Lett.

> 34 S. + 1 S. (Verz. von 5 weiteren Sotadica). Enth.
> 124 R ä t h s e l f r a g e n mit lasciven Auflösungen. Die
> 124. Frage „Wie haben sich in einem Kriege die Damen
> dem Feinde gegenüber zu verhalten?" ist mit 14 Auflös.
> bedacht. S. 27—29: Das A. B. C. für grosse Kinder
> (sotad. Knüttelverse). S. 29—34: Neue erotische K l a p p -
> h o r n v e r s e (à 4 Zeilen).

CATHANA, P h i l i p p a v o n. — G e s c h i c h t e in welcher
P h i l i p p a v o n C a t h a n a als ein Beyspiel unglücklicher
Glückseligkeit vorgestellt wird; vorhin in frantzösischer Sprache
beschrieben von *Pierre Matthieu* jetzo aber in das Hochteutsche versetzet durch Joh. N i c o l a i. Hamburg. In Verlegung Joh. Naumanns Buchh. im Jahr 1664. 8⁰. 2 Bll.,
126 S. (8 Mk., zus. mit Uebers. von Matthieus' Actius Ce-
janus, ib. eod. a., Teod. Schöningh, Osnabr., 1907.)

CATHARINA F l o r i d a P a p h i e n s i s, s. bei L i e b t r e w
v o n S c h a l c k h a u s e n.

CATS, Jac. (1577—1660). V e r t e u t s c h t e r G r u n d H e u -
r a h t. (D. i. Beschreibung der ersten Hochzeit zwüschen
Adam u. Eva, in d. Paradeiss gehalten.) Aus d. Holländ. O. O.
u. J. (ca. 1640). 24 Bll. 4⁰. (12 Mk. Jacques Rosenthal,
c. 1903.)

> In R e i m e n. Sehr selten!

— — Dasselbe mit d. Titel: D e r G r u n d a l l e r H o c h -
z e i t e n, oder B e s c h r e i b u n g d e r e r s t e n H o c h z e i t
z w i s c h e n A d a m u n d E v a, auß *Jac. Catsii* Trauringe
verdeutscht (von Georg G r e f l i n g e r). Hamburg 1653. 4⁰.

> Goedeke III, 89, 20 (nach Moller).

— — V e r s ü n d i g t e u n d b e g n a d i g t e A e l t e r n
A d a m u n d E v a (aus d. Holländ., wohl des *Jac. Cats*, von
Constantin Christian D e d e k i n d (in Reimen). (c. 164*.)

> Ohne nähere Angabe in dem cat. bibl. M. A. Wilckens.
> Hbg. 1761. p. 354.

§ — — S e l b s t s t r e i t, das ist, Kräfftige Bewegung des
Fleisches wider den Geist. Poetischer Weise abgebildet in der
Person J o s e p h s, A l s e r v o n P o t i p h a r s H a u s s -
f r a u e n, d e r S e p h y r e n, v e r s u c h t w o r d e n z u m E h e -
b r u c h. Auss d. Holländ. in unser Hochteutsches übersetzet
durch Ernst Chp. H o m b u r g. Nürnberg, In Verlegung Wolffgang Endters. O. J. (1647). (Nebst Kpftit. u. Homburg's
Portr.) Quer-8⁰. (In Frankf. a. M.)

> Vorst. u. 294 SS. Mit Kpfrn. Dedic. dat. Naumb. 10.
> Mertz 1647. S. 272 sq. geistl. Gedicht von der Geburt
> .... Christi. — Sehr rar, wie die folgende Uebersetzung.

— — Dasselbe, ins Hochteutsche übersetzet von Joh. B ü r g e r. Amsterdam, Lud. Elzevier, 1648. 12⁰.

> Das Gedicht findet sich auch in der Ausgabe „Sinnreiche Wercke u. Gedichte" (s. unten).
> O r i g.: S e l f - S t r y t. dat is crachtighe bew`e`ghinghe van vlees en gheest, poët. wijse verthoont in den persoon ende uytte gheleghentheyt van Joseph, ten tijde hy by Potiphars huys-vrouwe wiert versocht tot overspel. Middelb. 1620. 4⁰. „Avec 4 raviss. figg. d'après A d r i e n v o n d e r V e n n e". (8 Mk. v. Zahn & Jaensch, Dresden, 1909.) — Met 3 kopere Platen. S. 1. 1645. 8⁰. 60 unpag. Bl.

— — D e s K ö n i g l i c h e n P r i n t z e n s E r o f i l o s H i r - t e n - L i e b e, Nach Anleitung des Holländischen *Cats* Beschrieben durch Johann Georg A l b i n i von Weissenfels. Im Jahr 1652. Leipzig, in Verlegung Philipp Fuhrmanns, gedruckt bey Qvirin Bauchen. 4⁰. 16 Bll. (In Göttingen: P. 2982.) Höchst selten! (9 Mk. Ludw. Rosenthal, 1906.)

> Ganz in R e i m e n. Am Schluss ein Madrigal von C a s p a r Z i e g l e r und ein Sonnet von J o h a n : G e o r g S c h o c h.
> — Goedeke III, 243, 5: Es ist die auch von G. N e u - m a r k (s. d.) bearbeitete F r y n e B o z e n e, die hier F i l e m e n e heisst.

— — H o l l ä n d i s c h e r EHE-BETRUG, nach demselben ge- hoochdeutdschet, durch C. Chr. D e d e k i n d e n. O. O. u. J. (c. 1655). 8⁰.

> W. v. Maltzahn p. 339 no. 914.

— — Dasselbe (andere Uebers.), tit.: T r a u u n g s - B e t r u g, u n l ä n g s t e n i n H o l l a n d g e s c h e h e n, Beschrieben In Niederländischer Sprache durch . . . . *Jakobum Katzen* . . . . übersetzet. und z u m a n d e r n m a h l hervorgegeben von J. S. (Jac. S c h w i e g e r). Glückstadt, 1659. 12⁰.

> Sehr selten! — Bogen B: J u n g f e r n - M a r k t. Das ist: Eine Beschreibung wie und welcher gestalt eine reiffe und Mannbahre Jungfer verheirahtet, ... Poetisch beschrieben von dem Niederländischen Poeten J a c o b o K a t z e n . . . . in die Hoch-ädle Teutsche Heldensprache versetzet von Jacob S c h w i e g e r n, ... Im Jahr 1659. 12⁰. — Maltzahn p. 350 no. 1012.

§ — — J u n g f e r - M a r c k (sic!), aus d. Holländ. v. Timoth. R i t s c h. — Dess. S p a n i s c h e Z i g e u n e r i n. O. O. (1655.) 4⁰.

> Aeusserst selten!

§ — — J u n g f e r n - P f l i c h t, Oder 'A m t d e r J u n g - f r a u e n I n e r b a r e r L i e b e, angewiesen durch 44 Sinn- bilder. Aus d. Holländ. durch J. L. C. C u n o. Mit eingedr. emblemat. Kupfern. Augspurg 1707. 8⁰. 113 S.

> O r i g.: Monita amoris virginei. Maechden-Pflicht, ofte amt der jonckfrouwen, in eerbarer liefde aenghewesen door sinne-beelden. Met. 46 emblemat. Figg. Amstel. S. a. 4⁰. 123 pag. (3 Mk. Max Weg, 1897), u. öfter.

— — Des Unvergleichlichen Holländ. Poeten *Jacob Cats,* Rittern, und Raht (!)-Pensionarii von Holland u. West Friesland etc. Sinnreiche Wercke und Gedichte. Aus dem Niederländ. übersetzet (von Barthold Feind, Einiges auch von Ernst Chp. Homburg). Mit vielen vortreffl. (z. Theil freien) Kupffern gezieret. 8 Thle. Hamburg 1710—1717, Thom. v. Wierings Erb. Gr. 8⁰.

> (Completes Expl. in Leipzig, Stadtbibl. — In Berlin nur Th. 1—6. — In München nur Th. 1—2.) (Cplt. 12 Mk. Scheible; jetzt theurer!)
> Die holländische Gesammtausgabe erschien schon viel früher: Alle de wercken. Amsterdam, Schipper, 1658. Gr. Fol. „Mit Hunderten von Kupfern größtentheils aus dem damaligen holländ. Leben, z. Th. in der Art der Embleme, Houtius, Bremden u. A. fec. Das Portrait C's. ist nach A. v. d. Venne gestoch. von Mosyn. Mit dem doppelseitigen grossen Kupfer zu d. Huwelyk-Fuyk." (45 Mk., Einbd. mit Gold-Ornamenten, Max Weg, Lpz., 1897.)
> In Theil 4 der Uebersetzung u. a.: Der Welt Anfang / Mittel u. Ende / Beschlossen in dem Trau-Ring / sammt dem Probier-Stein desselben, bestehend in den allerausserlesensten Eh- u. Liebes-Begebenheiten samt einem Lob-Gesänge . . . u. Heuraths-Gedichte, welchem beygefügt, Patriarcha Bigamos sive Jacobi cum Rachaele & Lea conjugium. M. e. Register u. vielen Kupffern. Hamburg 1712. Stellenweise freien Inhaltes, mit z. Tl. ebensolchen Kupfern im Text. (16 Mk., Th. 4 apart, Ernst Frensdorff, 1906.)

CATULLUS. Cajus Valerius (geb. 86, † um 56 n. Chr.). — § * *Joachim Meiers* von Perleberg (geb. das. 1661, † 1732 als Doktor der Rechte u. Professor der Geschichte am Gymnasium zu Göttingen), Durchl. (!) Römerin LESBIA, Das ist, Alle Gedichte des berühmten Lateinischen Poeten Catullus, nebst Einführung fast aller Geschichten damahliger Zeit, und vieler Römischen Antiqvitäten, aus denen bewehrthesten Geschicht-Schreibern gezogen, mit vielen Römischen Gallischen, Teutschen, Asiatischen und andern Begebenheiten; Wie auch nicht weniger merckwürdigen Staats-Sachen ausgezieret, alles auf die anmuthigste und bißhero ungewöhnliche Art In einer anmuthigen Liebes-Geschicht vorgestellet, und mit schönen Kupffern gezieret. LEIPZIG, Verlegts Moritz Georg Weidmann, 1690. (Nebst Kupfertitel.) 8⁰. (In Berlin: Yu 8901; in München: P. o. germ. 918; in Breslau, Kgl. u. Univ.-Bibl.: Poet. lat. I. 8⁰. 248; auch in Aarau, Kantonsbibl.)

> 16 Bll. Vorst. (incl. Tit. in Roth- u. Schwarzdruck), 1276 S. (13 Bücher). Mit Kupfern. Buch 1 u. 2 (laut der von Göttingen datirten Vorrede) aus dem Französ. übersetzt. Im 13. Buche findet sich Seite 1169—1252 ein Schauspiel in Versen: „Bubares", und im Anhang S. 1258

bis 1275 Catull's Gedicht „von der Vermählung des Peleus und der Thetis" übersetzt (in Alexandrinern). Das Original für Buch 1 u. 2 ist vielleicht (L a C h a p e l l e , Jean de, 1655—1723) L e s A m o u r s d e C a t u l l e . 2 tom. Paris 1680. 8⁰. (In Berlin: Wg 3754.), u. öfter.

— — Dasselbe. Leipzig, bei Joh. Lud. Gleditschen. (M. M. V. 1698. F. 1 b.)

— — Dasselbe, titulo: D a s G a l a n t e R o m oder CATULLI Des E d l e n R ö m e r s u n d P o e t e n L i e b e s - G e s c h i c h t e In einem anmuthigen Staats- und Liebes-Roman der galanten Welt zur Gemüths-Ergötzung vorgestellet und mit schönen Kupffern gezieret Durch *P.* Cölln, Bey Jacques le Sincere (!), (Leipzig, Weidmann) 1714. (Nebst Kpftit.) 8⁰. (In Berlin: Yu 8911.)

15 Bll. (incl. schwarz gedr. Tit.), 1276 S. (13 Bücher). Mit Kupfern.

* — — U e b e r d e n A t y s des *Katull* von Friederich August Clemens W e r t h e s . Münster bey Philipp Heinrich Perrenon 1774. 8⁰. (In Berlin: an Yl 8771a.)

70 S. incl. Tit. u. 2 Bll. Zuschrift an Professor S. („geschmackvoller Kenner des Homer"), dat. Jena, d. 28. Nov. 1773. Enth. d. lat. Text nebst Uebers. u. Anmerkgn.

* — — Z w e i B r a u t g e s ä n g e des *Catulls* und zwei Oden des H̦oraz, metrisch üb̦ersetzt von R̦ o s e n f e l d , mit Einleitungen und A̦nmerk. von G u r l i t t , etc. Leipzig 1785. 8⁰. (In Berlin: Wg 3440.)

* — — C a r m e n d e n u p t i i s P e l e i e t T h e t i d i s c. v e r s i o n e g e r m a n i c a Chrn. Frid. E i s e n s c h m i d t . . . . . In usum tironum illustravit Carl Gotthold L e n z. Altenburgi, ex offic. Richteria. 1787. 8⁰. (In Berlin: Wg 4420 u. B. Dz. 8⁰. 2443.)

Tit. u. 193 S. — E i n e d e r f r ü h e s t e n d e u t s c h e n U e b e r s e t z u n g e n des berühmten Sanges.

* — — *Catull's* E p i t h a l a m i u m d e s P e l e u s u n d d e r T h e t i s , hrsg. von D. G. K ö l e r . Lemgo 1788. 8⁰. (In Berlin: B. Dz. 8⁰. 2443.)

* — — *Katulls* e p i s c h e r G e s a n g v o n d e r V e r m ä l u n g (!) d e s P e l e u s u n d d e r T h e t i s , metrisch übersezt (sic!) und mit einigen Anhängen begleitet von J. G u r l i t t (Oberlehrer d. alten Litt. u. Philos. am Pädagog. zu Kloster B̦erge, K̦onventual d. Stifts u. Klosters Berge, Mitgl. der Latein. Gesellsch. zu Jena). Leipzig, Im Verlag d. J. G. Müllersch̦en Buchhdlg. 1787. 8⁰. (In Berlin 2 Expll.: Wg 4860; B. Dz. 2426.) (1 Mk̦. 50 Pfg. G̦ust. F̦ock, Lpz., 1907.)

VI—132 S., 1 Bl. Verbess.

* — — Sämtliche auserlesene kleinere Gedichte des *Catulls* metrisch übersetzt von einem preussischen Gelehrten. Cöthen 1790. 8⁰. (In Berlin: Wg. 3452.)

* — — *Kajus Valerius Catullus*, in einem Auszuge von C. W. R a m l e r , Lat. u. Deutsch. Leipzig 1793. 8⁰. 392 S. u. 4 Bll. (In Berlin: B. Dz. 8⁰. 2446.) (6 Mk. Adolf Weigel, 1907.)

— — Dasselbe. Neue Ausgabe. Unveränd. Titelaufl. Halberstadt 1810. 8⁰. (4 Mk. List & Francke, 1908.)

* — — D e r A t t i s des *Catullus*, im Silbenmasse des Originals. Von Ch. W. A h l w a r d t . Oldenburg 1808. 4⁰. (In Berlin: Wg 4330.)

§ — — *Catull*, übers. von Conrad S c h w e n c k . Frankf. 1829. 8⁰. (1Mk. Jul. Neumann, Magdeb.)
> Als Anhang der 6. Gesang der Odyssee.

* — — A u s g e w ä h l t e G e d i c h t e , übers. von Ludw. R e i n k i n g . Mit Anmerkgn. Münster, Coppenrath, 1837. Kl. 8⁰. (In Berlin: Wg 3476.)

* — — *Catulli* Liber Carminum. Recognitus et emendatus a Th. H e y s e. *Catull's* B u c h d e r L i e d e r in deutscher Nachbildung von Th. H e y s e. Berlin 1855. 8⁰. (In Berlin: Wg 2738.) (1¹/₃ Rthl.) (2 Mk. Jul. Neumann, welcher kl.-4⁰ als Format angiebt.)

* — — Dasselbe. 2. Aufl. Ebd. 1889. 8⁰. (3 Mk. L. Rosenthal, 1907.)

— — *Catull's* Gedichte, übersetzt von Theod. S t r o m b e r g . Leipzig 1858. 8⁰. (²/₃ Rthl.) (1 Mk. Jul. Neumann.)

— — *Katulls* a u s g e w ä h l t e G e d i c h t e . Verdeutscht in den Versmaasen (!) der Urschrift von Dr. Friedr. P r e s s e l . Stuttgart, Krais & Hoffmann, 1860. 8⁰. VI—122 S.

— — G e d i c h t e . Im Versmaße der Urschrift übers. von W. A. B. H e r t z b e r g und W. S. T e u f f e l . . . . . . , 1862. 8⁰.

* — — *Katull's* G e d i c h t e . Im Versmaße der Urschrift übersetzt von Karl U s c h n e r . Berlin 1866. 8⁰. (In Berlin: Wg 3484.)

§ * — — *Catulls* G e d i c h t e in ihrem geschichtlichen Zusammenhange übersetzt und erläutert von Rud. W e s t p h a l . Breslau, Leuckart, 1867. 8⁰. (In Berlin: Wg 3486.)
> Lat. u. deutsch. XII—283 S.

— — *La Capelle*, (Jean de, naquit à Bourges en 1655, † en même lieu le 29 mai 1723) C a t u l l , romantisches Gemälde, frei bearb. von ***i. 2 Thle. Leipzig 1797. 8⁰. (12 Sgr. Steinkopf, Stuttg., 1874.) Selten !

— — L e i d e n u n d F r e u d e n d e r L i e b e. Ein Roman,
nach dem Französ. des *La Chapelle* frei bearb. 2 Thle.
Leipzig, in der Sommerschen Buchhdlg., 1805. 12⁰. (1¹/₃ Rthl.)
  Liebschaften C a t u l l s mit der L e s b i a etc. I: 222 S.
incl. Tit. (m. kl. Vign.). II: Tit. u. 162 S. — Lat.
Lett., sauberer Druck. Ziemlich rar !
  Orig.: L e s A m o u r s d e C a t u l l e (anon.). 2 tom.
Paris 1680. 8⁰. (In Berlin: Wg 3754.) Les Amours
de Catulle. 4ème édit. 2 tom. Avec figures. Ibid. 1713.
pet. in-8⁰. (In Dresden.) 5eme éd. 2 tom. Ibid. 1753.
8⁰. (In Berlin: Wg 3764.) — Les Amours de Catulle
(et de Tibulle). (Avec le nom. de l'auteur). 4 tom.
Amsterdam 1716. 8⁰. (In Berlin: Wg 3758, 1 vol.) Les
amours de Catulle et de Tibulle. Avec quelques autres
pièces du même auteur. Nouv. édit. A u g m. d ' u n é l o g e
h i s t. de M r. de l a C h a p e l l e (soussignée: J. F.
B.) Avec 9 gravures (pour t. 1 u. 2). La Haye, J. Neaulme,
1742. 12⁰. (In Wolfenbüttel.)

§ * — — *Catull.* T i b u l l. P r o p e r z, aus dem La-
teinischen von F. X. M a y r. 2 Theile. Titelblätter in Kupfer
gestochen mit hübscher Umrandung, J. G. M a n s f e l d sculps.
Leipzig 1786. 8⁰. (In Berlin: Wg 1420.) 8 Bll. u. 222 S.; 4 Bll.
u. 248 S. Selten! (12 Mk., tadelloses Expl., 1903.)
  Folgende, bereits s e l t e n e T e x t a u s g a b e n d e s
XVIII. J h. wurden in H. B u k o w s k i ' s Stockholmer
Novbr.-Auction 1894, no. 643—466, versteigert: Catvllvs
Tibvllvs Propertivs ad fidem optimorvm librorvm accvrate
recensiti. Gottingae, ex officina academica A. Vandenhoeck, 1742. 12⁰. Veau, dos orné. — C. Valerius Catullus
(Tibullus et Propertius), pristino nitori restitutus, & ad
optima exemplaria emendatus. Cum fragmentis C. Gallo
inscriptis. Lutetiæ Parisiorum, typis Josephi Barbou, 1754.
12⁰. 3 frontisp., 6 vign., dont un signé de L a f o s s e. Veau,
dos orné (reliure dite de Barbou). — Catvflvs Tibvllvs
Propertivs ad fidem optimorvm librorvm denvo accvrate
recensiti; adiectvm est Pervigilivm Veneris. Gottingae, apud
viduam A. Vandenhoeck, 1762. 12⁰. D.-rel. — Catullus Tibullus Propertius cum Galli fragmentis et Pervigilio Veneris;
praemittitur notitia literaria. Studiis societatis Bipontinæ.
Editio accurata. Biponti, ex typographia societatis, 1783. 8⁰.
Lederb. mit Fil.

CAUSSINUS, N., S. J., H e i l i g H o f h a l t u n g, d. i. c h r i s t-
l i c h e V n d e r w e i s u n g f ü r a l l e h o c h- v n d n i d e r e
w e l t l. S t a n d t s p e r s o h n e n, forderist aber diejenigen,
welche an fürstl. Höfen bedient, in frantzös. Sprache beschriben,
durch Udalr. G r o s c h a n S. J. vbersetzet. 3 Thle. München
(bey Joh. Jäcklin) 1657. 4⁰. 514, 504, 385 S. u. Reg. Rar !
(5 Mk. Friedr. Klüber, München, 1906:)
  „Handelt ausser über vieles Andere besonders ausführlich
  von der Hofhaltung H e r o d i s A s c a l o n i t a e u. s. Ehe
  mit M a r i a m n e, den H o f l a s t e r n, der Hofhaltung
  T h e o d o s i i des Jüngern, seiner Mutter Eudoxia, Eigen-

schaften der Prälaten, Ambrosius, die Ritter (wider die
Duell u. sonderbaren Kämpf), Constantinus, Boëtius, Frauen-
zimmer, Ehe, Clotildis u. König Clodovaeus, menschliche
Fehler etc. etc."

CAVALIER. — * D e r i m / I r r - G a r t e n d e r L i e b e /
h e r u m t a u m e l n d e / CAVALIER. / Oder / R e i s e -
/ U n d / L i e b e s - G e s c h i c h t e / E i n e s vornehmen
D e u t s c h e n v o n A d e l , / H e r r n v o n St. *** / Welcher
nach vielen, sowohl auf Reisen, als auch / bey andern Gelegenheiten verübten Liebes-Excessen, / endlich erfahren müssen,
wie der Himmel die Sünden der / Jugend im Alter zu bestraffen
pflegt. / Ehedem zusammen getragen / durch den Herrn /
E. v. H. / Nunmehro aber allen Wollüstigen zum Beyspiel und
/ wohlmeinender Warnung in behörige Ordnung gebracht, /
und zum Drucke befördert / Von einem Ungenandten. / (langer
schwarzer Strich.) / (Verf.: *Joh. Gottfr. Schnabel,* geb. um
1690, machte in s. Jugend Reisen u. Feldzüge mit, 1731 gräfl.
Hofagent zu Stolberg am Harze, wo er bis 1738 eine Zeitschrift herausgab, † n a c h 1750.) Warnungstadt, / Verlegts
Siegmund Friedrich Leberecht, (Nordhausen, Groß). Anno
1738. 8⁰.

Goedeke III, 264 bringt obige biogr. Notiz (bei G i -
s a n d e r), weiß aber nichts über Schnabel's A u t o r -
s c h a f t des „Cavalier". Der höchst selten gewordene Roman
ist die Geschichte eines Edelmanns von St*** oder Elbenstein, welcher sich an den Höfen Italiens und Deutschlands herumtreibt. (Vgl. Kippenberg, S. 113—114, u. Wolfg.
Menzel II, S. 493—494.) Der von St*** soll ein **Kammer**-
junker aus Sondershausen v. S t i e h l , oder v. S t i e h l e r ,
gewesen sein, der wegen der Folgen eines Duells flüchtete
und lange in Italien und Frankreich lebte. Zur Ballade:
„Fritz", von Rupert Becker, ist der Stoff ganz aus dem
„Elbenstein genommen. (Privat-Mittheilung.) Nach W e l l e r,
fingirte Druckorte I. p. 80 ist das Buch eine Satire auf
den R e g e n t e n v o n F r a n k r e i c h. (??) Dass G i -
s a n d e r (S c h n a b e l) Verfasser ist, geht hervor aus
der Note, welche am Ende des I. Theils der I n s e l
F e l s e n b u r g steht, wo Gisander erklärt, dass der in
der Felsenburg erwähnte Soldatenroman nun nicht besonders
herauskommen werde, dass aber vieles davon im Tractat
„Der im Irrgarten der Liebe herumtaumelnde Cavalier"
enthalten sei.

K i p p e n b e r g : Robinson in Deutschland . . . . ': 622
bez. Seiten. (Titel roth u. schwarz gedr.) Vorrede **an**
den Geneigten Leser 8 S. ohne Bez. Die Erzählung beginnt auf S. 1. Alph. bis Qq 7. T i t e l k u p f e r bestehend aus 2 Halbbildern; oben: „Der Venus Nectar kan
der Jugend Lust erwecken", unten: „Zuletzt macht dieser
Gifft, Angst, Kum'er, Furcht und Schrecken". M e n t z e l
sc. — 2 Theile. I. 1—388. — S. 389: Elbensteins Geschichte. 2. Theil: 390—622. Vieles in Versen. Vorrede
dat. S. Gotthard 1. Juli 1738.

Verlagsanzeige G e o r g M ü l l e r ' s, München, 1907:
„S C H n a b e l hat für die erste Hälfte des achtzehnten
Jahrhunderts ungefähr die Bedeutung wie G r i m m e l s -
h a u s e n für das letzte Viertel des siebzehnten. Er war
seinerzeit viel gelesen und es wurden von seinen Büchern
eine große Menge rechtmäßiger und unrechtmäßiger Auflagen
gedruckt; über seine Persönlichkeit beginnt sich erst jetzt
das Dunkel etwas zu lichten; er scheint ein abenteuerliches Leben geführt zu haben, in dem er fast ganz
Europa kennen lernte. Eine Weile war er in Stolberg
am Harz K a m m e r d i e n e r d e s r e g i e r e n d e n
G r a f e n und R e d a k t e u r d e s R e g i e r u n g s -
b l a t t e s. Am bekanntesten wurde sein vierbändiger Roman: „Wunderliche Fata einiger Seefahrer", der von
L u d w i g T i e c k unter dem Titel „Die Insel Felsenburg" neu herausgegeben wurde.

„Der im Irrgarten der Liebe herumtaumelnde Kavalier"
ist ein galanter Roman, äußerlich im Stile der Zeit, eine
Aneinanderreihung von Liebesabenteuern eines vornehmen
Herrn, namentlich in Italien, enthaltend. Das Werk steht
jedoch dichterisch weit über den anderen deutschen und
französischen Werken derselben Art. Wenn er auch oft
roh erzählt und ähnlich wie der Simplizissimus derb und
grob auch da ist, wo eine andere Ausdrucksweise möglich
wäre, ist er doch durchaus gesund in seiner Empfindung
und ehrlich in seinem Kern. Am bedeutsamsten dürfte
er mit dadurch sein, daß er gegenüber den französischen
Einflüssen italienische Anschauungen und Gesinnungen in
deutsche Art übersetzt herübernimmt. Das Buch ist g a n z
a u ß e r o r d e n t l i c h s e l t e n, selbst auf den großen
öffentlichen Bibliotheken. Auch eine Ausgabe von 1830,
in welcher verschiedene Stellen gemildert sind, ist unauf-
findbar. Dem Titel nach ist es ziemlich bekannt, aber
wenige dürften es in der Hand gehabt haben.

Deshalb dürfte ein N e u d r u c k wohl viele Freunde
finden. Ich veranstalte ihn in der Ausstattung des Originals in einem dem Originaleinband nachgebildeten Ganz-
ledereinband.

Der Umfang beträgt ca. 650 Seiten. Da das Buch bei
der Derbheit einiger Stellen sich heutzutage nicht für eine
allgemeine Lektüre eignet, so sind nur 600 Exemplare für
Subskribenten zum Preise von 25 Mk. abgezogen worden.
E i n N a c h d r u c k f i n d e t n i c h t s t a t t. So wird
für den Bücherfreund das Buch immer noch den Reiz
der Seltenheit bewahren."

— — Dasselbe. Ibid. 1740. 8⁰. (Karajan's Bibl. I. Lpz. 1875.
No. 3967.)

§ — — Dasselbe. Ibid. 1746. 8⁰.

— — Dasselbe. O. O. 1747. 8⁰.

— — Dasselbe. O. O. 1752. 8⁰. (In Frankf. a. M.) (Weller,
fing. Dr. I. p. 80 hat: „Frankfurt u. Leipzig, 1752.")

§ * — — Dasselbe. Warnungsstadt 1763. 8⁰. (In Darmstadt.)
(6 Rthl. Scheible.)

TKpf., 5 Bll. Vorst. u. 612 SS.

— — Dasselbe. O. O. 1793. 8⁰. (Weller, fing. Dr. I. p. 80.)

— — Dasselbe, auszugsweise in Reichard's Bibl. d. Roman. Bd. 2.

— — Dasselbe mit d. Titel: Galante Reisen eines irrenden Ritters mit Moral. Mit Titelkpf. Biel (fing.) 1784. 8⁰. (14 Mk. M. Edelmann, Nürnb., 1904; 35 Mk. Alfred Lorentz, Lpz., 1905.)

    4 Bll. u. 612 S. Ebenfalls höchst selten! — Fehlt in Weller's fing. Druckorten.

§ * — — Dasselbe m. d. Titel: Der im Irrgarten der Liebe herumtaumelnde Cavalier, oder Reise- und Liebes-Geschichte eines vornehmen Deutschen von Adel, Herrn von St***. Ehedem zusammengetragen durch den Herrn E. v. H. Jetzt aber zum Nutzen und zur Warnung für Jung und Alt von Neuem commentirt und glossirt durch den Stachlichten, weiland bei der hochlöbl. fruchtbr. Gesellschaft Ehrenmitglied. 2 Thle. Gedruckt im Kyffhäuser u. zu finden in allen deutschen Buchh. (Leipzig, Hartmann) 1830. Kl. 8⁰. (5 Rthl. Scheible; 12 Mk. O. Richter, Lpz., c. 1880; jetzt theurer!)

    Modernisirt u. in den frivolen Stellen gemildert, nicht verstärkt. — XII, 286 u. 326 SS.

— — Dasselbe. Neudruck der I. Ausgabe, eingeleitet von Paul Ernst. (S. Prospekt oben.) München, Georg Müller, 1907. 8⁰. (Mk. 25—.)

CAVALIER, Der, auf Reisen im Jahre 1837. Vom Verf. der „Ansichten aus der Cavalierperspektive im J. 1835" (d. i. *Joh. Dan. Ferd. Neigebauer*). Leipzig: F. A. Brockhaus. 1838. 8⁰.

    Dass Neigebauer (nicht Baron v. Vaerst) Verfasser, geht hervor aus: Vollständ. Verzeichnis der von der Firma F. A. Brockhaus in Leipzig . . . . verlegten Werke. Leipzig 1872—75. (Anon.-Lex. I. p. 312.) Kulturgeschichtl. interessant! U. a.: Die Strapazier-Menscher (!); die schönen Polinnen; Krähwinkel; der Judenball etc. etc. (R. Zinke's Dresd. März-Auct. 1906 no. 80: Mindestgebot Mk. 1.30).

    Vf., nicht der Geburt, aber der Gesinnung nach ein Erzjunker, leistet sich hier folgenden Blödsinn: „Der Reichthum mag schöne Kleider u. guten Wein geben, Ehre giebt er nicht, diese giebt nur der Adel. Der Edelmann im einfachen Kleide, der Edelmann zu Fuss, ist doch ein ganz anderes Wesen als der reichste Bürgerliche hoch zu Ross und noch so sehr herausgeputzt."

    Der grosse Epigrammendichter Friedrich v. Logau, ein ächter Edelmann, sagt:
        Wen nur sein Adel adelt,
        Ist adelig getadelt.

CAVALIER, Der verliebte, s. Wollüstige, der.

CAVALIER, Der, und Menschenfreund, oder Geschichte des Baron Grandoms, von ihm selbst und in seinem eigenen Tone beschrieben (von *Ludw. Ferd. v. Hopffgarten*). 2 Thle. Leipzig 1773—74. 8⁰. (6 Mk. L. Rosenthal, 1907.)

> Goedeke IV, 216, 39; Heine, Roman in Deutschland. Leipzig 1892. S. 10.

CAVALIER- Perspective. Handbuch für angehende Verschwender (von *Friedr. Christian Eugen* Varon *v. Vaerst*). Leipzig: F. A. Brockhaus, 1836. Gr. 8⁰.

> Anon.-Lex. I. p. 312 (nach Brockhaus' Verlags-Cat.). — Einst vielgelesenes Buch, das neben Witzigem und Pikantem leider die blödsinnigsten und arrogantesten Ansichten über die (angeblichen) Vorzüge des Adels auftischt.

CAVIAR. Pikante u. heitere Blätter. 6 Jhrgge. (à 52 Nrn.). Budapest, Verlag v. G. Grimm, Druck v. F. Buschmann. (Alles was erschien.) 4⁰. (35 Mk. Wilh. Scholz, Braunschweig, 1895.)

> So complet bereits selten! Heft 14 des IV. Jahrgangs verboten vom L.-G. Wien, 25. Jänner 1890. § 516. Mit zahlreichen, meist recht anstössigen Illustrationen. (à Jahrg. Mk. 16,50 Ldpr., à 8 Mk. H. Hugendubel, München, c. 1905.) — In Preussen verboten!

CAVIAR- Kalender. Von *Jean qui rit (Armin Schwarz).* Mit zahlr. Illustr. Jahrg. I—XV (soviel ersch.?). Ebd. 1887 bis 1901. 8⁰. (Ldpr. à Mk. 10—.) (13 Mk. 50 Pfg. Hugendubel, c. 1905.)

> Holzmann & Bohatta, Deutsches Pseud.-Lex. Wien u. Leipzig 1906. Lex. 8⁰. S. 138 (nach Meyer's Konversations-Lex. 5. Aufl. Bd. XVIII, S. 724 ff.).
> In Preussen verboten! Das durchaus hundsgemeine Opus ist ein Sammelsurium fader Witze, elender Schwänke, frivoler Reimereien etc.; ein abschreckendes Spiegelbild der allgemeinen Corruption u. Geschmacklosigkeit. — In Oesterreich wurde verboten Jahrg. 1887 bis 92 vom L.-G. Wien, Jahrg. 1893 vom L.-G. Graz, Jahrg. 1897 u. 1902 vom L.-G. Wien, auf Grund des § 116.

CAVIERE, Die schöne, oder der Sieg der Unschuld etc. Tübingen (Osiander) 1808. 8⁰.

> Kayser's Roman-Verz.

CAYLUS (Anne Claude Phil. de Tubières, de Grimoard, de Pestels, de Levy), Comte de (1692—1765). — Morgenländische Erzählungen. Aus dem Französ. des Grafen *von Caylus*. 2 Thle. Leipzig 1780. 8⁰. (3 Kr. Josef Grünfeld, Wien, 1906.)

> Bibl. J. J. Schwabii.

* — — Neue orientalische Erzählungen vom Grafen *von Caylus*. Aus dem Französischen übersetzt. Bändchen 1. (einz.). Berlin 1790. 8⁰. (In Berlin: Xy 2646.)

* — — D a s K ö r b c h e n. Ein ächtarabisches Mährchen, vom Grafen *Caylus*. (In R e i c h a r d ' s Bibl. d. Romane.
Bd. 16. Riga 1789: S. 231—309.)

CAYSTRIUS, Alites (ps.), s. bei K u s s: Rechtskräftige Spei-
riche Urthel . . . . 1753.

CAZOTTE, Jacques (1720—92). — B i o n d e t t a. Aus. d. Französ. des *Gazotte* (sic!) (von Fr. Ludw. Wilh. M e y e r). Berlin,
Himburg, 1780. Kl. 8⁰. (4 Mk. F. Waldau, 1908.)

> 127 SS. Mit (freier) Titel- u. Schluss-Vignette.
>
> „Die „Biondetta" gehört zu den berühmten Büchern der
> Weltliteratur und zu den besten jener Gattung, welche
> von der verführerischen Macht der Frau handeln, von der
> Diabolie der Leidenschaft. „Biondetta" ist eine M e i s t e r -
> n o v e l l e, wie etwa Manon Lescaut oder Mérimées Carmen.
> Die scharfe Prägnanz ihres Stiles und das Ungewöhnliche
> der liebestollen Fabel sind zu einem Ganzen von ausser-
> ordentlicher Einheit und Plastik zusammengeflossen." (Aus
> Hans v. Weber's Verlags-Anzeige des Neudrucks, s. unten.)

— — Dasselbe. Neue Aufl. Mit 2 reizenden Vign. von J. W.
M e i l. Berlin, 1792. bey C. F. Himburg. 8⁰. 127 S. (11 Mk.,
schönes Expl. auf starkem Pap., Max Perl's Berliner Oct.-
Auct. 1907, no. 85.)

— — Dasselbe, titulo: D e r v e r l i e b t e T e u f e l (Biondetta), eine spanische Novelle; und O l l i v i e r, ein prosaisch-
komisches Gedicht, in zwölf Gesängen. Aus d. Französ. (von
Georg S c h a t z). Leipzig, Dyk, 1791. 8⁰. (4 Mk. Friedr.
Meyer, Lpz., 1906; 8 Mk., unbeschn., Adolf Weigel, 1906.)

§ * — — Dasselbe, titulo: D e r v e r l i e b t e T e u f e l, und
d e r L o r d a u s d e m S t e g r e i f e. Zwei Novellen von —,
übers. v. Ed. v. B ü l o w. Leipzig, Brockhaus, 1838. (Auch
tit.: Bibliothek klass. Romane etc. des Auslandes, Bd. 27.) 8⁰.
XVI—236 S. (²/₃ Rthl.) (4 Kr. Halm & Goldmann, Wien,
1907; 4 Mk. 50 Pfg. Adolf Weigel, 1907.)

— — Dasselbe, titulo: B i o n d e t t a, d e r v e r l i e b t e T e u-
f e l. Eine Novelle von *Jacques Cazotte*. (Neudruck der
1. Ausgabe.) Mit handcolor. Umschlagsceichnung und Rahmen von Thom. Theod. H e i n e. München, Hans v. Weber,
1907. Gedruckt bei Oscar Brandstetter in Leipzig. Kl. 8⁰.
104 S. (1000 Exemplare auf italienischem Bütten, in eng-
lischem Bütten broschiert 3 Mark. — In japanischem Orange-
karton gebunden 4 Mark 50 Pfg. — Luxusausgabe: 50 numerierte Exemplare auf Kaiserl. Japan in goldgedrucktem Orange-
lederbande nach Heine's Zeichnung, in dunkelblauer Kapsel
zum Preise von 15 Mark.)

> Hier seien zwei schöne Ausgaben des f r a n z ö s. O r i -
> g i n a l s angeführt: Le diable amoureux. Nouvelle espag-
> nole (par J a c q u e s C a z o t t e). Avec 6 figg. non signées

p. M a r i l l i e r, grav. p. M o r e a u, et 1 f. musique.
Naples (Paris, Le Jay) 1772. 8⁰. (Expl. in Wolfenb.)
(32 Mk., bel expl. de l'éd. orig. en deemi-mar.-rouge, tête
dor., très-rare, S. Calvary & Co., Berlin, 1898; 36 Mk.,
bel expl. sur grand pap., les mêmes). — Le diable amoureux. Préface de A. J. P o n s. Eaux fortes de F. B u h o t.
Paris, Quantin, 1878. 8⁰. (18 Kr., d.-mar. vert, dos orné
richement, filets, tête dor., Halm & Goldmann, 1907.)

* — — L o r d, e h e e r s i c h's v e r s a h! In R e i-
c h a r d 's Bibl. d. Romane. Bd. 13. Riga 1786: S. 173—268.)

— — Dasselbe mit d. Titel: D e r L o r d a u s d e m S t e g-
reif. Eine Geschichte. (Aus dem Französ. übers. v. Geo.
S c h a t z.) Mit 1 hübschen TVign. (von O e s e r). Leipzig,
Dykische Buchhandlung, 1789. 8⁰. (7 Mk. 50 Pfg., br. unbeschn.,
Ad. Weigel, 1907; 3 Mk. 50 Pfg., Expl. auf Velinp., Frdr.
Meyer, Lpz., 1906.)

— — M o r a l i s c h - k o m i s c h e E r z ä h l u n g e n, M ä h r-
c h e n u. A b e n t h e u e r. Aus d. Französ. (von Geo.
S c h a t z). 4 Thle. Mit 1 TKpf. von J. P e n z e l. Leipzig,
im Verlage d. Dykischen Buchhdlg. 1789—90. 8⁰. (Ldpr. 3¹/₃
Rthl.) Selten cplt.! (12 Mk. Friedr. Meyer, Lpz., 1906; 18 Mk.
A. Weigel, 1908; 30 Mk. Friedr. Meyer, Lpz., 1909.)

I: 341 SS. (incl. Tit. u. 4 Bll. Vorber. des Uebersetzers).
1. Der Narr von Bagdad od. die Riesen. E. Erzähl. aus
d. Zeiten vor der Sündfluth. 2. Sybille u. Conant, od. d.
verlorne u. wieder erlangte Ehre. E. heroische Novelle. 3.
Die Schöne durch Zufall. E. Feenmärchen. 4. Rachel, od.
d. schöne Jüdinn. E. span. Novelle. 5—6. Der König
u. der Pilger, und das Vergnügen. 2 kl. moral. Erzähl.

II: 2 Bll. u. 327 SS. Inh.: Der Lord aus dem Steg-
reif. (Erschien auch einzeln ib. 1789; s. ob.)

III: 286 SS. Inh.: 1. Der verliebte Teufel. E. span.
Novelle. (Erschien auch apart m. d. Tit.: Biondetta. S. ob.
2. Ollivier. E. prosaisch-komisches Gedicht. Gesang 1—3.

IV: 281 SS. Inh.: Ollivier. Gesang 4—12. (Das Gedicht
erschien auch weit früher apart in einer andern Uebertragung.)

O r i g.: Oeuvres badines et morales, historiques et philosophiques. 4 tom. Avec 2 portr. et beaucoup de gravures.
„Première édition complète de l'ouvrage galant". (25 Mk.
S. Calvary & Co.) Rare! — Oeuvres badines et morales
de Mr. (Jacques) C a z o t t e. Nouv. Ed. Corr. & augm.
7 tomes. Avec 7 frontisp. p. D u n k e r. Londres (Cazin)
1788. 12⁰. (In Wolfenb.) (8 Mk. Stuber, Würzburg; 15 Mk.
S. Calvary & Co.)

CEBES, Frater, Artium Liberalium et Ludi Magister (d. i.
Friedrich Ferdinand Hempel, Hofadvocat und Actuar
in Altenburg, geb. a . . . . 1778 zu Meuselwitz im Altenburg-
ischen, angebl. Erfinder des Skatspiels, † am 4. März 1836 zu
Pesth), T a s c h e n b u c h o h n e T i t e l a u f d a s J a h r 1 8 3 2.
Leipzig, Brockhaus. Gr. 12⁰. 10 Bogen.

Humoristisch satyrischen Inhalts: Sibyllinisches Vorwort.
— Frachtbrief vom Prior Anastasius Spiridion. I. Epistel
über den Frieden von Adrianopel von Frater Simplicius an
Udalricus Germanus. II. Was haben die Kaufleute von
den jetzigen politischen Krisen zu hoffen? Zeitbetrachtung
u. Second sight vom Prior Anastasius Spiridion. III. Ho-
möopatho-Mastix, geflochten von ungrischen Aerzten. Mitgetheilt von Dr. Anselmus Eberhardtus jun. IV. Als Anhang. Fortgesetzte Proben aus dem medicinischen Conver-
sations-Lexikon des Dr. Eberhardtus sen. V. Etwas über
Goldschmidt's Jungen und dessen drei Kraftgedanken. Von
Frater Lampadius. VI. Gedanken eines publicistischen Frei-
schützen über Intervention und Nicht-Intervention. Von
Frater Hippolytus a Lapide. VII. Endspiel der Rubber-
partie, welche Mr. Charles, Le Sot und sein Partner Ignace
Crepin Le Clerc in den grossen Tagen der grossen Woche
(27.—29. Juli 1830) gegen Mr. Louis Philippe Le Franc
und Mr. Jeannot Le Peuple-Changeant verloren haben und
dabei Gross-Slam geworden sind. VIII. Nüsse aus verschiedenen Weltgegenden. Gesammelt von Frater Timoleon.
1829—31. (Erschien auch als Einzeldruck.) IX. Schlusswort. (Alle 9 Nrn. von Hempel.) — Vgl. A. G.
Schmidt, Gallerie deutscher pseud. Schriftsteller. Grimma,
1840. Kl. 4⁰.

CELADON = Seladon, s. *Greflinger*, Joh. Geo.

CELANDER *(Joh. Geo. Gressel?).*— Die unglückliche
BARSINE Princeßin Aus ARMENIEN, In einer Angenehmen Liebes- u. Helden-Geschichte, Dem curieusen Leser
zur vergönneten Gemüths-Ergötzung vorgestellet Von CELAN-
DER. HAMBURG, In Verlegung Christian Liebezeit, 1713.
8⁰. (In Dresden: Lit. Germ. rec. C. 316. (1 fl. 12 xr. Scheible,
vor 1870; jetzt viel theurer!)

Georgi's B.-Lex. hat irrig „1712" als Druckjahr. — Titkpf.,
7 Bll. Vorst. u. 495 S. (3 Bücher). Dedic. (in Versen) an
den Herzog Anton Ulrich v. Braunschweig u.
Vorrede sind datirt: Helmstädt 21. Aug. 1712. — Der
Roman enth. eine Menge Gedichte u. viele zum Theil recht
freie episod. Begebenheiten. — S. 393—415 findet sich ein
Singspiel, betitelt: „Die vergötterte Princeßinn Jo."

— — Der lasterhaffte Columniant. Leipzig 1722.
8⁰. (In Nürnb., Stadtbibl., ex bibl. Solger III. p. 62.) Rar!

— — Cupido, Der schwermende und doch ge-
scheite, oder ein lustiger Roman, darinnen der curieusen
Welt zum Zeitvertreib in müssigen Stunden einige lustige Liebes-
Begebenheiten vorgestellet werden von *Celander*. Cöln, bey
Peter Marteau (Hamburg, Liebezeit) 1715. Kl. 8⁰.

Aeusserst selten! TKpf. u. 180 SS.

* — — Gedichte, Verliebte-Galante, Sinn-Ver-
mischte und Grab-. Mit Titelkupfer. Hamburg u. Leipzig,
bey Christian Liebezeit, Anno 1716. 8⁰. (In Berlin: Yk 2401,

mit 1 Beibd.) (25 Mk. Friedr. Klüber, München, 1900.) Sehr
selten und neuerdings sehr gesucht!

8 Bll. Vorst. (incl. Titel in Roth u. Schwarz) u. 472 S.
Celander's Vorrede ist dat.: Im Quartiere bey Oldenbourg (!),
den 24. Julii 1715. — Diese Sammlung enthält bekanntlich
z a h l l o s e O b c ö n i t ä t e n; überhaupt (nach Wolfgang
Menzel, Deutsche Dichtg., Bd. 2. Stuttgart 1859. S. 471
bis 472, „D i e g e i l s t e n G e d i c h t e, d i e j e i n
d e u t s c h e r S p r a c h e g e d r u c k t w o r d e n s i n d."

C e l a n d e r ist nach W e l l e r, Lex. Pseud. p. 103,
ein gewisser *Joh. Geo. Gressel.* Im Widerspruch hiermit
sagt ein Gelehrter (Staehlin?) im Stuttgarter handschriftl.
Catalog:

„Verfasser (der „Verliebten etc. Gedichte. Hamb. u. Lpz.,
Chrn. Liebezeit, 1716." 8⁰) scheint *Chp. Woltereck* zu
sein, dessen Electa rei nummariæ 1709 in-4⁰ bei demselben
Verleger herausgekommen, und dessen A u f e n t h a l t i n
H a m b u r g in diese Zeit fällt. — Diese Schriften würden
eine Lücke in der bekannten literar. Thätigkeit W's ausfüllen.
Vgl. J ö c h e r und B o u g i n é."

Eine weitere Bestätigung erhält obige Vermuthung durch
die Aehnlichkeit der Eintheilung von C's Gedichten mit
Chp. Woltereck's „Holsteinischen Musen", so wie sich auch
der Numismatiker S. 442 u. 443 verräth, wo C(elander) oder
C o p i a n t e s bei dem Ottisch- u. Ulrichschen Hochzeitfeste
zu dem aus dem Ulrichschen Cabinet erlangten S c h a u -
s t ü c k gratuliret, in welchem Gedicht das Symbolum, Korn
u. Schrot, Strich, Überschrift, Revers u. Randschrift den
Münzliebhaber sattsam beurkundet. Endlich sind auch die
„Verliebten Gedichte" zum Theil so grobsinnlich (z. B.
S. 120), daß die Pseudonymität des Verfassers sich schon
hieraus genügend erklärt, der als ehemaliger Theolog und
Vf. geistlicher Cantaten zu diesen V e n u s b l ä t t e r n seinen
wahren Namen nicht hergeben konnte."

* — — Dasselbe, in: S a m m l u n g a l l e r h a n d . . . .
G e d i c h t e von *C*** und *H*** *(Celander* u. *Hoch-
gesang),* siehe S a m m l u n g.

— — 4 sehr obscöne G e d i c h t e „Mein Kind, sei doch so
blöde nicht", „An die Herrin" (gemachte Ueberschrift d. Herausgebers), „An Arismene", „Verschwendung im Schlafe", abgedr.
in M u s e, D i e L e i c h t g e s c h ü r z t e . . . . 1908, S. 17—21.

* — — H i s t o r i s c h e L u s t - G r o t t e, In sich haltend:
H u n d e r t H i s t o r i e n, aus vielen . . . . Scribenten zusammen gesetzet, ..., Von CELANDER. Mit Titelkpfr.
HAMBURG, Chrn. Liebezeit. 1710. 8. (In Berlin: Yt 10, 251;
auch in Breslau, Kgl. u. Univ.-Bibl.: Hist. univ. IVc 838c.)
(3 Mk. Stuber, Würzburg, 1877; jetzt theurer!)

10 Bll. Vorst. (incl. roth u. schwarz gedr. Titel) u.
250 S. — Zahm.

* — — S t u d e n t e, D e r V e r l i e b t e. In einigen annehmlichen, und wahrhafftigen Liebes-Geschichten, welche sich in

einigen Jahren in Teutschland zugetragen. Der galanten
Welt Zu vergönter Gemüths-Ergetzung Vorgestellet, Von CE-
LANDER. CöLLN, Bey PIERRE MARTEAUX, 1709. (Ham-
burg, Liebezeit.) 8⁰. (In Berlin: Yv 561.)

> Höchst selten! 168 SS. incl. 8 SS. Vorst. Vorr. dat. Urona
> 1709. Erotisch und frech, besonders die Gedichte.

— — Dasselbe. N e u d r u c k. Mit einer Einleitung von Dr.
Alfred S e m e r a u. Berlin u. Leipzig, Jacques Hegner, 1906.
8⁰. (P r i v a t d r u c k in 550 Expll., br. Mk. 7,50, in Halb-
pergament 10 Mk.) (5 Mk. 50 Pfg. Lipsius & Tischer, Kiel, 1907.)

> Publication der Gesellsch. oesterr. Bibliophilen, welche
> bald vergriffen sein dürfte, aber nicht mehr erneuert wer-
> den soll.
> NB! Ist nur Neudruck der obigen, wenig umfangreichen
> Ed. I des e r s t e n T h e i l s, n i c h t des hier folgenden
> Riesen-Eroticums in 2 Bdn., wie die Prospekte u. viele
> Antiquar-Cataloge zu verschweigen für zweckmässig hielten.

— — Dasselbe. 2 Thle. Cölln 1709. 8.

> Bibl. Duboisiana. Haye 1725. p. 9 83.

— — Dasselbe. 3 Thle. Ebd. 1710. 8⁰.

> Im Verz. einiger Bücher, welche von Chrn. L i e b e z e i t
> verleget worden, h i n t e r d e r V o r r e d e v o n Celan-
> d e r ' s V e r l i e b t e n etc. G e d i c h t e n (Hamb. 1716.) auf-
> geführt.

* — — S t u d e n t e, D e r V e r l i e b t e, Welcher Unter der
Lebens- und Liebes-Geschichte Des Venetianischen Barons
Iranio von Q**** Und des Spanischen Marchesens Infortunio de Stellos Der galanten Welt Zur vergönten Zeit-
Verkürtzung, Damit sie sehen möge, wie es auf denen Universitäten zugehe, Schertz- und Ernsthafft zur Beschauung vorgestellet wird Von CELANDER. Cölln, bey Peter Marteau
(ibid.), Anno 1714. 8⁰. (In Berlin: Yv 571.)

> Grösste Seltenheit! TKpf., 14 Bll. Vorst. (incl. Titel in
> Roth u. Schwarz), 1104 SS., überschrieben: Des verliebten
> Studentens oder unbeständigen Galans I. Theil. Die „Zu-
> schrifft An Das Angenehme und Liebenswürdige Frauen-
> zimmer, Welches sich auf denen Academien dieses edlen
> Teutschlands befindet, Deren Vollkommenheiten Von Denen
> Musen-Söhnen höchlich verehret werden" ist datirt: Rint-
> heln 1. Nov. 1712. In der von eben daher dat. Vorrede
> zieht der Verf. scharf gegen den bekannten Romanschreiber
> M e l e t a o n (Joh. Leonh. R o s t) her, der es gewagt hatte,
> Celanders Schriften anzugreifen. — Es scheint auch Drucke
> von 1713 zu geben.

* — — S t u d e n t e n s, D e s V e r l i e b t e n, A n d e r
T h e i l, Welchen Unter der Lebens- und Liebs-Geschichte
Des Spanischen Marchesens Infortunio de Stellos Der galanten
Welt Zur vergönten Belustigung, Schertz- und Ernsthafft vor-
stellet CELANDER. Cölln, bey Peters Marteau ältesten Sohne

Jonas Enclume genandt (ebd.), 1714. 8⁰. (In Berlin: an
Yv 571.)

> Grösste Seltenheit! TKpf., 7 Bll. Vorst. (incl. Titel in
> Roth u. Schwarz) u. 288 SS. Die „Zuschrifft An Das
> galante und Anmuthsvolle Frauenzimmer Der Welt-berühm-
> ten Residenz-Stadt Leinona" (Hannover?) und die Vorrede
> datirt: Friedberg in der Wetterau 1714. D i e s e r 2.
> T h e i l i s t e i n e v e r m e h r t e A u s g a b e d e s
> D r u c k e s v o n 1709 (s. ob.). Beide Theile, angefüllt mit
> z a h l l o s e n l a s c i v e n G e d i c h t e n, bilden zusammen
> wohl das g r ö s s t e M a g a z i n l ü s t e r n s t e r E r o t i k,
> welches die deutsche Literatur aufzuweisen hat.

— — D i e V e r k e h r t e W e l t O d e r S a t y r i s c h e r RO-
MAN (in 8 Büchern)(,) In welchem unter verschiedenen Selt-
zamen Liebes-Händeln u. andern merckwürdigen Begebenheiten
Der Unterscheid (so!) Der menschlichen Neigungen gezeiget wird
von CELANDERN. Mit (unsign.) Titelkpf. Cölln, bey Peter
Marteau nachgelassenen Erben (Hamburg, Liebezeit), 1718.
8⁰. (Sehr schönes Expl. in Dresden: Lit. Germ. rec. C. 317.)
Rarissime!

> Tit. (roth u. schwarz), 6 Bll. Vorr. (dat. 3. Dec. 1717),
> 855 S. — Voll lasciver Liebeshändel. Eingestreut eine
> Menge geiler G e d i c h t e [die bereits in Celander's „Ver-
> liebten Gedichten" und in seinem „Verliebten Studenten" ge-
> druckt waren], u. a.: Die verhassten Stacheln (S. 14—16); an
> das sich gleichgültig stellende Frauenzimmer (S. 68—75); die
> Wollust an das Frauenzimmer (Anmahnung, die Brüste bis
> zu den Warzen blos zu tragen, S. 165—170); Straff-Rede
> der Ehrbarkeit an das Frauenzimmer (S. 170—178); des
> Frauenzimmers (sehr unverschämte) Antwort an die Ehr-
> barkeit (S. 178—182); dann noch S. 182—183: Freuden-
> Arie der Wollust; das Frauenzimmer an die Wollust); auf
> die allzuverliebten Mädgens (S. 184—185), etc. etc.

— — S. auch L u s t w ä l d c h e n, M o d e n („Zelan-
der"), M u s o p h i l u s, P h i l o m u s u s und V e r i m o n t a n i -
q u e r a n u s.

§ CelAndoR (ps.), D a s f a l l e n d e u n d s t e i g e n d e G l ü c k
i n d e r L i e b e d e s G r a f e n F l o r a n d o r s, in einem
(zieml. zahmen) Liebes-Roman der galanten Welt zum Zeitvertreib beschrieben von CeLAndoR. Franckfurt und Leipzig,
Anno 1725. 8. (In München: P. o. germ. 943/1.)

> 168 S. Mit Gedichten. — Auszugsweise in R e i c h a r d ' s
> Bibl. d. Romane, Th. XVIII, Riga 1791, S. 107—110. —
> Koch II. p. 298; Georgi's B.-Lex. hat (wohl irrig) d. Jahr-
> zahl „1726"; Weller, Lex. Ps. p. 103 hat unrichtig „Flor-
> ander".

— — Dasselbe. Ebd. 1737. 8.

> 10 Bog. Cat. Meissner II., wo auch die 1. Ausg. (10½
> Bog.) verzeichnet.

§ * CELESTINA. Ain Hipsche T r a g e d i a / vô zwaien lieb-
habendn / mentschen ainem Ritter / C a l i x t u s vn ainer Edln

junckfrawen M e l i b i a ge / nât, deren anfâg müesâ / was, das mittel siess mit / dê aller bittersten jr bay / der sterben beschlossen. —. *Am Ende:* Gedruckt vnd vollendt / in der kayserlichen stat / Augspurg durch Sigis / mund Grym Doctor, / vnnd Marx Wirsung, / nach der geburt Christi / M.D.XX. (1520.) Am XX. / tag Decemb. 4⁰. (Auch in Weimar.) (1500 Mk., schönes Expl., Jos. Baer & Co., Frankf. a. M., 1893.)

Berühmte dramatisirte Novelle. Aeusserst selten, wie die folgende Ausg. 153 Bll., sign. A—V, jede Lage zu 8 Bll., ausser Lage T mit 4 und V mit 5 Bll. Titel u. Schlussschrift in schöner Einfass. Mit 26 von Randleisten umgebenen Holzschnitten von H a n s B u r g k m a i r. „Dieselben gehören zu den besten des Meisters, und das Buch ist eines der schönsten des 16. Jahrh. Technisch sind sie so fein ausgeführt, dass sie beinahe Kupferstichen ähneln." (Muther p. 138.) Eines der vorzüglichsten Erzeugnisse der Grimm-Wirsung'schen Officin. — Die Uebersetzung ist nach einer i t a l i e n i s c h e n Uebertragung gemacht.

* — — Dasselbe, titulo: AInn recht Liepliches / büchlin vnnd gleich ain traurige / C o m e d i (so von den Latinischen Tragicocomoedia ge- / nant wirt) darauss der leser vast nutzlichen bericht, von scha- / den vngefar (!) fleischlicher lieb, vntrew der diener, aufsetz / der gemaynen weyber, list vn geitzigkait der kup- / ler, vnd gleich als inn eynem spiegel man- / cherlay sitten vnnd aygenschafft / der menschen, sehen vnd / lernen mag. — Holzschnitt. — *Am Ende:* Gedruckt zu Augspurg, durch Haynrich Stayner, / Volendendet (sic!), Am 26. tag Octobris, des M.D.XXXIIII. (1534.) 4⁰. (36 Mk. Oswald Weigel, Lpz., 1883; jetzt viel theurer!)

128 Bll., sign. A—Z und a—h, so dass der 1. Bog. 8 Bll. hat. Mit Holzschnitten von H a n s B u r g k m a i r.

* — — C e l e s t i n a. Eine dramatisirte Novelle. Aus d. Span. übers. von Ed. v. B ü l o w. Leipzig: F. A. Brockhaus, 1843. 8⁰.

— — R o j a s, Fernando d e, D i e C e l e s t i n e. Eine Tragikomödie in fünf Aufzüggen nach der dramatischen Novelle des spanischen Dichters frei bearb. von Richard Z o o z m a n n. Dresden, Hugo Angermann, 1905. (Kabinetsstücke der Weltliteratur, Bd. II.) 8⁰. XIV—154 S. (Mk. 3—.) (2 Mk. Taussig, Prag.)

Der V e r l a g s - P r o s p e k t besagt: „Der II. Band der Kabinettstücke bringt eine hochinteressante Ausgrabung: Die in 21 Akten geschriebene t r a g i k o m i s c h e P r o s a n o v e l l e des F e r n a n d o R o j a s, die zu Burgos 1499 unter dem Titel „Die Celestine" erschien. R i c h a r d Z o o z m a n n hat diesen dramatischen Roman zu einer fesselnden fünfaktigen Tragikomödie umgearbeitet, und in dieser, von allen Längen und Schlacken geläuterten Gestalt zeigt sich erst die „Mutter

des kastilischen Dramas" in ganzer Schönheit und in vollem
Glanze. Die Celestine ist von Anfang bis Ende voll Geist
und dramatischen Lebens, die Handlung von spannendstem
Interesse. Eines Shakespeare würdig ist die bewunderns-
werte Kraft und die drastische unerbittliche Wahrheit in
den Charakteren. Die Szenen sind in der Mehrzahl von
ergreifender Wirkung, von glühender Leidenschaft und süsser
Beredsamkeit erfüllt. Dagegen kontrastieren scharf und cha-
rakteristisch die mit Falstaffschem Öle gesalbten Gauner-
figuren des Krito und Centurio und ergänzen sich glücklich
mit den Gestalten der Dirnen im Hause der Kupplerin.
Die dämonisch-riesenhafte Gestalt der Kupplerin, der Celestine selbst, steht ohnegleichen da und reichte für sich
allein hin, ihrem Schöpfer den Stempel der Dichtergrösse
aufzudrücken!"

Orig.: (1. bekannte Ausgabe): Celestina, o Tragi-comedia de Calisto y Melibea. S. l. (Burgos) 1499. 4⁰. goth.
Mit Holzschnitten. (Gay II. p. 159.), u. oft. — Celestina, Tragicomedia de Calisto y Melibea. — *Am Ende:*
El carro de febo despues de hauer dado mill y quingentas
veynte y tres bueltas . . . . fue en Seuilla impresso aca-
bado. Finis. (Venedig?) 1523. 8⁰. Goth. 95 Bll. mit grossem
Titelholzschn. u. zahlreichen Text-Holzschnitten. E r s t e O k-
t a v - A u s g a b e, nicht bei Rivoli. Salva 1158 hält sie
für einen Venediger Druck. (200 Mk. Jos. Baer & Co., 1908.)
Folgende 2 Ausgaben besitzt die C a r l s r u h e r B i b l.:
Calisto y Melibea. Salamanca 1590. (Se 23.) Tarragora 1595.
(Se 23 a.) — Celestina. Tragicomedia de Calisto y Melibea. En la qual se contienen, de mas de su agradable
y dulce estilo, muchas sentencias filosofales, y auisos muy
necessarios para mançebos: Monstrandoles los Engan'os que
estan encerrados en Sirvientis y Alcahvetas. S. l. (Anvers)
En la oficina Plantiniana 1595. Schmal kl. 8⁰. 352 pag.
(24 Mk., assez bel expl., Scheible, ca. 1888; 45 Mk.,
Hmaroqbd., Rudolf Haupt, Halle a/S., c. 1905.) — Madrid
1619. 8⁰. (8 Mk. Volckmann & Jerosch, Rostock, 1895.) — L a
C e l e s t i n a o Tragi-Comedia de Calisto y Melibea, con las
variantes de las mejores ediciones antiguas y con dialogo entre
el Amor y un Caballero viego, de R o d r i g o C o t a. Madrid,
Amarita, 1822. 8⁰. Raro! (30 Mk. Otto Ficker, Lpz., 1903:
La meilleure édition, voy. Graesse, II. 98; Brunet I. 1720.)
La Celestina, ó tragi-comedia de Calisto y Melibea. Empe-
zada por J u a n d e M e n a ó por R o d r i g o C o t a y
concluida por F e r n a n d o d e R o j a s. Barcelona 1841. 8⁰.
(Expl. in Berlin.) — Comedia de Calisto y Melibea. (Unico
texto autent. de la Celestina.) Riimpresion publ. p. R.
F o u l c h é - D e l b o s c. Madrid 1900. 8⁰. (7 Mk. Otto Ficker,
Lpz., 1903.) — R o j a s, F. d e, La Celestina, tragicomedia de Calisto y Melibea. Conforme à la edición de Va-
lencia de 1514, reprod. de la de Salamanca de 1500.
Cotejada con el ejemplar de la Bibl. Nac. de Madrid. Con
el estudio critico de la Celestina neuvamente corr. y au-
mend. por M. M. P e l a y o. 2 vol. Vigo 1900. 8⁰. (12 Mk.
Derselbe, 1903: „Enth. ausserdem eine ausführl. Bibliogr.
aller Ausgaben der Celestina, 100 Seiten umfassend, und
die mittellatein. Comödie Phamphilus de Amore.")

Franzö̈s. Uebers.: Celestine en la-/quelle est traicte des deceptions des serviteurs / enuers leurs maistres, et des macquerelles en-/uers les amoureux. [Par R o d r i g o C o t a et F e r n a n d o de R o j a s.] [Holzschn.] On les vend a Paris en la grant salle du/Palais en la boutique de Galliot du pre. *(Am Ende:* Imprime a Paris, par Nicolas / cousteau imprimeur. Pour Gal/liot du pre marchant libraire / iure de luniuersite. Et fut / acheue le p'mier iour / Daoust Lan mil / cinq Cens / vingt et / sept. (1527.) 8⁰. (In Wolfenb.) 182 Bll., sign. a iii—.y. ii, zu 26 Zeilen. Mit Holzschnitten. Grosse Seltenheit! — Celestine en la quelle est Traicte des deceptions des seruiteurs enuers leurs Maistres, et des Maquerelles enuers les Amoureux. On les vend a la grant Rue sainct Jacques deuant leglise des Mathurins a lenseigne de Lelefant, 1542. (Imprimé par Nic. Barbou.) 8⁰. Goth. Figures en bois. (100 Mk., veau m., J. Halle, München, c. 1905.) — La Célestine / Tragi-comédie de Calixte et Mélibée / Par F e r n a n d o de R o j a s (1492). (!) Traduit de l'espagnol et annotée par A. G e r m o n d de L a v i g n e / Nouvelle édition revue et complétée. Paris, Lemerre, MDCCCLXXIII. (1873.) 8⁰. (Ed. Grisebach's Bibl.) (Ed. I. ib. 1861. 8⁰. 2 Mk. 40 Pfg. Scheible, c. 1888.)

I t a l i e n. U e b e r s.: C e l e s t i n a. Tragicomedia de Calisto e Melibea trad. de lingua castigl. in ital. Adornata di tutte le sue figure a ogni atto corrispond. Avec 1 grande fig. e. b. sur le titre et nombreuses plus petites dans le texte. Stampata per Giouann' antonio e Pietro de Nicolini de Sabio 1541. 12⁰. (45 Mk., Prgtbd., Emil Hirsch, München, 1907.) — C e l e s t i n a. Tragicomedia di Calisto e Melibea. Nuouamente tradotta de Spagnola in Italiano idioma. Con figure in legno. Venetia, Bernardino de Bendoni, 1543. 8⁰. (6 Mk., etwas fleckig, Scheible, c. 1888; jetzt theurer!)

L a t e i n. U e b e r s.: P o r n o b o s c o d i d a s c a l u s l a t i n u s. De lenorum, lenarum, conciliatricum, servitiorum, dolis, veneficiis, machinis plusquam Diabolicis, de miseriis iuuenum incautorum . . . . liber plane diuinus. Lingua hispanica ab incerto auctore (incept. p. J u a n de M e n a aut p. R o d r i g o C o t a, et finit. p. F e r n a n d o de R o j a s) instar ludi conscriptus C e l e s t i n a e titulo, Tot vitæ instruendæ sententiis, tot exemplis, figuris, monitis, plenus, vt par aliquid nulla fere lingua habeat. C a s p a r B a r t h i u s . . . . Latio transcribebat; acc. diss. ejusd. c. animaduersionum commentariolo, & Leandris ejusd. & Musæus recens. Francofurti (ad. Moen.) typis Wechelianis. 1624. 8⁰. (In Berlin, ex bibl. Roloff. II. Berol. 1789. 8. p. 240. no. 4957.) (Auch in München: L. eleg. misc. 96; ferner in Breslau, Stadtbibl.) (20 Mk. Adolf Weigel, Mai 1907.) Liber rarior! (Bauer I, p. 55; Engel I, 13; Salthen 555, no. 2785; Vogt 48; Freytag, analect. 48; Widekind 182; Clement II, 464; Jahn II, 460, no. 3747.) — Anon.-Lex. I. p. 334 führt dasselbe Buch mit dem Titel an: „Colloquium de Lenonum et Lenarum dolis. Francof. 1624."

CELIANNE, oder die durch ihre Tugend verführten Liebhaber. Aus dem Französischen von der Verfasserin der Elisabeth (d. i. Mme *Françoise Albine Benoit* [= Be‧noist], *Puzin de la Martinière*, geb. 1724, † Anf. XIX. Jh.). Copenhagen und Leipzig, bey Gabr. Chr. Rothens Wittwe und Profft. 1768. 8⁰. 6 Bll. u. 124 S.

> O r i g.: Célianne, ou les Amans séduits par leurs vertus. Par l'Auteur d'Elisabeth. Amsterdam et Paris, La‧combe, 1766. 8. (In Stuttgart.) Paris, Lacombe, 1768. 8⁰. Avec 1 grav. (In München: P. o. gall. 226 x.) (3 Mk. Scheible.)

— — Dasselbe, titulo: C e l i a n e (!), oder d i e   d u r c h i h r e T u g e n d   v e r f ü h r t e n   V e r l i e b t e n. Aus d. Französ. Hamburg und Leipzig, b. Ad. Heinr. Hollens Witwe. 768. 8⁰.

> O. M. V. 1768, S. 926; Bibl. J. J. Schwabii II, S. 326.

— — Dasselbe, tit.: C e l i a n n e, oder d i e   d u r c h i h r e T u g e n d e n   v e r f ü h r t e n   V e r l i e b t e n. Aus d. Französ. Augsburg, b. Conr. Heinr. Stage. 8⁰.

> Angekündigt im O. M. V. 1768, S. 991, sub libris futuris nundinis prodituris.

CELIBILICRIBRIFACIUS (ps.), s. R o b i n s o n e , J u n g f e r.

CELIDONIUS, Crinioaldus (so!). — D i e D r e y L a s t e r h a f f ‧t i g s t e n L e u t e d e r g a n t z e n W e l t (i. e. der Geizige, W o l l ü s t i g e u. Ungerechte). Aus Unterschiedenen wahr‧hafftigen Geschichten, und Begebenheiten zusammen getragen, und dem Curiösen Leser zu politischen Nachsinnen und Be‧lustigung vorgestellet Von CRINIOALDO CELIDONIO. O. O. u. J. (Frankfurt u. Leipzig, b. Friedr. Chr. Cölius, 1685). (Nebst doppelblattgr. Kupfertitel.) 12⁰. (In Dresden: Lit. Germ. rec. C. 170.)

> Höchst seltenes derbsatyrisches Opus mit erotischen Versen. 9 Bll. Vorst. u. 228 S. Druckort nennt das O. M. V. 1685 auf Bl. D 2 b.

CELINDUS (ps.), A b e n t h e u e r l i c h e R e i s e n a c h d e r B r u n n e n - C u r   b e y   d e r   S t a d t   R e i n b a c h (Rim‧bach?). 1737. (Weller, Lex. Ps., S. 103.)

> Aeusserst selten!

— — H o c h - g e p r i e s e n e G ä r t n e r - T r e u e. (Roman, Schauspiel??) Carols-Ruhe 1719. (In Carlsruhe, Hof- u. Landes‧bibl.: Qb. 174.)

> F e h l t bei Weller.

CELINTE, D e r t r e u b e s t ä n d i g e n L i e b h a b e r i n n —, u n d d e s t a p f f e r n P o l y a n t e n L i e b e s g e s c h i c h t e. (Aus d. Französ.) Franckfurt, b. Joh. Georg Schiele. 1668. 12⁰. (¹/₂ Rthl. Möllinger, Breslau, c. 1860; jetzt viel theurer!)

> Sehr selten! — Bibl. J. J. Schwabii II, S. 272; H. M. V. 1668, C 4 a.

§ CELLA, Joh. Jak. (J. U. D., Fürstl. Ansp. Justizrath, geb. 1756, † 1820), F r e y m ü t h i g e (culturgeschichtl. wichtige u. zum Theil pikante) A u f s ä t z e. 3 Bdchn. Anspach, in des

Commercien-Commissair Benedict Friederich Haueisens privi-
legirten Hof-Buchhandlung. 1874, 85, 86. 8⁰. (Expl. von Bdchn.
1 u. 2 in Stralsund, Rathsbibl.)

I: 166 S. (incl. 1 Bl. „Nachtrag"), 1 Bl. Err. — 1. Von
d. landesherrl. Gewalt teutscher Regenten in Verbietung des
Kaffees, S c h n ü r l e i b e r, und andrer zum Luxus gehörigen
Stücke (S. 8—36). 2. V o n E r r i c h t u n g ö f f e n t -
l i c h e r B o r d e l l e o d e r H u r e n w i r t h s c h a f t e n i n
g r o s s e n S t ä d t e n u n d a u f U n i v e r s i t ä t e n (S.
37—72). (Verf. ist f ü r Bordelle, mit gewissen Einschränkungen.) 3. Vom Büchernachdruck (S. 73—164, mit Angabe d.
benutzten Litteratur über diesen Gegenstand, S. 78—80 u.
165.)

II: Tit., 1 Bl. Inh., 162 S. — 1. Ueb. die Bücher-Zensur
(S. 1—70). 2. Ueb. die wahre Bestimmung des geistlichen
Standes im Staat (S. 71—126; vom protestant. Stand-
punkte). 3. Ueb. Selbstmord u. Infamie (S. 127—162).

III: Tit., 1 Bl. Inh., 180 S. — 1. Ueb. Auswanderungs-
sucht u. Auswanderungsfreyheit der Deutschen (S. 1—66).
2. U e b. K i n d e r m o r d u. d e s s e n V e r h ü t u n g (S. 67
bis 138; mit das Beste, was darüber geschrieben wurde. —
Vf. erwähnt auch die Preisschriften von Klippstein u. Kreuz-
feld, sowie die Schrift von Schlosser [„Wudbianer". Basel
1785] u. Nietzschke [„Noch ein Versuch über den Kindermord"], sämmtl. veranlasst durch die P r e i s f r a g e: „Welches sind die besten ausführbarsten Mittel, dem Kindermord
abzuhelfen, ohne die Unzucht zu befördern?"). 3. Ueb.
die Sonntagsfeier in christlichen Staaten (S. 139—180).
— Ein vortreffliches Buch!

— — V o n S t r a f e n u n e h l i c h e r S c h w ä n g e r u n g e n,
b e s o n d e r s v o n d e n d i s s f a l l s g e b r ä u c h l i c h e n
Z w a n g s - K o p u l a t i o n e n. Nach Grundsätzen der Billigkeit und des gesunden Menschenverstandes erwogen. Anspach, Haueisen, 1782. 8⁰. (4 gr.)
Ersch. II. 1. 1823.

§ — — Dasselbe. Ebd. 1784. 8⁰.

— — Dasselbe. Erlangen 1783. 8⁰. (In Amsterdam: Bibl.
Gerritsen.)

§ — — — — Meine Gedanken über J. J. Cella's Schrift von
Strafen unehlicher Schwängerungen, besonders von denen dess-
falls gebräuchl. Zwangs-Kopulationen. O. O. (Bamberg, Göbhard) 1784. 8⁰. (75 Pfg. G. Priewe, 1783.).
„1783" steht in d. Bibl. Bülov. II. 2. p. 321; J. J. Palm,
Handbibl. d. ökonom. Litt. Erlangen 1790, hat „1784".

— — Antwort (J. J. Cella's) auf eines Ungenannten Gedanken über meine Abhandlung von Strafen unehelicher
Schwängerungen . . . . Anspach 1784. 8⁰. (In Dresden, Bibl. der
Gehe-Stiftung.) (2 Mk. 50 Pfg. H. Hugendubel, München,
1908.)

— — Von Errichtung öffentlicher Bordelle oder Hurenwirtschaften in grossen Städten und auf Universitäten. Anspach, Haueisen, 1784. 8⁰. (In Dresden, Bibl. der Gehe-Stiftung.)

— — Freymüthige Gedanken über Landesverweisungen, Arbeitshäuser und Bettelschube. Anspach, Haueisen, 1784. 8⁰.

> „Guter Druck auf schönem Papier." (R. Zinke's Novbr.-Auct. 1905, no. 891, Beibd. 3.)

§ — — Ueber Verbrechen u. Strafen in Unzuchtsfällen. Saarbrücken 1787. Gr. 8⁰. (8 Sgr. Heberle, Cöln, c. 1870.)

— — Dasselbe. Zweibrücken u. Leipzig 1787. Gr. 8⁰.

> Cat. Cammerer. II. Erlangen 1796. p. 114.

— — Dasselbe. Offenbach, Weiss und Brede, 1787. Gr. 8⁰. (16 gr.)

> Ersch. II. 1. 1823.

CELLE. — * Göring, Joh. Chp. (von Wenigen-Sömmern in Thüringen), Auf die Hochzeit Aug. Praetorius. Zelle 1649. 4⁰. (In Berlin: in Yf 6803.)

> In Versen. — Aeusserst selten!

CELLINI, Carlo, oder die Männer der Nacht. Seitenstück zum Rinaldo Rinaldini. Quedlinburg, Basse, 1821. 8⁰. (1¹/₆ Rthl.) Zahm.

CENSOR Morum, Der Politische. Leipzig, Chrn. Weidmann. 1684. 12⁰.

> O. M. V. 1684. E 4a s. l. f. n. p. (Wirklich ersch.?)

CENTAUR, Der nicht fabelhafte. Leipzig 1755. 8⁰. (4 Mk. 50 Pfg. vente G. Salomon, Dresde, le 8 mars 1875.) Rarissime!

CENTI-Folium Stultorum in Quarto. Oder Hundert Ausbündige Narren in Folio. Neu aufgewärmet . . . . Wienn (1709).

> Enth. Kupferstiche mit darunterstehenden erklärenden Reimpaaren (jedesmal 3). — Citirt in: Flohr, Dr. Otto, Geschichte des Knittelverses. Berlin 1893. Gr. 8⁰. S. 25.
> Scherer, Kleine Schriften. Berlin 1893. II. S. 325. — Anon.-Lex. I. p. 314: „Nicht von Abraham a Sancta Clara (= Joh. Ulr. Megerle)".

CERDA, Juan de La, s. Lacerda.

* **CERSNE**, Eberhardus, aus Minden (dichtete nicht später als 1404), Der Minne Regel von — 1404. Mit einem Anhang von Liedern hrsg. von F. X. Wöber. Unter musikal. Mitwirkung von A. W. Ambros. Wien 1881. 8⁰. (Mk. 6—.) (3 Mk. 80 Pfg. Schaper, Hannover, 1904, mit der Jahrz. „1861" (?).)

Goedeke I, 272—73, 8: XXXI—265 S., mit Facsim. u. 8 S. Melodien vom Ambros bearb. Vgl. F. Bech, Germania 7, 481 ff. 8, 268—70 (Everhard de Zersne in Urkunden 1261. 1281 miles); 22, 42.

CERVANTES. — Leiden zweyer edlen Liebenden nach d. Spanischen des Don *Miguel de Cervantes Saavedra*, nebst dem merkwürdigen Leben dieses berühmten Spaniers u. einem Versuche über die Spanische schöne Litteratur von Joh. Friedr. Butenschoen (geb. 1764, † 1842). Heidelberg, bei Frdr. Ludw. Pfähler, 1789 (d. i. 1788). 8⁰.

> 4 Bll. Vorst. (nämlich Tit., 1 Bl. Widm. an Frau Susanna Margaretha Pfähler, geb. Lauter, 2 Bll. Gedicht: „Empfindungen bey d. Grabe d. unglückl. Cervantes"), XCV S. (Biogr. u. Litt.-Gesch.), 1 S. Err., 180 S. („Geschichte der Abentheuer des Persiles u. der Sigismunda", in 2 Bücher zusammengezogen). Das Orig. „los trabajos de Persiles y Sigismunda, historia setentrional" erschien 1617 u. wurde übers. a) in's Italien. (von Francesco Elio): Venezia 1619; b) in's Französ. (par François de Rosset): Paris. J. Riches, 1618; ibid. 1641 u. 1738; c) in's Deutsche 1746, ferner (durch Jul. Graf v. Soden) Ansbach 1782. IV, u. s. w.

> Vorliegendes Werk, in literaturgeschichtl. u. bibliogr. Hinsicht von Interesse, scheint nur in kl. Auflage erschienen u. daher bald selten geworden zu sein. — Vgl. Koch, Ztschr. f. vgl. Lg. 1895. N. F. 8, 347—50.

— — Dasselbe (unvollst.), tit.: Die Drangsale des Persiles und der Sigismunda, von *Miguel de Cervantes Saavedra;* eine nordische Geschichte, übers. von Franz Theremin. 1 (einz.) Theil. Berlin, Realschulbuchhandlung, 1808. 8⁰.

> Goedeke VII, 646, 6.

— — Romane und Novellen des *Miguel Cervantes de Saavedra:* Mit Illustrationen nach Tony Johannot und anderen Künstlern. 10 Bde. 1839—40. Kl. 8⁰. (C. G. Boerner's, Lpz., Febr.-Auction 1909, no. 283.)

> Enthält ausser dem Don Quixote folgende Novellen: Das Zigeunermädchen von Madrid. Der edelmütige Liebhaber. Winkelpeter u. Schneiderlein. Die Spanierin als Engländerin. Die Macht des Blutes. Der eifersüchtige Estremadurianer. Die berühmte Scheuermagd. Die beiden Mädchen. Der Licentiat Glaskopf. Cornelia. Die trügerische Heirath. Gespräch der beiden Hunde. Die vorgebliche Tante. Cervantes und Pancracio.

> Ferner enthält die Ausgabe ca. 150 Holzschnitte von Johannot Laville und anderen Künstlern dieser Zeit.

— — Die Novellen. Vollständige deutsche Ausgabe, besorgt von K. Thorer. Titel und Einband von C. Czeschka. Einleitung von F. Poppenberg. 2 Bde. Leipzig 1907, 8⁰. Nur 100 numer. Expll. auf Büttenp. Maroquinleder mit

japanischem Vorsatzpapier. (28 Kr. 80 H. Gilhofer & Ranschburg, 1908.)

CHABANON. — Meine Liebschaften. Ein nachge-
lassenes Werk von *Chabanon*, hrsg. von Saint-Ange. Aus
d. Französ. übers. Leipzig, Pet. Phil. Wolf (1797). 8⁰. (2 Mk.
Max Harrwitz, 1891.)

> Liederlich. VIII—205 SS.
> Orig.: Tableau de quelques circonstances de ma vie
> . . . . Paris 1795. 8⁰.

CHABRILLAN, Mme. C. de (ps.?), Die Sappho. Berlin,
o. J. (c. 1860). 8⁰. 312 S. Selten! (8 Mk. 50 Pfg. Hugo
Streisand, Berlin, 1908.)

> Nicht in Weller's Lex. Ps.

CHAMÄLEON, Bruder, Mitglied des Pickwick-Clubb, Cham-
pagner-Schaum. Geschöpft und auf Flaschen gezogen
für Freunde des Scherzes u. der ungeheuren Heiterkeit. Eine
pikante Sammlung des Neuesten u. Interessantesten auf dem
Felde des Jocosus (so!). Herausgeg. vom —. I.—IV. Batterie.
Berlin 838—41. E. H. Schroeder. 8⁰. (à ¼ Rthl.) (Batterie II,
(95 S.) 1839, in Berlin, Magistratsbibl.) Selten cplt.!

> A. G. Schmidt, Gallerie 1840; Engelmann II, 1846.

CHAMEDRI, Lilio, s. bei *Sincerus, Amandus.*

CHAOS, Das; eine vermischte Wochenschrift (verfasst von
Joh. Alexander Tiessen). Steinfurt 1757. Rar!

> Anon.-Lex. I. p. 316 (nach Meusel).

CHAOS, Das politische, oder Geschichte des
grossen und weisen Schah Bahmu. London 1788.
(Weller, fing. Dr.)

* CHAPEAUBASIST, Der, oder der gereisete Juncker.
Eine Erzehlung (in Reimen). O. O. 1746. 8⁰. 16 Bll. Rar!
(In Berlin: an Zk 17,598) (Auch in Warmbrunn.) (1 Mk.
20 Pfg. L. St. Goar, ca. 1885; 5 Mk. Alfr. Lorentz, Lpz., 1909.)

> Unter d. Titel d. Verse: „Die Teutschen plagt d. Reise-
> Geist. Ein Fremdling seyn im Vaterlande ist heutzutage
> keine Schande. Was nur Frantzösch und Englisch heißt
> wird schon den Kindern angepreist. Die Teutschen plagt
> d. Reisegeist."

CHARACTER Dess heutigen Frauenzimmers, aus
welchen gar leichte zu ersehen, ob eine Adeliche Dame oder
Fräulein wohl oder übel erzogen, oder aber von ihren Fehlern
zu corrigiren sey. Auss dem Frantzösischen (der Mme *de Pungy*)
übersetzet. Augspurg b. Lorentz Kronigern u. Gottl. Göbels
Erb. 1698. 12⁰. 6 Bog. (Im British Museum.) Zahm.

> H. M. V. 1698. F. 1a; Cat. Meissner I; Maltzahn's
> Bücherschatz; Anon.-Lex. I. p. 316.

CHARACTER, Der, eines vollkommenen Frauenzimmers, in den klugen Regeln, welche die Hertzogin von

C*** der Printzeßin Celimene gegeben. Zelle, b. Ges. Conr. Gsellius. 8⁰.

      O. M. V. 1749. E 2 b.

§ — — Dasselbe, titulo: D e r   v o r t r e f f l i c h e   C h a - r a k t e r   e i n e s   v o l l k o m m n e n   F r a u e n z i m m e r s in d. klugen Regeln, welche die Herzoginn von C*** unter d. Namen *Ariste* der Prinzessin Celimene gegeben. Leipzig 1763. Kl.-8⁰. (5 Kr. Gilhofer & Ranschburg, Wien, 1904.)

CHARAKTERE u n d   E r z ä h l u n g e n, aus verschiedenen Sprachen übers. u. zusammen getragen. 2 Thle. Frankfurt u. Leipzig (Karl Gli. Strauß in Frankfurt a. O.) 1778. 8⁰.

    O. M. V. 1778. S. 411; M. M. V. 1778. S. 542; Cat. libr. H. G. Franckii, III. Graizae 1784. p. 346.

CHARACTERES d e r   M e n s c h e n: Oder d i e   E n t l a r v e t e W e l t, in ihrer innerlichen Eigenschafft, Handlung u. Betrüglichkeit, worinnen allen Ständen der Welt, die Farbe der Falschheit abgezogen, an dero statt aber ihnen die Tugend, Thor- u. Schwachheiten in ihrer Natürlichen Blösse, als in einem Hellleuchtenden (sic!) Spiegel deutlich vorgestellet, u. mittelst eines jeden CHARACTERIS oder Gestalts-Beschreibung öffentlich zu Tage geleget, auch nach Beschaffenheit gerühmet oder beschämet werden . . . . (6 Verszeilen) AMSTERDAM: Gedruckt bey Siebert Siebertsen auff Kattenburg, in dem gekröhnten Philosopho. Im Jahre 1701. 8⁰. (Expl. in Breslau, Kgl. u. Univ.-Bibl. Litt. Teut. II. 8⁰. 760.)

    Titel in Doppelformat (roth u. schwarz gedr.), 4 Bll. (undatirte) Vorr., 368 S. (enth. Th. 1—2: J o s e p h   H a l l's Kenn-Zeichen der Tugend. A. d. Engl.), 64 S. (enth. Th. 3: P o ë t i s c h e   C h a r a k t e r e s, oder der Tugend u. Laster Kenn-Zeichen, so versammlet sind aus den berühmtesten Poëten unserer Zeit [dabei ein erot. Gedicht, S. 25—28: „Character vollkommener Schönheit", aus H o f f m a n n s - w a l d a u's u. andrer Deutschen auserles. Gedichten]; S. 46 bis 64: A p p e n d i x einiger [XVII] Characteres des Weltberühmten Politici C o n s t a n t i n   H u y g e n s: In H o l l - l ä n d.   S p r a c h e [in Versen] beschrieben), endlich 2 Bll. Reg. — Selten u. wenig bekannt.

* **CHARACTERS**, E i n   P a a r   D u t z e n d   w o h l g e - t r o f f e n e, oder s i n n r e i c h e   S c h i l d e r e y e n   e i n e s A n o n y m i.

    Enth. u. a.: Character einer Galanterie-Schwester, heuchlerischen Pietistin, eines schönen Rastrum-Mägdgens (sic!), einer gemeinen Nothhelferin oder Hure, eines Kuplers (sic!) oder Huren-Wirths etc. etc.

    In: *S a m m l u n g (s. d.) . . . . M o r a l i s c h e r u. S a t y r.   M e i s t e r - S t ü c k e. Aus d. Engl. übers. 2te Probe. Berlin u. Leipzig 1738. 8⁰. S. 183—214. (Auch in Breslau, Stadtbibl.)

CHARACTERISTIK d e s   F r a u e n z i m m e r s, für Jünglinge

und Mädchen, die das Glück ihres Lebens fest gründen wollen
(von *B.*, d. i. *Samuel Baur*, geb. in Ulm den 21. Jan. 1768,
1799 Pfarrer in Göttingen bei Ulm). Gotha, Ettinger, 1788. 8⁰.
> Zahm. — Name d. Verf. in J. J. Gradmann's gelehrtem
> Schwaben. (Tüb.) 1802. p. 23. — Anon.-Lex. I. p. 317
> hat „1789" (nach Meusel) und „1788—90" (nach Kayser).

— — Dasselbe. Ebd. 1789. 8⁰. (75 Pfg. Riemann, Coburg,
c. 1890.)

— — Dasselbe. 2 Thle. Ebd. 1789—90. 8⁰. (²/₃ Rthl. Eman.
Mai, Berlin, c. 1855; jetzt theurer!)
> Th. 2 hat d. Titel: „L i e b e , w a s s i e i s t u n d s e y n
> s o l l t e." Bibl. Bülov. II. 2. p. 304.

CHARAKTERZEICHNUNGEN, D r e y , a u s R ö s c h e n s P o r -
t e f e u i l l e . Mit TVign. (hübsche Radirung). Halle, bey Joh.
Chrn. Hendel, 1801. 8⁰. (¹/₃ Rthl.) (3 Mk., Th. Ackermann,
München.)
> Tit., IV—273 SS. Inh.: 1. Etwas Altes und Neues. 2. Der
> Weihnachtsabend, ein kleines Gemälde aus d. häusl. Leben.
> 3. Die Ohnhosen von Bullenruh. (Nr. 3 satyrisch u. derb.)

CHARAKTERZÜGE m i t f r e i e m G e i s t e n t w o r f e n (von
Amand Berghofer). (Wien 1783.)
> Anon.-Lex. I. p. 317 (nach Privat-Mitthlg.).

CHARAKTERZÜGE. Z u r K e n n t n i ß d e s w e i b l i c h e n
H e r z e n s (von *Chr. Friedr. Leop. Hahn*). Frankfurt
an der Oder, 1793. bei J. A. Kunze. 8⁰. (In Warmbrunn.)
> Anon.-Lex. I. p. 317 (nach Kayser u. Meusel).

* CHARAKTERZÜGE e i n i g e r b e r u h m t e n (!) M a i -
t r e s s e n , wie auch Nachrichten über alle Landungen in
England. Halle, o. J. (Ende XVIII. Jahrh.?) 8⁰. (In Berlin:
B. Diez. 8⁰. 10773.) Rar!

CHARACTERZÜGE m e r k w ü r d i g e r W e i b e r , nicht Roman
(6 stellenw. etwas freie biogr. Skizzen). Gera, bei H. G. Rothe,
1795. 8⁰. (3 Mk. 50 Pfg. Paul Neubner, Cöln, 1892; 3 Mk.
Adolf Weigel, 1904.)
> 2 Bll., 156 S. Enth.: Sophie Dorothea od. Prinzessinnen
> dürfen nicht lieben. — Die Gräfin Nadasdi od.: was rathen
> alte Weiber nicht. — Maria, Königin v. Schottland. —
> Elisabeth, Königin v. England. — Laura de Sades, Pe-
> trarchs Geliebte. — Johanna Grey od. die Königin von
> neun Tagen.

CHARIS, oder ü b e r d i e W ü r d e d e s w e i b l i c h e n G e -
s c h l e c h t s ; nach dem Englischen (von Albert Heinr. Matthias K o c h e m). Hamburg 1806.
> Zahm. — Anon.-Lex. I. p. 318 (nach Kayser).

CHARITON Aphrodisiensis. — * *Charitons* L i e b e s g e -
s c h i c h t e d e s C h ä r e a s u n d d e r C a l l i r r h o e , Aus
dem Griechischen übersetzt (von Christian Gottlieb H e y n e).

Leipzig, bey Friedrich Lankischens Erben. 1753. 8⁰. (In Berlin: Vz. 2540).

     Tit., 7 Bll. Vorr., 207 S. (8 Bücher).

* — Chäreas und Kallirrhoe oder die Folgender Eifersucht. Eine antike Novelle aus dem Griechischen des *Chariton*, von Dr. C. Schmieder. Leipzig, in der von Kleefeldschen Buchhandlung. 1807. 8⁰. (In Berlin: Vz 2550.)

     VIII u. 430 S. (8 Bücher).

— — Dasselbe. Ebd. 1811. 8⁰. (2 Mk. Franz Teubner, Bonn, c. 1898.)

     Französ. Uebers.: Chariton l'Aphrodisien, Aventures amoureuses de Cherea et de Callirrhoé. Genève 1663. Kl. 8⁰ (Rich. Bertling's Dresdener Mai-Auct. 1890, no. 1161.) — Folgende 2 in München (A. gr. b. 1084; c. 75 am): Histoire des amours de Chereas et de Callirhoé. Paris 1763. 8⁰. — Les amours de Chereas et Callirhoë, traduites du Grec de Chariton, avec des remarques par Pierre-Henr. Larcher. (Bibliothèque des romans Grecs, vol. 8—9.) Paris 1797. 8⁰.

     Italien. Uebers. (in München: A gr. b. 1085): Dei racconti amorosi di Cherea e di Callirroe libri otto tradotti. S. I. 1756. 8⁰. (Vorher: O. O. 1752. 4⁰. 215 pp. — 4 Mk. 50 Pfg., schönes breitrand. Expl., Frdr. Klüber, 1908.) Lo stesso, trad. p. Giacomelli. Parigi 1781. 8⁰. (4 Mk. 40 Pfg., schönes Expl. auf Velinp. in 4⁰, Frzbd. m. G., List & Francke, 1908.)

     Latein. Uebers.: De Chaerea & Callirhœ narrationum amatoriarum Libri VIII. gr. & lat. interprete Jo. Jac. Reiskio, c. animadvers. Jac. Phil. d'Orville, 3 partes. Amstelodami 1750. 4⁰. (1—2 in Zürich, Stadtbibl.) (9 Mk. Scheible, 1883.) — Editio II a, emend. . . . . (curante Chrn. Dan. Beck). Lipsiae, Schwickert, 1783. Gr. 8⁰. (2 Rthl.) (In München u. im British-Museum.) — Anon.-Lex. I. p. 318.)

CHARLATANERIE, Die gelehrte, in Wundern und Weissagungen. Gasconien (Andreä in Frankfurt). 1746. Rar!

     Weller, fing. Druckorte.

* **CHARLATANERIEN** in alphabetischer Ordnung als Beyträge zur Abbildung und zu den Meinungen des Jahrhunderts (von *Aug. Friedr. Cranz*). Abschnitt 1. 4. Aufl. Berlin, gedruckt bey Friedr. Wilh. Birnstiel. 1781. Abschn. 2. 2te Aufl. Ebd. 1781. Abschn. 3. Ebd. 1781. Abschn. 4. Ebd. 1781. 8⁰. (In Berlin, 4 in 1 vol.: Tc 7138 no. 4; auch in d. Magistratsbibl.) (4 Mk. G. Priewe; 4 Mk. v. Zahn & Jaensch, Dresden, c. 1803.)

     99, 96, 96, 102 Seiten. Th. 1 zuerst gedr. ebd. 1780. Vgl. Chrn. Gieseke, Handbuch f. Dichter u. Litteratoren. Th. 1. Magdeb. 1793. Gr. 8⁰. S. 424.

— — Dasselbe. 4 Abschnitte (cplt.). Ebd. 1783. 8⁰.

78, 78, 80, 78 SS. Laut Vorw. zu St. 2 war der erste Abschnitt innerhalb der ersten 8 Tage nach der Veröffentlichung vergriffen. Es seien hier hervorgehoben die Ausführungen über Adel, Bankeroutier, Bibel, Buhlen, Eulenspiegel, Genie, Grimassen, Hannswurst, Hofnarr, Juden, Militair, Mirakel, Oesterreich, Pasquill, Priapus, Quacker, Ritterwesen, Satan, Sultan, Spanien, Theater, Weibertreue, Wucher, Ygel (Blutegel). (Dr. Franz Schnitzer's Bibl. München 1902.)

Anon.-Lex. I. p. 318 hat: „1780—81" und „1783". — Seiner Zeit verboten!

* — — Korrektur der Charlatanerien. Abschnitt 1. Ebd. 1782. 8⁰. (In Berlin: Ic 7138, no. 6.)

CHARLES, Jean (d. i. *Carl Johann Braun v. Braunthal*), Donna Quixote, oder: Leben, Abenteuer und Meinungen einer scharfsinnigen Edlen aus Jungdeutschland. Roman. 2 Bde. Leipzig, C. P. Melzer, 1844. 8⁰. (8 Mk. Frensdorff, c. 1905.)

Interessanter Roman. I: 1 Bl., 308 S. II: 1 Bl., 300 S. — Weller, Lex. Ps. p. 106.

CHARLES, Theod., Komus, schwarze und bunte Bilder aus der Coulissenwelt. Königsberg 1845. 8⁰. (Weller, Lex. Ps. p. 106.)

CHARLEVILLE, Der Ritter v., oder der unglückl. Mädchenfreund (von *Joh. Adam Braun*). Frankfurt und Leipzig 1780. 8⁰. 96 S.

Vgl. Gradmann, Joh. Jac., d. gelehrte Schwaben. Ravensburg 1802. Gr. 8⁰. p. 60. — Fehlt im Anon.-Lex. u. in Weller's fing. Dr.

CHARLOT, W. O., Klostergeheimnisse. Ernstes und Heiteres hinter Kutte u. Schleier. 2 Bde. Dresden 1903. 8⁰. (Mk. 2—.) (1 Mk. 50 Pfg., Ottmar Schönhuth, München, 1906.)

CHARLOTTE, oder sie hintergeht und wird hintergangen. Eine Geschichte aus dem Holländischen. Mit 6 Kupfern. Frankfurt und Leipzig 1779. 8⁰. 309 S. (5 Mk. Adolf Weigel, 1905.)

Selten! Nicht in Weller's fing. Dr.

CHARLOTTE, oder die berufene Nonne, eine komische Erzählung. Bethlehem 1782.

CHARLOTTE (,) die Geschichte der Fräulein von Weissensee. (Signet-Kpf.-Vign., J. Haas sc. Haf.) Kopenhagen, Auf Kosten der Rothenschen Buchhandlung, 1758. 8⁰. Selten!

Tit., 1 Bl. „Einige Nachrichten von diesem (zahmen) Buche", 2 Bll. „Die vorkommenden Hauptpersonen", 584 S. Ueber diese seltene Avanturière heißt es im Eingang obiger „Nachrichten": „In diesem Jahrhunderte wird in Europa keines Frauenzimmers Begebenheiten gegenwärtige Geschichte übertreffen". — Die Heldin wurde angeblich am 25. Febr. 1712 auf dem Hofe Fieldegaard, 8 M. hinter Christiania in Norwegen, geboren; der Vater war ein Edelmann (Offizier) aus Schlesien u. die Mutter stammte aus einem alten adelichen österr. Geschlechte. (Vgl. S. 1.)

CHARLOTTE von B., oder wer lernt je die Weiber aus? Ein unentbehrliches Taschenbuch für heirathslustige Männer und leichtgläubige Jünglinge. (Zahmer Roman.) Coburg, Ahl, 1802. 8⁰. (In Dresden.) 349 S. Rar!

CHARLOTTEN-Burg, Die Insul. Und der darauf befindliche Herculsberg, oder Liebes-Geschichte der geliebten Charlotte verlobte Hercules. (So der Titel!) Mit Titelkpfr. Franckfurt und Leipzig 1753. 8⁰. Sehr rar! (In Dresden.)

> (Vorrede, unterzeichnet „Des dienstfertigen Autoris unbekannte Feder", 4 SS.; Text S. 9—215.) — Ullrich, S. 157. Nr. 40. Fehlt in Weller's fing. Dr.

CHARMION, Der unsichtbare, in artigen satyrischen Vorstellgn., mit Reden, Sprüchen, Gleichnüssen und Anmerckungen. (Aus d. Latein. des *Petrus Firmianus* [ps. Terpus Mirifanus], d. i. *Zacharie*, de Lisieux.) Freystadt 1697. 8⁰. (6 Mk. L. Rosenthal, 1906.)

> Nicht in Weller's fing. Dr. Sehr rar! — S. auch Mirifanus, Terpus.

CHAS-Mindo von Weitemher (d. i. *C. M. v. W.* nicht Simon Dach), Lustige Kurtzweil, darinnen allerhand Sinnreiche, anmuthige, Lust- und Freudenerweckende wolgefügte Räthsel und Schertzfragen mit beygesetzter Antwort.... O. O. (Nürnberg, b. Joh. Hoffmann) 1666. 12⁰.

> M. M. V. 1666. B 2 b; Bibl. Kielmans-Egg. I. p. 1178, wo der Verf. Chasmindus von Weinteucher (?) heisst. Kuppitsch' collection; Weller, Lex. Pseud. p. 106. Derbes Scherzbuch von grösster Seltenheit!

— — Dasselbe. O. O. u. J. 12⁰. (Das Münchener Expl. fehlt seit 1827.)

— — Dasselbe. O. O. 1680. 12⁰.

> Bibl. Kielmans-Egg. I. p. 1262 (mit 5 andern Schwank- u. Scherzbüchern zusammengebd.).

CHATEAUBRIAND, Comtesse de (Geliebte Franz's I, Königs v. Frankreich, c. 1495—1537), s. *Châteauneuf* (sub Frankreich) u. *Talander*, Helikon.

CHATEAUROUX, Duchesse de (1717—1744). — Leben der Herzogin Anna Maria von Châteauroux, Bremen, Saurmann, 1746. 8⁰. Selten!

CHATILLON, Duchesse de, Comtesse de Bouteville. — * Liebe, Die Wunder listig-geführte. Oder warhaffte Liebes-Geschicht Der Herzogin von Chatillon, Darinnen die mancherley Verschlagenheiten der amoureusen Gemüther, Sambt denen dabey vorfallenden an-

muthigen Verwirrungen, Nett, Und auf eine sonderbahre Be-
lustigungs-Art ausgedrucket zu finden Und denen Keuschver-
liebten zur ungemeinen Ergötzlichkeit. Aus d. Frantzös. Ins
Teutsche übersetzet. Nürnberg, In Verlegung Rud. Joh. Helmers. Anno 1700. Kl. 8⁰. Tit. u. 270 SS.

> Orig. (in Dresden): Histoire galante et véritable de la
> Duchesse de Chatillon. Cologne, Pierre Marteau, 1692. 12⁰.
> 192 pp. — Rep. ibid. 1699 (in Wolfenb.), 1712, 1716. 12⁰.
> Die Herzogin war eine Schwester des berüchtigten Maréchal
> de Luxembourg. (Voir Gay IV. p. 78.)

* — — Untreu, Die belohnte, Oder Liebes-
Geschicht der Gräfin von Bouteville, Nach-
mahln vermählter Hertzogin von Chatillon....
Aus d. Frantzös. übersetzt. Franckf. u. Leipzig, bey Joh. Mart.
Hagen (in Regensb.). MDCCXXI. (1721.) 12⁰.

> Beides sehr selten!

CHATILLON, J. de, s. *Joulet,* P., de Chastillon.

CHAUCER, Geoffrey (1328—1400), Canterbury-Erzähl-
ungen. Uebers. von E. Fiedler. Bd. 1. (Nicht mehr
ersch.) . . . 1844. 8⁰. (Mk. 3—.) (1 Mk. 80 Pfg. Alfr. Lorentz, Lpz., 1898.)

§ * — — Canterbury-Geschichten. Uebers. in
den Versmassen der Urschrift und durch Einleit. u. Anmerkungen erläutert von Wilh. Hertzberg. Hildburghaus., Bibliogr. Institut, 1866. 8⁰. (1 Mk. 80 Pfg. Lehmann & Lutz,
c. 1885.)

> Bibl. ausländ. Klassiker 41—43.
> Zuerst gedr. Leipzig, Bibliogr. Institut, o. J. (1865).
> 8⁰. (Origbd. Mk. 4—.) (2 Mk. 50 Pfg. H. Hugendubel,
> c. 1902.)

— — Dasselbe. 3 Thle. (soviel ersch.). Hildburghausen 1871.
8⁰. (Mk. 3,20.) (2 Mk. Völcker.)

— — Werke, übers. von Adolf v. Düring. 3 Bde.
Strassburg, Trübner, 1883—86. 8⁰. (Mk. 11—.) (5 Mk. 50 Pfg.
Carl Uebelen, München, 1894.) (Expl. in 3 Orig.-Prachtbdn.
[Ldpr. Mk. 14—], 7 Mk. 50 Pfg. A. Graeper, Barmen 1897.)

> Schön gedruckte Ausgabe, vergriffen!
> I: Das Haus der Fama. — Die Legende von guten
> Weibern. — Das Parlament der Vögel. II. u. III: Canter-
> bury-Erzählungen. (Ungekürzt.)
> „Wenn, wie sehr wahrscheinlich, Chaucer bei Entwerfung
> des Planes zu seinen Canterbury-Geschichten der Rahmen
> des berühmten Novellenbuches Boccaccio's vorgeschwebt hat,
> so muss man rühmend betonen, dass Chaucer sein Vorbild
> weit übertraf. Gerade so gemischt, wie die Gesellschaft
> der Erzähler, sind auch die Geschichten, welche
> die Wallfahrer einander erzählen. Die Skala
> der Erzählung reicht von reizender Märchenphantastik, vom
> Heldischen u. Pathetischen bis zur derbsten Burleske.

Prüderie war damals und noch lange nachher ein unbe-
kanntes Ding, frisch von der Leber weg zu sprechen, lag
durchaus im Charakter der Zeit." (Scherr.) — Düring's
Chauzer-Uebersetzung ist anerkannt als die beste und vollständigste des g e n i a l e n e n g l i s c h e n D i c h t e r s u.
H u m o r i s t e n; D. allein hat es vermocht, den unver-
wüstlichen, z u m T h e i l s e h r d e r b e n H u m o r zur
vollen Anerkennung zu bringen. Das Genie des Dichters
blitzt überall durch, und es liest sich Alles, als ob es
von Chaucer selbst deutsch geschrieben wäre.

Hier einige neue A u s g a b e n d. e n g l. O r i g i n a l s:
Poetical works. With life and critique from W a r t o n,
essays, notes etc. by T y r w h i t t. 14 vols. London 1807.
16⁰. (6 Mk. Alfr. Lorentz, 1898.) — Canterbury-tales.
London 1861. 8⁰. (2 fl. 40 xr., very elegantly cloth
gilt edged, Taussig, Prag, 1872: „Piquant".) — The pro-
logue, the knightes tale, the nonne prestes tale. From
the Canterbury Tales. Ed. by R. M o r r i s. 6. ed. Oxford
1877. 8⁰. (2 frcs. Adolf Geering, Basel, 1896; the same,
ibid. 1882. (1 Mk. 50 Pfg. Alfr. Lorentz, Lpz., 1898.)
— — A u s g e w ä h l t e k l e i n e r e D i c h t u n g e n. Im
Versmasse des Originals übersetzt und mit Erörterungen von
J. K o c h. Leipzig 1880. Kl. 8⁰. (Mk. 2—.) (1 Mk. 20 Pfg.
A. Bielefeld, 1897.)
— — U e b e r s e t z u n g e n aus *Chaucer* und Barton
von J a c o b. Lübeck 1849. 4⁰. (8 Sgr. Calvary & Co., c. 1870.)
— — B r i n k, P. t e n, C h a u c e r. Studien zur Ge-
schichte seiner Entwicklung und zur Chronologie seiner Schriften.
Bd. 1. (einz. ?) Münster 1870. 8⁰. (Mk. 4—.) (2 Mk. 40 Pfg.
Alfr. Lorentz, Lpz., 1898.)
— — K i s s n e r, A., C h a u c e r i n s e i n e n B e z i e h-
u n g e n z u r i t a l i e n i s c h e n L i t e r a t u r. (Diss.) Mar-
burg 1867. 8⁰. 82 S. (60 Pfg. G. Geiger, Stuttg., 1896.)
— — L a n g e, P., C h a u c e r's E i n f l u s s a u f d i e
O r i g i n a l d i c h t u n g e n d e s S c h o t t e n G a v i n D o u-
g l a s. 1882. (80 Pfg. A. Lorentz, ohne Ortsangabe.)
— — M a m r o t h, F., C h a u c e r, s e i n e Z e i t u n d
A b h ä n g i g k e i t v o n B o c c a c c i o. Berlin 1872. 8⁰.
(1 Mk. W. Koebner, Breslau.)
— — S c h ö p k e, O. D r y d e n's U e b e r t r a g u n g e n
C h a u c e r's i m V e r h ä l t n i s s z u i h r e n O r i g i n a l e n.
1878. (75 Pfg. A. Lorentz.)
— — W a r d, A. W., C h a u c e r. London 1881. 8⁰.
(Mk. 2,50.) (1 Mk. 20 Pfg. Derselbe.)
— — W o o d, H., C h a u c e r's i n f l u e n c e u p o n
k i n g J a m e s I. 1879. (80 Pfg. Derselbe.)
CHAUSSÉ, Jacques, Sieur d e l a T e r r i è r e, T r a c t a t v o n
d e r V o r t r e f f l i c h k e i t d e s E h e s t a n d e s. (Aus dem

Französ.) Franckfurt und Leipzig, 1715. 12⁰. 604 S. (1 Rthl.
Scheible, c. 1872; jetzt theurer!) Rar!

> O r i g.: Traité de l'excellence du mariage, de sa necessité
> et des moyens d'y vivre heureux. Où l'on fait l'apologie
> des femmes, contre les calomnies des hommes. Amsterdam,
> Abrah. Wolfgangh. 1685. 12⁰. (v. Brunet.) (1 Rthl. Maske,
> Breslau, c. 1875.)

* **CHEC** (= Cheic) - Z a d é, H i s t o r i e   d e r   S u l t a n i n   a u s
P e r ,s i e n   u n d   I h r e r   V e z i e r e, Oder a n g e n e h m e (19)
T ü r c k i s c h e   H i s t o r i e n, in Türckischer Sprache verfasset
von —. (Aus dem Französischen.) Mit Titelkpf. LEIPZIG,
In der Weidmannischen Handlung. 1738. 8⁰. (In Berlin: an Yv
1026.)

> 240 S. (incl. 3 S. Vorst.). — Zuerst gedr. ebd. 1717.
> 8⁰. 368 S. Mit 2 Kpfrn. (5 Mk. Friedr. Klüber, München,
> c. 1905.) Rep. ibid. 1728. 8⁰. (In Breslau, Kgl. u. Univ.-
> Bibl.: Litt. Gall.: an III. 8⁰. 103.)
>
> O r i g.: H i s t o i r e   d e   l a   s u l t a n e   d e   P e r s e   e t
> d e s   q u a r a n t e   v i z i r s, contes turcs, comp. en langue
> turque, par C h e i k - Z a d é, et traduits en français (par
> G a l l a n d   e t   p a r   P e t i s   d e   l a   C r o i x). Amst. 1707.
> 12⁰. Ed. originale, mais incomplète. — La même. 2 vols.
> Paris, Barbin, 1707; rep. 1717. 12⁰. — La même. Utrecht,
> Neaulme, 1736. 12⁰. fig. Gay IV. p. 41: Sujet qui a
> des rapports avec l'histoire du prince E r a s t u s   et celle
> de P h è d r e   e t   H i p p o l y t e. La sultane raconte 40
> histoires tendantes à accuser le fils du sultan, les vizirs
> racontent 40 histoires tendantes à accuser les femmes.
>
> I t a l i e n. U e b e r s e t z u n g : Chéc Zadé, Istoria della
> sultana di Persia, novelle turche. Venezia 1712. 12⁰. (54 xr.
> Theod. Ackermann, München, 1874.)

* — — Dasselbe. Leipzig 1773. 8⁰. (In Berlin: an Yv 1031.)

CHEMLIN, F. (ps.?), M a u r o C a r o s s i n i d e r g r o ß e B a n -
d i t, oder: D e r F e l s e n v o n M i n o r b i n o. Ein Räubergemälde, Leipzig, bei Lud. Schreck. 1837. Kl. 8⁰. (2 Mk.
Jul. Neumann, Magdeb., 1908.)

> 167 S. Theilweise anstößig. N i c h t in Weller's Lex. Ps.

CHEMNITZ. — C h e m n i t z w i e e s i s t (von *Theod. Ecca-*
rius). Grimma 1840.

> Anon.-Lex. I. p. 319 (nach Engelmann u. Kayser).

— — B u n t e s, oder C h e m n i t z, w i e e s l e b t u n d
w e b ,t v o n e i n e m l e b e n d e n W e b e r. Heft 1. (einz.?).
Mit 1 Kpfr. Chemnitz 1842. 8⁰. 36 S. Selten!

> R. Zinke's Dresd. Juni-Auct. 1908.

CHEMNITZ, C. W., U e b e r d e n n a c h t h e i l i g e n E i n -
f l u ß d e r j e t z t g e w ö h n l i c h e n M a r i o n e t t e n s p i e l e
auf den religiösen und sittlichen Zustand der unteren Volks-
klassen. Leipzig, Joachim, 1805. 8⁰. (¹/₃ Rthl.)

CHIARAMONTE, L u c i o, g e n a n n t V a r e l l i; Stifter des

Bundes der furchtbaren Rächer des Vaterlandes (von *Friedr. Herrmann*). Leipzig 1804. 8⁰.

> Anon.-Lex. I. p. 319 (nach Kayser).

CHIARAMONTI, L o r e n z o, oder S c h w ä r m e r e y e n e i n e s Jünglings (von *Joh. Jac. Wagner*). Mit Titelkpfr. Nürnberg 1801. 8⁰. (3 Kr. A. L. Huber, Salzburg, 1905.)

> Anon.-Lex. I. p. 319 (nach Goedeke, Kayser, Meusel u. dem Neuen Nekrolog).

— — Dasselbe, titulo: J g n o r a n z (s. d.) u n d V e r d e r b e n . . . . O. O. (Nürnberg.) 1804. 8⁰.

CHILEMONT (ps.), ÆNEAS PEREGRINANS. Oder D e r w e i t - a u s s e h e n d e ARGUS, welcher sowohl durch verschiedene Staats-Moral- u. Historische Ursachen, als Rechts bewährte Gründe, die pro- & contra-lauffende Endzwecke der heutigen Moralisirten Welt in Europa auffrichtig eröffnet, u. seine geheime Gedancken hierüber an Tag leget. In einer L u s t - R e i s e entworffen von —. (Holzsch.-Vign.: Geflügeltes Roß.) Erster, Zweyter, Dritter Ausspann. Rastenburg, bey Maximilian Willhelm (!) Weinreich. 1701. 8⁰.

> Selten cplt.! Enthält politisch-moralische Aufsätze nüchternster Art. Es lag aber nur der „Erste Ausspann" (8 Bll., 313 S.) vor.

CHILIADES, Octavianus (d. i. *Geo. Phil. Harsdörffer*). — Mercurius Historicus D e r H i s t o r i s c h e M e r c u r i u s. Das ist: Hundert Neue denckwürdige Erzehlungen (Theils trauriger) theils frölicher Geschichte: aus Parival, Sarpetro, Astolvi Balvacensi . . . gedolmetscht . . . Mit Anfügung Eines umbständigen Discurses Von der Höflichkeit Durch *Octavianum Chiliadem*. Mit Titelkpfr. Hamburg, Bey Michael Pfeiffern in Verlegung Johann Naumanns, Buchh. im Jahr 1658. Kl. 8⁰. XII, 367 S. u. 17 S. Register. (Max Perl's Berliner Octob.-Auct. 1907.)

> Inhalt: Der halbtodte Schneider. — Die unglaubliche Mordthat. — Die Kindermörderin. — Das Muttermahl. — Die bereicherte Keuschheit. — Die lebendig begrabene Kindbetterin. — Der blutige Schweiss. — Die dreyfache Brunst.

— — Dasselbe. Franckfurt 1665. 8⁰.

> Goedeke III, 266, 17, wo die vorige Ausgabe nicht erwähnt ist.

§ **CHIMÄREN**, D i e, d e s G l ü c k s (,) eine deutsche Geschichte (von *Wolfg. Henr. Behrisch*).

> Sis magnus, quemcunque — sors aspera fecit,
> Qui placide sortem ferre scit,, ille sapit. — —

Leipzig bey Christian Gottlieb Hertel. 1776. 8⁰. (In München: P. o. germ. 1123 h, 3.)

> 128 S. (incl. Tit.). Bl. 2 Textüberschrift: F e r d i n a n d u. A u g u s t, oder d i e C h i m ä r e n d e s G l ü c k s.

(Zahme philos.-moral. Erzählung.) — Fehlt Kayser unter Romanen und im Anon.-Lex.

CHINA. — Schwänke, Zwei Chinesische, aus der Sammlung Lung-Su-Kung-Ngan. (1. Die Magd des Gelehrten 2. Der arme Mann.)

„Der Amethyst", Heft 3, Febr. 1906, S. 74—75.

— — Strafen, Die, der Chinesen. Nach d. Engl. von H. Dohrn. Mit 21 Abbildgn. in Kunstdruck u. 1 Titelbilde. Dresden, Verlag von H. R. Dohrn, 1899. 8⁰. (Mk. 2—.)

CHINIQUI (ps.?), Der Priester, die Frau und die Ohrenbeichte. Barmen, Wiemann.

Verboten v. L.-G. Wien, 2. V. 1899. § 303.

CHINKI, eine Cochinchinesische Geschichte, die andern Ländern nützen kann. Aus d. Französ. (des Abbé *Gabr. Franç. Coyer* [1707—82] von Franz Siber). Frankfurt u. Leipzig (Breslau, Korn sen.) 1770. 8⁰.

Irrthümlich Voltaire zugeschrieben. Bibl. J. J. Schwabii II. p. 331.

Orig.: Chinki, histoire cochinchinoise, qui peut servir à d'autres pays. (Lat. Motto aus Horaz.) A Londres (sans adresse) M.DCC.LXVIII. (1768.) Gr. in-8⁰, de 100 pp. (incl. titre). Cfr. Biogr. universelle, article: Coyer, p. 158—159. (1 Mk. 70 Pfg. Theod. Ackermann.)

— — Dasselbe. Frankfurt u. Leipzig (Dresden, Hilscher) 1774. 8⁰.

Cat. Monath. II. Nürnb. 1783. S. 81.

— — Dasselbe (mit dem Namen des Autors). Wien 1770. 8⁰. 99 S. (Im British Museum.) (50 xr. Kuppitsch' Wwe., Wien, Cat. 75; 3 Kr. Josef Grünfeld, Wien, 1906.)

Anon.-Lex. I. p. 354.

CHOISEUL-Praslin, Duchesse de. — Die Ermordung der Herzogin von Choiseul-Praslin. Nach den von dem Pairshof von Paris veröffentlichten Briefen und Aktenstücken. 2 Thle. Aus d. Französ. Leipzig 1847. 8⁰. (3 Mk. A. Bielefeld, Carlsruhe, 1905.)

92+125 S. Theil 1 enth.: „Briefe und Empfindungen der Herzogin". Dieselbe, durch Ehebruch zur Verzweiflung getrieben, wurde, weil unbequem, ermordet.

CHOISY le Conin (Marquis *Franz v. Bayros*), s. Bonbonniere, Die. (Publication der Gesellschaft Oesterreichischer Bibliophilen, Bd. III.)

* **CHOLEM** eines Syrers, Historia Anecdota, noch nie publicirte Geschicht-Erzehlung von der Frau Pilatußin, oder Claudia Procula, Cnei Pontii Pilati dazumal Landpfleg- u. Bann-Richters zu Jerusalem Gemahlin, Ankunfft, Tugend-Wandel u. Austritt aus diesem Leben. Aus dem Syrischen ins Lateinische übers. Jerusalem in König Herodis Hoff-Buchdruckerey. 1714. 8⁰. 4 Bog. Rar!

Ohne Angabe d. wahren Druckorts im Frf. u. Lpz. M. M. V., Bl. F. 2 a (u. darnach Weller, fing. Dr. I. p. 65).

CHOWNITZ, Julian (d. i. *Josef Chowanetz*), C ö l e s t i n e oder d e r e h e l i c h e V e r d a c h t. 2 Bde. Mit 6 Illustr. von S c h l i c k. Leipzig 1842. 8⁰. (Mk. 10.) (3 Mk., saub. Leih-bibl.-Expl., Max Jaeckel, Potsdam, 1907.)

§ — — D a s i s t d e r L a u f d e r W e l t! Sittenge-mälde aus der Gegenwart mit einem Sendschreiben von *P. de Kock.* 2 Thle. Mannheim 1845. 8⁰. (In München sub libris remotis.)

— — G e l d u n d H e r z. Roman. 2 Bde. Leipzig 1842. 8⁰. Gmähle's Leihbibl., München, no. 16,754—55.

— — E u g e n N e u l a n d oder S o w i r d m a n M i-n i s t e r! (Galanter Roman.) 2 Bde. Leipzig 1841. 8⁰. (3 Mk., etw. fleckig, Südd. Antiqu., München, 1907.)

CHRIESTLIEB, Johann (d. i. *Joh. Chp. Neumeister,* nach Rass-mann p. 35 geb. zu Neustädtel, † 175* als Magister u. Prediger zu Dresden.). D e r v e r l i e b t e S o l a n d e / u n d d i e g e-g e n l i e b e n d e F l o r a m e n e. Das ist: A n n e h m l i c h e r L i e b e s - P r o s p e c t, W o r a n Alle bescheidene und höffliche Liebhaber sich sonderbar ergötzen und belustigen können, und wie sie ferner dem galanten Frauenzimmer in Reden und Schreiben bey allen Gelegenheiten / honnet begegnen und auf-warten / auch sich dadurch vortrefflich beliebt und angenehm machen sollen. Alles in zierlichen Anleitungen durch verschie-dene schöne Proben jedermänniglich vor Augen gestellt und er-öffnet. Mit (originellem) Titelkpf. Franckfurt und Leipzig / Verlegts Wolffgang Schönleben. 1734. Kl. 8/. 336 S. (16 Mk., schönes Expl., Max Perl's Berliner Octob.-Auct. 1907, No. 175.) Sehr seltener Roman! (Expl. in Dresden: Lit. Germ. rec. C. 574.) — S. auch P h i l o g a m u s a u s P a p h o s.

* **CHRISOLOCOSMOPOPHILOPAX** (d. i. *Joh. Mich. v. Loen,* geb. 1694 zu Frankf. a. M., k. preuss. Geheimer Rath u. Reg.-Präsident d. Grafschaft Tecklenburg u. Lingen, † 1776, laut Goedcke III, 348, 10, (wo die folgende Schrift fehlt), K r ä f t i g e M i t t e l W i d e r d i e H e r r s c h- u n d R e-g i e r s u c h t D e n e n b ö s e n W e i b e r n Z u m N e u e n-J a h r g e s c h e n c k t. Von —. Gedruckt in diesem Neuen-Jahr (c. 1760). 8⁰. (In Berlin: Yz 944.) (3 Mk. L. Rosenthal, c. 1888.) Selten! Weller, Lex. Ps. p. 112 hat „Chry" für die erste Sylbe des Pseud.

CHRIST, D e r, u n d d e r T ü r k, B r ü d e r a u s U n g a r n. Wahre Geschichte aus den älteren Türkenkriegen. Seitenst. zur unglücklichen Fürstin in Wien. Vom Verfasser derselben.

Mit Titelkpf. Prag, bey Albrecht u. Co., u. Leipzig, bey Aug. Glo. Liebeskind. 1795. 8⁰.

Tit., 1 Bl. Vorw. u. 256 S. — Zahm.

CHRISTEL oder die schöne Spitzenklöpplerin im Erzgebirge. Mit 1 Kpf. Chemnitz u. Leipzig, Schröter, o. J. (c. 1805). 8⁰. (2 Mk. Taussig, Prag, 1904.)

Portr. Christels, Titel u. 204 S. Einiges etwas frei.

— — Dasselbe. Neue Aufl. Chemnitz, Starke, 1818. 8⁰.

Kayser, Roman-Verz. p. 23.

CHRISTENIUS, Joh., Gülden Venus Pfeil, in welcher zu befinden newe weltliche Lieder, Teutsche vnd Polnische Täntze . . Freyberg, Elias Rehfeld, 1619. 4⁰. Sehr rar!

Weller, Annalen II. p. 40. no. 118.

CHRISTENSEN, Jens L., Der moderne Bildungsschwindel in Haus und Familie, sowie im täglichen Verkehr. Leipzig, eVrlag v. Bernh. Schlicke (Balth. Elischer) 1885. G. Pätz'sche Buchdruckerei (Otto Hauthal), Naumburg a. S.

Verboten vom L.-G. Wien, 20. Jänner 1885. §§ 516, 303, 122 d.

CHRISTERN (Joh. Wilh. —, geb. 1809), Novellen und Skizzen. Hamburg 1845. 8⁰.

8 u. 200 S. — R. Zinke's Dresdener März-Auct. 1906, no. 1125.

CHRISTIANIA. — Jäger, Hans, Christiania-Bohême. Roman. Aus dem Norwegischen. Wiener Verlag. 1902. 8⁰. 446 S. Ill. Orig.-Umschl. (4 Mk. E. Frensdorff, 1907.)

Seltener u. freier Roman! Früher erschien nur folg. Bruchstück in deutscher Uebersetzung:

— — Morgenstern, Dr. Gust. (München), Ein Kapitel aus Hans Jäger's Christianiabohême, übersetzt und eingeleitet. (Zürcher Discussionen . . . . Nr. II. 1897.) 4⁰. 8 S. (6 Mk. Edm. Meyer, Berlin, Cat. XI. [c. 1908], no 269.)

Völlig vergriffen!

CHRISTIANSEN, Bert (!) (ps.), Der Fluch der bösen That. Eine Stadtgeschichte aus dem Schwarzwalde. 1882.

Weller, Lex. Ps. p. 109.

CHRISTINCHEN in tausend Gefahren, oder Mutter u. Tochter im Kindbette. Roman in acht u. fünzig Kapiteln (von *Joach. Gottfr. Wilh. Scheerer*) Seitenstükk (!) zu Hannchens Hin- u. Heerzüge (sic!). Mit 1 Kupfer (G. Boettger sen. del. & sc.). Lüneburg, bei Herold und Wahlstab. 1806. 12⁰. (1½ Rthl. Lippert, Halle, vor 1870; 4 Mk. Völker, Frankf. a. M., 1891; jetzt theurer!)

Selten! 303 S. (incl. Tit. u. 1 Bl. Widm. an einen Hofrath Schulz in Güstrow). Complete, gut erhaltene Expl. dieses liederlichen Opus kaum noch aufzufinden.

CHRISTINE, Königin von Schweden. — Ausführliche Liebes-, Lebens- und Reiss-Beschreibung u. Auffenthalt zu Rom. Gedruckt im Jahr 1684. 12⁰.

— — Dasselbe. O. O. 1685. 12⁰.

— — Dasselbe. O. O. 1687. 12⁰.

— — La Combe (Jacques), Geschichte der Königin Christine von Schweden; aus d. Französ. des Herrn — (von Joh. Gottfr. Gellius). Leipzig 1762. 8⁰. 4 Bll. u. 272 S. (4 Mk., Titel etw. tintenfl., E. Frensdorff, 1908.)

> Anon.-Lex. III. p. 2 (nach Meusel): „1763".

* — — Leben der Schwedischen Königin Christina und Ihres Hofes (seit Sie sich nach Rom begeben). Nebst Einigen Anmuhtigen (!) Staats- u. Liebes-Intriguen. Von einem Ihrer Domestiquen in Frantzös. Sprache zusammengetragen, Und anitzo . . . . Ins Hochteutsche übersetzt (von C. G. Frankenstein). Rom (Leipzig, Fritsch), Im Jahr 1705. 12⁰. Vorst. u. 428 SS.

> Zuerst erwähnt im O. M. V. 1698. H 4 b.
> Orig. (in Berlin): Histoire des intrigues galantes de la reine Christine de Suède et de sa Cour, pendant son séjour à Rome, trad. de l'ital. Amsterd., J. Henri, 1696; rep. ib. 1697. 8⁰. av. portr. — Trad. en l'anglais. London 1698. 12⁰. (Gay IV. p. 55.)

* — — Leben der Weltberühmten Königin Christina von Schweden, nach denen geheimesten intrigven (sic!) und merckwürdigsten umständen mit möglichstem Fleisse entworffen. Mit (meist fehlendem) Portrait. Leipzig, bey Thomas Fritschen. 1705. 8⁰. (16 Kr. Halm & Goldmann, Wien, 1906.)

> Tit., 4 Bll. Vorr., 457 SS. u. Reg. Mit 3 Bll. in Kpf. gest. Medaillen. — Im O. M. V. 1705. F 2 b findet sich: Ander Theil der Königin Christina nebst ihren Reisen durch Italien u. Teutschland, m. Kpffrn. Hamburg, b. Zach. Hertel. 12⁰.
> Sämmtlich zur Skandalchronik gehörige Rara!
> Hier mag noch der Titel eines wichtigen französ. Buches eine Stelle finden: „Recueil de quelques pièces curieuses servant à l'éclaicissement de l'histoire de la Vie de la Reyne Christine. Cologne 1668". 12⁰. Gay III .p. 968. — Halm & Goldmann, Wien, 193 (1907), no. 232, Beibd.

— — Bülow, W. v., Das Weiberregiment am Hofe der Königin Christine von Schweden. Berlin 8⁰. (Mk. 2—.) (1 Mk. 35 Pfg., unaufgeschn., Schaper, Hannov., c. 1905.)

CHRISTOPHILUS, Gratianus (d. i. *Sam. Lucius,* geb. 10. Aug. 1674 zu Bern, † 28. Mai 1750 als Pfarrer zu Dasbach im Kanton Bern). — Die Paradiesische Aloe der Jungfräulichen Keuschheit, welche GOtt giebet allen, die da sind aus dem Glauben an den Herren Jesum: wobey gelehret wird, wie dieses Himmlische Gewächs mit Christi Dornen-Kron, als einem Leb-Hag umzäunet werden müsse, damit es nicht von der höchst-schädlichen, gifftigen Fleisches-Lust verderbet werde. Gesammlet und ausgepresset von *Gratiano Christophilo.*

Die Aloe bewahrt, den Cörper für der Fäule,
Des keüschen sinnes Arth, ist daß er den Geist heile.
Herisau: Zufinden bey Johann Laurentz Mock, Buchbinder, An. 1733. samt den übrigen Schrifften des Authoris. 8⁰.

> 366 S. (incl. Tit. auf dessen Rücks. G e d i c h t , S. 3 bis 15 Vorr. u. Einleit., 1 S. Reg.), dann noch 3 unnum. Bll. Reg. u. 1 Bl. Druckf. — Sehr seltenes moraltheol. Buch, voll zieml. freier u. curioser Erörtergn. — Rassmann, Lex. deutsch. Pseud., S. 74, hat irrig d. Jahrz. „1732".

— — Dasselbe. Basel 1781. 8⁰. (1 fr. 50 cts. Felix Schneider, Basel, c. 1890; jetzt höher!)

CHRONICA des Magistrats der Stadt Eulenhausen nebst fünf Biographieen berühmter Kraft-, Drang- u. Kniff-Genies mit den Abbildungen derselben u. 1 Titel-Kupfer. An das Licht der Welt gestellt durch den Antiquarius Z e b e d a e u s P f a u e n s c h w a n z (d. i. Carl Heinr. v. L a n g). Hammelburg (Nürnberg) bei Ambrosius Eulenspiegel (Stein) gedruckt in diesem Jahr (1822). 8⁰. 160 S. (8 Mk. S. Calvary & Co., Berlin, 1904.)

> Stellenweise derbes Jocosum. Seltene Original-Ausgabe.
— — Dasselbe. Hrsg. von W. J o s t . München, Albert Medler, o. J. (1884). 8⁰. VIII—128 S. (4 Mk. 50 Pfg. H. Hugendubel, München, c. 1902.)

CHRONIK des Abenteuerlichen, Wundervollen u. Seltsamen in den Schicksalen berühmter Reisender. Nach dem Französ. d. *P. Blanchard, Deperthes, Eyries* hrsg. v. E h r e n s t e i n . 3 Bde. Mit Titelkpfrn. Pesth. 1816—17. 8⁰. (3 Mk. Franz Teubner, Düsseldorf, c. 1898.)

CHRONIK, Geheime, der europäischen Höfe und Staaten. Stuttgart 1828. 8⁰. (In Carlsruhe: Ko 821.)

CHRONIK europäischer Fürstenhöfe. 6 Bde. Leipzig, o. J. (c. 1900?). 8⁰. (Mk. 12—.) (6 Mk., einzeln Mk. 1,20, Alfr. Lorentz, Lpz., 1905.)

> Bd. I: Liebesaffären d. Gräfin Lichtenau. (Fr. Wilhelm II.) — Bd. 2: Schön Liese v. Possenhofen (Kaiserin Elisabeth). — Bd. 3: Ein Fürstensohn im Liebesbann (König Otto I.). — Bd. 4: Spanisch-korsisches Blut. — Bd. 5: Sultanin Favorite Anysia. — Bd. 6: Eine schöne Sünderin.

CHRONIK des Palais Royal, s. Paris.

CHRONIQUE scandaleuse der TheaterDamen, s. Hamburg.

CHRONIK, Zimmerische, s. Zimmerische Chronik.

CHRYSAL, oder Begebenheiten einer Guinee, nebst verschiedenen Anekdoten von Personen aus allen Ständen in deren Händen sie in Amerika, England, Holland, Deutschland und Portugal gewesen ist. Aus d. Engl. (nach der 7. engl. Ausgabe) übers. (v. Joh. Andreas Engelbrecht). 4 Bde. Leipzig 1775—76. 8⁰. (2 Rthl. 23 gr.) (8 Mk. Adolf Weigel, 1899:)

> „Meisterhafte, aber sehr scharfe polit. Satyre." Aus d. Vorrede: „Der Verfasser griff nicht nur d. Fehler d. Staatsverwaltung u. d. polit. Vergehen d. Grossen an, sondern er schilderte zugleich die Thorheiten u. Laster seiner Nation, stellte viele Charaktere d. vornehmen Welt öffentl. zur Schau u. tadelte sie auf kühne u. beissende Art; er beurtheilte überdem das damalige Staatssystem von Europa u. andere hohe Mächte mit einer Dreistigkeit, welche nur dem Engländer eigen ist."
> Orig.: Chrysal or the adventures of a Guinea, interesting anecdotes. 3 vols. London. (c. 1765.) 8⁰. (⁵/₆ Rthl. Schmidt, Halle, c. 1870; jetzt theurer!)
> Französ. Uebersetzung: Chrisal ou les aventures d'une Guinée, histoire Angloise. A Londres, et se trouve à Paris 1768. 8⁰. XXXVI et 262 pp. (4 Mk. Friedr. Klüber, c. 1905.)

CHRYSANDER (ps.), Theologische Abhandlung von den Hindernissen der Liebe. Halle 1761. 4⁰.

> Ehestands-Almanach II, S. 258. Fehlt in Weller's Lex. Ps.

CHRYSOMANDER, eine allegorische und satyrische Geschichte. Berlin u. Quedlinburg 1774. 8⁰.

> Cat. libr. H. G. Franckii, III, Graizae 1784. p. 343.

CHRYSOPHIL, oder der Weg zum Glück (von *Heinr. Wolfg. Behrisch*). Altenburg, Richter, 1777. 8⁰. (¹/₂ Rthl.)

> Anz. d. Verlegers. — Anon.-Lex. I. p. 326 (nach Goedeke u. Kayser).

CHRYSOPHILUS, Erasmus, s. *Homburg, Ernst Chp.*

CHUDLEIGH, Elizab., s. Kingston, Herzogin v.

CHURCHILL, Lidie, eine Geschichte aus dem Englischen (von Chrn. Frdr. Gottlob Kühne). Leipzig 1793.

— — Dasselbe, titulo: Lidie Churchill, oder die Abenteuer dreier Brüder; aus dem Französischen (!) (von Demselben). Leipzig 1800.

> Anon.-Lex. I. p. 326 (nach Goedeke, Meusel u. Kayser).

CIEGLERI, M. Geo., Weltspiegel. Riga 1599. 4⁰. Sehr rar!

> Cat. Bibl. Schwerin. Berol. 1746. p. 275.

CIGARREN und Tabak, Wein und Weiber, wie sie sind. Von einem Epikuräer. Aus d. Engl. Stuttgart 1856. 8⁰.
> (In Stuttgart.) Zahm. (1 Mk. 40 Pfg. L. Meder's Nchflgr., Hdlbrg.) Auch tit.: Curiosa et Jocosa. Bdchn. 3.

CIMAROSA, Barbarina. Oder Freiheitsdrang u. Gewissensqual. Ein Spiegel menschl. Leidenschaften. Aus d. hinterlassenen Memoires d. Herzogs von Arkos ***. (Der Titel von Th. 2 hat: . . . . E. Staatsgeschichte aus d. Papieren d. Herzogs ***. Hrsg. vom Verf. der doppelten Ursulinernonne Kajetan****.) (Verf.: *Theod. Ferd. Kajet. Arnold*). 2 Thle. Mit 1 Kpf. v. Weinrauch. Altenburg, bei Christian Friedr. Petersen. 1803. Kl. 8⁰.
> TKpf., VIII—264 u. 224 SS. „Ihro königl. Hoheit der Prinzessin Eleonora Eugenia***, Herzogin von F.****ia . . . gewidmet." Erotisch-romant. Roman, mit Jacobinergeschichten untermischt. In Theil 1 sehr üppige Scenen. (4 **Mk.**, Leihbiblexpl., Kühl, Berlin, c. 1882; jetzte theurer!) Saubere Expl. selten!

CINNAME; eine griechische Liebesgeschichte. Halle 1796. 8⁰. Zahm. (1 Mk. Scheible, c. 1880.)

CIRO, Don, oder der Priester als Räuberhauptmann. Räubergemälde aus den ersten Jahren des 19. Jahrhundert. Löbau, Breyer, 1853. 8⁰. (¹/₄ Rthl.)
> Citirt Büchting.

CIRYLLUS, Burkhard (d. i. *Joh. Friedr. Stettner*), Hugo v. Adlerfeld u. Ida v. Wertingen, oder Treue Liebe führt zum Ziele. Mit 1 Kpfr. v. Geissler. Nürnberg 1829. 8⁰. 240 S. (2 Mk. 50 Pfg. v. Zahn & Jaensch, Dresden, 1909.)

§ — — Corando Corandini, der kühne Räuberhauptmann. Eine romantische Geschichte unsers Jahrhunderts. 2 Thle. Mit 2 Kpfrn. Ebend. 1823. 8⁰.

§ — — Graf Meinolf von Wildenforst, oder: das wunderbare Wirken des grauen Mannes auf den Burgen seiner Freunde. Eine Geschichte aus den Tagen der Vorzeit. 3 Thle. Mit 3 Titelkpfrn. von C. Schuler. Nürnberg u. Leipzig, Zeh, o. J. (1825). 8⁰. (3 Rthl.) (3 Mk. Max Harrwitz, Berlin.)
> 256, 255, 215 SS., 1 S. Zeh'scher Verlag.

§ — — Moranzo, furchtbares Oberhaupt kühner spanischer Räuber auf dem Lande und zur See. Eine romantische Geschichte unsers Jahrhunderts. 2 Thle. Mit Titelkpfrn. Ibid. 1826. 8⁰.
> Besonders die 3 letzten gehören zu den frivolen Schauerromanen. Von demselb. Pseudon. giebt es auch zahme Romane.

CIRYLLUS. — S. auch Siegmar.

39*

* **CISNER,** Vincentius, T u g e n d - K r o n, u n d L a s t e r -
L o h n (zieml. zahme Historien), ... Von *Vincentio Cis-
nern.* Mit TKpf. u. Kpfrn. Franckfurt u. Leipzig, bey J. J.
Felseckern (in Nürnb.), 1687. 8⁰. Rar!
> Näheres in Gerhard's Diss., 1893, S. 40.

CLAASSEN, Ria (in München, d. i. Frau *Ria Schmujlow-
Claaßen,* geb. zu Tilsit 12. Oct. 1870), D a s F r a u e n -
p h a n t o m d e s M a n n e s. 4⁰. 8 Seiten. (12 Mk. Edm.
Meyer, Berlin, Anz. XI, ca. 1905.) Vergriffen!
> Zürcher Diskußionen. Flugschriften aus dem Gesamtgebiet
> des modernen Lebens. Nr. IV.

* **CLAG** e t l i c h e r / s t ä n d, gantz kurtz weylig zûlesen. /
Zû dem leser. / Wer mich thût lesen ist mein bit / Das er mir
hab für übel nit / Ob er, hie, wurd begriffen schon / Ich
hon es in dem besten gethon. O. O. u. J. (c. 1520). 4⁰. (In
Berlin: Yg 7176.) (6 Mk. Völcker 1877; 7 Mk. 50 Pfg. L.
St. Goar, c. 1880; 10 Mk. F. Butsch, 1879; jetzt theurer!)
> Anfang: Die frau clagt von jrem Eeman — Dann
> folgen die Klagen verschiedener Anderer, zuletzt Des dichters
> clag. — 6 Bll. Rücks. des ersten u. letzten leer. Titel
> in Portal-Einfassung. — Panzer I. p. 55. no. 102;
> Weller 1101.

CLAIREFONTAINE (adeliges Nonnenkloster der Bernhardiner-
innen im Luxemburgischen, gegründet in der 1. Hälfte des XVI.
Jahrh. von der Gräfin Ernesinde [† 1546], 1794 von den Franzosen zerstört). — L a G a r d e, Marcellin („ehemaliger Prof.
am Athenäum zu Arlon, dann Prof. in Hasselt"), C l a i r e f o n -
t a i n e. Histor. Novelle. Unter Mitwirkung des Verfassers aus d.
Französ. übers. u. mit einer Einleitg. versehen von R. M ü l -
d e n e r. Gotha, Wilhelm Opetz, 1863. 12⁰.
> X—118 S. Der Umschl. trägt oben d. Worte: „In
> B e l g i e n auf den Index gesetzt". Das Orig. („Le dernier
> jour de Clairefontaine") erschien um 1860 anonym zu
> Arlon u. erlebte eine neue Auflage, sowie eine engl. u.
> italien. Uebersetzung.

CLAIREVOIX, Georges d e, H i n t e r d e n C o u l i s s e n. Erlebnisse und Betrachtungen eines Ex-Cisterzienser-Mönches. (Aus
d. Französ.) Paris 1868. Gr. 8. (1 Mk. Frz. Teubner, 1898.)
> 40 S. (incl. 2 Bll. Tit. u. Vorw.). Enth. einige pikante
> Anekdoten.

— — Dasselbe. Zürich 1869. Gr. 8⁰. 40 S. (1 Mk. Rich,
Bertling, 1907.)

CLAIRVILLE u n d A d e l h e i d v o n St. A l b a n. Eine
französ. Anecdote. (Drast. Vignette, unsign.) Breslau, Brieg
u. Leipzig, bey Chrn. Frdr. Gutsch. 1783. 8⁰. 189 S. (2 Mk.
30 Pfg., Frdr. Klüber, c. 1905.)

— — Dasselbe. Ebd. 1807. 8⁰.

CLARA. Nach dem Magdalenenstift. Hamburg, o. J. (c. 1870).
12⁰. (1 Mk. Gust. Klötzsch, Lpz., 1885.)
CLARA's Abenteuer bis zum Magdalenenstift. Altona 1870. 12⁰. (1 Mk. 40 Pfg., Fischhaber, Reutlingen.)
CLARA oder die Gefahren der Unschuld .... (von
Joh. Chp. Schmidt). Augsburg 1842.
> Anon.-Lex. I. p. 329 (nach Kayser).

CLARI, Aurora v. Von Frln. *K. v. R.* (d. i. *Friederike
v. Reizenstein*, geb. *v. Spitznas*, geb. 3. Febr. 1749 [1748?]
zu Stuttgart, † 10. Aug. 1819 zu Walsrode). Halle, bey Hendel,
1805. 8⁰. (4 Kr. Halm & Goldmann, 1907; 2 Mk. 40 Pfg.,
Taussig, 1907.)
> In zahmen Briefen. Tit. u. 144 S. Nicht von ihrer
> Tochter Karoline, die 1805 starb, sondern von Friede-
> rike und ihrer Tochter Therese, Stiftsdame in Walsrode.
> Goedeke VI, 431, 15 hat 2 Thle., ebenso Kayser, dieser
> mit d. Jahrz. „1804". (?)

CLARINETTE oder Die fahrende Sängerin. Ein
Seitenstück zur Cerisette des Paul de Kock (s. d.). 2 Thle.
Altona, Verlags-Bureau, 1860. 8⁰. (4 Kr. Halm & Goldmann; 3 Mk. Scheible, der, „die fahrenden Sänger" hat.)
> Zahmes deutsches Original.

CLASSICUS, Julius (ps.), Die Keuschheits-Wächter.
1832.
> Weller, Lex. Ps. p. 115.

CLAUDIANUS, Claudius, Raub der Proserpina; ein
Gedicht in 3 Büchern (übers. von Joh. Friedr. oder Chrn. Heinr.
Schütze). Hamburg 1784. Rar!
> Anon.-Lex. I. p. 329.

* — — Der Proserpinen-Raub. (übers. Von K. F.
Kretschmann. Zittau 1797. 8⁰. (In Berlin: an Wd 8145.)
* — — *Claudians* Raub der Proserpina, erster Gesang, metrisch übersetzt mit einigen Anmerk. von Joh. Dan.
v. Bordelius aus Curland .... als Manuscript für Freunde.
Hamburg, gedr. bei Schniebes 1811. Gr. 8⁰. (In Berlin Wd
8720.) 51 S. Rar!
* — — *Claudians* Entführung der Proserpina,
erster Gesang, metrisch übersetzt von Schultze. Brandenburg 1821. 8⁰. (In Berlin: Wd 8726.)

CLAUDINE, der üppige Backfisch .... (c. 1870). (50
xr. Halm, Wien, 1872, Cat. 5.)

CLAUDIUS Aelianus Praenestinus (aus Praeneste,
Schüler des Pausanias, Zeitgenosse des ihm widerwärtigen Heliogabalus), Aus den (griechisch geschrieb.) Ländlichen
Briefen des —.
> 8 stellenw. obscöne Briefe, in: Der Amethyst. Heft 5, April
> 1906, S. 131—134.

CLAUDIUS, Fr. (ps.), F e r d i n a n d U r i a n s A b e n t h'e u r.
R ä n k e u. S c h w ä n k e. Germanien (Hamburg, Vollmer)
1798. 8⁰. (6 Mk. 40 Pfg. Taussig, 1904; 8 Mk. 50 Pfg.
Max Harrwitz, 1891.)
> 2 Bll. (2 tes leer) u. 220 SS. (120 ist Druckf.) Sehr
> freier Roman mit folg. Titel-Motto: „Je nomme un chat
> un chat et Rollet un Fripon!" — F e h l t in Weller's
> Lex. Ps.

CLAUDIUS, G. L., P h i l o s o p h i e d e r T o i l e t t e. (Zeit-
Satyre.) Mit Titelvign. von H o p p e. Leipzig, Graffé, 1800.
8⁰. VIII—262 S. (3 Mk. Taussig, Prag, 1904.)

CLAUREN, (ps.), L i e b e u n d I r r t h u m. 1827.

— — D e r b e d r ä n g t e L i e b h a b e r. 1828.
> Weller, Lex. Ps. p. 116.

CLAUREN, A. (ps.), A m o r' s B i l d; D o r c h e n d i e E n t-
f ü h r t e und (d i e u n g l ü c k l i c h e E n t d e c k u n g. Drei
Erzählungen. Mit 1 Kpf. Leipzig, Central-Compt. in Comm.
1826. 16⁰. 12 Bog.
> A. G. Schmidt, Gallerie etc.

— — L o t t c h e n s g e f ä h r l i c h e N a c h t. 1826.
> Weller, Lex. Ps. p. 116.

CLAUREN, H. (eigentl. *Karl Gottlieb Sam. Heun,* geh. Hofrath in d. preuß. Staatskanzlei, später beim Postwesen, geb.
20. März 1781 zu Dobrilugk in der Lausitz, † zu Berlin 1855).
— „Er schrieb eine ungeheure Menge Novellen u. Romane,
auch einige Schauspiele, die vom Berliner Publikum ebenso
verschlungen wurden, wie früher die Sachen K o t z e b u e' s,
u. aus demselben Grunde, weil sie zugleich frivol u. sentimental
waren, und sich gerne zum Gemeinen hinabließen. Er löste
Kotzebue nur ab. Seine Epoche fällt in d. Jahre 1815—25."
(Wolfg. Menzel II. p. 141.)

C's R o m a n e, einst beliebte Lektüre selbst der besten
Gesellschaftskreise, sind jetzt fast vergessen. Stehen niedrig im
Preise, da noch in vielen grösseren Leihbibliotheken zu finden.
S c h r i f t e n. 80 Thle. Stuttgart, Macklot, 1827 bis 1829.
8⁰. (5 Rthl. Ed. Fischhaber, ca. 1870; 40 Mk. Adolf Weigel,
Mai 1907.)

— — E r z ä h l u n g e n. 5 Bde. Dresden, Hilscher, 1818
bis 1819. 8⁰.
> Prof. Kürschner's Bibl., Lpz., Mai-Auct. 1904, no. 697.

— — E r z ä h l u n g e n. 6 Bde. Ebd. 1822. 8⁰. (5 Rthl.)
> Schönste Clauren-Ausgabe.

— — M i m i l i. Eine Erzählung. Mit Mimili's Bildnis, nach
d. Natur gemalt v. W o c h e r, gestochen v. B o l t. Dres-

den, 1816, bei Paul Gottlob Hilscher. 8⁰. 2 Bll., 138 S. u.
1 Bl. (8 Mk., fleckiges Leihbibl.-Expl., Adolf Weigel, 1907.)
    E r s t e Ausgabe. Clauren's bekanntestes Opus, das noch
jetzt Leser findet.

— — Dasselbe. Zweite Aufl. Ebd. 1817. 8⁰. 2 Bll., 138 S. u.
1 Bl. (12 Mk., schönes Expl., der Vorige.)

— — Dasselbe. Dritte Aufl. Ebd. 1819. 8⁰. (12 Mk. Derselbe, mit Beibd. „Liesli und Elsi", s. unten.)

— — Dasselbe. (Nachdruck.) Mit Mimili's Bildniß. Reutlingen, 1816, bei Fleischhauer u. Bohm, 8⁰. 2 Bll. u. 91 S.

— — L i e s l i u n d E l s i , zwei Schweizergeschichten.
Mit (pikantem) Titelkpf., gestoch. v. S t o e l z e l . Ebd. 1821. 8⁰.

— — S c h e r z u n d E r n s t. 10 Bde. Ebd. 1823 ff. 8⁰.

CLAUREN, H. (d. i. *Wilh. Hauff*), D e r M a n n i m M o n d
oder d e r Z u g d e s H e r z e n s i s t d e s S c h i c k s a l s Stimme. 2 Thle. Stuttgart, Gebr. Franck, 1826. 8⁰. Sehr selten!
(30 Mk. Ferd. Schöningh, Osnabr., 1907.)
    Weller, Lex. Ps. p. 116.

— — H a u f f , W., C o n t r o v e r s - P r e d i g t über H.
C l a u r e n u n d d e n M a n n i m M o n d e gehalten vor dem
deutschen Publikum in der Herbstmesse 1897. Text: Ev. Matth.
VIII. 31—32. Ebd. 1827. 8⁰. (4 Mk. der Vorige.)

CLAUREN, H. (d. i. *Carl Chrn. Friedr. Niedmann*), D e r
F a s t n a c h t s b a l l. 1825. Selten!
    Weller, Lex. Ps. p. 116.

CLAUREN, Heinr. (d. i. *Geo. Carl Herlossohn*), D e r Luft-
b a l l o n oder d i e H u n d s t a g e i n S c h i l d a . Ein glück-
u. jammervolles Schau-, Lust- u. Thränenspiel in beliebigen Acten,
m. Maschinerien u. Decorationen, m. Spektakeln u. Ueber-
raschungen, m. Tanz u. Musik, m. Wahrscheinlichkeit u. Unsinn,
m. Sentimentalität u. Prüderie, m. Aufzügen u. Verwandlungen,
m. gymnast. Künsten, Prügel- u. Liebeleien, m. Mädchen in
Hosen, m. Leuten in Thierfellen, m. Statisten u. wirklichem
Vieh, m. einem Publikum etc. Leipzig 1827. 8⁰. (7 Mk. 50 Pfg.
Max Jaeckel, Potsdam, 1909.)
    Rares Curiosum! Parodie auf Clauren's Schriftstellerei.
    — R. Zinke's Dresdener März-Auct. 190*, Nr. 1546.

— — E m m y , oder d e r M e n s c h d e n k t , G o t t
l e n k t. Roman (zur Verspottung der Manier des ä c h t e n
Clauren). 2 Thle. Leipzig 1827. 8⁰. (2 Mk. 50 Pfg., fleckiges
Expl., Rich. Bertling, Dresden, 1888.)

CLAUREN, H e n r i e t t e (d. i. *Carl Friedr. Grimmert*), D i e
F a m i l i e C l a u r e n oder: N i c h t s a l s C l a u r e n ! Original-
Posse in 2 Acten, nebst Prolog und Epilog. Zerbst 1827. 8⁰.
72 S. (2 Mk. 50 Pfg. der Vorige 1888.)

CLAUREN! Original-Posse in 2 Acten, nebst Prolog und Epilog.
Zerbst 1827. 8⁰. 72 S. S. (2 Mk. 50 Pfg. der Vorige, 1888.)

CLAUREN d. jüng., J. (d. i. *L. C. L. Seidler*), Erzählungen in H. Claurens Manier. Quedlinburg u. Leipzig. Verlag von Gottfr. Basse. 1829. 8⁰.

 Tit., 1 Bl. Inh., 187 S., 1 S. Verlag d. Firma. —
1. Jahr aus meinem Leben. 2. Seltsame Gespräche verschiedener Personen mit dem Verfasser. 3. Der gefürchtete
Bräutigam. Novelle. 4. Die Heirath nach der Mode. Eine
Skizze aus dem Leben zwei gemeiner Seelen, nebst ge-
fühlvollem Anhange. 5. Waldblüthen. (Prosa u. Verse.)
(Nr. 4 stellenw. etwas frei.)

CLAUS, Bauer. — * Claes Buer / Claes Buer bin ick
ghenaemt / Een Vastelauents kint gheboren / Myn vaeder heft
my wtghesant / Die waerheyt te verclaren. / Dije Persona-
ghien. / Claes Buer. / Die Fiscael. / Die Huerpape. / Die
Doctor. / Argumentum libelli. / Congruo vinctu' rapit hic de
earcere veru' / Rusticus quesitus vincula dira terens. Kl. 8⁰.
20 Bll. (In Berlin: Yc 1851; auch in Wolfenb.) Grosse Seltenheit!

 „M. Bado, Mindensis, quondam discipulus Erasmi Ro-
terodami, vir magno ingenio praeditus, descripsit Ponti-
ficorum sacrificulorum nequitiam in libro dicto Clawes
Buer, qui primo editus est 1523". Herm. Hamelmann,
Opera genealogico-historica. Lemgoviae 1711. 4. p. 231.

* — — Dasselbe, titulo: CLaws Bwr bin ick genant / Ein
vastelauendes kint gebaren / Myn vader hefft my vth gesant /
De warheit tho vorklaren. (1524.) 8⁰. (In Berlin: Yc 1852.)

 16 Blätter. Rückseite des letzten leer.

— — Dasselbe, tit.: Clawes Buwr .... Argumentum Libelli Longeuo vinctum, rapit hic de carcere Rusticus quesitus,
vincula dira terens. O. O. u. J. 8⁰. 16 Bll. (In Wolfenb.)

— — Dasselbe, tit.: Clawes Bwer .... O. O. u. J. (Lübeck, Balhorn, um 1548). 8⁰. 14 Bll. (Besass Uhland.)

 Vgl. Keller, Fastnachtssp. III. p. 1469.

— — Dasselbe, hochdeutsch, tit.: Claws Pawer, ein gar
lustig vnd schön spiel von vier personen, gantz kurtzweylig zu
lesen. O. O. u. J. (um 1600).

— — Dasselbe, tit.: Claus Baur: Ein lustiges Fassnacht
Spiel, von der Bäpstischen Pfaffen ehelosen Hu-
renleben. Magdeburg, b. Joh. Franck. 1606. 8⁰.

* — — Dasselbe (neuer Abdr. des niederdeutsch. Orig.).
CLAWS BUR ein niederdeutsches Fastnachtspiel hrsg.
von Albert Hoefer. Greifswald. 1850. 8⁰. (Doppeltitel.)
(1524.) (In Berlin: Yc 1526, Bd. 1.)

 Joh. Saur's Frf. M. M. V. 1606. E 1 b.
 XX—116 S. (Denkmäler niederd. Sprache und Literatur,
nach alten Drucken und Handschriften . . . . Bd. 1.)

Maltzahn, p. 175 no. 1069: Abdruck nach dem e i n -
z i g e n noch erhaltenen, in der B e r l i n e r Bibl. befindl. Druck von 1524.

— — Dasselbe, hochdeutsch: D e r B a u e r C l a u s. Ein
Meklenburger Fastnachtsspiel aus der Reformationszeit, über-
tragen von Albert F r e y b e. Gütersloh 1879. 8⁰. VIII-38 S.
S. auch Goedeke II, 335, 29.

* CLAUSEN, Ign. Franc. à. — D e r P o l i t i s c h e n J u n g f e r n
N a r r e n - S e i l, Das ist, Genaue . . . . Beschreibung, welcher
Gestalt heut zu Tage des Frauen-Volck, und sonderlich die Jungfern, das verliebte und buhlerische Manns-Volck so artig weiss
bey der Nase herum zu führen, Sie zu vexiren, agiren, und endlich listig gar abzuweisen, auch was es offters vor ein Ende mit
dergleichen Frauens-Volck nehme. Allen Curiosen . . . . sonderlich aber allen Buhlern zur Warnung, und denen Frauens-Volck
zur Besserung und Erbauung vorgestellet, von *Ignatio Francisco
à Clausen.* Anno M.DC.XXXIX. (1689.) 12⁰. (In Berlin:
Yu 8821.)

Derb-satyr., aber nicht erot. Roman. 3¹/₂ Bog., unpaginirt. Vieles in Versen. Selten!

CLAUSELPETERS, w e i l a n d b e r ü h m t e n A d v o c a t e n s,
j u r i s t i s c h e P r a x i s i n S c h ö p s e n h a u s e n. Von einem
seiner Kollegen bekannt gemacht im J. 1803. Mit Titelkpfr.
Leipzig, Graffé 1804. 8⁰. (1¹/₆ Rthl.)

CLAUSNITZER, M. C. G., Untersuchung der Frage: welche
E r k l ä r u n g d e r E h e g e s e t z e M o s i s für das Gewissen
die sicherste sey. Leipzig 1772.

Ehestandsalmanach I. p. 257 (ohne Formatsangabe).

CLAUSS, Isaac., T e u t s c h e r / S c h a u - B ü h n e n / E r s t e r
(einz.) T h e y l, / Auff welcher in Dreyen sinnrei / chen Schau-
Spielen die wunderbare Würckung keuscher Liebe, und der
Ehren vorgestellet wird. I. Der Cid: II. Der C h i m e n a
Trawerjahr: III. Der Geist deß Graffen von Gormas, oder der
T o d t d e s C i d s. Anfänglich Frantzösisch beschrieben, Und
Jetzt ins Teutsche übergesetzet, und auff Begehren in Truck
verfertiget durch Isaac C l a u s s e n von Strassburg. Strass-
burg, J. Thiele, M.DC.IV. (1655.) 8⁰. Frontisp. in Kpfrst.,
8 Bll., 300 SS. (In Goettingen: Dr. 5930.) (40 Mk. Ludw.
Rosenthal, 1906.)

Goedeke III, 221. No. 31. Picot, bibl. Corn. no. 1016
hat dieses überaus seltene Werk, von dem nicht mehr
erschien, nicht gesehen. Das erste Stück ist nach C o r -
n e i l l e, das zweite nach C h e v r e a u, das dritte nach
C h i l l a c bearbeitet. Voran geht ein langes Gedicht von
H. M. M o s c h e r o s c h.

CLAUSTHAL, siehe K l a u s t h a l.

CLAUSTRO, Franc. à, Die mit kurzen Umständen entworffene Bestia Civitatis. was vor ein ärgerliches
Leben dieselbe sammt ihrer Tochter geführet etc. Ins Teutsche
übersetzet durch den jungen Simplicium Simplicissimum. O. O. 1681. 12⁰. (28 Sgr. Scheible, 1871; jetzt
viel theurer!)

> „Huren-Historie" sagt davon die Bibl. Kielmans-Egg.
> I. p. 1138; war auch in der Bibl. Loescheri, III. Dresd. 1751.
> p. 158. Ist wohl deutsches Original. Höchst selten!

CLEBIUS, Adam. — Ehlicher Tugendt Spiegel. In
welchem alle Christliche Eheleut sehen vnd lernen können, wie
sie sich in jhrem Ehstande, ... verhalten sollen; . . . . Zu
Hochzeitlichen Ehren, ... Herrn LEONHARDT von Pop
Schütz, auff Alt vnd New Krantz . . . . den 30. Octob.
An. 1618. . . . . Durch _Adamum Clebium_, Dienern am Wort
GOttes zu Schmarsse, Braussendorf, vnd Oppelwitz. Gedruckt
zu Grossen Glogaw, bey Joachimo Funck. 4⁰. 14 Bll. (In Breslau, Stadtbibl.)

> In Versen. Mit Randleisten. — Sehr rar!

CLELAND, John (geb. zu London 1707, Consul in Smyrna;
nach England 1745 zurückgekehrt, veröffentl. er den folgenden
berühmten erotischen Roman, dessen Mspt. er dem Buchhändler
Griffith für 20 Guineen verkaufte [dieser Verleger verdiente
dann an dem Buche angeblich 10000 L.], † 1789), Die Memoiren der Fanny Hill. Uebersetzt von Dr. Erich
Feldhammer. 2 Bde. Mit 2 Titelbildern in Holzschn. u.
6 farbigen galanten Abbildgn. von Franz v. Bayros. Paphos,
im Jahr der Cythere (Wien, C. W. Stern) 1906. (Gedruckt
wurde das Buch in der Officin des Gustav Röttig u. Sohn
in Oedenburg.) Kl. 8⁰. 189 u. 205 S. (800 numer. Expll.
in Schweinsleder gebd., à Kr. 42—; Luxusausg. auf kaiserlich
Japan, 35 Expll., à Kr. 72—.) (In Wien, Stadtbibl., Secr. A 8.)

> Privatdruck in bibliophiler Ausstattung. Publication
> der Gesellschaft österr. Bibliophilen. (40 Mk. Adolf Weigel,
> 45 Mk. Max Harrwitz, 23 Mk. F. Waldau (Fürstenwalde),
> 26 Mk. Taussig.
>
> Die vorliegende Uebersetzung ist nach der Original-
> Ausgabe (Expl. in München) „Memoirs of a woman of
> pleasure. 2 tom. London, print for G. Fenton in the Strand.
> 1749. 12⁰, 13 figg. (75 frcs. H. Bukowski, Stockholm, 1885.)
> besorgt.
>
> Aus dem Prospekt: „Der Verfasser dieses bedeutend-
> sten Buches der englischen erotischen Literatur ist John
> Cleland, ein 107 geborener Sohn des Colonel Cleland,
> der zum Spectatorkreise der Steele und Addison gehörte.
> John Cleland war erst Consul in Smyrna, bekleidete dann
> eine Stelle in der Regierung der Präsidentschaft Bombay,
> die er infolge eines Streites mit seinen Vorgesetzten plötzlich
> aufgab, um nach London zurückzukehren, wo er nicht das

beste Leben führte. In Kneipen und Bordellen, in der Gesellschaft von Huren, Zuchthäuslern und Debauchers hatte der
geistreiche und viel erfahrene Mann Gelegenheit, das Leben
kennen zu lernen, das ihm den Stoff für sein Buch gab. Er
soll es im Schuldgefängnis geschrieben haben und das Gefängnis drohte ihm dafür, denn er wurde wegen Veröffentlichung seines Werkes angeklagt. Aber der Richter, Earl
Granville, fällte den denkwürdigen Entscheid: es sei dem
mittellosen Angeklagten eine jährliche Pension von 100 Pfund
von staatswegen und auf Lebenszeit auszuzahlen, damit ihn
seine Armut nie mehr verleite, ein solches Buch zu
schreiben. Cleland genoss seine Pension vierzig Jahre lang,
denn er starb 82 jährig 1789 und hatte manches geschrieben,
aber nichts mehr von der Art, die ihn um seine 100
Pfund hätte bringen können."

Wegen der C l e l a n d - B i b l i o g r a p h i e (incl. Uebersetzungen) s. besonders D ü h r e n , Dr. Eugen (Iwan
B l o c h), Geschlechtsleben in England III, S. 382 ff.

— — Dasselbe, titulo: F a n n y H i l l oder G e s c h i c h t e
e i n e s F r e u d e n m ä d c h e n s . Zum erstenmal (1?) in das
Deutsche übertragen von Dr. M. I s e n b i e l (d. i. Rich.
F i e d l e r). O. O. 1906. 8⁰. (Lwdbd. 30 Kr. Halm & Goldmann, 40. Kr. Gilhofer & Ranschburg, Wien.)

P r i v a t d r u c k , nur in 400 in der Maschine numer.
Expll. hergestellt. In München, Febr. 1908, c o n f i s c i r t .
— Wegen des pseud. Uebersetzers s. S c h i n d l e r , Willy,
Das erotische Element in der Literatur und Kunst. Berlin
(1907). 8⁰. S. 63 ff.

— A n d r e (frühere) d e u t s c h e U e b e r s e t z u n g e n s.
unter den Stichworten: A b e n t h e u e r e i n e s F r a u e n -
z i m m e r s v o n V e r g n ü g e n ; F a n n y ' s U n s c h u l d ;
F r a u e n z i m m e r , Das, v o n V e r g n ü g e n ; F r e u d e n -
m ä d c h e n , Das; H e d w i g , oder: Aufrichtige Geständnisse . . . . ; H e i m l i c h k e i t e n , Entdeckte, einer . . .
M a i t r e s s e ; R o m a n e , P r i a p i s c h e (Bd. 1.).

CLELIA, D i e F a l s c h e . Eine Art-, Lustige und Comische
Geschicht, Auß der Frantzös. Sprache des *(de Subligny)* in
die Hochteutsche Sprach übersetzet, Franckfurt, Bey J. P.
Zubrodt. M. DC. LXXII. (1672.) (Nebst Kpftit.) 12⁰. (In Stralsund, Rathsbibl.) (9 Mk. Max Harrwitz, c. 1903.)

S e l t e n ! Schon im O. M. V. 1671. C 3 b aufgeführt.
O r i g .: La fausse Clélie. Histoire françoise, galante et
comique. 2 vols. Paris 1670. 12⁰. — Amst., Jaques
Wagenaar, 1671. 12⁰. Avec joli frontisp. de R o m a i n
d e H o o g h e . (6 Mk. Edm. Meyer, Berlin, 1907.) (In
Dresden, München u. Wolfenb.) Nouv. éd. Avec. frontisp.
par R. de Hooghe. Ibid. 1672. 12⁰. 4 ff., 322 pp. (8 Mk.
L. Rosenthal, c. 1888.) Edit. nouv. Avec. frontisp. Nymègue
(Holl.), à la sphère, chez Regnier Smetius, 1680. (Elzev.)
(In Stuttgart.) Willems, no. 1850. (8 Mk. Scheible, c. 1888;
24 Mk. L. Rosenthal, c. 1888.) — Amsterd. 1718. 12⁰. avec 2

figg. (In München.) (1 Rthlr. Schmidt, Halle; 4 Mk. Scheible.) — Barbier II, 437; Gay, Bibliogr. de l'amour.

§ * **CLEMENS** Alexandrinus, D. M. (ps.), Der Keusch- und Tugend-Edlen Weiber Erb-Lob .... (Gedicht in 30 Strophen, in: *Bassi* [= Passi], Giuseppe, All-erdenck- liche warhaffte Weiber-Mängel .... Cölln, Peter Marteau [Augsburg, Walther], 1705 (in Berlin u. München); rep. ibid. 1722 (in München). 8⁰.

* **CLEMENS**, Ephorus Albilithanus *(Joh. Riemer)*. — Der Po- litische Maul-Affe, mit allerhand Scheinkluger Einfalt Der Ehrsüchtigen Welt, aus mancherley närrischen, iedoch wahr- hafftigen Begebenheiten zusammen gesucht, und vernünfftigen Gemüthern zur Verwunderung und Belustigung vorgestellet von *Clemente* Ephoro Albilithano. Mit Titelkpf. Leipzig, bey Jo- hann Fritzschen. Im Jahr, 1679. Kl. 8⁰. (In Berlin 2 Expll.: Yu 7291, mit Beibd.; an Yu 6476 a.)

> 12 Bll. Vorst. (incl. TKpf.) u. 346 S. — Zuerst gedr. ebd. 1678. Kl. 8⁰. (In München: P. o. germ. 1168 f.)

* — — Dasselbe. Ebd. 1680. Kl. 8⁰. (In Berlin: Yu 7294, mit Beibd.) (3 Rthl. Stargardt, Berlin, c. 1870.)

> Titelkpf., 11 Bll., 335 S. — Dedic.: „Denen Dreyen Ertznarren, wie auch Denen Dreyen Klügsten Leuten der gantzen Welt" (Romane Chrn. Weise's), dat. Corazo 1. Jan. 1680. — Die Vorrede erwähnt auch des ungenannt. Verf. „kurtzweiligen Redner" u. „die politische Colica". — S. auch Francomonte, Florianus de.

CLEMENS, Friedr. (d. i. *Friedr. Clemens Gerke*, Das Manifest der Vernunft; eine Stimme der Zeit in Briefen an eine schöne Mystikerin.

> Das Blut ist ein ganz eigner Saft.

> Shakspeare.

Altona, Joh. Friedr. Hammerich. 1836. 8⁰. (10 Mk., mit Orig.- Umschl. 12 Mk., Max Jaeckel, Potsdam, 1906.)

> Hochinteressantes, religions-philosophisches Buch, vom ra- dikal-freisinnigen Standpunkte aus verfaßt, voll von derber antiklerikaler, auch stellenweiser pikanter Polemik. Rar, weil gleich nach Erscheinen confiscirt. XI—266 S. (incl. S. 209 sq. „Postscriptum y. Schluß, Christen u. Juden, insonderheit den Theologen zu insinuiren"). Jedes Cap. mit poet. Motto, am Ende ein Gedicht (ohne Ueberschrift) in 6 achtzeil. Strophen.

CLEMENS, K., Die Pest der schlechten Bücher. Mainz 1859. 8⁰. (80 Pfg. Heberle, Cöln, 1896.)

CLEMENT, A., Gardinenpredigten und Ehestands- Scenen. Leipzig (c. 1870). 8⁰. 127 S. (1 Mk. 20 Pfg. Taussig, c. 1905.)

CLEMENTI, Laura, die schöne Venezianerin. Ein Gemälde menschlicher Leidenschaften. 2 Thle. Mit 1 Titelkpfr. Leipzig 1802. 8⁰. (3 Mk. Isaak St. Goar, Frf. a. M., 1909.)

CLEMENTINE, ein Roman. 2 Thle. Dresden, Gerlach, 1804. 8⁰. (2 Rthl.)

CLEONE, Die getreue, in einigen Liebes-Avanturen ... (c. 1700?). 12⁰.

> So kurz erwähnt ohne Orts- u. Jahrsang. m. mehr. Romanen aus dem Anfange des 18. Jh. in d. Bibl. Kielmans-Egg. I. Hamb. 1718. p. 901.

CLEONE. — S. auch Liebes-Geschichte der getreuen Cleone ... (gleichen Inhalts?).

> Vielleicht Uebers. von: Cleonice, ov le roman galant. Novvelle par mad. [Marie Catherine Hortense Des-Jardins] de Ville-Diev. Paris, Cl. Barbin, 1669. 12⁰. (In Wolfenb.)

CLEOPATRA. — Calprenède (Gautier de Costes de La —). — Der vortrefflichen Egyptischen Königin Cleopatra Curiose Staats- und Liebes-Geschicht. Vormahls von dem Herrn *Calprenede* in Frantzösischer Sprach geschrieben, nunmehr aber in Hoch-Teutsche Sprach übers. durch J. W. Worinnen auch zugleich die alte Römische Historien mit vorgestellet werden. 12 Thle. Hamburg, Verlegts Joh. Jost Erythropel, 1700—1702. 8⁰. 11 Alph. 10 Bog. (25 Mk. Harrassowitz, Lpz., ç. 1888.) Cplt. sehr rar! (In Berlin nur Th. 1—3 [Titelkpf., 5 Bll., 285, 301, 336 S., zus. 16 Bücher enth.]: Xx 4428.)

> Eine frühere Ausgabe dieser Uebersetzung, „8 Thle. mit Kupfferstücken offerirte derselbe Verleger im H.-M.-V. 1696, Bl. D 3 a.
>
> Das französ. Original („dédié à Mr. le prince le duc d'Anguyen") erschien in 12 Theilen 1647—58 „suivant la copie impr. à Paris (Leyde, J. Sambix) und hat ziemlich niedrigen Catalogs-Werth. Graesse kennt nur die englische, nicht obige deutsche Uebersetzung.
>
> In Stuttgart befindet sich 1 cplts. Expl. der Leydener französ. Ausgabe, und zwar: T. 1: s. a. — 2: 1654. — 3: 1653. — 4: 1654. — 5: 1654. — 6: 1649. — 7: 1653. — 8: 1653. — 9: 1657. — 10: 1657. — 11: 1658. — 12: 1658. (Zus. 6 voll.) (4 fl., 12 tom., Leyde 1648—58, Theod. Ackermann, München, c. 1870; 14 Mk., 12 tom., ibid. 1653, Scheible, Cat. 53; jetzt höher notirt!)

— — Cleopatra oder die gerettete Unschuld und das gebesserte Laster. Leipzig, o. J. 8⁰. (1¹/₂ Rthl. Scheible.)

> In der Art der Bücher für das Volk gedruckt.

— — Historia von der Cleopatra, der überaus schönen, aber unzüchtigen Königin in Egypten. Aus vielen war-

hafften Historien-Schreibern zusammen getragen durch A d O -
n i s *(Adam Olearius)*. O. O. 1666. Kl. 8⁰.

> Aeusserst selten! Bibl. Kielmans-Egg. III. p. 1132.

— — C l e o p a t r a , K ö n i g i n v o n E g y p t e n. (Zahmer
Roman von *J. F. E. Albrecht*.) 3 Bde. Mit 1 Vign. Leipzig
1793—96. 8⁰. (3 Mk. 60 Pfg. J. Taussig, Prag, 1904.)

— — H i l l e , P., K l e o p a t r a. Ein ägyptischer Roman.
Mit vielen (ziemlich freien) Illustrationen. (ca. 1900.) (Kr. 1,20.)
(80 Heller Vict. Eytelhuber, Wien, 1904.)

§ — — N ä c h t e   d e r   K l e o p a t r a (von *Friedrich Ru-
perti*, 1805—67). Bremen, Druck und Verlag von Heinrich
Strack. 1857. Kl. 8⁰. 40 S. (In München: P. o. germ. 999 f.)

> Vorher waren von R. erschienen: „Dunkles Laub", 1831;
> „Gedichte", Bremen, Schünemann, 1844.

— — P i t a w a l l , Ern. (d. i. *Eug. Herm. v. Dedenroth*),
C l e o p a t r a d i e s c h ö n e Z a u b e r i n v o m N i l, die wun-
dervolle Königin von Egypten. Romant.-historische Erzählung.
Berlin, Grosse, 1869. Gr. 8⁰. 958 S.

> Polybiblion, 1869, IV. no. 2928.

— — S t a h r , Ad., C l e o p a t r a. 2. Aufl. Berlin 1879. 8⁰.
(Mk. 4,50.) (2 Mk. Calvary & Co., 1898.)

CLEVE. — A m u s e m e n s   d e s   E a u x   d e   C l è v e, oder
V e r g n ü g u n g e n u. E r g ö t z l i c h k e i t e n b e y d e n e n
W a s s e r n z u C l e v e. Zum Nutzen derjenigen, welche die
angenehme Gegenden u. Merkwürdigkeiten besehen, oder diese
Mineral-Wasser gebrauchen wollen. Entworffen von einem Mit-
gliede   der   Brunnen-Gesellschaft   *(Joh. Heinr. Schütte)*.
LEMGO, gedr. bey Joh. Heinr. Meyer. 1748. 8⁰. (10 Mk.
Paul Neubner, 1890; 9 Kr. Halm & Goldmann, 1907; 12 Mk.,
unbeschn., J. Halle, München, c. 1908.)

> Titel (roth u. schwarz gedr.), 3 Bll. Vorr., 304 S. —
> Selten u. merkwürdig!
> H o l l ä n d.   U e b e r s.:   K l e e f s c h e   W a t e r l u s t,
> ofte Beschryving van de lieflyke Vermaekelykheden aen de
> Wateren te Kleef. Amsterdam 1752. 8⁰. Mit schöner Titel-
> vign. u. 8 Kpfrn. von B e y e r , gestoch. v. F o k k e.
> (10 Mk. P. Neubner, 1892.)

— — U e b e r C l e v e. In Briefen an einen Freund aus
den Jahren 1811 und 1814, von *J A. K*. Frankf. 1822. 8⁰.
(In Düsseldorf, Kgl. Landesbibl.) Selten!

CLEVELAND, H e r z o g i n v. (Maitresse Carl's II. von England, später angeblich in Frankreich verschollen).

> Artikel in: W e h l , Feod., Die Galanten Damen der
> Weltgeschichte. Bd .3. Hamburg, B. S. Berendsohn, 1851.
> 8⁰. No. 3: Der Herzoginnen von C l e v e l a n d und Ports-
> mouth.

CLÈVES, La P r i n c e s s e d e, e t l e D u c d e N e -
m o u r s. — L i e b e s - G e s c h i c h t e d e s H e r t z o g s v o n

Nemours und der Printzessin von Cleve. Aus
d. Frantzös. Leipzig u. Franckfurt, b. Joh. Pauli. 12⁰.

> Sehr selten! — M. M. V. 1713. E 3a; Bibl. T. A.
> Fabricii IV. Append. (II.) Hamb. 1741. p. 34, ohne Jahrs-
> Angabe.

> Orig.: Amourettes du duc de Nemours et de la prin-
> cesse de Clèves. Amsterd. 1696. 12⁰. ($^2/_3$ Rthl. Maske,
> Breslau); ibid. 1698. 12⁰. Titre gravé. (In Wolfenb.)
> (2 Rthl. Scheible.) Rep. tit.: La Princesse de Clèves,
> ou les amours du duc de Nemours avec cette princesse.
> Ib. 1714. 12⁰. Avec 1 fig. ($1^2/_3$ Rthl. Scheible.) Rep.
> Paris 1752. 8⁰. 3 vols. ($1^1/_3$ Rthl. Scheible.)

> Holländ. Uebers.: De wonderlyke en ongeluckige
> Minne-Handelingen van den Hertog van Nemours
> en de Princess van Kleef. Amsterdam 1679. 12⁰.
> (12 Sgr. Heberle, Cöln; jetzt theurer!)

CLISANDER (ps.), Einleitung zu der Welt-Weis-
heit oder Philosophie eines galanten Frauen-
zimmers. Leipzig, J. C. Cörner, 1720. 8⁰. (1 fr. 75 cts. Hanke,
Zürich, Cat. 94.)

> M. M. V. 1719. E 2a; Weller, Lex. Ps. p. 119.

CLODIUS (Christian). — Niessen (Wilh.), Das Liederbuch des Leipziger Studenten Clodius vom
Jahre 1669. Ein Beitrag zur Geschichte des deutschen Liedes
im 17. Jahrh. (Diss.) Leipzig 1891. Gr. 8⁰. 66 S. Mit Noten-
beisp. (2 Mk. 50 Pfg. Rich. Bertling, Dresden, 1907.)

> Christian Clodius ist am 18. October 1647 in
> Neustadt-Dresden geboren, als Sohn des dortigen
> Diakonus Joh. Klöde (Clodius) u. seiner Mutter Sa-
> bina Klöde. Er studirte in Leipzig und scheint dort
> als Student eine Rolle gespielt zu haben. Später war er
> als Schulmann in seiner Vaterstadt thätig. Obige in
> der kgl. Bibliothek zu Berlin aufbewahrte
> und hier beschriebene Handschrift stellt eine
> Sammlung von Studentenliedern mit Me-
> lodien dar und enthält im ganzen 109 verschiedene Lieder.
> Viele derselben tragen Ueberschriften, die über Dichter oder
> Componist Aufschluss geben. Wie Niessen erzählt, enthält das
> sonst wichtige und interessante Liederbuch eine Vor-
> rede, die sich von Satz zu Satz an Un-
> flätigkeiten überbietet, so dass von jeder Be-
> sprechung Abstand genommen werden müsse. Sie zeige
> die üblen Nachwirkungen, die der dreissigjährige Krieg
> auch unter der studierenden Jugend hinterlassen hatte.

CLODIUS, Chrn. Heinr. Aug. (Dr. u. o. Prof. d. Philos. zu
Leipzig, geb. 21. Sept. 1772 in Altenburg, † 30. März 1836 zu
Leipzig), Eros u. Psyche. Ein (nachgelass. zahmes) Gedicht
in 12 Gesängen (den Freunden des verewigten Dichters gewidm.
[hrsg.] von Wilh. Crusius). Mit hübschem (unsign.) Titelbild.
Leipzig, Druck v. J. B. Hirschfeld. 1838. Lex.-8⁰. (2 Rthl.)

(3 Mk. 50 Pfg., Expl. im Orig.-Ppbd., Carl Uebelen, München, 1892.)

2 Bll., X—492 S. (jede mit Einfassung). Lat. Lett. Nur in kleiner Aufl. gedruckt, daher nicht häufig.

CLODOMIRE, oder der Schiffbruch, eine Heldengeschichte. Frankfurt und Leipzig 1775. 8⁰. Selten! ($^1/_3$ Rthl.)

Bibl. J. J. Schwabii II; fehlt in Kayser's Rom.-Verz.

CLODWIG (d. i. *Ludw. v. Alvensleben,* 1800—68) Der strafende Burggeist oder der Verfall der Harzbergwerke. Geschichtlicher (z. Th. pikanter) Roman aus der Zeit Kaiser Heinrichs IV. Mit Titelbild. Meissen u. Pest, bei F. W. Goedsche u. O. Wigand. 1830. (2. Tit: Histor. Orig.-Romane aus Deutschlands Helden- u. Ritterzeiten. Hrsg. v. G. F. Horvath [d. i. Ewald Chrn. Vict. Dietrich]. Bd. 4.) 8⁰. 208 SS.

— — Der Rachegeist, oder die Strafe des Brudermordes. Ein Roman (mit einigen Schäferscenen). Meissen, bei Friedr. Wilh. Goedsche. 1830. 8⁰.

2 Bll. u. 312 SS. ($2^1/_2$ Mk., Leihbiblex., Kühl, Berlin, c. 1882; jetzt theurer!)

* CLÖSTERLEIN. — Das Weltlich Clösterlein bin ich gnant / Ließ mein vorred, ich würd dir bekant. (Holzschnitt.) *Am Ende:* Gedruckt zu Siemeren vff dem Hunessrück bei Hieronimum Rodler, Fürstlichen Secretarien. O. J. (c. 1533). 4⁰. (In Berlin: Yh 921.) Sehr rar!

Voran eine kurze Vorrede in Versen. — Anfang des Gedichts: Wolt jr vermercken abentheuer — Mit 3 sauberen Holzschnitten im Text. 12 Bll. Rücks. des letzten leer. — Weller, Ann. I. p. 308.

CLORINDE. — Der CLORINDEN Erster (und Anderer) Theil. Oder Liebs-Geschicht, Von den Römischen warhafften Geschichten, und dem Krieg, welchen der König Mithridates in Ponto viel und lange Jahr mit den Römern geführet, hergenommen und mit schönen anmuhtigen Erfindungen außgeführt. Aus der Frantzösischen in die Teutsche Sprach übergesetzt. Franckfurt, In Verlegung Johan' Georg Schiele. M. DC. LXX. (1670.) 12⁰. (In Breslau, Kgl. u. Univ.-Bibl.: Litt. Gall. III 12⁰. 80.)

Titelkupfer, 5 Bll. Vorst. (incl. Titel in Roth- und Schwarzdruck), 528 u. 571 Seiten. (8 Bücher.) Sehr selten! Orig.: Clorinde. Paris, Courbé, 1654, 1656, 8⁰. 1 tome in 3 vols. (Nyon 8927.) — Gay II. p. 253.

CLOS, Choderlos de la, s. Laclos.

CLOSTERLIEBE, Die flüchtige. (Aus d. Französ.) Hannover, Helwing, 1749. 8⁰.

— — Dasselbe, tit.: D i e   e n t f l o h' e n e   C l o s t e r l i e b e.
Delitzsch, Vogelgsang, 1749. 8⁰.

> Beide seltene Ausgaben im Cat. Monath II. Nürnb. 1783.
> p. 622 angezeigt.

COBER, Chr., D i a l o g u s   a n   v i d u a   a u t   v i r g o   d u -
c e n d a   s i t   u x o r. Vratislaviae. 1647. 4⁰. Rarissime!

> D e u t s c h e   V e r s e. Weller, Annal. I. p. 406, no. 709.

COBER, Gottl. (Pastor in Altenburg), D e r   a u f r i c h t i g e
C a b i n e t - P r e d i g e r, welcher hohen u. niedrigen Standes
Persohnen ihre Laster, Fehler u. Anliegen, nebst dem heutigen
verkehrten Weltlauff, in 100 Discours-Predigten entdecket. Mit
Kpfrn. 2 Thle. Franckf. 1715—16. 8⁰. (3 Mk. Heinr. Kerler,
Ulm, 1905.)

> Kräftige, derbe Predigten: Die liebreitzende H u r e n -
> d a m e, der zur Höllen taumelnde Trunkenbold etc. Cober
> ist wegen seines Witzes, seiner Derbheit u. Schärfe ein
> Epigone Abrahams a S. Clara, den er an Freiheit des
> Ausdrucks übertrifft.

— — Dasselbe. 2 Thle. Culmbach 1730. 8⁰. (In Nürnberg,
Stadtbibl., ex bibl. Solger. III. p. 72.)

— — Dasselbe. Th. 1. (einz. ?) Mit den Portraits des Verfassers und des Erbprinzen Friedrich von Sachsen - Gotha
Franckf. 1743. 8⁰. 500 S. (3 Mk. 50 Pfg. Rich. Härtel, Dresden,
1907.)

— — Der mit dem göttl. Gesetz donnernde C a t e c h i s -
m u s p r e d i g e r   i m   C a b i n e t. Franckf. 1725. 8⁰. (3 Mk.
H. Kerler, 1905.)

— — H e r t z - e r q u i c k e n d e   B l u m e n   u.   g e m ü t h s -
l a b e n d e   A e p f e l   a u s   d e m   L u s t g a r t e n   d e r   h l.
S c h r i f t. 12 Monate in 12 Thln. mit 12 Kpfrn. u. 1 Portr.
Leipzig 1713. 8⁰. (10 Mk., Lehmann & Lutz, Frankf. a. M.,
1883; jetzt höher notirt!)

§ * **COBLENZ**. — G e s c h i c h t e,   G e h e i m e,   v o n   C o b -
l e n z   w ä h r e n d   d e r   F r a n z ö s i s c h e n   R e v o l u t i o n.
Aus den Briefen der Cabinette des Churfürsten und der Prinzen
Brüder Ludwigs des XVI. Frankfurt u. Leipzig (o. Adresse)
1795. 8⁰.

> Haupttit., Nebentit., 154 S. Sehr selten! — Kap. 1:
> Ursachen der Staatsrevolutionen. 2. Spekulationen der euro-
> päischen Cabinette über die Revolution von 1789. 3. Nieder-
> lassung des G r a f e n   v o n   A r t o i s in Coblenz. 4. Aus-
> wanderung des G r a f e n   v o n   P r o v e n c e, Bruder des
> Königs. 5. Souverainität des Französischen Staats in Cob-
> lenz. 6. Die französische Inquisition in Coblenz. 7. Tod
> des K a y s e r s   L e o p o l d. 8. Ankunft des H e r z o g s
> v o n   B r a u n s c h w e i g in Coblenz. 9. Der K ö n i g   i n
> (so!) P r e u s s e n u. sein Rückzug. 10. Die Bastille von
> Coblenz. 11. Die fehlerhafte Erziehung der Fürsten ist die
> Quelle aller Verbrechen.

COBURG. — Blumenfeld, Ewald (ps.), Paulinens Reise nach Deutschland, oder Verbrechen der Liebe. Eine romanhafte (liederl.) Geschichte (nach d. Französ.). 2 Thle. Braunschweig, G. C. E. Meyer, 1826. 8⁰. 246 u. 263 SS.

> Skandalschrift, mit Einfügung eines kleinen Romans, dessen Held ein Dr. Belmont. Th. 1 in Briefen und treu dem Original. Th. 2 läuft in der Erzählung fort, wobei jedoch Einiges ausgelassen ist. Dafür S. 91 bis 133 die qu. Episode mit dem Dr. Belmont, dessen Name im Original nicht vorkommt. Vgl. die anon. Schrift: Die Romantik des 19. Jahrhunderts. Weimar, K. Gräbner, 1833. 8⁰. S. 12. — Der Pseud. Blumenfeld fehlt bei Weller.
>
> Das französ. Orig., vor 1814 verfasst, wie ein der folg. Uebers. von 1869 beigegeb. Brief des (1814 verstorb.) Fürsten v. Ligne darthut, aber erst 1823 gedruckt, wurde für Deutschland auf Betreiben Herzog Ernst's I. vom Bundestage verboten: Mémoires d'une jeune Grecque. Madame Pauline-Adelaïde Alexandre Panam, contre S. A. Sérénissime le Prince régnant de Saxe-Cobourg. 2 pts. av. 2 beaux portr. (n. s.). A Paris, chez l'auteur, rue de Provence, No. 53. 1823. 8⁰. XXXVI—164+188 S. (incl. Inh. u. Errata).

— — Dasselbe, titulo: Memoiren einer jungen Griechin. Geheimnisse u. Nachtseiten des Hoflebens von Sachsen-Coburg. (Ein Seitenst. zur Affaire Ebergenyi-Chorinsky.) Als Beitrag zur Sittengeschichte des 19. Jahrh. aus d. Französ. übers., m. Einleit., Erläutrgn. u. Schlusswort versehen v. Adolph Kastendieck, (gemassregelt.) herzogl. Sachsen-Coburg. Domainenpächter. 2 Thle. Wels, Joh. Haas, 1869. 8⁰. (6 Mk., eleg. Hfz., H. Hugendubel, München, 1905.)

> VII—211 u. VI—144 S. Besonders interessant ist d. Briefwechsel d. Herzogs u. d. Herzogin mit Madame Panam.

— — Mephisto (ps.). Der Roman im Hause Coburg. Zürich 1899. 8⁰. (2 Kr. 50 H. Halm & Goldmann; 3 Mk. der Vorige.)

* COCAY, Joh. (ps.), Teutscher (!) Labyrinth. In welchem Durch viel artige moralische Historien, lustige, liebliche Discursen die Melancholey vertrieben vnd die Gemüther auffermuntert werden. Sampt einem Poetischen Lustbringer (meist Trink- und Liebeslieder) vnd vnartigen Teutschen Sprachverderber. Cölln, bey Andr. Bingen, 1650. 12⁰. (2 Mk. Kühl, Berlin, c. 1885; jetzt theurer!)

> Ziemlich zahm. 163+5 SS.

* — — Dasselbe in: Zeit Kürtzer (s. d.) der Wanders-Leuten . . . . 1660. (No. 1.)

COCCHI, Ant. (Med. D.), V o m E h e s t a n d e, aus dem
Italien. nebst einem Fragmente, den Ehestand betreffend. Berlin,
Arn. Wever, 1766. 8⁰. 9 Bog.

> O. M. V. 1767 (!), S. 798; Cat. Meissner I.

* COCCYGES, Bellarminus (ps.). — D e r l u s t i g e p o l i-
t i s c h e G u c k g u c k, worinnen die sonderbare Super-Klugheit,
Simulation, Undanckbarkeit u. arglistige Thorheiten der heutigen
Welt, allen Liebhabern ohne ärgerlichen Nachtheil des Nächsten,
zum kurtzweiligen Zeit-Vertreib vorgestellet werden, von *Bell-
armino Coccyge*. Gedruckt zu Eisenberg, im Jahr 1684. Zu
finde˙ in Leipzig bey Chr. Weidman˙en. (Nebst curiosem satyr.
Kupfertitel.) 12⁰. (In Dresden: Lit. Germ. rec. C. 871 m,
Beibd. 3; jn Berlin: Yu 7951.) (12 Mk., zus. mit Candidaeus
[s. d.], L. Rosenthal, 1906.)

> Titel (roth u. schwarz), 10 Bll. Vorr. u. „Bedeutung
> des K u p f f e r - T i t e l s" (in Versen), 418 S. Einiges
> etwas derb.
> Nach Deschamps erschien der erste Druck in Eisenberg
> (Sachsen-Altenburg) im Jahre 1730. Der obige ist also
> um 46 Jahre jünger.

— — Dasselbe. Franckfurt und Leipzig 1684. 12⁰. (Citirt
Goedeke.)

> Auch Weller's Lex. Ps. nennt 2 Drucke von 1684.

COCHEM, P. Martin, Kapuzinerordens (d. i. *Anton v. Bucher,*
1746—1814). S e r a p h i s c h e J a g d l u s t, das ist, vollständiges
Porziunkulabüchlein. Mit Erlaubnis der Obern. Mit TKpf. u.
TVign. O. O. (München) 1784. 8⁰. X—118 S. (9 Mk., mit d.
folg., Adolf Weigel, 1906.)

— — P a t e r C o c h e m s H i m m e l - R e i s e u n d H ö l l e n-
f a h r t. Madrit und Rom 1792. 8⁰. 44 S. (6 Mk. J. Taussig,
Prag, ca. 1905.)

> Comisches E p o s im Style Blumauers, a u c h von
> A. v. B u c h e r? Letzteres Schriftchen n i c h t bei Goedeke
> VII, 549, 38.

COCHEM der J ü n g e r e, Pater Franz (ps.). — W o r t e d e r
L e h r e u. d e s T r o s t e s d e n S p ö t t e r n z u m S p o t t e,
den Aufgeklärten zum Hohn u. den Gläubigen als Wahrheit gesprochen vom Pater *Franz Cochem, dem jüngern.* Unser
Wissen u. Verstand, ist mit Finsternis umhüllet. Rom u. Constantinopel, o. J. (1802). 8⁰. Rar!

> Ungemein derb - satyrische P r e d i g t im b a y e r.-
> ö s t e r r e i c h. V o l k s t o n. Mit drast. Titelkpf.: Predi-
> gender Mönch, unterschrieben: „Nun liebe Bauern, wie g'fallt
> euch dies Exempel?" Weller, fing. Druckorte, unter 1802.

COCOS, satyrisch-politischer Roman (von *Carl Theod. v.
Traiteur*). O. O. 1778. Rar!

> Anon.-Lex. I. p. 331 (nach Meusel).

COCUS, Jocosus, s. L u s t h a u s e n.

CODARDA, J o s e p h , u n d R o s a u r a B i a n k i , eine rüh-
rende Erzehlung aus geheimen Nachrichten von Venedig u.
Cadix, geschildert in empfindsamen Briefen (von *Joh. Adam
Braun,* 1753 — n a c h 1818). Frankfurt und Leipzig (Nürnberg,
Monath). 1778. 8⁰. (18 Mk. L'. Rosenthal, 1907.)

> Mit „Dedication: „An den Originalverfasser des berühmten
> Schauspiels des Göz von Berlichingen" etc. — Sehr selten !

CODEX, Koloczaer, s. K o l o c z a e r C o d e x.

CÖLESTINENS S t r u m p f b ä n d e r. Eine Reihe geheimer
Anekdoten. Berlin (Leipzig, Joachim), 1801. 8⁰.

> Tit., 1 Bl. u. 104 S. Pikant und rar ! Scheint Uebers.
> od. Bearb. eines französ. Originals. — S. auch sub:
> S t r u m p f b a n d.

— — Dasselbe, tit.: C ö l e s t i n e n s S t r u m p f b ä n d e r ,
eine Reihe geheimer und galanter Anekdoten. 2. Aufl. Ebd., o. J.
(c. 1803). 8⁰. (8 Sgr. Heberle, Cöln, c. 1870; jetzt theurer !)

— — Dasselbe. Ebd. 1805. 8⁰. (1 Rthl. Lippert, Halle, v o r
1870.)

COELESTINUS, J. Fr., V o n B u c h h e n d l e r n , B u c h -
d r u c k e r n v n d B u c h f ü r e r n , ob sie auch one sünde
vnchristliche, ketzerische, bepstische, v n z ü c h t i g e o d e r
s o n s t b ö s e B ü c h' e r drucken, feil haben, oder kauffen vnd
verkauffen mögen. O. O. 1569. 44 Bll. Ungemein rar ! (60 Mk.
Ludw. Rosenthal, München, 1906:)

> „Gewidmet Wolffgang M o s e r Buchfürer zu Regensburgk.
> Interessante u. für die Geschichte des Buchhandels wichtige
> Schrift. Am Schlusse befindet sich ein G e d i c h t von
> 2 Seiten: „Warumb es so vbel in der Welt stehet." —
> Selbst die Bibliothek des Börsenvereins der deutschen Buch-
> händler besitzt von dieser ungemein seltenen Schrift nur
> eine viel spätere Ausgabe. (1636.)"

Cölibat.

ABC, D a s g o l d n e , f ü r H e r r e n u. D a m e n i n u.
a u ß e r d e r E h' e. Wien 1809, bei Ignatz Feldner. 12⁰.
S. 36—47: Der C e l i b a t ä r.

ALMANACH f. A e r z t e u. N i c h' t ä r z t e , auf d. J. 1782—96
(cplt.?), hrsg. v. Dr. Chrn. Gfr. G r u n e r (Prof. in Jena,
geb. 1744, † 1815). Jena. 8⁰.

> Handelt auch über E h e l o s i g k e i t d e r G e i s t -
> l i c h e n.

BACHMANN, P., Von Ceremonien / der Kirchen, das ist, von
eusser- / lichem dienste Gottes, oder / von Leiblicher vbun- / ge
Göttlicher / Ampter. / Appendix von P r i e s t e r l i c h e m /
C e l i b a t o d e r K e u s c h e i t. / Durch den Abt zur alten

Zellen. / Gedruckt zu Leiptzigk durch / Nicolaum Wollrab.
/ M.D.XXXVII. (1537.) 30 Bll. 4⁰. (In Berlin: Magistratsbibl.)
Sehr selten! (^{2}/$_3$ Rthl. T. O. Weigel, 1870; jetzt theurer!)
    Kuczynski no. 177.

BADEN. — Coelibat und dessen Aufhebung in
Baden. Meine Gedanken gegen das römische Coelibat-Gesetz,
v. *G. E. Sp.* Reutlingen 1820. 8⁰. 46 S.
    Stoll & Bader, Freiburg i/Br., Cat. 67 (1891), wo auch
    die 2 folgenden Schriften:
— — — — Denkschrift für Aufhebung des den
katholischen Geistlichen vorgeschriebenen
Coelibates, mit 3 Actenstücken. — Freiburg i. Br. 1828.
8⁰. 152 S. — Beleuchtung der Denkschrift, von *P. i. a.* Mit
1 Actenstück. Heidelberg 1828. 8⁰. 94 S. (50 Pfg. A. Bielefeld, 1891.)
— — — — Petition an die II. badische Kammer
von 1831, betreffend Aufhebung des Coelibat-
gesetzes, mit Vollmachten von 162 badischen katholischen
Geistlichen und Antwort des Erzbischofs auf die Petition von
1828. Freiburg i. Br. 1831. 8⁰. 40 S. — Verhandlungen der
badischen II. Kammer über die Petition betr. Coelibataufhebung.
Stuttgart 1828. 8⁰.

BAGO, E. L., Der Coelibat. Sozialer Roman. Deutsch
von Bark. I. Der Geistliche. Hagen (c. 1885?). 8⁰. (1 Mk.
50 Pfg. Paul Neubner, Cöln, 1888.)

BAUER, J. Phil., Der Mensch in Bezug auf sein
Geschlecht.... Nach den neuesten Werken der französ.
Aerzte deutsch bearbeitet. 2. Aufl. Leipzig, Hartlebens Verlags-
Expedition. 1820. 8⁰.
    4 Bll. u. 412 S. Handelt auch vom Cölibat. —
    Zuerst gedr. ebd. 1819. 8⁰. 447 S. — Dritte Aufl. ebd.
    1834. 8⁰. 252 S. (à ^{1}/$_2$ Rthl. Heberle, Cöln, c. 1870.)
    — Vrf. Hayn, Bibl. Germanor. gynaecol.

BEDENCKEN, ob Geistliche Personen, wegen
ihrer Gelübt sich in den Ehestandt nicht begeben mögen. Newstadt a. d. Hardt, Matthaeus Harnisch.
1583. 4⁰. (Expl. in Wernigerode.) Rar!
    Roth, F. W. E., Die Verlagsfirma Harnisch in Neu-
    stadt a. d. Hart u. ihre Erzeugnisse im 16. Jahrhundert.
    Kaiserslautern 1897. Gr. 8⁰. (Beilage z. Pfälz. Museum.)
    Nr. 44 a.

BEITRÄGE zur Correspondenz der Heiligen u.
Briefe der Narren sammt fünfundvierzig Preis-
fragen. Leipzig 1788. Kl. 8⁰. (20 Mk. Max Harrwitz, 1909:)
    „Von grosser Seltenheit! Kräftige Sa-
    tire auf das Cölibat, die sicherlich energisch
    unterdrückt wurde. Das Büchlein enthält 22 Piecen,
    darunter „St. Birgitta u. d. Schwanz des Teufels"; „St.

Dositheus, Einsiedler bei e. Mädchen"; „St. Gangulphus u.
sein f . . . . Weib"; „Herr u. Frau v. Holz, d. i.
der hölzerne Herrgott von Matrey, u. die hölzerne Mutter-
gottes zu Jörgenberg in Tirol. In der Muttersprache. In
zween Aufzügen"; u. s. w."

BERNHARDUS, Bartholomäus. — D As die prister ehe-
weyber nemen mögen vnd sollen. Beschutzrede des
würdigen hern *Bartolomei Bernhardi* etc. *Am Ende :* Getruckt
zu Arips (Wittenberg), vnd durch M e l i u m J o a n n e' E l e u-
t h e r i u m etc. verteutscht. Anno 1522. 4⁰. 8 Bll. (In der
Zürcher Kantonsbibl.) N. A. ebd. 1522. Andere Ausg. Wittenberg 1522. 4⁰.

> Weller, fing. Druckorte. Alle 3 Drucke höchst selten!
>
> Das l a t. O r i g i n a l : „Contra papisticas leges sacer-
> dotibus prohibentes matrimonium, apologia pastoris Cem-
> bergensis, qui nuper, suae ecclesiae consensu, uxorem duxit"
> wurde von U. H. (Ulrich H u g u a l d u s) edirt. O. O. u. J.
> (Zürich bei C. Froschower. 1521). 8 Bl. 8⁰. — Dasselbe.
> O. O. u. J. (*In fine :* Wittenbergae 1521.) 8⁰. 8 Bll. (In
> Zürich.) (6 Mk. Max Weg, Lpz., 1897.) Vgl. Kuczynski
> no. 233—234.

— — An Maidenbergers ertzbischof herforderung u b e r
E e l i c h s s t a n t z h a n d e l a i n e s e r s a m e n P r i e s t e r s
/ *Bernhardi* entschuldigung vnd antwurt. S. l. et a. 4⁰.

> M. Lempertz's, Bonn, Jan.-Auct. 1882. (Bibl. Floss.)

— — L a n g e, J o h., S c h u t z r e d e v o r M a g i s t e r
B a r t h o l e m e o, P r o b s t z u K e m m e r i g, d e r e i n
e e h w e i b s o e r p r i e s t e r i s t g e n u m m e n h a t. Erff-
furdt 1522. 4⁰. 8 Bll. (4 Mk., fleckiges Expl., Paul Neubner,
1892.)

> Sämmtlich höchst selten!

§ * **BETRACHTUNGEN,** U n p a r t h e i i s c h e, ü b e r d a s
G e s e t z d e s g e i s t l i c h e n C ö l i b a t s u. ü b e r d a s
f e i e r l i c h e K e u s c h h e i t s g e l ü b d e, von *C. A. P.*
übers. mit Anmerk. u. Zusätzen von F. C a r o v é. Frkft. 1832.
8⁰. (2¹/₄Rthl.) (2 Mk. 50 Pfg. A. Bielefeld, 1891.)

BETRACHTUNGEN ü b e r d e n K l e r i k a l- u. M ö n c h s-
g e i s t i m 19. J a h r h u n d e r t e m i t b e s o n d e r e r R ü c k-
s i c h t a u f d i e E h e l o s i g k e i t d. G e i s t l i c h k e i t i n
D e u t s c h l a n d zur Beförderung der Sittlichkeit. Von *A. F.
R.* Mit Portrait des Domvikars Frz. N. Baur zu Würzburg
(L a u b r e i s del., S c h u l e sc.). O. O. (Rudolst.) 1805. 8⁰.
446 S. (1 Mk. 60 Pfg. L. Rosenthal, c. 1880; 8 Mk. Max Harrwitz, 1906.)

> Selten! Motto: „Gebt ihnen Weiber, damit sie menschlich
> werden!"

BITTE an die Fürsten Deutschlands um Aufhebung des Cölibats. Deutschland (Stettin in Ulm). 1801.

> Weller, fing. Dr.

BRAUN, Karl, Das Zwangs-Cölibat für Mittellose in Deutschland. (Berlin 1867.) 8⁰.

> P. E. Richter, Bibl. geogr. Germaniae. Lpz. 1897 p. 481.

§ **BRIEFE** über den Cälibat (sic!) unserer katholischen Geistlichen. Von *K-u-r.* und *W-o-g* (von *Joh. Ant. Sulzer.*) Ein Anhang zu den Briefen über das Mönchswesen. Oberhausen (Ulm, Wohler) 1781. 8⁰. 104 S. (In München 3 Expll.) (1 Mk. 20 Pfg. L. Rosenthal, c. 1888.)

— — Dasselbe. Ed. 2. Ibid. 1782. 8⁰.

BRIEFE, Aufrichtige, zwoer Freundinnen über den Cölibat, oder ehelosen Stand der kathol. Geistlichkeit; hrsg. v. Marianne, geb. von ***. Frankf. 1784. 16⁰. Selten! (2 Mk. C. Winter, Dresden, 1895.)

§ **BRIEFE** über das Verbot der Priesterehe, von einem katholischen Pfarrer. Cöln (Wien). 1782. 8⁰.

§ **BRIEFE,** Drey, eines vermummten Welt-Priesters von dem Ende des Cölibats mit diesem Jahrhundert, beantwortet von einem anderen Weltpriester. O. O. 1783. 8⁰. (1 Mk. 60 Pfg. L. Rosenthal, c. 1880.)

BRUCHSTÜCKE vom Menschen, von *J. F. W*****g (Wieting).* Berlin (Wien) 1789. 8⁰. (1 Mk. 30 Pfg. W. H. Kühl, Berlin, c. 1882.)

> 16+192 S. Handelt auch von der Ehelosigkeit der katholischen Geistlichen.

BUGENHAGEN, Joh., Von dem ehelichen Stande der Bischöffe vnd Diaken (sic!) an Herrn Wolfgang Reyssenbusch. Wittenberg 1525. 4⁰. Sehr selten!

> Cat. Cammerer I. Erlang. 1796. 8⁰. p. 227.
> Orig.: De conjugio episcoporum et diaconorum ad venerandum doctorem Wolffg. Reissenbusch. Vittemb. 1525. 8⁰. (4 Mk. Max Weg, Lpz., 1897, Cat. 52.)

BUGENHA.(gen) Pome.(ranus), Joa., Wat me van / dem Closter leuen / de holden schal, al / lermeyst vor de Nun / nen vnde Bagynen / gheschreuen. / Vth der hilgen schrifft. / Tho Hamborch / 1529. / Kl. 8⁰. 53 ungez. Bll. (90 Mk. Oswald Weigel, Lpz., 1904, Cat. 115:)

> Aeusserst selten u. gesucht! Titel mit breiter Holzschnittumrahmung, auf Bl. 53 verso das Impressum: Ghedrucket yn der lo / ueliken Stadt Ham / borch dorch Jur / gen Richolff. / 1529. / — Lappenberg, Hamburger Buchdruckergesch. S. 23; Scheller, Bücherkunde, S. 189 u. 190, No. 743: „B. räth, keine Nonnen u. Beginen (falsch Beguinen) mehr zu machen, . . . eifert mit Belegen aus

der Bibel gegen das Coelibat u. Klosterleben u. erlaubt nur den alten, kranken u. hülflosen
Frauenzimmern den Aufenthalt im Kloster.

CHRYSOSTOMUS. — Anwendung, Nützlichste, der Abhandlung des *Chrysostomus* wider die, so der Kir-
chenordnung entgegen, Jungfrauen bei sich
haben etc. Antiochia bei Custos Leberecht. 1778. Rar!
Weller, fing. Dr.

CLASSICUS, Julius (ps.), Das Urtheil der alten und
neuen Welt über den Cölibat der Priester beleuchtet und mit Anmerkungen begleitet. Zweibrücken (Trier,
Gall in Commiss.) 1832. Gr. 8⁰. 2½ Bog. Selten!
A. G. Schmidt, Gallerie etc.

§ **COELIBAT,** Der (!) (von *L. Clarus*, d. i. *Ludw. Volk*).
2 Thle. Regensburg, G. Jos. Manz, 1841. 8⁰. (2¹/₆ Rthl.) (2 Mk.
Ferd. Raabe, Königsb., 1894.)

§ **COELIBAT,** Der (!), der Geistlichkeit von seiner
politischen Seite betrachtet (von *Justus Möser*.
Osnabrück und Leipzig 1783. 8⁰. (In München: J. can. p 225.)
Anon.-Lex. I. p. 332 (nach Meusel).

§ **COELIBAT,** Der (!), in seiner Entstehung, seinen
Gründen u. Folgen. Eine Zeitfrage für das bevorstehende
Concil, von einem katholischen Geistlichen. München, Franz,
1870. 8⁰. 15 S. (In München: J. can. p. 1198/30.)
Zuerst gedr. ebd. 1849. (50 Pfg. A. Bielefeld, 1891.)

§ **COELIBAT,** Der (!), mit seiner Grundlage und
Aufbau, oder das dreistöckige Gebäude der
römisch-katholischen Kirche. Frankfurt a. M.,
Brönner, 1854. 8⁰. (In München: J. can. p. 1196/38.) (60 Pfg.
A. Bielefeld, 1891.)

§ **COELIBAT,** Der (!), oder der Wehestand der unbe-
weibten Priester, aus den hinterlassenen Papieren eines
katholischen Geistlichen gezogen . . . von einem Freunde der
. . . christlichen Kirche. Zürich, J. R. Wild, 1835. 8⁰. 63 S.
(In München: J. can. p. 225 q.)

§ **COELIBAT,** Der (!), im Widerspruch mit Vernunft,
Natur u. Religion. Oder: die Emanzipation des
katholischen Klerus. Heidelberg, Aug. Oswald, 1829.
8⁰. 63 S. (In München: J. can. p. 1195/6.)
Gegen P. i. a. (s. Denkschrift, Beleuchtung der —, v.
P. i. a., unter Baden).

CÖLIBAT und Haushälterin. Culturhistor.-humorist.-
satyrischer Beitrag zur Sittengeschichte des katholischen Clerus.
Mit Illustrationen. Chemnitz 1875. 8⁰. (1 Mk. C. Winter,
Dresden, 1895.)

§ **CÖLIBATGEBOTH** (!), Das kirchliche, in seinen Verhältnissen zur Religion, Sittlichkeit u. Politik. Aus d. Französ. mit Anmerkgn. von einem Teutschen (Georg Ludw. Carl Kopp). O. O. (Frankf.) 1811. 8⁰. (²/₃ Rthl.) (In München: J. can. p. 226c.) (1 Mk. 50 Pfg. Franz Teubner, Düsseldorf, 1898.)

> Anon.-Lex. I. p. 332 (nach Schmalhofer).

CÖLIBATGESCHICHTEN. Naumburg a. S., Lippert & Co.

> Verboten v. L.-G. Prag, 16. VIII. 1901. § 302.

CÖLIBATGESETZ, Das, in der lateinisch-katholischen Kirche. Preßburg 1848. 8⁰.

> Karajan's Bibl. II. no. 683.

§ **COELIBATS-APOSTEL,** Der neue, in Frankreich. O. O. 1802. 8⁰. (In München: J. can. p. 226d, mit 4 Beibdn.)

CONCUBINARII, s. weiter unten „Vnderricht".

CONSTANZ. — Summarium der schödlichen tödtlichen gyfften, so in disem Mandat vergriffen, vff das du frummer Christ dich dar vor wissest zu hüten das du nitt gyfft für brott essest (von *Seb. Meyer*). Gedruckt zu Hohensteyn, durch Hanns Fürwitzig, o. J. (Zürich bei Chr. Froschower. 1523.) (In Zürich.)

> Weller, fing. Dr.: Bezieht sich auf ein Mandat des Constanzer Bischofs vom 2. Mai 1522 über das Cölibat.

— — — — Appellation etlicher Pryester zu Costantz von der vermaindten Citation dess Bischofflichen Vicaris, jetzo zu Radtolfszell . . . (wegen ihrer Verehelichung). Getruckt zu Costantz durch Jörgen Spitzenberg, im Ryndfuss by dem Hägeliszthor. Anno M. D. XXVII. (1527.) (In Zürich.)

> Weller, l. c.

CRIMINALACTE, Eine römische, aus dem Jahre 1842. Zur Sittengeschichte des Cölibats. Göttingen 1847. Gr. 12⁰. (1 Mk. 50 Pfg. Max Harrwitz, c. 1903.)

DALEI, Benedikt (d. i. *Franz Josef Egenter*), Schwarze Lieder. 2. Aufl. Bern, Jenni, 1847. 8⁰. (3 Mk. 50 Pfg. B. Seligsberg, Bayreuth, 1906.)

> Die erste Ausgabe wohl von demselben Jahre?
> Größtentheils gegen das Cölibat gerichtete 56 Gedichte eines katholischen Geistlichen. Sie sind so pikant, daß die Berner Regierung den Verleger derselben mit Verbannung u. einer Geldbuße belegte. (Notiz d. Verlegers Jenni in Bern.)

DANKSAGUNGS-Schreiben der gesamten Katholischen Geistlichkeit an Seiner (!) Kaiserl. Königl. Majestät, Joseph II. fur (!) die Verweigerung der Priester Ehe. Wien, Bey allen Pri-

vilegierten Nachdruckern (d. i. H i l d e s h e i m , laut Weller's
fing. Dr.) 1787. 8⁰. Lat. Typen. 14 S. Rarissime!

Der ganze Titel, bis auf die Worte zwischen Ort und
Jahrzahl, mit lateinischen Versalien gedr. Als Verfasser
dieser kritisch-bitteren Schrift galt allgemein d e r b e r ü c h -
t i g t e F r a n z R u d o l f Edler v. G r o s s i n g , damals
in Berlin, Verfasser des „Damen-Journals" (Halle, 1784—85)
und anderer Kritiken über Kaiser Josef II. Sonderbar aber
ist die Art, wie es in die Welt kam, nämlich auf einen
Tag im Hornung 1788 empfingen sowohl Se. Maj. der
K a i s e r , als der Fürst Staatskanzler v o n K a u n i t z
und alle andern Minister ein Exemplar dieses Danksagungs-
Schreiben versiegelt und mit ihren Adressen durch die
Post. Sonst aber sah man nichts davon im Publikum,
daher es e i n e d e r g r ö ß t e n R a r i t ä t e n d e r
J o s e f i n i s c h e n L i t t e r a t u r ist. (Notiz auf Vor-
satzbl. des mir vorgelegenen Expls.)

DEKKER, Joh. Pet. Chr., S c h r i f t m ä ß i g e u. v e r n ü n f -
t i g e Gedanken v o n dem E h e s t a n d e der G e i s t -
l i c h e n u. d e s s e l b e n U r s p r u n g u n t e r d e n P r o t e -
s t a n t e n . Helmstädt 1751. 8⁵. Selten!

Cat. Cammerer II. Erlang. 1796. 8⁰. p. 788.

DENKSCHRIFT f ü r A u f h e b u n g d e s d e n kath. G e i s t -
l i c h e n v o r g e s c h r i e b e n e n C ö l i b a t e s . . . . , s.
weiter oben B a d e n .

DESANCTIS, L., D i e E h e l o s i g k e i t d e r P r i e s t e r .
Aus d. Italien. v. W. M a a s s e n . Duisburg 1862. 8⁰. (50 Pfg.
Franz Teubner, 1898.)

DEUTSCHLANDS a c h t z e h e n d e s J a h r h u n d e r t . (Kathol. Monatsschrift, aufklärender Tendenz, hrsg. v. Joh. Sebast.
v. R i t t e r s h a u s e n u. Anderen.) Jahr. 2. O. O. (Bregenz,
Typogr. Gesellsch.) 1783. 8⁰.

S. 38—50: Die P r i e s t e r e h e (unterz.: P. F. K.). —
Anon.-Lex. II. p. 312 hat für die cplt. Zeitschrift: [Kempten]
1781—86.

EBERLIN, Johann (von Günzburg). — D e r F r o m m e n
p f a f f e n t r o s t . / Ain / getreuer glaubhaf / ter vnderricht vnd antwurt / vff der syben trostlosen pfaffen clage /
Newlich durch die Fünfzehen Bundsgnossen / beschriben vf die
die hyeundenn verzaichnetenn artickel / V o n n p f a f f e n E e
/ Von pfaffen narung / vnd pfründenn / Von pfaffen ampt
/ Vonn predigen / Von der pfaffen schmach / nit zeachten
/ Von vffrur / wider pfaffhait / nit zeforchten / Von helffer-
stand / J E / M W (d. i. *Joh. Eberlin,* magister Wittenb.)
/ Traw got wol. / O. O. u. J. (1521). 4⁰. 6 Bll. Mit Titelholzschnitt. (6 Mk. Ludolf St. Goar, Frankf. a. M., Cat. 45;
jetzt theurer!)

Panzer II. no. 1209.

— — Wie gar gfarlich sey. So ein Priester
kein Ee- / weyb hat. wye vnchristlich vnd sched-
⸗ lich eym gemeynen nutz Die menschen seynd. /
Welche hyndern die Pfaffen am / Eelichen stand. / Durch
Johann Eberlin von Guntzburg. O. O. (Augsburg, Schoen-
sperger) 1523. Kl. 4⁰. (In Berlin: Magistratsbibl., aus der
Bibl. der Göritz-Lübeck-Stiftung.) (8 Mk. 50 Pfg., stark wurm-
stich. Expl., Max Harrwitz, c. 1903; 30 Mk. Jos. Baer & Co.,
Cat. 500 [1907] no. 967.)

> 8 Bll. mit schönem großen Titelholzschnitt vom Meister
> H. S. (Heinrich Steiner?) und dem bayer. Wappen. —
> Zuerst gedr. o. O. 1522. 4⁰. (In Nürnberg, Stadtbibl.,
> ex bibl. Solger II. p. 114.) 12 Bll. (letztes leer). Mit
> großem Titelholzschnitt. (10 Mk. Baer & Co., Cat. 312.
> [1893] no. 1278.) Panzer 1463; Weller 2042; Muther,
> Bücherillustration 943—949; Goedeke II, 221, 11.

EDELAN, Max (d. i. Dr. med. *Lau*), Der Zölibätzi.
(Satir. Gedicht.) Mit Illustrationen von Karl Staudinger-
Dachau. Dresden, C. Piersons Verlag, 1908.

> Gegen Cölibat und Index libror. probit.
> Verfasser und Verleger wurden ungeachtet der entlastenden
> Gutachten literarischer Capacitäten zu je 300 Mk. Strafe
> verdonnert (Juli 1908).

EHEGESETZREFORM und Cölibatsaufhebung eine
Nothwendigkeit unserer Zeit. Germanien (Etlinger in Würzburg) 1831.

> Weller, fing. Dr.

§ EHEHALTEN. — Ob ein Hausvater mög mit guten gewissen
vnchristlich vnd Bäpstlich Eehalten gedulden.
Nürnberg 1532. 4⁰. (In München 2 Expll.: J. can. p. 327/7;
Mor. 362.)

EHRLICH, Joseph (ps.), Biblisch-vernünftig-geschichtlicher Be-
weis von dem gegen Christentum, Vernunft
und Natur streitendem Verbot der Priester-
Ehe bei der katholischen Geistlichkeit; zum
Besten der Priester und der Gemeinden freimüthig erwogen. Ulm
(Augsburg, Kranzfelder), 1831. Gr. 8⁰. 1 Bog.
— — Dasselbe. 2. Auflage. Ebd. 1838. 8⁰. 1 Bog.

> A. G. Schmidt, Gallerie etc.

ENDE, das, des Coelibats der Römisch-katho-
lischen Geistlichkeit an dem Ende des 18.
Jahrhunderts. In einigen Briefen von einem Weltpriester.
Dem Herrn Cardinal von *** zugeeignet (von *Joh. Ferd.
Gaum*). O. O. (Ulm) 1782. 8⁰. 165 S. (1 Mk. 50 Pfg. L.
Rosenthal, c. 1880.)

EYBE, Albrecht v., (Ehebuch) s. *Eybe, A. v.,* im Haupt-
Alphabet.

FAX, Friedr. B., Cölibat und Volksgewissen! Ein Protest wider Rom. Leipzig, Carl Minde, o. J. 8⁰. (60 Heller, Halm & Goldmann.)

> Verboten v. L.-G. Wien, 1. VI. 1901. §§ 303, 516.

FOLGEN des geistlichen Cölibats auf das Wohl katholischer Staaten (von *Maxim. Rüth*). Freiburg (?). 1786. Rar!

> Vgl. Gradmann, Gelehrtes Schwaben, S. 530.

FRAGMENT, Merkwürdiges, aus dem 16. Jahrhundert. Ein Beitrag zu den Cölibatsanekdoten von einem ungenannten Zeitgenossen. Lateinisch u. deutsch. O. O. 1786. Kl. 8⁰. 48 Seiten. (6 fl. Gilhofer & Ranschburg, Wien, c. 1888.)

> Sehr seltenes Schriftchen, angebl. nach e. in Innsbruck verborgen gehaltenen Manuscript a. d. 15. Jahrh.

FRANIZ, U. T., Der römisch katholischen Geistlichkeit eheloser Stand. Utrecht (Gel. Buchhandlung in Dessau). 1783.

> Weller, fing. Dr.

FRANK, Joh. Pet. (1745—1821), System einer vollständigen medicinischen Policey. 4 Bde. Mannheim, Schwan, 1780—88. 8⁰. (In Stralsund, Rathsbibl.) u. ö.

> Handelt u. a. über Cölibat der Geistlichen, Kriegsleute etc. — Vgl. Hayn, H., Bibl. Germanor. gynaecol.

— — Dasselbe. (Nachdruck.) 15 Bde. Frankenthal 1791—94. 8⁰. (9 Mk. G. Priewe, Heringsdorf, 1895; Bd. 1—2: 3 Mk. 50 Pfg. A. Bielefeld, Carlsruhe, 1891.)

FROMBERGER, Von der Zulässigkeit der bürgerlichen Ehe und von der Aufhebung des Nothcölibats der Geistlichen etc. O. O. 1786. 8⁰. (1 Mk., Max Götz, München, 1905.)

FUCHS, Jacob, d. Aeltere. — Herren *Jacoben Fuchsen des elteren* Thumherren / an den Bischoff von Würtzburgk Bericht und grundt der heyligen schrifft / das sich die Geystlichen on sünd in Eelichen stand geben mögen und sollen. Strassburg 1523. 4⁰.

— — Ein Missive an Bischoff Vonn Wirtzburg Vonn herr *Jacob Fuchs dem Eltern* Thumherren aussgangen. Was er helt von vereelichten geystlichen Personen. O. O. 1523. 4.

> M. Lempertz' in Bonn Jan.-Auct. 1882. (Bibl. Floss.) Nr. 1536—37.

§ **GEDANKEN** eines ungeschwornen Priesters über den Cälibat (!) oder den ehelosen Stand der Geistlichen. Von *Ph. Sp. . . . . r.* Straßburg 1792. 8⁰. (In München: J. can. p. 1198/32.) 24 S.

GEDANKEN wegen Verminderung oder Aufhebung und Verwandlung des geistlichen Cölibats in einen heil. Ehestandsorden. . . . (von *Joh.
Daniel Herz Edler v. Herzberg*). O. O. 1790.

> Anon.-Lex. II. p. 151 (nach Meusel).

GEDANKEN, Freimüthige, über Priesterehe (von
Phil. Joseph Brunner). Frankfurt 1796.

> Anon.-Lex. II. p. 152 (nach Thesaurus libror. rei catholicae
> [von Ant. Ruland?]. Würzburg 1848—50).

GEER, Huldreych (Zur Freyenstadt) (ps.), Tractat vom
Ehestandt der Geistlichen, wider den vnge-
gründten Ehelosen Standt der vermeinten
Geistlichen im Bapstthumb. Auss Gottes Wort, den
Concilijs, Patribus zusammengetragen. Sambt einem kurtzen
Appendice auff *J. Pistorii* Wegweyser u. verwegen aussfordern.
O. O. 1608. 4⁰. (6 frcs. 50 cts., stockfl. Expl., Adolf Geering,
Basel, 1893.) Rar!
— — Dasselbe. 1621.

> Weller, Lex. Ps.

§ **GEMÄLDE** des physischen Menschen . . . (von
Joh. Chrn. Siede). 4 Thle. Berlin, C. G. Schöne, 1794—98.
Gr. 8⁰. (In München [Anthr. 129 n] fehlt Th. 2.) Cplt. höchst
selten! (Bd. 1—2: 15 Mk. A. Bielefeld, c. 1885.)

> Bd. III, Nr. 7: Mönche und Nonnen, oder das
> Cölibat.

— — Dasselbe. Ebend. 1805. Gr. 8⁰. (3 fl. Scheible in e.
alten Cat.; jetzt viel theurer!)

> Vgl. Hayn, H., Bibl. Germanor. gynaecol.

GERBER, M., Der Armen Cölibat. Ludwigsburg 1828.
8⁰. (2 Mk. Max Perl, Berlin, 1904.)

GESCHICHTE des Cölibats (von *Georg Kleine*). Göttingen 1845.

> Anon.-Lex. II. p. 195 (nach Zuchold).

§ **GESCHICHTE,** Kurze, des geistlichen Cölibats.
Landshut, Weber, 1821. 8⁰. (8 gr.)

> Ohne Namen d. Verf. bei Ersch I. 2. 1822. Sp. 468.
> no. 72.

GESELLSCHAFTSWISSENSCHAFT (Die Grundzüge der), oder
physische, geschlechtliche u. natürliche Religion. Eine Darstellg. der wahren Ursachen u. der Heilung
der drei Grundübel der Gesellschaft: der Armuth, Prostitution,
Ehelosigkeit. 14. Stereotyp-Aufl. Aus d. Engl. nach der
30. Aufl. des Originals. Berlin 1895. 8⁰. 624 S. (2 Mk. 50 Pfg.,
neu, Frdr. Klüber, 1896.)

GESPRÄCH. — Ain Christenliches lustigs gesprech, das / besser,
Gotgefelliger, vnd des menschen sel haylsamer seye, / auss den

Klöstern zukommen, vnd E e l i c h zuwerden, da' dar / innen zu-
beleyben, ... Im jar 1524. auff / den vj tag Januarij. /
O. O. Dr. u. J. (Augsburg 1524). 4⁰. 12 Bll. (das letzte
weiss). Mit grossem Titelholzschnitt (wiederholt), zwei dispu-
tierende Mönche darstellend, in der Art des Meisters H S (Hans
Stainer). (30 Mk., schönes Expl., Jos. Baer & Co., 1908.)
    P a n z e r , Ann. d. ä. d. Litt. II. S. 343, no. 2582.

GESPRÄCH. — Eyn freuntlich Gesprech oder Dialogus eynes
Euangelischen bruders, genant Radtoldt mit einem Papisten
genant Lutfrid, in welchem schrifftlich mit red vnd widerred
angezeyget wirt, ob eyn ordens mensch oder priester vnsträff-
lichen vnd on sünd möge zu der E h e greiffen. O. O. 1529.
4⁰. 27 Bll. (4 Mk. K. Th. Völcker, 1897.)

GSCHWIND, P., D i e P r i e s t e r e h e u. der C ö l i b a t -
z w a n g. Aarau 1875. 8⁰. (1 fr. Schweizerisches Antiqu., Zürich,
c. 1890.)

§ GÜLTIGKEIT, U n u m s t ö s s l i c h e , d e r h e i m l i c h e n
P r i e s t e r e h e b i s s z u r A u f h e b u n g d e s C ö l i b a t s.
Aus der polemischen Geschichte des Hrn. Abbate Z a c c a r i a
(s. d.) gegen ihn bewiesen (von *Karl Josef Michaeler*, geb.
1756, † 1804). 3 Thle. Frankfurt und Leipzig (Wien, Schaumburg) 1785—89. 8⁰. (In München: J. can. p. 478.) Sehr
selten cplt.! (1—2: 4 Mk. L. Rosenthal, 1882; 16 Kr. Halm
& Goldmann, 1907.)

HARTZHEIM, Caspar, D e r C ö l i b a t oder d e r u n v e r -
h e i r a t h e t e S t a n d d e r k a t h o l i s c h e n G e i s t -
l i c h k e i t . . . . (a. d. Lat. übers. von Joh. Ant. S u l z e r).
Wien 1782.
    Anon.-Lex. II. p. 266 (nach Sommervogel).

HASSL, A., Worin ist das Heil zu suchen? mit Rücksicht auf
das Cölibat. Ellwangen 1831. 8⁰. (80 Pfg., Franz Teubner, 1898.)

HEIDEGGER, Joh. Heinr. (1633—98), PARTHENO-GAMICA.
Das ist, Christl. Lehr von dem H. Ehe-stand, u. keuschen
C o e l i b a t oder Jungfrau-stand. . . . Zürich, getruckt bey
Dav. Gessner, M. DC. LXXVII. (1677.) 8⁰. (In Marburg,
Univ.-Bibl.; auch in Zürich, Stadtbibl.)
    Tit., 9 Bll. Zuschr. (an Schultheiß u. Rath d. Stadt
    Frauenfeld, dat. Zürich, d. 1. Hornung, 1677), 2 Bll. Reg.
    (über die 20 Cap.), 728 bez. S. u. 9 Bll. Reg. (incl. 1 S.
    Err.). — Darin S. 95—166 (Cap. 4): Widerlegung d. päpstl.
    Lehr v. d. Coelibat od. Jungfrau- u. Wittwenstand. ⊢
    S. 217—240 (Cap. 6): Von d. eigentl. Endursachen u.
    Geheimnissen d. päpstl. Coelibats. — S. 485—534 (Cap. 14):
    Von d. Früchten d. Eheverbots u. der Klostergelübde etc. etc.

HIRTENBRIEF des B i s c h o f s v o n R o t t e n b u r g a. N.
z u r A u f r e c h t e r h a l t u n g d e s C ö l i b a t s g e s e t z e s

e r l a s s e n , ins Teutsche übersetzt . . . . (Vf.: *Joh. B. Keller;*
Uebers.: F e t z e r.) Baireuth 1833.

> Anon.-Lex. II. p. 287 (nach Schmalinger u. Winer).

— — e i n e s n e u e n B l u t z e u g e n ü b e r d e n W e r t h
d e r E h e l o s i g k e i t d e r k a t h o l i s c h e n G e i s t -
l i c h e n . . . . (von *Paul Louis Courier*). 3. Aufl. Altdorf
u. Neustadt, o. J. (In Aarau, Cantonsbibl.)

> Anon.-Lex. II. p. 287.

HOCHWÄCHTER, D e r. Volksblatt für Stuttgart und Württem-
berg. 104 Nummern. Von 1830—31. Mit 1 col. Kupfer.
(Uniformbild, Bürgergarde in Stuttgart), 1 schwarz. Kupfer
(das Crucifix bey der St. Leonhards-Kirche in Stuttgart, der
Oelberg gen., R. L o h b a u e r del. u. lith.) u. 1 Notenbeilage
(Soldaten-Abschied von S c h u b a r t). — 606 S. (18 Mk. E.
Frensdorff, 1907.) Selten!

> Enth. auch einen Aufsatz über die E h e l o s i g k e i t
> d e r k a t h o l i s c h e n G e i s t l i c h e n.

HOLTZENDORFF, Frz. v., D e r P r i e s t e r - C œ l i b a t. Berlin 1875. 8⁰. (50 Pfg. Franz Teubner, 1898.)

JACOBI, L. Von vneinig-/keit der Concilien, der / P r i e s t e r -
E h e , vnd das hoch-/wirdige Sacrament des Leibs vnd / bluts
Christi belangende, ein Christ-/lich vnd nützlich Buch. Leipzig,
Wolrab, 1546. 8⁰. 72 Bl. (1 Rthl. T. O. Weigel, Lpz., 1870.)

> Kuczynski no. 1116.

JANITSCH, A., A b h a n d l u n g ü b e r d i e A n s t ä n d i g -
k e i t d e s C ö l i b a t - G e s e t z e s i n d e r k a t h o l i s c h e n
K i r c h e. Wien 1829. 8⁰. (60 xr. Gilhofer & Ranschburg,
Wien, c. 1890.)

JOHN, Joseph Pius, A b h a n d l u n g ü b e r d e n C ö l i b a t
d e r G e i s t l i c h e n. Aus d. Latein. (übers. von Johann
Christoph v. Z a b u e s n i g). Augsburg 1782.

> Anon.-Lex. II. p. 333 (nach Kehrein u. Meusel).

ISENKERN, Ph., P r i e s t e r t u m u n d C ö l i b a t. Roman.
Braunschweig 1872. 8⁰. (Mk. 4—.) (1 Mk. 20 Pfg. Theod.
Bertling, Danzig, 1894; 3 Mk. E. Geibel, Hannover, 1909.)

ISTS r e c h t d e n e n k a t h o l i s c h e n P r i e s t e r n W e i -
b e r z u g e s t a t t e n? O. O. (Ulm, Stettin'sche Buchhdlg.)
1783. 8⁰. Rar!

§ **IST** e s Z e i t , d a s C ö l i b a t a b z u s c h a f f e n? Aus
d. Franzos. Berlin und Wien (fing.). 1806. 8⁰. (In München:
J. can. p. 546.)

IST e s Z e i t , d a s C ö l i b a t a b z u s c h a f f e n? Auflösung dieser Frage in dem Briefwechsel zweier katholischen
Geistlichen. Tübingen, Cotta, 1807. 4⁰. ($^2/_3$ Rthl.)

KATECHESE, Christliche, über die Ehelosigkeit der katholischen Geistlichkeit. Germanien (Stuttgart, Löflund) 1803.
> Weller, fing. Dr. I. p. 199.

KLINGEBEYL, Steph. — Von Priester / Ehe des wirdi-/gen herrn' Licentiaten / Steffan Klingebeyl, / mit einer Vor-/rede / Mart. Luther. / .... Wittemberg, N. Schirlentz, 1528. 4⁰. 20 Bl. Mit Titelbordüre. (²/₃ Rthl. T. O. Weigel, 1870.)
> Kuczynski no. 1705.

KLITSCHE, Th. F., Geschichte des Coelibats. Augsburg 1830. 8. (1 Mk. Max Weg, Lpz., 1897.)

KÖRNER, Joh. Gottfr., Vom Cölibat der Geistlichen. Leipzig, Weidmann, 1784. Gr. 8⁰. (1 Rthl. 6 gr.)
> Ersch I. 2. 1822. Sp. 285.

KOLOSS des Mönchthumes, Der in seiner Grundlage erschütterte; oder vernünftiges Bedenken über die Entstehung, Wesenheit u. grundlose Einrichtungen der Ordens- auch Weltgeistlichen im Celibat (sic!) .... Ingolstadt (Nürnberg, Grattenauer) 1784. 8⁰. Selten!
> 201 S. u. 5 S. Inh. der „zwölf Bedenken", u. a. „über das Gelübd der freywilligen Keuschheit", S. 161—179. Weller, fing. Druckorte.

KRUG, Wilh. Traugott (1770—1842), Der (!) Zölibat der katholischen Geistlichkeit, ein ungerechtes, unsittliches, unchristliches und unbürgerliches Institut, welches jede christliche Regierung aufheben kann und soll. Leipzig 1829. 12⁰.
> Gedr. Verz. s. Schriften.

KUHN, August, Das Cölibat des heiligen Oran. Legende von der Insel Jona. Aus d. Französ. Berlin 1825. 8⁰. 160 S. (8 Mk. [!] H. Streisund, 1908.)

KYMEUS, Joh. („geb. zu Fulda 1498, Franciscaner, verließ das Kloster, wurde Pfarrer zu Homburg, war 1536 mit Corvinus in Münster, wo er mit den Wiedertäufern disputirte; Superint. zu Cassel; Gegner des Interims", Goedeke II, 211, k), Von der prie / ster Ehestand aus / der heiligen schrifft vnd Ca- / nonibus, mit sonderlichem / vleis zu samen bracht, / vnd seer nutzlich / zu lesen. *Am Schluß:* Gedruckt zu Wittemberg / durch Joseph klug. / Anno M.D.XXXIII. (1533.) 50 Bll., letztes leer. 4⁰. Mit Titeleinfassung. (In Berlin: Magistratsbibl.) (2 Rthl. T. O. Weigel, c. 1870.)
> Vgl. Kimm, Joh. Joach., vita J. Kymei theol. Marb. 1728. 4⁰. (In Göttingen: H. L. u. 108.); Kuchenbecker, analect. hassiac. 6, 8.

LIEBER, M., Vom Cölibat. Frankfurt a. M. 1831. 8⁰.
> Stoll & Bader, Freib. i. Br., Cat. 67. (1891.)

LUTHER, Martin., An die herrn / Deutsches Ordens, / das sie falsch keuscheyt meyden vnd / zur rechten ehlichen keuscheyt / greyffen Ermanung. Wittemberg 1523. 4⁰. 9 Bl. Mit Titelbordüre. (9 Mk. Max Weg, Lpz. 1892.)

— — Dasselbe. Ebd. 1524. 4⁰.

> Panzer II, 255 ff.; Goedeke II, 156.

MEINE *(G. E. Sp.)* Gedanken gegen das römischeCölibat-Gesetz. Reutlingen 1820. 8⁰. (50 Pfg. A. Bielefeld, 1891.)

MEMORIAL eines deutschen katholischen Landdechants an Se. Heiligk. Pius VI. wegen Aufhebung des Cölibats. München 1787. 8⁰. (6 gr.)

> Ersch II. 1. 1823. No. 1167.

NEWERLEY, Nicolaus Simon. — Ein Brautstück al / len die den ehestandt lieben Son / derlich den in Cöllen, die das vor die gröste sünde achten, do begert / ist offentlich vor Burgermeyster / vnd Official, nach götlicher orde / nung vnd wolgefal (wider sched / lich gelöbde vnd ordenu'g der me' / schen) zu tretten in den heyligenn / chestandt, mit anderen leren jnn / der Neüwen vffrure, auß der / heiligen schrieft wider die / verblcnten Sophisten / gutwerck verkeüffer / vnd keß drescher. / Geprediget durch M. *Niclaus Simon Newerley.* / O. O. a. J. (Speyer, Jacob Schmidt?, circa 1525). 4⁰. 16 Bll. Mit Titeleinfassung. (30 Mk. Albert Cohn, Berlin, 1898, Cat. 215, No. 191.)

> Panzer und Weller unbekannt und äusserst selten! Dieselbe Titelbordüre mit dem Monogr. KH und den drei Genien, die nach einem Notenblatt singen, bei Nagler, Monogr. IV, No. 795 beschrieben, ist angewendet in der bei J. Schmidt zu Speyer 1526 gedruckten Schrift von Wilh. Graf zu Ysenburg „Bericht wie got in seynen heyligen zu loben". Auf der Rückseite des Titels ein Holzschnitt, einen Priester darstellend, der einer Frau die Hand zum Ehebunde reicht, mit 10 Verszeilen.

— — Dasselbe. O. O. u. J. 4⁰. 14 Bll.

> Haydinger's Bibl. I. 1. Wien 1876. No. 1047.

OHNGEPÄCK, Clericus, katholischer Priester (ps.), Das Büchlein vom Zoelibat. 1876.

> Weller, Lex. Ps. p. 396.

OPFER, Die, des Cölibates. Historisches Gemälde aus der Gegenwart. Neustadt an d. Orla 1831. 8⁰. (In Hamburg, Bibl. der „Harmonie".)

ORICHOVIUS, St., Rede vom Cölibatgesetze wider Papst Syricius. Rom (Gel. Buchhandlung in Dessau). 1783. 8⁰.

> Weller, fing. Druckorte.

PEREGRIN (ps.), Das Vatican'sche Concil und die Priesterehe. 1870.

Weller, Lex. Ps. p. 420.

PISTABO (d. i. *Phil. Jac. Steyrer*), Frage, ob die heimliche Priesterehe bis zur Aufhebung des Cölibats gültig sey? Beantwortet. 2 Bde. Frankf. 1787. 8⁰. (1 Mk. 50 Pfg. A. Bielefeld, c. 1890.)

PISTORIUS, Joh. (1546—1606). — Etwas aus dem alten Convertiten *Joh. Pistorius* vom Cölibat der Priester u. Geistlichen zur Beschämung der neuen Aufklärung. O. O. 1785. 8⁰. (1 Mk. 60 Pfg. Ludw. Rosenthal, München, c. 1880.)

PREDIGT eines alten Kapuziners über die Aufhebung des Cölibats. Ulm 1832. Mit amüsantem Titelkpfr. In der Ebner'schen Buchhdlg. 32 S. 8⁰.

Max Perl's Berliner Oct.-Auct. 1909, no. 185.

— — Dasselbe. Mit Titelvign. u. 1 Lithogr. O. O. 1832. 8⁰. Selten! (4 Mk. Frdr. Klüber, 1896; 7 Mk. 50 Pfg. C. G. Boerner, Lpz., 1907.)

Derbe Satire auf das Cölibat, in Versen, der „Kapuzinerpredigt in Wallensteins Lager nachgebildet.

§ **PRIESTER**-Ehe, Die, als Grundlage einer Verbesserung des catholischen Kirchenwesens und Priesterstandes. O. O. 1797. 8⁰. (In München: Jus can. p. 782.)

PROPHEZEYUNG, Nagelneue, vom Ende des Coelibats der röm.-katholischen Geistlichkeit. 2. Aufl. Augsburg 1786. 8⁰. 119 S. (1 Mk. 50 Pfg. Conr. Skopnik, Berlin, 1909.)

REDE, Heilige, zur Empfehlung der Priesterehe. Pressburg (Flick in Basel). 1783.

Weller, fing. Druckorte.

§ **REFLEKTIONEN** (so!) über Schwängerung, Hurkinder, und Ehelosigkeit des 18ten Jahrhunderts. O. O. (Marburg, Krieger) 1785. 8⁰. 212 S. (3 Mk. G. Priewe, Heringsdorf, 1895; 4 Mk. Auction G. Salomon, Dresden, 8. März 1875.)

Darin ein Aufsatz: „Dosis gegen die Ehelosigkeit, politisch u. juristisch betrachtet."

REFLEXIONEN über den angeblichen Antrag der k. k. Religionskommission an Joseph II. den Cölibat aufzuheben. Wien u. Olmütz (Göbhard in Bamberg). 1786.

Weller, fing. Druckorte.

REGIUS, Urb., s. Rhegius.

RELIGION und Priester. 24 Stücke. Prag 1784. 8⁰.
Selten!

> Enth. u .a.: Ueber die **Ehelosigkeit der kathol.
> Geistlichen**; etwas aus der **Geschichte des
> Cölibats**; etwas vom Mönchsstande; über Aberglauben;
> Geschichte der Intoleranz; Seitenblick auf das Fasten der
> Mönche u. ihre Mortifikationen. (6 Mk., Expl. in 3 Bde.
> geb., Damköhler, Berlin, c. 1885; jetzt theurer!)

REUTER, Simon. — Ein Christliche frage *Simonis Reu- /
ters* vonn Schlaytz, an alle Bischoffe, vnnd / andere geystliche
auch zum / teyl weltliche regenten, Warumb / sy doch: an
priestern: / vnnd andern geistlich / geferbten leut / te',
den eelichen / standt / nicht / mügenn / leyden / O. O.
u. J. (1523). 4⁰. 8 Bll. (In Berlin, Magistratsbibl.) (5 Mk.
M. Edelmann, Nürnb., 1903.)

> Mit schöner Titel-Umrahmung in Holzschnitt. — Selten!

— — Ain Christliche frag . . . an alle / Bischoffe, vnnd andere
gaystliche auch / zum tayl weltliche regenten, Warumb / sy
doch an priestern, vnnd andern gaist-/lich geferbten leütten, den
eelichen / standt nicht müg-/en leyden. / . . . O. O.
u. J. (Wittenberg, M. Lotter, 1523.) 4⁰. 8 Bl. Mit Titelbordüre.
(²/₃ Rthl. T. O. Weigel, 1870.)

> Weller, Repert. typogr. no. 2654; Kuczynski no. 2286.

REYSSENBUSCH, Wolfg. — Ain Christliche schrifft an /
Herrn Wolfgang Reyssenbusch, / der Rechte Doctor vnd Pre-
ceptor zu / Liechtemberg Sant Antonius / Ordens, sich in
den Eelichen / stand zubegeben. / . . . O. O. 1525.
4⁰. 4 Bl. Mit Titelbordüre. (²/₃ Rthl. T. O. Weigel, 1870.)

> Kuczynski no. 1663.

RHEGIUS (Regius), Urbanus (eigentl. *König,* „geb. zu
Langenargen am Bodensee, studirte in Freiburg, Ingolstadt;
kurze Kriegsdienste; gekrönter Poet, Prof. zu Ingolstadt; schloss
sich der Reformation an, floh; Prediger zu Augsburg; 1530
Hofprediger Ernst des Bekenners in Celle; reformirte das
Fürstenthum Lüneburg; † 23. Mai 1541." Goedeke II,
177, 3). — Ain Sermon vom eelichen stand, wie nutz
not gut vnd freyer jederman sey. O. O. 1525. 4⁰. 8 Bll. (In Zürich,
Stadtbibl.) (5 Mk. Fidelis Butsch, Augsb., Cat. 119.)

> Seltene Schrift gegen das Cölibat der Geist-
> lichen. Mit schöner Metallschnittbordüre nach Holbein.

§ **RONGE,** Johannes (Stifter der deutsch-kathol. Secte). —
Johannes Norge (Ronge), oder Selbstbekenntnisse
eines Cölibatärs. Rudolstadt 1845. 8⁰. Selten! 350 S.

> Scharfe Anklage gegen Rom wegen des Cölibats.

ROTHSPOON, Baron Wilh. („aus dem Hause Clausdorf", ps.
für *W. v. Arnim*), Einfälle u. Gedichte . . . . Bern,
Jenni (Sohn), 1845. 8⁰.

S. 55: „Der (sic!) Cölibat" (7 vierzeil. derb-satyr. Stroph.). Selten! In Preussen s. Zeit verboten!

RÜTH, Maxim., Abhandlung vom Cölibat .... Freyburg .... (fing.?)

SACHE, Die gute, des Cölibatgebotes für die katholische Priesterschaft, von *X. Y. Z.* Germanien 1805.
> Weller, fing. Druckorte. I. p. 204.

SAILER, J. M. — Bemerkungen, Freimüthige und kritische, über die Pastoralvorlesung des *J. M. Sailers* zu Dillingen, von einem katholischen Dorfpfarrer (gegen das Cölibat). Freyburg (Coppenrath in Münster). 1792.
> Weller, fing. Druckorte.

SAMBUGA, J. A., Schuzrede (!) für den ehelosen Stand der Geistlichen. Mannheim, Tobias Löffler, 1771, 8⁰. (20 xr.)
> Anzeige des Verlegers.

SCHRATT, Heinrich, von Rubi, Das priester ee nit wider das Göttlich, gaystlich vnnd weltlich recht sey, durch —. 1523. 20 Bl. 4⁰.
> Goedeke II, 279, 16, 2 (nach Allg. lit. Anz. 1800, S. 430).

SCHULTE, J. F. v., Der Cölibatszwang u. dessen Aufhebung. Bonn 1876. 8⁰. (75 Pfg. Ferd. Raabe, Königsb.; 1 Mk. A. Bielefeld, M. Edelmann.)

SENDSCHREIBEN, Erstes, zweytes und drittes, an Erich Servati über den Cölibat der katholischen Geistlichen (von *Maxim. Rüth*). Freyburg (fing.) 1786. 8⁰.
> Cfr. Gradmann, l. c.; Anon.-Lex. IV. p. 75.

STILLWASSERS, Peregrin (d. i. *Augustin Zitte*, geb. in Böhmisch-Leipa 1750, Priester, Redakteur der Prager Oberpostamtszeitung, † in Prag am 2. Mai 1785), geistliche Reisen durch Böhmen. Oder: Kapitel übers Mönchswesen, und Beyträge zur Geschichte des Cälibats, der Taxa Stolä, wie auch der nöthigen Seel und Leibessorge. Samt allerley andern curjosen (!) und abentheuerlichen Pastoral und Liebsaffären, item hie und da ein paar Züge der geistlichen Leibeigenschaft. Crescit indulgens sibi dirus hydrops. Horat. Des ersten Bändchens erster und zweyter Theil. Nimburg (in Böhmen, nicht fing.). Auf Kosten des Verfassers 1783. 8⁰. IV Bll., 127 + 131 S.
> Sehr rar! — Goedeke VI, 729, 16, 6. In Weller's fing. Druckorten zu streichen.

STÖR, Seb., Pfarrer von Lichtstall, Disputation von der Priesterehe. 1524.

> Proben bei Füsslin, Beiträge II, S. 224 (u. darnach noch bei Müller, Joh. Geo., Reliquien alter Zeiten etc. Th. 3. Lpz. 1806. 8⁰. S. 249).

STRAUSS, Jac. (Ecclesiastes zu Eyssenach), Eyn Sermon in d(em) deutlich angezeigt vn(d) gelert ist die pfaffen Ee in Euangelischer leer nit zu der freyheit des fleyschs vnd zu bekrefftigen den alten Adam, wie etlich fleyschlich Pfaffen das Eelich wesen mit aller pomp, Hoffart vnd ander teufels werck anheben, gefundiert, etc. O. O. 1523. 4⁰. 8 Bll., letztes weiss. Mit Titelbordüre. (15 Mk. K. Th. Völcker, Frf. a. M., 1909:)

> „Diese Ausgabe weder bei Panzer noch Weller.“

— —, Ain Sermon In der deutlich angezeygt und geleert ist die pfaffen Ee in Evangelischer leer seit zu der frayhayt des flaischs vnnd / zu bekrefftige De alten Adam wie etlich flayschlich Pfaffen das Eelich / wesen mit allen pomp Hoffart vnnd / anden tueffels werck anhaben, gefun- / diert, aber das Gotes werck vn wort / allein angesehen mit forcht vnd christlicher beschaydenhayt auch die wirt / schafft vollenbracht damit die feind / des Evangeliums vnns zu / schelten, vnnd Gottes / wort zu lestern, **nit** / geursacht / werde. O. O. 1523. 4⁰. Rar!

> So in M. Lempertz' in Bonn Jan.-Auct.-Cat. 1882. (Bibl. Floss, no. 1796; Titel wohl incorrect.)

STRAUSS, K. G., Ein Bischof soll einer Frauen Mann sein. Klagenfurt, o. J. (c. 1780?). 8⁰. Rar!

> Karajan's Bibl. II. no. 5490.

SULZER, Joh. Ant., Die erheblichsten Gründe für und gegen das katholisch-kirchliche Cölibatgesetz zu nochmaliger Prüfung vorgelegt. Constanz, Wallis, 1820. 8⁰. (1 Rthl.) (80 Pfg. A. Bielefeld, c. 1890.)

> Ersch I. 2. 1822. Sp. 285. No. 2808.

TANNER, A., Von dem Ehestande der Geistlichen. Augsburg 1786. 8⁰. (1 Mk. Conr. Skopnik, Berlin, 1909.)

* **TATIANUS** der ertzketzer, hat verpotten Ehelich zuwerden, Luther der Ertzketzer im Dewtschen Land, gepewt Ehelich zu werden. Dreßden 1528. 4⁰. (In Berlin: Autogr. no. 2641.) Rarissime!

THEINER, Dr. Joh. Ant., u. Aug., Die Einführung der erzwungenen Ehelosigkeit bei den christlichen Geistlichen und ihre Folgen. Ein Beitrag zur Kirchengeschichte. 3 Bde. Altenburg 1828. Gr. 8⁰. (In Carlsruhe: Dl 1085.) (5 Rthl. 6 Sgr.) (8 Mk. 50 Pfg. A. Bielefeld, 1891; 8 Mk. Adolf Weigel, 1893; auch mit 12—14 Mk. notirt.)

> Die Ehe nach d. Lehren des N. Test. — Sittenlehre d. Häretiker. Ihre Ansichten von d. Ehe. — Mönchthum, Einfluss d. Mönchthums auf d. Priesterehen, Ansichten d. Kirchenväter v. d. Ehe u. d. Ehelosigkeit, Kampf gegen d. ascetische Sittenlehre, Jovinianische Streitigkeiten. — Geschichte d. Priesterehe in d. morgenländ. Kirche, C ö l i b a t g e s e t z e in Italien, Gallien etc.

— — Dasselbe. Neue Ausgabe, mit Anhang. Ebd. 1845. Gr. 8⁰. (Bd. 1—2 notirte eine Berliner Firma mit Mk. 15—.)

> R. Zinke's Dresdener Sept.-Auction 1907, no. 598.

— — Dasselbe. 3 Bde. Barmen 1892—97. 8⁰. (Mk. 18,50.) (8 Mk. 50 Pfg. Gust. Pietzsch, Dresden, 1909.)

TORQUATUS, G., V o m G r e w e l d e s s e l b s e r d i c h t e t e n C o e l i b a t s, vnd der vnsauber keuscheit, aller Antichristischen vermeinten Geistlichen im Bapsthumb. Eisleben, Vrban Gaubisch, 1562. 4⁰. 160 ungez. Bll. (4 frcs. Schweizerisches Antiquariat, Zürich, Cat. 144, c. 1890; jetzt theurer!) Sehr rar!

TREFURT, C., Der (!) Cölibat aus dem Gesichtspunkte der Moral, des Rechts u. der Politik. Heidelberg 1826. 8⁰.

> Stoll & Bader, Freib. i. Br., Cat. 67. (1891.)

TUBA m i r u m s p a r g e n s s o n u m, d. i. L a u t t o n e n d e r L ä r m s c h u s s u. N o t h s t o s s oder sonnenklarer Beweis der sonnenklaren Wahrheit, dass das allerheil. C ö - l i b a t sowohl im Willen u. Wesen Gottes, als in der Natur u. Bestimmung der Kirche, des Priesters, des Bürgers u. Menschen, überhaupt in einer angebornen Idee begründet sey, mithin weder aufgehoben werden könne, noch solle, noch dürfe. (Verf.: *Ernst Joseph Herm. v. Münch*.) Kleinrinderfels (so!). Hrsg. vom Redakteur der Aletheia. Haag 1830. Gr. 8⁰. (In Aargau, Cantonsbibl.) 334 S. (6 Mk., schönes Expl., Frdr. Klüber, 1896.)

> H e f t i g e K a m p f s c h r i f t g e g e n d a s C ö l i b a t, pikant und rar! Enth. u. A.: Analekten z. Gesch. d. Cölibats u. 'seiner Folgen nach e. satir. Gedichtsammlg. v. J a n v a n B i s s c o p. — Miscellanea f l a g e l l a t o r i a.

§ **ÜBER** den Cälibat der Geistlichen, u. die B e v ö l k e r u n g d e r k a t h o l i s c h e n S t a a t e n. Aus Gründen der politischen Rechenkunst. Voran gehen Geburts-, Trauungs- u. Sterbelisten von der Reichsstadt Augsburg, u. Betrachtungen darüber (von P. *Augustin Schelle*, o. Bened., von Tegernsee, Prof. in Salzburg). Salzburg, Mayr's Erben, 1784. Gr. 8⁰. (10 gr.) (In München 3 Expll.)

> Ersch II. 1. 1823. Nr. 1166. Vf. nennt auch Meusel's gelehrtes Deutschland. — Näheres bei Nicolai, Reise, VII. p. 52—61.

§ **ÜBER** den Cölibats-Zwang (erzwungene Ehelosig-keit bei der römisch-katholischen Geistlichkeit), von einem Katholiken. Karlsruhe, Macklot'sche Buchhdlg., 1874. 8⁰. 19 S. (In München: J. can. p. 226 e.) (50 Pfg. A. Bielefeld, 1891.) **ÜBER** die Ehe u. Ehelosigkeit, in moralisch-politischer Hinsicht. Ein Versuch, die ehelichen Verbindungen zu befördern (von *Karl Chrn. v. Ferber* Berlin, In der Haude u. Spenerschen Buchhandlung, 1796. Kl. 8⁰. (12 gr.) VI—170 S. (In Berlin, Magistratsbibl.) (60 Pfg. Heinr. Lesser, Breslau, c. 1875.)

> Ersch II. 1. 1823. Nr. 1160; Anon.-Lex. IV, 216 (nach dem Neuen Nekrolog) hat „Ferber".

§ **ÜBER** den ehelosen Stand der Römisch-Katholischen Geistlichkeit. (Aus d. Französ. des *Des Forges,* Canonicus zu Douay.) Von einem katholischen Priester in Westphalen (frei übersetzt). Göttingen, bey Joh. Chrn. Dieterich, 1782. 8⁰. (12 gr.) (2 Mk. J. Rosenthal, c. 1903, der 280 (?) S. anführt.)

> 191 S. (184 ist Druckf.) Motto auf dem Titel: „In den letzten Zeiten werden etliche von dem Glauben abtreten u. anhangen den verführerischen Geistern, u. Lehren der Teufel, und verbieten ehelich zu werden." Paulus 1. Timoth. 4.
> Orig.: Avantages du Mariage et combien il est nécessaire et salutaire aux Prêtres et aux Evêques de ce tems-ci d'épouser une fille chrétienne. Douay 1772. (Noch in dem-selben J. auf d. Index gesetzt.)

ÜBER den ehelosen Stand der katholischen Geistlichen (von *Franz Geiger*). Luzern 1818.

> Anon.-Lex. IV. p. 206 (nach Schmalhofer).

ÜBER die Bildung eines Vereins für die kirch-liche Aufhebung des Cölibatgesetzes .... (von *Max Joseph Wocher*). Ulm 1831.

> Anon.-Lex. IV. p. 215 (nach d. Allg. Dtsch. Biogr., Zuchold u. Schmalhofer); Engelmann u. Kayser nennen „Rup. Wocher" als Verfasser.

UEBER die Feyertage, die Fasten, und die Priesterehe. In einem Schreiben an den hochwürdigst. Bischof Christoph zu Basel. Eine interessante und merkwür-dige Schrift für unsere Zeiten (von *Johann Anton Sulzer*). (Druckerst.) Wien (Basel?) 1782. 8⁰. 70 S.

> Seltene antikathol. Schrift, unterz.: Zu Basel, am Oster-montag, im Jahre 1522 (sic!). — Weller, fing. Druckorte; Anon.-Lex. IV. p. 218 (nach Meusel).

§ **UEBER** die Folgen des geistlichen Cöli-bats auf das Wohl Katholischer Staaten (von *Henr. Sautier*). Freyburg 1786. 8⁰. (In München: J. can. p. 392.) 79 S. (1 Mk. 60 Pfg. L. Rosenthal, c. 1880: o. O. u. J.)

Anon.-Lex. IV. p. 218. — Gradmann's gelehrtes Schwaben nennt Maxim. R ü t h als Verfasser.

— — Dasselbe. Augsburg 1786. 8⁰. 79 S. (1 Mk. Conr. Skopnik, Berlin, 1909.)

ÜBER d i e N o t h w e n d i g k e i t d e r A u f h e b u n g d e s C ö l i b a t g e s e t z e s, zur Beherzigung für Alle, denen Einheit der Kirche, Hebung der Sittlichkeit u. das Wohl der Menschheit am Herzen liegt, von einem katholischen Priester. Frankfurt a. M. 1848. 8⁰. (2 Mk. 50 Pfg. Max Harrwitz, Berlin, 1909.)

UEBER d i e P r i e s t e r e h e; vorgelesen in der Gesellschaft der Constitutionsfreunde in Strasburg (!); aus d. Französ. (des *Eulogius Schneider*). O. O. 1791. 8⁰. Selten!
Ersch II. 1. 1823. No. 1168.

UEBER d i e R e c h t e d e s S t a a t s, den ehelosen S t a n d s e i n e r W e l t g e i s t l i c h e n betreffend, von d. Verf. d. Staats- u. Reformations-Catechismus *(Joh. Ferd. Gaum).* (Typogr. Vign.) Boston (Stettin'sche Buchh. in Ulm), 1783. 8⁰.
38 S. (incl. Tit.). Am Schluß kl. Vign. (Bienenkorb).
— Zuerst gedr. ebd. 1782. (Weller, fing. Dr.)
— — Dasselbe. Wien (ebd.) 1783. 8⁰.

ST. ULRICH. — S a n t V l r i c h s d e s h e i l i g e n B i - s c h o f f s z u A u g s p u r g v e r t e u t s c h t e c r i s t l i c h e s c h r i f f t, oder antwort an Babst Nicolaum, der sich vnterstund nit mit recht sonder vnbillich, nit ordenlich, sonder vnbescheidenlich, d e n g e y s t l i c h e n e e l i c h e w e y - b e r w i d e r g o t t e s o r d n u n g z u v e r b i e t e n. Gedruckt zu Hagenaw durch Thoman Ansshelm 1521. 4⁰. 6 Bll. Mit Titeleinfassung. (4 Mk. Paul Neubner, 1892; jetzt theurer!)
Heitz, Bibl. alsatique. Strasb. 1868. no. 4098.

UNTERREDUNGEN, N ö t h i g e r h i s t o r i s c h e r, i m R e i c h e d e r L e b e n d i g e n a u f E r d e n. V i e r d t e s G e s p r ä c h e, zwischen Erasmo Roterodamo, und Diogene Cynico, welcher insgemein derer Gelehrten ihr Eulen-Spiegel genennet wird. In welchen beyder curieuser Lebens-Lauff, viele Schrifften, sinnreiche u. lustige Reden, die Beschreibung der Stadt Athen, derer Philosophorum ihre Secten daselbst, die Oracula, Alexandri M. Lebenslauff, nebst vielen anderen Sachen anzutreffen sind. Am Ende wird die Frage, w a s v o n (so!) C o e l i b a t u d e r e r G e i s t l i c h e n z u h a l t e n, kurtz untersucht. Mit Titelkupfer. Franckfurt und Leipzig 1720. 4⁰. (3 Mk. Julius Neumann, Magdeb., 1906.)

VNDERRICHT a u s s G ö t t l i c h e n v n d G a y s t l i c h e n R e c h t e n, A u c h a u s s d e n f l a y s c h l i c h e n B e p s t - i s c h e n v n r e c h t e n, o b a i n P r i e s t e r a i n E e w e y b, o d e r C o n c u b i n, d a s i s t, a i n b e y s c h l a f f h a b e n m ö g e. Von aynem Ainsiedel lange zeyt in Polnischer Hayd

gewonet, Nun aber Eelich worden, An etlich trostloss Ordenss-
lewt vnn Pfaffen geschriben. O. O. 1526. 4⁰. 14 Bll. (4 Mk.
50 Pfg. Oswald Weigel, 1888; 18 Mk. Frdr. Klüber, München,
1896; 9 Mk. Derselbe, 1901.)

> M. Lempertz' in Bonn Jan.-Auct. 1882. (Bibl. Floss,
> No. 1819.) Weller, Repert. typogr. no. 4011; Kuczynski
> no. 2659. Sehr selten!

— — Dasselbe, titulo: C o n c u b i n a r i j. / Vnderricht auß
Götlichen vnd Gaist-/lichen Rechten, O b e i n P r i e s t e r e i n
E h e w e y b, o d e r / Concubin, das ist, ein bey-
schläfferin / haben mög. / Item, V o n n u t z d e r
P f a f f e n M ä g d t, v n d i h r e m e e-/l i c h e n l e b e n,
darumb mann sie billich den Pfaffen, / soll vnnd muß
lassen. / Darinn wirt auch gemelt, Wie man' ein recht, Christ-/
lich Concilium anbringen, vnnd war nach mann sich / inn den
Concilijs richten vnnd / halten soll. / O. O. (Straßburg, Camer-
lander.) 1545. 4. 20 Bl. Mit Titelholzschnitt. Auf dem letzten
Blatt 6 Figuren, 3 Geistliche und 3 Frauenzimmer; auf dessen
Rückseite das Druckerzeichen. (3 Rthl. T. O. Weigel, Lpz.,
1870.)

> Sehr selten! — Kuczynski no. 488.

UNTERRICHT f ü r d a s k a t h o l i s c h e V o l k ü b e r d i e
A u f h e b u n g d e r E h e l o s i g k e i t s e i n e r P r i e s t e r.
Deutschland (Ulm, Wohler) 1803.

> Weller, fing. Dr. I. p. 199. — Vf. ist vielleicht Jos.
> Alois R i n k.

VERMANUNG, E i n g e t r e w e, e i n e s l i e b h a b e r s
d e r E v a n g e l i s c h e n w a r h e y t a n g e m e y n e P f a f f -
h e y t n i t z u w i d e r f e c h t e n d e n E h e l i c h e n s t a n d t.
O. O. 1523. 4⁰.

> Goedeke II, 279, 16, 3.

§ **VOM** b e s t ä n d i g e n C ö l i b a t e. Eine vollständige histor.-
moral. Abhandlung eines alten Theologen, mit seinen u.
neuern Anmerkgn., den Zeitumständen gemäss, durchflochten
(von *Hieron. Scheiffele*). Nebst einer Adresse an Dalberg.
Rom u. Paris (Heigl in Straubing) 1805. 8⁰. XII—92 S. 8⁰. (In
München: J. can. p. 226.)

> Weller, fing. Druckorte; Anon.-Lex. IV. p. 337 (nach
> Kayser, Meusel, Weller).

VORSCHLAG, wie in der deutschen katholischen Kirche
die P r i e s t e r e h e allmählig eingeführt werden könnte. Nebst
Materialien zu einem künftigen deutschen Concordate. (Vf.:
Bened. Maria Leonh. v. Werkmeister). Ulm 1803. 8⁰. (1 Mk.
A. Bielefeld, 1883.)

> Anon.-Lex. IV. p. 355 (nach Meusel, Schmalhofer, Kayser
> und dem Thesaurus libror. rei catholicae).

VORSTELLUNGEN, Dringende, an Menschlichkeit und Vernunft, um Aufhebung des ehelosen Standes der katholischen Geistlichkeit (von *Joach. Anton Cron,* o. Cisterc., geb. 29. Sept. 1751 in Podersam im Saazer Kreise, 1795 Dr. theol., 1805—22 Prof. d. Dogmatik an d. Univers. Prag, † 20. Jan. 1826 in Ossegg). O. O. 1782. Gr. 8⁰. 17 Bll., 478 S. (2 frcs. Schweizerisches 'Antiqu., [A. Unflad], Zürich, c. 1890.)

> Goedeke VI, 730, 17, 2. — Das Anon.-Lex. IV. p. 361 nennt noch Lorenz H ü b n e r (nach Kayser) und Thom. Joach. S c h u h b a u e r (nach Meusel) als Verfasser.

VORTHEIL (so!), Hundert, deren Geistlichen in der Römischen Catholischen Kirchen, welcher sie sich, ewige Keuschheit zu halten bedienen mögen; aus bewährten Catholischen Scribenten zusammen getragen. O. O. 1654. 4⁰. (In Nürnberg, Stadtbibl., ex bibl. Solger II. p. 424.) Sehr rar!

VORTHEILE, Funfzehen beträchtliche, die den kathol. Geistlichen beyderley Geschlechts, um ewige Keuschheit zu halten, wohl zu statten kommen; aus bewärten (sic!) kathol. Scribenten zusammengetragen (von *Anton van Tilzak*). (Kl. Vign. u. Druckerst.) O. O. (Amsterdam) 1776. 8⁰. (In Marburg, Univ.-Bibl.: XIX c. C. 1250 c.) (6 Mk. 50 Pfg. Max Harrwitz, Berlin, 1891.)

> Seltene satyrisch-pikante Schrift. Tit., 6 Bll. Vorr., 225 S., 1 Bl. Err. Laut Vorr. eine verkürzte Umarbeit. des vor mehr als 120 Jahren im Druck erschienenen Tractats (s. den vorigen Titel), worinn d. Vf. 100 V o r t h e i l e etc. ewige Keuschheit zu bewahren, anführt. (5 Mk. Max Weg, Lpz., 1897): „Zahllose ergötzliche Beispiele angefochtener u. bewahrter Keuschheit. Es ist nicht recht ersichtlich, ob das Werkchen ernst oder satirisch gemeint ist.‟

VORTHEILE, Andere fünfzehn beträchtliche, für die katholische Geistlichen, um ewige Keuschheit zu halten (von *Anton van Tilzak*). Amsterdam (n i c h t fing.) 1782. Sehr selten!

> Bei Weller, fing. Druckorte zu streichen. — Anon.-Lex. IV. p. 361 (nach Privatmittheilg.).

VORTHEILE der Aufhebung des Cölibats. Berlin und Wien (fing.) 1806.

> Weller, fing. Dr. I. p. 206.

WAS bedeutet Papstthum, Cölibat, Ohrenbeichte! . . . . (von *Gust. Adolf Wolf*). 2. Aufl. Breslau 1845.

> Anon.-Lex. IV. p. 376 (nach Meusel).

WEINMANN, J. G., Soll der Cölibat der katholischen Geistlichkeit ferner fortbestehen,

oder soll er aufgehoben werden? Tübingen, Laupp,
1820. Gr. 8⁰. (16 gr.)

> Ersch I. 2. 1822. Sp. 285. Nr. 2807.

WERKMEISTER, Benedict Maria (v.), und Jac. Salat,
Ueber die Aufhebung des Cölibats. Deutschland
(Ulm, Wohler) 1818. 8⁰. (4 gr.) (1 Mk. A. Bielefeld, 1891.)

> Ersch I. 2. 1822. Sp. 285. No. 2806; Weller, fing. Dr.
> I. p. 225.

WIE die Clerisey das Cölibat beobachtet, oder
Liebschaften der katholischen Priester in
Frankreich. Leipzig 1836. 8⁰. Sehr selten! (8 Mk.
v. Zahn & Jaensch, Dresden, 1906.)

WITTMANN, M., Ueber d. Cölibat. Landshut 1834. 8⁰.
148 S. (1 Mk. 20 Pfg. Traber's Nachf. [Victor Ottmann], München, c. 1895.)

WOLFFSBACH, N. (kathol. Vicar in Frankf. a. M.), Ableinung der Lügenhafftigen 485 Sprüch und
Thesium Georg. Nigrini (eigentl. Schwarz, geb. 1530
zu Battenberg in Hessen, † 10. Octob. 1602 als Superint. zu
Alsfeld in der Grafschaft Nidda), Superintenten (so!), in
welchen der arme Mann, wegen deß Cälibats, ledigen
Apostol. stands der Geistlichen, auch Christlichen
Cathol. fastens sich vermessen, den Bapst zu Rom zu machen
zum wahren Antichristen und das alte Bapstumb zum wahren
Antichristenthumb. Meyntz, Henr. Breem, 1597. 4⁰. Sehr selten!
(4 Mk. 15 Pfg. Ludw. Rosenthal, München, Cat. 37. [c. 1882]
no. 5101.)

> Das Buch des Nigrinus, welches vorstehende Polemik
> veranlaßte, blieb mir unbekannt.

§ **ZACCARIA,** Franz Anton („Abt", Exjesuit, geb. 1714,
† 1795), Polemische Historie des Heiligen Cälibats, welche einigen zu diesen Zeiten herausgekommenen
Schriften entgegen gesetzt wird . . . . Auszugsweise (d. h. nur
mit Weglassung der in diese Materie nicht einschlagenden
Untersuchungen u. Anmerkgn.) aus d. Italien. übers. v. Joh.
Chp. Dreysig („Kgl. Preuß. Reg.-Referendarius"). Mit Titilvign. (Liebe sc.), Bamberg u. Würzburg, im Verlag bey
Tobias Göbhardt, Universitäts-Buchhändlern. 1781. Gr. 8⁰. (In
München: Jus can. p. 1172.) (3 Mk. 50 Pfg. W. H. Kühl,
c. 1883; 2 frcs. Schweiz. Antiqu., c. 1890.)

> 2 Bll., XXVI—496 S., 1 Bl. Inh., 1 Bl. Err. Das italien.
> Original erschien 1774 zu Rom.
> Enth. in 3 Büchern 10, 7 u. 5 Kap., u. a. II, 6:
> Entsetzlicher Krieg, den im eilften Jahrh. die Geistlichen
> von allen Seiten wider die Gesetze der Kirche geführet
> haben; Standhaftigkeit der Päbste, u. besonders des H.
> Gregorius VII. in Beschirmung u. Bestätigung derselben

wider die Wuth der Unzüchtigen. (S. 309—349.) II, 7:
Chronolog. Reihe der übrigen Begebenheiten die Keuschheit
der Geistlichen betreffend, vom Tode des H. Gregorius VII.
an, bis auf unsere Tage. (S. 350—372.) — Das 3te Buch
enth.: Polemische Vertheidigung des Cölibats wider die
neuern Bestreiter desselben. (S. 373 ff.)

§ — —, Des, N e u e   V e r t h e i d i g u n g   d e s   k i r c h -
l i c h e n   C ö l i b a t e s   g e g e n   d i e   E i n w ü r f e   u n d   B e -
s c h u l d i g u n g e n   d e r   n e u e r n   C ö l i b a t s f e i n d e. Augsburg 1789. 8⁰. 434 S. (In München: Jus can. p. 1175.)
>   De Backer VII, S. 442.
>   O r i g.: Nuova guistificazione del celibato sacro . . . .
>   2 pts. Fuligno 1785. 4⁰. (In München: Jus can. p. 972.)

* ZELL, Mattheus, V o n   d e r   P f a f f e n   E h e. Straßburg
1523. 4⁰. (In Berlin: Autogr. 2504.) Rarissime!

ZÖCKLER, O., K r i t i s c h e   G e s c h i c h t e   d e r   A s k e s e
(über Geissler, C ö l i b a t, Virginität, Fasten etc.). 1863. 8⁰.
>   Rich. Härtel's Dresdner Mai-Auct. 1909, no. 472, ohne
>   Ortsangabe.

* ZÖLIBAT, D e r,   i s t   a u f g e h o b e n. Ein Lustspiel in
fünf Aufzügen (von *Meinrad Widmann*). („Zur Unterstützung
meiner Mutter, Elisabetha Louisa Hauthin.") Speier bei Phil.
Wilh. Hauth, Buchhändler. 1790. 8⁰.
>   6 Bll. Vorst. u. 236 S. — Dem Markgrafen v. Baden,
>   K a r l   F r i d e r i c h, gewidmet.

ZÖLIBAT, D e r,   i s t   n o c h   n i c h t   a u f g e h o b e n. Ein
Trauerspiel, oder tragisches Strafgericht in 3 Aufzügen
(vom Vorigen). Zur Unterstützung meiner Schwester Par-
thenia Modesta Willgutinn. Parthenopel, bey Philipp Michael
Willgut (Ulm, Wohler), 1791. 8⁰. ($^5/_6$ Rthl. Scheible, c. 1872.)
>   Anon.-Lex. I. p. 332 (nach Kayser u. Meusel).

— — — — N o c h   e i n m a l: D e r   Z ö l i b a t   i s t   n o c h
n i c h t   a u f g e h o b e n;   ein historisches Trauerspiel in fünf
Aufzügen (vom Vorigen). Freystadt (Wohler in Ulm) 1791.
>   Weller, fing. Druckorte. I. p. 149—150; Anon.-Lex. III.
>   p. 213 (nach Kayser u. Meusel).

ZUSCHAUERIN, D i e   N i e d e r r h e i n i s c h e . . . . Rheno-
polis (Cöln, Metternich). 1770. 8⁰. Rar!
>   Nr. VII: „Menschenfreundliches Bedenken den alzustark
>   einreissenden C ä l i b a t einzuschränken" (S. 225—236).

CÖLN a. Rh. — 'A b d r u c k   v n d   g e m e i n e r   b e g r i f f   d e r
P o l l i c e y - O r d n u n g e n,   P l e b i s c i t e n   v n n d   S t a t u -
t e n   d e r   a l t e n   L ö b l i c h e n   F r e y e n   R e i c h s   S t a d t
C ö l l e n   etc. 1562. 4⁰. (In Breslau, Kgl. u. Univ.-Bibl.: Hist.
Germ. V 4⁰. 2361 o. Zu den Handschriften gestellt.)

— — — — Dasselbe. Ibid. eod. a. Fol. (l. c. Fol. 415.)

* — — Antirempius, Simplicissimus (ps.). — Gegen-Abbildung des Kupfferbildes. Eines Rasenden Erzürneten Mist-Schwein-Igel Jure Retorsionis In Kurtze Reimen gebracht. Durch *Simplicissimum Antirempium,* Pahr-Füßer-Ordens. Cölln bey Peter Marteau. (1702.) 4⁰. 2 Bll. (In Berlin: Yf 6647, no. 1.)

> Fehlt in Weller's Lex. Ps.

— — Dialogus. Satirisch-comisches Gespräch zwischen 4 Gevattersleuten über den jetzigen Ton. (Farze im cölnischen Dialect, von *De Noel.*) 1810. 8⁰. (Heberle, Cöln, Cat. 74 O.)

— — Eginhard, Karl (d. i. *A. A. Bergner*), Anekdoten zur Characteristik der Vorzeit. Th. II: Von der Geistlichkeit. Ronneburg und Leipzig, Aug. Schumann, 1804. Kl. 8⁰.

> Doppeltit. u. 273 S., nebst 7 Bll. Verlagsanz. der Firma. S. 223—26 Abdr. e. latein. Urkunde, vom Herausg. überschrieb.: „Eine Dirsteiner Nonne [Dirstein, ehemal. Kloster bei Dietz an d. Lahn] in puris naturalibus vor der medicin. Fakultät zu Cölln."

— — Hochzeits-Lied bei der glücklichen Vermählung des Hoch-Edelen Hrn. H. J. Erven mit der Juffer M. N. Paes in Coellen den 7. Jenner 1750. 2 Bll. Fol. (3 Mk. C. G. Börner, Lpz. 1907.)

— — Jahrmarkt, Der Kölner, oder auf Köln will ich ewig denken. Lustspiel. Köln 1780. 8⁰. (1 Mk. Geo. Lissa, Berlin, 1895.)

— — Lieder der Flageonettengesellschaft. (Mit 9 Musikbeil.) Von *P. W.* (d. i. *Peter Wahl*). 2te Aufl. O. O. (Köln?) Druck v. F. Kreuter (c. 1850). 8⁰.

> 32 S. Zum Theil im niederrhein. Platt. — U. a.: Lied beim Hahnenkampfe; der Abtritt auf dem Lande; der preußische Lieutenant; der bange Liebhaber; Bocks-Lied von 1846 etc. etc.

— — Newerley, Niclaus Simon, Ein Brautstück . . . . (c. 1525), s. bei Cölibat.

— — Sammlung auserlesener Sinn-Gedichte, Oden, Satyren, Fabeln u. Erzählungen. Köln a. Rh., b. Jacob Horst, Buchhdlr., vor den Minoriten. 1772. (Format?)

— — Der Vernünftige Tadler Der Poetischen Sammelung (s. vorigen Titel) Auserlesener Sinn-Gedichten, Oden, Satyren, Fabeln und Erzählungen So zu haben Bey Herrn Jacob Horst Buchhändleren Vor den Minoriten. Gedruckt, zu Kölln am Rhein bey Balthasar Wilms, in der Klöckergass 1772. 4 Bl. in 4⁰. (7 Mk. 50 Pfg. Max Perl's Octob.-Auction 1907, No. 881.)

Höchst selten! Satyrisches Gedicht in furchtbaren Knit-
telreimen. Der Vf. des getadelten (obigen?) Werkes —
nach Andeutungen zu schliessen scheint er Winter ge-
heissen zu haben u. katholischer Priester gewesen zu sein —
hatte sich in diesem als Freigeist u. Pfaffenfeind bekannt. Zur
Strafe dafür lässt ihn der „Tadler" den Parnass besteigen,
um Apollo sein Werk zu widmen. Er wird aber sehr un-
gnädig empfangen und auf Apollo's Befehl von den Musen
mit Ruten ausgepeitscht.

— — Unwesen, Das, der Kellnerinnenwirtschaf-
ten in Köln. 1891. 8⁰. (50 Pfg. Alex. Kaufmann, Stuttg.,
1902.)

COFFE- und Thee-Welt, Die verschlemmerte (so!),
welche eine Menge artiger Begebenheiten enthält, so sich seit
kurtzen zu Amsterdam, Rotterdam, in dem Haage, Uitrecht (sic!)
. . . zugetragen, mit allen denjenigen Debauchen und Ausschweifungen, so unter dem Pretext dieser kahlen Geträncke ausgeübt
werden. Sammt einem Anhang des Jährlichen Schadens, der
durch solchen Coffe- und Thee-Gebrauch . . . . verursacht wird.
Aus d. Holländ. ins Hoch-Teutsche übersetzt. Franckfurt u.
Leipzig (Schwabach, b. Joh. Jac. Enderes) 1737. 8⁰. (In
Dresden: Lit. Germ. rec. C. 925.)

Roman voller Anstössigkeiten. Tit., 5 Bll. Vorr. u. 291 SS.
Sehr rar!

* COHAUSEN, Joh. Heinr. (geb. 1673 zu Hildesheim, † als
Arzneigelehrter zu Münster 1750). — Der wieder lebende
Hermippus, oder Curioese Physicalisch-Medicinische Abhandlung von der seltenen Art sein Leben durch das Anhauchen Junger-Mägdchen bis auf 115. Jahr zu
verlängern, aus einem Römischen Denckmahl genommen,
nun aber mit medicinischen Gründen befestiget, u. durch Beweise u. Exempel wie auch mit einer wunderbaren Erfindung
aus der Philosophischen Scheidekunst erläutert u. bestätiget,
von *Joh. Heinr. Cohausen,* M. D., ietzo aus d. Latein. übersetzt. Mit Titelkpfr. Brühl sc. Lips. Gedruckt in der alten
Knaben Buchdruckerey (Sorau, Hebold), 1753. 8⁰. 230 S. (In
Berlin: Bibl. Diez. 8⁰. 7487.) (5 Mk. G. Priewe, 1895.)

Gelehrtes satyr. Curiosum, nicht ohne Geist geschrieben,
mit d. Motto auf d. Titel: „Es ist das Unvermögen des
Alters nicht gänzlich aufzuheben, doch kan (!) man ihm zu
Hülffe kommen, dass es sehr weit verlängert werde." Galen.
I. de Marc. C. 5." Nach d. Vorrede soll laut einer römischen
Inschrift L. Clodius Hermippus, zu Augusti Zeiten
lebend, durch das Anhauchen junger Mädchen sein Leben
auf 115 Jahre und 5 Tage gebracht haben! Nicht häufig.
Cfr. Raritäten! Ein hinterlass. Werk d. Küsters v. Rummels-
burg. Th. 6. O. O. (Berlin) 1780. 8⁰. S. 129—131.

Zuerst gedr. titulo: Hermippus redivivus, d. i. Triumpf
des Weisen über das Alter und Grab, Anweisung, das

Leben . . . . zu verlängern. London (Frankfurt, Fleischer)
1748. 8⁰. (Weller, fing. Dr.)

O r i g.: Hermippus redivivus, sive exercitatio physico-me-
dica curiosa de methodo rara ad 115. annos prorogandae se-
nectutis per anhelitum puellarum. Francof. ad Moen. 1742.
8⁰. (In Berlin u. München.) Cfr. H a y n , Bibl. gynaecol.
Lpz. 1886. Gr. 8⁰. S. 24.

— — Dasselbe. O. O. u. J. 8⁰.

Bibl. Mehnert. II. Lpz. 1838. p. 78.

— — Dasselbe. (Neuer Abdr.) Stuttgart, Scheible, 1847. 8⁰.

In: Der S c h a t z g r ä b e r in den literar. u. bildl.
Seltenheiten etc. Hrsg. von J. S c h e i b l e. Mit Abbildgn.
Bd. 2. (1 Mk. 60 Pfg. Scheible 27. no. 2211.)

COLB, Ad., Christliche Predigten Vber das Buch Tobie, Darinnen als in einem l u s t i g e n E h e s p i e g e l , fast alles, was
vom heyligen Ehestandt zu wissen von nöten, erkläret wird.
Franckfort a. M. 1592. 4⁰. 246 Seiten. (5 Mk. Max Weg,
Lpz., 1897.)

* COLDITZ. — S p ä t e i n g e s c h i c k t e B r a u t - K u c h e n.
Vberreichet Am andern Tage der ietzigen C o l d i t z e r H o c h -
z e i t . . . . 1649. Jahres. Von Zweyen guten Freunden . . . .
4⁰. (In Berlin: Yz 1761, no. 8⁰.)

4 Bll. Scherzhafte Hochzeit-Gratulation.

COLE, Thomas, B e t r a c h t u n g e n ü b e r Ü p p i g k e i t , U n -
g l a u b e n u n d S c h w ä r m e r e i ; aus d. Englischen (übers.
von Friedr. Germanus L ü d k e). Berlin 1767.

Anon.-Lex. I. p. 332 (nach Kayser u. Meusel).

* COLICA, D i e P o l i t i s c h e , oder d a s R e i s s e n i n L e i b e
D e r S c h u l k r a n c k e n M e n s c h e n welche in mancherley
zuständen ohne Leibs Schmertzen zu Bette liegen Niemanden
sonst als Hohen und Gelehrten Leuten zur belustigung vorgestellet durch *A. B. C.* (d. i. *Johann Riemer*). LEIPZJG, Verlegt von Johann Fritzsche. Anno 1680. (Nebst doppelblattgr.
Kupfertitel.) 12⁰. (In Berlin: Yu 7321.)

Satyr. Roman gegen menschliche Untugenden, als Geiz,
Verschwendung, u n o r d e n t l i c h e L i e b e etc. — 10 Bll.,
352 S. Aus der Vorr. geht hervor, daß Riemer nicht selbst,
sondern ein Freund mit R's Bewilligung die Herausgabe
besorgt hatte. — Zahmen Inhalts.

— — Dasselbe. Ebd. 1681. 12⁰. (In Stralsund, Rathsbibl.)

COLLE. — D i e g a l a n t e B e t r ü g e r e y , ein (durchaus
liederliches) Lustspiel in Einem Akt. Nach C o l l e. Leipzig,
im Verlage der Dykischen Buchhlg. 1779. Kl. 8⁰.)

46 S. (incl. Tit. m. kl. Vign.).

COLLECTANEA curiosa . . . ., s. C u r i o s i t ä t e n.

COLLEGIUM curiosum, das ist: unterschiedliche nachdenkliche u. sinnreiche Discours u. Gespräch, gehalten zu Paris
von etlichen vornehmen u. hochgelährten Männern. Aus dem

Französischen in das Teutsche übersetzt. — Collegii curiosi
continuatio, das ist unterschiedlicher sinnreicher Discours u.
Gesprächen Fortsetzung. 2 Bde. Franckfurt in Verlegung Johann David Zunners. Gedruckt bey J. G. Spörlin 1668/69. 12⁰.
608 u. 520 Seit. Höhe 11 cm., Breite 5 cm., Dicke 6 cm.
(30 Mk., stark beschn. Expl., A. Bielefeld, 1908.)

> Wodurch man am besten zur Weisheit gelangt. — Von
> der Kurage. — Ob Mann oder Frau die edelste
> Kreatur? — Vom Talisman. — Von den Amuletis. —
> Von der Bezauberung. — Von dem künstlichen Gedächtnis.
> — Von der Hanrehschafft. — Von den Währ
> wölfen. — Vom Nestel-Knöpfen, dadurch den
> Leuten die Mannheit genommen wird. — Von
> magnetischen Kuren. — Von der Zauberei. — Von Herma
> phroditen. — Von Liebestränken.

COLLIN de Plancy, J., Satanalien oder Legenden vom
Teufel u. seinen Dämonen in angeblichem Verkehr
mit berühmten Personen, als Dr. Faust, Virgil, Ninon de Lenclos,
Kaiser Friedrich der Rotbart, Marschall v. Retz u. a. Nach
d. Französ. v. H. Gauß. Mit Titelbild. Weimar 1856. 8⁰.
(6 Kr. Halm & Goldmann, 1907.)

> Sehr interessante Legendensammlung. VI—224 SS.

COLLOQIUM sacrum christianae humilitatis cum diabolica
superbia: oder christliche trewhertzige Warnung der schönen, keuschen, ehrenreichen Jungfrawen Demuth an die abschewliche allgemeine Landt- u.
Schandthurn Hoffarth. Allen scheinheylichen, stoltzen,
hoffärtigen etc. Menschen übersendet von einem Studioso und
Liebhaber der Demuth. Im Jahre 1632. 4⁰. Sehr selten! (2 Mk.
Franz Teubner, Düsseldorf, 1898; jetzt theurer!)

COLMAR i. Els. — Schlumberger, C., Die Aufhebung der öffentlichen Häuser zu Colmar im Jahre
1 8 8 1. Mit amtlichen Dokumenten. Nebst dem Bericht der
Section für Gesundheitspflege des Britisch-Continentalen und
Allgem. Bundes. Berlin 1884. 8⁰. (In Amsterdam: Bibl. Gerritsen.)

§ COLOMBINI (ps.). — Die Lybische TALESTRIS, In
einer anmuhtigen Staats- und Helden-Geschichte Der galanten
Welt zu wohl-erlaubter Gemüths-Vergnügung communiciret von
COLOMBINI. COPENHAGEN, In Verlegung Hieronymus
Christian Paulli, Anno 1715. 8⁰.

> Titelkpf., 7 Bll. Vorst. (incl. Titel in Roth- u. Schwarz
> druck) u. 416 S., über welchen steht: Der Lybischen Talestris
> Erstes (u. einziges) Buch. Ziemlich freie Liebesgeschichten
> mit vielen Gedichten u. einem poet. Schauspiel „Aurora
> und Selamor", in 3 Akten mit 6 Personen, S. 366—406.

§ COLONIE, Die neue, der Venus, oder die Eroberungen der Cyprischen Göttin (aus dem Französ. des

Abbé *Marchadier*). Frankfurt u. Leipzig 1767. 8⁰. 94 S. Rar! (In München 2 Expll.)

> Orig. (in Berlin: Xy 3883): L'Isle de France, ou la Nouvelle Colonie de Vénus. Amst. (Paris, Duchesne) 1753. 12⁰. av. 1 grav. (2²/₈ Rthl. Scheible, c. 1870.)

COLORADOKÄFER, Reblaus, Wanderheuschrecke u. Rinderpest, oder die neuen apokalyptischen Reiter. (Offenb. Joh. 6, 2—8.) Ein Polkwitzer Stückl in ebensoviel Heruntermachungen wie Aufziehungen u. mit dem Neuesten in Couplets u. Anzüglichkeiten verübt vom dramat. Ausschusse (hier folgt das Turner- u. Feuerwehrzeichen), im Jahre des Unheils 1877 in Verlegenheit des Turn- u. Feuerwehr-Vereins zu Liegnitz. 5te Aufl. Liegnitz, Th. Kaulfuß'sche Buchh. (R. Nehring), 1877. 8⁰. (Mk. 2—.) (1 Mk. Fischhaber.)

> Zahm. 2 Aufz. in Prosa u. Versen. — Polkwitz ist das Gegentheil von Kalau.

COLUMBUS, Alb., Die gefährliche Schiffahrt und die hierauf erfolgte glückliche Anlandung Aeneae wird als ein Bild des vor der Reformation Luthers höchst verderbten .... Zustandes der Kirche auf einer Schaubühne vorgestellet werden. Königsberg 1717. 4⁰. (²/₃ Rthl. Heinr. Lesser, Breslau, c. 1875; jetzt theurer!)

> 8 Bll. Am Schluß Namensverz. d. 53 Mitspielenden.

COLUTHUS, s. Koluthus.

COMEDI, Kurtzweilige, von einer Morionischen Magd etc. 8⁰.

> Latomus' Frf. Fast. M. V. 1614. F 1a, ohne nähere Angabe von Ort u. Jahr.

⁕ COMEDI, Eine schöne newe lustige, mit 4 Actus u. 5 Personen, vom Fritzel Fingerhut zu agiern, so zuvor niemals im Truck außgangen. O. O. 1628. 8⁰. 3 Bog. Rar! (In Berlin: Yq 3751.)

COMEDY von der blinden Lieb. Magdeburg bey Lenie Braun. 8⁰.

> Latomus' Frankf. Fast. M. V. 1614, F 1a.

⁕ COMÖDIA, EYn hubsch Lustig vnd nutzlich, darinnen vil puncten der ehe, kinder zu zihen, in' widerwertigkeiten gedult, vnnd in gluck kein hoffart zu haben, auch waß man heimlich wöl halten, solchs nit vilen zu offenbaren gelernt wirt, doch nit alleyn ernstlich, sondern auch lecherlich zû lesen. (Vf.: *Maternus Steyndorffer*.) Getruckt zû Meintz bei Iuo Schäffer Anno M.D.XXXX. (1540.) 4⁰. (In Berlin: Yp 8476.)

> In Versen. LXX Seiten. — Vgl. Zeitschrift f. deutsches Alterthum XXXVI, 365.

§ — — Dasselbe, titulo: Ein Hübsche lustige vnnd nützliche Comedia, darinnen viel puncten der E h e , K i n d e r z u e r - z i e h e n , in widerwertigkeiten mit gedult, vnnd in glück kein hoffart zu haben, auch was man heymlich wölle halten, solchs nicht vilen zu offenbaren gelernt wirdt, Doch nicht allein solches ernstlich, sonder auch sehr kurtzweillig vnd lecherlich zu lesen. Franckfurt am Mayn, M. D. LXV. (1565.) *Am Ende:* Getruckt zu Franckfurt am Mayn, bey Martin Lechler, In verlegung Sigmund Feyerabends vnd Simon Hüters. M. D. LXV. (Druckerzeichen.) 8⁰. 8 Bog.

> 5 Akte in Prosa mit 10 Personen. — Weller, Annalen II, S. 249, No. 13; Zeitschr. f. d. Alt. XXXVI, 226, 365.

* COMOEDIA. — Tragica comoe- / dia *Hibeldeha* (d. i. *Henricus Julius* Dux Brunsvicensis Et Luneburgensis Episcopatus Halberstadensis Antistes) / Von / Der S u s a n n a , / Wie dieselbe von zweyen al- / ten, Ehebruchs halber, fälschlich bekla- / get, auch vnschüldig verurtheilet, Aber entlich / durch sonderliche schickung Gottes des Almech- / tigen von Daniele errettet, vnd die beiden / Alten zum Tode verdammet worden, / Mit 34 Personen. / Gedruckt zu Wolffenbüttel / Anno nach Christi Geburt / M. D. XCIII. (1593.) 8⁰. Signirt A—Y. (Auch in Hannover u. Wolfenb.) (Handschrift in Hannover.)

> Goedeke II, 520, 1: Vgl. R. P i l g e r , Die Dramatisierungen der Susanna. Halle 1879. S. 61—89, wo überzeugend nachgewiesen ist, dass Heinrich Julius Frischlins Susanna plünderte und daß bei d i e s e m Stücke das Gerede von englischem Einfluss zu Schanden wird.

— — Dasselbe, titulo: Tragica Comœdia *Hidbelepihala* (d. i. *Henricus Julius* . . . ., wie oben). Von Der S u s a n n a , Wie dieselbe fälschlich von zweyen Alten des Ehebruchs beklaget, auch vnschüldig verurtheilet, aber entlich durch schickung GOttes des Allmechtigen von Daniele errettet, vnd die beiden Alten zum Tode verdampt worden, Mit 21: Personen. Auffs new kürzter verfasset Gedruckt zu Wolffenbüttel. Im Jar M. D. XCIII. (1593.) Signirt A—F. (Expl. in Stuttgart.)

> Tittmann, S. 1—32.

— — Comœdia *Hidbelepihal* (d. i. *Henricus Julius* . . . ., wie ob.) V o n e i n e m W e i b e , Wie dasselbige jhre Hurerey für jhrem Eheman verborgen, Mit 6. Personen. Gedruckt zu Wolffenbüttel, 1593. 8⁰. Sign. A—E. (Expl. in Stuttgart; Handschrift in Hannover.)

> Tittmann, S. 235—264.

COMOEDIA . . . . v o n d e r A r i a n a , s. bei *Desmarets*.

COMOEDIA, Betittult D e r F l ü c h t i g e V i r e n u s , Oder d i e G e t r e u e O l y m p i a . . . . In . . . . R e g e n s p u r g aufgeführet . . . . Von der anitzo allhier anwesenden Bande Hoch-

Teutscher Comoedianten. Regenspurg 1687. 4⁰. (In Berlin:
Yq 8341.)

7¹/₂ Bog. In Prosa.

COMOEDIA genant d a s s A d v o c i r e n d e F r a u e n Z i m m e r
unter dem Nahmen C o l o m b i n e, oder D e r N ä r r i s c h e
B a r o n B u f f a d e l l i. Aus dem frantz. übersetzt. Geschrieben
von J. F. G. (de Fatonville?) in Augsburg im Julio 1710.
21 Bll. 4⁰. (24 Mk. Ludw. Rosenthal, 1906.)

Schön geschriebenes M a n u s k r i p t, anscheinend von
einem Abschreiber einer Truppe. Das Personenverzeichnis
umfasst 14 Personen.

* COMOEDIA d i v i n a mit drei Vorreden von Peter Hammer
(Josef Görres), Jean Paul und dem Herausgeber (Alois Wilh.
S c h r e i b e r). Inspicere tanquam in speculum et ex aliis
sumere exemplum sibi. 1808. 149 SS. 8⁰. (In Berlin: Yy
8466.) (Im Orig.-Umschlag u n b e s c h n. 155 Mk. Emil Hirsch,
München, 1907.)

Goedeke VII, 484. 103. Pfaff, Friedrich, Arnims Tröst
Einsamkeit. S. LXII ff. Mit dieser Schrift führten die
Antiromantiker den Hauptschlag in dem sogen. „Sonetten-
krieg", welchen der alte Joh. Heinr. Voss in der „Jenaischen
allgemeinen Litteratur-Zeitung" gegen die Heidelberger Romantiker eröffnet hatte. Die Angriffe in der „Comedia"
richten sich hauptsächlich gegen die Mitarbeiter der „Zeitung
für Einsiedler" (Tröst-Einsamkeit): A r n i m, B r e n t a n o,
G ö r r e s, J. u. W. G r i m m, A. W. u. Fr. S c h l e g e l,
T i e c k, G r a f L o e b e n, N o v a l i s etc.
Es ist bis heute noch nicht gelungen, den oder die
Verfasser bzw. Herausgeber der „Comedia" zweifelsfrei fest-
zustellen. Man hat die Autorschaft H e i n r i c h V o s s,
dem Jüngeren, Mitherausgeber des zwei Jahre später er-
schienenen, ebenfalls „antiromantischen" Baggesen'schen
„Karfunkel oder Klingklingel-Almanachs", zusprechen wollen.
Grössere Wahrscheinlichkeit aber spricht für die Autor- oder
wenigstens Herausgeberschaft des Heidelberger Professors
A l o i s S c h r e i b e r, der ebenfalls Mitherausgeber des
vorgenannten Almanachs war. Höchstwahrscheinlich ist die
„Comoedia" von mehreren verfasst worden.
Der Inhalt der „Comoedia divina" zeigt überall das Be-
streben, die Romantiker mit ihren eigenen Waffen zu schlagen.
Die drei Vorreden von Peter Hammer (Jos. Görres), Jean
Paul u. d. Herausgeber sollen die romantische Ausdrucksweise lächerlich machen. In der dann folgenden Satyre
„Die Leipziger Messe" besuchen Jupiter und Merkur den
romantischen Dichter Novalis Octavianus Hornwunder; dieser
liest ihnen aus seinen Dichtungen vor, und Jupiter verwandelt ihn daraufhin in eine Gans, um ihn vor'm Toll-
haus zu bewahren. — „Der Sündenfall" zeigt uns Adam,
wie er nach dem Genuss des Apfels romantisch zu philo-
sophieren anfängt und dadurch Gott Vater sein Vergehen
verrät. (Wiedergedr. in: „Die Opale", hrsg. von Franz
B l e i. Th. 1. Lpz. 1907. Gr. 4⁰. S. 55—66.) „Nach-
spiel", „Anmerkungen" zum „Sündenfall" enthalten bissige

42*

Ausfälle gegen Arnim's „Grafen von Gleichen", Schlegel's
„Lucinde" etc. — In „Des Dichters Küchengarten" endlich
sind Gedichte v. W. v. Schütz, Graf Loeben, A. W.
Schlegel u. andern, sowie „Bunte Steinchen und Glasscherben
aus Novalis", „Todtenblumen aus der Lucinde" von Schlegel
und „Mohnköpfe. Aus den Aphorismen über die Kunst"
(von Görres) abgedruckt und von witzigen Travestien (meist
mit „Sirius" unterzeichnet) begleitet. — Der Original-
umschlag ist auf die freie Rückseite der bei Mohr u.
Zimmer erschienenen „Heidelberger Jahrbücher" gedruckt
u. die 3. Innenseite zeigt Werke dieses Verlags an. Dies
hat zu der Annahme geführt, dass das Büchlein in
deren Verlag erschienen sei. In Anbetracht des Umstandes,
dass Mohr u. Zimmer mit den Romantikern, insbesonders
mit Arnim u. Brentano, in freunschaftlichsten Beziehungen
standen, halten wir es für ausgeschlossen, dass dieses anti-
romantische Pamphlet in deren Verlag erschienen sei. Vielmehr ist anzunehmen, dass die Herausgeber — sei es, dass
sie alte makulierte Umschläge der Heidelberger Jahrbücher
benützten, sei es, dass sie diese Umschläge imitirten —
durch Benützung der Umschläge die Leser bezüglich des
Verlags u. der Autorsc5haft auf eine falsche Fährte lenken
wollten. — Von allergrösster Seltenheit.

COMÖDIANTINN von Stande, Die, oder Geschichte
der Marqvisinn von **, von ihr selbst verfasst.
(Verfasst von *Pietro Chiari*, geb. 1708, † 1785.) Aus d.
Französ. (3 Thle. in 1 Bde.) Leipzig, bey Joh. Gfr. Dycken,
1756. (Mit Druckersignet.) 8⁰. (2 Mk. Albert Votsch, München,
c. 1885.)

Tit., 3 Bll. Vorr. der Verfasserin, 300 fortlaufend pagin. S.
Zahm.

Das Orig. ist italienisch: La Commediante in fortuna, o sia memorie di madama N. N. 2 tomi. Venezia 1755.
8⁰. (2 Mk. Scheible, c. 1890.) — Vorliegende Uebers. ist
nach der französ. Version gemacht (wahrscheinlich von Joh.
Jac. Schatz).

§ COMMERSCHLIEDER, Die neuesten und besten. Halle 1801.
8⁰. Selten!

* COMPAGNIE-Belustiger, Gantz Neuer Curiös- und Kurtzweiliger, oder Zeit- und Weil-Vertreiber, Welcher in
sechs absonderliche Spiele abgetheilet ist, Als: 1) vor verheyrathete Manns-Personen; 2) vor verheyrathete Weibs-Personen; 3) vor Junggesellen guten Stands; 4) vor Jungfrauen
guten Stands; 5) vor Handwercks-Pursch u. Knechte; 6) vor
die Dienst-Mägde .... in lauter Verse .... eingerichtet.
.... hrsg. von einem Liebhaber der Poësie. Mit Titelkpf.
Gedruckt in Lincksstadt bey Wolffgang Schachtel (fing.), ANNO
1717. 8⁰. (In Berlin: Yk 2551.)

Höchst seltene Gedichtsammlung, stellenw. frei und derb.
6 Bll. Vorst. (incl. TKpf.) u. 238 S.

COMPASS der Liebe. Aus dem Frantzös. durch Abr. Extern. S. l. 1680. 12⁰. Sehr rar!

    Bibl. Val. Alberti. Lips. 1698. p. 273; Asher, Berlin, Collection 1847, S. 78.

— — Vgl. auch Uhrwerk der Liebe .... (vielleicht gleichen Inhalts).

COMPASS für Liebende. (Bibliothek für Lebemänner.) Budapest, Markus.

    Verboten v. L.-G. Wien, 20. IX. 1897. § 516.

§ **COMPENDIUM** der Narren-Welt. O. O. 1720. 8⁰. Rar!

COMPENDIUM Eventuum Publicorum, Oder: Wider Schall Dessen was die Welt-Fama von Denckwürdigkeiten In Staats-, Kriegs-, Glücks-, Natur-, Kunst .... Vorfallenheiten kundbar gemacht. 3 Thle. mit Anhängen und 11 Kupfern. Augsburg 1698. 8⁰. Cplt. sehr selten!

    Haydinger's Bibl. II. no. 201.

* **COMPENDIUM** Hasionale: Das ist, Ein kurtzer begriff vnd inhalt, Daraus man kan ersehen balt Der rechten vrsprung vnd herkunfft Der hoch Hasirlichen vernunfft .... Vom Herrn Doctor Hasenverstandt zur Lust verdeudscht dem gantzen Land. O. O. u. J. (um 1600). 4⁰. 16 Bll. (Auch in Wolfenbüttel: 171. 42. Q.)

    Goedeke II, 286, 94.

§ **COMPLEMENTIER** Büchlein. Darin eine richtige Arth abgebildet wird, wie man so wol mit hohen als mit niedrigen Persohnen, auch bey Gesellschafften u. Frauen-Zimmer hoffzierlich reden u. umbgehen sol. Vermehret. Dabey ein *Anhang* Etlicher Alamodischer Damen Sprichwörter. Hamburg, Bey J. Naumann, 1647. 12⁰. (In München: Ph. pr. 304x, 1).

    Von zahlreichen Sprüchen u. Versen durchzogen u. im Ausdruck sehr interessant, besonders derb u. kräftig sind aber die im Anhang gegebenen Sprichwörter der à la modischen Damen.

    Sehr rar, wie die folgenden Drucke!

— — Dasselbe. Ebd. 1649. 12⁰.

    Latomus' O. M. V. 1649, D 1 b; Bibl. A. E. de Seidel. Berol. 1718. p. 215.

§ — — Dasselbe. Ebd. 1654. 12⁰. (In München: Ph. pr. 305.)

* — — Dasselbe. Ebd. 1660. 12⁰. (In Berlin: Bibl. Diez. 8137.)

— — Dasselbe. Nürnberg, J. Kramer, 1667. Kl. 8⁰. 48 Bll. (10 Mk. L. Rosenthal, 1906.)

    Im Anhang „Reimen auf Confect Schreiben vor Mannspersonen und Frauenzimmer."

COMPLEMENTIR Büchlein. Cassel, b. Sebald Köhlern. 12⁰.

    H. M. V. 1647, D 1 b.

* **COMPLEMENTIR** - T r e n c h i r - F r i s i r - und K u n s t -
B u c h, neu Alamodisch nach itziger gebräuchlicher Arth eingerichtet. Mit vielen Kpftaf. Hamburg, Thomas v. Wiering,
o. J. (1695). Quer-8⁰. (8 Mk., defektes Expl., Jacques Rosenthal, c. 1903.)
> Schiller, Benj. (bibliop. Hamb.), cat. libror. 1695. Bl. 7 a.

* **COMPLEMENTIR**- und L i e b e s - T h e a t r u m, Neu auff-
gelegtes, oder Schauplatz. Das ist: Neue, anmuthige und
zierliche C o n v e r s a t i o n s - und L i e b e s - G e s p r ä c h e
Welche So wohl Frauens- als Manns-personen . . . . sich be-
dienen können. Auß dem Jtalienischen, Frantzösischen und
Englischen jetzo zum erstenmahl ins Teutsche übersetzet. In
Verlegung Barthold Fuhrmanns Buchhändl. in Osteroda. GOT-
TINGEN, Gedruckt von JOSQINO (so!) Woyken. 1686. Kl. 8⁰.
(In Berlin: Np 15,944.) Rar!
> 480 S. (incl. Tit. u. S. 3—24 Vorrede). S. 462 sq.
> „Anhang etlicher Liebes-Gedichte"; S. 477 sq. „Etliche
> Rähtsel (!)-Gedichte".

COMUS, ein Taschenbuch für 1801.
> Critik der Titel. Halle 1804. S. 38.

CONCEPT e i n e r S u p p l i c a t i o n a n k e y s. M a y. v o n
a l l e n E h e w e i b e r n im g a n t z e n R. R e i c h T e u t s c h.
N a t i o n umb Abschaffung zweyer schädl. Gesellschafften, deren
die ein in gemein Gelt auffnimpt, die ander der Alchymisten
oder Goldtmacher genendt wird. Pressburg (wohl fing.) 1621.
7 Bll. 4⁰. (15 Mk. J. Rosenthal, c. 1903.)
> Klage gegen die l i e d e r l i c h e n E h e m ä n n e r. —
> Ungemein selten!

§ **CONCLAVE,** D a s, v o n 1774. Ein Drama für die Musik welches im Carneval des 1775sten Jahres auf dem Theater delle
Dame aufgeführt werden soll. Den Damen dieses Theaters zugeeignet (vom Abbate *Sertovi*). (Italien. u. deutsch.) (Uebers.
von F. A. M. v. C a s t i l l o n.) Rom, bey Cracas, im Zeichen
der Verschwiegenheit (Nürnberg, Felssecker). O. J. 8⁰. (In
Marburg, Univbibl.) (6 Kr. Gilhofer & Ranschburg, Wien,
1904.)
> Heftige Satyre gegen die römische Curie, welche dem
> Verfasser langjährige Gefangenschaft eintrug. (Anon.-Lex.
> I. p. 341 (nach Hayn u. Weller).

CONCLUSERUNT m u l t i t u d i n e m c o p i o s a m etc. Auf
einem von drei Dornenkränzen umwundenen Berg, den ein
Freimaurer mit einer Laterne hinanklimmt, steht unter dem
strahlenden Auge Gottes der Kaiser neben Petrus; ersterer hält
ein Netz, aus welchem reine Seelen gen Himmel steigen. Am
Fuss des Berges M ö n c h e u. N o n n e n, welche nach in
einem Netz gefischten Geldsäcken greifen. C. J. Metten-

leiter sc. Fol. Nebst Beschreibung u. Auslegung in Versen von *Franz Sternl.* (1¹/₃ Rthl. Drugulin.)

— — Dasselbe, ebenso, aber kleiner, mit der 2 zeil. Unterschrift: Sie fingen eine grosse Menge und ihr Netz zerriss etc. Fol. (⁵/₆ Rthl. Derselbe.)

— — Dasselbe, kleiner, mit gleicher Inschrift in 3 Zeilen. Fol. (²/₃ Rthl. Derselbe.)

— — Dasselbe, von der Gegenseite: Ils en prirent une grande quantite (!) etc. Fol. (²/₃ Rthl. Derselbe.)

Drugulin II. no. 5085, 86, 87, 88.

CONCUBINAT. — Auisamentu' de con/cubinarijs no' absolue'dis quibuscu'qz: ac / eoru' periculis q'zplurimis. A theologis Colonie'sibus ap-/probatu' cum additionibus sacratissimoru' canonu'. / . . . Nuremberge, H. Höltzel, 1507. 4⁰, 10 Bl. Mit Titelholzschnitt. (6 Rthl. T. O. Weigel, 1870.)

— — Auisamentu' de co'-/cubinarijs no' absoluendis quibus/cumqz. ac eorum periculis q'zplurimis. A theologis Coloniensib' / approbatum cum additionibus sacra-/tissimorum canonum. / . . . . *In fine.* Uale ex Arge'tina. Anno M.ccccc.vij. S. l. e. a. 4. 8 Bll. Mit Titelholzschnitt. (6 Rthl., der Vorige, 1870.)

— — Auisamentum de concubi/nariis no' absoluendis qui/buscu'qz. ac eorum periculis q'zplurimis. A theologis / Coloniensibus approbatu' cum additionibus sacra/tissimorum canonum. / . . . S. l. e. a. (1507.) 4⁰. 14 Bl. Auf der Rückseite des Titels ein Holzschnitt. (5 Rthl., letztes Bl. beschäd., der Vorige, 1870.)

Kuczynski no. 7290, 91, 92.

— — Auisamentu' de co'/cubinarijs no' absoluendis quibus / cumqz. ac eorum periculis q'zplurimis. A theologis Coloniensib. / approbatum cum additionibus sacratissimorum canonum. / In fine: Uale ex Arge'tina. Anno. M.ccccc.vij. 4⁰. 8 Bl. Mit Titelholzschnitt. (2 Rthl., wasserfleckig, der Vorige, 1870.)

Kuczynski no. 142. Sämmtlich höchst selten!

— — Brieffe, Auffgefangene . . . Ravage I. Wahrenberg (fing.) 1700. 8⁰. S. 1134—40:

„Daß die Concubinate u. unreine Liebe grosser Herrn ihres Geschlechtes Untergang verursachen."

* — — Constans, Germanus (ps.). — GERMANI CONSTANTIS Neuer Moralischer Tractat Von der Liebe gegen die Personen andern Geschlechts... (Titel sehr lang). Leipzig, Joh. Chrn. Martini, 1717. 8⁰. (In Berlin: Da 5300.) (12 Mk. L. Rosenthal, München, 1906.) Selten!

11 Bll., 862 S. Mit Titelkpf. u. 8 merkw. allegor. Kpfrn. mit Sinnsprüchen. — Handelt auch von der „Concubinats- und Huren-Liebe" (wie auch der Titel anzeigt).
— — D ü b e n, Dr. G. F. v. (d. i. *Chrn. Gottfr. Flittner,* 1770—1828), D e r B e i s c h l a f. 3 Thle. 3. umgearb. (vermehrte) Aufl. Mit 3 Titelkpfrn. u. 3 Titelvign. Berlin, C. G. Flittner, 1819. 8⁰.
Bd. III, S. 209—218: „Der (!) K o n k u b i n a t."
— — E h e s t a n d, D e r wilde, und dessen allgemeine G a l a n t e r i e. O. O. 1750. 4⁰. ($^1/_2$ Rthl. Scheible, Cat. 43; jetzt theurer!) Sehr rar!
* — — E r n s t, M. Jac. Dan. (1640—1707), D e s U n g l ü c klichverliebten P r i n t z e n s Sichems, u. D e s unfürsichtigen F r ä u l e i n s D i n a . . . . L i e b e s - G eschichte . . . . Altenburg, Gfr. Richter, 1693; rep. ib. 1701. 8⁰. (Beide Drucke in Berlin: Yt 8⁰ 9601, Yt 8⁰ 9606.)
Darin u. a.: „Was für Untreue u. Lieblosigkeit die C o n c u b i n e n und B e y s c h l ä f f e r i n an ihren Afftermännern erwiesen".
— — F r e u d e n b e r g e r, Julius Augustus (d. i. *Chrn. Gottfr. Flittner*), U e b e r S t a a t s- und P r i v a t b o r d e l l e, K u pp e l e y und K o n k u b i n a t . . . . O. O. (Berlin, Oehmigke) 1796. 8⁰. 2 Bll. u. 174 S. Selten! (7 Mk. 50., unbeschn. Expl., Adolf Weigel, 1904.)
* — — G e d a n k e n, T h e o l o g i s c h e, von der Heiligkeit des E h e s t a n d e s Wider den Unheiligen C o n c u b i n a t u m, Aus dem 1. B. Mosis II, 24. Auf Veranlassung des Schediasm. Hall. de Concubinatu (des Chrn. T h om a s i u s), entworffen von *J. W. Z(ierolt),* D. P. u. P. P. Heyligenstadt in Eichsfeld. 1714. 4⁰. (In Berlin: D 5, no. 24.)
4 bedruckte Bll. Ohne Namen d. Verlegers.
— — G l a u c h e n s, J. G., D e r gegen die W i n c k e l - E h e n vertheidigte E h e - S t a n d. 1723. 4⁰. Sehr rar!
In Versen? — Mehreren poet. Werken angebund. in der Bibl. Wilckens. Hamb. 1761. p. 333·
— — H e s s e n, Rob., K o n k u b i n a t.
In: März. Jahrg. 2, Heft 7, 1908. S. 67—72. Roy.-8⁰.
— — K a t e c h i s m u s vom S t a n d der heiligen E h e, V o l l s t ä n d i g e r praktischer (von *Wilh. Chrn. Stemler*) Dessau, Buchhandlung der Gelehrten, 1781. 8⁰.
Im Anhang (S. 459 ff.): W i d e r den (!) C o n c ub i n a t. — Andre Ausgg.: Greifswald 1780; Nürnb. 1795.
— — K i e c h e l, Erhardt Jul. (Ulmens), auct. et resp., praeside *Chrn. Thomasio,* Diss. inaug. jurid. d e c o n c u b i n a t u, vulgo v o m B e y s c h l a f f. Halae Magdeb., J. Chrn. Zahn, 1713. 4⁰. (3 Mk. 50 Pfg. Osw. Weigel, 1908.)
Tit. u. 58 S. Zum Theil d e u t s c h abgefasst. — Dr. Franz Schnitzer's Bibl. München 1902. No. 1992; Jöcher IV, 1160.

— — Dasselbe. Ibid. 1741. 4⁰.

    Gay. Bibliogr. de l'amour II. p. 411. (1 Mk. L. St. Goar 43. p. 235.)

— — **Lebzelter, Nic., Carmina Prosa et Rithmi aediti in laudem pudicitie sacerdotalis contra Prosam excusare conantem scandalosissimum Concubinatum.** — *Jn fine:* Qui faciebat *Nicolaus Lebzelter,* Gundelfingensis V. & T. eiusque vero ministro. casto sacerdoti placere studuit. Habens susque deque feculentam eorum linguam qui tristi et sacro concubitu christi contaminant cubile: V. V. S. l. et a. (1510). 4⁰. 4 Bll. (10 Mk. Paul Neubner, 1892; 30 Mk. L. Rosenthal, 1906.) Rarissime.

    D e u t s c h e u. lat. Verse. — Goedeke, 2. A., I. p. 437, No. 5.

* — — **Lütke, Franz Jul., Gelehrter und ausführlicher Traktat von der Polygamie und Concubinat.** Leipzig und Gardelegen, E. H. Campe, 1723. 4⁰. (In Berlin: B. Dz. 4⁰. 2017; auch in Görlitz, Bibl. d. Oberlaus. Ges. d. Wissensch.)

— — Dassselbe. Ebd. 1728. 4⁰. 4 unbez. Bl., 153 bez. S., 5 unbez. S. (4 Mk. Osw. Weigel, 1908.)

    Vogel, Lex. jurid. II. p. 347.

— — **Mecklenburg. — Großh. Meckl. Schwer. Rescript vom 9. October 1854, nebst Entwurf einer Verordnung betr. die Bestrafung der einfachen Unzucht und der wilden Ehe,** nebst Motiven. (In Rostock, Landesbibl.)

— — — **Verordnungs-Entwurf,** betr. das **Einschreiten wider den Concubinat, die s. g. wilde Ehe.** Mit Motiven. (1870.) (Ebd.)

— — **Olearius, Paulus** (Heidelbergens, philos. magister). — **De fide concubinarum in sacerdotes.** Questio accessoria causa joci et urbanitatis in quodlibeto Heidelbergensi determinata a magistro *Paulo Oleario* Heidelbergensi. S. l. et a. (1501). 4⁰. 29 Bll.

    Besonders interessant sind die darin befindlichen L i e d e r in deutscher und lateinischer Sprache. Goedeke I, 437, 3: An O's Verfasserschaft zu zweifeln und die Schrift als eine pseudonyme Jacob Wimphelings anzusetzen (Riegger 240; Ebert 5841) ist unzulässig. — Enth. auch „de fide meretricum".

— — Dasselbe sub titulo: D e f i d e c o n - / c u b i n a r u m in suos pfaffos. / jocus et urbanitate et / sale plenissimus, in Quodlibeto Heidelbergensi / a magistro *Paulo Oleario* olim determi- / natus. Nunc autem, quia tempus haec, et alia majora poscit, in lau / dem Clericae castitatis a / tineis reuocatus. S. l. et a. (1501? — Strassb.?) 4⁰. 32 Bll. (200 Mk. Jos. Baer

& Co., Cat. 500: 1907, no. 1121: Sehr schönes Expl. in e. reich mit Gold verzierten gelben Maroquinbde. mit blauen Mosaikeinlagen.)

Mit 17 interessanten H o l z s c h n i t t e n. — Enth. auch „de fide meretricum".

— — Dasselbe. S. l. et a. 4⁰. 26 Bll.

Dibdin, Bibliogr. decam. 1, 229—235.

— — Dasselbe. Mogunt. 1501. 4⁰.

— — Dasselbe. Ulmae 1501. 4⁰.

— — Dasselbe. Heidelbergae 1504. 4⁰.

— — Dasselbe. Mogunt, F. Hewman, s. a. (c. 1504). 4⁰. 9 Bll.

Gotth. Fischer, Typogr. Seltenheiten 1, 67—73.

— — Dasselbe. S. l. 1505. 4⁰. 12 Bll.

— — Dasselbe. Augustae Vindelicor., Froschauer, 1505. 4⁰.

— — Dasselbe. S. l. 1557. 12⁰.

— — Dasselbe. Francof. 1624. 8⁰.

Sämmtliche hier genannte Drucke [bei Goedeke I, 437, 3, zum Theil mit Quellenangabe] sind Seltenheiten!

— — S. auch H a i t l i e b, Jac., De fide meretricum in suos amatores.

* — — R e i n b e c k, Joh. Gustav („Evang. Luth. Prediger an der Friedrichwerderschen und Dorotheenstädtischen Kirchen in Berlin"), D i e N a t u r D e s E h e s t a n d e s U n d V e r - w e r f f l i c h k e i t d e s d a w i e d e r (so!) s t r e i t e n d e n CONCUBINATS, Aus der Heil. Schrifft, und anderen ver- nünfftigen Gründen gezeiget, Und Wider des Herrn Geheimten Raths THOMASII DISERTATION (De Concubinatu) Vom Concubinenhalten behauptet, Von —. BERLIN, bey Johann Andreas Rüdigern, privilegirt. Buchhändlern, 1714. 4⁰. (In Berlin: D 4, no. 7.) (5 Mk. E. Frensdorff, 1904.)

108 S. (incl. Titel u. 4 S. Vorr., dat. Berlin 19. Martii 1714). Daran S. 109—156 (excl. 2 Bll. Reg.): N o c h - m a h l i g e r B e w e i ß, Daß der vom Herrn Geheimen Rath T h o m a s i o vertheidigte Concubinat ein sündlicher und verwerfflicher Stand sey, Wider den Anhang Welcher unter dem Nahmen A n t o n i n i ohnlängst wider meine Schrifft von Der Natur des Ehestandes herausgegeben worden, ge- führet und bestättiget von J o h a n n G u s t a v R e i n b e c k. ib. 1715. 4. — Ziemlich freien Inhalts.

* — — Dasselbe, titulo: D i e N a t u r d e s E h e s t a n d e s U n d V e r w e r f f l i c h k e i t d e s d a w i d e r s t r e i t e n d e n C o n c u b i n a t s, Aus der Heil. Schrifft, und anderen ver- nünfftigen Gründen gezeiget, Und so wohl Wider des Herrn Geheimten Rahts T h o m a s i i Dissertation (De Concubinatu) Vom Concubinen-halten Als auch andern hieher gehörigen Schrifften behauptet, Von —. A n d e r e A u f f l a g e. Ebend., o. J. (Vorr. dat. 28. Novbr. 1714.) 4⁰. (In Berlin: D 5, no. 28.)

156 S. u. 2 Bll. Reg. — Ueber Concubinat, Hurerey, Kebs-Weiber, Vielweiberey etc.

— — S a c h s, Mart. (d. i. *Ernst Aug. Ant. v. Göchhausen,* 1740/1824), M e i n e s V a t e r s H a u s c h r o n i k a. . . . Hrsg. von —. Erfurt, Keyser, 1790. 8⁰. (In Carlsruhe: Cd 1194.) (3 Mk. Kühl, Berlin, c. 1882; jetzt bis 12 Mk. u. höher notirt.)

XLIV—516 S., 2 Bll. Err. — S. 265 ff.: Darin interess. u. derbe Erört. über Teufel, Erbsünde, K o n k u b i n a t, Ehebruch etc.

— — S o l l t e n H u r e r e i u n d C o n c u b i n a t a u c h i n u n s e r n Z e i t e n n o c h s c h ä d l i c h e u n d s c h ä n d l i c h e L a s t e r s e i n? (Vf.: *Joh. Dan. Müller.*) Frankfurt 1777. 8⁰. 68 S. Rar! (²/₃ Rthl. Scheible 34. p. 183; jetzt viel theurer!)

Anon.-Lex. IV. p. 95 (nach Strieder u. Meusel).

* — — T h o m a s i u s, Chrn. (1655—1728). — D. *Christiani Thomasii,* JCti & Facultatis jurid. h. t. decani, schediasma inaug. jurid. d e c o n c u b i n a t u. S. l. 1713. 4⁰. (In Berlin: D 8, no. 2.)

1 Bl. u. 68 S. Nur in lat. Spr. Wurde in's Deutsche übers., tit.: „De concubinatu, vom C o n c u b i n e n h a l t e n" . . . ., u. rief als Gegenschrift hervor: „R e i n b e c k (s. ob.), J. G., Die Natur des Ehestandes . . . . 1714." (In Berlin.)

— — — — Idem opus. Jenae 1749. (in Ejusd. Diss. T. III. Nro. 100.) Kappler p. 932.

— — — — Juristische Disputation von der K e b s - E h e, u. andere hierzu dienliche Schrifften. Franckf. u. Lpz. (Halle) 1714. 8⁰. (2 Mk. 40 Pfg. Weller, Bautzen, c. 1890.)

Ca. 800 S. Ziemlich seltenes Werk. Auch im Ehestands-almanach II. p. 277 citirt.

— — T y m p i u s, Matth., Conversio concubinariorum et concubinarum, freundlich G e s p r ä c h e i n e s G e l e h r t e n v n d e i n e r b ü ß e n d e n v n d G n a d b e g i e r i g e n S ü n d e r i n, w e l c h e m i t e i n e m C l e r i c o i n V n z u c h t g e l e b t. A. d. Latein. durch B o n i f a c i u m P i s c a t o r e m. Cölln, Peter v. Brachel, 1612. 8⁰.

Serapeum, Jahrg. 24: 1863. S. 150. Nr. 35. War auch in Haydinger's Bibl. I, 1. Wien 1876, Nr. 738, Beibd.

— — U m g a n g, D e r, m i t W e i b e r n, w i e e r i s t u. s e i n s o l l t e. Mit 1 (allegor. Kpf. (F. C a t e l sc.). Berlin, Oehmigke d. Jüng., 1802. 8⁰, 218 S.

S. 209—18: Der (!) K o n k u b i n a t. (Vf. verwirft dessen Zulässigkeit.)

— — Z e i l l e r, Martin (1589—1661), E p i s t o l i s c h e S c h a t z k a m m e r. . . . Von neuem übers. u. hrsg. v. L. H e r m a n n. Ulm 1683. Fol. (20 Mk., Ldrbd., Paul Neubner, Cöln, 1892.)

Vollständigste Ausgabe. — Handelt u. a. von C o n ·
c u b i n e n, Ehestand, Frauenhäusern, Liebestränken, Liebes-
zauber, Weibern etc.

CONDÉ, Prince. — P r i n z C o n d é. Ein historischer Roman. Mit (freiem) Titelkpf. [S c h u b e r t del.] u. allegor.
Titelvign. Riga, im Hartknochschen Verlage, 1795. 8⁰.
>256 S. (incl. TKpf. u. Tit.). S. 183 ff.: „Anhang einiger
biogr. Notizen u. anderer interess. Urkunden.''

CONFERENTZ, P o l i t i s c h e, Z w ö l f f u n t e r s c h i e d -
l i c h e r S t a n d s - P e r s o h n e n: Von allen neuen vorfallenden Friedens- und Kriegs-Begebenheiten der gantzen Welt.
3 Thle. Mit Titelkpf. u. 5 Kpfrn. O. O. 1707. 4⁰. Cplt. rar!
>Auch mit R e i m e n. — Haydinger's Bibl. II. no. 202.

CONFERENZ, V e r t r a u t e, d e r e r E i n w o h n e r im
R e i c h e d e r T o d t e n, über ihre im Reiche der Lebendigen
gehabte Fata u. Zufälle. Zusammenkunft 1—6 (soviel ersch.?).
O. O. (?) 1723. 4⁰.
>Aeusserst selten! Das 6. Stück wurde c o n f i s c i r t. —
Wahrscheinlich Theile dieser Sammlung sind die beiden
folgenden Schriften:

— — z w i s c h e n B a t h s e b a u n d J u d a s I s c h a r i o t.
Leipzig 1723. 4⁰.

— — z w i s c h e n d e m P a t r i a r c h e n J o s e p h u n d V o -
l u p t u o s o. Altona 1723. 4⁰.

* CONGRESZ zu Cythera, Oder L a n d t a g d e r L i e b e, Aus
d. Italiän. (des *Franc. Algarotti*) übersetzet. LEIPZIG (o.
Adresse) 1747. 8⁰. (In Berlin: Xr 17, 622.)
>K e i n R o m a n, sondern sentimentale u. moralisirende
Erörterungen ziemlich langweiliger Art. 8 Bog., unpaginirt.
Name d. Verlegers fehlt auf d. Titel.
>O r i g.: I l C o n g r e s s o d i C i t e r a. Calamo lu-
dimus. (Phædr.) In Amsterdamo. M DCC XLVI. (1746.)
16⁰. 198 pp., 1 f. — Rep. Potsdam 1751. 8⁰. (In München:
P. o. ital. 24 z.) — Parigi 1768. 8⁰. (Ebd.: 25.) —
Nizza 1788. 8⁰. (1 fl. 12 xr. Beck, Nördl., Cat. 116.) —
In des Autoris „Opere'', t. 6. Venezia 1792. 8⁰. (In
München: Opp. 172 b.)

CONLIN, Alb. Jos., s. unter dem Pseud. L o n c i n v o n G o m -
m i n, Alb. Jos.

CONNESTAGEN, Die, eine tragische Geschichte. Aus d. Französ. (von Frdr. Dominikus R i n g, 1726—1809). Frankfurt u.
Leipzig 1764. 8⁰. Rar!
>Gradmann, Gelehrtes Schwaben, S. 499. — NB! La stage
= die Residenz bei einigen Stiftern, Capiteln etc.

CONNOVEN, Chr. Frdr. (Pastor zu Krahne), H i m m e l u n d
H ö l l e, die G e d a n k e n v o n d e n (!) e w i g e n L e b e n
u n d v o n d e r H ö l l e n q u a l d e r V e r d a m t e n (sol).
Wittenberg 1702. 8⁰. 13 Bog. Sehr selten!

Ludovici (bibliop. Vitemb.) Bibl. nominalis curiosa. Vitemb. 1705.

CONRADI, Hermann, L i e d e r e i n e s S ü n d e r s. Leipzig (1887). 8⁰.

> Vergriffen und gesucht! (9 Mk. F. C. Lederer, Berlin, 1908.) Ziemlich zahm.

CONRADT, Dr. Heinr., L e s b i e r i n n e n. (Aufsatz in: „Blätter für Bibliophilen". Hrsg. von Willy S c h i n d l e r. Jahrg. I, Heft 1, Jan. 1908. 8⁰. S. 27—31.)

> Bespricht den französ. Roman „A n a n d r i a" (= „Bekenntnisse der Mlle. Sapho"), der zuerst in Bd. 10 (letztem) des „L'espion anglais" stand. Unter den hier unter leicht fingirten Namen erscheinenden T r i b a d e n befinden sich die Schauspielerinnen A r n o u l d († 22. Oktob. 1802) und R a u c o u r t (geb. 1756 in Nancy, † 1815), sowie die Herzogin v. V i l l e r o i, Mitglieder eines bei der berüchtigten pariser Kupplerin Frau G o u r d a n verkehrenden Lesbierinnen-Bundes.

CONRING, Frz., D a s d e u t s c h e M i l i t ä r i n d e r K a r i k a t u r. Mit 72 Beilagen nebst 480 Textillustr. nach seltenen und amüsanten Karikaturen aller Länder u. Zeiten. Stuttgart 1907. Gr. 4⁰. VIII—470 S. (Mk. 25—.) (16 Mk., Origbd., Ludw. Lazarus, Würzb., 1908; 10 Mk. Max Perl, Berlin, 1909.)

CONSBRUCH, Florens Arnold (geb. 8. Juli 1729 in Bielefeld, Justizrath das., † im Decbr. 1784). — S c h e r z e u n d L i e d e r von *Consbruch* . . . . Frankfurt und Leipzig, bey J. F. Fleischer. 1752. 8⁰. Selten!

> W. v. Maltzahn III. p. 409. no. 435. (an no. 433—34). — Goedeke IV, 19, 11, 3.

CONSILIA t h e o l o g i c a W i t e b e r g e n s i a d. i. W i t t e n b e r g. G e i s t l. R a t h s c h l ä g e D. *Mart. Lutheri,* seiner Collegen u. treuen Nachfolger, im Namen der theol. Facultät ausgestellte Urtheil, Bedencken u. offentliche Schrifften. 4 Thle. in 1 Bde. Franckf. a. M. 1664. Fol. Rar! (150 [!] Mk., etw. beschäd. Expl., Jacques Rosenthal, c. 1903.)

> Inhalt: Religion-, Lehr- u. Glaubens-, Ministerial- u. Kirchen-, Moral- u. Policey-, M a t r i m o n i a l - u. E h e s a c h e n.

* **CONSTANS,** Eubulus (ps.). — P o l i t i s c h e H e y r a t h s - G e d a n k e n eröffnet, und allen denen so noch unverheyrathet zur Cautel gleichsam in einem N a c h - S p i e l vorgestellet von EUBULO CONSTANTE, in diesem Jahr. (Ende 17. Jahrh. od. Anf. 18 Jh.) 12⁰. (In Berlin: an Yy 1841.) Sehr rar!

> Satyre in 9 Cap. mit einigen Versen. 34 S. incl. Tit. und S. 3—11 „Zuschrift an die allerkeuscheste Dam in der Welt". — Zahmen Inhalts. — F e h l t in Weller's Lex. Pseud.

CONSTANS, Germanus (ps.). — GERMANI CONSTANTIS, N e u e r M o r a l i s c h e r T r a c t a t V o n d e r L i e b e g e g e n

die Personen andern Geschlechts, Darinnen so wohl
überhaupt Die Regeln der Klugheit so bey Liebes-Affairen
vorzukommen pflegen, vorgestellet werden, als insonderheit die
Christliche, Eheliche, Freundschaffts, Galanterie, Socialitäts,
Concubinats und Huren-Liebe moralisch abgehan-
delt werden. Leipzig, 1717. Verlegts Johann Christian Martini,
Buchhändler in der Nicolai-Straße. 8⁰. (In Berlin: Da 5300.)
(12 Mk. L. Rosenthal, 1906.)

> Titelkpf., 11 Bll. (incl. roth u. schwarz gedr. Titel),
> 862 S. Mit 8 merkw. allegor. Kupfern mit Sinnsprüchen.
> Sehr selten!

CONSTANS Patiens (*Friedrich V. von der Pfalz*, Winter-
könig), s. Patiens, Constantius.

CONSTANTIS Liebes-Wechsel und Lust-Reisen....
1700, s. Pfauen, Friedr.

CONSTANTINOPEL. — Türckische Beschneidung.
Warhaffte kurtze Beschreibung, wie Amurath, der jetzt
regier. Türckische Keiser, seinen Son Mahometen, so er
von Circassa, einer Natolianerin, seinem Kebsweib erzeuget,
vnd nu mehr bey 15 Jaren alt, im vergangenen Monat Junio
dises lauff. Jares, mit grossem Pomp u. Herrligkeit, zu Constantinopel beschneiden lassen. Dergl auch was für Botschafften
allda erschienen, neben vermeldung der Ritterspiel sampt einer
vermeldung etlicher Wunderwerck zu Constantinopel. Mit Titel-
u. 1 Textholzschnitt, colorirt. Nürnberg, Leonh. Heussler, 1582.
8 Bll. Kl. 4⁰. (27 Mk., Expl. in Pgtbd., J. Rosenthal, c. 1903.)

* **CONSTANTINUS,** Der Widerlebende Grosse —, und
Die Durchleuchtigste Printzessin Amalasonta
kürtzlich u. eifferig entworffen durch Die Printzen *Ariantes*
u. *Polydorus* A. C. L. V. A. Augspurg 1699. 8⁰. (In Berlin:
Yu 9701.) Rar!

> Zahmer Heldenroman.

CONSTELLATION, Die unglückliche, oder Gräfin
Agnese von Mansfeld, eine Sage aus d. 2. Hälfte des
16. Jh. vom Verf. der „Gräfin u. Geisterseherin Seraphine
von Hohenacker" (von *Carl Aug. Gottlieb Seidel*, 1754—1822).
Leipzig 1796. 8⁰. (23 gr.) Zahm.

CONSTITUTIONEN, Geheime, für die Aebte, zur Erhaltung und Aufnahme der Klöster. Aus d. Latein. München
(Hörling in Wien). 1786.

> Weller, fing. Dr.

CONTARINO, L., Der große weltliche Lust- oder
Historien-Garten, deutsch v. H. Mit Titelkupfer. Augs-
purg 1691. 4⁰. (7 Mk. 50 Pfg. Paul Neubner, Cöln; 10 Mk.
H. Kerler, Ulm, 1905.)

Leben d. lobwürdigen Fürsten u. Fürstinnen; Mahomet;
pers. König Tamarlan (so!); Sibillen; Thaten u. Ursprung
der Amazonen; Wunderwerke d. Welt; die Favoriten so v.
ihren Herren ums Leben gebracht etc.
I t a l. O r i g.: Il Vago e dilettevole giardino, ove si
leggono gli infelici fini de molti huomini illustri. Vicenza
1589. 4⁰. (12 Mk. J. Rosenthal, c. 1903; première
édit. Brunet II, col. 243.) Rep. Vicenza, Giovannini, 1602.
4⁰. (4 Mk. 50 Pfg. Osw. Weigel, Lpz., 1904.) Ebd.
1607. 4⁰. II. 468 + 232 S. (3 Mk. Derselbe.) — Venetia
1602. 4⁰. (1 Mk. Gottlieb Geiger, Stuttg., 1906.)

CONTÉE, F. H. (d. i. *Franz Gräffer*), S c h a t t e n d e r V o r-
z e i t oder Memorabilien abenteuerlicher Begebenheiten, Sitten,
Gebräuche und anderer Seltsamkeiten unserer Voreltern, be-
sonders des Mittelalters und Ritterthums, der T u r n i e r e und
Minne, der Kunst und Dichtung etc. Wien 1832. 8⁰.
Dr. Franz Schnitzer's Bibl. München 1902. Nr. 816.

CONTIUS, Chrn. Gotthold (1750—1816), L y r i s c h e Ge-
dichte und Erzählungen. Breslau, W. G. Korn, 1773.
8⁰. (In Warmbrunn.)
Vgl. Almanach d. dtsch. Musen 1774. S. 74.
— — K l a g e n d e s j u n g e n B l e n d h e i m i m S c h a t-
t e n r e i c h e. Ein Roman. Dresden 1780. 8⁰.
Goedeke IV, 108, 5, 13.
— — G e d i c h t e. Mit 4 Kpfrn. Dresden, Gerlach, 1782,
8⁰. (In Warmbrunn.)
— — M e d o r u n d A n g e l i k a. Eine Geschichte aus der
neueren Zeit. Ebd. 1782. 8⁰.
Goedeke IV, 108, 5, 15. — Sämmtlich ziemlich zahm.

CONTY, Prinzessin v. — R e l a t i o n, H i s t o r i s c h e,
v o n d e r L i e b e d e s j e t z t r e g i e r e n d e n K ä y s e r s v o n
Marocco für die Frantzösische Princeßin Dou-
airière de Conty, durch Herrn Grafen *D**** an eine
vornehme Standts-Person Frantzösisch geschrieben, anjetzo aber
wegen besonderer Curiosität in unsere hochdeutsche Sprache
übersetzt. Cölln (Leipzig, b. Kroniger u. Göbels Erb.) 1700.
12⁰. Sehr rar!
O. M. V. 1700. L 1 a sub libris serius exhib.; Bibl.
Langii. Lips. 1702. p. 187; Auctio libror. Lips. 18. Jan.
1717. p. 64; Weller, fing. Dr., kennt den wirklichen Druckort nicht.
O r i g. (in Dresden): Relation historique de l'Amour de
l'Empereur de Maroc, pour Madame la Princesse Dou-
airière de Conty. Cologne 1700. pet. in-8⁰. (Scheible 34.
p. 165.); rep. ib. 1707. (Bibl. Feuerlini II. Nrbg. 1803.
p. 387.)
Hier sei noch eine früher ersch., auf dieselbe Dame
bezügl. französ. Schrift von grosser Seltenheit erwähnt:
L e T r i o m p h e d e l a D é e s s e M o n a s, ou l'histoire
du portrait de Madame la Princesse de Conti,

fille du Roi. Amsterdam, Louis du Val, 1698. 12⁰.
153 pp. (y compris le titre et 1 f. d'avis intéress. au
lecteur).

CONVERSATIONSLEXIKON, Hammelburger (von *Karl
Heinr. Ritter v. Lang,* 1764—1835). Hammelburg (Nürn-
berg, Riegel u. Wiessner) 1819. 8⁰. 91 S. (70 Pfg. Carl Uebelen,
München, 1892.)

> Durchaus satyrisch. Von besond. Interesse der Artikel
> „Lüge".

CONVERSATIONSLEXICON, Philosophisch-humori-
stisch-satyrisches, für alle Stände. Naumburg 1846.
8⁰. (2 Mk. P. Neubner, 1892.)

CONVERSATIONSLEXIKON des Witzes, Humors u. der
Satyre. Hrsg. von einer Gesellschaft Humoristen. 6 Bde.
Altona, o. J. (c. 1867). Gr. 8⁰. (Ldpr. à Bd. 1 Rthl.)

> I: 497 SS., II: 480 SS., III: 480 SS., IV: 480 SS.,
> V: 480 SS., VI: 464 SS. Zahm. Fehlt im Handel.
> (10 Mk. Kühl.)

CONVERSATIONS-LEXICON zur Culturgeschichte der
Liebe und Ehe, s. Kahlenburg, J.

COPENHAGEN, s. Kopenhagen.

COPIEN für meine Freunde so gut als Manuskript.
(Gedichte von *Johann Dominicus Schultze.*) Mit TVign.
u. Melodieen. Hamburg 1785. beym Buchhändler H. J. Matthiessen. 8⁰. Selten!

> Maltzahn p. 431 no. 811 kannte den Vf. nicht. — Anon.-
> Lex. I. p. 349 (nach Meusel).

COPIEN für meine Freunde (von *Friedr. Justin Bertuch* u. Andern). Altenburg 1770.

> Anon.-Lex. I. p. 349 (nach Kayser u. Meusel).

COPIEEN nach der Natur. Spiegel für Jünglinge und
Mädchen. Vom Verfasser des Sebaldus Götz (*K**r,* d. i. *Heinr.
Aug. Kerndörfer,* 1769—1846). Cöthen, Aue, 1796. 8⁰. 293 S.

> „Verführungsgeschichten etc." R. Zinke's Dresdener Nov.-
> Auction 1905, no. 284. — Anon.-Lex. I. p. 349 (nach
> Goedeke u. Meusel).

— — S. auch Kopien.

COQUII Vermischte Historien. Rudolstadt 1665. 12⁰.
Ungemein rar!

> Der Pseudonym fehlt bei Weller.

CORA, die Königin der Gauklertruppe. Roman.
Nach d. Engl. 2 Bde. Leipzig 1869. 8⁰. (1²/₃ Rthl.) (2 Mk.
P. Neubner, 1892.)

CORAM, der schwache Prinz. Eine Legende aus den
Zeiten der blühenden Phantasien. (Nach d. Französ.) Berlin,
bei E. Quien. 1801. 8⁰. Tit. gestoch. u. 228 SS.

CORBETT, Emma, oder das Elend des bürgerlichen Kriegs. 2 Thle. Leipzig, Schwickert, 1781. 8⁰. (1 Rthl.)
> Selten! — Fehlt bei Kayser.

CORDESII, Mich., Biblische Eheschul, wie man den Ehestand recht antreten und heylsamlich führen soll. Hamb. b. Gfr. Schultzen. 8⁰.
> O. M. V. 1672. C 2a.

CORKE, Graf von, mit dem Beinamen der Grosse, oder die kunstlose Verführung. (Zahmer Roman, aus d. Französ. der *Stéphanie Félicité Ducrest de Sainte-Aubin* Comtesse *de Genlis*). Mainz und Hamburg, bei Gottfried Vollmer. 1805. 8⁰. 208 S.
> S. 165 ff.: Züge aus dem Leben Heinrichs IV. von Frankreich.

CORNAZANO, Ant. († 1500). — Die Sprichwort-Novellen des Placentiners *Antonio Cornazano.* Zum ersten Male verdeutscht von Albert Wesselski. München, Georg Müller's Verlag, 1906. (Auch tit.: Perlen älterer romanischer Prosa. Bd. IV.) 8⁰. (Halbprgt. Mk. 8—.) (12 Mk., Hprgt., Dieterich, Göttingen; 8 Mk. E. Frensdorff; 20 Mk., Luxusausgabe auf van Geldern in Ganzprgt., Derselbe.)
> Kabinetstück italienischer Renaissance-Novellistik, wurde nur in 850 numerierten Exemplaren für Subskribenten hergestellt. Die Sprichwort-Novellen mit ihrem pikanten und intimen Inhalt erinnern lebhaft an Boccaccio Poggio etc.
> „Jede der sechzehn Novellen hat zum Thema ein mehr oder minder bekanntes Sprichwort, dessen angeblichen Ursprung sie auf sehr originelle und überraschende Art erzählen.
> Antonio Cornazano, geb. ca. 1431 in Piacenza, gestorben 1500 in Ferrara, war ein fruchtbarer Dichter, der unter anderm eine Messiade geschrieben hat, die seine Zeitgenossen mit Bewunderung erfüllte und ihn mit Dante vergleichen liess. Aber seine religiösen Gedichte teilten das Schicksal seiner andren Werke: ein halbes Jahrhundert nach seinem Tode waren sie vergessen. Einzig und allein seine Novellen sind es, die das Interesse der Gegenwart beanspruchen. Der ersten Ausgabe (Venedig, 1518) folgten bis 1558 noch zehn andere, dann aber blieben sie verschollen bis zum Beginne des vorigen Jahrhunderts. Übrigens sind auch die beiden italienischen Neudrucke von ausserordentlicher Seltenheit, die nur in je 200 Exemplaren gedruckt worden sind." (Verlagsanzeige.)

CORNELIA . . . . (187*.) 12⁰. Zahm. (¼ Rthl. Fischhaber u. A.)

CORNELIUS a genis aridis (d. i. *Carl Theod. Beck*), Unterhaltungen für empfindsame Herzen. München 1790. 8⁰. (1 Mk. Scheible, Cat. 207.)
> Anon.-Lex. I. p. 350 hat (nach Kayser u. Meusel): „Cornelius . . . ., oder Unterhaltungen für die empfindsame Welt."

CORNEMICUS, Archierus (ps.), s. bei **Hahnreischaft.**

CORONA, der **Geisterbeherrscher,** oder die Ruinen von Sagunt. Prag, o. J. 8⁰.

> In München, Gmähle's Leihbibl., No. 8703.

CORONA, die **Geisterbeherrscherin.** Leipzig, Joachim, 1805. 8⁰. (18 gr.) Selten!

> Kayser, Rom.-Verz.

CORONATA, oder der **Seeräuberkönig.** Ein Holzschnitt. (Phantast., z. Theil etwas freier Roman von *Heinr. Zschokke*, 1771—1848.) 2 Thle. (= Nr. I u. II.) Mit TVign. Baireuth, bey Joh. Andreas Lübecks Erb. 1802.

CORONATO, der **Schreckliche,** Oberhaupt der Bravos in Venedig (von *Joh. Ernst Daniel Bornschein*, 1774—1838). Eisenberg 1801. 8⁰.

> Anon.-Lex. I. p. 350 (nach Goedeke etc.).

§ **CORPOROSA,** **Königin von Topinamb,** oder **das männliche Frauenzimmer.** Eine Erzählung, nach d. Französ. (von *Konr. Sal. Walther*). Genf (Dresden, Walther) 1772. 8⁰. Rar!

* **CORPUS** JURIS FOEMININI. Das ist: Uhraltes Durch die Veränderliche Zeiten verblichenes und nun auffs neue wieder hervorgesuchtes **Weiber-Recht,** .... Anitzo **auffsneue übersehen** .... Von einem Diener, Etlicher ehrbaren Matronen, ... die an ihrem Munde erspahret, und vom Flaschen-Geld zusammen gehellert, was zu dieser neuen Auflage erfordert worden. Im ersten Jahr des wieder gefundenen Weiber-Rechts (c. 1720). Gr. 8⁰. (In Berlin: Yz 621.)

> Prosa-Satyre. 55 Seiten.

* — — Dasselbe. Andrer Druck. 8⁰. (Ebd.: Yz 622.)

> 56 S. — Beides sehr rar!

* **CORRESPONDENCE.** — Die **Lustige und denckwürdige CORRESPONDENCE,** welche Den thörigten Lauff der Welt u. die seltzamen Intriguen der Menschen mit nachdrücklichen Vorstellungen eröffnet. (Verfasst von *Joh. Gottfr. Zeidler*.) Erste, Zweyte, Dritte Staffeta. Mit Titelkpfrn. Freyburg, Zufinden bey Joh. Geo. Wahrmunden (Groschuff in Leipzig), 1699. 8⁰. (In Berlin nur Stafetta 1—2: Yu 2671.) Cplt. selten!

> 378 fortlaufend gezählte Seiten (Stück 2 beginnt mit S. 141, St. 3 mit S. 267), enthaltend 44 numer. Aufsätze u. Briefe, stellenweise derb, u. a.: Lamentations-Schreiben über eine unglückliche Heyrath; ein Candidatus Matrimonii fraget seinen vertrauten Freund um Rath, was er vor eine Frau erwehlen sol?; die Laster und Thorheiten der Heydnischen Römischen **Kayser** (S. 317—348, 361—378 zum Theil pikante Details); Untersuchung der Frage, ob es besser seye, in oder ausser dem Ehestande zu leben? — Einiges in Reimen.

— — Dasselbe. Ebd. 1709. 8⁰.

> Citirt Weller, fing. Druckorte. F e h l t im Anon.-Lex.

§ **CORRESPONDENTZ,** D i e g a l a n t e , in h i s t o r i s c h e n und g a l a n t e n B r i e f e n, worin die geheimste Staats- und Liebes-Intriguen einiger Höfe eröffnet werden, durch Madame *de C . . .* (Aus d. Franz. der *Anne Marguerite Petit,* dame *Du-Noyer.*) 4 Thle. Mit TKpf. Freiburg (fing.) 1715. 8⁰. (C. 1000 S.) (In München: Epist. 190.) (Th. 1—2, ebd. 1713 [!]: 6 Mk. 50 Pfg. G. Fritzsch, Hamburg, 1892; 1—4, ebd. 1715: 8 Mk. A. Bielefeld, 1891.)

> O r i g.: Lettres historiques et galantes. Par Mme. de C*** (Du Noyer). Ouvrage curieux. Tome 1—7. Cologne, Pierre Marteau, 1714—18. 8⁰. (In München,) (T. 3—7, avec nombreuses figg., ibid. 1710—18, in Wolfenb.) — Nouv. éd. 12 pts. (cplt.) Amsterd., par la compagnie 1760. 8⁰. (12 Mk. Bielefeld.)
>
> Folgendes Schriftchen (in Wolfenbüttel) möge hier erwähnt sein: A p o l o g i e d e m a d. D u - N o y e r, Où l'on refute les Calomniës dont on l'a voulu noircir. 2 de Ed. rev., corr. & augm. Petipolis, J. Bavon, 1713. 8⁰. Rare!

— — S. auch D u - N o y e r.

§ **CORRESPONDENZ** d e r H e i l i g e n a u s d e m M i t t e l -a l t e r. Paket 1—3. Leipzig 1787—88. 8⁰. (In München: H. eccl. 236 x, 3 voll.)

> Derb u. stellenw. anstössig. Zieml. selten!

CORTELANDER (ps.). — D i e d u r c h v i e l e U n g l ü c k s -P r o b e n b e s t ä t i g t e L i e b e, in einer Staats- u. Liebes-Geschichte, in zweyen Theilen vorgestellet von CORTE-LANDER. Mit Titelkpf. u. TVign. Franckfurth u. Leipzig, 1734. 8⁰.

> 1: Tit. (roth u. schwarz gedr.), 5 Bll. Vorr., 358 S. 2: 254 S. — Wenig bekannt u. rar!

§ **CORVIN,** Otto v., H i s t o r i s c h e D e n k m a l e d e s c h r i s t -l i c h e n F a n a t i s m u s. 2 Bde. (359 u. 344 SS.) Leipzig, Gebauer, 1845. 8⁰. (8 Mk. Kühl, 9 Mk. Damköhler, c. 1885; 10 Mk. C. Winter, Dresden, 1895.)

> Im Buchhandel längst vergriffene, vollständigste und frei-müthigste Geschichte der Ausgeburten des kathol. Fanatismus und damit zusammenhängend der sexuellen Ausschweifungen der katholischen Geistlichkeit.

§ — — Dasselbe, tit.: P f a f f e n s p i e g e l. Histor. Denk-male d. Fanatismus in der röm.-kathol. Kirche. 2. neu durch-gesehene Aufl. Stuttg., Vogler u. Beinhauer, 1869. 8⁰. XXI und 437 SS. (In München: H. eccl. 240b.)

> Mit ungeahnter Wärme hat sich die ganze zivilisierte Welt Corvins Pfaffenspiegel angenommen, welcher in nun-mehr 650 000 Exemplaren verbreitet ist. Dieses hervor-ragende, wertvolle und von seinen Feinden viel gehaßte Buch, welches nur unverblümte, rein historische Tatsachen

zur Charakteristik der römischen Kirche und der Pfaffen erzählt, verdient immer weiteren, größeren Kreisen zugängig gemacht zu werden.

Das Werk erschien im Jahre 1845 zum ersten Male mit königlich sächsischer Zensur zur Unterstützung der deutsch-katholischen Bewegung, wo es ungeheueres Aufsehen erregte. Eine Widerlegung hat dasselbe bei seinen Gegnern in keiner Weise finden können, gewiß die ausgezeichnetste Empfehlung für das Buch, welches die Presse aufs glänzendste rezensierte. Dennoch wurde es beschlagnahmt. O t t o v o n C o r v i n, der berühmte greise Kämpfer für Freiheit und Aufklärung, hat wohl das Erscheinen der 5. Auflage seines Pfaffenspiegels und die Beschlagnahme desselben, aber nicht den Ausgang des eingeleiteten Prozesses wider sein Werk erlebt, welcher damit endete, daß dasselbe unter Streichung einiger Stellen freigegeben wurde.

— — Dasselbe. 3. Aufl. Mit vielen Illustrationen. Ebd. 1870. 8⁰. (5 Mk. Köhler, Lpz.; 4 frcs. Schneider, Basel.)

— — Dasselbe. 4. Aufl. Ebd. 1871. 8⁰. (2 Mk. 40 Pfg. C. H. Beck, Nördl.; 7 Mk. 50 Pfg. P. Neubner.)

— — Dasselbe. Illustr. Volksausgabe. O. O. u. J. (1874). 8⁰. V e r b o t e n vom L.-G. Wien, 16. Decbr. 1874. § 122 a, 302, 303, 516.

— — Dasselbe. 5. Aufl. Rudolstadt, A. Bock (c. 1888). 8⁰. (3 Mk. B. Seligsberg, Bayreuth; 4 Mk. P. Neubner.)

— — Dasselbe. 6. Aufl. Ebd. (c. 1888). 8⁰. V e r b o t e n vom K.-G. Cilli, 6. Febr. 1891. § 122 a, 302, 303. — K.-G. Pilsen, 7. April 1889, §§ 64, 122 a, 302, 303, 516.

— — Dasselbe. 7. Aufl. Ebd. (c. 1890). 8⁰. (4 Mk. 50 Pfg. M. Edelmann, Nürnb., c. 1903.) V e r b o t e n vom L.-G. Graz, 25. Novbr. 1890. §§ 122 a, 122 d, 64, 303, 516.

— — D i e g o l d e n e L e g e n d e. Eine Naturgeschichte der Heiligen. Illustriert von O b e r l ä n d e r u. L o e f f l e r. Bern, B. F. Heller, 1877. 8⁰. (Mk. 10—.) (4 Mk. 50 Pfg. P. Neubner, c. 1890.) Wurde seiner Zeit in Deutschland c o n f i s c i r t. Auch v e r b o t e n vom L.-G. W i e n, 1877. § 122 a, 122 b, 303.

— — Dasselbe. Rudolstadt, A. Bock (c. 1888). 8⁰. V e r b o t e n vom K.-G. Eger, 19. April 1890. § 122 a, 122 b, 303; L.-G. Laibach, 14. Sept. 1889, § 122 a.

— — Dasselbe. 4. Aufl. Zürich (c. 1895). 8⁰. (Mk. 9,50.) (4 Mk. 50 Pfg. M. Edelmann, 1906.)

— — B i o g r a p h i e n h i s t o r i s c h - b e r ü h m t e r M a i t r e s s e n, s. Königsmark, Aurora Gräfin v.

§ * CORVINUS, Gottlieb Siegm., Jur. Pract. Lipsiens. (1677 bis 1746). — R e i f f e r e F r ü c h t e d e r P o e s i e, In unterschiedenen Vermischten Gedichten dargestellet von *Gottlieb*

Siegmund Corvino, Leipzig, Gleditsch, 1720. 8⁰. (In Goettingen: P. 3608.)

> Vorr., 658 SS. u. Reg. (In Frankf. a. M.) Darin S.
> 517—530: Die Lindenfeldische (d. i. L e i p z i g e r , n i c h t
> Hamburger) Fama . . . . 1710. (Erot. Erzählung, s. M e -
> n a n t e s .) — S. 537—550: Deutsche Acta Eruditorum . . . .
> 1711. (Siehe L e i p z i g .)

— — S. auch A m a r a n t h e s .

CORYDON, oder D e r B r ä u t i g a m o h n e B r a u t , ein Schäferspiel in 5 Abhandlungen . . . . Frankfurt und Leipzig. 1743.
8⁰. (1 Mk. 20 Pfg. Carlebach, Heidelberg, c. 1895; jetzt
theurer!)

> W. v. Maltzahn III. p. 533. no. 2238. — S. auch
> S c h ä f e r s p i e l e .

CORYDONS K l a g e ü b e r d i e j e t z i g e v e r k e h r t e Welt,
und sonderlich über des lieben Freyens Mühseligkeit. Verfertiget von *A. D. O.* (d. i. *Adam Olearius*, geb. um 1599,
† 1679). Hamburg, b. Tobia Gundermannen. 4⁰.

> M. M. V. 1641. C 3 a. In R e i m e n . Höchst selten!

— — Dasselbe. (Neudruck.) O. O. u. J. (Köln, Franz Teubner, 1890; Druck von Elias Neuwald in Budapest.) Kl. 8⁰.

> 13 S. (incl. Tit. m. Bordüre), 3 S. Teubner'scher Verlag. — Vergriffen!

CORYDONS a u ß A r c a d i e n V i e ß s i r r l i c h e (so!) u n d
g a r e r b a r l i c h e N a r r e n b o s s e n , oder Spanneue Grabschriffte', denen so das Maul hencken, und nicht viel in der
Taschen haben, zu den tröstlichen Unterricht, wie nicht weniger
selbigen, welche Gassen Junckern heissen, und gern allenthalben
mitmachen, zum fleissigen nachsinnen, doch daß ihnen der Kopff
nicht weh thut, in dem (!) heissen Hundstagen des 1677. Jahrs
auffgesetzet, Und umb ein geringes Geld zur Meß verehret,
Der gröste Narre ist, welcher allein wil klug seyn. Eylig
Gedruckt und auff der Post in die Meß übersandt. O. O. u. J.
(1677). 12⁰. (10 Mk. Heinr. Lesser, Breslau, 1875.)

> Enth. 310 theilweise recht derbe G r a b s c h r i f t e n und
> auf den letzten 11 Bll. ein Verzeichniß von Wörtern aus
> der sogenannten „F e l d - S p r a c h " (Bettler- od. Gauner-
> Sprache) mit hochdeutscher Übersetzung. — Sign. A—F
> incl. Titel mit sehr curiosem Holzschnitt u. 1 Bl. Vorr.,
> unterz. C o r y d o n . — Aeusserst selten!

COSEL (= Cossel), A n n a C o n s t a n t i a R e i c h s g r ä f i n
v., geb. v. B r o c k s d o r f , [Maitresse August des Starken von
Polen und Sachsen], 1681—1765.

> Artikel in: W e h l , Feod., D i e G a l a n t e n D a m e n
> d e r W e l t g e s c h i c h t e . Bd. 2. Hamburg, B. S. Berend-
> sohn, 1849. 8⁰. No. 2.

— — Bülau, Frdr., Geheime Geschichten und
räthselhafte Menschen .... Bd. 1. Leipzig: F. A.
Brockhaus. 1850. (2. Aufl. 1863.)
> Französ.: Personnages énigmatiques (trad. de l'allem.).
> Tome 1. Paris 1861. 8⁰.

— — Lubojatzky, F., Schloss Stolpen oder Erinnerungen aus dem Leben der Gräfin von Cossell. Historischer Roman. 3 Thle. Dresden 1853. 8⁰.
(4²/₃ Rthl.) (4 Mk. 50 Pfg., etwas fleckig, Rich. Bertling, Dresden, 1907.)

— — Weber, Carl v., Anna Constance Gräfin von
Cossell.
> In: Archiv f. d. Sächs. Geschichte. Hrsg. von Wachs-
> muth u. v. Weber. Bd. 9.

— — Wilsdorf, O., Gräfin Cosel, Ein Lebensbild aus
der Zeit des Absolutismus. Dresden 1891. 8⁰. (Mk. 1,20.)

— — 1 Autogr. u. 3 Portr. verzeichnet „Manuel de bibliogr.
biogr. .... des femmes célèbres" .... Turin & Paris 1892,
col. 191.

COSMICA, die Alltagswelt. Eine Wochenschrift, hrsg.
von A(nton) P(eter) Pollinger († 28. Mai 1779 in Prag).
Prag 1776.
> Goedeke VI, 725, 9, 2: „Geriet gleich bei Ausgabe
> der ersten Bogen ins Stocken."

COSMOPOLIT, Der, am Hofe. Reminiscenzen aus dem
Leben eines Weltbürgers. Leipzig 1818. 8⁰. (3 Mk. J. Taussig,
c. 1905.)
> II—331 S. „Etwas in Frau Krüdener's Manier." — Ziem-
> lich zahm.

COSMOPOLITA, Johannes (d. i. *C. Feyerabend*), Romantische Erzählungen wahrer Begebenheiten. Penn-
sylvanien (Danzig, Troschel) 1802. 8⁰. 729 S. (9 Kr. Halm &
Goldmann, 1907.)
> Weller, fing. Dr. — I. Geschichte m. Freundes. II. Josefa.
> III. Rudolf von d. Wart oder Die Ermordung Kaiser Al-
> brechts.
> „Enth. mehrere Geschichten gefallener Mädchen, weiblicher
> Scheusale aller Stände („Comödiantinnen" etc.)." R. Zinke's
> Dresdener Novbr.-Auction 190*, Nr. 285.)

COSTA, Uriel à (d. i. Verlagsbuchhändler *Gottfr. Basse*),
Reise-Scenen und Reise-Abentheuer, auch
Kreuz- und Queerzüge(!) eines deutschen Mu-
sensohns des neunzehnten Jahrhunderts. Quedlinburg 1811 bei Gottfried Basse. 8⁰. Tit. u. 206 S.
> Kap. 1. Jugendzeit. (Mit Gedichten.) 2. Reisen am Rhein-
> ufer u. in den Nachbargegenden. 3. Das gefährlichste aller
> Reiseabentheuer (mit Freudenmädchen). 4. Universitäten.

(Allgemeines u. kurzer histor. Abriß.) 5. Hessen. 6. Die Chaise. (Confuse Erzählung abentheuerl. Liebschaften.) Auf dem Vorsatzbl. meines Expls. las ich die handschriftl. Notiz: „Ein wahres Geschmiere ohne Sinn und Geschmack, daß man Kopfschmerzen bekommen möchte."

COTALA (ps.), Musicus vexatus oder der wohlgeplagte, doch nicht verzagte, sondern jederzeit lustige Musicus instrumentalis. Freyburg (Dresden, Mieth) 1690.

— — Dasselbe. 1713.

— — Dasselbe. 1772.
> Weller, Lex. Ps. p. 128 u. fing. Dr. I. p. 42. — Sämmtlich sehr selten!

COTILLONKRIEG, Der, pikante Erlebnisse.
> W. A. Gabriel, Berlin, c. 1898.

COTTBUS. — Lustiges Concert à la mode auf der Krügerischen und Schwartzkopfischen Hochzeit zu Cottbus 1737. (Gedicht.) Berlin. (Bibl. d. Vereins f. d. Geschichte Berlins.) Sehr rar!

COUCY, Regnault de (né vers 1187, † 1203). — Wolff, O. L. B., Ueber die Leiden und die Lieder des Castellans von Coucy († als Jüngling im Kreuzzuge in Palästina) und die Liebe im Mittelalter überhaupt. (In: Norddeutsches Jahrbuch f. Poesie u. Prosa . . . . Hrsg. von Heinr. Pröhle. 1847. Merseburg, Louis Garcke. 8⁰. S. 301—341.)

COULISSEN-BLITZE in Anekdoten, Schwänken, Schnurren u. witzigen Einfällen, auf Theater u. Schauspieler geschleudert (hrsg.) von Justus Hilarius. 6 Schleudern. Mit 6 drast. color. Kpfrn. (G. Rühl inv. & sc.). Meissen, bei Friedr. Wilh. Goedsche. Pesth, bei Otto Wigand. 1828. (3—6: 1829.) Breit-12⁰.
> 54, 45, 47, 47, 45, 47; nebst je 1 Bl. Verlagsanz. d. Firma (bei Heft 1, 2 u. 4). — So cplt. rar! — Rassmann, Lex. deutscher Pseud., hat nur vier Schleudern.

COULISSEN - GEHEIMNISSE aus der Künstlerwelt. Ernste und heitere Erlebnisse berühmter Künstler und Künstlerinnen. Vom Verfasser der „Dunklen Geschichten aus Oesterreich" und der „Hof- und Adelsgeschichten" (d. i. *Moritz Bermann*, geb. 1823, † 1900). 12 Hefte. Mit 12 Scenenbildern. Wien 1869. Gr. 8⁰. 576 S. (2 Rthl.) (4 Mk. A. Bielefeld, 1877; 6 Mk. Taussig, 1907.)
> Enth. 52 zahme Theatergeschichten, u. a. über Fanny Elssler, Therese Krones, die Ristori, die Gallmeier, J. Strauss, W. Scholz etc.

COULISSENWELT, Die, ohne Lampenlicht. Theater-Plaudereien. 2 Bdchn. Berlin (186*). 16⁰. (1 Rthl.)

> Sehr jocos, doch nicht erotisch. (1 Mk. 80 Pfg. Fischhaber etc.)

— — Dasselbe. 2. Abdruck. Ibid. s. a. (186*). 16⁰.

COULISSEN-ZAUBER. (Erlebnisse eines jungen Mädchens am Theater.) Mit vielen Illustr. (c. 1902?) (R. Klinger, Berlin, c. 1905.)

COURIER, der Curieuse, welcher das remarquabelste von denen vornemsten (!) Höfen überbringet. Winter- und Frühlings-, Sommer- und Herbst-Quartal des 1702 Jahres. Franckf. 8⁰. 2 Alph. 2 Bog. Cplt. rar!

> Bibl. Ludovici (bibliop. Vitemb.) nominalis curios. continuatio. Vitemb. 1705.

COURIER, Der auf seiner Reise nach Rom sich kurz expedirende, unter dem Accompagnement eines jungen Barons nebst dessen Hofmeister (von *Wilh. Friedr. Schäfer*). O. O. 1733. Rar!

> Anon.-Lex. I. p. 353 (nach Meusel).

COURTAINVILLE, Die Gräfin. Geschichte einer Standesperson, die die Welt verlassen hatte. (Aus d. Französ.) 3 Thle. Wien, Mössle, 1787. 8⁰. (1½ Rthl.)

> Heinsius, B.-Lex. — Orig. erschien 1740.

COURTESIER-SCHUL, Curieuse und Hertz-durchdringende, Worinnen nicht allein der eigentliche Wort-Verstand gezeiget u. erkläret wird, sondern auch galant u. artig gewiesen, wer, und wie man courtesiren soll, auch durch was vor Qualitaeten man seine Courtesie ausführen und anbringen kan. Allen Jungfern u. Junggesellen zur dienlichen Nachricht aufgesetzet, u. ans Tageslicht gegeben. Gedruckt unter der Press im Jahr 1709. O. O. 12⁰. 107 S. Sehr selten! (6 Mk. Ludw. Rosenthal, 1906; 8 Mk. Rich. Bertling, Dresden, 1897.)

COURTESIER-TAFEL, Curieuse und Hertzdurchdringende, für Jungfern u. Junggesellen. O. O. 1709. 12⁰.

> War als Beiband in e. alten Scheible'schen Cat. verzeichnet. Mit vorigem identisch? — Sehr rar!

COURTISAN, Monsieur (ps.), Machiavellischer Hocus Pocus oder Statistisches Taschen-Gauckel- und Narrenspiel. O. J. (c. 1672).

— — Dasselbe. 1672.

— — Dasselbe. 1675.

> Weller, Lex. Ps. p. 128.

COURTISANEN, Die, des Alterthums. (Aus d. Französ. des *Marc. de Montifaud*. 2 Bde. Mit 7 Illustr. von Aubry.

Budapest, Gustav Grimm, 1885. 8⁰. 176 + 164 S. (5 Mk.
Paul Neubner, c. 1893; 4 Mk. Max Harrwitz, 1904.)

> Der Orient. — Griechenland, Helena. — Sappho. — As-
> pasia. — Thais u. Glycera. — Lais. — Die Venus d.
> Praxiteles. — Die Männerjagd auf der via sacra. — Die
> Maitressen des Horaz. — Lesbia, Delila, Corinna, Cynthia. —
> Cleopatra. — Das Weib des Potiphar.
> Das franzö s. Buch „Les Courtisanes de l'antiquité" er-
> schien in Paris 1869. (10 Mk. P. Neubner, c. 1893.)

COURTISANEN, Die, und vornehmen Damen im
alten Rom. Berlin (187*). 8⁰. (3 Mk. Fischhaber etc.)

COURTISANEN in Italien. — Keyssler, Joh. Geo.,
Neueste Reise.... 2 Bde. Mit Kpfrn. Hannover 1740
bis 41. 4⁰.

> „Courtisanen", öffentliche, zu Livorno I. 458;
> zu Rom I. 636; zu Neapel II. 235; zu Padua
> II. 678; zu Venedig II. 702. — Curtisane stiftet eine
> Kirche II. 813. — Ob öffentl. liederliche Häuser in großen
> Städten unentbehrlich? [Vf. ist dagegen.] I. 638—39.

COURTOT, Baronesse Cécile de. — Kaisenberg, M.
v., Die Memoiren der Baronesse Cécile de Cour-
tot, dame d'autour der Fürstin von Lamballe,
Prinzess von Savoyen-Carignan. Ein romantisches
Zeit- u. Lebensbild. Reich illustr. 3. Aufl. Leipzig 1906. Gr.-8⁰.
(Kr. 8,40.) (5 Kr. 20 H. Gilhofer & Ranschburg, Wien, 1907.)

COVEMAUNS, V. A., Der Mensch und die Leute, ein
satyrisches Fragment. Nürnberg 1824. 8⁰. 22 Seiten. (1 Mk.
B. Seligsberg, Bayreuth, 1906.)

COVENTRY, († 1751?). — Der kleine Caesar. Nach d.
Engl. des *Coventry.* (von Joh. Friedr. Jünger). 2 Thle. Mit
4 Kupfern v. Chodowiecki (Engelmann 428—431) u. 1 Titelkupfer, gez. v. Mechau, gest. v. Geyser. Leipzig, Dyk,
1782. 8⁰. (25 Mk., prächtiges Expl. in gleichzeit. Ldrbd.,
Friedr. Meyer, Lpz., 1906.)

> I: 14 u. 270 SS. II: 340 SS. Zieml. zahme Be-
> arbeitung von Coventry's „the history of Pompey the little,
> or the adventures of a lap-dog." London 1751. 8⁰. —
> S. auch die Uebersetzung der französ. Bearbeitung (des
> Toussaint) unter: „Leben u. Begebenheiten des kleinen
> Pompée."

— — S. auch Schoosshündchen.

CRAFFTEN, Geo. Friederich, Ancilla Domini, oder Predigt von den Gott- vnd Meisterlosen Mägden.
Schwäbisch Hall, b. Joh. Lentzen. 4⁰.

> H. M. V. 1642. C 1 b.

CRAMER, Chr., Dissertatio de coniugio maris pauperis et foe-
minae locupletis exhib. veritatem proverbii: Geld schadet
der Liebe nicht. Jenae, s. a. (ca. 1750). 4⁰.

> H. Helbing's Münchener März-Auct. 1907, No. 660.

* **CRAMER**, Daniel (geb. 20. Jan. 1569 zu Reetz in der Neumark, † als Prediger an der Marienkirche und Inspector des Gymnasiums zu Stettin, am 5. Octob. 1637). — A r e t e u g e n i a. Ein schöne newe C o m o e d i a   v o m   R i t t e r   A r e t i n o, v n d s e i n e r   S c h w e s t e r n   E u g e n i a   e i n e r   B r a u t, wie sie beyde auff der Heymfart von Strassenreubern gefangen, vnd in grossem Jammer vnd Elend, in Noth vnd Tod etlich Jahr geschwebet, vnd aber endlich durch jhrer beyder Kunst vnnd Geschickligkeit wunderbarlich darauß errettet, zu grossen Ehren erhaben werden (!), vnd letzlich die Braut neben dem Aretino wider zu jhrem Breutigam vnd Eltern kömpt. Erstlich in Lateinischer Sprach Durch den Ehrwirdigen vnd Hochgelarten Herrn *Danielem Cramerum*, der H. Schrifft Doctorem beschrieben. Jetzo aber allen kunst vnd ehrliebenden Gesellen vnnd Jungfrawen zu ehren in T e u d s c h e   R e i m e n bracht, durch Johannem   S o m m e r u m, Pfarrherrn zu' Osterweddingen. Zu Magdeburg bey Johann Francken. O. J. (1602). 8⁰. (In Berlin: Yq 1601.) (Auch in Göttingen; mit d. Jahrz. 1602 auf d. Titel? Vgl. Goedeke II, 372, 220, wo Orthographie abweichend.) Höchst selten! 14 Bog.

> Das   O r i g i n a l   erschien Witebergae 1592, titulo: Areteugenia. De Aretino et Eugenia. Quod nobiles artes et virtus premantur, non opprimantur. Fabula ficta et carmine descripta a M. *Daniele Cramero*. — Denua edita. Lipsiae 1602. 8⁰. 114 S. Prolog u. Epilog, auch die Argumente der 5 Akte sind in d e u t s c h e n   R e i m e n. (Expl. in Göttingen u. Wolfenb.) Goedeke II, 142, 60, a.)

Cramer, Carl Gottlob
(1758—1817).

— — A a r e n s t e i n, L i l l i   v o n, oder d i e   g e f ä h r l i c h e n S t u n d e n. 2 Bde. Weissenfels, Severin, 1800, 8⁰. (6 Sgr. Fischhaber, c. 1872.)

— — Dasselbe. Ebd. 1803. 8⁰. (4 Mk. L. M. Glogau Sohn, Hamburg, 1888.)

— — Dasselbe. Ebd. 1807. 8⁰.

— — Dasselbe. Ebd. 1811. 8⁰.
> Goedeke V, 511, 10, 61 hat unrichtig „Tilly" statt „Lilli" und nur die beiden letzten Ausgaben.

— — A b e l l i n a, D i e   s c h ö n e, s. M a n n, Der kluge.

— — A b e n t h e u e r   d e s   J a c o b i t e n b r u d e r s   R a p h a e l P f a u, Zeitgenossen des Erasmus Schleicher. 2 Thle. Mit Kpf.

Schloss Lichtenberg, Reichsfreyherrliche Taschenbuchdruckerey
(Weissenfels, Severin) 1796. 8⁰. (3 Rthl.)
> Weller, fing. Dr.

— — Adelheim. Eine Schweizergeschichte. Vom Verfasser
Karl Saalfelds. 2 Thle. Leipzig, Schneider, 1786. 8⁰. (In
Dessau, Herzogl. Bibl.)
> Neue Original-Romane der Deutschen. Bd. XVIII—XIX.

— — Dasselbe. Mit TKpf. Ebd. 1802. 8⁰. (2 Mk. Franz Teubner, 1893.)

— — Adolph der Kühne, Rauhgraf von Dassel.
Dramatisirt vom Verfasser des deutschen Alcibiades. 3 Thle.
Mit 3 TKpfrn. u. TVign., Lips del., Müller sc., u. Musik.
Weissenfels, Severin, 1792. 8⁰. (2¹/₂ Rthl.) (6 Mk. Dieterich,
Göttingen, 1907.)
> Spielt um 1128—32 in Niedersachsen. — Vorkommende
> Namen: Conr. v. Plesse, v. Hoppenhausen, v.
> Eberstein, v. Rauschenblatt, v. Dörringsen,
> v. Winzenburg, v. Hardenberg, v. Schwan-
> ring, v. Meden, v. Oldershausen, v. Brobach,
> v. Constein, v. Ellenhofen, v. Wormsdorf, v.
> Schnackenburg, v. Iber, v. Grubenhagen, v.
> Rosdorf, v. Seelsen, v. Schwarzbach, v.
> Schwallbach etc.

— — Dasselbe. (Nachdruck.) 3 Thle. Mit 1 TKpf. u. 1 Vign.
Frankfurt und Leipzig 1796. 8⁰. (2 Mk. Emil Hirsch, München, 1904.)

— — Dasselbe. 3 Thle. Ebd. 1798. 8⁰. (1 Mk. 50 Pfg.,
fleckiges Expl., R. Bertling, 1888.)

— — Dasselbe. Leipzig 1840. 8⁰.
> Goedeke V, 509, 10, 12.

— — Alcibiades, Der deutsche. 3 Thle. Mit 3 TKpfrn.
(wobei die Bildnisse der Risa u. Alberts). Weissenfels und Leipzig, bei Reformator Sincerus. 1791. 8⁰. (3¹/₂ Rthl.) (In Berlin,
Magistratsbibl.) (3 Mk. Scheible; 3 Mk. R. Bertling.)
> 240, 275, 292 Seiten. — Weller, fing. Dr.: „1790".

— — Dasselbe. 2. verbess. u. vermehrte Auflage. 3 Thle. Mit
3 TKpfrn. Ebd. 1792. 8⁰. (3 Mk. Völcker, 1876.)

— — Dasselbe. 3 Thle. Berlin 1802. 8⁰. (2 Mk. Scheible,
1878.)

— — Dasselbe. 3 Thle. Leipzig (Wien) 1804. 8⁰.
> Weller, fing. Dr.

— — Dasselbe. Neueste Aufl. 3 Thle. Hamburg 1813. 8⁰.
(2 Mk., fleckiges Expl., R. Bertling, 1888.)

— — Dasselbe, Th. 4—5, titulo: Hermann von Nordenschild, genannt von Unstern. Als Anhang und
Nachtrag zum deutschen Alcibiades. 2 Thle. Mit 2 TKpfrn.,
gest. von C. F. Stoelzel, u. 2 Musikbeilagen. Weissenfels

und Leipzig, bey Reformator Sincerus, 1792. 8⁰. (2¹/₃ Rthl.)
(In Berlin, Magistsbibl.) (7 Mk. 50 Pfg. Adolf Weigel, 1907.)
> Bd. II, S. 146—148 das vielgesungene Lied: Feinde
> ringsum! Komposition von Gläser († 31. Jan. 1797
> zu Weissenfels). — 280+272 S. (Zuerst gedr. ebd. 1791-92;
> vgl. Goedeke V, 509, 10, 9.)

— — Dasselbe. 2 Thle. Dritte mit Bewill. d. Verfassers,
vom rechtmäß. Verleger, wegen zwey zugleich erschienenen
elenden Nachdrucken, veranstaltete wohlfeile Auflage. Mit Her-
manns (und Sophiens) Bildniß. Frankfurth am Main 1792.
Varrentrapp u. Werner. 8⁰.
> 211+234 S. — So der Titel.

— — Dasselbe. 2 Thle. Mit 2 hübschen TVignn. Weissenfels, Severin, 1799. 8⁰. (2 Mk. 50 Pfg. R. Bertling, 1892.)

— — Dasselbe. Neueste Auflage. 2 Thle. Hamburg 1814.
8⁰. (1 Mk. 50 Pfg. der Vorige.)

— — Alcibiades in Wien. Ein Gegenstück zum deutschen Alcibiades von Cramer. Mit TKpf. O. O. 1800. 12⁰.
(2 Mk. Franz Teubner, 1893.)
> Selten! — Nicht von Cramer.

— — Bärbchen das Hirtenmädchen. Seitenstück zu
dem Jägermädchen. Zofingen (Leipzig, Joachim) 1805. 8⁰. (1
Mk. Scheible, 1878.)
> Der wirkliche Verfasser ist Joh. Jac. Brückner. —
> Fehlt Kayser sub Cramer.

— — Begebenheiten Heinrich Roberts. Vom Verfasser des Erasmus Schleicher. 3 Thle. Riga 1794. 8⁰.
> Anon.-Lex. I. p. 149 (nach Meusel u. Goedeke).

— — Bekenntnisse des Exministers Hirkus; ein
Schwanz zum goldnen Kalbe. Leipzig 1806. 8⁰.
> Goedeke V, 511, 59.

— — Dasselbe, titulo. Leben, Meinungen u. Abentheuer des Barons von Hirkus, eines reducirten
Hofmannes; von ihm selbst beschrieben, u. mit Anmerkgn.
begleitet, erläutert u. berichtigt von dem reducirten Hof- u.
Leibschneider Kaxen. Aus den Papieren des verhungerten
Advocatenschreibers Anton Scribax. Seitenst. zu: Leben, Meinungen u. Abentheuer Paul Ysops, eines reducirten Hofnarren.
Neue Aufl. Leipzig, literar. Central-Comptoir, o. J. (1823).
8⁰. (1 Rthl.).
> 263 S. (incl. Tit. u. 2 Bll. Verlags-Anzeige). Jahrzahl
> bei Goedeke. — Im Vorbericht wird auf den ganz ab-
> weichenden Titel der ersten Ausgabe hingewiesen.

— — Bellomo's letzter Abend meines Lebens. Mit
Titelkpf. Leipzig., bei W. Rein. 1800. 8⁰. (¹/₃ Rthl. Scheible,
1872.)

— — Dasselbe. Ebd. 1801. 8⁰. 232 S. (2 Mk. Franz Teubner, 1893.)

— — Dasselbe. Ebd. 1802. 8⁰. (2 Mk. Derselbe; 1 Mk. Jul. Neumann, Magdeb.)

— — Dasselbe. Ebd. 1804. 8⁰. (3 Mk. 50 Pfg. C. G. Börner, L'pz., 1907.)
> Titel u. 268 S. — Die beiden letzten Ausgaben n i c h t bei Goedeke.

— — B o c k s b a r t , s. M e p p e n B o c k s b a r t.

— — D o m - S c h u l z , D e r , u n d s e i n e G e s e l l e n. Zwey Theile. Mit Titelkpfrn. u. 2 Musikbeilagen. Leipzig, Joachims Buchh., o. J. (1803). 8⁰. (3 Rthl.) (In Berlin, Magistratsbibl.) 406 + 342 S. (5 Mk. Adolf Weigel, 1907.)

— — Dasselbe. Mit 2 Titelvign. Hamburg und Leipzig 1804. 8⁰. (2 Mk. Frz. Teubner; 3 Mk. Adolf Weigel.)
> Die Jahrzahl „1805" bei Goedeke beruht wohl auf Irrthum.

— — Dasselbe. Mit Kpfrn. Leipzig 1809. 8⁰.
> Kuranda's Wiener März-Auction 1878, no. 794.

— — B u n d , D e r d r e i f a c h e , s. W i l d s c h ü t z e n , Die.

— — E i s e n b a r t , F r i t z v o n , u n d B a r o n v o n S t u r m d r a n g. Eine possirliche Geschichte unserer Zeit. Mit Titelkpf. Leipzig 1801. 8⁰.

— — Dasselbe. Ebd. 1804. 8⁰. (2 Mk. Frz. Teubner; 3 Mk., unbeschn. Expl., Jos. Baer & Co., 1894, wo „Friedrich" steht.)

— — E r z ä h l u n g e n , K o m i s c h e , f ü r F r e u n d e d e s S c h e r z e s und der guten Laune. Berlin. 1799. 8⁰.
> „Zusammen mit S p i e ß und L a n g b e i n". — Goedeke V, 510, 32.

— — E r z ä h l u n g e n , K o m i s c h e , u n d G e n i e - s t r e i c h e. 2 Thle. Mit 2 TKpfrn. Leipzig 1803. 8⁰.
> R. Zinke's Dresdener März-Auct. 1906, mit der dummen Notiz: „Mit sehr vieles versprech. Inh." (Ausrufspreis Mk. 1,50.)

— — E u r o s , R i t t e r , u n d s e i n e F r e u n d e. Frühjahre des Domschützen. Mit Titelvign. Berlin und Leipzig 1806. 8⁰. (1 Rthl.) 212 S. (In Berlin, Magistratsbibl.) (1 Mk., fleckiges Expl., R. Bertling, 1888.)
> Goedeke hat die Jahrz. „1805". (?)

— — Dasselbe. (Nachdruck.) Frankfurt 1806. 8⁰. (7 Sgr. Scheible, 1872.)

— — Dasselbe. Leipzig (Wien) 1809. 8⁰. (2 Mk. Jul. Neumann, 1906.)

— — F l ö t e n s p i e l e r , D e r a r m e. Ein Seitenstück zum armen Görge. Mit Titelkpf. Leipzig. 1802. 8⁰. (1 Mk., fleckiges Expl., R. Bertling, 1888.)

— — Flüchtling, Der schöne. Ein Paroxismus der Liebe. Arnstadt und Rudolstadt, Langbein und Klüger, 1803. 8⁰. (1 Rthl.) (2 Mk. Frz. Teubner, 1893.)
> 312 S. (incl. 20 S. Vorst.).

— — Dasselbe. (Nachdruck.) Frankf. 1804. 8⁰. (1 Mk. 50 Pfg. Derselbe.)

— — Freuden und Leiden des edlen Baron Just Friedrich auf der Semmelburg. 2 Thle. Leipzig, Wienbrack, 1817. 8⁰. (2 Rthl.). (3 Mk. Derselbe.)
> XII, 284 u. 316 SS. — Goedeke hat unrichtig: „Leiden und Freuden" . . . .

— — Gefahren, Die, der Liebe. Im Geschmack der gefährlichen Stunden (s. Aarenstein, Lilli von). Aarnheim 1802. In der neuen Gelehrtenbuchhandlung (Leipzig, Joachim). 8⁰. (5 Mk. C. G. Börner, Lpz. 1907.)
> Weller, fing. Dr. — Fehlt bei Kayser u. Goedeke sub Cramer.

— — Gemälde, Neue, des menschlischen Herzens, von *Cramer*, Kotzebue Lafontaine etc., 1806, s. Gemälde.

— — Geniestreiche. 2 Thle. Mit Kpf. Weissenfels und Leipzig 1794—95. 8⁰. (1²/₃ Rthl.).
> Goedeke V, 510, 17, wo die folg. Ausgabe fehlt.

— — Dasselbe. Leipzig 1802. 8⁰. (1 Mk. 40 Pfg. Scheible, 1878.)

* — — Geschichte Karl Saalfelds, eines relegirten Studenten von *** *(Carl Gottlob Cramer)*. Mit Titelvign. Leipzig, verlegts Adam Friedr. Böhme 1782. 8⁰. (In Berlin: Yw 901.) (2 Mk. 50 Pfg. A. Bielefeld, vor 1885.)
> Frühestes Produkt des vielgelesenen Verfassers. 262 S. incl. Tit. m. Vign. u. 2 Bll. Vorrede. Hier u. da etwas frei. S. 187—197 finden sich 2 Gedichte: Der Tod Oskars. Aus d. Latein. des Herrn Denis. — Elegie. (Beides im Geschmack der Lieder Ossians.) — S. 201—205: Grablied.

— — Glücks-Pilz, Der. (Pikanter Familien-Roman.) 2 Bdchn. Leipzig, in Joachim's Buchhandlung, o. J. (1808—9). — *A. E.:* Halle, gedr. bei Leopold Bäntsch. 8⁰. (2 Mk. Frz. Teubner, 1893; jetzt wohl theurer!)
> 1: 10 S. Vorst. (incl. gestoch. Tit.), 175 S. 2: Gestoch. Tit. u. 184 S. Th. 1, Kap. 2, S. 26—34: In solchen Teichen fängt man solche Fische! (Scene zwischen einer verbuhlten Ehefrau u. einem jungen Menschen, der unter ihrer Aufsicht mannbar geworden.) Vgl. Menzel, Wolfg., Deutsche Dichtg., Bd. III.

— —Dasselbe. Neue Auflage. Leipzig, Central-Comptoir, 1819—20. 8⁰. (1²/₃ Rthl.). (1 Mk. 25 Pfg., etwas fleckig, R. Bertling, 1888.)
> Kayser's Roman-Verz. 1827, S. 25.

— — Glücksritter, Der, oder das schalkhafte
Mädchen. Eine abentheuerliche Geschichte. Seitenstück zum
Glückspilz von C. G. Cramer. Leipzig, im Joachim'schen
Commissions-Büreau, o. J. (1815). 8⁰.

    251 S. Nicht von Cramer. — Selten!

— — Görge, Der arme. Vom Verfasser des Erasmus
Schleicher. Mit Titelvign. Leipzig Fr. Fleischer, 1800. 8⁰. (1
Rthl.; holl. Pap. 1½ Rthl.) (2 Mk. Frz. Teubner, 1893.)

— — Grillenthal. Ein Naturgemälde menschlicher Stär-
ken und Schwächen. Meiningen 1800. 8⁰. (2 Mk. Frz. Teubner, 1893.)

— — Dasselbe. Mit Titelkpf., gest. v. Weinrauch. Rudolstadt 1801. 8⁰. (2 Mk. Jul. Neumann, 1906; 2 Mk. 50 Pfg.
Adolf Weigel, 1907.)

— — Dasselbe. (Nachdruck.) Mit Titelvign. Frankfurt und
Leipzig 1806. 8⁰. 142 S. (1 Mk. 25 Pfg. R. Bertling, 1888; 2 Mk.
Frz. Teubner, 1893.)

    Goedeke V, 510, 45 hat: Cöln 1801 (= dem hier folg.
    Taschenbuch); Frankfurt 1808. (?)

— — Dasselbe, in: Taschenbuch f. Kunst u. Laune
auff d. J. 1801, hrsg. v. C. G. Cramer. M. 7 (vortreffl.)
Kpfstichen (avant la lettre) nach berühmten älteren Meistern
(m. Erklär. v. W. Casparssohn). Köln, b. Haas u. Sohn. 12⁰.
XII, 68, 160 u. 32 S. Orig.-Carton.

— — Hanns, Der dicke. Ein Seitenstück zum lahmen
Wachtelpeter von C. G. Cramer. Mit Titelkpf. (F. Blaschke
sc.). Wien, 1801. In der Hochenleitterischen Kunst- und Buchhandlung. 8⁰.

    190 S. (incl. Tit. u. 2 Bll. Vorr.). Selten! — Nicht
    von Cramer. (Goedeke hat: „Leipzig" 1801.)

— — Hans und Görge. Ein Familiengemälde. Mit Titelkpf. (Kimpfel del., Meno Haas sc.) u. gestoch. Titel. Berlin, Nauck, 1801. 8⁰. (⁵⁄₆ Rthl.) 236 S. (2 Mk. Frz. Teubner, 1893.)

— —Dasselbe. Berlin (Wien) 1801. 8⁰. X—155 S.

    Goedeke V, 510, 40, wo die vorige Ausgabe fehlt.

— — Harfen-Mädchen, Das. Vom Verfasser des Jäger-
Mädchens. Mit figurenreichem Titelkpf. (C. Schule del. et
sc. 1799). Rudolstadt, bei Langbein und Klüger. 1799. 8⁰.
(3 Mk., unsaub. Expl., Südd. Antiqu., München, 1907.)

    368 S. (incl. Titel u. 4 Bll. Prolog in Versen, unter
    welchem Name Cramer's, dat. Meiningen, den 1. Juli 1799).
    — Anon.-Lex. II. p. 264 mit der Jahrz. „1800" (nach
    Meusel).

— — Dasselbe. Ebd. 1803. 8⁰. (3 Mk. Jos. Baer & Co., 1894.)

— — Dasselbe. Ebd. 1806. 8⁰. (1⅓ Rthl.)

    Goedeke 510, 29; Engelmann, S. 61—62.

— — Dasselbe. (Nachdruck.) Frankf. 1800. 8⁰. (7 Sgr.
Scheible, 1872.)

— — Dasselbe, tit.: Das Harfen-Mädchen; vom Verfasser des Erasmus Schleicher. Mit TKpf u. Vignetten. Wien
und Prag, o. J. 8⁰. (3 Mk. Scheible, 1888.)

— — S. auch Räubermädchen, Das.

— — Hasper a Spada. Eine Sage aus dem dreizehnten
Jahrhunderte, vom Verfasser des Erasmus Schleickers (!). 2
Thle. Mit 2 Titelvignetten. Leipzig 1792—93, bei Johann Ben-
jamin Georg Fleischer. 8⁰. (2 Mk. 50 Pfg. Beck, Nördl., 1888.)
    Rohe Verballhornung von Goethe's Goetz. — Näheres
    bei Müller-Fraureuth.

— — Dasselbe. Neue Aufl. Ebd. 1794. 8⁰. (2²/₃ Rthl.) (In Berlin,
Magistratsbibl.) (¹/₂ Rthl. Scheible, 1872.)
    I: 8 Bll. u. 380 S. II: 380 S. Mit Titelvignetten.

— — Dasselbe. Mit Titelkpf. u. Vign. Ebd. 1798. 8⁰. (2
Mk. Franz Teubner, 1893.)

— — Dasselbe. (Nachdruck.) Mit 2 Vign. Frankfurt und Leipzig 1794. 8⁰.
    Haydinger's Bibl. I, 2.

— — Dasselbe. 2. (!) Aufl. Ebd. 1798. 8⁰.
    Goedeke V, 509, 10, 11, wo auch die folgende Ausgabe.

— — Dasselbe. Leipzig (Wien) 1800. 8⁰.

— — Dasselbe. (Nachdruck.) Neue Aufl. Mit Titelkpf. Leipzig
(Wien) 1809. 8⁰. (3 Mk. C. G. Börner, 1907.)
    Nicht bei Goedeke, der aber den folgenden Neu-
    druck citirt. — Weller, fing. Dr.

— — Dasselbe, titulo: Hasper a Spada auf Burg
Ihnen oder: Rache und Versöhnung. 2 Thle. Meissen 1837. 8⁰.

— — Jägermädchen, Das. Leipzig 1796. 8⁰.
    Goedeke V, 510, 23, wo der folgende Druck fehlt.

— — Dasselbe. 2 Thle. Mit 2 Titelvign. Arnstadt 1798. 8⁰.
(4 Mk. Scheible, 1888.)

— — Dasselbe. 2. (!) verbess. Aufl. Ebd. 1800. 8⁰. (2¹/₃
Rthl.) (2 Mk., fleckiges Expl., u. Th. 1 von 1798, mit Titelvign.
u. Titelkpf., Südd. Antiqu., München, 1907.)

— — Dasselbe, fürs Theater bearb von Plümicke. Berlin 1803. (Neuer Beitrag fürs Theater No. 1.) 8⁰.
    Goedeke V, 261, 2, 10; 510, 23.

— — S. auch Schiffermädchen.

— — Jahre, Fünf närrische, s. Wildschützen, Die.

— — Julius der Verworfene. 2 Thle. Mit 2 Kpfrn.
Arnstadt u. Rudolstadt, 1802. 8⁰. (1¹/₂ Rthl.) (1 Mk. 50 Pfg.
R. Bertling, 1888.)
    167 u. 220 SS. (incl. 12 S. Vorr. beim 1. Theil). Fehlt
    bei Kayser.

— — Dasselbe. (Nachdruck.) Mit 1 Titelvign. Frankfurt und Leipzig 1802. 8⁰. (2 Mk. Frz. Teubner, 1893.)

— —. Dasselbe. Mit 1 Titelvign. Ebd. 1803. 8⁰. (2 Mk., stark geles. Expl., Südd. Antiqu., München, 1907.)

— — K a u f u n g e n , K o n r a d v., oder d e r F ü r s t e n r a u b a u s d e m XV. J a h r h u n d e r t e. 2 Thle. Mit 2 Titelkpfrn. u. 2 Titelvign. (K i m p f e l del., J. D. H e i d e n r e i c h sc.). Berlin 1794. Im Verlag der Königl. Pr. Ac. Kunst- und Buchhandlung. 8⁰. (2¹/₃ Rthl.) (5 Mk. Friedr. Klüber, München, c. 1905.)

> N i c h t von Cramer, sondern von J o h. B a p t. D u - r a c h (1766—1832). Vgl. Goedeke V, 511 u. 518, 24. — I: Gestoch. Titel, XIV—390 S. II: Gestoch. Tit., 2 Bll. „Erklärung an das Publikum", 368 S. Laut dieser „Erklärung" war der Roman von der Firma im Messcatalog u. auf d. Schmutztitel (einiger Expl.) zu Thl. 1 mit d. Zusatze „v. Verf. d. Hasper a Spada" versehen worden, worüber sich Cramer im Intelligenzblatt d. allgem. Litt.-Ztg. mit Recht beschwert u. mit Klage gedroht ʃatte.

— — Dasselbe. 2 Thle. Ebd. 1799. 8⁰.

> War in Schlesinger's Berliner Leihbibl., laut Cat. von 1827.

— — K l i n g s p o r n , D i e F a m i l i e. Ein Gemälde des Jahrhunderts. Vom Verf. des Erasmus Schleicher. 2 Thle. Mit 2 Titelkpfrn. Riga, W. C. A. Müller, 1798. 8⁰. XIV, 322+318 S. (1 Mk. 50 Pfg., fleckiges Expl., R. Bertling, 1892.)

* — — Dasselbe. 2 Thle. Mit 2 Titelkpfrn. u. 2 Vign. u. gestoch. Titeln. Ebd., Meinshausen, 1799. 8⁰. (2¹/₃ Rthl.) (In Berlin: Yw 936.) (4 Mk. Jos. Baer & Co., 1894; 2 Mk. Jul. Neumann, 1906; 1 Mk. 50 Pfg., etwas beschäd., Emil Hirsch, München, 1904.)

> „Meinem biedern Gönner und Freunde Christian v. T r u c h - s e s s zu Wetshausen, auf der Bettenburg", gewidmet.

— — K r e u t z (!), D a s e i s e r n e. Ein kriegerischer Halb-Roman aus den Jahren 1812, 1813 und 1814. 3 Bde. Hamburg, G. Vollmer, 1815. 8⁰. (4 Rthl.) (6 Mk. Adolf Weigel, 1907; 2 Mk. 50 Pfg., etwas fleckig, R. Bertling, 1888.)

— — K r e u z h i e b e und k u r z w e i l i g e A n e k d o t e n zur Erschütterung des Zwergfells (!). Leipzig (1805). 8⁰. Selten!

> Schlesinger's Berliner Leihbibl.-Cat. von 1827, no. 4322.
> — Goedeke V, 511, 55.

— — L e b e n und S c h i c k s a l e F r i e d r i c h s v o n H e l l - b o r n , eines aus dem spanischen Kriege glücklich zurückgekehrten Offiziers. Gegenstück zu Walters Leben u. Schicksalen. Vom Verf. des Erasmus Schleicher, 2 Thle. Hamburg, 1814. 8⁰. (1 Mk. 50 Pfg., fleckiges Expl., R. Bertling, 1888.)

> VIII, 375 u. 344 SS.

— — Leben, Meinungen und Abentheuer des
Barons von Hirkus, s. oben: Bekenntnisse des Exministers Hirkus.... 1806.

— — Leben u. Thaten des edlen Herrn Kix v. Kax-
burg. Aus unverfälschten Urkunden und nach den glaub-
haftesten Zeugnissen ehrbarer Zeitgenossen aufrichtiglich beschrieben. 2 Bde. Mit 2 Titelkpfrn., gestoch. von F. Weber.
Leipzig, Fr. Fleischer, 1801—2. 8⁰. (2⁵/₆ Rthl.) (1 Mk. 50 Pfg.,
unsaub. Expl., mit nur 1 TKpf., R. Bertling 1888; 3 frcs. Schweizerisches Ant., Zürich, c. 1890.)

> XVI, 352 + XII, 337 S. — Goedeke V, 510, 42, wo die
> folg. Ausgabe fehlt. — Nicht von Cramer; er gab nur
> seinen Namen für dieses Opus her.

— — Dasselbe. 2 Bde. Mit 2 Titelkpfrn. (wie vorhin). Ebd.
1802. 8⁰. (6 Mk. Dieterich, Göttingen, 1907.)

> Kuranda's Wiener März-Auction 1878, no. 795.

* — — Leben und Meinungen auch seltsame
Abentheuer Erasmus Schleichers, eines reisen-
den Mechanikus. 4 Thle. Mit Titelvign. v. J. Pentzel.
Leipzig, bei Joh. Benj. G. Fleischer. 1789. 8⁰. (Th. 1—2 in
Berlin: Yw 906.) (3 Mk. Frz. Teubner,1893.)

> Renommirtestes Opus des Verfassers, ins Russische
> übersetzt, Moskau. — Vgl. auch: Julie, Gräfin zu
> Palmira. Schauspiel nach dem Sujet des Erasmus
> Schleicher frey bearbeitet (von Albrecht?). Halberstadt, o. J.
> 70 S. 8⁰. (Goedeke V, 519, 10, 6.)

* — — Dasselbe. Neue mit Anmerkgn. vermehrte Auflage. 4
Thle. Mit 4 Titelvignetten von Schubert. Ebd. 1791. 8⁰.
(Th. 3—4 in Berlin: Yw 906.) (4 Mk. Emil Hirsch, Mün-
chen, 1904.)

— — Dasselbe. 3. vermehrte u. verbess. Aufl. 2 Bde. (so!)
Mit 8 Kpfrn u. 4 Vignetten Ebd. 1795. 8⁰. (5 Mk. C. G.
Boerner, 1907.)

> Weller hat „1791" als 3. Auflage.

— — Dasselbe. 4 Thle. Ebd. 1798. 8⁰. (²/₃ Rthl. Scheible,
1872; 17 Sgr. Steinkopf, Stuttgart, 1874.)

> Fehlt bei Goedeke (wie die beiden folg. Ausgaben),
> wo aber ein Druck von 1802 (?) citirt wird.

— — Dasselbe. 4. (!) Aufl. 4 Thle. Mit TVignn. Ebd. 1805.
8⁰. (1 Mk., nur Bd. 4, M. Edelmann, 1906.)

— — Dasselbe. (Nachdruck.) Neue, mit Anmerkgn. verbess.
Aufl. 4 Thle. Mit 4 Kpfrn. Frankfurt 1792. 8⁰. (7 Mk. 50 Pfg.
J. Baer & Co., 1894.)

— — Dasselbe. (Nachdruck.) Neue, mit Anmerkgn. vermehrte
Auflage. 4 Thle. Mit 8 Kpfrn. u. 3 Vignetten. Frankfurth
und Leipzig (Wien?.) 1794. 8⁰. (3 Mk. Kössling, Lpz., c. 1872.)

— — Dasselbe. 4. (!) verbess. Aufl. 4 Thle. Mit 8 schönen Kpfrn., F. W e b e r sc., u. dem Portrait d. Vf. Ebd. 1809. 8⁰. (4¹/₂ Rthl.) (3 Mk. 80 Pfg., mit nur 4 Kpfrn., W. H. Kühl, Berlin, c. 1882; 2 fr. 50 c. Schweizerisches Antiqu., Zürich, c. 1890.)

> 243, 206, 244, 244 Seiten.

— — L e b e n u n d S c h i c k s a l e d e s e h r l i c h e n S e p - t i m u s S t o r a x , e i n e s K r e u z b r u d e r s d e s E r a s m u s S c h l e i c h e r. Mit Titelkpf., R o s m ä s l e r sc. Leipzig, in Joh. Benj. Georg Fleischers Buchhandlung, 1806. 8⁰. (1¹/₂ Rthl.; holl. Pap. 2¹/₄ Rthl.) (8 Mk. 50 Pfg. Jul. Neumann, 1906; 5 Mk. C. G. Boerner, 1907.)

> Titel u. 352 S.

— — Dasselbe. Mit Titelkpf. Leipzig (Wien) 1809. 8⁰. (2 Mk., geles. Expl., Frz. Teubner, 1893; 1 Mk. Jul. Neumann, 1906.)

— — L e b e n u n d M e i n u n g e n , a u c h s e l t s a m e A b e n - t h e u e r G o t t h o l d T a m e r l a n s , e i n e s r e i s e n d e n H e r r n h u t h e r s. 2 Thle. Mit Titelvign. Offenbach, Weiß und Brede, 1794. 8⁰.

> Titel u. 452 fortlaufend pag. S. (Th. 2 = Beschluß beginnt mit S. 391.)

— — Dasselbe. Mit 2 Titelkpfrn. Ebd. 1801. 8⁰. (3 Mk. Adolf Weigel, 1907.)

— — Dasselbe. Frankfurt a. M., Simon, 1802. 8⁰.

> Kayser Roman-Verz. p. 75; Schlesinger's Berliner Leih-bibl., Cat. von 1827, no. 552.

* — — L e b e n , T h a t e n u n d S i t t e n s p r ü c h e d e s l a h m e n W a c h t e l p e t e r s. Vom Verfasser des Erasmus Schleicher. 2 Thle. Mit 2 Titelkpfrn. Leipzig, Fleischer, 1794—96. 8⁰. (In Berlin: Yw 923.) (2 Mk. 40 Pfg. Beck, Nörd-lingen; 1 Mk. 50 Pfg., fleckiges Expl., R. Bertling, 1892.)

> X—266 + II—255 Seiten. — Vgl. L i l i oder d e r W a c h t e l p e t e r. Schauspiel in 4 A. (gesp. 1798). (Goe-deke V, 335, 72.)

— — Dasselbe. (Nachdruck.) 2 Thle. Mit Titelkpf. u. Vign. Wien 1796. 8⁰. (2 Mk. Frz. Teubner, 1893.)

> N i c h t bei Goedeke.

— — Dasselbe. (Nachdruck.) 2 Thle. Frankfurt und Leip-zig 1797. 8⁰. (1 Mk. 50 Pfg. Scheible; 2 Mk. Adolf Weigel, 1907.)

— — Dasselbe. 2 Thle. Mit 2 Titelvign. Ebd. 1801. 8⁰. (2 Mk. Frz. Teubner, 1893.)

— — Dasselbe. 2 Thle. Mit 2 Kpfrn. Leipzig 1803. 8⁰. (2 Mk. der Vorige; 3 Mk., fleckiges Expl., C. G. Boerner, 1907.)

> Die beiden letzten Ausgaben n i c h t bei Goedeke.

— — L e b e n u n d S c h i c k s a l e W a l t e r s e i n e s i n d e r S c h l a c h t b e i J e n a g e f a l l e n e n O f f i z i e r s. Vom

Verf. des Erasmus Schleicher. 2 Thle. Mit 1 Titelkpf. Hamburg, Gottfried Vollmer, o. J. (1812). 8⁰.

324+349 Seiten. Jahrzahl bei Goedeke (nach Kayser).

— — Leben und Meinungen auch seltsamliche Abentheuer Paul Ysops, eines reducirten Hofnarren. Vom Verfasser des Erasmus Schleichers. 2 Thle. Mit 2 Titelvign., Schubert del., Schule sc., u. 1 Musikbeilage. Leipzig 1792/93, bei Johann Benjamin Georg Fleischer. 8⁰. (3 Mk., etwas fleckiges Expl., C. G. Boerner, 1907.)

392 + 343 Seiten.

— — Dasselbe. 2. Aufl. Ebd. 1798. 8⁰. (Citirt Weller.)

— — Dasselbe. 2 Thle. Mit 4 Kpfrn. Ebd. 1799. 8⁰. (2 Mk. Graff, Braunschw., c. 1880.)

— — Dasselbe. Neue Aufl. 2 Thle. Mit 2 Titelkpfrn. Ebd. 1800. 8⁰. (3 Mk., zus. mit den „Ysopiana", C. G. Boerner, 1907.)
Nicht bei Goedeke, wo aber die folgende Ausgabe.

— — Dasselbe. (Nachdruck.) 2 Thle. Wien 1793. 8⁰.

— — Dasselbe. (Nachdruck.) Neue vermehrte und verbess. Ausgabe. 2 Thle. Mit 2 Titelvignetten. Frankfurt und Leipzig 1795. 8⁰. (2 Mk. 50 Scheible, 1888; 5 Mk. Dieterich, Göttingen, 1907.)
Nicht bei Goedeke.

— — Dasselbe. (Nachdruck.) 2 Thle. Mit 2 Titelvignetten. Ebd. 1799. 8⁰. (2 Mk. 50 Pfg. Frz. Teubner, 1893; 4 Mk. J. Halle, München, 1905.)

— — Dasselbe. (Nachdruck.) Neue durchgesehene Aufl. 2 Thle. Mit 2 Titelkpfrn. Leipzig (Wien) 1802. 8⁰. (6 Mk. Adolf Weigel, 1907.)
Weller, fing. Dr.

— — — — Ysopiana. Als Anhang und Nachtrag zu dem Leben Paul Ysops, eines reducirten Hofnarren. Mit Titelvign. Leipzig 1799. 8⁰. 238 S. (2 Mk. 50 Pfg. J. Halle, 1905; 1 Mk. 50 Pfg. Jul. Neumann, 1906.)

— — Dasselbe. Ebd. 1800. 8⁰. (6 Sgr. Scheible, vor 1870.)

— — Leiden und Freuden des ehrlichen Jakob Luley, eines Märtyrers der Wahrheit. Vom Verfasser des Erasmus Schleicher. 2 Thle. Mit Titelvign. Meiningen 1796. 8⁰. (2 Mk. Frz. Teubner, 1893.)

— — Dasselbe. 2 Thle. Mit Titelkpfrn. u. Vign. Leipzig, Fr. Fleischer, 1796—97. 8⁰. (2 Rthl.; holl. Pap. 3 Rthl.) (1 Mk. 50 Pfg., fleckiges Expl., R. Bertling, 1888.)

— — Dasselbe. 2 Thle. Ebd. 1797. 8⁰. (1 Mk. Scheible, 1888.)
Nur diese Ausgabe bei Goedeke.

— — Dasselbe. 2 Thle. Mit 2 Titelvign. von J. H. Thelott. Ebd. 1797—98. 8⁰. (3 Mk. 50 Pfg. Adolf Weigel, 1907.)

— Dasselbe, titulo: Wanderungen und Abenteuer des ehrlichen Jakob Luley. 2 Thle. Mit 2 Titelkpfrn. Leipzig 1803. 8⁰. (2 Mk. Frz. Teubner, 1893; 2 Mk. Julius Neumann, 1906.)

> Nicht bei Goedeke.

— — Liebe und Rache, oder wohin führt oft weiblicher Leichtsinn. Vom Verf. der Menschenschicksale. 2 Thle. Mit 2 Kpfrn. Berlin 1791, bey Christian Gfr. Schöne. 8⁰. (2 Mk., mit nur 1 Titelkpf., Julius Neumann, 1906; von jetzt ab sicher theurer!)

> Leichtsinniger u. üppiger Roman. — 256 S. (incl. Tit. u. 3 Bl. Zuschr. an einen Prediger Bartenstein in Darmstadt) u. 288 S. (Goedeke mit etwas abweichendem Titel.)

— — Mann, Der kluge. Vom Verfasser des Erasmus Schleicher. 3 Thle. Mit Titelvign. Naumburg 1794. 8⁰. (2 Mk. Frz. Teubner, 1893.) Rar!

> Diese erste Ausgabe fehlt bei Goedeke; auch sonst nirgends citirt. — Stellenw. derb u. frei.

* — — Dasselbe. 3 Thle. Mit 3 Titelkpfrn. u. 3 Titelvign. von Penzel, Geyser u. A. Leipzig, Voss u. Comp., 1795 bis 97. 8⁰. (In Berlin: Yw 926.) (3 Mk., schönes Expl., Jul. Neumann, 1906; 4 Mk. Adolf Weigel, 1907.)

— — Dasselbe. 3 Thle. Mit 3 Titelvign. Ebd. 1796. 8⁰. (3 Mk. Scheible, 1888; 2 fl. Gilhofer & Ranschburg, Wien, 1889.)

— — Dasselbe. 3 Thle. Mit Titelvign. Ebd. 1797—98. 8⁰. (1 Mk. 50 Pfg. Stuber, Würzburg, 1877.)

> Die beiden letzten Ausgaben nicht bei Goedeke.

— — Dasselbe. (Nachdruck.) Frankf. 1801. 8⁰. (12 Sgr. Scheible, 1872; 12 Sgr. Steinkopf, 1874.)

— — Dasselbe (Nachdruck) mit d. Titel: Die schöne Abellina, oder die Mörder des alten Andreas. Nach der Geschichte des klugen Mannes. Vom Verfasser des Erasmus Schleicher. 3 Thle. Mit 3 Titelkpfrn. u. 3 Titelvign. Wien und Prag bey Franz Haas 1799. 8⁰. (2 Mk. 50 Pfg. C. G. Boerner, 1907.)

— — Dasselbe. (Nachdruck.) 3 Thle. Mit 3 Titelkpfrn. u. 3 Titelvign. Leipzig (Wien) 1804. 8⁰. (2 Mk. 50 Pfg. Frz. Teubner, 1893.)

> Schlesinger's Berliner Leihbibl., Cat. von 1827, no. 4319 bis 21. — Die 2 letzten Nachdrucke ziemlich selten!

— — Menschenschicksale, eine Geschichte aus dem 18. Jahrhundert. 2 Thle. Leipzig, Barth, 1782. 8⁰. Selten! (1 Rthl.)

> Anstössige Liebesgeschichten. Eines der frühesten C'schen Produkte.

— — Menschenschicksale, ein Familiengemälde in 3 Aufzügen. Berlin 1790.

Goedeke V, 509, 10, 2 b.

— — Meppen Bocksbart, oder wundersame (liederliche) Ebentheuer eines peregrinirenden Kandidaten. 2 Thle. Mit (freiem) Titelkpf. Leipzig 1783—85. 8⁰. Selten! (10 Mk. J. Halle, München, 1905, ohne Angabe von 2 Theilen.)

— — Milchmädchen, Das, vom Verfasser des Jägermädchens. Mit Titelkpf. Bremen und Aurich (Müller), o. J. (Vorr. dat. Meiningen 1812). 8⁰. (1¹/₃ Rthl.) XX—330 S. (2 Mk. Frz. Teubner, 1893.)

— — Dasselbe. Neue Aufl. Leipzig, Taubner, 1820. 8⁰.

Kayser's Roman-Verz. 1827, S. 25.

— — Minister, Der, und der Leibschneider. Ein tragikomisches Duett, aus dem Reiche der Lebendigen und der Todten. Niedergeschrieben durch einen Canzelisten und ans Licht befördert von *C. G. Cr.* 2 Bde. Hamburg, Herold, 1818. 8⁰. (3 Rthl.) (¹/₂ Rthl. Scheible, 1872; 3 Mk. Frz. Teubner, 1893.)

Anon.-Lex. III. p. 147 u. Goedeke haben die Jahrz. „1819" (nach Meusel).

— — Nandchen, Das blonde. Ein Spiegel für viele. Vom Verfasser des deutschen Alcibiades. Mit schönem Portrait Nandchens, gez. von Schenau gestoch. von Stölzel. Weissenfels und Leipzig, Fr. Severin, 1794. 8⁰. 327 S. (1 Mk. 80 Pfg. K. Th. Völcker, Frankf. a. M., 1876; 5 Mk. Adolf Weigel, 1907.)

— — Dasselbe. Mit Titelvign. Ebd. 1802. 8⁰. (12 Sgr. Scheible 1872; 1 Mk. Erras, Frankf. a. M., c. 1882.)

— — — — — S. auch Robert, Der braune, und das blonde Nandchen . . . .

— — Nettchens Hochzeit. Rudolstadt 1805. 8⁰. (1 Rthl.) 248 S. (2 Mk. Jul. Neumann, 1906.)

— — Nordenschild, Hermann v., s. Alcibiades, Der deutsche . . . ., Th. 4—5.

— — Paroxismen der Liebe, s. Rasereien der Liebe.

— — Plexippus oder der emporstrebende Bürgerliche. Im Auszug aus d. Engl. frei bearbeitet. 2 Thle. Weissenfels und Leipzig, Severin, 1793. 8⁰. (2 Mk. Frz. Teubner, 1893.)

— — Dasselbe. 2 Thle. Mit Titelkpf. Rudolstadt 1800. 8⁰. (1 Mk. 50 Pfg., geles. Expl., der Vorige.)

Nicht bei Goedeke.

— — Pola, Angelo di, s. Stunden, Die gefährlichen, Anhang.

— — Polterabend, Der. Ein Schnack. 2 Thle. Mit
2 Kupfern. Arnstadt und Rudolstadt 1800. 8⁰. (2 Rthl.) (2 Mk. R.,
Bertling, 1892; 3 Mk. 50 Pfg. A. Buchholz, München, 1906; 2 Mk.
Frz. Teubner, 1893, in dessen Cat. statt „ein Schnack" eine
„Schnurre" steht.)

— — Räubermädchen, Das, ein Seitenstück zu Cra-
mers Harfenmädchen. Mit Titelkpf. Leipzig 1801. 8⁰. (1/₃ Rthl.
Scheible, 1872; 1 fl. 20 xr. Gilhofer & Ranschburg, 1889.)

— — Dasselbe. Ebd. 1806. 8⁰.
>Goedeke V, 519, 29.

— — Rasereien der Liebe. 2 Bdchn. Mit 2 Titelkpfrn.
(wobei 1 freies). Arnstadt und Rudolstadt, Langbein u. Klüger,
1801. 8⁰.
>Ziemlich zahm. XII—244 u. 200 Seiten. — Fehlt bei
>Kayser sub Cramer.

— — Dasselbe. Ebd. 1802. 8⁰. (1/₃ Rthl. Fischhaber, Reutl.,
c. 1875.)
>Zinke's Dresdener Novbr.-Auct. 1905: „Mit 1 verfängl.
>Kupfer".

— — Dasselbe. (Nachdruck.) Wien, o. J. 8⁰.
>Zinke's März-Auct. 1906: „Rasereyen" . . . .

— — Dasselbe, titulo: Paroxismen der Liebe. 2 Bde.
2. vermehrte Aufl. Mit 2 erot. Titelkpfrn. Rudolstadt 1808.
8⁰. (2 Rthl.) (1 Rthl. Rob. Apitzsch, Lpz., c. 1860; 1 Rthl.
H. W. Schmidt, Halle, c. 1870; jetzt theurer!)

— — Raspo von Felseneck, oder der Gottesge-
richts-Kampf. Aus dem 11. Jahrhundert. Vom Verfasser
des Hasper a Spada. 2 Bde. Berlin 1794. 8⁰.
>Cramer untergeschoben. Der wirkliche Vf. ist
>Joh. Baptist Durach.

— — Dasselbe. Ebd. 1800. 8⁰.
>Goedeke V, 511 u. 518, 24.

— — Reise, Die, zur Hochzeit. Ein Schnack. 2 Thle.
Mit 4 hübschen Kpfrn. u. 2 Titelvignetten von Weinrauch.
Leipzig, bei Johann George Benjamin Fleischer. 1800. 8⁰.
(2¹/₂ Rthl.; holl. Pap. 3¹/₂ Rthl.) (4 Mk. Ferd. Schöningh,
Osnabrück, 1907.)
>XII—291 u. 247 Seiten.

— — Dasselbe. Ebd. 1801. 8⁰.
>Schlesinger's Berliner Leihbil., Cat. von 1827, no. 74—75.

— — Dasselbe. 2 Thle. Mit 2 Kpfrn. Rudolstadt 1801. 8⁰.
(1/₃ Rthl. Scheible, 1872.)
>Die beiden letzten Ausgaben nicht bei Goedeke.

— — Robert, Der braune, und das blonde Nant-
chen. Ein Spiegel für viele. Vom Verfasser des deutschen
Alcibiades. 2 Theile. Mit 2 Titelkpfrn. (Robert's und Nand-

chen's Bildniss). Weissenfels u. Leipzig, Severin, 1794. 8⁰. (2 Rthl.)

> Th. 2: Das blonde Nandchen.

— — Dasselbe. 2 Thle. Ebd. 1802. 8⁰. (1 Mk. Scheible, 1878, ohne die Portraits.)

> Wohl identisch mit: „Robert der edle Schütze und sein trautes Nandchen." 2 Bde. (1800.) 8⁰. (¹/₃ Rthl., Fischhaber, Reutl., 1875.)

— — Rubin, Adolf Freiherr von. Ein Weibergeschichtgen. 2 Thle. Mit Titelkpfrn. u. Titelvignetten. Leipzig, bei Carl Friederich Schneidern. 1784. 8⁰.

> I: 288 S. (incl. 4 Bll. Vorst.). II: 240 S. In Briefen abgefaßt. Ziemlich zahm. — Auch m. d. Titel: Neue Original-Romane der Deutschen. Bd. 9—10.

— — Dasselbe. 2 Thle. Ebd., o. J. (1784). 8⁰. (1 Mk., fleckiges Expl., R. Bertling, 1892; 2 Mk., „2 Thle. mit 8 Kpfrn.", Frz. Teubner, 1893.)

> Goedeke V, 509, 10, 4, wo die vorige und folgende Ausgabe fehlen.

— — Dasselbe. 2 Thle. Mit Titelkpfrn. Ebd. 1804. (4 Kr., fleckiges Expl., Halm & Goldmann, 1907.)

— — Runkunkel, Fräulein, und Baron Sturmdrang. Eine possierliche Geschichte unsrer Zeit. Vom Verfasser des Erasmus Schleicher. Mit Titelkpfr. Leipzig, bei Johann Benjamin Georg Fleischer, 1800. 8⁰. VII—278 S. (³/₄ Rthl.; holl. Pap. 1¹/₄ Rthl.) (3 Mk. 50 Pfg. C. G. Boerner, 1907.)

> Goedeke hat „1799"; obige u. die folg. Ausgabe fehlen dort.

— — Dasselbe. Ebd. 1801. 8⁰. (¹/₃ Rthl. Scheible, 1872.)

— — Scenen aus den Zeiten der Reformation. Dramatisirt. 2 Thle. Dresden 1803. 8⁰.

> Goedeke V, 510, 51.

— — Schattenspiele. Von *Carl Gottlob Cramer*, Verfasser des Erasmus Schleicher, und Andern (so!). 2 Bdchn. Mit 2 TKpfrn. von W. Juri (sic!) u. Blaschke. Leipzig (o. Adresse). 1801. 8⁰. Ziemlich zahm. (2 Mk. Frz. Teubner, 1893; 3 Mk., nur Bdchn. 1, Adolf Weigel, 1907.)

> I: Tit. u. 157 S. Inh.: 1. Das Götterstündchen am Camin. Ein Familiengemälde. 2. Beckers Abentheuer auf einer Fußreise. S. 115ff. — II: Tit. u. 150 S. Inh.: 1. Das Götterstündchen . . . . Forts. u. Schluß. 2. Die Saloppe. S. 115. 3. Der Hühnerhund. S. 127. 4. Walloda's Traum. S. 141ff. — Fehlt bei Kayser (unter Romanen) und bei Goedeke.

— — Schiffermädchen, Das. Seitenstück zum Jägermädchen, von Cramer. Prag 1801. 8⁰.

> Nicht von Cramer. — Goedeke V, 510, 23, wo die folg. Ausgabe fehlt.

— — Dasselbe. 2 Thle. Mit Kupf. Leipzig, Joachim, 1802. 8⁰.
    Kayser p. 109 nennt keinen Verfasser.

* — — S c h m o l l , P e t e r , u n d s e i n e N a c h b a r n . Vom
Verfasser des Erasmus Schleicher. 2 Thle. Mit 2 Kpfrn. Rudolstadt 1798. 8⁰. (In Berlin: Yw 933.)

— — Dasselbe. Ebd. 1798—99. 8⁰. (2 Mk. 50 Pfg., etwas
fleckiges Expl., R. Bertling, 1892; 2 Mk. 50 Pfg. Frz. Teubner, 1893.)
    325+318 S. — Goedeke hat nur diese Ausgabe. Vgl.
    F. W. Jähns, Serapum 1870, S. 96.

— — Dasselbe. Ebd. 1799. 8⁰. (2 Rthl.)
    Engelmann, S. 61—62.

— — Dasselbe. Ebd. 1800. 8⁰. (⅓ Rthl. Scheible, 1872.)

— — S c h w ä n k e u n d E r z ä h l u n g e n f ü r m ü s s i g e
S t u n d e n . Wien 1799. 8⁰. (2 Mk. Frz. Teubner, 1893.)
    Goedeke hat „Prag 1799".

— — S c h w a n e n f e d e r n . (Leipzig) Reichs-Kommissions-
und Industrie-Bureau. O. J. (1804). 8⁰. (2 Mk. Frz. Teubner,
1893; 4 Kr. Halm & Goldmann, 1907.)
    Ort u. Jahr nennt Goedeke V, 510, 52.

— — S t e l l a ' s F r ü h l i n g d e s L e b e n s . Ein Seitenstück
zu Bellomo's Abend. Mit Titelkpf. Leipzig 1801. 8⁰. (1⅓ Rthl.)
408 S. (1 Mk. 25 Pfg., etwas fleckig, R. Bertling, 1892; 1 Mk.
50 Pfg. Jul. Neumann, 1906.)

— — Dasselbe. Ebd. 1802. 8⁰. (6 Sgr. Scheible, c. 1872.)

— — Dasselbe. Ebd. 1804. 8⁰. (1 Mk. 50 Pfg. Frz. Teubner,
1893.)
    Die beiden letzten Ausgaben n i c h t bei Goedeke.

— — S t ü r z e b e c h e r , H a n s , u n d s e i n S o h n . Ein
Beitrag zur Geschichte meiner Zeit. 2 Thle. Mit 2 Titelkpfrn.
Leipzig, Fr. Fleischer, 1798. 8⁰. (1⅔ Rthl.; holl. Pap. 2⅔ Rthl.)
(5 Mk. C. G. Boerner, 1907.)
    VI, 280 + 262 S. — Goedeke V, 510, 25, wo die beiden
    folgenden Ausgaben f e h l e n .

— — Dasselbe. Ebd. 1799. 8⁰. (2 Mk. Frz. Teubner, 1893.)

— — Dasselbe. (Nachdruck.) 2 Thle. Leipzig (Wien) 1800. 8⁰.
    Weller, fing. Dr.

— — Dasselbe. Ebd. (Wien) 1809. 8⁰.
    Goedeke V, 510, 25.

— — S t u n d e n , D i e g e f ä h r l i c h e n . 2 Thle. Weissenfels, Severin, 1799. 8⁰.
    Goedeke, l. c., 26, wo die 2 folg. Ausgaben f e h l e n .

— — Dasselbe. Mit 2 Titelvignetten. Leipzig, Hinrichs, 1800.
8⁰. (2 Rthl.) (2 Mk. 50 Pfg. Scheible, 1888.)

— — Dasselbe. Neue Aufl. Mit 2 Titelkpfrn. Ebd. 1811. 8⁰.
    Engelmann, S. 61—62. — Zinke's Dresdener Novbr.-Auction
    1905: „Mit vielsagenden TKpfrn."

— — — — A n g e l a d i P o l a. A n h a n g z u d e n g e-
f ä h r l i c h e n S t u n d e n. Mit Titelkpf. Leipzig 1801. 8⁰.
160 S. (1 Mk. 50 Pfg., etwas fleckig, R. Bertling, 1888.)

> N i c h t von Cramer. — Goedeke (nach Meusel 13, 247).

— — T u r n i e r, D a s, z u N o r d h a u s e n, 1 2 6 3. Ein
Schauspiel. Vom Verfasser des Erasmus Schleicher. Mit Titelvign. O. O. u. J. 8⁰. (1 Mk. 50 Pfg. Frz. Teubner, 1893.)

> N i c h t bei Goedeke.

— — Dasselbe. Mit Titelvign. Görlitz, b. Hermsdorf und
Anton, 1795. 8⁰. 288 S.

— — Dasselbe. Ebd. 1799. 8⁰. (1 fr. 50 c. Schweizerisches
Antiquariat, c. 1890.)

> N i c h t bei Goedeke, wo aber die 2 folgenden Ausgaben.

— — Leipzig 1810. 8⁰.

— — Dasselbe. Neue Aufl. Mit Titelkpf. u. Vign. Halle
1822. Eduard Anton. 8⁰. (In Berlin: Magistratsbibl.)

> XVI u. 239 S.

— — Dasselbe. Ebd. 1862. 8⁰. (In Leipzig, Universitätsbibl.)

> N i c h t bei Goedeke.

— — W a n d e r e r, D i e s o n d e r b a r e n. Seitenstück zum
unbekannten Wanderer (des Gottlieb Bertrand) von *C. G. Cr.*
. . . . Neue Auflage. Prag, o. J. (1802). 8⁰. 214 S.

> Anon.-Lex. IV. p. 371 (nach Kayser).

— — W i l d h e i m, G u s t a v. (Liederlicher Roman.) Von
dem Verfasser des Eduard Nordenpflicht. Halberstadt, Gross,
1799. 8⁰. Selten!

> Titel u. 333 S. — F e h l t bei Goedeke.

— — W i l d s c h ü t z e n, D i e, Leipzig 1804. 8⁰.

> Goedeke, wo auch die folgenden neubetitelten Ausgaben.

— — Dasselbe, titulo: F ü n f n ä r r i s c h e J a h r e, oder
F l o r e l l o s f r e u n d l i c h e I n s e l . . . Berlin 1804. 8⁰.

> Anon.-Lex. II. p. 312 (nach Meusel). Goedeke hat
> „Fiorellos".

— — Dasselbe, titulo: D e r d r e i f a c h e B u n d, in
D e u t s c h l a n d s W ä l d e r n g e s c h w o r e n . . . . Leipzig
1814. 8⁰.

> l. c. I. p. 289 (nach Meusel).

— — Z e d e r s t r ö m, D i e F a m i l i e. Seitenstück zu der
Familie Klingsporn. Wien 1802. 8⁰. ($^1/_2$ Rthl. Scheible, 1872.)

> Wohl n i c h t von Cramer. — F e h l t bei Goedeke und
> im Anon.-Lex.

— — Z o a r d e r A u s e r w ä h l t e. 2 Thle. Mit 2 Titelkpfrn.
u. 2 Titelvign. Berlin 1800. 8⁰. ($3^1/_6$ Rthl.)

> Goedeke V, 510, 33. — 1: XV—406 S. 2: 436 S.

— — Dasselbe. Neue durchgesehene Auflage. Mit 2 Titelkpfrn. Ebd. 1800. 8⁰. (4 Mk. Adolf Weigel, 1907.)

— — Dasselbe. Neue durchgesehene Auflage. Mit 2 Titelkpfrn. Rudolstadt 1801. 8⁰. (3 Mk., fleckiges Expl., Derselbe;
2 Mk. Frz. Teubner, 1893.)
— — Dasselbe. (Nachdruck?) 2 Thle. Mit Titelvign. Dortmund, o. J. 8⁰. (1 Mk. Frz. Teubner, 1893.)
> Die 3 letzten Ausgaben nicht bei Goedeke, wo aber
> die 2 folgenden.
— — Dasselbe. Berlin 1808. 8⁰.
— — Dasselbe. Ebd. 1822. 8⁰.
> Kayser p. 25 hat: „3. Aufl. Berlin, Burchardt, 1823. 8⁰.‘‘

CRAMER, Ch. (auct. & resp., praes. *J. Stein*), Dissertatio de
conjugio maris pauperis et feminae locupletis, exhibens veritatem proverbii: Geld schadet der Liebe nicht. Jenae,
s. a. (In Rostock, Landesbibl.)
CRAMER, Joh. Heinr. (geb. zu Klosterzimmern, 7. Jan. 1735,
seit 1789 erster Diakon in Nördlingen), Ob ein Weiser heurathen soll? Nördlingen, Beck, 1764. 4⁰. 56 S.
> „C's Bildniß, nebst e. ausführl. Nachricht von s. Leben,
> befindet sich in d. Samml. v. Bildnissen gel. Männer, hrsg.
> v. Moser. Heft 15.‘‘ Gradmann, d. gelehrte Schwaben.
> (Tüb.) 1802. 8⁰. S. 91.
CRANZ, C. Th., Der Postraub, eine Sammlung auffal-
lender Begebenheiten. 3 Sammlgn. Halle, Hendel, 1795. 8⁰.
(1¼ Rthl.)
> Interessante Briefe. Selten!
* **CRANZ,** C. W., der siebende (d. i. *Dan. Albr. Cranz)*,
Kraut und Rüben, durcheinander, oder moralische,
comische und satirische Aufsätze. 4 Portionen. Breslau u.
Leipzig 1784, 85, 86, 88. 8⁰. (In Berlin: Yz 5541; fehlt Th. 4.)
(3 fl. 50 xr. Scheible, vor 1870; 5 Mk. Carl Uebelen, München, 1892; 8 Mk., nur Th. 1—2, E. Frensdorff, 1908.)
> I: 4 Bll., 224 S. (124 ist Druckf.). II: 184 S. III:
> 262 S. 1 leeres Bl. IV: 344 S. — Cplt. nicht häufig.
> Enth. auch Gedichte, z. B. 1 freies in Portion 1, S. 216
> bis 17: „Die keusche Frau‘‘. (10 vierzeil. Nr.).
* **CRÉBILLON** fils (Claude Prosper Jolyot de, 1707—77),
Briefe der Marquisinn von M** an den Grafen
von R**. Aus d. Frantzös. des *jüngern* Herrn *Crebillon*
übers. (von Gottlob Benj. Straube). 2 Thle. O. O. (Berlin,
Haude) 1742. 8⁰. 35 Bog. Zahm.
> Orig.: Lettres de la Marquise de M** au Conte de R**.
> 2 tom. La Haye, Henri Scheurleer, 1732. 12⁰. — Rep. ibid.
> 1734. 12⁰. (In Wolfenb.) — S. l. 1735. 12⁰. (Ebd.) —
> La Haye 1738. 12⁰. II. (12 Mk. S. Calvary & Co., c. 1900.)

— — Erzählungen, Neue, moralische, aus d. Französ. des *jüngern Crebillion* (sic!) übers. Kopenhagen, Profft, 1768. 8⁰. Rar!

— — Ha! welch ein Märchen! Eine politisch-astronomische Erzählung vom *jüngern Crebillon*. Aus d. Französ. (von Joh. Carl Lotich). Mit 1 prächt. Titelkpf. von J. W. Meil. 2 Bde. Berlin, Maurer, 1782. 8⁰.

> Auch m. d. Titel: Crebillon des Jüngern vorzüglichste Werke. Bd. 1. 2. London (Berlin) 1782.
> Orig.: Ah quel conte! Conte politique et astronomique. 8 part. (en 2 ou 4 vols.). Bruxelles (Paris) 1751. 12⁰. — Ibid. 1755—56. 12⁰. (In München.)

— — Schaumlöffel, Der, eine Japonesische Geschichte. 2 Thle. Cölln, bei Peter Hammer (Celle, Gsellius) 1750. 8⁰. Sehr selten!

> 21¹/₂ Bog. Satyr. Roman, auf den Cardinal von Rohan und die Herzogin von Maine bezüglich. C. wurde wegen dieses Buches auf einige Zeit in die Bastille eingesperrt.
> Orig. (in Stralsund), titulo: Tanzai et Néadarné, histoire Japonaise. 2 tom. A Pékin Chez Lou-Chou-Chu-La (Paris) 1734. 12⁰. (éd. I. ibid. 1733.) — Rep. tit.: L'écumoire, histoire Japonoise. 2 tom. Avec 2 frontisp. Londres, Aux dépens de la Compagnie, 1735. 12⁰. (In München u. Wolfenb.) (15 Kr. Halm & Goldmann, 1907.) — Amst. et Lpz. 1743. 12⁰. II. (In München.) — Tanzai et Néadarné. Pékin (Paris) 1781. 12⁰. (Ebend.). — Paris 1786. 12⁰. 2 figg. (15 Kr. Jos. Grünfeld, Wien, 1909.)

* — — Dasselbe m. d. Titel: Tanzai und Neadarne oder der Schaumlöffel. Eine Japanische Geschichte vom *jüngeren Crebillon*. Aus d. Französ. (von Wilh. Christhelf Sigm. Mylius). Berlin, 1785, bei Friedr. Maurer. 8⁰. 15 Mk.; tadellos. unbeschn. Expl., Leo Liepmannssohn, Berlin, 1907.)

> XXII, 6 unbez. S. „Inhalt" u. 372 SS. (4 Bücher.)
> Auch m. d. Tit.: Crebillon des Jüngern vorzüglichste Werke. Bd. 3. London (Berlin) 1785.

— — Dasselbe, titulo: Der Schaumlöffel oder Tanzai und Neadarne. Moralisches Mährchen. Aus d. Französ. Paris. O. J. (18**). 8⁰.

— — Dasselbe. Leipzig, Dyk'sche Buchh. O. J. (18**). 8⁰. (3 Mk. Kühl, Berlin, c. 1882; 3 Kr. Halm & Goldmann, 1907.)

— — Dasselbe, titulo: Die Leiden des Prinzen Hiaouf-Zeles-Tanzaï und seiner Verlobten. Ein Feenmährchen (aus d. Französ. des *Crébillon fils*). O. O. (Coburg, Riemann) 1803. 8⁰. (25 Mk., Leihbibl.-Expl., Gust. Fock, Lpz., 1907.)

> Sehr seltene Uebersetzung von Crébillon's „Tanzai et Néadarné".

§ — — D e r (so!) S o p h a. Moralische Erzählungen. Aus
d. Französ. des *jüngern Herrn Crebillons* übersetzet. Zwey
Theile (in 1 Bde.). Mit 1 Titelkpf. (unsign.). Pekin, zu
finden in der Kayserl. Hofbuchdruckerey (Berlin, Lange) 1765.
8⁰. (Expl. auch in Stralsund, Rathsbibl., und in Wien, Stadtbibl.:
Secr. A 96.) (12 Mk. Rich. Bertling, Dresden, 1899; 15 Mk.
Adolf Weigel, 1904; 9 Kr. Halm & Goldmann, 1907.)

TKpf., Tit., 6 Bll. Einleitg., 382 fortlaufend pag. Seiten,
1 Bl. Inh. (Th. 2 beginnt mit S. 197). E r s t e h ö c h s t
s e l t e n e d e u t s c h e U e b e r s e t z u n g dieses berüchtigten Romans.

O r i g.: Le Sopha, conte moral. 2 tom. A Gaznah, de
l'imprimerie du très-pieux, très-clément et très-auguste Sultan
des Indes. L'an de l'Hégire 1120 (Paris 1742). 8⁰. 298
et 264 pp. (10 Mk. Adolf Weigel, 1904.) —: Le Sopha,
conte Moral. 2 tom. à la Haye 1742. 8⁰. — Paris 1743.
12⁰. — S. l. (Amst.) 1745. 16⁰. (In München.) — Nouv.
éd. 2 pts. Avec figg. par C l a v a r e a u. Pékin (Paris) 1749.
12⁰. (10 Kr. Halm & Goldmann, 1907; 20 Mk. v. Zahn
& Jaensch, Dresden, c. 1905.) Cohen 133. — Francfort
s. le M. 1751. 12⁰. (In München u. Wolfenb.) — Nouv.
édition, revue, corrigée et augm. d'une introduction historique. Pékin 1764. 8⁰. — Nouv. éd. 2 pts. à Peking, 1776.
8⁰. (18 Mk. H. Streisand, Berlin, 1909.) — Londres 1779. —
Paris 1799. pet. in-8⁰. Avec 2 figg. (B i n e t del., B o v i n e t
sc.). (15 Mk. Friedr. Strobel, Jena, c. 1905.) — Bruxelles
1881. 8⁰. Avec frontisp. (Réimpr. d'après les copies de
l'édition de Londres 1779; pap. holl.) (18 Kr. Halm &
Goldmann, 1907.)

— — D e r (!) S o f a von *Crébillon*. Deutsch von J. C a s a-
n o v a (ps.) . . . . Leipzig, Wigand, 1833. 8⁰. 1 Bl., X u. 294 S.
(In Wien, Stadtbibl.: Secr. A 77.) Rar! (14 Mk. Edm. Meyer,
Berlin, 1908.)

A. G. Schmidt, Gallerie etc.

— — D a s S o f a. Mit 3 erot. Kpfrn. Paris, Peter Hammer,
o. J. (c. 1835). 8⁰. (30 Kr., Expl. in Hmaroqu., Halm & Goldmann, 1907:)

294 S. „Sehr seltene cplte. Uebersetzung". — F e h l t
in Weller's fing. Dr.

— — D a s S o p h a. Moralische Erzählung. Aus d. Französ.
neu übers. Leipzig, Dyk'sche Buchhandlung, o. J. (c. 1860).
Kl. 8⁰. 207 S. (4 Mk. 50 Pfg. Taussig, c. 1903; 3 Mk. 50 Pfg.
M. Edelmann, 1906; 3 Kr. Halm & Goldmann, 1907; 12 Mk.
50 Pfg., mit einer obscönen Heliogravüre, als Exlibris benutzt;
bezeichnet „Exlibris C. de Pirate.", Oskar Rauthe, Berlin, 1909.)

— — D a s S o p h a. Aus d. Französ. von G. v. J o a n e l l i.
Mit (etwas freien) Illustrationen von C o e u r d a m e. Prag 1901.
8⁰. 512 S. (Ldpr. eleg. gebd. 8 Kr. 40 H.) (4 Kr. Halm &
Goldmann; 5 Mk. M. Glogau jr., Hamb., 1906.)

— — Dasselbe. Ebd. 1903. 8⁰. (6 Kr. Vict. Eytelhuber, Wien, 1905.)

— — Das Sofa. Moralische Erzählung. Uebers. von Dr. J. Max. Leipzig, o. J. (1903). 8⁰. 242 S. (5 Mk. Max Harrwitz, 1904; 7 Mk. S. Calvary & Co., Orig.-Lwdbd.)
   In Deutschland confiscirt.

— — Das Sopha. Moralische Erzählung. Vollständige Uebersetzung nach dem französ. Original von R. Bergmann. Mit Illustrationen von E. Márkus. Budapest, o. J. (1904). 8⁰. (3 Kr. 60 H.) (2 Kr. 40 H. Vict. Eytelhuber; 2 Mk. 50 Pfg., wie neu, Adolf Weigel, 1905.)

— — Das Sopha. Moralische Erzählg. Aus d. Französ. neu übers. — Der Schaumlöffel oder Tanzai u. Neadarne. Aus d. Französ. neu übers. In 1 Bd. Leipzig, Dyk'sche Buchh., o. J. (1871). Kl. 8⁰. (3 Kr. 50 H., Halm & Goldmann.)

— — Spiel des Zufalls am Kaminfeuer. Von *Crebillon d. Jüng.* Deutsch von K. Brand. Leipzig 1905. (Romanische Meistererzähler. Unter Mitwirkg. hervorragender Romanisten und Folkloristen hrsg. von Dr. Friedr. S. Krauss. Bd. III.) Gr. 8⁰. Privatdruck. (Br. Mk. 2—; eleg. gebd. 3—; Ganzldrbd. 4—.)
   Das Werk ist mit einer kurzen inhaltreichen Geschichte der Contes und einer Würdigung Crébillon Vaters und Sohnes eingeleitet und an den wesentlichen Stellen erläutert.
   Orig.: Le Hazard du Coin du feu. Dialogue moral. A la Haye, 1763. pet. in-12⁰. (In München: P. o. gall. 12⁰ 491 g.) — Le Hasard du coin du feu. Dialogue moral. A Constantinople, 1783. pet. in-12⁰. (Beides citirt in H. Bukowski's in Stockh. Novbr.-Auct.-Cat. 1884. no. 1098—99.)

— — Standhaftigkeit, Die geprüfte, oder Begebenheiten der Gräfinn von Savoyen, aus d. Französ. des Herrn *Crebillon d. Jüng.* übers. Lüneburg, Lcmke, 1787. 8⁰. (7 Mk. 50 Pfg. Max Perl, Berlin, 1906.)
   XI u. 143 SS. Zahm.

— — Die Verführung, ein Dialog des *jüngeren Crebillon.* („Der Amethyst", 1906, Doppelheft 9—10, 4⁰, S. 299 bis 313.)
   Anmerkg. hierzu, l. c. p. 326: „Der Dialog des jüngeren Crébillon ist einer der siebzehn, die unter dem Titel „Tableaux des moeurs du temps" in einem einzigen Exemplar von 1750 gedruckt wurden, das sich im Nachlass des Generalpächters La Popèlinière († 1762) fand. Der erste Neudruck wurde 1863 veranstaltet, ein zweiter 1867. La Popelinière galt lange als der Autor, aber mehr als Wahrscheinlichkeitsgründe weisen auf den jüngeren Crébillon, dessen Künste keineswegs so langweilig sind als sie heute gelten".

— — Waisen, Die glücklichen, Eine Geschichte.
Nachahmung des Englischen. Verfasst von dem Herrn *von
Crebillon dem Sohne.* Und aus d. Französ. ins Deutsche
übers. (Vignette.) 4 Thle. in 1 Bde. Bresslau u. Leipzig,
Verlegts Daniel Pietsch. 1756. 8⁰. 8 Bll., 530 S. (6 Mk. 50 Pfg.
E. Frensdorff, 1906.)

> Orig.: Les heureux orphelins, histoire imitée de l'anglais.
> 4 part. Brux. (Paris) 1754. 12⁰. — Brux. 1755. 12⁰. (In
> München.) — Maestricht 1779. 12⁰. (Ebend.) Bibl. de
> l'amour, 4e édit., tome II, col. 478.

§ * — — *Crebillon des Jüngern* Vorzüglichste
Werke. 3 Bde. Mit 1 prächt. Titelkpf. von J. W. Meil.
Berlin, 1782—85. bei Friedrich Maurer. 8⁰. (18 Kr. Halm
& Goldmann, 1904; 25 Mk. Adolf Weigel, 1907; 41 Mk.
Prachtexpl. auf Velinp., Max Perl's Berliner Octob.-Auction
1907, no. 179.)

> 2 Bl., 328, 366, XXII S., 3 Bl. Inhalt, 372 S. u.
> 2 Bl. Berichtigungen. — Bd. I/II. Ha! welch ein
> Märchen! Eine politisch-astronomische Erzählung vom
> jüngern Crebillon. Aus dem Französischen (übersetzt von
> Joh. Carl Lotich). In zwei Bänden. — Bd. III. Tanzai
> und Neadarne oder der Schaumlöffel. Eine
> japanische Geschichte vom jüngern Crebillon. Aus dem
> Französischen (übersetzt v. Wilh. Christhelf Sigm. Mylius).

— — Dasselbe. London (ebd.) 1782—85. 8⁰.

— — Dasselbe. (Titelaufl.) Ebd. 1796. 8⁰.

— — S. auch *Angola, Geschichte des Prinzen Soly,* und
Louis XV: Liebesbegebenheiten des Widegulerdfunfthezend.
CRELL, L. F. (ps.?) Dass eine böse Frau einen Mann
glücklich mache, bewies bei der öffentlichen Verlobung
des Dr. Cappel mit der Demois. Harding gehorsamster Vetter
—. Helmstädt 1757. 8⁰. (1 Mk. 50 Pfg. G. Priewe, 1895.)

> Seltenes Curiosum; nicht bei Weller, Lex. Ps.

CRESSIUS Solitariensis, Joh., Pfarrer zu Hochstadt. — Aenig-
matologia rhythmica Das ist Newes Rätzelbüchlein Oder
CHristlicher Zeitvertreiber, darinnen allerley
lustige so wol geistliche als weltliche Fragen
vnd Antwort von der heiligen Schrifft: von Gott, von der
Welt, von der Zeit, von den Voegeln, von der Erden, von den
Bäumen, von den Thieren, von dem Wasser, von den Menschen vnd desselbigen Zufällen, mit allerley christlichen Erinnerungen vnd beygefügten Zeugnissen H. Schrifft, sampt etlichen
newen Gesängen, reimenweiss gestellt, vnd in Druck verfertiget durch *Johannem Cressium.* Im Jahr Christi: . . . .
ThVt VVahre BVsse: Das EnDe aLLer DInge Ist nIt VVeIt
(1634). Gedruckt zu Franckfurt am Mayn, bey Antoni Hummen.

12⁰. (In Darmstadt: E 5874; auch in Freiburg i. Br.) Höchst
selten!

28 Bl., 200 gez. S. und 1 Bl. Errata. Vorrede vom
24. Juni 1634.

Anfang:
GVt Freund, kanstu mir zeigen an,
Wie ich die Schrifft recht lesen kan,
Daß ich drauß schöpffe solch Weißheit,
Die mir nütz sey zur Seeligkeit? etc.

CRIMINALFÄLLE für Rechtskundige und Psychologen (von *Carl Friedr. Bühler*). Stuttgart 1794.
Anon.-Lex. I. p. 355 (nach Engelmann, Kayser u. Meusel).

CRIMINALGESCHICHTEN; aus gerichtlichen Acten gezogen
(von *Carl Friedr. Müchler*). Th. 1. (einz.) Berlin 1792.
l. c. (nach den Vorigen).

CRIMINALIA. / Das ist / Peinlich / Malefitz / Uebelthaten,
auch derenselben Straffen des Pfältzisch, churfurstl. L.-Recht.
Weinheim 1610. Fol. Selten! (10 Mk. A. Bielefeld, 1905.
Von Gefängnissen u. wie die Gefangenen zu halten sind.
— Von Straff der Zauberey u. Meineids. — Von Falsch-
müntzerei. — Von Aufruhr im Volk. — Vom Kind-
abtreiben. — Von Ehebruch, Blutschand,
Nothzucht. — Von Unkeuschheit / so wider
die Natur geschieht. — Von Entführung. —
So ein Mägdlein unter 12 Jahren geschän-
det würde. — Von der Huren-Wirtschaft. —
Von Wild- u. Fischdieben.

CRITIK der Liebe zum andern Geschlecht, oder:
Der Geschlechtshang, wie er erkannt wird und wie er erkannt
werden sollte. Von einem Frauenzimmer. Berlin 1803. 8⁰.
(1 Mk. 25 Pfg. G. Priewe, 1895.)

* **CRITILLE** (ps.), Allgemeine Schutz-Schrifft Des
Ehrsamen Weiber-Handwerckes, Welches Aus der
Zunfft der Römischen Geistlichkeit, Wider Göttliche Verordnung, Menschlicher Weise ausgestossen worden. Welche Un-
billigkeit Nebst der Höchsten Würde dieses Geschlechts, über
alle andern Geschöpffe, absonderlich über den Mann selbsten,
Aus Göttl., Natürl. u. Canonischen Rechten u. Geschichten
probiret wird. Dessen Beweissthum zu dem nothwendigen
Bund, des vor aller Welt heiligsten Ehestandes, jedwedem ver-
nünfftigen Geschöpffe dienen soll. Gestellet durch CRITILLE.
Cölln am Rhein (Berlin, Rüdiger) 1730. 8⁰. (Auch in Amsterdam, Bibl. Gerritsen.)
Moral.-satyr. Inhalts. Tit., 14 Bll. merkw. Vorr., 104 S.
— Rar!

CROMSDORF, Ditmar von, oder das Moosweibchen.
Historisch-romant. Erzählung a. d. Anfang des 13. Jahrh. von

dem Verf. der Novantiken (d. i. Dr. *Karl Gräbner*). Weimar,
Gräbner, 1834. Kl. 8⁰.

    Zahm. VIII u. 112 S. — F e h l t Kayser, Romane (1836).

CRONEL, M l l e., C o m o e d i a n t i n (d. i. *Clairon,* Claire-
Joséphine Leyris de La Tude, dite Mlle., née près de Condé,
dans les Flandres, en 1723 ou 1724, célèbre actrice, † à Paris,
en 1803.) — D i e B e g e b e n h e i t e n d e r M a d. CRONEL
m i t d e m Z u n a h m e n FREDILLION (sic!), Einer Com-
moediantin aus der Rouenischen Bande, Von ihr selbst geschrieben, und aus dem Frantzös. (des *Gaillard de la Ba-
taille*) übersetzet. 2 Thle. Mit 3 (unsign.) Kpfrn. Franckfurt
u. Leipzig (o. Adresse) 1745. 8⁰. (In Dresden: 8⁰. Dramat.
405, sehr schönes Expl.; auch in Stuttgart.)

    Lasciv. — Diese deutsche Uebersetzung viel seltener als
das französ. Original. 1: Titel (roth u. schwarz), 86 S.,
1 weisses Bl. 2: Titel (schwarz), S. 3—19 Vorrede, S.
20—110 Text, 1 weisses Bl. — Im Cat. Monath II. p.
623 ist eine Ausgabe: Schleiz, Treuner, 1747. 8⁰. angeführt.

    „Le comedien Gaillard de la Bataille, qui avait été héros
et témoin des premiers exploits de cette fille célèbre furieux
d'avoir été quitté par elle, publia cet ouvrage, d'abord
en deux parties: la scène transportée tantôt à Caen, tantôt
à Lille, montre Clairon en partie d'officiers ou dans les
bras d'un marquis, d'un traitant, etc. Cet ouvrage est
curieux et recherché. C'est l'histoire vraie ou supposée
des premières amours de cette femme célèbre qui, dès
l'âge de 13 ans, debuta dans la carrière galante, à Paris".
(Scheible.)

    O r i g.: V i e e t m o c u r s d e M a d e m o i s e l l e C r o n e l
(anagr.-Clairon), d i t e F r é t i l l o n. 2 tom. A v e c 2
f r o n t i s p. de C h a u v e t (chaque portant le portrait en
médaillon avec cette légende: „Hyppolyte Clairon de la
Tude, née en 1724 [!], morte en 1803, d'après un mo-
dèle en cire fait par L o n g b e r g e r en 1742"). Bruxelles,
J. J. Gay, éditeur, 1883. in-8⁰. Belle réimpression sur papier
vergé, les titres en rouge et noir. (Mk. 12—.) (15 Mk.
Max Harrwitz, 1904.)

    I: 2 ff., XXIV—205 pp. II: 234 pp. — Nach dem
interess. Vorwort des Verlegers erschien d. Orig. dieses
b e r ü h m t e n p i k a n t e n T h e a t e r - R o m a n s zuerst
1739 m. d. Tit.: „Histoire de la vie et des moeurs
de Mlle. Cronel, dite Frétillon" (damals erst 16 J. alt), dann
sub tit.: „Histoire de Mlle. Cronel, dite Frétillon, actrice
de la Comédie de Rouen, écrite par elle-même." (4 part.).
U n e c i n q u i è m e p a r t i e, devenue rare, a été publiée
à La Haye, en 1750, sous le titre de „Mémoires p. s. à
l'histoire de Mademoiselle Cronel dite Frétillon, cidevant
actrice de la Comédie à Rouen, et présentement de la
Comédie à Paris. Dans ses „Mémoires", publiés à Paris, l'an
VII (1799), Mlle. C l a i r o n se pose vestale et rejette avec
mépris ce r o m a n p a m p h l é t a i r e. (Cfr. l'avis de l'éditeur.) — F r ü h e r e A u s g a b e n: Histoire de Mademoiselle

Cronel, dite Frétillon, actrice de la Comédie de Rouen, écrite par elle-même. 2 part. La Haye, aux dépens de la compagnie (Rouen), 1739—40. 12⁰. ʼAvec figg. (Gay VI. p. 416.) — 3 part. La Haye 1741. 12⁰. (In München.) — 4 tom. Ibid. 1742 bis 43. 8⁰. Avec. figg. (3 fl. 48 xr. Theod. Ackermann, München.) — 4 tom. La Haye 1752—53. 8⁰. av. front. gr. Mémoires p. s. de suite à l'hist. de Mlle. Cronel. Ib. 1750. 8⁰. (ensemble 40 Mk. Scheible). — 4 tom. Ibid. 1752. 8⁰. (6 Mk. Theod. Ackermann; jetzt theurer!) — 4 tom. Ibid. 1758. 8⁰. (Maske, Breslau, Cat. 93.) — 2 tom. Londres 1782. 18. (In Stuttgart.)

CRÜGER, Joh., Recreationes musicae, d. i. N e u e p o e t i s c h e A m o r ö s e n, entweder vor sich allein, oder in ein Corpus zu musiciren auffgesetzt vnd den Musikliebhabern zur Ergötzlichkeit publiciret. Leipzig 1651. 4⁰.

    33 Gesänge. — Becker Sp. 262; Weller, Ann. II. p. 45 bis 46, no. 173.

CRUSIUS, Fr., D o n E m a n u e l, oder d i e s c h r e c k l i c h - s t e n J a h r e m e i n e s L e b e n s; meine Verfolgungen und Qualen durch die spanische Inquisition; meine Flucht aus dem Kloster der Jakobitinnen in Aragonien; mein Aufenthalt unter den Räuberbanden in der Sierra Morena, und mein Ende in Deutschland. A u s d e n P a p i e r e n d e s M a r c h e s e M e n - d o z a. (Stellenw. freier Roman.) 3 Bde. Erfurt 1811. Kl. 8⁰.

CUBICULARIUS, Joh. Petrus de (ps.). — W i e d e r e r - n e u e r t e u n d k u r t z w e i l i g e l u s t i g e G e s e l s c h a f t, allen reisenden Gesellschafften, auch bei Frauen u. Jungfrauen ohne Scheu mag erzehlt werden. In Druck verfertigt von *Joh. Petro de Cubicularius,* 1666. Kl.-8⁰. 47 Bll. (8 Mk. L. Rosenthal, 1906.)

    Ungemein selten! Zum Theil sehr pikanten Inhalts. — F e h l t in Weller's Lex. Pseud.

CUENNA u n d V i v o n n e oder R a c h e u n d U n t r e u e. Nach Meissners (s. d.) Skizzen frey bearbeitet (von *Franz Ant. Alex v. Braune.*) Salzburg 1793.

    Anon.-Lex. I. p. 356 (nach Hittmair, Meusel, Goedeke, Kayser).

CUISIN, J. P. R., D i e g u t e L e h r e. 1820. (Aus d. Französ. übers. Bordell-Skizze.)

    In: Der Amethyst, Heft 6, Mai 1906, S. 198—202.

CULMAN, Leonh. (von Crailsheim), Jungen Gesellen, Jungfrauen vnd Witwen, so ehelich wollen werden, zu Nutz, ein Vnterrichtung wie sie sich in ehelichen Stand richten sollen durch —. (Prosa.) Nürnberg 1531. 8⁰.

    Goedeke II, 282, 43.

— — Dasselbe, titulo: Junge' ge- / sellen, Jungkfrau- / wen vnd Witwen, so / Ehelich wöllen werden, zu / nutz ein vnterrichtung, wie / sie sich in ehelichen stand rich- / ten sollen,

außgezogen, / durch / *Leonardum Culman.* / M.D.LXVIII.
(1568.) *Am Ende:* Getruckt zu Augspurg, durch Mattheum
Francken. 8⁰.

38+2 Bll. Titel m. Holzschn.-Einf. — W. v. Maltzahn,
I, 41, 270.

— — Dasselbe, n i e d e r d e u t s c h: Jungen Gesellen, Junck-
frowen vnde Wedewen, de eelick willen werden tho nütte,
eine Vnderrichtinge, wo se sick in dem eelicken Stande richten
schollen, getagen uth der H. Schrifft dorch *Leonardum Culman* von Creilsheim. O. O. 1532. 8⁰.

Goedeke II, 282, 43.

— — Dasselbe. Magdeburg 1534. 8⁰.

Cat. libr. Jo. Henr. Eggeling. Brem. 1713. p. 88.

* — — E i n t e u t s c h s p i l, v o n / d e r a u f f r u r d e r
E r b a r n / w e i b e r z û R o m w i d e r j r e m ä n n e r, / gezogen auß A u l o G e l l i o, durch **Leon- / hardum Culman**
von Krailßheim. (Holzschnitt: Die Weiber im Senatssaal.)
Am Ende: Gedruckt zu Nürnberg / durch Georg Wachter
(darunter Buchdrucker-Signet). O. J. (c. 1540). Kl. 8⁰. (In
Berlin: Yp 8296, no. 1.) (Auch in Wolfenbüttel.)

Sehr seltenes F a s t n a c h t s p i e l. 31 Bll. (incl. Tit.
u. 2 Bll. Ded. an Frau Hanna B e r n p e c k i n burgerin
zû Kytzingen in Francken). 5 Akte mit 16 Pers. Mit
1 Melodie. — Gedruckt in Scheible's Schaltjahr V, 422—464.

* — — E i n s c h ö n w e l t l i c h / s p i l, v o n d e r s c h ö-
n e n P a n d o r a, auß / H e s i o d o dem Kriechischen Poeten
/ gezogen, durch *Leonhardum* / *Culman* von Krailßheim.
(Holzschnitt: Merkur die Pandora auf ihrem Wege zu den
Menschen begleitend.)

Vor gethan vnd nach bedacht
Hat manchen in groß laid gebracht.

Am Ende: Gedruckt zû Nürnberg / durch Georg Wachter
(darunter Buchdrucker-Signet). O. J. (1544.) 8⁰. (In Berlin:
Yp 8296, no. 2.)

42 Bll. (incl. Tit. u. 1 Bl. Dedic. an Fraw Helena
V o g l e r i n, geporne B e r n p e c k i n zu Windßheim, dat.
Nürnberg auff der schûl des newen Spitals, am Mit-
wochen nach Letare, im 1544.) 5 Akte mit 11 Pers. —
W. v. Maltzahn I, 180, 1098.

* — — Dasselbe. — *A. E.:* Gedruckt zu Augspurg durch Hans
Zimmermann. O. J. (mit vorigen Datum). 8⁰. 40 Bll. (In Berlin: Yp 8316.)

CUNO-LOBO, d e r f u r c h t b a r s t e B a n d i t i n C a t a l o-
n i e n. Eine höchst interessante Räubergeschichte. Leipzig,
Exped. d. Journals f. Leihbibliothekare, o. J. (c. 1840). Gr. 8⁰.

Tit. u. 215 S. Theilweise anstößig.

45*

§ **CUPIDO** (ps.), **A l m a n a c h d e r G r a z i e n a u f d a s J a h r 1 7 7 6**, von —. Mit 2 freien Kpfrn. u. dem Portr. der **C h a r - l o t t e A c k e r m a n n**. Cythere, bey Ganymedes (Hamburg, Buchenröder), 1775. 12⁰. (In München, ex bibl. erot. Krenner.) Rar! (8 Mk. v. Zahn & Jaensch; jetzt theurer!)

Wolfg. **M e n z e l**, Deutsche Dichtung, Stuttg. 1859. 8. S. 554: „Am weitesten ging in der Wieland'schen Manier ein „Almanach der Grazien 1776", anonym herausg., worin der ganze Kalender, die Jahreszeiten, der Thierkreis, die Monate, die Planeten, die Aspecten (Sternzeichen, Stellungen der Planeten gegen einander), Witterung etc. **e r o t i s c h** gedeutet wurden, worauf eine Menge höchst üppiger Gedichte von Küssen, vornehmer Verführung, dörflicher Liebe, von Leonorens Schäferstunden etc. folgte. — Weiteres **s. sub A l m a n a c h**.

CUPIDO, Ferdinand (ps.), **P r o b e n ä c h t e**, oder: **D e r M a n n v o n s e c h s W e i b e r n**. (Motto: 4 Verszeilen.) Altona. August Prinz. O. J. (ca. 1870). Breit-12⁰. (2 Mk. Taussig, 1903; 6 Mk. Adolf Weigel, 1907.)

64 S. (incl. Tit.). Mit chromolith. Orig.-Umschlag.

— — **D e r M a n n v o n s e c h s F r a u e n**. Fortsetzung der „Probenächte". Ebd., o. J. (c. 1870). Breit-12⁰. (6 Mk. Derselbe.)

76 S. Mit lithogr. Orig.-Umschlag.

CUPIDO. — **B e s c h r e i b u n g d e s e r d i c h t e t e n G o t t e s d e r L i e b e**, s. **P e t r a r c a**, Franc., Sechs Triumphi . . . . 1643, Anhang.

CUPIDO. Bitter-süsse Liebesprüfung an dem verliebten **C o r a l b o** gegen die schöneste **C i t h e r é e**. Görlitz, Martin Hermann, 1656. Mit Musiknoten, Canto voce, Violino I. II., Violono, Passo continuo. 7 Bll. Fol. Ungemein rar! (24 Mk. L. Rosenthal, 1906.)

Ganz in R e i m e n abgefasste Piece, Eitner unbekannt.

— — **Dasselbe**. Gleiche Ausg. Nur mit Musiknoten, Canto voce. 4 Bll. Fol. (18 Mk., Derselbe.)

§ **CUPIDO** / **U n d M a r s** / Zerrütten die drey theil / der Welt, und lassen jhre Macht / wunderlich sehen, / durch eroberung der / Stätte, und Länder, Blutvergiessen und / Niederlag, Eyfer vnd Rach, Lieb und Ban- / nisiren der hohen Häupter, sambt wunder- / samer errettung und wieder auff- / kommen. / Aus den alten geschichten / auff den heutigen Zustandt gantz ma- / nierlich gezogen, und wie in einem / Spiegel abgebildet. / Bremen, / Gedruckt bey Arendt Wessels, E. E. / Rahts bestaldtem (sic!) Buchdrucker. / In verlegung Joost Köhlers des jüngern. / Im Jahr Christi 1661. (Nebst Kpftit., Chr. H a g e n s sc.) 12⁰. Rar! (Auch in Marburg, Univ.-Bibl.: I C. 198.) (10 Mk. L. Rosenthal, 1906.)

Liebesgeschichten aus der alten Geschichte, im steifen Romanstyl des A n t o n U l r i c h. Herzog v. Braunschw., Andr. B u c h h o l t z etc. 792 beziff. SS. (5 Bücher), nebst 12 Bll. Index.

— — Dasselbe. Ebd. 1668. 12⁰.

Bibl. Güntheriana. P. III. Dresd. 1834. 8⁰. No. 3973.

— — Dasselbe. Ebd. 1691. 12⁰.

Cat. libr. Henr. Gli. Franckii, III. Graizae 1784. p. 353.

* **CUPIDO** im B a d, Oder d i e v e r l i e b t e n B e g e b e n-
h e i t e n e i n i g e r H o h e r S t a n d s - P e r s o n e n. 2 Thle.
in 1 Bde. (Aus d. Französ. übers.) Mit Titelkpf. Nürnberg,
Verlegts Rudolph Johann Helmers. O. J. (1699). 12⁰. (In Berlin:
Yu 9961.)

374 fortlaufend pag. S. (incl. 7 S. Vorst.). — Zuerst erwähnt im O. M. V. 1699, G 4 a.

Inh.: Geschicht der Herzogin von Vseda, und des Marg-grafen von Alicanisos; Geschicht des Grafen von Taix, und des Fräuleins von Visseleu; Geschicht des Herzogs von Silva; Geschicht der schöne' Sclavin.

Orig.: C u p i d o n d a n s l e b a i n, ou Aventures amou-reuses de personnes de qualité, par Mme. D***. La Haye, M. Vytwerf, 1698, pet. in-12⁰, 322 pp.; front. gr. représ. une dame en chemise, les pieds dans l'eau; l'amour fait signe à un gentilhomme d'approcher. (Gay II. p. 387.)

— — Dasselbe. 2 Thle. in 1 Bde. Ebd. (1719). 8⁰. (12 Mk. Adolf Weigel, 1906.) 374 S. u. Reg.

* — — Dasselbe, titulo: D i e w o h l a n g e s c h l a g e n e
B a d e - C u r V e r s c h i e d e n e r S t a n d e s - P e r s o n e n;
Derer besondere, währenden Gebrauchs derselben, Unter Ihnen
vorgefallene Begebenheiten umständlich erzehlet werden, Aus
dem Spanischen übersetzt. LEIPZIG, Bey Carl Christoph
Immig, Buchhändlern in Regenspurg, 1726. 8⁰. (In Berlin:
Yv 2046.)

223 S. (incl. roth u. schwarz gedr. Tit. u. 2 Bll. Vorr. d. Verlegers). — Enth. S. 7—43 e. Novelle ohne Überschrift; S. 43—86. Geschichte der Herzogin von Uzeda und des Markgrafen von Alcanisos; S. 87—119: Geschichte des Grafen von Taix und des Fräuleins von Visseleu; S. 119 bis 191: Geschichte des Hertzogs von Silva; S. 191— Ende: Die Geschichte der schönen Sclavin. — Einiges in Versen. (Alles zahmen Inhalts.)

CUPIDO der W e l t b e k a n n t e U b i q u e t i s t (sic!), oder
H a n ß i n a l l e n G a s s e n. E r s t e r Spion. 1715. 8⁰.
Rarissime!

Citirt H u h o l d, M. P., Curieuse Nachricht von denen . . . . Journal- . . . . Schrifften. 4. Ausg. Jena 1717, 8⁰. S. 14.

CUPIDO, D e r s i c h r ä c h e n d e, In einem Musicalischen
Schauspiele auf dem Hamburgischen Theatro aufgeführet im
Jahre 1724. (Vf.: *Ioh. Ulr. v. König*, geb. 8. Octob. 1688 zu

Esslingen, † 14. März 1744 als Kgl. poln. u. chursächs. Geh.
Sekretär, Hofpoet u. Ceremonienmeister.) Hamburg, Kasp.
Jakhel. 24 Bll. 4⁰.

> Abkürzung (mit italienischen Arien) von: D i e e n t -
> d e c k t e V e r s t e l l u n g, Oder: D i e g e h e i m e L i e b e
> d e r D i a n a. In einem Pastoral auf dem Hamburgischen
> Schauplatz vorgestellt. Im April 1712. Hamburg, gedr. bey
> F. C. Greflinger. 30 Bll. 4⁰. — Goedeke III, 346, 5, 3.

CUPIDO, D e r h e r r s c h e n d e, i n d e n V e r l i e b t e n z u
B e r g a m i r o n (Nürnberg). (Roman.) Freystadt (Nürnb.,
Seiz) 1740. 8⁰.

> Aeusserst selten! Cat. Monath II. Nürnb. 1783. p. 623
> hat die Jahrzahl „1739"; Weller, fing. Dr., hat: „Seiz in
> Frankfurt". (?)

— — S. auch N ü r n b e r g.

§ **CUPIDO,** D e r a u f's H a n d w e r k w a n d e r n d e, etc. 2
Stücke. Frankfurt (Regensburg), Montags Erben, 1756. 8⁰.
(In München: Phil. pr. 323, ex bibl. erot. Krenner.) Rar!

— — S. auch G a l a n t e r i e, Die falsche, der heutigen Welt.

§ **CUPIDO** o d e r d i e K u n s t d e n D a m e n u n d l i e b e n s -
w ü r d i g e n G e s e l l s c h a f t e n z u g e f a l l e n. Aus d. Ital.
zu Gunsten der Damen übers. von T e r p a n d e r. Paris 1789.
8⁰. 32 S. (In München: Phil. pr. 323, ex bibl. erot. Krenner.) Rar!

CUPIDO. Die Kunst bei Damen Glück zu machen. Paris, o. J. 8⁰.
(2 Mk. F. Waldau, Fürstenwalde, 1909.)

> Vielleicht Neudruck des vorigen.

CUPIDO. E i e p o e t i s c h e s T a s c h e n b u c h a u f 1 8 0 4.
hrsg. von Imman. M e i e r u. S. Ch. L a u b e. Mit Kupf. u.
Musik von W. S c h n e i d e r u. C. G. T a g. Penig, Dienemann
u. Comp. 8⁰. (1¹/₂ Rthl.)

§ **CUPIDO'S** M o b i l i a r - V e r l o o s u n g. Schöne Raritaeten.
Ein neues Gesellschaftsspiel zur lustigen Unterhaltung bey langen
Winter-Abenden (von *Johann Traugott Plant*). Für's Jahr
1791. 8⁰.

> Aeusserst selten! Anon.-Lex. III. p. 154 hat „Berlin
> 1791" (nach Meusel).

CUPIDONS g u l d e n e s S e c u l u m, oder Erzählung etlicher
überaus anmuthig-kurtzweilig- und lustig-nagelneuer (meist recht
pikanter) Liebes-Geschichten. Aus dem Frantzös. übers. (Freie
Bearb. ital. u. französ. Stoffe von Boccaccio bis Lafontaine.)
Mit feinen (schlechten) Kupffern gezieret. 2 Thle. O. O. 1709.
12⁰. (In Dresden: Litt. germ. rec. C. 926.) (2²/₃ Rthl. Scheible;
jetzt viel höher!)

> 1 Alph. 13 Bog. — Der 1. Theil erschien für sich allein be-
> reits 1694. O. O. (Nürnb., b. Joh. Ziegern.) 12⁰. 19 Bog.
> Mit Kpfrn. Höchst selten!

Orig.: Le Siècle d'or de Cupidon ou les heureuses aventures d'amour. (Nouvelles galantes.) Cologne, P. Marteau. S. d. (Hollande, à la sphère, c. 1692.), et 1712. 12⁰.

— — Dasselbe, titulo: **Das goldene Zeitalter des kleinen Cupido.** Paphos, 1798. 8⁰. (12 Mk. W. H. Kühl, Berlin, c. 1820; jetzt wenigstens 25 Mk. werth!)

384 SS. 17 sehr freie Novellen aus dem 1. Theil des Originals, modernisirt und in den erot. Stellen sehr verstärkt. Eines der üppigsten deutschen Erotica. Dieser alte Druck kaum noch auffindbar.

— — Dasselbe. Rom u. Paris, gedruckt auf Kosten guter Freunde (Scheible in Stuttgart?). O. J. (Neuer Druck, c. 1870.) 8⁰. (12 Mk. S. Calvary & Co., Berlin, c. 1900.) 224 S.

CUR, Der von MORBO GALLICO inficirten und fast tödlich darniederliegenden **Damen von Holland.** Gedruckt im Jahr 1672. 4⁰. (In Dresden: Hist. Belg. B. 509, 21, 3 Exemplare; 1 Expl. auch in Stralsund, Rathsbibl.)

4 unpaginirte Bll., Rücks. d. 1. leer. Auf der letzten Seite 2 Gedichte über **holländische Bauern,** das zweite niederdeutsch. — Politische Satyre ohne grobe Anstößigkeiten.

CUR der bösen Gewohnheiten oder **Ausrottung der Gewohnheits-Sünden.** Cölln (?). 1720. Rar!

Weller, fingierte Druckorte.

CURIOSA, Deutsche. Neudrucke deutscher Schwänke u. Erotica, aus dem XVI., XVII. u. XVIII. Jahrhundert in Versen u. Prosa (herausg. von Hugo Hayn). 23 Hefte. Cöln, Frz. Teubner. (Druck von Elias Neuwald in Budapest.) O. J. (1890). Kl. 8⁰. (40 Mk., Handexpl. des Herausgebers, Adolf Weigel, 1908.)

Alles was erschienen. Viele Nrn. (sämmtl. mit Bordüren) wurden sogleich nach Erscheinen confisciert. Vollständige Sammlung gehört zu den größten Seltenheiten.

Die einzelnen Titel zerstreut im fortlaufenden Alphabet.

CURIOSA, Remarquable, jetziger Zeit aus Osten, Westen, Süden und Norden. 12 Lfrgn. 1711 ff. 8⁰. Sehr selten!

Wagenseil V. p. 293.

CURIOSA, die für manchen sehr schätzbaren Herrn Schätzmeister sehr unschätzbar (intaxabel) seyn dürften. (14 Nrn., jocos.)

In: Gräffer, Frz., Histor.-bibliogr. Bunterlei. Brünn 1824. 8⁰. S. 157—162.

CURIOSA. Ein Taschenbuch, welches keinen Leser langweilen wird. 2 Jahrgänge (um 1800?).

Harpf's Leihbibl. in Königsberg i. Pr., Nr. 17120—21.

CURIOSA et Jocosa, antiquaria et nova. 9 Bdchn. Stuttgart, Scheible, 1856—57. 12⁰. (In Stuttgart.)

(Cplt. 6 Mk. Fischhaber; 9 Mk. Scheible.)

Inh.: I. Petersen, J. W., Geschichte der deutschen
Nationalneigung zum Trunke. Wortgetreu nach der Ausgabe
von 1782. — II. Der Gebrauch der Alten ihre Geliebte
zu schlagen. Aus d. Französ. mit Anmerk. Wortgetreu
nach d. Ausgabe von 1766. — III. Cigarren u. Tabak,
Wein u. Weiber, wie sie sind. Von einem modernen Epi-
kuräer. Aus d. Engl. — IV. Aphorismen über den Kuss.
Ein Festgeschenk für die küsslustige u. kussgerechte Welt
von einem Spiritus Asper (Fr. Ferd. Hempel). Neue
Aufl., mit 10 herzlichen (sic!) Kpfrn. — V. Der travestirte
Nathan der Weise. Posse in 2 Akten mit Interemezzos,
Chören, Tanz, gelehrtem Zweikampf in Weimar, Berlin u.
Wien. Von Jul. v. Voss. — VI. Die Kunst eine reiche
Parthie zu machen. Ein Handbüchlein für arme Teufel.
Sammt einem Anhange: Die Kunst hübsche Männer zu
fischen. — VII. Evakathel u. Schnudi. Ein lustiges Trauer-
spiel. Prinzessin Pumphia und Hanswurst Kulican. Eine
komische Tragödie. Zwei alte Wiener Possen. — VIII. E.
M. v. Lyden, Entdeckungsreisen um ein Volantskleid der
Damen, insbesondere der Schauspielerinnen und Loretten.
— IX. Rozier, V., Die öffentlichen Bälle in Paris.

CURIOSA Miscellanea, Darinnen allerhand sinnreiche Apophthegmata, kluge Hoff-Reden, ingenieuse Historien, u. andere
Plaisanterien zu finden. Erste (einz.?) Centuria Anno 1712.
8⁰. 64 S. (3 Mk. Adolf Weigel, 1906.)

§ **CURIOSITÄTEN,** Theologische, ... zusammen ge-
tragen Von *D. H. M.* (d. i. Magister *Daniel Hartnack*).
Wedel (a. d. Elbe), Verlegt von H. Wernern. 1690. 8⁰.
Seltene erste Ausgabe.

* — — Dasselbe, tit.: Sonderbare Theologische u.
Historische Curiositäten. Darinnen beschrieben u.
gehandelt wird Von Geistlosen Geistlichen, Regenten-Pflicht,
Haus- u. Kinder-Zucht, Freche Huren-Tracht der Fontangen,
Klage der relegirten Mäntel, Tantzen, Frantzösischen Teutsch-
lande, unverschämten Damen mit blossen Brüsten, Gesundheit-
Trincken .... zusammen getragen Von *D. H. M.* In Ver-
legung des Autoris. Gedruckt im Jahr Christi 1713. O. O. 8⁰.
(Auch in Stuttgart.)

TKpf., 10 Bll. Vorst. u. 816 SS. Enth. 20 Traktätlein,
die meisten früher einzeln gedruckt. Die Verfasser sind
nur genannt bei No. 6: Urtheil vom Tantzen .... Anno
1544 in Druck gegeben Durch M. Melch. Ambach ....,
und bei No. 20: De Curiositate (deutsch) .... von Andr.
Rose.

* — — Dasselbe, tit.: Collectanea Curiosa, Theo-
logica & Historica. Oder: Eine nützliche Sammlung
Satyrischer Straff-Schrifften, Von vortrefflichen
Männern, ehemals eintzeln heraus gegeben, nun aber wegen
ihrer grossen Nutzbarkeit, abermals von neuen aufgeleget, und
zusammen gedruckt. (Vorr. unterz.: *D. H. M.*). Leipzig u.

Franckfurth 1735. 8⁰. (12 Mk. E. Frensdorff, 1903; 15 Mk.
Derselbe, 1907.)

> Tit., 2 Bll. Inh., 7 Bll. Vorr. u. 816 SS.

* **CURIOSITÄTEN** d e r p h y s i s c h - l i t e r a r i s c h - a r t i s t -
i s c h - h i s t o r i s c h e n V o r - u n d M i t w e l t , zur angenehmen Unterhaltung für gebildete Leser (hrsg. von Chrn.
Aug. V u l p i u s). 10 Bde. Mit vielen (176) großentheils colorirten Tafeln. Weimar 1811—23. Gr. 8⁰. (Bis 120 Mk. notirt.)
(Expll. auch im British Museum und in Aarau, Cantonsbibl.)

> So complete Reihe des interess., reichhaltigen Sammel-
> werkes eine g e s u c h t e S e l t e n h e i t . — Anon.-Lex. I.
> p. 358.

CURIOSITÄTEN, H i s t o r i s c h e (hrsg. von Chrn. Aug. V u l -
p i u s ?). Leipzig 1814. (In Aargau, Cantonsbibl.)

> Anon.-Lex. I. p. 358.

CURIOSITÄTEN. 2 Bde. 8. Stuttgart 1836. 8⁰. (2 Kr. Victor
Eytelhuber, Wien, 1905.)

> I n h a l t : Merkwürdige Menschen. Curiosa aus der Thier-
> welt. Deutsche Volkssagen. Vermischte Curiosa.

CURIOSITÄTEN - A l m a n a c h , Allgemeiner unterhaltender,
auf alle Tage im Jahr. Hrsg. v. Ch. A. F i s c h e r . 1. (einz.)
Jahrg. 1826. Mainz. 8⁰. (3 Mk. Neumann, Magdeb., 1906.)

CURIOSITÄTENKABINET. Eine Sammlung der besten auser-
lesensten K a r t e n k ü n s t e , m a g i s c h e n u n d c h y m i -
s c h e n K u n s t s t ü c k e , imgleichen (!) angenehmer und
w i t z i g e r S c h e r z - u n d P f ä n d e r s p i e l e , zum unterhaltenden und lehrreichen Zeitvertreib in großen Gesellschaften
und freundschaftlichen Cirkeln. 9 S t ü c k e i n 1 B d e . (St. 1—3
in neuer Auflage.) Hamburg bey Bachmann und Gundermann.
1794—95. 8⁰.

> 46, 48, 48, 140 (St. 4—6), 140 (St. 7—9) Seiten. —
> *A. E.:* Hamburg, gedruckt von Conrad Müller.

* **CVRIOSOPHILUS,** Johannes (d. i. *Joh. Zacharias Gleichmann*).
— B e w u n d e r n s w ü r d i g e B e g e b e n h e i t e n D e s
E u r o p ä i s c h e n H e r k u l i s k u s , In einer Liebes- u. Helden-
geschichte der curieusen Welt mitgetheilt von *Joanne Cvrioso*
philo, Bresslau u. Leipzig, Verlegts Dan. Pietsch, 1754. 8⁰.
(In Berlin: Yv 8⁰ 4891.) (4 Mk. 50 Pfg. W. H. Kühl, Berlin,
c. 1882.)

> Sehr rar ! 4 Bll. Vorst. (Titel in Roth- u. Schwarzdruck,
> 3 Bll. Vorr.) u. 624 SS. (3 Bücher.) Stellenw. pikant. Vorr.
> unterz.: *J. Z. G.* Den wirklichen Verfasser nennt Weller,
> Lex. Pseud., S. 133.

CURIOSUS, Jukundus, D a s n e u e r f u n d e n e u n d v e r -
b e s s e r t e G l ü c k s - R a d , welches auf 99 Fragen richtige
Antwort ertheilt. Mit Titelvign. Nürnberg 1792. 8⁰. 122 S.
(4 Mk. Rich. Bertling, 1897.)

> Weller, Lex. Pseud., hat die Jahrzahl „1794".

CURRICULUM v i t a e z w e i e r s t a a t s g e f ä h r l i c h e r
A b e n t e u r e r i n n e n a u f d e m G e b i e t e d e r i n t e r -
n a t i o n a l e n B a d e w e l t. Selbstverlag des Verfassers . . .(?)
Lemberg, Druckerei des Schewezenko-Vereines 1887.

> V e r b o t e n vom L.-G. Lemberg, 21. Juni 1887. § 516.
> — Sehr rar!

* CVRSVS MVNDI, D e r W e l t L a u f f, v n d P r a c t i c k:
D. i. Artige, kurtzweilige, vnnd lüstige Beschreibung aller
jetziger Zeit in gemeinem Leben, ... gebräuchlichen Prac-
ticken, Finantzerey, Vervortheilungen vnd Betrugs, wie dieselben täglichen ohne schew verubet vnd gebrauchet werden.
Alles in einem ansehnlichen K i n d b e t t e r - G e s p r ä c h vnd
W e i b e r D i s c u r s aussgeführet. Sambt aussführl. Gespräch
vnd Vnnerricht, wie die K i n d b e t t e r i n n e zu voriger Gesundheit zu bringen. Auss dem Französischen in die Teutsche
Sprach übersetzt. Mit Titelkpf. O. O. (Frankfurt a. M., Lucas
Jennis.) Gedruckt im Jahr 1625. 8⁰. (18 Mk. L. Rosenthal,
1893.) Sehr rar!

> 197 S. (incl. 7 S. Vorst.). Ort und Verleger im O. M.
> V. 1625, F 1 a.
> O r i g.: Recueil général des caquets de l'accouchée, ou
> Discours facetieux où se voient les moeurs, etc. (Paris)
> 1623. (Einzelne Stücke erschienen schon früher.) pet.-in-8⁰.
> (Gay VI. p. 195; Grässe, Trésor I. p. 309.)

CURT v o n d e r W e t t e r b u r g, oder d i e u n b e k a n n t e n
O b e r n. Aus den Zeiten der Kreuzzüge (von *Carl Aug.*
Gottlieb Seidel). Weissenfels u. Leipzig, bey Friedr. Severin.
1794. 8⁰.

> Tit. gestoch., 3 Bl. Zuschr. an e. Dame, 352 S. (cplt.)
> — Anon.-Lex. I. p. 358 hat 2 Theile, „1794—95" (nach
> Goedeke) u. bezeichnet Seidel nur als H e r a u s g e b e r.

— — Dasselbe. 2 Thle. Neue Aufl. Leipzig, Hinrichs, 1811.
8⁰. (2 Rthl.)

CYANEN a u s D i o t i m e n s B l u m e n k ö r b c h e n. Eine
Sammlung von Erzählungen, Gedichten, Mythen, Fabeln, Apo-
phthegmen, und mehreren unterhaltenden und belehrenden Aufsätzen. 3 Hfte. Leipzig (Prag), 1803. Im Verlag der Josef
Poltischen Buchhandlung. 8⁰.

> D i o t i m a war [nach Plato] aus Mantinea gebürtig u.
> lebte als Seherin.
> Tit., 1 Bl. Inh., S. 2—190 Text incl. 7 S. Einleitung („Dio-
> tima"), unterz. „C h a r l o t t e v o n - t h a l". — U. a.: Das
> weibl. Geschlecht der Griechen (S. 10—18 67—73); an Fanny
> in der Redoute, 9 etwas freie vierz. Str., unterz. „Welleba";
> die Ehewahl (interess. Prosa-Aufsatz mit Dialog, unterz.
> „Emilie P."; Verführer spiegle dich, oder die dunkeln Wege
> der ewigen Vorsicht. Eine Skizze; die Entdeckung des Kusses
> (in poet. Prosa, unterz.: „Auguste Cilley"); viele Räthsel
> in Versen, etc.

CYTHERE. I. A m o r s F a b e l n von seinen Jüngern gesammelt und an das Licht dieser liebesfrohen Welt gestellt im
Jahre 00478500. II. N y m p h e n u n d S a t y r n. Geschichten
und Begebenheiten aus Amors Reich getreu der Wahrheit
nacherzählt im Jahre 2438. 2 Bde. Mit 2 pikanten Titelbildern
von Franz v. B a y r o s (C h o i s i L e C o n i n) (München 1908).
8⁰. Eleg. weiche, reich vergold. Ldrbde., oberer Schnitt vergold.,
in Carton (Mk. 32—.) (26 Mk. Adolf Weigel, 1909.)

> P r i v a t d r u c k. — Erotische V e r s g e s c h i c h t e n (zus.
> 96) nach L a f o n t a i n e, G r é c o u r t, D o r a t, H e i n s e,
> B ü s c h e l etc.; enth. ferner einige der pikantesten Reime-
> reien aus der bekannten, öfter aufgelegten Sammlung
> „G e m m e n" (besonders in Bd. 2).
> I: Titelbild, Titel in Einfassg., 184 S. (incl. 1 Bl. Inh.),
> 1 weißes Bl. — Inh.: 1. Die Sperlinge u. die Turtel-
> tauben. 2. Die Nachtigallen u. die Amsel. 3. Der Nacht-
> topf u. das Siegeszeichen. 4. Der Hahn u. die Henne.
> 5. Der entflohene Amor. 6. Der (!) Caneva u. die Näh-
> nadel. 7. Der Mond u. das Strumpfband. 8. Der Genuß.
> 9. Der Traum. 10. Der Liebhaber u. das Bette. 11. Der
> Fuß, die Hand u. das Auge. 12. Rat an Sylvia. 13. Juliens
> Geständnis kurz vor ihrer Verbindung. 14. Die Apotheose
> der Jungfernschaft. 15. Das Bild einer Geliebten, 16. Das
> Vesperläuten. 17. Alles ist gut wie es ist. 18. Die Wachs-
> kerze. 19. Der Floh. 20. Liebhaber oben, Liebhaber unten.
> 21. Die Hospitalnonne. 22. Das Stückchen Tabak. 23. Die
> verfolgte Jungfernschaft. 24. Das Ave Maria. 25. Die
> Clementine. 26. Die Kirschen (nach D o r a t - H e i n s e,
> S. 77—89). 27. Die Vereinigung der Wahrheit u. der
> Menschenliebe. 28. Minettens Naivität. 29. Der Liebes-
> kampf. 30. Der Umzug. 31. Die junge Wöchnerin. 32. Der
> schlechte Türke. 33. Der zerstreute Advokat. 34. Der Neger
> u. das Bauermädchen. 35. Die Feder der Liebe. 36. Wie
> das Leben, so der Tod. 37. Die wohltätige Frau. 38.
> Der berauschte Amor. 39. Der unvollkommene Genuß.
> 40. Cytherens Insel. 41. Die Spindel. 42. Lied einer Dame.
> 43. Antwort auf das vorige. 44. Die Braune u. die Blonde.
> 45. Der Schlaf. 46. Glycerens Bette. 47. Der Ursprung
> der Flöhe. 48. Rosine.
> II: Titelbild, Titel in Einf., 248 S., 1 weißes Bl. —
> Inh.: 1. Das Ofenloch. 2. Er muß. 3. Richtig spekuliert.
> 4. Schrecklich, aber wahr. 5. Das Stereoskop. 6. Naive Frage.
> 7. Agnese. 8. Sie träumt. 9. Der erste Stich. 10. Mag-
> netismus (S. 39—50: Das üppigste Stück der ganzen Samm-
> lung). 11. Hans Krafft. 12. Der Haustürschlüssel. 13. Eine
> teure Prüfung. 14. Bekenntnisse einer schönen Seele. 15. Ein
> kleiner Schaden. 16. Von der Aristokratie bis zur De-
> mokratie liegt nur eine — Wassermühle. 17. Die Natur
> will ihr Recht. 18. Ein vortreffliches Mittel, die Stimme
> zu konservieren. 19. Ein Damentee. 20. Richtige Er-
> klärung. 21. Ein kluges Weib. 22. Ein vortreffliches Reiz-
> mittel. 23. Ein teurer Griff. 24. Wer ist der beste
> Kürschner? 25. Durch die Blume. 26. Es muß gepfiffen
> sein. 27. Die nicht befolgte Lehre. 28. Zeus u. Europa.

29. Ob's wahr ist? 30. Platonische Liebe. 31. Herz u. Seele. 32. Ökonomie. 33. Eine niedliche Ueberraschung. 34. Für u. wider. 35. Gespräch zweier unschuldiger Mädchen. 36. Sehr naiv. 37. Schiller bei Hofe. 38. Alter Spruch — wahrer Spruch. 39. Seufzer. 40. Das Stammbuch. 41. Auf dem Bach. 42. Eine Frau, die es mit ihrem Manne gut meint. 43. Gebet eines unschuldigen Landmädchens. 44. Weshalb sind die Frauen stärker als die Männer? 45. Kindlicher Wunsch — unschuldiges Verlangen. 46. Stillleben. 47. Ein Brautgeschenk. 48. So müßten es alle Frauen machen.

— — Dasselbe. Luxus-Ausgabe. Nur 25 Expll. auf van Geldern in Ganzprgt. (Mk. 60—.)

CYTHEREN'S K u n s t c a b i n e t (von *Antonie Gütle*). Nürnberg 1804.

Anon.-Lex. II. p. 380 (nach Kayser). — Wohl auf Moden, Kosmetik und Toilettenkünste bezüglich.

CYTHEREN'S Z a u b e r - G ü r t e l. Festschmuck für Prag's edle Frauen. Graetz 1836. 8⁰. (3 Mk. Taussig, 1906; 4 Mk. 50 Pfg. Adolf Weigel, 1907.)

Blumensprache, Xenien, Maskendevisen, Sprichwörter, Pfänderauslösen, Toilettenkunst etc.

CZAPEK, Joseph Max, D i e R u i n e n v o n P a l m i r a, oder d i e S c h a u e r t h a t e n d e r V e r b o r g e n e n. Eine Wundergeschichte aus den Zeiten der Kreuzzüge. Mit Titelkpf. u. Titelvign. von B e r k a. Prag, C. Widtmann, 1800. 8⁰. 287 S. (2 Mk. Taussig, c. 1905.)